资治通鉴全本新注

（全十四册）

第七册

卷一二三至卷一四〇（宋纪五至齐纪六）

［宋］司马光　编著
张大可　注释

華中科技大學出版社
http://press.hust.edu.cn
中国 · 武汉

第七册目录

卷一二三　宋纪五

宋文帝元嘉十三年至十八年（436—441年）

【起柔兆困敦（丙子，436年），尽重光大荒落（辛巳，441年），凡六年】

【大事提要】

本卷记事起于公元436年至公元441年，凡六年，当宋文帝（刘义隆）元嘉十三年至元嘉十八年。本卷所载大事，主要是五个方面：其一，北燕灭亡。公元436年，北燕主冯弘不肯屈志于北魏主拓跋焘，拓跋焘派遣大军进攻，冯弘连连失利，焚毁宫城，逼迫居民东迁高句丽，居住在北丰，还是独断专行，高句丽王高琏大怒，派兵夺走了太子和侍臣，杀死了冯弘及其子孙，北燕灭亡。其二，擅杀大将檀道济。公元436年，刘宋文帝刘义隆病重，彭城王刘义康执政，担心征南大将军檀道济在文帝死后谋反，矫诏召檀道济入朝，将檀道济及其儿子等人一并杀害。治军严整的檀道济被抓时，狠狠地把头巾拉下，摔在地上，说："乃坏汝万里长城！"其三，北魏灭北凉。公元439年，北魏发布檄文，声讨北凉主沮渠牧犍的罪状，亲率大军征讨，围攻北凉都城姑臧，沮渠牧犍感到双方实力相差悬殊，就自行捆绑，率领5000多名文武百官出城投降。北凉灭亡。北魏至此基本上统一了北方，这一年为北朝的开始。其四，北魏统一北方。北魏由拓跋鲜卑所建，前秦于淝水之战崩溃后，代王拓跋什翼犍之孙拓跋珪举兵复国，史称"北魏"。拓跋嗣、拓跋焘相继继位，励精图治，国力大盛，先后消灭夏、北燕、北凉，击溃柔然，与刘宋对峙。至此中国正式进入"南北朝时代"。其五，文帝铲除异己。刘宋彭城王刘义康因文帝刘义隆多病，以司徒独掌朝政，行事不顾君臣礼仪，其党众欲推其登上帝位。公元440年，刘义隆以"合党连群，阴谋潜计"的罪名诛杀其亲信刘湛、刘斌等人，解除其宰辅职务，贬到豫章担任江州刺史，后被赐死。

太祖文皇帝中之上

元嘉十三年（丙子，436年）

春，正月，癸丑朔[1]，上有疾，不朝会。

甲寅[2]，魏主还宫。

二月，戊子[3]，燕王遣使入贡于魏，请送侍子，魏主不许，将举兵讨之，壬辰[4]，遣使才十余辈诣东方高丽等诸国告谕之。

司空、江州刺史、永修公檀道济，立功前朝[5]，威名甚重，左右腹心[6]并经百战，诸子又有才气，朝廷疑畏[7]之。帝久疾不愈，刘湛说司徒义康，以为"宫车一日晏驾[8]，道济不复可制。"会帝疾笃[9]，义康言于帝，召道济入朝[10]。其妻向氏谓道济曰："高世之勋[11]，自古所忌。今无事相召，祸其[12]至矣。"既至，留之累月。帝稍间[13]，将遣还，已下渚[14]，未发；会帝疾动[15]，义康矫诏召道济入祖道[16]，因执[17]之。三月，己未[18]，下诏称："道济潜散金货，招诱剽猾[19]，因朕寝疾[20]，规肆祸心[21]。"收付廷尉[22]，并其子给事黄门侍郎植[23]等十一人诛之，唯宥其孙孺[24]。又杀司空参军薛彤、高进之[25]。二人皆道济腹心，有勇力，时人比之关、张[26]。

道济见收[27]，愤怒，目光如炬，脱帻[28]投地曰："乃坏汝万里长城[29]！"魏人闻之，喜曰："道济死，吴子辈不足复惮[30]。"

庚申[31]，大赦；以中军将军南谯王义宣[32]为江州刺史。

辛未[33]，魏平东将军娥清、安西将军古弼将精骑一万伐燕，平州刺史拓跋婴帅辽西诸军会之。

氐王杨难当自称大秦王，改元建义[34]。立妻为王后，世子为太子，置百官皆如天子[35]之制；然犹贡奉[36]宋、魏不绝。

夏，四月，魏娥清、古弼攻燕白狼城[37]，克之。

高丽遣其将葛卢孟光将众数万随阳伊至和龙[38]迎燕王。高丽屯于临川[39]。燕尚书令郭生因民之惮迁[40]，开城门纳魏兵，魏人疑之，不入。生遂勒兵[41]攻燕王，王引高丽兵入自东门，与生战于阙下[42]，生中流矢死。葛卢孟光入城，命军士脱弊褐[43]，取燕武库精仗以给之[44]，大掠城中。

五月，乙卯[45]，燕王帅龙城见户东徙[46]，焚宫殿，火一旬[47]不灭；令妇人被甲居中[48]，阳伊等勒精兵居外，葛卢孟光帅骑殿后[49]，方轨而进[50]，前后八十余里。古弼部将高苟子[51]帅骑欲追之，弼醉，拔刀止之，故燕王得逃去。魏主闻之，怒，槛车征[52]弼及娥清至平城，皆黜[53]为门卒。

戊午[54]，魏主遣散骑常侍封拨[55]使高丽，令送燕王[56]。

（以上为第一段，写刘宋权臣刘义康嫉妒名将檀道济的才能与名望，将其召入京城，捏造罪名，残忍杀害，自毁长城；北魏攻打北燕，北燕主冯弘率众出逃，北燕灭亡。）

【注释】

[1]癸丑朔：正月一日。 [2]甲寅：正月二日。 [3]戊子：二月六日。 [4]壬辰：二月十日。 [5]立功前朝：檀道济在刘裕为帝的时候立有大功，佐助刘裕破桓玄、北伐并辅之称帝等等。 [6]腹心：心腹，亲信。 [7]疑畏：怀疑，畏惧。 [8]宫车一日晏驾：皇帝刘义隆忽然在某一天死去。宫车，皇帝乘坐的车，这里即指刘义隆。一日，犹今之所谓“忽然某一天”。晏驾，晚出。宫车不能按时出来上朝，隐指皇帝死亡。 [9]疾笃（dǔ）：病得很厉害，病势沉重。笃，甚，很。 [10]召道济入朝：当时檀道济为江州刺史，驻节于寻阳，在今江西九江市。 [11]高世之勋：高出于其他一切世人的功勋。高世，犹言“盖世”，极言其功劳大得无人能比。 [12]其：意思略同于“将”，将要，表示推断。 [13]稍间：病情稍好。 [14]下渚（zhǔ）：指离开了秦淮河的码头，尚未正式开船。秦淮河流经当时建康城的南面、西面，在其西北角注入长江。渚，江中小岛，这里即指河边、码头。 [15]疾动：疾病发作。 [16]入祖道：入宫祭祀，实即令其入宫向皇帝告别。 [17]执：捉住，扣留。 [18]己未：三月八日。 [19]剽（piāo）猾：勇猛险恶之徒。剽，抢劫，掠夺。 [20]寝疾：因生病，卧床不起。 [21]规肆祸心：阴谋造反。规，图谋，打算。肆，纵，实行。 [22]收付廷尉：交由司法部门。收，逮捕。廷尉，国家的最高司法长官。 [23]给事黄门侍郎植：给事黄门侍郎，侍奉帝王，为贴身近臣，以备参谋顾问。植，即檀植，檀道济之子，刘宋官员，为给事黄门侍郎，与其父一起被害。 [24]唯宥（yòu）其孙孺：只放过了他的孙子辈。宥，释放，饶恕。孙孺（rú）：孙子辈的小孩子。孺，幼儿。 [25]薛彤、高进之：两人系南朝宋人刘宋名将檀道济的心腹猛将，因“勇力过人”“身经百战”，官至司空参军，时人比之关羽、张飞。檀道济被冤杀，薛彤于建康被杀，进之蒙冤被诛。传见《宋书》卷四十三。 [26]关、张：即三国时蜀汉大将关羽、张飞。两人皆有万夫不当之勇，效忠刘备建立蜀汉。两人同传，传见《三国志》卷三十六。 [27]见收：被捉拿。见，被。 [28]脱帻（zé）：揪下头巾。 [29]长城：古代的

军事防御工事，是一道高大、坚固而且连绵不断的长垣，是以城墙为主体，同大量的城、障、亭、标相结合的防御体系，用以阻隔敌骑的行动。此比喻国家起中流砥柱作用的统帅人才。［30］吴子辈不足复惮：吴子，当时北朝人对南朝人的贱称。不足复惮（dàn），用不着再怕他们。惮，畏惧，害怕。［31］庚申：三月九日。［32］义宣：即刘义宣，字师护，刘裕第六子，初封竟陵王。宋孝武帝即位，授丞相、录尚书事、扬州刺史，改封南郡王。后反叛，被杀。传见《宋书》卷六十八。［33］辛未：三月二十日。［34］建义：南朝刘宋时仇池首领杨难当自称大秦王时的年号，共六年余。［35］天子：古代帝王自称是天之骄子，秉承天意治理天下，故称“天子”。此指杨难当效法中原王朝的皇帝制度。［36］贡奉：呈献物品给朝廷，进贡。［37］白狼城：古城名，在今辽宁建昌县西北，当时为北燕的军事重镇。［38］和龙：古都城名，也叫龙城，在今辽宁朝阳市，当时为北燕冯氏政权的都城。［39］临川：古地名，在当时的北燕都城和龙城东。［40］郭生因民之惮迁：郭生，北燕尚书令，在国家危亡时背叛，被杀。惮（dàn）迁，害怕被强迫搬迁到高丽。［41］勒兵：统兵，率军。［42］阙（quē）下：指朝廷宫殿前。阙，宫门前的左右台观，这里即指宫门。［43］弊褐（hè）：破棉袄。弊，同“敝”，破败。褐，粗布衣裳。［44］精仗以给之：精仗，精良的兵器，其中也包括新制的铠甲。以给之，把他们武装、装备起来。［45］乙卯：五月五日。［46］见户东徙：现有的人口向高丽迁移。高丽在北燕的东边，故称“东徙”。［47］一旬：十天。十天为旬。［48］居中：在队伍的中心。［49］殿后：也称“断后”，在今之所谓“后卫”。［50］方轨而进：表示搬迁的人虽多但有秩序、不慌不忙的样子。方轨，并车，有秩序的样子。［51］高苟子：北魏将领，为古弼属将。［52］征：征调，此指押送。［53］黜（chù）：降职，免官。［54］戊午：五月八日。［55］封拨：北魏官员，拓跋焘时为散骑常侍，曾出使高丽。［56］令送燕王：命令高丽国王将北燕主冯弘送到北魏来。

丁卯[1]，魏主如河西。

六月，诏宁朔将军萧汪之将兵讨程道养[2]，军至郪口[3]，帛氏奴[4]请降。道养兵败，还入郪山[5]。

赫连定之西迁[6]也，杨难当遂据上邽[7]。秋，七月，魏主遣骠骑大将军乐平王丕、尚书令刘絜督河西、高平[8]诸军以讨之，先遣平东将军崔赜[9]赍诏书谕难当[10]。

魏散骑侍郎游雅来聘[11]。

己未[12]，零陵王[13]太妃褚氏卒，追谥曰“晋恭思皇后”，葬以晋礼。

八月，魏主畋于河西。

魏主遣广平公张黎发定州[14]兵一万二千通莎泉道[15]。

九月，庚戌[16]，魏乐平王丕等至略阳[17]，杨难当惧，请奉诏[18]，摄上邽守兵还仇池[19]。诸将议以为："不诛其豪帅，军还之后，必相聚为乱。又，大众远出，不有所掠，无以充军实[20]，赏将士。"丕将从之，中书侍郎高允[21]参丕军事，谏曰："如诸将之谋，是伤其向化[22]之心。大军既还，为乱必速。"丕乃止，抚慰初附，秋毫不犯，秦、陇[23]遂安。难当以其子顺[24]为雍州刺史，镇下辨[25]。

高丽不送燕王于魏，遣使奉表，称："当与冯弘俱奉王化[26]。"魏主以高丽违诏，议击之，将发陇右[27]骑卒，刘絜曰："秦、陇新民[28]，且当优复[29]，俟[30]其饶实，然后用之。"乐平王丕曰："和龙新定，宜广修农桑以丰军实，然后进取，则高丽一举可灭也。"魏主乃止。

癸丑[31]，封皇子浚[32]为始兴王，骏为武陵王[33]。

冬，十一月，己酉[34]，魏主如稒阳[35]，驱野马于云中[36]，置野马苑；闰月，壬子[37]，还宫。

初，高祖克长安[38]，得古铜浑仪[39]，仪状虽举[40]，不缀七曜[41]。是岁，诏太史令钱乐之[42]更铸浑仪，径六尺八分，以水转之，昏明中星与天相应[43]。

柔然与魏绝和亲，犯魏边。

吐谷浑惠王慕璝卒，弟慕利延[44]立。

（以上为第二段，写前胡夏主赫连定西迁后，氐王杨难当占据上邽，北魏主拓跋焘派遣大军攻打，杨难当撤出上邽；拓跋焘接受大臣的建议，放弃攻打高丽的计划。）

【注释】

[1]丁卯：五月十七日。[2]萧汪之将兵讨程道养：萧汪之，刘宋将领，文帝刘义隆时，为宁朔将军。程道养，河州枹罕（今甘肃临夏市枹罕镇）人，南朝宋时益州起义军首领。被拥立为蜀王，国号蜀国，年号泰始。后起义军内部分化，为臣下王道恩所弑。[3]郪（qī）口：古地名，在今四川遂宁市西北，当时的郪江入涪水之口。[4]帛氐奴：人名，益州乱民的将领。[5]郪山：在当时的郪县境内，今四川射洪市西南。[6]西迁：指胡夏主赫连定畏魏国之逼，率众西行渡河欲袭沮渠蒙逊之地以居之，结果被吐谷浑人俘虏。[7]上邽（guī）：县名，县治在今甘肃天水市。

[8]河西、高平：河西，古区域名，泛指今甘肃西部及邻近的青海一带地区。高平，古地名，在今宁夏固原市。［9］崔赜（zé）：字泰冲。北魏官员。曾持节策拜杨难当为南秦王，奉使数返。传见《魏书》卷三十二。［10］谕难当：为杨难当分析形势，劝其退出所占的上邽。［11］游雅来聘：游雅，字伯度，广平任县（今河北邢台市任泽区）人，北魏大臣。传见《魏书》卷五十四。来聘，到刘宋国进行国事访问。［12］己未：七月十日。［13］零陵王：即被刘裕所篡权，被废的东晋末帝司马德文为零陵王，随后又将其杀害。［14］定州：古都城名，在今河北定州市，古代也叫中山，是汉代中山国的都城。［15］莎泉道：从平城通往莎泉的道路。莎泉，县名，县治在今山西灵丘县西。［16］庚戌：九月二日。［17］略阳：郡名，郡治陇城，在今甘肃秦安县东北，当时的上邽以北。［18］请奉诏：请求允许按照北魏主的诏书行事，即退出上邽。［19］仇池：郡名，郡治在今甘肃成县西，是杨氏家族长期占据的地方。［20］军实：军队中的器械和粮食。［21］高允：字伯恭，渤海蓨县（今河北景县）人，北魏宰相、文史学家。初为郡功曹，历任中书博士、中书侍郎，随司徒崔浩修撰《国记》，迁镇东将军、中书监，封咸阳郡公；出为征西将军、怀州刺史。赠侍中、大将军、司空公、冀州刺史，谥号文。传见《魏书》卷四十八。［22］向化：向往，归化。［23］秦、陇：秦岭和陇山，指今陕西、甘肃之地。［24］顺：即杨顺，杨难当之子，曾为秦州刺史、雍州刺史，镇守下辨。［25］下辨：县名，县治在今甘肃成县西北，当时的仇池郡东。［26］奉王化：此指奉行北魏的教化。［27］陇右：古区域名，指陇山以西，在今甘肃东部、宁夏东南部一带地区。［28］新民：新受北魏统治的民众。［29］优复：优待，免除其赋税劳役。［30］俟（sì）：等待，等候。［31］癸丑：九月五日。［32］浚：即拓跋濬，字乌雷，代郡平城（今山西大同市）人，鲜卑族，太武帝拓跋焘之孙，景穆帝拓跋晃长子，北魏第五位皇帝（452—465）。敬寿帝拓跋余遇弑后，拓跋濬即位为帝，年号兴安。在位期间，平定内乱，休养生息。谥号文成，庙号高宗。传见《魏书》卷五。始兴王：封地始兴郡，郡治曲江，在今广东韶关市西南。［33］骏：即拓跋骏，拓跋焘之子，封为武陵王。封地武陵郡，郡治临沅，在今湖南常德市武陵区。［34］己酉：十一月一日。［35］稒（gū）阳：县名，县治在今内蒙古包头市东。［36］云中：郡名，郡治盛乐，在今内蒙古和林格尔县北。［37］闰月，壬子：闰十二月五日。［38］高祖克长安：即宋武帝刘裕北伐灭后秦，收复长安，在晋文帝义熙十三年，公元417年。［39］铜浑仪：铜制的浑天仪，古代一种用来观测天象的仪器。［40］仪状虽举：浑天仪的样子虽然大体尚好。［41］不缀（zhuì）七曜：上面所应具备的日、月与金、木、水、火、土五星都已经不存在了。不缀，不相连属，这里即指丢失、不存在。［42］钱乐之：刘宋官员，古代律历学家，文帝刘义隆时任太史令。曾更铸张衡旧仪，又创制小浑天仪。［43］昏明中星与天相应：浑天仪上的星宿运转，不论早晨晚上，都和天空中的实际情况一样。［44］慕利延（？—452）：慕容氏，惠王慕璝之弟，承袭惠王担任吐谷浑国王，为第十一任国王。北魏封他为镇西大将军，西平王。刘宋封他为镇西将军、秦州、河川刺史，陇西王。后改封河南王。后被北魏军队打败，退至于阗，又复位。封号西平王。

十四年（丁丑，437年）

春，正月，戊子[1]，魏北平宣王长孙嵩卒。

辛卯[2]，大赦。

二月，乙卯[3]，魏主如幽州[4]。三月，丁丑[5]，魏主以南平王浑[6]为镇东大将军、仪同三司，镇和龙。己卯[7]，还宫。

帝遣散骑常侍刘熙伯如魏议纳币[8]，会帝女亡而止。

夏，四月，赵广、张寻、梁显[9]等各帅众降；别将王道恩[10]斩程道养，送首，余党悉平[11]。丁未[12]，以辅国将军周籍之[13]为益州刺史。

魏主以民官[14]多贪，夏，五月，己丑[15]，诏吏民得[16]举告守令不如法者。于是，奸猾专求牧宰[17]之失，迫胁在位[18]，横于闾里[19]；而长吏咸降心[20]待之，贪纵如故[21]。

丙申[22]，魏主如云中。

秋，七月，戊子[23]，魏永昌王健[24]等讨山胡白龙余党于西河[25]，灭之。

八月，甲辰[26]，魏主如河西；九月，甲申[27]，还宫。

丁酉[28]，魏主遣使者拜吐谷浑王慕利延为镇西大将军、仪同三司，改封西平王[29]。

冬，十月，癸卯[30]，魏主如云中；十一月，壬申[31]，还宫。魏主复遣散骑侍郎董琬、高明[32]等多赍金帛使西域[33]，招抚九国[34]。琬等至乌孙[35]，其王甚喜，曰："破落那、者舌[36]二国皆欲称臣致贡于魏，但无路自致[37]耳，今使君宜过抚之[38]。"乃遣导译[39]送琬诣破落那，明诣者舌。旁国闻之，争遣使者随琬等入贡，凡十六国，自是每岁朝贡不绝。

魏主以其妹武威公主[40]妻河西王牧犍，河西王遣宋繇奉表诣平城谢，且问其母及公主所宜称[41]。魏主使群臣议之，皆曰："母以子贵，妻从夫爵。牧犍母宜称河西国太后，公主于其国称王后，于京师[42]则称公主。"魏主从之。

初，牧犍娶凉武昭王之女[43]，及魏公主至，李氏与其母尹氏迁居酒泉[44]。顷之[45]，李氏卒，尹氏抚之，不哭，曰："汝国破家亡[46]，今死晚矣[47]。"牧犍之弟无讳镇酒泉，谓尹氏曰："后诸孙在伊吾[48]，后欲就之[49]乎？"尹氏未测其意，绐[50]之曰："吾子孙漂荡，托身异域；余生无几，当死此，不复为毡裘之鬼[51]也。"未几，潜奔伊吾。无讳遣骑追及之，尹氏谓追骑曰："沮渠酒泉许吾归北[52]，何为复追！汝取吾首以往，吾不复还矣。"追骑不敢逼，引还。尹氏卒于伊吾。

牧犍遣将军沮渠旁周[53]入贡于魏，魏主遣侍中古弼、尚书李顺赐其侍臣衣服，并征世子封坛[54]入侍。是岁，牧犍遣封坛如魏，亦遣使诣建康，献杂书及敦煌赵𢾺所撰《甲寅元历》[55]，并求杂书数十种，帝皆与之。

李顺自河西还，魏主问之曰："卿往年[56]言取凉州之策，朕以东方有事[57]，未遑[58]也。今和龙已平，吾欲即以此年西征，可乎？"对曰："臣畴昔[59]所言，以今观之，私谓不谬[60]。然国家戎车屡动，士马疲劳，西征之议，请俟他年[61]。"魏主乃止。

（以上为第三段，写刘宋益州叛首赵广等率众投降，乱事平定；北魏主拓跋焘派遣将领出使西域，招抚诸国，有十六国向北魏进贡；拓跋焘欲攻北凉，李顺予以劝止。）

【注释】

[1]戊子：正月十二日。 [2]辛卯：正月十五日。 [3]乙卯：二月九日。 [4]幽州：州治在今北京市。 [5]丁丑：三月二日。 [6]浑：即拓跋浑，道武帝拓跋珪之孙，阳平王拓跋熙次子，封南平王，加平西将军，任镇东大将军、平州刺史、仪同三司、领护东夷校尉，迁征西大将军、凉州刺史、领护西域校尉。传见《魏书》卷十六。 [7]己卯：三月四日。 [8]刘熙伯如魏议纳币：刘熙伯，文帝刘义隆时为散骑常侍。议纳币，指商量送聘礼的问题。币，礼品。北魏从元嘉十年（433）已两次向刘宋求婚，刘宋皆"依违答之"，现在同意了。 [9]赵广、张寻、梁显：三人皆蜀王程道养的将领，时为将军。 [10]别将王道恩：别将，另一支军队的部队长。此"别将"是与益州的主将裴方明、梁儁之与荆州来的主将周籍之相对而言。王道恩，刘宋将领，文帝刘义隆时为别将，曾斩杀叛将程道养。 [11]余党悉平：许穆之、赵广等于元嘉九年起兵造反，历时五年，至今始被削平。 [12]丁未：四月二日。 [13]周籍之：文帝刘义隆时为巴东太守，平定益州叛乱有功，升为益州刺史。 [14]民官：治民之官，指太守、县令等。 [15]己丑：五月十五

日。［16］得：可以。［17］牧宰：指州牧、县令等地方官。［18］在位：指北魏的各级地方官僚。［19］闾里：乡里，平民聚居之处。［20］降心：犹言“低声下气”。［21］贪纵如故：贪赃枉法和从前一样，与前文“民官多贪”互相照应。［22］丙申：五月二十二日。［23］戊子：七月十五日。［24］健：即拓跋健（？—441），明元帝拓跋嗣之子，太武帝拓跋焘异母弟，封永昌王，官至抚军大将军。传见《魏书》卷十七。［25］白龙：人名，山胡族的头领。西河：古区域名，指内蒙古阿拉善盟一带的黄河以西地区。［26］甲辰：八月一日。［27］甲申：九月十二日。［28］丁酉：九月二十五日。［29］改封西平王：在此之前，北魏主拓跋焘封慕璝为西秦王，今改封其弟慕利延为西平王。［30］癸卯：十月一日。［31］壬申：十一月一日。［32］董琬、高明：北魏时人。曾奉太武帝拓跋焘之命出使西域，至乌孙、破洛那（即大宛）、者舌（故址在今乌兹别克斯坦东部塔什干一带）诸国，并与附近十六国建立友好关系。［33］西域：古区域名，指玉门关、阳关以西，葱岭以东，巴尔喀什湖东、南及新疆广大地区。［34］招抚九国：西域九国曾入贡于北魏，见《资治通鉴》卷一百二十二元嘉十二年（435），现予以回访、安抚。［35］乌孙：西域古国名，王称昆弥，治赤谷城（今新疆温宿县北天山中），分布在今伊犁河到天山一带。原游牧于敦煌、祁连之间，西汉初为大月氏所破，部落归服匈奴。张骞第二次出使西域，乌孙王与汉结盟，隶属西域都护。汉于赤谷城驻军、屯田。后南迁葱岭山中，与北魏有密切关系。［36］破落那：西域古国名，国都贵山城，在新疆以西的吉尔吉斯境内，相当于汉代的大宛。者舌：古国名，即汉代的康居。在破落那的西北，今乌兹别克斯坦一带。［37］无路自致：自己没有门路送上门来。［38］使君：原是汉族人对刺史、太守的敬称，这里是对使者的尊称，犹言“大使先生”。宜过抚之：应该前去安抚一下。［39］导译：向导兼翻译。［40］武威公主：复姓拓跋，北魏公主，太武帝拓跋焘之妹。出于政治需要，嫁给北凉主沮渠牧犍，立为皇后。北凉灭亡后，进入平城居住。后沮渠牧犍谋反伏诛，再嫁南郡公李盖，卒于家中。［41］问其母及公主所宜称：并向北魏主请示他们对沮渠牧犍之母与对魏国下嫁到北凉的公主应该怎么称呼。其中“其母及”三字原无，据章校补。［42］于京师：意即在北魏国。［43］牧犍娶凉武昭王之女：北琼主沮渠牧犍先前娶了西凉武昭王李暠之女为妻。魏公主到来，将李氏及其母从都城武威迁居酒泉避位。武昭王，是西凉开国主李暠的谥号。［44］酒泉：郡名，郡治在今甘肃酒泉市。牧犍之弟无讳守酒泉。［45］顷之：不久。［46］国破家亡：西凉政权于宋武帝永初二年（421）被沮渠蒙逊消灭。［47］今死晚矣：意谓早在自己国家灭亡时，就应该殉国而死。［48］后诸孙在伊吾：沮渠无讳对尹氏说：你的几个孙子现在都在伊吾。沮渠蒙逊先后灭掉了李暠的儿子李歆、李恂后，李暠的孙子李宝率众西逃伊吾。后，敬称李氏之母尹氏。伊吾，古地名，在今新疆哈密市西。［49］就之：前往投奔他们。［50］绐（dài）：欺骗。［51］不复为毡裘之鬼：犹言不想再死到生番化外去了。毡裘，古代北方游牧民族以皮毛制作衣服，代指少数民族。［52］沮渠酒泉：指沮渠无讳，时为酒泉太守。归北：指往投在伊吾的诸孙。伊吾在酒泉市西北，故云。［53］沮渠旁周：人名，北凉宗室、将领。［54］封坛：即沮渠封坛，沮渠牧犍之子，北凉世子。北魏征召其到平城为人质。［55］《甲寅元历》：当时的一种历法书。［56］往年：指元嘉九年，公元432年魏主曾与李顺讨论灭北凉之策。李顺说沮渠蒙逊在世不可用兵，但他活不了多久，死后必是沮渠牧犍继立，其时可灭。故魏主今问用兵可乎？［57］东方有事：指用兵于北燕。［58］未遑（huáng）：没有顾得上。遑，空闲，闲暇。［59］畴（chóu）昔：从前，前些时候。［60］私谓不谬：我自己觉得没有错误。［61］请俟（sì）他年：请等别的年头。俟，等待，等候。

十五年（戊寅，438年）

春，二月，丁未[1]，以吐谷浑王慕利延为都督西秦、河、沙[2]三州诸军事，镇西大将军，西秦、河二州刺史、陇西王。

三月，癸未[3]，魏主诏罢沙门年五十以下者[4]。

初，燕王弘至辽东[5]，高丽王琏遣使劳[6]之曰："龙城王冯君，爰适野次[7]，士马劳乎？"弘惭怒，称制让之[8]；高丽处之平郭[9]，寻徙北丰[10]。弘素侮[11]高丽，政刑赏罚，犹如其国[12]，高丽乃夺其侍人，取其太子王仁[13]为质。弘怨高丽，遣使上表求迎[14]，上遣使者王白驹[15]等迎之，并令高丽资遣[16]。高丽王不欲使弘南来，遣将孙漱、高仇[17]等杀弘于北丰，并其子孙十余人，谥弘曰"昭成皇帝"。白驹等帅所领七千余人掩讨[18]漱、仇，杀仇，生擒漱。高丽王以白驹等专杀[19]，遣使执送[20]之。上以远国[21]，不欲违其意，下白驹等狱，已而原[22]之。

夏，四月，纳故黄门侍郎殷淳[23]女为太子劭妃。

五月，戊寅[24]，魏大赦。

丙申[25]，魏主如五原；秋，七月，自五原北伐柔然。命乐平王丕督十五将出东道，永昌王健督十五将出西道，魏主自出中道。至浚稽山[26]，复分中道为二：陈留王崇从大泽向涿邪山[27]，魏主从浚稽北向天山[28]，西登白皁[29]，不见柔然而还。时漠北大旱，无水草，人马多死。

冬，十一月，丁卯朔[30]，日有食之。

十二月，丁巳[31]，魏主至平城。

豫章雷次宗[32]好学，隐居庐山[33]。尝征为散骑侍郎，不就。是岁，以处士[34]征至建康，为开馆于鸡笼山[35]，使聚徒教授。帝雅好[36]艺文，使丹杨尹庐江何尚之立玄学[37]，太子率更令何承天立史学，司徒参军谢元立文学，并次宗儒学为四学[38]。元，灵运之从祖弟也。帝数幸次宗学馆，令次宗以巾褠侍讲[39]，资给[40]甚厚。又除给事中[41]，不就。久之，还庐山。

臣光曰:《易》曰:“君子多识前言往行以畜其德[42]。”孔子曰:“辞达而已矣[43]。”然则史者儒之一端[44]，文者儒之余事[45]；至于老、庄[46]虚无[47]，固非所以为教也[48]。夫学者所以求道，天下无二道[49]，安有四学哉！

帝性仁厚恭俭，勤于为政；守法而不峻[50]，容物而不弛[51]。百官皆久于其职[52]，守宰以六期为断[53]，吏不苟免[54]，民有所系[55]。三十年间，四境之内，晏安[56]无事，户口蕃息[57]；出租供徭[58]，止于岁赋[59]，晨出暮归，自事[60]而已。闾阎[61]之间，讲诵相闻[62]，士敦操尚[63]，乡耻轻薄[64]。江左[65]风俗，于斯[66]为美，后之言政治者，皆称[67]元嘉焉。

（以上为第四段，写北魏主拓跋焘率军攻打柔然，无功而还；北燕主冯弘逃到高丽，仍摆出原来的架势，被杀；宋文帝刘义隆性情宽仁，恭谨勤奋，后世称道元嘉之治。）

【注释】

[1]丁未：二月七日。[2]西秦、河、沙：古三州名，西秦州的州治苑川，在今甘肃兰州市东；河州的州治枹罕，在今甘肃临洮县东北；沙州的州治在今甘肃酒泉市。[3]癸未：三月十三日。[4]罢沙门年五十以下者：指让年五十岁以下身体强壮，可以从事劳动、服兵役的和尚还俗为民。[5]辽东：代指高句丽国。[6]劳：慰劳，慰问。[7]爰（yuán）适野次：犹言来到我们这个破地方。爰，“乃”的意思。野次，荒野的处所，语似谦而带嘲弄之辞。[8]称制让之：以帝王对臣民说话的口吻责备他。[9]平郭：县名，县治在今辽宁盖州市西南。[10]寻徙北丰：不久又将其迁到北丰县。寻，不久，很快。北丰县的县治在今辽宁沈阳市西北。[11]素侮：一向瞧不起。[12]政刑赏罚，犹如其国：对属下臣民的发号施令、赏赐惩罚，仍和在龙城为北燕王时一样。[13]王仁：即冯王仁，北燕主冯弘之子，被立为太子。[14]求迎：求刘宋派兵前往迎接。[15]王白驹：刘宋官员，文帝刘义隆时曾为使者，往迎逃亡高句丽的北燕主冯弘归来，未成。[16]资遣：出路费送其上路。[17]孙漱、高仇：高句丽王国的将领。

[18]掩讨：突然袭击。[19]专杀：擅自杀人。[20]执送：逮捕押送回来。[21]远国：远方的小国。[22]原：宽免，释放。[23]殷淳：字粹远，陈郡长平（今河南西华县）人，南朝宋目录学家、官员。少好学，有美名。历任秘书郎、衡阳王文学、秘书丞、中书黄门侍郎等职。传见《宋书》卷五十九。[24]戊寅：五月九日。[25]丙申：五月二十七日。[26]浚稽山：古山名，在蒙古国境内的图勒河与鄂尔浑河之间。[27]涿邪山：古山名，在浚稽山的西方。[28]天山：古山名，在今蒙古国的杭爱山东部，在当时的柔然可汗庭（今蒙古国哈尔和林市西北）的西面。[29]白阜：古山名，胡三省疑即雪山，在天山之西的今杭爱山南面。[30]丁卯朔：十一月一日。[31]丁巳：十二月二十二日。[32]雷次宗：字仲伦，豫章人，刘宋时的隐士、教育家、佛学家。曾拜和尚慧远为师，两次被皇帝请到京城讲授儒学，齐高帝萧道成曾是他的学生。是东林寺十八高贤之一，对净土宗的发展起到了重要作用。传见《宋书》卷九十三。[33]庐山：名山之一，在今江西九江市南。[34]处士：指有德才而隐居没有做官的人。[35]鸡笼山：也叫鸡鸣山，在当时的台城北，今江苏南京内的解放门南。[36]雅好：十分爱好。[37]玄学：当时一种专门研究玄虚的“学问”，以《老子》《庄子》、佛学、《易经》为主要讨论对象。[38]四学：指雷次宗的儒学、何尚之的玄学、何承天的史学、谢元的文学，并称四家。宋文帝设立四家馆讲学，多次亲临听讲。[39]巾褠（gōu）：指头巾和单衣，古代士人盛服，是当时士大夫们交往时的一种比较讲究的服饰，仅次于朝服。帝王让国学博士穿着这种衣服给他讲书，是表示不以君臣关系相对待。[40]资给：赏赐，给予。[41]给事中：皇帝的侍从官员，以备参谋顾问。[42]多识前言往行以畜其德：大都多熟知前人的教诲，接受过去的经验，培养自己的德行。畜，同“蓄”，积累，提高。[43]辞达而已矣：话说明白就行，不必追求词藻的华丽。这句话见《论语·卫灵公》。[44]史者儒之一端：史学是儒家学问中的一项。[45]文者儒之余事：文章之学是儒家学问中的细枝末节，有时间就学一点。孔子有所谓“有余力则学文”。一生追求雕章琢句，如司马相如所为，非孔子所提倡。按，此为司马光对孔子的过度鲜谈，表达他不重视文学的儒见。[46]老、庄：即老子、庄子。[47]虚无：指老子、庄子的学说都是讲“虚无”，都以“清静无为”为安身立命之基。[48]固非所以为教也：本来就不是拿来对人宣讲的东西。[49]天下无二道：只有儒家的“圣人”之学一道而已。[50]不峻：不严酷。[51]容物而不弛：对人宽容，但又能坚守法纪。[52]久于其职：一个官职要做好多年，近于汉朝的“为官者长子孙”，甚至以官职为其姓氏。[53]守宰以六期为断：做太守、县令的长官最多可以做满六年。[54]不苟免：意即坚持原则，不敷衍了事。[55]民有所系：百姓们都感到有依靠。[56]晏安：太平、安定。[57]蕃（fán）息：人口增加。[58]出租：交纳租赋。供徭：供给徭役。[59]止于岁赋：只有“岁赋”一项而已。岁赋，指一年一度的正常赋税。[60]自事：为自己做事。[61]闾阎：犹今之所谓里巷、胡同，百姓的聚居之处。[62]讲诵相闻：指彼此都在读书、谈学问。[63]士敦（dūn）操尚：念书的人们都重视道德修养。敦，劝导并勉励。[64]乡耻轻薄：民间以轻佻、浮薄为耻辱。[65]江左：古地区名，指长江下游南岸地区。古人在地理上以东为左，以西为右，

故江东又名江左。此代指刘宋的统治区域。[66]于斯：在这个时期。[67]称：称赞，赞颂。

十六年（己卯，439年）

春，正月，庚寅[1]，司徒义康进位大将军、领司徒，南兖州刺史、江夏王义恭进位司空。

魏主如定州[2]。

初，高祖遗诏[3]，令诸子次第居荆州[4]。临川王义庆在荆州八年，欲为之选代[5]，其次应在南谯王义宣。帝以义宣人才凡鄙[6]，置[7]不用。二月，己亥[8]，以衡阳王义季[9]为都督荆、湘[10]等八州诸军事，荆州刺史。义季尝春月出畋[11]，有老父被苫[12]而耕，左右斥之[13]，老父曰："盘于游畋[14]，古人所戒[15]。今阳和布气[16]，一日不耕，民失其时[17]，奈何以从禽之乐[18]而驱斥老农也！"义季止马曰："贤者也。"命赐之食，辞曰："大王不夺农时，则境内之民皆饱大王之食，老夫何敢独受大王之赐乎！"义季问其名，不告而退。

三月，魏雍州刺史葛那寇上洛[19]，上洛太守镡长生[20]弃郡走。

辛未[21]，魏主还宫。

杨保宗与兄保显自童亭奔魏[22]。庚寅[23]，魏主以保宗为都督陇西诸军事、征西大将军、开府仪同三司、秦州牧、武都[24]王，镇上邽[25]，妻以公主；保显为镇西将军、晋寿公[26]。

河西王牧犍通于其嫂李氏，兄弟三人传嬖之[27]。李氏与牧犍之姊共毒魏公主[28]，魏主遣解毒医乘传[29]救之，得愈。魏主征李氏[30]，牧犍不遣，厚资给，使居酒泉。

魏每遣使者诣西域，常诏牧犍发导护送出流沙[31]。使者自西域还，至武威[32]，牧犍左右有告魏使者曰："我君承蠕蠕可汗[33]妄言云：'去岁魏天子自来伐我，士马疫死，大败而还；我擒其长弟乐平王丕[34]。'我君大喜，宣言于国。又闻可汗遣使告西域诸国，称'魏已削弱，今天下唯我为强，若更有魏使[35]，勿复供奉。'西域诸国颇有贰心。"使还，具以状闻。魏主遣尚书贺多罗使凉州观虚实[36]，多罗还，亦言牧犍虽外修臣礼，内实乖悖[37]。

魏主欲讨之，以问崔浩。对曰："牧犍逆心已露，不可不诛。官军往年北伐，虽不克获，实无所损。战马三十万匹，计在道死伤不满八千，常岁羸死[38]亦不减万匹。而远方乘虚[39]，遽谓[40]衰耗不能复振。今出其不意，大军猝至[41]，彼必骇扰[42]，不知所为，擒之必矣。"魏主曰："善！吾意亦以为然。"于是，大集公卿议于西堂[43]。

弘农王奚斤等三十余人皆曰："牧犍，西垂下国[44]，虽心不纯臣，然继父位以来，职贡[45]不乏。朝廷待以藩臣[46]，妻以公主，今其罪恶未彰，宜加恕宥[47]。国家新征蠕蠕，士马疲弊[48]，未可大举。且闻其土地卤瘠[49]，难得水草，大军既至，彼必婴城[50]固守。攻之不拔，野无所掠，此危道也。"

初，崔浩恶尚书李顺，顺使凉州凡十二返[51]，魏主以为能。凉武宣王数与顺游宴[52]，对其群下时为骄慢[53]之语，恐顺泄之，随以金宝纳于顺怀，顺亦为之隐。浩知之，密以白魏主，魏主未之信。及议伐凉州，顺与尚书古弼皆曰："自温圉水以西至姑臧[54]，地皆枯石，绝无水草。彼人[55]言，姑臧城南天梯山[56]上，冬有积雪，深至丈余，春夏消释，下流成川，居民引以溉灌。彼闻军至，决此渠口，水必乏绝。环城百里之内，地不生草，人马饥渴，难以久留。斤等之议是也。"魏主乃命浩与斤等相诘难[57]，众无复他言，但云"彼无水草"。浩曰："《汉书·地理志》称'凉州之畜为天下饶'，若无水草，畜何以蕃[58]？又，汉人终不于[59]无水草之地筑城郭，建郡县也。且雪之消释，仅能敛尘[60]，何得通渠溉灌乎！此言大为欺诬[61]矣。"李顺曰："耳闻不如目见，吾尝目见，何可共辩[62]？"浩曰："汝受人金钱，欲为之游说，谓我目不见便可欺邪！"帝隐听[63]，闻之，乃出见斤等，辞色严厉[64]，群臣不敢复言，唯唯[65]而已。

群臣既出，振威将军代人伊馛[66]言于帝曰："凉州若果无水草，彼何以为国？众议皆不可用，宜从浩言。"帝善之。

夏，五月，丁丑[67]，魏主治[68]兵于西郊；六月，甲辰[69]，发平城。使侍中宜都王穆寿辅太子晃监国，决留台事[70]，内外听[71]焉。又使大将军长乐王稽敬[72]、辅国大将军建宁王崇[73]将二万人屯漠南以备柔然。命公卿为书以让[74]河西王牧犍，数其十二罪，且曰："若亲帅群臣委贽[75]远迎，谒拜[76]马首，上策也。六军既临[77]，面缚舆榇[78]，其次也。若守迷穷城[79]，不时悛悟[80]，身死族灭，为世大戮[81]。宜思厥中[82]，自求多福！"

（以上为第五段，写北凉主沮渠牧犍对北魏称臣纳贡，内心却有异志，北魏主拓跋焘欲发兵攻打，朝廷意见分歧，谋臣崔浩力主出兵，拓跋焘率军出发，对北凉发出劝降警告。）

【注释】

[1]庚寅：正月二十五日。 [2]定州：郡名，郡治在今河北定州市，古代中山国的都城。 [3]遗诏：皇帝临终时所发的诏书。 [4]诸子次第居荆州：每个儿子都轮流做一次荆州刺史。荆州是当时最大、最重要的州，州治江陵，在今湖北荆州市江陵县。按，荆州安则江南安。凡偏安南方的政权，均以荆州为重镇，资实甲兵占全国之半。 [5]选代：选择下一任的代替者。 [6]凡鄙：平庸，鄙陋。 [7]置：搁置，废弃。 [8]己亥：二月五日。 [9]义季：即刘义季，小字师护，刘裕第七子，刘义隆的七弟，封衡阳王。传见《宋书》卷六十一。 [10]湘：即湘州，州治临湘，在今湖南临湘市。 [11]出畋（tián）：出去打猎。 [12]被苫（shān）：身披蓑衣。被，同"披"。苫，同"蓑"，用茅草编成的雨衣。 [13]斥之：意即轰他走开，嫌他妨碍打猎。 [14]盘于游畋（tián）：迷恋打猎的快乐。盘，乐，迷恋。游畋，出游，打猎。 [15]古人所戒：这是古人曾告诫我们的。《尚书·无逸》中有"文王不敢盘于游畋，以庶邦唯正之供"；又有"继自今嗣王，则无淫于观、于逸、于游、于田，以万民唯上之供"。据说这是周公告诫成王，让他不要贪恋畋猎的诗。 [16]阳和布气：春天的阳光散发暖气，正是播植五谷的季节。布，布散，散发。 [17]民失其时：老百姓就要错过农时。 [18]从禽之乐乐：放纵鹰犬捕捉野兽之乐。从，同"纵"。也，同"耶"，反问语气词。 [19]雍州：州治在今陕西西安市。葛那：人名，北魏官员，拓跋焘时为雍州刺史。上洛：郡名，郡治在今陕西商洛市商州区，当时属刘宋。 [20]镡（xún）长生：刘宋官员，文帝刘义隆时，为上洛太守，在北魏进攻下，弃郡逃跑。 [21]辛未：三月七日。 [22]自童亭奔魏：杨保宗之父原是氐族的头领，其父死后，政权被其叔杨难当所篡取，杨保宗也被其叔所囚。后来被放出，使其镇守童亭，今杨保宗与其兄杨保显逃奔北魏。童亭，古地名，在今甘肃天水市东南。 [23]庚寅：三月二十六日。 [24]武都：郡名，郡治在今甘肃成县西北。 [25]上邽（guī）：古城名，在今甘肃天水市。 [26]晋寿公：封地晋寿县，县治在今四川阆中市西北。 [27]传嬖（bì）之：轮替着宠爱她。嬖，宠幸，宠爱。 [28]魏公主：即武威公主，拓跋焘之妹，嫁与沮渠牧犍为妃。 [29]乘传：乘驿车，以取其快。 [30]征李氏：召李氏回北魏。 [31]送出流沙：送过白龙堆沙漠。流沙，即白龙堆沙漠，在今敦煌以西新疆东部的东西交通线上。 [32]武威：郡名，

郡治姑臧，在今甘肃武威市，当时北凉政权的都城。［33］承蠕蠕可汗：听到蠕蠕可汗说。蠕蠕，魏人对柔然的贱称，其可汗名吴提，号敕连可汗。［34］擒其长弟乐平王丕：此说纯属捏造。［35］更有魏使：再有魏国来使。［36］贺多罗：北魏官员，拓跋焘时为尚书、平东将军、征西将军。使凉州观虚实：观察北凉政权的实际状况。［37］乖悖（bèi）：乖背，傲慢。［38］羸（léi）死：疾病、瘦弱而死，即正常死亡。［39］乘虚：趁着空虚。［40］遽（jù）谓：因此就说我们。遽，同“遂”，于是。［41］猝（cù）至：突然来到。［42］骇（hài）扰：惊慌，骚乱。［43］西堂：平城太极殿的西堂。［44］西垂：亦作“西陲”，西面边疆。垂，同“陲”，边陲，边地。下国：小国，含有蔑视的意思。［45］职贡：即进贡。职，也是“贡”的意思。［46］藩臣：拱卫王室之臣。［47］恕宥（yòu）：饶恕，原谅。［48］疲弊：疲劳不堪。弊，同“敝”。［49］卤瘠：指盐碱地，不长庄稼。［50］婴城：绕城。［51］凉州：州治甘肃武威市，此代指北凉的都城武威。凡十二返：十二次，十二个来回。返，犹言往返，来回。［52］游宴：游乐，宴饮。［53］骄慢：傲慢，自高自大。［54］温圉水：河水名，又作媪围水，在今甘肃皋兰县附近的黄河河段。姑臧：郡名，郡治在今甘肃武威市。［55］彼人：那里的人。［56］天梯山：古山名，在今甘肃武威西南。［57］诘（jié）难：攻驳、辩论。［58］蕃：盛，繁殖得多。［59］终不于：无论如何不会在。［60］敛尘：收敛灰尘。［61］大为欺诬：实在是以假话骗人。［62］何可共辩：怎能与我辩论。［63］隐听：躲在后面偷听。［64］严厉：严肃厉害，不宽容。［65］唯唯：唯唯诺诺，哼哼哈哈。［66］伊馛（bó）：本姓伊娄氏，字玥，代郡人，北魏名将。起家员外郎，迁内三郎、振威将军，拜中护军、秘书监，迁冠军将军、东雍州刺史；入为殿中尚书，进镇军将军，拜征北大将军、都曹尚书、侍中，封河南郡公；为司空，迁太子太保、录尚书事。传见《魏书》卷四十四。［67］丁丑：五月十四日。［68］治：集合，检阅。［69］甲辰：六月十一日。［70］决留台事：处置留守朝廷的一切事务。［71］听：听命，听从。［72］稽敬：本姓纥奚，《北史》作“嵇敬”，胡三省认为“当从之”，北魏外戚大臣，道武帝拓跋珪外孙，尚书令嵇拔之子。拥戴太子拓跋嗣即位，受封长乐郡王，拜大司马、大将军。传见《魏书》卷三十四。［73］崇：即穆景，北魏辅国大将军，封建宁王。封地建宁郡，郡治在今云南曲靖市。时建宁郡属刘宋，此为虚封。［74］让：责让，责备。［75］委贽（zhì）：古代礼俗，向君主献礼，表示献身，表示臣服、归附。贽，古时初次求见人时所送的礼物、见面礼。［76］谒（yè）拜：谒见，礼拜。［77］六军：古代称天子的大军，这里是拓跋焘自指。［78］面缚舆榇（chèn）：背缚双手，车上拉着棺材。这是古代帝王、诸侯向人投降的一种仪式，表示认罪请死。面缚，因两手背缚，前头只见其面，故称。榇，棺材。［79］守迷穷城：意即坚守穷城，执迷不悟。［80］不时悛（quān）悟：不能及时地醒悟悔改。悛，悔改。［81］为世大戮：成为人世的最大耻辱。戮，辱。［82］宜思厥（jué）中：应该想想哪一种对你合适。厥，其。

己酉[1]，改封陇西王吐谷浑慕利延为河南王。

魏主自云中济河；秋，七月，己巳[2]，至上郡属国城[3]。壬午[4]，留辎重[5]，部分[6]诸军，使抚军大将军永昌王健、尚书令刘絜与常山王素[7]为前锋，两道并进；骠骑大将军乐平王丕、太宰阳平王杜超[8]为后继；以平西将军源贺[9]为乡导。

魏主问贺以取凉州方略，对曰："姑臧城旁有四部鲜卑[10]，皆臣祖父[11]旧民，臣愿处军前，宣国威信[12]，示以祸福，必相帅归命[13]。外援既服，然后取其孤城，如反掌耳。"魏主曰："善！"

八月，甲午[14]，永昌王健获河西畜产二十余万。

河西王牧犍闻有魏师，惊曰："何为乃尔[15]！"用左丞姚定国[16]计，不肯出迎，求救于柔然。遣其弟征南大将军董来将兵万余人出战于城南，望风奔溃。刘絜用卜者言，以为日辰不利，敛兵[17]不追，董来遂得入城。魏主由是怒之。

丙申[18]，魏主至姑臧，遣使谕牧犍令出降。牧犍闻柔然欲入魏边为寇，冀幸魏主东还，遂婴城固守[19]；其兄子祖[20]逾城出降。魏主具知其情[21]，乃分军围之。源贺引兵招慰诸部下[22]三万余落[23]，故魏主得专攻姑臧，无复外虑。

魏主见姑臧城外水草丰饶，由是恨李顺，谓崔浩曰："卿之昔言，今果验矣。"对曰："臣之言不敢不实，类皆如此。"

魏主之将伐凉州也，太子晃亦以为疑。至是，魏主赐太子诏曰："姑臧城东西门外[24]，涌泉[25]合于城北，其大如河。自余[26]沟渠流入漠中，其间乃无燥地[27]。故有此敕[28]，以释汝疑。"

（以上为第六段，写北魏主拓跋焘率军攻打北凉，数路同出，剑指北凉都城姑臧；北凉主沮渠牧犍环城固守；北魏将领源贺招抚祖父旧部，拓跋焘集中全力攻城。）

【注释】

[1]己酉：六月十六日。 [2]己巳：七月七日。 [3]上郡属国城：古城名，其中住着归附于魏国的其他民族。上郡，古郡名，郡治在今陕西榆林市北的长城外。属国，为安置归附的匈奴、羌、夷等少数族而设置的行政区。 [4]壬午：七月二十日。 [5]辎（zī）重：由后勤部队

运送的军用物资。［6］部分：部署，分配。［7］素：即拓跋素，常山王拓跋遵之子，北魏宗室大臣。传见《魏书》卷五十一。［8］杜超：字祖仁，明元密皇后之兄，北魏外戚大臣。《魏书》卷八十三。［9］源贺：原名秃发破羌，字贺豆跋，西平乐都（今青海省海东市乐都区）人，鲜卑族，南凉主秃发傉檀之子，北魏名臣。南凉灭亡后，逃到北魏，受到拓跋焘赏识，封西平郡公，迁征西将军，赐姓源。传见《魏书》卷四十一。［10］四部鲜卑：四个鲜卑部落。［11］臣祖父：源贺的祖父即秃发思复鞬（jiān），十六国时秃发鲜卑首领，前任首领秃发推斤之子，南凉政权的创立者。东晋兴宁三年（365）推斤去世，思复鞬继承推斤之位。在位期间，秃发鲜卑部众转盛，据有凉州一带（约当今甘肃南部）的土地。传见《晋书》卷一百二十六。［12］宣国威信：向他们宣扬魏国的兵威与信义。［13］相帅归命：相继归顺、投诚。［14］甲午：八月二日。［15］何为乃尔：为什么会有这种事情。［16］左丞：即尚书左丞，为尚书令的属官。姚定国：北凉官员，沮渠牧犍时为尚书左丞。［17］敛兵：收住军队，不准前往。敛，收拢，聚集。［18］丙申：八月四日。［19］婴城固守：倚仗城墙可达到坚守的目的。婴城，环城。［20］祖：即沮渠祖，沮渠牧犍的侄子，北凉将领，在北魏大军围困都城时，率先投降。［21］具知其情：完全了解其城中的底细。［22］诸部下：秃发氏南凉政权的老部下。［23］落：聚居的帐落。［24］东西门外：姑臧城的外围。东，原文没有，据章校补。［25］涌泉：谓东、西门外都有泉水涌出。［26］自余：其他的，别的。［27］乃无燥地：没有一点干燥不毛的地。乃，竟，根本。［28］故有此敕：我特别地写这封信。敕，帝王的命令，这里即指书信。

庚子[1]，立皇子铄为南平王[2]。

九月，丙戌[3]，河西王牧犍兄子万年[4]帅所领降魏。姑臧城溃，牧犍帅其文武五千人面缚请降，魏主释其缚而礼之。收其城内户口二十余万，仓库珍宝不可胜计。使张掖王秃发保周、龙骧将军穆罴、安远将军源贺分徇[5]诸郡，杂胡降者又数十万。

初，牧犍以其弟无讳为沙州刺史，都督建康[6]以西诸军事，领酒泉太守，宜得[7]为秦州刺史、都督丹岭[8]以西诸军事、领张掖太守，安周为乐都[9]太守，从弟唐儿[10]为敦煌太守。及姑臧破，魏主遣镇南将军代人奚眷击张掖，镇北将军封沓[11]击乐都；宜得烧仓库，西奔酒泉，安周南奔吐谷浑，封沓掠数千户而还。奚眷进攻酒泉，无讳、宜得收遗民奔晋昌[12]，遂就唐儿于敦煌。魏主使弋阳公元絜守酒泉，及武威、张掖皆置将守之。

魏主置酒姑臧，谓群臣曰："崔公智略有余，吾不复以为奇。伊馛弓马之士，而所见乃与崔公同，深可奇也。”敱善射，能曳牛却行[13]，走及奔马[14]，而性忠谨，故魏主特爱之。

魏主之西伐也，穆寿送至河上，魏主敕[15]之曰：“吴提[16]与牧犍相结素深，闻朕讨牧犍，吴提必犯塞，朕故留壮兵肥马，使卿辅佐太子。收田既毕，即发兵诣漠南[17]，分伏要害以待虏至，引使深入，然后击之，无不克矣。凉州路远，朕不得救，卿勿违朕言！”寿顿首[18]受命。寿雅信[19]中书博士公孙质[20]，以为谋主[21]。寿、质皆信卜筮[22]，以为柔然必不来，不为之备。质，轨之弟也。

柔然敕连可汗闻魏主向姑臧，乘虚入寇，留其兄乞列归[23]与嵇敬[24]、建宁王崇相拒于北镇[25]。自帅精骑深入，至善无七介山[26]，平城大骇[27]，民争走中城[28]。穆寿不知所为，欲塞[29]西郭门，请太子避保南山[30]，窦太后不听[31]而止。遣司空长孙道生、征北大将军张黎拒之于吐颓山[32]。会嵇敬、建宁王崇击破乞列归于阴山[33]之北，擒之，并其伯父他吾无鹿胡[34]及将帅五百人，斩首万余级。敕连闻之，遁去，追至漠南而还。

冬，十月，辛酉[35]，魏主东还，留乐平王丕及征西将军贺多罗镇凉州，徙沮渠牧犍宗族[36]及吏民三万户于平城。

癸亥[37]，秃发保周帅诸部鲜卑据张掖叛魏。

（以上为第七段，写北魏主拓跋焘率军西征，北凉主沮渠牧犍无可奈何，率文武官员投降，北凉亡；柔然敕连可汗郁久闾吴提乘虚出兵攻打北魏，被击退。）

【注释】

[1]庚子：八月八日。 [2]南平王：即刘铄，字休玄，小字乌羊，宋文帝刘义隆第四子，封南平王，封地南平郡，郡治在今湖北公安县西南。拜司空，后被杀。传见《宋书》卷七十二。[3]丙戌：九月二十五日。[4]万年：即沮渠万年，北凉主沮渠牧犍之侄，降北魏后，封张掖王。[5]徇（xùn）：攻击，掠取。 [6]建康：郡名，郡治在今甘肃酒泉市。 [7]宜得：即沮渠宜得，又名沮渠仪德，北凉太祖沮渠蒙逊之子，任张掖太守。后都城姑臧被攻陷，宜得烧毁仓库，西逃酒泉，后又奔晋昌，投奔敦煌沮渠唐儿。 [8]丹岭：古地名，即山丹岭，在今甘肃山丹县。[9]安周：即沮渠安周，北凉主沮渠蒙逊之子，北凉末代国主。进入北魏，任乐都太守。后割据高昌地区，延续北凉政权。投靠刘宋，封凉州刺史、河西郡王。后遭到柔然攻击，兵败被杀。传见

《魏书》卷九十九。乐都：古郡名，郡治在今青海海东市乐都区。［10］从弟唐儿：即沮渠唐儿，北凉主沮渠牧犍堂弟，曾为敦煌太守。后与堂弟沮渠无讳发生内讧，被追杀，战死。［11］封沓（tà）：北魏将领，拓跋焘时为镇北将军，曾率军攻打北凉的乐都。［12］晋昌：郡名，郡治在今甘肃瓜州县东南。［13］曳（yè）牛却行：拖着牛尾巴，使牛后退，形容其力大无比。曳，拖，拉。［14］走及奔马：可以跑步追上飞奔的马。［15］敕（chì）：命令。［16］吴提：即郁久闾吴提，柔然人，牟汗纥升盖可汗郁久闾大檀之子。北魏神䴥二年（429），其父大檀惨败于北魏，得疾而卒。吴提即位，号敕连可汗，向北魏求和，双方维持了一段时间的和好关系。后双方失和，吴提病死。传见《魏书》卷一百三。［17］漠南：古区域名，即蒙古大沙漠以南，今之内蒙古中段的北部边境。［18］顿首：磕头。［19］雅信：非常相信。中书博士：中书省里的博士官，以学识渊博充参谋顾问之用；也有一种博士是太学里的教官，以教育贵族子弟为任务。［20］公孙质：字元直，燕郡广阳人，公孙表之子，燕郡公公孙轨之弟，北魏官员，为中书博士，好求神问卦，差点误国。［21］谋主：主要出谋划策的人，首席参谋。［22］卜筮（shì）：占卜，古代用龟甲占卜叫卜，用蓍草占卜叫筮。［23］乞列归：即郁久闾乞列归，柔然人，第四任可汗大檀之子，敕连可汗吴提之兄，柔然将领。曾在北镇与北魏长乐王稽敬、建宁王拓跋崇相持，被魏兵打败，俘获，降魏后封为朔方王。［24］嵇敬：前文作“稽敬”，《北史》作“嵇敬”。［25］北镇：指拓跋焘打败高车后在北部沿边设立的六个军镇，即怀荒镇（今河北张北县境）、柔玄镇（今内蒙古兴和县西北）抚冥镇（今内蒙古四子王旗东南）、武川镇（今内蒙古武川县西）、怀朔镇（今内蒙古固阳县西南）、沃野镇（今内蒙古乌拉特前旗东南）。［26］善无：郡名，郡治在今山西右玉县东南，在当时的平城西南。七介山：古山名，在善无郡治的西南。［27］骇（hài）：惊慌失措。［28］中城：主城。当时平城除其主城外，尚有东城、西城。［29］塞：封闭。［30］避保南山：逃往南山以守之。南山，平城以南的山区。［31］窦太后不听：窦太后（376—440），浑源龙山人，北魏太武帝拓跋焘养母。性格恬静，朴素寡欢，稳重老练，人缘极好，被尊为保太后。不听，没有同意。［32］吐颓山：古山名，在今山西朔州市平鲁区东北。［33］阴山：古山名，横亘于今内蒙古呼和浩特、包头城北的东西走向的大山。［34］他吾无鹿胡：柔然人，敕连可汗之伯父，战败后被北魏活捉。［35］辛酉：十月一日。［36］徙沮渠牧犍宗族：从此北凉政权灭亡。北凉自段业建国（397），历沮渠蒙逊，至此沮渠牧犍灭亡，前后共四十二年。［37］癸亥：十月三日。

十二月，乙亥[1]，太子劭加元服[2]，大赦。劭美须眉，好读书，便弓马[3]，喜延宾客；意之所欲，上必从之，东宫置兵与羽林等[4]。

壬午[5]，魏主至平城；以柔然入寇，无大失亡，故穆寿等得不诛。魏主犹以妹婿待沮渠牧犍，征西大将军、河西王如故。牧犍母卒，葬以太妃之礼；武宣王[6]置守冢三十家。

凉州自张氏[7]以来，号为多士[8]。沮渠牧犍尤喜文学，以敦煌阚骃[9]为姑臧太守，张湛[10]为兵部尚书，刘昞、索敞、阴兴[11]为国师助教，金城宋钦为世子洗马[12]，赵柔为金部郎[13]，广平程骏[14]、骏从弟弘为世子侍讲[15]。魏主克凉州，皆礼而用之，以阚骃、刘昞为乐平王丕从事中郎。安定胡叟[16]，少有俊才[17]，往从牧犍，牧犍不甚重之，叟谓程弘曰："贵主居僻陋之国而淫名僭礼[18]，以小事大而心不纯壹[19]，外慕仁义而实无道德，其亡可翘足[20]待也。吾将择木[21]，先集于魏[22]；与子暂违，非久阔[23]也。"遂适魏。岁余而牧犍败。魏主以叟为先识，拜虎威将军，赐爵始复男。河内常爽[24]，世寓[25]凉州，不受礼命[26]，魏主以为宣威将军。河西右相[27]宋繇从魏主至平城而卒。

魏主以索敞为中书博士。时魏朝方尚武功，贵游子弟不以讲学[28]为意。敞为博士十余年，勤于诱导，肃而有礼，贵游皆严惮[29]之，多所成立[30]，前后显达至尚书、牧守[31]者数十人。常爽置馆于温水[32]之右，教授七百余人。爽立赏罚之科，弟子事之如严君[33]。由是魏之儒风始振。高允每称爽训厉有方[34]，曰："文翁柔胜[35]，先生刚克[36]，立教虽殊，成人[37]一也。"

陈留江强[38]，寓居凉州，献经、史、诸子千余卷及书法[39]，亦拜中书博士。魏主命崔浩监秘书事[40]，综理史职[41]；以中书侍郎高允、散骑侍郎张伟参典著作[42]。浩启称："阴仲逵、段承根[43]，凉土美才，请同修国史。"皆除著作郎[44]。仲逵，武威人；承根，晖之子也。

浩集诸历家，考校汉元以来日月薄食、五星行度[45]。并讥前史之失[46]，别为《魏历》[47]，以示高允。允曰："汉元年，十月，五星聚东井[48]，此乃历术之浅事[49]；今讥汉史而不觉此谬，恐后人之讥今犹今之讥古也。"浩曰："所谬云何[50]？"允曰："按《星传》[51]：'太白、辰星常附日而行[52]。'十月日在尾、箕[53]，昏没于申南[54]，而东井方出于寅北[55]，二星何得背日而行[56]？是史官欲神其事[57]，不复推之于理也。"浩曰："天文欲为变[58]者，何所不可[59]邪？"允曰："此不可以空言争，宜更审之[60]。"坐者咸怪允之言，唯东宫少傅游雅[61]曰："高君精于历数[62]，当不虚也。"后岁余，浩谓允曰："先所论者，本不经心；

及更考究，果如君言。五星乃以前三月聚东井[63]，非十月也。”众乃叹服。允虽明历，初不推步[64]及为人论说，唯游雅知之。雅数以灾异[65]问允，允曰：“阴阳灾异，知之甚难；既已知之，复恐漏泄[66]，不如不知也。天下妙理[67]至多，何以问此！”雅乃止。魏主问允：“为政何先？”时魏多封禁良田[68]，允曰：“臣少贱，唯知农事；若国家广田积谷，公私有备，则饥馑[69]不足忧矣。”帝乃命悉除田禁以赋百姓[70]。

吐谷浑王慕利延闻魏克凉州，大惧，帅众西遁，逾沙漠[71]。魏主以其兄慕璝有擒赫连定[72]之功，遣使抚谕[73]之，慕利延乃还故地。

氐王杨难当将兵数万寇魏上邽，秦州人多应之。东平吕罗汉[74]说镇将拓跋意头[75]曰：“难当众盛，今不出战，示之以弱，众情离沮[76]，不可守也。”意头遣罗汉将精骑千余出冲难当陈[77]，所向披靡[78]，杀其左右骑八人，难当大惊。会魏主以玺书责让[79]难当，难当引还仇池[80]。

南丰太妃[81]司马氏卒，故营阳王之后也。

赵广、张寻等复谋反[82]，伏诛。

（以上为第八段，写北魏主拓跋焘重用北凉聚集的一批人才；听从谋臣高允的建议，解除被划为禁地的农田，让百姓耕作；氐王杨难当进攻北魏上邽，被打败。）

【注释】

[1]乙亥：十二月十六日。 [2]加元服：即实行加冠典礼。男孩到了十八岁，实行加冠礼，表示已经成年。元服，帽子。 [3]便弓马：对骑马挽弓很熟练。便，熟习，熟练。 [4]东宫置兵与羽林等：太子宫中所设置的卫戍军队，与皇帝刘义隆的警卫部队羽林军数量相同。 [5]壬午：十二月二十三日。 [6]武宣王：指沮渠蒙逊。 [7]张氏：指张寔、张骏等的前凉政权（314—376），历时六十二年。 [8]多士：人才多。 [9]阚骃（kàn yīn）：字玄阴，敦煌（今甘肃敦煌市）人，北凉地理学家、经学家。博通经传，聪明敏捷。初仕北凉，深得器重，为秘书考课郎中、奉车都尉，官至尚书。后入仕北魏，为从事中郎。撰写《十三州志》，流行于世。传见《魏书》卷五十二。 [10]张湛（zhàn）、字仲玄，金城太守张质之子。好学能文，素有大志。仕于北凉，沮渠蒙逊时为兵部尚书。凉州平，入北魏，拜宁远将军，赐爵南蒲男，得到司徒崔浩的赏识，至京师，家贫不立，操尚无亏，崔浩荐为中书侍郎。后以寿终。传见《北史》卷三十四。 [11]刘昞（bǐng）、索敞、阴兴：刘昞为国师，索敞、阴兴为国师助教。国师相当于后来的祭酒，太学首领，助教协助教学。三人入魏受到礼遇，刘昞为从事中郎，索敞官至扶风太守。 [12]宋钦：金城人，北凉官员，沮渠牧犍时为世子洗马。世子洗马：同“太子洗马”，太子的侍从官员，在太子出行时

为太子的仪仗及侍从队伍充当前导。［13］赵柔：字元顺，金城人。少以德行才学知名河右，沮渠牧犍时，为金部郎。金部郎：主管国家的货币以及各种物资。［14］程骏：字骥驹，广平曲安（今河北邱县古城营村）人，师事刘昞，机敏好学，北凉时为世子侍讲，入北魏，为司徒（崔浩）参军，迁著作郎，出任高密太守。传见《北史》卷四十。［15］弘为世子侍讲：弘，即程弘，程骏堂弟，北凉官员，沮渠牧犍时为世子侍讲。世子侍讲，也叫"太子侍读"，专门给太子讲书的人。［16］胡叟：字伦许，安定临泾（今甘肃镇原县）人，少聪敏，学无师授，披读群籍。好属文，雅俗兼工。北凉不见用，投魏拜虎威将军，封始复男。家于密云，不事产业，常苦饥贫而不以为耻。年八十去世。［17］俊才：才智卓越。［18］贵主：你们主子，指称沮渠牧犍。僻陋：偏僻，荒凉。淫名：随便乱用帝王之名，超越本分。淫，僭越。僭（jiàn）礼，使用自己不该用的礼仪。僭，越分。［19］纯壹：即纯一，纯朴，单纯。［20］翘（qiáo）足：举足，抬起脚来，以形容时间短暂。［21］择木：择木而栖的省略语，以比喻选择好的君主。《左传·哀公十一年》孔子曰："鸟能择木，木岂能择鸟？"［22］先集于魏：意谓我先走一步，到北魏去等着你。［23］非久阔：不会离别很久的。阔，别离。［24］常爽：字仕明，北魏河内温人。少聪明，世居凉州。拓跋焘西征，投诚东归，拜宣威将军。时战争频繁，贵家子弟无暇学术，常爽置馆于温水之右，教授门徒七百余人，立训严厉，教授有方，崔浩、高允称之，时人号为儒林先生。传见《魏书》卷八十四。［25］寓：寄居。［26］不受礼命：不接受前此任何政权的聘任。［27］河西右相：河西王沮渠牧犍的右丞相。［28］贵游子弟：贵族出身而无官职的子弟，与后世的"纨绔子弟"意义略同。讲学：讲书、学习，这里即指学习文化知识。［29］严惮（dàn）：敬重。［30］多所成立：有不少人在学问上获得成就。［31］尚书、牧守：尚书郎与州刺史、郡太守。［32］置馆：设立学馆。温水：河水名，在当时的桑干城西，今山西山阴县东。［33］严君：严厉的父亲。［34］高允：字伯恭，渤海蓨县（今河北景县）人，北魏宰相、文史学家。初为郡功曹，历任中书博士、中书侍郎，随司徒崔浩修撰《国记》，迁镇东将军、中书监，封咸阳郡公；出为征西将军、怀州刺史。赠侍中、大将军、司空公、冀州刺史，谥号文。传见《魏书》卷四十八。训厉有方：教导，劝勉很有办法。厉，同"励"，勉励。［35］文翁：西汉循吏。汉景帝末年为蜀郡守，举贤能、修水利，在成都城南兴建文学精舍讲堂。为了纪念文翁，元始四年（4），平帝下诏建祠于石室（在今成都文翁石室旧址）以祀文翁。传见《汉书》卷八十九。柔胜，指以诱导启发的方式使当地逐步形成风气。［36］刚克：以刚直严厉取胜。［37］成人：使人成才。［38］江强：陈留人，曾寓居凉州，入北魏，拜中书博士。［39］书法：指有关汉字碑帖以及书法理论的著作。［40］监秘书事：即秘书监，秘书省的最高长官，负责管理图书秘籍以及撰写历史等。［41］综理史职：管理历史写作方面的事情。综理，总揽，管理。［42］张伟参典著作：张伟，字仲业，北魏官员，儒学之臣，拓跋焘时为散骑侍郎。传见《魏书》卷八十四。参典著作，参加管理文章、历史写作方面的事务。［43］阴仲逵、段承根：武威姑臧（今甘肃武威）人，以文学知名。北凉文士，北魏主拓跋焘平定凉州，入北魏，由崔浩推荐，同修《国史》，任秘书著作郎。后被诛。传见《魏书》卷五十二。阴仲逵，又作阴仲达。段承根，西秦太守段晖之子。［44］著作郎：掌编纂国史，其下有著作佐郎、校书郎等。［45］“汉元以来”句：汉元以来：指汉高祖元年（前206）以来的。日月薄食：即日食、月食。薄，迫，指星宿之间的相互逼近、遮掩。食，人所见到的日、月亏缺或完全看不到的现象。五星行度，金、木、水、火、土五星运行的轨迹、度数。［46］讥前史之失：讥讽、批评前代历史对天文星象记载的错误。［47］别为《魏历》：另写了一本名叫《魏历》的历法书。［48］五星聚东井：金、木、水、火、土五星同时出现在井宿附近。《汉书·高帝纪》曰：“元年冬十月，五星聚于东井，沛公至霸上。”［49］此乃历术之浅事：这在历法书上是很浅显的错误。［50］所谬云何：你所说的荒谬，究竟指什么？［51］按《星传》：根据《星傅》上所说。《星传》，是古代记述各星宿运行的书。［52］太白、辰星常附日而行：即金星、水星经常围绕太阳一同运转。准确地说，即二星与太阳的角距离不大于四十五度。［53］日在尾、箕（jī）：太阳运行到尾、箕二星附近。尾星是苍龙七宿的第六宿，属天星座。箕星是苍龙七宿的第七宿，也叫南箕，属人马座。［54］昏没于申南：意谓太白、辰星在十月黄昏时应随太阳没于鹑尾方向。古代天文学用十二地支表示十二次，申代表鹑尾方向。［55］东井方出于寅北：意谓当太白与辰星没于鹑尾方向时，东井星座刚刚从娵訾方向出来。古代天文学以寅代表娵訾，刚好与太白、辰星下落的方位相对。［56］二星何得背日而行：意谓十月黄昏时，太阳在鹑尾方向降落，如果太白（金星）、辰星（水星）这时跑到东井出现的娵訾方向去，与木星、火星、土星相“聚”，那不就背离太阳了吗？［57］神其事：指神化刘邦，说由于刘邦的入关，使天上的星宿也都出现了奇特的现象。［58］天文欲为变：指天上的星宿想预示一下人世的变故。［59］何所不可：有什么不可以呢？［60］宜更审之：应该更仔细地观察验证。［61］游雅：字伯度，广平任县（今河北邢台市任泽区）人，北魏大臣。初拜中书博士，为东宫内侍长，迁太子少傅，进为广平郡侯，出为散骑常侍、平南将军，任东雍州刺史、假梁郡公，征为秘书监。传见《魏书》卷五十四。［62］历数：犹历法，即根据天象等来推定年、月、日、时、节气，用以计算时间的方法。［63］五星乃以前三月聚东井：意谓高祖元年（206）的确发生过“五星聚东井”，也就是“五星连珠”的事情，但不是在十月，而是发生在七月。［64］初不推步：从来不搞借天文变化以推断人世祸福的那一套。推步，由汉代董仲舒等带头搞起来的根据星宿进行推断人世吉凶的一种迷信活动。［65］灾异：即下句所说的“阴阳灾异”，指天人感应，天意与人事交感相应，汉代儒生所宣传的一种迷信活动，专门从自然界的异常现象来推断人世的灾变。［66］复恐漏泄：担心讲出去会给社会造成动荡，或给自己带来灾祸。［67］妙理：精妙的道理、理论。［68］封禁良田：指把良田变成牧场，不允许人耕种。［69］饥馑：灾荒之年，庄稼没有收成。［70］以赋百姓：指让百姓种地，向百姓收税。［71］逾沙漠：越过大沙漠，逃到了今青海大沙漠的西南方。［72］擒赫连定：捉到了胡夏主赫连定，并将其送给北魏。事见《资治通鉴》卷一百二十宋文帝元嘉八年（431）。［73］抚谕：抚慰，晓谕。［74］吕罗汉：本姓叱吕氏，字罗汉，鲜卑族，巨鹿太守吕显之孙，上党太守吕温之子，北魏大臣。传见《魏书》卷五十一。［75］镇将拓跋意头：上邽军镇的将军，北魏将领。［76］离沮：涣散，分崩离析。［77］陈：同

“阵”，战阵。［78］所向披靡：所达到的地方，一切障碍全被扫除。［79］玺书：盖着玺印的文书，极言其庄重、严厉。责让：批评，指责。［80］仇池：杨氏政权的大本营所在地，在今甘肃成县西。［81］南丰太妃：废帝营阳王刘义符的皇后、晋恭帝的女儿海盐公主。刘义隆让刘义恭的儿子刘朗为刘义符之后，封以为南丰王，遂称刘义符之后为“南丰太妃”。［82］复谋反：元嘉十四年（437），赵广、张寻等投降刘宋朝廷，到建康后，今又谋反。

十七年（庚辰，440年）

春，正月，己酉[1]，沮渠无讳[2]寇魏酒泉，元絜轻之，出城与语；壬子[3]，无讳执絜以围酒泉。

二月，魏假通直常侍邢颖来聘[4]。

三月，沮渠无讳拔酒泉。

夏，四月，戊午朔[5]，日有食之。

庚辰[6]，沮渠无讳寇魏张掖，秃发保周屯删丹[7]。丙戌[8]，魏主遣抚军大将军永昌王健督诸将讨之。

司徒义康专总[9]朝权。上羸疾[10]积年，心劳辄发[11]，屡至危殆[12]。义康尽心营奉[13]，药石[14]非口所亲尝不进，或连夕不寐；内外众事皆专决[15]施行。性好吏职[16]，纠剔文案[17]，莫不精尽[18]。上由是多委以事，凡所陈奏，入无不可；方伯以下[19]，并令义康选用，生杀大事，或以录命断之[20]。势倾远近，朝野辐凑[21]，每旦[22]府门常有车数百乘，义康倾身引接[23]，未尝懈倦[24]。复能强记[25]，耳目所经，终身不忘，好于稠人广席[26]，标题[27]所忆以示聪明。士之干练[28]者，多被意遇[29]。尝谓刘湛曰：“王敬弘[30]、王球[31]之属，竟何所堪[32]！坐取富贵，复那可解[33]！”

然素无学术，不识大体，朝士有才用者皆引入己府[34]，府僚无施及忤旨[35]者乃斥为台官。自谓兄弟至亲，不复存君臣形迹[36]，率心而行[37]，曾无猜防[38]。私置僮[39]六千余人，不以言台[40]，四方献馈[41]，皆以上品荐义康而以次者供御[42]；上尝冬月啖甘[43]，叹其形味并劣。义康曰：“今年甘殊有佳者[44]。”遣人还东府[45]取甘，大供御者三寸[46]。

（以上为第九段，写宋文帝刘义隆多病，朝政由其弟司徒刘义康把控，义康颇有才干，善于弄权，以致行事不顾君臣之礼，权倾朝野，为所欲为。）

【注释】

［1］己酉：正月二十日。［2］沮渠无讳：沮渠牧犍之弟，为北凉的沙州刺史，北凉灭亡后，尚坚持反对北魏。北凉的沙州州治在今甘肃酒泉市。［3］壬子：正月二十三日。［4］假通直常侍邢颖来聘：假，临时任命的代理官职。通直常侍，昼夜供奉于帝王周围的散骑常侍。邢颖，字宗敬，河间鄚人，北魏官员。以才学知名。传见《魏书》卷六十五。来聘，到刘宋进行国事访问。［5］戊午朔：四月一日。［6］庚辰：四月二十三日。［7］删丹：古地名，在今甘肃山丹县。［8］丙戌：四月二十九日。［9］专总：总领，独揽。［10］羸（léi）疾：衰弱，生病。［11］心劳辄（zhé）发：一用心、一劳累就要犯病。辄，就，总是。［12］屡至危殆：多次到了生命危险的地步。［13］营奉：侍奉。［14］药石：药剂和砭石，泛指药物。［15］专决：独自决断。［16］好吏职：爱好处理各种行政事务。［17］纠剔（tī）文案：指发现、提出大臣们所送来的案卷中的问题。纠剔，挑出，指出。［18］精尽：明察详尽。［19］方伯以下：指刺史、督军以外的其他官员。方伯，一方的诸侯霸主，刘宋时指大州刺史与各州的督军。［20］或以录命断之：有时就以录尚书事的名义加以判决。当时刘义康任录尚书事。［21］辐凑：犹车轮辐条之集中于车轴，以喻趋附者人员之多，成为整个朝廷的中心。［22］每旦：每天早晨。［23］倾身：身体向前倾，形容对人谦卑恭顺。引接，迎接、接待。［24］懈倦：懈怠，疲倦。［25］强记：记忆力强。［26］稠（chóu）人广席：人很多的地方，即公共场合。稠，多而密。席，坐，古人在地上铺席而坐。［27］标题：引头说他熟记的东西。［28］干练：精明，有才干和经验。［29］意遇：犹言“赏识”“重用”。［30］王敬弘：南朝宋大臣。时为尚书左仆射、尚书令。性恬淡，乐山水，居高官而不理政务。传见《宋书》卷六十六。［31］王球：字倩玉，司徒王谧之子，刘宋大臣。累迁中书令、吏部尚书、金紫光禄大夫。居高官不管事，以清虚淡泊自居。后坐罪贬官。传见《宋书》卷五十八。［32］竟何所堪：叫人如何忍受，指其居官不管事，吃饱饭不干事。［33］复那可解：真是让人费解。［34］己府：自己的王府与录尚书府（实即宰相府）。［35］无施：无所作为。忤旨：违抗刘义康的旨意。［36］不复存君臣形迹：不再保持君臣间的差别。存，存在，保持。形迹，指等级差别。［37］率心而行：顺着内心行事，怎么想就怎么说、怎么做。率，循，顺着。［38］曾无猜防：完全不避嫌疑、不存戒心。［39］僮：仆役。［40］不以言台：没有对朝廷讲，也就是没有对刘义隆讲。［41］四方献馈：各地方官给朝廷送礼。馈，馈赠，奉送。［42］供御：进呈给帝王。［43］啖甘：吃柑子。甘，同“柑”。［44］殊有佳者：很有一些好的东西。殊，很。［45］东府：宰相府。东晋以来宰相照例居于东府，其地在建康城的东部，四周有城墙。［46］大供御者三寸：比进贡给皇帝的柑子大三寸。

领军[1]刘湛与仆射殷景仁有隙[2]，湛欲倚义康之重以倾[3]之。义康权势已盛，湛愈推崇之，无复人臣之礼，上浸不能平[4]。湛初入朝，上恩礼[5]甚厚。湛善论治道，谙[6]前代故事，叙致铨理[7]，听者忘疲。每入云龙门[8]，御者即解驾[9]，左右及羽仪[10]随意分散，不夕不出，以此为常。及晚节驱煽[11]义康，上意虽内离而接遇[12]不改，尝谓所亲曰："刘班方自西还[13]，吾与语[14]，常视日早晚，虑其将去[15]；比入[16]，吾亦视日早晚，苦其不去[17]。"

殷景仁密言于上曰："相王权重[18]，非社稷计[19]，宜少加裁抑[20]！"上阴然之[21]。

司徒左长史刘斌[22]，湛之宗也；大将军从事中郎王履[23]，谧[24]之孙也；及主簿刘敬文[25]，祭酒鲁郡孔胤秀[26]，皆以倾谄[27]有宠于义康；见上多疾，皆谓"宫车一日晏驾[28]，宜立长君"。上尝疾笃[29]，使义康具顾命诏[30]，义康还省[31]，流涕以告湛及景仁。湛曰："天下艰难，讵是幼主所御[32]！"义康、景仁并不答。而胤秀等辄就尚书议曹[33]索晋咸康末立康帝旧事[34]，义康不知也；及上疾瘳[35]，微闻之[36]。而斌等密谋，欲使大业[37]终归义康，遂邀结[38]朋党，伺察禁省[39]，有不与己同者，必百方构陷[40]之，又采拾景仁短长[41]，或虚造异同[42]以告湛。自是主、相之势分[43]矣。

义康欲以刘斌为丹杨尹[44]，言次[45]，启上陈其家贫。言未卒，上曰："以为吴郡[46]。"后会稽太守羊玄保[47]求还，义康又欲以斌代之，启上曰："羊玄保求还，不审以谁为会稽[48]？"上时未有所拟[49]，仓猝曰[50]："我已用王鸿[51]。"自去年秋，上不复往东府。

五月，癸巳[52]，刘湛遭母忧[53]去职。湛自知罪衅已彰[54]，无复全地[55]，谓所亲曰："今年必败。常日正赖口舌争之[56]，故得推迁[57]耳；今既穷毒[58]，无复此望[59]，祸至其能久[60]乎！"

（以上为第十段，写宋文帝刘义隆与司徒刘义康离心离德，刘义康的党羽更是推波助澜，欲让义康登上帝位，无所不用其极，文帝有所警觉，稍加贬抑。）

【注释】

[1]领军：即领军将军，掌禁兵，刘湛任此职。 [2]有隙：有矛盾，指刘湛忌恨殷景仁，甚至想派人刺杀之。 [3]倾：排挤，压倒。 [4]浸不能平：逐渐感到越来越不能容忍。浸，同“渐”，渐渐。 [5]恩礼：尊上对下的礼遇。 [6]谙（ān）：熟悉，精通。 [7]叙致铨（quán）理：每当说起什么事情，讲起什么道理，非常极致，有文理。铨，同“诠”，解释。 [8]云龙门：犹汉代之“司马门”，在皇宫的正门外，文武百官到此下马或下轿。 [9]解驾：把马从车上卸下，因为知道他这一进去时间就不会短。 [10]羽仪：即仪仗队，因为有些仪仗上饰有羽毛。 [11]晚节驱煽：晚年促使、煽动。 [12]内离而接遇：内心厌恶而表面礼遇隆厚。内离，内心厌恶。接遇，接待、对待的礼遇。 [13]刘班方自西还：即刘湛（小名班虎）刚从西边的刺史府回到宫里来。 [14]与语：与他说话的时候。 [15]虑其将去：担心他又快要走了。 [16]比入：如今他再进来。比，近，如今。 [17]苦其不去：总是嫌他不快点走。 [18]相王：指刘义康，既是亲王，又是宰相（司徒），故如此称。 [19]非社稷计：不是国家的长治久安之计。社稷，土神与谷神，代指国家。[20]宜少加裁抑：应该把他的权力、地位削减一点。少，同“稍”。裁抑，减损。[21]阴然之：内心里非常赞同这个意见。 [22]司徒左长史：司徒府的高级僚属。时刘义康为司徒。刘斌：刘宋官员，文帝刘义隆时，为司徒左长史，刘义康的党羽。 [23]大将军从事中郎王履：大将军从事中郎，大将军府的高级僚属，时刘义康又为大将军。从事中郎，职务与“长史”相同，是当时国家三公与方镇大员的高级僚属。王履，东晋扬州刺史王谧之孙，刘宋官员，文帝刘义隆时，为大将军从事中郎，刘义康的党羽。 [24]谧：即王谧，东晋丞相王导之孙，权臣桓玄党羽，任扬州刺史，王履的祖父。 [25]主簿：大将军府的高级僚属，掌管文书。刘敬文：刘宋官员，文帝刘义隆时，为大将军主簿，刘义康的党羽。 [26]祭酒：即祭酒从事史，州刺史的属官，时刘义康领扬州刺史。孔胤秀：鲁郡（今山东曲阜市人），文帝刘义隆时，为扬州府祭酒从事史，刘义康的党羽。 [27]倾谄：邪恶，谄媚。 [28]宫车一日晏驾：隐指皇帝的死。晏驾，没能及时出来。 [29]疾笃：病得很厉害。笃，甚，很。 [30]具顾命诏：主持起草帝王临终前安排后事的诏书。 [31]还省：回到尚书省，当时刘义康任录尚书事。 [32]讵（jù）是幼主所御：这种局面岂是小皇帝可以驾驭的？讵，岂。御，驾驭。 [33]尚书议曹：主管朝廷各种典礼、仪式的部门。“尚书议曹”于情理不合，当依胡三省说改作“尚书仪曹”。 [34]索晋咸康末立康帝旧事：索取晋成帝司马衍末年议论立其弟晋康帝司马岳的有关记载，以备参考。胤秀等急于弄清成帝死后立其弟康帝的旧例，是为刘义隆死后立刘义康作准备。咸康末，即指晋成帝死。 [35]疾瘳（chōu）：病愈。 [36]微闻之：隐约听说了这件事。 [37]大业：帝业，此指帝位。 [38]邀结：邀请，勾结。 [39]伺察禁省：窥探宫廷内的动静。禁省，禁中，省中，指皇宫。 [40]构陷：捏造罪名，加以陷害。 [41]采拾景仁短长：搜集景仁的错误。采拾，采集，搜罗。短长，即指其短处、错误。 [42]虚造异同：即编造事实。异同，指其异，个人隐私。 [43]主、相之势分：皇帝刘义隆与宰相刘义康形成两大阵营，非常明显。 [44]丹杨尹：东晋时改丹杨太守为

尹，为东晋朝廷所在郡的行政长官。丹杨，晋郡名，又作“丹阳”，郡治在京城建业县，在今江苏南京市。［45］言次：说完应说的主要事情之后。［46］以为吴郡：让他担任吴郡太守。吴郡的郡治在今江苏苏州市。［47］会稽：郡名，郡治山阴，在今浙江绍兴市。羊玄保：泰山南城（今山东滕州市东）人，中书侍郎羊绥之子，南朝宋名臣。传见《宋书》卷五十四。求还，乞求返回京师。［48］不审：不明白，不知道。为会稽：即为会稽太守。［49］未有所拟：没有一定的目标。［50］仓猝（cù）曰：无确定的目标人选，就着急慌忙地随便说一个，就是为了不让刘义康提出他的人选。［51］王鸿：刘宋官员。［52］癸巳：五月六日。［53］母忧：母亲去世。当时为官的人凡遇父母去世，都必须回家守孝。［54］罪衅（xìn）：罪行，过恶。彰：彰显，明显。［55］无复全地：没有保全的可能。［56］正赖口舌争之：靠着说长道短为自己辩护。［57］推迁：推迟。［58］穷毒：指母亲去世，儿子极端痛苦。毒，即痛苦。［59］无复此望：再不可能在朝为自己辩护。［60］其能久：不会太长久。

乙巳[1]，沮渠无讳复围张掖，不克，退保临松[2]。魏主不复加讨，但以诏谕之。

六月，丁丑[3]，魏皇孙浚生，大赦，改元太平真君[4]，取寇谦之《神书》[5]云“辅佐北方太平真君”故也。

太子劭诣京口拜京陵[6]，司徒义康、竟陵王诞[7]等并从，南兖州刺史、江夏王义恭[8]自江都会之[9]。

秋，七月，己丑[10]，魏永昌王健击破秃发保周于番禾[11]；保周走，遣安南将军尉眷[12]追之。

丙申[13]，魏太后窦氏[14]殂。

壬子[15]，皇后袁氏[16]殂。

癸丑[17]，秃发保周穷迫自杀。

八月，甲申[18]，沮渠无讳使其中尉梁伟[19]诣魏永昌王健请降，归酒泉郡及所虏将士元絜等。魏主使尉眷留镇凉州。

九月，壬子[20]，葬元皇后[21]。

（以上为第十一段，写前凉将领沮渠无讳反叛北魏，包围张掖；北魏将领打败秃发保周；拓跋焘皇孙拓跋濬出生，改元太平真君；刘宋太子刘劭前往京口祭祖。）

【注释】

［1］乙巳：五月十八日。［2］临松：郡名，郡治在今甘肃民乐县西。［3］丁丑：六月

二十一日。［4］太平真君：北魏太武帝拓跋焘更改的年号，历时十一年。［5］《神书》：嵩山道士寇谦之编造的鬼话。［6］京口拜京陵：京口，在今江苏镇江市。京陵，也叫兴宁陵，刘裕父亲的坟墓，在今江苏镇江市南。［7］竟陵王诞：即刘诞，字休文，刘义隆第六子，封广陵王，为南兖州、南徐州等州刺史。文帝遇弑后，起兵讨伐元凶，任扬州刺史，改封竟陵郡王。封地竟陵郡，郡治在今湖北钟祥市。后起兵反叛，兵败被杀。传见《宋书》卷七十九。［8］义恭：即刘义恭，南朝宋刘裕第五子，南兖州刺史，封为江夏王。传见《宋书》卷六十一。［9］自江都会之：由江都县出发，一同去京口扫墓。江都，古县名，在今江苏扬州市南。［10］己丑：七月三日。［11］番禾：郡名，郡治在今甘肃永昌县。［12］尉眷：本姓尉迟，太安狄那人，鲜卑族，幽州刺史尉诺长子，北魏大臣。传见《魏书》卷二十六。［13］丙申：七月十日。［14］太后窦氏：即"保太后"，拓跋嗣之妃、拓跋焘的生母。［15］壬子：七月二十六日。［16］皇后袁氏：即袁齐妫，左光禄大夫袁湛庶女，宋文帝刘义隆皇后。传见《宋书》卷四十一。［17］癸丑：秃发保周穷迫自杀。［18］甲申：七月二十七日。［19］梁伟：北凉沮渠无讳的中尉官。［20］壬子：九月二十七日。［21］元皇后：即袁皇后，刘劭之母，谥号元。

上以司徒彭城王义康嫌隙已著［1］，将成祸乱，冬，十月，戊申［2］，收刘湛付廷尉，下诏暴其罪恶，就狱诛之，并诛其子黯、亮、俨及其党刘斌、刘敬文、孔胤秀等八人，徙尚书库部郎何默子［3］等五人于广州，因大赦。是日，敕［4］义康入宿，留止中书省［5］。其夕，分收湛等。青州刺史杜骥［6］勒兵殿内以备非常［7］，遣人宣旨告义康以湛等罪状。义康上表逊位［8］，诏以义康为江州［9］刺史，侍中、大将军如故，出镇豫章［10］。

初，殷景仁卧疾五年［11］，虽不见上，而密函去来，日以十数，朝政大小，必以咨之；影迹［12］周密，莫有窥其际［13］者。收湛之日，景仁使拂拭衣冠［14］，左右皆不晓其意。其夜，上出华林园延贤堂［15］，召景仁。景仁犹称脚疾，以小床舆就坐［16］，诛讨处分［17］，一以委之。

初，檀道济荐吴兴沈庆之［18］忠谨晓兵，上使领队防东掖门［19］。刘湛为领军，尝谓之曰："卿在省［20］岁久，比当相论［21］。"庆之正色［22］曰："下官在省十年，自应得转［23］，不复以此仰累［24］！"收湛之夕，上开门召庆之，庆之戎服缚袴［25］而入，上曰："卿何意乃尔急装［26］？"庆之曰："夜半唤队主［27］，不容缓服［28］。"上遣庆之收刘斌，杀之

骁骑将军徐湛之［29］，逵之之子也，与义康尤亲厚，上深衔之［30］。

义康败，湛之被收，罪当死。其母会稽公主[31]，于兄弟为长嫡，素为上所礼，家事大小，必咨而后行。高祖微时[32]，尝自于新洲伐荻[33]，有纳布衫袄[34]，臧皇后[35]手所作也；既贵，以付公主曰："后世有骄奢不节，可以此衣示之。"至是，公主入宫见上，号哭，不复施臣妾之礼，以锦囊盛纳衣掷地曰："汝家本贫贱，此是我母为汝父[36]所作；今日得一饱餐，遽[37]欲杀我儿邪！"上乃赦之。

吏部尚书王球，履之叔父也，以简淡有美名，为上所重。履性进利[38]，深结义康及湛。球屡戒之，不从。诛湛之夕，履徒跣[39]告球，球命左右为取履，先温酒与之，谓曰："常日语汝云何？"履怖惧不得答，球徐曰："阿父[40]在，汝亦何忧！"上以球故，履得免死，废于家。

义康方用事，人争求亲昵[41]，唯司徒主簿江湛[42]早能自疏，求出为武陵内史[43]。檀道济尝为其子求婚于湛，湛固辞；道济因义康以请之，湛拒之愈坚。故不染于二公之难。上闻而嘉之。湛，夷之子也。

彭城王义康停省[44]十余日，见上奉辞[45]，便下渚[46]。上惟对之恸哭[47]，余无所言。上遣沙门慧琳[48]视之，义康曰："弟子有还理不[49]？"慧琳曰："恨公不读数百卷书[50]！"

初，吴兴太守谢述[51]，裕之弟也。累佐义康[52]，数有规益[53]，早卒。义康将南[54]，叹曰："昔谢述惟[55]劝吾退，刘班惟劝吾进；今班存而述死，其败也宜哉！"上亦曰："谢述若存，义康必不至此。"

以征虏司马萧斌为义康咨议参军[56]，领豫章太守，事无大小，皆以委之。斌，摹之之子也。使龙骧将军萧承之[57]将兵防守。义康左右爱念[58]者，并听随从；资奉优厚，信赐相系[59]，朝廷大事皆报示之。

久之，上就会稽公主宴集[60]，甚欢；主[61]起，再拜叩头，悲不自胜[62]。上不晓其意，自起扶之。主曰："车子[63]岁暮必不为陛下所容，今特请其命。"因恸哭，上亦流涕，指蒋山[64]曰："必无此虑。若违今誓，便是负初宁陵[65]。"即封所饮酒赐义康，并书曰："会稽姊饮宴忆弟，所余酒今封送。"故终主之身，义康得无恙[66]。

臣光曰：文帝之于义康，友爱之情，其始非不隆[67]也；终于失兄弟之欢，亏君臣之义。迹其乱阶[68]，正由刘湛权利之心无有厌已[69]。《诗》云[70]：“贪人败类[71]。”其是之谓乎[72]！

（以上为第十二段，写宋文帝刘义隆与其弟刘义康已是水火不容，便采取果断措施，逮捕帮凶刘湛，立即处死，以及斩杀刘湛之子与党羽，贬退刘义康，为江州刺史。）

【注释】

[1]嫌隙已著：犹今之所谓“罪行已经昭彰”。嫌隙，矛盾，隔阂，这里指罪行。 [2]戊申：十月一日是“丙辰”，本月无“戊申”，记载有误。《宋书·文帝纪》作“戊午”，戊午是十月三日。 [3]徙尚书库部郎何默子：指流放何默子。徙，流徙，流放。尚书库部郎，掌管国家仓库的部长。何默子，刘宋官员，文帝刘义隆时为尚书库部郎，为刘义康党羽，被流放广州。 [4]敕（chì）：命令。 [5]留止中书省：即拘留刘义康在自己的办公处。留止，停留，居住。中书省，为朝廷执政中枢部门，秉承帝王意旨，掌管机要，发布皇帝诏书、中央政令的最高机构。 [6]杜骥：字度世，京兆杜陵（今陕西西安市）人，西晋征南将军杜预玄孙，南朝宋大臣。传见《宋书》卷六十五。 [7]非常：指突然发生的情况。 [8]逊位：退位，请求辞职。 [9]江州：州治浔阳，在今江西九江市。 [10]豫章：郡名，郡治在今江西南昌市。 [11]卧疾五年：殷景仁自元嘉十二年（435）开始称病，至今已五年。 [12]影迹：形影、行迹。 [13]窥其际：看到其中任何迹象。际，边沿，这里指苗头、破绽。 [14]拂拭衣冠：抖掉尘土，准备穿戴。 [15]出：出坐。华林园：刘宋京师建康的皇家宫苑。延贤堂：位于华林园的堂名。 [16]小床：当时指椅子。舆就坐：让人抬到座位上。 [17]处分：处置，调拨。 [18]沈庆之：字弘先，吴兴武康（今浙江德清县）人，南朝宋名将。传见《宋书》卷七十七。 [19]东掖门：宫殿正门东边的边门。 [20]在省：指领军省。当时沈庆之属刘湛统领。 [21]比当相论：很快地帮你说一说，犹今之所谓“推荐”。 [22]正色：正儿八经，态度严肃。 [23]自应得转：自然应该得到升迁。 [24]不复以此仰累：不愿拿这种事情麻烦您，实际上是不受刘湛的拉拢和诱惑。 [25]戎服缚袴：一种准备参加战斗的装束。 [26]急装：应急紧急情况的装束。如此穿着这样一套紧急的装束。 [27]队主：犹今之所谓“部队首长”，不是具体的官名。 [28]不容缓服：容不得穿着宽服大袖的绅士衣服，这样不利于应对突发情况。 [29]徐湛之：字孝源，小名仙童，东海郯县（今山东郯城县）人，刘裕女儿会稽公主之子，刘义隆外甥，徐逵之之子，南朝宋大臣。封枝江县侯，历官秘书监、迁丹阳尹、南兖州刺史、尚书仆射，与吏部尚书江湛并居权要，时谓“江、徐”。传见《宋书》卷七十一。 [30]深衔之：深深地记恨在心。 [31]会稽公主：即刘兴弟，刘裕嫡长女，南朝宋公主。嫁给徐逵之为妻，生下儿子徐湛之、徐淳之。刘裕称帝，封为永兴公主。刘义隆即位，晋封会稽郡长公主。 [32]微时：指刘裕没有发迹时，贫贱之时。 [33]新洲伐荻：到新洲去打柴。新洲，小岛名，在当时建康城北的长江中。伐荻（dí），指刘兴弟亲自去打柴。荻，芦苇。 [34]纳布衫袄：穿着打着补丁的粗布衣服。纳，同“衲”，补丁。 [35]臧皇后：即臧爱亲，东莞

（今山东沂水县）人，宋武帝刘裕皇后。生活俭朴，不为亲属请托。追赠豫章公夫人，刘裕称帝，追谥皇后。［36］汝父：指刘裕。会稽公主与文帝刘义隆同父异母，又已嫁人，且正在气中，故称曰“汝父”。［37］遽（jù）：急着。［38］进利：贪进好利。［39］徒跣：光着双脚，表示请罪。［40］阿父：当时江南人呼伯、叔为“阿父”，为人叔、伯者亦以“阿父”自称。［41］求亲昵（nì）：拉关系，求亲近。［42］司徒主簿：司徒府（刘义康）的高级属官。江湛，字徽渊，济阳考城（今河南兰考县）人，东晋湘州刺史江夷之子，南朝宋大臣。传见《宋史》卷七十一。［43］武陵内史：武陵郡的行政长官。武陵，郡名，郡治在今湖南常德市。内史，诸侯王国的行政长官，相当于郡太守。［44］停省：停留在中书省。刘义康暂时被软禁于此。［45］见上奉辞：见文帝刘义隆并辞行。［46］下渚（zhǔ）：指船离秦淮河，赴豫章贬地。渚，水中陆地。［47］恸（tòng）哭：哀痛，大哭。［48］慧琳（lín）：南朝宋僧人。学通内外，尤善老庄，好语笑俳谐，长于著作，得到文帝宠幸，经常与文帝一起商讨国家大事，参与国家机要，显赫一时，被称为“黑衣宰相”。［49］有还理不：有回来的可能吗？不，同“否”。［50］恨公不读数百卷书：言其不懂历史，不知早自戒慎；同时也委婉地说明官场的残酷无情，刘义康没有再回来的可能了。［51］谢述（390—435）：字景先，陈郡阳夏（今河南太康县）人。东晋太傅谢安侄孙，晋陵太守谢裕之弟，刘裕的僚属，为刘裕所赏识，任太尉参军、太子中舍人；文帝时为吴兴太守。传见《宋书》卷五十二。［52］累佐义康：谢述先后曾任刘义康骠骑长史、司徒左长史等职。［53］规益：规劝，补益。［54］将南：指南去豫章贬地。［55］惟：同“唯”，只是。［56］征虏司马：征虏将军府的司马官。司马，军中执法官。萧斌：南兰陵（今江苏常州市）人，萧思话从弟，刘宋将领。原为刘义康咨议参军，文帝时命之随义康赴任，使义康安心。传见《宋书》卷七十八。［57］萧承之：字嗣伯，东海兰陵县（今江苏常州市）人，齐高帝萧道成之父，南朝宋名将。传见《南齐书》卷一。［58］爱念：所喜欢的人。［59］信赐相系：问讯及赏赐不断。相系，相连。［60］宴集：宴饮，集会。［61］主：会稽公主的简称。［62］悲不自胜：悲痛不能自己。［63］车子：刘义康的小名。［64］指蒋山：指着蒋山发誓。蒋山，在今南京东的钟山，刘裕的坟墓初宁陵就在这里。［65］负初宁陵：意即对不起去世的父亲。初宁陵，刘裕的坟墓，代指刘裕。［66］无恙（yàng）：没有被杀害。［67］隆：深厚，亲密。［68］迹其乱阶：考察、追溯灾祸的由来。迹，追溯。乱阶，祸乱的发展由来。［69］无有厌已：没有满足、无法停止。［70］《诗》云：《诗经》上说。引语见《诗经·桑柔》。［71］贪人败类：意谓贪婪的人不仅害了他自己，还要使他的家族亲党都遭到毁灭。类，群，辈。［72］其是之谓乎：以上所说的就是这种情况啊！

征南兖州刺史江夏王义恭为司徒、录尚书事。戊寅[1]，以临川王义庆为南兖州刺史；殷景仁为扬州刺史，仆射、吏部尚书如故。义恭惩彭城之败[2]，虽为总录[3]，奉行文书[4]而已，上乃安之。上年[5]给相府钱二千万，他物称此[6]；而义恭性奢[7]，用常不足，上又别给钱，年至千万。

十一月，丁亥[8]，魏主如山北[9]。

殷景仁既拜扬州[10]，羸疾遂笃[11]，上为之敕西州[12]道上不得有车声。癸丑[13]，卒。

十二月，癸亥[14]，以光禄大夫王球为仆射[15]。戊辰[16]，以始兴王浚[17]为扬州刺史。时浚尚幼，州事悉委后军长史范晔[18]、主簿沈璞[19]。晔，泰之子；璞，林子之子也。晔寻迁左卫将军[20]，以吏部郎[21]沈演之[22]为右卫将军，对掌禁旅[23]；又以庾炳之[24]为吏部郎，俱参机密。演之，劲之曾孙也。

晔有隽才[25]，而薄情浅行[26]，数犯名教[27]，为士流所鄙[28]。性躁竞[29]，自谓才用不尽，常怏怏[30]不得志。吏部尚书何尚之[31]言于帝曰："范晔志趋异常[32]，请出为广州刺史；若在内衅成[33]，不得不加铁钺[34]，铁钺亟行[35]，非国家之美也。"帝曰："始诛刘湛，复迁范晔，人将谓卿等不能容才，朕信受[36]谗言，但共知其如此，无能为害也。"

是岁，魏宁南将军王慧龙卒，吕玄伯[37]留守其墓，终身不去。

魏主欲以伊馛为尚书，封郡公，馛辞曰："尚书务殷[38]，公爵[39]至重，非臣年少愚近所宜膺受[40]。"帝问其所欲，对曰："中、秘二省[41]多诸文士，若恩矜[42]不已，请参其次[43]。"帝善之，以为中护军将军、秘书监[44]。

大秦王杨难当复称武都王[45]。

（以上为第十三段，写刘宋贬退刘义康，以刘义恭继之，义恭吸取义康失败的教训，不问政事，敷衍了事，宋文帝刘义隆放心朝政；殷景仁出山，担任扬州刺史。）

【注释】

[1]戊寅：十月二十三日。 [2]惩彭城之败：接受刘义康失败的教训。彭城，对刘义康的敬称，因他被封为彭城王。 [3]总录：犹言“总理”。录尚书事在当时总理一切政务。 [4]奉行文书：指上传下达，照章办事。 [5]上年：皇上每年。 [6]他物称此：赏赐的其他东西也与此成比例。 [7]性奢：生性奢侈。或者说，这是刘义恭的一种自我保护手段。当年刘穆之也曾使用过类似办法。皇上不怕弟弟们豪奢，就怕他们有野心。 [8]丁亥：十一月三日。 [9]山北：指

武周山之北。武周山在今山西大同市西，即云冈山。［10］拜扬州：即担任扬州刺史，当时都城建业就属扬州管辖，其地位举足轻重。［11］羸疾遂笃：老毛病更加沉重。［12］西州：当时扬州刺史府的所在地，因其在建康的台城之西，故称“西州”。［13］癸丑：十一月二十九日。［14］癸亥：十二月九日。［15］光禄大夫王球为仆射：任命光禄大夫王球为仆射。光禄大夫，原是郎中令下的属官，在帝王前充当参谋顾问，刘宋时作为一种荣誉性加官。仆射，尚书省的副长官，权重，实副宰相。［16］戊辰：十二月十四日。［17］始兴王浚：即刘浚，字休明，小字虎头，南朝宋文帝刘义隆次子，封始兴王。封地始兴郡，郡治曲江，在今广东韶关市西南。《宋书》本传称其“少好文籍，姿质端妍”。曾为扬州、南徐州刺史。元嘉三十年（453）与废太子刘劭发动政变，杀文帝刘义隆，后被孝武帝刘骏击败，斩首。传见《宋书》卷九十九。［18］后军长史：后军将军府的高级僚属。时刘浚为后军将军。范晔，字蔚宗，顺阳（今河南淅川县）人，侍中范泰之子，南朝宋官员、史学家。撰《后汉书》行于世。传见《宋书》卷六十九。［19］沈璞（pú）：字道真，吴兴武康（今浙江德清县）人，沈林子少子，沈约之父，刘宋官员。好学善文，为始兴王刘浚心腹，随从刘浚出镇扬州、南徐州，先后担任其主簿、大农、正佐、宣威将军、盱眙太守，迁淮南太守。后参与刘劭与刘浚合谋的政变，被杀。传见《宋书》卷一百。［20］左卫将军：古将军名，主管宫廷侍卫。［21］吏部郎：隶属于吏部尚书，主管官吏的选任、调动等事务。［22］沈演之：字台真，吴兴武康（今浙江德清县）人，东晋扬武将军沈圣力之子，刘义隆的信臣。官至吏部尚书、太子右卫。传见《宋书》卷六十三。［23］对掌禁旅：共同掌管皇帝的警卫部队。［24］庾炳之：字仲文，颍川鄢陵人，东晋权臣庾冰曾孙，南朝宋官员。初为秘书、太子舍人，出补钱唐令。当刘湛与殷景仁水火不容时，庾炳之独能出入于两家之门，并为皇帝与殷景仁传递信息。后累迁侍中、吏部尚书，后通货贿，坐免官。传见《宋书》卷五十三。［25］隽（jùn）才：出众的才智。隽，同“俊”。［26］薄情浅行：不念情义，行为放荡。［27］数犯名教：屡屡做一些为当时的伦理道德所不容的事情。［28］士流所鄙：出身士族的人瞧不起。［29］躁竞：好钻营，如今之所谓“官迷”，想当官。［30］怏（yàng）怏：不满意、不服气的样子。［31］何尚之：字彦德，庐江灊县（今安徽霍山县）人，金紫光禄大夫何叔度之子，刘宋大臣。文帝时为丹阳尹，后领国子祭酒，官至领中书令，迁尚书令。传见《宋书》卷六十六。［32］志趋异常：志趣不同于平常人，指其似欲谋反。趋，同“趣”。［33］若在内衅（xìn）成：如果在朝廷犯下罪过。内，朝内。衅，祸变。［34］加铁钺（yuè）：将犯罪者斩首或问斩。铁钺，斧头。［35］铁钺亟（qì）行：指屡屡诛杀大臣。亟，屡。［36］信受：相信并接受。［37］吕玄伯：南朝人，刘宋文帝派出刺杀北魏荥阳太守王慧龙的刺客，被王慧龙的坦荡所感染，反为王慧龙的保镖王慧龙死后，终生为其守墓。［38］务殷：事情繁多。［39］公爵：古代爵位名。［40］膺受：获得，承受。［41］中、秘二省：中书省和秘书省。［42］恩矜：犹今之所谓“关心”“体恤”。［43］请参其次：请求去那里充当一个工作人员。［44］中护军将军、秘书监：兼任两职。中护军将军，简称中护军，负责统领警卫朝廷的军队，并主管国家各将领的选拔与任用。秘书监，秘书省的长官，掌管国家经籍图书著作等事。［45］大秦王：氐王杨难当的自封王号，大，含有至尊、伟大的意思。复称武都王：杨难当原称“武都王”，元嘉十三年（436）自称“大秦王”，今又称“武都王”。武都，古郡名，郡治在今甘肃成县西北。

十八年（辛巳，441年）

春，正月，癸卯[1]，魏以沮渠无讳为征西大将军、凉州牧、酒泉王。

彭城王义康至豫章，辞刺史[2]，甲辰[3]，以义康都督江、交、广三州诸军事。前龙骧参军巴东扶令育诣阙[4]上表，称：“昔袁盎谏汉文帝[5]曰：‘淮南王[6]若道路遇霜露死[7]，陛下有杀弟之名[8]。’文帝不用，追悔无及。彭城王义康，先朝[9]之爱子，陛下之次弟，若有迷谬之愆[10]，正可数之以善恶[11]，导之以义方，奈何信疑似之嫌[12]，一旦黜削[13]，远送南垂[14]！草莱黔首[15]，皆为陛下痛之[16]。庐陵往事，足为龟鉴[17]。恐义康年穷命尽，奄忽[18]于南，臣虽微贱，窃为陛下羞之[19]。陛下徒知恶枝之宜伐[20]，岂知伐枝之伤树[21]！伏愿亟召义康返于京甸[22]，兄弟协和，君臣辑睦[23]，则四海之望塞[24]，多言之路绝[25]矣。何必司徒公、扬州牧[26]然后可以置彭城王哉？若臣所言于国为非，请伏重诛以谢陛下。”表奏，即收付建康狱，赐死。

裴子野[27]论曰：夫在上为善，若云行雨施，万物受其赐；及其恶也，若天裂地震，万物所惊骇[28]，其谁弗知，其谁弗见！岂戮[29]一人之身，钳[30]一夫之口，所能攘逃[31]，所能弭灭[32]哉？是皆不胜其忿怒而有增于疾疹[33]也。以太祖之含弘[34]，尚掩耳[35]于彭城之戮；自斯以后，谁易由言[36]！有宋累叶[37]，罕闻直谅[38]，岂骨鲠之气[39]，俗愧前古[40]？抑时王刑政[41]使之然乎？张约陨于权臣[42]，扶育毙于哲后[43]，宋之鼎镬[44]，吁[45]，可畏哉！

魏新兴王俊荒淫不法，三月，庚戌[46]，降爵为公。俊母先得罪死，俊积怨望[47]，有逆谋，事觉，赐死。

辛亥[48]，魏赐郁久闾乞列归爵为朔方王[49]，沮渠万年[50]为张掖王。

夏，四月，沮渠唐儿[51]叛沮渠无讳；无讳留从弟天周[52]守酒泉，与弟宜得引兵击唐儿，唐儿败死。魏以无讳终为边患，庚辰[53]，遣镇南将军奚眷击酒泉。

秋，八月，辛亥[54]，魏遣散骑侍郎张伟来聘。

九月，戊戌[55]，魏永昌王健卒。

冬，十一月，戊子[56]，王球卒。己亥[57]，以丹杨尹孟颛[58]为尚书仆射。

酒泉城中食尽，万余口皆饿死，沮渠天周杀妻以食战士。庚子[59]，魏奚眷拔酒泉，获天周，送平城，杀之。沮渠无讳乏食，且畏魏兵之盛，乃谋西度流沙，遣其弟安周西击鄯善[60]。鄯善王欲降，会魏使者至，劝令拒守；安周不能克，退保东城[61]。

氐王杨难当倾国入寇，谋据蜀土，遣其建忠将军苻冲[62]出东洛以御梁州兵[63]；梁、秦二州刺史刘真道击冲斩之。真道，怀敬[64]之子也。难当攻拔葭萌[65]，获晋寿太守申坦[66]，遂围涪城[67]；巴西、梓潼二郡太守刘道锡[68]婴城固守，难当攻之十余日，不克，乃还。道锡，道产之弟也。十二月，癸亥[69]，诏龙骧将军裴方明[70]等帅甲士三千人，又发荆、雍二州兵以讨难当，皆受刘真道节度。

晋宁太守爨松子[71]反，宁州刺史徐循[72]讨平之。

天门蛮田向求[73]等反，破溇中[74]；荆州刺史衡阳王义季遣行参军曹孙念[75]讨破之。

魏寇谦之言于魏主曰："今陛下以真君御世[76]，建静轮天宫[77]之法，开古以来，未之有也。应登受符书[78]以彰圣德。"帝从之。

（以上为第十四段，写宋文帝刘义隆改迁刘义康，将其放置到蛮荒之地，前龙骧将军参军扶令育劝谏，被赐死；北魏主拓跋焘封沮渠无讳为酒泉王，又怕其反叛，将其杀害。）

【注释】

[1]癸卯：正月二十日。 [2]辞刺史：请求辞去江州刺史。 [3]甲辰：正月二十一日。 [4]巴东：郡名，郡治在今重庆市奉节县东。扶令育：人名，刘义隆时巴东郡人。诣阙（què）：赴京都，到天子的宫阙。阙，宫门两侧的台观，这里即指朝廷。 [5]袁盎谏汉文帝：此指袁盎劝说汉文帝宽赦犯罪的弟弟淮南王之事。扶令育引此劝说宋文帝宽赦刘义康，不要贬逐到南方。袁盎，西汉文帝时大臣，为太常，好直言，反对景帝弟梁王刘武为储君，被刘武派刺客所杀。 [6]淮

南王：即刘长，汉高帝刘邦少子，汉文帝之弟，他擅杀大臣审食基，被判流放蜀郡严道邛邮（严道县，今四川雅安市），途中不食而死，谥号厉王。传见《史记》一百一十八。［7］遇霜露死：指被汉文帝手下的人害死。淮南王刘长因谋反罪被流放巴蜀，袁盎劝阻说："陛下素骄淮南王，弗稍禁，以至此，今又暴摧折之。淮南王为人刚，如有遇雾露行道死，陛下竟为以天下之大弗能容，有杀弟之名。"文帝不听，刘长在流放途中绝食而死。［8］陛下有杀弟之名：刘长绝食而死后，百姓歌"一尺布，尚可缝；一斗粟，尚可舂。兄弟二人不能相容"。［9］先朝：指先朝皇帝，即刘裕。［10］迷谬之愆（qiān）：因一时糊涂犯了罪。迷谬，迷惑，谬误。愆，罪过，过失。［11］数之以善恶：给他分析哪是善，哪是恶。数，指说。［12］疑似之嫌：似是而非的罪名。［13］黜（chù）削：罢免，削除。［14］远送南垂：发配到南方边地。时刘义康被"任"为都督江、交、广三州诸中事，驻节于今广州市。南垂，南部边疆地区。垂，同"陲"，边陲，边地。［15］草莱黔首：普通的黎民百姓。［16］皆为陛下痛之：都为您的这种做法感到痛心。［17］足为龟鉴：已经够我们吸取教训的了。龟，龟甲，可以占吉凶；鉴，镜子，可以照人形貌，二者连用，指给人提供教训。［18］奄（yǎn）忽：忽然，这里指死亡。［19］窃为陛下羞之：实为陛下您感到羞愧。［20］徒知：谓知其一，不知其二，仅知。恶枝之宜伐：比喻坏人应当除去。［21］伐枝之伤树：剪除树枝要伤害树的本身。古谱有所谓"木实大者繁其枝，披其枝者伤其心"，此处即从古语化来。［22］返于京甸（diàn）：返回京城。甸，古代指郊外的地方。［23］辑睦：和睦，友好。［24］四海之望塞：天下人的愿望得到满足。塞，满足。［25］多言之路绝：对朝廷的批评埋怨得以停息。多言，指众人对朝廷的批评议论。［26］何必司徒公、扬州牧：意即随便给刘义康安置一个职务都行，不一定再恢复原来的官职。［27］裴子野：字几原，河东闻喜（今山西闻喜县）人，太中大夫裴松之曾孙，南朝大臣、史学家，著有《宋论》。传见《梁书》卷三十。引文即裴氏《宋论》。［28］惊骇（hài）：惊惶，害怕。［29］戮（lù）：杀。［30］钳（qián）：夹住。［31］攘（rǎng）逃：犹言"逃避""躲避"。［32］弭（mǐ）灭：压制、消灭。［33］"不胜其忿怒"句：不胜其忿怒，克制不住生气。忿怒，愤怒。忿，同"愤"。有增于疾疹（zhěn），使病症变得更加厉害。［34］含弘：包含，宽容。［35］掩耳：不听取，拒绝接受。［36］谁易由言：谁还肯于讲真话。易，轻易。由，用，以。［37］有宋累叶：刘宋王朝的历代皇帝。［38］罕闻直谅：很少能听到正直、守信义的话语。直，正直。谅，守信。［39］骨鲠之气：正直而刚强的气概。［40］俗愧前古：现时的风气不如古代。俗，风俗，风气。［41］时王刑政：当时最高统治者所使用的刑法、所营造的政治环境。［42］张约陨于权臣：张约，堂邑人，南朝宋大臣，官至吉阳县令。权臣徐羡之谋求废立，盗用废帝刘义符的名义，把庐陵王刘义真贬为庶人，流放到新安郡时，张约上疏谏阻，贬为梁州府参军，不久被徐羡之杀害。传见《宋书》卷六十一。［43］扶育毙于哲后：现在扶令育又被宋文帝所杀。扶育，即扶令育。哲后，英明的帝王。刘义隆在南朝的历代皇帝中应该算少有的佼佼者。［44］鼎镬（huò）：古代的刑具，烧开水煮人，这里代指刘宋时代的刑法。镬，古代的大锅。［45］吁（xū）：叹气，表示惊异。［46］庚戌：三月二十八日。［47］怨望：怨恨。望，也是怨恨的意思。［48］辛亥：三月二十九日。［49］郁久闾乞列归：柔然可汗之兄，元嘉十六年（439）进攻北魏时被俘，北魏封其为朔方王。朔方，郡名，郡治临戎，在今内蒙古磴口县北。［50］沮渠万年：沮渠牧犍之侄，于元嘉十六年（439）率众以姑臧城投降北魏。［51］沮渠唐儿：人名，沮渠牧犍的堂弟，时任敦煌太守。［52］天周：即沮渠天周，沮渠无讳的堂弟，镇守酒泉，后被北魏俘获，送往平城处死。［53］庚辰：四月二十八日。［54］辛亥：八月一日。［55］戊戌：九月十九日。［56］戊子：十一月十日。［57］己亥：十一月二十一日。［58］孟顗（yǐ）：孟昶之弟，刘宋官员，为尚书仆射。［59］庚子：十一月二十二日。［60］鄯（shàn）善：西域古国之一，曾称楼兰，后改国名为鄯善，国都扜泥城，在今新疆若羌县附近。［61］东城：古城名，在今新疆若羌县东北。［62］苻冲：氐族，后仇池国将领，任建忠将军，后被杀。［63］出东洛以御梁州兵：氐王从东洛出兵抵御刘宋梁出兵。东洛，古地名，胡三省以为在晋寿县界，晋寿郡治葭萌县，在今四川剑阁县东北。以御梁州兵，阻挡梁州出兵救蜀。梁州的州治在今陕西汉中，当时属刘宋。御，抵抗，阻挡。［64］怀敬：即刘怀敬，东晋末彭城（今江苏徐州市）人，刘裕从母兄，南朝宋宗室大臣。当初刘裕生而母死，无乳，欲弃之。怀敬母断其乳而喂养之。初为费县令，闻刘裕起兵，弃县而奔。刘裕即帝位，念旧恩，累加宠授，至会稽太守，为尚书、金紫光禄大夫。传见《宋书》卷四十七。［65］葭（jiā）萌（méng）：县名，县治在今四川广元市西南。［66］申坦：南朝宋魏郡魏人，申永之子。初为巴西、梓潼太守。后为刘骏镇军咨议参军。刘骏至新亭，申坦进克京城。刘骏即位，为太子右卫率、宁朔将军、徐州刺史。获罪，被宽恕，官至骁骑将军。传见《宋书》卷六十五。［67］涪（fú）城：城名，在今四川绵阳市，当时为巴西、梓潼二郡的郡治所在地。［68］刘道锡：巴西、梓潼太守。刘道产之弟。文帝时尝任余杭令，有美政。后迁巴西、梓潼二郡太守。后氐王杨难当谋据蜀地，道锡保城退敌，迁扬烈将军，广州刺史。后以贪纵过度，为有司所纠，值赦免。又以赦后有余赃，下廷尉，被宥。病死。［69］癸亥：十二月十五日。［70］裴方明：绛郡闻喜（今山西闻喜县）人，南朝宋名将。为中兵参军，隶于益州刺史刘道济，领兵击败程道养，镇压赵广起义，拜龙骧将军。后随从刘真道攻灭后仇池国，击败氐王杨难当，封梁、南秦二州刺史。后坐贪污罪，论死。［71］晋宁：郡名，郡治在今云南昆明市晋宁区东北。爨（cuàn）松子，人名，东晋晋宁太守，后反叛被平定。［72］宁州：古州名，州治在今云南曲靖市。徐循：刘宋官员，为宁州刺史。［73］天门：郡名，郡治在今湖南石门县。蛮：古代对南方少数民族的称呼。田向求：人名，天门郡的蛮族头领。［74］溇中：县名，县治在今湖南慈利县西北。［75］曹孙念：刘宋官员，刘义隆时，为衡阳王刘义季的行参军。［76］真君御世：泛称修行得道的人统治国家。御，统治，驾驭。［77］静轮天宫：寇谦之所建造的道教宫殿，欲令其高不闻鸡鸣狗吠之声，上与天神交接。最终没有建成。［78］登受符书：登台接受上天赐予的符书。

【点评】

北方复归一统。前秦苻坚曾短暂统一了中国北方，淝水大战失败后，前秦土崩瓦解，北方群雄割据。公元386年，拓跋珪重建代国，不久改国号为“魏”，史称“北魏”。到公元439年，经过拓跋珪、拓跋嗣、拓跋焘三代国主的不懈努力，先后攻灭了后燕、后秦、大夏、北凉、西秦、北燕等割据势力，再度统一北方，具有划时代的意义。

首先，几代人坚持不懈。历史的机遇有时候青睐绝地逢生的人。北魏的前身代国，被前秦攻灭，时年六岁的拓跋珪被其母亲贺兰氏携走出逃，十六岁趁乱重兴代国，即位称代王，而后定国号为“魏”，正式称帝。拓跋珪即位初年，积极扩张疆土，励精图治，为北魏的兴起和强盛奠定了基础。其后，公元409年，十七岁的长子拓跋嗣继位，励精图治，整顿内政，在阴山以北地带兴筑长城，防止北方柔然的骚扰；在与刘宋的战争中获胜，攻占虎牢关，夺取刘宋领土三百里。再其后，公元424年，拓跋嗣十六岁的长子拓跋焘继位。他是杰出的军事统帅，善于使用骑兵，曾亲率大军先后攻灭大夏、北燕、北凉，攻打柔然，征讨山胡，降服鄯善，驱逐吐谷浑，夺取刘宋的虎牢、滑台等重镇要地，最终统一中国北方。有意思的是，这三代国主，大都是在十六岁左右即位，个个都是有为之主，具有雄才大略，既善于军事，也懂得治国，故能取得辉煌的成就。而当时的割据政权，大都是一代政权，到了儿子辈，就互相争权，闹得鸡犬不宁，因而很快灭亡；也有的是二代而亡，到了孙子辈国将不国了。而北魏三代兴盛，也很少出现内部分裂、争夺皇权的现象，这是北魏能够统一北方的关键因素。

其次，善于重用谋臣，借助谋臣智慧，推进统一事业。这其中突出的是三代北魏帝王重用谋臣崔浩。崔浩，自比张良，被誉为北魏第一谋士，长相如美貌妇人。他参与了北魏三代帝王的重大军事决策，多谋善断，屡建功勋，深受器重，在北魏统一北方的一系列战争中起了重要作用。在拓跋珪时，他为贴身秘书，勤奋工作，经常加班不回家。拓跋珪晚年，杀人如麻，而崔浩近在咫尺，独得恩宠，毫发无损；拓跋嗣、拓跋焘时，崔浩担任“帝王师”，为其出谋划策。例如，当东晋刘裕攻打后秦时，曾向北魏借道，群臣个个都不同意，认为后秦灭亡了，就轮到北魏了。而崔浩说：“晋军士气正旺，我们是挡不住的。应当等到刘裕入关以后，切断他的归路。让东晋和后秦打得两败俱伤，我们再动手，坐收渔翁之利，把他们两个国家都灭了。”多聪明的主意啊！可惜的是，北魏主拓跋嗣没有听从他的谋议，结果吃了败仗。再如，拓跋焘即位后，想攻打柔然，恰巧南方的宋文帝刘义隆放出话来，要北伐，夺回黄河以南的土地。当时，大臣们都主张南征，拓跋焘拿不定主意。而崔浩说：“北方柔然没事就来骚扰边境，百姓常年生活在恐惧之中。他们来去如风，以为我们追不上，肯定不做防备，只要我们北伐，就一定会灭了他们。南方人历来没有血性，只是嘴上发发狠，一定不会越过黄河，所以放心北伐。”拓跋焘听从了他的意见，大获全胜。而一直到北魏大军班师回朝，刘义隆还在起草作战方案！崔浩可谓料事如神，在一系列的战事中，都发挥了重要的作用，有些甚至是决定性的作用，也得到了国主的高度信任，拓跋焘曾经对大臣们说：“你们凡是有不能决断的国家大事，都要听听崔浩的意见。”

最后，东晋、刘宋的内讧、孱弱，是北魏能够统一北方的辅助因素。在北魏统一的数十年中，南方先是东晋，权臣专政，皇帝形同虚设；而后是刘裕建立刘宋，但他很快去世，儿辈们并没有他的雄风和大志。他们也有数次北伐，但绝大多数是以失败告终，只有刘裕北伐，还算是有些成效，但也没有坚持到底，长安等地得而复失。如此，北魏对南方政权不屑一顾，腾出时间和精力来一一消灭北方的割据政权。特别可恨的是，刘宋皇室为了所谓巩固皇权，而自毁“长城”，杀掉了能够震慑北魏的大将檀道济。檀道济被抓时，狠狠地把头巾拉下，摔在地上，说：“乃坏汝万里长城！”檀道济被处死的消息传到北魏，魏军将领互相庆贺，说：“檀道济一死，南方就再也没有可畏惧的人了！我们可以放心大胆了！”其后，刘宋在军事上转入守势，北魏屡次南征，铁蹄践踏到长江北岸的瓜步，宋文帝登上石头城向北望去，忧心忡忡，感慨地说：“如果檀道济还在，怎么会窝囊到如此地步！”早知如此，何必当初？悔之晚矣！

北魏之所以能够统一北方，还有许多因素，但以上三点是其主要因素，其他就不再一一叙说了。

卷一二四　宋纪六

宋文帝元嘉十九年至二十三年（442—446年）

【起玄黓敦牂（壬午，442年），尽柔兆阉茂（丙戌，446年），凡五年】

【大事提要】

本卷记事起自公元442年至公元446年，凡五年，当宋文帝元嘉十九年至元嘉二十三年。本卷所载大事，分别述之如次。南朝刘宋大事主要有四个方面：其一，刘宋与北魏争仇池失利，刘宋御史中丞何承天上奏陈抗击北魏安边四策。其二，元嘉二十一年，刘宋颁行何承天《元嘉新历》，又修正音律。其三，沈庆之讨平涢山蛮的叛乱；振武将军宗悫以狮子阵大破林邑大象阵。其四，刘宋元嘉时期的文化繁荣，贡献最大的几个人物都在此卷出现。刘宋设立国子学，颜延之与何承天同为皇太子刘劭执讲《孝经》。刘义庆卒，生前著《世说新语》。《后汉书》作者范晔被诛。北朝大事分四个方面：其一，开篇即北魏太武帝拓跋焘巡视道教教坛接受符箓，并且规定今后每当皇帝即位都要照此办理，这反映了北魏道教的兴起。与之形成鲜明对比的是，太武帝诏令灭佛，颁布诏书禁绝私养沙门巫觋。其二，太武帝平灭关中盖吴叛乱，诛灭北凉残敌；恢复西域交通；用兵柔然，无功而返。其三，太武帝诛杀奸臣刘絜等人，重用忠臣古弼。其四，北魏太子拓跋晃监国，处理政务，十分有条理。

太祖文皇帝中之中

元嘉十九年（壬午，442年）

春，正月，甲申[1]，魏主备法驾[2]，诣道坛受符箓[3]，旗帜尽青。自是每帝即位皆受箓。谦之[4]又奏作静轮宫[5]，必令其高不闻鸡犬，欲以上天神。崔浩[6]劝帝为之，功费万计，经年不成。太子晃[7]谏曰：“天人道殊[8]，卑高定分[9]，不可相接，理在必然。今虚耗府库，疲弊百姓，为无益之事，将安用之！必如谦之所言，请因东山万仞之高[10]，为功差易[11]。”帝不从。

夏，四月，沮渠无讳[12]将万余家，弃敦煌西就沮渠安周[13]。未至，鄯善王比龙[14]畏之，将其众奔且末[15]，其世子降于安周。无讳遂据鄯善，其士卒经流沙渴死者太半[16]。

李宝自伊吾[17]帅众二千入据敦煌，缮修[18]城府，安集故民[19]。

沮渠牧犍[20]之亡也，凉州人阚爽[21]据高昌，自称太守。唐契[22]为柔然所逼，拥众西趋高昌，欲夺其地。柔然遣其将阿若[23]追击之，契败死。契弟和收余众奔车师前部王伊洛[24]。时沮渠安周屯横截城[25]，和攻拔之，又拔高宁、白力[26]二城，遣使请降于魏。

（以上为第一段，写北魏主拓跋焘新封道教，接受符箓，大修静轮宫；沮渠无讳率领北凉残余势力西逃鄯善；西凉主李暠之孙李宝乘敦煌空虚之时，从伊吾打回敦煌。）

【注释】

[1]甲申：正月七日。[2]魏主：即拓跋焘，北魏第三位国主，公元424年至453年在位，传见《魏书》卷四。法驾：也称法车，皇帝隆重出行的车驾，是仅次于“大驾”的一种仪仗队。[3]受符箓（lù）：接受祭天道士所称的来自上帝的文书。符箓，亦称符字、墨箓、丹书，道家的秘密文书。道人诈称是上帝、神灵赐予的神秘文字，宣称可以降妖除怪、去病消灾、赐人福寿、致人以死等。[4]谦之：即寇谦之，字辅真，北魏的道士，是“新天师道”（北天师道）的创立者，建立了北朝官方正统道教。传见《魏书》卷一百一十四。[5]静轮宫：古道教宫殿名，寇谦之于北魏拓跋焘时倡议建造，欲令其高，不闻鸡鸣狗吠之声，上与天神交接，在今山西大同市东。胡三省引《水经注》曰：“静轮宫在道坛东北，道坛在平城东，水之左。”[6]崔浩：字伯渊，清河东武城人，北魏重要谋臣。历仕拓跋珪、拓跋嗣、拓跋焘三帝，谋事百不失一，在破胡夏、北凉、高车、北燕、柔然、刘宋中屡见奇效，其弊在于迷信道教。官至司徒，封东郡公。后受“国史狱”牵连，被灭九族。传见《魏书》卷三十五。[7]太子晃：即拓跋焘长子。拓跋晃，立为皇太子，录尚书事，总理朝政，代替太武帝监管国政。后为中常侍宗爱陷害，忧虑而死，追谥景穆太子。传见《魏书》卷四下。[8]殊：不同。[9]卑高定分：上帝与人类，一上一下，两不搭界，互不相关。[10]请因东山万仞之高：意即把这所静轮宫修建于高高的东山之上。东山，指北魏都城平城东侧的高山。万仞，极言其高。古称八尺为一仞。[11]为功差易：建造起来还容易一点。差易，略为容易。[12]沮渠无讳：北凉主沮渠蒙逊之子。北凉被北魏所灭，沮渠无讳占据酒泉自保，后西迁沙漠，建立高昌北凉政权，向刘宋称臣，封河西王，后病死。传见《宋书》卷九十八。[13]沮渠安周：沮渠无讳之弟，北凉末代国主。北凉灭亡，安周在酒泉一带进行抗魏斗争，后引兵西下，割据高昌，延续北凉政权。后遭到柔然攻击，兵败被杀。传见《魏书》卷九十九。

[14]鄯(shàn)善：西域古国之一，曾称楼兰，后改国名为鄯善，国都扜泥城，在今新疆若羌县附近。比龙：当时鄯善国的国王。 [15]且末：古西域小国名，在鄯善国的西南方，王城即且末城，都城在今新疆且末县，在今新疆且末县东南。 [16]流沙：即沙漠，在今新疆境内罗布泊以东的白龙堆沙漠，在今甘肃敦煌以西的东西交通线上。太半：大半，约三分之二。 [17]李宝：西凉主李暠之孙。西凉灭亡后，西奔伊吾，建立后西凉国，向柔然称臣，后乘机返回敦煌，后归降北魏。传见《魏书》卷三十九。伊吾，古地名，也称“伊吾卢”，为西域门户，旧城约在今新疆哈密市西四堡。 [18]缮(shàn)修：修缮，修补。 [19]安集故民：聚集、安定西凉国的故有居民。西凉国的都城开始时曾在敦煌。 [20]沮渠牧犍(qián)：字茂虔，沮渠蒙逊第三子，为北凉第三位国主。传见《魏书》卷九十九。 [21]阚(kàn)爽：高昌人，在柔然的帮助下占据高昌。后沮渠无讳攻占高昌，建立高昌北凉政权，阚爽逃往柔然。高昌，古西域小国名，都城高昌，在今新疆吐鲁番城东，今其古城堡尚巍然耸立。 [22]唐契(qì)：唐繇之子，以凉土丧乱，曾推李暠霸于河右。西凉亡，唐契与弟唐和携其甥李暠之孙李宝，于刘宋营阳王景平元年(423)，同奔伊吾，招集二千余家，臣于柔然，柔然以唐契为伊吾王。后唐契与柔然战斗而死，唐和继领其众奔车师。 [23]阿若：柔然汗国将领。 [24]车师前部：古西域国名。西域有车师前部与车师后部两个国家，车师前部国的国都交河城，在今新疆吐鲁番西北；车师后部国的都城务涂谷，在今新疆奇台县西南。当时归附于北魏国。 [25]横截城：古城名，北魏时高昌国置，在今新疆鄯善县西北。《梁书·高昌传》曰：“其国置四十六镇，有横截镇。” [26]高宁、白力：古二城名。均为北魏时高昌国置，在今新疆鄯善县。胡三省引李延寿曰：“高昌国有四十六镇，交河、田地、高宁、白刃、横截等，余不具载。”据此，“白力”当作“白刃”。

甲戌[1]，上[2]以疾愈，大赦。

五月，裴方明[3]等至汉中[4]，与刘真道[5]等分兵攻武兴、下辩、白水[6]，皆取之。杨难当[7]遣建节将军符弘祖守兰皋[8]，使其子抚军大将军和[9]将重兵为后继。方明与弘祖战于浊水[10]，大破之，斩弘祖。和退走，追至赤亭[11]，又破之。难当奔上邽[12]，获难当兄子建节将军保炽[13]。难当以其子虎[14]为益州刺史，守阴平[15]，闻难当走，引兵还，至下辩。方明使其子肃之[16]邀击之，擒虎，送建康[17]，斩之。仇池平[18]。以辅国司马胡崇之为北秦州[19]刺史，镇其地；立杨保炽为杨玄后[20]，使守仇池。魏人遣中山王[21]辰迎杨难当诣平城[22]。秋七月，以刘真道为雍州[23]刺史，裴方明为梁、南秦[24]二州刺史。方明辞不拜[25]。

丙寅[26]，魏主使安西将军古弼[27]督陇右诸军及殿中虎贲[28]与武都王杨保宗自祁山[29]南入，征西将军渔阳皮豹子[30]与琅邪王司马楚之[31]督关中诸军自散关[32]西入，俱会仇池。又使谯王司马文思[33]督洛、豫诸军南趋襄阳[34]，征南将军刁雍东趋广陵[35]，移书徐州[36]，称[37]为杨难当报仇。

甲戌晦[38]，日有食之。

唐契之攻阚爽也，爽遣使诈降于沮渠无讳，欲与之共击契。八月，无讳将其众趋高昌，比至[39]，契已死，爽闭门拒之。九月，无讳将卫兴奴[40]夜袭高昌，屠其城[41]，爽奔柔然。无讳据高昌，遣其常侍氾隽[42]奉表诣建康[43]。诏以无讳都督凉、河、沙[44]三州诸军事，征西大将军、凉州刺史、河西王。

冬，十月，己卯[45]，魏立皇子伏罗为晋王，翰为秦王，谭为燕王，建为楚王，余为吴王[46]。

甲申[47]，柔然遣使诣建康。

十二月，辛巳[48]，魏襄城孝王卢鲁元[49]卒。

丙申[50]，诏鲁郡修孔子庙及学舍，蠲墓侧五户课役以供洒扫[51]。

李宝遣其弟怀达、子承奉表诣平城[52]。魏人以宝为都督西垂[53]诸军事、镇西大将军、开府仪同三司[54]、沙州牧、敦煌公，四品以下听承制假授[55]。

雍州刺史晋安襄侯刘道产[56]卒。道产善为政，民安其业，小大丰赡[57]，由是民间有《襄阳乐歌》[58]。山蛮前后不可制者皆出[59]，缘沔为村落[60]，户口殷盛[61]。及卒，蛮追送至沔口[62]。未几[63]，群蛮大动[64]，征西司马朱修之[65]讨之，不利；诏建威将军沈庆之代之，杀虏万余人。

魏主使尚书李顺差次群臣[66]，赐以爵位。顺受贿，品第不平[67]。是岁，凉州人徐桀告之[68]，魏主怒，且以顺保庇沮渠氏[69]，面欺[70]误国，赐顺死。

（以上为第二段，写刘宋数路大军攻打仇池，将其打败，杨难当逃往北魏；北魏发兵宣称为难当报仇；刘宋将领沈庆之平定雍州山蛮；北魏李顺因受贿被赐死。）

【注释】

［1］甲戌：四月二十八。［2］上：指刘宋文帝刘义隆。［3］裴方明：绛郡闻喜（今山西闻喜县）人，勇猛善战，为刘宋名将。传见《宋书》卷四十七。［4］汉中：古郡名，郡治在今陕西汉中市。时氐族头领杨难当进攻刘宋，占据汉中，裴方明为反击杨难当而到达汉中地区。［5］刘真道：南朝宋时彭城人，刘怀敬之子。初为钱唐令，能奉公恤民。迁步兵校尉，为梁、南秦二州刺史。宋文帝元嘉十八年（441）击破仇池氐帅杨难当兵，迁建威将军、雍州刺史。传见《宋书》卷四十七。［6］武兴：古郡名，郡治在今陕西略阳县。下辩：《汉书》作“下辨”，古县名，县治在今甘肃成县西。白水：古郡名，郡治在今四川北部青川东北的白水岸边。［7］杨难当：后仇池国第五任国主。传见《宋书》卷九十八。［8］符弘祖：后仇池国将领，为建节将军，被刘宋将领裴方明打败、斩杀。胡三省以为“符”字应为“苻”。兰皋：古城名，在今甘肃成县北。［9］和：即杨和，氐王杨难当之子，为抚军大将军。［10］浊水：古城名，在今甘肃成县西南，郦道元以为即上文所说的白水城。［11］赤亭：古地名，在今甘肃成县西南。［12］上邽（guī）：古县名，县治在今甘肃天水市，为秦州的州治所在地，当时属于北魏。［13］保炽：即杨保炽，后仇池国第三任国主杨玄之子。元嘉十九年（442），刘宋军击败杨难当，占领仇池，时为建节将军的杨保炽被俘，被立为后仇池国的第六任国主，镇守仇池。第二年，北魏军攻占仇池，杨保炽下落不明。事见《宋书》卷九十八。［14］虎：即杨虎，后仇池国主杨难当之子，为益州刺史，镇守阴平，后被打败，被杀。［15］阴平：古郡名，郡治在今甘肃文县西。［16］肃之：即裴肃之，裴方明之子，文帝刘义隆时为将领，曾打败后仇池国杨难当之子杨虎。［17］建康：刘宋的都城，在今江苏南京市。［18］仇池平：仇池，古郡名，郡治在今甘肃成县西北的洛谷镇。这一带是氐羌杨氏占据一百多年的根据地，如今被刘宋的将领所平定。［19］北秦州：州治在今甘肃成县西北。［20］立杨保炽为杨玄后：刘宋永初中，宋武帝刘裕立氐族头领杨盛为武都王。杨盛死，其子杨玄继立。杨玄死，杨难当废杨玄之子杨保宗自立。杨保宗后来接受北魏主拓跋焘的封号为武都王，故此，刘宋立杨保宗之弟杨保炽为杨玄的后嗣，仍在仇池地区为一方之主。［21］中山王：即拓跋辰，平城（今山西大同市）人，北魏宗室，为中山王。事见《魏书》卷三十。［22］平城：古都城名，为北魏的都城，在今山西大同市东北。［23］雍州：州治长安，在今陕西西安市北。但刘宋的雍州为侨置郡，州治在今湖北襄阳市襄州区。［24］梁、南秦：古二州名，刘宋的梁州州治、南秦州州治都在今陕西汉中市。［25］不拜：不接受任命。［26］丙寅：闰五月二十一日。［27］古弼：本姓吐奚氏，代郡人，鲜卑族，北魏名将。传见《魏书》卷二十八。［28］陇右诸军及殿中虎贲：陇右，古区域名，指陇山以西地区，约当今之甘肃六盘山以西、黄河以东的部分。殿中虎贲：护卫宫廷与护卫帝王出行的勇武之士。虎贲，如虎之奔腾，以象其勇。贲，同“奔”。［29］祁山：古山名，在今甘肃礼县东。［30］皮豹子：渔阳人，北魏将领。传见《魏书》卷五十一。［31］司马楚之：字德秀，河内温县（今河南温县）人，传见《魏书》卷三十七。［32］关中：古地区名，相当于今陕西中部的渭水流域。因其东有函谷关，南有武关，西有散关，北有萧关，故称“关中”。

散关，古关名，也叫大散关，古代重要的军事要塞，在今陕西宝鸡市西南的大散岭上。［33］司马文思：司马休之长子，东晋谯王。司马休之父子忠于东晋，不满太尉刘裕专政，起兵反叛，被刘裕打败，父子一道投归魏国，长期与刘宋作对。传见《晋书》卷三十七。［34］洛、豫：北魏所置的二州名，洛州州治在今河南洛阳市，豫州州治在今河南荥阳市西北的虎牢关旧址。襄阳：古地名，在今湖北襄阳市。［35］刁雍：字淑和，东晋大臣，因其父刁逵被刘裕挟私所杀，故刁雍逃归北魏，被任为征南将军，与刘裕不共戴天。传见《魏书》卷三十八。广陵：古地名，北魏置，在今河南息县西南。［36］移书徐州：向徐州地区发布讨伐刘宋的檄文。移，原是文体名，与“檄”意同，即讨伐某人、某派别、某集团的公告。这里用如动词，意即发布。徐州，州治彭城，在今江苏徐州市。［37］称：声称，以为名义。［38］甲戌晦：这个月（闰五月）的最后一天。闰五月晦为乙亥，即三十日。甲戌，为二十九日，此处记载有误，“晦”字当删，或“甲戌”为“乙亥”之误。［39］比至：等到到达的时候。［40］卫兴奴：人名，沮渠无讳的部将。《宋书》作“卫𡢿”。［41］屠其城：将其城中人通通杀光。［42］氾（fàn）隽：人名，沮渠无讳的常侍官。［43］奉表诣建康：意即向刘宋称臣，归降于刘宋。［44］都督：总统，总指挥。凉、河、沙：古三州名，凉州的州治在今甘肃武威市，河州的州治枹罕，在今甘肃临夏县西北，沙州的州治在今甘肃敦煌市。河西：古区域名，指黄河以西，今甘肃中西部及青海东北部地区。［45］己卯：十月六日。［46］“魏立皇子”等五句：北魏太武帝拓跋焘立第二子拓跋伏罗为晋王，立第三子拓跋翰为秦王，立第四子拓跋谭为燕王，立第五子拓跋建为楚王，立幼子拓跋余为吴王。诸子传见《魏书》卷十八。拓跋余，后改封为南安王，拓跋焘死后，中常侍宗爱奉立拓跋余为帝，改元永平，是北魏第四位皇帝，随即被弑，文成帝葬以王礼，谥曰“隐”。［47］甲申：十月十一日。［48］辛巳：十二月九日。［49］卢鲁元：本姓豆卢，昌黎徒河（今辽宁朝阳市）人，北魏大臣。死后赠襄城郡王，谥号孝。传见《魏书》卷三十四。［50］丙申：十二月二十四日。［51］蠲（juān）墓侧五户课役：免除孔子墓周围五户人家的赋税、劳役。蠲，同“捐”，免除。课役，赋税及徭役。供洒扫：使免除了赋税、劳役的五户人家，专门负责孔子坟墓的保护与祭祀。［52］弟怀达、子承：即李怀达、李承，分别为西凉武昭王李暠之孙、重孙，骁骑将军李翻之子、之孙，李宝之弟、之子。奉表诣平城：李怀达、李承奉李宝之命，出使北魏，到平城上表，归顺北魏称臣。［53］西垂：古区域名，西部边疆，指今甘肃西部与新疆一带地区。垂，同“陲”，边陲，边地。［54］开府仪同三司：北魏赐给李宝的加官。即让其享有像三司一样的隆重待遇，可以开设官署，自己聘请僚属。［55］四品以下听承制假授：可以用北魏皇帝的名义在自己的管理区域内自由任命四品以下的官员。听，听凭，听任。承制，秉承皇帝的旨意，亦即用皇帝的名义。假授，假借名义授予官职。假，给予。［56］刘道产：刘宋武帝刘裕的族弟，封为晋安侯。传见《宋书》卷六十五。［57］小大丰赡（shàn）：无论是大家还是小户，都非常富足。赡，充足，丰富。［58］《襄阳乐歌》：当时的地方歌谣名，见郭茂倩《乐府诗集》。刘道产任雍州刺史，刘宋的雍州州治在襄阳，故当地百姓作歌，以“襄阳”为名。［59］山蛮：此指今湖北北部山区的各少数民族。前后不可制者皆出，历来不服当地政府管辖的百姓现在都自动地下山来。［60］缘沔（miǎn）为村落：沿着汉水搭起房子，形成村落。沔，古水名，汉水的上游，在陕西，此指襄阳一带的汉水。［61］殷盛：众多。［62］沔口：古地名，也称夏口，汉水入长江的汇口，在今湖北武汉市汉口。［63］未几：不久，没有过多少时候。［64］群蛮大动：胡三省曰“道产卒未几而群蛮作乱，后之人不能安养之也”。蛮，古代称南方少数民族。［65］朱修之：字恭祖，东晋豫州刺史朱序之孙，刘宋大臣。传见《宋书》卷七十六。［66］尚书：即尚书郎，尚书台官员，处理政务。李顺，字德正，赵郡平棘人，北魏大臣。传见《魏书》卷三十六。差次群臣：评定与排列北魏群臣的功绩大小与官爵高低。差次，排列顺序。［67］品第不平：评定与排列得不公平。［68］凉州人徐桀告之：沮渠蒙逊曾违抗北魏太武帝拓跋焘要他将西域沙门方术之士昙无谶送往京师平城的诏令，私自将其杀死，且平时对北魏多有悖慢之言。李顺因接受了蒙逊的贿赂，知情不报。徐桀所告即此事。徐桀，凉州人。［69］保庇沮渠氏：拓跋焘欲讨伐北凉，李顺极力反对，谎称北凉地区荒凉无水草，无法行军。拓跋焘听信崔浩之言，率军灭掉北凉，揭穿了李顺的谎言，便产生诛杀之心。事见《魏书》卷三十六。保庇，即包庇，袒护，掩护。［70］面欺：当面欺诬。

二十年（癸未，443年）

春，正月，魏皮豹子进击乐乡[1]，将军王奂之等败没。魏军进至下辩，将军强玄明等败死。二月，胡崇之与魏战于浊水，崇之为魏所擒，余众走还汉中。将军姜道祖兵败，降魏，魏遂取仇池。杨保炽走。

丙午[2]，魏主如恒山之阳[3]；三月，庚申[4]，还宫。

壬戌[5]，乌洛侯国[6]遣使如魏。初，魏之居北荒[7]也，凿石为庙，在乌洛侯西北，以祀其先，高七十尺，深九十步。及乌洛侯使者至魏，言石庙具在，魏主遣中书侍郎李敞[8]诣石庙致祭，刻祝文于壁而还，去平城四千余里。

魏河间公齐[9]与武都王杨保宗对镇雒谷[10]，保宗弟文德[11]说保宗，令闭险自固以叛魏。或以告齐，夏四月，齐诱执保宗，送平城，杀之。前镇东司马苻达[12]、征西从事中郎任朏[13]等遂举兵立杨文德为主，据白崖[14]，分兵取诸戍[15]，进围仇池[16]，自号征西将军，秦、河、梁[17]三州牧，仇池公。

甲午[18]，立皇子诞为广陵王[19]。

丁酉[20]，魏大赦。

己亥[21]，魏主如阴山[22]。

五月，魏古弼发上邽、高平、汧城[23]诸军击杨文德，文德退走。皮豹子督关中诸军至下辩，闻仇池解围，欲还，弼遣人谓豹子曰："宋人耻败，必将复来。军还之后，再举为难，不如练兵蓄力以待之。不出秋冬，宋师必至，以逸待劳，无不克矣。"豹子从之。魏以豹子为仇池镇将。

杨文德遣使来求援。秋，七月，癸丑[24]，诏以文德为都督北秦、雍[25]二州诸军事，征西大将军、北秦州刺史、武都王。文德屯葭芦城[26]，以任朏为左司马，武都、阴平[27]氐多归之。

甲子[28]，前雍州刺史刘真道，梁、南秦二州刺史裴方明坐破仇池减匿金宝及善马[29]，下狱死[30]。

九月，辛巳[31]，魏主如漠南[32]，甲辰[33]，舍辎重[34]，以轻骑袭柔然，分军为四道：乐安王范[35]、建宁王崇[36]各统十五将出东道，乐平王丕[37]督十五将出西道，魏主出中道，中山王辰督十五将为后继。

魏主至鹿浑谷[38]，遇敕连可汗[39]。太子晃言于魏主曰："贼不意大军猝至[40]，宜掩[41]其不备，速进击之。"尚书令刘絜[42]固谏，以为"贼营中尘盛，其众必多，出至平地，恐为所围，不如须诸军大集[43]，然后击之"。晃曰："尘之盛者，由军士惊怖[44]扰乱故也，何得营上而有此尘乎！"魏主疑之，不急击。柔然遁去，追至石水[45]，不及而还。既而获柔然候骑[46]曰："柔然不觉魏军至，上下惶骇[47]，引众北走，经六七日，知无追者，乃始徐行。"魏主深恨之。自是军国大事，皆与太子谋之。

司马楚之别将兵[48]督军粮，镇北将军封沓亡降[49]柔然，说柔然令击楚之以绝军食。俄而[50]军中有告失驴耳者，诸将莫晓其故，楚之曰："此必贼遣奸人入营觇伺[51]，割驴耳以为信耳。贼至不久[52]，宜急为之备。"乃伐柳为城，以水灌之令冻；城立而柔然至，冰坚滑，不可攻，乃散走。

十一月，将军姜道盛[53]与杨文德合众二万攻魏浊水戍，魏皮豹子、河间公齐救之，道盛败死。

甲子[54]，魏主还，至朔方[55]，下诏令皇太子副理万机[56]，总统百撰[57]。且曰："诸功臣勤劳日久，皆当以爵归第[58]，随时朝请[59]，飨宴朕前[60]，论道陈谟[61]而已，不宜复烦以剧职[62]，更举贤俊以备百官[63]。"十二月，丁卯[64]，魏主还平城。

（以上为第三段，写北魏与刘宋争夺仇池，北魏获胜；北魏随后出动大军攻打柔然，无功而返。）

【注释】

[1]乐乡：具体地址不详，疑为广乡，约在今甘肃两当县东北。[2]丙午：疑为"丙子"之讹。《魏书·世祖纪》及《北史：魏纪》载，这年春正月庚午，魏主"行幸中山。二月丙子，车驾至于恒山之阳。"丙子，二月五日。[3]恒山之阳：北岳恒山的南面。恒山，五岳名，在今山西浑源县城的东南面。[4]庚申：三月二十日。[5]壬戌：三月二十二日。[6]乌洛侯国：古代北方少数民族的小国名，故地约在今嫩江的中游，即黑龙江齐齐哈尔市西部一带。[7]北荒：北方极荒远之区。[8]李敞：北魏官员，拓跋焘时为中书侍郎。赴石室（今内蒙古阿里河镇），告祭天地，祭拜北魏祖先，撰祝文二十五行一百零一字，概括了拓跋鲜卑数百年历史。[9]河间公齐：即拓跋齐，太武帝拓跋焘堂兄，北魏大臣，封河间会。传见《魏书》卷十四。[10]对镇雒（luò）谷：指河间公拓跋齐与武都王杨保宗共同分守雒谷。雒谷，也称"骆谷"，山道名，在今陕西周至县西南，谷长四百余里，为关中与汉中间的交通要道。[11]文德：即杨文德，二哥杨保宗被北魏诱杀后，他被后仇池国部众推举，在白崖自立为王，后迁至葭芦城，称为武都国。两度因兵败被刘宋抓捕和免职削爵，后被刘宋荆州刺史刘义宣杀死。事见《宋书》卷九十八。[12]镇东司马：镇东将军的司马官，在军中主管司法。马，原文无，据章校补。苻达：氐族首领，为后仇池国主杨保宗部下，曾与众氐族起义反抗北魏拓跋焘。[13]征西从事中郎：征西将军的属官。从事中郎，职务与"长史"相同，为高级僚属。任朏（fěi）：氐族首领，为后仇池国主杨保宗部下，曾与众氐族起义反抗北魏拓跋焘。[14]白崖：古地名，即古代的葭萌，在今四川剑阁县东北、广元市南。[15]诸戍：各个军事据点。当时，北魏在边要形胜之地驻兵戍守，大者称镇，小者称戍，戍隶属于镇。刘宋在与北魏交界之地亦置戍。[16]仇池：古郡名，郡治在今甘肃西和县南。当时为北魏占领。[17]秦、河、梁：秦州的州治在今甘肃天水市，当时属北魏；河州的州治枹罕，在今甘肃临夏县；梁州的州治南郑，在今陕西汉中市。[18]甲午：四月二十四日。[19]诞：即刘诞，字休文，宋文帝刘义隆第六子，封广陵王。封地广陵郡，郡治在今江苏扬州市。传见《宋书》卷七十九。[20]丁酉：四月二十七日。[21]己亥：四月二十九日。[22]阴山：古山名，横亘于今内蒙古呼和浩特市、包头市北的东西走向的大山。[23]高平：郡名，郡治在今宁夏固原市原州区。岍（qiān）城：古县名，县治在今陕西陇县。[24]癸丑：七月十四日。[25]北秦：州治在今甘肃成县西北。雍：州治长安，在今陕西西安市。[26]葭芦城：古县名，也写作"茄芦城"，在今甘肃陇南市武都区东南。[27]武都、阴平：这里指地区，相当今甘肃南部文县、武都

一带，为古代氐族人聚居之地。［28］甲子：七月二十五日。［29］减匿金宝及善马：私藏、少报因攻下仇池所得的金银财宝和好马。减匿，私藏，少报。［30］下狱死：胡三省曰："宋人舍功录过，自戮良将，宜其为魏人所窥。"［31］辛巳：疑为"辛丑"之讹。《魏书·世祖纪》《北史·魏纪》载，魏太武帝拓跋焘这年"九月辛丑，行幸漠南。"辛丑，九月三日。［32］漠南：古区域名，指蒙古高原的大沙漠以南，约当今之内蒙古北部一带地区。［33］甲辰：九月六日。［34］辎（zī）重：由后勤部队运送的军用物资。［35］乐安王范：即明元帝拓跋嗣第四子拓跋范，封乐安王。传见《魏书》卷十七。［36］建宁王崇：即拓跋崇，明元帝拓跋嗣之子，封建宁郡王。传见《魏书》卷十七。［37］乐平王丕：即北魏明元帝拓跋嗣第二子拓跋丕，封乐平郡王，授骠骑大将军。传见《魏书》卷十七。［38］鹿浑谷：古地名，即鹿浑海之谷，在今蒙古国哈尔和林市北。［39］敕连可汗：即柔然可汗郁久闾吴提。传见《魏书》卷一百三。［40］猝（cù）至：突然而至。［41］掩：乘人不备，突然袭击。［42］刘絜：北魏拜尚书令，封巨鹿郡公。传见《魏书》卷二十八。［43］须诸军大集：等我们的大部队全部到达。须，等候。［44］惊怖：惊慌，害怕。［45］石水：河水名，在今蒙古国的后杭爱省境内。［46］候骑：侦察骑兵。候，窥伺，侦察。［47］惶骇（hài）：惊慌，害怕。［48］别将兵：另率一支军队。［49］封沓（tà）：北魏将领，拓跋焘时为镇北将军，曾率军攻打北凉的乐都。后投降柔然。亡降：逃跑投降。［50］俄而：不久。［51］觇（chān）伺：观测，窥探。［52］贼至不久：不久敌人就会到来。［53］姜道盛：刘宋将领，曾为晋寿太守，讨伐仇池，有功；后攻打北魏浊水戍，败死。浊水，古城名，在今甘肃成县西南。［54］甲子：十一月二十七日。［55］朔方：古郡名，郡治在今内蒙古乌拉特前旗东南。［56］副理万机：协助处理军国大事。［57］总统百揆（kuí）：总理、统管百官，朝里朝外的一切官员。［58］以爵归第：解除军政大权，只带着受封的爵号回家为民。［59］随时朝请：按季节、节日进宫朝见皇帝。时，季节，四时。［60］飨（xiǎng）宴朕前：宴请大家，和我一起吃吃喝喝。［61］论道陈谟（mó）：讨论国家大事，提一提你们的意见、建议。谟，谋略，计谋。［62］不宜复烦以剧职：不再让费心劳神的事务去麻烦你们。剧职，费心难办的职务，这里实指国家要害部门的职务。［63］更举贤俊以备百官：另选一批没有资历、没有功劳，但有办事能力的新人来组成领导班子。日后赵匡胤"杯酒释兵权"，就是用的这一套手段。［64］丁卯：十二月一日。

二十一年（甲申，444年）

春，正月，己亥[1]，帝耕藉田[2]，大赦。

壬寅[3]，魏太子始总百揆，命侍中中书监穆寿[4]、司徒崔浩、侍中张黎[5]、古弼辅太子决庶政[6]，上书者一皆称臣，仪与表同[7]。

古弼为人，忠慎质直[8]；尝以上谷苑囿太广[9]，乞减太半[10]以赐贫民，入见魏主，欲奏其事。帝方与给事中刘树围棋[11]，志不在弼[12]；弼侍坐良久[13]，不获陈闻[14]。忽起，捽树头[15]，掣下床[16]，搏其耳[17]，殴[18]其背，曰："朝廷不治[19]，实尔之罪！"帝失容[20]，舍棋曰："不听奏事，朕之过也，树何罪！置之[21]！"弼具以状闻，帝皆可其奏[22]。弼曰："为人臣无礼至此，其罪大矣。"出诣公车[23]，免冠徒跣[24]请罪。帝召入，谓曰："吾闻筑社之役，蹇蹶而筑之，端冕而事之，神降之福[25]。然则卿有何罪！其冠履就职[26]。苟可以利社稷[27]，便[28]百姓者，竭力为之，勿顾虑也。"

太子课民稼穑[29]，使无牛者借人牛以耕种，而为之芸田以偿之[30]，凡耕种二十二亩而芸七亩，大略以是为率[31]。使民各标姓名于田首[32]以知其勤惰，禁饮酒游戏者。于是垦田[33]大增。

戊申[34]，魏主诏："王、公以下至庶人[35]，有私养沙门、巫觋[36]于家者，皆遣诣官曹[37]；过二月十五日不出，沙门、巫觋[38]死，主人门诛[39]。"庚戌[40]，又诏："王、公、卿、大夫之子皆诣太学[41]，其百工、商贾[42]之子，当各习父兄之业，毋得私立学校；违者，师死[43]，主人门诛。"

二月，辛未[44]，魏中山王辰、内都坐大官[45]薛辨[46]、尚书奚眷[47]等八将坐击柔然后期[48]，斩于都南。

初，魏尚书令刘絜，久典机要[49]，恃宠自专[50]，魏主心恶[51]之。及将袭柔然，絜谏曰："蠕蠕[52]迁徙无常，前者出师[53]，劳而无功，不如广农积谷以待其来。"崔浩固劝魏主行，魏主从之。絜耻其言不用[54]，欲败魏师[55]，魏主与诸将期会鹿浑谷[56]，絜矫诏易其期[57]。帝至鹿浑谷，六日，诸将不至，柔然遂远遁，追之不及。军还，经漠中，粮尽，士卒多死。絜阴使人惊魏军[58]，劝帝委军轻还[59]，帝不从。絜以军出无功，请治崔浩之罪。帝曰："诸将失期[60]，遇贼不击，浩何罪也！"浩以絜矫诏事白帝[61]，帝至五原[62]，收絜[63]，囚之。帝之北行也，絜私谓所亲曰："若车驾[64]不返，吾当立乐平王[65]。"絜闻尚书右丞张嵩家有图谶[66]，问曰："刘氏应王[67]，继国家后[68]，吾有姓名否[69]？"嵩曰："有姓无名[70]。"帝闻之，命有司穷治[71]，索嵩家[72]，得谶书。

事连南康公狄邻[73]，絜、嵩、邻皆夷三族[74]，死者百余人。絜在势要[75]，好作威福，诸将破敌，所得财物皆与絜分之。既死，籍其家[76]，财巨万[77]，帝每言之则切齿[78]。

（以上为第四段，写刘宋文帝元嘉二十一年（444）的史事，主要写北魏大臣古弼，为民请命，敢于直言极谏；太子拓跋晃监国，处理政事井井有条；拓跋焘刚毅明断，诛杀了专权误国、干扰北魏的尚书令奸臣刘絜。）

【注释】

［1］己亥：正月三日。［2］帝耕藉田：指刘宋文帝刘义隆亲自耕种藉田。藉田，亦作“籍田”，帝王亲自耕种的土地。每逢春耕前，帝王亲自到一块特定的土地上去演示耕种土地，以表示重视农业，为天下农民作榜样，鼓励农民努力生产。这块地上收获的粮食，用于祭祀宗庙。［3］壬寅：正月六日。［4］穆寿：北魏大臣。娶乐陵公主，拜驸马都尉。升侍中、中书监，兼南部尚书，封宜都王，加授征东大将军。传见《魏书》卷二十七。［5］张黎：北魏大臣。拓跋嗣时，拜侍中，封广平郡公，掌管机要。传见《魏书》卷二十八。［6］决庶政：处理各种政务。庶，众多。［7］仪与表同：大臣给太子上书的格式与礼节，和给皇帝上表的礼节一样。［8］忠慎：忠诚，谨慎。质直：朴实，正直。［9］尝以上谷苑囿太广：在上谷郡建筑的皇家猎场过于广大。上谷，古郡名，郡治在今河北怀来县东南。胡三省认为此说恐有误，苑囿不在上谷，而是上谷民认为北魏在代郡平城的苑囿广大，侵占了耕地。《魏书·古弼传》载，上谷民上书，言苑囿过度，民无田业，乞减太半，以赐贫人。弼览见之，入欲陈奏。《北史·古弼传》同。据此，这句当为“尝以有上谷民上书言苑囿太广”为宜，“上谷”下脱一“民”字。［10］乞：请求。当指上谷之上书人之请求，为古弼撰述其言。太半：大半，一半以上，约三分之二。［11］刘树：北魏官员，拓跋焘时为给事中。围棋：一种策略型两人棋类游戏，古时称“弈”。［12］志不在弼：心思根本不在古弼身上。志，心思。［13］侍坐良久：陪着，尴尬地等了很久，好一会儿。［14］不获陈闻：一直未能得到奏事的机会。［15］捽（zuó）树头：揪住刘树的头发。捽，揪，抓。［16］掣（chè）下床：把刘树从座位上拉下来。掣，拉。床，此指座椅。［17］搏其耳：打他的耳光。［18］殴：殴打，用拳头击打。［19］朝廷不治：皇帝的工作做不好。朝廷，这里实指魏主拓跋焘。［20］失容：变色，改变了平时的面色。［21］置之：放开他。［22］可其奏：答应了他的请求，采纳了他的建议。可，许可，批准。［23］出诣公车：出了宫门自己到公车署投案。诣，前往，到去。公车，官署名，上属卫尉，负责宫前司马门的警卫和接待臣民的上书。［24］免冠徒跣（xiǎn）：古人表示认罪、请罪的样子。徒跣，赤脚步行。［25］“吾闻筑社之役”四句：大意是，我听说在建造土神庙的时候，劳苦艰难，狼狈无状，不讲究礼节；但在建好神庙后，对神灵规规矩矩、毕恭毕敬地进行祭祀，礼仪备至，鬼神仍能降福给人。此四句语本《韩非子·外储说左上》。社，社宫、社庙，祭祀土地神的地方。蹇蹶，颠沛造次，劳动时困顿鲁莽的意思。端冕，玄端和大冠，古代朝

服，这里指身穿祭服。［26］其冠履就职：请戴上帽子、穿好鞋子，回去好好工作吧。其，表示祈使，含有命令的意思。［27］社稷：土神与谷神，代理国家。［28］便：便利，方便，含有造福的意思。［29］课民稼穑（sè）：督促百姓积极从事农业劳动。稼穑，种植与收割，泛指农业劳动。课，检查，这里有督促的意思。［30］芸田：在田里除草。芸，同"耘"，除草。［31］以是为率（lǜ）：以此数量作为换工的标准。是，此，指借人耕牛为自己耕地二十二亩，就要为牛的主人除草七亩。率，标准。［32］各标姓名于田首：在地头立上牌子，写明这块地是谁耕种的。［33］垦田：开荒而成的可耕之地。［34］戊申：正月十二日。［35］庶人：平民百姓。［36］巫觋（xí）：以装神弄鬼等手段骗人钱财的人。古称女巫为巫，男巫为觋。［37］皆遣诣官曹：都把他们送交官府集中处理。［38］沙门、巫觋死：僧尼、巫觋一律处死。［39］主人门诛：窝藏者满门抄斩。［40］庚戌：正月十四日。［41］诣太学：到太学里读书。太学，古代朝廷在国家都城所开办的最高学府。太学的正式建立是从汉武帝尊儒开始的。［42］百工：各种工匠、各种手艺人。商贾：行商为商，坐商为贾，这里即泛指商人。［43］师死：教师处死。［44］辛未：二月六日。［45］内都坐大官：北魏官名，北魏建国之初，设外都大官、内都大官、中都大官，总称三都，职掌均为听讼察狱，地位很高。至北魏迁都洛阳后废置。据《魏书》及《北史》本传，薛辨未曾任过三部大官之职，其事应属其子薛谨，《资治通鉴》误记。薛谨，字法顺，初为刘宋记室参军、彭城太守。后归顺北魏，民至为内都坐大官，后被杀。传见《北史》卷三十六。［46］薛辨：一作"薛辩"，字允白，北魏平西将军，雍州刺史，封汾阴侯。传见《魏书》卷四十二。［47］奚眷（juàn）：代郡人，北魏镇南将军、开府，封爵南阳公，镇守虎牢、长安。后因征讨柔然失期，获罪处死，废去爵位。传见《魏书》卷三十。［48］坐击柔然后期：在攻打柔然时未能按约定的会师时间到达，因而获罪。［49］久典机要：长期主管国家的要害大权。典，掌管。［50］恃宠自专：依仗宠爱，独断独行。［51］恶（wù）：讨厌，憎恨。［52］蠕（rú）蠕：柔然的别称。［53］前者出师：指拓跋焘太延四年（438），兴师动众，多路出兵，结果都未见柔然人，徒劳无功而还。［54］耻其言不用：因自己的意见未被采纳而感到羞耻。［55］欲败魏师：故意想让北魏的军队失败。［56］期会鹿浑谷：约定日期在鹿浑谷会师。［57］矫诏：假传诏令，篡改诏令。易其期：改变了会师的时间。易，改变。［58］阴使人惊魏军：暗中派人对魏军攻击、骚扰。阴，暗中。［59］委军轻还：弃军独自逃走。委，丢下。［60］失期：超过约定的期限。［61］白帝：向北魏主拓跋焘报告。［62］五原：古郡名，郡治在今内蒙古包头市西。［63］收絜：将刘絜逮捕下狱。［64］车驾：皇帝的车驾，代指北魏主拓跋焘。［65］乐平王：即拓跋丕，拓跋焘异母弟，封乐平王。［66］图谶（chèn）：古代巫师或方士编造的一种预言未来吉凶祸福的符验或征兆的隐语或预言，并附有图，也叫谶书。谶，即对未来的一种预言。［67］刘氏应王：刘絜听说图谶预言姓刘的将为君王，不知是否应在自己身上，所以问谶书上有无自己的姓名。［68］继国家后：在当代的皇帝去世后接替为帝。国家，此处以称当时的皇帝拓跋焘。［69］吾有姓名否：除了有姓，还有名字吗？意思是打听图谶上是否有他的名字，是否该他接替做皇帝。吾有，即"有吾”，有没有我的（名字）。［70］有姓无名：意为只有姓刘的，而无刘絜之名。［71］有司：主管此事的官员。穷治：彻底查办。穷，追根究底。［72］索嵩家：搜查张嵩之家。索，查，查抄。［73］南康公狄邻：即拓跋狄邻，封为南康公。［74］夷：灭，杀光。三族：指父族、母族、妻族。或说指父母之亲，自身之亲，子辈之亲。［75］絜在势要：刘絜在当政掌权的时候。势要，有权力的重要职位。［76］籍其家：抄家后登记其家产。籍，登记，统计。［77］巨万：万万，在今之所谓“亿”，单位是铜钱。［78］切齿：痛恨。

癸酉[1]，乐平戾王[2]丕以优卒。初，魏主筑白台[3]，高二百余尺。丕梦登其上，四顾不见人，命术士董道秀筮[4]之，道秀曰：“大吉。”丕默有喜色。及丕卒，道秀亦坐弃市[5]。高允闻之，曰：“夫筮者皆当依附爻象[6]，劝以忠孝[7]。王之问道秀也，道秀宜曰：‘穷高为亢[8]。《易》曰：‘亢龙有悔[9]。’又曰：‘高而无民[10]。’皆不祥也，王不可以不戒。”如此，则王安于上，身全于下矣。道秀反之，宜其死也。”

庚辰[11]，魏主幸庐[12]。

己丑[13]，江夏王义恭[14]进位太尉[15]，领司徒。

庚寅[16]，以侍中、领右卫将军沈演之[17]为中领军，左卫将军范晔为太子詹事[18]。

辛卯[19]，立皇子宏[20]为建平王。

三月，甲辰[21]，魏主还宫。

癸丑[22]，魏主遣司空长孙道生镇统万[23]。

夏，四月，乙亥[24]，魏侍中、太宰、阳平王杜超[25]为帐下所杀。

六月，魏北部民杀立义将军衡阳公莫孤[26]，帅五千余落[27]北走，遣兵追击之[28]，至漠南，杀其渠帅[29]，余徙冀、相、定三州为营户[30]。

吐谷浑王慕利延兄子纬世[31]与魏使者谋降魏，慕利延杀之。是月，纬世弟叱力延[32]等八人奔魏，魏以叱力延为归义王。

沮渠无讳卒，弟安周代立。

魏入中国[33]以来，虽颇用古礼祀天地、宗庙、百神，而犹循其旧俗，所祀胡神甚众。崔浩请存合于祀典者[34]五十七所，其余复重及小神悉罢之。魏主从之。

秋，七月，癸卯[35]，魏东雍州刺史沮渠秉[36]谋反，伏诛。

八月，乙丑[37]，魏主畋于河西，尚书令古弼留守。诏以肥马给猎骑[38]，弼悉[39]以弱者给之。帝大怒曰："笔头奴敢裁量朕[40]！朕还台[41]，先斩此奴！"弼头锐[42]，故帝常以笔目之[43]。弼官属惶怖[44]，恐并坐诛[45]，弼曰："吾为人臣，不使人主盘于游畋[46]，其罪小；不备不虞[47]，乏军国之用[48]，其罪大。今蠕蠕方强，南寇[49]未灭，吾以肥马供军，弱马供猎，为国远虑，虽死何伤！且吾自为之，非诸君之忧也。"帝闻之，叹曰："有臣如此，国之宝也。"赐衣一袭[50]，马二匹，鹿十头。

他日，魏主复畋于山北[51]，获麋鹿[52]数千头。诏尚书发车五百乘[53]以运之。诏使已去，魏主谓左右曰："笔公必不与我，汝辈不如以马运之。"遂还。行百余里，得弼表曰："今秋谷悬黄[54]，麻菽[55]布野，猪鹿窃食[56]，鸟雁侵费[57]，风雨所耗，朝夕三倍[58]。乞赐矜缓[59]，使得收载[60]。"帝曰："果如吾言，笔公可谓社稷之臣[61]矣！"

魏主使员外散骑常侍高济[62]来聘[63]。

（以上为第五段，写北魏主拓跋焘听从大臣建议，进行礼仪改革；尚书令古弼堪称"社稷之臣"，以国事为重，不以肥马供国主打猎，不给牛车给国主运麋鹿。）

【注释】

[1]癸酉：二月八日。 [2]乐平戾（lì）王：即乐平王拓跋丕。谥号戾。戾，为恶谥，《谥法》曰："不悔前过曰'戾'。" [3]魏主：这里指北魏第二位国主拓跋嗣。传见《魏书》卷三。白台：古台名，在北魏都城平城之南。《魏书·太宗明元帝纪》载："（泰常二年）秋七月，作白台于城南，高二十丈。" [4]筮（shì）：用蓍草占卜吉凶。 [5]坐弃市：因某人某事的牵连而被问斩。弃市，古代处决死刑犯常在市场，以表示与市人共弃之，故称弃市。 [6]皆当依附爻象：解释某一卦的吉凶都要依据每一爻的形象。爻，是《周易》中组成卦的基本符号，每一卦由六爻组成。它们模仿或象征事物的运动和变化，包含着一定的吉凶休咎。人们利用这些"象"，通过想象，解释推论人事的变化。爻象分"大象""小象"。总释一卦的为"大象"，解说每卦各爻的称"小象"。 [7]劝以忠孝：意即卜筮所呈现的卦象是客观存在的，但在解释这些卦象的时候要结合思想教育，鼓励人们为国尽忠，为父母尽孝。胡三省曰："汉严君平卜筮于成都也，市人有邪恶非正之问，则依蓍龟为言利害，与人子言依于孝，与人弟言依于顺，与人臣言依于忠：各因势道之以善。高允之言，祖君

平之术也。”［8］穷高为亢（kàng）：人处于最高的位置，就是《周易》中所说的“亢”。穷高，至高，最高。亢，高之极，壮之极。［9］亢（kàng）龙有悔：语见《周易·乾卦》，意即飞得太高的龙，就会有危险，比喻地位过高者，不能长久保持极盛，稍有不慎便将后悔莫及。亢龙，指飞到天边无法飞回来的龙。悔，《周易》中的用语，表示危险、失败、挫折等。［10］高而无民：语见《周易·乾·文言》，意为贤人见其地位过高，志满意得，便不来辅助。［11］庚辰：二月十五日。［12］幸庐：魏主拓跋焘驾临庐地。幸，敬称帝王的驾临。庐，其地不详。胡三省曰：“自南北国分治，人主所至，例不书‘幸’。此必误也。”［13］己丑：二月二十四日。［14］江夏王义恭：即刘义恭，南朝宋武帝刘裕第五子，文帝时封为江夏王，官至三公。传见《宋书》卷六十一。［15］太尉：三公之一，秦汉时为军政首脑，晋宋时多为大臣的加官。虽无实际职责，但表现政治地位的崇高。［16］庚寅：二月二十五日。［17］沈演之：字台真，吴兴武康（今浙江德清县）人，刘义隆的信臣。为侍中、右卫将军，迁中领军、国子祭酒、吏部尚书、太子右卫。传见《宋书》卷六十三。［18］范晔（yè）：字蔚宗，南朝刘宋官员、史学家。太子詹事。后拥戴刘义康即位，事败被杀。传见《宋书》卷六十九。太子詹事，掌管皇后与太子宫中的事务，下有太子家令、家丞等职。［19］辛卯：二月二十六日。［20］皇子宏：即刘宏，宋文帝刘义隆第七子，封建平郡王，为中书令。传见《宋书》卷七十二。［21］甲辰：三月九日。［22］癸丑：三月十八日。［23］长孙道生：本姓拔拔，北魏北平王长孙嵩之侄，北魏官员、将领。传见《魏书》卷二十五。镇统万：统兵屯驻于统万城。统万，古城名，胡夏主赫连勃勃的都城，旧址在今陕西榆林市横山区西，内蒙古乌审旗南。［24］乙亥：四月十一日。［25］杜超：字祖仁，北魏明元密皇后之兄，外戚大臣，封阳平郡王，后为部下所害。传见《魏书》卷八十三。［26］莫孤：北魏将领，拓跋焘时为立义将军，封衡阳公。［27］五千余落：五千多个帐落，落，帐落，古代少数民族分帐落而居相当于一户人家。［28］遣兵追击之：北魏派兵追击。［29］渠帅：大帅，大头领。［30］冀、相、定：古三州名，冀州的州治在今河北衡水市冀州区，相州的州治在今河北临漳县西南的邺镇，定州的州治在今河北定州市。营户，直接受军营管理的民户。当时战争不断，人口稀少。军队为扩充民力，常将所俘虏的民户编归自己管辖，称为“营户”，其身份低于平民。［31］慕利延：姓慕容，名慕利延，《宋书》《南史》作慕延。吐谷浑第十一任国主。北魏封其为镇西大将军，西平王。纬世：慕利延之侄，曾同北魏使节密谋向北魏投降，被慕利延所杀。慕利延、纬世两人传见《魏书》卷一百一。［32］吐力延：姓慕容，名吐力延，吐谷浑国王慕利延之侄，慕容纬世之弟，吐谷浑大臣，后投奔北魏，封为归义王。传见《魏书》卷一百一。［33］中国：中原地区。［34］合于祀典者：与中原地区的古代祀典相一致的部分。祀典，祭祀的礼仪和制度。［35］癸卯：七月十日。［36］东雍州：州治在今山西闻喜县东北。沮渠秉：北凉武宣王沮渠蒙逊之子，北凉哀王沮渠牧犍之弟，随其兄沮渠牧犍投降北魏后，被任为东雍州刺史。后因谋反而被杀。事见《魏书》卷九十九。［37］乙丑：八月三日。［38］给猎骑：供应打猎的人员骑乘。［39］悉：全部。［40］笔头奴：骂古弼的话。古弼头尖，敏正忠谨，明元帝拓跋嗣曾赐其名为“笔”，拓跋焘常呼之为“笔头”，时人呼之为“笔公”。裁量朕：等于说裁夺、限制我。［41］还台：意即回到朝廷。当时朝廷的中书省、尚书省，也称中书台、尚书台。故回朝也就是回到台省。［42］锐：物体下大上小，这里指头尖。［43］以笔目之：把他看成一支笔。［44］惶怖：害怕，惊惶。［45］恐并坐诛：害怕受牵连一块被杀。［46］盘于游畋（tián）：充分享受打猎的乐趣。盘，乐。［47］不备不虞：没有准备好意想不到的突然需要。不虞，意想不到，意外的需要。［48］乏军国之用：无法供应军国大事的需要。［49］南寇：指长江以南的刘宋政权。［50］一袭：一身，一套。［51］山北：北魏都城平城的北山之北。［52］麋鹿：一种头脸像马、角像鹿、蹄子像牛、尾像驴，俗称“四不像”的鹿科动物。［53］发车五百乘：征调老百姓的牛车五百辆。发，征调。乘，原指一车四马，这里指一辆。［54］悬黄：低垂着成熟的谷穗。［55］菽（shū）：豆。［56］窃食：偷吃成熟的秋粮作物。［57］鸟雁侵费：指秋粮作物遭到各种飞禽鸟雀的严重糟蹋。［58］朝夕三倍：朝夕之间，粮食的损耗就多三倍，形容损失严重。意谓秋粮作物必须尽快收割储运。［59］乞赐矜（jīn）缓：求您体恤农民，宽免对牛车的征调。矜，怜悯，缓，放宽。［60］使得收载：让农民能把地里的庄稼赶紧收起来拉回去。［61］社稷之臣：一心为国，与国家同甘苦、共存亡的大臣。［62］员外散骑常侍：与散骑常侍职务略同，以备参谋顾问。员外，指正员以外的官员。高济：字叔民，时任北魏员外散骑常侍。传见《魏书》卷四十八。［63］来聘：来刘宋友好访问。古代国与国之间互派使臣友好访问称为“聘”。因写史者是站在南朝刘宋的立场说话，所以称“来聘”。

戊辰[1]，以荆州刺史衡阳王义季[2]为征北大将军、开府仪同三司、南兖州[3]刺史，以南谯王义宣[4]为荆州刺史。

初，帝以义宣不才[5]，故不用，会稽公主[6]屡以为言[7]，帝不得已用之。先赐中诏敕[8]之曰：“师护以在西久[9]，比表求还[10]，今欲听许，以汝代之。师护虽无殊绩，絜己节用[11]，通怀期物[12]，不恣群下[13]，声著西土[14]，为士庶所安[15]，论者乃未议迁之[16]。今之回换，更为汝与师护年时一辈[17]，欲各试其能[18]。汝往，脱有一事减之[19]者，既于西夏交有巨碍[20]，迁代之讥[21]，必归责于吾[22]矣。此事亦易勉[23]耳，无为[24]使人复生评论也！”义宣至镇[25]，勤自课厉[26]，事亦修理[27]。

庚辰[28]，会稽长公主卒。

吐谷浑叱力延等请师于魏以讨吐谷浑王慕利延，魏主使晋王伏罗督诸军击之。

九月，甲辰[29]，以沮渠安周[30]为都督凉、河、沙三州诸军事，凉州刺史、河西王。

丁未[31]，魏主如漠南，将袭柔然，柔然敕连可汗远遁，乃止。敕连寻卒[32]，子吐贺真立，号处罗可汗[33]。

魏晋王伏罗至乐都[34]，引兵从间道[35]袭吐谷浑，至大母桥[36]。吐谷浑王慕利延大惊，逃奔白兰[37]，慕利延兄子拾寅奔河西，魏军斩首五千余级。慕利延从弟伏念等帅万三千落降于魏[38]。

冬，十月，己卯[39]，以左军将军徐琼[40]为兖州刺史，大将军参军申恬[41]为冀州刺史。徙兖州镇须昌[42]，冀州镇历下。恬，谟[43]之弟也。

十二月，丙戌[44]，魏主还平城。

是岁，沙州牧李宝入朝[45]于魏，魏人留之，以为外都大官。

太子率更令何承天[46]撰元嘉新历，表上之。以月食之冲知日所在[47]。又以中星[48]检之，知尧时冬至日在须女十度[49]，今在斗[50]十七度。又测景校二至[51]，差三日有余，知今之南至日[52]应在斗十三四度。于是更立新法，冬至徙上三日五时，日之所在，移旧四度[53]。又月有迟疾[54]，前历合朔[55]，月食不在朔望[56]；今皆以赢缩定其小余[57]，以正朔望之日[58]。诏付外详之[59]。太史令钱乐之[60]等奏，皆如承天所上，唯月有频三大，频二小[61]，比旧法殊为乖异[62]，谓宜仍旧[63]。诏可[64]。

（以上为第六段，写宋文帝刘义隆任命其弟刘义宣为荆州刺史，训导其勉力政事；颁行天文学家何承天校正的《元嘉新历》。）

【注释】

[1]戊辰：八月六日。 [2]荆州：州治江陵，在今湖北江陵县。义季：即刘义季，小字师护，宋武帝刘裕第七子，封衡阳王。传见《宋书》卷六十一。 [3]南兖（yǎn）州：州治广陵，在今江苏扬州市西北。 [4]义宣：即宋武帝刘裕第六子刘义宣，初封竟陵王，改封南郡王。后反叛，被杀。传见《宋书》卷六十八。 [5]不才：不成才，没有出息。 [6]会稽公主：即刘兴弟，宋文帝刘义隆大姐，刘义隆对之深加礼敬，家中诸事，大小必询问之，封为会稽长公主。 [7]屡以为言：屡次请求任用刘义宣为荆州刺史。荆州地居国都的上游，刺史位高权大，刘裕生前说让他的几

个儿子轮流做一任荆州刺史。按排行而言，刘义宣已经被压了一任了。［8］中诏：不经主管官吏而直接颁行的帝王的亲笔诏书。敕（chì）：嘱咐，告诫。［9］师护以在西久：师护，刘义季小名。在西，指荆州，在都城建康之西。刘义季于元嘉十六年（439）代临川王刘义庆为荆州刺史，至此元嘉二十一（444）。［10］比表求还：接连的上表请求回京，因为刘义季也知道其父当年想让各个儿子都当一任荆州刺史的心思，而且他本人已经超过其兄刘义宣提前出任了。比，挨着，一连几次。当然，这里面也有客套话。［11］絜己节用：意即廉洁简朴。絜己，洁身，本身清廉。絜，同“洁”。［12］通怀期物：意即明晓事理，处世通达。［13］不恣群下：对僚属要求严格，不放纵。恣，放纵。［14］声著西土：在荆州的声誉很高。著，彰显。［15］为士庶所安：被当地的士大夫和民众所乐于接受。［16］论者乃未议迁之：指朝廷主管人事调动的部门从未提出调动他。［17］年时一辈：年纪大小差不多。［18］欲各试其能：想看看你们每个人的本事。［19］脱有一事减之：如果你在哪一件事情上做得不如他。脱，如果，一旦。减之，比不上，不如。［20］既于西夏交有巨碍：既对荆州地区的工作产生重大的不良影响。既，表示进一层的承接关系，相当于“而”。西夏，胡三省曰：“江左六朝以荆楚为西夏。”交有，即较有，有较大的。交，同“较”。巨碍，大碍，重大影响。［21］迁代之讥：有关调动失误的批评。迁代，指将刘义季调回，让刘义宣赴任。讥，批评，非议。［22］必归责于吾：意即在有关调动上，批评我任用非人。［23］亦易勉：也很容易努力做好。勉，努力。［24］无为：不要。［25］至镇：指到达刺史府与都督府的驻地。镇，屯营之地。［26］勤自课厉：意即严格要求自己。课厉，督察，鞭策。［27］事亦修理：各种政务也管理得不错。修理，谓各种政务治理得很好，有条理。［28］庚辰：八月十八日。［29］甲辰：九月十二日。［30］以沮渠安周为都督：主语是刘宋朝廷，以沮渠安周能坚持反对北魏，并对刘宋称臣的缘故，故封之官爵。［31］丁未：九月十五日。［32］寻卒：不久死去。［33］处罗可汗：柔然国主、首领，意为唯一之王。［34］乐都：古地名，在今青海海东市乐都区，当时为北魏的鄯州州治所在地。［35］间（jiàn）道：小道，隐蔽而不被人知的道路。［36］大母桥：古地名，在今青海循化县东清水河注入黄河处。［37］白兰：古地区名，此指西羌族白兰部落聚居地区，在今青海都兰县西南的布尔汗布达山一带。［38］降于魏：胡三省曰：“慕利延背阿柴折箭之诫，使之招引外寇，至于众叛亲离，固其宜也。”［39］己卯：十月十七日。［40］徐琼：任刘宋左军将军，文帝刘义隆调任为兖州刺史。兖州，州治廪丘，在今河南范县东南。［41］申恬（tián）：字公休，刘宋名臣。历刘裕、刘义隆、刘骏三朝。传见《宋书》卷六十五。冀州，刘宋时州治历下，在今山东济南市。［42］徙兖州镇须昌：将兖州的州治迁到须昌。沈约曰：“武帝定河南，以兖州治滑台，文帝元嘉十三年治邹山，又寄治彭城，此又自彭城徙须昌也。”镇，这里指州的治所。须昌，古地名，在今山东东平县西北。［43］谟（mó）：即申谟，字元嗣，申钟曾孙，申恬之兄，南朝宋官员，曾与名将朱修之共守滑台，城破为北朝俘虏，赐给妻子，生子申灵度，后抛弃在北魏的妻子儿女，逃回刘宋，为竟陵太守。而儿子申灵度则受牵累受宫刑为阉人。传见《宋书》卷六十五。［44］丙戌：二字原无，据章校补。丙戌，十二月二十五日。［45］入朝：指属国、外国使臣或地方官员谒见帝王。［46］太子率（lǜ）更令：掌宫殿门户及赏罚。何承天：有名的学者、天文学家，曾参与改定《元嘉历》。传见《宋书》卷六十四。［47］以月食之冲知日所在：月食时日与月相对，光相掩没，据此可知太阳所在的位置。［48］中星：古代天文学家把二十八宿分成四方，每方七宿，居中的星叫中星。或者从人的视觉来说，二十八宿按照一定的轨道转动，顺次每月在天中的星叫中星。［49］知尧时冬至日在须女十度：推测尧时冬至，太阳在女宿十度的方位。此据《尚书·尧典》中“日短星昴”句推算，因冬至日最短，昴为二十八宿中西方白虎的中星。须女，二十八宿中的女宿。［50］斗：斗宿，二十八宿之一。［51］测景校二至：测定日影以校正夏至和冬至的时间。测景，测量日影，以推算岁时节候。景，同“影”。校，校正，校验。二至，指冬至和夏至。［52］南至日：即冬至节。杜预注《左传·僖公五年》“日南至”曰：“冬至之日，日南极。”孔颖达疏曰：“日南至者，冬至日也。”［53］移旧四度：何承天所修的《元嘉新历》，定冬至之日在斗宿十七度半。比原来所用的《景初历》定冬至之日在斗宿二十一度少，所以说与旧历比，移了四度。［54］月有迟疾：月亮的移动有快有慢。迟疾，或快或慢。［55］前历合朔：以前的历法确定的每月的初一日。合朔，日月运行处于同宫同度，谓之合朔。一般指夏历每月一日。［56］月食不在朔望：月蚀不在初一、十五。胡三省曰：“‘日食’上当有‘日’字。”月食，又称月蚀，发生时，太阳、地球、月球恰好或几乎在同一条直线上，因此月食必定发生在满月的晚上，所谓“日食则朔，月食则望”。朔望，一种天文现象，当月亮轨道上绕行到太阳和地球之间，月亮的阴暗的一面对着地球，这时叫朔，正是农历每月的初一；当月亮绕行至地球的后面，被太阳照亮的半球对着地球，这时叫望，一般在农历每月十五或十六日。［57］以赢缩定其小余：何承天推算每月的朔、望和弦（月半圆时），都定大小余，使日食月食必在朔望。赢缩，亦作“盈缩”，指用盈减缩加的计算方法确定小余。小余，古历法有大余小余，胡三省引《史记·历书》曰：“大余者，日也；小余者，月也。周天三百六十五度四分度之一日，日行一度，十二月而一周天。岁十二月，凡三百五十四日，以六除之，五六三百日，余五十四日为大余。周天三百六十五度，以六甲除之，六六三百六十，余五为大余，小余即四分之一未满日之分数也。其分，每满三十二则成一日。盖奇日为大余，奇分为小余，积而成闰也。”［58］以正朔望之日：用来确定朔日和望日。［59］诏付外详之：宋文帝下令，将何承天这些制定历法的主张交给大臣们详细讨论。［60］太史令：为太史署的长官，隶属太常，掌天文、历法、占候。钱乐之：刘宋官员，古代律历学家，文帝刘义隆时任太史令。曾更铸张衡旧仪，又创制小浑天仪。［61］月有频三大，频二小：有连续三个月是大月，有连续两个月是小月。频，连续。［62］殊为乖异：差异很大。乖异，不一致、背离。［63］谓宜仍旧：认为大小月的设置仍然沿用旧的历法。［64］诏可：即颁布诏书，批准启用新历。

二十二年（乙酉，445年）

春，正月，辛卯朔[1]，始行新历[2]。初，汉京房[3]以十二律[4]中吕上生黄钟[5]，不满九寸[6]，更演为六十律[7]。钱乐之复演为三百六十律[8]，日当一管[9]。何承天立议，以为上下相生，三分损益[10]其一，盖古人简易之法，犹如古历周天三百六十五度四分度之一[11]也。而京房不悟，谬为六十。乃更设新律，林钟[12]长六寸一厘，则从中吕还得黄钟，十二旋宫[13]，声韵[14]无失。

壬辰[15]，以武陵王骏为雍州[16]刺史。帝欲经略关、河[17]，故以骏镇襄阳[18]。

魏主使散骑常侍宋愔[19]来聘。

二月，魏主如上党[20]，西至吐京[21]，讨徙叛胡[22]，出配郡县[23]。

甲戌[24]，立皇子祎为东海王[25]，昶为义阳王[26]。

三月，庚申[27]，魏主还宫。

魏诏："诸疑狱皆付中书[28]，以经义量决[29]。"

夏，四月，庚戌[30]，魏主遣征西大将军高凉王那[31]等击吐谷浑王慕利延于白兰[32]，秦州刺史代人封敕文[33]、安远将军乙乌头击慕利延兄子什归于枹罕[34]。

河西之亡[35]也，鄯善人以其地与魏邻，大惧，曰："通其使人[36]，知我国虚实，取亡[37]必速。"乃闭断魏道[38]，使者往来，辄钞劫[39]之，由是西域[40]不通者数年。魏主使散骑常侍万度归发凉州[41]以西兵击鄯善。

六月，壬辰[42]，魏主北巡。

帝谋伐魏，罢南豫州入豫州[43]，辛亥[44]，以南豫州刺史南平王铄[45]为豫州刺史。

秋，七月，己未[46]，以尚书仆射孟𫖮[47]为左仆射，中护军何尚之[48]为右仆射。

武陵王骏将之镇[49]，时缘沔诸蛮犹为寇[50]，水陆梗碍[51]；骏分军遣抚军中兵参军沈庆之掩击[52]，大破之。骏至镇[53]，蛮断驿道[54]，欲攻随郡[55]，随郡太守河东柳元景[56]募得六七百人，邀击[57]，大破之。遂平诸蛮，获七万余口。涢山蛮[58]最强，沈庆之讨平之，获三万余口，徙万余口于建康[59]。

吐谷浑什归闻魏军将至，弃城夜遁。八月，丁亥[60]，封敕文入枹罕，分徙其民千家还上邽，留乙乌头守枹罕。

万度归至敦煌，留辎重，以轻骑五千度流沙，袭鄯善，壬辰[61]，鄯善王真达面缚[62]出降。度归留军屯守，与真达诣平城，西域复通。

魏主如阴山之北，发诸州兵三分之一，各于其州戒严[63]，以须后命[64]。徙诸种杂民五千余家于北边[65]，令就北畜牧[66]，以饵柔然[67]。

壬寅[68]，魏高凉王那军至宁头城[69]，吐谷浑王慕利延拥其部落西度流沙。吐谷浑慕璝之子被囊逆战[70]，那击破之，被囊遁走，中山公杜丰[71]帅精骑追之，度三危[72]，至雪山，生擒被囊及吐谷浑什归、乞伏炽盘[73]之子成龙[74]，皆送平城。慕利延遂西入于阗[75]，杀其王，据其地，死者数万人。

（以上为第七段，写刘宋继颁行新历之后，修正音律；刘宋将领沈庆之讨平涢山地区少数民族叛乱；北魏主拓跋焘巡视北方，重新打通被鄯善堵塞的西域交通。）

【注释】

［1］辛卯朔：正月一日。［2］新历：即何承天撰成的《元嘉新历》。［3］京房：本姓李，字君明，推律自定为京氏，东郡顿丘（今河南清丰县西南）人，西汉学者。曾受学于梁人焦延寿，说《易》长于灾变。举孝廉为郎，后任魏郡太守。多次上疏论说灾异，引《春秋》《易》为说，得罪宦官石显，获罪，被弃市。传见《汉书》卷七十五。［4］十二律：古人使用的十二个定音管，名叫黄钟、大吕、太簇、夹钟、姑洗、仲吕、蕤宾、林钟、夷则、南吕、无射、应钟，可以分别吹出十二个高度不同的标准音。［5］中吕上生黄钟：十二律各有固定的音高。律管的长度是固定的，黄钟管长九寸，其余的律管依黄钟为准，按比例缩短，将黄钟管长三分减一，得六寸，就是林钟的管长；林钟管长三分增一，得八寸，就是太簇的管长。以下按此类推。除由应钟到蕤宾、由蕤宾到大吕都是三分增一外，其余都是先三分减一，后三分增一，这就是十二律上下相生的三分损益法。十二律终于中吕，反归黄钟。京房认为按此古法，由中吕不能还生到黄钟律的标准尺寸。但按《月令注》，中吕律长 6.12874 寸，若上生黄钟，当不止九寸。据唐孔颖达考证，认为大略可得九寸之数。中吕，一般作“仲吕”，古乐十二律的第六律，又称小吕。黄钟，十二律之一，声调最宏大响亮。［6］不满九寸：指律管的长度。［7］更演为六十律：古人把宫、商、角、徵、羽称为五声，它们只有相对音高，在实际音乐中，其音高要用律来确定。用十二律分别确定五声的音高，一共可得六十声。京房即据此推出六十律。［8］复演为三百六十律：钱乐之将京房六十律按三分损益法一直计算到三百六十律，其最后一律与黄钟宫音之差为 1.8 音分。事见《隋书·律历志上》。［9］日当一管：钱乐之将三百六十天和三百六十律相配，每天与一个律管相应。［10］三

分损益：即三分损益法，是古代中国发明制定音律时所用的声律法。根据某一标准音的管长或弦长，推算其余一系列音律的管长或弦长时，须依照一定的长度比例，三分损益法提供了一种长度比例的准则。［11］古历周天三百六十五度四分度之一：我国古历以一回归年为三六五又四分之一日，因而把周天分成三六五又四分之一度。［12］林钟：古代乐律名。古乐分十二律，林钟为其一。［13］十二旋宫：宫、商、角、徵、羽加变徵、变宫，称为七音，以七音配十二律，每律都可作为宫音，叫做旋相为宫，简称“旋宫”。［14］声韵：声音，韵律。［15］壬辰：正月二日。［16］武陵王骏：即刘骏，文帝刘义隆第三子，封武陵王。后为刘宋第五位皇帝，即宋孝武帝。传见《宋书》卷六。［17］经略关、河：经或函谷关、黄河。意即收复关中及黄河流域等一带地区。经略，经营，这里即指开辟、收复。［18］以骏镇襄阳：襄阳是当时南方朝廷进兵中原的重要桥头堡，故派得力的干将去镇守。［19］散骑常侍：帝王的侍从官员，掌表诏和规谏，起参谋顾问之用。宋愔（yīn）：广平列人县（今河北邯郸市肥乡区）人，北魏大臣。传见《北史》卷二十六。［20］上党：古郡名，郡治在今山西长治市北。［21］吐京：古地名，即汉代的吐军县，北魏时是吐京郡的郡治所在地，在今山西石楼县。［22］讨徙叛胡：讨伐叛变的匈奴族，并强制他们搬迁。胡，当时指匈奴族人。［23］出配郡县：把他们分配到其他各郡县居住。［24］甲戌：二月十四日。［25］祎（yī）：即刘祎，字休秀，文帝刘义隆第八子，封东海王，为司空、散骑常侍、国子祭酒。传见《宋书》卷七十九。［26］昶（chǎng）：即刘昶，字休道，文帝刘义隆第九子，封义阳王，迁征北将军、开府仪同三司、徐州都督。传见《宋书》卷七十二。［27］庚申：三月一日。［28］诸疑狱皆付中书：各州郡有疑问的案件一律上交中书省。［29］以经义量决：根据儒家经典的说法衡量裁决。袁俊德曰：“魏以夷狄主中国，行事一以华夏为法，盖欲以华变夷也。”［30］庚戌：四月二十二日。［31］高凉王那：即拓跋那，字阿斗埿，北魏宗室、将领，袭封高凉王。传见《魏书》卷十四。［32］白兰：古山名，在今青海黄河源西北布尔汗布达山。［33］封敕文：北魏将领。传见《魏书》卷五十一。［34］乙乌头：人名，北魏将领，拓跋焘时为安远将军。什归，即慕容什归，吐谷浑王慕利延的侄子，曾镇守枹罕。枹（fú）罕，古县名，在今甘肃临夏县东北，当时为河州的州治所在地。［35］河西之亡：指今甘肃境内的几个凉国被灭，整个河西走廊落入北魏之手。［36］通其使人：如果与其通使，或允许他们的使者在鄯善境内通行。［37］取亡：自找灭亡。［38］闭断魏道：关闭了北魏与西域之间的通道。［39］辄（zhé）：就，总是。钞劫：抢劫。钞，通“抄”。［40］西域：古区域名，指玉门关、阳关以西，葱岭以东，巴尔喀什湖东、南及新疆广大地区。［41］万度归：姓万，名度归，北魏官员。太武帝拓跋焘时为散骑常侍、成周公。为沟通西域，被遣率凉州轻骑五千西渡流沙，攻鄯善。鄯善王真达出降，遂留军屯守，与真达同诣平城。后又击破焉耆、龟兹等国，西域复通。凉州，州治姑臧，在今甘肃武威市。［42］壬辰：六月五日。［43］罢南豫州入豫州：刘宋永初二年（421），分淮东之地为南豫州，州治在今安徽和县；淮西之地为豫州，州治在今安徽寿县，或在今河南汝南县。今将其合并，体现了刘宋要巩固现有的豫州地区，并要收复西晋时豫州旧境的企图。［44］辛亥：二字原无，据章校补。辛亥，六月二十四日。［45］南平王铄（shuò）：即刘铄，字休玄，小字乌羊，文帝刘义隆第四子，封南平王，历镇南豫州、豫州，历任抚军、领军、中军将军，南兖州刺史、录尚书事，拜司空，后被杀。传见《宋书》卷七十二。［46］己未：七月二日。［47］孟顗（yǐ）：字彦重，孟昶之弟，刘宋官员，为会稽太守，回都城建康后任尚书仆射，后改为尚书左仆射。传见《南史》卷十九。［48］何尚之：字彦德，刘宋大臣。传见《宋书》卷六十六。［49］之镇：到驻守之地。［50］缘沔（miǎn）诸蛮：沔水沿岸的各少数民族。沔水，在今之汉水。犹为寇：缘沔山区的少数民族在雍州刺史刘道产产离任后动乱，沈庆之征讨之，杀万余人，至今未能平息。［51］水陆梗（gěng）碍：水路、陆路的交通都被断绝。梗碍，堵塞、阻碍，道路不通。［52］抚军中兵参军：抚军将军的属官，主管中兵曹。掩击：突然袭击。［53］至镇：到达驻守之地，即州治所在地。［54］驿道：国家修建的供军政人员通行，并有驿站为之提宿及交通工具的大道。［55］随郡：古郡名，郡治在今湖北随州市。［56］柳元景：字孝仁，河东解县（今山西运城市）人，刘宋名将。传见《宋书》卷七十七。［57］邀击：拦击，袭击。［58］涢（yún）山蛮：涢山地区的少数民族。涢山，古山名，在今湖北随州市西南。［59］建康：古都城名，东晋、刘宋都城，在今江苏南京市。［60］丁亥：八月一日。［61］壬辰：八月六日。［62］面缚：双手反绑于背后而面向前，表示投降。［63］戒严：进入紧急状态。［64］须后命：等待新命令的到来。须，等候。［65］北边：北部边境。［66］就北畜牧：向更北的方向放牧牛羊。［67］饵柔然：引诱柔然人前来攻击掠夺。饵，用如动词，引诱，诱骗。［68］壬寅：八月十六日。［69］宁头城：古城名，即曼头城，在今青海共和县西南。［70］慕璝：吐谷浑第十任国主。在位期间，南结刘宋北交北凉，率军消灭胡夏国，北魏封其为大将军、西秦王。刘宋封其为陇西王。传见《魏书》卷一百一。被囊：人名，慕璝之子。逆战：迎战，正面作战。［71］杜丰：北魏宗室，拓跋焘时封中山公。［72］三危：古山名，在今甘肃敦煌市以南。［73］乞伏炽磐：十六国西秦第三位国主。传见《晋书》卷一百二十五。［74］成龙：即乞伏成龙，西秦主乞伏炽磐之子，为并州刺史。元嘉八年（431），胡夏主赫连定灭西秦，虏秦民渡河，被吐谷浑国击败，成龙在这次战斗中陷入吐谷浑。［75］慕利延遂西入于阗（tián）：从此吐谷浑的领地全部落入北魏之手。于阗，西域国名，为古代西域佛教王国，地处塔里木盆地南沿，盛时领地包括今和田、皮山、墨玉、洛浦、策勒、于田、民丰等县市，国都西城，在今新疆和田约特干遗址。

九月，癸酉[1]，上饯衡阳王义季于武帐冈[2]。上将行，敕[3]诸子且勿食，至会所设馔[4]。日旰[5]，不至，有饥色[6]。上乃谓曰："汝曹少长丰佚[7]，不见百姓艰难。今使汝曹识有饥苦，知以节俭御物[8]耳。"

裴子野论曰[9]：善乎，太祖之训[10]也！夫侈兴于有余，俭生于不足。欲其隐约[11]，莫若贫贱！习其险艰[12]，利以任使[13]；为其情伪[14]，易以躬临[15]。太祖若能率此训[16]也，难其志操[17]，卑其礼秩[18]，教成德立[19]，然后授以政事，则无怠无荒[20]，可播之于九服[21]矣。

高祖思固本枝[22]，崇树襁褓[23]；后世遵守[24]，迭据方岳[25]。及乎泰始[26]之初，升明之季[27]，绝咽于衾衽者动数十人[28]。国之存亡，既不是系[29]，早肆民上[30]，非善诲[31]也。

（以上为第八段，写宋文帝教育诸子节俭，引用裴子野的评论，予以赞扬，而对高祖刘裕让年幼子孙占据方镇高位，则予以讥评。）

【注释】

[1]癸酉：九月十七日。 [2]上饯（jiàn）衡阳王义季于武帐冈：刘义季是刘裕之子，刘义隆之弟，因其赴任南兖州刺史，故文帝为之饯行。饯，设酒食送行。武帐冈，胡三省引杜佑曰："武帐冈在建康城广莫门外宣武场，设行宫殿便坐其上，故名。"武帐，置有兵器的帷帐。 [3]敕（chì）：以皇帝的名义下命令。 [4]至会所设馔（zhuàn）：到了送行的地方再临时安排做饭。会所，聚会送行的场所。设馔，安排饭食。 [5]日旰（gàn）：天色向晚，超过吃饭的时间已经很久。旰，晚，天色晚。 [6]饥色：饥饿的脸色。 [7]汝曹：你们这一辈。少长丰佚（yì）：从小到大一直生活在富足安逸之中。佚，同"逸"。 [8]以节俭御物：以俭朴节约管教人、驾驭人。御物：即御人，含有处世治事之意。物，人。 [9]裴子野：字几原，河东闻喜（今山西闻喜县）人，太中大夫裴松之曾孙，南齐南梁大臣、史学家。著有《宋论》。传见《梁书》卷三十。这里的引文见于裴氏《样论》。 [10]太祖：即文帝刘义隆，庙号太祖。训：训导，教育。 [11]隐约：艰苦朴素，并由此养成虚心谨慎的品性。 [12]习其险艰：经受过艰苦磨炼的人。 [13]利以任使：容易管理、使用。 [14]为其情伪：能明白下属是真情还是假意。情伪，真情与假意。为，一作"达"，明白的意思。 [15]易以躬临：凡事亲自体察便容易辨别真假，更好地去驾驭、统治。躬临，亲临其上。 [16]率此训：紧紧地掌握好这一准则。率，遵循，牢牢掌握。 [17]难其志操：严格地磨砺其意志操守。 [18]卑其礼秩：降低他们的礼节排场和待遇等级。 [19]教成德立：要等他们所受的教育成功，道德树立。 [20]无怠无荒：到那时他们就不会再懒散、放纵。 [21]可播之于九服：意即可以派他们到全国各地去做官任职了。九服，意即全国各地。据说西周时曾将天子所住的京都以外的地区按远近分成九圈，叫九服，每服的直径是五百里。对这九个远近不同的地区实行不同的管理政策，规定它们应尽不同的义务。胡三省曰："周制九服，侯服、甸服、男服、采服、卫服、蛮服、夷服、镇服（藩服），每服五百里。谓之服者，责以服事天子为职也。" [22]高祖：即宋武帝刘裕，庙号高祖。传见《宋书》卷一。思固本枝：想巩固自己子孙的特权、地位。 [23]崇树襁褓（qiǎng bǎo）：把一些尚在襁褓的婴儿封为郡王，任为大州刺史。崇树，尊奉，封

立，指封王任政。刘义真镇长安年仅十二岁，刘义恭任南豫州刺史时年十二，刘义康为豫州刺史时年十二。襁褓，包裹婴儿的被子和带子，代指婴幼儿。［24］后世遵守：指刘义隆、刘骏等都照着刘裕的样子办。［25］迭据方岳：一个接一个地高居士大州刺史的高位。胡三省曰："谓义真、义康、义恭、义宣皆迭居方面。"方岳，一方诸侯之长，指大州刺史。如刘义隆任其子刘绍为江州刺史时年十二，任其子刘诞为南兖州刺史时年十二，刘休茂为豫州刺史时年十一，刘休范为下邳太守时年九岁。［26］泰始（465—471）：刘宋明皇帝刘彧的年号，共使用六年。［27］升明（477年七月—479年四月）：是刘宋顺帝刘准的年号，共两年余，是刘宋的最后一个年号。季：季世，末年。［28］绝咽：意即被杀死在床上。绝咽，咽气，停止呼吸，即死。衾（qīn）衽（rèn）：被子和卧席，此指孩子幼小，还只能在床上躺着。动数十人：一杀就是几十个。此指刘宋明帝刘彧残酷杀戮其兄孝武帝刘骏之子的情景，以及萧道成篡宋后残酷杀戮刘氏子孙的情景。［29］既不是系：并不是与任用幼儿作方镇大员有关系。系，维系，有关系。［30］早肆民上：过早地让他们高踞于万民之上作威作福。肆，放纵，为所欲为。［31］非善诲：不是一种好的教导与遗传。指高祖刘裕宠任子孙，以后诸帝遵守此法，过早地让儿子们掌管军政大权，而生侈夺之心，最终导致宗室相残，政权覆灭。而其祸端正在于高祖刘裕的这种不良教诲。

魏民间讹言[1]"灭魏者吴"，卢水胡盖吴[2]聚众反于杏城，诸种胡争应之，有众十余万；遣其党赵绾[3]来，上表自归[4]。冬，十月，戊子[5]，长安镇副将拓跋纥[6]帅众讨吴，纥败死。吴众愈盛，民皆渡渭奔南山[7]。魏主发高平敕勒骑[8]赴长安，命将军叔孙拔领摄并、秦、雍三州兵屯渭北[9]。

十一月，魏发冀州民造浮桥于碻磝津[10]。

盖吴遣别部帅白广平西掠新平[11]，安定[12]诸胡皆聚众应之。又分兵东掠临晋以东[13]，将军章直[14]击破之，溺死于河者三万余人。吴又遣兵西掠，至长安，将军叔孙拔与战于渭北，大破之，斩首三万余级。

河东蜀薛永宗[15]聚众以应吴，袭击闻喜[16]。闻喜县无兵仗[17]，令忧惶无计[18]；县人裴骏帅厉乡豪[19]击之，永宗引去。

魏主命薛谨[20]之子拔纠合宗、乡[21]，壁于河际[22]，以断二寇[23]往来之路。庚午[24]，魏主使殿中尚书[25]拓跋处直等将二万骑讨薛永宗，殿中尚书乙拔[26]将三万骑讨盖吴，西平公寇提[27]将万骑讨白广平。吴自号天台王，署置[28]百官。

辛未[29]，魏主还宫[30]。

魏选六州[31]骁骑二万，使永昌王仁[32]、高凉王那分将之为二道，掠淮、泗以北[33]，徙青、徐之民以实河北[34]。

癸未[35]，魏主西巡。

（以上为第九段，写北魏卢水胡人盖吴听信“灭魏者吴”的传言，聚众造反，河东蜀人薛永忠聚众响应，一时声势浩大，拥众十几万，北魏调集大军才予以平定。）

【注释】

[1]讹言：谣言，流言。 [2]卢水胡：当时匈奴族的部落名，其名始见于东汉，主要活动于中国西北部。北魏时定居在安定郡，在今甘肃泾川县一带地区。盖吴，本姓盖拉氏，北地泥阳（今陕西富平县）人，西羌卢水胡的头领，北魏时农民起义首领。曾发动杏城（今陕西黄陵县西南）起义，建立百官，自号天台王，拥有部众十余万，后称秦地王。遣使联络宋文帝刘义隆，授雍州刺史、北地郡公。后被北魏围攻，为叛徒所杀。 [3]赵绾（wǎn）：农民起义首领盖吴的党羽。[4]上表自归：给刘宋朝廷上表，请求归降于刘宋。 [5]戊子：十月三日。 [6]长安镇副将：北魏采用镇兵制，地方军队分为州郡军和军镇军。军镇武官设都大将为长，下有副将等属官。这里指长安所设的军镇。拓跋纥：拓跋那之子，第五代高凉王，拓跋焘时曾担任长安镇副将，与义军首领盖吴作战，败死。 [7]渭奔南山：渭，古水名，即渭河，黄河的最大支流，发源于甘肃定西市渭源县鸟鼠山，流经今甘肃天水、陕西关中平原，至渭南市潼关县汇入黄河。南山，长安城南的大山，在今之秦岭，介于关中平原和南面的汉江谷地之间，为陕西省内关中平原与陕南地区的界山。[8]高平敕勒骑：驻扎在高平军镇的敕勒族骑兵。高平军镇在今宁夏固原市。敕勒，北方的少数民族名，也称“铁勒”，又称“高车部”，后为突厥所并。 [9]“命将军叔孙拔”句：叔孙拔，北魏将领，拓跋焘时为将军。领摄，兼任，兼管。并、秦、雍，古三州名，并州的州治在今山西太原市西南，秦州的州治上邽，在今甘肃天水市，雍州的州治长安，在今陕西西安市区的北部。渭北，古区域名，此指当时的长安城北的渭河以北地区。 [10]碻磝津：古黄河渡口名，在今山东聊城茌平区西南的古黄河南岸。其碻磝城，当时为济北郡的郡治所在地，为刘宋军事要地。 [11]白广平：盖吴的部属，以安西将军率别部西攻新平，后为魏西平公寇提击退。新平，古郡名，郡治在今陕西彬州市。 [12]安定：古郡名，郡治在今甘肃泾川县西北。 [13]临晋以东：即临晋县城以东的黄河沿岸地区。临晋，古县名，县治在今陕西大荔县东南，东距黄河不远。“以”，原文作“巴”，胡三省曰：“巴，当作‘已’。”已，同“以”。 [14]章直：北魏将领，拓跋焘时为将军，曾打败义军盖吴的军队。 [15]河东蜀薛永宗：胡三省曰：“蜀人迁居河东者谓之‘河东蜀’，居绛郡者谓之‘绛蜀’，居关中赤水者谓之‘赤水蜀’。”薛永宗，字永宗，河东汾阴（今山西万荣县）人，北魏起义领袖。兵败，带着家属跳入汾河自尽。 [16]闻喜：古县名，今属山西。 [17]兵仗：武器，器具。 [18]忧惶：担忧，惊慌。 [19]裴骏：字神驹，河东闻喜（今山西闻喜县）人。盖吴起兵攻打闻喜，裴骏率领乡豪救县城。后仕魏历经五位国主。传见《北史》卷三十八。帅厉乡豪：

率领、激励着各乡的勇敢之士。帅厉，率领，鼓励。［20］薛谨：字法顺，河东汾阴（今山西万荣县）人，原为东晋官员，后投北魏，为平西将军、河东太守，升内都坐大官。传见《魏书》卷四十二。［21］拔：即薛拔，薛谨之子，北魏将领。纠合宗、乡：联络、集合起本乡本族的一些人。胡三省曰："宗，谓薛之宗族；乡，谓乡人。"［22］壁于河际：驻扎在黄河沿线。壁，壁垒，坚壁，引申为驻扎。［23］二寇：指河东的薛永宗与陕甘交界一带的盖吴。［24］庚午：十一月十五日。［25］殿中尚书：北魏初置，掌管殿内兵马、仓库。［26］乙拔：北魏官员，拓跋焘时为殿中尚书。胡三省引《魏书·官氏志》曰："内入诸姓，乙弗氏改为乙氏。"［27］寇提：北魏将领，拓跋焘时封为西平公，曾率领大军攻打盖吴义军。胡三省引《魏书·官氏志》曰："内入诸姓，若口引氏改为寇氏。"［28］署置：设职任官。［29］辛未：十一月十六日。［30］还宫：北魏太武帝拓跋焘自阴山返回宫中。［31］六州：指今河北、山西境内和与之邻近的河南北部、辽宁西南部的六个州，即冀州、定州、相州、并州、幽州、平州。［32］永昌王仁：魏永昌王拓拔仁。传见《魏书》卷十七。［33］淮、泗以北：古区域名，淮河、泗水以北地区，当时属于刘宋。［34］青、徐：古二州名，青州的州治在今山东青州市，徐州的州治彭城，在今江苏徐州市。河北：黄河以北地区。［35］癸未：十一月二十八日。

初，鲁国孔熙先[1]博学文史，兼通数术，有纵横才志[2]，为员外散骑侍郎，不为时所知，愤愤不得志。父默之为广州刺史，以赃获罪，大将军彭城王义康为救解得免。及义康迁豫章[3]，熙先密怀报效[4]。且以为天文、图谶[5]，帝必以非道晏驾[6]，由骨肉相残[7]，江州应出天子[8]。以范晔志意不满[9]，欲引与同谋，而熙先素不为晔所重。太子中舍人谢综[10]，晔之甥也，熙先倾身事之[11]，综引熙先与晔相识。

熙先家饶于财，数与晔博，故为拙行[12]，以物输之。晔既利其财[13]，又爱其文艺[14]，由是情好款洽[15]。熙先乃从容[16]说晔曰："大将军[17]英断聪敏，人神攸属[18]，失职南垂[19]，天下愤怨。小人受先君遗命[20]，以死报大将军之德[21]。顷人情骚动[22]，天文舛错[23]，此所谓时运之至[24]，不可推移者也。若顺天人之心，结英豪之士，表里相应[25]，发于肘腋[26]，然后诛除异我[27]，崇奉明圣[28]，号令天下，谁敢不从！小人请以七尺之躯，三寸之舌，立功立事而归诸君子[29]，丈人[30]以为何如？"晔甚愕然[31]。熙先曰："昔毛玠竭节于魏武[32]，张温毕议于孙权[33]，彼二人者，皆国之俊乂[34]，岂言行玷缺[35]，然后至于祸辱哉？皆以廉直劲正[36]，不得久容。丈人之于本朝[37]，不深于二主[38]，人间雅誉，过于两臣[39]，谗夫侧目[40]，为日久矣，比肩竞逐，庸可遂乎[41]。近者，殷秩一言而刘班碎首[42]，彼岂父兄之仇[43]、百世之怨[44]乎？所争不过荣名势利先后之间[45]耳。及其末[46]也，唯恐陷之不深，发[47]之不早，戮[48]及百口，犹曰“未厌[49]”。是可为寒心悼惧[50]，岂书籍远事[51]也哉！今建大勋[52]，奉贤哲[53]，图难于易[54]，以安易危[55]，享厚利，收鸿名[56]，一旦包举而有之[57]，岂可弃置而不取哉！”晔犹疑未决。熙先曰：“又有过于此者，愚则未敢道耳。”晔曰：“何谓也？”熙先曰：“丈人奕叶清通[58]，而不得连姻帝室[59]，人以犬豕相遇[60]，而丈人曾不耻之[61]，欲为之死，不亦惑乎[62]！”晔门无内行[63]，故熙先以此激之。晔默然[64]不应，反意乃决。

晔与沈演之并为帝所知[65]，晔先至，必待演之俱入，演之先至，尝独被引[66]，晔以此为怨。晔累经义康府佐[67]，中间获罪于义康。谢综及父述[68]，皆为义康所厚，综弟约[69]娶义康女。综为义康记室参军，自豫章还，申义康意于晔[70]，求解晚隙[71]，复敦往好[72]。大将军府史仲承祖[73]，有宠于义康，闻熙先有谋，密相结纳。丹杨尹徐湛之[74]，素为义康所爱，承祖因此结事[75]湛之，告以密计。道人法略、尼法静[76]，皆感义康旧恩，并与熙先往来。法静妹夫许曜[77]，领队在台[78]，许为内应。法静之豫章，熙先付以笺书[79]，陈说图谶[80]。于是密相署置[81]，及素所不善者，并入死目[82]。

熙先又使弟休先作檄文[83]，称：“贼臣赵伯符[84]肆兵犯跸[85]，祸流储宰[86]，湛之、晔等投命奋戈[87]，即日斩伯符首及其党与[88]。今遣护军将军臧质[89]奉玺绶迎彭城王正位辰极[90]。”熙先以为举大事宜须以义康之旨谕众，晔又诈作义康与湛之书，令诛君侧之恶，宣示同党[91]。

（以上为第十段，写刘宋官员孔熙先为了报恩被贬的彭城王刘义康而谋反，他千方百计拉拢心有怨言的范晔，投其所好，范晔上了贼船。）

【注释】

[1]孔熙先：兖州鲁郡人，奉圣亭侯孔隐之从子，精通文史，有纵横之才，是一个心术不正的文人。后结交太子詹事范晔，图谋不轨，事败被杀。传见《宋书》卷六十九。 [2]有纵横才志：有一套纵横家搬弄是非、煽风点火的阴谋与手段。纵横，此指奔放自如，无所顾忌。 [3]迁豫

章：发配到豫章郡监管。迁，降职，发配。豫章，古郡名，郡治在今江西南昌市。［4］密怀报效：私下怀有报答之心，意即想组织人把刘义康从发配监管之地解救出来。［5］天文、图谶（chèn）：天文星象显示的变化，与图谶之书的预言。图谶，是一种预言未来以达到某种目的的骗术书，与假借天文星象的变化以鼓动人间动乱的言论，同为古代骗子所习用。［6］必以非道晏驾：一定是不得好死。非道，非正常。晏驾，宫车晚出，隐指帝王之死。这时候的孔熙先，只是信口雌黄、蛊惑人心而已。尽管后来刘义隆被儿子杀死，也并不能认为孔熙先就能预先预料到，或者是后人以后来的史实予以附会。晏，同“晚”。［7］由骨肉相残：被自己的亲人杀死。［8］江州：州治寻阳，在今江西九江市。应出天子：时刘义康北贬为江州刺史，隐指其将来即位为帝。［9］志意不满：范晔的家族中有一些丑闻，刘宋的宗室不愿与范晔联姻，故范晔对朝廷不满。［10］谢综：陈郡阳夏人，谢述之子。少有才艺，善隶书，为太子中舍人，结识孔熙先，与范晔等以牵涉迎立彭城王刘义康事，被诛。［11］倾身事之：倾尽全力地讨好谢综。［12］故为拙（zhuō）行：故意装作赌博技术不精。拙行，拙劣的手法。［13］利：贪利，贪恋。［14］爱：欣赏。文艺：文学才华。［15］情好款洽：感情融洽。款洽，亲密，亲切。［16］从容：自然而然的，不动声色的。［17］大将军：指刘义康，原在朝任大将军之职。［18］人神攸属：被所有的神灵与臣民共同瞩目。攸，虚词，这里的意思同“是”。属，瞩目，众望所归。［19］失职南垂：失去权位，被抛弃到南方边地。垂，同“陲”，边陲。［20］受先君遗命：接受先父的命令以跟从刘义康。先君，指孔熙先的父亲孔默之。［21］德：恩，恩情。［22］顷人情骚动：前不久人心浮动，动荡不安。顷，近来，不久前。［23］天文舛（chuǎn）错：天文星象出现差错，如日月食、彗星出现等。［24］时运之至：指政治变乱的发生。［25］表里相应：朝外与朝里联合行动。［26］发于肘腋：从密切接近皇帝的地方发起变乱。肘腋，胳膊肘与胳肢窝，比喻亲信、助手。［27］异我：异己分子。［28］崇奉明圣：重新拥立一位圣明的皇帝。［29］归诸君子：把一切功劳都归于你们皇帝身边的几位权贵。［30］丈人：大人，对长辈的敬称。［31］愕然：形容吃惊，表示出乎意料的心理。［32］毛玠竭节于魏武：曹操的部下崔琰本来是忠于曹操的，因受诬陷被曹操所杀，尚书仆射毛玠也是忠于曹操的，因同情崔琰的无辜，又受人诬告被曹操废黜于家。竭节，尽忠，坚持操守。［33］张温毕议于孙权：张温为孙吴选曹尚书，所引荐的暨艳滥用职权，升迁评定等只看自己喜恶。事件被揭发后暨艳自杀。孙权见此，以张温与暨艳等人多有来往而下罪，将张温发还到家乡吴郡，后死于家中。［34］俊乂（yì）：俊杰。乂，才能出众。［35］岂言行玷（diàn）缺：哪里是因为言论或行动有什么缺失？玷，白玉上面的斑点，比喻人的缺点、过失。［36］劲正：刚毅，正派。［37］丈人之于本朝：先生您与当今皇帝的亲密程度。本朝，指当今皇帝。［38］不深于二主：不比毛玠与曹操、张温与孙权的关系更深厚、更紧密。［39］人间雅誉，过于两臣：臣民之间对于您的赞美与歌颂，要比毛玠和张温的威望高得多。［40］侧目：斜着眼睛看，形容仇恨极深的样子。［41］比肩竞逐，庸可遂乎：您想跟他们并排竞争，怎么会取得胜利呢。胡三省曰：“言与时贵比肩竞逐，荣利所在，众所共争，将不得遂其志也。”庸，岂，岂能。

遂，胜利，成功。［42］殷秩一言而刘班碎首：殷景仁、刘班，两人均南朝刘宋大臣。因两个人不和，刘班遂与刘义康等结成朋党，殷景仁一句话把刘湛送上了断头台，详情见《资治通鉴》上卷元嘉十七年（440）。［43］父兄之仇：杀父杀兄之仇，古代以为是不共戴天的必须要报的仇恨。［44］百世之怨：即使事过百代，也还是要报的仇恨。世，通常指三十年。［45］先后之间：指得势谁早了一点，谁晚了一点罢了。［46］及其末：发展到最后。［47］发：动手。［48］戮（lù）：杀戮，杀害。［49］未厌：不满足。［50］悼惧：悲伤，恐惧。［51］岂书籍远事：这难道是书本所写的遥远的事情。［52］建大勋：指拥立皇帝这样的大功。勋，功勋，功劳。［53］奉贤哲：拥立圣明的人为皇帝。［54］图难于易：用轻便的办法完成艰难的事业。［55］以安易危：用安全置换危险。［56］鸿名：大名，盛名。鸿，大。［57］一旦包举而有之：一旦有了这种可以夺取政权、囊括天下的机会。［58］奕（yì）叶清通：累世都有清廉的名声。范晔之父范泰、祖范宁、曾祖范汪都有清白的名声。奕叶，累世。［59］连姻帝室：与皇室结成姻亲。［60］人以犬豕相遇：有些人竟把你们家族当成猪狗对待。遇，对待。［61］曾不耻之：一点儿也不以之为羞耻。［62］欲为之死，不亦惑乎：还想为这样的朝廷卖命，这难道不是很糊涂的想法吗。［63］门无内行：家族里有丑闻，主要指范晔自己。彭城王刘义康母亲王太妃去世，下葬当晚，范晔就与弟弟范广渊等饮酒，开北窗，以欣赏挽歌为乐。嫡母去世，没有立即赴丧，假装生病，携带妓妾同往。这在古代都是重大过错。［64］默然：沉默不语的样子。［65］所知：所了解，所知晓。［66］被引：被皇帝接见。［67］累经义康府佐：范晔曾任刘义康的王府冠军参军、右军参军等职。经，经历，担任。府佐，高级官署中的佐治官吏，僚属。［68］述：即谢述，曾为刘义康部属，历任多个职务。传见《宋书》卷五十二。［69］约：即谢综之弟谢约，为彭城王刘义康之婿。谢综与范晔以谋迎立彭城王刘义康的罪名被杀，谢约亦坐死。［70］申义康意于晔：向范晔表达刘义康的意思。［71］晚隙：晚年的矛盾。［72］复敦（dūn）往好：重修旧好。敦，敦促，促进。［73］仲承祖：刘宋官员，为刘义康王府的属官。［74］徐湛之：刘裕女儿会稽公主之子，刘义隆外甥，徐逵之之子，南朝宋大臣。与吏部尚书江湛并居权要，时谓“江、徐”。后被杀。传见《宋书》卷七十一。［75］结事：交结而为之做事。［76］道人法略：和尚名法略。尼法静：尼姑名法静。［77］许曜：刘宋官员，文帝刘义隆时为在宫殿为领队。［78］领队在台：在宫廷、禁中统领卫队。［79］付以笺书：托之为刘义康携带书信。笺，文体名，古代写给王公贵族的书信。［80］陈说图谶（chèn）：申说现在皇帝当死，另有皇帝当立，并说新皇帝就是身处江州的刘义康。［81］密相署置：暗中封官许愿。［82］并入死目：都被列入了要处死的名单。胡三省曰：“条分名目，凡素所不善者，皆欲置之死地。”［83］休先：即孔休先，孔熙先之弟，刘宋官员，文帝刘义隆时为建威将军，参与谋反，被诛杀。檄文，号召讨伐某人的文告。［84］赵伯符：字润远，宋武帝刘裕表弟，刘宋大臣。传见《南史》卷十八。［85］肆兵犯跸（bì）：纵兵谋杀皇帝。胡三省曰：“赵伯符时为领军将军，故欲以弑逆之罪归之。”犯跸，侵犯皇帝的车驾，此处即指杀害皇帝本人。跸，帝王出行时，开路清道，禁止通行，代指皇帝的车驾。［86］祸流储宰：并连带杀害了皇太子刘劭。

储宰，储君，即皇太子。从孔休文预作的檄文看，他们这一群叛乱分子预谋的是要以声讨赵伯符为名而发动叛乱，在叛乱中要杀害宋文帝刘义隆，连同杀害太子刘劭。［87］投命奋戈：豁出性命挥戈讨贼。［88］党与：同党之人。［89］臧质：字含文，刘义隆的表兄弟，帝室的勋戚。后心怀异志，参与反叛，被打败，追杀。传见《宋书》卷七十四。［90］正位辰极：就位做皇帝。辰极，皇位。胡三省曰："北辰为天极，故以帝位为辰极。"［91］宣示同党：把刘义康的意思转告同党之人。

帝之燕[1]武帐冈也，晔等谋以其日作乱。许曜侍帝，扣刀目晔[2]，晔不敢仰视。俄而[3]座散，徐湛之恐事不济，密以其谋白帝[4]。帝使湛之具探取本末[5]，得其檄书、选署姓名[6]，上之。帝乃命有司收掩穷治[7]。其夜，呼晔置客省[8]，先于外收综及熙先兄弟，皆款服[9]。帝遣使诘问[10]晔，晔犹隐拒[11]。熙先闻之，笑曰："凡处分、符檄、书疏[12]，皆范所造[13]，云何于今方作如此抵蹋[14]邪？"帝以晔墨迹示之，乃具陈本末[15]。

明日，仗士送付廷尉[16]。熙先望风吐款[17]，辞气不桡[18]。上奇其才，遣人慰勉[19]之曰："以卿之才而滞于集书省[20]，理应有异志，此乃我负卿[21]也。"又责前吏部尚书何尚之曰："使孔熙先年将三十作散骑郎，那不作贼[22]！"熙先于狱中上书谢恩，且陈图谶[23]，深戒上以骨肉之祸[24]，曰："愿勿遗弃[25]，存之中书[26]。若囚死之后，或可追录[27]，庶[28]九泉之下，少塞衅责[29]。"

晔在狱为诗曰："虽无嵇生琴[30]，庶同夏侯色[31]。"晔本意谓入狱即死，而上穷治其狱[32]，遂经二旬，晔更有生望[33]。狱吏戏之曰："外传詹事或当长系[34]。"晔闻之，惊喜。综、熙先笑之曰："詹事畴昔攘袂瞋目[35]，跃马顾盼[36]，自以为一世之雄；今扰攘纷纭[37]，畏死乃尔！设令赐以性命，人臣图主[38]，何颜可以生存！"

十二月，乙未[39]，晔、综、熙先及其子弟、党与皆伏诛。晔母至市，涕泣责晔，以手击晔颈，晔颜色不作[40]；妹及妓妾来别，晔悲涕流涟[41]。综曰："舅殊不及夏侯色[42]。"晔收泪而止。

谢约不预[43]逆谋，见兄综与熙先游，常谏之曰："此人轻事好奇[44]，不近于道[45]，果锐无检[46]，未可与狎[47]。"综不从而败。综母以子弟自蹈逆乱，独不出视。晔语综曰："姊今不来，胜人[48]多矣。"

收籍晔家[49]，乐器服玩，并皆珍丽[50]，妓妾不胜[51]珠翠。母居止单陋[52]，唯有一厨盛樵薪[53]；弟子冬无被，叔父单布衣。

裴子野论曰：夫有逸群[54]之才，必思冲天之据[55]。盖俗之量[56]，则偾常均之下[57]。其能守之以道，将之以礼[58]，殆为鲜乎[59]！刘弘仁[60]，范蔚宗[61]，皆忸志而贪权[62]，矜才以徇逆[63]，累叶风素[64]，一朝而陨[65]。向[66]之所谓智能，翻[67]为亡身之具矣。

徐湛之所陈多不尽[68]，为晔等辞所连引[69]，上赦不问。臧质，熹[70]之子也，先为徐、兖二州刺史，与晔厚善，晔败，以为义兴[71]太守。

有司奏削彭城王义康爵，收付廷尉治罪。丁酉[72]，诏免义康及其男女皆为庶人[73]，绝属籍[74]，徙付安成郡[75]。以宁朔将军沈邵[76]为安成相[77]，领兵防守。邵，璞[78]之兄也。义康在安成，读书，见淮南厉王长[79]事，废书[80]叹曰："自古有此，我乃不知，得罪为宜也。"

庚戌[81]，以前豫州刺史赵伯符为护军将军。伯符，孝穆皇后[82]之弟子也。

初，江左二郊无乐[83]，宗庙虽有登歌[84]，亦无二舞[85]。是岁，南郊始设登歌。

魏安南、平南府移书兖州[86]，以南国侨置诸州[87]多滥北境名号[88]；又欲游猎具区[89]。兖州答移[90]曰："必若因土立州[91]，则彼立徐、扬，岂有其地[92]？复知欲游猎具区[93]，观化南国[94]。开馆饰邸[95]，则有司存[96]；呼韩入汉[97]，厥仪未泯[98]，馈饩之秩[99]，每存丰厚[100]。"

（以上为第十一段，写孔熙先策划范晔反叛朝廷的阴谋败露，宋文帝刘义隆穷治党羽，彭城王刘义康被牵连其中，将其削职，从宗室除名，流放安成郡。）

【注释】

[1]燕，同"宴"。 [2]扣刀目晔：微微拔刀示意于范晔。扣刀，胡三省曰："拔刀微出鞘为扣刀。"目，以目示意。 [3]俄而：不久。 [4]白帝：报告给了文帝刘义隆。 [5]具探取本

末：全部弄清叛乱活动的具体安排。［6］得其檄（xí）书、选署姓名：得到了孔休文起草的作乱檄文，以及他们准备新任命的官员名单。［7］收掩穷治：逮捕起来彻底追查。收掩，突然逮捕。穷治，盘根究底地审问。［8］呼晔置客省：传范晔进宫，将其安置在客人下榻的住处。客省，客人居住之处。［9］款服：招供认罪。［10］诘问：追问，责问。［11］隐拒：隐瞒不承认。［12］处分：指谋反活动的具体安排。符檄：谋反活动所使用的证件与叛乱的檄文。符，证件。书疏：书信，檄文。［13］所造：所制，所作。［14］云何抵蹋：为何抵赖。［15］具陈本末：将组织反叛的细枝末节一一道来。［16］送付廷尉：送交司法部门。廷尉，九卿之一，全国最高的司法长官。［17］望风吐款：问什么说什么，顺流而下，毫不隐瞒。［18］辞气不桡（ráo）：说话的声音情态没有任何屈服的意思。桡，屈服。［19］慰勉：慰劳，勉励。［20］滞：滞留，埋没。集书省：南朝所设的官署，所属的官员有散骑侍郎、通直员外、给事中、奉朝请、驸马都尉等，均为散官。［21］我负卿：是我先对不起你。［22］那不作贼：哪有不造反的道理？那，同“哪”。［23］且陈图谶（chèn）：并报告了图谶上是怎么说的。［24］深戒上以骨肉之祸：恳切地请皇帝警惕身边亲人中的叛乱分子。［25］愿勿遗弃：请暂且不要丢弃我这封信。［26］存之中书：请把它保存在中书省的档案里。［27］或可追录：如果其中还有一些能够让人回味的东西。录，记，吸取。［28］庶：庶几，差不多。［29］少塞衅（xìn）责：多少能弥补一点生前的罪责。衅，罪。［30］虽无嵇（jī）生琴：我虽然不能像曹魏末的嵇康那样临死前索琴顾影弹奏《广陵散》。嵇生，即嵇康，曹魏景元四年（263），受司隶校尉钟会构陷，被大将军司马昭处死，临刑时在刑场上弹奏《广陵散》。传见《晋书》卷四十九。［31］庶同夏侯色：但我仍可以像曹魏末名士夏侯玄那样临死而脸色不变。庶，庶几，差不多。夏侯，即夏侯玄，三国时曹魏大臣，谋杀大将军司马师，事泄被杀。临斩时，神色不变，举动自若。传见《三国志》卷九。［32］穷治：彻底查办。狱，此指谋反的案件。［33］更有生望：又产生了求活的希望。［34］詹（zhān）事：范晔下狱前任太子詹事。或当长系：也许被长期囚禁。［35］畴昔攘袂瞋目：指策划造反的时候，捋袖子瞪眼睛，形容范晔当初慷慨激昂的样子。［36］跃马顾盼：得意忘形，自以为了不起。［37］扰攘纷纭：颠倒反覆，情绪纷乱的样子。纷纭，纷乱，无序。［38］人臣图主：作为一个臣子，竟然要谋杀皇帝。［39］乙未：十二月十一日。［40］颜色不作：脸色不变，不感到羞愧。［41］悲涕流涟（lián）：眼泪直往下流，形容痛哭流涕。［42］舅殊不及夏侯色：舅舅您的表现实在赶不上夏侯玄。袁俊德曰：“于母不动色，对妻妾悲涕，不惟贼臣，兼是逆子。”［43］不预：没有参与。［44］轻事好奇：举动轻率，喜欢猎奇。［45］不近于道：即俗语“不上道子”。［46］果锐无检：果敢敏锐，不知收敛。［47］未可与狎（xiá）：不能和他太亲近。狎，亲近，亲昵。［48］胜人：超过一般常人。［49］收籍晔家：抄范晔之家，登记其家产。籍，登记。［50］珍丽：珍奇，美丽。［51］不胜：形容很多，用不完。［52］单陋：简陋。［53］盛樵薪：堆放柴火。［54］逸群：超群，出众。［55］思冲天之据：寻找一飞冲天的依托，指投靠某一权贵。冲，同“翀”，往上飞。据，依据，依托。［56］盖俗之量：一个气量超凡脱俗的人。盖俗，超越世俗。［57］偾

（fèn）常均之下：不能心平气和地生活在一般人的状态下。偾，同“愤”，愤慨不平。常均，平常，平常人。［58］将之以礼：持之以礼，以礼相待。将，持。［59］殆（dài）为鲜乎：恐怕是很稀少的。鲜，稀少。［60］刘弘仁：即刘湛，字弘仁。因与殷景仁作对而叛乱被杀，事见《资治通鉴》卷一百二十三元嘉十七年（440）。［61］范蔚宗：即范晔，字蔚宗。［62］忸（niǔ）志：随心放纵而无所收敛。胡三省曰：“忸，骄也，玩也，狎也。”贪权：贪恋权势。［63］矜（jīn）才以徇逆：以才能自负，跟从谋反。徇，依从，曲从。［64］累叶风素：一连几代的清白家风。叶，世，代。［65］一朝而陨：毁于一旦。陨，落，毁。［66］向：向来，以前。［67］翻：反而，却。［68］所陈多不尽：问题交代得很不彻底。［69］连引：牵连，涉及。［70］熹：即臧质之父臧熹，太尉刘裕妻弟，东晋末期大臣。传见《宋书》卷七十四。［71］义兴：古郡名，郡治在今江苏宜兴市。［72］丁酉：十二月十三日。［73］庶人：平民百姓。［74］绝属籍：开除出刘氏皇族的名册。［75］徙付安成郡：迁往安成郡，交由安成郡看管。安成郡，古郡名，郡治平都，在今江西安福县东南。［76］沈邵：字道辉，刘宋官员。涉猎文史，袭封驸马都尉，出任钟离太守，后为中郎参军，安城相。以宽和恩信为百姓所爱戴。［77］安成相：安成国的丞相。当时刘义康在名义上还是安成王，但被沈邵所看管。袁俊德曰：“熙先笺义康，陈图谶而已，未尝与闻反计也，而废徙之，且绝属籍，甚矣，况终杀之乎？”［78］璞：即沈璞（pú），字道真，《宋书》作者沈约之父，刘宋官员。传见《宋书》卷一百。［79］淮南厉王：西汉高祖刘邦少子，汉文帝之弟。文帝时，骄纵跋扈，在封地不用汉法，自作法令。后图谋叛乱，事泄被拘。废王号，谪徙蜀郡严道邛邮（严道县，今四川雅安市），途中不食而死，谥号厉王。传见《史记》一百一十八。［80］废书：放下书，中止阅读。［81］庚戌：十二月二十六日。［82］孝穆皇后：即赵氏，刘裕的生母，生下刘裕后即死去，刘裕由其继母萧氏养大。谥号孝穆皇后。传见《宋书》卷四十一。［83］江左：即江东，代指刘宋朝廷。二郊：冬至在南郊祀天，夏至在北郊祭地。无乐，没有合适的音乐可用，因为在西晋末年洛阳陷落时前代相传的古乐已经丢失。［84］登歌：宗庙举行祭典时，乐师登堂所唱之歌。［85］二舞：祭祀宗庙时使用的文德之舞与武德之舞。［86］安南、平南府：安南、平南二将军的司令部。移书兖（yǎn）州向刘宋的兖州刺史发出文告。刘宋的兖州州治在今山东济宁市兖州区东北。［87］南国侨置诸州：东晋和刘宋政权为安置从中原南渡的人口，在南方设置了许多使用北方地名的州郡，如徐州、豫州、颍川郡、新蔡郡等，称为侨置的州、郡。南国，代指刘宋朝廷。侨置，时南北分裂，战乱频仍，遇有州郡沦陷敌手，则往往暂借别地重置，仍用其旧名。［88］多滥北境名号：使用了许多北方地区的名目，意思是讽刺南方政权这种打肿脸充胖子，徒有虚名的妄自尊大。滥，滥用。北境，指北魏统治的北方地区。［89］又欲游猎具区：并威胁、扬言要到江南太湖一带打猎。具区，指今跨界江苏、浙江二省的太湖。北魏将军的这种“欲游猎具区”，与日后金主完颜亮要“立马吴山第一峰”意思相同，表示一种并吞天下的野心。［90］兖州答移：刘宋的兖州刺史回答魏国将军的挑衅文书。［91］必若因土立州：如果一定要有实际地盘，才能使用名目。［92］则彼立徐、扬，岂有其地：那么你们国家所设立的徐州、扬州，也有实际地盘吗。

[93]复知欲游猎具区：又听说你们想到太湖地区打猎。[94]观化南国：想到南国来观光受教。言下之意，这样做，我们会很欢迎，否则，其他的想都别想。[95]开馆饰邸：建筑馆驿，装修府邸。[96]则有司存：都会有人专门负责。有司，负责这方面事务的官员。[97]呼韩入汉：西汉甘露二年（前52），匈奴呼韩邪单于归附西汉，到达长安。传见《史记》卷一百十。[98]厥（jué）仪未泯（mǐn）：当时接待客人的礼仪都还没有忘记，意即你们投降过来，我们是相当欢迎的。厥，其。[99]馈饩（xì）之秩：赠送礼品、供应吃喝的等级。饩，赠送别人吃的。秩，规格，等级。[100]每存丰厚：一定会照着最优厚的规格办理。

二十三年（丙戌，446年）

春，正月，庚申[1]，尚书左仆射[2]孟颛罢。

戊辰[3]，魏主军至东雍州[4]，临薛永宗垒[5]，崔浩曰："永宗未知陛下自来，众心纵弛[6]。今北风迅疾，宜急击之。"魏主从之，庚午[7]，围其垒。永宗出战，大败，与家人皆赴汾水[8]死。其族人安都先据弘农[9]，弃城来奔[10]。

辛未[11]，魏主南如汾阴[12]，济河[13]，至洛水桥[14]。闻盖吴在长安北，帝以渭北地无谷草，欲渡渭南，循渭而西，以问崔浩，对曰："夫击蛇者先击其首，首破则尾不能掉。今盖吴营去此六十里，轻骑趋之，一日可到，到则破之必矣。破吴，南向长安亦不过一日，一日之乏，未至有伤[15]。若从南道，则吴徐入北山[16]，猝未可平[17]。"帝不从，自渭南向长安，庚辰[18]，至戏水[19]。吴众闻之，悉散入北地山，军无所获。帝悔之。二月，丙戌[20]，帝至长安，丙申[21]，如盩厔[22]，历陈仓[23]，还，如雍城[24]，所过诛民、夷[25]与盖吴通谋者。乙拔等诸军大破盖吴于杏城[26]。

吴复遣使上表求援[27]，诏以吴为都督关、陇诸军事[28]，雍州刺史、北地公[29]，使雍、梁[30]二州发兵屯境上，为吴声援；遣使赐吴印一百二十一纽[31]，使吴随宜假授[32]。

初，林邑王范阳迈[33]，虽遣使[34]入贡，而寇盗不绝，所贡亦薄陋[35]；帝遣交州刺史檀和之[36]讨之。南阳宗悫[37]，家世儒素[38]，悫独好武事，常言"愿乘长风破万里浪[39]"。及和之伐林邑，悫自奋[40]请从军，诏以悫为振武将军[41]，和之遣悫为前锋。阳迈闻军出，遣使请还所掠日南[42]民，输[43]金一万斤，银十万斤。帝诏和之："若阳迈果有款诚[44]，亦许其归顺。"和之至朱梧戍[45]，遣府户曹参军姜仲基等诣[46]阳迈，阳迈执之。和之乃进军围林邑将范扶龙于区粟城[47]。阳迈遣其将范毗沙达[48]救之，宗悫潜兵[49]迎击毗沙达，破之。

（以上为第十二段，写北魏主拓跋焘率军攻打叛乱首领盖吴，没有听从崔浩的谋议，一无所获；林邑王范阳迈轻慢刘宋，刘宋派军讨伐。）

【注释】

[1]庚申：正月六日。[2]尚书左仆（pú）射（yè）：尚书令的副手。[3]戊辰：正月十四日。[4]东雍州：州治在今陕西渭南市华州区。[5]临薛永宗垒：逼近叛乱势力薛永宗的营盘。垒，壁垒，军营的营盘与其周围的防御工事。[6]纵弛：放纵，松弛。[7]庚午：正月十六日。[8]与家人皆赴汾（fén）水死：薛氏家族世为强族，居于河东汾阴。汾水，古水名，在今山西境内的大河，北自宁武一带南流，经太原、临汾，至河津市入黄河。[9]安都：即薛安都：字休达，北魏名将，投奔刘宋，授扬武将军、北弘农太守，再后投靠北魏，授镇南大将军、徐州刺史。传见《宋书》卷八十八。弘农：古县名，县治在今河南灵宝市城东北。[10]弃城来奔：放弃弘农城，南逃投靠刘宋。[11]辛未：正月十七日。[12]汾阴：古县名，县治在今山西万荣县西南的庙前村。[13]济河：向西渡过黄河。[14]洛水桥：洛水上的桥梁。此洛水指陕西境内的洛水，西北自吴旗一带流来，经富县、黄陵，至大荔城南入渭水。[15]未至有伤：不至于使我们的军队受到损伤。[16]北山：长安城北的山区。[17]猝（cù）未可平：一时半会再难以平定。猝，突然，迅速。[18]庚辰：正月二十六日。[19]戏水：古河水名，源出骊山，流经当时长安城东的新丰县（今陕西西安市临潼区）东，北流入渭水。[20]丙戌：二月二日。[21]丙申：二月十二日。[22]盩厔：古县名，县治在今陕西周至县东的终南镇。[23]历：经过。陈仓：古县名，县治在今陕西宝鸡市东。[24]雍城：古城名，即雍县县城。当时的雍县在今陕西宝鸡市凤翔区南，是春秋时期的秦国都城。[25]民、夷：北魏的鲜卑人与汉族人以及其他的少数民族。[26]杏城：古城名，在今陕西黄陵县西南。[27]上表求援：向刘宋求援。[28]都督关、陇诸军事：总管关中、陇右的军事。都，总。关，古区域名，即关中，陕西渭水流域地区。陇，古区域名，即陇右，陇山以西，今甘肃东部一带地区。[29]北地公：公爵，封地北地郡，郡治在今甘肃庆阳市西北。[30]雍、梁二州：刘宋的雍州州治在今湖北襄阳市襄州区，梁州州治在今陕西汉中市。[31]纽：量词，相当于"个"，一纽等于一方。[32]随宜假授：随宜，便宜行事，根据情况怎么办好便怎么办。假授，意即任命，授之以职。[33]林邑王范阳迈：林邑，也叫占婆，古国名，旧址在今越南中南部。南朝宋时林邑国王范阳迈其母怀孕时梦有人以金席借之。当地谓

金之精为阳迈，遂名。刘宋时遣使人贡，封为林邑王，大约于宋武帝永初初年（420）至宋文帝元嘉二十三年（446）间在位。事见《南齐书》卷五十八。［34］遣使：原文作“进使”，据章校改。［35］薄陋：粗陋。［36］交州刺史檀和之：交州，州治龙编，在今越南河内市东北。檀和之，檀道济堂弟，刘宋名将。传见《宋书》卷九十七。［37］宗悫（què），字元干，南阳涅阳（今河南邓州市）人，刘宋名将。传见《宋书》卷七十六。［38］家世儒素：家族世代习儒。儒素，儒学事业。孔子被称为素王，故儒业被称为素王的事业。［39］愿乘长风破万里浪：愿意乘着有利的风势，破万里惊涛骇浪，奋勇前进，说明人生在世要有高远的志向和努力拼搏的精神。［40］自奋：自己挺身而出。［41］振武将军：古杂号将军之名。［42］日南：古郡名，郡治在今越南中部的广治市，在林邑国北。［43］输：输送，贡奉。［44］款诚：真心实意。［45］朱梧戍：刘宋设在朱梧县的军事据点。朱梧县在当时的日南郡内，在今越南广平省内。［46］府户曹参军姜仲基等诣：府户曹参军，指交州刺史府掌管土地户口的官员。姜仲基，刘宋官员，文帝刘义隆时为府户曹参军、日南太守。诣（yì），往，至。［47］区粟城：在当时的日南郡卢容县，在今越南承天的广田县东，是林邑国贮藏武器之地。［48］范毗（pí）沙达：人名，林邑国国王范阳迈的将领。［49］潜兵：隐蔽出兵。

魏主与崔浩皆信重[1]寇谦之，奉其道[2]。浩素不喜佛法[3]，每言于魏主，以为佛法虚诞[4]，为世费害[5]，宜悉除之。及魏主讨盖吴，至长安，入佛寺，沙门饮从官酒[6]；从官入其室，见大有兵器，出以白帝，帝怒曰：“此非沙门所用，必与盖吴通谋，欲为乱耳。”命有司按诛阖寺沙门[7]，阅[8]其财产，大得酿具及州郡牧守[9]、富人所寄藏物以万计，又为窟室[10]以匿妇女。浩因说帝悉诛天下沙门，毁诸经像[11]，帝从之。寇谦之与浩固争[12]，浩不从。先尽诛长安沙门，焚毁经像，并敕留台下四方[13]，令一用长安法[14]。诏曰：“昔后汉荒君[15]，信惑邪伪以乱天常[16]，自古九州之中[17]，未尝有此。夸诞大言[18]，不本人情[19]，叔季之世[20]，莫不眩焉[21]。由是政教不行，礼义大坏，九服之内[22]，鞠为丘墟[23]。朕承天绪[24]，欲除伪定真[25]，复羲、农之治[26]，其[27]一切荡除，灭其踪迹。自今已后，敢有事胡神[28]及造形像泥人、铜人者门诛[29]。有非常之人，然后能行非常之事，非朕孰能去此历代之伪物！有司宣告征镇诸军[30]、刺史，诸有浮图形像[31]及胡经，皆击破焚烧，沙门无少长悉坑之[32]！”太子晃[33]素好佛法，屡谏不听，乃缓宣诏书，使远近豫闻之[34]，得各为计，沙门多亡匿获免，或收藏经像，唯塔庙在魏境者无复孑遗[35]。

（以上为第十三段，写北魏主拓跋焘灭佛、诛杀僧人、焚毁经书佛像。）

【注释】

[1]信重：信任，看重。 [2]奉其道：信奉他所鼓吹的那一套骗人的说法。 [3]佛法：佛教的教义，代指佛教。 [4]虚诞：荒诞无稽。 [5]为世费害：白白地消耗国家与百姓的物资，为祸害。 [6]沙门饮从官酒：和尚们招待北魏主拓跋焘的侍从官员喝酒。饮，招待使之饮用。[7]按诛：查办，诛戮。阖（hé）寺沙门：所有寺庙的和尚。阖，全部。 [8]阅：查抄，清点。[9]酿（niàng）具：酿酒的器具。州郡牧守：即州牧、郡守，州郡两级的行政长官，州刺史也称州牧，郡长官称太守。 [10]窟室：地窖。 [11]经像：佛经与塑像、图像。 [12]固争：极力与之辩论、劝阻。僧道前已水火不容，而寇谦之尚为之劝阻者，大概也是出于兔死狐悲，物伤其类。 [13]敕：以皇帝的名义下命令。留台：国都平城的中央行政机构。因皇帝不在京城，故称之曰“留台”。胡三省注：“魏王出征，太子居守，故谓平城为留台。”下四方：下诏书给全国各地。 [14]一用长安法：一律仿照长安的做法行事。 [15]后汉荒君：东汉的桓帝、灵帝之流。荒君，无道昏君。荒，荒淫，荒悖。 [16]信惑：信从，迷惑。邪伪：邪恶，诈伪。乱天常：搞乱了原来的朝廷与社会秩序。胡三省曰：“佛法自汉明帝时入中国，楚王英最先好之，至桓帝始事浮屠。”天常，指正常的封建秩序。 [17]九州之中：大中国的区域之内。古称中国曰“九州”“九域”。 [18]夸诞大言：漫无边际地说大话。 [19]不本人情：不孝父母，不敬君长。 [20]叔季之世：叔世、季世，也就是指一个国家的穷途末路，死到临头。 [21]莫不眩（xuàn）焉：任何人都被这一套邪说弄得神魂颠倒。眩，被迷惑，迷乱。 [22]九服之内：九州之内，全国各地。九服，王畿以外的九等地区，意同九州、九域，全国各地。 [23]鞠（jū）为丘墟：全变成了一片废墟。鞠，穷。 [24]承天绪：继承祖先的传统大业。 [25]除伪定真：扫除一切虚假的东西，坚持真实可靠的东西。 [26]复羲（xī）、农之治：恢复伏羲氏、神农氏那种风俗淳朴的政治局面。 [27]其：祈请语、命令语。 [28]事胡神：信奉外来的宗教，这里指佛教。事，供奉。[29]门诛：满门抄斩。 [30]征镇诸军：四征与四镇将军，即征东、征西与镇东、镇西等地。[31]诸有浮图形像：凡是存有关于佛教的塑像与画像。浮图，也写作“浮屠”，即佛，有时也指佛教所修的塔。 [32]悉坑之：全部活埋。 [33]太子晃：即拓跋晃，拓跋焘长子，立为皇太子。[34]豫闻之：事先听到消息。豫，同“预”。 [35]无复孑（jié）遗：一个都没有留下。孑，一个。

魏主徙长安工巧[1]二千家于平城。还，至洛水[2]，分军诛李闰叛羌[3]。

太原颜白鹿[4]私入魏境，为魏人所得，将杀之，诈云青州刺史杜骥[5]使其归诚[6]。魏人送白鹿诣平城，魏主喜曰："我外家也[7]。"使崔浩作书与骥，且命永昌王仁、高凉王那将兵迎骥，攻冀州刺史申恬[8]于历城，杜骥遣其府司马夏侯祖欢[9]等将兵救历城。魏人遂寇兖、青、冀三州[10]，至清东[11]而还，杀掠甚众，北边骚动[12]。

帝以魏寇为忧，咨访[13]群臣。御史中丞[14]何承天上表，以为："凡备匈奴之策[15]，不过二科：武夫尽征伐之谋，儒生讲和亲[16]之约。今欲追踪卫、霍[17]，自非大田淮、泗[18]，内实青、徐[19]，使民有赢储[20]，野有积谷[21]，然后发精卒十万，一举荡夷[22]，则不足为也[23]。若但欲遣军追讨，报其侵暴[24]，则彼必轻骑奔走，不肯会战；徒兴巨费[25]，不损于彼，报复之役，将遂无已，斯策之最末者也。安边固守，于计为长[26]。臣窃以曹、孙之霸[27]，才均智敌[28]，江、淮之间，不居各数百里[29]。何者？斥候之郊[30]，非耕牧之地，故坚壁清野[31]以俟其来，整甲缮兵以乘其弊[32]。保民全境[33]，不出此涂[34]。要而归之[35]，其策有四：一曰移远就近[36]。今青、兖旧民及冀州新附，在界首[37]者三万余家，可悉徙置大岘[38]之南，以实内地。二曰多筑城邑，以居新徙之家，假其经用[39]，春夏佃牧[40]，秋冬入保[41]。寇至之时，一城千家，堪战之士[42]，不下二千，其余羸弱[43]，犹能登陴鼓噪[44]，足抗群虏三万矣。三曰纂偶车牛[45]，以载粮械[46]。计千家之资，不下五百耦牛[47]，为车五百两[48]，参合钩连[49]以卫其众；设使[50]城不可固，平行趋险[51]，贼所不能干[52]，有急征发[53]，信宿可聚[54]。四曰计丁课仗[55]。凡战士二千，随其便能[56]，各自有仗[57]，素所服习[58]，铭刻由己[59]，还保输之于库[60]，出行请以自新[61]。弓干利铁[62]，民不得者，官以渐充之[63]。数年之内，军用粗备[64]矣。近郡之师[65]，远屯清、济[66]，功费[67]既重，嗟怨[68]亦深，以臣料之，未若即用彼众[69]之易也。今因民所利，导而帅之[70]，兵强而敌不戒[71]，国富而民不劳，比于优复队伍[72]，坐食粮廪[73]者，不可同年而校[74]矣。"

魏金城边固、天水梁会[75]，与秦、益杂民万余户据上邽东城[76]反，攻逼西城。秦、益二州刺史封敕文[77]拒却之。氐、羌万余人，休官、屠各[78]二万余人，皆起兵应固、会，敕文击固，斩之，余众推会为主，与敕文相攻。

（以上为第十四段，写北魏气焰嚣张，宋文帝刘义隆向群臣咨询防御之策，御史中丞何承天上书，献上“移远就近”等抗击北魏的安边四策。）

【注释】

［1］工巧：能工巧匠。［2］洛水：古水名，自西南流来，流经洛阳城南，东北至成皋西汇入黄河。［3］分军诛李闰叛羌：讨伐居住在李闰城的叛乱羌人，指与盖吴相呼应的作乱者。诛，讨，讨伐。李闰，也写作“李润”，古城名，在今陕西大荔县北。［4］太原颜白鹿：刘宋的太原郡人姓颜名白鹿。太原，胡三省曰：“太原郡本属并州，江左以郡人南徙者侨立太原郡。晋安帝义熙中土断，立太原县，属泰山郡。元嘉十年，割济南泰山为太原郡境，属青州。”颜白鹿：太原人。［5］青州：州治在今山东青州市。杜骥：字度世，西晋征南将军杜预玄孙，南朝宋大臣。传见《宋书》卷六十五。［6］使其归诚：派他来投降魏国人。归诚，意同“纳款”，投诚。［7］我外家也：我外祖父一族的亲戚。北魏主拓跋焘之母姓杜，故称杜骥为外家。［8］冀州：本在今河北境内，当时属北魏。此处所说乃指刘宋侨立的冀州，州治历城，在今山东济南市。［9］府司马夏侯祖欢：刺史府的僚属姓夏侯名祖欢。司马，军中掌管刑法的官员。［10］兖、青、冀三州：今山东的西部一带地区。［11］清东：清水以东，约当今山东中部地区，当时属于刘宋。清水即济水，西自山东巨野泽流来，东北经今山东济南市，到山东利津县一带入海。［12］北边骚动：刘宋的北部边境动荡不安。［13］咨访：咨询，访问。［14］御史中丞：国家掌管监察的主要长官。［15］备匈奴之策：对付北方少数民族入侵的办法。何承天嘴里说的是匈奴，实际就是指鲜卑人的拓跋魏。［16］和亲：也叫做“和戎”“和番”，是指中原王朝统治者与外族或者外国出于各种目的而达成的一种政治联姻。［17］今欲追踪卫、霍：如果想学习卫青、霍去病那种大举征伐。今，这里有假如、如果的意思。追踪，效法。［18］大田淮、泗：在淮河、泗水一带大规模开垦种植。田，农垦，包括民垦与军垦。淮、泗，淮河、泗水流域，指今江苏、安徽的中部地区。［19］内实青、徐：加强青州、徐州一带的防守力量。实，充实，包括军队与粮食两个方面。［20］民有赢储：私家都有丰富的粮食贮藏。赢，同“盈”，盈余，丰盈。［21］野有积谷：公家有很多露天的粮仓。［22］荡夷：扫平。夷，铲平。［23］则不足为也：如果能这样做，那当然是可以的了。不足为，不难做，不难完成。［24］报其侵暴：只是想报复一下他们对我们的骚扰掠夺。［25］徒兴巨费：白白地发动战争，消耗巨额财富。徒，只，只是。兴，兴起，发动。［26］于计为长：在各种计策中是最好的。［27］曹、孙之霸：指曹操与孙权相互争霸。［28］才均智敌：双方领导者的才能智慧不相上下。敌，相当，对等。［29］不居各数百里：两国之间隔着几百里的中间地带。［30］斥候之郊：这中间地带是双方侦察人员的出没之地。斥候，侦察，探子。［31］坚壁清野：双方都坚守工事，收好原野上的东西，不让敌方获得。等候。［32］整甲缮（shàn）兵以乘其弊：整理甲胄，修缮兵器，窥伺其疲惫而乘隙出击。［33］保民全境：保

护百姓的安宁，保全领土的完整。［34］不出此涂：没有比这种做法更好的了。涂，同“途”，途径，做法。［35］要而归之：简明扼要地归结其主要精神。［36］移远就近：把孤悬于远处的居民与军事据点，都撤回到能够有效防守的近处。［37］界首：边头，国境边上。［38］大岘（xiàn）：古山名，即大岘山，在今山东临朐县东南。［39］假其经用：借给他们日常生活必需的费用。假，借，给与。经，常，日常。［40］佃（tián）牧：种田与放牧。［41］入保：入城而守。保，守城以得安宁。［42］堪战之士：能够参加作战的士兵。［43］羸弱：瘦弱，老弱病残。［44］登陴（pí）鼓噪：登上城头，呐喊助威。陴，也称“女墙”，城上的小墙。［45］纂偶车牛：把百姓的车与牛都搜集起来。纂，搜集。偶，并，两牛共拉一辆车。［46］粮械：粮食物资与军用器械。［47］五百耦牛：意即一千头牛。耦，两牛拉一辆车为耦。［48］两：同“辆”，量词。［49］参合钩连：指将牛车互相连接起来，构成一道外围的屏障。［50］设使：假使，假如。［51］平行趋险：由平路转移到险要的地方。［52］贼所不能干：敌人奈何不了我们。干，拦，阻止。［53］有急征发：有情况紧急，征调人力或物资。征发，征调。［54］信宿可聚：一两天之内就能凑齐。信宿，第二个夜晚。［55］计丁课仗：按照壮丁人数准备武器。课，要求，这里意即准备、配备。［56］随其便能：按照自己的使用习惯，怎么使用方便就怎么使用。［57］仗：器仗，武器。［58］素所服习：平常一贯使用的东西。服习，熟悉其性能，用起来顺手。［59］铭刻由己：想在上面刻上点自己需要的东西或姓名等等，都听任其便。［60］还保：回到城里，平常不用的时候。输之于库：送到武器库统一保存。［61］请以自新：各自领回兵器，磨砺加工。［62］弓干利铁：做弓箭用的竹杆与打造刀枪用的锻铁。［63］以渐充之：官府逐渐给予补充。［64］军用：军用物资。粗备：大体齐备。［65］近郡之师：都城建康周围的一些郡里的军队。胡三省曰：“近郡，谓南徐州所领诸侨郡及三吴，近在邦城之中者。”［66］远屯清、济：如今都让他们去驻扎在遥远的清水、济水一线。清、济，二水名，均在今山东境内。清，清水，即古泗水，为淮河的最大支流。济，济水，黄河下游的一条重要支流。［67］功费：即工费，劳力，耗费。［68］嗟（jiē）怨：嗟叹，怨恨。［69］即用彼众：指征发调用北部沿边地区的居民。［70］导而帅之：引导他们，率领、驱使他们。［71］兵强而敌不戒：即使当地这种兵民一体的武装强大起来，北方的北魏政权也不会特别介意，因为这种武装不可能像卫青、霍去病那样长驱直入地大举进攻北魏。［72］优复队伍：指优待常备兵，免除常备兵的一切赋税、劳役等政策。［73］坐食粮廪（lǐn）：指常备兵的一切粮食供应都由国家开支。粮廪，粮仓，代指粮食。［74］不可同年而校：极言其两者之间的利弊悬殊之大。校，同“较”，比较。［75］金城：古郡名，郡治在今甘肃兰州市西。边固：一作“边冏”，人名，金城人，反叛，被杀。天水：古郡名，郡治上邽，在今甘肃天水市。梁会：人名，天水人，反叛，后败死。［76］上邽东城：当时天水郡的郡治上邽有东、西二城。［77］秦、益二州刺史封敕文：封敕文时任北魏秦、益二州刺史。秦州的州治即当时上邽的西城。所谓益州刺史不过是挂名而已，因为益州（州治成都）根本不在北魏境内。［78］休官、屠各：北魏管辖下的少数民族名，都是匈奴族的分支。

夏，四月，甲申[1]，魏主至长安。

丁未[2]，大赦。

仇池人李洪[3]聚众，自言应王[4]；梁会求救于氐王[5]杨文德，文德曰："两雄不并立，若须我者，宜先杀洪。"会诱洪斩之，送首于文德。五月，癸亥[6]，魏主遣安丰公闾根[7]帅骑赴上邽，未至，会弃东城走。敕文先掘重堑[8]于外，严兵[9]守之，格斗从夜至旦。敕文曰："贼知无生路，致死于我[10]，多杀伤士卒，未易克也。"乃以白虎幡[11]宣告会众，降者赦之，会众遂溃；分兵追讨，悉平之。略阳人王元达聚众屯松多川[12]，敕文又讨平之。

盖吴收兵屯杏城，自号秦地王，声势复振。魏主遣永昌王仁、高凉王那督北道诸军[13]讨之。

檀和之等拔区粟，斩范扶龙，乘胜入象浦[14]。林邑王阳迈倾国来战，以具装被象[15]，前后无际。宗悫曰："吾闻外国有师子[16]，威服百兽。"乃制其形，与象相拒，象果惊走，林邑兵大败。和之遂克林邑[17]，阳迈父子挺身[18]走。所获未名之宝，不可胜计，宗悫一无所取，还家之日，衣栉萧然[19]。

六月，癸未朔[20]，日有食之。

甲申[21]，魏发冀、相、定三州兵二万人屯长安南山诸谷，以备盖吴窜逸[22]。丙戌[23]，又发司、幽[24]、定、冀四州兵十万人筑畿上塞围[25]，起上谷[26]，西至河[27]，广纵[28]千里。

帝筑北堤[29]，立玄武湖[30]。筑景阳山于华林园[31]。

秋，七月，辛未[32]，以散骑常侍杜坦[33]为青州刺史。坦，骥之兄也。初，杜预之子耽，避晋乱，居河西，仕张氏[34]。前秦克凉州[35]，子孙始还关中。高祖灭后秦[36]，坦兄弟从高祖过江。时江东王、谢诸族[37]方盛，北人晚渡者，朝廷悉以伧荒[38]遇之，虽复人才可施[39]，皆不得践清涂[40]。上尝与坦论金日磾[41]，曰："恨今无复此辈人[42]！"坦曰："日磾假生今世[43]，养马不暇，岂办见知[44]！"上变色[45]曰："卿何量朝廷之薄[46]也！"坦曰："请以臣言之：臣本中华高族[47]，晋氏丧乱[48]，播迁凉土[49]，世业相承[50]，不殒其旧[51]；直以[52]南渡不早，便以荒伧赐隔[53]。日磾，胡人，身为牧圉[54]；乃超登[55]内侍，齿列名贤[56]。圣朝虽复拔才[57]，臣恐未必能也。”上默然[58]。

（以上为第十五段，写刘宋自告奋勇从军出征的南阳义士宗悫用狮子阵战胜林邑王范阳迈的大象阵；大臣杜坦与文帝刘义隆讨论人才问题，直陈刘宋用人不公的弊端。）

【注释】

[1]甲申：四月一日。[2]丁未：四月二十四日。[3]李洪：刘宋时仇池人，曾聚众反叛。[4]自言应王：自称应当称王。[5]氐（dī）王：氐族头领。[6]癸亥：五月十一日。[7]闾根：即拓跋闾根，北魏官员，拓跋焘时封为安丰公。[8]重堑：多重壕沟。[9]严兵：犹陈兵，部署军队。[10]致死于我：和我拼命。[11]白虎幡：指有白虎图像的旗，古代用作传布朝廷政令或军令的符信。[12]王元达：刘宋时略阳人，曾聚众反叛北魏，被讨平。松多川：古地区名，其地有松多水，出自陇山，西南汇入秦水，在今陕甘川交界地区。[13]北道诸军：指屯驻于长安以北的北魏军队。[14]象浦：即卢容浦，即其秦象林县地，故亦谓之象浦，在日南郡的卢容县，在今越南平治天省广田县东香江与蒲江合流处。[15]以具装被象：用铁甲把大象武装起来。具装，战马的铁甲。被，披，披挂。[16]师子：同“狮子”。[17]遂克林邑：胡三省引《水经注》曰：“林邑国都治典冲，在寿泠县阿贲浦，西去海岸四十里。”[18]挺身：脱身，甩开部从独自逃跑。[19]衣栉（zhì）萧然：只有随身衣服，梳头发的篦子，极言其两袖清风，一无所取的样子。栉，梳子、篦子等梳头发的用具。[20]癸未朔：六月一日。[21]甲申：六月二日。[22]窜逸：逃窜，逃脱。逸，逃掉。[23]丙戌：六月四日。[24]司、幽：二州名，司州的州治在今山西大同市，幽州的州治蓟县，在今北京市。[25]畿（jī）上塞围：国家首都与其郊区四周的界墙。畿上，即畿内，首都的四郊以内。北魏道武帝拓跋珪曾划定畿上的范围为代郡以西，善无（今山西右玉县）以东，阴馆（今山西代县西北）以北，参合（今山西阳高县）以南。[26]上谷：古郡名，治所在今北京延庆区。[27]西至河：西至今山西与陕西交界的黄河。[28]广纵：纵深。[29]北堤：当时刘宋都城建康城北侧的堤坝。[30]玄武湖：古湖名，在今江苏南京市内的东北部。[31]华林园：古园林名，三国时吴国所建，故址在今南京鸡鸣山南的古台城城内。[32]辛未：七月二十日。[33]杜坦：西晋镇南将军杜预之后，凉州军司杜耽曾孙，青州刺史杜骥之兄，刘宋大臣。传见《宋书》卷六十五。[34]张氏：指张氏建立于姑臧（今甘肃武威市）的前凉政权。[35]克凉州：指前秦主苻坚攻灭前凉，俘去前凉主张天锡，事在《资质通鉴》东晋太元元年（376）。凉州，本为州治甘肃武威市，此指前凉政权。[36]灭后秦：指宋高祖刘裕灭后秦，俘虏后秦主姚泓，事在《资治通鉴》东晋义熙十三年（417）。[37]江东：自江西九江以下，是江

南地区的东部，被称为江东。王、谢诸族：东晋以来居于江东，把持朝廷大权的世家豪族，以王、谢两家为首，其他还有庾氏、褚氏、顾氏等等。［38］伧（cāng）荒：南人讥北地荒远、北人粗鄙，后用以泛指荒远僻陋之地。胡三省曰："南人呼北人为'伧'。荒，言其自荒外来也。"［39］可施：可任用，可派上用场。［40］践清涂：踏上任高官、掌大权，而优哉游哉，不干实事的寄生之路。时官职有清浊两途。清官优闲而不问庶务，由士族担任；浊官忙于实际事务，由寒族担任。涂，同"途"。［41］金日（mì）磾（dī）：字翁叔，匈奴人，没入汉朝宫廷养马，所养的马肥而好，得到汉武帝赏识，提供任为顾命大臣。昭帝时封秺侯，谥号敬。传见《汉书》卷六十八。［42］无复此辈人：不再有这样的人，指极端忠诚、驯顺。［43］假生今世：假如生活在现在这样的时代。［44］岂办见知：哪里能受到皇帝赏识。办，能，有机会。［45］变色：改变脸色。［46］何量朝廷之薄：怎么把当今皇帝估计得如此不能识拔人才？量，估计。朝廷，代指当今皇帝，即自己。薄，浅，没有眼光。［47］中华高族：中原地区的高门大族。［48］晋氏丧乱：指西晋国灭世乱。［49］播迁凉土：流浪到了凉州地区，在今甘肃河西走廊一带。播迁，流离迁徙。［50］世业相承：先辈祖先的事业，我们一直在坚守秉承。［51］不殒其旧：从来没有丧失原来的传统与光荣。［52］直以：只是因为，所差的只是。［53］便以荒伧赐隔：便把我们看成蛮荒之人，把我们划入了另册。赐隔，予以歧视。隔，指与士族隔绝。［54］牧圉（yǔ）：养马人。圉，养马的地方。［55］超登：破格提拔。［56］齿列名贤：与当时的贤才们并列一起。齿列，一同排列。［57］虽复拔才：即使一再选拔人才。杜坦对宋文帝刘义隆的言论，颇似汉文帝时的冯唐，见《史记》卷一百二。［58］默然：无语，沉默不言的样子。

八月，魏高凉王那等破盖吴，获其二叔，诸将欲送诣平城，长安镇将陆俟[1]曰："长安险固，风俗豪忮[2]，平时犹不可忽，况承荒乱之余乎！今不斩吴，则长安之变未已[3]也。吴一身潜窜[4]，非其亲信，谁能获之！若停十万之众以追一人，又非长策。不如私许吴叔，免其妻子[5]，使自追吴，擒之必矣。"诸将咸曰："今贼党众已散，唯吴一身，何所能至[6]？"俟曰："诸君不见毒蛇乎！不断其首，犹能为害。吴天性凶狡[7]，今若得脱，必自称王者不死，以惑愚民，为患愈大。"诸将曰："公言是也。但得贼不杀，而更遣之，若遂往不返，将何以任[8]其罪？"俟曰："此罪，我为诸君任之。"高凉王那亦以俟计为然，遂赦二叔，与刻期[9]而遣之。及期，吴叔不至，诸将皆咎俟[10]，俟曰："彼伺之[11]未得其便耳，必不负也。"后数日，吴叔果以吴首来，传诣平城。永昌王仁讨吴余党白广平、路那罗[12]，悉平之。以陆俟为内都大官[13]。

会安定卢水胡刘超等聚众万余人反，魏主以俟威恩著于关中，复加俟都督秦、雍二州诸军事，镇长安，谓俟曰："关中奉化日浅[14]，恩信未洽[15]，吏民数为逆乱。今朕以重兵授卿，则超等必同心协力，据险拒守，未易攻也；若兵少，则不能制贼；卿当自以方略[16]取之。"俟乃单马之镇[17]。超等闻之，大喜，以俟为无能为[18]也。

俟既至，谕以成败[19]，诱纳超女[20]，与为姻戚[21]以招之。超自恃其众，犹无降意。俟乃帅其帐下亲往见超，超使人逆谓俟[22]曰："从者过三百人，当以弓马相待；不及三百人，当以酒食相供。"俟乃将二百骑诣超。超设备[23]甚严，俟纵酒尽醉而还。顷之[24]，俟复选敢死士五百人出猎，因诣超营[25]，约曰[26]："发机当以醉为限[27]。"既饮，俟阳醉[28]，上马大呼，手斩超首，士卒应声纵击，杀伤千数，遂平之。魏主征俟还[29]，为外都大官。

是岁，吐谷浑复还旧土[30]。

（以上为第十六段，写北魏平定盖吴、刘超的反叛，长安镇将陆俟机智、勇敢，用力少而建功多。）

【注释】

[1]陆俟（sì）：北魏名将，拜征西大将军，进爵东平郡王。传见《魏书》卷四十。[2]豪忮（zhì）：雄豪，凶狠。[3]未已：永远不会停止。[4]一身潜窜：一个人潜逃、躲藏。[5]免其妻子：赦免吴叔的妻子诸人。[6]何所能至：他还能跑到哪里去。[7]凶狡：凶狠，狡猾。[8]任：担任，担当。[9]刻期：约定期限。[10]咎俟：埋怨陆俟。[11]伺之：寻找机会。[12]白广平、路那罗：义军首领盖吴属将。[13]内都大官：即内都坐大官，北魏官名，与中都坐大官、外都坐大官合称"三都大官"，掌刑狱，理民诉讼。[14]奉化日浅：接受北魏教化的时间还不长。[15]恩信未洽：朝廷的恩德与威信，人们还感受不深。恩信，恩泽，信誉。[16]自以方略：自己想办法，用智慧。[17]之镇：前往军府上任。之，往，到。[18]无能为：干不成什么事情。[19]谕以成败：给他分析形势，剖析祸福关系。[20]诱纳超女：假说要娶刘超的女儿为妻。诱，诱骗，哄骗。[21]姻戚：犹姻亲，因婚姻关系而产生的亲属。[22]逆谓俟：迎面告诉陆俟。逆，迎。[23]设备：设兵防备。[24]顷之：没过多久。[25]因诣超营：趁便来到刘超的营盘。[26]约曰：与部下众人约定说。[27]发机当以醉为限：当你们看到我喝醉时就立即动手。发机，拨动弩的机关，这里即指采取行动。为限，为准。[28]阳醉：假装醉酒。阳，同"佯"，假装。[29]征俟还：调陆俟回平城。[30]复还旧土：又回到他们原来居

住的地方。去年八月吐谷浑被北魏的军队打败，西移入于阗。旧土，旧境，吐谷浑的旧土在今青海柴达木盆地一带地区。

【点评】

本卷点评两事：其一，北方民族融合的混战；其二，南北对峙叙事的春秋笔法。

一、北方民族融合的混战。魏晋南北朝时期是民族融合与矛盾突出的时期，这一卷代表性很强。一开卷就是北魏与西部少数民族所建立割据政权之间的矛盾斗争。匈奴、羯、氐、羌、柔然、吐谷浑等相继登场。先是敕勒匈奴分裂后的沮渠无讳舍弃敦煌向西去进攻鄯善，鄯善王比龙率领民众奔向且末，他的嫡长子投降了沮渠无讳的先锋沮渠安周。沮渠安周遂占据鄯善。西凉李宝乘沮渠无讳西征，敦煌空虚，自伊吾率领民众两千人回来占据了敦煌。沮渠牧犍当初逃亡的时候，凉州人阚爽占据了高昌，自称为太守。唐契被柔然逼迫，率领民众向西奔赴高昌，想夺取这块地盘。柔然派遣其将领阿若追击他，唐契失败战死，唐契弟弟唐和收集残余部众逃奔到车师前部王伊洛。这时，沮渠安周屯驻横截城，唐和攻取并拿下了横截城，又拔取了高宁、白力两座城池，派遣使者向北魏投降。以吐谷浑又回到故地为结束。

二、南北对峙叙事的春秋笔法。南北对峙是历史大趋势与主流。在司马光的眼里，北魏与刘宋的对立才是最大的“夷夏之辨”，刘宋是正统，北魏是鲜卑，是夷。从写作手法上来说，司马光用的是春秋笔法，一字一句，从字法句法上区分夷夏。宋是从中原来的，代表着真命天子，在每一事项的表述上，宋的表述总是省略去“宋”，比如“甲戌，上以疾愈，大赦”一句，此处的“上”即是宋文帝，不需要注明。再如“甲申，柔然遣使至建康”一句，“建康”之前的“宋”是省略的。再如“甲午，立皇子诞为广陵王”一句，是谁立？在司马光的叙事系统里若不说明，那就是“宋”。而对于“魏”的表述，总是要加上一个“魏”字，魏的君主称作“魏主”，绝对不能省略称作“主”。这就是记叙文法中的“夷夏之辨”，是司马光的“春秋笔法”。

卷一二五　宋纪七

宋文帝元嘉二十四年至二十七年（447—450年）

【起强圉大渊献（丁亥，447年），尽上章摄提格（庚寅，450年），凡四年】

【大事提要】

本卷记事起自公元447年至公元450年，凡四年，时当宋文帝元嘉二十四年到元嘉二十七年。本卷所载大事，着重两个方面：其一，北魏太武帝大破柔然，俘获人户畜产百余万，柔然从此衰落。其二，刘宋与北魏两个全盛的国家，爆发了决存亡的大战争。公元450年，北魏太武帝自率步骑十万攻刘宋悬瓠城（今河南上蔡县东），宋将陈宪坚守苦战，北魏军死伤甚重，败退。接着，宋文帝发大军，分水陆数路北伐，北魏太武帝也发兵号称百万渡黄河来应战。宋将王玄谟率主力军攻滑台，被北魏主力军击败。柳元景、薛安都破北魏洛州守军，收复陕城和潼关。宋文帝因王玄谟溃败，召还柳元景等军。

太祖文皇帝中之下

元嘉二十四年（丁亥，447年）

春，正月，甲戌[1]，大赦。

魏吐京胡及山胡曹仆浑[2]等反。二月，征东将军武昌王提[3]等讨平之。

癸未[4]，魏主如中山。

魏师之克敦煌[5]也，沮渠牧犍使人斫开府库，取金玉及宝器，因不复闭[6]；小民争入盗取之，有司索盗不获。至是，牧犍所亲及守藏者告之[7]，且言牧犍父子多蓄毒药，潜[8]杀人前后以百数；况复姊妹皆学左道[9]。有司索牧犍家[10]，得所匿物。魏主大怒，赐沮渠昭仪[11]死，并诛其宗族，唯沮渠祖[12]以先降得免。又有告牧犍犹与故臣民交通谋反者，三月，魏主遣崔浩就第赐牧犍死[13]，谥曰“哀王”。

魏人徙定州丁零[14]三千家于平城。

六月，魏西征诸将扶风公处真[15]等八人，坐盗没军资及虏掠赃[16]各千万计，并斩之。

初，上以货重物轻[17]，改铸四铢钱[18]。民多翦凿古钱[19]，取铜盗铸。上患之。录尚书事江夏王义恭建议，请以大钱一当两。右仆射何尚之议曰：“夫泉贝[20]之兴，以估货为本[21]，事存交易[22]，岂假多铸[23]！数少则币重[24]，数多则物重[25]，多少虽异，济用不殊[26]。况复以一当两，徒崇虚价[27]者邪！若今制遂行[28]，富人之赀自倍[29]，贫者弥增其困[30]，惧非所以使之均壹[31]也。”上卒从义恭议[32]。

秋，八月，乙未[33]，徐州刺史衡阳文王义季[34]卒。义季自彭城王义康之贬，遂纵酒不事事[35]。帝以书诮责[36]，且戒[37]之；义季犹酣饮[38]自若，以至成疾而终。

魏乐安宣王范[39]卒。

冬，十月，壬午[40]，胡藩之子诞世杀豫章太守桓隆之，据郡反[41]，欲奉前彭城王义康为主；前交州刺史檀和之[42]去官归，过豫章，击斩之。

十一月，甲寅[43]，封皇子浑为汝阴王[44]。

十二月，魏晋王伏罗[45]卒。

杨文德据葭芦城[46]，招诱氐、羌，武都等五郡氐[47]皆附之。

（以上为第一段，写投降北魏的原北凉主沮渠牧犍被告发，逼令自杀；北魏西征的八位大将因侵吞军资和抢劫财物被处死；刘宋更改钱币，以一大钱当两小钱。）

【注释】

[1]甲戌：正月二十六日。 [2]吐京胡：生活在吐京郡一带的少数民族，是匈奴族的一个分支。吐京，古郡名，郡治在今山西石楼县。山胡：又称步落稽、稽胡，北魏治下的少数民族，是匈奴族的一个分支。曹仆浑：山胡族，北魏起义首领，败被杀。 [3]武昌王提：即拓跋提，拓跋珪之孙，封颍川郡王，改封武昌郡王。先后镇守平原镇、统万镇，平定吐京的胡人叛乱，累迁车骑大将军。传见《魏书》卷十六。 [4]癸未：二月五日。 [5]敦煌：古郡名，郡治在今甘肃敦煌市。胡三省曰：“敦煌，当作‘姑臧’。”姑臧，古郡名，郡治在今甘肃武威市，曾为北凉都城。元嘉十六

年（439），北魏的军队攻克姑臧，北凉主沮渠牧犍投降，北凉灭亡。［6］因不复闭：取完后不再关闭上锁。因，接着，而后。［7］守藏者告之：珍宝仓库的看守人向北魏朝廷告发。［8］潜：暗中，私下。［9］左道：歪门邪术，指僧人昙无谶所玩弄的妖术。［10］索牧犍家：查抄沮渠牧犍之家。沮渠牧犍被俘后，北魏主释放之，妻以己妹，封以徒有虚名的高官，居住在北魏的国都平城。［11］沮渠昭仪：沮渠牧犍之妹。北魏主拓跋焘在灭北凉前，曾娶沮渠牧犍之妹为嫔妃，封为右昭仪。昭仪，帝王嫔妃的位号名，级别仅在皇后之下。［12］沮渠祖：沮渠蒙逊之子，沮渠牧犍之弟，北凉将领，在北魏大军围困都城时，率先投降。后以先降得以免祸。［13］就第赐牧犍死：到沮渠牧犍家赐其死。不逮捕法办，问斩市头，派大臣到府宣令让其自杀，这是给他保全身份、面子。［14］徙定州丁零：强制居住在今河北定州市境内的丁零族人搬迁。丁零，也作“丁令”“丁灵”，生活在今俄罗斯贝加尔湖一带的游牧民族名。秦汉时为匈奴属国，游牧于中国北部和西北部广大地区。东晋时有一支入居于中山，在今河北定州市一带。［15］西征诸将：指到关中地区讨伐盖吴等叛乱势力的北魏将领。扶风公处真：即拓跋处真，北魏先祖烈帝拓跋翳槐的后代，封扶风公。少以壮烈闻名，多有战功，而其性贪婪、烈暴，最终于太平真君八年（447）因盗没军资及掳掠资财千万计而伏法。［16］坐盗没军资：因盗窃侵吞军中的物资而获罪。坐，因某事而犯罪。虏掠赃：掠夺敌方仓库或百姓的资财而据为己有。［17］货重物轻：货币的重量过大，显得要买的物品不值。货，货币。［18］改铸四铢钱：把以前使用的元嘉七年（430）所铸的四铢钱销毁，另铸质轻而面额小的铜钱。［19］翦凿古钱：把旧用的四铢铜钱磨薄磨小，用其铜屑私铸小钱。翦，同“剪”。［20］泉贝：泛称货币。远古时代的货币或称“泉”，或称“贝”，或称“布”，或称“刀”，名称甚多。［21］以估货为本：目的就是为了买东西使用方便。估货，估量货物的贵贱以定钱数多少。［22］事存交易：由进行交易的双方量情而定。［23］岂假多铸：哪里用得着铸造更多的货币。假，借，需要。［24］数少则币重：钱币的数量少，价值就高，即货币值钱。［25］数多则物重：钱币的数量多，货物价值就高。［26］济用不殊：在满足市场需要上区别不大。［27］徒崇虚价：白白地提高了货币的价值。［28］今制遂行：这“以一当两”的章程一旦施行。［29］富人之赀（zī）自倍：有钱人的家产突然翻了一番。赀，家产，资本。［30］贫者弥增其困：穷人的日子更加困难。弥，更加。［31］非所以使之均壹：这不是缩小贫富距离的办法。均壹，平均，缩小贫富距离。壹，同“一”。［32］卒从义恭议：最终还是采纳了刘义恭“以一当两”的建议。［33］乙未：八月二十日。［34］衡阳文王义季：刘义季被封为衡阳王，谥号文。义季，刘裕第七子。传见《宋书》卷六十一。［35］遂纵酒不事事：刘义季任荆州刺史，甚有业绩，是刘裕诸子中的佼佼者。因兄义康被贬，遂害怕刘义隆猜疑，终日沉于醉乡，以至于死，令人悲慨。［36］诮（qiào）责：责备。诮，讥，责。［37］戒：劝告，不让他醉于酒乡。［38］酣（hān）饮：畅饮，痛饮。［39］乐安宣王范：即拓跋范，明元帝拓跋嗣第四子，封乐安王。谥号宣。传见《魏书》卷十七。［40］壬午：十月八日。［41］诞世：即胡诞世，豫章南昌人，宋武帝刘裕忠实部将胡藩的第十六子，刘宋官员。曾与弟茂世率众二百余人攻郡县，杀令守，奉戴已废为庶人的彭城王刘义康，为交州刺史檀和之讨平，被杀。［42］檀和之：刘宋名将檀道济堂弟，亦刘宋名将。初任始兴内史、太守，升交州刺史、龙骧将军，有威名，盗贼屏迹。他离开交州刺史任回建康途中击斩胡诞也。传见《宋书》卷九十七。［43］甲寅：十一月十日。［44］封皇子浑为汝阴王：浑：即刘浑，字休渊，文帝刘义隆第十子，袭封汝阳王，后徙武昌王。传见《宋书》卷七十九。［45］晋王伏罗：即拓跋伏罗，北魏太武帝拓跋焘第二子，有贤才，太平真君三年（442）封为晋王，加任车骑大将军。曾统领高平、凉州各军讨伐吐谷浑君主慕利延，获胜。传见《魏书》卷十八。［46］杨文德：仇池王杨玄小儿子，二哥杨保宗被北魏诱杀后，被后仇池国部众推举在白崖自立为王，后迁至葭芦城，称为武都国。事见《宋书》卷九十八。葭芦城：古城名，也写作“茄芦城”，在今甘肃陇南市武都区东南的白龙江东岸。［47］五郡氐：五个郡的氐族人。杨文德是氐族人，其家族世代为这一带的氐族头领，此时受刘宋政权的封赏，故其号召力甚大。五郡，北魏取仇池置武都、天水、汉阳、武阶、仇池五郡。

二十五年（戊子，448年）

春，正月，魏仇池镇将皮豹子帅诸军击之[1]。文德兵败，弃城奔汉中。豹子收其妻子、僚属、军资及杨保宗所尚魏公主而还。

初，保宗将叛，公主劝之[2]。或曰：“奈何叛父母之国[3]？”公主曰：“事成，为一国之母，岂比小县公主哉！”魏主赐之死[4]。

杨文德坐失守，免官，削爵土[5]。

二月，癸卯[6]，魏主如定州[7]，罢塞围役者[8]；遂如上党[9]，诛潞县[10]叛民二千余家，徙河西离石[11]民五千余家于平城。

闰月，己酉[12]，帝大蒐于宣武场[13]。

初，刘湛既诛[14]，庾炳之[15]遂见宠任，累迁吏部尚书，势倾朝野。炳之无文学，性强急轻浅[16]。既居选部[17]，好诟詈[18]宾客，且多纳货赂[19]，士大夫皆恶[20]之。

炳之留令史二人宿于私宅[21]，为有司所纠[22]。上薄其过[23]，欲不问。仆射何尚之因极陈炳之之短曰：“炳之见人有烛盘[24]、佳驴，无不乞丐[25]；选用不平[26]，不可一二[27]；交结朋党，构扇[28]是非，乱俗伤风[29]，过于范晔，所少，贼一事耳[30]。纵不加罪，故宜出之[31]。”上欲以炳之为丹杨尹[32]。尚之曰：“炳之蹈罪负恩[33]，方复有尹京赫赫之授[34]，乃更成其形势[35]也。古人云：‘无赏无罚，虽尧、舜[36]不能为治。’臣昔启范晔[37]，亦惧犯颜[38]，苟白愚怀[39]，九死不悔。历观古今，未有众过藉藉[40]，受货数百万，更得高官厚禄如炳之者也。”上乃免炳之官，以徐湛之为丹杨尹。

彭城太守王玄谟上言：“彭城要兼水陆，请以皇子抚临州事。”夏四月，乙卯[41]，以武陵王骏为安北将军[42]、徐州刺史。

五月，甲戌[43]，魏以交趾公韩拔为鄯善王[44]，镇鄯善，赋役其民[45]，比之郡县[46]。

当两大钱行之经时[47]，公私不以为便，己卯[48]，罢之。

六月，丙寅[49]，荆州刺史南谯王义宣进位司空。

辛酉[50]，魏主如广德宫[51]。

秋，八月，甲子[52]，封皇子彧为淮阳王[53]。

西域般悦国[54]去平城万有余里，遣使诣魏，请与魏东西合击柔然。魏主许之，中外戒严[55]。

九月，辛未[56]，以尚书右仆射何尚之为左仆射，领军将军沈演之为吏部尚书。

丙戌[57]，魏主如阴山。

魏成周公万度归击焉耆[58]，大破之，焉耆王鸠尸卑那奔龟兹[59]。魏主诏唐和与前部[60]王车伊洛[61]帅所部兵会度归讨西域。和说降柳驴[62]等六城，因共击波居罗城[63]，拔之。

冬，十月，辛丑[64]，魏弘农昭王奚斤[65]卒，子它观[66]袭。魏主曰：“斤关西之败[67]，罪固当死；朕以斤佐命先朝[68]，复其爵邑[69]，使得终天年[70]，君臣之分[71]亦足矣。”乃降它观爵为公。

癸亥[72]，魏大赦。

十二月，魏万度归自焉耆西讨龟兹，留唐和镇焉耆。柳驴戍主[73]乙直伽谋叛，和击斩之，由是诸胡咸服[74]，西域复平。

魏太子朝于行宫[75]，遂从伐柔然。至受降城[76]，不见柔然，因积粮于城内，置戍而还。

（以上为第二段，写宋文帝刘义隆纳谏，罢免了宠信的贪官庾炳之，废除了一个大钱当作两个小钱使用的政令；北魏派将领万度归平定西域，留下将领唐和镇守。）

【注释】

[1]“仇池镇将”句：北魏镇守仇池郡的将军，皮豹子，统领诸军攻击杨文德。此句乃接上一年的“杨文德据葭芦城招诱氐、羌，武都等五郡氐皆附之”而言。［2］公主劝之：嫁给杨保宗为妻的北魏公主劝杨保宗叛变北魏自立。［3］叛父母之国：背叛父母所在的北魏国。［4］赐之死：命令公主自杀。［5］免官，削爵土：指免去刘宋前所任命的征西大将军、北秦州刺史、武都王等。［6］癸卯：闰二月一日。［7］定州：古城名，在今河北定州市，古代也叫中山，是汉代中山国的都城。［8］罢塞围役者：遣回修筑塞围的役夫。修筑塞围事见《资治通鉴》卷一百二十四元嘉二十三年（446）。［9］上党：古郡名，郡治在今山西长治市北。［10］潞（lù）县：古县名，在当时上党郡的城东。在今山西黎城县。［11］河西离石：河西，古郡名，郡治在今山西临汾市。离石，古县名，县治在今山西吕梁市离石区。［12］闰月，己酉：闰二月七日。［13］大蒐（sōu）于宣武场：在建康城的宣武场举行大规模的阅兵式。大蒐，原意是打猎，这里即指阅兵。宣武场，在刘宋国都建康城的城北。［14］刘湛既诛：刘湛图谋杀害刘义隆，改立刘义康而被杀，事见《资治通鉴》卷一百二十三元嘉十七年（440）。［15］庾炳之：字仲文，东晋权臣庾冰曾孙，南朝宋大臣。传见《宋书》卷五十三。［16］强急轻浅：刚愎急躁，轻率浅薄。［17］选部：指庾炳之任职吏部尚书，职掌官吏的任免。［18］诟詈（gòu lì）：辱骂，责骂。［19］货赂：贿赂。货，钱币，财宝。赂，财物。［20］恶：憎恶，讨厌。［21］令史二人：两个管理文书的小吏。令史，是文办小吏中的最低者，不入品级。宿于私宅：留宿于庾炳之家。尚书令史是掌管尚书省文书档案的人，不应在尚书省长官家留宿，以避嫌疑。［22］所纠：所检举，所弹劾。［23］薄其过：认为他这种过失很小。薄，微，微不足道，意动用法。［24］烛盘：插烛承蜡的铜盘。［25］乞丐：乞求，向人讨要，指爱占小便宜，贪人财物。［26］不平：不公平，不公正。［27］不可一二：极言其多，不可以用一、二来数。［28］构扇：编造，煽动。扇，同“煽”。［29］乱俗伤风：败坏社会风气。［30］所少，贼一事耳：所差的就是没有造反这一件事了。贼，作乱，谋反。［31］出之：逐出朝廷，改派到地方上去为官。［32］丹杨尹：丹杨郡的最高行政长官。丹杨郡为京城建康所在之郡，名高权大，特别称尹，不称太守，如汉代之有京兆尹是也。［33］蹈罪负恩：犯下罪过，辜负皇恩。［34］方复有尹京赫赫之授：要是让他当上了京兆尹这样显赫的大官。尹京，为京兆尹。“尹”字用如动词。赫赫，显赫的样子。［35］乃更成其形势：岂不是更壮大了他的声势，促使他形成自己的势力吗？形势，气势，声势。［36］尧、舜：即唐尧、虞舜，传说的上古贤圣帝王。传见《史记》卷一。［37］昔启范晔：当年弹劾范晔的时候。何尚之弹劾范晔，事见《资治通鉴》卷一百二十三元嘉十七年（440）。启，启奏，举报。［38］亦惧犯颜：也曾担心惹您动怒。［39］苟白愚怀：如果能让我说出心里话。［40］众过藉藉：如今之所谓罪行累累。藉藉，纵横杂乱的样子，极言其罪过之多。［41］乙卯：四月十四日。［42］以武陵王骏为安北将军：刘骏，字休龙，小字道民，文帝刘义隆第三子，封武陵王。太子刘劭弑父宋文帝自立，刘骏亲率大军讨伐，夺取了皇位，是为刘宋第五位皇帝，史称孝武帝。传见《宋书》卷六。安北将军，古

将军名号，为四安将军之一。［43］甲戌：五月四日。［44］交趾公韩拔：北魏官员，拓跋焘时为交趾公，封地交趾郡，郡治龙编，在今越南河内，当时属于刘宋。后改封鄯善王，出镇鄯善。鄯（shàn）善，西域古国之一，原称楼兰，后改国名为鄯善，国都扜泥城，在今新疆若羌县附近。［45］赋役其民：向鄯善国的居民征收赋税、服劳役。［46］比之郡县：与北魏国治下的郡县同样对待。这样就比平常对待属国要苛刻得多了。［47］行之经时：推行了一段时间。［48］己卯：五月九日。［49］丙寅：六月二十六日。［50］辛酉：六月二十一日。［51］广德宫：古宫殿名，北魏皇帝的行宫，在今内蒙古阴山北。胡三省曰："魏主起殿于阴山北，殿成而杨难当来朝，因命曰'广德宫'。"［52］甲子：八月二十五日。［53］彧（yù）：即刘彧，字休炳，文帝刘义隆第十一子，初封淮阳王，改封湘东王，后夺取宋废帝的皇位，为刘宋第七位皇帝。在位肆意屠杀皇亲宗室、功臣名将，谥号明皇帝，庙号太宗。传见《宋书》卷八。［54］般（pán）悦：据《北史》，应作"悦般"，古西域国名，北匈奴后裔建立的西域国家，约当今新疆之伊宁一带与其邻近的哈萨克斯坦一带的伊犁河流域地区。［55］中外戒严：京城与全国各地一律进入紧急状态。［56］辛未：九月二日。［57］丙戌：九月十七日。［58］万度归：北魏官员。太武帝拓跋焘时为散骑常侍、成周公。为沟通西域，被遣率凉州轻骑五千西渡流沙，攻鄯善。鄯善王真达出降，遂留军屯守，与真达同诣平城。后又击破焉耆、龟兹等国，西域复通。焉耆（qí），古西域国名，国都焉耆，在今新疆焉耆回族自治县西南。［59］鸠尸卑那：焉耆国王，他倚仗地势凶险，常常侵扰北魏使者。北魏主拓跋焘派成周公万度归出击，鸠尸卑那守左回和尉犁，被打败，单骑逃入山中。后来被岳父龟兹王厚待。龟兹：古西域国名，国都在今新疆库车市东郊皮郎旧城。［60］唐和：唐契之弟，原是西凉主李暠的部下，西凉被北凉所灭后，逃到西域伊吾城，与车师前部王共灭沮渠安周等，受到北魏主拓跋焘的封赏。传见《魏书》卷四十三。前部：即车师前部，古西域国名。西域有车师前部与车师后部两个国家，车师前部国的国都交河城，在今新疆吐鲁番市西北；车师后部国的都城务涂谷，在今新疆奇台县西南。当时归附于北魏国。［61］车伊洛：焉耆（今新疆焉耆县）人，车师国王后代，北魏大臣。任部落酋长，向北魏朝贡，拜平西将军，封前部王。传见《魏书》卷三十。［62］柳驴：西域古城名，在今新疆焉耆回族自治县西南。［63］波居罗城：西域古城名。［64］辛丑：十一月三日。［65］弘农昭王奚斤：奚斤，本姓达奚，代郡人，北魏拓跋珪、拓跋嗣、拓跋寿三朝名将。积功封弘农王，谥号昭王。传见《魏书》卷二十九。［66］它观：即奚他观，弘农昭王奚斤世子，北魏大臣，袭封弘农郡公，出任广平太守。传见《魏书》卷二十九。［67］关西之败：指奚斤率军讨伐胡夏主赫连定于平凉（今甘肃平凉市西南），被赫连定打败被俘。事见《资治通鉴》卷一百二十一宋文帝元嘉五年（428）。关西，函谷关以西，这里实指关中地区以西，今之陕西、甘肃邻近地区。［68］佐命先朝：辅助帝王创业的人。先朝，指拓跋珪、拓跋嗣朝代。［69］复其爵邑：奚斤原被封为宜城王，因关西之败被降为庶民，后又起用，先封为公，又封为弘农王。爵邑，爵位和封邑。［70］天年：自然的寿数。［71］君臣之分：君臣之间的情谊。分，情谊，情分。［72］癸亥：十月二十五日。［73］柳驴戍主：戍守柳驴城的主将。［74］诸胡咸服：

各个番邦小国全都归顺降服。［75］朝于行宫：拓跋晃到拓跋焘的行宫朝见父皇。行宫，京城以外供帝王出行时居住的宫殿，此指今内蒙古阴山以北的行宫。朝，朝见。［76］受降城：即当年汉武帝所筑的受降城，在今内蒙古乌拉特中旗海流图镇。

二十六年（己丑，449 年）

春，正月，戊辰朔[1]，魏主飨群臣于漠南[2]。甲戌[3]，复伐柔然。高凉王那[4]出东道，略阳王羯儿[5]出西道，魏主与太子出涿邪山[6]，行数千里。柔然处罗可汗[7]恐惧远遁。

二月，己亥[8]，上如丹徒[9]，谒京陵[10]。三月，丁巳[11]，大赦。募诸州乐移者数千家以实京口[12]。

庚寅[13]，魏主还平城。

夏，五月，壬午[14]，帝还建康。

庚寅[15]，魏主如阴山。

帝欲经略中原，群臣争献策以迎合取宠。彭城太守王玄谟尤好进言[16]，帝谓侍臣曰："观玄谟所陈，令人有封狼居胥意[17]。"御史中丞袁淑[18]言于上曰："陛下今当席卷赵、魏[19]，检玉岱宗[20]。臣逢千载之会，愿上封禅书。"上悦。淑，耽之曾孙也。

秋，七月，辛未[21]，以广陵王诞[22]为雍州刺史。上以襄阳外接关、河[23]，欲广其资力[24]，乃罢江州军府[25]，文武悉配雍州[26]；湘州入台租税[27]，悉给襄阳[28]。

九月，魏主伐柔然，高凉王那出东道，略阳王羯儿出中道。柔然处罗可汗悉国内精兵围那数十重；那掘堑[29]坚守，相持数日[30]，处罗数挑战，辄为那所败。以那众少而坚，疑大军将至，解围夜去；那引兵追之，九日九夜。处罗益惧，弃辎重，逾穹隆岭[31]远遁；那收其辎重，引军还，与魏主会于广泽[32]。略阳王羯儿收柔然民畜凡百余万。自是柔然衰弱，屏迹[33]不敢犯魏塞。冬，十二月，戊甲[34]，魏主还平城。

沔北诸山蛮[35]寇雍州，建威将军沈庆之帅后军中兵参军柳元景、随郡太守宗悫等二万人讨之，八道俱进。先是，诸将讨蛮者皆营于山下以迫[36]之，蛮得据山发矢石[37]以击，官军多不利。庆之曰："去岁蛮田大稔[38]，积谷重岩[39]，不可与之旷日相守[40]也。不若出其不意，冲其腹心[41]，破之必矣。”乃命诸军斩木[42]登山，鼓噪[43]而前，群蛮震恐；因[44]其恐而击之，所向奔溃[45]。

（以上为第三段，写北魏主拓跋焘率领八路大军攻打柔然，空前大胜，柔然可汗远遁；宋文帝刘义隆谋划北伐，加强雍州实力，扫荡了雍州北部作乱的少数民族。）

【注释】

[1]戊辰朔：正月一日。[2]漠南：古区域名，即蒙古大沙漠以南，今内蒙古中段的北部边境。[3]甲戌：正月七日。[4]高凉王郡：即拓跋君子，字阿斗埿，拓跋什翼犍之弟高凉王拓跋孤的玄孙，袭封高凉王。后坐罪赐死。传见《魏书》卷十四。[5]略阳王羯（jié）儿：即拓跋羯儿，道武帝拓跋珪之孙，河间王拓跋修继子，改封略阳王，后坐罪赐死。传见《魏书》卷十六。[6]涿（zhuō）邪山：一作“涿涂山”，约当今蒙古国阿尔泰山脉的东南部一带。[7]处罗可汗：柔然国王。[8]己亥：二月三日。[9]丹徒：古县名，在今江苏镇江市东南。[10]京陵：即兴宁陵，古陵墓名，刘宋武帝刘裕之母孝懿萧皇后之墓，在当时的丹徒县城东南。[11]三月，丁巳：三月丁卯朔，无丁巳日。此处应为二月丁巳，即二月二十一日。[12]乐移者数千家以实京口：愿意搬迁的数千人家以充实京口。京口，古邑名，在今江苏镇江市。[13]庚寅：三月二十四日。[14]壬午：五月十七日。[15]庚寅：五月二十五日。[16]尤好进言：尤其喜欢推波助澜地谈这方面的事情，向皇帝献策。[17]令人有封狼居胥意：使人产生一种要像当年霍去病一样大破匈奴，登狼居胥山，祭天以告胜利的感觉。霍去病大破匈奴，封狼居胥山以告胜利，事在汉武帝元狩四年（前119）。封，筑土为坛以祭天。狼居胥，古山名，在今蒙古国乌兰巴托的东南方。[18]袁淑：东晋历阳太守袁耽之曾孙，刘宋大臣，以文学著称于当时。传见《宋书》卷七十。[19]席卷赵、魏：极言攻取、收复之轻而易举。赵、魏，约指今河北的中部、南部，和与之邻近的山西南部、河南北部一带地区。赵国的都城通常指今河北邯郸市；魏国的都城可指河南的开封，河北临漳西南的古邺城。[20]检玉岱宗：意即到泰山祭天。古代帝王祭天的文告是写在玉制的简册上，祭天后埋藏起来。故称“检玉”。检，这里是收敛、埋藏的意思。岱宗，即泰山，五岳之一，在今山东泰安市北。岱，同“太”，泰山的别称。[21]辛未：七月七日。[22]广陵王诞：即刘诞，字休文，宋文帝刘义隆第六子，封广陵王。传见《宋书》卷七十九。[23]外接关、河：意即荆州与北方的北魏邻境。关、河，函谷关与黄河，当时皆在北魏境内，离荆州治所襄阳不远。[24]广其资力：充实这里的备战物资与军事实力。广，扩大，增强。[25]罢江州军府：撤销江州都督府。罢，撤销。江州，州治在今江西九江市，现予以撤销。[26]文武悉配雍州：将江州都督府的文武官员都配给雍州都督府。[27]湘州入台租税：州治临湘，在今湖南长沙市。应向朝廷交纳的租税。台，台省，指政府的中央机构，这里代指刘宋朝廷。[28]悉给襄阳：全

部地交纳给雍州刺史府。［29］堑（qiàn）：防御用的壕沟。［30］相持数日：四字原无，据章校补。［31］穹隆岭：古地名，在今蒙古国西车车尔勒格县西南，为杭爱山东南脉。［32］广泽：古地名。［33］屏迹：躲避起来，不再显露形迹。［34］戊甲：十二月十七日。［35］沔（miǎn）北诸山蛮：居住在汉水以北山区的诸少数民族。沔北，指今湖北与河南交界一带的汉水。沔，沔水，汉水的上游，这里代指汉水。［36］迫：逼近。［37］发矢石：射箭与抛掷石块。［38］大稔（rěn）：获得了大丰收。［39］积谷重（chóng）岩：在深山里囤积了许多粮食。重岩，层叠的山岭。［40］旷日相守：耗费时日，日复一日：相持、对阵。［41］腹心：核心，要害的地方。［42］斩木：砍树，即所谓披荆斩棘，开辟道路。［43］鼓噪：指出战时擂鼓呐喊，以壮声势。［44］因：趁着。［45］奔溃：逃跑，溃散。胡三省曰："斩木登山，八道并进，蛮救首救尾之不暇，故震恐而奔溃。若一道而进，蛮聚兵据险拒战，虽欲斩木而登山，庸可得乎！"

二十七年（庚寅，450年）

春，正月，乙酉[1]，魏主如洛阳。

沈庆之自冬至春，屡破雍州蛮，因[2]蛮所聚谷以充军食，前后斩首三千级，虏二万八千余口，降者二万五千余户。幸诸山大羊蛮[3]凭险筑城，守御甚固。庆之击之，命诸军连营于山中，开门[4]相通，各穿池于营内，朝夕不外汲[5]。顷之[6]，风甚[7]，蛮潜兵夜来烧营，诸军以池水沃火[8]，多出弓弩夹射[9]之，蛮兵散走。蛮所据险固，不可攻，庆之乃置六戍以守之[10]。久之，蛮食尽，稍稍[11]请降，悉迁于建康以为营户[12]。

魏主将入寇[13]，二月，甲午[14]，大猎于梁川[15]。帝闻之，敕淮、泗诸郡[16]："若魏寇小至，则各坚守；大至，则拔民归寿阳[17]。"边戍侦候不明[18]，辛亥[19]，魏主自将步骑十万奄至[20]。南顿[21]太守郑琨、颍川太守郑道隐[22]并弃城走。

是时，豫州刺史南平王铄[23]镇寿阳，遣左军行参军陈宪行汝南郡事[24]，守悬瓠[25]，城中战士不满千人，魏主围之。

三月，以军兴[26]，减内外百官俸[27]三分之一。

魏人昼夜攻悬瓠，多作高楼[28]，临城以射之，矢下如雨，城中负户以汲[29]，施大钩于冲车之端以牵楼堞[30]，坏其南城；陈宪内设女墙[31]，外立木栅[32]以拒之。魏人填堑[33]，肉薄登城[34]，宪督厉[35]

将士苦战，积尸与城等[36]。魏人乘尸上城[37]，短兵相接，宪锐气愈奋，战士无不一当百，杀伤万计，城中死者亦过半。

魏主遣永昌王仁[38]将步骑万余，驱所掠六郡生口北屯汝阳[39]。时徐州刺史武陵王骏镇彭城，帝遣间使[40]命骏发骑，赍[41]三日粮袭之。骏发百里内马得千五百匹，分为五军，遣参军刘泰之[42]帅安北骑兵行参军垣谦之[43]、田曹行参军臧肇之[44]、集曹行参军尹定[45]、武陵左常侍杜幼文[46]、殿中将军程天祚等将之[47]，直趋汝阳。魏人唯虑救兵自寿阳来，不备彭城。丁酉[48]，泰之等潜进，击之，杀三千余人，烧其辎重，魏人失散[49]，诸生口悉得东走[50]。魏人侦知泰之等兵无继[51]，复引兵击之。垣谦之先退，士卒惊乱，弃仗走[52]。泰之为魏人所杀，肇之溺死，天祚为魏所擒，谦之、定、幼文及士卒免[53]者九百余人，马还者四百匹。

魏主攻悬瓠四十二日，帝遣南平内史[54]臧质诣寿阳，与安蛮司马刘康祖[55]共将兵救悬瓠。魏主遣殿中尚书任城公乞地真[56]将兵逆拒之。质等击斩乞地真。康祖，道锡之从兄也。

夏，四月，魏主引兵还，癸卯[57]，至平城。

壬子[58]，安北将军、武陵王骏降号镇军将军，垣谦之伏诛，尹定、杜幼文付尚方[59]；以陈宪为龙骧将军，汝南、新蔡二郡太守[60]。

（以上为第四段，写北魏主拓跋焘发动对刘宋的大战，亲率十万大军南下，受挫悬瓠城，无功而还；而刘宋方面，南顿、颍川太守弃城逃跑，刘骏的五路援兵全军覆没。）

【注释】

[1]乙酉：正月二十四日。 [2]因：凭借，依仗。 [3]幸诸山大羊蛮：在当时的雍州境内。大羊蛮，大羊族蛮人。大羊是沔北山区少数民族中的一种。 [4]开门：凿出许多门户。 [5]不外汲（jí）：用不着到兵营以外去取水，意思是不会受到山中蛮族的狙击。 [6]顷之：不久，过些时候。 [7]风甚：风刮得很大。 [8]沃火：浇水使火熄灭。沃，浇灭。 [9]夹射：因刘宋的兵营彼此呼应相连，故一旦山蛮族的人来到，前后、左右的营盘都可以朝着蛮人放箭。 [10]以守之：守候，等机会，盯着他们出来。 [11]稍稍：渐渐。 [12]营户：又称“军封”“荫户”，附属于军队管辖的一些居民，全家从军，长充兵役，不属州郡而属于军营。 [13]将入寇：准备

进攻刘宋王朝。［14］甲午：二月三日。［15］梁川：古地区名，也就是当时北魏的凉城郡，在今内蒙古凉城县东北。［16］敕（chì）：以皇帝的名义下命令。淮、泗诸郡：淮河与泗水流域的各郡，此指今江苏西北部、安徽北部、河南东南部、山东西南部的四省邻近地区。当时设有彭城郡、淮阳郡、济阴郡、谯郡、汝阴郡、义阳郡，以及下文提到的南顿郡、颍川郡等。［17］拔民归寿阳：把这些沿边郡县的百姓都向南迁移到今安徽的寿县一带。寿阳，也称寿春，在今安徽寿县。［18］边戍侦候不明：边防据点侦察敌情不仔细。边戍，边防据点。侦候，侦察。［19］辛亥：二月二十日。［20］奄至：突然来到。［21］南顿：古郡名，郡治在今河南项城市西。［22］颍川：古郡名，郡治在今河南漯河市东北。郑道隐：据章校，一作"郭道隐"，刘宋官员，文帝刘义隆时为颍川太守。［23］豫州：刘宋的州治寿阳，在今安徽寿县。南平王铄：即刘铄，字休玄，宋文帝刘义隆第四子。传见《宋书》卷七十二。［24］陈宪：刘宋名将，任龙骧将军，兼汝南、新蔡双郡守。行汝南郡事：暂时代理汝南郡太守的职务。汝南。古郡名，郡治在今河南汝南县。［25］悬瓠（hù）：古城名，在今河南汝南县，当时汝南郡的郡治所在地。［26］以军兴：因兴兵作战的缘故。军兴，军事动员，全国进入紧急状态。［27］俸：俸禄，薪水。［28］高楼：攻城用的楼车。［29］负户以汲（jí）：以门板为遮蔽出门汲水，以避楼车上放出的箭。［30］施大钩于冲车之端以牵楼堞（dié）：指魏军将大钩系在冲城的高车顶端，将城楼堞墙勾住拉垮。冲车之端，即楼车之顶。冲车，攻城之车，即楼车。以牵楼堞，以拽倒城墙上的望楼与垛口。堞，大城上的小墙。［31］内设女墙：在城倒之处又筑起一道矮墙。女墙，即堞，原指城墙上的垛口，这里即指新筑的矮墙。［32］外立木栅：在小墙之外又立起一些木制的栅栏。［33］填堑：填平了护城河。堑，为防守所挖的壕沟。［34］肉薄：两军迫近，以徒手或短兵器搏斗。薄，同"搏"，搏斗，格斗。［35］督厉：督率，策励。［36］与城等：与城墙一样高。［37］乘尸上城：踩着尸体登上城墙。乘，踩，踏着。［38］永昌王仁：明元帝拓跋嗣之孙，永昌王拓跋健之子，袭爵永昌王。骁勇善战，颇有父风。多次南征，官至征西大将军。后参与谋反，赐死于长安。传见《魏书》卷十七。［39］驱所掠六郡生口：指元嘉二十三年（446），拓跋仁等寇兖、青、冀三州诸君，大掠北边所俘获去的居民。生口，活人。汝阳，古郡名，郡治在今河南商水县西南。［40］间使：秘密使者。［41］赍（jī）：持，携带。［42］刘泰之：武陵王刘骏手下的参军。［43］垣谦之：武陵王刘骏属官，为骑兵行参军。［44］臧肇之：武陵王刘骏属官，为田曹行参军。［45］尹定：武陵王刘骏属官，为集曹行参军。［46］杜幼文：左军将军杜骥第五子，武陵王刘骏的左常侍。胡三省曰："晋制，王国置左右常侍各一人。宋沿置。"［47］程天祚（zuò）：冀州广平（今河北鸡泽县）人，刘宋大臣，文帝刘义隆时为殿中将军。传见《魏书》卷五十三。将之：分别统领这五支骑兵。［48］丁酉：四月七日。［49］失散：据章校，一作"奔散"，逃奔，溃散。［50］东走：向东逃回老家，即兖、青、冀一带。［51］无继：没有后续部队。［52］弃仗走：扔掉武器逃跑。仗，刀枪等长兵器的总名。［53］免：即逃脱，免于死难。［54］南平：古郡名，郡治江安，在今湖北公安县西北，江陵城南长江上。内史：诸侯王国的行政长官，其级别相当于郡太守。［55］安蛮司马刘康祖：安蛮将军属下的司马官叫刘康祖。胡三省曰："时南平王铄领安蛮校尉，以康祖为司马。"［56］乞地真：即拓跋乞地真，北魏宗室，拓跋焘时为殿中尚书，封任城公。［57］癸卯：四月十三日。［58］壬子：四月二十二日。［59］付尚方：交给尚方作苦力。尚方，官署名，主管给宫廷制造器物，其下有许多犯人、奴隶从事劳动。［60］汝南、新蔡二郡太守：当时刘宋的汝南、新蔡二郡合并为一个衙门，由一个太守统管，郡治在今河南汝南县。

魏主遗帝书[1]曰："前盖吴反逆，扇动[2]关、陇。彼复使人就而诱之[3]，丈夫遗以弓矢，妇人遗以环钏[4]；是曹正欲谲诳取赂[5]，岂有远相服从之理[6]！为大丈夫，何不自来取之，而以货诱我边民[7]？募往者复除七年[8]，是赏奸[9]也。我今来至此土所得多少[10]，孰与彼前后得我民邪[11]？

彼若欲存刘氏血食[12]者，当割江以北输之[13]，摄守南渡[14]，如此[15]，当释江南使彼居之[16]。不然，可善敕方镇、刺史、守宰严供帐之具[17]，来秋当往取扬州[18]。大势已至，终不相纵[19]。彼往日北通蠕蠕[20]，西结赫连、沮渠、吐谷浑，东连冯弘、高丽，凡此数国[21]，我皆灭之。以此而观，彼岂能独立[22]！

蠕蠕吴提、吐贺真皆已死，我今北征，先除有足之寇[23]。彼若不从命，来秋当复往取之；以彼无足，故不先讨耳。我往之日，彼作何计[24]，为掘堑[25]自守，为筑垣以自障[26]也？我当显然[27]往取扬州，不若彼翳行窃步[28]也。彼来侦谍[29]，我已擒之，复纵还。其人目所尽见，委曲善问之[30]。

彼前使裴方明取仇池[31]，既得之，疾其勇功[32]，已不能容；有臣如此尚杀之，乌得与我校邪[33]！彼非我敌[34]也。彼常欲与我一交战，我亦不痴，复非苻坚[35]，何时与彼交战？昼则遣骑围绕，夜则离彼百里外宿；吴人正有斫营伎[36]，彼募人以来[37]，不过行五十里，天已明矣。彼募人之首[38]，岂得不为我有哉！

彼公[39]时旧臣虽老，犹有智策，知今已杀尽[40]，岂非天资我邪[41]！取彼亦不须我兵刃，此有善咒婆罗门[42]，当使鬼缚以来[43]耳。"

（以上为第五段，写北魏主拓跋焘亲率大军南侵失败，恼羞成怒，致信刘宋皇帝刘义隆，予以恫吓，扬言来年再度南下，饮马长江，要砍下宋文帝人头。）

【注释】

[1]遗（wèi）帝书：给刘义隆写信说。遗，赠予，送给。［2］扇动：即煽动，鼓动。扇，同“煽”。［3］就而诱之：前去拉拢引诱他们。就，往，去找。［4］丈夫遗以弓矢，妇人遗以环钏（chuàn）：对他们的男人，你们送给他们弓矢；对他们的女人，你们送给她们簪环。环钏，耳环与簪子。刘宋与盖吴相互沟通，事见《资治通鉴》上卷宋文帝元嘉二十二年（445）、二十三年。［5］是曹正欲谲（jué）诳（kuáng）取赂：这类人，指盖吴等反叛北魏的势力正想趁机向你们骗取一些财物。［6］岂有远相服从之理：怎么能大老远地去真心归顺于你们呢？［7］货诱我边民：用钱财来诱惑我边境百姓。［8］募往者复除七年：你们曾悬赏招募我方的边民逃至你方，免除他们七年的赋税与徭役。［9］赏奸：奖赏叛主私逃的坏人。［10］今来至此土所得多少：这一次我进攻所得的土地与人口数量。［11］孰与彼前后得我民邪：哪里比得上你们前后所得到的北魏国的百姓多呢？［12］彼若欲存刘氏血食：你们要是还想维持你们刘氏政权的苟延残喘。血食，指宗庙能享受祭祀，也就是代指国家政权没有灭亡。盘古时祭祀宗庙要杀牛羊猪做供品，故称神鬼享受祭祀叫“血食”。［13］当割江以北输之：应当割让长江以北的地方送给北魏。［14］摄守南渡：把你们长江以北的守兵撤回到江南，能用心守好江南也就不错了。［15］如此：二字原无，据章校补。意即如果你们能这样做。［16］当释江南使彼居之：这样，江南之地我也就放弃不要了，让你们去居住算了。［17］“可善敕”句：方镇，各州的军事大员。刺史，各州的地方长官。守宰，郡太守与县令。严供帐之具，准备好接待客人生活住宿的一切需要。严，事先准备好。供帐之具，也可简称“治具”，即接待客人的筵席。［18］扬州：刘宋时的扬州大体为今天江苏南部与浙江一带地区。这里代指江南，泛指刘宋所占据的全部地盘。［19］终不相纵：绝对不会再放过你们。纵，放纵。［20］蠕（rú）蠕：北魏称柔然为“蠕蠕”，予以侮辱。蠕，像蚯蚓一样的光裸而柔软的动物，嘲讽柔然人是不会思考的虫子。［21］“西结”“赫连”四句：谓刘宋，西边与胡夏、北凉、吐谷浑勾结，东边与北燕、高丽联系，这些国家，全被我北魏消灭了。赫连，指匈奴人赫连勃勃建立的胡夏政权，沮渠，指匈奴人沮渠蒙逊建立的北凉；冯弘，指冯弘建立的北燕。这三国皆十六国之一。吐谷浑，西北游牧民族鲜卑慕容氏在祁连山脉和青海黄河上游谷地建立的政权。高丽，又称高句丽，在中国东北地区与朝鲜半岛北部地区建立的古国名。［22］彼岂能独立：你们怎么能单独地存在下去。［23］有足之寇：指骑马的柔然等民族。［24］彼作何计：你们将作何打算？［25］掘堑（qiàn）：挖壕沟、护城河。［26］筑垣（yuán）以自障：加固城墙保护自己。垣，墙。障，阻隔，遮挡。［27］显然：公开地，堂而皇之地。［28］翳（yì）行窃步：遮遮掩掩、偷偷摸摸地行动。翳，遮隐，隐蔽。［29］彼来侦谍：你们派出的谍报人员。［30］委曲善问之：我方的详细情况，你仔细地问他们就行了。［31］裴方明取仇池：事见元嘉二十年（443），见《资治通鉴》卷一百二十四宋文帝。［32］疾其勇功：你们嫉恨他的勇敢与军功。疾，嫉恨。［33］乌得与我校邪：你们还怎么能与我较量呢？校，同“较”，较量。［34］彼非我敌：你不是我的对手。敌，匹敌，对等。［35］复非苻坚：我可不是当年的苻坚，意思是不会被你们南方人所

玩的那种小把戏所哄骗。［36］吴：本指东吴，此代指刘宋。正有斫（zhuó）营伎：即使你们有善于半夜偷袭敌营的本领。正，即使。伎，伎俩，本事。［37］募人以来：募集的士兵前来。以，而。［38］首：脑袋。［39］彼公：你的老子，指宋文帝刘义隆的父亲宋武帝刘裕。［40］今已杀尽：如谢晦、檀道济等。［41］岂非天资我邪：这不就像老天爷在帮着我们一样吗？资，助。［42］善咒婆罗门：天竺国有婆罗门教徒，善搞念咒驱鬼等迷信活动。［43］鬼缚以来：鬼神绑捆而来。以，而。

侍中、左卫将军江湛迁吏部尚书。湛性公廉[1]，与仆射徐湛之并为主上所宠信，时称“江、徐”。

魏司徒崔浩，自恃才略及魏主所宠任，专制[2]朝权，尝荐冀、定、相、幽、并[3]五州之士数十人，皆起家为郡守。太子晃曰：“先征之人[4]，亦州郡之选[5]也，在职已久[6]，勤劳未答[7]，宜先补郡县[8]，以新征者代为郎吏[9]。且守令治民，宜得更事者[10]。”浩固争而遣之[11]。中书侍郎、领著作郎高允闻之，谓东宫博士[12]管恬：“崔公其不免[13]乎！苟遂其非而校胜于上[14]，将何以堪之[15]！”

魏主以浩监秘书事[16]，使与高允等共撰《国记》[17]，曰：“务从实录[18]。”著作令史闵湛、郗标[19]，性巧佞[20]，为浩所宠信。浩尝注《易》及《论语》《诗》《书》，湛、标上疏[21]言：“马、郑、王、贾[22]不如浩之精微[23]，乞收[24]境内诸书，班[25]浩所注，令天下习业[26]。并求敕浩注《礼传》[27]，令后生得观正义[28]。”浩亦荐湛、标有著述才[29]。湛、标又劝浩刊所撰《国史》于石[30]，以彰直笔[31]。高允闻之，谓著作郎宗钦[32]曰：“湛、标所营[33]，分寸之间[34]，恐为崔门万世之祸[35]，吾徒[36]亦无噍类[37]矣！”浩竟用湛、标议，刊石立于郊坛[38]东，方百步，用功三百万[39]。浩书魏之先世，事皆详实，列于衢路[40]，往来见者咸以为言[41]。北人无不忿恚[42]，相与谮[43]浩于帝，以为暴扬国恶[44]。帝大怒，使有司按浩及秘书郎吏[45]等罪状。

初，辽东公翟黑子[46]有宠于帝，奉使并州，受布千匹。事觉，黑子谋于高允曰：“主上问我，当以实告，为当讳之？”允曰：“公帷幄宠臣[47]，有罪首实[48]，庶或见原[49]，不可重为欺罔也[50]。”中书侍郎崔览、公孙质[51]曰："若首实，罪不可测，不如讳之。"黑子怨允曰："君奈何诱人就死地[52]！"入见帝，不以实对，帝怒，杀之。帝使允授太子经。

及崔浩被收，太子召允至东宫[53]，因留宿。明旦，与俱入朝，至宫门，谓允曰："入见至尊，吾自导卿[54]；脱至尊有问[55]，但依吾语。"允曰："为何等事也？"太子曰："入自知之。"太子见帝，言："高允小心慎密[56]，且微贱[57]；制由崔浩[58]，请赦其死！"帝召允，问曰："《国书》[59]皆浩所为乎？"对曰："《太祖记》[60]，前著作郎邓渊[61]所为；《先帝记》[62]及《今记》，臣与浩共为之。然浩所领[63]事多，总裁[64]而已，至于著述，臣多于浩。"帝怒曰："允罪甚于浩，何以得生！"太子惧曰："天威严重，允小臣，迷乱失次耳[65]。臣向问[66]，皆云浩所为。"帝问允："信如东宫所言乎[67]？"对曰："臣罪当灭族，不敢虚妄[68]。殿下以臣侍讲[69]日久，哀臣[70]，欲丐其生耳[71]。实不问臣，臣亦无此言，不敢迷乱[72]。"帝顾太子曰："直哉！此人情所难，而允能为之！临死不易辞[73]，信也[74]；为臣不欺君，贞也[75]。宜特除其罪[76]以旌之。"遂赦之。

（以上为第六段，写北魏司徒崔浩与著作郎高允受命，撰写《国记》，崔浩贪求名声，刻于石碑，暴扬北魏先主隐私，触怒拓跋焘，被满门诛灭，而高允忠直，被赦免。）

【注释】

[1]公廉：公正，廉明。 [2]专制：专政，控制。 [3]冀、定、相、幽、并：皆州名，皆冀州的州治信都，在今河北衡水市冀州区；定州的州治中山，在今河北定州市；相州的州治在今河北临漳县西南的邺镇；幽州的州治蓟县，在今北京市；并州的州治晋阳，在今山西太原市。[4]先征之人：胡三省曰："谓游雅、李灵、高允等。" [5]州郡之选：出任刺史、太守的合适人选。 [6]在职已久：在朝廷各省任小吏已经多年。 [7]勤劳未答：他们的功劳、苦劳还没有得到报答。 [8]先补郡县：即先让他们去任太守、县令。 [9]代为郎吏：接替他们任各省的下属官员。郎吏，郎中、侍郎一级的各省属官。 [10]宜得更事者：应该让有经验、有阅历的人去。更事，经历过世事的磨难。更，意同"经"。 [11]固争而遣之：固争，坚持己见而力争。遣之，指崔浩派遣自己荐举的人去任郡守。 [12]东宫博士：官名，太子身边的博士官，是对儒生

学究的一种泛称，凡是被引荐给太子讲经或侍书的儒生，都可称东宫博士。［13］不免：难逃一死，不会有好下场。［14］遂其非：坚持错误的说法、做法而不改正。校胜于上：与自己的上司争强夺胜。校胜，争胜。校：同“较”，较量，较真。［15］何以堪之：谁能受得了。［16］监秘书事：为秘书省的长官，即为秘书监。［17］共撰《国记》：共同编写北魏国的国史。撰，著述，编写。《国记》，指编年史一类的国史。［18］务从实录：一定要实话实说。［19］著作令史：秘书省的基层小吏，掌管国史资料的搜集与注释。闵（mǐn）湛、郗（xī）标：北魏官员，拓跋焘时为著作令史，善于奉承，把崔浩推上极端，误人害己。［20］巧佞：乖巧善逢迎。佞，伶牙俐齿而心术不正。［21］上疏：给皇帝上表。疏，文体名，给皇帝上书的专称。因要罗列申说，故称“疏”。［22］马、郑、王、贾：即马融、郑玄、王肃、贾逵，东汉末及曹魏之间的大经学家。王肃，曹魏大臣，马、郑、贾三人均东汉末人。［23］精微：精深，微妙。［24］乞收：请求收缴。［25］班：同“颁”，以朝廷的命令颁布全国。［26］令天下习业：让天下所有想研习儒家经典的人都以崔浩的注本为标准。习业，学习的标准，传家的事业。［27］求敕（chì）浩注《礼传》：请求皇帝命令崔浩再新注一本《礼传》。《礼传》，即儒家经典《士礼》，后常指《仪礼》，又称作《礼经》《礼记》，是古代礼学经典，儒家五经之一。相传为孔子修订。原有五十六卷，存世的有十七篇，记载了周代的冠、婚、丧、祭、乡、射、朝、聘等八类礼仪，基本包括了古代的相互交际之礼和行为规范。［28］令后生得观正义：让后代人能够看到有关《礼经》的正确的解释。［29］有著述才：指有著述国史的才干。［30］刊所撰《国史》于石：把崔浩所撰写的北魏的国史刻在石碑上。刊，刻。［31］以彰直笔：以表彰崔浩敢于据实写史的精神。［32］宗钦：字景若，北魏大臣。好学素雅，博览群书，北魏拜著作郎，卷入“国史狱”，受崔浩牵连，坐事被诛，撰有《蒙逊记》十卷。［33］所营：指上书所赞语崔浩的行为。［34］分寸之间：意即哪怕只要有一丁点的错误。［35］恐为崔门万世之祸：恐怕就会给崔浩带来永世的祸患，万劫不复。［36］吾徒：我辈，我们这些人。［37］无噍（jiào）类：意即满门抄斩，留不下一个活人。噍，吃，引申为活着的人。［38］郊坛：皇帝在郊外祭天所用的坛台。胡三省曰：“据《水经注》，平城西郭外有郊天坛。”［39］用功三百万：整个工程花费了三百万铜钱。功，功费，耗费。［40］列于衢（qú）路：指刊印北魏国历史的书籍摆在大街小巷出卖。衢路，四通八达的大路。［41］咸以为言：都在谈论这部国史中所说的事情。［42］北人：胡三省曰：“指先世跟随拓跋氏从北方来的人。”主要指鲜卑人。无不忿恚（huì）：因为《国记》里面写了许多传说中的荒诞、虚妄，不够庄严神圣的东西；有些涉及到权谋、诡计，是不光彩的，不能摆在明面上的，而崔浩公布出来，等于是在揭他们的伤疤，当然怒不可言了。忿恚，愤怒，怨恨。忿，同“愤”。［43］谮（zèn）：馋毁，说人坏话。［44］暴扬国恶：暴露、传扬国家的阴暗面。［45］按秘书郎吏：查办秘书省的官员。［46］翟黑子：人名，北魏官员，拓跋焘时为辽东公。［47］帷幄宠臣：皇帝身边的宠臣。帷幄，宫室里的寝帐，这里喻指皇帝身边。［48］首实：自己主动讲出实情。首，自动，自首。［49］庶或见原：或许，也许会被原谅，得到宽赦。［50］重（chóng）为欺罔（wǎng）：再干欺骗皇上的事情。重，再度。欺罔，欺骗，蒙蔽。［51］崔览、公孙质：北魏官员，拓跋焘时为中书侍郎，因隐瞒犯罪事实，被杀。［52］诱人就死地：引诱人往死路上走。［53］东宫：太子所居之宫。［54］吾自导卿：我来引导你的说话与行事，意即你一切都按我的意思做。导，引导，示意。［55］脱至尊有问：假如万一皇上问到你什么。［56］慎密：谨慎保密，认真细致。［57］微贱：官小，地位低。［58］制由崔浩：您的一切旨意都是通过崔浩下达的。意思是都是崔浩一手遮天。［59］《国书》：即前文所说的《国记》，也就是北魏国的历史记载。［60］《太祖记》：叙述魏太祖拓跋珪生平始末的篇章。［61］邓渊：字彦海，为著作郎。传见《魏书》卷二十四。［62］《先帝记》：叙述拓跋嗣的篇章。先帝，指明拓元帝跋嗣，太武帝拓跋焘之父。传见《魏书》卷三。《今记》：当今皇帝的本纪，写拓跋焘的篇章。［63］所领：所主管，所统领。［64］总裁：总揽其事，从大体上进行管理。［65］迷乱失次：因吓傻了而说话乱了套。［66］臣向问：刚才我还问他。向，前者，刚才。［67］信如东宫所言乎：真是像太子所说的那种样子吗？信，的确，果真。东宫，指太子。［68］虚妄：虚言，胡说。［69］侍讲：为皇帝或太子讲学。［70］哀臣：可怜我。［71］丐其生：想为我乞求一条活命。［72］迷乱：迷惑，错乱。［73］不易辞：不改变自己的说法。［74］信也：是一个有信义的人。［75］贞也：也是一个坚守正道的人。［76］除其罪：免除其罪过。

于是，召浩前，临诘[1]之。浩惶惑[2]不能对。允事事申明[3]，皆有条理。帝命允为诏，诛浩及僚属宗钦、段承根[4]等，下至僮吏[5]，凡百二十八人，皆夷五族[6]，允持疑不为[7]。帝频使催切[8]，允乞更一见，然后为诏。帝引使前，允曰："浩之所坐，若更有余衅[9]，非臣敢知；若直以触犯[10]，罪不至死。"帝怒，命武士执允。太子为之拜请，帝意解[11]，乃曰："无斯人[12]，当有数千口死矣。"

六月，己亥[13]，诏诛清河崔氏与浩同宗者无远近[14]，及浩姻家范阳卢氏[15]、太原郭氏[16]、河东柳氏[17]，并夷其族[18]，余皆止诛其身[19]。系浩置槛内[20]，送城南[21]，卫士数十人溲其上[22]，呼声嗷嗷[23]，闻于行路。宗钦临刑叹曰："高允其殆圣乎[24]！"

他日，太子让[25]允曰："人亦当知机[26]。吾欲为卿脱死[27]，既开端绪[28]，而卿终不从[29]，激怒帝如此。每念之，使人心悸[30]。"允曰："夫史者，所以记人主善恶，为将来劝戒[31]，故人主有所畏忌[32]，慎其举措[33]。崔浩孤负圣恩[34]，以私欲没其廉洁[35]，爱憎蔽其公直[36]，此浩之责也。至于书朝廷起居[37]，言国家得失[38]，此为史之大体[39]，未为多违[40]。臣与浩实同其事，死生荣辱，义无独殊[41]。诚荷殿下再造之慈[42]，违心苟免[43]，非臣所愿也。”太子动容[44]称叹。允退，谓人曰：“我不奉东宫指导者[45]，恐负翟黑子[46]故也。”

初，冀州刺史崔赜[47]，武城男崔模[48]，与浩同宗而别族[49]，浩常轻侮[50]之，由是不睦[51]。及浩诛，二家独得免。赜，逞[52]之子也。

辛丑[53]，魏主北巡阴山。魏主既诛崔浩而悔之。会北部尚书[54]李孝伯病笃[55]，或[56]传已卒。魏主悼之曰：“李宣城[57]可惜！”既而曰：“朕失言，崔司徒[58]可惜，李宣城可哀！”孝伯，顺之从父弟[59]也，自浩之诛，军国谋议皆出孝伯，宠眷亚于浩[60]。

（以上为第七段，写北魏大臣高允受到崔浩牵连，面临死罪，太子拓跋晃为他求情，他不为所动，直叙其事，毫不隐讳，并劝说北魏主拓跋焘宽宥无辜之人。）

【注释】

[1]临诘：亲临询问。[2]惶惑：惶恐，迷惑。[3]申明：申说明白，清清楚楚。[4]段承根：武威姑臧人，有文思，而性行疏薄。司徒崔浩见而奇之，以为才堪著述，言之皇上，请为著作郎，引与同事。世咸重其文而薄其行。后与崔浩撰史事，崔浩事发，同被诛。[5]僮吏：从事勤杂工作的小吏。[6]夷五族：灭其五族。五族，指大父族、父族、己族、子族、妻族。[7]持疑不为：心有疑问，不为之草拟诏书。[8]频使催切：不断地派人去催促责备。[9]更有余衅（xìn）：还有其他别的罪过。[10]若直以触犯：如果只是因为写书触犯了皇室。直，只是。触犯，谓直书国恶，不为尊者讳。[11]意解：怒气消解。[12]无斯人：如果没有高允出来求情。斯人，指高允。[13]己亥：六月十日。[14]清河崔氏：魏晋至隋唐时期的著名大族，源自姜姓，因以封地崔邑而受姓崔氏，西汉时崔业定居清河东武城县，故称之。始有崔琰、崔林等人扬名史册，南北朝时达到极盛，号称“门榜盛于天下，鼎族冠于海内”，著名人物还有崔宏、崔浩、崔融。唐朝有13人为宰相。清河，古郡名，郡治清阳，在今河北清河县东高庄。[15]姻家：为联姻的家族或其成员。范阳卢氏：汉朝至隋唐时的著名大族，源自姜姓，因封地卢邑而受姓卢氏，秦汉时卢氏子孙迁居至涿水一带后，定居在涿县（今河北涿州市），曹魏时置范阳郡而涿县属之，后世遂称“范阳涿人”。始祖卢植以儒学显名东汉，后跻身“卢崔郑王”四姓高门，有“北州冠族”之称。范阳，古郡名，郡治在今河北涿州市。[16]太原郭氏：两汉至唐宋时的著名士族，源自姬姓。因虢国君主虢叔号曰“郭公”，后裔遂以郭为氏，仕于春秋战国时期晋、赵等国。秦汉以来，在晋阳、阳曲的多个郭姓支族发展成为太原著姓，魏晋以来成为并州乃至北方著名士族。初唐以后，发展成为中原八大姓族之一，名声显赫当时。太原，古郡名，郡治晋阳，在今山西太原市。[17]河东柳氏：自秦末柳安迁入山西后，汉魏晋之际的河东柳氏已经成为一个较有

影响力的旺族，其繁荣一直持续到“永嘉之乱”。此时，柳氏也开始南迁，柳恭一支迁于汝颍（今河南汝州和安徽阜阳），史称“河东柳氏西眷”，柳卓一支迁于襄阳（今湖北襄阳市）称为“河东柳氏东眷”。［18］夷其族：即灭族，古代的一种酷刑，一人犯死罪而连及其父母妻子等整个家族被杀。［19］余皆止诛其身：其余罪犯只杀犯罪者本人，不牵连家族。止，同“只”。［20］系浩置槛（jiàn）内：捆绑起崔浩，将其装入囚车。槛，有如运送野兽的装有栅栏的车子。［21］送城南：胡三省曰：“后魏刑人必于城南。”［22］溲（xiè）其上：向着崔浩的身上撒尿。溲，同“泄”，撒尿。［23］呼声嗷（áo）嗷：大喊大叫的样子。［24］其殆圣乎：差不多可以称之为圣人了，叹服他有先见之明。［25］让：责让，责备。［26］知机：懂得随机应变。机，征兆，机会。［27］脱死：开脱死罪。［28］既开端绪：已经说开了话头。端绪：开头，头绪。［29］终不从：始终不按我开出的路子走。［30］心悸（jì）：内心恐惧，惊惶不安。”［31］劝戒：鼓励人做什么，警告人不做什么。劝，鼓励。［32］畏忌：畏惧，顾忌。［33］慎其举措：谨慎他的一举一动。举措，兴办与停止。［34］孤负：即“辜负”，对不住别人的好意、帮助、期望。孤，同“辜”，背弃，违背。［35］以私欲没其廉洁：放纵个人的欲望，掩盖了廉洁奉公。［36］爱憎蔽其公直：放任个人的爱憎，忽视了公道正直。蔽，隐蔽，忽略。［37］书朝廷起居：记录某位皇帝的日常生活。朝廷，代指皇帝。［38］言国家得失：记载国家大事的成败。［39］为史之大体：是史书应写的主要内容。大体，大要，纲领。［40］未为多违：没有更多违背事实的地方。［41］义无独殊：没有道理对我特别宽大。［42］诚荷殿下再造之慈：实在是感谢您，想给我开脱罪责，免我一死的好心。慈，慈恩，恩情。［43］违心苟免：违背个人心意的不当免而获免。［44］动容：内心有所感动而表现于面容。［45］我不奉东宫指导者：没有按太子晃的指导给皇帝回话的原因。［46］恐负翟黑子：怕对不起翟黑子。因翟黑子犯罪时，高允出主意令其主动自首；如今自己遭罪，如不坦诚对待，那就是对别人、对自己各是一套了。［47］崔赜（zé）：字泰冲。崔逞少子，冀州刺史，又为大鸿胪，曾持节策拜杨难当为南秦王，奉使数返。传见《魏书》卷三十二。［48］崔模：字思范，清河东武城（今河北故城县）人，后燕少府卿崔遵之子，北魏大臣。初仕南朝宋，拜荥阳太守。后归附北魏，拜宁远将军，封武陵县男，历任太尉祭酒、尚书金部郎中、太尉主簿等职。传见《魏书》卷五十六。［49］同宗而别族：同一个族姓，不是同一个支派。［50］轻侮：轻慢，侮辱。［51］由是不睦（mù）：因此感情不和谐、相处不融洽。［52］逞：即崔逞，字叔祖，崔赜之父，传见《魏书》卷三十二。［53］辛丑：六月十二日。［54］会：恰逢。北部尚书：北魏初有殿中、乐部、驾部、南部、北部五个尚书。北部尚书掌北边州郡事务。［55］李孝伯：赵郡平棘（今河北赵县）人，赵郡太守李曾之子，北魏重臣。传见《魏书》卷五十三。病笃（dǔ）：病重，病得很厉害。［56］或：有人。［57］李宣城：即李孝伯，被北魏封为宣城公。［58］崔司徒：即崔浩，被北魏封为司徒。［59］顺：即李顺，字德正，赵郡平棘人，平棘令李系之子，北魏大臣。传见《魏书》卷三十六。从父弟：堂弟，叔伯之家的兄弟。［60］宠眷亚于浩：宠爱、关注仅次于崔浩。

初，车师[1]大帅车伊洛世服于魏，魏拜伊洛平西将军，封前部王[2]。伊洛将入朝，沮渠无讳断其路[3]，伊洛屡与无讳战，破之。无讳卒[4]，弟安周夺其子乾寿兵，伊洛遣人说[5]乾寿，乾寿遂帅其民五百余家奔魏；伊洛又说李宝[6]弟钦等五十余人下之[7]，皆送于魏。伊洛西击焉耆[8]，留其子歇[9]守城，沮渠安周引柔然兵间道[10]袭之，攻拔其城。歇走就伊洛，共收余众，保焉耆镇[11]，遣使上书于魏主，言："为沮渠氏所攻，首尾八年[12]，百姓饥穷，无以自存。臣今弃国出奔[13]，得免者[14]仅三分之一，已至焉耆东境，乞垂赈救[15]！"魏主诏开焉耆仓以赈之。

吐谷浑王慕利延为魏所逼，上表求入保越巂[16]，上许之，慕利延竟不至。

上欲伐魏，丹杨尹徐湛之、吏部尚书江湛、彭城太守王玄谟等并劝[17]之；左军将军刘康祖以为"岁月已晚，请待明年。"上曰："北方苦虏虐政[18]，义徒[19]并起。顿兵一周[20]，沮向义之心[21]，不可。"

太子步兵校尉[22]沈庆之谏曰："我步彼骑，其势不敌[23]。檀道济再行无功[24]，到彦之失利而返[25]。今料王玄谟等，未逾两将[26]，六军[27]之盛，不过往时，恐重辱王师[28]。"上曰："王师再屈[29]，别自有由[30]，道济养寇自资[31]，彦之中涂疾动[32]。虏所恃者唯马，今夏水浩汗[33]，河道流通，泛舟北下，碻磝必走[34]，滑台[35]小戍，易可覆拔[36]。克此二城，馆谷吊民[37]，虎牢[38]、洛阳，自然不固。比及冬初[39]，城守相接[40]，虏马过河，即成擒[41]也。"庆之又固陈不可。上使徐湛之、江湛难之[42]。庆之曰："治国譬如治家，耕当问奴，织当访婢[43]。陛下今欲伐国，而与白面书生[44]辈谋之，事何由济[45]！"上大笑。

太子劭[46]及护军将军萧思话亦谏，上皆不从。

魏主闻上将北伐，复与上书曰[47]："彼此和好日久，而彼志无厌[48]，诱我边民。今春南巡[49]，聊省我民[50]，驱之便还[51]。今闻彼欲自来，设能至中山及桑干川[52]，随意而行，来亦不迎，去亦不送。若厌其区宇[53]者，可来平城居，我亦往扬州，相与易地[54]。彼年已五十[55]，未尝出户，虽自力[56]而来，如三岁婴儿，与我鲜卑生长马上者果如何哉[57]！更无余物，可以相与[58]，今送猎马十二匹并毡、药等物。彼来道远，马力不足，可乘；或不服水土，药可自疗也。"

秋，七月，庚午[59]，诏曰："虏近虽摧挫[60]，兽心靡革[61]。比得河朔、秦、雍华戎表疏[62]，归诉困棘[63]，跂望绥拯[64]，潜相纠结[65]以候王师；芮芮亦遣间使远输诚款[66]，誓为掎角[67]；经略之会[68]，实在兹日。可遣宁朔将军王玄谟帅太子步兵校尉沈庆之、镇军咨议参军申坦[69]水军入河，受督于青、冀二州刺史萧斌[70]；太子左卫率[71]臧质、骁骑将军王方回径造许、洛[72]；徐、兖二州刺史武陵王骏，豫州刺史南平王铄各勒所部[73]，东西齐举；梁，南、北秦三州刺史刘秀之[74]震荡汧、陇[75]；太尉、江夏王义恭出次彭城[76]，为众军节度[77]。"坦，钟[78]之曾孙也。

是时军旅大起，王公、妃主及朝士、牧守，下至富民，各献金帛、杂物以助国用。又以兵力不足，悉发青、冀、徐、豫、二兖六州三五民丁[79]，倩使暂行[80]，符到十日装束[81]；缘江五郡集广陵[82]，缘淮三郡集盱眙[83]。又募中外有马步众艺武力之士应科者[84]，皆加厚赏。有司又奏军用不充，扬、南徐、兖、江四州富民家赀满[85]五十万，僧尼[86]满二十万，并四分借一[87]，事息即还。

（以上为第八段，写宋文帝刘义隆不听劝谏，坚持大举北伐，进行全国总动员，声势浩大。）

【注释】

[1]车（jū）师：古西域国名，原名姑师，位于准噶尔盆地的东边边缘，国都交河城，遗址在今新疆吐鲁番市西北，为丝绸之路的要冲。 [2]前部王：即车师前部之王。 [3]断其路：北凉主沮渠牧犍被俘，北凉被北魏所灭后，沮渠无讳率领残余势力进入西域，活动于高昌（今新疆吐鲁番一带地区），阻断了北魏与西域的交通。 [4]无讳卒：无讳死于事在刘宋文帝元嘉二十一年（444）。 [5]说：劝说，游说。 [6]李宝：字怀素，西凉主李暠之孙。西凉灭亡后，西奔伊吾，建立后西凉国，向柔然称臣，后乘机返回敦煌，归降北魏。传见《魏书》卷三十九。 [7]钦：即李钦，后西凉国主李宝之弟。下之：被说服。 [8]焉耆（qí）：当时的西域国名，国都焉耆，

在今新疆焉耆回族自治县。［9］歇：即车歇，车师前部王车伊洛之子。［10］间道：抄小道。［11］保焉耆（qí）镇：据焉耆镇而守之。胡三省曰："魏破焉耆以为镇。"意思是北魏灭掉焉耆后，在焉耆设立了一个军镇。［12］首尾八年：从元嘉十九年（442）起，无讳即占据高昌，与车师互相攻伐，至此已八年。［13］弃国出奔：丢弃了车师前部国，西逃到焉耆。［14］得免者：指从沮渠安周袭击下逃脱出来的人。［15］乞：请求。垂：犹言垂怜，敬语，多用于尊称长辈、上级对自己的行动。赈（zhèn）救：赈济，救助。［16］求入保越嶲（xī）：请求搬迁到刘宋治下的越嶲郡居住。越嶲，古郡名，郡治在今四川西昌市东南。［17］劝：鼓励，赞成。［18］苦虏虐政：苦于北魏的苛刻、暴虐的政治。虏，对北魏朝廷的蔑称。［19］义徒：起兵反叛北魏的义士。［20］顿兵一周：在一年的时间里停滞不前。周，周年，一年。［21］沮（jǔ）向义之心：让那些盼望官军早日到达的人们灰心失望。沮，涣散，瓦解。［22］太子步兵校尉：皇太子属下的武官名。宋武帝永初二年（421）始置东宫屯骑、步兵、翊军三校尉。［23］不敌：不是对手，即打不过对方。［24］檀道济再行无功：檀道济出师北伐，前后两次都没有成功。第一次在景平元年（423），北魏攻青州刺史于东阳（今山东青州市），檀道济率军救之，敌退去，檀道济无功而返；第二次在宋文帝元嘉八年（431），刘宋军与北魏军战于黄河、济水一线，到彦之大败，檀道济仅全师而还。［25］到彦之失利而返：事在宋文帝元嘉七年（430），时到彦之等率军北伐，北魏军主动将防守据点都撤退到黄河以北，使彦之轻易地获得了这些地盘；不久北魏军反攻，刘宋军惨败，到彦之等狼狈逃回。事见《资治通鉴》卷一百二十一宋文帝元嘉七年（430）。［26］未逾两将：指王玄谟等，他们的能力不超过檀道济与到彦之。［27］六军：全军，指刘宋朝廷的武装力量。［28］重（chóng）辱王师：再辱，意即又要打败仗。王师，代指刘宋朝廷的武装力量。［29］王师再屈：指檀道济与到彦之的两次失败。［30］别自有由：都有他们各自的原因。［31］养寇自资：眼看着敌兵不打，以求保存自己的实力。指檀道济在景平元年（423）屯军湖陆，畏魏兵强，不敢进击。［32］中涂疾动：在行军作战的过程中，到彦之眼病发作。涂，同"途"。动，发。［33］浩汗：水势巨大的样子。汗，同"瀚"，广大。［34］碻（qiāo）磝（áo）必走：北魏驻扎在碻磝军队不能抵挡刘宋军队的进攻，必定要撤走。碻磝，即碻磝戍，古代军事要地名，在今山东东阿县西北，聊城的东南。当时属北魏。［35］滑台：古城名，在今河南滑县城东的旧滑县，北临古黄河，是北魏在河南设立的四镇之一。［36］易可覆拔：很容易被我们再夺过来。覆拔，攻占。［37］馆谷吊民：让我们的军队取用敌人积聚起来的粮食，同时安抚慰问当地百姓们所受的悲苦。馆谷，住敌人的房子，吃敌人的粮食，以休整我们的军队。［38］虎牢：古关塞名，在今河南荥阳市西北的古汜水镇西，挨近其古成皋城遗址，当时亦属北魏。［39］比及冬初：等到初冬来临。比，及，等到。［40］城守相接：被我们攻克的城市相连一体。［41］成擒：被俘获，成为俘虏，极言其自来送死。［42］难之：与之辩论、发难，驳倒其言论。［43］婢（bì）：古时受有钱人家雇佣的奴仆，这里指织女。［44］白面书生：面孔白净的读书人，指缺乏阅历经验，犹言"书呆子"，含有嘲讽之意。［45］事何由济：事情怎能获得成功。［46］太子劭（shào）：即刘劭，字休远，文帝刘义隆嫡长子，六岁时，立为皇太子，深受宠爱。后联合始兴王刘浚发动宫廷政变，闯宫弑父，自立为帝，改元太初。后兵败被杀。传见《宋书》卷九十九。［47］复与上书曰：又给刘义隆写信说。［48］彼志无厌：你的贪心没有个满足。厌，饱，满足，后作“餍”。［49］今春南巡：指二三月间的北魏军进攻悬瓠，又与刘宋军战于汝阳等。南巡，说得轻松，实即侵略。［50］聊省我民：我是来看我的子民们的生活状况的。聊，姑且。省，视察。［51］驱之使还：只是要把刘宋军赶走，让我们收兵回来。［52］设：假设，假使。中山：古郡名，郡治在今河北定州市。桑干川：古地名，在今山西东北部和与之相邻的河北西北部的桑干河流域，北魏置桑干郡，郡治在今山西山阴县南。［53］若厌其区宇：如果你厌烦了你的江南地区。［54］相与易地：彼此交换一下国土。［55］彼年已五十：刘义隆于东晋义熙三年（407）出生，至此元嘉二十七年（450），年四十三岁。［56］自力而来：你能依靠自己的力气走过来。［57］“与我鲜卑”句：与我们鲜卑马背上的人相比，究竟怎么样呢？言下之意，你能比得过我们吗？胡三省曰：“观魏主与帝二书，诚有惮江南之心；大明以后，北不复惮南矣。”［58］相与：相赠，赠送。［59］庚午：七月十二日。［60］摧挫：摧折，受挫折，指魏军攻悬瓠城未克而退。［61］靡（mǐ）革：没有改变。［62］“比得……表疏”句：近来得到河朔、秦、雍等州汉族和戎族民众的奏章。比，近来。河朔，古区域名，泛指黄河流域的内蒙古、山西等北部地区。秦、雍，古二州名，秦州约当今之甘肃东部和与之邻近的陕西、青海等地区，雍州约指今之陕西关中地区。华戎：汉民和少数民族。表疏，泛指奏章。［63］归诉困棘：向我们诉说他们的困苦与危急。困棘，困急。棘，通“急”。［64］跂（qǐ）望绥（suí）拯：急切地盼望着我们去安抚、拯救。跂望，踮起脚跟盼望。［65］潜相纠结：暗中互相联合。纠结，纠合，聚集。［66］芮（ruì）芮：即柔然，北魏称作“蠕蠕”。远输诚款：远远地向我们表示归服之意。［67］誓为犄（jǐ）角：宣誓要与我们联盟，结成彼此呼应联络的战线，以牵制、夹击敌人。犄，拉住，拖住，引申为牵制。［68］经略之会：经营收复河北地区的时机。会，机会，时机。［69］申坦：申永之子。初为巴西、梓潼太守。后为武陵王刘骏镇军咨议参军。传见《宋书》卷六十五。［70］萧斌：萧思话从弟，南朝宋将领。传见《宋书》卷七十八。［71］太子左卫率：皇太子的侍卫官，统领禁兵，西晋时分左、右卫率。［72］王方回：刘宋官员，刘义隆时为骁骑将军，曾参与北伐。径造许、洛：直取许昌、洛阳。造，到。许昌，古都名，在今河南许昌市东。［73］各勒所部：各自率领自己的部下。勒，控制，这里即指带领。［74］梁，南、北秦三州刺史刘秀之：刘秀之一人担任梁州与南秦、北秦三州的刺史。因为这三州的地盘只有梁州在刘宋的管辖下，其他的都在北魏的占领下。三州的州治在今陕西汉中市，经常处于双方拉锯的状态。［75］震荡汧（qiān）、陇：在汧、陇一带大肆活动，大造声势。汧、陇，汧水、陇山的简称，汧水流经陇县城南汇入渭水，陇山是陇县西侧南北走向的大山。这一带当时都属于北魏。［76］出次彭城：离开建康，把指挥部设立在彭城，在今江苏徐州市。次，住宿，驻扎。［77］为众军节度：为各路兵马的总指挥，负责协调、调度。［78］钟：即申坦曾祖父，前燕大臣申钟，传见《晋书》卷一百七。［79］二兖（yǎn）：南兖州与北兖州。南兖州，侨置州，州治广陵，在今江苏扬州市西北。北兖州，州治在今山东济宁市兖州区东北。三五民丁，胡三省曰："三五者，三丁发其一，五丁发其二。"［80］倩（qiàn）使暂行：朝廷派使者晓谕各地要临时实行三五丁制度。倩，同"请"。［81］符到十日装束：胡三省曰："自符到之日，以十日为装束，过此期即行。"［82］缘江五郡集广陵：指沿江五郡的丁勇都到广陵集中。缘江五郡，指南东海、南兰陵、南琅邪、南东莞、晋陵。缘，沿。广陵，古郡名，郡治在今江苏扬州市。［83］缘淮三郡集盱眙：指沿淮水三郡的丁勇都到盱眙集中。缘淮三郡，为临淮、淮陵、下邳。盱眙，古郡名，郡治在今江苏盱眙县东北。［84］中外有马步众艺武力之士应科者：朝廷内外有以各种特殊技能报名应募者。有马步众艺，有骑兵、步兵专场。应科，按招收的科目应募。［85］南徐：为侨置州，州治在今江苏镇江市。兖：侨置州，州治在今江苏扬州市。江：州治在今江西九江市。家赀（zī）：即家财，家产折合的钱数。赀，同"资"，资财。［86］僧尼：和尚、尼姑。［87］并四分借一：一律借用他们的四分之一。

建武司马申元吉引兵趋碻磝[1]。乙亥[2]，魏济州刺史王买德弃城走。萧斌遣将军崔猛攻乐安[3]，魏青州刺史张淮之亦弃城走。斌与沈庆之留守碻磝，使王玄谟进围滑台。雍州刺史随王诞遣中兵参军柳元景、振威将军尹显祖、奋武将军曾方平[4]、建武将军薛安都、略阳太守庞法起将兵出弘农[5]。后军外兵参军庞季明，年七十余，自以关中豪右[6]，请入长安招合夷、夏[7]，诞许之；乃自赀谷入卢氏[8]，卢氏民赵难纳之[9]。季明遂诱说士民，应之[10]者甚众，安都等因之[11]，自熊耳山出[12]；元景引兵继进。豫州刺史南平王铄遣中兵参军胡盛之出汝南[13]，梁坦出上蔡向长社[14]，魏荆州刺史鲁爽[15]镇长社，弃城走。爽，轨[16]之子也。幢主[17]王阳儿击魏豫州刺史仆兰，破之，仆兰奔虎牢[18]；铄又遣安蛮司马刘康祖将兵助坦，进逼虎牢。

魏群臣初闻有宋师，言于魏主，请遣兵救缘河谷帛[19]。魏主曰："马今未肥，天时尚热，速出必无功。若兵来不止，且还阴山避之。国人[20]本著羊皮裤，何用绵帛！展至十月[21]，吾无忧矣。"

九月，辛卯[22]，魏主引兵南救滑台，命太子晃屯漠南以备柔然，吴王余[23]守平城。庚子[24]，魏发州郡兵五万分给[25]诸军。

王玄谟士众甚盛，器械精严，而玄谟贪愎[26]好杀。初围滑台，城中多茅屋，众请以火箭[27]烧之。玄谟曰："彼，吾财也，何遽烧之[28]！"

城中即撤屋穴处[29]。时河、洛之民竞出租谷[30]，操兵[31]来赴者日以千数，玄谟不即其长帅而以配私昵[32]；家付匹布[33]，责大梨八百[34]，由是众心失望。攻城数月不下，闻魏救将至，众请发车为营[35]，玄谟不从[36]。

冬，十月，癸亥[37]，魏主至枋头[38]，使关内侯代人陆真夜与数人犯围[39]，潜入滑台，抚慰城中，且登城视玄谟营曲折[40]还报。乙丑[41]，魏主渡河，众号百万，鞞鼓[42]之声，震动天地；玄谟惧，退走。魏人追击之，死者万余人，麾下散亡略尽[43]，委弃军资器械山积[44]。

先是，玄谟遣钟离太守垣护之以百舸为前锋，据石济[45]，在滑台西南百二十里。护之闻魏兵将至，驰书劝玄谟急攻，曰："昔武皇攻广固[46]，死没者甚众。况今事迫于曩日[47]，岂得计[48]士众伤疲！愿以屠城为急[49]。"玄谟不从。及玄谟败退，不暇报护之[50]。魏人以所得玄谟战舰连以铁锁三重，断河以绝护之还路[51]。河水迅急，护之中流而下，每至铁锁，以长柯斧[52]断之，魏不能禁；唯失一舸，余皆完备而返。

萧斌遣沈庆之将五千人救玄谟，庆之曰："玄谟士众疲老[53]，寇虏已逼[54]，得数万人乃可进，小军轻往，无益也。"斌固遣之。会玄谟遁还[55]，斌将斩之，庆之固谏曰："佛狸[56]威震天下，控弦[57]百万，岂玄谟所能当[58]！且杀战将以自弱[59]，非良计也。"斌乃止。

斌欲固守碻磝[60]，庆之曰："今青、冀虚弱，而坐守穷城，若虏众东过[61]，清东[62]非国家有也。碻磝孤绝[63]，复作朱修之滑台[64]耳。"会诏使[65]至，不听[66]斌等退师。斌复召诸将议之，并谓宜留[67]，庆之曰："阃外之事[68]，将军得以专之[69]。诏从远来，不知事势。节下[70]有一范增不能用[71]，空议何施[72]！"斌及坐者并笑曰："沈公乃更学问[73]！"庆之厉声[74]曰："众人虽知古今，不如下官耳学[75]也。"斌乃使王玄谟戍碻磝，申坦、垣护之据清口[76]，自帅诸军还历城[77]。

（以上为第九段，写北魏主拓跋焘面对刘宋北伐大军，先示怯引退，然后率领大军出击，刘宋北伐主将王玄谟仓促逃奔，失去战机，全线崩溃，功亏一篑。）

【注释】

[1]碻(qiāo)磝(áo)：戍镇名，当时为北魏的济州治所。[2]乙亥：七月十七日。[3]乐安：古郡名，郡治在今山东广饶县北。当时属北魏。[4]曾方平：刘亲奋武将军。胡三省曰："《南史》作'鲁方平'，参考《水经》，作'鲁'为是。"[5]出弘农：自襄阳出兵杀向弘农。弘农，古郡名，郡治在今河南三门峡市西，当时属北魏。[6]关中豪右：关中地区的豪门大族。关中，古区域名，指今陕西中部的渭水流域地区。[7]招合夷、夏：招集、联合关中地区的汉人与少数民族前来归降。[8]自赀（zī）谷入卢氏：经由赀谷杀向卢氏。赀谷，古县名，在卢氏县南的大山以南。卢氏，在今河南卢氏县，在河南西部的洛水上游，灵宝市的正南偏东。[9]纳之：开门接其进城，作为内应。[10]应之：指响应庞季明。[11]因之：趁着这种形势。[12]自熊耳山出：出熊耳山杀向洛阳。熊耳山，古山名，在卢氏县东。[13]汝南：古郡名，郡治在今河南汝南县。[14]出上蔡向长社：经由上蔡县杀向长社县。上蔡，古县名，县治在今河南上蔡县西南。长社，古县名，在今河南长葛市东北，北离今河南郑州市不远。[15]荆州：北魏的州治长社。鲁爽：字女生，扶风郿县（今陕西眉县）人，北魏荆州刺史，封襄阳郡公，镇守长社。后投奔刘宋，拜征虏将军、司州刺史、义阳内史。传见《宋书》卷七十四。[16]轨：即鲁轨，字象齿，初仕东晋，任竟陵太守，受到刘裕猜忌，投奔后秦。后秦灭亡时，再投北魏，任荆州刺史、襄阳郡公，镇守长社。传见《宋书》卷七十四。[17]幢（zhuàng）主：即一幢之主，原是北魏的低级军官名，领数百人而以一幢为标志。后来也被南朝采用，低于校尉，略当于曲长或屯长，统领五百人。幢，古代的布制仪仗，形状如伞盖而细长。[18]虎牢：古关塞名，在今河南荥阳市西北的汜水镇西，北挨古成皋城遗址，当时为北魏的豫州州治所在地。[19]救缘河谷帛：保护或抢收黄河沿岸的庄稼与制衣原料。[20]国人：自称以鲜卑为主的北方来的各族之人。[21]展至十月：拖延到十月。[22]辛卯：按《元嘉历》，是十月四日；按北魏《景初历》，是九月四日。这里称九月，是史家照抄《魏书》文字的结果。[23]吴王余：即拓跋余，字可博真，太武帝拓跋焘之子，北魏第四位皇帝（452）。初封吴王，后改封南安王。中常侍宗爱杀拓跋焘后，奉立拓跋余即位为帝，年号永平。传见《魏书》卷十八。[24]庚子：按《元嘉历》是十月十三，按北魏《景初历》为九月十三。[25]分给：分别补充。给，供应。[26]贪愎（bì）：贪婪乖戾，刚愎自用。[27]火箭：胡三省引杜佑曰："以小瓢盛油冠矢端，射城楼橹皮木上，瓢败油散，因烧矢内簳中射油散处，火立燃，复以油瓢续之，则楼橹尽焚，谓之火箭。"[28]何遽（jù）烧之：怎么能就这样急急忙忙地放火烧掉呢。遽，急忙，匆忙。[29]撤屋穴处：拆掉房子，住在洞穴中。[30]河、洛：黄河、洛水，即今河南洛阳城与其周边一带地区。竞出租谷：争先恐后地向刘宋军队交纳粮食财物。租谷，政府以借贷的名义向百姓征收粮食。[31]操兵：拿着兵器。[32]不即其长帅而以配私昵：不能利用其原来的长帅，各自编成部队，而将这些人分配给与自己私交亲密的人。不即，犹言"不任"，不重用。长帅，头目，首领。私昵，与自己关系亲密的人。昵，亲近，亲信。[33]家付匹布：每家发给一匹布。[34]责大梨八百：强求每家交出八百个大梨。责，讨要，收取。[35]发车

为营：用车辆围成营垒，凭以作战。发，用。［36］不从：胡三省曰："玄谟岂不知为车营可凭而战哉？盖于时已有走心矣。"［37］癸亥：按《元嘉历》是十一月七日，按北魏《景初历》是十月七日。［38］枋（fāng）头：当时的黄河渡口，在今河南浚县西南的淇门渡，离滑台很近，历东晋、南北朝，一直为军事要地。［39］犯围：冲破刘宋军的包围圈。［40］视玄谟营曲折：观看王玄谟军营内部的详情。［41］乙丑：按《元嘉历》是十一月九日，按北魏《景初历》是十月九日。［42］鞞（pí）鼓：古代军队中用的小鼓。鞞，同"鼙"，小鼓。［43］麾下：部下。麾，将军的指挥旗。散亡：逃跑失散。略：差不多。［44］委弃：扔下。山积：堆积如山。［45］石济：一名棘津、南津，古黄河上的渡口名，旧址在今河南滑县西南。［46］武皇攻广固：即刘裕（谥号武皇帝）攻广固城灭南燕，事见《资治通鉴》卷一百十五晋安帝义熙五年（409）、六年。广固，古城名，在今山东青州市。［47］迫于曩（nǎng）日：比当初的形势还要紧急得多。曩，以往，从前。［48］计：考虑，顾及。［49］以屠城为急：意即不惜一切地迅速攻下滑台。胡三省曰："使玄谟从护之计，急攻而得滑台，魏兵随至，固无以善其后也。"［50］不暇报护之：来不及通知垣护之迅速撤退。不暇，没工夫，来不及，逃命要紧。［51］断河：阻断黄河。还路：退路。［52］长柯斧：长柄大斧。柯，斧柄。［53］疲老：困倦，劳顿。［54］已逼：已经到达我们跟前。逼，迫近。［55］遁还：逃回。［56］佛狸：即北魏主拓跋焘，小字佛狸。［57］控弦：拉弓，持弓，借指士兵。［58］当：阻挡，抵挡。［59］自弱：削弱自己的力量。［60］碻（qiāo）磝（áo）：古地名，当时为北魏戍镇之处。［61］东过：越过碻磝东下，进入山东地区。［62］清东：清水以东，今之山东半岛地区。清水，古济水下游的别名，故道起自今山东梁山县，东北经东阿、平阴、长清、历城、济阳、博兴等县，流入渤海。［63］孤绝：孤立于前，与其他城池的守军不能呼应相援。［64］朱修之滑台：指宋文帝元嘉八年（431），刘宋军与北魏军作战，沿线诸军或败或逃，只有朱修之固守滑台，无人援救，导致城破被俘。［65］诏使：宣布皇帝诏令的使者。［66］不听：不同意，不允许撤军。［67］并谓宜留：大家都说应当留守。［68］阃（kǔn）外之事：这里即指战场上的事务。阃外，城门以外。古代命将出师，帝王送行到城外，对将军说"阃外之事"将军自决之，不必更遥相请示。［69］得以专之：有权力做出决定。［70］节下：犹言"麾下"，您的手下、部下。节，旌节，皇帝赐予专制一方的军政大员的信物，其形制是以竹为之，以旄牛尾为之饰，三重。［71］有一范增不能用：指不能听取唯一有见解的像当年范增一样的谋士的建议。这里沈庆之是以范增自比。范增，居鄛人，西楚霸王项羽的主要谋士，被汉王刘邦谋臣，陈平施展"离间计"，受到项羽猜忌，辞官归家，发病而死。刘邦总结项羽失败原因说：项羽有一范增不能用，故为我所擒也。［72］空议何施：白白议论半天有什么用？［73］沈公乃更学问：沈先生您倒是更有学问。反唇相讥，蔑视沈庆之。更，经历，懂得。［74］厉声：严厉的声音。［75］耳学：指自己虽未读过书，但靠耳朵也能学到许多真正有用的东西。［76］清口：古地名，古汶水入济水之口，在今山东梁山县东南，从此以下的济水即通称清水。［77］历城：古县名，县治在今山东济南市。

闰月[1]，庞法起等诸军入卢氏，斩县令李封，以赵难为卢氏令，使帅其众为乡导。柳元景自百丈崖[2]从诸军于卢氏。法起等进攻弘农，辛未[3]，拔之，擒魏弘农太守李初古拔。薛安都留屯弘农。丙戌[4]，庞法起进向潼关[5]。

魏主命诸将分道并进[6]：永昌王仁自洛阳趋寿阳[7]，尚书长孙真趣马头[8]，楚王建趣钟离[9]，高凉王那自青州趣下邳[10]，魏主自东平趣邹山[11]。

十一月，辛卯[12]，魏主至邹山，鲁郡太守崔邪利[13]为魏所擒。魏主见秦始皇石刻[14]，使人排而仆之[15]，以太牢祠孔子[16]。

楚王建自清[17]西进，屯萧城[18]；步尼公自清东进，屯留城[19]。武陵王骏遣参军马文恭将兵向萧城，江夏王义恭遣军主嵇玄敬将兵向留城。文恭为魏所败。步尼公遇玄敬，引兵趣苞桥[20]，欲渡清西；沛县民烧苞桥，夜于林中击鼓，魏以为宋兵大至，争渡苞水[21]，溺死者殆[22]半。

诏以柳元景为弘农太守。元景使薛安都、尹显祖先引兵就庞法起等于陕[23]，元景于后督租[24]。陕城险固，诸军攻之不拔。魏洛州刺史张是连提[25]帅众二万度崤救陕，安都等与战于城南。魏人纵突骑[26]，诸军不能敌；安都怒，脱兜鍪[27]，解铠，唯著绛纳两当衫[28]，马亦去具装[29]，瞋目横矛[30]，单骑突陈[31]，所向无前，魏人夹射[32]不能中。如是数四[33]，杀伤不可胜数。会日暮，别将鲁元保引兵自函谷关[34]至，魏兵乃退。元景遣军副柳元怙[35]将步骑二千救安都等，夜至，魏人不之知[36]。明日，安都等陈[37]于城西南。曾方平谓安都曰："今勍敌[38]在前，坚城在后[39]，是吾取死之日[40]。卿若不进，我当斩卿；我若不进，卿当斩我也！"安都曰："善，卿言是[41]也！"遂合战。元怙引兵自南门鼓噪[42]直出，旌旗甚盛，魏众惊骇[43]。安都挺身奋击，流血凝肘，矛折，易之[44]更入，诸军齐奋。自旦至日昃[45]，魏众大溃，斩张是连提及将卒三千余级，其余赴河堑[46]死者甚众，生降二千余人。明日，元景至，让[47]降者曰："汝辈本中国民，今为虏尽力，力屈乃降，何也？"皆曰："虏驱民使战，后出者灭族，以骑蹙步[48]，未战先死，此将军所亲见也。”诸将欲尽杀之，元景曰：“今王旗北指[49]，当使仁声先路[50]。”尽释而遣之，皆称万岁而去。甲午[51]，克陕城。

庞法起等进攻潼关，魏戍主娄须弃城走，法起等据之。关中豪桀所在蜂起[52]，及四山羌、胡皆来送款[53]。

上以王玄谟败退，魏兵深入，柳元景等不宜独进，皆召还。元景使薛安都断后[54]，引兵归襄阳。诏以元景为襄阳太守。

魏永昌王仁攻悬瓠、项城[55]，拔之。帝恐魏兵至寿阳，召刘康祖使还。癸卯[56]，仁将八万骑追及康祖于尉武[57]。康祖有众八千人，军副胡盛之欲依山险间行取至[58]，康祖怒曰：“临河求敌，遂无所见；幸其自送[59]，奈何避之！”乃结车营[60]而进，下令军中曰：“顾望[61]者斩首，转步[62]者斩足！”魏人四面攻之，将士皆殊死[63]战。自旦至晡[64]，杀魏兵万余人，流血没踝[65]，康祖身被十创[66]，意气弥厉[67]。魏分其众为三，且休且战。会日暮风急，魏以骑负草烧军营，康祖随补其阙[68]。有流矢贯[69]康祖颈，坠马死，余众不能战，遂溃，魏人掩杀殆尽[70]。

南平王铄使左军行参军王罗汉以三百人戍尉武。魏兵至，众欲依卑林[71]以自固，罗汉以受命居此，不去[72]。魏人攻而擒之，锁其颈，使三郎将掌之[73]；罗汉夜断三郎将首，抱锁亡奔盱眙。

魏永昌王仁进逼寿阳，焚掠马头、钟离；南平王铄婴城固守[74]。

（以上为第十段，写北魏主拓跋焘乘胜分道全线南侵，刘宋名将薛安都强攻陕城，脱盔解铠，攻下陕城；刘康祖率军与强敌决战，流矢贯颈，为国捐躯。）

【注释】

[1]闰月：这一年闰十月。[2]百丈崖：古地名，在今河南卢氏县南的温谷以南。[3]辛未：闰十月十五日。[4]丙戌：闰十月三十日。[5]潼关：古代陕西、河南两地间的重要关塞，在今之陕西潼关县城。[6]分道并进：此指东部战线的各路兵马，分道向着扬州方向、向着刘宋都城方向长驱进攻。[7]寿阳：也称寿春，古县名，在今安徽寿县。[8]趣马头：进攻马头郡。马头，古郡名，郡治在今安徽怀远县南淮河南岸的马头城，当时属刘宋。趣，同“趋”，奔向。[9]钟离：古郡名，郡治在今安徽凤阳县东北，当时属刘宋。[10]下邳：古郡名，郡治在今江苏睢宁县西北的古邳镇东，当时属刘宋。[11]东平：古郡名，郡治无盐，在今山东东平县

东北，当时属北魏。邹（zōu）山：又名蝉山，在今山东邹城市东南，当时属刘宋。［12］辛卯：十一月五日。［13］鲁郡：古郡名，郡治原在今山东曲阜市，刘宋时改在邹山，故其太守崔邪利遂因城破被俘于邹山。崔邪利：人名，初仕刘宋，文帝刘义隆时为鲁郡太守，治邹山。北魏攻至邹山，崔邪利被俘降魏，为广宁太守，赐临淄子。传见《魏书》卷二十四。［14］秦始皇石刻：秦始皇二十八年（前219），曾上邹峄山立碑颂德，即今著名的峄山碑。［15］排而仆之：推而倒之。排，用双手推。［16］以太牢祠孔子：用一太牢的供品祭祀孔子。太牢，使用的祭品为牛、羊、猪各一头，为最高的祭品规格。如果只有羊、豕而无牛，则称“少牢”。［17］清：指清水，古济水下游的别名。［18］萧城：古城名，在今安徽萧县西北。［19］留城：古城名，即留县县城，在今江苏沛县东南。［20］苞桥：古桥名，在今江苏沛县城西的古苞水上。［21］苞水：又名丰水，源出今山东单县东南的获水，东流会丰水，经今江苏丰、沛二县之北，入于泗水。［22］殆（dài）：几乎，差不多。［23］就：前往。陕：古县名，县治在今河南三门峡市西。［24］督租：搜集军粮。［25］洛州：北魏时将司州改名，治所在今河南洛阳市东北。张是连提：人名，北魏官员，拓跋焘时为洛州刺史。［26］纵突骑：放出突击敌军的骑兵。［27］兜鍪（móu）：古代武士的头盔。［28］著绛纳两当衫：身穿深红色的背心。纳，同“衲”。两当衫，前后两片布，腋下用布条加以连缀的背心，北方农民常穿。［29］去具装：卸去战马身上的防护披挂。具装，装具。［30］瞋（chēn）目横矛：瞪着眼睛，挺起长矛。［31］单骑突陈：单人匹马向着敌军的军阵冲去。陈，同“阵”。［32］夹射：两边齐射。［33］如是数四：像这样连续冲杀了好几趟。［34］别将：另外一支军队的将领。鲁元保：刘宋将领，刘义隆时为别将，参与北伐。函谷关：古关名，位于河南灵宝市函谷关镇王垛村，紧靠黄河岸边，关在谷中，深险如函，故称之。［35］军副柳元怙：军队的副将。柳元景堂兄，刘宋将领。传见《宋书》卷七十七。［36］不之知：不知宋军有援军来到。［37］陈：陈兵，列阵。［38］勍（qíng）敌：强大的敌军。勍，强。［39］坚城在后：北魏军坚守的陕城在我军背后。［40］是吾取死之日：是我们死里求生之日。如果不胜，则只有死路一条。［41］是：对。［42］自南门：从陕城南门的方向，此时陕城仍被北魏军占据。鼓噪：大声呼叫、呐喊。［43］惊骇：惊惶，害怕。［44］易之：又换了一柄长矛。［45］自旦至日昃（zè）：从早晨到太阳偏西。［46］河堑：河水与沟壑。［47］让：责让，指责。［48］以骑蹙（cù）步：用骑兵驱赶着步兵。骑兵主要是鲜卑人。蹙，逼迫，追逼。［49］王旗北指：指刘宋军北伐。［50］仁声先路：让仁义之声为我军开路。意即放这些俘虏回去给我们做宣传。［51］甲午：十一月八日。［52］豪桀：有势力、有影响的代表人物。所在蜂起：到处纷纷起义，以响应刘宋军队。［53］四山羌、胡：关中四周山区的少数民族。胡三省曰：“关中之地，四面阻山，时羌、胡皆依山而居，自为聚落。”送款：敬献忠心，表示拥护。［54］断后：在后面掩护军队撤退。［55］项城：古城名，即项县县城，在今河南沈丘县。［56］癸卯：十一月十七日。［57］尉武：古亭名，在今安徽寿县城北。［58］依山险间行取至：走山间小路以求平安返回。取至，谓回到寿阳。［59］自送：自己送上门来。［60］结车营：将战车联结为营垒，意即随时准备战斗。［61］顾望：

环顾张望，指三心二意，不坚决作战。［62］转步：转身逃回。［63］殊死：拼着性命，竭尽心力。［64］自旦至晡：从早晨打到午后申时。申时，指下午三时至五时。［65］流血没踝（huái）：地上的鲜血可以淹过足踝。踝，脚腕两旁凸起的部分。［66］身被十创：身上有十多处受伤。创，兵器造成的伤害。［67］弥厉：更加激昂。［68］随补其阙：随时补上烧坏的缺口。阙，同“缺”。［69］矢：箭。贯：贯穿。［70］掩杀殆（dài）尽：趁机攻杀，几乎被杀得一干二净。掩杀，冲杀。殆，几乎。［71］依卑林：凭借矮树林。卑，低洼，引申为矮。［72］不去：不离开尉武。［73］三郎将掌之：胡三省曰：“魏谓卫士曰三郎将。”掌，把守，看管。［74］婴城固守：意即四面迎敌地坚守孤城。婴城，环城，沿着四周的城墙。婴，同“缨”，环绕。

魏兵在萧城，去彭城十余里。彭城兵虽多而食少，太尉江夏王义恭欲弃彭城南归。安北中兵参军[1]沈庆之以为历城兵少食多，欲为函箱车陈[2]，以精兵为外翼[3]，奉二王[4]及妃女直趋历城；分兵配护军萧思话，使留守彭城。太尉长史何勖[5]欲席卷奔郁洲[6]，自海道还京师。义恭去意已判[7]，惟二议弥日未决[8]。安北长史沛郡太守张畅[9]曰：“若历城、郁洲有可至之理，下官敢不高赞[10]！今城中乏食，百姓咸有走志，但以关扃严固[11]，欲去莫从耳[12]。一旦动足，则各自逃散，欲至所在[13]，何由可得！今军食虽寡，朝夕犹未窘罄[14]；岂有舍万安之术而就危亡之道！若此计必行，下官请以颈血污公马蹄。”武陵王骏谓义恭曰：“阿父既为总统[15]，去留非所敢干[16]，道民忝为城主[17]，而委镇奔逃[18]，实无颜复奉朝廷[19]，必与此城共其存没[20]，张长史言不可异[21]也。”义恭乃止。

壬子[22]，魏主至彭城，立毡屋于戏马台[23]以望城中。

马文恭之败也，队主蒯应没于魏[24]。魏主遣应至小市门[25]求酒及甘蔗；武陵王骏与之，仍就求橐驼[26]。明日，魏主使尚书李孝伯至南门[27]，饷[28]义恭貂裘，饷骏橐驼及骡，且曰：“魏主致意安北[29]，可暂出见我[30]；我亦不攻此城，何为劳苦将士，备守如此！”骏使张畅开门出见之曰：“安北致意魏主，常迟面写[31]，但以人臣无境外之交[32]，恨不暂悉[33]。备守乃边镇之常[34]，悦以使之[35]，则劳而无怨[36]耳。”魏主求甘橘及借博具[37]，皆与之；复饷毡及九种盐、胡豉[38]。又借乐器，义恭应之曰：“受任戎行[39]，不赍乐具[40]。”孝伯问畅：“何为匆匆闭门绝桥[41]？”畅曰：“二王以魏主营垒未立，将士疲劳，此精甲十万，恐轻相陵践[42]，故闭城耳。待休息士马，然后共治[43]战场，刻日交戏[44]。”孝伯曰：“宾有礼，主则择之[45]。”畅曰：“昨见众宾至门，未为有礼。”魏主使人来言曰：“致意太尉、安北[46]，何不遣人来至我所？彼此之情[47]，虽不可尽[48]，要须见我小大[49]，知我老少[50]，观我为人。若诸佐[51]不可遣，亦可使僮干[52]来。”畅以二王命[53]对曰：“魏主形状才力[54]，久为来往所具[55]。李尚书亲自衔命[56]，不患彼此不尽[57]，故不复遣使。”孝伯又曰：“王玄谟亦常才[58]耳，南国何意作如此任使[59]，以致奔败？自入此境七百余里，主人竟不能一相拒逆[60]。邹山[61]之险，君家所凭，前锋始接，崔邪利遽藏入穴[62]，诸将倒曳[63]出之。魏主赐其余生，今从在此[64]。”畅曰：“王玄谟南土偏将[65]，不谓为才，但以之为前驱[66]。大军未至，河冰向合[67]，玄谟因夜还军，致戎马小乱耳。崔邪利陷没，何损于国！魏主自以[68]数十万众制一崔邪利，乃足言邪[69]！知入境七百里无相拒者，此自太尉神算，镇军圣略[70]，用兵有机，不用相语[71]。”孝伯曰：“魏主当不围此城，自帅众军直造瓜步[72]。南事若办[73]，彭城不待围[74]；若其不捷，彭城亦非所须[75]也。我今当南饮江湖以疗渴[76]耳。”畅曰：“去留之事，自适彼怀[77]，若虏马遂得饮江，便为无复天道[78]。”先是童谣云[79]：“虏马饮江水，佛狸死卯年[80]。”故畅云然[81]。畅音容雅丽[82]，孝伯与左右皆叹息。孝伯亦辩赡[83]，且去[84]，谓惕曰：“长史深自爱[85]，相去步武[86]，恨不执手[87]。”畅曰：“君善自爱，冀荡定有期[88]，相见无远[89]，君若得还宋朝，今为相识之始。”

上起杨文德为辅国将军[90]，引兵自汉中西入，摇动汧、陇[91]。文德宗人杨高帅阴平、平武群氐[92]拒之，文德击高，斩之，阴平、平武悉平。梁、南秦二州刺史刘秀之[93]遣文德伐啖提氐，不克，执送荆州[94]，使文德从祖兄头戍葭芦[95]。

（以上为第十一段，写北魏主拓跋焘南侵彭城，刘宋江夏王刘义恭在张畅、刘骏的劝说下坚守彭城；两军相持，双方阵前展开外交战，北魏没有占到上风。）

【注释】

[1]安北中兵参军：安北将军刘骏的中兵参军。中兵参军，在将军手下掌管中兵曹。[2]函箱车陈：用车结成方阵。其状如箱，使需要保护的人居于当中。[3]外翼：指阵地的左右两翼。[4]二王：即江夏王刘义恭、武陵王刘骏。[5]太尉长史：太尉刘义恭属下的长史。长史，国家三公及方镇大员属下的诸吏之长，权力甚大。何勖：刘宋官员，刘义隆时太尉长史。[6]席卷奔郁洲：席卷徐州城的一切物资珍宝逃上东海的田横岛。郁洲，即田横岛，当时在今江苏连云港市东的大海中，今已与大陆相连。[7]已判：已经决定。[8]二议：沈庆之送刘义恭去历城之议，与何勖席卷逃跑入海之议。弥日未决：整日争论，决定不下来。[9]安北长史：安北将军刘骏的长史。沛郡：古郡名，郡治在今安徽萧县西北。张畅（408—457）：字少微，吴郡吴县（今江苏苏州市）人，刘宋有义有勇之士。先后担任刘义季、刘义康、刘义恭、刘义庆、刘骏、刘义宣等外镇诸王幕府属官，随武陵王刘骏在彭城抵御北魏有功，转任刘义宣司空府长史，兼南郡太守。传见《宋书》卷五十九。[10]高赞：高声赞成。[11]关扃（jiōng）严固：城门锁得紧紧的。关，大门里面的门栓，拴门以防外人进入。扃，大门外面的锁，锁门以防里面的人员外出。[12]欲去莫从：想逃走而无法离去。[13]欲至所在：想要达到你的目的地。[14]朝夕犹未窘罄（qìng）：也不是一天两天就会断顿的。窘罄，短缺，用尽。罄，尽，用尽。[15]阿父：刘义恭是刘义隆的亲兄弟，是刘骏的亲叔叔，故称之。总统：全军的总指挥。刘义恭当时在彭城调度各军。[16]去留非所敢干：去与留，不是我所管得了的。干，干涉，过问。[17]道民忝（tiǎn）为城主：刘骏，小名道民，说话时称自己的小名是表示对别人的恭敬。作为徐州一城的守将，当时刘骏任徐州刺史。忝，谦词，意思是说自己任此职不够格，于心有愧。[18]委镇：扔下自己镇守的城池。[19]复奉朝廷：重回朝廷，再见皇上。[20]共其存没：共存亡，城在人在，城失人亡。没，陷没，失守。[21]不可异：不可改变，不容再有异议。[22]壬子：十一月二十六日。[23]毡（zhān）屋：毡屋，帐篷。戏马台：在当时的徐州城南，台高十丈，长宽各百步，相传为当年项羽所筑。现在随着徐州市区的扩大，戏马台改造成公园已经成为徐州市内的重要一景。[24]队主：低级军官名，犹今所谓队长。蒯应：人名，刘宋将领，刘义隆时为刘义恭的队主。没于魏：被魏军所俘获。没，陷没，陷于敌。[25]小市门：徐州城的小市场之门。[26]仍就求橐（tuó）驼：于是顺便向北魏人要骆驼。仍，乃。橐驼，骆驼。[27]南门：徐州城的南门。[28]饷：赠送。[29]安北：指安北将军武陵王刘骏。[30]可暂出见我：可以出来一下与我见个面。暂，片刻。[31]常迟面写：很久以来就盼着能有个见面聊聊的机会。迟，等待。面写，当面谈心。写，同“泻”，抒发，宣泄。[32]人臣无境外之交：为臣子的没有权力与外国进行谈判。[33]恨不暂悉：很遗憾没有机会见面细谈。恨，遗憾。[34]备守乃边镇之常：军事防备是边境城镇正常的事情。[35]悦以使之：只要当地百姓能够平安快乐地生活。[36]则劳而无怨：那么，付出了辛劳的人也就不会怨恨了。《周易·彖卦》曰：“悦以劳民，民忘其劳。”[37]博具：博弈用的棋盘与棋子。[38]九种盐：据《魏书·李孝伯传》，有白盐、黑盐、胡盐、戎盐、赤盐等，各有其用

途。胡豉：胡人用豆类制作的一种调味品。［39］受任戎行：奉命率军而出。［40］不赍（jī）乐具：没有携带乐器。赍，携带。［41］绝桥：拉起吊桥。绝，断。［42］恐轻相陵践：担心他们会有些违背军令，动手动脚。陵践，侵凌，践踏，隐指攻城。陵，同“凌”。［43］共治：犹言较量。［44］刻日交戏：订好时间，正式开战。［45］宾有礼，主则择之：语见《左传·隐公十一年》，原文作：“山有木，工则度之；宾有礼，主则择之。”大意是说客人表现得有礼貌，主人就要好好地接待他。［46］太尉、安北：即刘义恭、刘骏，刘义恭为太尉，刘骏为安北将军。［47］彼此之情：双方的军力与各种具体情况。情，情势。［48］虽不可尽：虽然不一定就能完全了解。［49］要须：毕竟还是可以。小大：指实力是否强大。［50］老少：指士气是否旺盛。［51］诸佐：各位高级僚属。［52］僮（tóng）干：僮仆一般受指使的小吏。［53］以二王命：以刘义恭、刘骏的名义。［54］形状才力：相貌与才干。［55］久为来往所具：早已被双方往来的使者们详细说过了。［56］亲自衔命：亲自奉命前来。［57］不患彼此不尽：不必担心不能充分理解对方的心思。尽，充分了解。［58］常才：庸才，才干平平，无出众之处。［59］任使：任命，使用。［60］一相拒逆：做出一点些微的抵抗。拒逆，迎击。此话虽是实情，但从北人嘴里出来，含有讽刺的意思。［61］邹山：又名峄山，古山名，在山东邹城市东南。［62］遽藏入穴：立刻就钻进了洞穴。胡三省曰：“邹山多石穴，土人谓穴为峄，相率入保藏以避兵，故孝伯云然。”［63］倒曳（yè）：倒拖，倒拉。［64］今从在此：如今也跟着到这儿来了。［65］但以之为前驱：也只不过是让他当了个开路的尖兵。但，只。［66］大军未至：那时你们的军队尚未到达。［67］河冰向合：黄河眼看就要封冻。向，眼看，很快。［68］自以：亲自指挥。［69］乃足言邪：还值得吹嘘吗？［70］镇军圣略：意谓这都是我们的太尉刘义恭与镇军将军刘骏预先策划好的。镇军，武陵王刘骏此时降号镇军将军。［71］用兵有机，不用相语：至于这里面的神机妙算，就不能再跟你们说了。机，玄机，奥妙。［72］直造瓜步：直达长江边上的瓜步山。瓜步，古山名，在今江苏南京市六合区东南的长江边上。造，抵达。［73］南事若办：这次南下的事情如果办好，指顺利地消灭了刘宋朝廷。［74］彭城不待围：到那时也就不用再对徐州进行围困了。［75］亦非所须：也不是我们特别想要的。［76］南饮江湖：到长江、太湖喝几口水。疗渴：解渴。［77］自适彼怀：随你的便。［78］若虏马遂得饮江，便为无复天道：如果你们真的喝上了长江水，那可真是没有天道了。意思是说那是天理不容的事情。张畅说这话的时候，还是估计刘宋有力量抵抗，不会让敌寇临江。饮江，指打到长江边。［79］先是童谣云：在此以前有童谣预言说。童谣，广为流传的儿歌。［80］虏马饮江水，佛狸死卯年：童谣所云，自然是北兵退走，第二年又正好拓跋焘病死，产生于刘宋王朝的一种侥幸苟免，而又幸灾乐祸的编造。佛狸，即拓跋焘，小名佛狸。卯年，明年（元嘉二十八年，451年）是辛卯年，因考虑与前句“江水”对称的关系，称为“卯年”。［81］云然：如此这样说。［82］雅丽：雅致，秀丽。［83］辩赡（shàn）：有口才，有学问。赡，富足，此指学问渊博。［84］且去：临走前。［85］自爱：自我珍重。［86］相去步武：相距不过是一步之遥。古代以六尺为步，半步为武。这里指挨得很近。［87］恨不执手：遗憾的是不能握手，不能走到一起。[88]冀荡定有期：希望刘宋王朝统一天下的日子不会太远。荡定，平定。[89]相见无远：四字原无，据章校补，意即下次见面的日子不会太远了。[90]起：起用。杨文德在此之前曾因兵败被免去官职，事在本卷前文元嘉二十五年（448），今官复原职。辅国将军：古杂号将军之名。[91]摇动汧（qiān）、陇：动摇，指造成人心恐慌。汧水流经陇县城南汇入渭水，陇山是陇县西侧南北走向的大山。这一带当时都属于北魏。[92]杨高：杨文德宗人。阴平、平武群氐（dī）：阴平与平武两县的氐族人。阴平县在今甘肃文县西北，平武县在今四川平武县东北。[93]刘秀之：字道宝，任宁远将军、西戎校尉，梁、南秦二州刺史。传见《宋书》卷八十一。[94]执送荆州：将杨文德逮捕押送到荆州。[95]头戍葭芦：杨头，杨文德的堂兄。葭芦，古城名，在今甘肃陇南市武都区东南的白龙江东岸。

丁未[1]，大赦。

魏主攻彭城，不克。十二月，丙辰朔[2]，引兵南下[3]，使中书郎鲁秀出广陵[4]，高凉王那出山阳[5]，永昌王仁出横江[6]，所过无不残灭[7]，城邑皆望风奔溃[8]。戊午[9]，建康纂严[10]。己未[11]，魏兵至淮上[12]。

上使辅国将军臧质将万人救彭城，至盱眙，魏主已过淮。质使冗从仆射[13]胡崇之、积弩将军臧澄之营东山[14]，建威将军毛熙祚据前浦[15]，质营于城南。乙丑[16]，魏燕王谭[17]攻崇之等，三营皆败没，质按兵不敢救。澄之，焘[18]之孙；熙祚，修之[19]之兄子也。是夕[20]，质军亦溃，质弃辎重[21]器械，单将七百人赴城[22]。

初，盱眙太守沈璞[23]到官，王玄谟犹在滑台，江淮无警[24]。璞以郡当冲要[25]，乃缮城浚隍[26]，积财谷，储矢石，为城守之备。僚属皆非之[27]，朝廷亦以为过[28]。及魏兵南向，守宰[29]多弃城走。或劝璞宜还[30]建康，璞曰："虏若以城小不顾[31]，夫复何惧！若肉薄[32]来攻，此乃吾报国之秋，诸君封侯之日也，奈何去之！诸君尝见数十万人聚于小城之下而不败者乎？昆阳[33]、合肥[34]，前事之明验也。"众心稍定。璞收集得二千精兵，曰："足矣。"及臧质向城，众谓璞曰："虏若不攻城，则无所事众[35]，若其攻城，则城中止可容见力[36]耳，地狭人多，鲜不为患[37]。且敌众我寡，人所共知。若以质众能退敌完城[38]者，则全功[39]不在我；若避罪归都[40]，会资舟楫[41]，必更相蹂践[42]。正足为患[43]，不若闭门勿受。”璞叹曰：“虏必不能登城，敢为诸君保之。舟楫之计，固已久息[44]。虏之残害，古今未有，屠剥[45]之苦，众所共见，其中幸者，不过驱还北国作奴婢耳。彼虽乌合[46]，宁不惮此邪[47]！所谓同舟而济[48]，胡、越[49]一心者也。今兵多则虏退速，少则退缓。吾宁可欲专功而留虏[50]乎！”乃开门纳质。质见城中丰实，大喜，众皆称万岁，因与璞共守。

（以上为第十二段，写北魏主拓跋焘不能攻克彭城，绕道南下，剑指江南，盱眙太守沈璞未雨绸缪，修城挖壕，储蓄粮食，立意坚守，北魏军不能下。）

【注释】

［1］丁未：十一月二十一日。［2］丙辰朔：十二月一日。［3］引兵南下：北魏主拓跋焘越过彭城，率军南下。［4］中书郎：古官员，中书省属官，职掌诏命。鲁秀：字天念，襄阳郡公鲁轨第七子。初为北魏主拓跋焘近卫，为中书侍郎，封广陵侯。后归刘宋，授辅国将军，荥阳、颍川二郡太守。传见《宋书》卷七十四。出广陵：杀向广陵。广陵，古郡名，郡治在今江苏扬州市。［5］山阳：古郡名，郡治在今江苏淮安市。［6］横江：古城名，在今安徽和县东南的长江北岸，与牛渚隔江相对。［7］残灭：杀消灭。［8］城邑：指沿途城镇的镇守官员。奔溃，犹崩溃，逃跑，溃散。［9］戊午：十二月三日。［10］纂（zuǎn）严：军队严装、戒备，犹今之戒严。［11］己未：十二月四日。［12］淮上：淮河边上。［13］冗（rǒng）从仆射：散职侍从官，担任宫廷宿卫、值守门户，以及皇帝出行时任骑从。［14］营东山：扎营于东山。东山，古地名，在当时的盱眙城东南。［15］前浦：古地名，在当时的盱眙城附近。［16］乙丑：十二月十日。［17］燕王谭：即拓跋谭，字受洛真，北魏太武帝拓跋焘第四子，封燕王，后改封临淮郡王。传见《魏书》卷十八。［18］焘：即臧焘，字德仁，东莞莒县（今山东莒县）人，刘裕的敬皇后之兄。初为东晋太学博士。刘裕起兵后，拜右军参军、镇南参军、中军参军事，为度支郎中、祠部尚书，封高陵亭侯。迁通直散骑侍郎、太尉咨议参军，拜太常。追赠左光禄大夫、散骑常侍。传见《宋书》卷五十五。［19］修之：即毛修之，字敬之，为刘裕的得力将领。随刘裕攻取长安，留守后为北魏所俘，封南郡公，任外部大官。传见《宋书》卷四十八。［20］是夕：这天夜间。［21］辎（zī）重：由后勤部队运送的军用物资。［22］赴城：逃向盱眙城。［23］沈璞（pú）：字道真，刘宋宣威将军、盱眙太守。传见《宋书》卷一百。［24］无警：没有敌情。［25］郡当冲要：郡城正对着交通要道。［26］缮城浚隍：修缮城墙，疏浚护城河。隍，护城河。［27］非之：不赞成他的做法。［28］亦以为过：也认为他做得过分了。［29］守宰：郡守与县令。［30］或：有人。［31］不顾：不屑一顾，不来攻击。［32］肉薄：两军迫近，以徒手或短兵器搏斗。［33］昆阳：指刘秀破王莽的昆阳之战。刘秀率数千人大破王莽40万大军。事见《后汉书》卷一。昆阳，县名，在今河南

叶县。［34］合肥：指曹魏将司马师大破吴将诸葛恪大军二十万于合肥之战。事见《资治通鉴》卷七十六。合肥，古郡名，郡治在今安徽合肥市。［35］无所事众：不需要用更多的人。［36］止可容见力：只能容得下现有的兵力。止，同“只”。见，同“现”。［37］鲜不为患：很少不造成麻烦。鲜不，很少不。［38］退敌完城：打退敌人，保住城池。［39］全功：完完整整的功劳我们就得不到了。［40］避罪归都：避开战败之罪，及早撤回都城建康城。［41］会资舟楫：那时就需要船只。资，凭借，依靠。［42］更相蹂践：必然会因为人多船少而相互拥挤、相互践踏。［43］正足为患：更加给我们增加麻烦。［44］固已久息：根本就用不着提了。［45］屠剥：屠杀，剥皮。［46］彼虽乌合：臧质的士兵即使是乌合之众。［47］宁不惮此邪：难道他们就不怕这个吗？指非杀即虏。［48］同舟而济：指在生死关头，容易通力合作。［49］胡越：泛指北方和南方的各民族。胡，古代称北边的或西域的民族。越，岭南一带的民族。［50］宁可欲专功而留虏：怎么能为了让功劳归于自己，而不惜让敌军停留不去。

魏人之南寇也，不赍粮用[1]，唯以抄掠为资[2]。及过淮，民多窜匿[3]，抄掠无所得，人马饥乏；闻盱眙有积粟，欲以为北归之资。既破崇之等，一攻城不拔，即留其将韩元兴以数千人守盱眙[4]，自帅大众南向。由是盱眙得益完守备[5]。

庚午[6]，魏主至瓜步[7]，坏民庐舍[8]，及伐苇为筏[9]，声言欲渡江。建康震惧，民皆荷担而立[10]。壬午[11]，内外戒严。丹杨统内尽户发丁[12]，王公以下子弟皆从役[13]。命领军将军刘遵考等将兵分守津要[14]，游逻上接于湖[15]，下至蔡洲[16]，陈舰列营，周亘江滨[17]，自采石至于暨阳[18]，六七百里。太子劭出镇石头[19]，总统水军，丹杨尹徐湛之守石头仓城[20]，吏部尚书江湛兼领军[21]，军事处置悉以委焉[22]。

上登石头城，有忧色，谓江湛曰：“北伐之计，同议[23]者少。今日士民劳怨，不得无惭，贻大夫之忧[24]，予之过也。”又曰：“檀道济[25]若在，岂使胡马至此！”上又登莫府山[26]，观望形势，购魏主及王公首[27]，许以封爵、金帛；又募人赍野葛酒[28]置空村中，欲以毒魏人，竟不能伤。

魏主凿瓜步山为蟠道[29]，于其上设毡屋[30]，魏主不饮河南[31]水，以橐驼负河北水自随。饷上橐驼[32]、名马，并求和[33]，请婚。上遣奉朝请[34]田奇饷以珍羞、异味[35]。魏主得黄甘[36]，即啖之[37]，并大进酃酒[38]。左右有附耳语者，疑食中有毒。魏主不应，举手指天，以其孙示奇曰："吾远来至此，非欲为功名[39]，实欲继好息民[40]，永结姻援[41]。宋若能以女妻此孙，我以女妻武陵王，自今匹马不复南顾。"

奇还，上召太子劭及群臣议之，众并谓宜许[42]，江湛曰："戎狄无亲，许之无益。"劭怒，谓湛曰："今三王在厄[43]，讵宜苟执异议[44]！"声色甚厉。坐散，俱出，劭使班剑及左右排湛[45]，湛几至僵仆[46]。

劭又言于上曰："北伐败辱，数州沦破[47]，独有斩江湛、徐湛之可以谢天下[48]。"上曰："北伐自是我意，江、徐但不异[49]耳。"由是太子与江、徐不平[50]，魏亦竟不成婚。

（以上为第十三段，写北魏主拓跋焘率军南侵，受阻于大江，求和北还。此役两败俱伤。）

【注释】

[1]不赍（jī）粮用：不携带粮食、用品。赍，携带。 [2]唯以抄掠为资：完全靠抢劫掠夺为生。 [3]窜匿：逃跑，躲藏。 [4]守盱眙：围困盱眙。守，看守。 [5]益完守备：将守城事宜进行得更加完备。 [6]庚午：十二月十五日。 [7]瓜步：古山名，亦名桃叶山，在江苏南京市六合区东南，水际谓之步，古时此山南临大江，又相传吴人卖瓜于江畔，因以为名。 [8]坏民庐舍：拆毁百姓的房子，收取其木材。 [9]筏（fá）：用芦苇、竹、木等编扎成的水上交通工具。[10]荷（hè）担而立：言其装好行李，随时出逃。 [11]壬午：十二月二十七日。 [12]丹杨统内：丹杨尹的管辖区内。丹杨，刘宋都城建康所在的郡，其行政长官称作尹，治所在今江苏南京市。尽户发丁：各家各户所有的壮丁，都一律被征调入伍守城。 [13]王公以下子弟：上起王爵公爵所有贵族官僚之家的年轻人。皆从役：一律参加服役。 [14]领军将军：古杂号将军之名。刘遵考：刘裕族弟，刘宋领军将军、豫州刺史。传见《宋书》卷五十一。 [15]上接于湖：向上巡逻到于湖县。于湖，古县名，县治在今安徽当涂县。 [16]下至蔡洲：长江中的沙洲，在今江苏南京市西南，已与江岸连接。 [17]周亘（gèn）江滨：在江边连续不断。周亘，曲折绵延。 [18]采石至于暨阳：采石儿，在今安徽马鞍山市西南，山形陡入江中，是长江上的险要地段之一。暨阳，古县名，县治在今江苏江阴市东南的长寿镇南。 [19]石头：即石头城，在当时建康城西南侧的秦淮河边，离长江不远，是建康的重要军事要地。 [20]石头仓城：石头城区域贮藏粮食的城堡。 [21]兼领军：兼任中领军，统领护卫宫廷的军队。 [22]悉以委焉：全部都委托江湛负责。 [23]同议：赞同。 [24]贻（yí）大夫之忧：给你们诸位添了麻烦，造成了困扰。贻，带来，

造成。大夫，以称其面前的众官。［25］檀道济：刘宋名将。传见《宋书》卷四十三。［26］莫府山：即幕府山，山名，在今江苏南京市城北。［27］购魏主及王公首：悬赏收买北魏主及王公的人头。［28］赍（jī）野葛酒：携带用野葛泡制的药酒。野葛，一种有毒的植物，可以泡酒毒人。［29］蟠（pán）道：曲折盘旋的山道。蟠，同"盘"。［30］设毡屋：搭起帐篷。［31］河南：黄河以南。［32］饷上橐（tuó）驼：送给刘义隆骆驼。［33］求和：向对方请求停止作战，恢复和平。［34］奉朝请：给退职官员的一种赏官名，让他们还可以参加重要的朝廷会典，以示荣耀。古代诸侯春季朝见天子叫朝，秋季朝见叫请。［35］珍羞：珍贵的食物。羞，同"馐"。异味：美味。［36］黄甘：柑桔的一种。甘，同"柑"。［37］即啖（dàn）之：拿过来就吃。啖，吃。［38］酃（líng）酒：即酃湖之酒，以其酿酒之水取自酃县（后成为衡阳）湘江东岸的酃湖而得名，味道甘美。［39］非欲为功名：并不是想要立什么功、扬什么名，如灭掉刘宋、统一天下等。［40］实欲继好息民：实在是为了继续发展友好关系，让两国的百姓得以和平、休息。［41］永结姻援：永远保持一种通婚的关系、盟友的关系。姻援，因联姻而相互援助。［42］许：指答应魏主联姻的要求。［43］三王在厄：指江夏王刘义恭、武陵王刘骏在彭城，南平王刘铄在寿阳，都处于魏兵的攻击之下。厄，受困。［44］讵（jù）宜苟执异议：怎么能随便地发表不同意见。讵，岂，难道。苟，草率，随便。执，持，引申为发表。［45］班剑：饰有花纹的木剑，南朝作为仪仗。这里指手持班剑的仪仗队。胡三省曰："班剑，持剑为班，列在车前。"排湛：用手推江湛。［46］几至僵（jiāng）仆：差点儿就跌倒。僵，向后仰倒。仆，向前扑倒。［47］沦破：沦陷，破败。［48］独有斩江湛、徐湛之可以谢天下：江湛、徐湛之是文帝刘义隆的宠臣，是北伐的积极倡议者。太子刘劭提出此议，或许还有其他目的，欲排除异己，为顺利接班做准备。谢天下，告慰天下，求得天下人的宽容。［49］但不异：只是没有提出反对意见。［50］不平：不和睦。

【点评】

本卷值得点评的有两件大事：其一是北魏《国史》文字狱；其二是刘宋元嘉北伐。

一、北魏《国史》文字狱。北魏崔浩因为撰写《国史》而被杀。公元439年，魏太武帝命崔浩以司徒监秘书事，叮嘱写国史一定要根据实录。修毕后，参与其事的著作令史闵湛、郗标建议把《国史》刊刻在石上，以彰直笔，同时刊刻崔浩所注的《五经》。《国史》秉笔直书，尽述拓跋氏的历史，详备而无所避讳，其中直书了拓跋氏一些不愿为人知的早期历史。而石碑树立在通衢大路旁，引起往来行人议论。鲜卑贵族看到后，无不愤怒，先后告状，指控崔浩有意暴扬国恶。崔浩被捕，承认自己曾经接受过贿赂，被诛杀。史称"国史之狱"。

二、刘宋元嘉北伐。宋文帝之治又称为"元嘉之治"，志满意得之后雄心膨胀，欲想"经略中原"，而遂有赞成者，文武百官们争相献计献策去迎合取宠。彭城太守王玄谟尤其喜好进言，宋文帝对侍臣说："仔细琢磨王玄谟的陈述，使人顿时有封狼居胥的感觉。"宋文帝的这种感觉就是效法西汉武帝派霍去病出征匈奴"封狼居胥"，则向秦皇汉武看齐了，但是最后结果正如辛弃疾所谓"元嘉草草，封狼居胥，赢得仓皇北顾"。最初怂恿北伐的王玄谟只是一个草包，又是一个贪官，他把归附的义民拆散，编入自己的嫡系，每家发一匹布当奖励，却又命每家交出八百个大梨，运到江南赚钱，老百姓大失所望，纷纷弃宋军而去。又营货利，因此大失人心。王玄谟围攻滑台两个月也没打下来，及拓跋焘军至，乃奔退，麾下散亡略尽。宋文帝还算是有自知之明，自己承担了失败的责任，回想当时也承认赞成的人很少。司马光对于这一历史事件寓评论于叙事之中，在宋文帝策划北伐一节得到最好的体现。本卷是这样记载的："帝欲经略中原，群臣争献策以迎合取宠。彭城太守王玄谟尤好进言"，其用词"迎合取宠"四字就将"争献策"的目的交代清楚了，将宋文帝的决策和决心置放在感情色彩而不是客观判断，进而失之千里。对于王玄谟尤其表达了不屑，故而谓之"尤好进言"。

卷一二六　宋纪八

宋文帝元嘉二十八年至二十九年（451—452 年）

【起重光单阏（辛卯，451 年），尽玄黓执徐（壬辰，452 年），凡二年】

【大事提要】

本卷记事自公元 451 年至公元 452 年，凡二年，时当宋文帝元嘉二十八年至元嘉二十九年。本卷所记特大事件是继上卷记载刘宋与北魏元嘉之战的结束与后果。战争以刘宋失败告终，没有赢家。北魏一共击破了刘宋南兖、徐、北兖、豫、青、冀等六个州，杀死杀伤的人无法统计。本卷总结刘宋失败时提到两点：第一，宋文帝每次出兵作战，总要预先制订计划，限制将帅的机动性。交战的日期和时刻，也必须由宋文帝亲自决定。朝廷离战阵路途遥远，常常坐失时机，可以说这是招致失败的一个主要原因。第二，就是“江南白丁，轻易进退，此其所以败也”。白丁者，本无军籍临时征集起来的壮丁。司马光在行文中指出：“自是邑里萧条，元嘉之政衰矣。”这句话表达两点意思：其一，认为有“元嘉之政”，肯定这是一个政治清明的时期；其二，认为这次战争是元嘉之治的终结，刘宋自此走向衰落。本卷还揭示了战争的残酷性，北魏胡虏将刘宋的青壮年斩首或拦腰砍断，婴幼儿则用铁矛刺穿，然后挥动铁矛进行游戏。所经过的郡县，千里赤地，没有遗留。春天，燕子回来了，只能在树林里筑巢。北魏的战士马匹也死伤了一多半，北魏国人也大有怨言。

太祖文皇帝下之上

元嘉二十八年（辛卯，451 年）

春，正月，丙戌朔[1]，魏主大会群臣于瓜步山[2]上，班爵行赏有差[3]。魏人缘[4]江举火。太子左卫率尹弘[5]言于上曰：“六夷如此[6]，必走[7]。”丁亥[8]，魏掠居民，焚庐舍而去。

胡诞世[9]之反也，江夏王义恭等奏彭城王义康数有怨言，摇动民听[10]，故不逞之族因以生心[11]。请徙[12]义康广州。上将徙义康，先遣使语之，义康曰：“人生会死，吾岂爱生！必为乱阶[13]，虽远何益！请死于此，耻复屡迁。”竟未及往[14]。魏师至瓜步，人情恼惧[15]。上虑不逞之人复奉义康为乱；太子劭及武陵王骏、尚书左仆射何尚之屡启宜早为之所[16]；上乃遣中书舍人严龙赍药[17]赐义康死。义康不肯服，曰：“佛教不许自杀[18]，愿随宜处分[19]。”使者以被掩杀之[20]。

江夏王义恭以碻磝[21]不可守，召王玄谟还历城[22]，魏人追击败之，遂取碻磝。

初，上闻魏将入寇，命广陵太守刘怀之逆烧城府、船乘[23]，尽帅其民渡江。山阳太守萧僧珍[24]悉敛其民入城，台[25]送粮仗诣盱眙及滑台者，以路不通，皆留山阳，蓄陂水令满[26]，须[27]魏人至，决以灌之。魏人过山阳，不敢留，因攻盱眙。

魏主就臧质求酒，质封溲便[28]与之。魏主怒，筑长围[29]，一夕而合；运东山土石以填堑[30]，作浮桥于君山[31]，绝水陆道。魏主遗质书[32]曰：“吾今所遣斗兵，尽非我国人[33]，城东北是丁零与胡，南是氐、羌。设使[34]丁零死，正可减常山、赵郡贼[35]；胡死，减并州贼[36]；氐、羌死，减关中贼[37]。卿若杀之，无所不利[38]。”质复书曰：“省示[39]，具悉奸怀[40]。尔自恃四足[41]，屡犯边。王玄谟退于东，申坦散于西[42]，尔知其所以然邪？尔独不闻童谣之言[43]乎？盖卯年未至[44]，故以二军开饮江之路[45]耳；冥期使然[46]，非复人事[47]。寡人受命相灭[48]，期之白登[49]，师行未远[50]。尔自送死，岂容复令尔生全[51]，飨有桑干哉[52]！尔有幸得为乱兵所杀，不幸则生相锁缚[53]，载以一驴，直送都市[54]耳。我本不图全[55]，若天地无灵，力屈于尔[56]，齑之，粉之[57]，屠之，裂之，犹未足以谢本朝[58]。尔智识及众力，岂能胜苻坚邪[59]！今春雨已降，兵方[60]四集，尔但安意攻城[61]，勿遽走[62]！粮食乏者可见语[63]，当出廪相贻[64]。得所送剑刃，欲令我挥之尔身邪[65]？”

魏主大怒，作铁床，于其上施铁镵[66]，曰：“破城得质，当坐之此上。”质又与魏众书曰：“尔语虏中诸士庶[67]：佛狸[68]所与书，相待如此[69]。尔等正朔之民[70]，何为自取糜灭[71]，岂可不知转祸为福[72]

邪！”并写台格[73]以与之，云：“斩佛狸首，封万户侯[74]，赐布、绢各万匹。”

（以上为第一段，写北魏主拓跋焘率领大军南侵，受阻于大江，全军败退，途中攻打盱眙，遭到臧质嘲讽，而徒叹奈何。）

【注释】

[1]丙戌朔：正月一日。 [2]瓜步山：古山名，在今江苏南京市六合区东南的长江边上。[3]班爵：给有功之臣颁赐爵位。班，同“颁”，发给，赏给。有差，根据各自的功劳大小所受的爵赏也有所不同。 [4]缘：沿。 [5]太子左卫率尹弘：太子的属官，有左右二人，分别掌管保卫太子的禁卫军。尹弘，刘宋官员，文帝刘义隆时为太子左卫率。 [6]六夷如此：鲜卑人作如此的举动，指缘江举火。六夷，古指东夷、西南夷、西羌、西域、南匈奴、乌桓鲜卑等各族，后泛指外族。这里即指鲜卑族的拓跋焘统治集团。 [7]必走：一定是想要撤兵。胡三省曰：“北兵欲退，虑南兵之追截，故举火以示威。尹弘习知北人军情，因言于上。” [8]丁亥：正月二日。[9]胡诞世：豫章南昌人，刘宋开国功臣胡藩之子，曾与弟茂世率众二百余人杀豫章太守据郡反叛，欲立被废为庶人的彭城王刘义康为帝，为交州刺史檀和之讨灭。事见《资治通鉴》卷一四五宋文帝元嘉二十四年（447）。 [10]摇动民听：扰乱国家百姓的视听。民听，民心，百姓们的心理情绪，指不断有人为刘义康鸣不平，甚至打着拥立刘义康为帝的旗号造反等。 [11]故不逞之族因以生心：使那些被废黜的不得志的人产生了野心。不逞之徒，被废黜不得意，不得志的那些人。因以生心，因此产生不满之心，甚至野心，借着刘义康的事情制造事端。 [12]徙：调动，这里指流放、发配。 [13]必为乱阶：如果一个人下定决心要造反。乱阶，犹言“祸根”“乱源”。[14]竟未及往：刘义康终于没有被流放到广州。竟，竟然，终于。 [15]恟（xiōng）惧：恐慌，恐惧。 [16]宜早为之所：应及早地把刘义康安置到一个合适的地方，意即把他杀死。 [17]赍药：携带毒药。 [18]佛教不许自杀：胡三省曰：“佛教谓自杀者不复得人身。” [19]随宜处分：你们可以使用任何手段。 [20]以被掩杀之：用被子把他闷死了。当年刘裕杀东晋恭帝司马德文就是使用这种手段。 [21]碻（qiāo）磝（áo）：即碻磝戍，古代军事要地名，在今山东东阿县西北，聊城的东南。 [22]历城：古县名，县治在今山东济南市。 [23]逆烧城府、船乘：预先就烧掉了一切城墙府署及船只车辆。逆，预先，事先。 [24]山阳：郡名，郡治在今江苏淮安市。萧僧珍：刘宋南兰陵人。文帝元嘉末年，为山阳太守。北魏南侵，到处烧杀。僧珍收拢居民及流奔百姓，尽入城。蓄陂水令满，待魏兵至，将决以灌之。北魏军至，见状不敢停，即引去，城得全，仕至廷尉卿。 [25]台：这里即指刘宋朝廷。 [26]蓄陂水令满：把山阳城周围的湖水都贮存得满满的。陂水，由堤岸蓄积起来的水塘。 [27]须：待。 [28]溲（sōu）便：小便，即尿。[29]筑长围：围盱眙城筑起土墙，隔断其内外联系。 [30]填堑（qiàn）：填平盱眙城外的护城河。 [31]君山：也作“军山”，在今江苏盱眙县东。 [32]遗（wèi）质书：给臧质写信说。遗，

给，送给。［33］我国人：我们鲜卑族和与拓跋族同出于北荒的旧魏国其他族的子民。［34］设使：假使，假如。［35］减常山、赵郡贼：减少常山、赵郡的异己势力。常山，魏郡名，郡治在今河北石家庄市东北。赵郡，魏郡名，郡治在今河北赵县。丁零族在五胡乱华时也曾强盛一时，自翟真被后燕慕容垂击败后，余众都退聚到了今河北南部的太行山一带。胡三省曰："丁零自翟真叛慕容皆投常山、赵郡界，阻山而居，故云然。"［36］减并州贼：匈奴族人都死了，倒可以减少并州一带的异己势力。［37］减关中贼：前秦的君主氐族人，后秦的君主姚苌是羌族人，他们在五胡乱华时都先后在今陕西的长安建立了强大一时的前秦与后秦政权。故而在北魏占据关中后，这一带仍有很多氐族、羌族的百姓居住。胡三省曰："自苻、姚据关中，其种类蕃滋，虽其国已灭，而其种实繁。"［38］无所不利：没有什么不好。［39］省示：看了你的来信。省，看。示，所示，即来信。［40］具悉奸怀：准确地看清了你的狼子野心。［41］尔：你，对北魏主拓跋焘的轻蔑的称呼，犹今之所谓"你这家伙"。自恃四足：仰仗着你们有的是战马。［42］申坦散于西：与史实不合。胡三省曰："王玄谟自滑台败退，萧斌使申坦据清口，其地不在滑台之西。"［43］童谣之言：即所载的"虏马饮江水，佛狸死卯年"。［44］卯年未至：去年还不是卯年。［45］以二军开饮江之路：让王、申二军给北魏军队让开了一条去喝长江水的路。［46］冥期使然：这是老天爷在冥冥之中安排好的一种局面。［47］非复人事：并非人力所能控制的事情。［48］寡人受命相灭：我是秉承天命来消灭你的。寡人，臧质自称。古代一般是诸侯自称寡人，当时也有士大夫自称寡人的。盖臧质自以为身当藩镇重任，故而如此自称。［49］期之白登：我们本来的计划是要到平城去消灭你们的。白登，古山名，在北魏都城平城的东北方，这里代指北魏都城平城。［50］师行未远：意思是没想到我们的军队北行不远，就碰上你们自己前来送死了。［51］生全：保全生命。［52］飨（xiǎng）有桑干哉：意即岂能还放你活着回去，再到北方去呢？飨，享用。桑干，古河名，在今河北永定河上游，相传每年桑葚成熟时河水就干涸，故名。这里以桑干河之名以代桑葚，含有诙谐的成分。［53］生相锁缚：把你活着捉来，让你披枷戴锁。［54］都市：指刘宋的都城建康，在今江苏南京市。［55］本不图全：本来就没有打算活着回去。［56］力屈于尔：被你打败。［57］斋之，粉之：你把我剁成肉末，研成细粉。胡三省曰："细切姜韭谓之斋。研碎米麦谓之粉。"［58］以谢本朝：也不能报答朝廷的大恩于万一。［59］岂能胜苻坚邪：难道还能强得过当年的苻坚吗？含有蔑视的成分。［60］方：正，正在。［61］尔但安意攻城：希望你能留下来，安心一意地攻城。［62］勿遽（jù）走：不要忙着撤走。遽，立即，匆忙。［63］可见语：可以告诉我。［64］当出廪（lǐn）相贻（yí）：我将打开仓库供应你粮食。廪，仓库。贻，赠，供应。［65］欲令我挥之尔身邪：想让我把它挥到你身上吗？［66］铁镵（chán）：铁针、铁刺。［67］尔语虏中诸士庶：你们告诉拓跋焘队伍中的士大夫和庶民。［68］佛狸：即拓跋焘，字佛狸。［69］相待如此：他是如此残暴地对待你们。［70］尔等正朔之民：你们都是奉行过中原历法的百姓，意即你们都是我们刘宋的人。古时每个新王朝的建立，都要改正朔，施行新历法。正朔，这里即指历法。正，每年开始的第一个月。朔，每个月的第一天。［71］自取糜（mí）灭：跟着拓跋氏自取灭亡。

[72]转祸为福：比喻弃暗投明，投降刘宋。[73]台格：刘宋朝廷所立的赏格，斩杀敌首的悬赏标准。[74]万户侯：食邑万户以上，号称“万户侯”，为汉代侯爵最高的一层。侯，封建制度五等爵位的第二等。

魏人以钩车钩城楼，城内系以驱絙[1]，数百人叫呼引[2]之，车不能退。既夜，縋桶悬卒出[3]，截其钩，获之[4]。明旦，又以冲车[5]攻城，城土坚密，每至，颓落[6]不过数升。魏人乃肉薄[7]登城，分番相代[8]，坠而复升[9]，莫有退者，杀伤万计，尸与城平。凡攻之三旬[10]，不拔。会魏军中多疾疫，或告以建康遣水军自海入淮[11]，又敕彭城断其归路[12]；二月，丙辰朔[13]，魏主烧攻具[14]退走。盱眙人欲追之，沈璞[15]曰：“今兵不多，虽可固守，不可出战，但整舟楫[16]，示若欲北渡者[17]，以速其走[18]，计不须实行[19]也。”

臧质以璞城主，使之上露版[20]，璞固辞，归功于质。上闻，益嘉之[21]。

魏师过彭城，江夏王义恭震惧[22]不敢击。或告：“虏驱南口[23]万余，夕应宿安王陂[24]，去城数十里[25]，今追之[26]，可悉得[27]。”诸将皆请行，义恭禁不许[28]。明日，驿使至[29]，上敕义恭悉力急追[30]。魏师已远，义恭乃遣镇军司马[31]檀和之向萧城[32]。魏人先已闻之，尽杀所驱者而去。程天祚[33]逃归。

魏人凡破南兖、徐、兖、豫、青、冀[34]六州，杀伤不可胜计，丁壮[35]者即加斩截，婴儿贯于槊上[36]，盘舞[37]以为戏。所过郡县，赤地无余[38]，春燕归，巢于林木[39]。魏之士马死伤亦过半，国人皆尤之[40]。

上每命将出师，常授以成律[41]，交战日时[42]，亦待中诏，是以将帅趑趄[43]，莫敢自决。又江南白丁[44]，轻易进退[45]，此其所以败也。自是邑里萧条[46]，元嘉之政衰矣。

（以上为第二段，写刘宋北伐失败的主要原因，一是宋文帝遥控节制，丧失战机，二是主帅畏敌无能，刘义恭连狼狈逃跑的北魏退兵都不敢出击。北伐失败，导致元嘉之治从此衰落。）

【注释】

[1]系以驱絙（gēng）：用大绳拉住了魏军的钩车。驱絙，粗大的绳索。驱，弓弩两端系弦的地方。絙，同“緪”，大绳索。［2］引：拉。［3］縋（zhuì）桶悬卒：用绳索扣住装着士兵的桶，从城上放下去。縋桶，吊桶。悬，悬空。［4］获之：缴获了这辆钩车。［5］冲车：撞击城墙，可使城墙坍塌的车。［6］穨（tuí）落：坠落，落下。穨，塌。［7］肉薄：两军迫近，以徒手或短兵器搏斗。薄，同“搏”，搏斗，格斗。［8］分番相代：轮流替换。分番，轮番。［9］坠而复升：从城上掉下去又上来。坠，落下，掉下。［10］三旬：三十天，一旬为十天。［11］自海入淮：从东海进入淮河，再逆淮河西上。［12］断其归路：截断北魏军的退路。［13］丙辰朔：疑有误。二月一日应是“乙卯”，丙辰”应是初二日。［14］攻具：攻城器具。［15］沈璞（pú）：刘宋盱眙太守。传见《宋书》卷一百。［16］舟楫（jí）：船和桨，泛指船只。［17］示若欲北渡者：做出一种像是要渡过淮水追击北魏兵的样子。［18］以速其走：以促使他们早日逃走。［19］计：谋划，考虑。不须实行：不是真的就去追赶他们。［20］使之上露版：让沈璞给朝廷写一封报告盱眙战况的公开信。让沈璞个人写，而不采取两人联名的方式，是臧质想推功给沈璞，难得有如此胸怀。露版，也称露布文，不封口的公开信，意思就是要把胜利的消息与沈璞的功勋让全国都知道。［21］益嘉之：更加称道臧质与沈璞的彼此谦让。［22］震惧：震惊，害怕。［23］虏驱南口：北魏兵驱赶着从南方抓来的百姓。［24］安王陂：古地名，在今江苏徐州市铜山区西。［25］去城数十里：距离徐州城只有几十里地。［26］今追之：如果我们对他们发起追击。［27］可悉得：可以把这被驱赶的一万多人都救回来。悉，尽，全部。［28］禁不许：下禁令，不许追击。敌人已逃跑了，连追击都不敢，刘宋有庸帅如此，还谈什么北伐！［29］驿使至：朝廷通过驿站派来的使者。［30］悉力急追：尽全力紧紧追赶。［31］镇军司马：镇军将军的司马官。时武陵王刘骏为镇军将军。［32］向萧城：向着萧县的方向追赶北魏军。萧城，古城名，即萧县县城，在当时彭城西侧，相隔约六七十里，在今安徽萧县西北。［33］程天祚（zuò）：刘宋殿中将军，曾奉命率兵袭击汝阳的北魏军，因无后续援助而被北魏俘获，今逃归，任山阳太守。［34］南兖（yǎn）、徐、兖、豫、青、冀：当时属于刘宋的六个州，南兖州的州治在广陵，在今江苏扬州市；徐州的州治彭城，在今江苏徐州市；兖州的州治瑕丘，在今山东济宁市兖州区西北；豫州的州治寿县，在今安徽寿县；青、冀二州的州治东阳，在今山东青州市。［35］丁壮：指到达兵役年龄的少壮男子。［36］婴儿贯于槊（shuò）上：把小孩穿在长矛尖上。贯，穿。槊，长矛。［37］盘舞：用长矛挑着小孩在空中旋转。［38］赤地：到处被破坏、被践踏成一片精光。无余：地面上光秃秃的，什么也没有。［39］巢于林木：指找不到屋梁可以筑巢。［40］国人皆尤之：北魏的百姓也都责骂国主拓跋焘。尤，怨恨，责骂。［41］成律：预定好的章程，如作战的地点、战略、战术等。［42］交战日时，亦待中诏：作战的日期、钟点，也都由朝廷规定。中诏，宫中发出的命令。［43］趑趄：迟疑不进，进退无主的样子。［44］白丁：非正规士兵的壮丁。［45］轻易进退：想进就进，想退就退，不能严格服从命令。［46］邑里：城乡一片破败。邑，城镇。里，街。萧条，

寂寥冷清的样子。

癸酉[1]，诏赈恤[2]郡县民遭寇者，蠲其税调[3]。

甲戌[4]，降太尉义恭为骠骑将军[5]、开府仪同三司。

戊寅[6]，魏主济河[7]。

辛巳[8]，降镇军将军武陵王骏为北中郎将[9]。

壬午[10]，上如瓜步。是日，解严[11]。

初，魏中书学生卢度世[12]，玄之子也，坐崔浩事亡命，匿高阳郑罴[13]家。吏囚罴子，掠治[14]之。罴戒其子曰："君子杀身成仁[15]，虽死不可言。"其子奉父命[16]，吏以火爇[17]其体，终不言而死。及魏主临江，上遣殿上将军黄延年[18]使于魏，魏主问曰："卢度世亡命，已应至彼[19]。"延年曰："都下[20]不闻有度世也。"魏主乃赦度世及其族逃亡籍没者[21]，度世自出，魏主以为中书侍郎[22]。度世为其弟娶郑罴妹以报德。

三月，乙酉[23]，帝还宫。

己亥[24]，魏主还平城，饮至告庙[25]，以降民五万余家分置近畿[26]。

（以上为第三段，写北魏结束南侵，大肆掳掠，回到平城，在祖庙举行祭告酒席，把掳掠而回的人安置在平城周围；刘宋追责，处罚了相关将帅，解除戒严。）

【注释】

[1]癸酉：二月十九日。 [2]赈恤（xù）：救济，抚恤。 [3]蠲（juān）其税调：免除他们的各项赋税。蠲，免除。调，一种征收纺织品的户税。 [4]甲戌：二月二十日。 [5]降太尉义恭为骠骑将军：刘义恭北伐前为太尉，领司徒，总领各路北伐军，现免去太尉职务，承担北伐失败的责任。太尉，国家三公之一，统帅国家军事。骠骑将军，位次于大将军。 [6]戊寅：二月二十四日。 [7]济河：向北渡过黄河。 [8]辛巳：二月二十七日。 [9]降镇军将军武陵王骏为北中郎将：刘骏在北伐时，为徐、兖二州刺史，镇守彭城，在大军压境时，亲临彭城的主帅刘义恭想到的是逃跑，被刘骏制止。北中郎将，为出镇北方的地方军事长官的加官。 [10]壬午：二月二十八日。 [11]解严：解除紧急状态。 [12]中书学生：北魏选拔一批皇族门阀子弟进入中书省，参与修史，学写官场应酬文章，称为中书学生。卢度世：字子迁，济州刺史卢玄之子，北魏大臣。初为中书学生，被舅父崔浩的国史之狱牵连，弃官出逃。遇赦免罪，拜中书侍郎。传见《魏

书》卷四十七。［13］郑罴：北魏高阳（今河北高阳县）人，卢度世坐崔浩“国史之狱”事，仓皇出逃。郑罴把他藏于家中，告诫其子宁可活活烧死，也不能吐露。后来，卢度世官至中书侍郎，令弟弟迎娶郑罴妹为妻子。传见《北史》卷三十。［14］掠治：严刑拷打，逼问口供。［15］君子杀身成仁：语出《论语·卫灵公》，原文作：“志士仁人，无求生以害仁，有杀身以成仁。”［16］奉父命：坚持遵守父命。奉，秉承，坚持。［17］爇（ruò）：灼，烧。［18］殿上将军：在殿上值勤以担任警卫之职。黄延年：刘宋官员，文帝刘义隆时为殿上将军，曾出使北魏。［19］已应至彼：应该是逃到了你们宋国。彼，你，你处。［20］都下：在我们都城，指建康，在今江苏南京市。［21］逃亡籍没者：隐姓埋名逃跑的，与被逮捕收入某个部门充当奴婢的。［22］中书侍郎：中书省的官员，在中书令、中书仆射之下。［23］乙酉：三月一日。［24］己亥：三月十五日。［25］饮至告庙：古时征伐获胜归来，在宗庙张筵合饮以告慰祖先，称为“饮至”。告庙，有事告于祖先之庙。《左传》曰：“凡公行，告于庙；反行，饮至，舍爵策勋焉，礼也。”杜预注曰：“饮于庙，以数车徒器械及所获也。”［26］分置近畿（jī）：分别安置在北魏都城附近的郊区。畿，国家都城的郊区。

初，魏主过彭城，遣人语城中曰：“食尽且去[1]，须麦熟更来[2]。”及期[3]，江夏王义恭议欲芟麦翦苗[4]，移民堡聚[5]。镇军录事参军王孝孙[6]曰：“虏不能复来，既自可保[7]；如其更至[8]，此议亦不可立[9]。百姓闭在内城[10]，饥馑[11]日久，方春之月，野采自资[12]；一入堡聚，饿死立至[13]，民知必死，何可制邪[14]！虏若必来，芟麦无晚。”四坐默然[15]，莫之敢对。长史张畅[16]曰：“孝孙之议，实有可寻[17]。”镇军府典签[18]董元嗣[19]侍武陵王骏之侧，进曰：“王录事议不可夺。”别驾王子夏曰：“此论诚然。”畅敛版白骏[20]曰：“下官欲命孝孙弹子夏[21]。”骏曰：“王别驾有何事[22]邪？”畅曰：“芟麦移民，可谓大议[23]，一方安危，事系于此。子夏亲为州端[24]，曾无同异[25]；及闻元嗣之言[26]，则欢笑酬答[27]。阿意左右[28]，何以事君[29]！”子夏、元嗣皆大惭，义恭之议遂寝[30]。

初，鲁宗之奔魏[31]，其子轨为魏荆州[32]刺史、襄阳公，镇长社[33]，常思南归；以昔杀刘康祖及徐湛之父[34]，故不敢来。轨卒，子爽[35]袭父官爵。爽少有武干[36]，与弟秀[37]皆有宠于魏主，秀为中书郎[38]。既而兄弟各有罪[39]，魏主诘责[40]之。爽、秀惧诛，从魏主自瓜步还，至湖陆[41]，请曰："奴与南[42]有仇，每兵来，常恐祸及坟墓[43]，乞共迎丧还葬平城[44]。"魏主许之。爽至长社，杀魏戍兵数百人，帅部曲及愿从者千余家奔汝南[45]。夏四月，爽遣秀诣寿阳[46]，奉书于南平王铄以请降。上闻之，大喜，以爽为司州[47]刺史，镇义阳；秀为颍川[48]太守，余弟侄并授官爵，赏赐甚厚。魏人毁其坟墓。徐湛之以为庙算远图[49]，特所奖纳[50]，不敢苟申私怨[51]，乞屏居田里[52]，不许。

青州民司马顺则[53]自称晋室近属，聚众号齐王。梁邹戍主崔勋之诣州[54]，五月，乙酉[55]，顺则乘虚袭梁邹城。又有沙门自称司马百年[56]，亦聚众号安定王以应之。

壬寅[57]，魏大赦。

己巳[58]，以江夏王义恭领南兖州刺史[59]，徙镇盱眙[60]，增督十二州诸军事。

戊申[61]，以尚书左仆射何尚之为尚书令，太子詹事徐湛之为仆射、护军将军，尚之以湛之国戚[62]，任遇隆重[63]，每事推之[64]。诏湛之与尚之并受辞诉[65]。尚之虽为令，而朝事[66]悉归湛之。

六月，壬戌[67]，魏改元正平。

魏主命太子少傅游雅[68]、中书侍郎胡方回等更定律令[69]，多所增损[70]，凡三百九十一条[71]。

（以上为第四段，写刘宋江夏王刘义恭，作为朝廷首辅大臣，害怕北魏再度南侵，提出割麦清野的荒唐主张，因部属抵制而作罢；北魏鲁爽、鲁秀投奔刘宋。）

【注释】

[1]且去：暂时离去。[2]须麦熟更来：等麦子成熟时我再回来。须，等候。更，再，重新。[3]及期：到了预订的日期，即麦子成熟的时候。[4]芟（shān）麦翦苗：准备把成熟的麦子与尚未成熟的青苗全部收割起来。芟，割除。翦，同"剪"。[5]移民堡聚：让散居的百姓都入住城堡。堡聚，土城堡。[6]镇军录事参军：镇军将军的属官，主管纠弹过失，掌管符印。时镇军将军为武陵王刘骏。王孝孙：时为刘骏的属官，即录事参军。[7]既自可保：这些散居城外的百姓可以保护好自己。[8]如其更至：即使北魏军队真的又来了。更至，再来。[9]此议亦不可立：你的这种说法也不能成立，不可采取。[10]内城：在城区内。古代内城叫"城"，外城叫"廓"。[11]饥馑：本指灾荒，此指因战争而引起的食物严重缺乏。[12]野采自资：到野外采集可食之物以养活自己。[13]饿死立至：眼巴巴地只有等着饿死。立至，立刻。[14]何可

制邪：怎么控制得了呢？制，控制，管理。［15］默然：沉默不语的样子。［16］长史张畅：将军府的高级僚属。张畅，字少微，时为武陵王刘骏长史。传见《宋书》卷五十九。［17］实有可寻：实在值得深思。可寻，可思，可用。［18］镇军府典签：镇军将军刘骏的僚属。典签，本来只是掌握文书的小吏，但南朝宋、齐两代凡任刺史、督军的诸王，因其自身年龄幼小，朝廷都为之设长史、典签作为佐吏。这些职务多由皇帝的亲信充任，于是郡内、军内的大权逐渐都落入长史、典签之手。典签权力尤重，被称为签帅。［19］董元嗣：时为武陵王刘骏典签。［20］敛版：拱手持手版。胡三省曰：“版，手版。僚佐于府公之前敛版白事，崇敬也。”白：告诉，告知。［21］欲命孝孙弹子夏：想让王孝孙质问王子夏几句。弹，弹劾，这里即指质问。王孝孙是录事参军，有纠弹之权。［22］有何事：有何该谴责的地方。［23］芟麦移民，可谓大议：江夏王刘义恭所提出的芟麦移民，是个关系重大的问题。大议，重大议题。［24］亲为州端：他作为一州最高的大吏。别驾是刺史的助手，位居群僚佐之上，故张畅称为“州端”。［25］曾无同异：在听到“芟麦移民”的主张时，竟然没有提出赞成或是反对的意见。［26］及闻元嗣之言：等到听了典签董元嗣的表态发言。［27］欢笑酬答：顺着董元嗣的口气说话。［28］阿意左右：专门向藩王的僚属阿谀讨好。［29］何以事君：怎能做到忠心事主。事，奉侍，为服务。［30］遂寝：被彻底否定。寝，搁起，放在一边。［31］鲁宗之奔魏：鲁宗之原任东晋雍州刺史，因反对刘裕篡夺东晋政权，被刘裕打败，与荆州刺史司马休之于晋安帝义熙十一年（415）一同投归后秦；两年后，后秦被刘裕所灭，鲁宗之等遂又投归北魏。事见《资治通鉴》卷一百十七。［32］轨：即鲁轨，字象齿，鲁宗之之子，与其父鱼鲁宗之投奔北魏，后任荆州刺史、封襄阳郡公，镇守长社。传见《宋书》卷七十四。［33］长社：古县名，魏荆州治所，在今河南长葛市东北。［34］杀刘康祖及徐湛之之父：刘康祖之父刘虔之和徐湛之之父徐逵之，都是刘裕的部将。义熙十一年（415）为刘裕进剿司马休之与鲁宗之于荆州，被鲁宗之之子鲁轨打败杀死。事见《资治通鉴》卷一百十七。［35］爽：即鲁爽，字女生，北魏宁南将军鲁轨之子，初仕北魏，为拓跋焘亲随武士，封襄阳郡公，后投奔刘宋，拜征虏将军、司州刺史、义阳内史。传见《宋书》卷七十四。［36］武干：很小就有武艺、有谋略。［37］秀：即鲁秀，字天念，鲁轨第七子。初为北魏主拓跋焘近卫，任中书侍郎，封广陵侯。后归刘宋，授辅国将军，荥阳、颍川二郡太守，为左军将军、司州刺史，领汝南太守。传见《宋书》卷七十四。［38］秀为中书郎：五字原无，据章校补。［39］兄弟各有罪：胡三省曰：“爽粗中使酒，多过失；秀以检校邺人谋反事，因病还迟，并为魏主所诘责。”［40］诘（jié）责：责问，追问。［41］至湖陆：撤退到湖陆县时。湖陆，古县名，县治在今山东鱼台县东南。［42］南：代指刘宋政权。［43］祸及坟墓：担心祖父鲁宗之与父亲鲁轨的坟墓被宋军所刨。鲁宗之、鲁轨的坟墓都在长社。［44］迎丧：把客死外乡者的灵柩或尸骨迎归家乡。平城：北魏都城，在今山西大同市。［45］部曲：部下的私家武装，包括家奴、荫户等。奔汝南：逃奔到汝南，自长社至汝南不到三百里。汝南，北魏郡名，郡治在今河南汝南县。［46］寿阳：古县名，县治在今安徽寿县。时刘宋南平王刘铄镇守寿阳。［47］司州：原来的司州州治在洛阳，管辖今河南洛阳周围的大片地区，此时已在北魏境内，故而刘宋又在今河南的南端侨立了司州，州治义阳，在今河南信阳市。［48］颍川：刘宋的侨置郡名，郡治在今安徽巢湖市东南。胡三省曰："帝盖以秀兄弟自颍川来降，遂因以颍川太守授秀。"［49］庙算远图：朝廷从长远考虑。［50］特所奖纳：特别地予以褒奖，指接受鲁氏归来并任以官职。徐湛之之父原被刘爽之父所杀，有杀父之仇，这时表现得非常大度。［51］不敢苟申私怨：不能再提报私仇的事情。苟，暂且，随便。［52］乞屏居田里：徐湛之请求退居乡村为民，意即不能与鲁氏同朝为官，以表示孝道。屏居，指退隐，屏客独居。［53］青州：州治在今山东青州市。司马顺则：东晋皇族后裔，又名司马则则。刘裕取代东晋建立宋国，大肆扑杀东晋皇族，司马顺则潜逃民间；文帝刘义隆时，司马顺潜入梁邹城，秘密谋划起事，后联合沙门首领司马百年，聚众起义，占领梁邹城，自称齐王，反抗刘宋朝廷。在位四个月，后为刘怀珍击败，被杀。［54］梁邹戍主：梁邹镇的驻军头领。梁邹，古县名，县治在今山东邹平市东北，是平原郡的郡治所在地，当时属于刘宋。戍，军事据点。崔勋之：刘宋官员，文帝刘义隆时，为梁邹县驻军首领。诣（yì）州：到州里办事。当时的梁邹戍上属于青州。诣，往，至。［55］乙酉：五月二日。［56］司马百年：刘宋青州的和尚。其本名不是司马百年，为了冒充晋朝皇室近族，自称之，聚众自号安定王，后被斩杀。［57］壬寅：五月十九日。［58］己巳：疑为"乙巳"之误。乙巳为五月二十二,五月内无"己巳"。［59］领南兖州刺史：兼任南兖州刺史。南兖州，州治广陵，在今江苏扬州市。领，兼任。［60］徙镇盱眙：将其都督的军部由徐州迁到盱眙县。［61］戊申：五月二十五日。［62］湛之国戚：徐湛之是刘氏皇室的亲戚。其父徐逵之娶刘裕之长女会稽公主为妻，故徐湛之是文帝刘义隆的外甥。［63］任遇隆重：受皇帝的信任宠爱。任遇，信任，重用。隆重，尊崇，器重。［64］每事推之：遇事总是推举徐湛之，让其做主。［65］并受辞诉：共同受理下面的奏事，意即让他们共同商量处理。［66］朝事：向皇帝禀报、请示事务。［67］壬戌：六月九日。［68］太子少傅：太子的辅佐，负责教习太子。游雅：字伯度，广平任县（今河北邢台市任泽区）人，北魏朝廷上显耀的汉族文人。初拜中书博士，为东宫内侍长，迁著作郎兼散骑侍郎、太子少傅，进为广平郡侯，出为散骑常侍、平南将军，迁东雍州刺史、假梁郡公，征为秘书监。传见《魏书》卷五十四。［69］胡方回：安定临泾人。初仕胡夏赫连勃勃，为中书侍郎。曾为赫连勃勃作《统万城铭》《蛇祠碑》诸文。后太武帝拓跋焘破赫连昌，入北魏，为北镇司马，拓跋焘太武帝召为中书博士，赐爵临泾子。后迁中书侍郎。清贫守道，以寿终。传见《魏书》卷五十二。更定律令：修订法律条文。更定，改定。［70］增损：增加或减少。［71］凡三百九十一条：最后制定出的法律条文共有三百九十一条。凡，总共。

魏太子晃监国[1]，颇信任左右[2]，又营园田[3]，收其利，高允谏曰："天地无私，故能覆载[4]；王者无私，故能容养[5]。今殿下国之储贰[6]，万方所则[7]；而营立[8]私田，畜养鸡犬，乃至酤贩市廛[9]，与民争利，谤声流布，不可追掩[10]。夫天下者，殿下之天下，富有四海，何求而无，乃与贩夫、贩妇[11]竞此尺寸之利乎！昔虢之将亡[12]，神赐之土田[13]，汉灵帝[14]私立府藏[15]，皆有颠覆之祸[16]。前鉴若此，甚可畏也。武王爱周、邵、齐、毕，所以王天下[17]；殷纣爱飞廉、恶来，所以丧其国[18]。今东宫俊乂[19]不少，顷来[20]侍御左右者，恐非在朝之选[21]。愿殿下斥去佞邪[22]，亲近忠良；所在田园[23]，分给贫下；贩卖之物，以时收散[24]，如此，则休声[25]日至，谤议[26]可除矣。"不听。

太子为政精察[27]，而中常侍宗爱[28]，性险暴，多不法，太子恶之。给事中仇尼道盛[29]、侍郎任平城[30]有宠于太子，颇用事，皆与爱不协[31]。爱恐为道盛等所纠[32]，遂构告[33]其罪。魏主怒，斩道盛等于都街[34]，东宫官属多坐死[35]，帝怒甚。戊辰[36]，太子以忧卒[37]。壬申[38]，葬金陵[39]，谥[40]曰"景穆"。帝徐知[41]太子无罪，甚悔之。

（以上为第五段，写北魏主拓跋焘南下，太子拓跋晃监国，私心有所泛滥，贤臣高允谏而不听，并遭中常侍宗爱谗害，忧虑过度去世，北魏上演了一曲宫廷悲剧。）

【注释】

[1]监国：监管国事，代为帝王处理国事。 [2]颇信任左右：相当地相信身边亲近的人。[3]营园田：经营农田，以收其利。 [4]覆载：天能覆盖，地能承载，以喻其广大、包容。[5]容养：收容、养育。 [6]国之储贰：皇位的继承人。储贰，未来的君王，当今皇帝的副手。贰，同"二"。 [7]万方所则：是普天下人学习的榜样。则，榜样。 [8]营立：营置，置办。[9]酤（gū）贩市廛（chán）：到市场上摆摊做买卖。酤，买酒或卖酒，这里指卖。市廛，市场。廛，市中的空地。 [10]不可追掩：不可追回，不可掩盖。 [11]贩夫、贩妇：小商小贩。 [12]虢（guó）之将亡：虢国，春秋时代的小诸侯国名，国都在今河南三门峡市陕州区东南，公元前655年，晋献公采用假道伐虢之计，将其灭之，末代国君虢公丑携贵族逃往东周京师洛邑。将亡，快要灭亡的时候。 [13]神赐之土田：语出《左传·庄公三十二年》，史嚚曰："虢其亡乎！吾闻之：国将兴，听于民；将亡，听于神。神，聪明正直而一者也，依人而行。虢多凉德，其何土之能得！"不久，虢国果然被晋国所灭。高允借此劝说太子拓跋晃不要经营私田，只有顺应民心才能兴国，否则即使是神赐土田，也会成为亡国的征兆。 [14]汉灵帝：东汉第十二位皇帝，在位期间，施行党锢及宦官政治；又设置西园，巧立名目搜刮钱财；在位晚期，爆发黄巾起义。谥号孝灵皇帝。传见《后汉书》卷八。 [15]私立府藏：汉灵帝光和元年（178），在西园开邸舍卖官，将所得的钱财贮

存在西邸的库房中，作为私有财产。［16］皆有颠覆之祸：汉灵帝贪得无厌，后来引发黄巾起义，东汉王朝从此名存实亡。颠覆，覆败，灭亡。［17］武王爱周、邵、齐、毕，所以王天下：周武王亲近周公姬旦、邵长姬奭、齐太公姜子牙和毕公姬高这四个贤臣，所以称王天下。［18］殷纣爱飞廉、恶来，所以丧其国：殷纣王宠信飞廉、恶来两个奸臣，所以国家灭亡。［19］东宫：太子所居之宫。俊乂（yì）：有才干的人。［20］顷来：近来。［21］在朝之选：朝廷上的拔尖人才。选，出类拔萃。［22］斥去佞邪：排除，驱逐奸邪之人。［23］所在田园：在各处经营的土地。［24］以时收散：赶紧地或收摊，或分给众人。以时，及时，迅即。［25］休声：赞美的声音。休，美。［26］谤议：诽谤，非议。［27］精察：精细，明察。［28］中常侍：在宫廷侍从皇帝的人员，以备参谋顾问。宗爱：北魏权臣，历史上第一个封王的宦官。天性毒暴，阴狠狡诈。拓跋焘时，出任中常侍，诬陷太子拓跋晃意图造反，导致东宫属官被杀，太子病死。后弑杀拓跋焘、拓跋余两帝，被逮捕并被处死。传见《魏书》卷九十四。［29］给事中：皇帝身边的侍从人员，以备参谋顾问等事，属于门下省。仇尼道盛：景穆太子拓跋晃部属，不睦于中常侍宗爱。后受到诬陷，下狱论死。［30］侍郎：即给事黄门侍郎，属门下省，也是皇帝的侍从官员。任平城：人名。拓跋焘时为侍郎，有宠于太子拓跋晃，后被杀。［31］不协：不协调，不和睦。［32］所纠：所罗织陷害。纠，相当于今之“揪辫子”，抓取其罪以陷之。［33］构告：罗织罪名以诬告。［34］都街：都城中的街道。［35］东宫官属：太子属下的官员。坐死：牵连被杀。［36］戊辰：六月十五日。［37］以忧卒：太子拓跋晃见自己的属下官员被杀，担心祸延及己，因而忧惧致死。［38］壬申：六月十九日。［39］金陵：北方民族对帝王陵墓的敬称，极称其尊贵与牢固。后世称元人成吉思汗之墓亦曰“金陵”。［40］谥（shì）：古代帝王或大官死后评给的称号。［41］徐知：渐渐知晓、明白。

秋，七月，丁亥［1］，魏主如阴山。

青、冀二州刺史萧斌［2］遣振武将军刘武之等击司马顺则、司马百年，皆斩之。癸亥［3］，梁邹平。

萧斌、王玄谟皆坐退败免官［4］。上问沈庆之曰：“斌欲斩玄谟而卿止之，何也？”对曰：“诸将奔退，莫不惧罪，自归而死［5］，将至逃散［6］，故止之。”

九月，癸巳［7］，魏主还平城。冬十月庚申［8］，复如阴山。

上遣使至魏，魏遣殿中将军郎法祐来修好［9］。

己巳［10］，魏上党靖王长孙道生［11］卒。

十二月，丁丑［12］，魏主封景穆太子之子浚为高阳王［13］，既而以皇孙世嫡[14]，不当为藩王[15]，乃止。时浚生四年，聪达[16]过人，魏主爱之，常置左右。徙秦王翰为东平王，燕王谭为临淮王，楚王建为广阳王，吴王余为南安王[17]。

帝使沈庆之徙彭城流民数千家于瓜步，征北参军程天祚徙江西流民数千家于姑孰[18]。

帝以吏部郎王僧绰为侍中[19]。僧绰，昙首之子也，幼有大成之度[20]，众皆以国器许之[21]。好学，有思理[22]，练悉朝典[23]。尚帝女东阳献公主[24]。在吏部[25]，谙悉人物[26]，举拔咸得其分[27]。及为侍中，年二十九，沈深有局度[28]，不以才能高人[29]。帝颇以后事为念[30]，以其年少，欲大相付托[31]，朝政大小，皆与参[32]焉。帝之始亲政事也，委任王华、王昙首、殷景仁、谢弘微、刘湛，次则范晔、沈演之、庾炳之，最后江湛、徐湛之、何瑀之及僧绰，凡十二人[33]。

唐和入朝于魏[34]，魏主厚礼之。

（以上为第六段，写北魏主拓跋焘非常钟爱嫡孙拓跋濬；宋文帝刘义隆宠幸任用王华等十二人，逐渐考虑身后人事安排，重用年轻有为的王僧绰。）

【注释】

[1]丁亥：七月五日。[2]萧斌：南兰陵（今江苏常州市）人，萧思话从弟，南朝宋将领。传见《宋书》卷七十八。[3]癸亥：八月十一日。[4]皆坐退败免官：王玄谟狂妄畏怯取败，死有余辜。王世贞曰："王玄谟首建北伐之谋，亲将大军望风退走；柳元景偏裨别将，破敌成功，宋主不能显加赏戮，此固佛狸之所望而侮者，尚可与之校胜负哉？"[5]自归而死：自己逃回如果还被处死。[6]将至逃散：那他们以后再打了败仗就不会再回来了。[7]癸巳：九月十二日。[8]庚申：十月九日。[9]殿中将军郎法祐来修好：古将军名号，掌宫廷侍卫。郎法祐，北魏官员，拓跋焘时为殿中将军，曾出使刘宋。修好，重修过去的安边友好关系。[10]己巳：十月十八日。[11]长孙道生：北魏北平王长孙嵩之侄，北魏三朝名将。长孙道生生前封上党王，死后谥号靖。传见《魏书》卷二十五。[12]丁丑：十二月二十七日。[13]高阳王：即拓跋濬（440—465），字乌雷，太武帝拓跋焘之孙，景穆帝拓跋晃长子，北魏第五位皇帝。传见《魏书》卷五。封地高阳郡，郡治博陆，在今河北蠡县南。[14]皇孙世嫡：拓跋晃的嫡子，拓跋焘的嫡孙。[15]不当为藩王：不应当封之为王，成为国家的诸侯，他是日后要成为国家皇帝的。[16]聪达：聪明，懂事。[17]"徙秦王翰"等四句：北魏秦王拓跋翰，太武帝拓跋焘第三子，改封为东平王；燕王拓跋谭，太武帝第四子，改封为临淮王；楚王拓跋建，太武帝第五子，改封为广阳王；

吴王拓跋余，太武帝第六子，后改封南安王。中常侍宗爱杀拓跋焘后，奉拓跋余为帝，年号永平。［18］姑孰：古地名，南豫州的州治，在今安徽当涂县。［19］吏部郎：尚书省中分管吏部的长官，掌管选任官吏，有如后来的吏部尚书。王僧绰：琅琊临沂（今山东临沂市）人，东晋丞相王导玄孙，权臣王昙首之子，刘宋大臣、驸马。传见《宋书》卷七十一。侍中：门下省的长官，总管枢密机要，是事实上的宰相之一，受宠信的程度远远超过三公与尚书令及中书令。［20］大成：宏伟远大，老成持重。度：气度，度量。［21］皆以国器许之：都认为他将来一定是治国安邦的好材料。许，认为，以为是。国器，指可以治国的人才。［22］有思理：分析问题有条理。［23］练悉朝典：非常熟悉朝廷的典章制度。［24］东阳献公主：即刘英娥，文帝刘义隆的长女，封号东阳公主，嫁给王昙首的儿子吏部尚书王僧绰，太尉王俭的母亲。［25］吏部：古代主管官员的官署，为尚书省六部之首，长官称为吏部尚书。［26］谙（ān）悉人物：熟知、了解国家的人才。［27］咸得其分：都能人尽其才。［28］沈深有局度：深沉而有度量。沈，同“沉”。［29］不以才能高人：不显示自己的才干本领以超过别人。高，超过，压倒。［30］以后事为念：为自己身后的事情操心。念，忧虑，放心不下。［31］大相付托：把身后的大事都托付给他。［32］与参：参与，过问。［33］凡十二人：宋文帝托付王华孝等十二个大臣以身后事，连自身都未保，可不衰哉。宋文帝托付多个大臣以求平衡，内讧不断，酿成悲剧，可为鉴戒！十二大臣中“何瑀之”，胡注认为当作“何尚之”。［34］唐和：镇抚亚焉耆的北魏大臣。传见《魏书》卷四十三。入朝于魏：到平城朝见太武帝拓跋焘。

二十九年（壬辰，452 年）

春，正月，魏所得宋民五千余家在中山[1]者谋叛，州军[2]讨诛之。冀州刺史张掖王沮渠万年坐与叛者通谋[3]，赐死。

魏世祖追悼景穆太子[4]不已，中常侍宗爱惧诛[5]，二月甲寅[6]，弑帝[7]，尚书左仆射兰延[8]、侍中和疋[9]、薛提[10]等秘不发丧[11]。延[12]、疋以皇孙浚冲幼[13]，欲立长君，征秦王翰[14]，置之秘室[15]；提以浚嫡皇孙，不可废。议久不决。宗爱知之，自以得罪于景穆太子，而素恶[16]秦王翰，善[17]南安王余，乃密迎余自中宫便门入禁中[18]，矫称赫连皇后令[19]召延等。延等以爱素贱，不以为疑，皆随入。爱先使宦者三十人持兵伏于禁中，延等入，以次收缚[20]，斩之；弑秦王翰于永巷[21]而立余。大赦，改元承平[22]，尊皇后为皇太后，以爱为大司马、大将军、太师、都督中外诸军事、领中秘书[23]，封冯翊王[24]。

庚午[25]，立皇子休仁为建安王[26]。

三月，辛卯[27]，魏葬太武皇帝于金陵[28]，庙号世祖[29]。

（以上为第七段，写北魏宫廷政变，太武帝拓跋焘被自己宠幸的中常侍宗爱刺杀，拥立南安王拓跋余入主大位。）

【注释】

[1]中山：古郡名，郡治在今河北定州市。定州也是北魏定州的州治所在地。[2]州军：定州的北魏驻军。[3]沮渠万年：北凉主沮渠蒙逊之子，沮渠牧犍之侄，以其能及早投降于北魏，被封为张掖王，封地张掖郡，郡治在今甘肃张掖市。并任为冀州刺史。传见《魏书》卷九十九。坐与叛者通谋：当时沮渠万年任冀州刺史，驻兵于今河北衡水市冀州区，与谋叛的中山郡人只相隔数百里，故被说成“与叛者通谋”。[4]魏世祖：即拓跋焘，死后庙号世祖。景穆太子：即拓跋晃，死后谥号景穆。[5]宗爱惧诛：太子拓跋晃平素憎恶中常侍宗爱，宗爱进谗言，太子的属官遭杀以及拓跋晃“以忧死”，今北魏主拓跋焘悼念太子，故宗爱惧诛。[6]甲寅：二月五日。[7]弑（shì）帝：拓跋焘被宗爱杀死时年45岁，共在位28年。弑，古时称臣杀君、子杀父母，是大逆不道的行为，称为“弑”。[8]尚书左仆（pú）射（yè）兰延：尚书令的副职。仆射，诸官之长。兰延，北魏官员，太武帝拓跋焘时为尚书左仆射，在宫廷政变中被宦官杀害。胡三省引《魏书·官氏志》曰：“北方诸姓，乌洛兰氏改为兰氏。”[9]和疋（pǐ）：北魏官员，太武帝拓跋焘时封吴兴公，为侍中。拓跋焘被杀，建议立年长皇子秦王拓跋翰即位。被宗爱杀害。[10]薛提：河东太原（今山西太原市）人，北魏大臣。出任镇东大将军、冀州刺史，颇有声绩，征为侍中、都官尚书，被中常侍宗爱矫旨杀害。文成帝即位，恢复地位，赠并州都督。传见《魏书》卷三十三。[11]秘不发丧：不宣布皇帝死的消息，担心朝廷动乱。[12]延：原文无“延”字，据章校补。延，即兰延。[13]冲幼：幼小不懂事。[14]秦王翰：即改封东平王的拓跋翰太武帝拓跋焘第三子，景穆帝拓跋晃异母弟。传见《魏书》卷十八。[15]秘室：即密室。[16]素恶：一向憎恶。[17]善：友善，友好。[18]中宫：皇后居住之处。禁中：帝王所居的宫苑，因不许人随便进出，故称之。[19]矫称赫连皇后令：假说是奉赫连皇后的命令。矫，假，诈。赫连皇后，拓跋焘的皇后，西夏主赫连勃勃之女。传见《魏书》卷十三。[20]以次收缚：进门一个捆一个。[21]永巷：宫廷中关押犯人之所。[22]承平：北魏南安王拓跋余的年号，历时数月。在此之前是拓跋焘的年号正平。[23]领中秘书：兼管秘书省的事务。秘书省是给皇帝起草诏令的部门，因为是在宫廷之中，故也称“中秘书”。其长官称秘书令。[24]冯翊王：封地冯翊郡，郡治在今陕西大荔县。[25]庚午：二月二十一日。[26]休仁：即刘休仁，文帝刘义隆第十二子，封为建安王。传见《宋书》卷七十二。[27]辛卯：三月十三日。[28]金陵：拓跋氏的帝陵都叫“金陵”。拓跋焘的“金陵”在云中郡，在今内蒙古和林格尔县西北的土城子。[29]庙号世祖：拓跋焘的庙号称作世祖。庙号，帝王死后，灵牌供入宗庙里，奉祀时特起的名号，通常都叫某祖或某宗等。

上闻魏世祖殂[1]，更谋北伐，鲁爽等复劝[2]之。上访[3]于群臣，太子中庶子何偃[4]以为“淮、泗数州[5]，疮痍[6]未复，不宜轻动。”上不从。偃，尚之之子也。

夏，五月，丙申[7]，诏曰：“虐虏穷凶[8]，著于自昔[9]，未劳资斧[10]，已伏天诛。拯溺荡秽[11]，今其会[12]也。可符骠骑、司空二府[13]，各部分[14]所统，东西应接。归义建绩[15]者，随劳酬奖[16]。”于是，遣抚军将军萧思话[17]督冀州刺史张永[18]等向碻磝[19]，鲁爽、鲁秀、程天祚将荆州甲士四万出许、洛[20]，雍州刺史臧质帅所领趣潼关[21]。永，茂度[22]之子也。沈庆之固谏北伐，上以其异议，不使行。

青州刺史刘兴祖[23]上言，以为：“河南阻饥[24]，野无所掠；脱[25]诸城固守，非旬月[26]可拔。稽留[27]大众，转输方劳[28]；应机乘势[29]，事存急速[30]。今伪帅始死[31]，兼逼暑时[32]，国内猜扰[33]，不暇远赴[34]。愚谓宜长驱中山，据其关要[35]。冀州以北[36]，民人尚丰[37]，兼麦已向熟[38]，因资为易[39]，向义之徒[40]，必应响赴[41]。若中州[42]震动，黄河以南，自当消溃[43]。臣请发青、冀[44]七千兵，遣将领之，直入其心腹[45]。若前驱克胜[46]，张永及河南众军，宜一时济河，使声实兼举[47]，并建司牧[48]，抚柔初附[49]，西拒太行[50]，北塞军都[51]，因事指挥[52]，随宜加授[53]，畏威欣宠[54]，人百其怀[55]。若能成功，清壹可待[56]；若不克捷，不为大伤。并催促装束[57]，伏听敕旨[58]。”上意止存河南[59]，亦不从。上又使员外散骑侍郎琅邪徐爰[60]随军向碻磝，衔中旨授诸将方略[61]，临时宣示[62]。

尚书令何尚之以老请致仕[63]，退居方山[64]。议者咸谓尚之不能固志[65]。既而诏书敦谕[66]者数四,六月，戊申朔[67]，尚之复起视事[68]。御史中丞袁淑[69]录自古隐士有迹无名者为《真隐传》以嗤[70]之。

秋，七月，张永等至碻磝，引兵围之。

（以上为第八段，写宋文帝刘义隆听不进正面意见，趁北魏主拓跋焘被杀之际，再次轻躁出兵北伐。）

【注释】

[1]殂（cú）：去世。［2］劝：鼓励，劝勉。［3］访：咨访，咨询。［4］太子中庶子：太子手下的属官。何偃：字仲弘，左光禄大夫何尚之次子，为太子中庶子，历侍中，掌诏诰，后迁吏部尚书，谥号靖。传见《宋书》卷五十九。［5］淮、泗数州：淮河、泗水流域的几个州，指青州、冀州、徐州、兖州、司州、豫州等。［6］疮痍（yí）：比喻遭受灾祸后凋敝的景象。［7］丙申：五月十九日。［8］虐虏穷凶：残暴的胡虏穷凶极恶。虐虏，指北魏主。［9］著于自昔：自古以来一贯如此。著，显明，为世人所共知。［10］未劳资斧：用不着我们动用斧钺。资，凭借，动用。［11］拯溺（nì）荡秽（huì）：拯救落水的百姓，清扫垃圾。比喻推翻敌人政权。［12］今其会：现在正是千载难逢的好时机。会，关键时刻。［13］骠骑、司空二府：指骠骑将军府与司空府。当时江夏王刘义恭，被降号为骠骑将军，镇盱眙；南谯王刘义宣，进位司空，镇江陵。［14］部分：部署，统率。［15］归义建绩：归向正义，即前来投降于己，立有战功。［16］随劳酬奖：按照其功劳大小，给予奖励。［17］萧思话：刘宗抚军将。传见《宋书》卷七十八。［18］冀州：此指刘宋侨立的冀州，州治历城，在今山东济南市。张永：字景云，刘宋冀州刺 史，传见《宋书》卷五十三。［19］碻（qiāo）磝（áo）：即碻磝戍，古代军事要地名，在今山东东阿县西北，聊城的东南。［20］出许、洛：向着许昌、洛阳的方向进军。［21］雍州：刘宋的州治襄阳，在今湖北襄阳市襄州区。趣潼关：杀向潼关。趣，同“趋”，向着某地前进。潼关，古关塞名，在今陕西潼关县。［22］茂度：即张裕，字茂度，刘宋时，任益州刺史、廷尉、奉车都尉、五兵尚书、太常卿、光禄大夫。传见《南史》卷三十一。［23］刘兴祖：祖籍彭城，世居京口（今江苏镇江市），刘宋青州刺史。《宋书》卷四十五。［24］河南阻饥：黄河以南的大片地区正闹饥荒。河南，古区域名，大体相当于今之河南省的黄河以南地区，当时刘宋与北魏战争的主要战场。阻，恰逢，正在经受。［25］脱：假如，一旦。［26］旬月：十天半月。拔：攻拔，攻下。［27］稽留大众：几十万大军一旦停留在那里。稽留，滞留。［28］转输方劳：到那时粮食供应将会成为伤脑筋的大问题。［29］应机乘势：利用时机以奔袭敌人。［30］事存急速：关键问题在于速战速决。事存，关键在于。［31］伪帅：指北魏主拓跋焘。始：刚。［32］兼逼暑时：夏天又将很快到来。逼，逼近，靠近。［33］猜扰：因猜疑而扰乱。［34］不暇远赴：来不及派兵出征。［35］据其关要：占领他们的冲要之地。胡三省曰：“自中山至代，有倒马关、飞狐关。”［36］冀州以北：北魏国的冀州，在今河北衡水市冀州区，在石德铁路以南。上文所说的中山，即在冀州以北。［37］民人尚丰：因为上年的两国战争没有波及这一带，百姓还比较富裕。［38］向熟：差不多就要成熟了。［39］因资为易：便于掠取以为军食。因资，因而取以为资。［40］向义之徒：心向刘宋的人们。［41］必应响赴：必定响应、趋附。［42］中州：古区域名，又名中土、中原、中国，黄河中下游河南的古称，意为国之中、华夏之中。这里指中山郡所处的定州地区的民众。［43］消溃：瓦解，崩溃。［44］青、冀：刘宋的青、冀二州州治在今山东青州市，当时称作东阳。［45］心腹：即心脏地区。［46］前驱：先锋部队。克胜：获胜。［47］声实兼举：虚张声势与实际进攻。

[48]并建司牧：在新攻下的地方普遍地建立地方官。司牧，州郡的行政官员。[49]抚柔初附：安抚笼络新归附的百姓。[50]西拒太行：向西据守太行山。太行，古山名，是今河北与山西两省交界的大山。[51]北塞军都：向北堵塞军都山。军都，古山名，也叫居庸山，在今北京市昌平区西北。[52]因事指挥：根据实际情况进行指挥，意即朝廷不要从中多加干预。[53]随宜加授：根据需要委派新的官职。[54]畏威欣宠：既害怕我们的军威，又喜欢我们的封赏。宠，优待，指封赏。[55]人百其怀：其感恩戴德、愿为效力之情百倍于平时。[56]清壹可待：统一天下的日子也就不远了。壹，同“一”。[57]催促装束：已经命令部下做好准备。[58]伏听敕旨：静听朝廷的旨意下达。伏，谦词。刘兴祖的主要意思是集中力量进攻太行山以东的今河北一带地区。虽“西拒太行，北塞军都”，尤其“清壹可待”云云，不无夸大妄想之嫌，而其集中一路，突然袭击之意不无可取。[59]止存河南：只想收复河南。止，只。[60]员外散骑侍郎：挂名的侍从官员，在帝王身边起参谋顾问之用。员外，指正员之外。琅邪：古郡国名，郡治在今山东临沂市。徐爰（394—475）：本名瑗，字长玉，南琅琊开阳（今属江苏）人，刘宋著名大臣、史学家。工于心计，能言善辩。文帝时为殿中侍御史、始兴王刘浚的后军参军、员外散骑侍郎；刘骏时为太常丞，补尚书水部郎，转为殿中郎，兼尚书右丞，升为尚书左丞。传见《宋书》卷九十四。[61]衔中旨授诸将方略：带着皇帝的旨意告诉诸将此仗该如何打。[62]临时宣示：到开战前才对他们宣布。[63]尚书令：尚书台主管官员，主持处理国家政务。请致仕：请求退休。“致仕”，原文作“置仕”，据章校改。[64]方山：古山名，在今江苏南京市东北。[65]咸谓尚之不能固志：都估计不可能坚持退休的想法。[66]敦谕：敦促、晓谕，意思是留他不要退休。[67]戊申朔：六月一日。[68]复起视事：又出来主持政事。视事，过问、处理政事。[69]御史中丞：国家掌管监察的主要长官。袁淑：刘宋大臣，以文学著称于时。传见《宋书》卷七十。[70]“录自古隐士”句：录，著录，编纂。隐士，隐居不仕之士。有迹无名者，有事迹，但不知其姓字为谁，如晨门、荷贯、野王二老、汉阴丈人之类。这样的人才是真正的隐士，而大量的出名隐士都是徒有其名，实际上是一群虚张声势的沽名钓誉之徒。嗤（chī），耻笑，嘲弄。

壬辰[1]，徙汝阴王浑[2]为武昌王，淮阳王彧[3]为湘东王。

初，潘淑妃[4]生始兴王浚[5]。元皇后[6]性妒，以淑妃有宠于上，恚恨[7]而殂，淑妃专总内政[8]。由是太子劭深恶淑妃及濬。濬惧为将来之祸[9]，乃曲意事劭[10]，劭更与之善[11]。

吴兴巫严道育[12]，自言能辟谷服食[13]，役使鬼物[14]，因东阳公主婢王鹦鹉出入主家[15]。道育谓主曰：“神将有符[16]赐主。“主夜卧，见流光若萤，飞入书笥[17]，开视，得二青珠。由是主与劭、濬皆信惑[18]

之。劭、濬并[19]多过失，数为上所诘责；使道育祈请[20]，欲令过不上闻[21]。道育曰："我已为上天陈请，必不泄露。"劭等敬事之，号曰"天师"。其后遂与道育、鹦鹉及东阳主奴陈天与、黄门陈庆国[22]共为巫蛊[23]，琢玉为上形像[24]，埋于含章殿[25]前。劭补天与为队主[26]。

东阳主卒，鹦鹉应出嫁，劭、濬恐语泄[27]，濬府佐吴兴沈怀远[28]，素为濬所厚，以鹦鹉嫁之为妾。

上闻天与领队[29]，以让[30]劭曰："汝所用队主副[31]，并是奴邪[32]？"劭惧，以书告濬。濬复书曰："彼人若所为不已[33]，正可促其余命[34]，或是大庆之渐[35]耳。"劭、濬相与往来书疏，常谓上为"彼人"，或曰"其人"，谓江夏王义恭为"佞人"[36]。

鹦鹉先与天与私通[37]，既适[38]怀远，恐事泄，白劭使密杀之[39]。陈庆国惧，曰："巫蛊事，惟我与天与宣传往来[40]。今天与死，我其危哉！"乃具以其事白上[41]。上大惊，即遣收鹦鹉[42]；封籍其家[43]，得劭、濬书数百纸，皆咒咀[44]巫蛊之言；又得所埋玉人，命有司穷治[45]其事。道育亡命，捕之不获。

先是，濬自扬州[刺史]出镇京口[46]，及庐陵王绍以疾解扬州[47]，意谓[48]已必复得之。既而上用南谯王义宣[49]，濬殊[50]不乐，乃求镇江陵[51]，上许之。濬入朝，遣还京口，为行留处分[52]，至京口数日而巫蛊事发。上惋叹弥日[53]，谓潘淑妃曰："太子图富贵[54]，更是一理[55]，虎头复如此[56]，非复思虑所及[57]。汝母子岂可一日无我邪[58]！"遣中使切责[59]劭、濬，劭、濬惶惧无辞[60]，惟陈谢[61]而已。上虽怒甚，犹未忍罪[62]也。

（以上为第九段，写太子刘劭与其弟刘濬合谋，利用巫术蛊诅咒其父，奸情暴露后，文帝姑息，祸起宫闱而不能整肃，使得刘劭与刘濬变本加厉，滑向深渊。）

【注释】

[1]壬辰：七月十六日。 [2]汝阴王浑：即刘浑，文帝刘义隆第十子。少凶戾，袭封汝阳王，后徙武昌王。传见《宋书》卷七十九。 [3]淮阳王彧（yù）：即刘彧，文帝刘义隆第十一子，初封淮阳王，改封湘东王，后夺取皇位为刘宋第七位皇帝，史称发明帝。传见《宋书》卷八。 [4]潘淑妃：文帝刘义隆宠妃。元嘉三十年（453），太子刘劭兵变杀害潘淑妃，其后平定了刘劭之乱的

宋孝武帝刘骏追赠淑妃为长宁园夫人。传见《宋书》卷四十一。［5］始兴王濬：潘淑妃所生刘濬，南朝宋文帝刘义隆次子，讨好太子刘劭，元嘉三十年（453）参与太子的宫廷政变，杀害生父刘义隆及生母潘淑妃皇后，后被孝武帝所杀。传见《宋书》卷九十九。［6］元皇后：袁齐妫，左光禄大夫袁湛庶女，宋文帝刘义隆皇后，生太子刘劭和东阳公主刘英娥。谥号元，故称文元皇后。传见《宋书》卷四十一。［7］恚（huì）恨：怨恨。恚，怨。［8］专总内政：独揽宫廷内的各种事务。［9］惧为将来之祸：害怕日后被太子所害。［10］曲意事劭：违心地极力向太子刘劭讨好。［11］更与之善：改变态度与之友好相处。［12］严道育：刘宋时吴兴人，文帝刘义隆时的女巫师，自称有法术，后经王鹦鹉介绍得到刘劭与刘濬的信赖，让她在刘英娥府上做法，用巫蛊之术诅咒父亲刘义隆。最后和王鹦鹉一同在街上被鞭死。［13］辟谷服食：不吃五谷，只服用丹药。［14］役使鬼物：支使、驱使鬼怪。［15］东阳公主婢王鹦鹉出入主家：元皇后所生刘英娥，文帝刘义隆的长女，封号东阳公主。王鹦鹉，本为东阳公主刘英娥侍女，参与太子刘劭巫蛊。后刘劭发动叛乱，弑父称帝，将其接入宫中，大受宠幸。后被刘骏鞭杀，投尸江中。出入主家，在东阳公主家出出进进，极言其受东阳公主之宠。［16］符：符箓，道士、方士用以骗人的东西，假说可以驱妖、辟邪、避邪等等。［17］书笥（sì）：装书的箱子。笥，方形竹器。［18］信惑：相信，被迷惑。［19］并：皆，都。［20］使道育祈请：让严道育替他们祈求上天。［21］欲令过不上闻：保佑他们可以别让其父知道他们所干的坏事。不上闻，别让皇上知道。［22］陈天与：刘宋时人，文帝刘义隆时为东阳公主刘英娥的奴仆。黄门：古代宫门多油漆成黄色，故称黄门，一般代称给事于宫门之内的郎官，是皇帝近侍之臣。陈庆国：刘宋时人，文帝刘义隆时为内侍官。［23］共为巫蛊（gǔ）：一起用巫蛊的手段祈求鬼怪咒文帝刘义隆死。巫蛊，古代骗子所用的一种据说可以支使鬼怪置人于死的妖术。［24］琢玉为上形像：用玉雕刻成一个文帝模样的小人。［25］含章殿：刘宋宫廷中皇帝会见群臣议事的主要场所。［26］补天与为队主：任命陈天与为自己卫队的头领。补，任命。队主，队长，一队的管事人，但不是正式官名。［27］恐语泄：怕王鹦鹉出嫁后泄漏出巫蛊之事。［28］濬府佐：始兴王刘濬府的僚属。佐，助手。沈怀远：吴兴武康（今浙江湖州市）人，刘宋官员。因他的妾室王鹦鹉参与巫蛊事件，受到株连，被宋孝武帝刘骏遣往广州，秘密下令广州刺史宗悫将其处决。其文笔很好，代宗悫撰写檄文，宗悫向孝武帝求情，使其得到赦免，后为武康令。传见《宋书》卷八十二。［29］领队：统领太子宫的卫队。［30］让：责让，批评。［31］队主副：正队主与副队主。［32］并是奴邪：竟然用的都是奴才吗？［33］彼人：那个人，指其父刘义隆，非常不尊重的口气。所为不已：再对我们干涉不休。已，休止。［34］正可促其余命：正好让他快点死。［35］或是大庆之渐：也许是我们欢乐节日的即将到来。大庆，指刘劭登基做皇帝。渐，开始，开头。胡三省曰："据此，则弑逆之谋濬实启之。劭在都，濬在京口，故以书往来。详察书意，则劭、濬逆谋岂一朝一夕之故哉？其所由来者渐矣。此书乃赞决其逆谋，非启之也。"［36］佞人：甜言蜜语讨好于人的人。［37］私通：非夫妇间的不正当关系。［38］适：嫁，嫁给。［39］杀之：杀掉陈天与灭口。［40］宣传往来：来回传递消息。宣传，传递，传达。［41］白上：告诉皇上。［42］遣收鹦鹉：派人逮捕王鹦鹉。［43］封籍其家：将王鹦鹉家封门查抄。籍，查抄，登记。［44］咒咀（zǔ）：诅咒，指祈求鬼神降祸于所恨之人。咀，通“诅”。［45］有司穷治：有关主管部门严厉审理，彻底追查。［46］自扬州出镇京口：刘浚由扬州刺史改任南徐、兖二州刺史，征北将军，驻兵于京口，事在元嘉二十六年（449）。扬州刺史的州治在建康城内，京口在今江苏镇江市，离开京城到京口，故曰“出”。［47］庐陵王绍：刘绍，字休胤，文帝刘义隆第五子，封为庐陵王，过继给庐陵孝献王刘义真。传见《宋书》卷六十一。以疾解扬州：因病免去扬州刺史之职。［48］意谓：以为，估计。［49］南谯王义宣：刘义宣，刘裕第六子，南朝宋宗初封竟陵王，改封南郡王。后反叛，被杀。传见《宋书》卷六十八。［50］殊：特别。［51］镇江陵：即任荆州刺史。荆州的州治江陵，在今湖北江陵县西北的纪南城。［52］为行留处分：作走和留的准备。［53］惋叹弥日：惋惜地慨叹了一整天，表现了深深的遗憾之情。［54］图富贵：指迫不及待地抢班夺权。［55］更是一理：意即可以理解，有他的道理。［56］虎头复如此：而刘濬也跟在里头搅和。虎头，始兴王刘濬的小字。［57］非复思虑所及：是让人想象不到的。［58］汝母子岂可一日无我邪：胡三省曰：“言一日无帝，则淑妃及濬将为劭所杀也。”［59］中使切责：来自皇帝身边的使者严厉谴责。［60］惶惧无辞：惶恐，害怕，一句话也说不出来。［61］陈谢：认罪，服罪。［62］未忍罪：没有决心要杀掉他们。罪，加罪，处死。胡三省曰：“‘当断不断，反受其乱’，文帝之谓也。”

诸军攻碻磝[1]，治三攻道[2]：张永等当东道，济南太守申坦等当西道，扬武司马崔训[3]当南道。攻之累旬[4]不拔。八月，辛亥[5]夜，魏人自地道潜出，烧崔训营及攻具；癸丑[6]夜，又烧东围[7]及攻具；寻[8]复毁崔训攻道。张永夜撤围退军，不告诸将，士卒惊扰；魏人乘之[9]，死伤涂地[10]。萧思话自往，增兵力攻，旬余不拔。是时，青、徐不稔[11]，军食乏。丁卯[12]，思话命诸军皆退屯历城[13]，斩崔训，系[14]张永、申坦于狱。

鲁爽至长社[15]，魏戍主秃发幡弃城走[16]。臧质顿兵近郊[17]，不以时发[18]，独遣冠军司马柳元景帅后军行参军薛安都等进据洪关[19]。梁州刺史刘秀之遣司马马汪[20]与左军中兵参军萧道成[21]将兵向长安。道成，承之之子也。魏冠军将军封礼自涅津[22]南渡，赴弘农[23]。九月，司空高平公儿乌干[24]屯潼关，平南将军黎公辽屯河内。

吐谷浑王慕利延卒，树洛干之子拾寅[25]立，始居伏罗川[26]，遣使来请命[27]，亦请命于魏[28]。丁亥[29]，以拾寅为安西将军，西秦、河、沙[30]

三州刺史，河南王[31]；魏以拾寅为镇西大将军、沙州刺史、西平王[32]。

庚寅[33]，鲁爽与魏豫州刺史拓跋仆兰战于大索[34]，破之，进攻虎牢[35]。闻碻磝败退，与柳元景皆引兵还。萧道成、马汪等闻魏救兵将至，还趣仇池[36]。己丑[37]，诏解萧思话徐州，更领冀州刺史，镇历城[38]。

上以诸将屡出无功，不可专责张永等，赐思话诏曰："虏既乘利[39]，方向盛冬[40]，若脱敢送死[41]，兄弟父子自共当之[42]耳。言及增愤[43]！可以示张永、申坦[44]。"又与江夏王义恭书曰："早知诸将辈如此，恨不以白刃驱之[45]。今者悔何所及！"义恭寻奏免[46]思话官，从之。

（以上为第十段，写宋文帝刘义隆再次北伐，诸将无功而返。）

【注释】

[1]碻（qiāo）磝（áo）：即碻磝戍，古代军事要地名，在今山东东阿县西北，聊城的东南。[2]治：治理，实施。三攻道：三条攻城的路线。[3]扬武司马崔训：扬武将军的司马官。司马，是将军的高级僚属，在军中主管司法。崔训，刘宋官员，文帝刘义隆时为扬武司马，曾参加北伐，从南道进攻碻磝戍。[4]累旬：数旬，几十天。一旬十日。[5]辛亥：八月五日。[6]癸丑：八月七日。[7]东围：东道攻城宋军的兵营。[8]寻：不久。[9]乘之：趁机发起攻击。[10]死伤涂地：死者与伤者满地都是。涂地，犹言遍地，鲜血染遍大地。[11]不稔（rěn）：歉收，年景不好。[12]丁卯：八月二十一日。[13]历城：古县名，县治在今山东济南市。[14]系：拘禁。[15]长社：古县名，县治在今河南长葛市东北。[16]秃发幡弃城走：北魏将领，为长社守将，刘宋来攻，弃城而走。"发"，原文作"髮"，据章校改。胡三省曰："鲁爽父子兄弟先居长社，以南兵来，声势既盛，秃发幡恐其有内应，故不能守而走。"[17]顿兵近郊：驻兵于襄阳近郊。[18]不以时发：不按时出兵北上。[19]洪关：又作"鸿关"，古关名，在今河南灵宝市西南。[20]马汪：刘宋官员，文帝刘义隆时为梁州刺史刘秀之的司马官。[21]左军中兵参军：左军将军的中兵参军，中兵曹的主官。萧道成：字绍伯，小字斗将，刘宋名将萧承之的儿子，后为南朝萧剂开国皇帝。传见《南齐书》卷一。[22]封礼：北魏将领，为冠军将军。沍（dòu）津：古渡口名，在今河南灵宝市东北的黄河上。[23]弘农：古县名，县治在今河南灵宝市东北的故函谷关城。[24]儿乌干：人名。北魏司空，封为高平公。[25]拾寅：慕容拾寅，为吐谷浑王树洛干之子，慕利延之侄，继其叔慕利延为吐谷浑王，是吐谷浑第十二任国王主。传见《魏书》卷一百一。[26]伏罗川：古地名，在今青海都兰县诺木洪一带。拾寅继承吐谷浑王位后，把政治中心从莫何川西迁到这里，是吐谷浑建立的第二个政治中心。[27]来请命：来向刘宋请求旨意，意即向刘宋称臣。[28]亦请命于魏：同时也听命于北魏，即所谓"两属"，两边都

不得罪。吐谷浑对东方的强大政权历来都是采取这种态度。［29］丁亥：七月十一日。［30］西秦、河、沙：古三州名，刘宋遥指地名而封之，实际地盘都在北魏国的管辖下。西秦，即所谓秦州，州治在今甘肃天水市；河州，州治枹罕，在今甘肃临夏县东北；沙州，州治敦煌，在今甘肃敦煌市西。［31］河南王：封地河南，指青海、甘肃境内的黄河以南地区，只是给予一个名义而已。［32］西平王：封地西平郡，郡治在今青海西宁市。［33］庚寅：七月十四日。［34］大索：古城名，在今河南荥阳市。［35］虎牢：关塞名，在今荥阳西北的古汜水镇，其北侧即秦汉时代的成皋城。［36］还趣仇池：退向仇池。趣，同"趋"，向。仇池，古郡名，郡治骆谷，在今甘肃西和县东南，成县之西。［37］己丑：七月十三日。［38］镇历城：刘宋的冀州州治侨设在历城，在今山东济南市，真正的冀州在今河北境内，当时属于北魏。［39］乘利：乘胜前进，正在得意的势头上。［40］方向盛冬：严冷的冬天就要到来。方向，就要到来。冬天到来对北方民族的军事行动有利，意思是如今正是敌人可能向我们发动进攻的时刻。［41］若脱敢送死：假如敌人胆敢前来进攻我国。脱，竟然。送死，指敌人来攻。［42］兄弟父子自共当之耳：我们刘氏一门的上上下下会自己挺身而出与之拼命。言外之意是你们这些外姓人不是都打不过人家吗！对诸将有讥讽之意。［43］言及增愤：说到这里不由得令人愤慨，既恨敌人的猖狂，又恨自己诸将的不争气。［44］可以示张永、申坦：可将诏书给张永、申坦看。［45］以白刃驱之：意即亲自提刀在后面督战。［46］寻奏免：不久请求罢免。

魏南安隐王余自以违次而立[1]，厚赐群下，欲以收众心；旬月[2]之间，府藏虚竭。又好酣饮及声乐、畋猎[3]，不恤[4]政事。宗爱为宰相，录三省[5]，总宿卫[6]，坐召公卿[7]，专恣[8]日甚。余患之，谋夺其权，爱愤怒。冬，十月，丙午朔[9]，余夜祭东庙[10]，爱使小黄门贾周[11]等就弑余[12]，而秘之[13]，惟羽林郎中[14]代人刘尼[15]知之。尼劝爱立皇孙濬，爱惊曰："君大痴人！皇孙若立，岂忘正平时事[16]乎！"尼曰："若尔[17]，今当立谁？"爱曰："待还宫，当择诸王贤者立之。"

尼恐爱为变，密以状告殿中尚书源贺[18]。贺时与尼俱典兵宿卫[19]，乃与南部尚书陆丽[20]谋曰："宗爱既立南安，还复杀之。今又不立皇孙，将不利于社稷。"遂与丽定谋，共立皇孙。丽，俟[21]之子也。

戊申[22]，贺与尚书长孙渴侯严兵[23]守卫宫禁，使尼、丽迎皇孙于苑[24]中。丽抱皇孙于马上，入平城，贺、渴侯开门纳之。尼驰还东庙，大呼曰："宗爱弑南安王[25]，大逆不道，皇孙已登大位，有诏，宿卫之士皆还宫！"众咸呼万岁，遂执宗爱、贾周等，勒兵而入，奉皇孙即皇帝位。登永安殿[26]，大赦，改元兴安[27]。杀爱、周，皆具五刑[28]，夷三族[29]。

（以上为第十一段，写北魏在一年中连续发生两次政变，权臣宗爱又弑杀国主拓跋余，源贺、陆丽等拥立皇孙拓跋濬，即位后，诛杀奸党宗爱，灭三族。）

【注释】

[1]违次而立：违反长幼次序，被立为国君。拓践余为拓跋焘第六子，他还有几个兄长。[2]旬月：十天至一个月，指较短的时日。[3]酣（hān）饮：畅饮，痛饮。声乐：古代泛指音乐和音乐活动。畋（tián）猎：打猎。[4]不恤：不关心，不思考。[5]录三省：总领三省的大权。录，总管。胡三省曰："魏盖以尚书、侍中、中秘书为三省，亦犹今以尚书、门下、中书为三省也。"[6]总宿卫：总统皇家的警卫部队。[7]坐召公卿：坐在那里对三公九卿呼来唤去，极言其自傲尊大。[8]专恣：专权放纵，为所欲为。[9]丙午朔：十月一日。[10]东庙：白登山上的先祖之庙。白登在平城东，故曰"东庙"。[11]小黄门：小太监。贾周：人名，太监，曾杀害北魏主拓跋余。[12]就弑余：到拓跋余所在之处而弑之。拓跋余为帝仅二百二十多天。[13]秘之：将此事保密。[14]羽林郎中：皇帝卫队中的郎中。羽林，禁卫军的代称，取其义为为国羽翼，如林之盛。郎中，皇帝的侍从人员。[15]刘尼：北魏大臣，拥立拓跋濬。传见《北史》卷二十八。[16]正平时事：指皇孙拓跋濬之父景穆太子拓跋晃，因受宗爱等所逼而"以忧死"，时为拓跋焘正平元年（451）。[17]若尔：依你说，按照你的想法。[18]殿中尚书：北魏初置，掌管殿内兵马、仓库。源贺：原名秃发破羌，南凉主秃发傉檀之子，因及早投降北魏，而受到北魏主拓跋焘宠信，封西平郡公，迁征西将军，赐姓源。传见《魏书》卷四十一。[19]典兵宿卫：统领禁卫军以护卫宫廷。典，掌管，统率。[20]南部尚书：北魏所设的五部尚书之一，分掌南部州郡。陆丽：东平成王陆俟之子，北魏大臣。传见《魏书》卷四十。[21]俟（sì）：即陆俟，北魏将领，封东平郡王。传见《魏书》卷四十。[22]戊申：十月三日。[23]尚书：尚书郎，尚书台官员，处理政务。长孙渴侯：北魏大臣。曾为殿中尚书，联合南部尚书陆丽、尚书源贺诛杀权臣宗爱，迎立皇孙拓跋濬即位，是为文成帝，擢为尚书令、开府仪同三司。传见《北史》卷二十八。严兵，犹陈兵，严阵以待。[24]苑：指北魏都平城城外的鹿苑。[25]弑南安王：胡三省曰："刘尼仅以弑南安王为宗爱罪，不能正其弑世祖之罪也。"南安王，即拓跋余，封南安王。[26]永安殿：胡三省引《北史》曰："魏太武帝始光二年（425），改东宫为万寿宫，起永安、安乐二殿。"[27]兴安：北魏文成帝拓跋濬的年号。[28]具五刑：用遍五种残酷的刑法。历代对五刑的说法不同，《汉书·刑法志》曰："当三族者，皆先黥、劓、斩左右趾，笞杀之，枭其首，菹其骨肉于市。其诽谤诅詈者，又先断舌，故谓之具五刑。"[29]夷三族：灭掉三族。三族，父族、母族、妻族。

西阳五水[1]群蛮反，自淮、汝至于江、沔[2]，咸被其患[3]。诏太尉中兵参军[4]沈庆之督江、豫、荆、雍四州兵讨之。

魏以骠骑大将军拓跋寿乐[5]为太宰、都督中外诸军、录尚书事[6]，长孙渴侯为尚书令，加仪同三司[7]。十一月，寿乐、渴侯坐争权，并赐死。

癸未[8]，魏广阳简王建[9]、临淮宣王谭[10]皆卒。

甲申[11]，魏主母闾氏[12]卒。

魏南安王余之立也，以古弼[13]为司徒，张黎[14]为太尉。及高宗[15]立，弼、黎议不合旨[16]，黜为外都大官[17]；坐有怨言，且家人告其为巫蛊，皆被诛。

壬寅[18]，庐陵昭王绍卒。

魏追尊景穆太子为景穆皇帝，皇妣闾氏为恭皇后[19]，尊乳母常氏为保太后[20]。

陇西屠各王景文[21]叛魏，署置[22]王侯；魏统万镇将南阳王惠寿[23]、外都大官于洛拔[24]督四州[25]之众讨平之，徙其党三千余家于赵、魏[26]。

十二月，戊申[27]，魏葬恭皇后于金陵[28]。

魏世祖[29]晚年，佛禁稍弛[30]，民间往往有私习者。及高宗[31]即位，群臣多请复[32]之。乙卯[33]，诏州郡县众居之所，各听建佛图一区[34]；民欲为沙门[35]者，听出家，大州五十人，小州四十人。于是，向[36]所毁佛图，率皆修复[37]。魏主亲为沙门师贤等五人下发[38]，以师贤为道人统[39]。

丁巳[40]，魏以乐陵王周忸[41]为太尉，南部尚书[42]陆丽为司徒，镇西将军杜元宝[43]为司空。丽以迎立之功，受心膂之寄[44]，朝臣无出其右者。赐爵平原王[45]，丽辞曰："陛下，国之正统[46]，当承基绪[47]；效顺奉迎[48]，臣子常职[49]，不敢慆天之功以干大赏[50]。"再三不受。魏主不许。丽曰："臣父奉事先朝，忠勤著效[51]。今年逼桑榆[52]，愿以臣爵授之[53]。"帝曰："朕为天下主，岂不能使卿父子为二王邪！"戊午[54]，进其父建业公俟爵为东平王[55]。又命丽妻为妃，复其子孙[56]，丽力辞不受。帝益嘉之。

以东安公刘尼为尚书仆射[57]，西平公[58]源贺为征北将军，并进爵为王。帝班赐[59]群臣，谓源贺曰："卿任意取之。"贺辞曰："南北未宾[60]，府库不可虚也。"固[61]与之，乃取戎马一匹。

高宗之立也，高允预其谋[62]，陆丽等皆受重赏，而不及允[63]，允终身不言[64]。

甲子[65]，周忸坐事，赐死。时魏法深峻[66]，源贺奏："谋反之家，男子十三以下本不预谋者，宜免死没官[67]。"从之。

江夏王义恭还朝。辛未[68]，以义恭为大将军、南徐州[69]刺史，录尚书[70]如故。

初，魏入中原[71]，用《景初历》[72]，世祖克沮渠氏[73]，得赵䮾[74]《玄始历》[75]，时人以为密[76]，是岁[77]，始行之。

（以上为第十二段，写北魏废除禁佛令，推行赵䮾《玄始历》纪年。）

【注释】

[1]西阳五水：西阳，古郡名，郡治在今湖北黄冈市东。五水，五条河流，古代对今湖北武汉市以东、长江北岸支流巴水、蕲水、希水、西归水、赤亭水的总称。 [2]自淮、汝至于江、沔（miǎn）：东起淮河、汝水流域，西至于长江、汉水流域，亦即东起河南东南部，西至湖北中部的广大地区。沔，古水名，汉水的上游，在陕西省，此代称汉水。 [3]咸：皆，都。患：患害。 [4]太尉中兵参军：太尉刘义宣的中兵参军。刘义宣是文帝刘义隆之弟。 [5]拓跋寿乐：北魏宗室大臣，封南安王。传见《魏书》卷十四。 [6]"为太宰"句：太宰，辅佐国王治理国家。录尚书事，总管尚书省的事务。虽然没有尚书令之名，但有尚书令的实权，位同宰相。录，总领。 [7]仪同三司：加官名，享有三公的礼仪待遇。所以任长孙渴侯为尚书令，并加仪同三司，乃赏其参与定策之功。 [8]癸未：十一月八日。 [9]广阳简王建：拓跋建。传见《魏书》卷十八。 [10]临淮宣王谭：拓跋谭。传见《魏书》卷十八。 [11]甲申：十一月九日。 [12]主母闾氏：北魏主拓跋濬之母，故太子拓跋晃之妻郁久闾氏。传见《魏书》卷十三。郁久闾，汉化后简称姓"闾"。 [13]古弼：本姓吐奚氏，鲜卑族，北魏元勋。起家猎郎，赐名古弼。传见《魏书》卷二十八。 [14]张黎：北魏名臣。传见《魏书》卷二十八。关于古弼、张黎，胡三省曰："古弼、张黎，魏世祖之所亲任者也。宗爱弑逆，不能声其罪而诛之；南安之立，首居公位；虽不为巫蛊，罪固不容于死矣。"[15]高宗：即故太子之子拓跋濬。 [16]议不合旨：发表的意见不合拓跋濬的心思。实则是因为他们在拓跋余被立为帝时接受了宗爱集团的官爵。 [17]黜（chù）：贬

退，降职。外都大官：即外都坐大官，北魏官名，与中都坐大官、内都坐大官合称为三都大官，掌刑狱，听理民众诉讼。［18］壬寅：十一月二十七日。［19］皇妣（bǐ）：对亡母的敬称。恭皇后，景穆恭皇后郁久闾氏，文成帝拓跋濬之母。传见《魏书》卷十三。［20］尊乳母常氏为保太后：常氏乃一乳母，厚赐之、封赏之无所不可，而乃封之为“太后”，写入《魏书》之《皇后传》，可见历史上的事情无奇不有。事见《魏书》卷十三。［21］陇西：北魏郡名，郡治在今甘肃陇西县南。屠各，匈奴族的一支，刘宋时居住在今陕西与甘肃交界地区，归属于北魏。景文，陇西郡的屠各族之王。［22］署置：设置官爵，封任臣僚。［23］统万镇将：镇守统万的军事首脑。统万，古都名，是当初胡夏主赫连勃勃的都城，在今陕西榆林市西，内蒙古乌审旗南，时为北魏夏州的州治所在地。惠寿，即拓跋惠寿，北魏宗室、将领，为南阳王，镇守统万城。［24］于洛拔：本姓万忸于氏，名拔，字洛拔，鲜卑族，太尉于栗磾之子，北魏大臣。传见《魏书》卷三十一。［25］四州：胡三省曰：“谓秦、雍、河、凉四州。”［26］赵、魏：胡三省曰：“此言战国时赵、魏大界。”约当今河北南部、山西南部与河南中北部一带地区。［27］戊申：十二月四日。［28］金陵：此即指太子拓跋晃之墓。［29］世祖：即北魏主、太武帝拓跋焘，去世后谥号太武，庙号世祖。［30］佛禁稍弛：北魏禁止官民信佛的禁令稍稍放松。魏国残暴灭佛之事，见《资治通鉴》卷一百二十四宋文帝元嘉二十三年（446）。［31］高宗：拓跋濬，谥号文成，庙号高宗。［32］复：恢复，开禁。［33］乙卯：十二月十一日。［34］各听建佛图一区：允许他们建立佛教的寺庙一所。听，听任，允许。佛图，也写作“浮屠”，原指佛塔，这里即指庙宇。区，计量单位，所。［35］沙门：和尚，僧侣。［36］向：从前。［37］率皆修复：大体上又都重建起来。率，大体，一般。［38］师贤：古代印度僧人。北魏太武帝灭佛时，便还俗以医术谋生，守道不逾。及拓跋濬继位，再兴佛法，又亲为其剃发，奉敕任道人统，主持造佛像。下发：剃下头发。［39］道人统：众和尚的头领，总管所有僧尼，刘宋称为都僧录，北魏称为僧总摄。［40］丁巳：十二月十三日。［41］乐陵王周忸：北魏官员，原封为宋子侯，后封为乐陵王，为太尉，在后犯事，被赐死。［42］南部尚书：北魏官名，尚书省南部曹长官，除管理南方州郡事务外，还统兵南进。［43］杜元宝：本姓独孤浑氏，明元密皇后之侄，相州刺史杜遗之子，北魏外戚大臣。传见《魏书》列传第七十一。［44］受心膂（lǚ）之寄：被皇帝当作亲信和骨干。膂，脊骨。［45］赐爵平原王：封陆丽为平原王。［46］国之正统：国家的嫡系继承人。［47］当承基绪：理所当然地应该继承皇帝之位。［48］效顺奉迎：效忠于应该为皇帝的人，拥立他为皇帝。［49］臣子常职：是我们做臣子的理所当然的职责。［50］慆（tāo）天之功：把老天爷的功劳占为已有。慆，同“叨”，贪占。以干大赏：以获得如此重大之赏。干，干求，获取。［51］著效：卓著而有成效。胡三省曰：“陆俟事世祖，威行北镇，功著关中。”详见《魏书》卷四十。［52］逼桑榆：年近老迈。逼，近。桑榆，指日落西方的桑榆之上，形容人的年老。［53］愿以臣爵授之：希望把您想封给我的爵位转而封赏给他。［54］戊午：十二月十四日。［55］东平王：封地东平郡，郡治须昌，在今山东东平县西北。［56］复其子孙：免除其子孙应给国家所出的赋税和劳役。［57］尚书仆射：尚书省副职。［58］班赐：颁赐，分赏。

班，同“颁”。［59］南北未宾：南北两方的敌人都还尚未平定。南方的敌人指刘宋，北方的敌人指柔然。宾，服从。［60］固：坚持。［61］取戎马一匹：表示自己愿为国家效力于战场。戎马，战马。［62］预其谋：参与了大计的确定。［63］不及允：没有赏赐到高允，说明北魏的赏赐不公。［64］允终身不言：高允颇似《左传》中跟随公子重耳的介子推，而且没有介子推的牢骚。［65］甲子：十二月二十日。［66］深峻：苛刻，严酷。［67］没（mò）官：财物没收入官，男女没入为奴婢。［68］辛未：十二月二十七日。［69］南徐州：东晋以来的侨置州，州治在今江苏镇江市。［70］录尚书：即录尚书事，主管朝廷政务。录，总领，统管。［71］魏入中原：拓跋氏占据中原。胡三省曰：“晋孝武帝太元二十一年（396）魏伐燕，至安帝隆安二年（398）克中山，始得中原。”［72］《景初历》：三国时曹魏国的杨伟所造，因明帝景初元年（237）开始使用而得名。其后西晋、东晋至刘宋初期皆用之。直至元嘉二十一年（444）改用《元嘉历》。北方则从五胡时期至北魏拓跋焘时皆沿用此历。［73］克沮渠氏：灭掉北凉的沮渠牧犍。事见《资治通鉴》卷一百二十三宋文帝元嘉十六年（439）。［74］赵畋（fēi）：敦煌人，北凉掌管天文、律令的太史公。撰有《七曜历数算经》一卷、《河西甲寅之历》一卷、《阴阳历书》一卷等学术著作。［75］《玄始历》：北凉人赵畋所造的一种历法。玄始，十六国时北凉主沮渠蒙逊的年号。［76］以为密：以为比以前的历法更精密。［77］是岁：这一年，即北魏主拓跋濬兴安元年（452）。

【点评】

北魏残暴。本卷点评揭露北魏的残暴。魏军南侵，一见青年就杀，刺婴儿在长矛上，舞矛以为戏乐，这不仅仅是胡虏众军的残虐，他们的最高统帅魏太武帝拓跋焘也恬不知耻自我炫耀残虐本性，太武帝在给臧质的信中说：“我现今派遣的军队，都不是本国人，城东北是丁零人和匈奴人，城南是氐人和羌人，假设丁零人死了，正可以减少常山、赵郡的贼寇；匈奴人死了，正好减少了并州的贼寇；氐人、羌人死了，当然也就减少了关中的贼寇。你如果真的杀掉了他们，没有什么不利的地方。”胡虏的残虐是上行下效，他们毫无人性，烧杀抢掠，通过战争残杀其他民族，所以每次南侵作战，总是驱迫汉民在前阵，鲜卑骑兵在后面驰逐，汉民前进得慢一点，就被骑兵踏死。魏兵所过之处，屠杀百姓异常残酷，少数人被捕捉到北方去做奴婢，算是幸运，多数人都被杀死。攻城尤其避免用鲜卑人。北魏军队作战就是这样灭绝人性，而且以此为荣，加以炫耀。魏太武帝南侵失败，充分暴露了其野蛮性。宋朝南兖、徐、北兖、豫、青、冀六州地方，都遭受严重破坏，变成一片白地。刘宋从此国力大损，北魏兵马死伤也过半数，南北两朝都疲惫，不敢再轻易较量兵力。

卷一二七　宋纪九

宋文帝元嘉三十年（453 年）

【昭阳大荒落（癸巳，453 年），凡一年】

【大事提要】

本卷记述公元 453 年一年的大事，时当宋文帝元嘉三十年。这一年的大事都是围绕着刘宋宫廷斗争展开的，宋文帝刘义隆长子刘劭为了篡夺皇位，杀害了父亲。宋文帝第三子武陵王刘骏，遂戒严誓众，以沈庆之领府司马，柳元景、宗悫为谘议参军领中兵，命颜竣传檄四方，共讨刘劭。州郡承檄，纷纷响应。刘骏又杀刘劭及其四子，即位为孝武帝。宋孝武帝对太祖以来的政治制度多所改易。之后皇室诸子争位，混战不止，帝王荒淫残暴，朝政日益腐败，刘宋从此一蹶不振。

太祖文皇帝下之下

元嘉三十年（癸巳，453 年）

春，正月，戊寅[1]，以南谯王义宣为司徒、扬州刺史。

萧道成等帅氐、羌攻魏武都[2]，魏高平镇将苟莫于将突骑[3]二千救之。道成等引还南郑[4]。

壬午[5]，以征北将军始兴王濬为荆州刺史。帝怒未解，故濬久留京口[6]；既除荆州[7]，乃听入朝[8]。

戊子[9]，诏江州刺史武陵王骏统诸军讨西阳蛮[10]，军于五洲[11]。

严道育之亡命[12]也，上分遣使者搜捕甚急。道育变服为尼[13]，匿于东宫[14]，又随始兴王濬至京口，或出止民[15]张旿家。濬入朝，复载还东宫，欲与俱往江陵[16]。丁巳[17]，上临轩[18]，濬入受拜[19]。是日，有告道育在张旿家者，上遣掩捕[20]，得其二婢，云道育随征北[21]还都。上谓[22]濬与太子劭已斥遣道育，而闻其犹与往来，惆怅惋骇[23]，乃命京口送二婢，须至检覆[24]，乃治劭、濬之罪。

潘淑妃抱濬泣曰："汝前祝诅事发[25]，犹冀能刻意思愆[26]；何意更藏严道育[27]！上怒甚，我叩头乞恩不能解，今何用生为[28]！可送药来，当先自取尽[29]，不忍见汝祸败[30]也。"濬奋衣[31]起曰："天下事寻自当判[32]，愿小宽虑[33]，必不上累[34]！"

己未[35]，魏京兆王杜元宝[36]坐谋反诛；建宁王崇[37]及其子济南王丽[38]皆为元宝所引，赐死。

帝欲废太子劭，赐始兴王濬死，先与侍中王僧绰谋之；使僧绰寻汉魏以来废太子、诸王典故[39]，送尚书仆射徐湛之及吏部尚书江湛。

武陵王骏素无宠，故屡出外藩[40]，不得留建康[41]；南平王铄[42]、建平王宏[43]皆为帝所爱。铄妃，江湛之妹；随王诞[44]妃，徐湛之之女也。湛劝帝立铄，湛之意欲立诞[45]。僧绰曰："建立之事，仰由圣怀[46]。臣谓[47]唯宜速断，不可稽缓[48]。'当断不断，反受其乱[49]。'愿以义割恩[50]，略小不忍[51]；不尔[52]，便应坦怀如初[53]，无烦疑论[54]。事机[55]虽密，易致宣广[56]，不可使难生虑表[57]，取笑千载。"帝曰："卿可谓能断大事。然此事至重，不可不殷勤[58]三思。且彭城始亡[59]，人将谓我无复慈爱之道。"僧绰曰："臣恐千载之后，言陛下惟能裁[60]弟，不能裁儿。"帝默然[61]。江湛同侍坐，出阁[62]，谓僧绰曰："卿向言将不太伤切直[63]！"僧绰曰："弟亦恨君不直[64]！"

铄自寿阳[65]入朝，既至，失旨[66]。帝欲立宏，嫌其非次[67]，是以议久不决。每夜与湛之屏人语[68]，或连日累夕[69]。常使湛之自秉烛，绕壁检行[70]，虑[71]有窃听者。帝以其谋告潘淑妃[72]，淑妃以告濬，濬驰报劭。劭乃密与腹心队主陈叔儿[73]、斋帅张超之[74]等谋为逆。

【注释】

[1]戊寅：正月四日。[2]武都：北魏郡名，郡治在今陕西宝鸡市凤翔区。[3]高平镇将：镇守高平军镇的将军。高平，北魏郡名，郡治在今宁夏固原市。突骑：用于冲锋陷阵的精锐骑兵。[4]引：引兵，率领士兵。南郑，当时刘宋的梁州和南秦州的郡治所在地，在今陕西汉中市。胡三省曰："《兵志》所谓'知难而退'，萧道成有焉。"[5]壬午：正月八日。[6]久留京口：在此以前刘浚为征北将军，镇守京口，在今江苏镇江市。[7]除荆州：即任命为荆州刺史。[8]乃听入朝：才允许进京朝见。[9]戊子：正月十四日。[10]西阳蛮：西阳郡内的蛮族。西阳，古

郡名，郡治在今湖北黄冈市东。蛮，古代对南方各族的泛称。［11］军：驻军，驻扎。五洲：古地名，长江中的五个小洲，在今湖北浠水县西南浠水口与巴河口之间的长江中。［12］严道育之亡命：女巫师严道育帮刘劭等造巫蛊以害文帝刘义隆之事泄潜逃，事见《资治通鉴》卷一二六宋文帝元嘉二十九年（452）。［13］变服为尼：改变服饰，装成尼姑。［14］匿（nì）于东宫：躲藏在太子刘劭的宫里。［15］或出止民：或，有时。出止，出入与住宿。［16］俱往江陵：刘浚为荆州刺史，即将赴任，欲将严道育一并带去。江陵，古县名，为荆州刺史驻镇之地。［17］丁巳：二月十四日。［18］临轩：出坐在宫殿旁的游廊中。［19］入受拜：入轩接受荆州刺史的任命。拜，任命为官。［20］掩捕：突然前往抓捕。掩，突袭。［21］征北：指征北将军始兴王刘濬。［22］上谓：文帝刘义隆原以为。谓，认为。［23］惆怅：伤感，失意。惋骇（hài）：惋惜，惊讶。［24］须至检覆：等待二婢到了以后，查核复审此事。须，等候。检覆，审查，复核。［25］祝诅（zǔ）事发：上次搞巫蛊的事情被告发。事见《资治通鉴》上卷宋文帝元嘉二十九年（452）。祝诅，诅咒，祷告，乞求鬼神降灾于某人，即指巫蛊。［26］刻意思愆（qiān）：深刻地思考自己的罪过。刻意，专心一意。思愆，反省过错。［27］何意更藏严道育：谁能想到今天你竟然还掩藏着严道育。［28］今何用生为：今天我还活着做什么，还有什么脸面活着。［29］先自取尽：我要及早自杀。［30］不忍见汝祸败：不忍心眼看着你大难临头。［31］奋衣：拂袖，表示气愤。［32］天下事：国家之事，即指朝廷之事，担任皇帝之事。寻自当判：很快地我们就会做出决定。胡三省曰："判，决也。欲决意为商臣之事也。濬辞气凶悖如此，潘妃承帝宠又如此，而不以濬言白上，何也？妇人之仁，知爱子而欲掩覆之，不知其变愈激也。"［33］小：同"稍"，略微。宽虑：宽心，不要过多地思虑。［34］必不上累：一定不会连累您受罪。［35］己未：二月十六日。［36］杜元宝：明元密皇后之侄，北魏外戚大臣，受封京兆郡王。因勾结建宁王拓跋崇父子，图谋谋反，坐罪伏诛。传见《魏书》列传第七十一。［37］建宁王崇：即拓跋崇，太武帝拓跋焘异母弟，封建宁郡王。后受累于外戚杜元宝谋反，坐罪自杀。传见《魏书》卷十七。［38］济南王丽：即拓跋丽，建宁王拓跋崇之子，封济南王，坐罪杜元宝谋逆，父子乃一并赐死。［39］典故：过去有过的先例。［40］出外藩：在各地任刺史之职。外藩，当时的刺史有如列国诸侯，是中央政权的屏藩。［41］不得留建康：不能留在京城朝廷任政。武陵王刘骏自彭城还，又出任江州刺史。［42］南平王铄（shuò）：即刘铄，文帝刘义隆第四子，封南平王。传见《宋书》卷七十二。［43］建平王宏：即刘宏，文帝刘义隆第七子，封建平郡王。传见《宋书》卷七十二。［44］随王诞：即刘诞，刘义隆第六子，封广陵王，传见《宋书》卷七十九。［45］湛劝帝立铄，湛之意欲立诞：江湛劝宋文帝立自己妹妹所生的儿子南平王刘铄为太子，徐湛之则要宋文帝立自己女儿所生的儿子随王刘诞为太子。［46］建立之事，仰由对怀：立哪个儿子为太子的事情，应该一切按照皇帝的心思。［47］谓：认为，以为。［48］不可稽缓：不能总是迟疑不定。稽缓，迟延，拖沓。［49］当断不断，反受其乱：语见《史记·齐悼惠王世家》召平所引道家语。［50］以义割恩：坚持大义，割舍私情，指绳之以法。［51］略小不忍：放弃狭隘的不忍之心。《论语·卫灵公》中有所谓“小不忍则乱大谋”。［52］不尔：如果不打算这么做，指不想对刘劭、刘濬二子采取绝对手段。［53］坦怀如初：相互坦诚相待，还和从前一样。［54］无烦疑论：不要再进行这种不信任的讨论。［55］事机：需要保守机密的事情。［56］易致宣广：容易泄露外传。［57］难生虑表：发生意想不到的灾难。胡三省曰：“言祸难生于思虑之外，将取笑于后世也。”虑表，意外，想不到。［58］殷勤：反复思虑的样子。［59］彭城始亡：指彭城王刘义康刚刚被杀。［60］裁：惩治，制裁。［61］默然：默默无言、无话可说的样子。［62］出阁：此阁即后文“斋阁”，皇帝的休息、养神之处。［63］向言：刚才的说话。将不太伤切直：是不是过于直率了呢？将，表示商量的语气。太伤，太过于。［64］弟亦恨君不直：我也很遗憾你有话不能直说。恨，憾，遗憾。胡三省曰：“僧绰年少于湛，故自称为弟。”［65］寿阳：古县名，县治在今安徽寿县。时南平王刘铄镇守寿阳。［66］失旨：说话不合皇帝的心意。［67］嫌：嫌疑，担心。其非次：不合长幼的顺序。建平王刘宏是刘义隆的第七子，前有六个兄长，都健在。［68］屏人语：支开别人，两人说悄悄话。屏，同“摒”，支开。［69］连日累夕：接连几天几夜。［70］绕壁检行：围着屋子四周检查巡视。［71］虑：思虑，担心。［72］以其谋告潘淑妃：刘义隆将如此机密之事告与潘淑妃，导致大祸临头，与春秋时之雍纠谋杀祭仲而告其妻（祭仲之女）相同。胡三省曰：“《左传》有言：‘谋及妇人，宜其死也。’宋文帝处此事，其识略又在吴孙亮之下。”这也说明，文帝十分宠信潘淑妃，而潘淑妃一心向着儿子刘濬。［73］腹心：心腹，宠臣。队主：皇帝身边卫队的队长。级别很低，但位置重要。陈叔儿，刘宋时人，为文帝刘义隆的卫队队长，太子刘劭的心腹干将。［74］斋帅：负责皇帝卧室内的仪仗保卫，以及汤沐、灯烛、洒扫、铺设等事的头目。级别很低，但位置重要。张超之：刘宋时人，为文帝刘义隆的卧室管理头目，太子刘劭的心腹干将。

初，帝以宗室[1]强盛，虑有内难[2]，特加东宫[3]兵，使与羽林相若[4]，至有实甲[5]万人。劭性黠[6]而刚猛，帝深倚[7]之。及将作乱，每夜飨[8]将士，或亲自行酒[9]。王僧绰密以启闻[10]。会严道育婢将至[11]，癸亥夜[12]，劭诈为帝诏云：“鲁秀谋反[13]，汝可平明守阙[14]，帅众入。”因使张超之等集素所畜养兵士[15]二千余人，皆被甲[16]；召内外幢队主副[17]，豫加部勒[18]，云有所讨[19]。夜，呼前中庶子右军长史萧斌[20]、左卫率袁淑[21]、中舍人殷仲素[22]、左积弩将军王正见[23]并入宫。劭流涕谓曰：“主人信谗，将见罪废[24]。内省无过[25]，不能受枉[26]。明旦当行大事[27]，望相与戮力[28]。”因起，遍拜之，众惊愕[29]，莫敢对。久之[30]，淑、斌皆曰：“自古无此。愿加善思[31]。”劭怒，变色。斌惧，与众俱曰："当竭身奉令[32]。"淑叱[33]之曰："卿便谓殿下真有是邪[34]？殿下幼尝患风[35]，或是疾动[36]耳。"劭愈怒，因眄[37]淑曰："事当克不[38]？"淑曰："居不疑之地[39]，何患不克！但恐既克之后，不为天地所容，大祸亦旋至[40]耳。假有此谋[41]，犹将可息[42]。"左右引淑出[43]，曰："此何事，而云可罢乎[44]！"淑还省[45]，绕床行，至四更乃寝。

甲子[46]，宫门未开，劭以朱衣加戎服上[47]，乘画轮车[48]，与萧斌共载，卫从[49]如常入朝之仪。呼袁淑甚急，淑眠不起，劭停车奉化门催之相续[50]。淑徐起，至车后；劭使登车，又辞不上，劭命左右杀之。守门开[51]，从万春门[52]入。旧制，东宫队不得入城[53]。劭以伪诏示门卫曰："受敕[54]，有所收讨[55]。"令后队[56]速来。张超之等数十人驰入云龙门及斋阁[57]，拔刀径上合殿[58]。帝其夜与徐湛之屏人语至旦，烛犹未灭，门阶户席直卫兵[59]尚寝未起。帝见超之入，举几捍之[60]，五指皆落，遂弑之[61]。湛之惊起，趣北户[62]，未及开，兵人杀之。劭进至合殿中阁，闻帝已殂[63]，出坐东堂[64]。萧斌执刀侍直[65]，呼中书舍人顾嘏[66]，嘏震惧，不时出[67]，既至，问曰："欲共见废[68]，何不早启[69]？"嘏未及答，即于前斩之。江湛直上省[70]，闻喧噪[71]声，叹曰："不用王僧绰言，以至于此！"乃匿傍[72]小屋中，劭遣兵就杀之。宿卫旧将罗训、徐罕皆望风屈附[73]。左细仗主、广威将军吴兴卜天与不暇被甲[74]，执刀持弓，疾呼左右出战。徐罕曰："殿下入，汝欲何为！"天与骂曰："殿下常来，云何于今乃作此语[75]！只汝是贼[76]！"手射劭于东堂，几中之[77]。劭党击之，断臂而死。队将张泓之、朱道钦、陈满[78]与天与俱战死。左卫将军尹弘惶怖通启[79]，求受处分[80]。劭使人从东阁[81]入，杀潘淑妃及太祖亲信左右数十人，急召始兴王濬使帅众屯中堂[82]。

（以上为第一段，写宋文帝见太子刘劭怙恶不悛，决意废除，刘劭得知，矫诏入宫杀父自立。）

【注释】

［1］宗室：又称皇族、帝宗、天潢，同一祖宗的贵族。［2］内难：家族内部的篡夺。刘义隆担心的只是他的兄弟对他进行篡夺，而从未担心他的儿子们对他下手。［3］东宫：太子居住的宫殿。［4］与羽林相若：与皇帝的禁卫军不相上下。羽林，禁卫军的代称，取其义为为国羽翼，如林之盛。若，似。［5］实甲：真正的实际上的身穿铠甲的士兵。［6］黠（xiá）：狡猾，聪明不用于正道。［7］深倚：深相依靠。使东宫的兵力与皇帝的禁卫军相同，足可证明刘义隆的想法是父子同心，一致对外。可惜刘劭不与其父同心。［8］飨（xiǎng）：用酒食款待人。［9］行酒：依次给人敬酒。［10］密以启闻：把太子的动静秘密报告给皇帝。［11］将至：将从京口押解到朝廷。［12］癸亥夜：二月二十日。［13］谋反：当时鲁秀为右军将军南平王刘铄参军，因随刘铄入朝，带兵在建康。［14］汝：假用皇帝的口吻以称刘劭。平明：天亮的时候。守阙（què）：把守宫门。阙，宫门两侧的台观。［15］集素所畜养兵士：把平时被他们收买、豢养的亲信士兵集合起来。集，集合。素，平时。畜，养。［16］皆被甲：全部身披铠甲。被，同“披”。［17］幢（chuáng）队主副：幢主、队主，幢副、队副。幢主，一面军旗所带的一群士兵之长，相当于今之一个连。幢，仪仗名，似伞而细长。队主，一个小队的头领。［18］豫加部勒：事先把他们组织起来。豫，同“预”，预先，事先。部勒，部署，约束。［19］云有所讨：只告诉他们将要去执行一项讨伐任务。［20］萧斌：萧思话从弟，南朝宋将领，为太子属官太子中庶子，从刘劭弑君篡位。刘骏起兵夺位，萧斌兵败被杀。传见《宋书》卷七十八。［21］袁淑：字阳源，太子左卫率。痛斥刘劭行篡逆，被杀。孝武帝刘骏即位后，赠侍中、太尉，谥号忠宪。传见《宋书》卷七十。［22］殷仲素：时为太子中舍人，刘劭的心腹。［23］王正见：时为太子左积弩将军，刘劭的心腹。［24］将见罪废：将被治罪，废去太子之职。见，被。［25］内省无过：反省自己并无罪过。［26］不能受枉：不能蒙受这种冤枉。［27］当行大事：隐语将杀害其父文帝刘义隆。胡三省引《左传》曰：“楚潘崇谓商臣曰：‘能行大事乎？’对曰：‘能。’遂以宫甲围其父成王而弑之。”［28］相与戮力：共同努力。戮力，努力，尽力。［29］惊愕（è）：因吃惊而发愣。［30］久之：二字原无，据章校补。［31］愿加善思：希望您能好好思考。［32］竭（jié）身奉令：豁出生命，按照您的意思做。竭，尽。［33］叱（chì）：大声呵斥。［34］卿便谓殿下真有是邪：你以为太子当真要这样做吗？袁淑故意以这种方式表示反对，同时也希望刘劭能打消这种念头。是，指弑父。［35］患风：得过失心风。［36］或是疾动：可能是刚才犯病了，所以才说出这种话来。［37］眄（miàn）：斜着眼看。［38］事当克不：你看这件事情能够成功吗？克，成功。不，同“否”。［39］居不疑之地：指刘劭身居太子之位，任何人都不会提防他干这种灭绝人性的事情。［40］旋至：立刻大祸临头。旋，很快。［41］假有此谋：假如你真的这么想。［42］犹将可息：现在住手还来得及。［43］引淑出：意思是不让他再与刘劭争论。［44］而云可罢乎：还能说劝其住手的话吗？［45］还省：回到太子左卫率的官署。［46］甲子：二月二十一日。［47］以朱衣加戎服上：在铠甲外套上一件红色的袍子。朱衣，是太子入朝的装束。［48］画轮

车：胡三省引《晋志》曰："画轮车，驾牛，以彩漆画轮毂，故名曰'画轮车'。上起四夹杖，左右开四望，绿油幢，朱丝络，其上形制事事如辇，其下犹如犊车耳。太子法驾亦谓之鸾路，非法驾则乘画轮车。"［49］卫从：护卫随从人员。［50］奉化门催之相续：东宫的西门派人一次又一次地催促。［51］守门开：等候宫门开放。守，等候。［52］万春门：宫城的东门。［53］不得入城：不允许进入宫城。［54］受敕（chì）：奉皇帝之命。敕，以皇帝的名义下令。［55］有所收讨：要逮捕犯罪的人。［56］后队：后面跟随的士兵，即张超之等。［57］云龙门：宫廷内殿的门户。及斋阁：到达斋阁。及，到达。斋阁，书房。［58］合殿：也称"西殿"，刘义隆的寝息之处。［59］门阶户席直卫兵：门口、台阶、内室、床帐各处的值勤侍卫。席，床席。直，同"值"，值勤。［60］举几捍之：举起小桌用以自卫。捍，抵御。［61］弑（shì）之：刘义隆死时年47岁，在位共30年。刘劭谥其父曰"中宗"，刘骏即位后始谥之曰"太祖"。弑，古时称臣杀君、子杀父母，是大逆不道的行为。［62］趣北户：逃向合殿的北门。趣，同"趋"，逃向。［63］殂（cú）：死。［64］东堂：也称东殿，合殿中的东侧一处。［65］侍直：充当侍卫值勤。直，同"值"，值卫。［66］顾嘏（gǔ）：时为中书舍人，太子刘劭发动宫廷政变，被杀。［67］不时出：没有及时出来。［68］欲共见废：他们都想废掉我的太子位。见，同"被"。［69］何不早启：为什么不早点对我说。［70］直上省：正在上省值勤。胡三省曰："侍中省有上省、下省。上省在禁中。时江湛任侍中，入直上省。"直，通"值"。［71］喧噪：喧哗，吵闹。［72］匿（nì）傍：躲藏在旁边。傍，同"旁"。［73］望风屈附：见势如此，转头归附。徐罕，《南史·卜天与传》作"徐牢"。［74］"左细仗主"句：皇帝身边卫队中的军官。卜天与，吴兴余杭人，为人严肃，射术高强，善于抚慰士卒，甚得军心。刘劭弑杀文帝刘义隆，卜天与率领部众讨伐刘劭，遇害。传见《宋书》卷九十一。不暇被甲，来不及穿戴盔甲。［75］殿下常来，云何于今乃作此语：意思是平常刘劭也过来，但不像今天这个样子，今天的这种情形，肯定是不正常的，肯定有问题。［76］只汝是贼：只是你们这种样子就是叛逆。［77］几中之：差点射中刘劭。［78］张泓之、朱道钦、陈满：皇宫卫队将领，在与太子刘劭发动的宫廷政变中战死。［79］尹弘：时为左卫将军，主管宫中卫队，在太子刘劭发动宫廷政变中胆小怕事。惶怖通启：惊恐地求人禀告刘劭。［80］求受处分：请求分配一项任务。处分，分配任务。［81］从东阁入：从东阁门进入后妃所居之处。阁，宫廷中的小门。［82］中堂：宫廷中的核心之堂，办公、议事的主要所在。

濬时在西州[1]，府舍人[2]朱法瑜奔告濬曰："台内[3]喧噪，宫门皆闭，道上传太子反，未测祸变所至[4]。"濬阳惊[5]曰："今当奈何？"法瑜劝入据石头[6]。濬未得劭信，不知事之济不[7]，骚扰不知所为[8]。将军王庆[9]曰："今宫内有变，未知主上安危，凡在臣子，当投袂赴难[10]；凭城[11]自守，非臣节[12]也。"濬不听，乃从南门出，径向石头，文武从者千余人。时南平王铄戍石头，兵士亦千余人[13]。俄而[14]劭遣张超之驰马召濬，濬屏人问状，即戎服乘马而去。朱法瑜固止濬，濬不从，出中门[15]，王庆又谏曰："太子反逆，天下怨愤。明公但当坚闭城门[16]，坐食积粟，不过三日，凶党自离。公情事如此[17]，今岂宜去！"濬曰："皇太子令，敢有复言者斩！"既入，见劭，劭［谓濬］[18]曰："潘淑妃遂为乱兵所害。"濬曰："此是下情由来所愿[19]。"

劭诈以太祖[20]诏召大将军义恭、尚书令何尚之入，拘于内[21]；并召百官，至者才数十人。劭遽即位[22]，下诏曰："徐湛之、江湛弑逆无状[23]，吾勒兵[24]入殿，已无所及[25]，号惋崩衄[26]，肝心破裂[27]。今罪人斯得[28]，元凶克殄[29]，可大赦，改元太初。"

即位毕，亟称疾还永福省[30]，不敢临丧[31]；以白刃自守[32]，夜则列灯以防左右。以萧斌为尚书仆射、领军将军，以何尚之为司空，前右卫率檀和之[33]戍石头，征虏将军营道侯义綦[34]镇京口。义綦，义庆[35]之弟也。乙丑[36]，悉收先给诸处兵还武库[37]，杀江、徐亲党尚书左丞荀赤松[38]、右丞臧凝之[39]等。凝之，焘之孙也。以殷仲素为黄门侍郎，王正见为左军将军，张超之、陈叔儿皆拜官，赏赐有差。辅国将军鲁秀在建康，劭谓秀曰："徐湛之常欲相危[40]，我已为卿除之矣。"使秀与屯骑校尉庞秀之[41]对掌军队。劭不知王僧绰之谋，以僧绰为吏部尚书，司徒左长史何偃为侍中[42]。

武陵王骏屯五洲，沈庆之自巴水[43]来，咨受军略[44]。三月，乙亥[45]，典签[46]董元嗣[47]自建康至五洲，具言太子杀逆[48]，骏使元嗣以告僚佐。沈庆之密谓腹心[49]曰："萧斌妇人[50]，其余将帅，皆易与[51]耳。东宫同恶[52]，不过三十人；此外屈逼[53]，必不为用[54]。今辅顺讨逆[55]，不忧不济[56]也。"

壬午[57]，魏主尊保太后为皇太后[58]，追赠祖考[59]，官爵兄弟[60]，皆如外戚[61]。

【注释】

[1]西州：古城名，在当时建康城的西南角，今南京市的望仙桥一带。东晋、南朝为扬州刺

史的治所，因处于台城之西而得名。［2］府舍人：胡三省曰："濬府之舍也，自晋以来，诸王府舍人十人。"［3］台内：台城，即宫城之内。［4］未测祸变所至：不好估计祸变发展到了什么程度。［5］阳惊：假作吃惊的样子。阳，同"佯"，假装。［6］入据石头：占据石头城军事要塞。石头城在建康城的西边，今江苏南京市的清凉山一带，是当时建康城的重要军事要点。［7］事之济不：事情成功了没有。不，同"否"。［8］骚扰：搔首挠腮、着急而手足无措的样子。不知所为：六神无主，不知道怎么办才好。［9］将军王庆：刘濬的属将。［10］投袂赴难：甩袖而起，奔向事发现场。投袂，甩袖，表示立即行动。《左传·宣公十四年》："楚子闻之，投袂而起。"［11］凭城：此指依凭石头城。［12］臣节：人臣的节操。［13］兵士亦千余人：胡三省曰："史言濬、铄之众足以讨除逆乱。"［14］俄而：不久。［15］出中门：出石头城的中门。［16］坚闭城门：坚闭西州城的城门。［17］公情事如此：您的具体情况既然是这样，指刘濬之母潘淑妃深受文帝宠爱，刘濬有义不容辞的义务，也有讨逆成为接班人的希望。相反刘劭弑文帝，潘妃自然也是他恨的人，刘濬去了岂不找死？［18］谓濬：二字原无，据章校补。［19］此是下情由来所愿：这是我个人的私情，也是我一向希望的。胡三省曰："枭食母，破獍食父，若濬者，兼枭獍之心以为心。"［20］太祖：即文帝刘义隆，谥号为文，庙号太祖。［21］拘于内：扣押在宫中。［22］遽（jù）即位：匆匆忙忙地登基做皇帝。遽，急忙，匆忙。［23］弑逆无状：残酷无道地杀害了老皇帝。无状，无道，不成体统。［24］勒兵：统兵，率兵。［25］已无所及：已经来不及抢救。［26］号惋崩衄（nǜ）：对老皇帝的死我号哭叹息。崩衄，指老皇帝的死去。衄，刀伤，引申为被杀。［27］肝心破裂：形容极度悲伤。［28］罪人斯得：犯罪的人都已擒获。斯，能，助词。［29］元凶克殄（tiǎn）：罪魁祸首已被消灭。［30］亟（jí）称疾：又急忙地推说有病。亟，同"急"。永福省：宫廷内太子的住处。［31］临丧：亲自主持父亲的葬礼。［32］以白刃自守：手持佩刀自卫。［33］右卫率：即太子右卫率，西晋武帝泰始五年（269）分太子卫率置，宿卫东宫，亦任征伐，地位颇重。檀和之：檀道济堂弟，刘宋名将。传见《宋书》卷九十七。［34］义綦（qí）：刘义綦，长沙景王刘道怜第六子，封营道县侯。太子刘劭弑父篡位，任为征虏将军，镇守京城。孝武帝刘骏即位后，任中护军、右卫将军、湘州刺史。传见《宋书》卷五十一。［35］义庆：刘义庆，宋武帝刘裕之侄，文学家，袭封南郡公，封临川王。著有《后汉书》《徐州先贤传》《江左名士传》《世说新语》。传见《宋书》卷五十一。［36］乙丑：二月二十二日。［37］悉收先给诸处兵还武库：全部收回不久前给各处所发的兵器。武库，储藏兵器的仓库。［38］荀赤松：官至尚书左丞，以徐湛之党为刘劭所杀。传见《宋书》卷六十。［39］臧凝之：东莞莒县（今山东莒县）人，宋武帝刘裕妻兄臧焘之孙，博学有才干。为尚书左丞，与司空徐湛之相善。后为刘劭所杀。传见《宋书》卷五十五。［40］常欲相危：常想危害你。［41］庞秀之：河南人，为萧斌故吏，受太子刘劭信任，为游击将军。刘劭杀文帝后，投奔刘骏讨伐刘劭，后为梁、徐二州刺史，为太子右卫率。传见《宋书》卷七十八。［42］司徒左长史：与司徒右长史并为司徒府僚属之长，佐司徒总管府内诸曹，位在右长史上。何偃：字仲弘，庐江灊县（今安徽霍山县）人，左光禄大夫何尚之次子。时尚之为司空、尚书令，何偃居门下，父子并处机要，甚得时誉。孝武帝刘骏时，迁吏部尚书。传见《宋书》卷五十九。［43］巴水：古河水名，源于大别山，西南流至湖北黄冈市附近汇入长江，其地离刘骏驻兵的五洲不远。［44］咨受军略：请示、接受军事方面的方针策略。胡三省曰："去年帝使沈庆之讨蛮，是年使武陵王骏统讨蛮诸军，故庆之来诣骏咨受军略。"军略，谓用兵之策略。［45］乙亥：三月二日。［46］典签：刘宋时诸王、大州刺史的高级僚属，受朝廷委派，权力很大，称为"签帅"。典签本来只是掌握文书的小吏，但在刘宋，凡任刺史、督军的诸王，因其年龄幼小，朝廷为之设长史、典签作为佐吏。这些职务多由皇帝的亲信充任，直接对朝廷负责。于是州内、军内的大权逐渐落入长史、典签之手。签签，书写。［47］董元嗣：文帝刘义隆时为武陵王刘骏典签，元嘉三十年（453）奉使至都，值太子刘劭杀文帝自立。刘劭遣元嗣以徐湛之叛乱还报刘骏，而元嗣却言刘劭杀帝。刘骏又遣元嗣奉表于刘劭，而后即举兵声讨刘劭。元嗣被刘劭所杀。［48］杀逆：杀君，谋反。［49］腹心：心腹，亲信。［50］萧斌妇人：极喻萧斌的怯弱无能。［51］皆易与：全都容易对付。与，周旋，打交道。［52］东宫同恶：愿意跟着刘劭一道做坏事的人。［53］屈逼：威逼，被人所胁迫。［54］不为用：不肯为之卖力。［55］辅顺讨逆：辅佐顺应天下人心的武陵王刘骏，讨伐杀君叛逆的刘劭。［56］不忧不济：不要担心不能成功。［57］壬午：三月九日。［58］尊保太后为皇太后：尊其保姆为皇太后，这也是千古奇闻。胡三省曰："以乳母为母，非礼也。"［59］追赠祖考：追封保太后的祖父和她的父亲。考，古称去世的父亲曰"考"。［60］官爵兄弟：给保太后的诸兄弟加官晋爵。官爵，用如动词。［61］皆如外戚：让保太后的一切亲属都享受皇家亲戚的待遇。胡三省曰："史言魏主宠秩私昵之遇。"

太子劭分浙东五郡为会州[1]，省扬州[2]，立司隶校尉[3]，以其妃父殷冲[4]为司隶校尉。冲，融之曾孙也。以大将军义恭为太保，荆州刺史南谯王义宣为太尉，始兴王濬为骠骑将军，雍州刺史臧质为丹杨尹[5]，会稽太守随王诞为会州刺史。

劭料检文帝巾箱及江湛家书疏[6]，得王僧绰所启飨士并前代故事[7]，甲申[8]，收僧绰，杀之。僧绰弟僧虔[9]为司徒左西属[10]，所亲咸劝之逃，僧虔泣曰："吾兄奉国以忠贞，抚我以慈爱，今日之事[11]，苦不见及[12]耳；若得同归九泉，犹羽化[13]也。"劭因诬北第诸王侯[14]，云与僧绰谋反，杀长沙悼王瑾、瑾弟楷[15]、临川哀王烨、桂阳孝侯觊、新渝怀侯玠，皆劭所恶也。瑾，义欣之子；烨，义庆之子；觊、玠，义庆之弟子也。

劭密与沈庆之手书，令杀武陵王骏。庆之求见王，王惧，辞以疾[16]。庆之突入[17]，以劭书示王，王泣求入内与母诀[18]，庆之曰："下官受先帝厚恩，今日之事，惟力是视[19]；殿下何见疑[20]之深！"王起再拜曰："家国安危，皆在将军。"庆之即命内外勒兵[21]。府主簿颜竣[22]曰："今四方未知义师[23]之举，劭据有天府[24]，若首尾不相应[25]，此危道[26]也。宜待诸镇协谋[27]，然后举事。"庆之厉声曰："今举大事，而黄头小儿[28]皆得参预，何得不败！宜斩以徇[29]！"王令竣拜谢[30]庆之，庆之曰："君但当知笔札[31]事耳！"于是专委庆之处分[32]。旬日之间，内外整办，人以为神兵。竣，延之之子也。

庚寅[33]，武陵王戒严誓众[34]。以沈庆之领府司马[35]，襄阳太守柳元景、随郡太守宗悫为咨议参军[36]，领中兵[37]；江夏内史朱修之[38]行平东将军，记室参军颜竣为咨议参军，领录事[39]，兼总内外[40]；咨议参军刘延孙为长史、寻阳[41]太守，行留府事[42]。延孙，道产之子也。

南谯王义宣及臧质皆不受劭命，与司州刺史鲁爽[43]同举兵以应骏。质、爽俱诣江陵见义宣，且遣使劝进于王[44]。辛卯[45]，臧质子敦等在建康者闻质举兵，皆逃亡。劭欲相慰悦[46]，下诏曰："臧质，国戚勋臣[47]，方翼赞京辇[48]，而子弟波迸[49]，良可怪叹[50]。可遣宣譬[51]令还，咸复本位[52]。"劭寻录得敦[53]，使大将军义恭行训杖三十[54]，厚给赐之。

癸巳[55]，劭葬太祖于长宁陵[56]，谥曰"景皇帝"，庙号中宗[57]。

乙未[58]，武陵王发西阳；丁酉[59]，至寻阳。庚子[60]，王命颜竣移檄四方[61]，使共讨劭。州郡承檄[62]，翕然[63]响应。南谯王义宣遣臧质引兵诣寻阳[64]，与骏同下，留鲁爽于江陵。

（以上为第二段，写武陵王刘骏得知太子刘劭杀父自立，就戒严誓师，以沈庆之领府司马，柳元景、宗悫为干将，传檄四方，共讨刘劭；州郡承檄，纷纷响应。）

【注释】

[1]分浙东五郡为会州：把原本属于扬州的五个郡分出来，另成立一个会州。会州的州治在今浙江绍兴市。原属扬州的五个郡是会稽郡、东阳郡、永嘉郡、临海郡、新安郡。[2]省扬州：撤销扬州刺史的名称。[3]立司隶校尉：设立司隶校尉官以管理扬州刺史所属的除掉浙东五郡以外的其他诸郡。司隶校尉，国家都城所在州的行政长官，该地区即称司隶校尉，也可称司州。由于司

隶校尉管理国家都城的司法与治安，所以其权力大大超过其他州的刺史。［4］殷冲：字希远，西晋大臣殷融之孙，殷淳之弟，刘宋外戚。刘劭弑君自立后，以殷冲为侍中、护军，升司隶校尉。后被赐死。传见《宋书》卷五十九。［5］丹杨尹：建康城所在郡的行政长官，职同太守，但政治地位显要。［6］料检文帝巾箱：清理、检查文帝生前的文件档案柜。胡三省曰："巾箱所以藏要密文书，便于寻阅。"［7］所启飨士并前代故事：向文帝刘义隆报告刘劭在政变前犒飨士兵的情景。前代故事，指前代废太子与处置诸王的先例。［8］甲申：三月十一日。［9］僧虔（qián）：即王僧虔，时任司徒左西属。传见《南齐书》卷三十三。［10］司徒左西属：司徒府的左西曹属。胡三省曰："旧制：司徒府有东西曹，曹有掾有属。宋于西曹又分左右。"［11］今日之事：指其兄王僧绰被杀。［12］苦不见及：我所怕的就是不受牵连。苦，怕，不乐意。不见及，牵连不到。［13］犹羽化：等同得道成仙。羽化，如同生出翅膀，飞入仙界。［14］北第诸王侯：住在皇宫以北的各家王侯。胡三省曰："诸王侯列第于台城北，故曰北第。此皆穆、武子孙也。"穆，指刘裕之父；武，指刘裕。刘劭杀灭他平时憎恶的诸王包括长沙悼王刘瑾及其弟刘楷、临川兖王刘烨、桂阳孝侯刘觊、新渝怀侯刘玠。刘瑾、刘楷兄弟是宋武帝刘裕之弟刘道怜之孙，刘义庆之子；刘觊是刘道怜之孙，刘义融长子；刘玠是刘道怜子孙，刘义宗长子。刘道怜六子为义欣、义庆、义融、义宗、义宾、义綦。义融、义宗，皆义庆之弟，故刘觊、刘玠为"义庆之弟子"。［15］瑾弟楷："楷"字原无，据章校补。［16］辞以疾：推说有病不出见。［17］突入：闯了进去。［18］与母诀：与其生母路淑媛告别。诀，诀别。［19］惟力是视：就看我们的力量如何，同时也表示我要为你贡献出一切力量。［20］见疑：对我怀疑。［21］内外勒兵：在武陵王府内府外紧急集合部队。勒兵，集合军队，进入紧急状态。［22］府主簿颜竣：诸王府的高级僚属。颜竣，字士逊，刘宗著名文学家颜延之长子，为刘骏抚军主簿，颇受倚重。传见《宋书》卷七十五。［23］义师：指刘骏发动的讨逆之师。［24］据有天府：占据着发号施令的有利地带。天府，指朝廷，天子所处之地。［25］首尾不相应：指起义的武装不能彼此呼应联络，一齐行动。胡三省曰："首，谓武陵已倡义于九江；尾，谓诸方征镇。"［26］危道：危险的做法。［27］诸镇协谋：各地区的军事长官一起商量好。诸镇，指各州刺史与各地督军。［28］黄头小儿：极言其年幼无知。黄头，婴幼儿的头发色黄，故称。［29］斩以徇（xùn）：应砍下他的人头示众。徇，令人看，即示众。［30］拜谢：磕头请罪。［31］但当知笔札：只能过问。笔札，古代的笔和木简，相当于现在的纸笔，代指文章、书信等。［32］专委庆之处分：有关起义征伐的一切大事都归沈庆之安排处置。［33］庚寅：三月十七日。［34］戒严誓众：进入紧急状态，率众宣誓。［35］领府司马：兼任武陵王府的司马官。领，兼任。由高级别的人兼任低级的职务，叫作"领"。司马，将军的高级僚属，在军中主管司法。［36］随郡：郡治在今湖北随州市。宗悫（què），字元干，刘宋名将，时为随郡太守。传见《宋书》卷七十六。咨议参军：职掌咨询谋议军事。［37］领中兵：兼任中兵参军。［38］江夏：都城在今湖北武汉市江夏区。朱修之：字恭祖，东晋豫州刺史朱序之孙，益州刺史朱谌之子，刘宋大臣。传见《宋书》卷七十六。［39］领：兼任。录事：即录事参军，为高级僚佐，权力甚大。[40]总内外：总管军府内外的一切事务。[41]刘延孙：东晋安襄侯刘道产之子，南朝宋名臣。传见《宋书》卷七十八。寻阳：古郡名，郡治在今江西九江市。[42]行留府事：代理武陵王府的留守事宜。[43]司州：刘宋的州治悬瓠，在今河南汝南县。鲁爽：字女生，原北魏将领，镇守长社。后投奔刘宋，拜征虏将军、司州刺史、义阳内史。传见《宋书》卷七十四。[44]劝进于王：劝导武陵王刘骏进位称帝。劝进，劝人称帝。王，指武陵王刘骏。[45]辛卯：三月十八日。[46]欲相慰悦：想安慰他们，让他们高兴。[47]国戚勋臣：臧质是高祖刘裕敬皇后之侄，刘劭的表舅，又对北魏作战有功勋。勋臣，有功之臣。[48]方翼赞京辇（niǎn）：正应该辅佐朝廷。方，当。翼赞，辅佐，指臧质新被刘劭任命为丹杨尹。京辇，指国都，代指朝廷、帝王。[49]波迸（bèng）：如波浪的迸散，以言其四散逃亡。[50]良可怪叹：实在是令人感到奇怪、叹息。良，甚，很。[51]宣譬：传话劝解。[52]咸复本位：皆官复原职。[53]寻录得敦：不久捉到了臧质的儿子臧敦。寻，不久。录，捉到。[54]行训杖三十：教训性地打了他三十棍子。[55]癸巳：三月二十日。[56]长宁陵：文帝刘义隆的陵墓，位于江苏南京市栖霞区狮子冲。[57]庙号中宗：胡三省曰："史不用劭所上谥号，而用孝武帝所改谥号，正劭弑逆之罪，绝之也。"[58]乙未：三月二十二日。[59]丁酉：三月二十四日。[60]庚子：三月二十七日。[61]移檄（xí）四方：向全国各地发出讨伐叛逆刘劭的通告。檄，文体名，用于声讨、讨伐。[62]承檄：秉承檄文之义，谓响应号召。[63]翕（xī）然：顺从、归服的样子。[64]诣寻阳：到达寻阳。寻阳，古郡名，郡治在今江西九江市，当时为江州刺史刘骏的驻地。

劭以兖、冀二州刺史萧思话为徐、兖二州刺史，起张永为青州刺史。思话自历城引部曲还平城[1]，起兵以应寻阳；建武将军垣护之在历城，亦帅所领赴之[2]。南谯王义宣版张永为冀州[3]刺史。永遣司马崔勋之[4]等将兵赴义宣。义宣虑萧思话与永不释前憾[5]，自为书与思话，使长史张畅[6]为书与永，劝使相与坦怀[7]。

随王诞将受劭命，参军事沈正说司马顾琛[8]曰："国家此祸，开辟未闻[9]。今以江东[10]骁锐之众，唱大义于天下，其谁不响应！岂可使殿下北面凶逆[11]，受其伪[12]宠乎！"琛曰："江东忘战日久，虽逆顺不同[13]，然强弱亦异[14]，当须四方有义举[15]者，然后应之，不为晚也。"正曰："天下未尝有无父无君之国[16]，宁可自安仇耻而责义于余方[17]乎！今正以弑逆冤酷[18]，义不共戴天[19]，举兵之日，岂求必全[20]邪！冯衍有言[21]：'大汉之贵臣，将不如荆、齐之贱士乎[22]！'况殿下义兼臣子[23]，事实国家[24]者哉！"琛乃与正共入说诞，诞从之。正，田子之兄子也。

劭自谓素习武事，语朝士曰："卿等但助我理文书，勿措意戎旅[25]；若有寇难[26]，吾自当之；但恐贼虏不敢动耳。"及闻四方兵起，始忧惧，戒严，悉召下番将吏[27]，迁淮南岸居民于北岸[28]，尽聚诸王及大臣于城内，移江夏王义恭处尚书下舍[29]，分义恭诸子处侍中下省[30]。

夏，四月，癸卯朔[31]，柳元景统宁朔将军薛安都等十二军发湓口[32]，司空中兵参军徐遗宝[33]以荆州之众继之。丁未[34]，武陵王发寻阳，沈庆之总中军[35]以从。

劭立妃殷氏为皇后。

庚戌[36]，武陵王檄书至建康，劭以示太常颜延之曰："彼谁笔也？"延之曰："竣之笔也。"劭曰："言辞何至于是[37]！"延之曰："竣尚不顾老臣[38]，安能顾陛下！"劭怒稍解。悉拘武陵王子于侍中下省，南谯王义宣子于太仓[39]空舍。劭欲尽杀三镇士民家口[40]。江夏王义恭、何尚之皆曰："凡举大事者不顾家；且多是驱逼[41]，今忽诛其室累[42]，正足坚彼意[43]耳。"劭以为然，乃下书一无所问。

劭疑朝廷旧臣皆不为己用，乃厚抚[44]鲁秀及右军参军王罗汉，悉以军事委之；以萧斌为谋主，殷冲掌文符[45]。萧斌劝劭勒水军自上决战[46]，不尔[47]，则保据梁山[48]。江夏王义恭以南军仓猝[49]，船舫陋小[50]，不利水战，乃进策曰："贼骏小年[51]未习军旅，远来疲弊，宜以逸待之。今远出梁山，则京都空弱，东军[52]乘虚，或能为患。若分力两赴，则兵散势离，不如养锐待期[53]，坐而观衅[54]。割弃南岸[55]，栅断石头[56]，此先朝旧法[57]，不忧贼不破也。"劭善之。斌厉色[58]曰："南中郎二十年少[59]，能建如此大事，岂复可量[60]！三方同恶[61]，势据上流[62]；沈庆之甚练[63]军事，柳元景、宗悫屡尝立功，形势如此，实非小敌。唯宜及人情未离[64]，尚可决力一战；端坐台城，何由得久！今主、相咸无战意[65]，岂非天也[66]！"劭不听。或劝劭保石头城。劭曰："昔人所以固石头城者，俟诸侯勤王[67]耳。我若守此，谁当见救[68]！唯应力战决之；不然，不克[69]。"日日自出行军[70]，慰劳将士，亲督都水治船舰[71]。壬子[72]，焚淮南岸室屋、淮内船舫[73]，悉驱民家渡水北[74]。

立子伟之[75]为皇太子。以始兴王濬妃父褚湛之[76]为丹杨尹。湛之，裕之之兄子也。濬为侍中、中书监、司徒、录尚书六条事[77]，加南平王铄开府仪同三司，以南兖州刺史建平王宏为江州刺史。太尉司马[78]庞秀之自石头先众南奔[79]，人情由是大震。以营道侯义綦为湘州刺史，檀和之为雍州刺史[80]。

（以上为第三段，写刘宋各州郡响应义旗，讨伐弑君贼刘劭，大势所趋，连刘劭身边的亲信庞秀之都投奔义军。）

【注释】

[1]历城：古县名，县治在今山东济南市。部曲，部属，属兵。平城，刘宋无此城，疑为“彭城”之误。胡三省曰：“济南郡东平陵县有平陆城。余谓‘平城’当作‘彭城’。”[2]赴之：前往投奔、会合。[3]版：临时任命。冀州，刘宋的州治历城，在今山东济南市。[4]司马：军府的执法官员。崔勋之，刘宋将领，为张永的司马，后为大司马刘义恭的参军，救援梁山西垒，兵败战死。[5]不释前憾：即不解旧仇。萧思话曾因张永败军，将张永下狱，事见《资治通鉴》卷一二六宋文帝元嘉二十九年（452）。憾，遗憾，因悔恨失望，心中感到不满意。[6]张畅：字少微，先后担任刘义季、刘义康、刘义恭、刘义庆、刘骏、刘义宣等外镇诸王幕府属官，随武陵王刘骏在彭城抵御北魏有功，转任刘义宣司空府长史，兼南郡太守。传见《宋书》卷五十九。[7]相与坦怀：彼此忘却前嫌，相互坦诚相待。[8]沈正：字符直，东晋末名将沈田子之兄沈渊子之子，一直跟随随王刘诞，历任后军安南行参军、安东军事、宁朔将军、中兵参军，迁长水校尉。传见《宋书》卷一百。顾琛（chēn）：字弘玮，随王刘诞的司马官。传见《宋书》卷八十一。[9]开辟未闻：为开天辟地以来所未有的事情。[10]江东：指浙江以东。当时刘诞为会州刺史，统辖浙东五郡。[11]北面凶逆：意即向叛逆刘劭称臣。北面，向南面称帝的人进行朝拜。[12]伪：代指刘劭，刘劭杀父称帝，不被承认，故称为“伪”。[13]逆顺不同：刘劭背叛天心人愿，举义者是应天顺人。[14]强弱亦异：刘劭据皇帝之位以号令天下，是强者；我们只有浙东五郡，与之力量悬殊。[15]义举：即举义，举行起义。[16]未尝有无父无君之国：意即还不曾有杀父君自立为帝的先例。刘劭刺杀刘义隆，刘义隆既是其君，也是其父，故言之。[17]自安仇耻而责义于余方：自甘听命于仇敌，而蒙受耻辱。寄希望于其他地区的人带头起义。责，希求，等候。[18]弑逆冤酷：杀君杀父，谋反叛逆。冤酷，既荒诞，又可恶。冤，曲，悖逆。[19]义不共戴天：绝对不能和这样的人共同生活在同一个天日之下。《礼记》有所谓“父母之仇，不共戴天”。[20]岂求必全：哪里还能顾得上我们自身是否安全。[21]冯衍：字敬通，西汉末不肯出仕王莽的义士，曾劝廉丹、鲍永背叛新朝，奉汉更始帝。传见《后汉书》卷二十八。[22]大汉之

贵臣，将不如荆、齐之贱士乎：此为冯衍当年说的话，意谓你们这些大汉王朝的贵臣，难道还不如当年楚国、齐国那些卑贱的匹夫吗？楚国的匹夫指申包胥，当伍子胥引吴兵攻破楚京城的时候，申包胥到秦国求救，在宫门哭了七天七夜，终于借得秦兵，救了楚国。齐国的匹夫指王孙贾，当燕国军队占领齐国，楚国的淖齿又杀了齐湣王时，王孙贾在大街上召集了一些勇士，杀了淖齿，拥立齐襄王，重建齐国。［23］义兼臣子：随王刘诞既是刘义隆的臣子，又是刘义隆的儿子，其讨贼的行为是天经地义的。［24］事实国家：指此事既是国事也是家事。实，副词，同"是"，关系到。［25］勿措意戎旅：用不着你们替我考虑作战的事情。措意，置意，关心。戎旅，行军打仗的事情。［26］寇难：有人前来进攻。［27］悉召下番将吏：把下了班应该休息的将官也都召集起来，不再分班值勤，可见形势之紧张。宿卫值勤分上下两班，轮流替换。下番，下班。［28］淮南岸居民于北岸：将秦淮河南岸居住的百姓迁到北岸，放弃南岸，集中力量守卫秦淮河北岸的京城。淮，指秦淮河，从建康城的东南方向流来，流经建康城南，在建康城西汇入长江。南岸正当新亭、石头的来路，北岸即台城。［29］尚书下舍：尚书省分上、下两部，也像侍中省分上、下两部一样。［30］分义恭诸子处侍中下省：胡三省曰："据《南史》，侍中下省在神虎门外。"刘劭既像是最信任刘义恭，封之以最高的官爵，但又怕他和他的诸子出城投敌，故将其父子分别拘禁在不同的地方。［31］癸卯朔：四月一日。［32］湓（pén）口：古地名，鄱阳湖的入长江之口，在今江西九江市北。［33］徐遗宝：字石俊，时任司空刘义宣中兵参军。后支持刘义宣反叛，出任征虏将军、徐州刺史。支持刘义宣谋反，兵败被杀。传见《宋书》卷六十八。［34］丁未：四月五日。［35］总中军：带领着全军指挥部。总，总管，总理。中军，全军的指挥中心。［36］庚戌：四月八日。［37］言辞何至于是：为何说得如此难听。［38］竣尚不顾老臣：他连我这个做父亲的生死都不顾。［39］太仓：京城内的国家大粮仓。［40］尽杀三镇士民家口：因为这三个州都举兵造了刘劭的反，故而刘劭想杀光这些州的将士留在京城的家室。三镇，指雍州（州治襄阳）、荆州（州治江陵）、江州（州治寻阳）。镇，一个地区的军事指挥中心。［41］驱逼：被挟迫。［42］室累：家庭拖累，指妇女老弱等。［43］正足坚彼意：正好增长他们的仇恨，促使他们决心与你为敌到底。［44］厚抚：犹言"优待"。［45］文符：犹文书。［46］勒水军自上决战：亲自带领水军西上迎战。勒，带领，控制。自上，亲自到上游去。［47］不尔：不然，不如此。［48］保据梁山：依托、固守梁山。梁山，古山名，在今安徽当涂县西南的天门山，因两山夹大江相对如门而得名。其东者曰博望山，其西者曰梁山。［49］南军仓猝（cù）：指讨伐太子刘劭的部队都是一哄而起，仓促集合而成。雍州、荆州、江州都在建康城的西南方，故称从那里来的军队叫"南军"。［50］船舫陋小：泛指船只狭小。［51］小年：少年，年少的时候。［52］东军：指会州刺史随王刘诞所统领的浙东五郡的部队。［53］养锐：保养锐气。待期：期待，等候敌兵的疲惫之时。［54］观衅（xìn）：寻找敌人的可乘之机。衅，缝隙，机会。［55］割弃南岸：抛弃秦淮河以南的地盘。［56］栅（zhà）断石头：在石头城一带的江中立栅，使敌船无法靠岸。石头，即石头城，古城名，在今江苏南京市清凉山。［57］先朝旧法：指东晋明帝司马绍抵抗王敦的将领王含与刘裕抗拒卢循农民军的战法。前者见《晋书·明帝纪》，后者见《宋书·武帝纪》。［58］厉色：严厉的面色，愤怒的表情。［59］南中郎：指武陵王刘骏，时为南中郎将。年少：年少有为。［60］岂复可量：其办事效果难道还能够限量吗？意即一定会成功。［61］三方同恶：荆、雍、江三州的势力联合起来，同一个目标地进攻我们。［62］势据上流：从形势上说，又处在我们的上游。［63］甚练：很熟悉，很懂得。［64］宜及人情未离：应该趁着人心未散，尚未众叛亲离。离，离散，分裂。［65］主、相咸无战意：主子刘劭、丞相刘义恭全都不想打仗。［66］岂非天也：这难道不是天意吗？也，同“耶”。［67］俟诸侯勤王：等待各地的勤王军前来救援京师。勤王，救援天子。［68］谁当见救：谁还会来救我？［69］不然，不克：否则是没有希望的。［70］行军：巡视军队。［71］都水：主管河流、湖泊。治船舰：修理、制造战船。［72］壬子：四月十日。［73］淮南岸：秦淮河南岸，在建康都城南。淮内船舫：秦淮河上停泊的大小船只。烧这些船，是为了不让敌人用其渡河。［74］渡水北：渡过秦淮河到北岸来。［75］伟之：即刘伟之，刘宋文帝刘义隆太子刘劭之子，被刘骏所杀。［76］褚湛（zhàn）之：刘宋大臣褚裕之兄子，宋武帝刘裕女婿，拜驸马都尉，历任中书令、丹阳尹。传见《宋书》卷五十二。［77］录尚书六条事：据《宋书·百官志》，晋成帝咸康中，曾分置三录，“荀寂、陆晔各录六条事”，此后每当设置两名“录尚书事”时，就称为“录尚书六条事”。录，统领，主管。六条事，六个方面的事项，具体内容已不可考。［78］太尉司马：太尉刘义恭属下的司马官。司马，在军中主管司法。［79］先众南奔：率先渡过秦淮河，投奔了从南方来的起义军。庞秀之原受太子劭信任，与鲁秀为刘劭“对掌军队”，今竟先众南奔，对刘劭部下的士气影响重大。［80］檀和之为雍州刺史：刘劭任命檀和之为雍州刺史，等于罢免了反对他的臧质的雍州刺史职务。

癸丑[1]，武陵王军于鹊头[2]。宣城太守王僧达[3]得武陵王檄，未知所从。客说之曰：“方今衅逆滔天[4]，古今未有。为君计，莫若承[5]义师之檄，移告傍郡[6]。苟在有心[7]，谁不响应！此上策也。如其不能，可躬帅向义之徒[8]，详择水陆之便[9]，致身南归[10]，亦其次也。”僧达乃自候道[11]南奔，逢武陵王于鹊头。王即以为长史。僧达，弘之子也。王初发寻阳，沈庆之谓人曰：“王僧达必来赴义[12]。”人问其故。庆之曰：“吾见其在先帝前议论开张[13]，意向明决[14]，以此言之，其至必也。”

柳元景以舟舰不坚，惮于水战[15]，乃倍道兼行，丙辰[16]，至江宁步上[17]，使薛安都帅铁骑曜兵于淮上[18]，移书朝士[19]，为陈逆顺[20]。

劭加吴兴太守汝南周峤冠军将军。随王诞檄亦至，峤素恇怯[21]，回惑[22]不知所从；府司马丘珍孙杀之，举郡应诞。

戊午[23]，武陵王至南洲[24]，降者相属；己未[25]，军于溧洲[26]。王自发寻阳，有疾不能见将佐，唯颜竣出入卧内[27]，拥王于膝[28]，亲视起居[29]。疾屡危笃[30]，不任咨禀[31]，竣皆专决[32]。军政之外，间以文教书檄[33]，应接遐迩[34]，昏晓临哭[35]，若出一人[36]。如是累旬[37]，自舟中甲士亦不知王之危疾[38]也。

癸亥[39]，柳元景潜至新亭[40]，依山为垒[41]。新降者皆劝元景速进，元景曰："不然。理顺难恃[42]，同恶相济[43]，轻进无防[44]，实启寇心[45]。"

元景营未立，劭龙骧将军詹叔儿觇知之[46]，劝劭出战，劭不许。甲子[47]，劭使萧斌统步军，褚湛之统水军，与鲁秀、王罗汉、刘简之[48]精兵合万人，攻新亭垒，劭自登朱雀门[49]督战。元景宿令军中曰[50]："鼓繁气易衰[51]，叫数力易竭[52]；但衔枚疾战[53]，一听吾鼓声[54]。"劭将士怀劭重赏[55]，皆殊死战[56]。元景水陆受敌，意气弥强[57]，麾下[58]勇士，悉遣出斗，左右唯留数人宣传[59]。劭兵势垂克[60]，鲁秀击退鼓[61]，劭众遽止[62]。元景乃开垒鼓噪以乘之[63]，劭众大溃，坠淮死者甚多。劭更帅余众[64]，自来攻垒，元景复大破之，所杀伤过于前战[65]，士卒争赴死马涧[66]，涧为之溢[67]；劭手斩退者，不能禁。刘简之死，萧斌被创[68]，劭仅以身免[69]，走还宫。鲁秀、褚湛之、檀和之皆南奔[70]。

丙寅[71]，武陵王至江宁。丁卯[72]，江夏王义恭单骑南奔；劭杀义恭十二子。

劭、濬忧迫[73]无计，以辇迎蒋侯神像[74]置宫中，稽颡[75]乞恩，拜为大司马，封钟山[76]王；拜苏侯神[77]为骠骑将军。以濬为南徐州[78]刺史，与南平王铄并录尚书事。

（以上为第四段，写武陵王刘骏首举义旗，率领大军抵达南洲，柳元景率领先锋部队到达新亭，刘劭率领上万精兵前往迎战，惨败。）

【注释】

[1]癸丑：四月十一日。 [2]鹊头：古地名，鹊洲的西南端。鹊洲，长江中的小洲名，在今

安徽铜陵市、芜湖市繁昌区两地之间的长江中。［3］王僧达：太保王弘之子，临川王刘义庆之婿，为宣城太守，官至中书令。传见《宋书》卷七十五。［4］衅（xìn）逆：叛乱。滔天：即罪恶滔天，比喻罪恶极大。［5］承：接受，照办。［6］移告傍郡：转发给周边的其他郡，号召它们也跟同行事。傍，同“旁”。［7］苟在有心：但凡还有良心的人。［8］躬帅向义之徒：亲自率领着一批拥护起义军的人。躬，亲自。［9］详择水陆之便：选择一条便利的通道。［10］致身南归：亲自前去投奔起义军。致身，献身。［11］候道：古代边郡为侦察敌情、传递军事情报或应付紧急情况而修筑的道路。［12］赴义：投奔起义军。［13］议论开张：发表意见纵横开阖，颇有魄力。［14］意向明决：观点意向明确。［15］惮（dàn）于水战：不利于在江面上与敌兵开战。惮，担心，这里指不利。［16］丙辰：四月十四日。［17］步上：舍舟登陆步行。［18］曜（yào）兵于淮上：在秦淮河边向河北的建康城炫耀武力。曜，同“耀”，显示，显耀。［19］移书朝士：给朝廷上的官僚士大夫发送讨逆书、宣传品。［20］为陈逆顺：给他们分析谁是国家的叛逆，谁是仁义之师。［21］恇（kuāng）怯：胆小怕事，怯懦。［22］回惑：翻来覆去，犹豫不决。［23］戊午：四月十六日。［24］南洲：又名姑孰城，在今安徽当涂县。［25］己未：四月十七日。［26］溧洲：也作“冽洲”，古地名，在今江苏南京市西南的长江中。［27］出入卧内：出入于卧室，极言其受信任。［28］拥王于膝：将武陵王刘骏抱坐在膝盖上。［29］亲视起居：亲自照顾刘骏的日常生活。［30］危笃：危险，沉重。［31］不任咨禀（bǐng）：没法听取诸将的请示报告。［32］竣皆专决：颜竣都一一地给他们做出决定性的回答。［33］间以文教书檄：又有许多文告、教谕方面的书信往来。［34］应接遐（xiá）迩（ěr）：回复远近各方的请示报告。遐，远。迩，近。［35］昏晓临哭：每天的早晨、晚上还要按时给死去的老皇帝刘义隆哭丧。［36］若出一人：就像武陵王刘骏亲自处理的一样。［37］如是累旬：就这样一晃就是几十天。此言夸张得有点过度。胡三省曰：“是月丁未，王发寻阳；己未至溧洲，十三日耳。丙寅至江宁，方二十日。”［38］自舟中甲士亦不知王之危疾：连刘骏这条船上的警卫人员也不知道刘骏的病情危险到了何种程度。自，连，即使。［39］癸亥：四月二十一日。［40］潜至新亭：谓其奔袭之军潜行至新亭。新亭，古地名，三国时东吴所筑，在当时建邺城的西南方，邻近长江。［41］依山为垒：随着山形筑起防御工事。垒，营垒，堡垒。［42］理顺难恃：不能因为自己占理就把自己估计得过强。占理的一方容易轻敌致败。［43］同恶相济：一群恶人聚集一起，往往同心协力，死里求生。［44］轻进无防：轻率进军不做好防备。［45］实启寇心：实际上是开导启发敌人，引来敌人的进攻。启，诱导，招引。胡三省曰：“《兵法》所谓‘先为不可胜，以待敌之可胜也’，柳元景以之。”［46］詹叔儿觇（chān）知之：刘宋将领，刘劭心腹干将，探听到了这种情况。觇，窥视，探听。［47］甲子：四月二十二日。［48］刘简之：刘宋将领，刘劭心腹干将，后战死。［49］朱雀门：也称“大航门”，面对朱雀桥的建康城南门，约在今南京的中华门内。朱雀桥，是秦淮河上的浮桥，在当时的建康城南。［50］宿令军中曰：早就对自己的部下说。宿令，事先在未开战的日子就发布命令。宿，早，事先。［51］鼓繁气易衰：鼓敲的次数太多，士兵的勇气就会低落。繁，密，次数多。

[52]叫数力易竭：呐喊的次数太多，士兵的战斗力就会丧尽。数，屡，繁密。[53]但衔枚疾战：你们就只管闷着头地去杀敌。但，只，只顾。衔枚，口中衔着筷子形的东西，通常是用于行军时防止喧哗。这里指一声不吭地把全部力气用于作战。[54]一听吾鼓声：只按我的鼓声冲锋，其他的一概不管。一，专一，只管。[55]怀劭重赏：感谢刘劭给他们的重赏。怀，感谢。[56]殊死战：拼死拼命地勇敢作战。[57]意气弥强：斗志更加强劲。[58]麾（huī）下：将旗之下，此指护卫人员。[59]宣传：宣布、传达命令。[60]兵势垂克：作战的态势，眼看就要胜利。垂，将，就要。[61]击退鼓：敲起退兵之鼓。[62]遽（jù）止：立刻停止了进攻。[63]开垒鼓噪以乘之：打开营垒，全部出动，鸣鼓喧哗，趁势追击。[64]更帅余众：又率领着一批残余势力。更，再，又。[65]前战：刚才打的那一仗。[66]争赴死马涧（jiàn）：争着跳进了死马涧。死马涧，一条涧水的名字。涧，流水的小沟。[67]涧为之溢：涧水因此溢了出来，极言入水的败兵之多。[68]被创：受伤。创，兵器对人体的损伤。[69]仅以身免：勉强地只身逃回。[70]南奔：向南投归起义军。[71]丙寅：四月二十四日。[72]丁卯：四月二十五日。[73]忧迫：忧愁，焦急。[74]辇（niǎn）：帝王的车驾。蒋侯神像：蒋子文的塑像。蒋子文：字子文，广陵（今江苏扬州市）人，汉末为秣陵县尉，追逐强盗至钟山脚下，被盗贼所杀。据说死后常显灵，三国时孙权封其为中郎侯，并为之立庙，称钟山为“蒋山”。民间传说，蒋子文为阴间十殿阎罗的第一殿秦广王，南朝齐封以帝号，南唐追谥为庄武帝。事见干宝《搜神记》。[75]稽颡（sǎng）：磕头触地，古代所行最虔诚的叩拜礼。颡，额头。[76]钟山：古山名，位于江苏南京市玄武区紫金山。[77]苏侯神：苏峻的神灵。苏峻，原是晋将，晋成帝时平王敦之乱有功，后又造反称帝，被陶侃、温峤等讨平。传见《晋书》卷一百。苏峻原为叛逆，不知缘何民间也尊之为神，今又被刘劭所尊奉，所谓“临时抱佛脚”，“有病乱投医”了。[78]南徐州：刘宋时的州治在今江苏镇江市。

戊辰[1]，武陵王军于新亭，大将军义恭上表劝进。散骑侍郎徐爰在殿中诳劭[2]，云自追义恭，遂归武陵王。时王军府草创[3]，不晓朝章[4]；爰素所谙练[5]。乃以爰兼太常丞[6]，撰即位仪注[7]。己巳[8]，王即皇帝位，大赦。文武赐爵一等，从军者二等。改谥大行皇帝[9]曰“文”，庙号太祖[10]。以大将军义恭为太尉、录尚书六条事、南徐州刺史。

是日，劭亦临轩拜太子伟之[11]。大赦，唯刘骏、义恭、义宣、诞不在原例[12]。庚子[13]，以南谯王义宣为中书监、丞相、录尚书六条事、扬州刺史，随王诞为卫将军、开府仪同三司、荆州刺史，臧质为车骑将军、开府仪同三司、江州刺史，沈庆之为领军将军，萧思话为尚书左仆射。壬申[14]，以王僧达为右仆射，柳元景为侍中、左卫将军，宗悫为右卫将军，张畅为吏部尚书，刘延孙、颜竣并为侍中。

五月，癸酉朔[15]，臧质以雍州兵二万至新亭。豫州刺史刘遵考遣其将夏侯献之帅步骑五千军于瓜步[16]。先是，世祖[17]遣宁朔将军顾彬之将兵东入，受随王诞节度[18]。诞遣参军刘季之[19]将兵与彬之俱向建康，诞自顿西陵[20]，为之后继。劭遣殿中将军燕钦等拒之，相遇于曲阿奔牛塘[21]，钦等大败。劭于是缘淮树栅[22]以自守，又决破岗、方山埭以绝东军[23]。时男丁既尽，召妇女供役。

甲戌[24]，鲁秀等募勇士攻大航[25]，克之。王罗汉闻官军已渡，即放仗降[26]，缘渚幢队以次奔散[27]，器仗鼓盖[28]，充塞路衢[29]。是夜，劭闭守六门[30]，于门内凿堑立栅[31]；城中沸乱[32]，丹杨尹尹弘[33]等文武将吏争逾城出降。劭烧辇及衮冕服[34]于宫庭。萧斌宣令所统，使皆解甲，自石头戴白幡[35]来降；诏斩斌于军门。濬劝劭载宝货逃入海，劭以人情离散，不果行[36]。

乙亥[37]，辅国将军朱修之克东府[38]，丙子[39]，诸军克台城[40]，各由诸门入会于殿庭[41]，获王正见，斩之。张超之走至合殿[42]御床之所，为军士所杀，刳[43]肠割心，诸将脔其肉[44]，生啖[45]之。建平等七王[46]号哭俱出。劭穿西垣[47]，入武库井中，队副高禽[48]执之。劭曰："天子何在？"禽曰："近在新亭。"至殿前，臧质见之恸哭，劭曰："天地所不覆载[49]，丈人何为见哭[50]？"又谓质曰："劭可启得远徙不[51]？"质曰："主上近在航南[52]，自当有处分[53]。"缚劭于马上，防送军门[54]。时不见传国玺[55]，以问劭，劭曰："在严道育处。"就取，得之。斩劭及四子于牙下[56]。

濬帅左右数十人挟南平王铄南走，遇江夏王义恭于越城[57]。濬下马曰："南中郎今何所作[58]？"义恭曰："上已君临万国[59]。"又曰："虎头来得无晚乎[60]？"义恭曰："殊当恨晚[61]。"又曰："故当不死邪[62]？"义恭曰："可诣行阙请罪[63]。"又曰："未审能赐一职自效不[64]？"义恭又曰："此未可量。"勒与俱归[65]，于道斩之，及其三子。劭、濬父子首并枭于大航[66]，暴尸于市[67]。

劭妃殷氏及劭、濬诸女、妾媵[68]，皆赐死于狱。污潴劭所居斋[69]。殷氏且死[70]，谓狱丞[71]江恪曰："汝家[72]骨肉相残，何以枉杀无罪人？"恪曰："受拜皇后[73]，非罪而何？"殷氏曰："此权时[74]耳，当以鹦鹉为后。"褚湛之之南奔也，濬即与褚妃离绝[75]，故免于诛[76]。严道育、王鹦鹉并都街鞭杀[77]，焚尸，扬灰于江。殷冲、尹弘、王罗汉及淮南太守沈璞[78]皆伏诛。

（以上为第五段，写武陵王刘骏新亭即皇帝位，是为孝武帝，继而攻下都城建康；刘劭在众叛亲离的形势下作垂死挣扎，最终与刘濬都被枭首示众。）

【注释】

[1]戊辰：四月二十六日。[2]徐爰（yuán）：本名瑗，字长玉，刘宋著名大臣、史学家。工于心计，能言善辩。时为始兴王刘濬的后军参军、员外散骑侍郎。传见《宋书》卷九十四。诳（kuáng）：欺骗，哄骗。[3]军府草创：起义军的总指挥部建立不久。[4]不晓朝章：没有人熟悉朝廷的典章制度。[5]爰素所谙（ān）练：恰恰是徐爰一贯熟悉的。谙练，熟悉，精通。[6]太常丞：太常的副职。太常，也称"奉常"，在朝廷掌管礼仪与祭祀事务。[7]撰即位仪注：制定一套皇帝登基典礼的章程仪式。撰，编写，制定。仪注，制度，仪节。[8]己巳：四月二十七日。[9]大行皇帝：刚死去尚未正式安葬的皇帝，指宋文帝刘义隆。[10]庙号：古代皇帝死后，在太庙立室奉祀时特起的名号。庙号最初非常严格，按照"祖有功而宗有德"的标准，开国君主一般是祖，继嗣君主有治国才能者为宗。刘劭为刘义隆上庙号为"中宗"，含有中兴之主的意思，合于礼制。因刘劭是篡逆者，今刘骏重新宣告刘义隆上庙号称"太祖"，很显然要高一个档次。[11]临轩：皇帝不坐正殿而御前殿。殿前堂陛之间近檐处两边有槛楯，如车之轩，故称。拜太子伟之：立刘伟之为太子。[12]不在原例：不在赦免的范围内。原，宽恕，赦免。[13]庚子：四月癸卯朔，无庚子。前文有"己巳"，后文有"壬申"，此处疑是"庚午"。[14]壬申：四月三十日。[15]癸酉朔：五月一日。[16]豫州：刘宋的州治在今安徽寿县。刘遵考，刘裕族弟，时任淮南太守、中护军、领军将军、豫州刺史。传见《宋书》卷五十一。瓜步，长江边的小山名，在今江苏南京市江北的六合区东南。[17]世祖：此指刚即位的武陵王刘骏，死后谥孝武帝，庙号世祖。[18]节度：指挥，调度。节，节制，指挥。[19]刘季之：随王刘诞的属将，任参军。不久，刘诞谋反，刘季之前往江苏盱眙，盱眙太守郑瑗怀疑他也是谋反的同谋，便擅自将其杀死。[20]自顿西陵：自己统兵驻扎在西陵。西陵，在今浙江杭州市萧山区的西兴镇。[21]曲阿：古县名，在今江苏丹阳市。奔牛塘：古地名，在丹阳的东南方。[22]缘淮树栅（zhà）：沿着秦淮河，用木桩扎起栅栏。秦淮河流经建康城的南面与西面。[23]决：掘开。

破岗、方山：古地名，均在当时建康城的东南方。破岗，也称“破岗埇”，在今江苏句容市与丹阳市的南面，山湖与秦淮河相通。方山，古地名，在今江苏南京市江宁区。埭（dài）：堤坝。以绝东军，以断绝东方军队的西进之路。［24］甲戌：五月二日。［25］大航：即朱雀航，又名朱雀桥，在当时建康城的南面秦淮河上。［26］放仗降：放下武器投降。［27］缘渚（zhǔ）幢（chuáng）队：守卫在秦淮河边上的各幢主、队主带领的士兵。以次奔散：一处挨一处地相继散去。［28］器仗鼓盖：士兵使用的武器，将军、贵族的旗鼓与车盖。［29］衢（qú）：四通八达的大路。［30］六门：宫城周围的六个门，即大司马门、东华门、西华门、万春门、太阳门、承明门。［31］凿堑（qiàn）：开挖防御用的壕沟。立栅：树立用竹、木、铁条等做成的阻拦物。［32］沸乱：纷乱，乱成一锅粥。［33］尹弘：刘宋时人，文帝刘义隆时为左卫将军，此人胆小怕事，太子刘劭发动宫廷政变时抢着投奔刘劭，现在刘劭大势已去，又连忙投降义军。［34］衮（gǔn）冕（miǎn）服：古代皇帝及上公的礼服和礼帽。［35］戴白幡：举着白旗。幡，用竹竿等挑起来直着挂的长条形旗子。［36］不果行：没有走成。［37］乙亥：五月三日。［38］东府：刘宋都城建康城东南方的小城名，东晋时司马道子的住所。［39］丙子：五月四日。［40］台城：古城名，刘宋都城建康城的皇宫。［41］会于殿庭：在宫殿阶前的平地会合。［42］合殿：设在书房后面的皇帝的卧室。［43］刳（kū）：剖开后再挖空。［44］脔（luán）其肉：将其躯体剁成碎块。［45］啖（dàn）：吃。［46］建平等七王：建平王刘宏、东海王刘祎、义阳王刘昶、武昌王刘浑、湘东王刘彧、建安王刘休仁。另一人应是刘休祐，当时尚未封王。七人都是文帝刘义隆的儿子。［47］穿西垣：挖开西面的院墙逃出。［48］队副高禽：刘骏的将领，为队副。［49］天地所不覆载：极言其所犯的罪孽之深重，为天地所不容。覆载，覆盖与承载，引申为包容、原谅。［50］丈人何为见哭：您为什么还要为我痛哭。臧质是刘义隆的表兄弟，是刘劭的表叔，故感激地称之为“丈人”，犹言“长者”。［51］可启得远徙不：能上报求得一个流放的惩罚吗？意思是免得一死。不，同“否”。［52］航南：大航以南，即秦淮河南。［53］自当有处分：自然会对你做出处理。处分，安置，处理。［54］防送军门：押送到孝武帝刘骏的军部门前。防送，押解护送犯人。［55］传国玺：即传国玉玺，是秦代丞相李斯奉始皇帝之命，用蓝田玉镌刻而成，为中国历代正统皇帝的凭证，方圆四寸，上纽交五龙，正面刻有李斯所书“受命于天，既寿永昌”八篆字，以作为“皇权天授、正统合法”的信物。［56］牙下：营门的大旗之下。牙，牙旗，这里即指大旗。［57］越城：古城名，在今江苏南京市城南。［58］南中郎：即刘骏，曾为南中郎将。今何所作：现在正做什么。［59］已君临万国：已经即位称帝，统治了整个天下。［60］虎头来得无晚乎：我虎头来得是不是太晚了。虎头，刘濬的小名，这里是刘濬称自己。得无，是不是，反问语。［61］殊当恨晚：的确是晚得有点遗憾。殊，极，甚。恨，遗憾。［62］故当不死邪：还能不能饶我一条命呢？［63］可诣行阙请罪：可到皇帝住的地方请罪。行阙，也称“行宫”“行在”，皇帝外出临时所住的地方。阙，宫门左右的高台，后来即以“阙”称宫门。［64］未审：不清楚，不知道。能赐一职自效不：能不能给我个官做，让我替他效力呢？不，同“否”。［65］勒与俱归：勒转马头，与刘濬一齐往回走。［66］枭（xiāo）于大航：悬挂在朱雀桥上面。［67］暴尸于市：把他们的尸体晾在市场上示众。暴，晒，晾。［68］妾媵（yìng）：妃嫔侍女之类。［69］污潴（zhū）劭所居斋：把刘劭所住的地方变成一片臭水坑。胡三省曰："古者臣弑君、子弑父，杀无赦；坏其室，污其宫而潴焉。"潴，水坑。王夫之曰："元凶为逆，孝武起兵以致讨，元凶败矣，萧斌解甲带白幡来降，逆濬就江夏王义恭以降，而但问'来无晚乎'，固自谓得视王谧，斌犹可立人之朝，濬犹可有其封爵也。于是斩斌于军门，枭濬于大航，法乃申焉，则人知覆载不容之罪无所逃于上刑。于斯时也，义愤所激，天良警之，人理之不绝于天下，恃此也夫。"（《读通鉴论》卷十五之二一）［70］且死：临死之前。且，将。［71］狱丞：管理监狱的副头目。［72］汝家：指刘氏家族。汝，你，殷氏是对着狱丞江恪所说，用"汝"字似有不妥。观其文义，"汝"字应用在下一句，即"（汝）何以枉杀无罪人"。［73］受拜皇后：接受了皇后的封任。［74］权时：暂时、权宜之计。［75］离绝：离婚。［76］免于诛：指褚妃免于死。［77］都街鞭杀：在建康城内的大街上用鞭子将其抽死。［78］沈璞（pú）：字道真，名将沈林子少子，《宋书》作者沈约之父，始兴王刘濬心腹，为盱眙太守，与北魏军作战时守盱眙有功，迁淮南太守，没能及时参与推尊武陵王刘骏为帝的行动，被颜竣进谗言所杀。传见《宋书》卷一百。

庚辰[1]，解严[2]。辛巳[3]，帝如东府，百官请罪[4]，诏释之。甲申[5]，尊帝母路淑媛[6]为皇太后。太后，丹杨人也。乙酉[7]，立妃王氏[8]为皇后。后父偃，导之玄孙也。戊子[9]，以柳元景为雍州刺史。辛卯[10]，追赠袁淑为太尉，谥忠宪公[11]；徐湛之为司空，谥忠烈公；江湛为开府仪同三司，谥忠简公；王僧绰为金紫光禄大夫[12]，谥简侯。壬辰[13]，以太尉义恭为扬、南徐二州刺史，进位太傅，领大司马。

初，劭以尚书令何尚之为司空、领尚书令，子征北长史[14]偃为侍中，父子并居权要[15]。及劭败，尚之左右皆散，自洗黄阁[16]。殷冲等既诛，人为之寒心。帝以尚之、偃素有令誉[17]，且居劭朝用智将迎[18]，时有全脱[19]，故特免之；复以尚之为尚书令，偃为大司马长史[20]，位遇无改[21]。

甲午[22]，帝谒初宁、长宁陵[23]。追赠卜天与益州[24]刺史，谥壮侯，与袁淑等四家[25]，长给禀禄[26]。张泓之等各赠郡守。戊戌[27]，以南平王铄为司空，建平王宏为尚书左仆射，萧思话为中书令、丹杨尹。六月，丙午[28]，帝还宫。

初，帝之讨西阳蛮[29]也，臧质使柳元景将兵会之。及质起兵[30]，欲奉南谯王义宣为主，潜使元景帅所领西还[31]，元景即以质书呈帝，语其信曰[32]："臧冠军当是未知殿下义举[33]耳。方应伐逆[34]，不容西还[35]。"质以此恨之。及元景为雍州[36]，质虑其为荆、江后患[37]，建议元景当为爪牙[38]，不宜远出。帝重违其言[39]，戊申[40]，以元景为护军将军，领石头戍事[41]。

己酉[42]，以司州刺史鲁爽为南豫州刺史。庚戌[43]，以卫军司马[44]徐遗宝为兖州刺史。

庚申[45]，诏有司论功行赏，封颜竣等为公、侯[46]。

辛未[47]，徙南谯王义宣为南郡王，随王诞为竟陵王，立义宣次子宜阳侯恺为南谯王。

闰月，壬申[48]，以领军将军沈庆之为南兖州刺史，镇盱眙。癸酉[49]，以柳元景为领军将军[50]。

乙亥[51]，魏太皇太后赫连氏殂。

丞相义宣固辞内任[52]及子恺王爵。甲午[53]，更以义宣为荆、湘二州[54]刺史，恺为宜阳县王[55]，将佐以下并加赏秩[56]。以竟陵王诞为扬州刺史。

（以上为第六段，写宋孝武帝解除戒严，论功行赏，进行人事任免。追悼被害朝臣，而听从臧质的建言，将功臣柳元景由雍州刺史改为护军将军。）

【注释】

[1]庚辰：五月八日。[2]解严：解除戒严状态。[3]辛巳：五月九日。[4]请罪：主动承认过错并请求处罚。[5]甲申：五月十二日。[6]路淑媛：刘骏生母，刘骏即位后，尊为皇太后。因明帝刘彧幼失生母，被其抚养长大，明帝即位后，尊其为崇宪太后。[7]乙酉：五月十三日。[8]王氏：即王宪嫄，东晋丞相王导的玄孙，散骑常侍王偃之女，刘骏表姐、嫡妻。刘骏即位，册为皇后；生子前废帝刘子业、豫章王刘子尚。子业即位，尊为皇太后。谥号文穆。传见《宋书》卷四十一。[9]戊子：五月十六日。[10]辛卯：五月十九日。[11]忠宪公："忠宪"二字是谥号，"公"字表示爵位。[12]金紫光禄大夫：荣誉加官职名，备参谋顾问。以其佩金印紫绶，故称"金紫光禄大夫"。[13]壬辰：五月二十日。[14]征北长史：征北将军的高级僚属。[15]权要：显要位置。[16]自洗黄阁：自己打扫自己的办公地点。黄阁，指三公办公的厅堂。胡三省曰："旧制，三公听事置黄阁。"又引《五代史》曰："三公府三门，当中开黄阁，设内屏。"

[17]素有令誉：平时有很好的名声。[18]用智将迎：用智慧巧妙应付刘劭的差遣。将迎，应付，敷衍。[19]时有全脱：偶尔地保全、掩护了一些身处险境的人，如荆州、江州、雍州三镇将士的家属等等。[20]大司马长史：大司马刘义恭的高级僚属。[21]位遇无改：任职与所受的待遇都还和从前一样。明代袁了凡曰："尚之先以致仕起复，身为大臣，君弑不能死于其难，乃北面逆贼，孝武复以为尚书令，《纲目》讥其不当复用从逆之人也。"（《历史纲鉴补》）[22]甲午：五月二十二日。[23]谒（yè）：拜祭。初宁：即初宁陵，宋武帝刘裕的陵墓，位于今江苏南京市麒麟门外的麒麟铺。长宁陵，宋文帝刘义隆的陵墓，位于今江苏南京市栖霞区狮子冲。[24]卜天与：宫廷卫队头领，元凶刘劭作乱，卜天与战死，孝武帝刘骏即位后，谥号壮侯。传见《宋书》卷九十一。[25]四家：指卜天与、袁淑、徐湛之、江湛。[26]长给禀禄：永远给他们的家庭提供俸禄。禀禄，同"廪禄"，国库里的粮食。[27]戊戌：五月二十六日。[28]丙午：六月五日。[29]帝之讨西阳蛮：事在本年正月。[30]及质起兵：指起兵讨伐刘劭。[31]帅所领西还：率领军队回到荆州。[32]语其信曰：指着臧质所派的使者说。[33]臧冠军：臧质，当时臧质任冠军将军、雍州刺史，镇守襄阳。未知殿下义举，还不知道殿下您的发动起事。殿下，指武陵王刘骏。[34]方应伐逆：很快就要举兵东下。[35]不容西还：不可能回荆州。[36]为雍州：补刘骏任为雍州刺史。[37]为荆、江后患：因雍州刺史地居襄阳，在荆、江二州的上游。[38]爪牙：比喻帝王的心腹将领。[39]重违其言：不好驳臧质的面子。重，难，不好违拗。[40]戊申：六月七日。[41]领石头戍事：主管石头城的戍守事宜。这对柳元景无疑是很大的委屈，柳元景曾为先锋部队首领，攻杀刘劭的主力部队，奠定了刘骏获胜的基础。[42]己酉：六月八日。[43]庚戌：六月九日。[44]卫军司马：卫将军随王刘诞的司马官。[45]庚申：六月十九日。[46]封颜竣等为公、侯：封颜竣等有功之臣为公、为侯。颜竣此时被封为建城县侯。[47]辛未：六月三十日。[48]闰月，壬申：闰六月一日。[49]癸酉：闰六月二日。[50]领军将军：古将军名号，领军中资重者之称。资轻者为中领军。[51]乙亥：闰六月四日。[52]内任：在朝廷内的任职。[53]甲午：闰六月二十三日。[54]荆、湘二州：荆州的州治江陵，湘州的州治在今湖南长沙。自晋怀帝分荆州立湘州以来，此州屡废、屡置，至此才正式设立。[55]宜阳县王：爵位为王，封地为宜阳县。[56]并加赏秩：都普遍地赏给财物或提高官职的品级。秩，级别。

秋，七月，辛丑朔[1]，日有食之。甲寅[2]，诏求直言[3]。辛酉[4]，诏省细作并尚方雕文涂饰[5]；贵戚竞利[6]，悉皆禁绝。

中军录事参军周郎[7]上疏，以为："毒之在体，必割其缓处[8]。历下、泗间[9]，不足戍守[10]。议者必以为胡衰不足避[11]，而不知我之病甚于胡矣。今空守孤城[12]，徒费财役。使虏但发轻骑三千，更互出入[13]，春来犯麦，秋至侵禾，水陆漕输[14]，居然复绝[15]；于贼不劳而边已困[16]，不至二年，卒散民尽，可跻足而待[17]也。今人知不以羊追狼、蟹捕鼠，而令重车弱卒与肥马悍胡相逐[18]，其不能济固宜[19]矣。又，三年之丧[20]，天下之达丧[21]；汉氏节其臣[22]则可矣，薄其子[23]则乱也。凡法有变于古而刻于情[24]，则莫能顺[25]焉；至乎败于礼而安于身，必遽而奉之[26]。今陛下以大孝始基[27]，宜反斯谬[28]。又，举天下以奉一君，何患不给[29]？一体炫金[30]，不及百两[31]，一岁美衣，不过数袭[32]；而必收宝连椟[33]，集服累笥[34]，目岂常视[35]，身未时亲[36]，是椟带宝、笥著衣[37]也，何糜蠹之剧[38]，惑鄙之甚[39]邪！且细作始并[40]，以为俭节[41]；而市造华怪[42]，即传于民[43]。如此，则迁也，非罢也[44]。凡厥庶民[45]，制度日侈[46]，见车马不辨贵贱[47]，视冠服不知尊卑[48]。尚方今造一物，小民明已睥睨[49]；宫中朝制一衣，庶家晚已裁学[50]。侈丽[51]之源，实先宫阃[52]。又，设官者宜官称事立[53]，人称官置[54]。王侯识未堪务[55]，不应强仕[56]。且帝子未官，人谁谓贱[57]？但宜详置宾友[58]，茂择正人[59]，亦何必列长史、参军、别驾从事[60]，然后为贵哉？又，俗好以毁沈人[61]，不察其所以致毁[62]；以誉进人[63]，不察其所以致誉[64]。毁徒皆鄙[65]，则宜擢其毁者[66]；誉党悉庸[67]，则宜退其誉者[68]。如此，则毁誉不妄[69]，善恶分矣[70]。凡无世不有言事[71]，无时不有下令[72]。然升平不至[73]，昏危相继[74]，何哉？设令之本非实故也[75]。"书奏，忤旨[76]，自解去职[77]。郎，峤[78]之弟也。

侍中谢庄[79]上言："诏云：'贵戚竞利，悉皆禁绝。'此实允惬民听[80]。若有犯违，则应依制裁纠[81]；若废法申恩[82]，便为明诏既下而声实乖爽[83]也。臣愚谓大臣在禄位者，尤不宜与民争利。不审可得在此诏不[84]？"庄，弘微[85]之子也。

上多变易太祖[86]之制，郡县以三周为满[87]，宋之善政，于是乎衰。

（以上为第七段，写孝武帝颁布诏令，杜绝与民争利，只是口惠而未施行。周郎、谢庄上书，提出独到见解，不合旨意，离职而去。刘宋一些良好的典章制度，又多变易，从此走向衰败。）

【注释】

［1］辛丑朔：七月一日。原文作"辛酉朔"，据章校改。［2］甲寅：七月十四日。［3］直言：即直言敢谏之人。［4］辛酉：七月二十一日。［5］诏省细作并尚方雕文涂饰：下诏细作署和尚方署不再制作各种精美器物。省，减省，裁掉。细作，一种主管为朝廷制作精美服饰、精美器物、精美玩物的部门，下设许多作坊，制造精巧的工艺品。当时朝廷设有细作署令。尚方，专门为宫廷制造器物、制造各种生活用品的机构，上属于少府。雕文涂饰，指雕刻、彩绘等各种手工工艺制造。［6］贵戚：帝王本姓的亲族。竞利：指从事以营利为目的的手工业、商业等活动，与从事工、农、商诸行业的百姓争夺利润。［7］中军录事参军周郎：中军将军的录事参军。录事参军，在将军手下总管文书档案。周郎，刘骏时为中军录事参军，敢于上书直言。［8］缓处：不紧要的部分。［9］历下、泗间：指今山东西部与江苏北部等一带地区。历下，指历城，今山东济南市。泗间，泗水流域，指当时的彭城（今江苏徐州市）、湖陆（今山东鱼台县东南）一带地区。［10］不足戍守：不值得派兵镇守，意即应该将它放弃。［11］胡衰不足避：北魏国因内乱已经衰落，不用再躲避它。北魏主拓跋焘于上年被其近臣所杀，国内发生一连串的政变与反政变事件，故如此说。［12］孤城：指历下、彭城等地。［13］更互出入：轮番前来攻击我们。［14］漕输：使用车船运送粮食。［15］居然复绝：因此遂致断绝。［16］于贼不劳：对敌人来说并没有费多大劲。边已困：我们的边防守卫已经无能为力。［17］跻（jī）足而待：极言这种局面很快就要到来。跻足，意即"跷足"，跷起脚跟就能看见，形容时间短暂。［18］重车弱卒：破旧的车子，病弱的士兵，以言刘宋军队。肥马悍胡：健壮的飞马，勇悍的骑手，以言北魏军队。相逐：相较量，相抗衡。［19］不能济固宜：打不过人家是必然的。济，成功。［20］三年之丧：为死去的皇帝、父母守孝三年。［21］天下之达丧：通行天下而一贯不能改变的丧礼。《仪礼·三年问》曰："夫三年之丧，天下之达丧也。"达，通行，上自皇帝，下至庶民，概莫能外。［22］汉氏节其臣：汉朝减少大臣对皇帝的服丧期限。据《史记·孝文本纪》，文帝临死前，下令给全国吏民，哭丧三天，即脱去孝服。节，节制，减少。［23］薄其子：减少其儿子为父母守孝的期限。［24］刻于情：伤害了人之常情。刻，薄，损害。［25］莫能顺：不能按照他说的做。［26］遽（jù）而奉之：有些人就立刻把它拿来推行。［27］以大孝始基：讨伐叛逆、伸张孝道为自己开创基业。［28］宜反斯谬：应该纠正这种不守三年之孝的荒谬做法。［29］何患不给：不愁供应不起。［30］一体炫（xuàn）金：一个人的身上即使挂满金饰。炫金，以黄金做饰物。［31］不及百两：也用不了一百两。［32］数袭：几套。一件上衣与一件下衣，合称一袭。［33］收宝连椟（dú）：搜集来的珍宝装满好多柜子。椟，匣子，柜子。［34］集服累笥（sì）：全做成衣服存满箱笼。笥，方形的竹器。［35］目岂常视：意即眼睛看不过来。岂常视，有那么多时间看吗？［36］身未时亲：意即身子都没有挨过。亲，挨近，指穿。［37］是椟带宝、笥著衣：这就等于给柜子搜罗珍宝，给箱子做衣服穿。［38］何糜（mí）蠹（dù）之剧：这是多么严重的糜烂与蛀蚀。剧，厉害，严重。［39］惑鄙之甚：愚蠢、粗俗得出奇。［40］细作始并：朝廷的细作署刚刚做了一些关停并转的调

整。并，合并，减少。［41］以为俭节：看起来像是节俭了一点。［42］市造华怪：外面市场上制造的华丽而奇特的玩意。［43］即传于民：很快地又传遍民间。［44］如此，则迁也，非罢也：这样一来，是将奢靡之风变换了一个地方，而不是禁止。［45］凡厥（jué）庶民：在现在的百姓中间。厥，其。［46］制度日侈：此指民风习俗一天天奢侈起来。［47］见车马不辨贵贱：看他们所乘坐的车马，分辨不出高低贵贱。［48］视冠服不知尊卑：看他们所穿戴的衣服、帽子，不能了解职位尊卑。［49］明已睥（pì）睨（nì）：明天就可以制造出相同的东西。睥睨，斜着眼睛看，意思是看了回去模仿制造。［50］庶家：平民百姓之家。裁学：学着裁剪，缝制。［51］侈丽：追求奢侈、华丽。［52］实先宫阃（kǔn）：实在是先由宫廷兴起。阃，门槛，这里指宫门、宫内。［53］官称事立：官职与所要管的事情相称。［54］人称官置：当官的人与其职位相称。［55］王侯识未堪务：一个王侯的见识能力如果不能胜任那个职务。［56］不应强仕：就不要派他出去做这个官。［57］帝子未官，人谁谓贱：皇帝的儿子不做官，有谁说他低贱呢？［58］宾友：泛指太子或诸王身边的幕僚与辅导人员。［59］茂择正人：认真挑选正派的人。茂，勉，认真。［60］长史、参军、别驾从事：都是大州刺史属下高级僚属。刘氏自建国以来，皇帝的儿子从十几岁开始就出任刺史，由其身边的僚属代为执掌大权。［61］以毁沈人：通过毁谤的手段来打击埋没人才。沈，同“沉”，沉没，埋没。［62］不察其所以致毁：而在上者又不知道注意弄清这些人是为什么招来的诽谤。［63］以誉进人：通过美誉来推举、使用某人。［64］不察其所以致誉：不考虑他是怎么样招来的这种美誉。［65］毁徒皆鄙：如果这些说人坏话的人品质都很低劣。［66］宜擢（zhuó）其毁者：那就应该提拔被他们毁谤的人。擢，提拔。［67］誉党悉庸：如果这些给人唱赞歌的人都很平庸。［68］宜退其誉者：那就应该黜退被他们所赞美的人。［69］毁誉不妄：坏话好话都不会乱说。妄，虚妄，极不真实。［70］善恶分矣：好人坏人就分别出来了。［71］无世不有言事：任何时候都有给皇帝进言的人。［72］无时不有下令：任何时候都有皇帝根据这些言论下达命令。［73］升平不至：看不见太平时代的到来。［74］昏危相继：昏庸和危亡一个接一个。［75］设令之本非实故也：是因为皇帝所下命令的依据是错误的缘故。［76］忤（wǔ）旨：不合孝武帝刘骏的心思。［77］自解去职：自己辞官而去。［78］峤（qiáo）：即周峤，原为吴兴太守，因临事迟疑不断，被部属丘珍孙所杀。事见前文。［79］谢庄（421—466）：字希逸，陈郡阳夏（今河南太康县）人，太常卿谢弘微之子，刘宋大臣、文学家。初为太子洗马。刘骏即位后，历任侍中、左卫将军、吏部尚书、吴郡太守。刘彧即位后，历任散骑常侍、金紫光禄大夫、中书令。赠右光禄大夫，谥号宪。传见《宋书》卷八十五。［80］允惬（qiè）民听：非常合乎民意。允，实在。惬，同“契”，契合，符合。［81］裁纠：制裁，纠正。［82］废法申恩：违背法制而格外施恩。［83］声实乖爽：说的和实际相矛盾。乖，背谬。爽，差错。［84］不审可得在此诏不：不知能不能也在诏书所说的范围内？不，同“否”。［85］弘微：即谢弘微，南朝宋大臣。传见《宋书》卷五十八。［86］太祖：指文帝刘义隆，庙号太祖。［87］郡县以三周为满：将郡县长官的任职期限改为三年。

乙丑[1]，魏濮阳王闾若文[2]、征西大将军永昌王仁[3]皆坐谋叛，仁赐死于长安，若文伏诛。

南平穆王铄[4]素负才能，意常轻上[5]；又为太子劭所任，出降最晚[6]。上潜使人毒之，己巳[7]，铄卒，赠司徒，以商臣之谥[8]谥之。

南海太守萧简据广州反[9]。简，斌之弟也。诏新南海太守南昌邓琬、始兴太守沈法系[10]讨之。法系，庆之之从弟也。简诳[11]其众曰："台军[12]是贼劭所遣。"众信之，为之固守。琬先至，止[13]为一攻道；法系至，曰："宜四面并攻；若守一道，何时可拔？"琬不从。法系曰："更相申五十日[14]。"日尽又不克，乃从之。八道俱攻，一日即破之。九月，丁卯[15]，斩简，广州平。法系封府库付琬而还[16]。

冬，十一月，丙午[17]，以左军将军鲁秀为司州刺史。

辛酉[18]，魏主如信都、中山[19]。

十二月，癸未[20]，以将置东宫[21]，省太子率更令等官[22]，中庶子等各减旧员之半[23]。

甲午[24]，魏主还平城。

（以上为第十段，写孝武帝排除异己，毒杀后降的南平王刘铄；南海太守萧简据广州城反叛，始兴太守沈法系八道进攻，只用一天时间，平定了叛乱。）

【注释】

[1]乙丑：七月二十五日。[2]闾若文：北魏将领，拓跋濬时为濮阳王，后因谋反被杀。[3]永昌王仁：即拓拔仁，北魏明元帝拓跋嗣之孙，袭爵永昌王，参与谋反，赐死于长安。传见《魏书》卷十七。[4]南平穆王铄（shuò）：刘铄生前被封为南平王，死后谥号穆。穆，同"缪""谬"，意即行为荒谬，是贬谥。[5]意常轻上：常有轻视皇帝刘骏的意思。[6]出降最晚：胡三省曰："铄为始兴王浚挟持而走，遇江夏王义恭乃降，非本心也。"[7]己巳：七月二十九日。[8]商臣之谥：春秋时楚国太子商臣弑其父楚成王自立为君，死后被谥穆。[9]萧简据广州反：胡三省曰："萧斌以逆党诛，其弟惧连坐而反。"南海郡治禺番，在今广州市。[10]沈法系：刘宋名将沈庆之堂弟。始兴太守。传见《宋书》卷七十七。[11]简诳（kuáng）：萧简欺蒙，欺骗。[12]台军：朝廷派来的军队。[13]止：同"只"，只是。[14]更相申五十日：再延长五十天。意即再按你的做法攻五十天。更，再。[15]丁卯：九月二十八日。[16]封府库付琬而还：表彰沈法系的不居功。胡三省曰："史言沈氏兄弟皆能宣力于一时。"[17]丙午：十一月八

日。［18］辛酉：十一月二十三日。［19］信都、中山：北魏二城名。信都，在今河北衡水市冀州区，当时长乐郡的郡治所在地，也是当时冀州的州治所在地。中山，在今河北定州市，当时叫卢奴，为中山郡的郡治所在地。［20］癸未：十二月十五日。［21］将置东宫：意即将要立太子。东宫，为太子所居之地。［22］省太子率更令等官：撤销太子率更令等相关职位。省，废除，裁撤。［23］中庶子各减旧员之半：太子中庶子，太子的侍从官员。胡三省曰："惩元凶劭之祸也。晋制，东宫中庶子四人，中舍人四人，庶子四人，舍人十六人，洗马八人。"［24］甲午：十二月二十六日。

【点评】

刘宋皇室内讧。宋文帝刘义隆，是刘宋王朝的第三位皇帝，宋武帝刘裕第三子，宋少帝刘义符之弟，于公元424年即位，在位30年，年号"元嘉"，谥号"文皇帝"，庙号"太祖"。在位期间，颇有作为，在东晋义熙土断的基础上清理户籍，下令免除百姓欠政府的"通租宿债"，又实行劝学、兴农、招贤等一系列措施，使百姓得以休养生息，社会生产有所发展，经济文化日趋繁荣，"盖宋世之极盛也"，史称"元嘉之治"。本卷所记宋文帝与太子的矛盾，实是权力之争。宋文帝先是因为严道育的事情而想治罪太子，后来又想要废掉太子，立建平王刘宏，却又久拖不决，是为事机。再者，宋文帝顾虑诸王，增强东宫警卫，使太子刘劭所领精兵"实甲万人"，这无疑为虎添翼，增长了太子的势力。又书中所记太子个性有明显的缺陷，刘劭性情狡猾而又刚强勇猛，而宋文帝一直深深地依赖着他。宋文帝刘义隆被太子刘劭弑杀，时年四十七岁。不久，宋文帝的第三子刘骏起兵推翻刘劭而继位，是为宋孝武帝。对于武陵王刘骏杀兄，本卷亦有提示，谓他素来不受宠爱，总是外放，不得留建康。父皇被杀时，刘骏在五洲，沈庆之自巴水来，听授指示。刘劭秘密与沈庆之书信，命令他杀掉刘骏，沈庆之力劝刘骏行"义师之举"，惊慌失措的刘骏听从了，又得天下翕然响应，遂得成事。

卷一二八　宋纪十

宋孝武帝孝建元年至大明二年（454—458年）

【起阏逢敦牂（甲午，454年），尽著雍阉茂（戊戌，458年），凡五年】

【大事提要】

记事起自公元454年至公元458年，凡五年，当刘宋孝武帝孝建元年至大明二年。本卷所载大事，南朝刘宋大事有五：其一，刘宋皇室内部互相残杀，刘骏叔父南郡王刘义宣起兵反叛朝廷，废武昌王刘浑为庶人，逼迫其自杀。其二，记叙孝武帝之荒淫无耻。其三，下令沙汰佛徒。其四，皇帝收权、揽权；吏部尚书设置二人以分权，强化了典签制度。其五，林邑遣使向刘宋奉献。北魏大事有三：其一，设酒禁。其二，魏文成帝尚能容忍高允切谏。其三，伐柔然而取胜。

世祖孝武皇帝[1]上

孝建[2]元年（甲午，454年）

春，正月，己亥朔[3]，上祀南郊[4]，改元，大赦。甲辰[5]，以尚书令何尚之为左光禄大夫、护军将军，以左卫将军颜竣为吏部尚书、领骁骑将军。

壬戌[6]，更铸孝建四铢钱[7]。

乙丑[8]，魏以侍中伊馛[9]为司空。

丙子[10]，立皇子子业[11]为太子。

初，江州刺史臧质，自谓人才足为一世英雄[12]；太子劭之乱，质潜有异图[13]，以荆州刺史南郡王义宣庸暗易制[14]，欲外相推奉[15]，因而覆之[16]。质于义宣为内兄[17]，既至江陵[18]，即称名拜义宣[19]。义宣惊愕问故[20]。质曰："事中宜然[21]。"时义宣已奉帝为主[22]，故其计不行[23]。及至新亭[24]，又拜江夏王义恭[25]，曰："天下屯危[26]，礼异常日[27]。"

劭既诛，义宣与质功皆第一，由是骄恣[28]，事多专行[29]，凡所求欲[30]，无不必从[31]。义宣在荆州十年，财富兵强；朝廷所下制度，意有不同，一不遵承[32]。质自建康之江州[33]，舫千余乘[34]，部伍前后百余里。帝方自揽威权[35]，而质以少主遇之[36]，政刑庆赏[37]，一不咨禀[38]。擅用湓口、钩圻米[39]，台符屡加检诘[40]，渐致猜惧[41]。

帝淫[42]义宣诸女，义宣由是恨怒。质乃遣密信[43]说义宣，以为"负不赏之功[44]，挟震主[45]之威，自古能全[46]者有几？今万物系心于公[47]，声迹已著[48]；见几不作[49]，将为他人所先[50]。若命徐遗宝[51]、鲁爽驱西北精兵来屯江上[52]，质帅九江楼船为公前驱，已为得天下之半。公以八州[53]之众，徐进而临之，虽韩、白更生，不能为建康计[54]矣。且少主失德，闻于道路；沈柳诸将[55]，亦我之故人，谁肯为少主尽力者！夫不可留者年也，不可失者时[56]也。质常恐溘先朝露[57]，不得展其旅力[58]，为公扫除[59]，于时悔之何及[60]。"义宣腹心将佐咨议参军蔡超[61]、司马竺超民[62]等咸有富贵之望[63]，欲倚质威名以成其业，共劝义宣从其计。质女为义宣子采之[64]妇。义宣谓质无复异同[65]，遂许之。超民，夔之子也。臧敦[66]时为黄门侍郎，帝使敦至义宣所，道经寻阳[67]，质更令敦说诱[68]义宣，义宣意遂定。

（以上为第一段，写刘宋江州刺史臧质自恃才力，骄横自大，劝说荆州刺史刘义宣反叛；刘义宣才能庸碌，但可调动八州兵力，加之怨恨皇帝刘骏，遂生反叛之心。）

【注释】

[1]世祖孝武皇帝：刘骏，字休龙，小字道民，文帝刘义隆第三子，明帝刘彧异母兄，刘宋第五位皇帝（453—464）。初封武陵王，太子刘劭弑父即位后，亲率大军讨伐，夺取皇位。庙号世祖，谥号孝武。传见《宋书》卷六。 [2]孝建：刘宋孝武帝刘骏的年号。 [3]己亥朔：正月一日。 [4]上祀南郊：皇帝亲自在都城的南郊祭祀天神。南郊，帝王祭天的大礼。 [5]甲辰：正月六日。 [6]壬戌：正月二十四日。 [7]孝建四铢（zhū）钱：古代钱币的一种，孝建元年（454）始铸，罢于明帝刘彧泰始三年（467）。钱面横书"孝建"年号，钱背横书"四铢"钱重。铢，古代重量单位，二十四铢等于旧制一两。 [8]乙丑：正月二十七日。 [9]伊馛（bó）：本姓伊娄氏，字珝，代郡人，北魏名将。传见《魏书》卷四十四。 [10]丙子：二月九日。 [11]子业：即刘子业，字法师，孝武帝刘骏长子，刘宋第六位皇帝，被湘东王刘彧弑杀，史称"前废帝"。传见《宋

书》卷七。［12］自谓人才足为一世英雄：臧质自认为自己是当世的英雄豪杰。［13］潜有异图：暗中有自己的阴谋打算。［14］庸暗易制：资质庸劣，容易控制。［15］外相推奉：表面上做出一种拥立刘义宣为帝的样子。［16］因而覆之：实际上是想借机推翻刘宋政权。［17］内兄：表兄。来自母亲方面的亲缘关系，故称“内”。臧质的姑姑是刘裕的皇后，故刘义隆、刘义宣等都与臧质是表兄弟。臧质年长于义宣，故称为“内兄”。［18］既至江陵：在他到达江陵的时候。胡三省曰：“质初起兵，与鲁爽同诣江陵。”［19］称名拜义宣：唱着自己的名字拜见刘义宣。这是一种小官拜见大官、臣子拜见帝王的礼节，隐隐表现出他要拥立刘义宣为帝的意思。［20］惊愕问故：问他何以行此大礼。惊愕，形容吃惊而发愣的样子。［21］事中宜然：国家多事之时，本来就该如此。胡三省曰：“谓国家多事之中，宜相推奉也。”［22］已奉帝为主：已经拥戴刘骏为君主。［23］其计不行：臧质拥立刘义宣为帝的计划暂时未能实现。［24］至新亭：臧质于去年五月一日至新亭。新亭，古地名，三国时东吴所筑，在当时建邺城的西南方，邻近长江。［25］又拜江夏王义恭：又向刘义恭唱着自己的名字行大礼。［26］天下屯危：艰难危险。屯，《周易》中的卦名，表达艰难险阻之义，故通常用以表达现实中的艰难险阻。［27］礼异常日：行礼也与平常不同，意思是你也有掌权称帝的可能。［28］骄恣：骄傲，放纵。［29］专行：独断独行。［30］求欲：即欲求，希望得到的东西。［31］无不必从：没有一项不是皇帝依着臧质的要求，意即孝武帝刘骏也拿他没办法，只能听之、依之。必从，一定要皇帝遵从自己。［32］意有不同，一不遵承：刘义宣于文帝元嘉二十年（443）镇荆州，十年间，凡是他不同意的，就一概拒绝执行。一，一概。［33］自建康之江州：时臧质被任为江州刺史，到寻阳（今江西九江市）上任。建康，刘宋都城，在今江苏南京市。［34］舫（fǎng）千余乘：船只一千多艘。舫，装饰精丽的小船。乘，一辆，一艘。［35］帝方自揽威权：意即孝武帝正打算从大臣手中将权力夺回来，拽在自己手中。［36］以少主遇之：把他当成一个晚辈看待。臧质是刘骏的表叔，不太看得起已称帝的表侄刘骏。少主，年少的君主，即刘骏，其实，刘骏时年已二十四岁，只是晚一个辈分。遇，看待。［37］政刑庆赏：泛指刺史任内的一切大小事务。政，行政事务。刑，司法方面的事务。庆，庆典，喜乐方面的事情。赏，加封某人或赏赐某人。［38］一不咨禀：一概不请示报告。［39］擅用湓（pén）口、钩圻（qí）米：擅自截留、动用自长江上游下来的经过九江的朝廷粮船，和自赣江上游下来的经过钩圻的朝廷粮船。湓口，古地名，鄱阳湖的入长江之口，在今江西九江市的东侧，湖口县的西侧。钩圻，古地名，在今江西都昌县西南。《水经注》有所谓“赣水自南昌历郴丘城下，又经钩圻邸阁下，而后至彭泽”之语。［40］台符：朝廷发来的命令、文告。符，命令。屡加检诘：多次地检查、盘问。检诘，胡三省曰：“谓检校米斛，而诘问擅用之由也。”［41］渐致猜惧：渐渐地形成了臧质对朝廷的猜疑与畏惧。［42］淫：奸淫。［43］密信：秘密使者。［44］负不赏之功：具有无法奖赏的大功，夸指刘义宣。负，携带，具有。［45］挟震主：挟持，拥有。震主，使君主受到震动而心有疑虑。［46］能全：能使自己得到保全。［47］万物系心于公：万民归心于您。万物，万民。物，指人。［48］声迹已著：声望、事实已经表现，不可能再装傻韬晦。

[49]见几不作：机会来了还不动手。作，发动，动作。［50］为他人所先：被他人抢先下手，你就将会被收拾。［51］徐遗宝：字石俊，支持荆州刺史刘义宣反叛，出任征虏将军、徐州刺史。后兵败被杀。传见《宋书》卷六十八。［52］来屯江上：意即兵临建康城下。江上，建康城的长江岸。［53］八州：指荆州、雍州、梁州、益州、湘州、交州、广州、宁州，当时都在刘义宣的直接或间接控制之下。［54］韩信、白更生、不能为建康计：即使韩信、白起转世，也救不了刘骏的建康政权。韩信，西汉开国将领，白起，战国时秦国名将，两人百战百胜，从没有打过败仗。［55］沈柳诸将：指沈庆之、柳元景等拥戴刘骏的将领。［56］"夫不"二句：留不住的是年岁，不可丢失的是时机。意谓寿命拖一年少一年，而时机更是丢了不再来，两者都输不起，要赶快行动。年，年岁。时，时机，刘骏失德，人心未附，正是起兵的大好时机。［57］溘（kè）先朝露：忽然死在未干的朝露之前。古人常以朝露易干比喻人的年命之短暂。溘，突然，忽然。［58］不得展其旅力：没能为您尽一份力量。旅力，即"膂力"，腰臂之力。旅，同"膂"，脊梁骨。［59］为公扫除：为您清除道路上的障碍。［60］于时悔之何及：到时候，再后悔也没有用了。［61］咨议参军蔡超：职掌咨询谋议军事。蔡超为刘义宣心腹属将，义宣起兵失败，蔡超被杀。［62］竺（zhú）超民：金紫光禄大夫竺夔之子，丞相刘义宣的司马，参与臧质鼓动刘义宣在荆州起兵反叛。义宣战败后，竺超民将走投无路的刘义宣押送给朱修之后，被一同诛杀。在何尚之劝谏下，皇帝赦免了他的兄弟家族。［63］有富贵之望：有做大官，追求大富贵的欲望。［64］采之：即刘采之，荆州刺史刘义宣之子，臧质女婿。［65］谓质无复异同：以为臧质不会对自己怀有三心二意。异同，偏义复词，这里即指"异"。［66］臧敦：臧质长子，时为黄门侍郎，掌宫内侍奉。［67］寻阳：古郡名，郡治在今江西九江市。臧质镇守之所。［68］说诱：劝说，引诱。

豫州刺史鲁爽有勇力，义宣、质素与之相结[1]。义宣密使人报爽及兖州刺史徐遗宝，期以今秋同举兵。使者至寿阳[2]，爽方饮醉，失义宣指[3]，即日举兵。爽弟瑜在建康，闻之，逃叛。爽使其众戴黄标[4]，窃造法服[5]，登坛，自号建平[6]元年；疑长史韦处穆、中兵参军杨元驹、治中庾腾之[7]不与己同，皆杀之。徐遗宝亦勒兵向彭城[8]。

二月，义宣闻爽已反，狼狈举兵[9]。鲁瑜弟弘为质府佐[10]，帝敕质收之[11]，质即执台使[12]，举兵。

义宣与质皆上表，言为左右所谗疾[13]，欲诛君侧之恶[14]。义宣进爽号征北将军。爽于是送所造舆服[15]诣江陵，使征北府户曹版义宣等[16]，文曰："丞相刘[17]，今补天子[18]，名义宣；车骑臧[19]，今补丞相[20]，名质；平西朱[21]，今补车骑[22]，名修之：皆版到奉行[23]。"

义宣骇愕[24]，爽所送法物并留竟陵[25]，不听进[26]。质加鲁弘辅国将军，下戍大雷[27]。义宣遣咨议参军刘湛之将万人就弘[28]，召司州刺史鲁秀[29]，欲使为湛之后继。秀至江陵见义宣，出，拊膺[30]曰："吾兄误我[31]，乃与痴人作贼[32]，今年败矣！"

义宣兼荆、江、兖、豫四州之力，威震远近。帝欲奉乘舆法物迎之[33]，竟陵王诞[34]固执不可[35]，曰："奈何持此座[36]与人！"乃止。

己卯[37]，以领军将军柳元景为抚军将军；辛卯[38]，以左卫将军王玄谟为豫州刺史。命元景统玄谟等诸将以讨义宣。癸巳[39]，进据梁山洲[40]，于两岸筑偃月垒[41]，水陆待之。义宣自称都督中外诸军事，命僚佐悉称名[42]。

（以上为第二段，写鲁爽充当了刘义宣反叛的急先锋，杀了异己分子，赶制了皇帝的礼服，并冒失起兵，宣布人事任命；刘骏派遣抚军将军柳元景严阵以待。）

【注释】

[1]质：原文无，据章校补。相结：相交，友好。 [2]寿阳：古县名，县治在今安徽寿县，当时为豫州的州治所在地，鲁爽驻节地。 [3]失义宣指：弄错了刘义宣的意思。指，同"旨"，意旨，意思。 [4]戴黄标：佩戴着黄色标志。 [5]法服：礼法规定的标准服，这里指皇帝的礼服，举行大典时所穿。 [6]建平（454）：左将军、豫州刺史鲁爽的年号，鲁爽二月起兵反叛刘宋，年号建平，同年六月战败被杀。 [7]韦处穆、杨元驹、庾腾之：三人皆鲁爽部属。韦处穆为长史，杨元驹为中兵参军、庾腾之为治中从事史，鲁爽起兵造反，疑三人不同心，皆杀之。 [8]勒兵向彭城：徐遗宝当时任兖州刺史，在今山东的兖州一带，统兵向着南方杀来。勒兵，统领，率兵。彭城，古郡名，郡治在今江苏徐州市。 [9]狼狈举兵：意谓刘义宣也只好匆忙起兵。狼狈，这里指匆忙、手忙脚乱的样子。 [10]弘：即鲁弘：鲁瑜之弟，反叛朝廷。臧质加封其为辅国将军。府佐：高级官署中的佐治官吏。 [11]敕质收之：孝武帝命令臧质将鲁弘逮捕。 [12]执台使：臧质逮捕了朝廷派来的使者。 [13]言为左右所谗疾：声称自己被皇帝身边的小人进谗言，受诽谤，被他们憎恨。 [14]欲诛君侧之恶：我们起兵的目的就是要除掉皇帝身边的恶人。这是历来起兵反叛惯用的伎俩，不直指皇帝，其矛头正是对准皇帝。 [15]所造舆服：自己所造的皇帝乘坐的车子和所穿的服装。 [16]征北府户曹：征北将军鲁爽府的户曹参军。版义宣等：向刘义宣等发布文告。版，任命。胡三省曰："晋宋之制，藩方权宜授官者谓之'版授'。" [17]丞相刘：原来的刘丞相，即刘义宣。 [18]今补天子：现在行使皇帝职权。补，充任，权任。 [19]车骑臧：原来的车骑将军臧质。[20]今补丞相：现在行使丞相职权。[21]平西朱：原来的西平将军朱修之。

[22]今补车骑：现在行使车骑将军职权。车骑将军，位次仅在大将军之下，比四征、四镇的位次都高。[23]版到奉行：接到通告后即行使新的职权。[24]骇（hài）愕（è）：吃惊发愣的样子。[25]法物并留竟陵：古代帝王用于仪仗、祭祀的器物都暂时封存在竟陵郡。竟陵，古郡名，郡治在今湖北钟祥市。[26]不听进：不让他送到荆州来。[27]下戍大雷：向下移驻到大雷。大雷，古地名，当时的军事要塞，在今安徽望江县。[28]刘湛之将万人就弘：刘宋官员，为荆州刺史刘义宣的咨议参军，带领着一万人到大雷与鲁弘共同驻守。[29]司州：刘宋的州治悬瓠，在今河南汝南县。鲁秀：襄阳郡公鲁轨第七子，时为左军将军、司州刺史，领汝南太守。从义宣举兵叛乱，兵败被杀。传见《宋书》卷七十四。[30]拊膺：捶胸，痛心后悔的样子。[31]吾兄误我：哥哥让我上当了。吾兄，指鲁爽。[32]乃与痴人作贼：竟然跟着一个白痴共同造反。[33]奉乘舆法物迎之：意即向刘义宣投降，把皇帝的位子让给他。法物，充当仪仗与宫殿陈列的各种器物。[34]竟陵王诞：即刘诞，刘义隆第六子，封广陵王，改封随郡王，时又改封竟陵郡王。传见《宋书》卷七十九。[35]固执不可：坚决反对孝武帝让位。[36]此座：皇帝的宝座。[37]己卯：二月十二日。[38]辛卯：二月二十四日。[39]癸巳：二月二十六日。[40]梁山洲：占据梁山附近的长江中的小洲。梁山，古山名，在今安徽当涂县西南三十里的天门山，因两山夹大江相对如门而得名。其东者为博望山，其西者为梁山。胡三省曰："时梁山江中有洲，玄谟等舟师据之。"[41]偃（yǎn）月垒：形如半弦月的防守工事，两头都在江边，中间向岸上突出，呈可进可退、可攻可守之势。当年刘裕入关灭后秦，中途在黄河上与魏军作战曾用此阵法。[42]悉称名：彼此皆相互称名，不称官衔。

甲午[1]，魏主诣道坛受图箓[2]。

丙申[3]，以安北司马夏侯祖欢[4]为兖州刺史。

三月，己亥[5]，内外戒严。辛丑[6]，以徐州刺史萧思话为江州刺史，柳元景为雍州刺史。癸卯[7]，以太子左卫率庞秀之为徐州刺史。

义宣移檄州郡[8]，加进位号[9]，使同发兵。雍州刺史朱修之伪许之，而遣使陈诚于帝[10]。益州刺史刘秀之斩义宣使者，遣中兵参军韦崧[11]将万人袭江陵。

戊申[12]，义宣帅众十万发江津[13]，舳舻[14]数百里。以子慆[15]为辅国将军，与左司马竺超民留镇江陵。檄朱修之使发兵万人继进，修之不从。义宣知修之贰于己[16]，乃以鲁秀为雍州刺史，使将万余人击之。王玄谟闻秀不来，喜曰："臧质易与[17]耳。"

冀州刺史垣护之[18]妻，徐遗宝之姊也，遗宝邀护之同反，护之不从，发兵击之。遗宝遣兵袭徐州长史明胤[19]于彭城，不克。胤与夏侯祖欢、垣护之共击遗宝于湖陆[20]，遗宝弃众焚城，奔鲁爽[21]。

义宣至寻阳，以质为前锋而进，爽亦引兵直趣历阳[22]，与质水陆俱下。殿中将军沈灵赐[23]将百舸，破质前军于南陵[24]，擒军主[25]徐庆安等。质至梁山[26]，夹陈两岸[27]，与官军相拒。

夏，四月，戊辰[28]，以后将军刘义綦为湘州刺史[29]；甲申[30]，以朱修之为荆州刺史。

上遣左军将军薛安都、龙骧将军南阳宗越[31]等戍历阳，与鲁爽前锋杨胡兴[32]等战，斩之。爽不能进，留军大岘[33]，使鲁瑜屯小岘。上复遣镇军将军沈庆之济江[34]，督诸将讨爽，爽食少，引兵稍退[35]，自留断后[36]。庆之使薛安都帅轻骑追之，丙戌[37]，及爽[38]于小岘。爽将战，饮酒过醉，安都望见爽，即跃马大呼，直往刺之，应手而倒，左右范双斩其首。爽众奔散，瑜亦为部下所杀，遂进攻寿阳，克之。徐遗宝奔东海[39]，东海人杀之。

李延寿[40]论曰：凶人之济其身[41]，非世乱莫由[42]焉。鲁爽以乱世之情[43]，而行之于平日[44]，其取败也宜哉[45]！

南郡王义宣至鹊头[46]，庆之送爽首示之，并与书曰："仆荷任一方[47]，而衅生所统[48]。近聊帅轻师[49]，指往翦扑[50]，军锋裁及[51]，贼爽授首。公情契异常[52]，或欲相见[53]，及其可识[54]，指送相呈[55]。"爽累世将家[56]，骁猛[57]善战，号万人敌，义宣与质闻其死，皆骇惧[58]。

柳元景军于采石[59]；王玄谟以臧质众盛，遣使来求益兵[60]，上使元景进屯姑孰[61]。

太傅义恭与义宣书曰："往时仲堪假兵[62]，灵宝寻害其族[63]；孝伯推诚[64]，牢之旋踵而败[65]。臧质少无美行[66]，弟所具悉[67]。今籍西楚之强力[68]，图济其私[69]，凶谋若果[70]，恐非复池中物[71]也。"义宣由此疑之。

五月，甲辰[72]，义宣至芜湖[73]，质进计曰："今以万人取南州[74]，则梁山中绝[75]；万人缀梁山[76]，则玄谟必不敢动；下官中流鼓棹[77]，直趣石头[78]，此上策也。”义宣将从之。刘谌之[79]密言于义宣曰：“质求前驱，此志难测。不如尽锐[80]攻梁山，事克然后长驱，此万安之计也。”义宣乃止。

（以上为第三段，写荆州刺史刘义宣率领叛军向建康进军，孝武帝调集兵马，予以抵御；雍州刺史暗中背叛刘义宣，叛军干将鲁爽因醉酒被杀。）

【注释】

［1］甲午：二月二十七日。［2］受图箓（lù）：向道士接受神秘性的符箓与咒语之类的牒文。［3］丙申：二月二十九日。［4］夏侯祖欢：刘宋将领，刘骏时为安北司马，取代已经造反的徐遗宝，为兖州刺史。［5］己亥：三月二日。［6］辛丑：三月四日。［7］癸卯：三月六日。［8］移檄（xí）州郡：向全国各地发出讨伐刘骏的通告。檄，文体名，用于声讨、讨伐。［9］加进位号：给各地州郡长官提升官职、赠予爵号。［10］陈诚于帝：向皇帝刘骏暗中表示忠心。［11］韦嵩：刘宋将领，益州刺史刘秀之的中兵参军。［12］戊申：三月十一日。［13］江津：古军事要塞名，在今湖北荆州市沙市区东南。［14］舳（zhú）舻（lú）：泛指前后首尾相接的船只。舳，船尾。舻，船头。［15］慆：即刘慆，刘宋时人，刘义宣的第八子，参与反叛，封为辅国将军，与刘义宣同为朱修之所杀。［16］贰于己：与自己不是一条心。［17］易与：容易对付。［18］冀州刺史垣护之：冀州，刘宋的州治历城，在今山东济南市。垣（yuán）护之，字彦宗，略阳桓道（今陕西汉中市南郑区）人，刘宋名将。传见《宋书》卷五十。［19］明胤（yìn）：姓明名胤，刘宋官员。萧思话离开徐州后，新刺史未到任前，明胤代之守徐州。［20］湖陆：古县名，在今山东鱼台县东南。［21］奔鲁爽：时鲁爽任豫州刺史，驻军于寿阳，在今安徽寿县。［22］趣历阳：趣，同“趋”，奔赴，奔向。历阳，古县名，县治在今安徽和县，与刘宋都城建康只有一江之隔，建康称历阳为“西府”。［23］殿中将军沈灵赐：古将军名号，掌宫廷侍卫。沈灵赐，刘宋将领，刘骏时为殿中将军，参与讨伐刘义宣的战斗，在南陵击破臧质的先锋部队，生擒臧质部将徐庆安、王僧。［24］南陵：古县名，县治在今安徽池州市贵池区西南。［25］军主：不是正式的官名，只是一支小部队的头领，主管的兵力可能相当于一个营，也可能相当于一个团，犹今之所谓“部队长”。［26］梁山：古山名，在今安徽当涂县西南的天门山，因两山夹大江相对如门而得名。其东者曰博望山，其西者曰梁山。［27］夹陈两岸：除江面摆满舰船外，长江两岸的陆地上也摆开军阵。陈，同“阵”，排兵布阵。［28］戊辰：四月二日。［29］刘义綦（qí）：长沙景王刘道怜第六子，封营道县侯。传见《宋书》卷五十一。湘州：州治在今湖南长沙市。［30］甲申：四月十八日。［31］宗越：文帝刘义隆时参与元嘉北伐，后来讨伐刘劭，任南中郎长兼行参军，在新亭立有战功。后为大司马行参军、济阳太守，加龙骧将军，讨伐刘义宣。传见《宋书》卷八十三。［32］杨胡兴：为叛首鲁爽前锋，被龙骧将军宗越所杀。［33］大岘（xiàn）：古山名，在小岘山之东，小岘山在

今安徽合肥市东。［34］济江：渡过长江，到达其西北岸。［35］稍退：慢慢地向后撤退。稍，渐。［36］断后：在后面掩护军队撤退。［37］丙戌：四月二十日。［38］及爽：追上了鲁爽。［39］东海：古郡名，刘宋时的郡治在今山东兰陵县南。［40］李延寿：字遐龄，唐代著名史学家，贞观中，为太子典膳丞、崇贤馆学士，后任御史台主簿，官至符玺郎，兼修国史。曾参与编纂《五代史志》和《晋书》，并撰写《太宗政典》，又独立修《南史》八十卷、《北史》一百卷。传见《旧唐书》卷七十三。［41］济其身：想让他个人的事业获得成功。济，成就，成功。［42］非世乱莫由：非赶上动乱的年代不可。［43］以乱世之情：把动乱年代才能干的事情。［44］行之于平日：在太平无事的年代采取行动。［45］其取败也宜哉：以上引文见李延寿所修《南史》卷四十，其文字实际转引自沈约的《宋书》卷八十三。［46］鹊头：古地名，鹊洲的西南端。鹊洲，是长江中的小洲名，在今安徽铜陵至繁昌的长江中。所谓“鹊头”，即铜陵西南的鹊头山，是长江中的险要之处。［47］荷任一方：受命管理一个地区。胡三省曰：“庆之镇盱眙，今使之专征，盖兼督兖、豫。”［48］衅生所统：乱子发生在我的管辖区内，指鲁爽的叛军进入了自己驻兵防守的范围。［49］聊帅轻师：无可奈何地率领着一支小部队。这是一种客气而又调侃的说法。［50］指往翦扑：径直地前去征讨。指，直接指向。翦扑，剪除，消灭。翦，同“剪”。［51］军锋裁及：双方的先头部队刚一交手。裁，同“才”，刚。及，到一起，交手。［52］情契异常：您和鲁爽的交情比别的人都深。［53］或欲相见：可能很想见见他。［54］及其可识：趁着他的人头还没有变样，还能辨认。［55］指送相呈：特派专人送呈给你观看。［56］爽累世将家：鲁爽与其父亲鲁轨、祖父鲁宗之，三世为将，故称“累世”。且鲁宗之与鲁轨在为保卫南朝而与北方民族的作战中都曾有杰出的表现。事见《宋书》卷七十四。［57］骁（xiāo）猛：勇敢，威武。［58］骇（hài）惧：惊怕，恐惧。［59］采石：即采石几，突入于长江中的小山名，在今安徽马鞍山市西侧的长江边上。［60］益兵：增兵。［61］姑孰：古县名，在今安徽当涂县，在采石几的上游，相隔不远。［62］仲堪假兵：殷仲堪，东晋末年重要将领，出任晋陵太守，任太子中庶子、荆州刺史，镇守江陵，反对会稽王司马道子专政，兵败被杀。传见《晋书》卷八十四。假兵，殷仲堪借兵给桓玄用。东晋安帝隆安二年（398），东晋的荆州军阀殷仲堪支持野心家桓玄，起兵攻打当时在朝掌权的司马道子。假，同“借”。［63］灵宝：即桓玄，东晋权臣，桓楚开国皇帝，他一旦得势后，很快地击败殷仲堪，并将殷仲堪与其亲党杀尽，事见《资治通鉴》卷一百十一晋安帝隆安三年（399）。［64］孝伯：即王恭，孝武帝皇后王法慧之兄，东晋外戚、大臣。传见《晋书》卷八十四。推诚：推心置腹地真心相待。王恭为讨伐司马道子，以反复无常的刘牢之为爪牙，对之深信不疑。［65］牢之：即刘牢之：字道坚，东晋名将。传见《晋书》卷八十四。旋踵（zhǒng）而败：刘牢之转眼叛变，投降了司马道子，致使王恭兵败被杀。旋踵，转过脚后跟，极言其叛变之快。［66］少无美行：从小没有好的品行。据《宋书》，臧质年轻时喜欢鹰犬，精通蒱博、意钱等博戏，身长六尺七寸，面部臃肿，嘴巴向前突出，秃顶，有卷发。［67］弟所具悉：这是你都知道的。［68］籍西楚之强力：凭借着你为荆州刺史的强大武力。籍，通“藉”，依赖，凭靠。西楚，西方楚地，指荆州而言，这一带是春秋、战国时的楚国地盘。［69］图济其私：以图谋达到他个人的罪恶目的。［70］凶谋若果：他的凶恶计划如果成功。［71］非复池中物：他就不会再是一个可以在池塘里养着的鱼虾，意思是他将要成为一条龙，做皇帝。［72］甲辰：五月八日。［73］芜湖：古地名，在今安徽芜湖市。［74］南州：古地名，即柳元景驻守的姑孰，今安徽当涂县。［75］梁山中绝：柳元景在梁山洲所构筑的防线遂被斩断。胡三省曰："柳元景屯兵在南州，梁山为后镇，若取之，则梁山之路中绝。"［76］万人缀梁山：再派出一万人进攻梁山，牵制住梁山的守军，不让他们向别处调动。缀，牵制，拖住。［77］中流鼓棹：意即顺长江飞快东下。［78］直趣石头：直捣石头城，也就是直取建康。胡三省曰："沈庆之、薛安都等在江西，柳元景、王玄谟等与义宣相持；如质计得行，建康殆矣。"［79］刘谌（shèn）之：刘宋时人，为刘义宣心腹，任咨议参军。［80］尽锐：集中精锐部队。

冗从仆射[1]胡子反等守梁山西垒，会[2]西南风急，质遣其将尹周之[3]攻西垒；子反方渡东岸[4]就玄谟计事，闻之，驰归[5]。周之攻垒甚急[6]，偏将刘季之帅水军殊死[7]战，求救于玄谟，玄谟不遣[8]；大司马参军崔勋之固争[9]，乃遣勋之与积弩将军垣询之[10]救之。比至[11]，城已陷，勋之、询之皆战死。询之，护之之弟也。子反等奔还东岸。质又遣其将庞法起[12]将数千兵趋南浦，欲自后掩玄谟[13]，游击将军垣护之引水军与战，破之[14]。

朱修之断马鞍山[15]道，据险自守。鲁秀攻之，不克，屡为修之所败，乃还江陵，修之引兵蹑之[16]。或劝修之急追，修之曰："鲁秀，骁将[17]也。兽穷则攫[18]，不可追[19]也。"

王玄谟使垣护之告急于柳元景曰："西城不守，唯余东城万人。贼军数倍，强弱不敌[20]，欲退还姑孰，就节下[21]协力当之，更议进取[22]。"元景不许，曰："贼势方盛，不可先退，吾当卷甲赴之[23]。"护之曰："贼谓南州[24]有三万人，而将军麾下裁[25]十分之一，若往造贼垒[26]，则虚实露矣[27]。王豫州必不可来[28]，不如分兵援之。"元景曰："善！"乃留羸弱[29]自守，悉遣精兵助玄谟，多张[30]旗帜。梁山望之如数万人，皆以为建康兵悉至，众心乃安。

质自请攻东城。咨议参军颜乐之[31]说义宣曰："质若复克东城[32]，则大功尽归之矣，宜遣麾下自行[33]。"义宣乃遣刘谌之与质俱进。甲寅[34]，义宣至梁山，顿兵西岸，质与刘谌之进攻东城。玄谟督诸军大战，薛安都帅突骑[35]先冲其陈之东南，陷之，斩谌之首，刘季之、宗越又陷其西北，质等兵大败。垣护之烧江中舟舰，烟焰覆水[36]，延及西岸营垒殆尽[37]。诸军乘势攻之，义宣兵亦溃。义宣单舸迸走[38]，闭户[39]而泣，荆州人随之者犹百余舸。质欲见义宣计事，而义宣已去，质不知所为[40]，亦走，其众皆降散。己未，解严[41]。

癸亥[42]，以吴兴太守刘延孙为尚书右仆射[43]。

六月，丙寅[44]，魏主如阴山。

臧质至寻阳，焚烧府舍[45]，载妓妾[46]西走；使嬖人何文敬[47]领余兵居前，至西阳[48]。西阳太守鲁方平绐文敬[49]曰："诏书唯捕元恶[50]，余无所问，不如逃之。"文敬弃众亡去。质先以妹夫羊冲为武昌郡[51]，质往投之；冲已为郡丞胡庇之[52]所杀，质无所归，乃逃于南湖[53]，掇莲实啖之[54]。追兵至，以荷覆头[55]，自沈[56]于水，出其鼻。戊辰[57]，军主郑俱儿[58]望见，射之，中心[59]，兵刃乱至，肠胃萦水草[60]，斩首送建康，子孙皆弃市，并诛其党豫章太守任荟之[61]、临川内史[62]刘怀之、鄱阳太守[63]杜仲儒。仲儒，骥[64]之兄子也。功臣柳元景等封赏各有差。

丞相义宣走至江夏[65]，闻巴陵[66]有军，回向江陵，众散且尽，与左右十许人徒步，脚痛不能前，僦民露车[67]自载，缘道求食。至江陵郭[68]外，遣人报竺超民，超民具羽仪[69]兵众迎之。时荆州带甲尚万余人，左右翟灵宝诫[70]义宣使抚慰将佐，以："臧质违指授之宜[71]，用致失利[72]。今治兵缮甲[73]，更为后图[74]。昔汉高百败[75]，终成大业……"而义宣忘灵宝之言，误云"项羽[76]千败"，众咸掩口[77]。鲁秀、竺超民等犹欲收余兵更图一决；而义宣惛沮[78]，无复神守[79]，入内不复出，左右腹心稍稍离叛[80]。鲁秀北走[81]，义宣不能自立，欲从秀去，乃携息慆[82]及所爱妾五人，著男子服相随。城内扰乱，白刃交横[83]，义宣惧，坠马[84]，遂步进[85]；竺超民送至城外，更[86]以马与之，归而城守[87]。义宣求秀不得[88]，左右尽弃之，夜，复还南郡空廨[89]；旦日，超民收送刺奸[90]。义宣止狱户[91]，坐地叹曰："臧质老奴误我！"五妾寻被遣出[92]，义宣号泣，语狱吏[93]曰："常日非苦[94]，今日分别始是苦。”鲁秀众散，不能去，还向江陵[95]，城上人射之，秀赴水死，就取其首[96]。

（以上为第四段，写叛首臧质气势汹汹，来攻建康，王玄谟出动精兵迎战，打败叛军，臧质在南湖被杀，刘义宣被俘获关押，干将鲁秀投水死，反叛失败。）

【注释】

[1]冗从仆射：皇帝的侍从官。[2]会：适逢，正赶上。[3]尹周之：刘宋时人，为叛首臧质麾下将领。[4]方渡东岸：正好渡水去东岸。方，正好，刚好。[5]驰归：赶紧奔回。[6]周之攻垒甚急：六字原无，据章校补。[7]偏将刘季之帅水军殊死：刘季之，胡子反的偏将，曾拼着性命，竭尽全力坚守梁山西垒，阻挡叛军的进攻。[8]不遣：不派兵往援。[9]崔勋之：大司马刘义恭的僚属。救援梁山西垒，兵败战死。固争：极力相劝。争，坚持。[10]垣（yuán）询（xún）之：垣护之之弟，骁敢有气力，时为积弩将军。曾率部救援梁山西垒，与叛军作战，兵败战死。传见《宋书》卷五十。[11]比至：等他们到达西垒时。比，及。[12]庞法起：叛首臧质属将，参与反叛。[13]欲自后掩玄谟：想从背后袭击王玄谟。掩，偷袭。[14]破之：击破庞法起。[15]马鞍山：古山名，在今湖北襄阳市西南的望楚山。[16]蹑（niè）之：尾随其后。蹑，跟踪，追踪。[17]骁（xiāo）将：勇猛善战的将军。[18]兽穷则攫（jué）：野兽，你把它追急了，它就会回过身子来抓你。攫，抓取，搏斗。[19]不可追：不可追逼。胡三省曰：“《兵法》有言：‘知彼知己，百战不殆。’朱修之此战近之。”[20]不敌：不对等，无法抵抗。[21]就节下：凑近您，与您合兵一起。节下，犹言“麾下”，部将对其大将的敬称。[22]更议进取：然后再商量下一步该怎么办。[23]卷甲赴之：率兵急行前往助你。卷甲，脱下铠甲，卷持而行，为求行军的速度快。[24]南州：古地名，即柳元景驻守的姑孰，今安徽当涂县。[25]麾（huī）下裁：麾，古代指挥军队用的旗子。裁，同“才”，仅仅。[26]往造贼垒：向着敌人的工事扑去。造，到。[27]虚实露矣：我们兵力不足的实际情况就会暴露了。[28]王豫州必不可来：要想让王玄谟能坚守不撤。王豫州，指王玄谟，当时任豫州刺史。不可来，不能撤下来。[29]羸（léi）弱：病弱，瘦弱。羸，瘦。[30]张：张设，布置。[31]颜乐之：刘宋时人，南郡王刘义宣的咨议参军。[32]复克东城：再攻下梁山洲的东城。此前臧质已经攻下梁山洲的西城。[33]宜遣麾下自行：应该派您自己的部下前去。[34]甲寅：五月十八日。[35]突骑：用于冲锋陷阵的精锐骑兵。[36]覆水：笼罩整个江面。[37]殆（dài）尽：差不多都烧光了。[38]单舸迸走：单独一条小船离群而逃。迸走，犹逃跑。[39]闭户：关起船舱的门。[40]不知所为：自己也不知道该做什么了。[41]解严：解除军事紧急状态。主语是刘宋朝廷。[42]癸亥：五月二十七日。[43]刘延孙：南朝宋名臣。传见《宋书》卷七十八。尚书右仆射：与左仆射同为尚书令的副手，协助处理国家政事，职同副宰相。[44]丙寅：六月一日。[45]府舍：指江州

刺史的办公衙门与居处。［46］妓妾：即姬妾，旧时男子除正妻外另娶的女子。妓，同“姬”。［47］嬖人：特殊宠爱的人，通常指男宠。何文敬：叛首臧质的男宠人。［48］西阳：古郡名，郡治在今湖北黄冈市东。［49］绐（dài）文敬：欺哄、欺骗何文敬。［50］唯捕元恶：只逮捕、惩办那些罪魁祸首。元恶，首恶。［51］羊冲：叛首臧质的妹夫，为武昌郡的太守。武昌，古郡名，郡治在今湖北鄂州市。［52］郡丞：郡太守的副职。胡庇之：刘宋武昌郡郡丞，曾杀叛首臧质的妹夫、武昌太守羊冲。［53］南湖：古湖名，在今湖北鄂州市城东。［54］掇（duō）莲实啖（dàn）之：采莲子而食以充饥。掇，拾，采摘。啖，吃。［55］以荷覆头：用荷叶盖在头顶。［56］沈：同“沉”，沉没。［57］戊辰：六月三日。［58］郑俱儿：镇守寻阳的军主，射杀叛首臧质。［59］中（zhòng）心：射中心口。［60］肠胃萦（yíng）水草：肠胃都流出腹腔，缠绕在水草上。萦，缠绕。［61］豫章太守任荟之：原文为“乐安太守”，据章校改。豫章，古郡名，郡治在今江西南昌市。乐安，古郡名，刘宋时郡治在今山东广饶县北，不在叛军境内。任荟（huì）之，字处茂，刘宋豫章太守，与臧质同时起兵谋反，发遣郡丁运送粮食，后臧质兵败，被处死。［62］临川内史：临川郡的行政长官，职同太守。临川，在当时是诸侯王的封国，故其长官称内史，都城在今江西抚州市西。［63］鄱阳：古郡名，郡治在今江西鄱阳县北广进乡。［64］骥：即杜骥，字度世，南朝宋大臣。传见《宋书》卷六十五。［65］江夏：古郡名，郡治在今湖北武汉市江夏区。［66］巴陵：古郡名，郡治在今湖南岳阳市。［67］僦民露车：向百姓家租赁了一辆没有篷盖的车子。僦，租用。［68］郭：外城。［69］具羽仪：组织起仪仗队。具，备齐。羽仪，高级官僚的仪仗队，有些幡伞之类的仪仗上有羽毛的饰物。［70］翟灵宝：刘宋时人，为南郡王刘义宣的亲信。诫：劝告。抚慰将佐：安慰、鼓励部下的僚属。［71］臧质违指授之宜：由于臧质违背刘义宣的正确指挥。而实际是刘义宣不听臧质的正确建议。指授，指点，教导。［72］用致失利：因而导致战场的失败。用，因，以。［73］治兵缮（shàn）甲：打造兵器，修理盔甲。缮，修理，整治。［74］更为后图：再做以后的打算。［75］汉高百败：西汉高祖刘邦与项羽争天下，曾经多次被项羽打败。［76］项羽：与刘邦争天下的西楚霸王。［77］众咸掩口：以笑刘义宣的腐朽而又无知。掩口，指掩口而笑。［78］惛（hūn）沮（jǔ）：昏庸，泄气。［79］无复神守：失魂落魄，魂不守舍。［80］左右腹心稍稍离叛：亲近、亲信渐渐地离他而去。［81］鲁秀北走：鲁秀离开刘义宣，投奔北魏。鲁秀襄阳败退，乃被朱修之打败，准备南去江陵，到刘义宣的大本营，见刘义宣已败，于是北走。［82］携息慆（tāo）：带着他的儿子刘慆。息，儿子。［83］白刃交横：乱兵到处杀人。［84］坠马：掉下马来。坠，落。［85］步进：徒步而行。［86］更以马与之：另给他找了一匹马，让他走。［87］归而城守：竺超民自己则回江陵守卫城池，维持秩序，听候朝廷旨意。［88］求秀不得：找不到鲁秀。求，寻找。［89］南郡空廨（xiè）：在江陵城外的一所空房子。南郡郡治即在江陵。［90］收送刺奸：拘捕刘义宣，将其送到江陵军镇刺奸科。刺奸科，清查奸细的部门。［91］止狱户：在监狱的门口停下来。［92］寻被遣出：不久，令她们出狱回家。［93］狱吏：旧时管理监狱的小吏。［94］常日非苦：平常时候所遭受的苦都不算苦。［95］不能去：无处可逃。还向江陵：因竺超民等毕竟都是一起起事的人，再硬着头皮回去。［96］就取其首：下来割去他的人头。就，趋近。

诏右仆射刘延孙使荆、江二州[1]，旌别枉直[2]，就行诛赏[3]；且分割二州之地[4]，议更置新州[5]。

初，晋氏南迁，以扬州为京畿[6]，谷帛所资[7]皆出焉；以荆、江为重镇[8]，甲兵所聚尽在焉，常使大将居之[9]。三州户口，居江南之半[10]，上恶[11]其强大，故欲分之。癸未[12]，分扬州浙东五郡[13]置东扬州，治会稽；分荆、湘、江、豫州之八郡[14]置郢州，治江夏[15]；罢南蛮校尉[16]，迁其营[17]于建康。太傅义恭议使郢州治巴陵，尚书令何尚之曰："夏口[18]在荆、江之中，正对沔口[19]，通接雍、梁[20]，实为津要[21]。由来旧镇[22]，根基不易[23]，既有见城[24]，浦大容舫[25]，于事为便[26]。"上从之。既而荆、扬因此虚耗[27]。尚之请复合二州[28]，上不许。

戊子[29]，省录尚书事[30]。上恶宗室强盛，不欲权在臣下；太傅义恭知其指[31]，故请省之[32]。

上使王公、八座[33]与荆州刺史朱修之书，令丞相义宣自为计[34]。书未达，庚寅[35]，修之入江陵，杀义宣，并诛其子十六人，及同党竺超民、从事中郎蔡超、咨议参军颜乐之等。超民兄弟应从诛，何尚之上言："贼[36]既遁走，一夫可擒。若超民反覆昧利[37]，即当取之[38]，非唯免愆[39]，亦可要不义之赏[40]。而超民曾无此意[41]，微足观过知仁[42]。且为官保全城府[43]，谨守库藏[44]，端坐待缚[45]。今戮及兄弟[46]，则与其余逆党无异，于事为重[47]。"上乃原[48]之。

秋，七月，丙申朔[49]，日有食之。

庚子[50]，魏皇子弘[51]生；辛丑[52]，大赦，改元兴光[53]。

丙辰[54]，大赦[55]。

八月，甲戌[56]，魏赵王深卒。

乙亥[57]，魏主还平城。

冬，十一月，戊戌[58]，魏主如中山，遂如信都；十二月，丙子[59]，还，幸灵丘[60]，至温泉宫；庚辰[61]，还平城。

（以上为第五段，写刘宋孝武帝平定叛乱后，改变行政区域，分割大州，防止尾大不掉；撤掉录尚书事，抑制宗室，分散权力。）

【注释】

[1]刘延孙：原文作“刘孝孙”，据章校改。使荆、江二州：刘延孙奉旨巡视荆、江二州处置诸叛犯的事宜。[2]旌别枉直：鉴别哪个是好人，哪个是坏人。枉直，曲直，好坏。[3]就行诛赏：就地执行该杀的杀，该赏的赏。[4]分割二州之地：从荆州和江州二州中各划出一块地盘。[5]更置新州：另增设一个新的州，即下文所说的“郢州”，目的是削弱原来荆、江二州刺史的权力。[6]京畿（jī）：国家都城与其郊区的所在地。[7]谷帛所资：朝廷所需要的吃饭与穿衣的全部出产，都依靠扬州地区。[8]重镇：国家政府的军事要地，指军队的数量之多与装备之精良、储存之丰富，皆他处所不能比。[9]常使大将居之：任此二州刺史的都是皇帝的至亲与其心腹将领。刘裕曾安排他的儿子们每人当一任荆州刺史。[10]居江南之半：占有整个东晋朝廷的一半。江南，长江以南，此代指东晋朝廷。[11]恶（wù）：厌恶，担心其尾大不掉。[12]癸未：六月十八日。[13]浙东五郡：指会稽郡（郡治在今浙江绍兴市）、东阳郡（郡治在今浙江金华市）、永嘉郡（郡治在今浙江温州市）、临海郡（郡治在今浙江临海市）、新安郡（郡治在今浙江淳安县）。[14]荆、湘、江、豫州之八郡：即荆州的江夏郡（郡治在今湖北武汉市）、竟陵都（郡治在今湖北钟祥市）、随郡（郡治在今湖北随县）、武陵郡（郡治在今湖南常德市）、天门郡（郡治在今湖南石门县），湘州的巴陵郡（郡治在今湖南岳阳市），江州的武昌郡（郡治在今湖北鄂州市），豫州的西阳郡（郡治在今湖北黄冈市东）。[15]江夏：古县名，县治在今湖北武汉市武昌区。[16]罢：裁撤。南蛮校尉：官名，掌南方少数民族的长官，也是政区名，治所在今湖北襄阳市。[17]其营：南蛮校尉的兵营，这里即指原属南蛮校尉的这支军队。[18]夏口：古地名，在今湖北武汉市汉口。[19]沔（miǎn）口：古地名，即汉口，汉水入长江之口。因汉水也称沔水，故汉口也称沔口。[20]通接雍梁：通过汉水与雍、梁二州相连接。胡三省曰：“自夏口入沔，溯流而上，至襄阳，又溯流而上至汉中，故云‘通接雍、梁’。”刘宋时的雍州州治在襄阳，梁州州治在汉中，都在汉水的边上。[21]津要：交通之咽喉通道。[22]由来旧镇：历朝历代都是军事要地。[23]根基不易：其基础是不好变动的。夏口自东吴以来为军事重镇。[24]见城：现存的城池。见，同“现”。[25]浦大容舫：江面宽广，可以容纳大量船只。浦，水边，这里指港湾。[26]于事为便：胡三省曰：“守江之备，船舰为急，故以浦大容舫为便。”[27]虚耗：因财力物力被不断抽调而空虚、匮乏，成了空架子。[28]复合二州：即合并江州、荆州。[29]戊子：六月二十三日。[30]省录尚书事：废去了录尚书事这个官职。原有尚书令，又令宗室诸王为录尚书事，白白地增大诸王之权。[31]知其指：明白刘骏的心思。[32]故请省之：由此句可知朝廷废止录尚书事之官，乃刘义恭迎合刘骏而建议。[33]八座：胡三省曰：“《晋志》曰：‘五曹

尚书、一仆射、二令，为八座。'宋盖二仆射、一令。" [34]自为计：自己考虑怎么办，意即令其自杀。[35]庚寅：六月二十五日。[36]贼：指刘义宣。[37]反覆昧利：为了获利而反复无常。昧利，为获利而不顾一切。[38]即当取之：当时就会捉住刘义宣。[39]非唯免愆（qiān）：不但可以免掉自己的罪。[40]亦可要不义之赏：还可以获得朝廷的赏赐，尽管可能有人会说他对刘义宣忘恩负义。[41]曾无此意：根本没有这样的想法。[42]微足观过知仁：从这件事情上多少可以看到一点他的仁义的成分。微足，略为够得上。观过知仁：语见《论语·里仁》，原文作"观过斯知仁矣"，意思是从他所犯的过失，就可以看出他是否是一个仁义的人。[43]为官保全城府：为朝廷保全了城池府舍。官，朝廷、国家，也可以指皇帝。[44]库藏：犹言府库，储藏财物的地方。[45]端坐待缚：老老实实地束手就擒。[46]今戮及兄弟：如果我们还要株连他的兄弟，一起杀戮。今，如果。[47]于事为重：这样的处理似乎是太重了。[48]原：赦免。[49]丙申朔：七月一日。[50]庚子：七月五日。[51]弘：即拓跋弘，字第豆胤，文成帝拓跋濬长子，太安二年（456）册立为太子，拓跋濬去世后，登基为帝。传见《魏书》卷六。[52]辛丑：七月六日。[53]改元兴光：北魏文成帝拓跋濬改兴安为兴光的年号。[54]丙辰：七月二十一日。[55]大赦：主语为刘宋朝廷。[56]甲戌：八月十日。[57]乙亥：八月十一日。[58]戊戌：十一月五日。[59]丙子：十二月十四日。[60]灵丘：古地名，在今山西灵丘县。[61]庚辰：十二月十八日。

二年（乙未，455 年）

春，正月，魏车骑大将军乐平王拔有罪赐死。

镇北大将军、南兖州刺史沈庆之请老[1]；二月，丙寅[2]，以为左光禄大夫、开府仪同三司。庆之固让，表疏数十上，又面自陈，乃至稽颡泣涕[3]。上不能夺[4]，听以始兴公就第[5]，厚加给奉[6]。顷之[7]，上复欲用庆之，使何尚之往起之[8]。尚之累陈上意[9]，庆之笑曰："沈公不效何公[10]，往而复返[11]。"尚之惭而止。辛巳[12]，以尚书右仆射刘延孙为南兖州刺史。

夏，五月，戊戌[13]，以湘州刺史刘遵考为尚书右仆射。

六月，壬戌[14]，魏改元太安。

甲子[15]，大赦[16]。

甲申[17]，魏主还平城[18]。

秋，七月，癸巳[19]，立皇弟休祐为山阳王[20]，休茂为海陵王[21]，休业为鄱阳王[22]。

丙辰[23]，魏主如河西[24]。

雍州刺史武昌王浑[25]与左右作檄文，自号楚王[26]，改元永光，备置百官[27]，以为戏笑[28]。长史王翼之封呈其手迹[29]。八月，庚申[30]，废浑为庶人，徙始安郡[31]。上遣员外散骑侍郎东海戴明宝[32]诘责浑，因逼令自杀，时年十七。

丁亥[33]，魏主还平城。

诏祀郊庙[34]，初设备乐[35]，从前殿中曹郎[36]荀万秋之议也。

上欲削弱王侯[37]。冬，十月，己未[38]，江夏王义恭、竟陵王诞奏裁损[39]王、侯车服、器用、乐舞制度，凡九事；上因讽有司[40]奏增广为二十四条：听事不得南向坐[41]；剑不得为鹿卢形[42]；内史、相及封内官长止称下官[43]，不得称臣，罢官则不复追敬[44]。诏可。

庚午[45]，魏以辽西王常英为太宰[46]。

壬午[47]，以太傅义恭领扬州刺史，竟陵王诞为司空、领南徐州刺史，建平王宏为尚书令。

是岁，以故氐王杨保宗[48]子元和[49]为征虏将军，杨头[50]为辅国将军。头，文德之从祖兄也。元和虽杨氏正统[51]，朝廷以其年幼才弱，未正位号[52]，部落无定主[53]。头先戍葭芦[54]，母妻子弟并为魏所执[55]，而头为宋坚守无贰心。雍州刺史王玄谟上言："请以头为假节、西秦州刺史[56]，用安辑其众[57]。俟[58]数年之后，元和稍长，使嗣故业[59]。若元和才用不称[60]，便应归头[61]。头能藩捍汉川[62]，使无虏患，彼四千户荒州殆不足惜[63]。若葭芦不守，汉川亦无立理[64]。"上不从。

（以上为第六段，写刘宋名将沈庆之一再请求告老还乡，不再出仕；武昌王刘浑戏称自己"楚王"，被赐死；孝武帝欲削弱皇家王侯权力，公布了二十四条禁令，束缚其手脚。）

【注释】

[1]请老：请求退休。 [2]丙寅：二月五日。 [3]稽颡（sǎng）泣涕：磕头触地，古代所

行最虔诚的叩拜礼。颡，额头。泣涕，哭泣，流泪。［4］不能夺：不能改变他的志愿。［5］听以始兴公就第：让他以始兴公的爵号退休还家。听，允许。始兴公，封地始兴郡，郡治在今广东韶关市南。就第，返回家门。［6］给奉：奉赐，俸禄与赏赐。奉，同“俸”。［7］顷之：不久。［8］起之：请沈庆之再出来做官。［9］累陈上意：反复地说明孝武帝刘骏的意思。［10］沈公不效何公：我不会和您一样。［11］往而复返：退休了还再出山，何尚之退休后又出来做官。［12］辛巳：二月二十日。［13］戊戌：五月八日。［14］壬戌：六月二日。［15］甲子：六月四日。［16］大赦：主语为刘宋朝廷。［17］甲申：六月二十四日。［18］还平城：从犊倪山返回平城。据《魏书》卷五，此句上有“戊寅，帝畋于犊倪山”八字。［19］癸巳：七月四日。［20］休祐：即刘休祐，文帝刘义隆第十三子，初封山阳王。泰始二年（466）平晋安王刘子勋之乱，为荆州刺史，封晋平王。传见《宋书》卷七十二。山阳王：封地山阳郡，郡治在今江苏淮安市。［21］休茂为海陵王：刘休茂，字休茂，文帝刘义隆第十四子，封海陵郡王。封地海陵郡，郡治建陵县，在今江苏泰州市海陵区东北。传见《宋书》卷七十九。［22］休业为鄱阳王：刘休业，文帝刘义隆第十五子，封鄱阳郡王。封地鄱阳郡，郡治在今江西鄱阳县北广进乡。传见《宋书》卷七十二。［23］丙辰：七月二十七日。［24］河西：古区域名，指今陕西与内蒙古交界一带的黄河以西地区。［25］雍州：刘宋时州治侨居于襄阳，在今湖北襄阳市襄州区。武昌王浑：即刘浑，文帝刘义隆第十子。少凶戾，袭封汝阳王，后徙武昌王。传见《宋书》卷七十九。［26］自号楚王：刘浑被封为武昌王，封地武昌郡，郡治鄂城，原为春秋、战国时的楚国之地。刘浑此时任雍州刺史，州治襄阳，也是古时的楚国之地。［27］备置百官：按照朝廷的格局，设置并任命了各种官职。［28］以为戏笑：刘浑本身已被封为武昌王，以为改一个名字，当一回楚王，过把瘾，图个快乐而已，但却不知道，这是一种反叛行为，是拿自己的脑袋当儿戏，被孝武帝赐死。［29］王翼之：字季弼，为雍州刺史武昌王刘浑长史，迁会稽太守，转广州刺史。传见《宋书》卷七十九。封呈其手迹：将其改元与任命百官的名册为亲手所写，秘密封起，呈送朝廷。［30］庚申：八月一日。［31］徙始安郡：发配到始安郡，交由当地的官员监管。始安郡，古郡名，郡治在今广西桂林市。［32］戴明宝：时为南台侍御史，兼中书通事舍人，为宠臣。传见《宋书》卷九十四。［33］丁亥：八月二十八日。［34］郊庙：古帝王祭天地的郊宫和祭祖先的宗庙。［35］初设备乐：第一次使用了齐全的歌舞。胡三省曰：“晋氏南渡草创，二郊无乐。宗庙虽有《登歌》，亦无二舞。及破苻坚得乐工，始有金石之乐。文帝元嘉二十二年（445），南郊始设《登歌》。此所谓‘备乐’，非能备雅乐，魏晋以来世俗之乐耳。顺帝升明二年，王僧虔所谓‘朝廷礼乐多违旧典’，盖指此类。”［36］殿中曹郎：即尚书殿中曹郎，主殿中事务。宋时尚书郎分二十曹，各曹的长官称郎。任晋陵太守。尝因罪下狱，后获免，为御史中丞。［37］削弱王侯：削减、降低刘氏诸王、诸侯，也就是刘骏的诸位叔父、诸位兄弟、堂兄弟们的权势与品级地位。［38］己未：十月一日。［39］裁损：裁减。“损”字原无，据章校补。［40］讽有司：示意给有关主管该事的官员。［41］听事不得南向坐：听取属下的人请示、汇报工作不得面朝向南方而坐。［42］剑不得为鹿卢形：不能把剑柄做成弯曲的形状。鹿卢，即辘轳，井上汲水的用具。古代有鹿卢剑，是历代秦王的宝剑，是王权的象征。［43］内史、相：皆郡王封国的长官，级别相当于太守。内史在诸王国管理民政；相是诸郡王的辅导官，总管封国事宜。封内官长：管辖区内的下属官吏。止称下官：对王侯说话只能自称下官。［44］追敬：追加恭敬的称号。［45］庚午：十月十二日。［46］常英为太宰：常英，字世华，北魏文成帝拓跋濬乳母常氏之兄，以准外戚被重用为太宰。传见《魏书》卷八十三。太宰，职位相当于宰相。［47］壬午：十月二十四日。［48］氐（dī）王：今甘肃陇南市武都区一带地区的氐族首领。杨保宗：清水氐人，氐王杨盛之孙，杨玄次子，后仇池国第四任国主。杨玄死后，其政权被其叔杨难当所夺，保宗逃奔于北魏，传见《宋书》卷九十八。［49］元和：略阳清水氐人，杨保宗独子，为武都王，武都地区氐族头领，武都国第二任国主。其家族长期在这一带地区把持地方政权，晋宋统治者与北魏政权也都对之实行拉拢、收买政策，封之为公、为王等。刘宋孝武帝刘骏加封为武都王，后弃国投奔北魏。传见《宋书》卷九十八。［50］杨头：杨文德的堂兄。［51］杨氏正统：武都王杨盛之子名叫杨玄，杨玄之子即杨保宗，杨保宗之子即杨元和。故杨元和是武都地区氐族杨氏的正统继承人。［52］未正位号：还没有名正言顺地被立为武都王或氐王。［53］部落无定主：现在的氐族部落还没有法定的统治者。［54］葭芦：古城名，在今甘肃陇南市武都区东南的白龙江东岸。［55］母妻子弟并为魏所执：胡三省曰："文帝元嘉二十年（443），魏克仇池，杨文德败走；头母妻子弟为魏所执，当在是年。二十七年（450），始使头戍葭芦。"［56］西秦州刺史：真正的秦州州治在今甘肃天水市，当时属于北魏；杨氏所据的武都地区也曾属于秦州范围，这里是指地而封。［57］用安辑其众：以此名义来安抚、统领那一地区。用，以。安辑，安抚，团聚。［58］俟（sì）：等待，等候。［59］使嗣故业：再让他来继承其先人的权位。［60］才用不称：才干能力不能充当氐族头领。［61］便应归头：就应该把政权、爵位交给杨头。［62］藩捍汉川：捍卫汉水流域的一带地区，藩捍，屏蔽，捍卫。汉川，古水名，即汉水，这里指今汉中与其周围的一带地区，当时称作梁州。［63］四千户荒州：指武都一带的西秦州地区。殆不足惜：豁出去任他为西秦州刺史。殆，差不多，几乎。［64］汉川亦无立理：梁州一带也难以保全。

三年（丙申，456年）

春，正月，庚寅[1]，立皇弟休范为顺阳王[2]，休若为巴陵王[3]。戊戌[4]，立皇子子尚为西阳王[5]。

壬子[6]，纳右卫将军何瑀[7]女为太子妃。瑀，澄之曾孙也。

甲寅[8]，大赦。

乙卯[9]，魏立贵人冯氏[10]为皇后。后，辽西郡公朗[11]之女也。朗为秦、雍二州刺史，坐事诛，后由是没入宫[12]。

二月，丁巳[13]，魏主立子弘为皇太子，先使其母李贵人条记所付托兄弟[14]，然后依故事赐死[15]。

甲子[16]，以广州刺史宗悫为豫州刺史。故事，府州部内论事[17]，皆签前直叙所论之事[18]，置典签[19]以主之。宋世诸皇子为方镇[20]者多幼，时主皆以亲近左右领典签[21]，典签之权稍重[22]。至是，虽长王临藩[23]，素族出镇[24]，典签皆出纳教命[25]，执其枢要[26]，刺史不得专其职任。及悫为豫州[27]，临安吴喜[28]为典签。悫刑政所施[29]，喜每多违执[30]，悫大怒，曰："宗悫年将六十，为国竭命[31]，正得一州如斗大[32]，不能复与典签共临之[33]！"喜稽颡[34]流血，乃止。

（以上为第七段，写刘宋孝武帝刘骏继续原有的典签制度，典签成为皇帝耳目，借此控制州镇，增强皇权；但是，被监视、削权的地方官吏与之对抗，形成矛盾。）

【注释】

[1]庚寅：正月四日。 [2]休范：刘休范，文帝刘义隆第十八子，初封顺阳王，后改封桂阳王。传见《宋书》卷七十九。顺阳王：封地顺阳郡，郡治在今河南淅川县。 [3]休若：即刘休若，本名刘衍，字休若，文帝刘义隆第十九子，封巴陵郡王。传见《宋书》卷七十二。巴陵王：封地巴陵郡，郡治在今湖南岳阳市。 [4]戊戌：正月十二日。 [5]子尚：即刘子尚，字孝师，孝武帝刘骏第二子，封西阳王，封地西阳郡，郡治在今湖北黄冈市东南。后改封豫章郡王。传见《宋书》卷八十。 [6]壬子：正月二十六日。 [7]右卫将军何瑀：古将军名号，主管宫廷侍卫。何瑀（yǔ），字稚玉，东晋尚书左仆射何澄曾孙，前废帝何皇后之父，大司农何融之子，为侍中，位至卫将军，以豪奢闻名。传见《宋书》卷四十一。 [8]甲寅：正月二十八日。 [9]乙卯：正月二十九日。 [10]冯氏：文明皇后（441—490），祖籍长乐信都（今河北衡水市冀州区），辽西郡公冯朗之女，文成帝拓跋濬皇后，献文帝拓跋弘嫡母，孝文帝拓跋宏嫡祖母，北魏女性政治家、改革家。二度临朝称制，执掌天下十五年，谥号文明，史称"文成文明太后"。传见《魏书》卷十三。 [11]辽西郡公朗：冯朗，北燕昭成帝冯弘之子，出于北燕内乱，投降北魏。任征西大将军，封辽西郡公，后坐罪伏诛。 [12]没入宫：以罪臣的家属被罚入宫为奴。 [13]丁巳：二月一日。 [14]条记所付托兄弟：将所要托朝廷照顾的兄弟们都逐个记载下来。付托，即托付，关照。 [15]依故事赐死：北魏自拓跋珪时立下一条规矩，凡是要立某个儿子为太子，就要把这个孩子的母亲杀死，其目的据说是为了不让母后倚仗儿子的权力而专权。故事，历来的老规矩。 [16]甲子：二月八日。 [17]府州部内论事：都督府与州刺史机关内部讨论有关军政事务。 [18]签前

直叙所论之事：都把大家在会上的发言如实地记录下来。签，记录。［19］典签：犹如今之书记员、记录员。［20］为方镇：为各州的刺史、督军。［21］时主：当时的皇帝。左右领典签：指皇帝的亲信充当典签之职。领，兼任，充当。［22］稍重：越来越大。稍，渐。［23］长王临藩：年长的郡王出去任刺史、督军。［24］素族出镇：凭着功劳勋业而获得刺史、督军的寒门人士。这种人通常不媚权势，不惧邪恶。［25］出纳教命：意即发号施令。教、命，都是文体名，指高官、权臣下达的命令、告示等。［26］执其枢要：掌管着刺史府与督军府的机要部门。［27］为豫州：出任豫州刺史。［28］吴喜：本名吴喜公，吴兴临安人，刘宋将领。刘彧朝廷的功臣，在刘彧极度艰难的时刻挺身而出，在平定东方数郡的战斗中立有大功，被刘彧猜忌，被杀。传见《宋书》卷八十三。［29］刑政所施：所实行的各种刑法、各种制度。［30］每多违执：多有违背规定。违执，犹违拗，违背。［31］竭命：竭尽心力。［32］正得一州如斗大：才获得了这枚如同斗大的刺史、督军印。［33］不能复与典签共临之：绝不允许再让一个典签来插手我的管理，意思是要把吴喜严办。共临，共同管理。［34］稽颡（sǎng）：磕头触地，古代所行最虔诚的叩拜礼。颡，额头。

丁零数千家匿井陉山[1]中为盗，魏选部尚书陆真[2]与州郡合兵讨灭之。

闰月，戊午[3]，以尚书左仆射刘遵考为丹杨尹[4]。

癸酉[5]，鄱阳哀王休业[6]卒。

太傅义恭以南兖州刺史西阳王子尚有宠，将避之，乃辞扬州。秋，七月，解义恭扬州[7]；丙子[8]，以子尚为扬州刺史。

时荧惑守南斗[9]，上废西州旧馆[10]，使子尚移治东城以厌之[11]。扬州别驾从事沈怀文[12]曰："天道示变，宜应之以德[13]。今虽空西州，恐无益也。"不从。怀文，怀远之兄也。

八月，魏平西将军渔阳公尉眷[14]击伊吾[15]，克其城，大获而还。

九月，壬戌[16]，以丹杨尹刘遵考为尚书右仆射。

冬，十月，甲申[17]，魏主还平城。

丙午[18]，太傅义恭进位太宰，领司徒[19]。

十一月，魏以尚书西平王源贺为冀州刺史，更赐爵陇西王。贺上言："今北虏游魂[20]，南寇负险[21]，疆埸[22]之间，犹须防戍。臣愚以为，自非大逆[23]、赤手杀人，其坐赃盗及过误[24]应入死者，皆可原宥[25]，谪使守边[26]，则是已断之体受更生之恩[27]，徭役之家蒙休息之惠[28]。”魏高宗[29]从之。久之，谓群臣曰：“吾用贺言，一岁所活不少，增戍兵亦多。卿等人人如贺，朕何忧哉！”会武邑人石华[30]告贺谋反，有司以闻，帝曰：“贺竭诚[31]事国，朕为卿等保之，无此，明矣。”命精加讯验[32]。华果引诬[33]，帝诛之，因谓左右曰：“以贺忠诚，犹不免诬谤[34]，不及贺者可无慎哉[35]！”

十二月，濮阳太守姜龙驹、新平太守杨自伦弃郡奔魏[36]。

（以上为第八段，写北魏主拓跋濬接受源贺的建议，适当放宽刑罚，宽恕那些除大逆不道图谋造反、徒手杀人以外的被判死刑的犯人，发配他们到边境戍守。）

【注释】

[1]匿（nì）井陉（xíng）山：躲避、隐藏在井陉一带的山区。井陉，太行山的山口名，是河北与山西两省间的重要通道之一，其东口称井口，也叫土门关，在今河北井陉县西北，其西口即娘子关。［2］选部尚书陆真：后代所说的吏部尚书，主管选任官吏。陆真，代郡人，秦州长史陆洛侯之子，北魏名将。传见《魏书》卷三十。［3］闰月，戊午：闰三月三日。［4］丹杨尹：刘宋都城建康所在郡的行政长官。［5］癸酉：闰三月十八日。［6］鄱阳哀王休业：刘休业生前封为鄱阳王，死后谥号哀。［7］辞扬州：辞去扬州刺史的职务。［8］丙子：七月二十三日。［9］荧惑守南斗：荧惑星运行到斗宿的位置。荧惑，即火星。南斗，即斗宿，是扬州地区的分野。古人认为荧惑出现是一种不祥的征兆，而这种不祥又出现在扬州地区。［10］废西州旧馆：废弃兴建在西州的扬州刺史衙门不再使用。西州，在当时建康城的西侧。［11］移治东城以厌之：将扬州刺史衙门搬迁到东城。东城，也称东府，是晋朝司马道子当政时居住的地方，在当时建康城的东南侧。以这种搬迁的办法躲避、抵御上天神秘力量的惩罚。厌，同“压”，压抑之使其不能发作。［12］别驾从事：州刺史的高级僚属，简称别驾，详称别驾从事史。因随刺史出巡时能单独地另乘一辆车而得名。沈怀文：字思明，吴兴武康（今浙江德清县西）人，刘宋大臣，时任扬州从事，尚书吏部郎。传见《宋书》卷八十二。［13］应之以德：以加强道德修养、多做好事的办法以求消除天变。应，以相对应。［14］尉眷：本姓尉迟，幽州刺史尉诺长子，北魏名将。传见《魏书》卷二十六。［15］伊吾：西域古城名，也称“伊吾卢”，为西域门户，旧城约在今新疆哈密市西。西凉政权被灭后，李暠的后代李宝曾率部活动在这一带，后来李宝率众投降北魏，这一地区属北魏。今伊吾地区又叛北魏，故北魏遣将尉眷伐之。［16］壬戌：九月十日。［17］甲申：十月二日。［18］丙午：十月二十四日。［19］进位太宰，领司徒：提拔为太宰，兼任司徒。太宰、司徒，都是加官名，听起来地位崇高无比，实际上没有任何职权。［20］北虏游魂：北方的柔然还在伺机活动。游魂，也称“显魂”，进行敌对活动的蔑称。［21］南寇负险：南方的刘宋还在负险观望。

[22]疆埸（yì）：边疆，边境。 [23]大逆：叛君、叛国。 [24]过误：过失犯罪。 [25]原宥（yòu）：原谅，宽恕。 [26]谪（zhé）使守边：惩罚他们去防守边疆。谪，罚。 [27]已断之体受更生之恩：让断头或断胳膊、断腿的人获得了再生。 [28]徭役之家蒙休息之惠：让本来该去服劳役的良民因此感谢您的恩典，免除了他们的辛劳。 [29]魏高宗：即拓跋濬，庙号高宗。[30]会武邑人石华：会，适逢，恰巧。武邑，古郡名，郡治在今河北武强县西南。石华，北魏人，曾诬告源贺谋反，被识破，被杀。 [31]竭诚：竭尽忠诚。 [32]精加讯验：认真地审问核查。[33]引诬：自己承认是诬告。 [34]诬谤：被诬陷、诽谤。 [35]可无慎哉：还不应该更加谨慎吗？ [36]弃郡奔魏：刘宋濮阳、新平两郡太守放弃镇守的郡城，逃奔到了北魏。

上欲移青、冀二州并镇历城[1]，议者多不同。青、冀二州刺史垣护之曰："青州北有河、济[2]，又多陂泽[3]，非虏所向[4]；每来寇掠，必由历城。二州并镇，此经远之略也。北又近河[5]，归顺者易[6]。近息民患，远申王威，安边之上计也。"由是遂定。

元嘉[7]中，官铸四铢钱[8]，轮郭、形制[9]与五铢同，用费无利[10]，故民不盗铸。及上即位，又铸孝建四铢，形式薄小，轮郭不成[11]。于是盗铸者众，杂以铅、锡[12]；翦凿古钱[13]，钱转薄小。守宰不能禁，坐死、免者相继[14]。盗铸益甚，物价踊贵[15]，朝廷患之。去岁春，诏钱薄小无轮郭者悉不得行，民间喧扰[16]。是岁，始兴郡公沈庆之建议，以为"宜听民铸钱[17]，郡县置钱署[18]，乐铸之家皆居署内[19]，平其准式[20]，去其杂伪[21]。去春所禁新品[22]，一时施用[23]，今铸悉依此格[24]。万税三千[25]，严检盗铸[26]。"丹杨尹颜竣驳之，以为"五铢轻重，定于汉世[27]，魏、晋以降[28]，莫之能改[29]；诚以物货既均[30]，改之伪生[31]故也。今云去春所禁一时施用；若巨细总行而不从公铸[32]，利已既深[33]，情伪无极[34]，私铸、翦凿尽不可禁[35]，财货未赡[36]，大钱已竭[37]，数岁之间，悉为尘土[38]矣。今新禁初行[39]，品式未一[40]，须臾自止[41]，不足以垂圣虑[42]；唯府藏空匮[43]，实为重忧[44]。今纵行细钱[45]，官无益赋之理[46]；百姓虽赡[47]，无解官乏[48]。唯简费去华[49]，专在节俭[50]，求赡之道，莫此为贵耳。"

议者又以为"铜转难得[51]，欲铸二铢钱。"竣曰："议者以为官藏[52]空虚，宜更改铸[53]；天下铜少，宜减钱式以救交弊[54]，赈国舒民[55]。

愚以为不然。今铸二铢，恣行新细[56]，于官无解于乏[57]，而民间奸巧大兴[58]，天下之货将糜碎至尽[59]；空严立禁[60]，而利深难绝[61]，不一二年，其弊不可复救。民惩大钱之改[62]，兼畏近日新禁，市井之间，必生纷扰[63]。远利未闻[64]，切患猥及[65]，富商得志，贫民困窘[66]，此皆甚不可者也。”乃止。

魏定州刺史高阳许宗之求取不节[67]，深泽民马超谤毁宗之，宗之殴杀超，恐其家人告状，上超诋讪朝政[68]。魏高宗曰：“此必妄[69]也。朕为天下主，何恶于超[70]而有此言！必宗之惧罪诬超。”案验[71]，果然。斩宗之于都南。

金紫光禄大夫颜延之卒。延之子竣贵重[72]，凡所资供[73]，延之一无所受，布衣茅屋，萧然如故[74]。常乘羸牛笨车[75]，逢竣卤簿[76]，呼屏住道侧[77]。常语竣曰：“吾平生不喜见要人[78]，今不幸见汝[79]！”竣起宅[80]，延之谓曰：“善为之[81]，无令后人笑汝拙[82]也。”延之尝早诣竣[83]，见宾客盈门，竣尚未起，延之怒曰：“汝出粪土之中[84]，升云霞之上[85]，遽骄傲如此[86]，其能久乎！”竣丁父忧[87]，裁逾月[88]，起为右将军[89]，丹杨尹如故[90]。竣固辞，表十上；上不许，遣中书舍人[91]戴明宝抱竣登车，载之郡舍[92]，赐以布衣一袭，絮以彩纶[93]，遣主衣就衣诸体[94]。

（以上为第九段，写刘宋把青州和冀州的州府都移到历城；听从颜竣建议，停止改铸小钱的计划；颜延之面对儿子的富贵，纤尘不染；孝武帝对颜竣十分宠幸。）

【注释】

[1]移青、冀二州并镇历城：刘宋的青州州治原在东阳，在今山东青州市，冀州的州治历城，在今山东济南市。现在刘骏想将其合并，都迁到历城。因这两个郡早已经共设一个刺史。[2]河、济：黄河、济水。[3]多陂泽：水道湖泊纵横，交通不便。陂泽，堤坝与水泽。[4]非虏所向：不是北魏人所进攻的日标。[5]近河：靠近黄河。[6]归顺者易：有投奔刘宋的人便于越过边境。[7]元嘉中：元嘉年间。元嘉（424—453），刘宋文帝刘义隆的年号，共二十九年余。[8]四铢（zhū）钱：一种重量为四铢的铜钱。铢，古重量单位，十铢等于一两。[9]轮郭：同“轮廓”，铜钱的样子。形制：形状与规格。与五铢同：与汉武帝时所铸的五铢钱相同。[10]用费无利：铸一枚铜钱所用的铜，正好值一枚铜钱。铸钱没有赢利。[11]形式薄小，轮郭不成：意即

铜钱的样子不好看，不标准。［12］杂以铅、锡：在铸钱的铜里掺进铅、锡等材料。［13］翦凿古钱：把前代传下来的铜钱磨小磨薄，取其铜屑，以铸新钱。翦，同“剪”。［14］坐死、免者相继：因此而犯死罪、被罢职的官员一个接一个。［15］物价踊贵：物价跳跃式地上升。［16］喧扰：喧哗，闹事。［17］听民铸钱：允许百姓铸新铜钱。［18］置钱署：设置管理铸钱的机构。［19］乐铸之家：愿意铸钱的民众。［20］平其准式：规定所铸铜钱的标准式样。［21］去其杂伪：不允许在铸钱的铜汁内含有其他杂质。［22］去春所禁新品：去年春天所禁止使用的四铢钱。［23］一时施用：都允许他们投入市场。［24］今铸悉依此格：现在再铸新钱要完全按照规定的格式。［25］万税三千：铸一万枚铜钱，交三千枚铜钱的税。［26］严检盗铸：严格控制不许官署以外的人再偷偷铸钱。［27］定于汉世：五铢钱的样子始定于汉武帝元狩五年（前 118）。［28］魏、晋以降：魏、晋以来。［29］莫之能改：没有再改变过。［30］物货既均：市面上的商品多少，与市场上流行的钱币多少成比例。货，货币。［31］改之伪生：一改变就会引起弄虚造假。［32］巨细总行不从公铸：大钱小钱一齐上市，不是一切钱币都由国家铸造。［33］利已既深：铸钱者一旦获得巨大的利润。［34］情伪无极：弄虚作假者就会层出不穷。情伪，真情和假意，这里是偏义复词，即指弄虚作假。［35］尽不可禁：全都无法禁止。［36］财货未赡：等不到按规定格式铸造的钱充分够用。［37］大钱已竭：前代传下来的大面额的铜钱就会被人剪凿净尽。［38］悉为尘土：指所有按规定造出的铜钱都被奸人毁坏掉。［39］新禁初行：刚开始发布“钱薄小无轮郭者悉不得行”的禁令。［40］品式未一：铜钱的质量与式样不统一。［41］须臾自止：过一段时间，情况自然就会好转。须臾，一会儿。［42］不足以垂圣虑：用不着皇上忧心过问。［43］府藏空匮：国库里没有铜钱。匮，缺乏。［44］重忧：深深的担忧。［45］纵行细钱：即使发行分量轻的四铢钱。［46］官无益赋之理：国家也没有提高赋税的道理。［47］百姓虽赡（shàn）：百姓即使钱多。丰富，充足。［48］无解官乏：也解决不了国家穷困的问题。［49］简费去华：减少开支，禁止奢侈。［50］专在节俭：注意节省。［51］铜转难得：铸钱用的铜越来越少。［52］官藏：国库。藏，也是府库的意思。［53］宜更改铸：即改铸二铢钱。［54］减钱式以救交弊：减轻铜钱的重量和品种样式，制止恶性循环。交弊，叠加交弊，即恶性循环。胡三省曰：“官藏空虚，无钱以赡用；而天下铜少，又无以铸钱，是交弊也。议者缘此欲改铸小钱以救之。”［55］赈（zhèn）国舒民：救国家之难，解百姓之急。赈，救。［56］恣行新细：把铜钱弄得很新很小。［57］于官无解于乏：对公家仍然没法解决缺钱的问题。［58］奸巧大兴：偷着铸钱的坏人一哄而起。［59］天下之货将糜碎至尽：整个国家的货币将要全部遭到破坏。糜，碎烂。［60］空严立禁：白白地发布一些严格的禁令。［61］利深难绝：由于有厚利吸引，私铸是无法禁绝的。［62］民惩大钱之改：接受大钱被改变的教训。惩，吸取教训。［63］纷扰：犹言波动、动乱。［64］远利未闻：长远的好处还没有听见人说。［65］切患猥（wěi）及：急迫的灾难已经来到跟前。患，祸患，灾难。猥及，意即降临、来到。［66］困窘：困难，窘迫。［67］定州：约今之甘肃中部和与之临近的青海西宁等一带地区。求取不节：向其治下的百姓索取贿赂没完没了。不节，没有节制，没有止境。［68］上超诋讪（shàn）朝政：上书朝廷，说马超诽谤国家政治。上，上书。诋讪，诋毁。［69］妄：瞎说，不可能有的事情。［70］何恶于超：会有哪点让马超不高兴？恶，憎恶，讨厌。［71］案验：追问，调查。［72］贵重：位高权大。［73］凡所资供：凡是颜竣送给他的东西。资供，送给，提供。［74］萧然如故：一派清贫的样子，还和颜竣没有做官前一样。［75］羸（léi）牛笨车：瘦牛所拉的粗重之车。笨，不精美。［76］卤簿：达官贵人出行时的仪仗队。［77］呼屏住道侧：不出声停在道路旁边。［78］不憙：不希望，不喜欢。［79］今不幸见汝：今天倒霉地碰上了你。［80］起宅：修建府第。［81］善为之：好好地盖吧。含有讽刺的意思。［82］无令后人笑汝拙：不要让后人看着房子耻笑你今天的行为愚蠢。［83］尝早诣竣：曾有一天早晨到颜竣那边去。［84］出粪土之中：极言其出身低贱。［85］升云霞之上：极言其今日所居的官位之高。［86］遽（jù）骄傲如此：你就立刻变得如此傲慢。遽，立刻。［87］丁父忧：为父守丧。按古礼，儿子应该为父母守孝三年。［88］裁逾月：出殡之后刚过一个月。裁，同“才”，刚刚。逾，越，过。［89］起为右将军：朝廷让他脱去孝服，出任右将军。［90］丹杨尹如故：原来担任的丹杨尹还照常担任。［91］中书舍人：中书令的僚属，负责给皇帝起草文件。［92］郡舍：指丹杨尹的衙门。［93］布衣一袭，絮以彩纶：布衣一套。照顾颜竣为父守孝的心理，从表面上看起来颜竣还是穿着守孝的布制衣服。布衣，在当时是贫贱者的衣服，贵族、官僚在守孝时也穿布制之衣。絮以彩纶，布衣里面所絮衬的却是贵重的彩色丝绵。［94］遣主衣就衣诸体：皇帝亲自打发为自己主管服饰的官员。主衣，官名，为皇帝主管服饰。拿着衣服到丹杨尹的衙门给颜竣穿到身上。以上所写极言颜竣受到当时皇上刘骏的宠爱。

大明元年（丁酉，457 年）

春，正月，辛亥朔[1]，改元，大赦。

壬戌[2]，魏主畋于崞山[3]，戊辰[4]，还平城。

魏以渔阳王尉眷为太尉、录尚书事。

二月，魏人寇兖州，向无盐[5]，败东平太守南阳刘胡。诏遣太子左卫率薛安都将骑兵，东阳太守沈法系将水军，向彭城以御[6]之，并受徐州刺史申坦节度[7]。比至[8]，魏兵已去。先是[9]，群盗聚任城荆榛中[10]，累世为患[11]，谓之“任榛”。申坦请回军讨之。上许之。任榛闻之，皆逃散。时天旱，人马渴乏，无功而还。安都、法系坐白衣领职[12]。坦当诛，群臣为请，莫能得。沈庆之抱坦哭于市曰：“汝无罪而死。我哭汝于市，行当就汝矣[13]！”有司以闻，上乃免之。

三月，庚申[14]，魏主畋于松山[15]；己巳[16]，还平城。

魏主立其弟新成为阳平王[17]。

上自即吉[18]之后，奢淫自恣[19]，多所兴造[20]。丹杨尹颜竣以藩朝旧臣[21]，数[22]恳切谏争，无所回避，上浸不悦[23]。竣自谓才足干时[24]，恩旧莫比[25]，当居中[26]永执朝政，而所陈多不纳，疑上欲疏之，乃求外出以占上意[27]。夏，六月，丁亥[28]，诏以竣为东扬州[29]刺史，竣始大惧。

癸卯[30]，魏主如阴山。

雍州所统多侨郡县[31]，刺史王玄谟上言："侨郡县无有境土，新旧错乱[32]，租课不时[33]，请皆土断[34]。"秋，七月，辛未[35]，诏并雍州三郡十六县为一郡。郡县流民不愿属籍[36]，讹言玄谟欲反。时柳元景宗强[37]，群从多为雍部二千石[38]，乘声[39]皆欲讨玄谟。玄谟令内外晏然以解众惑[40]，驰使启上[41]，具陈本末。上知其虚[42]，遣主书[43]吴喜抚慰之，且报曰："七十老公，反欲何求[44]！君臣之际，足以相保[45]，聊复为笑[46]，伸卿眉头[47]耳。"玄谟性严[48]，未尝妄笑[49]，故上以此戏之。

八月，己亥[50]，魏主还平城。

甲辰[51]，徙司空、南徐州[52]刺史竟陵王诞为南兖州刺史，以太子詹事[53]刘延孙为南徐州刺史。初，高祖遗诏[54]，以京口[55]要地，去建康密迩[56]，自非[57]宗室近亲，不得居之。延孙之先虽与高祖同源[58]，而高祖属彭城[59]，延孙属莒县[60]，从来不序昭穆[61]。上既命延孙镇京口，仍诏[62]与延孙合族，使诸王皆序长幼[63]。

上闺门无礼[64]，不择亲疏、尊卑[65]，流闻民间[66]，无所不至[67]。诞宽而有礼，又诛太子劭、丞相义宣，皆有大功，人心窃向之[68]。诞多聚才力之士[69]，蓄精甲利兵[70]，上由是畏而忌之，不欲诞居中[71]，使出镇京口[72]；犹嫌其逼[73]，更徙之广陵[74]。以延孙腹心之臣，使镇京口以防之[75]。

魏主将东巡，冬，十月，诏太宰常英起行宫于辽西黄山[76]。十二月，丁亥[77]，更以顺阳王休范为桂阳王[78]。

（以上为第十段，写孝武帝疏远敢于直谏的丹阳尹颜竣；采纳王玄谟建议，实行土断，将侨置郡县按照领地划分；孝武帝的闺门丑闻广为流传。）

【注释】

[1]辛亥朔：正月一日。[2]壬戌：正月十二日。[3]畋于崞（guō）山：在崞山打猎。崞山，古山名，在今山西原平市西南。[4]戊辰：正月十八日。[5]无盐：古县名，县治在今山东东平县东，当时为东平郡的郡治所在地。[6]御：抵抗，迎敌。[7]申坦节度：由申坦指挥、调度。申坦，刘宋徐州刺史。传见《宋书》卷六十五。节度，指挥，调度。[8]比至：当他们到达徐州时。比，及，等到。[9]先是：叙述历史的常用语，意即“在此以前”。[10]任城荆榛（zhēn）中：任城县的山野薮泽之中。任城，古县名，县治在今山东微山县西北。荆榛，荆棘一类的灌木丛。[11]累世为患：多少年来成为当地百姓和官府的麻烦。累世，数世，一世三十年。[12]坐白衣领职：意即被免去官职，以一个平民的身份管理原来的职务。坐，这里指被免职。白衣，也称“白丁”，古时用以称平民百姓。[13]行当就汝矣：很快就要到阴间去找你了。就，找，到你那里去。[14]庚申：三月十一日。[15]松山：古山名，在今辽宁盘锦市西南。[16]己巳：三月二十日。[17]新成：即拓跋新成，景穆帝拓跋晃次子，封阳平王。传见《魏书》卷十九。[18]即吉：脱去孝服，穿起平常的服装，也就是刘骏为其父服满了三年之丧以后。[19]奢淫自恣：奢侈淫荡，任性而为。[20]兴造：营建，大兴土木。[21]藩朝旧臣：早在刘骏为武陵王时，颜竣就在他的属下为臣。古代称诸侯为中央天子的屏藩。[22]数：多次。[23]浸不悦：越来越不高兴。浸，同“渐”，逐渐，渐渐。[24]才足干时：自己的才能在当时可起骨干作用，成为朝廷的主心骨。干时，治世，用世。[25]恩旧莫比：旧臣之间的恩情之深、感情之密，没有第二个人可比。[26]当居中：应当在朝廷上。[27]以占上意：以探测皇上的心思。占，探测。[28]丁亥：六月九日。[29]东扬州：刘骏时新建立的州，管辖浙东地区的会稽郡、东阳郡、新安郡、临海郡、永嘉郡。州治会稽，在今浙江绍兴市。[30]癸卯：六月二十五日。[31]雍州：刘宋时的州治襄阳，在今湖北襄阳市，地近刘宋与北魏的边境地区。多侨郡县：有许多是有名无实的郡县。古代在战争状态下，政府对沦陷地区迁出的移民进行异地安置，为其重建州郡县，仍用其旧名，这类郡县被称为侨置州郡县。侨，侨置。[32]新旧错乱：新设侨郡县与原来的旧郡县混在一起，杂乱不清。[33]租课不时：征收租税的事情无法按时完成。课，征收。不时，不能按时、及时。[34]土断：不论本地人或外地迁来的人，都在所生活的地区申报户口，纳税服役。[35]辛未：七月二十四日。[36]属籍：在当地落户。[37]柳元景宗强：柳元景的家族势力强大。柳元景是河东解县（今山西永济市东）人，南迁后，侨居在雍州的范围内。[38]群从：各位堂兄弟们。从，堂兄弟。多为雍部二千石：都在雍州的管区内任郡太守与郡都尉一类的职务。雍部，雍州刺史的管辖区。二千石，汉代的官吏级别名，地方官的郡太守与郡都尉以及诸侯国的丞相、内史等大体都属于二千石或比二千石的级别。[39]乘声：趁势跟着大喊大叫。[40]内外晏然，以解众惑：州衙府衙里里外外的官吏都安安定定地各守各位消除了迷惑。众惑，众人被迷惑，真的以为

王玄谟要谋反了。[41]驰使启上：派使者飞马进京向皇帝说明情况。[42]上知其虚：皇上知道了外面有关王玄谟的传言纯属虚构。[43]主书：中书省的一般官员，主管替皇帝起草文件。[44]反欲何求：还造反想图什么呢？[45]足以相保：本来可以相互信任，用不着再说什么。[46]聊复为笑：我之所以还要和你说那个话，指“七十老公，反欲何求”。[47]伸卿眉头：为了逗你笑一笑，舒展一下眉头。[48]性严：生性严肃。[49]妄笑：轻易地笑一笑。[50]己亥：八月二十二日。[51]甲辰：八月二十七日。[52]南徐州：州治即当时的京口，今江苏镇江市。[53]太子詹事：掌太子家的事务。[54]高祖：刘宋开国君主孝武帝裕，庙号高祖。传见《宋书》卷一。遗诏：皇帝临终时所发的诏书。[55]京口：古地名，在今江苏镇江市。[56]去建康密迩（ěr）：离都城建康非常近。迩，近。[57]自非：如果不是。[58]延孙之先：刘延孙的先人，即刘道产，刘宋前期的著名地方官，深得百姓爱戴。同源：同出于一个祖先。[59]属彭城：属于彭城（今江苏徐州市）的这一个刘氏支派。[60]莒县：《南史》作吕县，古县名，在今江苏徐州市东南，当时属彭城郡。胡三省曰：“彭城、吕二县并属彭城郡，延孙与帝室同源同郡，特异县耳。”[61]从来不序昭穆：相互之间不排辈分，意即不以同族看待。昭、穆，古代宗庙里所排列的祖先牌位的次序。以始祖居中，二世、四世、六世，位于始祖的左方，称昭；三世、五世、七世位于右方，称穆。这里用以泛指家族中的辈分。[62]仍诏：这才下诏书。仍，同“乃”，于是。[63]使诸王皆序长幼：让皇室诸王和刘延孙家族的子弟一起排论辈分与年齿的长幼。[64]上闺门无礼：皇帝刘骏的男女关系混乱，不讲伦理。闺门，家门之内。[65]不择亲疏、尊卑：不管亲缘远近，不管身份高低，都任意奸淫。[66]流闻民间：宫廷里的事情流传到民间。[67]无所不至：多么荒唐惊人的事情都有。[68]窃向之：暗中拥护他。[69]才力之士：有才干与有武力的人。[70]蓄精甲利兵：搜集、贮藏精良的铠甲与锋利的武器。[71]居中：在朝廷中任职。[72]使出镇京口：让他到镇江驻守。[73]犹嫌其逼：还嫌他离朝廷太近。[74]广陵：古郡名，郡治在今江苏扬州市。[75]使镇京口以防之：京口处于广陵与建康之间，广陵闹乱子，可以让京口先阻挡一阵。[76]辽西黄山：辽西，古郡名，郡治令支，在今河北迁安市西。黄山，古山名，在辽西郡肥如县，肥如县治在今河北迁安市东北。[77]丁亥：十二月十二日。[78]更以顺阳王休范为桂阳王：让他的这个弟弟离京城越来越远。刘休范原为顺阳王，顺阳郡治在今河南淅川县西南；现改为桂阳王，桂阳郡治在今湖南郴州市。

二年（戊戌，458年）

春，正月，丙午朔[1]，魏设酒禁，酿、酤[2]、饮者皆斩之；吉凶之会[3]，听开禁[4]，有程日[5]。魏主以士民多因酒致斗及议国政[6]，故禁之。增置内外候官[7]，伺察诸曹[8]及州、镇，或微服杂乱于府寺间[9]，以求[10]百官过失，有司穷治[11]，讯掠取服[12]；百官赃满二丈[13]者皆斩。又增律七十九章。

乙卯[14]，魏主如广宁[15]温泉宫，遂巡平州[16]。庚午[17]，至黄山宫[18]。二月，丙子[19]，登碣石山[20]，观沧海[21]。戊寅[22]，南如信都[23]，畋于广川[24]。

乙酉[25]，以金紫光禄大夫褚湛之[26]为尚书左仆射。

丙戌[27]，建平宣简王宏[28]以疾解尚书令；三月，丁未[29]，卒。

（以上为第十一段，写北魏颁布禁酒令，凡是造酒、卖酒、饮酒的人，一律杀头，还设置候官，明察暗访，并增加法律条文；拓跋濬曾巡视平州，东临碣石，以观沧海。）

【注释】

[1]丙午朔：正月一日。［2］酿（niàng）：酿造。酤（gū）：买酒。［3］吉凶之会：遇有喜事或丧事的聚会。［4］听开禁：允许破例。［5］有程日：但有一定的期限。［6］致斗及议国政：导致斗殴，非议国事。［7］内外候官：这里指刺探消息、搜集情报的官员，有如后代所说的特务、密探。内外，指京城以内和京城以外。候官，也指迎送宾客的官员，与此处所说含义不同。［8］诸曹：指朝廷的各机构、各部门，有如后代所说的各部、各局、各科。［9］杂乱于府寺间：和各机关、各单位的办公人员混杂在一起。府寺，泛指官府、衙门。［10］求：寻找；打听。［11］有司穷治：一旦被人举报，就要受到主管官员的追根究底，问责治罪。［12］讯掠取服：严刑拷打以取得认罪口供。讯，审问。掠，拷打。［13］赃满二丈：只要所获赃物赃款达到了能买两丈帛的价值。［14］乙卯：正月十日。［15］广宁：古县名，县治在今河北涿鹿县。［16］平州：北魏州名，州治肥如，在今河北迁安市东北。［17］庚午：正月二十五日。［18］黄山宫：建在黄山的行宫。黄山：古山名，在辽西郡肥如县。［19］丙子：二月二日。［20］碣石山：平州海边的山名，在今河北昌黎县城北。［21］沧海：指大海，以其一望无际、水深呈青苍色，故名，也是古代对东海的别称。［22］戊寅：二月四日。［23］信都：古郡名，郡治在今河北衡水市冀州区。［24］广川：古县名，县治在今河北枣强县东北。［25］乙酉：二月十一日。［26］褚湛（zhàn）之（411—460）：字休玄，河南阳翟（今河南禹州市）人，太常褚秀之之子，刘宋驸马、重臣。刘裕女婿，先后以刘裕七女、五女为妻，拜驸马都尉，历任中书令、丹阳尹，因南郡王刘义宣起事，被免官入狱。不久，又为尚书左仆射，后致仕。谥号敬。传见《宋书》卷五十二。［27］丙戌：二月十二日。［28］建平宣简王宏：刘宏生前被封为建平王，死后谥号宣简。［29］丁未：三月三日。

丙辰[1]，魏高宗还平城，起太华殿[2]。是时，给事中郭善明，性倾巧[3]，说帝大起宫室，中书侍郎高允谏曰："太祖[4]始建都邑，其所营立，必因农隙。况建国已久，永安前殿足以朝会，西堂、温室足以宴息[5]，紫楼足以临望[6]；纵有修广[7]，亦宜驯致[8]，不可仓猝[9]。今计所当役凡二万人，老弱供饷又当倍之，期[10]半年可毕。一夫不耕，或受之饥，况四万人之劳费[11]，可胜道乎[12]！此陛下所宜留心也。"帝纳之。

允好切谏，朝廷事有不便[13]，允辄[14]求见，帝常屏左右[15]以待之。或自朝至暮，或连日不出；群臣莫知其所言。语或痛切[16]，帝所不忍闻[17]，命左右扶出[18]，然终善遇之。时有上事为激讦[19]者，帝省之，谓群臣曰："君、父一也。父有过，子何不作书于众中谏之[20]？而于私室屏处谏者[21]，岂非不欲其父之恶彰于外邪[22]！至于事君，何独不然[23]。君有得失，不能面陈，而上表显谏，欲以彰君之短，明己之直，此岂忠臣所为乎！如高允者，乃真[24]忠臣也。朕有过，未尝不面言，至有朕所不堪闻[25]者，允皆无所避。朕知其过而天下不知，可不谓忠乎！"

允所与同征者游雅[26]等皆至大官，封侯，部下吏[27]至刺史、二千石者亦数十百人，而允为郎，二十七年不徙官[28]。帝谓群臣曰："汝等虽执弓刀在朕左右，徒立[29]耳，未尝有一言规正[30]；唯伺朕喜悦之际，祈官乞爵，今皆无功而至王公。允执笔[31]佐我国家数十年，为益不小，不过为郎，汝等不自愧乎！"乃拜允中书令[32]。

时魏百官无禄[33]，允常使诸子樵采[34]以自给。司徒陆丽[35]言于帝曰："高允虽蒙宠待，而家贫，妻、子不立[36]。"帝曰："公何不先言，今见朕用之，乃言其贫乎！"即日，至允第[37]，惟草屋数间，布被，缊袍[38]，厨中盐菜而已。帝叹息，赐帛五百匹，粟千斛，拜长子悦为长乐[39]太守。允固辞，不许。帝重允，常呼为令公[40]而不名。

游雅常曰："前史称卓子康[41]、刘文饶[42]之为人，褊心者或不之信[43]。余与高子游处[44]四十年，未尝见其喜愠之色[45]，乃知古人为不诬[46]耳。高子内文明而外柔顺[47]，其言呐呐[48]不能出口。昔崔司徒[49]尝谓余云：'高生丰才[50]博学，一代佳士，所乏者矫矫风节[51]

耳。'余亦以为然[52]。及司徒得罪[53]，起于纤微[54]，诏指临责[55]，司徒声嘶股栗[56]，殆不能言[57]；宗钦已下[58]，伏地流汗，皆无人色。高子独敷陈事理[59]，申释是非[60]，辞义清辩[61]，音韵高亮[62]。人主为之动容，听者无不神耸[63]，此非所谓"矫矫"者乎[64]！宗爱方用事[65]，威振四海。尝召百官于都坐[66]，王公已下皆趋庭望拜[67]，高子独升阶长揖[68]。由此观之，汲长孺[69]可以卧见卫青，何抗礼之有[70]！此非所谓"风节"者乎[71]！夫人固未易知[72]；吾既失之于心[73]，崔又漏之于外[74]，此乃管仲所以致恸于鲍叔[75]也。"

（以上为第十二段，写北魏贤臣高允敢于直言极谏，也善于直谏，不伤皇上颜面，又具有铮铮硬骨，拓跋濬由衷称赞，提升其为中书令。）

【注释】

[1]丙辰：三月十二日。[2]太华殿：古宫殿名，北魏平城宫内正殿，在今山西大同市北。[3]倾巧：善于逢迎巧辩。[4]太祖：拓跋珪（guī），北魏开国皇帝。传见《魏书》卷二。[5]宴息：休息，宴，安闲，安乐。[6]临望：俯瞰、远眺。[7]修广：扩大，修建。[8]亦宜驯致：也应该慢慢来。驯致，逐渐完成。[9]仓猝：指突然动工，且又急于求成。[10]期：预计，估计。[11]四万人之劳费：这四万人不仅不能从事农活，生产东西，而且还要付出如此巨大的花费。[12]可胜道乎：其所造成的灾害程度还说得过来吗？[13]不便：不妥。[14]辄（zhé）：就，总是。[15]屏（bǐng）左右：让身边、周围的人回避。屏，退避。[16]痛切：悲痛而深切，极其恳切。[17]不忍闻：没法再听下去。不忍，不能再忍耐。[18]命左右扶出：意即强使之下去。[19]上事为激讦（jié）：上书言事而措辞过于激烈，不讲情面。讦，说人短处。[20]不作书于众中谏之：不写在书面，不在大庭广众劝他的父亲。[21]而于私室屏处谏：而是回到家里找个没有人的地方向他的父亲劝说。屏处，无人之处。[22]不欲其父之恶彰于外：不愿意把自己父亲的过失闹得人人都知道。彰，显，外传。[23]何独不然：怎么就偏偏不这样？[24]真：此字原无，据章校补。[25]朕不堪闻：自己都没法听下去。[26]所与同征者游雅：同时一道被上调到朝廷来。征，辟，聘，在今所谓"上调"。游雅，字伯度，广平任县（今河北邢台市任泽区）人，北魏朝廷上显耀的汉族大臣。传见《魏书》卷五十四。[27]部下吏：高允属下的小吏。[28]二十七年不徙官：二十七年没有提升过。胡三省曰："魏世祖神䴥四年（431），高允征拜中书博士，领著作郎，至是年二十五年耳。"[29]徒立：只是站着一言不发。[30]规正：规劝我改正错误。[31]执笔：指任著作郎，参与写史，管理图书档案等。[32]中书令：中书省的主官，位同宰相。[33]无禄：国家不发给俸禄，没有工资。[34]樵（qiáo）采：砍柴与采集野果。[35]陆丽：东平成王陆俟之子，北魏大臣。传见《魏书》卷四十。[36]妻、子不立：

妻子儿女皆一无所有。胡三省曰："立，成也，置也，建也，谓不能建置家业也。"［37］允第：高允的住宅。［38］缊（yùn）袍：用乱麻、旧絮做起来的袍子。缊，乱麻，旧絮。［39］悦：即高悦：中书令高允之子，北魏官员，为长乐太守。［40］令公：对中书令的敬称。［41］称：称赞。卓子康：即卓茂，字子康，汉朝大臣。传见《后汉书》卷二十五。［42］刘文饶：刘宽，字文饶，东汉宗室、名臣。传见《后汉书》卷二十五。［43］褊（biǎn）心者或不之信：心胸狭窄，不相信世上真有卓茂、刘宽那样的人。［44］高子：对高允的尊称。游处：交游，相处。［45］未尝见其喜愠（yùn）之色：从未见他为个人的某事而欢喜、而发脾气，极言其个人修养到家。愠，发怒，生气。［46］乃知古人为不诬：由此也相信历史上有关卓茂、刘宽的记载不是瞎说的。［47］内文明：内心知书达礼。外柔顺：外表柔和顺适。［48］呐呐：说话迟钝的样子。［49］崔司徒：即北魏司徒崔浩。［50］丰才：才华丰厚，多才。［51］所乏者矫矫风节：缺少的是挺拔轩昂的风骨气节，意即不能义正词严地表明自己的思想观点。矫矫，超凡脱俗，不同凡响。［52］余亦以为然：我过去也觉得是这样。［53］司徒得罪：指崔浩因刻史于石引起贵族怨恨而被下狱灭族。［54］起于纤微：事情的起因本来不是什么大问题。［55］诏指临责：皇帝派人前去当面责问。［56］司徒声嘶股栗：崔浩吓得战战兢兢，说话的声音嘶哑。［57］殆不能言：几乎说不出话来。［58］宗钦已下：宗钦以下的其他犯罪的人。宗钦，字景若，北魏大臣，崔浩手下直接主管写史并怂恿将之刻石的人。［59］敷陈事理：陈述所指犯罪情形的始末。［60］申释是非：申辩解释其中的是与非。［61］辞义：词义。清辩：清晰，明辩。［62］音韵高亮：声音洪亮，响亮。［63］神耸：提神，神气为之激昂。［64］此非所谓"矫矫"者乎：这难道不是我们所说的超凡脱俗吗？［65］宗爱：北魏权臣宦官，曾弑杀拓跋焘、拓跋余两帝，被逮捕并处死。传见《魏书》卷九十四。用事：管事，掌权。［66］都坐：指政事堂。胡三省曰："魏有都坐大官。魏之都坐，犹唐之朝堂也。或曰都坐尚书，都坐即唐之政事堂。"［67］趋庭望拜：进入庭院即小步疾趋，远远望见即大礼参拜。趋，小步疾行，这是古代臣子在君父面前走路的一种特定姿势。［68］升阶长揖：登上台阶，深深地打上一躬。［69］汲长孺：即汲黯，字长孺，西汉武帝时敢谏直言的大臣，称为"社稷之臣"。传见《史记》卷一百二十。［70］"汲长孺"二句：汲黯可以卧在床上见卫青，高允向宗爱行对等礼，有什么不可！即宗爱没有卫青高贵，能见卧着的汲黯，高允行对等礼是高太宗爱了。按：卫青是武帝时期的名将，任大将军，权力在丞相之上，朝廷百官见了卫青都北向跪拜，只有汲黯，见了卫青只是作个揖而已。抗礼，行对等之礼。汲黯向卫青作揖，卫青向汲黯还礼，礼数是对等的。"汲长孺卧见卫青"，不见记载，这里是游雅推崇高允的为人，即兴杜撰典故，引汲黯陪衬高允。［71］此非所谓风节者乎：这难道不是我们所说的高风亮节吗？［72］人固未易知：真正了解一个人是很难的。［73］失之于心：不了解他的内心深处。［74］漏之于外：错看了他的外在。漏，错漏，失误。［75］管仲所以致恸于鲍叔：春秋时齐相管仲与鲍叔牙是交谊深厚的朋友。管仲说："生我者父母，知我者鲍子也。"致恸，痛感其知己之深。这句意为：真要做到像管鲍那样知心，实在很不容易。

乙丑[1]，魏东平成王陆俟[2]卒。

夏，四月，甲申[3]，立皇子子绥为安陆王[4]。

帝不欲权在臣下，六月，戊寅[5]，分吏部尚书置二人[6]，以都官尚书谢庄[7]、度支尚书吴郡顾觊之[8]为之。又省五兵尚书[9]。

初，晋世[10]，散骑常侍选望甚重[11]，与侍中不异；其后职任闲散，用人渐轻。上欲重其选[12]，乃用当时名士临海太守孔觊[13]、司徒长史王彧[14]为之。侍中蔡兴宗[15]谓人曰："选曹要重[16]，常侍闲淡[17]，改之以名而不以实[18]，虽主意欲为轻重[19]，人心岂可变邪！"既而常侍之选复卑[20]，选部之贵不异[21]。觊，琳之之孙；彧，谧之兄孙；兴宗，廓之子也。

裴子野论曰[22]：官人之难[23]，先王言之[24]，尚矣[25]。周礼[26]，始于学校[27]，论之州里[28]，告诸六事[29]，而后贡于王庭[30]。其在汉家[31]，州郡积其功能[32]，五府举为掾属[33]，三公参其得失[34]，尚书奏之天子[35]；一人之身[36]，所阅者众[37]，故能官得其才[38]，鲜有败事[39]。魏、晋易是[40]，所失弘多[41]。夫厚貌深衷[42]，险如溪壑[43]，择言观行[44]，犹惧弗周[45]；况今万品千群[46]，俄折乎一面[47]，庶僚百位[48]，专断于一司[49]，于是嚣风遂行[50]，不可抑止[51]。干进务得[52]，兼加谄渎[53]；无复廉耻之风[54]、谨厚之操[55]；官邪国败[56]，不可纪纲[57]。假使龙作纳言[58]，舜居南面[59]，而治致平章[60]，不可必[61]也，况后之官人者[62]哉！孝武虽分曹为两[63]，不能反之于周、汉[64]，朝三暮四，其庸愈乎[65]！

（以上为第十三段，写刘宋孝武帝欲大权独揽，分设礼部尚书，裁撤五兵尚书，司马光引用裴子野的评论予以批评，指出刘宋用人制度的失误与弊端。）

【注释】

[1]乙丑：三月二十一日。 [2]陆俟（sì）：北魏元勋老臣，封东平郡王。谥号成。传见《魏书》卷四十。 [3]甲申：四月十一日。 [4]子绥（suí）：孝武帝刘骏第四子，刘子绥，封安陆王。传见《宋书》卷八十。 [5]戊寅：六月六日。 [6]分吏部尚书置二人：胡三省曰："吏部尚

书掌铨选，以其权重，江左谓之大尚书，言其位任与诸曹殊绝也。今置二人以分其权。”［7］都官尚书谢庄：后代的刑部尚书，主管水火、盗贼、治安等事。谢庄，字希逸，历任侍中、左卫将军、吏部尚书、吴郡太守。传见《宋书》卷八十五。［8］度支尚书：后代的户部尚书，主管国家钱财之事。顾觊（jì）之：刘宋大臣，吏部尚书。传见《宋书》卷八十一。［9］省：简省，撤销。五兵尚书：即后代的兵部尚书，主管全国军事。［10］晋世：即晋代、晋朝，分为西晋与东晋两个时期。［11］散骑常侍：帝王的侍从官员，掌表诏和规谏，起参谋顾问之用。选望甚重：选人者与入选者对之都看得很重。选，指选用什么人。望，指入选者的名望。［12］重其选：提高入选者的资历。［13］孔觊（jì）：字思远，东晋名士大臣孔琳之孙。传见《宋书》卷五十六。［14］王彧（yù）：字景文，东晋大臣王谧的堂孙。传见《宋书》卷八十五。［15］蔡兴宗：刘宋初扬州刺史蔡廓之子，刘宋大臣。传见《宋书》卷五十七。［16］选曹要重：吏部尚书选拔官吏，任务重大。［17］常侍闲淡：散骑常侍只是跟在皇帝身边随便谈谈说说。［18］改之以名而不以实：改用名人担任而不赋予他实权。［19］虽主意欲为轻重：即使是皇帝想提高某一部门或降低某一部门。［20］常侍之选复卑：散骑常侍的人选越来越不受重视。［21］选部之贵不异：吏部尚书的贵重还和过去一样。散骑常侍是皇帝身边的人，他的权大表明皇帝个人的意志得申；吏部尚书是尚书省的一个部门，他的权大表明国家权力在职能部门的长官之手。这正是刘骏想要夺取过来的。［22］裴子野曰：司马光引自裴氏所作《宋论》。［23］官人之难：任命人为官的难处。［24］先王言之：先王早就说过了。《尚书·皋陶谟》有所谓“惟帝其难之，知人则哲。”《史记·夏本纪》曰：“皋陶曰：‘吁！在知人，在安民。’禹曰：“吁！皆若是，惟帝其难之。知人则智，能官人；能安民则惠，黎民怀之。能知能惠，何忧乎欢兜，何迁乎有苗，何畏乎巧言善色佞人。”［25］尚矣：很早很早了。尚，同“上”，久远。［26］周礼：周朝的礼仪规定。［27］始于学校：早在学校就开始对人才进行培养、考察。［28］论之州里：接着本州本里就有对本地区所属年轻人的考察与评定。州、里，都是居民的基层单位名。州，两千五百家为一州；里，五家为一邻，五邻为一里。［29］告诸六事：各基层单位将层层评定的结果报告给朝廷的六卿。六事，即六卿，朝廷各部的主事官员。［30］贡于王庭：推荐到国家帝王的朝廷。［31］其在汉家：在汉朝的做法是。［32］州郡积其功能：各郡各州把自己衙门所属官吏的工作能力、工作业绩整理上报。［33］五府举为掾属：朝廷各大部门聘任这些被推荐的人才到自己的衙门充当办事人员。五府，朝廷的各大部门，西汉指丞相、御史大夫、车骑将军、前将军、后将军府。东汉指太傅、太尉、司徒、司空、大将军府。掾属，僚属。［34］三公参其得失：由三公分析综合这些各地人才在朝廷各大部门实际工作的优缺点，提出初步意见。三公，指丞相、太尉、御史大夫，三位国家的最高大臣。参，参议，检验。［35］尚书奏之天子：尚书把三公汇总的有关任命官员的意见书呈送皇帝，由皇帝最后裁决。［36］一人之身：每一个将被任用的官员。［37］所阅者众：经历的审查层次多。阅，检查，考验。［38］官得其才：每个官职都能由合适的人选来担任。［39］鲜有败事：很少有任职的官员办事砸锅。鲜，稀少。［40］魏、晋易是：魏、晋以后就不是这样了。易是，改变了先秦两汉的做法。［41］所失弘多：其失误太严重、太多了。弘，大，严重。［42］厚貌深衷：一人的外貌有厚厚的伪装，一个人的内心更是深不可测。衷，内心。［43］险如溪壑（hè）：认识一个人就如同观察一座深山的千岩万壑一样，难以看透。溪，小河。壑，山沟。［44］择言观行：听其言，观其行。［45］犹惧弗周：还是害怕了解得不全面、不深入。［46］万品千群：本来是五花八门、千汇万状的人物。［47］俄折乎一面：要在顷刻之间由一个人给他们做出片面的评定。俄，时间很短，突然间。折，裁决，评定。［48］庶僚百位：众多僚属的人品，众多职务的功效。百位，各种职务、职位。［49］专断于一司：都由一个吏部说了算。一司，一个部门，指选部、吏部。［50］嚣风遂行：找路子、走后门、巴结权贵以求飞黄腾达的风气于是风行。嚣风，浮躁、奔竞之风。［51］抑止：抑制，制止。［52］干进务得：一门心思向上爬，千方百计要达到目的。干，求。［53］兼加谄渎：还有一套对上谄媚、对下傲慢的习气。《易大传》有所谓"君子上交不谄，下交不渎。"现在则一切都变了。渎，轻慢，对人不恭敬。［54］廉耻之风：廉洁、知耻的风尚。［55］谨厚之操：谨慎、笃厚的操守。［56］官邪国败：官场出现歪风邪气，导致国家败亡。语出《左传·桓公二年》："国家之败，由官邪也。"［57］不可纪纲：无法整顿，不可收拾。纪纲，法度，这里用如动词，意即整顿、约束。［58］龙作纳言：龙是舜时的大臣，为舜做言官。纳言，意同"进谏"，犹如后代的左拾遗、右补阙之类。《史记·五帝本纪》有所谓"舜曰：'龙，朕畏忌谗说殄伪，振惊朕众，命汝为纳言，夙夜出入朕命，惟信。'"［59］舜居南面：舜为国家的帝王。［60］治致平章：要想使国家达到太平盛世。治致，达到太平。平章，平正彰明。章，同"彰"。［61］不可必：没有绝对把握。［62］后之官人者：后代那些任命官职的人。［63］孝武虽分曹为两：刘骏，去世后谥号孝武。在吏部设两个尚书。［64］不能反之于周、汉：不能重新实行周朝、汉朝的制度。反，同"返"。［65］其庸愈乎：能有更好的效果吗？不是变本加厉吗？庸，平庸。愈，更加。以上裴子野的评论见《宋略》。

丙申[1]，魏主畋于松山[2]。秋七月，庚午[3]，如河西。

南彭城民高阇[4]、沙门昙标以妖妄相扇[5]，与殿中将军苗允等谋作乱，立阇为帝。事觉，甲辰[6]，皆伏诛，死者数十人。于是，下诏沙汰诸沙门[7]，设诸科禁[8]，严其诛坐[9]；自非戒行精苦[10]，并使还俗[11]。而诸尼多出入宫掖，此制竟不能行[12]。

中书令王僧达，幼聪警能文，而跌荡不拘[13]。帝初践阼[14]，擢为仆射[15]，居颜、刘之右[16]。自负才地[17]，谓当时莫及，一二年间，即望宰相。既而迁护军[18]，快快[19]不得志，累启求出[20]。上不悦，由是稍稍下迁[21]，五岁七徙[22]，再被弹削[23]。僧达既耻且怨，所上表奏，辞旨抑扬[24]，又好非议朝政，上已积愤怒。路太后[25]兄子尝诣僧达，趋升其榻[26]，僧达令舁弃之[27]。太后大怒，固邀上[28]令必杀僧达。会高阇反，上因诬僧达与阇通谋，八月，丙戌[29]，收付廷尉[30]，赐死。

沈约论曰[31]："夫君子、小人[32]，类物之通称[33]，蹈道[34]则为君子，违之则为小人。是以太公起屠钓为周师[35]，傅说去版筑为殷相[36]，明扬幽仄[37]，唯才是与[38]。逮于二汉[39]，兹道未革[40]：胡广累世农夫[41]，致位公相；黄宪[42]牛医之子，名重京师；非若晚代分为二途[43]也。魏武始立九品[44]，盖以论人才优劣[45]，非谓世族高卑[46]。而都正俗士[47]，随时俯仰[48]，凭借世资[49]，用相陵驾[50]；因此相沿[51]，遂为成法[52]。周、汉之道，以智役愚[53]；魏、晋以来，以贵役贱[54]；士庶之科[55]，较然有辨[56]矣。

裴子野论曰：古者，德义可尊[57]，无择负贩[58]；苟非其人[59]，何取世族[60]！名公子孙，还齐布衣之伍[61]；士庶虽分[62]，本无华素之隔[63]。自晋以来，其流稍改[64]，草泽之士[65]，犹显清途[66]；降及季年[67]，专限阀阅[68]。自是三公之子，傲九棘[69]之家，黄散[70]之孙，蔑令长之室[71]；转相骄矜[72]，互争铢两[73]，唯论门户，不问贤能。以谢灵运、王僧达之才华轻躁[74]，使其生自寒宗[75]，犹将覆折[76]；重以怙其庇荫[77]，召祸宜哉[78]。

（以上为第十四段，写刘宋处死意欲谋反的僧人昙标等，对佛教采取各种禁令，最终未能施行；赐死王僧达；引用沈约、裴子野的评论，抨击依凭出身的用人制度。）

【注释】

[1]丙申：六月二十四日。[2]松山：古山名，在今辽宁盘锦市西南。[3]秋七月庚午：秋七月二十八日庚午。"秋七月"三字原无，据章校补。庚午：七月二十八日。[4]南彭城：刘宋的侨置郡名，侨立于晋陵界，在今江苏常州市。高阇（dū），刘宋彭城蕃县人，曾与沙门昙标等人谋反，事发被杀。[5]昙标以妖妄相扇：昙标以神怪叛逆的语言相互煽动。扇，同"煽"。昙标，人名，和尚。[6]甲辰：七月二日。[7]沙汰诸沙门：甄别所有的佛教僧徒。沙汰，审查，甄别。[8]设诸条禁：设立了各种法条禁令。诸，各种。条禁，法条，禁令。[9]严其诛坐：严厉实行诛杀与连坐的法令。[10]自非：只要不是。戒行精苦：严格遵守佛教戒律。[11]并使还俗：一概让他们还俗回家。并，一概。[12]此制竟不能行：意即对诸尼竟没有起到管制的作

用。［13］跌荡不拘：行为放纵，不拘小节。［14］帝初践阼（zuò）：刘骏开始登基称帝的时候。践阼，登阶，登基。［15］擢（zhuó）：提拔为尚书右仆射，位同副丞相。［16］居颜、刘之右：在孝武帝的心腹大臣颜竣和刘延孙之上。右，此处指上。［17］自负才地：以自己才干与出身门地的优越而自矜。自负，以为骄傲。［18］迁护军：改任为护军将军。［19］快（yàng）快：不满意、不服气的样子。［20］累启求出：屡次请求出朝任地方官。［21］稍稍下迁：慢慢地下降官职。稍稍，渐渐。［22］五岁七徙：五年之间降职换了七个职位。［23］再被弹削：还有两次因受弹劾而被削减。削，减，降职或减俸。［24］辞旨抑扬：说话之间带有讽刺不满。［25］兄子尝诣僧达：路太后的堂弟曾有一次到王僧达家里去。路太后，即路惠男，文帝刘义隆的妃嫔，孝武帝刘骏之母。传见《宋书》卷四十一。［26］趋升其榻：小步快走地坐上坐席。趋，小步疾行。榻，坐榻，坐椅。［27］令舁（yú）弃之：叫两个人把这张坐榻拿出去扔掉。路太后兄路庆之曾是王氏门下的骑从，王僧达此举表示对其蔑视。舁，共同用手抬。胡三省曰："路太后兄庆之曾为王氏门下驺（骑侍），故僧达麾（逐）其子。"［28］固邀上：坚决地逼着皇帝。邀，要胁，逼迫。［29］丙戌：八月十五日。［30］收付廷尉：抓起来送交司法机关。廷尉，国家的最高司法长官。［31］沈约论曰：引自沈约所著《宋书·恩幸传》的沈评。［32］君子、小人：君子，人格高尚、德行兼好的人。小人，人格卑下、无德无行的人。［33］类物之通称：是对两类不同性质人的称呼。物，即指人。［34］蹈道：走正道。［35］太公起屠钓为周师：胡三省曰："太公屠牛于朝歌，钓于渭滨，周文王迎以为师。"起屠钓，由贫贱的职业中被提拔起来。太公，辅佐周文王的姜尚，称美太公。［36］去版筑为殷相：胡三省曰："傅说筑于傅岩之野，殷高宗求以为相。"去版筑，由劳役犯中被解放出来。版筑，指筑土墙，即在夹板中填入泥土，用杵夯实。［37］明扬幽仄（zè）：提拔任用被埋没的人才。明扬，举用、选拔。幽仄，微贱，卑陋。仄，同"侧"。［38］唯才是与：所寻找的就是有才干的人。与，同"举"。［39］逮于二汉：发展到两汉时代。逮，至，达。［40］兹道未革：这种"唯才是与"的选官原则一直没有改变。革，改变，变更。［41］胡广累世农夫：《后汉书·胡广传》有所谓"广少孤贫，亲执家苦"，但没有说他家是"累世农夫"，此是想象之辞。胡广官至丞相。传见《后汉书》卷四十四。［42］黄宪：字叔度，东汉著名贤士，世贫贱，父为牛医，而黄宪却以品行学问名重京师。成名后，闭门谢客，天下号曰"征君"。传见《后汉书》卷五十三。［43］晚代分为二途：即魏晋以来把士人按出身分为士族和寒门两类。二途，指士、庶两类人。［44］魏武始立九品：魏武帝曹操建立九品中正制度，分九等定人才优劣。此制实始于曹魏建立后魏文帝推行的，此言"魏武"，用以代曹魏。九品，即九品官人法，具体做法是上起朝廷，下至郡县基层，都设立中正官，由有声望的人担任，把州郡内的士人按才能分为九品，每十万人举一人，依次上报，最后报到朝廷的大中正。大中正经过核查整理，上报大司徒，以确定录取任用。西晋以来则变成以家世为重，从而形成了"上品无寒门，下品无世族"的门阀制度。［45］论人才优劣：当初九品官人法的理想是依据被评者的品德与才干确定其等级的高低。［46］非谓世族高卑：并不是评定这些被评者的出身家庭的地位高低。世族，世代显贵的家族。［47］都正俗士：各州的中正官都是俗人，势利眼。都正，各州的中正官。［48］随时俯仰：随着当时的社会风气随高就高、随低就低。而当时的社会风气是士族当政，寒门受压。［49］凭借世资：凭着这些中正官都出身于士族豪门。［50］用相陵驾：因此对非出身于世家的人都加以压抑。用，因，因此。陵驾，也作"凌驾"，超越，压倒。陵，同"凌"。［51］因此相沿：这种恶劣的做法继续延续、发展。［52］遂为成法：成为固定不变的做法。［53］以智役愚：让聪明人管理愚昧者。［54］以贵役贱：让贵族奴役寒贱之士。［55］士庶之科：士族与庶族的界限。科，科别，分界。［56］较然有辨：就这样清楚、明白地划分出来。较然，清楚、明白的样子。［57］德义可尊：只要他在德义方面受人尊重。［58］无择负贩：即使是负鼎、贩牛之人也照样提拔任用。负鼎，指商朝大臣伊尹，据说他曾负鼎以滋味说汤；贩牛，指齐桓公的大臣宁戚与秦穆公的大臣百里奚，相传他们都曾贩牛而被君主任用。［59］苟非其人：如果他们不是有德有才之人。［60］何取世族：即使他们是世族出身，又有什么可取的。［61］还齐布衣之伍：应该与布衣平民排在同一行列。伍，行列。［62］士庶虽分：出身虽有士族与庶族的区别。［63］本无华素之隔：本来不能成为谁能做大官、谁只能做平民的界限。华，荣华，指做高官、披华衣。素，穿布衣，为平民。［64］其流稍改：其风气已经有所改变。流，潮流，风气。稍改，渐渐出现变化。［65］草泽之士：一些出身于平民百姓的奇能异士。［66］犹显清途：在达官贵人的行列中偶尔还能有所出现。清途，政事清闲而手握大权的官职。当时有所谓"浊官"，指工作繁忙，处理实际事务，而实际权力不大。在东晋官场中，庶族士子往往只能从事这一类职务。［67］降及季年：到了东晋末年。［68］专限阀阅：只凭门第这一条。阀阅，指门第、贵族。古代有所谓"门在左曰阀，在右曰阅"。《史记·高祖功臣侯者年表》又有所谓"明其等曰阀，积其功曰阅"，通常即用以指功臣世族之家。［69］傲九棘：傲视、看不起九寺、九卿。秦汉时代的九卿，指太常、郎中令、卫尉、太仆、廷尉、大鸿胪、宗正、大司农、少府。秦汉时的九卿，相当于唐宋时代的六部。［70］黄散：黄门侍郎和散骑常侍，皇帝身边的侍从官员。［71］蔑令长之室：瞧不起县令、县长家的人。古代大县的长官称县令，小县的长官称县长。［72］转相：相互。骄矜（jīn）：骄傲专横，傲慢无礼。［73］互争铢（zhū）两：相互攀比，看谁比谁的官位高一点，俸禄多一点。铢两，通常用以比喻其分量之小。古代称十六两为一斤，一两的二十四分之一为一铢。［74］才华轻躁：有才华名利心强，一心向上爬，爬不上就牢骚满腹，心怀不轨。［75］使其生自寒宗：即使他们出身于寒门。［76］犹将覆折：也是会倾覆的。覆折，倾覆，摧折。［77］重以：再加上，更何况。怙（hù）其庇荫（yìn）：依仗出身豪门，祖先的功大。怙，仗恃。庇荫，有保护伞，因前世有功而使子孙遇事免罪。［78］召祸宜哉：给自己招来杀身之祸就是很自然的了。以上裴子野对谢灵运、王僧达轻躁招祸的评论，见其所著《宋略》。

九月，乙巳[1]，魏主还平城。

丙寅[2]，魏大赦。

冬，十月，甲戌[3]，魏主北巡，欲伐柔然，至阴山，会雨雪，魏主欲还，太尉尉眷曰："今动大众以威北狄[4]，去都不远而车驾遽还，虏必疑我有内难[5]。将士虽寒，不可不进。"魏主从之，辛卯[6]，军于车仑山[7]。

积射将军殷孝祖[8]筑两城于清水[9]之东。魏镇西将军封敕文[10]攻之，清口戍主[11]、振威将军傅乾爱[12]拒破之。孝祖，羡之曾孙也。上遣虎贲主庞孟虬[13]救清口，青、冀二州刺史颜师伯[14]遣中兵参军苟思达[15]助之，败魏兵于沙沟[16]。师伯，竣之族兄也。上遣司空参军卜天生[17]将兵会傅乾爱及中兵参军江方兴共击魏兵，屡破之，斩魏将窟瑰公[18]等数人。十一月，魏征西将军皮豹子[19]等将三万骑助封敕文寇青州，颜师伯御之，辅国将军焦度刺豹子坠马，获其铠矟[20]具装[21]，手杀数十人。度，本南安氐也。

魏主自将骑十万、车十五万两[22]击柔然，度大漠，旌旗千里。柔然处罗可汗远遁，其别部乌朱驾颓等帅数千落[23]降于魏。魏主刻石纪功而还。

初，上在江州，山阴戴法兴[24]、戴明宝、蔡闲为典签；及即位，皆以为南台侍御史兼中书通事舍人[25]。是岁，三典签并以初举兵预密谋[26]，赐爵县男[27]；闲已卒，追赐之。

时上亲览[28]朝政，不任大臣[29]；而腹心耳目[30]，不得无所委寄[31]。法兴颇知古今，素见亲待。鲁郡巢尚之[32]，人士之末[33]，涉猎文史[34]，为上所知[35]，亦以为中书通事舍人。凡选授迁徙诛赏大处分[36]，上皆与法兴、尚之参怀[37]；内外杂事，多委明宝。三人权重当时；而法兴、明宝大纳货贿，凡所荐达[38]，言无不行，天下辐凑[39]，门外成市，家产并累千金[40]。

吏部尚书顾觊之独不降意[41]于法兴等。蔡兴宗与觊之善，嫌其风节太峻[42]，觊之曰："辛毗[43]有言：'孙、刘不过使吾不为三公耳[44]。'"觊之常以为："人禀命有定分[45]，非智力可移[46]，唯应恭己守道[47]；而暗者不达[48]，妄意侥幸[49]，徒亏雅道[50]，无关得丧[51]。"乃以其意命弟子原[52]著《定命论》以释之[53]。

（以上为第十五段，写北魏征服柔然；刘宋孝武帝刘骏不信任大臣，而亲信戴法兴、戴明宝、巢尚之等小人，吏部尚书顾觊之刚正不阿。）

【注释】

［1］乙巳：九月四日。［2］丙寅：九月二十五日。［3］甲戌：十月四日。［4］以威北狄：以威慑北方的野蛮民族。北狄，即指柔然。［5］内难：内部发生政变。［6］辛卯：十月二十一日。［7］车仑山：也作"车轮山"，古地名，约在今山西原平市。［8］积射将军殷孝祖：晋宋时所置杂号将军，东晋名将殷羡之孙，刘宋后期名将。传见《宋书》卷八十六。［9］清水：古水名，此处为泗水的别称。泗水由今山东曲阜市一带南流，经江苏徐州、下邳再南流，至清江市入淮河。［10］封敕文：北魏初授中散大夫，迁西部尚书，出任散骑常侍、镇西将军、护西夷校尉、秦益二州刺史，传见《魏书》卷五十一。［11］清口戍主：清口据点的部队头领。清口，古地名，胡三省以为"此清口非清水入淮之口，乃济水与汶水的汇合之口"。按胡氏所说，此清口应在今山东泗水县附近。［12］傅乾爱：清河人，后受命镇守清口，加振威将军。曾大败北魏军。后被堂侄傅灵越毒杀。传见《北史》卷四十五。［13］虎贲主：虎贲武士的头领。虎贲，是帝王的警卫部队，主管守卫宫廷及出行警卫之事。庞孟虬（qiú）：刘宋宫廷虎贲主将，一位军功卓著、异常骁勇的猛将，官至司州刺史。［14］颜师伯：字长渊，刘宋名将，任青、冀二州刺史。多次击溃北魏，收复济水以北的失地，进号征虏将军。传见《宋书》卷七十七。［15］苟思达：刘宋官员，刘骏时为司空竟陵王刘诞属下的中兵参军，参与对北魏的作战。［16］沙沟：古水名，又名中儿水，由泰山西北流出，至今山东济南长清区北入济水。［17］卜天生：司空参军，参与对北魏作战。传见《宋书》卷九十一。［18］窟瑰公：北魏将领。［19］皮豹子：渔阳人，北魏名将。传见《魏书》卷五十一。［20］矟（shuò）：也写作"槊"，长矛。［21］具装：连人带马的全套装备。［22］两：同"辆"。［23］乌朱驾颓：人名，柔然别部首领。数千落：几千个帐篷。［24］山阴：古县名，县治在今浙江绍兴市。戴法兴（414—465），会稽山阴人，刘宋大臣。初为刘义康记室令史，后为刘骏的征虏、抚军记室掾，南台侍御史，兼中书通事舍人，加建武将军、南鲁郡太守；转员外散骑侍郎、给事中、太子旅贲中郎将，为宠臣。前废帝刘子业时迁越骑校尉，专权，被赐死。传见《宋书》卷九十四。［25］南台侍御史：御史台的侍御史，主管监察、弹劾。南召，即御史台。中书通事舍人：中书省的官员，负责中书省与皇帝间的联络。［26］以初举兵预密谋：因参与了孝武帝刘骏最初的密谋起兵。［27］县男：封地为一个县的男爵。［28］亲览：亲自操持。览，同"揽"，把持，操控。［29］不任大臣：不相信、不委托朝廷大臣办事。［30］腹心耳目：亲信，宠臣。［31］委寄：委托，托付。［32］巢尚之：刘骏亲信大臣。传见《宋书》卷七十七。［33］人士之末：在官场人物中是最差的。［34］涉猎文史：稍稍接触过一些文学、历史方面的东西。［35］知：知晓，赏识。［36］凡选授、迁徙、诛赏大处分：凡是任命官职、官员调动、杀罚赏赐这些重大问题的决定。迁徙，二字原无，据章校补。［37］参怀：商量决定。胡三省曰："宋、齐之间，凡

参决机务，率皆谓之‘参怀’。”［38］荐达：推举、转达。［39］天下辐凑：凡是走后门、找门路办事的人都集中到了他们两人的门下。［40］并累千金：都会有几千金。古时一金相当于铜钱一万枚。［41］不降意：不低声下气，不曲意逢迎。［42］风节太峻：做人的棱角太突出，意即太刚直不阿。风节，风骨，气节。［43］辛毗：字佐治，先后历仕曹操、曹丕、曹睿三代为臣。传见《三国志》卷二十五。［44］孙、刘不过使吾不为三公耳：孙资、刘放两个竖子顶多也不过就是给我使坏，让我当不上三公罢了，还能把我怎么样？孙资、刘放，是魏明帝曹睿手下的佞幸之臣，满朝文武都对之卑躬屈膝，独辛毗不买他们的账，说：“吾之立身，自有本末，就与孙、刘不平，不过令吾不作三公而已，焉有大丈夫欲为公而毁其高节者邪？”三公，指丞相、太尉、御史大夫。［45］禀命有定分：一个人的命运好坏都是命里注定的。禀命，与生俱来的命运。［46］非智力可移：不是个人的智慧能力能改变的。［47］恭己守道：恭恭敬敬地做好人、走正道。［48］暗者不达：有些糊涂的人并不明白这个道理。［49］妄意侥幸：妄想投机取巧。［50］徒亏雅道：白白地耽误了做好事、成好人，甚至误入歧途。亏，有损于。［51］无关得丧：改变不了自己命定的得失。［52］弟子原：自己弟弟的儿子，即侄子顾原，《南史》作顾愿，字子恭，顾觊之之侄，好学能文。刘骏时举秀才，为著作佐郎、太子舍人，有文辞传于当时。觊之尝谓命有定分，非智力所移，乃以其意命顾原著《定命论》。［53］《定命论》：原文全载于《宋书·顾觊之传》。定命，即宿命。以释之：以阐发这种“天命有定分”的观点。

【点评】

孝武帝淫虐。本卷主要点评以孝武帝的种种丑行为线索，历数其执政的无能与荒淫忌刻，主要有三个方面。第一，荒淫无耻，奸淫南郡王刘义宣女儿；在深宫内，荒淫无礼，不论女子的亲疏、尊卑关系如何，都与之淫乱，丑闻流传民间，无人不知。第二，任用不当，如刘诞生性宽厚，待人有礼，又在诛杀太子刘劭和讨伐丞相刘义宣的战事中立下了大功，却让孝武帝又是害怕又是猜忌，所以，把他调到了广陵。由于刘延孙是心腹大臣，所以派他镇守京口，防备刘诞。第三，为了分割臣下的权力，吏部尚书设置二人，互相掣肘。

卷一二九　宋纪十一

宋孝武帝大明三年至八年（459—464年）

【起屠维大渊献（己亥，459年），尽阏逢执徐（甲辰，464年），凡六年】

【大事提要】

本卷记事起自公元459年至公元464年，当宋孝武帝大明三年至大明八年，凡六年。本卷所载六年大事，南朝刘宋大事主要有六个方面：其一，皇室的内乱进一步发展。本卷开卷即是竟陵王刘诞被怀疑要起兵反叛，被孝武帝杀害。这是本卷的要点。接着海陵王刘休茂起兵反叛，失败被杀。宋孝武帝想要加重对其兄弟们的控制。其二，朝廷规定，凡是豪门士族与平民人家通婚的，都要补为武职。与平民通婚的一些豪门士族，大都为躲避兵役而逃往他处。朝廷为此又进一步严格制定了法律。其三，有司奏僧徒凌越典章制度，所以规定僧徒晋见皇帝，应当恭敬、虔诚，然而诏令颁下不过四载就被废除了。其四，颁下诏令："任何官将，如果不是在战场上与敌人作战，一律不得随便利用权力杀人。罪行严重，应该重判斩首的罪犯，必须先向朝廷呈报，等候批准。如有违犯这一诏令的，即以杀人罪处罚。"其五，孝武帝去世，太子刘子业登基即位，即前废帝。刘宋太子刘子业继位后的执政。刘宋的行政区划情况。其六，祖冲之奏上新的历法，但是未能施行。北魏大事主要有两件：其一，吐谷浑与刘宋、北魏都交好。柔然攻高昌，以阚伯周为高昌王，高昌称王始于此，揭开了高昌王国的序幕。其二，昙曜复兴佛教，并主持开凿云冈石窟。

世祖孝武皇帝下

大明三年（己亥，459年）

春，正月，己巳朔[1]，兖州兵与魏皮豹子战于高平[2]，兖州兵不利。

己丑[3]，以骠骑将军柳元景为尚书令，右仆射刘遵考为领军将军。

己酉[4]，魏河南公伊馛[5]卒。

三月，乙卯[6]，以扬州六郡[7]为王畿，更以东扬州[8]为扬州，徙治会稽，犹以星变故[9]也。

三月，庚寅[10]，以义兴太守垣阆[11]为兖州刺史。阆，遵之子也。

夏，四月，乙巳[12]，魏主立其弟子推为京兆王[13]。

竟陵王诞知上意忌[14]之，亦潜为之备，因[15]魏人入寇，修城浚隍[16]，聚粮治仗[17]。诞记室参军江智渊[18]知诞有异志，请假先还建康，上以为中书侍郎。智渊，夷之弟子也，少有操行[19]，沈怀文[20]每称之曰："人所应有尽有[21]，人所应无尽无者，其唯江智渊乎！"

是时，道路[22]皆云诞反。会吴郡民刘成上书称："息道龙昔事诞[23]，见诞在石头城修乘舆法物[24]，习唱警跸[25]。道龙忧惧，私与伴侣言之，诞杀道龙。"又豫章民陈谈之上书[26]称："弟咏之在诞左右，见诞书陛下年纪姓讳[27]，往巫郑师怜家祝诅[28]。咏之密以启闻[29]，诞诬咏之乘酒骂詈，杀之[30]。"上乃令有司奏诞罪恶，请收付廷尉治罪。乙卯[31]，诏贬诞爵为侯，遣之国[32]。诏书未下，先以羽林禁兵配兖州刺史垣阆[33]，使以之镇[34]为名，与给事中戴明宝袭诞。

阆至广陵，诞未悟也。明宝夜报诞典签蒋成，使明晨开门[35]为内应。成以告府舍人许宗之[36]，宗之入告诞。诞惊起，呼左右及素所畜养[37]数百人执蒋成，勒兵[38]自卫。天将晓，明宝与阆帅精兵数百人猝至[39]，而门不开；诞已列兵登陴[40]，自在门上斩蒋成，赦作徒、系囚[41]，开门击阆，杀之，明宝从间道[42]逃还。

诏内外纂严[43]。以始兴公沈庆之为车骑大将军、开府仪同三司、南兖州刺史，将兵讨诞。甲子[44]，上亲总禁兵顿宣武堂[45]。

司州刺史刘季之[46]，诞故将也，素与都督宗悫有隙[47]，闻诞反，恐为悫所害，委官[48]，间道自归朝廷，至盱眙[49]，盱眙太守郑瑗[50]疑季之与诞同谋，邀杀之[51]。

（以上为第一段，写竟陵王刘诞被孝武帝猜忌，心不自安，好事之徒纷纷传言刘诞欲反，孝武帝派将领秘密逮捕刘诞，事发，刘诞果真反叛，又掀起了一场腥风血雨。）

【注释】

[1]己巳朔：正月一日。 [2]高平：古县名，县治在今山东邹平市西南。 [3]己丑：正月二十一日。 [4]己酉：二月十一。 [5]伊馛（bó）：北魏拓跋焘时名将，封河南郡公；任司空，迁太子太保、录尚书事。传见《魏书》卷四十四。 [6]乙卯：三月无“乙卯”日，应为“己卯”之误。己卯，三月十二日。 [7]扬州六郡：即丹杨郡（郡治在今江苏南京市）、淮南郡（郡治在今安徽当涂县）、宣城郡（郡治在今安徽宣城市）、吴郡（郡治在今江苏苏州市）、吴兴郡（郡治即浙江湖州市南）、义兴郡（郡治在今江苏宜兴市）。王畿（jī）：都城的郊区。 [8]东扬州：即浙东五郡，即会稽郡（郡治在今浙江绍兴市）、东阳郡（郡治在今浙江金华市）、永嘉郡（郡治在今浙江温州市）、临海郡（郡治在今浙江临海市）、新安郡（郡治在今浙江淳安县）。改名扬州，去“东”字，郡治仍在会稽。 [9]犹以星变故：即《资治通鉴》卷一百二十八所说的“荧惑守南斗”一事，古人以为不祥，故千方百计地祈求化解。 [10]庚寅：三月二十三日。 [11]垣（yuán）阆（láng）：刘宋文帝时员外散骑常侍垣遵之子，义兴太守，迁东扬州刺史。垣氏父子。传见《宋书》卷五十。[12]乙巳：四月八日。 [13]推为京兆王：即拓跋推，一作“拓跋子推”，景穆帝拓跋晃之子，封京兆王。传见《魏书》卷十九。 [14]意忌：怀疑，忌恨。意，疑。 [15]因：趁着，趁……的机会。 [16]浚隍：深挖护城河。浚，疏浚，挖掘。 [17]治仗：打造兵器。 [18]江智渊：刘宋开国功臣江夷之弟，太子中庶子江僧安之子，任竟陵王刘诞的记室参军。躲避刘诞叛逆，授中书侍郎、骁骑将军、吏部郎，为南东海太守。传见《宋书》卷五十九。 [19]操行：操守，德行。[20]沈怀文：字思明，刘宋大臣。传见《宋书》卷八十二。[21]人所应有尽有：人所应该具有的，他都能具有。 [22]道路：在路上行走的，代指天下所有的人。 [23]息道龙昔事诞：吴郡民刘成上书说，我的儿子刘道龙曾经在竟陵王刘诞的手下做事。息，儿子。事，为做事。 [24]修乘舆法物：打造皇帝所用的各种器物。乘舆，皇帝用的车驾，代指皇帝。法物，皇帝举行典礼时所用的器物。 [25]习唱警跸（bì）：派人练习给皇帝出行时喝道戒严。唱，这里指喝道。警跸，古代帝王出入时，于所经路途侍卫警戒，清道止行。出为警，入为跸。胡三省曰：“此盖言诞为扬州刺史时。诞时一心奉上，必无是事，刘成诬告之也。” [26]陈淡之上书：豫章民陈淡之上奏朝廷诬告竟陵王刘诞谋反物证。因其弟陈之被刘诞所杀。 [27]诞书陛下年纪姓讳：刘诞书写皇上的年龄、姓氏与名字。 [28]祝诅（zǔ）：诅咒，祷告，请鬼神给某人降灾，或诅咒某人死亡。[29]密以启闻：秘密地报告给了皇上。 [30]杀之：杀了陈咏之。胡三省曰：“刘道龙、陈咏之盖先皆为诞所杀，其父兄希指诬告以报子弟之仇耳。” [31]乙卯：四月十八日。 [32]贬诞爵为侯，遣之国：废其竟陵王，降之为侯爵，打发他到所封侯爵的封地去。当时刘骏将刘诞降为何县为侯，史无明文。 [33]羽林：禁卫军的代称，取其义为为国羽翼，如林之盛。禁兵：即禁军，直属于帝王，担任护卫帝王或皇宫、首都警备任务的军队。配兖州刺史垣阆：意即让前往兖州上任的刺史垣阆统领。配，配属，配于。 [34]之镇：到兖州刺史的军府上任。垣阆离开建康到兖州上任，要经过广陵，故而让他带着羽林兵以偷袭刘诞之，到，至。故称其上任叫“之镇”。 [35]开

门：打开广陵城的城门。［36］府舍人：此指竟陵王府的舍人。许宗之：时为刘诞王府舍人。［37］畜养：收罗，豢养。［38］勒兵：控制军队。勒，控制，调集。［39］猝（cù）至：突然到达。猝，突然。［40］登陴（pí）：登上广陵城的城墙。陴，城上的垛口，这里即指城墙。［41］赦作徒、系囚：释放出广陵劳役场与监狱的一切罪犯。作徒，被判处徒刑从事劳役的人。系囚，关在狱中的囚犯。［42］间道：小路。［43］纂（zuǎn）严：军队严装、戒备。［44］甲子：四月二十七日。［45］总：统率，统领。顿宣武堂：住宿在宣武堂，以显示军情的严重。宣武堂，古殿堂名，为管理军事的殿堂，在宫殿之外。［46］司州：原来的州治在洛阳，管辖今河南洛阳周围的大片地区，此时已在北魏境内，故而刘宋又在今河南的南端侨置司州，州治义阳，在今河南信阳市。刘季之：司州刺史曾是随王刘诞的属将，刘诞谋反，担心都督宗悫借机杀害他，弃官前往江苏盱眙，盱眙太守郑瑗认为刘季之是刘诞旧部，怀疑他也是谋反的同谋，便擅自将其杀死。［47］宗悫（què）：字元干，刘宋名将。传见《宋书》卷七十六。有隙：有过节，有矛盾。［48］委官：弃官，放弃职务。［49］盱（xū）眙（yí）：古郡名，郡治在今江苏盱眙县东北。［50］郑瑗（yuàn）：刘宋官员，刘骏时为盱眙太守。［51］邀杀之：半路拦住，将其杀死。邀，拦截。

沈庆之至欧阳[1]，诞遣庆之宗人沈道慜赍书[2]说庆之，饷[3]以玉环刀。庆之遣道慜反[4]，数以罪恶，诞焚郭邑[5]，驱居民悉使入城，闭门自守，分遣书檄[6]，邀结[7]远近。时山阳内史梁旷，家在广陵，诞执其妻子，遣使邀旷，旷斩使拒之。诞怒，灭其家。

诞奉表[8]投之城外曰："陛下信用谗言，遂令无名小人来相掩袭[9]；不任枉酷[10]，即加诛翦[11]。雀鼠贪生[12]，仰违诏敕[13]。今亲勒部曲[14]，镇捍徐、兖[15]。先经何福[16]，同生皇家[17]？今有何愆[18]，便成胡、越[19]？陵锋蹈戈[20]，万没岂顾[21]；荡定之期[22]，冀在旦夕[23]。"又曰："陛下宫帷之丑[24]，岂可三缄[25]！"上大怒，凡诞左右、腹心、同籍、期亲[26]在建康者并诛之，死者以千数；或有家人已死，方自城内出奔[27]者。

庆之至城下，诞登楼谓之曰："沈公垂白[28]之年，何苦来此！"庆之曰："朝廷以君狂愚，不足劳少壮故耳。"

上虑诞奔魏，使庆之断其走路，庆之移营白土[29]，去城十八里，又进军新亭[30]。豫州刺史宗悫、徐州刺史刘道隆并帅众来会；兖州刺史沈僧明，庆之兄子也，亦遣兵助庆之。先是诞诳其众，云"宗悫助我"，悫至，绕城跃马呼曰："我，宗悫也！"

诞见诸军大集，欲弃城北走，留中兵参军申灵赐守广陵；自将步骑数百人，亲信并自随，声云出战，邪趋海陵道[31]，庆之遣龙骧将军武念[32]追之。诞行十余里，众皆不欲去，互请[33]诞还城。诞曰："我还，易耳，卿能为我尽力乎？"众皆许诺。诞乃复还，筑坛歃血[34]以誓众，凡府州文武皆加秩[35]。以主簿刘琨之为中兵参军。琨之，遵考之子也，辞曰："忠孝不得并。琨之老父在，不敢承命。"诞囚之十余日，终不受，乃杀之。

右卫将军垣护之、虎贲中郎将殷孝祖等击魏还，至广陵，上并使受庆之节度[36]。庆之进营，逼[37]广陵城。诞饷庆之食[38]，提挈者[39]百余人，出自北门；庆之不开视，悉焚之。诞于诚上授函表[40]，请庆之为送，庆之曰："我受诏讨贼，不得为汝送表。汝必欲归死朝廷[41]，自应开门遣使[42]，吾为汝护送[43]。"

东扬州刺史颜竣遭母忧[44]，送丧还都，上恩待犹厚。竣时对亲旧有怨言，或语及朝廷得失。会王僧达得罪，疑竣谮之，将死，具陈[45]竣前后怨望诽谤之语。上乃使御史中丞庾徽之劾奏[46]，免竣官。竣愈惧，上启陈谢[47]，且请生命[48]。上益怒，诏答曰："卿讪讦[49]怨愤，已孤本望[50]；乃复过烦思虑[51]，惧不自全[52]，岂为下事上诚节之至邪[53]！"及竟陵王诞反，上遂诬竣与诞通谋，五月，收竣付廷尉[54]，先折其足[55]，然后赐死。妻、子徙交州[56]，至宫亭湖[57]，复沈其男口[58]。

（以上为第二段，写刘宋车骑大将军沈庆之率军平叛，不受竟陵王刘诞的慰劳，不为其传话；刘诞意欲逃跑，被迫返回；孝武帝乘机陷害大臣颜竣与刘诞同谋，置其于死地。）

【注释】

[1]欧阳：古水闸名，后来称"真州闸"，在广陵西南六十里。 [2]宗人：同族的人。沈道愍（mǐn）：为沈庆之族人。赍（jī）书：带着亲笔书信。 [3]饷：赠送。 [4]遣道愍反：打发沈道愍回来。反，同"返"。 [5]焚郭邑：将城墙外面的民居通通烧毁。郭，外城。邑，村镇，居民点。 [6]书檄（xí）：书简与檄文。檄文，声讨文书。 [7]邀结：邀集，连结。 [8]奉表：把写给朝廷的表章。 [9]无名小人来相掩袭：指垣阆前来进行偷袭。 [10]不任枉酷：无法忍受你

们对我的冤枉与残酷。［11］即加诛翦：故而当时就把他们杀掉了。［12］雀鼠贪生：意即连麻雀、老鼠这类微贱的动物都有求生的本能，更何况是我们这样的人呢？［13］仰违诏赦：所以我公然违背了你的命令。仰，公然，明知不当为而为。诏赦，赦罪的诏书，实际是指秘密逮捕刘诞的皇命。［14］亲勒部曲：亲自统领部队。［15］镇捍徐、兖：镇守与捍卫我所管辖的南徐、南兖二州。刘宋时的南徐、南兖二州州治都在广陵。［16］先经何福：先前是托了什么福？经，经历，拥有。［17］同生皇家：我们都同生在皇家，同为文帝的儿子。［18］今有何愆（qiān）：现在是遭了什么孽？愆，罪过。［19］便成胡、越：我们成了势不两立的冤家对头。胡、越，指南方之越与北方之胡，极言其没有关系，没有亲情，比喻疏远隔绝，这里指相互对立。［20］陵锋蹈戈：冒着对方的枪林箭雨冲锋陷阵。陵，同“凌”，逼近。锋，刀锋，白刃。蹈，践踏，踩过。［21］万没（mò）岂顾：岂顾万死，意即以一死相拼。没，同“殁”，死。［22］荡定：扫荡平定。［23］冀在旦夕：希望今天就能决出胜负，定出个谁死谁活。［24］宫帷之丑：指淫乱之事。［25］岂可三缄（jiān）：意即你怎么能堵住天下人的嘴，不让人说。缄，封口，封藏。［26］左右、腹心、同籍、期亲：左右，身边的人。腹心，亲近。同籍，血缘关系近的亲戚而被列入谱籍的。所谓谱籍，一是指族籍，也就是家谱；二是指门籍，指可以凭此出入竟陵王府者。期亲，服丧一年的亲属，如堂兄弟、表兄弟等。期，一年的孝服。［27］方自城内出奔：才从广陵城逃奔出来。［28］垂白：白发下垂。［29］营白土：古地名，在广陵城北，距城十八里。［30］新亭：古地名，指广陵城外的新亭。［31］邪趋海陵道：斜着向东北方向的海陵逃去。邪，同“斜”。海陵，古郡名，郡治在今江苏泰州市，在广陵的东北方。［32］武念：新野人，刘宋将领。传见《宋书》卷八十三。［33］互请：轮流请求，相继请求。［34］歃（shà）血：古人结盟宣誓时，常把牲畜的血抹在自己嘴上，以表示诚意。［35］府州文武皆加秩：指刘诞属下的各部门的僚属。府，指司空府、竟陵王府。州，指南兖州刺史府。提高官爵的等级。秩，级别。［36］节度：指挥，调度。［37］逼：逼近，靠近。［38］饷庆之食：赠送食物给沈庆之。饷，以食物给人吃。［39］提挈（qiè）者：指呈送食品的人。挈，同“携”，携带。［40］授函表：将一封上给朝廷的表章从城上传下。授，《南史》作“投”。函表，用封套装着的表章。［41］归死朝廷：归降朝廷，向朝廷请死。［42］遣使：派出入朝请降的使者，这里实暗指刘诞自己。［43］吾为汝护送：胡三省曰：“诞之为此，以帝猜忍，欲以间庆之也。庆之峻拒之，盖亦自为谋耳。”［44］遭母忧：正赶上母亲去世。此处指颜竣遭母丧与王僧达云云，都是追写以前的旧事。［45］具陈：向皇帝详细诉说。［46］御史中丞：国家掌管监察的主要长官。庾徽之：字景猷，颍川鄢陵人，刘宋官员。刘骏时为御史中丞，曾奏治颜竣与王僧达共谋。出为南东海太守，死于任上官。劾（hé）奏，向皇帝检举官吏的过失或罪行。［47］上启陈谢：上书向皇帝认罪。启，文体名，意思同表、疏。［48］且请生命：请求皇帝给自己留下一条活命。［49］讪（shàn）讦（jié）：嘲笑，诋毁攻击。［50］已孤本望：已经辜负了我本来对你的期望。孤，同“辜”，辜负。［51］过烦思虑：想得太多，连不该想的也想了。［52］惧不自全：竟然想到死的问题了。［53］岂为下事上诚节之至邪：这难道是一个做臣子的侍奉皇帝所应有的态度吗？诚节之至，诚实专一到极点。［54］付廷尉：交由国家的最高司法长官审判。［55］折（shé）其足：打断其腿脚。［56］徙交州：流放到交州。交州，州治在今越南河内东北的龙编。［57］宫亭湖：在今鄱阳湖，在江西九江市南，南昌市北。［58］沈其男口：将其家族中的男性都丢进鄱阳湖里。沈，同“沉”，沉没。

六月，戊申[1]，魏主如阴山。

上命沈庆之为三烽于桑里[2]，若克外城，举一烽，克内城，举两烽，擒刘诞，举三烽；玺书督趣[3]，前后相继。庆之焚其东门，塞堑[4]，造攻道，立行楼、土山[5]并诸攻具，值久雨，不得攻城。上使御史中丞庾徽之奏免庆之官，诏勿问，以激之[6]。自四月至于秋七月，雨止，城犹未拔。上怒，命太史择日，将自济江[7]讨诞。太宰义恭固谏，乃止。

诞初闭城拒使者，记室参军山阴贺弼[8]固谏，诞怒，抽刀向之，乃止。诞遣兵出战屡败，将佐多逾城出降。或劝弼宜早出，弼曰：“公举兵向朝廷，此事既不可从；荷公厚恩[9]，又义无违背，唯当以死明心耳！”乃饮药自杀。参军何康之[10]谋开门纳官军，不果[11]，斩关出降。诞为高楼，置康之母于其上，暴露之[12]，不与食，母呼康之，数日而死。诞以中军长史濮阳范义为左司马[13]。义母妻子皆在城内，或谓义曰：“事必不振[14]，子其行乎[15]！”义曰：“吾，人吏[16]也，子不可以弃母，吏不可以叛君[17]。必若何康之而活，吾弗为[18]也。”

沈庆之帅众攻城，身先士卒，亲犯矢石[19]，乙巳[20]，克其外城；乘胜而进，又克小城。诞闻兵入，走趋[21]后园，队主沈胤之[22]等追及之，击伤诞，坠水，引出[23]，斩之。诞母、妻皆自杀。

上闻广陵平，出宣阳门[24]，敕左右皆呼万岁[25]。侍中蔡兴宗陪辇[26]，上顾[27]曰：“卿何独不呼？”兴宗正色[28]曰：“陛下今日正应涕泣行诛[29]，岂得皆称万岁！”上不悦。

诏贬诞姓留氏[30]，广陵城中士民，无大小悉命杀之[31]。沈庆之请自五尺以下全之[32]，其余男子皆死，女子以为军赏[33]，犹杀三千余口。长水校尉宗越临决[34]，皆先刳肠抉眼[35]，或笞面[36]鞭腹，苦酒灌创[37]，然后斩之，越对之，欣欣若有所得。上聚其首于石头南岸为京观[38]，侍中沈怀文[39]谏，不听。

初[40]，诞自知将败，使黄门[41]吕昙济与左右素所信者将世子景粹[42]匿于民间，谓曰：“事若不济，思相全脱[43]；如其不免[44]，可深埋之。”各分以金宝赍送[45]。既出门，并散走；唯昙济不去，携负[46]景粹十余日，捕得，斩之。

临川内史羊璿坐与诞素善，下狱死。

擢梁旷为后将军，赠刘琨之给事黄门侍郎。

蔡兴宗奉旨慰劳广陵[47]。兴宗与范义素善，收敛其尸，送丧归豫章[48]。上谓曰：“卿何敢故触王宪[49]？”兴宗抗言[50]对曰：“陛下自杀贼，臣自葬故交，何不可之有！”上有惭色。

宗越治军严，善为营陈[51]。每数万人止顿[52]，越自骑马行前，使军人随其后，马止营合[53]，未尝参差[54]。

辛未[55]，大赦[56]。

丙子[57]，以丹杨尹刘秀之[58]为尚书右仆射。

丙戌[59]，以南兖州刺史沈庆之为司空，刺史如故。

八月，庚戌[60]，魏主如云中[61]；壬戌[62]，还平城。

九月，壬辰[63]，筑上林苑于玄武湖[64]北。

初，晋人筑南郊坛于巳位[65]，尚书右丞徐爰[66]以为非礼，诏徙于牛头山[67]西，直宫城之午位[68]。及废帝[69]即位，以旧地为吉，复还故处。帝又命尚书左丞荀万秋造五路[70]，依金根车[71]，加羽葆盖[72]。

（以上为第三段，写沈庆之平下叛乱，斩杀了孝武帝之弟竟陵王刘诞，孝武帝令臣民高呼万岁，还下令屠杀方陵城的平民，简直是桀纣之主。）

【注释】

[1]戊申：六月十二日。[2]为三烽于桑里：在桑里修筑三个烽火台。桑里，古地名，在当时的广陵城西南。[3]玺书督趣：盖有皇帝印玺的文书，一刻不停地频频催促。趣，同“促”，催促，督促。[4]塞堑（qiàn）：填平护城河。[5]立行楼、土山：立起高与城齐的楼车，可推送士兵登城。土山，在城下堆土成小山，以便接近城头。[6]以激之：让庾徽之“奏免庆之官”，唱白脸；刘骏再“诏勿问”，唱红脸，合演一出激将的双簧，用心良苦。[7]济江：渡过长江。[8]记室参军山阴贺弼：将军手下的高级幕僚，掌管文书机要。贺弼，字仲辅，会稽山阴人，为

竟陵王刘诞记室参军。刘诞举兵反，贺力谏，不果，乃服药自杀。［9］荷公厚恩：蒙受竟陵王的大恩。［10］参军何康之：军事参谋，刘宋官员，竟陵王刘诞的部属参军。［11］不果：没有成功。［12］暴露之：置之于日晒雨淋之下。［13］中军长史濮阳范义为左司马：中军将军的长史，为将军府的高级幕僚。范义，字明休，为竟陵王刘诞别驾。刘诞起兵，以范义为左司马、左将军。刘诞兵败后，被杀。左司马，高级僚佐。［14］不振：不可挽救，不能成功。［15］子其行乎：你还是走吧。［16］人吏：人家属下的小吏。［17］吏不可以叛君：当小吏的不可以背叛自己的主官。君，主子，主官。［18］吾弗为：我不会那样地活着。［19］亲犯矢石：亲自冒着城上射下的箭矢和石块。［20］乙巳：七月丁酉朔无"乙巳"日，应为"己亥"之误。己亥，七月三日。［21］走趋：逃奔。［22］队主沈胤（yìn）之：一队之主，今所谓队长。沈庆之属官队主，参与平定刘诞。［23］引出：从水里拖上来。［24］宣阳门：刘宋都城建康城外城正南门。［25］敕（chì）左右皆呼万岁：以皇帝的名义下命令，身边的人高呼万岁，用以表现喜悦庆贺之意。［26］陪辇（niǎn）：陪皇帝同乘一辆车，以表示其受宠任之意。［27］顾：回头。［28］正色：态度严肃，神态严厉。［29］涕泣行诛：流着泪杀人，以表示不得已而大义灭亲。［30］贬诞姓留氏：将刘诞开除族籍，让他姓留。［31］无大小悉命杀之：广陵的百姓何罪？而刘骏下此没有人性的命令。［32］自五尺以下全之：身高不到 1.23 米者免于其死。刘宋时的一尺约为 24.6 厘米。全之，不杀。［33］为军赏：赏给有功士兵。［34］宗越临决：刘宋后期敢战之将，粗暴好杀，以严酷闻名。传见《宋书》卷八十三。临决，当监斩官。［35］刳（kū）肠抉眼：剖开肚子，挖出眼珠。［36］笞（chī）面：用鞭、杖、竹板子抽打脸面。［37］苦酒灌创：用酒往人的创口上浇。创，兵器造成的伤口。［38］石头南岸：石头城南的长江边上。石头城在当时建康都城的西侧，今江苏南京市的石头城公园一带。［39］为京观：古代残暴的统治者将战场上杀获的敌军人头堆在一起，像山丘一样，以炫耀武功。如今刘骏杀了自己的弟兄与被其裹胁的军民百姓，也居然堆起人头，称为京观，足见其没有人性。京观，大坟丘。京，是大的意思。［40］初：历史家叙事的常用语，在补叙某种事件的时候，作为前置词，意即"在此之前"。［41］黄门：太监，以其出入于皇家宫殿之门，故称之。［42］将世子景粹：携带着他的嫡子刘景粹。［43］思相全脱：希望你能保全他脱离危险。［44］如其不免：如果他被人所杀。［45］各分以金宝赍送：给他们每人一些财宝，让他们带好，送他们出门。［46］携负：携带，背负。［47］慰劳广陵：实际慰问平定广陵之乱的军队。［48］送丧归豫章：胡三省曰："范义盖寓居豫章也。蔡兴宗之先亦济阳人。"豫章，古郡名，郡治在今江西南昌市。［49］故触王宪：故意地触犯王法。宪，章程，法规。范义"不离其母、不背其君"，死于广陵，而蔡兴宗独同情其"既孝且忠"，而不顾朝廷之法，送范义之丧归故里。［50］抗言：义正词严地说。［51］善为营陈：善于扎营布阵。陈，同"阵"。［52］止顿：扎营。［53］马止营合：等他的马停下来，全军的大营也就扎好了。［54］未尝参差：没有一点错乱不周的地方。［55］辛未：七月五日。［56］大赦：皇帝刘骏完成了杀害弟弟刘诞的"壮举"，发布赦令。［57］丙子：七月十日。［58］刘秀之：传见《宋书》卷八十一。［59］丙戌：七月二十日。［60］庚戌：八月十五日。［61］云中：魏郡名，郡治盛乐，在今内蒙古和林格尔县北。［62］壬戌：八月二十七日。［63］壬辰：九月二十七日。［64］玄武湖：当时建康城内的湖水名，在今江苏南京市东北部，南靠解放门，西靠玄武门。［65］南郊坛：皇帝在冬至日南郊祭天时所用的坛台。巳位：东南方位。古代把地平线分成十二个方位，分别用十二支来表示，正北为子，东北为丑、寅，正东为卯，东南为辰、巳，正南为午，西南为未、申，正西为酉，西北为戌、亥。［66］尚书右丞徐爰（yuán）：为尚书令佐官。历经刘宋七代皇帝的大臣。传见《宋书》卷九十四。［67］牛头山：在当时建康城的正南方，今江苏南京市江宁区西南。［68］直宫城之午位：正对着皇城的南门。直，正对着。午位，正南方。［69］废帝：即刘子业，字法师，孝武帝刘骏长子，刘宋第六位皇帝。刘子业比其父更为昏暴，刑杀大臣，囚禁诸王，狂悖无道，引发朝野动荡。被湘东王刘彧弑杀。史称“前废帝”。传见《宋书》卷七。［70］五路：皇帝乘坐的五种车子，指玉路、金路、象路、革路、木路。［71］依金根车：依照秦朝皇帝所乘坐的金根车的样子。沈约曰：“秦阅三代之车，独取殷制，古曰‘桑根车’，秦曰‘金根车’。”金根车，以黄金为饰的，用自然圆曲的树木做车轮装配成的车子，泛指帝王所乘之车。［72］加羽葆盖：在金根车上，增加了以鸟羽为装饰的车篷。葆，同“宝”。盖，车篷。

四年（庚子，460 年）

春，正月，甲子朔[1]，魏大赦，改元和平[2]。

乙亥[3]，上耕籍田[4]，大赦。

己卯[5]，诏祀郊庙[6]，初乘玉路[7]。

庚寅[8]，立皇子子勋为晋安王，子房为寻阳王，子顼为历阳王，子鸾为襄阳王[9]。

魏散骑侍郎冯阐来聘[10]。

二月，魏卫将军乐安王良[11]讨河西叛胡[12]。

三月，魏人寇北阴平[13]，朱提太守杨归子[14]击破之。

甲申[15]，皇后亲桑[16]于西郊，皇太后观礼[17]。

夏，四月，魏太后常氏殂[18]。五月，癸丑[19]，魏葬昭太后于鸣鸡山[20]。

丙戌[21]，尚书左仆射褚湛之卒。

吐谷浑[22]王拾寅[23]两受宋、魏爵命[24]，居止出入，拟于王者[25]，魏人忿[26]之。定阳侯曹安[27]表言：“拾寅今保白兰[28]，若分军出其左右，必走保南山[29]，不过十日，人畜乏食，可一举而定。”六月，甲午[30]，魏遣征西大将军阳平王新成[31]等督统万、高平[32]诸军出南道，南郡公中山李惠等督凉州[33]诸军出北道，以击吐谷浑。

魏崔浩之诛[34]也，史官遂废，至是复置[35]。

河西叛胡诣长安首罪[36]，魏遣使者安慰之。

秋，七月，遣使如魏[37]。

甲戌[38]，开府仪同三司何尚之卒。

壬午[39]，魏主如河西。

魏军至西平[40]，吐谷浑王拾寅走保南山。九月，魏军济河追之，会疾疫[41]，引还[42]，获杂畜三[43]十余万。

庚午[44]，魏主还平城。

丁亥[45]，徙襄阳王子鸾为新安王。

冬，十月，庚寅[46]，诏沈庆之讨缘江蛮[47]。

前庐陵内史周朗，言事切直，上衔之[48]，使有司奏朗居母丧不如礼[49]，传送宁州[50]，于道杀之。朗之行也，侍中蔡兴宗方在直[51]，请与朗别[52]，坐白衣领职[53]。

十一月，魏散骑常侍卢度世[54]等来聘。

是岁，上征青、冀二州刺史颜师伯[55]为侍中。师伯以谄佞被亲任[56]，群臣莫及，多纳货贿，家累千金。上尝与之樗蒲[57]，上掷得雉[58]，自谓必胜；师伯次掷[59]，得卢[60]，上失色。师伯遽敛子[61]曰：“几作卢[62]！”是日，师伯一输百万。

柔然攻高昌[63]，杀沮渠安周[64]，灭沮渠氏[65]，以阚伯周[66]为高昌王。高昌称王自此始。

（以上为第四段，写吐谷浑国王拾寅，与刘宋、北魏都交好，两边受封，而后遭北魏攻打；柔然攻打高昌国，消灭沮渠安周，以阚伯周为高昌王。）

【注释】

[1]甲子朔：正月一日。 [2]改元和平（460—465）：北魏文成帝拓跋濬改太安年号为和平，这是他的第四个年号，共五年。 [3]乙亥：正月十二。 [4]上耕籍田：孝武帝刘骏亲自去耕种籍田，籍田，古代帝王征用民力耕种的田，并亲自耕种作示范，表示重农。相传天子籍田千

亩，诸侯百亩。［5］己卯：正月十六日。［6］郊庙：古代帝王祭天地的郊宫和祭祖先的宗庙。［7］初乘玉路：第一次乘坐玉路车。玉路，即玉辂，天子所乘之车，以玉为饰。［8］庚寅：正月二十七日。［9］“立皇子”等四句：孝武帝封自己的儿子为王。第三子刘子勋封晋安王，第六子刘子房封寻阳王，第七子刘子顼封历阳王，第八子刘子鸾封襄阳王。诸王之传均见《宋书》卷八十。［10］来聘：北魏遣使来刘宋王朝做友好访问。［11］良：即拓跋良，明元帝拓跋嗣之孙，乐安王拓跋范之子，承袭乐安郡王。传见《魏书》卷十七。［12］河西叛胡：在黄河以西反抗北魏国统治的匈奴族人。据胡注，此“河西”指今陕西、山西交界的黄河以西的今陕西东部地区。［13］北阴平：古郡名，郡治在今四川江油市东北。当时属刘宋管辖。［14］朱提：据胡三省考，当作“孔堤”，指魏入侵北阴平郡的孔堤。据魏收《地形志》，武都郡有孔堤县，治所在今甘肃康县西北。当时属刘宋管辖。杨归子：刘宋官员，刘骏时为孔提太守，曾打败北魏军的侵扰。［15］甲申：三月二十二日。［16］皇后亲桑：刘骏的皇后亲自采桑养蚕，这是和皇帝亲自耕种籍田同样性质的一种表现统治者重视农业、与百姓同甘苦的礼节性政治活动。［17］皇太后观礼：刘骏之母观看皇后亲自采桑养蚕的礼节仪式。［18］太后常氏：原是北魏主拓跋濬的乳母，先被尊为“保太后”，后又被尊为皇太后。殂（cú）：死。［19］五月，癸丑：五月无“癸丑日”。癸丑，应是四月二十二日。［20］昭太后：即太后常氏，谥号昭。鸣鸡山：即《史记・赵世家》所说的“磨笄山”，在今河北涿鹿县境内。［21］丙戌：五月二十五日。［22］吐谷（yù）浑（313—663）：亦称吐浑，慕容氏，西北游牧民族慕容吐谷浑所建国名。本为鲜卑慕容部的一支，发源于内蒙的西拉木伦河（今内蒙古赤峰市），是西晋至唐朝时期位于祁连山脉和青海的黄河上游谷地以及凉州的一个独立国家，活动在今青海青海湖西南的都兰一带。［23］拾寅：即慕容拾寅，是吐谷浑第十二任国主（453—481）。既对北魏奉修职贡，被封为镇西大将军、沙州刺史、西平王。又向刘宋进贡，接受封爵，封为镇西大将军。曾东破北魏军。传见《魏书》卷一百一。［24］两受宋、魏爵命：一方面向北魏称臣，同时又向刘宋称臣。爵命，爵位与指令。［25］拟于王者：与帝王的排场差不多。拟，相比。［26］忿：同“愤”，气愤，生气。［27］曹安：北魏定阳侯。［28］保白兰：依托在白兰地区居住。保，依靠，依托。白兰，古地区名，在今青海都兰县西南方。［29］南山：古山名，白兰地区的南侧之山，在今布尔汗布达山。［30］甲午：六月四日。［31］新成：即拓跋新成，一作“拓跋新城”，封阳平王，拜征西大将军，镇守西部边境。传见《魏书》卷十九。［32］统万、高平：古郡名，北魏军事重镇。统万，在今陕西靖边县东北的白城子，当年赫连勃勃胡夏国都城。高平，在今宁夏固原市。［33］李惠：中山安喜（今河北定州市）人，孝文帝元宏外祖父，北魏外戚大臣。传见《魏书》卷八十三。凉州，北魏州名，州治在今甘肃武威市。［34］崔浩之诛：北魏大臣史官崔浩因写史被杀，事在宋文帝元嘉二十七年，北魏太武帝太平真君十一年，公元 450 年，废置史官。［35］至是复置：到这时，指刘宋大明四年、北魏和平元年（460）重新设置，废置史官十年。［36］诣长安首罪：到长安自首服罪。［37］遣使如魏：刘宋回报魏国使者的来访。［38］甲戌：七月十四日。［39］壬午：七月二十二日。［40］西平：北魏郡名，郡治在今青海西宁市。

［41］会疾疫：正赶上闹流行病。会，正碰上。［42］引还：自动撤军而回。［43］杂畜：各种牲畜。三，据章校作“二”。［44］庚午：九月十一日。［45］丁亥：九月二十八日。［46］庚寅：十月一日。［47］缘江蛮：沿长江边的少数民族。［48］上衔之：孝武帝十分怀恨周朗。衔，恨。［49］居母丧不如礼：在为母守孝时的行为不合礼法。不如礼，不合礼法规定。［50］传送宁州：用驿车押解流放到宁州。传，驿车。宁州，州治同乐，在今云南陆良县东北、曲靖西南。［51］方在直：正好在侍中省里值班。直，同“值”，值班。［52］请与朗别：请假出去给周朗送别。［53］坐白衣领职：因此株犯罪被削去官职，仍以平民的身份履行侍中的职责。［54］卢度世：字子迁。传见《魏书》卷四十七。［55］青、冀二州刺史颜师伯：州治分别在今山东青州市、济南市。颜师伯，字长渊，竟陵太守颜邵之子，刘宋名将。传见《宋书》卷七十七。［56］亲任：亲近，信任。［57］樗（chū）蒲：古代的一种赌博游戏，类似今掷骰子。最初是用樗木制成，故称“樗蒲”。以五木为子，上黑下白，有枭、卢、雉、犊、塞为胜负之彩。博头有刻枭形者为最胜，卢次之，雉、犊又次之，塞为下。［58］雉（zhì）：樗蒲的彩头名称。博戏骰子共五枚，有枭、卢、雉、犊、塞，作为胜负的彩头。雉，是较好的胜彩。［59］次掷：跟着投掷。［60］得卢：骰子还在转着，眼看就要成为“卢”。樗蒲五枚骰子扔出去如果都是黑的，叫做卢，是最胜的彩头，可以通吃。［61］遽（jù）敛子：赶紧把骰子收住，不让它确定为卢。遽，赶忙，立即。［62］几作卢：差点就要成为“卢”了。故意装出遗憾、失败的样子，让自己输钱，以博得皇帝高兴。［63］高昌：西域国名，都城在今新疆吐鲁番市东南。［64］沮渠安周：北凉主沮渠蒙逊的幼子，沮渠无讳之弟，末代国君。传见《魏书》卷九十九。［65］沮渠氏：源于古匈奴族，出自匈奴屠各部卜氏一族的重辅臣官左、右沮渠，属于以官职称谓为氏。［66］阚（kàn）伯周（？—477）：高昌开国君主。高昌郡太守阚爽的族人。柔然消灭霸占高昌的沮渠家族后，立其为高昌国王。去世后，其子阚义成即位。事见《魏书》卷一百一。

五年（辛丑，461 年）

春，正月，戊午朔[1]，朝贺。雪落太宰义恭衣，有六出[2]，义恭奏以为瑞[3]，上悦。义恭以上猜暴[4]，惧不自容[5]，每卑辞逊色[6]，曲意祗奉[7]，由是终上之世[8]，得免于祸。

二月，辛卯[9]，魏主如中山；丙午[10]，至邺[11]，遂如信都[12]。

三月，遣使如魏。

魏主发并、肆州民五千人治河西猎道[13]；辛巳[14]，还平城。

夏，四月，癸巳[15]，更以西阳王子尚为豫章王[16]。

庚子[17]，诏经始明堂[18]，直作大殿于丙、己之地[19]，制如太庙[20]，唯十有二间为异。

雍州刺史海陵王休茂[21]，年十七，司马新野庾深之行府事[22]。休茂性急，欲自专处决[23]，深之及主帅[24]每禁之，常怀忿恨。左右[25]张伯超有宠，多罪恶，主帅屡责之。伯超惧，说休茂曰："主帅密疏官过失[26]，欲以启闻[27]，如此恐无好[28]。"休茂曰："为之奈何？"伯超曰："惟有杀行事[29]及主帅，举兵自卫[30]。此去都数千里[31]，纵大事不成，不失入虏中为王[32]。"休茂从之。

丙午[33]夜，休茂与伯超等帅夹毂队[34]，杀典签杨庆于城中，出金城[35]，杀深之及典签戴双；征集兵众，建牙驰檄[36]，使佐吏上己[37]为车骑大将军，开府仪同三司，加黄钺[38]。侍读博士荀诜[39]谏，休茂杀之。伯超专任军政，生杀在己，休茂左右曹万期[40]挺身斫休茂，不克而死。

休茂出城行营[41]，咨议参军沈畅之[42]等帅众闭门拒之。休茂驰还，不得入。义成太守薛继考[43]为休茂尽力攻城，克之，斩畅之及同谋数十人。其日，参军尹玄庆复起兵攻休茂，生擒，斩之，母、妻皆自杀，同党伏诛。城中扰乱，莫相统摄[44]。中兵参军刘恭之[45]，秀之之弟也，众共推行府州事[46]。继考以兵胁恭之，使作启事[47]，言"继考立义[48]"，自乘驿还都[49]。上以为北中郎咨议参军[50]，赐爵冠军侯；事寻泄[51]，伏诛。以玄庆为射声校尉[52]。

上自即位以来，抑黜[53]诸弟；既克广陵[54]，欲更峻其科[55]。沈怀文曰："汉明不使其子比光武之子[56]，前史以为美谈。陛下既明管、蔡之诛[57]，愿崇唐、卫之寄[58]。"及襄阳平，太宰义恭探知上指[59]，复上表[60]，请裁抑[61]诸王，不使任边州[62]，及悉输器甲[63]，禁绝宾客。沈怀文固谏以为不可，乃止。

上畋游无度[64]，尝出，夜还，敕开门。侍中谢庄居守[65]，以棨信或虚[66]，执不奉旨[67]，须墨敕[68]乃开。上后因燕饮[69]，从容[70]曰："卿欲效郅君章邪[71]？"对曰："臣闻王者祭祀、畋游，出入有节[72]。今陛下晨往宵归，臣恐不逞之徒[73]，妄生矫诈[74]，是以伏须神笔[75]，乃敢开门耳。"

（以上为第五段，写刘义恭身为太宰，曲意逢迎孝武帝，免于大祸；海陵王刘休茂起兵反叛，失败被杀；孝武帝更加骄奢淫逸，欲加重对兄弟的控制，被沈怀文劝止。）

【注释】

［1］戊午朔：正月一日。［2］六出：雪花成六角形。［3］瑞：祥瑞，指吉祥的征兆。［4］猜暴：猜疑。残暴。［5］不自容：不能容忍自己。［6］卑辞逊色：说谦卑讨好的话，表现出一种低声下气的样子。［7］曲意祇奉：变着法谦恭讨好。祇，恭敬。奉，同“捧”，吹捧。［8］终上之世：在孝武帝刘骏的整个在位期间。［9］辛卯：二月四日。［10］丙午：二月十九日。［11］邺：古城名，在今河北临漳县西南。［12］信都：古地名，在今河北翼县，当时为北魏冀州的州治所在地。［13］并、肆州民：并、肆二州的百姓。并州的州治晋阳，在今山西太原市西南；肆州的州治九原，在今山西忻州市西北。河西猎道：在今山西、陕西二省间的黄河以西供北魏皇帝打猎用的通道。［14］辛巳：三月二十五日。［15］癸巳：四月七日。［16］西阳王子尚：即刘子尚，字孝师，孝武帝刘骏第二子，封西阳王。传见《宋书》卷八十。豫章王：封地豫章郡，郡治即江西南昌市。［17］庚子：四月十四日。［18］经始明堂：开始建造明堂。经始，意即经营、建造。明堂，古代帝王举行典礼、发布政教的场所。［19］丙、己之地：古代以十二天干表示方位，丙指正南方，己指正中央。《玉海》卷九十五引《五经异义》称讲学大夫淳于登曰：“明堂在国之阳，丙、己之地，三里之外，十里之内，而祀之就阳位。”［20］制如太庙：形制、样式如同皇帝的祖庙。［21］休茂：即刘休茂，文帝刘义隆第十四子，封海陵郡王。不甘于受到挟制，起兵诛杀司马庾深之和典签戴双，为参军尹玄庆所杀，时年17岁。传见《宋书》卷七十九。［22］行府事：代理刘休茂海陵王府的事务。行，代理。以低级别代理高职务叫“行”。［23］自专处决：自己处理、决定。［24］主帅：主管军务的官员，这里即指典签。胡三省曰：“主帅，典签也。又斋内亦有主帅，谓之斋帅。”典签，原意如同记录员、书记员，刺史、督军属下的僚属，后来逐渐权大，甚至发展到辖制其主官。［25］左右：海陵王刘休茂身边的亲信人员。［26］密疏官过失：秘密地把您的过失都记载下来。疏，记，逐条列出。官，以称主子刘休茂。［27］欲以启闻：想把您的这些过失上奏皇帝。［28］恐无好：恐怕前景不妙。［29］行事：即行府事职务的庾深之。［30］举兵自卫：即起兵对抗朝廷。［31］去都数千里：雍州的州治襄阳，离建康水路数千里。［32］不失入虏中为王：最不好的结果，就是还可以逃到北方的敌国去接受封王。虏，指北魏。［33］丙午：四月二十日。［34］夹毂（gǔ）队：指左右亲兵，出行时护拥在王车的周围。毂，车轮中心承受车轴的部位，通常即用以代称车轮、车驾。［35］金城：古城名，疑为当时襄阳的城门名。［36］建牙驰檄（xí）：树起牙旗，派使者送文书于各州郡。牙，用象牙装饰的大旗，这里即指旗。檄，向天下人发布的文告。［37］佐吏上己：属下官员拥戴、推尊自己。［38］加黄钺（yuè）：帝王授予出征大将的一种铜制大斧，象征他是正义之师，也象征他有生杀大权。黄

钺也是加给权贵大臣的一种仪仗，象征他的地位崇高。［39］侍读博士荀诜（shēn）：刘宋时置，授诸王经学。荀诜，海陵王刘休茂的侍读博士，曾谏阻休茂谋反，被杀。［40］曹万期（？—461）：刘宋官员，海陵王刘休茂的亲信，曾挺身斫杀谋反的休茂，被杀。［41］行营：视察军营。行，巡行视察。［42］咨议参军沈畅之：职掌咨询谋议军事。沈畅之，沈演之之侄，为海陵王刘休茂北中郎咨议参军，曾抵抗刘休茂的反叛行为，被杀，后被朝廷追赠黄门郎。传见《宋书》卷六十三。［43］义成：古郡名，郡治也在襄阳，故其太守薛继考能为刘休茂尽力攻城。［44］莫相统摄：谁也管不了谁。［45］刘恭之：刘秀之之弟，为海陵王刘休茂的中兵参军，刘休茂反叛失败后，众共推行府州事。［46］行府州事：临时管理刘休茂海陵王府与雍州刺史府的一切事宜。［47］作启事：给朝廷写报告。［48］继考立义：薛继考坚持正义立场，杀掉了举行叛乱的刘休茂。［49］乘驿（yì）还都：乘驿车回到了建康城。主语是薛继考。［50］北中郎咨议参军：北中郎将的谘议参军。当时朝廷设东西南北四个中郎将，掌率军征伐之事。［51］寻泄：不久事情败露。［52］射声校尉：古军官名，秩二千石，以管理骑兵，能闻声即射而命名。［53］抑黜：压抑，贬斥。［54］克广陵：指平定竟陵王刘诞的叛乱之事。［55］欲更峻其科：把管理、打击刘氏诸王的法令弄得更加严酷。科：科条，法律条文。［56］汉明不使其子比光武之子：东汉明帝刘庄（28—75），字子丽，光武帝刘秀第四子，东汉第二位皇帝（57—75）。明帝刘庄于永平十五年（72）封儿子为王时，所封的领地只有兄弟们的一半大小。马皇后提出是不是太小了，明帝说：“我的儿子怎么能与先帝的儿子们享受同等的待遇呢？”光武，东汉开国皇帝刘秀。［57］管、蔡之诛：指西周初期，周公辅佐年幼的周成王治理国家，周公的弟兄管叔鲜、蔡叔度勾结殷纣王的儿子武庚发动叛乱，反对朝廷，被周公大义灭亲，将诛杀、流放。这里用以比喻孝武帝刘骏的平息广陵叛乱，杀了自己的兄弟竟陵王刘诞。［58］愿崇唐、卫之寄：指周公灭了管叔、蔡叔后，改封自己的弟弟康叔于卫，封成王的弟弟叔虞于唐，教导他们尽心藩卫王室。这里是以此隐喻孝武帝刘骏对自己的弟兄要友好相待，提拔重用，不要一味地怀疑、镇压。唐，即叔虞，姬姓，名虞，字子于，岐周（今陕西岐山县）人，周武王姬发之子，周成王姬诵同母弟。封地唐国，史称唐叔虞，成为晋国立国创业的始祖。传见《史记》卷三十九。卫，即康叔，姬姓，卫氏，文王姬昌第九子，武王姬发同母弟，因获封畿内之地康国（今河南禹州市西北），故称康叔或康叔封，卫国第一代国君。传见《史记》卷三十七。［59］上指：孝武帝刘骏的心思。指，同“旨”，旨意，意图。［60］复上表：向孝武帝刘骏提出建议。此三字原无，据章校补。［61］裁抑：裁制，压抑。［62］不使任边州：不让他们担任边疆地区的州刺史，以防止他们与其他国家相勾结，以及叛乱失败后向别国逃逸。［63］悉输器甲：让他们把自己部下的武器铠甲都交给朝廷，使之再没有任何造反的能力。［64］畋（tián）游无度：爱好打猎嬉游，没有节制。［65］谢庄居守：谢庄，字希逸，刘宋大臣、文学家。传见《宋书》卷八十五。居守，守卫宫门。［66］以棨（qǐ）信或虚：由于怀疑他们的出入证是假的。棨信，古代用木制的一种符信，通过津关的凭证。或，可能。［67］执不奉旨：坚持不听招呼，不给他们开门。［68］墨敕（chì）：皇帝的手谕。［69］燕饮：不拘礼节的宴饮。

燕，安，安闲。［70］从容：随意的，自然的。［71］卿欲效郅（zhì）君章邪：你也想学做汉代的郅恽吗？郅君章，即郅恽，字君章，东汉大臣。举孝廉出身，授汝南郡功曹，为上东城门候。汉光武帝刘秀曾出猎夜还，致恽看管洛阳的上东门，闭门不开，刘秀只好改从别的城门进入洛阳。传见《后汉书》卷二十九。［72］出入有节：出入城门要有一定的限制。［73］不逞之徒：由于内心不满而图谋不轨的人。不逞，不顺心，不得志。［74］妄生矫诈：指假传圣旨、假造凭证等。［75］伏须神笔：一定要等待皇上刘骏的亲笔签名。

魏大旱，诏："州郡境内，神无大小，悉洒扫致祷[1]；俟丰登[2]，各以其秩祭之[3]。"于是，群祀之废[4]者皆复其旧。

秋，七月，戊寅[5]，魏主立其弟小新成为济阳王[6]，加征东大将军，镇平原[7]；天赐为汝阴王，加征南大将军，镇虎牢[8]；万寿为乐浪王，加征北大将军，镇和龙[9]；洛侯为广平王。

壬午[10]，魏主巡山北；八月，丁丑[11]，还平城。

戊子[12]，立皇子子仁为永嘉王[13]，子真为始安王[14]。

九月，甲寅朔[15]，日有食之。

沈庆之固让司空，柳元景固让开府仪同三司，诏许之，仍命庆之朝会位次司空[16]，俸禄依三司[17]，元景在从公之上[18]。

庆之目不知书，家素富，产业累万金[19]，童奴千计，再[20]献钱千万，谷万斛[21]。先有四宅，又有园舍在娄湖[22]；庆之一夕携子孙及中表亲戚[23]徙居娄湖，以四宅输官[24]。庆之多蓄妓妾[25]，优游[26]无事，尽意欢娱，非朝贺不出门；车马率素[27]，从者不过三五人，遇之者不知其为三公也。

甲戌[28]，移南豫州治于湖[29]。丁丑[30]，以浔阳王[31]子房为南豫州刺史。

闰月，戊子[32]，皇太子妃何氏卒，谥曰"献妃"。

壬寅[33]，更以历阳王子顼为临海王[34]。

冬，十月，甲寅[35]，以南徐州刺史刘延孙为尚书左仆射，右仆射刘秀之为雍州刺史。

乙卯[36]，以新安王子鸾为南徐州刺史。子鸾母殷淑仪[37]，宠倾后宫，子鸾爱冠诸子[38]，凡为上所眄遇者[39]，莫不入子鸾之府[40]。及为南徐州，割吴郡以属之[41]。

初，巴陵王休若为北徐州[42]刺史，以山阴令张岱[43]为咨议参军，行府、州、国事[44]。后临海王子顼为广州，豫章王子尚为扬州，晋安王子勋为南兖州，岱历为三府咨议、三王行事，与典签、主帅共事，事举而情不相失[45]。或谓岱曰："主王既幼[46]，执事多门[47]，而每能缉和公私[48]，云何致此[49]？"岱曰："古人言：'一心[50]可以事百君。'我为政端平[51]，待物以礼[52]，悔吝之事，无由而及[53]；明暗短长，更是才用之多少[54]耳。"及子鸾为南徐州，复以岱为别驾、行事。岱，永[55]之弟也。

魏员外散骑常侍游明根[56]等来聘。明根，雅之从祖弟也。魏广平王洛侯卒。

十二月，壬申[57]，以领军将军刘遵考为尚书右仆射。

甲戌[58]，制民户岁输布四匹[59]。

是岁，诏士族杂婚者皆补将吏[60]。士族多避役逃亡，乃严为之制[61]，捕得即斩之，往往奔窜湖山[62]为盗贼。沈怀文谏，不听。

（以上为第六段，写刘宋大臣沈庆之辞让高官，追求悠游闲适的生活；咨议参军张岱八面玲珑，历事三王，如鱼得水；刘宋发布新规，士族与平民通婚，要补武官，为了避役而往往奔窜湖山。）

【注释】

[1]洒扫致祷：洒扫庙宇，祭祀祈祷。 [2]俟（sì）：等待，等候。丰登：丰收，收成丰富。[3]各以其秩祭之：再按照诸神各自的等级进行祭祀。秩，指神的大小品级。 [4]群祀之废者：早已废弃多年的坛台庙宇。魏罢群祀，见《资治通鉴》卷一百二十五宋文帝元嘉二十七年（450）。[5]戊寅：七月二十四日。 [6]"魏主立其弟小新成为济阳王"等句：北魏主文成帝封诸弟为王。封拓跋小新成为济阳王，封拓跋天赐为汝阴郡王，封拓跋万寿为乐浪王，封拓跋洛侯为广平王。诸王之传均见《魏书》卷十九上。按：《魏书》卷十九共上、中、下三卷，载北魏景穆皇帝十二王。帝有十四子，世子拓跋嗣位，其余十三子皆为王，其中赵王拓跋深早死，无传，故共为十二王传。拓跋小新城，据《魏书》本传，封为济阴王，是。 [7]镇平原：拓跋小新成驻节平原，属济阴郡。平原：古县名，也是古黄河上的渡口名，在今山东平原县西南。 [8]虎牢：古关塞名，旧址在今河南荥阳市西北的古汜水镇。 [9]和龙：古城名，又名龙都、黄龙城，前燕、后燕、北燕都曾建都于此，在今辽宁朝阳市。[10]壬午：七月二十八日。 [11]丁丑：八月无"丁丑"日，应为"己

丑”。己丑，八月五日。［12］戊子：八月四日。［13］子仁：即刘子仁，字孝和，孝武帝刘骏第九子，封永嘉王。传见《宋书》卷八十。永嘉王，封地永嘉郡，郡治在今浙江温州市。［14］子真：即刘子真，字孝贞，孝武帝刘骏第十一子，封始安郡王。传见《宋书》卷八十。［15］甲寅朔：九月一日。［16］朝会位次司空：在上朝的时候站在司空的位置上。次，处，站立在。［17］三司：指司空、司徒、太尉，亦即古时的三公，刘宋时只是虚衔，用为加官。［18］从公：比正式的公爵低一级。从，犹今之所谓准尉、准将的“准”。胡三省曰：“晋制，文官光禄三大夫，武官骠骑、车骑、卫将军及诸大将军开府者，位从公。”［19］累万金：有数万金。古时的一金，相当铜钱一万枚。［20］再：两次。［21］谷万斛（hú）：古容量单位，一斛约当一石，即十斗。［22］娄（lóu）湖：在今江苏南京市东南。孙吴时张昭所开，后张昭封为娄侯，故名。刘宋时筑为苑。［23］中表亲戚：父亲方面的亲戚称“中”，母亲方面的亲戚称“表”。［24］输官：交给了国家。输，献纳。官，公家，政府。［25］妓妾：即姬妾，旧时男子除正妻外另娶的女子。妓，同“姬”。［26］优游：生活悠闲。［27］率素：简单，朴素。［28］甲戌：九月二十一日。［29］南豫州：州治此前在今安徽寿县。于湖：古地名，在今安徽当涂县。［30］丁丑：九月二十四日。［31］浔阳王：封地浔阳郡，郡治在今江西九江市。浔阳，原名为寻阳，唐以后改为“浔阳”。［32］闰月，戊子：闰九月五日。［33］壬寅：闰九月十九日。［34］更：又；改任。临海王：封地临海郡，郡治章安，在今浙江临海市东南。［35］甲寅：十月二日。［36］乙卯：十月三日。［37］殷淑仪：殷琰之女，孝武帝刘骏宠妃，姿颜美丽，宠冠后庭。刘子业即位后，为报以前殷淑仪得宠试图夺嫡之仇，将她所生子女全部杀死，毁了祭祀她的新安寺，挖了她的坟墓。［38］爱冠诸子：刘子鸾受宠爱的程度居诸皇子之首。［39］凡为上所眄（miàn）遇者：凡是受孝武帝刘骏宠爱、赏识的大臣。眄遇，看中，赏识。［40］莫不入子鸾之府：派到刘子鸾的王府或刺史府中任僚属。［41］割吴郡以属之：又将原属扬州的吴郡割归南徐州管辖。吴郡，古郡名，郡治在今江苏苏州市。［42］巴陵王休若为北徐州：封地巴陵郡，郡治在今湖南岳阳市。休若，即刘休若（448—471），本名刘衍，字休若，彭城绥舆里（今江苏徐州市）人，文帝刘义隆第十九子，刘宋宗室大臣。封巴陵郡王，为散骑常侍，迁左卫将军、卫将军，进征北大将军、开府仪同三司、南徐州刺史。被刘彧猜忌，赐死。赠侍中、司空，谥号哀。传见《宋书》卷七十二。北徐州，即徐州，州治彭城，即江苏徐州市。因设立南徐州，古改称“北徐州”。［43］山阴令张岱：山阴县，县治在今浙江绍兴市。“令”字原无，据章校补。张岱：东晋度支尚书张敞之孙，光禄大夫张裕之子，曾为临海王刘子顼、章郡王刘子尚、晋安王刘子勋三王府咨议参军。传见《南史》卷三十一。［44］行府、州、国事：同时兼理巴陵王府、北徐州刺史府，以及巴陵王封国的行政事务。胡三省曰：“诸幼王临州，率置行府、州事，此命岱并巴陵国事行之。”［45］事举而情不相失：事情都办得很好，又从来不伤感情。事举，事情都能办成。不相失，不闹矛盾，不伤和气。［46］主王：主子王爷，以称所为服务的各位皇子。胡三省曰：“江左以来，诸王出镇，僚属呼为‘主王’。”［47］执事多门：先后在多家王府管事。［48］缉（jī）和公私：都能把公事、私情协调得很好。缉和，和睦，和和美美。缉，同“辑”。

[49]云何致此：你是如何做到这一步的。 [50]一心：一心一意，摒弃杂念。 [51]端平：端正，公平。 [52]待物以礼：以礼貌待人。物，这里即指人。 [53]悔吝（lìn）之事，无由而及：指一举一动都考虑周全，不做让人悔恨的事情。悔吝，后悔，惋惜。 [54]明暗短长，更是才用之多少：一个人所表现出的聪明愚蠢、长处短处，那更是取决于他自身才干的高低。 [55]永：即张永，字景云，刘宋大臣、将领。传见《宋书》卷五十三。 [56]游明根：北魏儒学名臣，是北魏名臣游雅的从祖堂弟。传见《魏书》卷五十四。 [57]壬申：十二月二十日。 [58]甲戌：十二月二十二日。 [59]制民户岁输布四匹：下令让全国百姓每户每年向国家交纳四匹布。制，皇帝的命令。岁，每年。输，交纳。 [60]士族杂婚：指士族与工商杂户通婚。士族，古代享有政治、经济特权的家族所构成的一个特殊阶层。皆补将吏，指与杂户通婚的士人都被惩罚性地派遣他们到军中任职，或为将，或为吏。当时上流社会视当兵为贱事，故作如此规定。 [61]严为之制：进一步制定严格的法律。 [62]奔窜湖山：胡三省曰："水则入湖，陆则阻山，皆依险而为盗贼。"

六年（壬寅，462年）

春，正月，癸未[1]，魏乐浪王万寿卒。

辛卯[2]，上初祀五帝于明堂[3]，大赦。

丁未[4]，策秀、孝于中堂[5]。扬州秀才顾法对策[6]曰："源清则流洁，神圣则刑全[7]。躬化易于上风[8]，体训速于草偃[9]。上览之，恶其谅[10]也，投策于地。

二月，乙卯[11]，复百官禄[12]。

三月，庚寅[13]，立皇子子元[14]为邵陵王。

初，侍中沈怀文，数以直谏忤旨[15]，怀文素与颜竣、周朗[16]善，上谓怀文曰："竣若知我杀之，亦当不敢如此。"怀文嘿然[17]。侍中王盛[18]，言次[19]称竣、朗人才之美，怀文与相酬和[20]，颜师伯以白上[21]，上益不悦。上尝出射雉[22]，风雨骤至，怀文与王彧[23]、江智渊约相与谏。会召入雉场[24]，怀文曰："风雨如此，非圣躬[25]所宜冒。"或曰："怀文所启，宜从。"智渊未及言，上注弩作色[26]曰："卿欲效颜竣邪[27]，何以恒知人事[28]！"又曰："颜竣小子，恨不先鞭其面[29]！"每上燕集[30]，在坐者皆令沈醉[31]，嘲谑[32]无度。怀文素不饮酒，又不好戏调[33]，上谓故欲异己[34]。谢庄尝戒[35]怀文曰："卿每与人异，亦何可久[36]！"怀文曰："吾少来如此，岂可一朝而变！非欲异物[37]，性所得[38]耳。”上乃出怀文为晋安王子勋征虏长史[39]，领广陵太守。

怀文诣建康朝正[40]，事毕遣还[41]，以女病求申期[42]，至是犹未发[43]，为有司所纠[44]，免官，禁锢十年[45]。怀文卖宅[46]，欲还东[47]，上闻，大怒，收付廷尉[48]，丁未[49]，赐怀文死。怀文三子，澹、渊、冲[50]，行哭为怀文请命[51]，见者伤之[52]。柳元景欲救怀文，言于上曰：“沈怀文三子，涂炭不可见[53]，愿陛下速正其罪[54]。”上竟杀之[55]。

夏，四月，淑仪殷氏[56]卒。追拜贵妃[57]，谥曰“宣”。上痛悼[58]不已，精神为之罔罔[59]，颇废政事。

五月，壬寅[60]，太宰义恭解领司徒。

六月，辛酉[61]，东昌文穆公刘延孙卒。

庚午[62]，魏主如阴山。

魏石楼胡贺略孙[63]反，长安镇将陆真[64]讨平之。魏主命真城长蛇镇[65]。氐豪仇傉檀[66]反，真讨平之，卒城[67]而还。

（以上为第七段，写刘宋大臣沈怀文敢于直谏而被杀；北魏石楼胡人、氐人豪族反叛，长安镇将陆真将其平定，并修筑长蛇镇。）

【注释】

[1]癸未：正月二日。 [2]辛卯：正月十日。 [3]初祀五帝于明堂：第一次在明堂祭祀五帝。五帝，指青帝、赤帝、白帝、黑帝、黄帝，各自代表东、南、西、北、中五个方位的大神。 [4]丁未：正月二十六日。 [5]策秀、孝于中堂：考试秀才、孝廉。中堂，宫廷中的核心之堂，办公、议事的主要场所。 [6]对策曰：扬州人顾法在对策上回答说。对策，古代被召见或应考的人对于皇帝所问有关治国策略的回答。 [7]神圣则刑全：精神旺盛则人体健康完好。神，中医所说“精气神”的“神”。圣，意思同“旺”。刑，同“形”，人体。 [8]躬化易于上风：皇帝身体力行地做好事，就能像风一样地吹遍全国。躬化，亲身带头向善。 [9]体训速于草偃：臣民接受皇帝的影响，其迅速程度比草随风倒还要快。体训，接受教育，蒙受影响。《论语·颜渊》有所谓“君子之德风，小人之德草，草上之风必偃。”胡三省曰：“顾法对策之意，欲帝谨厥身于宫帷、衽席之间，则可以化天下。” [10]恶其谅：讨厌他的说话太直露。谅，实在，坦直。 [11]乙卯：二月四日。 [12]复百官禄：恢复文武百官原来的俸禄。文帝元嘉二十七年（450），因战争需要，曾削减了内外百官俸禄的三分之一，今乃恢复其原来待遇。 [13]庚寅：三月十日。 [14]子元：即刘子元，字孝善，孝武帝刘骏第十三子，封邵陵王。传见《宋书》卷八十。 [15]数以直谏忤旨：屡次因给皇帝提意见而惹得皇帝不高兴。数，屡，多次。忤旨，与皇帝的心思相冲突。

[16]颜竣（jùn）、周朗：都是孝武帝刘骏时的直臣，因直言敢谏而先后被杀。[17]嘿（mò）然：不再说话。嘿，同“默”。[18]王盛：刘宋时人，刘骏时为侍中。[19]言次：说话之间带出。[20]酬和：彼此响应。[21]以白上：把他们说的话禀告了皇帝刘骏。[22]雉（zhì）：野鸡。[23]王彧（yù）：字景文，刘宋重臣。传见《宋书》卷八十五。[24]会召入雉场：正好叫他们进入射雉的猎场。[25]圣躬：犹言“皇帝您”。[26]注弩作色：张弓搭箭。注，搭箭上弓，瞄准将射发。作色，变色。[27]欲效颜竣邪：想和颜竣一样前来找死吗？[28]何以恒知人事：为什么总是来管别人的事情。恒，还是。知人事，管别人的事。[29]先鞭其面：先用鞭子抽他的脸，意思是恨他为人不识相。[30]每上燕集：每逢刘骏聚集人宴会畅饮。燕，同“宴”。[31]沈醉：即沉醉，醉得不省人事。沈，同“沉”，深。[32]嘲谑：相互嘈弄、开玩笑。[33]戏调：相互戏弄、取笑。[34]上谓故欲异己：刘骏以为他是故意不合群，和自己过不去。谓，以为。[35]尝戒：曾经善意提醒。[36]亦何可久：这样下去，怎么能长久。[37]非欲异物：我并不是故意要与大家不合群。异物，与别人不同。物，同“人”。[38]性所得耳：生来就是这个样子的。性，生，生来。[39]出：外放，使其离开朝廷。征虏长史：当时晋安王刘子勋任征虏将军，沈怀文为其做长史。长史，将军属下的高级僚属。[40]朝正：参加正月一日举行的对皇帝的朝拜典礼。朝正是历代封建王朝每年都要举行的重大典礼。[41]遣还：被朝廷打发回广陵任所。[42]求申期：请求延长在京城逗留的日期。[43]至是犹未发：到现在已是三月了还没有动身。发，出发，动身去广陵。[44]为有司所纠：意即被主管相关事务的官员所纠弹。纠，弹劾。此五字原无，据章校补。[45]禁锢（gù）十年：被惩罚十年内不得为官。禁锢，禁止、封杀，不准进入官场。锢，禁闭，使隔绝。[46]卖宅：卖掉建康城的宅子。[47]欲还东：想回东方的老家为民。沈怀文为吴兴郡人，郡治在今浙江湖州市，在建康城东南。[48]收付廷尉：送交司法部门查办。廷尉，全国最高的司法长官，即后来的刑部尚书。[49]丁未：三月二十七日。[50]澹、渊、冲：即沈澹、沈渊、沈冲，刘宋时人，刘骏时被处死的沈怀文的三个儿子。[51]行哭为怀文请命：边走边哭请求免怀文一死。[52]见者伤之：看见的人都为之伤心落泪。[53]涂炭不可见：言其身在水深火热之中，情形惨不忍睹。不可见，不忍睹。[54]速正其罪：赶紧给他定罪。胡三省曰：“言‘速正其罪’者，婉而导之，谓若正其罪，当不至于死也。”[55]上竟杀之：刘骏最后还是将沈怀文杀掉了，没有丝毫人性可言。[56]淑仪殷氏：《南史》曰：“殷淑仪，南郡王义宣女也。丽色巧笑，义宣死后，帝密取之，宠冠后宫，假姓殷氏。左右宣泄者多死。”[57]贵妃：皇帝妾室的封号之一，孝武帝刘骏于孝建三年（456）始设，地位仅次于皇后。[58]痛悼：哀痛，悲悼。[59]罔罔：恍惚、昏乱的样子。[60]壬寅：五月二十三日。[61]辛酉：六月十二日。[62]庚午：六月二十一日。[63]石楼胡：石楼县所居住的匈奴人，也称“吐京胡”。石楼，古县名，县治在今山西境内。贺略孙：北魏人，居于石楼的匈奴族首领。[64]陆真：北魏名将。传见《魏书》卷三十。[65]城长蛇镇：在长蛇镇的周围修筑城墙。长蛇镇，在今陕西宝鸡市西北。[66]氐豪：氐族的豪强。氐（dī），古代少数民族名，

分布在今四川、甘肃、青海等省交界处，十六国时期，氐族先后建立过仇池、成汉、前秦、后凉等政权。南北朝以后逐渐融合于周边的少数民族之中。仇傉（nù）檀：人名，北魏氐族的豪强、首领，曾反叛北魏，被讨平。［67］卒城：最后修成了长蛇镇的城墙。

秋，七月，壬寅[1]，魏主如河西。

乙未[2]，立皇子子云为晋陵王[3]。是日卒，谥曰“孝”。

初，晋庾冰议使沙门敬王者[4]，桓玄复述其议，并不果行。至是，上使有司奏曰：“儒、法枝派[5]，名、墨条分[6]，至于崇亲严上[7]，厥猷靡爽[8]。唯浮图为教[9]，反经提传[10]，拘文蔽道[11]，在末弥扇[12]。夫佛以谦卑自牧[13]，忠虔为道[14]，宁有屈膝四辈而简礼二亲[15]，稽颡耆腊而直体万乘[16]者哉！臣等参议[17]，以为沙门接见[18]，比当尽虔[19]；礼敬之容[20]，依其本俗[21]。”九月，戊寅[22]，制沙门致敬人主[23]。及废帝即位，复旧[24]。

乙未[25]，以尚书右仆射刘遵考为左仆射，丹杨尹王僧朗[26]为右仆射。僧朗，彧[27]之父也。

冬，十月，壬申[28]，葬宣贵妃于龙山[29]。凿冈[30]通道数十里，民不堪役，死亡[31]甚众。自江南葬埋之盛，未之有也。又为之别立庙[32]。

魏员外散骑常侍游明根等来聘。

辛巳[33]，加尚书令柳元景司空。

壬寅[34]，魏主还平城。

南徐州从事史范阳祖冲之[35]上言，何承天[36]历疏舛[37]犹多，更造新历[38]，以为：“旧法，冬至日有定处[39]，未盈百载，辄差二度[40]。今令冬至日度[41]，岁岁微差[42]，将来久用，无烦屡改。又，子为辰首，位在正北[43]；虚为北方列宿[44]之中。今历，上元日度[45]，发自虚一[46]。又，日辰之号[47]，甲子为先[48]；今历，上元岁在甲子[49]。又，承天法[50]，日、月、五星各自有元[51]。今法，交会、迟疾[52]，悉以上元岁首为始[53]。”上令善历者难之[54]，不能屈[55]。会上晏驾[56]，不果施行[57]。

（以上为第八段，写刘宋大臣重提东晋时事，认为僧徒晋见皇帝，应当恭敬、虔诚，制令僧门必须致敬人主，后废帝时便废止了；祖冲之奏请颁布新历法，未能施行。）

【注释】

[1]壬寅：七月二十四日。 [2]乙未：七月十七日。 [3]子云：即刘子云，孝武帝刘骏第十九子，封晋陵王，封王当天去世。传见《宋书》卷八十。 [4]“晋庾冰”句：东晋中书监庾水建议，让僧徒恭敬帝王。庾冰，东晋大臣官至中书监。传见《晋书》卷七十三。议使沙门敬王者，建议应让和尚对皇帝行跪拜礼。 [5]儒、法枝派：儒家、法家分出许多支派。儒家创始者是孔丘，后来分成许多支派，见《荀子》的《非十二子》。法家的代表人物有李悝、商鞅、韩非等，各自的主张也有区别。 [6]名、墨条分：名家、墨家也有许多分支。名家也称形名之家，主要代表人物为惠施、公孙龙，以辩论名实为主题。墨家的创始人为墨翟，主张贵俭、兼爱、尚贤、尚同、非命、尊鬼等。 [7]崇亲严上：尊崇父母，恭敬帝王。严，敬。 [8]厥（jué）猷（yóu）靡爽：其原则都是一样的。厥，其。猷，法则，章程。靡爽，没有不同。 [9]浮图为教：佛教的教规。浮图，同“浮屠”，音译词，意为佛陀。 [10]反经提传：违背原来的经典，抬高门徒的解说。胡三省曰：“释氏以自西天竺来者为经，中国沙门译而演其义者为传。”提，拈出，摘出。 [11]拘文蔽道：拘泥于表面的文字，掩盖了真正的教义。 [12]在末弥扇：越往后这种风气就越恶劣。扇，同“煽”，煽动。[13]以谦卑自牧：本来是很讲究谦虚节俭自律的。[14]忠虔为道：以忠厚、虔诚为准则。[15]屈膝四辈而简礼二亲：只对四种尊者下跪。四辈，也称“四圣”，佛教顶礼膜拜的四种神灵，即佛、菩萨、缘觉、声闻。简礼二亲，对父母反而礼节简慢。 [16]稽颡（sǎng）耆（qí）腊而直体万乘：对着老和尚磕头。稽颡，磕头到地，这里即指磕头。耆腊，出家年数多的老僧。僧人从出家受戒之年开始算岁数，腊，即僧龄。直体万乘，面对皇帝不弯腰、不行礼。万乘，指帝王。[17]参议：讨论，建议。 [18]沙门接见：和尚在被皇帝或高官接见的时候。 [19]比当尽虔：他们应该尽量表现出虔诚、恭敬。比，应作“彼”。 [20]礼敬之容：至于这种应有的虔诚、恭敬怎么表现。容，行礼的样子，如磕头、敬礼、作揖、打躬等。 [21]依其本俗：可以按他们旧有的习惯。[22]戊寅：九月一日。[23]制沙门致敬人主：圣旨规定和尚见皇帝时要向皇帝行礼仪。[24]复旧：又回到了“直体万乘”的样子。 [25]乙未：九月十八日。 [26]王僧朗：王彧之父，刘宋重臣，历仕文帝、孝武帝、孝明帝三朝。传见《宋书》卷八十五。 [27]彧（yù）：即王彧，字景文，左仆射王僧朗之子，刘宋重臣。传见《宋书》卷八十五。[28]壬申：十月二十五日。[29]宣贵妃：即殷淑仪，孝武帝刘骏宠妃。龙山：古山名，在今江苏南京市江宁区南。 [30]冈：山脊，山梁。 [31]死亡：累死者与逃跑者。 [32]别立庙：古制，皇帝的嫔妃死后都只能在坟墓边立庙，不能另外立庙。别立庙，表现了刘骏宠爱此妃的极其反常举动。 [33]辛巳：十一月五日。 [34]壬寅：十一月二十六日。 [35]祖冲之：字文远，范阳遒县（今河北涞水县）人，古代杰出的科学家。一生钻研自然科学，主要贡献在数学、天文历法和机械制造等方面，发明了

《大明历》、圆周率、水碓磨、指南车、千里船、定时器等。《大明历》是当时最科学最进步的历法，传见《南齐书》卷五十二。［36］何承天：东海郡郯县（今山东省郯城县）人，刘宋初期比较有见识的官吏，也是有名的学者、天文学家。曾参与改定《元嘉历》。传见《宋书》卷六十四。［37］疏舛（chuǎn）：疏漏，差错。［38］更造新历：重新制定了一部新历法，即祖冲之所制《大明历》。［39］冬至日有定处：阴极之至，阳气始生，日南至，日短之至，日影长之至，故曰“冬至”，太阳有其固定位置。［40］未盈百载：在不到一百年的时段里。［41］辄（zhé）差二度：便有二度的误差。辄，便，就。［42］今令冬至日度，岁岁微差：东晋虞喜发现太阳从今年的冬至环行一周到明年冬至时，并没有回到原地。天文学家将这种现象称作为岁差。祖冲之新历把岁差计算在内，使冬至时太阳所在位置逐年变动。［43］子为辰首，位在正北：子是十二地支的第一位，处于正北方位。辰，十二地支的统称。［44］虚为北方列宿：二十八宿之一，是北方玄武七宿的第四宿，位于正中，由二星组成。北方列宿，即北方玄武七宿。［45］上元：历家分上元、中元、下元甲子，各六十年，凡一百八十年，下元甲子结束，又从上元甲子开始。［46］发自虚一：从虚宿的第一星算起。［47］日辰之号：天干、地支的各个名号。日，指天干，辰，指地支。［48］甲子为先：甲，是十天干的第一位；子，是十二地支的第一位。［49］上元岁在甲子：古人推算历元，求日、月经纬度正好相同，五大行星聚在同一方位的时刻，叫做上元。即若干天文周期的共同起点，把这一年定为甲子年。［50］承天法：即何承天的历法。［51］日、月、五星各自有元：日、月及金、木、水、火、土五大行星的运行各有推算的起点。［52］交会、迟疾：指日、月、五星运动时相交、会合及快慢速度。［53］悉以上元岁首为始：都以上元那一年的第一个月算起。一年第一月为岁首，古代岁首所指的月份不一样。［54］难之：向他提出不同意见。［55］不能屈：都说不倒他。［56］会上晏驾：正好这时孝武帝刘骏死了。晏驾，宫车晚出，隐指帝王之死。［57］不果施行：新历法未能公布实行。

七年（癸卯，463年）

春，正月，丁亥［1］，以尚书右仆射王僧朗为太常，卫将军颜师伯为尚书仆射。

上每因晏集［2］，好使群臣自相嘲讦［3］以为乐。吏部郎江智渊素恬雅［4］，渐不会旨［5］。尝使智渊以王僧朗戏其子彧［6］。智渊正色［7］曰：“恐不宜有此戏！”上怒曰：“江僧安痴人，痴人自相惜［8］。”僧安，智渊之父也。智渊伏席流涕［9］，由是恩宠大衰。又议殷贵妃谥曰“怀”［10］，上以为不尽美［11］，甚衔［12］之。他日与群臣乘马至贵妃墓，举鞭指墓前石柱［13］，谓智渊曰：“此上不容有“怀”字［14］！”智渊益惧，竟以忧卒［15］。

己丑[16]，以尚书令柳元景为骠骑大将军、开府仪同三司。

二月，甲寅[17]，上巡南豫、南兖二州；丁卯[18]，校猎于乌江[19]；壬戌[20]，大赦；甲子[21]，如瓜步山[22]；壬申[23]，还建康。

夏，四月，甲子[24]，诏：“自非临军战陈[25]，并不得专杀[26]；其罪应重辟[27]者，皆先上须报[28]；违犯者以杀人论。”

五月，丙子[29]，诏曰：“自今刺史、守宰[30]，动民兴军[31]，皆须手诏[32]施行；唯边隅外警及奸衅内发[33]，变起仓猝[34]者，不从此例。”

戊辰[35]，以左民尚书[36]蔡兴宗、左卫将军袁粲为吏部尚书。粲，淑之兄子也。

上好狎侮[37]群臣，自太宰义恭以下，不免秽辱[38]。常呼金紫光禄大夫王玄谟为老伧[39]，仆射刘秀之为老悭[40]，颜师伯为齴[41]；其余短、长、肥、瘦，皆有称目[42]。黄门侍郎宗灵秀[43]体肥，拜起不便，每至集会，多所赐与，欲其瞻谢倾踣[44]，以为欢笑。又宠一昆仑奴[45]，令以杖击群臣，尚书令柳元景以下皆不能免；唯惮蔡兴宗方严[46]，不敢侵媟[47]。颜师伯谓仪曹郎[48]王耽之曰：“蔡尚书常免昵戏[49]，去人实远[50]。”耽之曰：“蔡豫章[51]昔在相府[52]，亦以方严不狎[53]，武帝宴私[54]之日，未尝相召。蔡尚书今日可谓能负荷[55]矣。”

壬寅[56]，魏主如阴山。

（以上为第九段，写刘宋孝武帝刘骏的病态，戏弄、侮辱群臣。宴饮时，令群臣相互嘲笑、攻击；取绰号，予以羞辱；江智渊不苟言笑，忧惧而死。）

【注释】

[1]丁亥：正月十二日。 [2]晏集：集会，宴饮。 [3]好使：喜欢让。“好”字原无，据章校补。自相嘲讦（jié）：相互嘲笑、揭老底。讦，揭人阴私。 [4]恬雅：恬静、文雅。 [5]渐不会旨：越来越不合皇帝的心思。会，合。 [6]以王僧朗戏其子彧（yù）：用王僧朗的事情来取笑他儿了王彧。 [7]正色：态度严肃，神态严厉。 [8]江僧安痴人，痴人自相惜：意谓你的父亲是个傻瓜，所以你对王僧朗这个傻瓜深表同情，不忍心伤害。江僧安，刘宋时人，江智渊的父亲。 [9]伏席流涕：当时的风气是不能当面提人家父亲的名字，如果听到别人提起自己父亲的名字，这个人就得立即伏地痛哭。 [10]又议殷贵妃谥曰“怀”：当初殷贵妃刚死，群臣给殷贵妃议谥时，江智渊提出用“怀”字。怀，谥号曰：“执义扬善曰‘怀’；慈仁短折曰‘怀’。” [11]以为

不尽美："怀"字之谥并非褒谥，而是中谥，故刘骏认为不是最好的谥号。［12］衔：记恨在心。［13］墓前石柱：即殷贵妃的墓碑。［14］此上不容有"怀"字：这个碑上不能用你提出的那个"怀"字。视文意，当初为殷妃议谥时，江智渊首先提出用"怀"字，孝武帝刘骏不满意，故群臣改用了"宣"字。由于刘骏记恨江智渊，故而在已经用了"宣"字的墓碑前，还向江智渊说起当初议谥时的往事。宣，谥法曰："圣善周闻曰'宣'"。［15］以忧卒：因忧惧而死。［16］己丑：正月十四日。［17］甲寅：二月九日。［18］丁卯：二月十二日。［19］校（jiào）猎于乌江：遮拦禽兽以猎取之，泛指打猎。校，栅栏，用木栅栏阻拦、猎取野兽。乌江，古县名，县治在今安徽和县东北乌江镇。［20］壬戌：二月十七日。［21］甲子：二月十九日。［22］瓜步山：古山名，在今江苏南京市六合区的长江北岸。［23］壬申：二月二十七日。［24］甲子：四月二十日。［25］临军战陈：意即在战场上。陈，同"阵"。［26］并不得专杀：一律不准擅自杀人。并，一律，一概。专，独自，擅自。［27］重辟：极刑，死罪。［28］先上须报：先向上报告，等朝廷批准后再行刑。上，上报。须，等候。［29］丙子：五月二日。［30］守宰：太守，县令。［31］动民兴军：征调百姓服役与派兵打仗。［32］手诏：皇帝亲笔下令。［33］边隅外警：边境有外敌入侵。隅，远方，角落。奸衅（xìn）内发：国内有人造反。奸衅，奸细，坏人。内发，从内部发动叛乱。［34］变起仓猝（cù）：意想不到的发生变乱。［35］戊辰：五月四日。［36］左民尚书：即日后的民部尚书、户部尚书，管理全国百姓的户籍以及赋税等事。［37］狎（xiá）侮：捉弄，戏侮。［38］不免秽（huì）辱：都免不了要受其污辱、侮辱。［39］老伧（cāng）：犹今所谓"土老冒""土豹子"。当时江南人呼中原人为"伧父"。王玄谟是太原郡人，故有此称。［40］老悭（qiān）：犹今所谓"老抠儿""吝啬鬼"。［41］齴（yǎn）：牙齿外露的样子。［42］皆有称目：都有个叫法。［43］宗灵秀：刘宋官员，刘骏时为黄门侍郎。［44］瞻谢倾踣（bó）：瞻，看，环顾看人的样子。谢，叩拜谢恩的样子。倾，因其行动不便，歪歪斜斜的样子。踣，站立不稳，突然摔倒的样子。［45］昆仑奴：古代泛指中印半岛南部及南洋诸岛的居民为昆仑，其特点是卷发黑肤，沦为奴仆，则称昆仑奴。胡三省曰："昆仑奴者，言其状似昆仑国人也。昆仑国在林邑南。"林邑，古代小国名，在今越南南部。［46］方严：方正而严肃。［47］不敢侵媟（xiè）：不敢侮辱挑逗。媟，轻慢，戏弄。［48］仪曹郎：尚书省仪曹长官，掌管礼法仪容，上属于祠部尚书。［49］常免昵（nì）戏：能够不被皇帝所戏弄、狎侮。昵，不庄重的亲近。［50］去人实远：比一般人可高得多了。去，距离，高出。［51］蔡豫章：以称蔡兴宗的父亲蔡廓，曾为豫章太守。蔡廓，字子度，官至吏部尚书。传见《宋书》卷五十七。［52］昔在相府：指当初刘宋武帝刘裕为东晋安帝的丞相，蔡廓给刘裕任司徒左长史的时候。［53］方严不狎：为人方正而不苟言笑。［54］宴私：不拘礼法的饮食戏乐，以及与后宫妃嫔的私情相处等。［55］能负荷：能继承其先人的品行与才干。负荷，承担，继承。［56］壬寅：五月二十八日。

六月，戊辰[1]，以秦郡太守刘德愿[2]为豫州刺史。德愿，怀慎之子也。

上既葬殷贵妃，数与群臣至其墓，谓德愿曰："卿哭贵妃，悲者当厚赏。"德愿应声恸哭[3]，抚膺擗踊[4]，涕泗[5]交流。上甚悦，故用豫州刺史以赏之。上又令医术人[6]羊志哭贵妃，志亦呜咽极悲。他日有问志者曰："卿那得此副急泪[7]？"志曰："我尔日自哭亡妾[8]耳。"

上为人，机警勇决[9]，学问博洽[10]，文章华敏[11]；省读[12]书奏，能七行俱下[13]。又善骑射，而奢欲[14]无度。自晋氏渡江[15]以来，宫室草创[16]，朝宴[17]所临，东、西二堂而已。晋孝武末，始作清暑殿。宋兴[18]，无所增改。上始大修宫室，土木被[19]锦绣，嬖妾幸臣[20]，赏赐倾府藏[21]。坏高祖所居阴室[22]，于其处起玉烛殿。与群臣观之[23]，床头有土障[24]，壁上挂葛灯笼[25]、麻蝇拂[26]。侍中袁顗[27]因盛称高祖俭素之德[28]，上不答，独曰："田舍公[29]得此，已为过[30]矣。"顗，淑之兄子也。

秋，八月，乙丑[31]，立皇子子孟为淮南王[32]，子产为临贺王[33]。

丙寅[34]，魏主畋于河西；九月，辛巳[35]，还平城。

庚寅[36]，以新安王子鸾兼司徒。

丙申[37]，立皇子子嗣为东平王[38]。

冬，十月，癸亥[39]，以东海王祎[40]为司空。

己巳[41]，上校猎姑孰[42]。

魏员外散骑常侍游明根等来聘。明根奉使三返[43]，上以其长者，礼之有加。

十一月，癸巳[44]，上习水军于梁山[45]。

十二月，丙午[46]，如历阳[47]。

甲寅[48]，大赦。

己未[49]，太宰义恭加尚书令。

癸亥[50]，上还建康。

（以上为第十段，写刘宋孝武帝刘骏十分宠信殷贵妃，到了无以复加的地步；孝武帝刘骏，机警干练，学问渊博，善于骑射，但是，奢侈、纵欲没有节制。）

【注释】

［1］戊辰：六月二十五日。［2］秦郡：古郡名，郡治在今江苏南京市六合区。刘德愿：高祖刘裕的堂兄弟刘怀慎之子，刘宋官员。传见《宋书》卷四十五。［3］恸（tòng）哭：放声大哭。恸，极度悲哀，大哭。［4］抚膺擗（pǐ）踊：捶胸顿足，极度哀痛的样子。膺，胸。擗，捶胸。踊，以脚顿地。［5］涕泗：鼻涕，眼泪。［6］医术人：医生。［7］急泪：眼泪说流下来就流下来，不受控制似的。［8］我尔日自哭亡妾：我那天是哭我刚死去的小老婆。［9］机警勇决：机智，敏锐。勇敢，果断。［10］博洽：博，指广博，看的书多。洽，指对问题理解得深入。［11］华敏：文辞华丽，思维敏捷。［12］省读：阅读。省，看。［13］七行俱下：极言其阅读的速度之快。其实，一目数行的阅读，是根本不可能的。［14］奢欲：奢侈，纵欲。［15］晋氏渡江：即指司马睿渡江南来，建立东晋王朝。［16］草创：开始创办、创立。［17］朝宴：上朝与举行宴会。［18］宋兴：指刘宋建立以后。［19］被：同“披”，覆盖。［20］嬖（bì）妾幸臣：受宠爱的妃嫔与受宠任的臣子。嬖，不庄重的亲爱。［21］倾府藏：尽其府库所有。［22］坏高祖所居阴室：拆除高祖刘裕所居宫殿改建的储藏库阴室。阴室，收藏诸御物的房子。胡三省曰：“江左诸帝既崩，以其所居殿为阴室，藏诸御物。”［23］与群臣观之：指观看刘裕生前所居住的宫室处新建的玉烛殿。［24］床头直土障：旧屋床头上还有一段小土墙。［25］葛灯笼：用葛布为罩的灯笼。葛布，粗布，古代穷人用来制作衣帽的材料。［26］麻蝇拂：麻线制作的蚊蝇拂。拂，用以驱赶蚊蝇的工具。［27］袁颛（yǐ）：字景章，吴郡太守袁洵之子，刘宋大臣。官至安北将军，加尚书左仆射。后被杀。传见《南史》卷二十六。［28］因盛称高祖俭素之德：于是大加称赞高祖节俭朴素的美德。［29］田舍公：犹今所谓“老农民”“乡巴佬”。［30］已为过：已经超出了他的希望。［31］乙丑：八月二十三日。［32］子孟：即刘子孟，字孝光，孝武帝刘骏第十六子，封淮南郡王。传见《宋书》卷八十。［33］子产：即刘子产，字孝仁，孝武帝刘骏第十八子，封临贺郡王。传见《宋书》卷八十。［34］丙寅：八月二十四日。［35］辛巳：九月九日。［36］庚寅：九月十八日。［37］丙申：九月二十四日。［38］子嗣：即刘子嗣，字孝叔，孝武帝刘骏第二十七子，封为东平王。年仅四岁，传见《宋书》卷八十。［39］癸亥：十月二十二日。［40］祎：即刘祎（yī），文帝刘义隆第八子，封东海王，改封庐江王。传见《宋书》卷七十九。［41］己巳：十月二十八日。［42］姑孰：古县名，县治在今安徽当涂县。［43］奉使三返：三次出使宋朝。［44］癸巳：十一月二十二日。［45］梁山：古山名，在今安徽当涂县西南的天门山，因两山夹大江相对如门而得名。其东者为博望山，其西者为梁山。［46］丙午：十二月六日。［47］历阳：古县名，县治在今安徽和县，当时为历阳郡的郡治所在地。［48］甲寅：十二月十四日。［49］己未：十二月十九日。［50］癸亥：十二月二十二日。

八年（甲辰，464年）

春，正月，丁亥[1]，魏主立其弟云为任城王[2]。

戊子[3]，以徐州刺史新安王子鸾领司徒。

夏，闰五月，壬寅[4]，太宰义恭领太尉。

上末年尤贪财利，刺史、二千石罢还[5]，必限使献奉[6]，又以蒲戏取之[7]，要令罄尽乃止[8]。终日酣饮[9]，少有醒时。常凭几[10]昏睡，或外有奏事，即肃然整容，无复酒态。由是内外畏之，莫敢弛惰[11]。

庚申[12]，上殂[13]于玉烛殿。遗诏："太宰义恭解尚书令，加中书监[14]；以骠骑将军、南兖州刺史柳元景领尚书令，入居城内[15]。事无巨细，悉关二公[16]，大事与始兴公沈庆之参决[17]；若有军旅，悉委庆之；尚书中事[18]，委仆射颜师伯；外监所统[19]，委领军将军王玄谟。"

是日，太子[20]即皇帝位，年十六，大赦。吏部尚书蔡兴宗亲奉玺绶[21]，太子受之，傲惰无戚容[22]。兴宗出，告人曰："昔鲁昭[23]不戚，叔孙知其不终[24]。家国之祸，其在此乎！"

甲子[25]，诏复以太宰义恭录尚书事[26]，柳元景加开府仪同三司，领丹杨尹，解南兖州。

六月，丁亥[27]，魏主如阴山。

秋，七月，己亥[28]，以晋安王子勋为江州刺史。

柔然处罗可汗卒，子予成[29]立，号受罗部真可汗[30]，改元永康。部真帅众侵魏；辛丑[31]，魏北镇游军[32]击破之。

壬寅[33]，魏主如河西[34]。高车五部[35]相聚祭天，众至数万。魏主亲往临视之，高车大喜。

丙午[36]，葬孝武皇帝于景宁陵[37]，庙号世祖[38]。

（以上为第十一段，写刘宋孝武帝刘骏晚年十分贪财好利，贪饮沉醉，去世后，太子刘子业继位，一副傲慢无礼而无悲伤的样子，大臣们断定他不会有什么好结果。）

【注释】

[1]丁亥：正月十七日。［2］云：即拓跋云，字岱，景穆帝拓跋晃之子，北魏名臣。封任城王。传见《魏书》卷十九中。［3］戊子：正月十八日。［4］闰五月，壬寅：闰五月五

日。［5］二千石罢还：指郡太守与诸侯国相任满回京。［6］限使献奉：规定让他们给皇帝进贡。［7］又以蒲戏取之：还要用赌博的方式变着法子向他们索取钱财。蒲戏，即赌博。蒲，即樗蒲，古代赌博用的工具，类似今之骰子。［8］要令罄（qìng）尽乃止：关键是要把他们的钱财全部刮光才算完事。要，重要的是，关键是。罄尽，全尽无余。［9］酣（hān）饮：畅饮，痛饮。［10］凭几：靠着小桌。几，小桌，古人可倚之、凭之，作为休息。［11］弛惰：松懈，懒惰。［12］庚申：闰五月二十三日。［13］殂（cú）：死亡。［14］加中书监：改任为中书省的长官。中书监，中书省首席长官，与中书令职务相等而位次略高，成为事实上的宰相。中书省为皇帝起草文件、诏令。［15］入居城内：进住到皇城之内。城，通常所谓台城、皇城，为皇宫及朝廷各部机构的所在之地。［16］悉关二公：都要向刘义恭、柳元景二人请示。关，请示，通过。［17］参决：商量，决定。［18］尚书中事：尚书省的一切事务。［19］外监所统：台城以外的各路驻军的管理部门。胡三省注引李延寿有所谓“若征兵动众，大兴人役，优剧远近，断于外监之心”。［20］太子：即刘子业，孝武帝刘骏的长子。［21］亲奉玺绶：亲自捧着皇帝的印玺。绶，印玺上所系的彩色丝条。［22］傲惰无戚容：傲慢，懒散，没有一点悲伤的样子。［23］鲁昭：即春秋时鲁昭公，鲁国第二十五任国君（前541—前510）。即位时，年十九，犹有童心。前517年，鲁国因斗鸡而发生内乱，昭公先后逃亡到齐国、晋国，后在晋国乾侯去世。传见《史记》卷三十三。［24］叔孙知其不终：春秋时鲁大夫叔孙豹。传见《史记》卷三十三。知其不终，叔孙豹根据鲁昭公临父丧而无戚容，曾曰：“今裯非适嗣，且又居丧意不在戚而有喜色，若果立，必为季氏忧。”预言其日后一定不会有好的下场，后来鲁昭公果然被鲁国的权臣季氏赶出国外，流浪而死。［25］甲子：闰五月二十七日。［26］录尚书事：总管尚书省的一切大事，职同宰相。录，总理，总管。［27］丁亥：六月二十日。［28］己亥：七月二日。［29］予成：即郁久闾予成，处罗可汗去世，予成继位，仿照中原王朝，建年号为“永康”，称受罗部真可汗。在位期间，希望与北魏和好相处，曾几次向北魏求婚，后因故未成。在位二十一年，病死。［30］受罗部真：当时的北魏语，“恩惠”的意思。［31］辛丑：七月四日。［32］北镇游军：北魏国北方军镇的游动部队。［33］壬寅：七月五日。［34］河西：古区域名，此指内蒙古的准噶尔、东胜一带的黄河以西地区。［35］高车五部：高车族的五个部落。高车，当时活动在今内蒙古与蒙古国一带的少数民族名，也称“敕勒”，以喜乘高车而得名。其归附于北魏国的部分居住在今内蒙古内。［36］丙午：七月九日。［37］景宁陵：古陵墓名，在今江苏南京市江宁区。［38］世祖：一般为王朝承上启下的有为君主的特定庙号。

庚戌[1]，尊皇太后曰“太皇太后”，皇后曰“皇太后”。

乙卯[2]，罢南北二驰道[3]，及孝建[4]以来所改制度，还依元嘉[5]。

尚书蔡兴宗于都座慨然[6]谓颜师伯曰："先帝虽非盛德[7]之主，要以道始终[8]。三年无改[9]，古典[10]所贵。今殡宫始撤[11]，山陵未远[12]，而凡诸制度兴造，不论是非，一皆刊削[13]，虽复禅代[14]，亦不至尔[15]。天下有识[16]，当以此窥人[17]。"师伯不从[18]。

太宰义恭素畏戴法兴、巢尚之等，虽受遗辅政，而引身避事[19]，由是政归近习[20]。法兴等专制朝权，威行近远，诏敕[21]皆出其手；尚书[22]事无大小，咸取决[23]焉，义恭与颜师伯但守空名而已。

蔡兴宗自以职管铨衡[24]，每至上朝，辄为义恭陈登贤进士之意[25]，又箴规得失[26]，博论[27]朝政。义恭性恇挠[28]，阿顺法兴[29]，恒虑失旨[30]，闻兴宗言，辄战惧无答[31]。兴宗每奏选事[32]，法兴、尚之等辄点定回换[33]，仅有在者[34]。兴宗于朝堂谓义恭、师伯曰："主上谅暗[35]，不亲万机[36]；而选举密事，多被删改，复非公笔[37]，亦不知是何天子意[38]！"数与义恭等争选事[39]，往复论执[40]。义恭、法兴皆恶[41]之。左迁兴宗新昌[42]太守；既而以其人望[43]，复留之建康。

丙辰[44]，追立何妃曰"献皇后[45]"。

乙丑[46]，新安王子鸾解领司徒[47]。戴法兴等恶王玄谟刚严[48]，八月，丁卯[49]，以玄谟为南徐州刺史。

王太后疾笃[50]，使呼废帝[51]。帝曰："病人间[52]多鬼，那可往[53]！"太后怒，谓侍者："取刀来，剖我腹[54]，那得生宁馨儿[55]！"己丑[56]，太后殂[57]。

九月，辛丑[58]，魏主还平城。

癸卯[59]，以尚书左仆射刘遵考为特进、右光禄大夫。

乙卯[60]，葬文穆皇后于景宁陵。

冬，十二月，壬辰[61]，以王畿诸郡为扬州[62]，以扬州为东扬州[63]。癸巳[64]，以豫章王子尚为司徒、扬州刺史。

是岁，青州移治东阳[65]。

宋之境内，凡有州二十二，郡二百七十四，县千二百九十九，户九十四万有奇[66]。

东方诸郡[67]连岁旱饥，米一升钱数百，建康亦至百余钱，饿死什六七[68]。

（以上为第十二段，写刘宋太子刘子业继位后的治政，太宰刘义恭不问政事；大臣戴法兴独揽朝权，恣意妄为；吏部尚书蔡兴宗耿直被贬；概述刘宋行政区划。）

【注释】

[1]庚戌：七月十三日。[2]乙卯：七月十八日。[3]罢南北二驰道：刘骏大明五年（461）修，南起阊阖门至朱青门，北起承明门至玄武湖。[4]孝建（454年正月—456年十二月）：刘宋孝武帝刘骏的年号，共近三年。[5]元嘉（424—453）：刘宋文帝刘义隆的年号，共二十九年余。[6]都座慨然：相当于“都堂”，是尚书省内各部尚书的集中会议之所。慨然，情绪激动、高昂的样子。[7]盛德：崇高的品德，深厚的恩德。[8]要以道始终：总的看来还是遵守大道有始有终的。要，大体上，总的说来。[9]三年无改：指三年内不改变先帝所定的措施。《论语·学而》有所谓“三年无改于父之道，可谓孝矣。”[10]古典：古代的典章制度。[11]殡宫始撤：停放灵柩的灵堂刚刚拆除。殡宫，灵堂。[12]山陵未远：老皇帝刚刚下葬不久。山陵，已死皇帝的陵墓，这里即指老皇帝。[13]一皆刊削：全部废弃不用。[14]虽复禅代：即使是传位给另一个族姓的人，如曹氏之篡刘氏，司马之篡曹氏等。禅代，禅位，替代。[15]亦不至尔：也不至于像今天这样。[16]有识：有识之士。[17]当以此窥人：会从这些问题的处理上看出执政者的水平高低。窥人，看人，对人做出评论。[18]不从：不赞成这种看法。[19]引身避事：遇事不出头，不说话、不掌权。引身，抽身，置之事外。[20]近习：皇帝身边受宠的小人。[21]诏敕（chì）：以皇帝的名义发出各种文告。[22]尚书：指尚书台，中央最高政令机构，为中央政府最高权力机构之一。[23]咸取决：都由他来决定。[24]职管铨衡：当时蔡兴宗任吏部尚书，主管评定与考核、选拔官吏。[25]登贤进士之意：讲推贤进士的道理。陈，讲述。登，推之使进。[26]箴（zhēn）规得失：规劝朝廷的失误之处。箴规，劝导。得失，偏义复词，即指失误。[27]博论：广泛议论。[28]恇（kuāng）挠：怯懦，屈软。[29]阿顺法兴：一味地屈从戴法兴。阿，顺从。[30]恒虑失旨：只怕违背其心意。恒，常。[31]辄（zhé）战惧无答：总是紧张得说不出话来。战惧，惧怕，紧张。[32]每奏选事：每次呈上任命官员的名单。[33]辄（zhé）点定回换：总要做很多更改退换。[34]仅有在者：原有的人选保留不了几个。[35]主上谅暗：皇帝在守孝期间。谅暗，服丧、守孝。按古礼，帝王在守孝期间不问政事，一切政事交由大臣管理。[36]万机：代指政事。[37]复非公笔：这些更改又不是义恭先生您的笔迹。公，以称刘义恭。[38]不知是何天子意：不知这是不是皇帝的意见？[39]争选事：争论人事选拔之事。[40]往复论执：翻来复去地坚持自己的主张。执，坚持。[41]恶：厌恶，讨厌。[42]新昌：古郡名，郡治范信，在今越南河内市西北。[43]人望：众望所归的人物。

[44]丙辰：七月十九日。 [45]何妃：刘子业为太子时的嫔妃，死于孝武帝大明五年（461），刘子业继承皇位，谥号献皇后。献皇后："献"字是谥号。据《谥法解》："聪明睿哲曰'献'；知质有圣曰'献'。" [46]乙丑：七月二十八日。 [47]解领司徒：解除其所兼任的司徒之职。 [48]刚严：刚正，严厉。 [49]丁卯：八月一日。 [50]王太后：即王宪嫄，刘宋孝武帝刘骏的表姐及皇后。生子前废帝刘子业、豫章王刘子尚。子业即位，尊为皇太后。谥号文穆。传见《宋书》卷四十一。疾笃（dǔ）：病重。 [51]废帝：即刘子业，即位当年遭到湘东王刘彧等人弑杀，时年十七岁，史称"废帝"。[52]病人间：病人住的地方。[53]那可往：怎么能过去？那，同"哪"。[54]剖我腹：意即看看我的肚子里有什么奇怪之处。 [55]那得生宁馨（xīn）儿：怎么会生了这样一个儿子。宁馨，晋、宋时期的江南口语，意同"如此""这样"。 [56]己丑：八月二十三。[57]殂（cú）：死亡。 [58]辛丑：九月五日。 [59]癸卯：九月七日。 [60]乙卯：九月十九日。 [61]壬辰：十二月二十八日。 [62]王畿（jī）诸郡：孝武帝大明三年（459），以丹杨、淮南、宣城、吴郡、吴兴、义兴六郡为王畿。王畿，即京城的郊区。 [63]以扬州为东扬州：把原来名叫东扬州，大明三年（459）将其改称为扬州的浙东五郡，仍复原称东扬州，州治仍在会稽，在今绍兴。 [64]癸巳：十二月二十九日。 [65]青州移治东阳：刘宋青州的州治在《资治通鉴》上卷孝建三年（456）曾迁到历城，在今山东济南，今乃又迁回到东阳，在今山东青州市。 [66]有奇：有余，有零头。刘宋全境在册户数有九十四万余户。 [67]东方诸郡：指江苏的三吴，即吴郡、吴兴、义兴；及浙江东部的五郡，即会稽郡、东阳郡、永嘉郡、临海郡、新安郡。 [68]什六七：十分之六七。

【点评】

论沈庆之平叛与固位。本卷记载刘宋所发生的重要事件就是竟陵王刘诞的所谓造反，而平定此难的竟是一位没有文化，"目不知书"的沈庆之。更令人惊异的是他竟位至三公。沈庆之是怎样登上高位的，又是如何保持荣华富贵的，能够在充满妒忌杀害了众多大臣的宋孝武帝手下立功建树，真是不容易。

竟陵王刘诞被指造反，宋孝武帝任命始兴公沈庆之为车骑大将军、开府仪同三司、南兖州刺史，率领大军，讨伐刘诞，这才开始了沈庆之对刘诞的作战，是他立功的机会。打仗时，沈庆之率领士卒攻城，身先士卒，亲自冒着飞箭和石头，向前冲杀，这是他作战屡屡成功的原因。

沈庆之与刘诞之间除了军事斗争还有外交上的巧妙周旋，破解了刘诞的一个个圈套。当沈庆之率军赶到，刘诞派沈庆之的同族人沈道愍带着自己的亲笔信，前去游说，并送给沈庆之一把玉环刀。沈庆之很聪明，没有接受游说，也没有杀来使，而是很客气地将沈道愍送了回去，并向沈道愍列举了刘诞的种种罪状。这里沈庆之列举的罪状，只是朝廷告知他的那些，自己并没有增添什么新的内容，这说明他只是表明自己奉命行事而已。再进一步，沈庆之率军来到广陵城下，刘诞登上城楼对他说："沈公头发斑白之年，何苦还来此地呢！"刘诞之问，礼貌文明，沈庆之的回答十分睿智聪明："朝廷认为你狂妄愚蠢，不足以烦劳那些青壮年出马了！"既回答了所问，又对对方做了评价，还以揶揄自己的手法暗含机关，深含的意思是像你这样的狂妄愚蠢，虽然我已经衰老无用，但是对付你已经足够了，所以朝廷将我们拴在了一起。

沈庆之进军扎营，直逼广陵城。刘诞给了沈庆之一重又一重的考验，先是派人将饭菜和美酒等送给沈庆之，沈庆之不打开，就全都烧了。接着刘诞又从城楼上把给皇上的奏章拿给他看，请求沈庆之代为呈送。沈庆之公事公办地说："我是接受诏令前来讨伐叛贼的，不能替你呈送奏表。如果你一定要回到朝廷，接受死罪，你自己就应该打开城门，派遣使者，我为你护送前往。"既不伤对方的面子，又维护了原则立场，真是巧妙的回答。设若沈庆之代替转呈奏章，就会被误认为同党，这表明沈庆之有足够的政治经验，知道避嫌。他的政治头脑还表现在攻下广陵之后，朝廷颁布诏书，将广陵城内的所有居民，无论男女老少，全部杀掉。这时沈庆之请求留下身高五尺以下的人不杀，这是刀下留人，保留了劳动力，生产力，是社会最重要的构成。沈庆之建议把女子全都赏给将士们，解决了将士的家庭问题，同样也解决了社会问题，又获取人心。一个文盲会想到这么多，已经难能可贵了。

沈庆之的聪明，还在于他的政治生存技能。他知道位子高了会带来危险，所以坚持让去司空的位子。他财富极广，但是不贪爱财物，向国家捐献一千万钱，谷子一万斛。他虽然不读书，但是知道输出得越多自己得到的越多的道理，明白贪得再多最后都不是自己的。他的生存之道还表现在远离政治。在政治漩涡中生存的最好办法就是远离政治，漠不关心政治。他多蓄养姬妾，整日悠游无所事事，尽情欢愉，不是朝贺的时候不出门，这样就不会被怀疑结帮拉派，搞政治团伙。他的作风低调，随从的车马稀少，跟从的不过三五人，路上遇见了绝对不知道他位列三公。这是他深刻研究了当朝的政治生态之后，尤其是亲眼看见同僚一个个被皇帝杀掉，所采取的保位的办法，一个文盲，不能直接从历史中获取经验，但是却如鱼得水地生活在险恶的政治环境中，的确是奇才。

关于竟陵王刘诞是不是造反，本卷没有明确记载，但是行文却十分清楚地表达了作者的立场。本卷一开始就写竟陵王刘诞只是知道宋孝武帝猜忌他，私下里做好了应变的准备而已。刘诞是被动的，不是主动的造反。那么，刘诞采取了什么应变措施？利用北魏大军侵入的时机，修筑城墙，疏通护城河，积蓄粮食，整治武器。

就是准备一旦朝廷派人收拾自己时能够抵挡一阵。那么，造反的话是从什么地方来的？行文特别提醒说是路上都在传言，说刘诞就要反叛。偏巧，赶上吴郡平民刘成上书，与此同时，豫章平民陈谈之也上书，说的都是捕风捉影的事情，按说应该调查才是。可是，孝武帝立刻命令有关部门奏报刘诞的罪行，有关部门请求把刘诞抓进监狱，判刑惩治。事情明白无误，宋孝武帝需要这样的上书，借此成事而已。书中还记载了一个细节，足以说明刘诞并没有造反的准备，那就是朝廷派来抓自己的垣阆已经到达广陵，刘诞还没有醒过来，措手不及。手下人赶快报告给了刘诞。刘诞大吃一惊，从床上跳起，这都不是有预谋的样子。结论自然是宋孝武帝猜忌他，要他死！

卷一三〇　宋纪十二

宋明帝泰始元年（465 年）

【旃蒙大荒落（乙巳，465 年），凡一年】

【大事提要】

本卷记事公元 465 年，凡一年，当宋明帝泰始元年。本卷所载大事，南朝刘宋发生四件大事。其一，皇室的内部残杀仍未止步。其二，宋废帝掩杀沈庆之，时年八十。其三，废帝继位时，将诸位叔父召回朝廷，不准离开建康。调回较为年长手握重兵的湘东王刘彧、建安王刘休仁、山阳王刘休佑三人。其四，废帝被杀，湘东王刘彧立为皇帝。北朝北魏发生一件大事，文成帝去世，皇太子拓跋弘继位，是为献文帝。

太宗明皇帝[1]上之上

泰始元年[2]（乙巳，465 年）

春，正月，乙未朔[3]，废帝改元永光，大赦。

丙申[4]，魏大赦。

二月，丁丑[5]，魏主如楼烦宫[6]。

自孝建以来，民间盗铸滥钱[7]，商货[8]不行。庚寅[9]，更铸二铢钱[10]，形式转细[11]。官钱每出，民间即模效[12]之，而更薄小，无轮郭[13]，不磨镳[14]，谓之“耒子[15]”。

三月，乙巳[16]，魏主还平城。

夏，五月，癸卯[17]，魏高宗殂[18]。初，魏世祖[19]经营四方，国颇虚耗[20]，重以内难[21]，朝野楚楚[22]。高宗嗣[23]之，与时消息[24]，静以镇之，怀集[25]中外，民心复安。甲辰[26]，太子弘即皇帝位，大赦，尊皇后曰“皇太后”。

显祖[27]时年十二，侍中、车骑大将军乙浑[28]专权，矫诏杀尚书杨保年、平阳公贾爱仁、南阳公张天度于禁中[29]。侍中、司徒、平原王陆丽[30]治疾于代郡温泉[31]，乙浑使司卫监穆多侯[32]召之。多侯谓丽曰："浑有无君之心。今宫车晏驾[33]，王德望素重[34]，奸臣所忌，宜少淹留[35]以观之；朝廷安静，然后入，未晚也。"丽曰："安有闻君父之丧、虑患[36]而不赴者乎！"即驰赴平城。乙浑所为多不法，丽数争之[37]。戊申[38]，浑又杀丽及穆多侯。多侯，寿之弟也。己酉[39]，魏以浑为太尉、录尚书事，东安王刘尼[40]为司徒，尚书左仆射代人和其奴[41]为司空。殿中尚书顺阳公郁[42]谋诛乙浑，浑杀之[43]。

壬子[44]，魏以淮南王它[45]为镇西大将军、仪同三司，镇凉州[46]。

六月[47]，魏开酒禁。

壬午[48]，加柳元景南豫州刺史，加颜师伯丹杨尹。

秋，七月，癸巳[49]，魏以太尉乙浑为丞相，位居诸王上；事无大小，皆决于浑。

（以上为第一段，写北魏文成帝拓跋濬去世，十二岁的太子拓跋弘即位，一切大权都掌握在权臣乙浑的手中，乙浑肆意杀戮陆丽等大臣，刘尼等人谋诛乙浑，事泄，被杀。）

【注释】

[1]太宗明皇帝：刘彧（yù）(439—472)，字休炳，徐州彭城（今江苏徐州市）人，武帝刘裕之孙，文帝刘义隆第十一子，孝武帝刘骏异母弟，刘宋第七位皇帝（466—472)，初封淮阳王，改封湘东王，夺取皇位，在位肆意屠杀皇亲宗室、功臣名将，谥号明皇帝，庙号太宗。传见《宋书》卷八。［2］泰始（465年十二月—471年十二月）：刘宋太宗明皇帝刘彧的年号，共使用六年。［3］乙未朔：正月一日。［4］丙申：正月二日。［5］丁丑：二月十四日。［6］魏主如楼烦宫：北魏文成帝拓跋濬。如，到，至。楼烦宫，北魏帝王修筑在楼烦县的宫殿。楼烦，古县名，县治在今山西神池县南、原平市西北。［7］滥钱：分量不足，质量很差的铜钱。［8］商货不行：在商业贸易中不能流通，卖东西的人都不愿接受这种钱。［9］庚寅：二月二十七日。［10］二铢（zhū）钱：古代货币的一种，重量为两铢，故名。铢，古重量单位，十铢等于一两。［11］转细：改小。［12］模效：模仿，仿效，按其样子偷着铸造。［13］无轮郭：没有厚起的边缘。郭，同"廓"。［14］不磨鑢（lǜ）：钱面也不平整。鑢，打磨。［15］耒（lěi）子：刘宋时民间模仿官钱铸造的一种钱币。杜佑《通典》称作"来子"。［16］乙巳：三月十二日。［17］癸卯：五月十一日。［18］魏高宗殂：北魏皇帝拓跋濬死。谥号文成，庙号高宗。史称"有君人之度"。殂（cú），死

亡。［19］魏世祖：即拓跋焘，文成帝之父北魏太武帝，庙号世祖。［20］国颇虚耗：因耗费太大而国库空虚。［21］重以内难：再加上内部叛乱，指宗爱弑杀世祖拓跋焘，又弑杀南安王拓跋余。重，再加上。［22］楚楚：悲伤、酸苦的样子。［23］嗣（sì）：继承，特指父亲传位给嫡长子。［24］与时消息：自己清静无为，顺势休养生息。消息，该消则消，该息则息。消，休。息，这里是“生”的意思。［25］怀集：安抚，团聚。［26］甲辰：五月十二日。［27］显祖：即拓跋弘，庙号显祖，故称之。［28］乙浑：本姓乙弗，字步浑口，代郡（今山西大同市）人，鲜卑族，北魏权臣。累迁侍中、车骑大将军，为东郡公，晋封太原郡王。拓跋弘即位后，把持朝政，屠戮大臣，悖傲不法。官至太尉、录尚书事、大丞相，位在诸王之上。后冯太后发动政变，以谋反罪将其处死。［29］“矫诏杀尚书杨保年”三句：矫诏：假传圣旨。乙浑假传圣旨在皇宫中杀了杨保年、杀了平阳公贾爱红、杀了南阳公张天度。禁中：也作“禁内”，古代帝王所居的皇宫，因不许人随便进出，故称之。［30］陆丽：北魏大臣，拥立拓跋濬即位有功，拜侍中、抚军大将军，封平原郡王。传见《魏书》卷四十。［31］代郡温泉：胡三省引《魏土地记》曰：“代城北九十里有桑干城，城西渡桑干水，去桑干城十里，有温汤，疗疾有验。”［32］穆多侯：穆陵氏，代郡（今山西大同市）人，名臣穆崇之孙，宜都文成王穆观之子，北魏大臣，为权臣乙浑所害。传见《魏书》卷二十七。［33］宫车晏驾：婉称拓跋濬之死。晏驾，车驾晚出，古代称帝王死亡的讳辞。［34］德望素重：威望一向崇高，指陆丽当初扶立高宗拓跋濬有功，并忠诚事君。［35］少淹留：应在外面停留一些时日。少，同“稍”，略微。淹留，逗留，故意躲避在外。［36］虑患：担心祸患。［37］数争之：屡次与之争执，表示反对。［38］戊申：五月十六日。［39］己酉：五月十七日。［40］刘尼：并州刺史刘娄之子，北魏大臣。传见《北史》卷二十八。［41］和其奴：为殿中尚书、散骑常侍，进爵平昌郡公，累迁左仆射、司空兼侍中。后驱逐太尉乙浑的党羽林金闾，授征西大将军。传见《魏书》卷四十四。［42］殿中尚书：北魏初置，掌管殿内兵马、仓库。郁：即拓跋郁，北魏宗室、大臣。封顺阳郡公。传见《魏书》卷十四。［43］浑杀之：乙浑杀了殿中尚书拓跋郁。胡三省曰：“主少国疑，奸臣擅命，图戮忠良，魏之不亡者幸也。”［44］壬子：五月二十日。［45］淮南王它：即拓跋他，拓跋珪之孙，阳平王拓跋熙长子，袭封阳平王，为镇东将军，迁镇南大将军、淮南王。传见《魏书》卷十六。［46］凉州：州治在今甘肃武威市。［47］六月：二字原无，据章校补。［48］壬午：六月二十一日。［49］癸巳：七月二日。

废帝幼而狷暴[1]。及即位，始犹难[2]太后、大臣及戴法兴[3]等，未敢自恣[4]。太后既殂[5]，帝年渐长，欲有所为，法兴辄抑制[6]之，谓帝曰：“官所为如此[7]，欲作营阳邪[8]！”帝稍不能平[9]。所幸阉人[10]华愿儿，赐与无算[11]，法兴常加裁减，愿儿恨之。帝使愿儿于外察听风谣[12]，愿儿言于帝曰：“道路皆言[13]：‘宫中有二天子：法兴为[14]真天子，官为赝天子[15]。’且官居深宫，与人物不接[16]，法兴与太宰[17]、颜、柳共为一体[18]，往来门客恒[19]有数百，内外士庶莫不畏服。法兴是孝武左右[20]，久在宫闱[21]；今与他人作一家，深恐此坐席非复官有[22]。”帝遂发诏免[23]法兴，遣还田里[24]，仍徙远郡[25]。八月，辛酉[26]，赐法兴死；解巢尚之舍人[27]。

员外散骑侍郎东海奚显度[28]，亦有宠于世祖。常典作役[29]，课督苛虐[30]，捶扑惨毒[31]，人皆苦之。帝常戏[32]曰："显度为百姓患[33]，比当除之[34]。"左右因唱诺[35]，即宣旨杀之。

尚书右仆射、领卫尉卿、丹杨尹颜师伯居权日久[36]，骄奢淫恣[37]，为衣冠所疾[38]。帝欲亲朝政[39]，庚午[40]，以师伯为尚书左仆射，解卿、尹[41]，以吏部尚书王彧为右仆射[42]，分其权任[43]。师伯始惧。

初，世祖多猜忌[44]，王公、大臣，重足屏息[45]，莫敢妄相过从[46]。世祖殂[47]，太宰义恭等皆相贺曰："今日始免横死[48]矣。"甫过山陵[49]，义恭与柳元景、颜师伯等声乐酣饮[50]，不舍昼夜[51]；帝内不能平[52]。既杀戴法兴，诸大臣无不震慑[53]，各不自安。于是，元景、师伯密谋废帝，立义恭，日夜聚谋，而持疑[54]不能决。元景以其谋告沈庆之；庆之与义恭素不厚[55]，又师伯常专断朝事[56]，不与庆之参怀[57]，谓令史[58]曰："沈公，爪牙[59]耳，安得预政事[60]！"庆之恨之，乃发其事[61]。

癸酉[62]，帝自帅羽林兵[63]讨义恭，杀之，并其四子。断绝义恭支体[64]，分裂肠胃，挑取眼睛，以蜜渍[65]之，谓之"鬼目粽[66]"。别遣使者称诏召柳元景，以兵随之[67]。左右[68]奔告："兵刃非常[69]。"元景知祸至，入辞其母，整朝服[70]乘车应召。弟车骑司马叔仁戎服[71]，帅左右壮士欲拒命，元景苦禁之。既出巷，军士大至。元景下车受戮，容色恬然[72]，并其八子、六弟及诸侄。获颜师伯于道，杀之，并其六子。又杀廷尉刘德愿[73]。改元景和，文武进位二等[74]。遣使诛湘州刺史江夏世子伯禽[75]。自是公卿以下，皆被捶曳[76]如奴隶矣。

（以上为第二段，写前废帝刘子业执政时的宫廷矛盾与斗争，戴法兴专权，被罢逐杀；刘义恭与柳元景、颜师伯合谋废帝，被沈庆之告发，被斩首，祸及子孙。）

【注释】

[1]狷（juàn）暴：心胸狭隘，脾气暴躁。[2]难：畏惧，顾忌。[3]戴法兴：刘宋权臣，被前废帝刘子业赐死。传见《宋书》卷九十四。[4]自恣：放纵自己，独断专行。[5]殂（cú）：死亡。[6]辄（zhé）抑制：总是约束，压制。[7]官所为如此：您做这样的事情。官，也称“官家”，对皇帝的称呼，这里即称刘子业。[8]欲作营阳邪：莫非是想走营阳王的道路吗？胡三省曰：“废帝固狂暴，戴法兴此言亦足以取死。”营阳，即刘义符，宋武帝刘裕长子，南朝宋第二位皇帝，被权臣徐羡之、傅亮、谢晦等人所废，降为营阳王，又被杀害。传见《宋书》卷四。[9]稍不能平：越来越不能忍受。稍，渐，越来越。[10]所幸阉（yān）人：被刘子业宠爱的太监。幸，宠爱。[11]赐与无算：平常赏赐给他的财物之多无法计算。[12]风谣：风俗，歌谣。[13]道路皆言：走在路上的人都说。[14]为：此字原无，据章校补。[15]官为赝（yàn）天子：您是个假皇帝、挂名皇帝。赝，假的。[16]不接：不接触。[17]太宰：即刘义恭。[18]共为一体：勾结在一起。当时刘义恭为录尚书事，柳元景为尚书令，颜师伯为仆射，而事皆由戴法兴专决。[19]恒：常。[20]孝武左右：孝武帝刘骏亲近的人。[21]宫闱：本指帝王的后宫，后妃的住所，这里即指朝廷、帝王身边。[22]深恐此坐席非复官有：我真怕您的这个位置不能坐得长久。[23]免：免官。[24]遣还田里：打发到农村老家去。[25]仍徙远郡：又把他流放到遥远的边郡。仍，同“乃”。[26]辛酉：八月一日。[27]解巢尚之舍人：免去巢尚之中书通事舍人的职务，巢尚之自孝武帝刘骏时以来一直担任此职。巢尚之，传见《宋书》卷九十四。[28]员外散骑侍郎：在帝王身边起参谋顾问之用。员外，指正员之外。奚显度：南东海郯（今山东郯城县北）人，刘骏时为员外散骑侍郎。苛虐无道，动加捶扑，民不堪虐，为百姓所恶，被杀。[29]常典作役：经常主管一些劳动工程。[30]课督苛虐：管理劳工残酷暴虐。课督：督责，督促。[31]捶（chuí）扑：杖击，鞭打。惨毒：残酷，狠毒。[32]常戏：常，同“尝”，曾经。戏，戏说，无心而言。[33]患：祸害，祸患。[34]比当除之：不久我要除掉他。比，近，不久。[35]唱诺：齐声附和、怂恿，说明大家都对奚显度恨之入骨，欲除之而后快。[36]居权日久：胡三省曰：“孝武大明四年（460），征颜师伯于历城，自侍中迁尚书仆射，居权要。”居权，用权，专权。[37]骄奢淫恣：骄横，奢侈。行为放荡，不知拘检。[38]衣冠所疾：指有地位、有身份的士大夫所痛恨的。[39]亲朝政：亲自管理国家政权，发号施令。[40]庚午：八月十日。[41]解卿、尹：解除了颜师伯所兼任的最有实权的卫尉卿与丹杨尹。[42]吏部尚书：吏部长官，主管选拔、任命官吏，居各部尚书之首。王彧（yù）：字景文，东晋太傅王导五世孙，左仆射王僧朗之子，刘宋重臣。传见《宋书》卷八十五。[43]权任：权力，职责。[44]猜忌：猜疑，妒忌。[45]重足屏息：并足而立，不敢喘息，极言其小心、恐惧之状。[46]妄相过从：轻易地相互往来。[47]殂（cú）：死亡。[48]横死：死于非命，不得好死，指犯罪被杀。[49]甫（fǔ）过山陵：孝武帝刘骏刚刚下葬。甫，刚，才。山陵，古代皇帝的陵墓。[50]声乐酣（hān）饮：以唱歌跳舞助兴开怀畅饮。[51]不舍昼夜：昼夜不停。[52]内不能平：内心怀恨，看不

下去。［53］震慑（shè）：震惊，恐惧。［54］持疑：犹豫，迟疑。［55］素不厚：平常相处不好，没有交情，互不尊重。［56］专断朝事：独揽朝政。［57］不与庆之参怀：不与沈庆之商量、不征求沈庆之的意见。孝武帝刘骏死前的遗诏有“令庆之参决大事”之语。参怀，共同商议。［58］令史：即尚书令史，文书小吏。［59］爪牙：武将，此处是鄙称，犹言“武夫”“匹夫”。［60］安得预政事：有什么资格过问朝廷大事。预，参与，过问。［61］发其事：举报了他们谋反的事情。［62］癸酉：八月十三日。［63］羽林兵：即禁卫军。羽林，禁卫军的代称，意即为国羽翼，如林之盛。［64］断绝：肢解。支体：指四肢与身体。支，同“肢”。［65］渍（zì）：浸泡。［66］鬼目粽（zòng）：鬼眼珠做的粽子。胡三省曰：“宋人以蜜渍物叫做粽。”［67］以兵随之：暗中派兵跟在使者的后面。又是当年孝武帝刘骏想袭取竟陵王刘诞的伎俩。［68］左右：指柳元景身边或亲信之人。［69］兵刃非常：意谓来人皆手持兵器，不同于平常之时。［70］整朝服：穿戴朝服。［71］车骑司马：车骑将军的司马官。司马，为将军的僚属，在军中主管司法。叔仁：即柳叔仁，柳元景之弟。他率左右壮士欲拒命，元景不从，遂一起为废帝所杀。戎服，军服。［72］恬然：安静、不在意的样子。［73］刘德愿：刘怀慎之子，刘宋官员。前废帝永光中任廷尉。与柳元景友善。元景谋另立刘义恭，事败，受株连，下狱死。传见《宋书》卷四十五。［74］进位二等：提升二个级别。［75］湘州：州治在今湖南长沙市。江夏世子伯禽：江夏王刘义恭的嫡子刘伯禽。胡三省曰：“义恭命其世子曰‘伯禽’，是以周公自处矣。”［76］皆被捶（chuí）曳（yè）：想打就打，想拖就拖。曳，拉，在地上拖行。

初，帝在东宫[1]，多过失，世祖欲废之而立新安王子鸾，侍中袁顗[2]盛称“太子好学，有日新之美[3]”，世祖乃止。帝由是德[4]之。既诛群公，欲引进顗，任以朝政，迁为吏部尚书，与尚书右丞徐爰[5]皆以诛义恭等功，赐爵县子[6]。

徐爰便僻[7]善事人，颇涉书传，自元嘉初，入侍左右，豫参顾问[8]；既长于附会[9]，又饰以典文[10]，故为太祖所任遇[11]；大明[12]之世，委寄[13]尤重。时殿省[14]旧人多见诛逐，唯爰巧于将迎[15]，始终无迕[16]；废帝待之益厚，群臣莫及。帝每出，常与沈庆之及山阴公主同辇[17]，爰亦预[18]焉。

山阴公主，帝姊也，适驸马都尉[19]何戢[20]。戢，偃之子也。公主尤淫恣[21]，尝谓帝曰：“妾与陛下，男女虽殊，俱托体先帝[22]。陛下六宫[23]万数，而妾唯附马一人，事太不均。”帝乃为公主置面首[24]左右三十人；进爵会稽郡长公主[25]，秩[26]同郡王。吏部郎褚渊[27]貌美，公主就帝请以自侍[28]，帝许之。渊侍公主十余日，备见逼迫[29]，以死自誓[30]，乃得免。渊，湛之之子也。

帝令太庙别画祖考[31]之像，帝入庙，指高祖[32]像曰："渠大英雄[33]，生擒数天子[34]。"指太祖像曰："渠亦不恶[35]；但末年不免儿斫去头[36]。"指世祖像曰："渠大齄鼻[37]，如何不齄[38]？"立召画工令齄之。

以建安王休仁[39]为雍州刺史，湘东王彧为南豫州刺史，皆留不遣[40]。

甲戌[41]，以司徒、扬州刺史、豫章王子尚领尚书令。乙亥[42]，以始兴公沈庆之为侍中、太尉，庆之固辞。征青、冀二州刺史王玄谟为领军将军。

魏葬文成皇帝于金陵[43]，庙号高宗[44]。

九月，癸巳[45]，帝如湖熟[46]；戊戌[47]，还建康。

新安王子鸾有宠于世祖，帝疾[48]之。辛丑[49]，遣使赐子鸾死，又杀其母弟南海王子师[50]及其母妹，发殷贵妃墓[51]，又欲掘景宁陵[52]，太史以为不利于帝，乃止。

初，金紫光禄大夫谢庄[53]为殷贵妃诔[54]曰："赞轨尧门[55]。"帝以庄比贵妃于钩弋夫人，欲杀之。或说帝曰："死者人之所同，一往之苦[56]，不足为困[57]。庄生长富贵[58]，今系之尚方[59]，使知天下苦剧[60]，然后杀之，未晚也。"帝从之。

（以上为第三段，写刘宋废帝刘子业的恶行，残酷杀害殷贵妃及新安王刘子鸾，又欲杀为殷贵妃作悼词的谢庄；子业之姐山阴公主放纵淫荡。）

【注释】

[1]东宫：太子所居之地。 [2]颢（yǐ）：即袁颢，字景章，为侍中、领军将军、吏部尚书。前废帝刘子业滥杀大臣，袁颢奉刘子勋为帝起兵反朝廷；刘彧抢先夺得帝位后，袁颢又反对刘彧，事败被杀。传见《宋书》卷八十四。 [3]有日新之美：有能发现错误、改正错误的美德。《易·系辞》上有所谓："日新之谓盛德。"日新，指不断改进，不断提高。 [4]德：感人之恩。 [5]徐爰：刘宋著名七佞之臣，受宠于文帝，明帝、前废帝。传见《宋书》卷九十四。 [6]赐爵县子：赏赐他为子爵，封地为一个县。通常是侯爵的封地为一个县，此子爵封地一县，足见给予的俸禄之多。

[7]便僻：谄媚逢迎、为人不正的样子。 [8]豫参顾问：接受过皇帝的一些询问。豫参，参与，介入。 [9]长于附会：善于似是而非地把一些歪理说圆。附会，把讲不通或不相干的事情硬扯在一起。 [10]饰以典文：引经据典地把不相关的事情说得冠冕堂皇。 [11]任遇：信任，重用。[12]大明之世：孝武帝刘骏在位期间。 [13]委寄：信任，寄托。 [14]殿省：指朝廷的各部门，如中书省、尚书省、门下省等。见：被。 [15]巧于将迎：善于钻营取巧。将迎，将就，迎合。[16]无迕（wǔ）：不与皇帝起冲突、闹矛盾。迕，争持不下，违背。 [17]同辇（niǎn）：同乘皇帝的车子。 [18]亦预：也曾参与其中，指与刘子业、沈庆之、山阴公主等同乘一辆车。胡三省曰："徐爰得志于大明、景和之间，宜也；而启宠实在于元嘉，便僻之足以惑人，虽明君不能免也。汉宣用恭、显而遗祸于元帝，事正如此。" [19]驸马都尉：掌副车之马。皇帝出行时自己乘坐的车驾为正车，而其他随行的马车均为副车。刘宋时，帝婿都加驸马都尉称号，简称驸马，非实官，以后"驸马"即用以称帝婿。 [20]何戢（jí）：字慧景，金紫光禄大夫何偃之子，山阴公主刘楚玉丈夫，南朝官员、外戚，美男子。入南齐官至吏部尚书。传见《南齐书》卷三十二。 [21]淫恣：放荡，不知拘检。 [22]俱托体先帝：都是同一个皇帝的子女。 [23]六宫：皇帝的后宫，后妃所居之处。 [24]面首：男宠。胡三省曰："面，取其貌美；首，取其发美。" [25]会稽郡长公主：封地为会稽郡，称号为长公主。长公主，加给皇帝之姐妹的称号。如是皇帝之姑，则称"大长公主"。 [26]秩：等级，级别。 [27]褚渊：字彦回，左仆射褚湛之之子，南朝宋、齐宰相、外戚。传见《南齐书》卷二十三。 [28]请以自侍：请求让他来侍候自己。 [29]备见逼迫：受够了种种逼迫。 [30]自誓：自己发誓，表示决心。 [31]别画祖考之像：分别把祖先的人像都画出来。祖考，在这里泛指祖先、祖辈。祖，指祖父；考，指父亲。 [32]高祖：指刘宋开国皇帝刘裕。 [33]渠大英雄：他可是一位大英雄。渠，他。 [34]生擒数天子：指刘裕曾先后破擒东晋农民头领卢循、叛乱称帝的桓玄、南燕的君主慕容超、后秦的君主姚泓等。 [35]渠亦不恶：他也不坏。 [36]不免儿斫去头：指文帝刘义隆被其太子刘劭所杀。 [37]渠大齄（zhā）鼻：他本来是个大酒糟鼻子。 [38]如何不齄：为何不把他的酒糟鼻子画出来。 [39]休仁：即刘休仁，文帝刘义隆第十二子。 [40]皆留不遣：都留在建康城里，不让他们出朝上任，亦即不给他们实际权力。 [41]甲戌：八月十四日。 [42]乙亥：二字原无，据章校补。 [43]金陵：古地名，帝王生前为自己预先修好等待使用的陵墓例称"金陵"。 [44]庙号：古代皇帝死后，在太庙立室奉祀时特起的名号。高宗：是古代帝王的一个赞誉较高的庙号。 [45]癸巳：九月三日。[46]湖熟：古县名，县治在今江苏南京市江宁区。 [47]戊戌：九月八日。 [48]疾：同"嫉"，嫉妒，忌恨。 [49]辛丑：九月十一日。 [50]子师：即刘子师，字孝友，孝武帝刘骏第二十二子，年四岁，封南海王，后为前废帝所害，时年六岁。刘彧即位，谥号哀。 [51]发殷贵妃墓：挖掘了殷贵妃的坟墓，足见其恨之深。殷贵妃，子鸾之母。 [52]景宁陵：孝武帝刘骏的陵墓。[53]谢庄：字希逸，刘宋大臣、文学家。传见《宋书》卷八十五。 [54]殷贵妃诔（lěi）：谢庄秉承孝武帝刘骏的旨意为殷贵妃写作的赞美与悼念性的文章。诔，文体名，为死者进行歌功颂德的文

字。［55］赞轨尧门：谢庄《殷贵妃诔》中的一个句子，指殷贵妃能效法当年的钩弋夫人给皇帝当贤内助。赞，协助，辅佐。轨，效法，依照。尧门，指尧母门，这里代指居住在尧母门内的钩弋夫人。钩弋夫人怀孕十四个月生了刘弗陵。古代传说唐尧之母怀孕生尧时也是怀了十四个月，于是汉武帝就给钩弋所住的宫门题名为“尧母门”，这一方面表现了汉武帝对钩弋夫人的极度恩宠，同时也流露出汉武帝将小儿子刘弗陵比作尧，准备日后让他继位为皇帝的念头。刘弗陵即汉昭帝。［56］一往之苦：指一刀将谢庄杀死。［57］不足为困：不能让他尝到更多的苦头。［58］生长富贵：指谢庄出身于东晋大族谢家。［59］系之尚方：关在尚方署里做苦工。尚方，即尚方署，是主管为宫廷制造各种生活用品的部门，其中有些劳动是由被关押的犯人来完成的。故系之尚方，意即编入劳改队。［60］苦剧：极度的痛苦。剧，重度，极度。

徐州刺史义阳王昶[1]，素为世祖所恶[2]，民间每讹言[3]昶当反；是岁，讹言尤甚。废帝常谓左右曰：“我即大位以来，遂未尝戒严[4]，使人邑邑[5]！”昶使典签蘧法生[6]奉表诣建康，求入朝[7]，帝谓法生曰：“义阳与太宰谋反[8]，我正欲讨之。今知求还，甚善！”又屡诘问[9]法生：“义阳谋反，何故不启[10]？”法生惧，逃还彭城，帝因此用兵。己酉[11]，下诏讨昶，内外戒严。帝自将兵渡江，命沈庆之统诸军前驱。

法生至彭城，昶即聚兵反，移檄统内诸郡[12]，皆不受命，斩昶使；将佐文武悉怀异心。昶知事不成，弃母、妻，携爱妾，夜与数十骑开北门奔魏。昶颇涉学[13]，能属文[14]，魏人重之，使尚公主，拜侍中、征南将军、驸马都尉，赐爵丹杨王。

吏部尚书袁顗，始为帝所宠任[15]，俄而失指[16]，待遇顿衰[17]，使有司纠奏其罪，白衣领职[18]。顗惧，诡辞求出[19]。甲寅[20]，以顗督雍、梁[21]诸军事，雍州刺史。顗舅蔡兴宗谓之曰：“襄阳星恶[22]，何可往[23]？”顗曰：“白刃交前，不救流矢[24]。今者之行，唯愿生出虎口耳。且天道[25]辽远，何必皆验！”

是时，临海王子顼[26]为都督荆、湘等八州诸军事，荆州刺史，朝廷以兴宗为子顼长史、南郡[27]太守，行府、州事[28]，兴宗辞不行。顗说兴宗曰：“朝廷形势[29]，人所共见。在内大臣，朝不保夕，舅今出居陕西[30]，为八州行事[31]，顗在襄、沔[32]，地胜兵强，去江陵咫尺[33]，水陆流通[34]。若朝廷有事，可以共立桓、文之功[35]，岂比受制凶狂[36]、临不测之祸乎！今得间不去[37]，后复求出，岂可得邪！”兴宗曰：“吾素门平进[38]。与主上甚疏，未容有患。宫省[39]内外，人不自保，会应有变[40]。若内难得弭[41]，外衅未必可量[42]。汝欲在外求全，我欲居中免祸[43]，各行其志，不亦善乎！”

觊于是狼狈上路[44]，犹虑见追[45]，行至寻阳[46]，喜曰：“今始免矣[47]。”邓琬[48]为晋安王子勋镇军长史、寻阳内史，行江州事。觊与之款狎过常[49]，每清闲，必尽日穷夜。觊与琬人地本殊[50]，见者知其有异志[51]矣。寻复以蔡兴宗为吏部尚书[52]。

戊午[53]，解严[54]。帝因自白下济江至瓜步[55]。

沈庆之复启听民私铸钱[56]，由是钱货乱败[57]。千钱长不盈三寸[58]，大小称此[59]，谓之“鹅眼钱[60]”；劣于此者[61]，谓之“线环钱[62]”；贯之以缕[63]，入水不沈[64]，随手破碎[65]。市井不复料数[66]，十万钱不盈一掬[67]，斗米一万，商货不行[68]。

（以上为第四段，写义阳王刘昶被迫造反，被皇帝刘子业镇压；吏部尚书袁觊宠幸稍衰，想方设法逃出朝廷；沈庆之再次提出听民私铸，一片混乱，商货不行。）

【注释】

[1]昶（chǎng）：刘昶，字休道，文帝刘义隆第九子。封义阳王，徐州都督。前废帝刘子业时遭疑忌，逃奔北魏，封丹阳王。传见《宋书》卷七十二。 [2]恶（wù）：厌恶，讨厌。 [3]讹言：流言，传言。 [4]遂未尝戒严：一直还未曾调兵用武。遂，一直，从来。戒严，这里即指军事行动。 [5]使人邑邑：让我闷闷不乐。邑邑，同“悒悒”，郁闷不乐的样子。 [6]典签：刘宋时诸王、大州刺史的高级僚属，受朝廷委派，权力很大，称为“签帅”。蘧（qú）法生：刘宋时人，前废帝时为义阳王刘昶的典签。 [7]求入朝：请求进朝拜见皇帝。 [8]义阳与太宰谋反：义阳王刘昶与太宰刘义恭串通造反。 [9]诘（jié）问：责问，追问。 [10]不启：不报。 [11]己酉：九月十九日。 [12]统内诸郡：徐州刺史统辖范围内的各郡。 [13]颇涉学：稍稍地接触过一些学问之书。颇，稍稍，有一些。 [14]属（zhǔ）文：撰写文章。 [15]宠任：宠幸，重用。[16]俄而失指：不久不合皇帝心意。指，同“旨”。 [17]顿衰：立刻减少。 [18]白衣领职：已被罢官，但以白丁的身份仍暂时代理此职。 [19]诡辞求出：转弯抹角地找理由请求下放到外地任职。诡辞，编造说法。 [20]甲寅：九月二十四日。 [21]雍、梁：雍，古州名，刘宋时的州治襄阳，在今湖北襄阳市。梁，古州名，州治南郑，在今陕西汉中市。 [22]襄阳星恶：雍州的州治襄阳，在今湖北襄阳市，从襄阳分野的星象看，那个地区近来不太妙。 [23]何可往：怎么

能答应到这个地区去任职吗？［24］白刃交前，不救流矢：如果面前有刀子逼着，那就不可能再考虑躲避别的危险了，意即只能先顾眼前，离开朝廷。［25］天道：上天的意思，指星变所预示的人世灾难。［26］临海王子顼：即刘子顼（xū），字孝列，孝武帝刘骏第七子，初封历阳王后改封临海王。封地临海郡，郡治章安，在今浙江临海市东南。传见《宋书》卷八十。［27］南郡：古郡名，郡治江陵，在今湖北荆州市。［28］行府、州事：兼管刘子顼都督府与刺史府内的有关事务。［29］朝廷形势：指皇帝刘子业多行酷暴，群臣不安，国家的形势十分险恶。［30］出居陕西：到处于西方的有如当年周公的大臣手下工作，指给刘子顼去当长史。［31］为八州行事：西方八个州的刺史都在你的掌控之中。［32］襄、沔（miǎn）：古区域名，襄阳重镇与汉水流域地区。［33］去江陵咫（zhǐ）尺：指袁顗所处的襄阳与蔡兴宗所任职的荆州军镇相隔不远，可以相互呼应。咫尺，比喻很近的距离。周制八寸为咫，十寸为尺。［34］水陆流通：水路和陆路都很通畅。［35］共立桓、文之功：像春秋时代的齐桓公、晋文公那样所建立的尊天子以讨伐作乱诸侯的功勋。［36］受制凶狂：被朝廷里的狂悖小人所制约。［37］得间不去：有机会离开朝廷还不赶紧离开。［38］素门平进：出身于寒贱之门，又是一步一步平稳地升上来的。素门，是与世家豪门相对而言，并不指下层平民。［39］宫省：设在皇宫内的官署，代指皇宫。［40］会应有变：肯定是要发生政变。会，必定，肯定。［41］内难得弭：朝廷内部的变乱得以平息。内难，指废帝刘子业的残暴荒淫。［42］外衅（xìn）未必可量：那时朝廷外面的起事未必能济事。蔡兴宗这段话的实际意思是他对刘子顼今后也不看好。后废帝刘子业被弑，明帝刘彧即位，逐一讨平诸王的反叛，果如其言。［43］居中免祸：留在朝廷寻求避祸。［44］狼狈上路：急急忙忙地离开朝廷，前往襄阳。狼狈，这里是手忙脚乱的样子。［45］犹虑见追：还在顾虑朝廷派人来把他追回去。［46］寻阳：古郡名，郡治在今江西九江市。［47］今始免矣：我现在才算逃离朝廷。［48］邓琬：字元琬，时任为江州长史、寻阳太守。传见《宋书》卷八十四。［49］款狎（xiá）过常：超乎寻常的亲密投合。款，彼此交心，以诚相待。狎，亲近。［50］人地本殊：人品门第原本不是一路人。袁顗有清白名声，出自名门。邓琬生性贪鄙，又出身寒族。［51］异志：非同寻常的志愿，指图谋称帝。［52］寻复：不久。以兴宗为吏部尚书：主语是朝廷，意即收回了任蔡兴宗为荆州长史的前命。［53］戊午：九月二十八日。［54］解严：解除军事状态，因刘昶叛乱的问题已经结束。［55］白下济江至瓜步：白下，古地名，当时建康城北郊的军事重镇，也是重要的长江渡口名，在今江苏南京市北的金川门外，幕府山南麓，北临大江。瓜步，古地名，即瓜步山，长江北岸的小山名，在今江苏南京市六合区的南侧，当时的建康城东北，与建康城隔江相望。［56］复启听民私铸钱：又上表请求。沈庆之第一次持此主张，见《资治通鉴》卷一百二十八孝武帝孝建二年（455）。允许百姓可以私下铸造铜钱。听，允许，放任不管。［57］钱货乱败：整个货物、钱币都乱了套。［58］千钱长不盈三寸：一千铜钱串起来，其长度不到三寸，可见其薄到了何等程度。［59］大小称此：其钱体的大小与其薄度相称。［60］鹅眼钱：古钱币术语，或称“鸡目钱”，钱体轻小如鹅眼、鸡目之类的劣钱。［61］劣于此者：比这个还差劲。［62］线环钱：极言其钱体之小，如同是用丝线串起来的小圈圈。［63］贯之以缕：用一根丝线串起来。贯，穿，串。缕，丝线。［64］入水不沈：扔到水里不下沉，极言这种铜钱小而薄。沈，同“沉”。［65］随手破碎：随便用手一捏，就碎了。［66］市井：古代指城市城镇，街坊民居。不复料数：做买卖时不再仔细计数。料，数，清点。［67］不盈一掬（jū）：不满一捧。掬，两手相捧。［68］商货不行：商贸交易无法进行。

冬，十月，丙寅[1]，帝还建康。

帝舅东阳太守王藻尚世祖女临川长公主[2]。公主妒，谮藻于帝。己卯[3]，藻下狱死。

会稽太守孔灵符[4]，所至有政绩；以忤犯近臣[5]，近臣谮之，帝遣使鞭杀灵符，并诛其二子。

宁朔将军何迈[6]，瑀之子也，尚帝姑新蔡长公主[7]。帝纳主于后宫[8]，谓之谢贵嫔[9]；诈言公主薨，杀宫婢，送迈第殡葬[10]，行丧礼[11]。庚辰[12]，拜贵嫔为夫人[13]。加鸾辂龙旂[14]，出警入跸[15]。迈素豪侠[16]，多养死士[17]，谋因帝出游，废之，立晋安王子勋。事泄，十一月，壬辰[18]，帝自将兵诛迈。

初，沈庆之既发颜、柳之谋，遂自昵于帝[19]，数尽言规谏[20]，帝浸不悦[21]。庆之惧，杜门[22]不接宾客。尝遣左右范羡[23]至吏部尚书蔡兴宗所。兴宗使羡谓庆之曰：“公闭门绝客，以避悠悠请托者[24]耳。如兴宗，非有求于公者也，何为见拒[25]？”庆之使羡邀兴宗。

兴宗往见庆之，因说之曰：“主上比者所行[26]，人伦道尽[27]；率德改行[28]，无可复望[29]。今所忌惮[30]，唯在于公；百姓喁喁[31]，所瞻赖[32]者，亦在公一人而已。公威名素著[33]，天下所服。今举朝遑遑[34]，人怀危怖[35]，指麾之日[36]，谁不响应！如犹豫不断[37]，欲坐观成败，岂惟旦夕及祸[38]，四海重责将有所归[39]！仆蒙眷异常[40]，故敢尽言，愿公详思其计。”庆之曰：“仆诚知今日忧危，不复自保，但尽忠奉国，始终以之[41]，当委任天命[42]耳。加老退私门[43]，兵力顿阙[44]，虽欲为之，事亦无成。”兴宗曰：“当今怀谋思奋[45]者，非欲邀功赏[46]富贵，正求脱[47]朝夕之死耳。殿中将帅，唯听外间消息；若一人唱首[48]，则俯仰可定[49]。况公统戎累朝[50]，旧日部曲[51]，布在宫省[52]，受恩者多，沈攸之[53]辈皆公家子弟耳，何患不从！且公门徒、义附[54]，并三吴[55]勇士。殿中将军陆攸之，公之乡人，今入东讨贼，大有铠仗[56]，在青溪未发[57]。公取其器仗以配衣麾下[58]，使陆攸之帅以前驱[59]，仆在尚书[60]中，自当帅百僚按前代故事[61]，更简贤明以奉社稷[62]，天下之事立定[63]矣。又，朝廷诸所施为[64]，民间传言公悉豫之[65]。公今不决[66]，当有先公[67]起事者，公亦不免附从之祸[68]。闻车驾屡幸贵第[69]，酣醉淹留[70]；又闻屏左右[71]，独入阁内[72]，此万世一时[73]，不可失也。”庆之曰：“感君至言[74]。然此大事，非仆所能行；事至[75]，固当抱忠以没[76]耳。”

青州刺史沈文秀，庆之弟子也，将之镇[77]，帅部曲出屯白下，亦说庆之曰：“主上狂暴如此，祸乱不久[78]，而一门受其宠任[79]，万物皆谓与之同心[80]。且若人爱憎无常[81]，猜忍特甚[82]，不测之祸，进退难免。今因此众力图之[83]，易于反掌[84]。机会难值[85]，不可失也。”再三言之，至于流涕。庆之终不从[86]。文秀遂行。

及帝诛何迈，量[87]庆之必当入谏。先闭青溪诸桥以绝之[88]。庆之闻之，果往，不得进而还。帝乃使庆之从父兄子直阁将军[89]攸之赐庆之药。庆之不肯饮，攸之以被揜杀之[90]，时年八十。庆之子侍中文叔欲亡，恐如太宰义恭被支解，谓其弟中书郎文季曰：“我能死，尔能报。”遂饮庆之之药而死。弟秘书郎昭明亦自经死。文季挥刀驰马而去，追者不敢逼，遂得免。帝诈言庆之病薨，赠侍中、太尉，谥曰“忠武公[91]”，葬礼甚厚。

（以上为第五段，写八十高年的司空沈庆之忠于刘子业，数人劝他反叛，终不从；就是这样的忠臣，还是被暴君赐死；其子一学伍尚，尽孝；一学伍员，逃奔。）

【注释】

［1］丙寅：十月七日。［2］临川长公主：孝武帝刘骏之女，前废帝刘子业之妹。［3］己卯：十月二十日。［4］孔灵符：时为会稽太守。传见《宋书》卷五十四。［5］忤（wǔ）犯近臣：冒犯，得罪幸臣，宠臣。［6］何迈：刘宋庐江灊人，侍中、卫将军何瑀之子，尚文帝女新蔡公主，以贵戚居显位。后谋迎立晋安王刘子勋为帝，事觉，被诛。［7］新蔡长公主：即刘英媚，刘宋文帝刘

义隆第十女，前废帝刘子业之姑。［8］帝纳主于后宫：前废帝刘子业将已出嫁为人妻的姑姑新蔡长公主收在自己身边，作为姬妾。主，即指新蔡长公主。［9］谢贵嫔：即刘英媚，为新蔡长公主，前废帝刘子业即位后，宣其入宫见面时竟与之发生关系，从此对她相当宠爱，不愿意让她回家。于是杀一宫婢送到何家，谎称其在宫中暴毙。接着又称公主为宫人谢氏，封为贵嫔，后为夫人，位阶仅次于皇后。贵嫔，古代皇帝后宫妃嫔的最高位号之一。［10］送迈第殡葬：将杀死的宫婢以新蔡长公主的名义送到何迈家，让其家为之出殡、埋葬。殡，指设灵堂供人祭吊。［11］行丧礼：指前废帝刘子业为这个被杀的宫婢服丧行礼，因为她顶着皇帝姑姑的名义。［12］庚辰：十月二十一日。［13］拜贵嫔为夫人：正式拜授假冒谢贵嫔的新蔡长公主为夫人。夫人，是后妃的封号名，低于皇后，位同朝臣中的三公。［14］鸾辂（lù）龙旂（qí）：以鸾鸟龙旗为装饰的车驾。辂，大车。旂，同“旗”。［15］出警入跸（bì）：即出为警，入为跸，在出行与回宫的时候都要清道戒严。警跸，帝王出行时开路清道，禁止他人通行。谢贵妃享受的是特殊待遇。［16］素豪侠：平素，平常重义气，敢作敢为。［17］死士：能为主子或朋友豁出性命的勇士。［18］壬辰：十一月三日。［19］自昵（nì）于帝：向前废帝刘子业靠近讨好。昵，亲密。［20］规谏：规劝，以正义之道劝人改正言行的不当之处。［21］浸不悦：渐渐地越来越不高兴。浸，同“渐”，渐渐，逐渐。［22］杜门：闭门。［23］范羡：沈庆之的亲信之人。［24］悠悠请托者：络绎不绝的走后门、拉关系的人。悠悠，接连不断的样子。请托，送礼行贿，托人情、拉关系地求人帮着办事。［25］何为见拒：为什么也断绝和我的往来？这里是蔡兴宗向沈庆之示意，希望沈庆之能向他发出邀请。［26］比者所行：近来的所作所为。［27］人伦道尽：完全是没有人伦的禽兽之行。［28］率德改行：看来要想让他改变行为，遵守道德。［29］无可复望：是再也没有希望的了。［30］今所忌惮（dàn）：如今他所敬畏的人。［31］喁（yóng）喁：群鱼仰口向上，等着人们抛食的样子。这里是形容百姓急切地仰望自己的救星降临。［32］瞻赖：仰望，倚赖。［33］素著：一向如雷贯耳，深入人心。［34］举朝遑（huáng）遑：整个朝廷上下焦急不安。举，全体。遑遑，焦虑不安的样子。［35］人怀危怖：每个人都陷于危急恐怖之中。［36］指麾之日：如果您什么时候能够出来振臂一呼。指麾，意即成为大家的领头。麾，同“挥”。［37］如犹豫不断：如果您到现在还迟疑不决，拿不定主意。断，决断。［38］岂惟旦夕及祸：岂止您说不定哪一天要被前废帝刘子业所惩治。［39］四海重责将有所归：而且天下人都要愤怒地起来讨伐您。将有所归，意即天下人的矛头都要指向您。胡三省曰：“言庆之自昵于废帝，今忤帝意，不惟行且及祸；若他人举事，必谓庆之从君于昏，庆之何所逃其责？”［40］仆蒙眷异常：承蒙您对我非同寻常的关照。眷，关心，照顾。［41］始终以之：始终一心无二地干下去。［42］委任天命：放弃一切人为的努力，静候天命的降临，意即听天由命。［43］加老退私门：再加上我如今已退休在家。老，古代指退休。［44］兵力顿阙：既没有人力，也没有武器。兵，指武器；力，指人员；顿，指武器不好。阙，同“缺”，指没有人手。［45］怀谋思奋：胸怀大计，很想出来干一场。［46］功赏：立功的奖赏。［47］脱：摆脱，避免。［48］唱首：带头大喊一声。［49］俯仰可定：一俯一仰之间，大事即可完成。俯仰，形容成事的省时省力。［50］统戎累朝：已经在好几代的皇帝手下统领大兵。沈庆之统率军事历经文帝刘义隆、孝武帝刘骏、前废帝刘子业三朝。［51］部曲：古时的军队编制单位，此指部下、下属。［52］布在宫省：指在朝廷统领禁军。如当时禁军的统领宗越、谭金等都曾是沈庆之的部下。［53］沈攸之：字仲达，沈庆之从子，刘宋名将。传见《宋书》卷七十四。［54］义附：慕义而归附门下的人，如宾客、食客之类。［55］三吴：指吴郡、吴兴、义兴三郡。［56］大有铠仗：铠甲兵器多得很。［57］在青溪未发：眼下驻扎在青溪，尚未出发东下。青溪，古河水名，发源于今江苏南京市城东的钟山，下游流入秦淮河。［58］配衣麾下：把你的部下装备起来。配，指发给他们武器用；衣，指发给他们铠甲穿。［59］帅以前驱：率领军队进攻朝廷。［60］尚书：礼部尚书的简称。［61］按前代故事：依照前世废黜旧皇帝、另立新皇帝的做法。［62］更简贤明以奉社稷：重新挑选出一个贤明的刘姓子弟以主持社稷与宗庙的祭祀，亦即充当君主。［63］立定：立即就可以安定下来。［64］朝廷诸所施为：现今皇帝的这些所作所为。朝廷，指皇帝刘子业。［65］民间传言公悉豫之：民间传说您都参与了。“民间传言”是婉转说法，实际意思即“你都是参与了的”，你是推脱不了。豫，同“预”，参与。［66］公今不决：意谓如您再不下决心抢先发动起事。［67］先公：即先于公，在沈庆之的前面。［68］不免附从之祸：到那时你就再也难逃伙同前废帝刘子业共同作恶的罪名。附从，跟随昏君为恶。［69］车驾屡幸贵第：这里指前废帝刘子业多次到您家里来。幸，以言皇帝之所临、所亲。［70］酣（hān）醉淹留：大醉后的长时间逗留。［71］屏左右：支开身边的用人。［72］独入阁内：你们两人单独地进入小屋。以言其策划众人所不知晓的事情。［73］此万世一时：这可是您表现自己、抢先立功的千载难逢的好时机。［74］至言：极其高明的言论。［75］事至：如果你所说的那种情况一旦降临。［76］抱忠以没：秉持着对宋废帝刘子业的忠心，死而后已。没，同“殁”，死。［77］将之镇：刚准备到青州上任。镇，军事指挥部的所在地。当时的刺史往往同时又任督军，故称刺史上任曰“之镇”。［78］祸乱不久：灾难不久即将发生。［79］受其宠任：受前废帝刘子业的宠信。［80］万物：所有的人。物，即指人。皆谓与之同心：都以为沈家一门与前废帝刘子业同心，是一丘之貉。［81］若人爱憎无常：那个人，指前废帝刘子业喜怒爱憎变化无常。［82］猜忍特甚：猜疑、残忍到了极点。［83］今因此众力图之：借用众人的力量推翻他。［84］反掌：犹反手，比喻事之极易。［85］难值：难逢。值，赶上。［86］庆之终不从：胡三省曰：“沈庆之从君于昏狂，杜门以待死，伊、霍之事，固非常人所能行也。”［87］量：估量，估计。［88］以绝之：不让沈庆之过青溪河进入台城。绝，堵塞其交通。当时沈庆之退休在家，住在城外。［89］直阁将军：古将军名号，负责在皇帝办公的殿阁值勤。直，同“值”。［90］以被揜（yǎn）杀：用被子将其闷死。胡三省曰：“攸之随庆之讨随王诞有功，庆之抑其赏，由是恨之，故果于杀。”揜，掩，捂。［91］忠武公：沈庆之生前被封为始兴郡公，谥号忠武，故称之为忠武公。

领军将军王玄谟数流涕谏帝以刑杀过差[1]，帝大怒。玄谟宿将[2]，有威名，道路讹言[3]玄谟已见诛。蔡兴宗尝为东阳太守，玄谟典签包法荣家在东阳，玄谟使法荣至兴宗所。兴宗谓法荣曰："领军殊当忧惧[4]。"法荣曰："领军比日殆不复食[5]，夜亦不眠，恒言收已在门[6]，不保俄顷[7]。"兴宗曰："领军忧惧，当为方略[8]，那得坐待祸至[9]！"因使法荣劝玄谟举事[10]。玄谟使法荣谢曰："此亦未易可行，期当[11]不泄君言。"

右卫将军刘道隆[12]，为帝所宠任，专典禁兵[13]。兴宗尝与之俱从帝夜出，道隆过兴宗车后，兴宗曰："刘君！比日思一闲写[14]。"道隆解其意，掐[15]兴宗手曰："蔡公勿多言[16]！"

壬寅[17]，立皇后路氏，太皇太后[18]弟道庆[19]之女也。

帝畏忌诸父[20]，恐其在外为患，皆聚之建康，拘于殿内，殴捶陵曳[21]，无复人理[22]。湘东王彧、建安王休仁、山阳王休祐，皆肥壮，帝为竹笼，盛而称之[23]，以彧尤肥，谓之"猪王"，谓休仁为"杀王"，休祐为"贼王"。以三王年长，尤恶[24]之，常录以自随[25]，不离左右。东海王祎性凡劣[26]，谓之"驴王"；桂阳王休范、巴陵王休若年尚少，故并得从容[27]。尝以木槽盛饭，并杂食搅之[28]，掘地为坑，实以泥水[29]，裸彧内坑中[30]，使以口就槽食之，用为欢笑[31]。前后欲杀三王以十数[32]；休仁多智数[33]，每以谈笑佞谀[34]说之，故得推迁[35]。

少府刘曚妾孕临月[36]，帝迎入后宫，俟其生男[37]，欲立为太子。彧尝忤旨[38]，帝裸之，缚其手足，贯之以杖[39]，使人担付太官[40]。曰："今日屠猪！"休仁笑曰："猪未应死。"帝问其故。休仁曰；"待皇子生，杀猪取其肝肺。"帝怒乃解，曰："且付廷尉[41]。"一宿，释之[42]。丁未[43]，曚妾生子，名曰"皇子"，为之大赦，赐为父后者爵一级[44]。

帝又以太祖、世祖在兄弟数皆第三[45]，江州刺史晋安王子勋亦第三，故恶之，因何迈之谋[46]，使左右朱景云[47]送药赐子勋死。景云至湓口[48]，停不进。子勋典签谢道迈[49]、主帅潘欣之[50]、侍书褚灵嗣[51]闻之，驰以告长史邓琬，泣涕请计。琬曰："身南土寒士[52]，蒙先帝殊恩[53]，以爱子见托[54]，岂得惜门户百口[55]，期当以死报效。幼主昏暴，社稷危殆[56]，虽曰“天子”，事犹独夫[57]。今便指帅[58]文武，直造京邑[59]，与群公卿士，废昏立明耳。”

戊申[60]，琬称子勋教[61]，令所部戒严。子勋戎服出听事[62]，集僚佐，使潘欣之口宣旨谕之[63]。四座未对[64]，录事参军[65]陶亮首请效死前驱，众皆奉旨。乃以亮为咨议参军[66]，领中兵[67]，总统军事；功曹张沈[68]为咨议参军，统作舟舰[69]；南阳太守沈怀宝、岷山太守薛常宝、彭泽令陈绍宗等并为将帅。

初，帝使荆州录送前军长史、荆州行事张悦[70]至湓口[71]，琬称子勋命，释其桎梏[72]，迎以所乘车，以为司马。悦，畅之弟也。琬、悦二人共掌内外众事，遣将军俞伯奇帅五百人断大雷[73]，禁绝商旅及公私使命。遣使上诸郡民丁[74]，收敛器械。旬日之内，得甲士五千人，出顿大雷，于两岸筑垒。又以巴东、建平二郡太守孙冲之为咨议参军，领中兵，与陶亮并统前军。移檄远近[75]。

戊午[76]，帝召诸妃、主[77]列于前，强左右使辱之[78]。南平王铄妃江氏不从。帝怒，杀妃三子南平王敬猷、庐陵王敬先、安南侯敬渊，鞭江妃一百。

（以上为第六段，写前废帝刘子业的种种暴行，在死亡的路上渐行渐远，把诸位叔父刘彧等当作猪狗一样看待，把三弟刘子勋当作劲敌，予以赐死，激起反叛。）

【注释】

[1]刑杀过差：杀人过多，刑法过酷。 [2]宿将：老将，久经战争的将领。王玄谟为元嘉北伐中的最高统帅。 [3]讹言：流言，传言。 [4]领军殊当忧惧：领军将军玄谟先生近来大概很是担惊受怕吧。殊当，大概率是。 [5]领军比日殆不复食：近些天几乎吃不下饭。殆，几乎。 [6]恒言收己在门：嘴里总是念叨皇帝派来抓我的人已到门口了吧。 [7]不保俄顷：看来活不了多久。俄顷，转眼之间。 [8]当为方略：应该给他想个办法。 [9]那得坐待祸至：怎么能干等着大祸临头呢。 [10]举事：起兵，废掉皇帝刘子业。 [11]期当：必当，一定会做到。 [12]刘道隆：江夏内史刘怀默之子，刘宋大臣。明帝刘彧时为左卫将军、中护军，不久赐死。传见《宋书》卷四十五。 [13]典：主管，负责。禁兵：犹禁军。 [14]比日思一闲写：过几天找工夫一起聊聊。比日，近几天。闲写，即闲暇，聊聊天，谈谈心。 [15]掐（qiā）：用指甲按住。 [16]蔡公勿多言：胡三省曰：“废昏立明，非常之谋也。蔡兴宗建非常之谋，既以告沈庆之，又以

告王玄谟，又以扩发刘道隆，而人不敢泄其言，何也？昏暴之朝，人不自保，‘时日害丧，予及汝皆亡。’盖人心之所同然也。” [17]壬寅：十一月十三日。 [18]太皇太后：即路惠男，文帝刘义隆的妃嫔，生刘骏后被封为淑媛。后来年纪渐长而失宠，便请求前往其子的藩国。刘骏即位后，尊其为皇太后，尊号崇宪。刘子业即位后，封为太皇太后。传见《宋书》卷四十一。 [19]道庆：即路道庆，刘宋时人，刘子业岳父。 [20]诸父：各位叔父，即文帝刘义隆之子，孝武帝刘骏的诸弟。 [21]殴捶陵曳（yè）：殴打、陵辱、拖拽。曳，在地上拖拉。 [22]无复人理：不把他们当人看。 [23]盛而称之：把他们装在笼子里过秤。盛，装。称，用秤称其体重。 [24]恶（wù）：厌恶，讨厌。 [25]录以自随：把他们带在身边。录，收，拘押。 [26]凡劣：平庸、鄙陋。[27]并得从容：指拘管得略为宽松，不像其他亲王那样备受折磨。 [28]杂食搅之：和一些其他食物搅拌在一起。 [29]实以泥水：坑里灌满泥水。 [30]裸彧内坑中：扒下刘彧的衣服，将其推入坑内。内，同“纳”，推进，推入。 [31]用为：以为。欢笑：取乐。 [32]以十数：有十多次。 [33]多智数：有心计，办法多。 [34]每以谈笑佞谀说之：往往常用一种插科打诨的话、一种奉承开心的话来讨得刘子业的高兴。说，同“悦”。 [35]故得推迁：故而能使他们的死期一次次地向后推延。 [36]孕临月：怀孕到了分娩的时候。 [37]俟（sì）其生男：等她分娩看，如果生的是男孩。俟，等候。[38]忤旨：违抗旨意。[39]贯之以杖：穿上杠子，以便让人抬。贯，穿。 [40]担付太官：抬去交给厨房管理员。太官，为皇帝管理厨房、伙食的官员。 [41]且付廷尉：暂且交给刑部关押起来。廷尉，即后来的刑部尚书，全国最高的司法官员。 [42]一宿，释之：过了一夜，第二天就又把他放了。 [43]丁未：十一月十八日。 [44]赐为父后者爵一级：给普天下父亲的继承人都长一级，以示同庆。为父后者，即嫡长子，父亲家业的合法继承人。百姓有爵级是秦汉时期的事情，刘子业这样说话大概就是给“为父后者”每人发一些奖励。 [45]太祖、世祖在兄弟数皆第三：太祖文帝刘义隆在刘裕的儿子里排行第三；世祖孝武帝刘骏在刘义隆的儿子中也是排行第三。 [46]因何迈之谋：趁着不久前何迈曾经阴谋废掉刘子业，改立刘子勋的“罪恶”活动。 [47]朱景云：刘宋时人，前废帝刘子业的亲信。 [48]湓（pén）口：古地名，鄱阳湖的人长江之口，在今江西九江市的东侧，湖口县的西侧。 [49]谢道迈：刘宋官员，刘子勋典签。 [50]主帅：刺史、诸王属下的大吏，卫士长官，即所谓“斋帅”。《宋书》卷八十作“斋帅”。潘欣之：刘宋官员，刘子勋主帅。 [51]侍书：负责教导诸王念书。褚灵嗣：刘宋官员，刘子勋侍书。 [52]身南土寒士：我本身是出生于南方的一个寒门之家。身，犹言“我”，自称之词。邓琬家在南昌，出身寒素。 [53]先帝：指孝武帝刘骏。殊恩：特殊的恩宠。 [54]以爱子见托：派自己任晋安王刘子勋的长史。刘子勋此时方十一岁。 [55]岂得惜门户百口：哪里还能顾及自己的一家老小？ [56]社稷危殆（dài）：国家十分危急，到了危亡的关键时刻。 [57]事犹独夫：他所做的事情简直就是一个独夫民贼。 [58]指帅：指挥，率领。帅，同“率”。 [59]直造京邑：直接地向着京城杀过去。[60]戊申：十一月十九日。[61]称子勋教：以刘子勋的名义发布命令。[62]出听事：从办公的厅堂里走出来。听事，升堂理事的地方。 [63]口宣旨谕之：口头宣布刘子勋的意思，告诫大家。［64］四座未对：在座的人还没有反应过来。［65］录事参军：在将军手下总管文书档案。［66］咨议参军：主管军事谋略、负责行兵作战的事务。［67］领中兵：统领主力部队。［68］功曹：地方长官手下的文职僚属，主管人事、考核等事务。张沈：刘宋官员，为刘子勋的为功曹，升为咨议参军。［69］统作舟舰：主管打造战船。［70］前军长史、荆州行事张悦：前军长史，前军将军的长史。荆州行事，荆州刺史的具体执行官。张悦，会稽太守张畅之弟，刘宋大臣。临海王长史、南郡太守。传见《宋书》卷五十九。［71］至湓口：依前后文意，应是前废帝刘子业令荆州刺史将张悦押解到建康，当他们行经湓口的时候。［72］释其桎（zhì）梏（gù）：打开刑具，将张悦放了出来。桎梏，犹今所谓手铐脚镣。用于双手的曰“桎”，用于双脚的曰“梏”。［73］断大雷：在大雷要塞设防，断绝长江上下的联系。大雷，古军事要塞名，在今安徽望江县，地处长江北岸。［74］遣使上诸郡民丁：派使者到江州所辖诸郡，将各郡的成丁男子一律征调为士兵。上，登记，征调。［75］移檄（xí）远近：向远近各地区、各州郡的官吏军民发出通告，请大家理解、支持。檄，檄文。［76］戊午：十一月二十九日。［77］诸妃、主：被前废帝刘子业所拘押的前述诸王的王妃与公主。［78］强左右使辱之：命令自己身边的侍从、警卫侮辱她们。

先是，民间讹言湘中出天子[1]，帝将南巡荆、湘二州以厌之[2]。明旦，欲先诛湘东王彧，然后发。

初，帝既杀诸公，恐群下谋己，以直阁将军宗越、谭金、童太一[3]、沈攸之等有勇力，引为爪牙，赏赐美人、金帛，充牣[4]其家。越等久在殿省，众所畏服，皆为帝尽力；帝恃之，益无所顾惮[5]，恣为不道[6]，中外骚然[7]。左右宿卫之士皆有异志，而畏越等不敢发。时三王久幽[8]，不知所为[9]。湘东王彧主衣会稽阮佃夫[10]、内监吴兴王道隆、学官令临淮李道儿[11]与直阁将军柳光世[12]，及帝左右琅邪淳于文祖[13]等谋弑帝。帝以立后故[14]，假诸王阉人[15]。彧左右钱蓝生[16]亦在中，彧密使候帝动止[17]。

先是帝游华林园竹林堂[18]，使宫人倮相逐[19]，一人不从命，斩之，夜，梦在竹林堂，有女子骂曰：“帝悖虐不道[20]，明年不及熟[21]矣！”帝于宫中求得一人似所梦者斩之。又梦所杀者骂曰：“我已诉上帝矣！”于是，巫觋[22]言竹林堂有鬼[23]。是日晡时[24]，帝出华林园。建安王休仁、山阳王休祐、会稽公主并从，湘东王彧独在秘书省[25]，不被召，益忧惧。

帝素恶主衣吴兴寿寂之[26]，见辄切齿[27]，阮佃夫以其谋告寂之及外监典事东阳朱幼[28]、细铠主南彭城姜产之[29]、细铠将晋陵王敬则[30]、中书舍人戴明宝[31]，寂之等闻之，皆响应。幼豫约勒内外[32]，使钱蓝生密报休仁、休祐。时帝欲南巡，腹心宗越等并听出外装束[33]，唯队主樊僧整防华林阁[34]。柳光世与僧整乡人[35]，因密邀之，僧整即受命。凡同谋十余人。阮佃夫虑力少不济，更欲招合[36]，寿寂之曰："谋广或泄[37]，不烦多人。"其夕，帝悉屏[38]侍卫，与群巫及彩女[39]数百人射鬼于竹林堂。事毕，将奏乐，寿寂之抽刀前入，姜产之次之，淳于文祖等皆随其后。休仁闻行声甚疾[40]，谓休祐曰："事作[41]矣！"相随奔景阳山[42]。帝见寂之至，引弓射之，不中。彩女皆迸走[43]，帝亦走，大呼"寂寂"者三[44]，寂之追而弑之。宣令宿卫[45]曰："湘东王受太皇太后令，除狂主[46]，今已平定。"殿省惶惑[47]，未知所为[48]。

（以上为第七段，写湘东王刘彧的主衣阮佃夫暗中联络寿寂之等人谋杀暴虐的前废帝刘子业，经过周密谋划，一举成功。）

【注释】

[1]湘中出天子：湘州地区要出现新皇帝。时皇帝刘子业的叔叔为湘东王。 [2]厌：意同"压"，古代的一种迷信活动。当古人发现有何种对自己不利的征兆时，就设法用一种更强有力的办法来压住那种征兆，使其不能为害于己。其实是用一种迷信对付另一种迷信，庸人自扰而已。 [3]宗越、谭金、童太一：三人效力于前废帝的爪牙将领，随前废帝的倒台被宋明帝处死。三人传见《宋书》卷八十三。 [4]充牣（rèn）：充足，丰足。牣，满，充满。 [5]益无所顾惮（dàn）：越发肆无忌惮。顾，顾忌，害怕。 [6]恣为不道：随心所欲地干坏事。恣，任意，为所欲为。不道，任意胡来。 [7]中外骚然：朝廷内外一片惶恐不安。骚然，惶恐动荡的样子。 [8]久幽：长时间地被关押。 [9]不知所为：不知道该怎么办。 [10]阮佃夫、王道隆、李道儿：三人皆湘东王属下，阮佃夫为主衣，管理服饰，三道隆为内监，管理王府；李道儿为学官令，侍候诸王读书。三人助湘东王发政变立功。三人后被杀。传见《宋书》卷九十四。 [11]"内监"句：内监，也称"斋监"，为帝王监督其属下的各种服务人员。吴兴，原作"始兴"，据章校改。吴兴，古郡名，郡治在今浙江湖州市。王道隆（？—474），吴兴乌程人，刘宋大臣。初为主书，湘东王刘彧镇彭城时，使补典签，署内监。参与废杀前废帝刘子业。刘彧即位，封吴平县侯，为员外散骑侍郎、南兰陵太守，兼中书通事舍人。后废帝刘昱时，官右军将军，太守。后被杀。传见《宋书》卷九十四。 [12]直阁将军柳光世：古将军名号，负责在皇帝办公的殿阁值勤。柳光世，柳元景从

祖弟，初为北魏折冲将军、河北太守，后南奔刘宋，文帝刘义隆授为振武将军。前废帝刘子业时为左将军、直阁将军，助刘彧夺取帝位，以功封开国县侯，迁右卫将军。传见《宋书》卷七十七。[13]淳于文祖：姓淳于，名文祖，为前废帝刘子业的近侍，参与谋杀刘子业。[14]以立后故：由于新立路氏为皇后，宫内缺少太监。[15]假诸王阉人：向前述诸王的家中借调一些太监使用。[16]钱蓝生：原为湘东王刘彧太监，后调入皇宫，为刘彧通风报信，参与谋杀皇帝刘子业事件。[17]候帝动止：监视前废帝刘子业的一举一动。候，观察，侦察。动止，做什么与不做什么。[18]华林园竹林堂：古园林名，当时建康城内的皇家园林。竹林堂，华林园的后堂。[19]倮（luǒ）相逐：赤裸着身体奔跑追逐。倮，同“裸”，指人的身体一丝不挂。[20]悖虐：不讲道理而且残暴不仁。悖，不讲道理。[21]不及熟：等不到新粮食成熟就要死去。[22]巫觋（xí）：男女巫的合称，一种以迷信为职业，自称能沟通天人，能降妖驱鬼的人员。巫，女巫；觋，男巫。[23]言竹林堂有鬼：胡三省曰：“《通鉴》不语怪，而独书此事者，以明人不可妄杀，而天聪明为不可欺也。”[24]晡（bū）时：即申时，即午后的三至五时。[25]秘书省：宫廷中保存图书档案的场所。[26]寿寂之：姓寿，名寂之，吴兴人，前废帝刘子业时，担任主衣，参与谋杀刘子业，拥戴湘东王刘彧称帝，受封应城县侯。传见《宋书》卷九十四。[27]切齿：痛恨。[28]外监典事：主管到宫外搜集情报的人员。朱幼：东阳人，前废帝刘子业时为外监典事，参与谋杀刘子业，拥戴明帝刘彧，传见《宋书》卷九十四。[29]细铠主南彭城姜产之：与下文“细铠将”，都是皇帝身边的卫队将领。姜产之，南彭城人，前废帝刘子业时为细铠主，参与谋杀刘子业，拥立湘东王刘彧称帝，封汝南县侯。传见《宋书》卷九十四。[30]王敬则：晋陵南沙（今江苏常熟市）人，南朝齐开国将领。传见《南史》卷四十五。[31]中书舍人戴明宝：中书令的僚属，负责给皇帝起草文件。戴明宝，前废帝中书舍人，南东海丹徒（今江苏镇江市）人，刘宋官员。刘骏时，为南台侍御史，兼中书通事舍人，为宠臣。刘子业即位后，受到冷落，参与谋杀事件。传见《宋书》卷九十四。[32]豫约勒内外：预先联络、安排好宫内宫外的人员。豫，同“预”，预先。约，联络，约定。勒，布置，部署。[33]听出外装束：允许，任其自由出宫回家整理行装。[34]队主：前废帝刘子业的卫士队长。樊僧整：前废帝刘子业卫队队长。防华林阁：防守华林阁的门户。[35]与僧整乡人：与樊僧整是同乡。胡三省曰：“柳氏本河东人，侨居襄阳；樊僧整盖亦河东人也。”[36]更欲招合：还想招集更多的人。[37]谋广或泄：同谋的人一多就可能泄密。[38]屏（bǐng）：退避。[39]彩女：从宫外新挑选来的民间女子。[40]行声甚疾：走路的声音很急。[41]事作：暴动的事情开始了。[42]景阳山：华林园内的假山。[43]皆迸（bèng）走：都四散逃走。[44]大呼“寂寂”者三：结巴之语，紧张得说不出话来，本想说“寂之谋反”，结果只能说出“寂”字，不断重复着。[45]宣令宿卫：向宿卫传达帝王的命令。宿卫，此指前废帝刘子业的值卫人员。[46]狂主：暴君。[47]殿省惶惑：宫廷与台省，代指朝廷上下惶恐，疑惑。[48]未知所为：不知道该怎么办，六神无主。

休仁就秘书省见湘东王，即称臣，引升西堂[1]，登御座，召见诸大臣。于时事起仓猝[2]，王失履，跣至西堂[3]，犹著乌帽[4]。坐定，休仁呼主衣以白帽代之[5]。令备羽仪[6]，虽未即位，凡事悉称令书施行[7]。宣太皇太后令，数[8]废帝罪恶，命湘东王纂承皇极[9]。及明，宗越等始入，湘东王抚接甚厚[10]。废帝母弟[11]司徒、扬州刺史豫章王子尚，顽悖[12]有兄风，己未[13]，湘东王以太皇太后令，赐子尚及会稽公主死。建安王休仁等始得出居外舍[14]。释谢庄之囚[15]。废帝犹横尸太医阁口[16]。蔡兴宗谓尚书右仆射王彧曰："此虽凶悖[17]，要是天下之主[18]，宜使丧礼粗足[19]；若直如此[20]，四海必将乘人[21]。"乃葬之秣陵县南[22]。

初，湘东王母沈婕妤[23]早卒，路太后[24]养之。王事太后甚谨，太后爱王亦笃[25]。王既弑废帝，欲慰太后心，下令以太后弟子休之为黄门侍郎，茂之为中书侍郎。

论功行赏，寿寂之等十四人皆封县侯、县子[26]。

十二月，庚申朔[27]，以东海王祎为中书监、太尉。进镇军将军、江州刺史晋安王子勋为车骑将军、开府仪同三司。癸亥[28]，建安王休仁为司徒、尚书令、扬州刺史，以山阳王休祐为荆州刺史，桂阳王休范为南徐州刺史。乙丑[29]，徙安陆王子绥为江夏王[30]。

丙寅[31]，湘东王即皇帝位，大赦，改元。其废帝时昏制谬封[32]，并皆刊削[33]。

庚午[34]，以右卫将军刘道隆为中护军[35]。道隆昵[36]于废帝，尝无礼于建安太妃[37]；至是[38]，建安王休仁求解职[39]，明帝乃赐道隆死。

宗越、谭金、童太一等虽为上所抚接，内不自安；上亦不欲使居中[40]，从容[41]谓之曰："卿等遭罹暴朝[42]，勤劳日久，应得自养之地[43]；兵马大郡[44]，随卿等所择。"越等素已自疑，闻之，皆相顾失色，因谋作乱，以告沈攸之，攸之以闻[45]。上收越等，下狱死。攸之复入直阁[46]。

辛未[47]，徙临贺王子产为南平王[48]，晋熙王子舆为庐陵王[49]。

壬申[50]，以尚书右仆射王景文为尚书仆射。景文，即彧也，避上名，以字行[51]。

乙亥[52]，追尊沈太妃[53]曰“宣太后”，陵曰“崇宁[54]”。

初，豫州刺史山阳王休祐入朝，以长史、南梁郡太守[55]殷琰行府州事[56]。及休祐徙荆州，即以琰为督豫、司二州诸军事，豫州刺史。

有司奏路太后宜即前号[57]，移居外宫；上不许。戊寅[58]，尊路太后为崇宪皇太后，居崇宪宫，供奉礼仪，不异旧日。立妃王氏为皇后。后，景文之妹也。

（以上为第八段，写湘东王刘彧即位为刘宋皇帝，进行了一系列的处置，立即处死前废帝刘子业的同母弟妹；恢复路太后的称号，将寿寂之等十四人封为王侯。）

【注释】

[1]西堂：当时皇帝升殿会见群臣，有东西二堂，此在西堂。[2]仓猝（cù）：仓促，匆忙。[3]跣（xiǎn）至西堂：光着脚走到西堂。[4]犹著乌帽：头上还戴着一顶平民、罪犯所戴的帽子。[5]以白帽代之：给他换上了一顶白色的纱帽。南朝时，皇帝在闲暇时都戴白纱帽。[6]令备羽仪：派人取来皇帝所用的全副仪仗。羽仪，用羽毛装饰的幡伞之类。[7]悉称令书：都以中书令、尚书令的口气下达。[8]数：逐条列举地谴责。[9]纂（zuǎn）承皇极：继承先帝的皇位。纂承，继承。皇极，皇纲，皇位。[10]抚接甚厚：安慰、接待的感情、礼数都很诚挚，很友好。抚接，安抚，接纳。[11]母弟：一母所生的弟弟。[12]顽悖（bèi）：顽固荒谬，不讲道理。[13]己未：十一月三十日。[14]出居外舍：回到宫外自己的家里住。[15]释谢庄之囚：据《宋书》，皇帝刘骏宠姬殷贵妃去世，谢庄为其作悼词，其中有“赞轨尧门”的词句，引汉昭帝母赵婕妤尧母门之事。时刘子业在东宫，非常生气，遣人诘责谢庄曰：“你作《殷贵妃诔》还知道有东宫吗？”后子业即位，将其囚禁。[16]太医阁口：皇帝御医所在的门口。[17]凶悖（bèi）：凶暴，悖逆。[18]要是天下之主：毕竟曾是君临天下的皇帝。[19]宜使丧礼粗足：应该让他的丧礼能够勉强过得去。粗足，大体完备。[20]若直如此：如果果真如此，即将刘子业抛弃不顾。[21]四海必将乘人：天下人必将起来讨伐我们，因为我们对待前废帝刘子业的做法太过分了。乘，攻击。胡三省曰：“王彧，湘东王妃兄也，故蔡兴宗与之言。”[22]秣（mò）陵县南：胡三省曰：“葬于秣陵县南郊坛西。”秣陵县，古地名，在今之江苏南京市。[23]沈婕妤：即沈容姬，文帝刘义隆妃子，明帝刘彧生母，封为太后，谥号宣。传见《宋书》卷四十一。[24]路太后：即路惠男，文帝刘义隆的妃嫔。传见《宋书》卷四十一。[25]笃（dǔ）：感情深厚。[26]县侯：封地为一个县的侯爵。县子：封地为一个县的子爵。[27]庚申朔：十二月一日。[28]癸亥：十二月四日。[29]乙丑：十二月六日。[30]徙：改封。安陆王：封地安陆郡，郡治在今湖北安陆市。子绥（suí）：即刘子绥，孝武帝刘骏第四子，封安陆王，后改封江夏王。传见《宋书》卷八十。

江夏王：封地江夏郡，郡治在今湖北武汉市。［31］丙寅：十二月七日。［32］昏制谬封：混乱的制度与荒谬的加封。［33］刊削：废除。［34］庚午：十二月十一日。［35］中护军：古将军名号，位在中领军之下，主管对诸将军的监督管理，级别较右卫将军为高。［36］昵（nì）：亲近。［37］建安太妃：文帝之妃，建安王刘休仁之母，随其子之封为号。［38］至是：当刘彧晋升刘道隆为中护军时。［39］求解职：请求辞去尚书令之职，以表示对刘道隆的反对。［40］居中：在朝廷之内为官。［41］从容：自然、漫不经心的样子。［42］遭罹（lí）暴朝：经历过那个残暴的朝廷。罹，遭遇，遭受。［43］应得自养之地：应该选一个能够让自己休养、安度晚年的地方。［44］兵马大郡：兵强马壮的大郡。［45］以闻：向皇帝刘彧报告，让其知晓。［46］复入直阁：又进入宫廷在内阁值勤。胡三省曰："沈攸之继此有平寻阳之功，遂总戎北讨，历居方面之任。"直，同"值"，值卫。［47］辛未：十二月十二日。［48］子产：即刘子产，字孝仁，孝武帝刘骏第十八子，封临贺郡王。明帝刘彧即位，改封南平郡王。传见《宋书》卷八十。［49］子舆：即刘子舆，字孝文，孝武帝刘骏第二十一子，初封晋熙王，刘彧即位后改封为庐陵王。传见《宋书》卷八十。［50］壬申：十二月二十一日。［51］避上名，以字行：为给明帝刘彧避讳，故时人对王彧遂以其字王景文相称。［52］乙亥：十二月十六日。［53］沈太妃：刘彧的生母，生前随其子之封号称为湘东王太妃。［54］崇宁：崇宁陵，古陵墓名，刘宋明帝刘彧生母沈太后的陵墓。［55］南梁郡：侨郡名，郡治在今安徽寿县。［56］殷琰：刘宋大臣。传见《宋书》卷八十七。行府州事：代理督军府与豫州刺史的职务。行，代理。［57］宜即前号：还用未称太后以前的称号，意即免去路氏的太后封号。［58］戊寅：十二月十九日。

罢二铢钱，禁鹅眼、綖环钱，余皆通用。

江州佐史[1]得上所下令书，皆喜，共造邓琬[2]曰："暴乱既除，殿下又开黄阁[3]，实为公私大庆。"琬以晋安王子勋次第居三[4]，又以寻阳起事与世祖同符[5]，谓事必有成[6]。取令书[7]投地曰："殿下当开端门[8]，黄阁是吾徒事耳[9]！"众皆骇愕[10]。琬更与陶亮等缮治器甲[11]，征兵四方。

袁顗既至襄阳[12]，即与咨议参军刘胡[13]缮修兵械[14]，简集[15]士卒，诈称被太皇太后令[16]，使其起兵，即建牙驰檄[17]，奉表劝子勋即大位。

辛巳[18]，更以山阳王休祐为江州[19]刺史，荆州刺史临海王子项即留本任。

先是，废帝以邵陵王子元[20]为湘州刺史，中兵参军沈仲玉为道路行事[21]，至鹊头[22]，闻寻阳[23]兵起，不敢进。琬遣数百人劫迎之，令子勋建牙于桑尾[24]，传檄[25]建康，称："孤志遵前典[26]，黜幽陟明[27]。"又谓上"矫害明茂[28]，篡窃大宝[29]，干我昭穆[30]，寡我兄弟[31]。藐孤同气[32]，犹有十三[33]，圣灵何辜[34]，而当乏飨[35]。"

郢州刺史安陆王子绥承子勋初檄[36]，欲攻废帝；闻废帝已陨[37]，即解甲下标[38]。既而闻江、雍犹治兵[39]，郢府行事荀卞之大惧[40]，即遣咨议、领中兵参军[41]郑景玄帅众驰下，并送军粮。荆州行事孔道存奉刺史临海王子顼[42]，会稽将佐奉太守寻阳王子房[43]，皆举兵以应子勋。

（以上为第九段，写湘东王刘彧即位为帝后，各地欲起兵反对前废帝的军队却又孕育着反对刘彧的暴风雨。）

【注释】

[1]江州佐吏：江州刺史的属官。[2]共造邓琬：共同到邓琬处。造，到某处。[3]殿下：以称晋安王刘子勋。开黄阁：即上文所说的刘彧进封刘子勋为车骑将军，加开府仪同三司。开府，即俗所谓开黄阁。[4]次第居三：在众兄弟的排行中名列第三。第一刘子业，第二刘子尚，第三即刘子勋。这一点与当初孝武帝刘骏在其众兄弟中排行第三相同。[5]寻阳起事与世祖同符：当年武陵王刘骏讨伐元凶刘劭时，就是在寻阳起兵，现在刘子勋的讨伐刘子业又是在寻阳起兵。同符，即完全相同，像兵符、契约一样对得上。[6]谓事必有成：以为争取做皇帝的事情一定能成。[7]令书：封任刘子勋的命令。[8]当开端门：意即做皇帝。端门，是皇帝宫殿的正南门。[9]黄阁是吾徒事：做仪同三司是我们这些人的事情。[10]骇（hài）愕（è）：震惊，惊讶。[11]缮（shàn）治：整理，修补。器甲：兵器，铠甲。[12]襄阳：古地名，在今湖北襄阳市。[13]刘胡：字坳胡，历为振威将军、建武将军，东平、阳平二郡太守，参与皇室的夺位之争，兵败被杀。传见《宋书》卷八十四。[14]缮修兵械：整修兵器。[15]简集：挑选，招集。[16]被太皇太后令：接到太皇太后的密令。被，蒙受，接到。太皇太后，即前文所说的路太后，孝武帝刘骏之母，刘子勋的祖母。[17]建牙驰檄：树起大旗，发出文告。牙，牙旗，泛指大旗。檄，檄文，文告。[18]辛巳：十二月二十二日。[19]江州：州治在今江西九江市。[20]子元：即刘子元，字孝善，孝武帝刘骏第十三子，封邵陵王，为湘州刺史。后响应义嘉之难，进号抚军将军。建安王刘休仁平定叛乱，刘子元被赐死。传见《宋书》卷八十。[21]为道路行事：在赴州任的道路上，管理旅途中的一应事务。[22]鹊头：古要塞名，在今安徽铜陵市北侧的鹊头山，是长江上的险固要塞。[23]寻阳：古郡名，郡治在今江西九江市。[24]建牙：出师前树立军旗。桑尾：长江中的小洲名，在今江西九江市东北。[25]传檄（xí）：发出檄文。檄，檄文，号召讨伐某人的文告。[26]志遵前典：立志遵照前辈的典章行事。[27]黜幽陟（zhì）明：废除

昏君，改立明君。陟，升。［28］矫害明茂：假传太皇太后的命令，杀害了既有明德，又是至亲的豫章王刘子尚。明茂，明德茂亲。茂，美。［29］篡窃大宝：篡夺皇位。原文为"纂"，据章校改。［30］干我昭穆：扰乱了我们刘氏皇族的父子承传的秩序。皇家太庙里供奉七个牌位，中间是始祖，左边三个为"昭"，右边三个为"穆"。一昭一穆都是父子相传地交叉排列下去。刘裕是始祖，刘义隆是其子，为昭；刘骏是刘义隆之子，为穆。再往下排，应该是刘骏的儿子才对，现在你刘彧插了进来，你是孝武帝之弟，不合"昭""穆"关系。［31］寡我兄弟：杀害我的弟兄，使我的弟兄人数减少。寡，使之减少。［32］藐孤同气：眼中没有我们兄弟。藐，瞧不起，目中无人。同气，即指兄弟。［33］犹有十三：我们兄弟还有十三个人。孝武帝刘骏有二十八子，尚存者十三人，即子勋、子绥、子房、子顼、子仁、子真、子元、子舆、子孟、子嗣、子趋、子期、子悦。［34］圣灵何辜：我们的父亲有什么罪。圣灵，敬称其父孝武帝的亡灵。［35］而当乏飨：竟然断绝了后人对他的祭祀。孝武帝刘骏的十三个儿子中如果无人为帝，那别人为帝是不会再祭祀他的。［36］承子勋初檄：接到刘子勋第一次发出的讨伐废帝的檄文。承，接，接到。［37］已陨：已被朝中的起事人杀死。［38］解甲下标：脱去铠甲，撤去标志，指收兵息事。标，旗幡之类，招引人同做某事。［39］江、雍犹治兵：江州的邓琬、雍州的袁颉仍在继续坚持反对朝廷的活动。犹治兵，仍未收兵息事。［40］郢府行事：郢州刺史府的代理州事者。荀卞之：为郢州行事。大惧：因郢州地处江州与雍州之间，故怕两州夹攻。［41］咨议、领中兵参军：原职为咨议参军，现又兼任中兵参军。领，兼任。［42］"荆州刺史"句：孔道存，南郡太守，为荆州行事。晋安王刘子勋自称帝号，道存举兵应之，事败，被杀。奉刺史临海王子顼，拥戴荆州刺史刘子顼。当时的刺史诸王率皆年龄幼小，故一切大事都是"行府州事"者做主，由他们打着该王的名义办理。奉，捧。［43］会稽将佐奉太守寻阳王子房：会稽太守部下的武将与文官拥戴着名义上是会稽太守的寻阳王刘子房。子房，即刘子房，字孝良，孝武帝刘骏第六子，封寻阳王。响应刘子勋起兵，后败被赐死。传见《宋书》卷八十。

【点评】

宋废帝之乖戾。宋废帝的举止极为怪异乖戾，这和他年幼时就急躁粗暴的个性有关。为山阴公主置面首三十人就已经非常乖背人伦，又把刘曚小妾所生的儿子作为自己的儿子；又将诸位妃子、公主排列于面前，让左右随意奸污她们，岂不是令人发指；将刘彧扒光了衣服，想要像杀猪一样杀了刘彧，岂不是胡作非为！也不是没有人劝谏，废帝知道沈庆之会来劝谏，就想办法让他来不了宫殿。皇帝拥有绝对的权力，谁也说服不了他，除非杀掉他，实在没有别的办法。倒行逆施终于激起众怒，身边的人刺杀了宋废帝。湘东王刘彧在混乱之中登上皇帝宝座。

卷一三一　宋纪十三

宋明帝泰始二年（466年）

【柔兆敦牂（丙午，466年），凡一年】

【大事提要】

本卷记事公元466年，凡一年，当刘宋明帝泰始二年。本卷所载大事，南朝刘宋大事一件，掌握江州实权的长史邓琬拥立刘宋孝武帝第三子刘子勋即帝位，年号义嘉。文帝系诸王和孝武帝系诸王夺帝位斗争由此展开。北朝北魏大事三件：其一，胡太后设计诛杀乙浑，临朝称制，重用高允、高闾、贾秀等汉人官员治理政务。其二，高允建议设立郡学，并制定整套方案，设博士，助教等。其三，刘宋与北魏交战于徐州，刘宋败于北魏。

太宗明皇帝上之下

泰始二年（丙午，466年）

春，正月，己丑朔[1]，魏大赦，改元天安[2]。

癸巳[3]，征会稽太守寻阳王子房为抚军将军，以巴陵王休若代之。

甲午[4]，中外戒严。以司徒建安王休仁都督[5]征讨诸军事，车骑将军、江州[6]刺史王玄谟副之。休仁军于南州[7]，以沈攸之为寻阳太守，将兵屯虎槛[8]。时玄谟未发，前锋凡十军，络绎[9]继至，每夜各立姓号[10]，不相禀受[11]。攸之谓诸将曰："今众军姓号不同，若有耕夫、渔父夜相呵叱，便致骇乱[12]，取败之道也。请就一军取号[13]。"众咸从之。

邓琬称说符瑞[14]，诈称受路太后玺书[15]，帅将佐上尊号于晋安王子勋[16]。乙未[17]，子勋即皇帝位于寻阳，改元义嘉[18]。以安陆王子绥为司徒、扬州刺史；寻阳王子房、临海王子顼并加开府仪同三司；以邓琬为尚书右仆射，张悦为吏部尚书，袁顗加尚书左仆射；自余将佐及诸州郡，除官进爵号各有差。

（以上为第一段，写湘东王即位为帝，着手平定州郡；而邓琬则拥立孝武帝刘骏第三子刘子勋即帝位，改年号为义嘉，爆发了一场旷日持久的内乱。）

【注释】

[1]己丑朔：正月一日。 [2]天安：北魏君主献文帝拓跋弘的第一个年号，共两年。 [3]癸巳：正月五日。 [4]甲午：正月六日。 [5]都督：总领，统管。 [6]江州：州治寻阳，在今江西九江市。[7]南州：南豫州，州治在今安徽当涂县。[8]虎槛：古地名，长江中的小洲，在今安徽芜湖市西南。 [9]络绎（yì）：连续不断。 [10]各立姓号：各以自己将军的姓氏为军中的口令。 [11]不相禀受：互不统属，各行其是。 [12]骇（hài）乱：惊慌，混乱。 [13]请就一军取号：请选择一个大家中意的将军，都统一使用他的号令。胡三省曰："史言沈攸之有将帅之略，所以能立功。"[14]称说符瑞：大讲一些迷信的预言、征兆。符瑞，即阴阳家所讲的好征兆，如河出图、洛出书、麒麟生、凤凰降等，皆预示圣人将出。 [15]玺（xǐ）书：盖有玺印的皇帝的诏书。 [16]帅将佐上尊号于晋安王子勋：率领本部以及来自各部的文武百官，推尊刘子勋为皇帝。 [17]乙未：正月七日。 [18]义嘉：刘宋晋安王刘子勋发动叛乱所改。

丙申[1]，以征虏司马申令孙[2]为徐州刺史。令孙，坦之子也。置司州于义阳[3]；以义阳内史庞孟虬[4]为司州刺史。

徐州刺史薛安都、冀州刺史清河崔道固皆举兵应寻阳[5]。上征兵于青州刺史沈文秀[6]，文秀遣其将刘弥之[7]等将兵赴建康。会薛安都遣使邀文秀，文秀更令[8]弥之等应安都。济阴太守申阐[9]据睢陵应建康，安都遣其从子直阁将军索儿[10]、太原太守清河傅灵越[11]等攻之。阐，令孙之弟也。

安都婿裴祖隆[12]守下邳[13]，刘弥之至下邳，更以所领应建康，袭击祖隆。祖隆兵败，与征北参军垣崇祖奔彭城[14]。崇祖，护之之从子也。弥之族人北海太守怀恭[15]、从子善明[16]皆举兵以应弥之，薛索儿闻之，释睢陵，引兵击弥之。弥之战败，走保北海。申令孙进据淮阳[17]，请降于索儿。庞孟虬亦不受命[18]，举兵应寻阳。

帝召寻阳王长史行会稽郡事孔觊[19]为太子詹事[20]，以平西司马庾业[21]代之；又遣都水使者孔璪入东慰劳[22]。璪说觊以"建康虚弱，不如拥五郡以应袁、邓[23]。"觊遂发兵，驰檄奉寻阳[24]。吴郡太守顾琛、吴兴太守王昙生、义兴太守刘延熙、晋陵太守袁标皆据郡应之。上又以庾业代延熙为义兴[25]，业至长塘湖[26]，即与延熙合。

益州刺史萧惠开[27]，闻晋安王子勋举兵，集将佐谓之曰："湘东，太祖之昭[28]；晋安，世祖之穆[29]；其于当璧，并无不可[30]。但景和[31]虽昏，本是世祖之嗣[32]；不任社稷，其次犹多[33]。吾荷世祖之眷[34]，当推奉九江[35]。"乃遣巴郡太守费欣寿[36]将五千人东下。于是湘州行事何慧文[37]、广州刺史袁昙远[38]、梁州刺史柳元怙[39]、山阳太守程天祚[40]皆附于子勋。元怙，元景之从兄也。

（以上为第二段，写建安王刘子勋与明帝刘彧争夺帝位，一个是文帝之子，一个是孝武帝之子，都有合法的继承权，各地举兵响应刘子勋，声势浩大。）

【注释】

［1］丙申：正月八日。［2］征虏司马申令孙：征虏司马，征虏将军的高级僚属，在军中主管司法。申令孙，徐州刺史申坦之子。明帝刘彧时为宁朔将军、徐州刺史。［3］置司州于义阳：将司州的州治设在义阳县。义阳，古县名，县治在今河南信阳市。胡三省曰："文帝元嘉末，置司州于汝南。孝武大明中省废，今复置之。领义阳、随阳、安隆、汝南四郡。"［4］庞孟虬（qiú）：刘宋将领，置司州于义阳，以庞孟虬为司州刺史。但庞孟虬响应刘子勋政权，被吕安国击败，走死蛮中。［5］举兵应寻阳：起兵响应在寻阳称帝的刘子勋政权。［6］沈文秀：字仲远，司空沈庆之之侄，刘宋名将。刘子业继位后，任建威将军、青州刺史；刘彧继位后，起兵响应刘子勋；后投北魏，任平南将军、怀州刺史。传见《宋书》卷八十八。［7］刘弥之：青州刺史沈文秀的将军，响应建康刘彧政权，后被薛安都所杀，明帝刘彧追封其为辅国将军、青州刺史。［8］更令：改变命令。［9］申阐：明帝刘彧时为济阳太守，徐州刺史薛安都谋反，申阐据城不从。安都屡攻不能下，使其兄申令孙劝降。申阐投降后，与兄一起被杀。［10］索儿：即薛索儿，徐州刺史薛安都侄子，刘宋将领。明帝刘彧即位后，为左将军。后参与其叔薛安都逆乱，败走乐平，为申令孙之子申孝叔所杀。传见《宋书》卷八十八。［11］傅灵越：刘宋著名将领。初仕北魏，为镇远将军、青州刺史，后归顺刘宋，拜为员外郎、兖州司马、鲁郡太守，加太原太守；从薛安都举兵响应刘子勋政权，拜前军将军。兵败被擒杀。传见《宋书》卷八十八。［12］裴祖隆：刘宋时人，徐州刺史薛安都女婿，驻守下邳。［13］下邳（pī）：古县名，县治在今江苏睢宁县西北古邳镇东，地处沂、泗两水交会处，自古为淮北战场。［14］垣（yuán）崇祖：豫州刺史垣护之之侄，初为刘道隆主簿，曾举兵对抗明帝刘彧，兵败投奔北魏。后南归依附齐高帝萧道成，为使持节，任豫州刺史，后被杀。传见《南齐书》卷二十五。［15］北海太守怀恭：北海，古郡名，刘宋的郡治在今山东潍坊市。怀恭，即刘怀恭，刘弥之的族人，明帝刘彧时为北海太守。［16］善明：即刘善明，平原人，刘宋

名将刘怀珍族弟，刘弥之之侄。于天下州郡纷纷反对刘彧政权时，刘善明偏能起兵拥护朝廷，深得刘彧赏识，为宁朔长史、北海太守，除尚书金部郎。后事萧道成，入齐为骠骑咨议，封新淦伯。传见《南史》卷四十九。［17］淮阳：古郡名，刘宋的郡治在今江苏淮安市西。［18］不受命：不受刘彧朝廷任之为司州刺史的诏命。［19］行会稽郡事孔觊：行会稽郡事，代理主持会稽郡的行政事务。孔觊（jì），字思远，孔子第二十九世孙、书法家孔琳之之孙、孔邈之子，会稽太守。起兵响应寻阳，兵败被杀。传见《宋书》卷五十六。［20］为太子詹事：为太子管理家务。当时孔觊任职的会稽郡太守已经起兵应江州刺史刘子勋，朝廷调其入朝为太子詹事。［21］庾业：南阳（今河南南阳市）人，名将宗悫同乡，刘宋官员。家富豪，侯服玉食。尝以悫为军人，惯啖粗食而设菜蔬粟饭相待。后为宗悫长史，待之甚厚，不以前事为嫌。行会稽郡事。及吴郡太守顾琛据郡反，庾业与其谋，被杀。［22］都水使者孔璪入东慰劳：都水使者，主管河道沟渠的水利运输等事，并监造船只。孔璪（zǎo），前废帝刘子业时为都水使者。明帝刘彧即位，遣其入东慰劳。乃说孔觊谋反，遂举兵助晋安王刘子勋与刘彧争夺帝位。军败，孔璪投门生陆林夫，为林夫所杀。传见《宋书》卷八十四。［23］五郡以应袁、邓：浙东五郡，指会稽、东阳、临海、永嘉、新安五郡。袁、邓，即袁顗、邓琬，以推戴刘子勋为名号召天下反对刘彧朝廷的主脑人物。［24］驰檄（xí）奉寻阳：发布文告于天下，表明自己拥戴江州的刘子勋。寻阳，指在寻阳即位为帝的刘子勋。［25］以庾业代延熙为义兴：取代刘延熙为义兴太守，因刘延熙已叛变，拥戴刘子勋。［26］长塘湖：又名泓湖，在当时义兴郡的西北方，在今江苏溧阳市西北、常州市金坛区东南的长荡湖。［27］益州：州治在今四川成都市。萧惠开：名将萧思话长子，刘宋益州刺史。曾拥戴刘子勋政权，后归降，任闲职。传见《宋书》卷八十七。［28］湘东，太祖之昭：湘东王刘彧是太祖刘义隆的儿子。太祖，即宋文帝刘义隆。昭，古代宗庙制度，在始祖庙之左者为“昭”；坟地葬位的左右次序亦如此。［29］晋安，世祖之穆：晋安王刘子勋是世祖刘骏的儿子。世祖，即宋明帝刘骏。穆，古代宗庙排列的次序，始祖居庙中，父子依序为昭穆，左为昭，右为穆。［30］其于当璧，并无不可：要说做皇帝的资格，两人都是有的。当璧，指接替为君主的征兆与资格。春秋时楚共王有宠子五人，拿不定主意立谁继承王位，便将一块玉璧埋在宗庙的祭坛前，宣称哪个儿子能正好跪在埋璧的地方，就让他当楚国的国王。结果五个儿子进殿参拜时，康王跨璧而过，灵王肘在埋璧处，最小的平王被抱入参拜时，伏在了璧纽上。结果这三人便都先后当了一段时间的楚王。事见《史记·楚世家》。［31］景和：前宋废帝刘子业的年号。刘子业在上年正月改元永光，至八月又改元景和。这里即指刘子业。［32］嗣：接班人。［33］不任社稷，其次犹多：如果说刘子业不够做皇帝的资格，那么可供挑选的刘子业的弟弟们还有不少。社稷，这里代指国家政权。［34］荷世祖之眷：蒙受世祖刘骏的恩宠，指在孝武帝刘骏驾下为臣。荷，负荷，蒙受。眷，眷顾，宠幸。［35］当推奉九江：应该拥戴江州刺史刘子勋为皇帝。九江，古地名，在今江西九江市，当时为江州刺史的驻镇之地，这里即代指江州刺史刘子勋。［36］巴郡：古郡名，郡治在今重庆市。费欣寿：刘宋时人，明帝刘彧时为巴东太守，宣布拥戴刘子勋为帝，并出兵沿江东下。后被杀。［37］湘州行事何慧文：主管湘州事务的官员。行事，主事。何慧文，明帝刘彧时为湘州行事。［38］袁昙远：刘宋时人，明帝刘彧时为广州刺史。［39］梁州刺史柳元怙：梁州，刘宋的州治，在今陕西汉中市。柳元怙（hù），刘宋时人，是已被前废帝刘子业所杀的名将柳元景从兄，时任梁州刺史，与晋安王刘子勋谋反，兵败归降。传见《宋书》卷七十七。［40］山阳太守程天祚：山阳，古郡名，郡治在今江苏淮安市。程天祚，山阳太守。明帝刘彧时，依附晋安王刘子勋，后归降。程天祚曾被北魏俘虏，封南安郡王，后逃归南朝。故传见《魏书》卷五十三。

是岁［1］，四方贡计皆归寻阳［2］，朝廷所保［3］，唯丹杨、淮南［4］等数郡，其间诸县或应子勋［5］，东兵已至永世［6］，宫省危惧［7］。上集群臣以谋成败。蔡兴宗曰："今普天同叛，人有异志［8］，宜镇之以静，至信待人［9］。叛者亲戚布在宫省［10］，若绳之以法［11］，则土崩立至［12］，宜明罪不相及［13］之义。物情既定［14］，人有战心［15］，六军精勇［16］，器甲犀利［17］，以待不习之兵［18］，其势相万［19］耳。愿陛下勿忧。"上善之。

建武司马刘顺［20］说豫州［21］刺史殷琰使应寻阳；琰以家在建康，未许。右卫将军柳光世［22］自省内出奔彭城［23］，过寿阳［24］，言建康必不能守。琰信之，且素无部曲［25］，为土豪前右军参军杜叔宝［26］等所制，不得已而从之。琰以叔宝为长史，内外军事，皆叔宝专之。上谓蔡兴宗曰："诸处未平，殷琰已复同逆；顷日人情云何［27］？事当济不［28］？"兴宗曰："逆之与顺，臣无以辨［29］。今商旅断绝，米甚丰贱［30］，四方云合［31］，而人情更安［32］，以此卜之［33］，清荡可必［34］。但臣之所忧，更在事后，犹羊公［35］言：'既平之后，方当劳圣虑耳［36］。'"上曰："诚如卿言。"上知琰附寻阳非本意，乃厚抚其家以招之。

汝南、新蔡［37］二郡太守周矜［38］起兵于悬瓠以应建康。袁顗诱矜司马汝南常珍奇［39］执矜，斩之，以珍奇代为太守。

上使冗从仆射垣荣祖还徐州说薛安都，安都曰："今京都无百里地［40］，不论攻围取胜［41］，自可拍手笑杀［42］；且我不欲负孝武［43］。"荣祖曰："孝武之行，足致余殃［44］。今虽天下雷同［45］，正是速死，无能为也。"安都不从，因［46］留荣祖使为将。荣祖，崇祖之从父兄也。

兖州刺史殷孝祖［47］之甥司法参军葛僧韶［48］请征孝祖入朝，上遣之［49］。时薛索儿屯据津径［50］。僧韶间行［51］得至，说孝祖曰："景和凶狂，开辟未有[52]；朝野危极，假命漏刻[53]。主上夷凶翦暴[54]，更造天地[55]，国乱朝危，宜立长君[56]。而群迷相煽[57]，构造无端[58]，贪利幼弱[59]，竞怀希望[60]。使天道助逆[61]，群凶事申[62]，则主幼时艰[63]，权柄不一[64]，兵难互起，岂有自容之地[65]！舅少有立功之志，若能控济义勇[66]，还奉朝廷[67]，非唯匡主静乱[68]，乃可以垂名竹帛[69]。”孝祖具问[70]朝廷消息，僧韶随方酬譬[71]，并陈兵甲精强，主上欲委以前驱[72]之任。孝祖即日委妻子于瑕丘[73]，帅文武二千人，随僧韶还建康。时四方皆附寻阳，朝廷唯保丹杨一郡；而永世令孔景宣复叛，义兴兵垂至延陵[74]，内外忧危，咸欲奔散。孝祖忽至，众力不少[75]，并伧楚壮士[76]，人情[77]大安。甲辰[78]，进孝祖号抚军将军[79]，假节[80]、都督前锋诸军事，遣向虎槛，宠赉[81]甚厚。

初，上遣东平毕众敬[82]诣兖州募人，至彭城，薛安都以利害说之，矫上命以众敬行兖州事[83]，众敬从之。殷孝祖使司马刘文石守瑕丘[84]，众敬引兵击杀之。安都素与孝祖有隙[85]，使众敬尽杀孝祖诸子。州境皆附之[86]，唯东平太守申纂据无盐[87]，不从。纂，钟之曾孙也。

（以上为第三段，写举国绝大部分郡县都拥护刘子勋政权，建康朝廷孤危，蔡兴宗冷静分析形势，提出以静制动方略；殷孝祖率领部队到建康，人心开始安定。）

【注释】

[1]是岁：这一年，即明帝泰始二年（466）。[2]四方贡计：全国各地向朝廷进贡本地特产与各州郡向朝廷交纳赋税钱粮。贡，进贡。计，上计，指每年的年底各州郡的地方官派其僚属到京城向朝廷汇报其地区的人口、赋税、盗贼、狱讼等事，最重要的是交纳钱粮。[3]所保：所保持，所拥有。[4]丹杨、淮南：古二郡名，丹杨即京城建康所在的郡，郡治在当时的都城，在今江苏南京城内，淮南郡的郡治在今安徽当涂县。[5]其间诸县或应子勋：在朝廷所拥有的仅仅几个郡中，还有一些县是拥护刘子勋的。或，有的。[6]东兵已至永世：从东方的会稽一带杀来的拥戴刘子勋的军队到达永世县。永世县治在今江苏溧阳市南。[7]宫省：设在皇宫内的官署，代指皇宫。危惧：忧虑，恐惧。[8]人有异志：四字原无，据章校补。[9]至信待人：言刘彧的朝廷应该以诚恳的态度对待天下人。[10]布在宫省：散布在朝廷的各个单位与皇帝身边。[11]若绳之以法：倘若朝廷逮捕查办这些叛者的亲戚故旧。[12]土崩立至：整个朝廷土崩瓦解的局面就要到来。[13]宜明罪不相及之义：朝廷应该向天下人讲明犯罪者只罪其身，而不牵连其亲朋故旧的道理。不相及，不牵连到别人。[14]物情既定：人心一旦安定下来。物情，人心。

[15]人有战心：给朝廷当兵的人也就有了为朝廷作战的决心。[16]六军：古代天子的军队有六军之说，此指全军。[17]器甲犀利：兵器铠甲坚固锐利。[18]不习之兵：没有经过训练的军队，指四方起而反对刘彧朝廷的人。[19]其势相万万：双方比较相差万倍。[20]建武司马刘顺：建武将军殷琰部下的司马官刘顺。[21]豫州：刘宋的州，县治寿阳。[22]右卫将军柳光世：右卫将军，古将军名号，主管宫廷侍卫。柳光世，名将柳元景堂弟，仕北魏为河北太守。姐夫崔浩为北魏相，有异谋被诛，柳光世南奔，文帝刘义隆以为振武将军。明帝刘彧时为右卫将军、顺阳太守，谋反被杀。传见《宋书》卷七十七。[23]省内出奔彭城：当时柳光世为右卫将军，在皇宫当差。因朝廷杀宗越、谭金等人，柳光世怀惧北逃，投奔拥戴刘子勋的徐州刺史薛安都。[24]寿阳：古地名，当时为豫州刺史州治所在地。[25]素无部曲：手下没有自己的嫡系、亲信。部曲，指依附、听命其上属，能为之效力的人，如宾客、食客、家奴、荫户等。[26]杜叔宝：地方土豪，曾为右将军国柳光世的僚属右军参军。[27]人情云何：人们对当前的形势怎么看。[28]事当济不：我们的事业能够成功吗？不，同“否”。[29]逆之与顺，臣无以辨：意即谁是正统，谁是叛逆，无法说清楚，湘东王刘彧即位和晋安王刘子勋起兵，都无所谓顺逆。[30]商旅断绝，米甚丰贱：虽因战争商旅中断，但京城太仓的粮食很多，故物价不高。[31]四方云合：四方起兵反对朝廷的人很多。云合，极言反朝廷的区域之广，人马之多。[32]人情更安：京城的人心并不惊恐。[33]以此卜之：从这一点来看。卜，预测，推断。[34]清荡可必：一定能够扫平天下。[35]羊公：西晋名将羊祜。传见《晋书》卷三十四。[36]既平之后，方当劳圣虑耳：意即灭东吴是不成问题的，灭东吴之后所产生的新问题很难解决，会让你大伤脑筋。羊祜此言见《资治通鉴》卷八十晋武帝咸宁四年（278）。胡三省曰：“蔡兴宗岂特以方严自将，盖识时审势者也。”[37]汝南、新蔡：当时刘宋治下的两个郡，郡分为二，由一个太守管理，郡治在悬瓠，在今河南汝南县。[38]周矜（jīn）：明帝刘彧时为汝南、新蔡二郡太守，起兵支持朝廷刘彧政权，被叛军所杀。[39]司马汝南常珍奇：司马，军队中的执法官。常珍奇，汝南、新蔡二郡太守周矜的司马官，执杀周矜，取而代之。[40]无百里地：极言拥护刘彧朝廷的人士之少。[41]不论攻围取胜：用不着派兵攻城，用不着使用武力。[42]自可拍手笑杀：单用拍手大笑，就可以吓死刘彧与其周围的一撮人。[43]不欲负孝武：意思是不能让孝武帝刘骏的香火灭绝，一定要立刘骏的后代为皇帝。[44]足致余殃：孝武帝的罪行，足以殃及他的后代跟着倒霉。[45]天下雷同：天上一声雷响，天下四海同震，极喻反对刘彧朝廷的力量多而大。[46]因：乃，于是。[47]殷孝祖：刘宋后期名将，时任兖州刺史，传见《宋书》卷八十六。[48]司法参军：主刑法。葛僧韶：殷孝祖外甥，明帝刘彧时为司法参军。[49]上遣之：刘彧派葛僧韶前往兖州迎接殷孝祖。[50]屯据津径：把守着重要的渡口要路。津，渡口。径路径，路口。[51]间行：易服抄小道而行。[52]景和凶狂，开辟未有：刘子业凶暴横行，是从开天辟地以来从未有过的。景和，刘子业的年号，指刘子业。[53]假命漏刻：意即朝不保夕，数着钟点过日子。漏刻，古代的计时器，将一昼夜分作一百刻。[54]主上夷凶翦暴：明帝刘彧消灭了暴君刘子业。夷、翦，

都是消灭、除掉的意思。［55］更造：再造，重新安排。［56］宜立长君：应立年龄大的人为皇帝。［57］群迷相煽：一群糊涂愚妄之辈相互鼓吹煽动。［58］构造无端：编出一些毫无道理的说法。无端，无理，无来由。［59］贪利幼弱：为便于控制而故意立年纪幼小的孩子为君。晋安王刘子勋当时只有十一岁。［60］竞怀希望：其实是每个人都有自己的心思。［61］使天道助逆：假如老天爷帮助坏人，意即这伙心怀不轨的家伙一旦得势。［62］群凶事申：叛逆们的阴谋得逞。［63］主幼时艰：主上年幼，时事艰难。［64］权柄不一：权力分散，政出多门。［65］岂有自容之地：哪里还有我们的存身之地。［66］若能控济义勇：如果能掌控好您部下这些济水流域的军队。济，济水，离殷孝祖管辖的兖州不远。［67］还奉朝廷：把这支军队带回朝廷，交给朝廷。［68］匡主静乱：辅佐皇上，平定叛乱。［69］垂名竹帛：意即名留青史。［70］具问：详细、具体询问。［71］随方酬譬：按他提出的问题一一巧妙得体地给予解释与回答，为刘彧说了许多好话。酬譬，应答，譬解。［72］前驱：先锋部队。［73］委妻子于瑕丘：将自己的妻、子留在原任所，表明自己并未放弃兖州的职务。瑕丘，古县名，当时兖州的州治所在地，在今山东济宁市兖州区东北。［74］垂至延陵：很快就要到达延陵县。延陵，古县名，县治在今江苏丹阳市西南的延陵镇，离当时的建康不到一百公里。［75］众力不少：有许多年轻力壮的汉子。力，劳力，丁壮。［76］伧楚壮士：都是一些粗壮的江北“老冒”。伧楚，江南人对中原人的蔑称，犹今所谓“土老冒儿”。胡三省曰：“江南人谓中原人为‘伧’，荆州人为‘楚’。”［77］人情：人心。［78］甲辰：正月十日。［79］抚军将军：古杂号将军之名。［80］假节：授予旌节。节，朝廷授予大臣或特派使者拥有权力的一种信物，共分三等。一称“使持节”，有此称号者可以杀二千石以下的官员；其次称“持节”，可杀无官位的人；再次称“假节”，在军中可杀违犯军令者。［81］宠赉：赏赐的东西。［82］毕众敬：本名毕奈，字众敬，东平须昌县（今山东东平县）人，刘宋名将，兖州刺史，镇守东平郡。后与薛安都等起兵拥戴刘子勋。失败后，开城投降北魏。传见《魏书》卷六十一。［83］矫上命以众敬行兖州事：假托孝明皇帝的命令以毕众敬代理兖州刺史的职务。行，代理。［84］刘文石：为兖州刺史殷孝祖司马，守瑕丘，被毕众敬击杀。［85］有隙：有过节，不和睦。隙，隔阂，矛盾。［86］皆附之：都顺从了毕众敬的管辖。［87］据无盐：意即申纂据无盐为刘彧朝廷坚守。

丙午[1]，上亲总兵[2]，出顿中堂[3]。辛亥[4]，以山阳王休祐为豫州刺史，督辅国将军彭城刘勔[5]、宁朔将军广陵吕安国[6]等诸军西讨殷琰。巴陵王休若督建威将军吴兴沈怀明[7]、尚书张永[8]、辅国将军萧道成[9]等诸军东讨孔觊。时将士多东方人，父兄子弟皆已附觊。上因送军[10]，普加宣示[11]曰：“朕方务德简刑[12]，使父子兄弟罪不相及[13]，助顺同逆者[14]，一以所从为断[15]。卿等当深达此怀[16]，勿以亲戚为虑也。”众于是大悦，凡叛者亲党在建康者，皆使居职如故。

壬子[17]，路太后殂[18]。

孔觊遣其将孙昙瓘等军于晋陵九里[19]，部陈[20]甚盛。沈怀明至奔牛[21]，所领寡弱，乃筑垒自固。张永至曲阿[22]，未知怀明安否；百姓惊扰，永退还延陵[23]，就巴陵王休若，诸将帅咸劝休若退保破冈[24]。其日，大寒，风雪甚猛，塘埭[25]决坏，众无固心[26]。休若宣令[27]："敢有言退者斩！"众小定，乃筑垒息甲[28]。寻[29]得怀明书，贼定未进[30]，军主刘亮[31]又至，兵力转盛，人情乃安。亮，怀慎之从孙也。

殿中御史吴喜[32]以主书事世祖，稍迁河东[33]太守。至是，请得[34]精兵三百，致死于东[35]。上假喜建武将军[36]，简羽林勇士[37]配之。议者以"喜刀笔[38]主者，未尝为将，不可遣。"中书舍人巢尚之[39]曰："喜昔随沈庆之，屡经军旅，性既勇决，又习战陈；若能任之，必有成绩。诸人纷纭[40]，皆是不别才[41]耳。"乃遣之。喜先时数奉使东吴，性宽厚，所至[42]人并怀之。百姓闻吴河东[43]来，皆望风降散[44]，故喜所至克捷[45]。

永世人徐崇之攻孔景宣[46]，斩之，喜版[47]崇之领县事。喜至国山[48]，遇东军，进击，大破之。自国山进屯吴城[49]，刘延熙遣其将杨玄[50]等拒战。喜兵力甚弱，玄等众盛，喜奋击，斩之，进逼义兴[51]。延熙栅断长桥[52]，保郡自守，喜筑垒与之相持。

庾业于长塘湖[53]口夹岸筑城，有众七千人，与延熙遥相应接[54]。沈怀明、张永与晋陵军[55]相持，久不决。外监朱幼举司徒参军督护任农夫[56]骁勇有胆力，上以四百人配之，使助东讨。农夫自延陵出长塘[57]，庾业筑城犹未合，农夫驰往攻之，力战，大破之，庾业弃城走义兴[58]。农夫收其船仗，进向义兴助吴喜。二月己未朔[59]，喜渡水[60]攻郡城，分兵击诸垒，登高指麾[61]，若令四面俱进者。义兴人大惧，诸垒皆溃，延熙赴水死，遂克义兴。

魏丞相太原王乙浑专制朝权，多所诛杀。安远将军贾秀[62]掌吏曹[63]事，浑屡言于秀，为其妻求称公主[64]，秀曰："公主岂庶姓[65]所宜称！秀宁取死今日，不可取笑后世！"浑怒，骂曰："老奴官，悭[66]！”会侍中拓跋丕[67]告浑谋反，庚申[68]，冯太后[69]收浑，诛之。秀，彝之子；丕，烈帝[70]之玄孙也。太后临朝称制[71]，引中书令高允、中书侍郎［渔阳］高闾[72]及贾秀共参大政[73]。

（以上为第四段，写刘宋朝廷派殿中御史吴喜东攻，安定吴地；北魏冯太后斩杀权臣乙浑，主持朝政，重用贤臣中书令高允、中书侍郎高闾、安远将军贾秀等。）

【注释】

［1］丙午：正月十八日。［2］亲总兵：亲自统领军队。［3］出顿中堂：离开后宫妃嫔，住宿到与群臣谋划军务的办公地点。顿，停留，住宿。中堂，宫廷前殿的中心议事之所。［4］辛亥：正月二十三日。［5］刘劢（miǎn）：字伯猷，刘宋著名将领。刘彧即位后，四方反叛，以刘劢为辅国将军，对刘彧政权的稳定颇有贡献。传见《宋书》卷八十六。［6］吕安国：广陵人，刘宋将领。传见《南齐书》卷二十九。［7］沈怀明：名将沈庆之之侄，黄门郎沈僧荣之子，刘宋大臣。传见《宋书》卷七十七。［8］张永：字景云，刘宋大臣，将领。传见《宋书》卷五十三。［9］萧道成：后为齐高帝。传见《南齐书》卷一。［10］因送军：趁着给东讨大军送行的时候。［11］宣示：宣布，明示。［12］务德简刑：重视恩德，减轻刑罚。［13］罪不相及：只处罚犯罪者，不涉及其他人。［14］助顺同逆者：是帮助朝廷的人，还是跟着叛乱势力走的人。“助”，原文作“将”，据章校改。［15］一以所从为断：一律按其本人的行为表现来判断，意即不株连别人。所从，指跟从哪一方。［16］当深达此怀：应该深刻理解我这番心意。［17］壬子：正月二十四日。［18］殂：死亡。［19］孙昙瓘等军于晋陵九里：孙昙瓘（guàn），骁勇善战，以军功稍进，为宁朔将军、越州刺史。传见《宋书》卷八十四。晋陵，县名。县治在今江苏常州市。［20］部陈：排列阵式。陈，同“阵”。［21］奔牛：古地名，在今江苏常州市武进区西北的奔牛镇，在当时运河的东边。［22］曲阿：古县名，县治在今江苏丹阳市。［23］延陵：古县名，县治在今江苏丹阳市西南延陵镇。［24］破冈：古地名，在当时的延陵县西，现在的江苏句容市东南。［25］塘埭（dài）：即破冈渎的堤坝。埭，坝。［26］无固心：无坚守之心。［27］宣令：传达命令。［28］筑垒息甲：筑起堡垒，让士兵休息。［29］寻：不久，很快。［30］贼定未进：反朝廷的军队确实未发动进攻。［31］军主刘亮：军主，不是正式的官名，只是一支小部队的头领，主管的兵力可能相当于一个营，也可能相当于一个团，犹今之所谓“部队长”。刘亮，刘宋开国宗室将领刘怀慎的堂孙。时为军主，参与反击叛乱。［32］吴喜：本名吴喜公，吴兴临安人，沈庆之的旧部。传见《宋书》卷八十三。［33］河东：古郡名，郡治在今山西西南部，当时属于北魏。刘宋的河东郡侨置在今湖北松滋市。［34］请得：请求拨给。［35］致死于东：去跟东部的敌人拼死作战。［36］假喜建武将军：授予吴喜为代理建武将军。假，代理。［37］简：挑选。羽林勇士：皇宫禁卫部队。［38］刀笔：古代在竹简上刻字记事，用刀子刮去错字，因此把有关案牍的事叫做刀笔。此指文吏。［39］巢尚之：刘骏时，被宠用，为中书通事舍人，刘彧时，重任中书通事舍人。传

见《宋书》卷九十四。［40］纷纭：七嘴八舌的样子。［41］不别才：不能识别人才。［42］所至：不论走到哪里。［43］吴河东：即吴喜，刘骏时为河东太守，故称之。［44］降散：投降，解散。［45］克捷：克敌制胜。［46］徐崇之攻孔景宣：徐崇之，刘宋时永世人，明帝刘彧时参与反对刘子勋政权的斗争。孔景宣，刘宋时人，明帝刘彧时参与反对建康政权，被杀。［47］版：任命。因古代任命某人为官，需将委任命令写在木板上，传以示人，故称之。［48］国山：古县名，也是山名，县治在今江苏宜兴市西南的国山之西，章溪水的东岸。［49］吴城：也称泰伯城，在今江苏宜兴市西南。［50］杨玄：刘宋时人，明帝刘彧时为叛军将领，被杀。［51］义兴：当时义兴郡郡治所在地，在今江苏宜兴市。［52］栅断长桥：在义兴郡治西南的长桥用栅栏截断荆溪的水面，以防止吴喜的水军进攻义兴郡城。［53］长塘湖：地名。在兴郡西北湖口。［54］遥相应接：刘延熙在当时义兴郡的西南方，与西北方的庾业遥相呼应。［55］晋陵军：孔觊派出的孙昙瓘的军队。［56］任农夫：任司徒刘休仁府的参军督护，英勇善战。朱幼任职外监，主管监察之便，举荐任农夫出为扬州刺史兼度支使。扬州未遭兵祸，皆颂朱幼之功，且编成歌谣，即“朱幼护江东，人安盗贼空”。任农夫官至淮南太守。传见《宋书》卷八十三。［57］出长塘：渡过长塘湖攻击反叛刘彧朝廷的庾业军队。［58］走义兴：逃往义兴城，与刘延熙会合。［59］己未朔：二月一日。［60］渡水：渡荆溪水。［61］指麾：即指挥。麾，同“挥”。［62］贾秀：武威姑臧（今甘肃武威市）人，尚书左丞、秘书监贾彝之子，北魏大臣，不畏权臣乙浑。传见《魏书》卷三十三。［63］吏曹：即吏部，负责选拔任命官员。［64］为妻求称公主：请求将其妻子封为公主。［65］庶姓：皇室以外的家族。北魏制度，凡与国不同姓者，都称为庶姓。其国姓为拓跋氏。［66］悭（qiān）：吝啬，小气鬼。［67］拓跋丕：乐城侯拓跋兴都之子，北魏代王拓跋翳槐玄孙，北魏宗室大臣。传见《魏书》卷十四。［68］庚申：二月二日。［69］冯太后：文成帝拓跋濬皇后，孝文帝元宏嫡祖母，北魏女性政治家、改革家。传见《魏书》卷十三。［70］烈帝：即拓跋翳槐，追谥为烈皇帝。传见《魏书》卷一。［71］临朝称制：谓冯太后当政，代行皇帝职权。制，制令，母后发出的号令。［72］渔阳高闾：“渔阳”此二字原无，据章校补。高闾，本名高驴，字阎士，渔阳雍奴（今天津市武清区）人，幽州刺史高洪之子，北魏儒臣。传见《魏书》卷五十四。［73］大政：朝政，国家政事。

沈怀明、张永、萧道成等军于九里西，与东军相持。东军闻义兴败，皆震恐。上遣积射将军济阳江方兴[1]、御史王道隆[2]至晋陵视东军形势。孔觊将孙昙瓘、程扞宗[3]列五城，互相连带。扞宗城犹未固，王道隆与诸将谋曰：“扞宗城犹未立，可以借手[4]，上副圣旨[5]，下成众气[6]。”辛酉[7]，道隆帅所领急攻，拔之，斩扞宗首。永等因乘胜进击昙瓘等，壬戌[8]，昙瓘等兵败，与袁标俱弃城走，遂克晋陵。

吴喜军至义乡[9]。孔璪屯吴兴[10]南亭，太守王昙生诣璪计事；闻台军[11]已近，璪大惧，堕床[12]，曰："悬赏所购，唯我而已；今不遽[13]走，将为人擒！"遂与昙生奔钱唐[14]。喜入吴兴，任农夫引兵向吴郡[15]，顾琛弃郡奔会稽[16]。上以四郡[17]既平，乃留吴喜使统沈怀明等诸将东击会稽，召张永等北击彭城，江方兴等南击寻阳。

以吏部尚书蔡兴宗为左仆射，侍中褚渊为吏部尚书。

丁卯[18]，吴喜军至钱唐，孔璪、王昙生奔浙东。喜遣强弩将军任农夫等引兵向黄山浦[19]，东军据岸结寨，农夫等击破之。喜自柳浦渡[20]，取西陵[21]，击斩庾业。会稽人大惧，将士多奔亡[22]，孔觊不能制。戊寅[23]，上虞令王晏起兵攻郡[24]，觊逃奔嶀山[25]；车骑从事中郎张绥[26]封府库以待吴喜。己卯[27]，王晏入城，杀绥，执寻阳王子房于别署[28]。纵兵大掠，府库皆空；获孔璪，杀之。庚辰[29]，嶀山民缚孔觊送晏，晏谓之曰："此事孔璪所为，无预卿事[30]，可作首辞[31]，当相为申上[32]。"觊曰："江东处分[33]，莫不由身[34]；委罪求活[35]，便是君辈行意[36]耳。"晏乃斩之。顾琛、王昙生、袁标等诣吴喜归罪[37]，喜皆宥之[38]。东军主[39]凡七十六人，临陈斩十七人，其余皆原宥[40]。

（以上为第五段，写刘宋将领吴喜率领精锐部队攻打东军，一路势如破竹，迅速平定浙东地区，控制钱塘，为明帝刘彧消灭寻阳刘子勋政权奠定了坚实的基础。）

【注释】

[1]江方兴：济阳考城人，刘宋将领。明帝刘彧时为宁朔将军，讨伐晋安王刘子勋叛乱有功，为太子左卫率，后病死。传见《宋书》卷八十四。[2]王道隆：吴兴乌程人，刘宋大臣。传见《宋书》卷九十四。[3]程扞宗：叛军首领，被杀。[4]借手：着手，动手。[5]上副圣旨：对上说可以满足皇上的心愿。副，符合。[6]下成众气：对下说可以鼓舞军队的士气。[7]辛酉：二月三日。[8]壬戌：二月四日。[9]义乡：古县名，县治在今浙江长兴县西北。[10]吴兴：古郡名，郡治在今浙江吴兴南的下菰城。[11]台军：朝廷的军队。[12]堕（duò）床：从座椅上掉下来。床，座椅。[13]遽（jù）：赶忙，立即。[14]钱唐：古郡名，郡治在今浙江杭州市。[15]吴郡：古郡名，郡治在今江苏苏州市。[16]会稽：古郡名，郡治在今浙江绍兴市。[17]四郡：指晋陵、义兴、吴兴、吴郡。[18]丁卯：二月九日。[19]黄山浦：古地名，也称渔浦，在今浙江杭州市萧山区西南的钱塘江南岸。[20]柳浦：古地名，在今浙江杭州市城南的凤凰山东麓。[21]西陵：古地名，在今浙江杭州市萧山区西北的西兴镇。[22]奔亡：奔

逃。亡，逃跑。［23］戊寅：二月二十日。［24］上虞令王晏起兵攻郡：上虞，古县名，县治在今浙江绍兴市上虞区。王晏，上虞县令。攻郡，攻打会稽郡城，在今浙江绍兴市。［25］嵴（jí）山：古村名，在今浙江绍兴市境。［26］张绥（suí）：时为叛军车骑将军刘子房的僚属，车骑从事中郎。［27］己卯：二月二十一日。［28］子房于别署：子房，即刘子房，孝武帝刘骏第六子，被封为寻阳王，此时任会稽太守，年十一岁。别署，其他官署。胡三省曰："张绥盖迁子房于别署，故王晏就执之。"［29］庚辰：二月二十二日。［30］无预卿事：和你没有关系。［31］可作首辞：可以写一张自首服罪的供状。［32］当相为申上：可以帮你向皇上申明原委。［33］江东处分：浙东地区所有反对朝廷活动的安排指挥。江东，钱塘江以东。处分，处理，安排。［34］莫不由身：没有一件不是出自我的手。身，我，我自己。［35］委罪求活：把罪过推给别人，自己求得活命的机会。［36］便是君辈行意：那就成了你们这些人的行为。君辈，你们这些人。行意，思想行为。［37］归罪：投案请罪。［38］皆宥（yòu）之：都宽饶了他们。宥，宽恕，原谅。［39］东军主：浙东地区反对朝廷的各支部队长。［40］原宥（yòu）：宽恕，原谅。

薛索儿攻申阐，久不下；使申令孙入睢陵说阐，阐出降，索儿并令孙杀之[1]。

山阳王休祐在历阳[2]，辅国将军刘勔进军小岘[3]。殷琰所署南汝阴[4]太守裴季之以合肥来降。

邓琬性鄙暗贪吝[5]，既执大权，父子卖官鬻[6]爵，使婢仆出市道贩卖[7]；酣歌博弈[8]，日夜不休；大自矜遇[9]，宾客到门者，历旬不得前[10]；内事悉委褚灵嗣[11]等三人，群小横恣[12]，竞[13]为威福。于是士民忿怨[14]，内外离心。

琬遣孙冲之帅龙骧将军薛常宝、陈绍宗、焦度等兵一万为前锋，据赭圻[15]。冲之于道与晋安王子勋书曰："舟楫已办[16]，粮仗亦整[17]，三军踊跃，人争效命；便欲沿流挂帆[18]，直取白下[19]。愿速遣陶亮众军兼行相接[20]，分据新亭、南州[21]，则一麾定[22]矣。"子勋加冲之左卫将军；以陶亮为右卫将军，统郢、荆、湘、梁、雍五州兵合二万人，一时俱下。陶亮本无干略[23]，闻建安王休仁自上[24]，殷孝祖又至，不敢进，屯军鹊洲[25]。

殷孝祖负其诚节[26]，陵轹[27]诸将，台军有父子兄弟在南[28]者，孝祖悉欲推治[29]。由是人情乖离[30]，莫乐为用[31]。宁朔将军沈攸之，内抚将士，外谐群帅，众并赖之。孝祖每战，常以鼓盖自随[32]，军中人相谓："殷统军可谓死将[33]矣！今与贼交锋，而以羽仪自标显[34]，若善射者十人共射之，欲不毙，得乎？"三月，庚寅[35]，众军[36]水陆并进，攻赭圻[37]；陶亮等引兵救之，孝祖于陈为流矢[38]所中，死。军主范潜[39]帅五百人降于亮。人情震骇[40]，并谓沈攸之宜代孝祖为统[41]。

（以上为第六段，写刘宋朝廷与刘子勋政权的形势发生逆转，刘子勋政权主帅邓琬昏庸贪财，人品卑劣，不得人心；刘彧的将领沈攸之与士卒同心，备受信赖。）

【注释】

[1]并令孙杀之：连派去劝降的申令孙也一同杀掉了。[2]历阳：古郡名，郡治在今安徽和县，当时为建康城西侧的军事要地。[3]小岘（xiàn）：即小岘山，在今安徽含山县西北。[4]南汝阴：古郡名，为侨置郡，郡治合肥，在今安徽合肥市西北。[5]鄙暗贪吝（lìn）：既狭隘糊涂，又贪婪吝啬。[6]鬻（yù）：卖。[7]出市道贩卖：到市场上去做买卖，为其主子赚钱。[8]酣（hān）歌博弈：尽兴歌唱，赌博。[9]大自矜（jīn）遇：自己的架子摆得很大。矜，夸耀。[10]不得前：到不了跟前，见不到其人。[11]褚灵嗣：时为寻阳刘子勋政权的通事舍人。[12]群小横恣：众小人专横放肆。[13]竞：争相。[14]忿怨：气愤，怨恨。忿，同"愤"。[15]赭圻：古城名，在今安徽芜湖市繁昌区西北的长江南岸。[16]舟楫（jí）已办：船只已经准备好。[17]粮仗亦整：粮食、武器也准备好了。[18]沿流挂帆：意即顺风顺水，沿江而下。[19]白下：古城名，在当时建康城西侧的长江边，这里即指当时的都城建康，今之江苏南京市。[20]兼行相接：提高速度赶上来，跟在我的后面。兼行，一天行两天的路程。[21]分据新亭、南州：临近建业时，一支军队占据新亭，一支军队占据南州。新亭在当时建康城外的西南方，南州即南豫州，州治在今安徽当涂县。[22]一麾定：一挥而定，一举成功。麾，大将的指挥旗，这里用如动词，即挥手，引申为指挥。[23]干略：办大事的能力。[24]自上：亲自率军溯长江而上迎战。[25]鹊洲：古地名，在今安徽铜陵市、芜湖市繁昌区之间的长江中。[26]负其诚节：以自己对刘彧或朝廷的忠诚、有操守自负。胡三省曰："谓委镇勤王，不顾妻子也。"[27]陵轹（lì）：藐视，欺压。陵，同"凌"，侵侮。轹，倾轧。[28]台军：建康朝廷的军队。[29]悉欲推治：想全部地拘捕审查。推治，审问，治罪。[30]人情乖离：人心涣散，对之离心离德。[31]莫乐为用：没有人愿意为其效劳，尽力。[32]鼓盖自随：钲鼓与幡伞，泛指人将的仪仗。[33]殷统军：即殷孝祖。当时殷孝祖任抚军将军、假节、都督前锋诸军事，故称之。统军，犹言统帅。死将：将死之将。因其常以鼓盖相随，敌军一眼就能看到，必成众矢之的。[34]羽仪自标显：羽仪，即仪仗，因有些器物上面饰有羽毛，故称羽仪。标显，炫耀，标示。[35]庚寅：三月三日。[36]众军：指刘彧朝廷方面的军队。[37]攻赭圻：时刘子勋方面的孙冲之等率军

屯于赭圻，在今安徽芜湖市繁昌区西北的长江南岸。［38］于陈：在尚未开战前的部队行列中。陈，同“阵”，队列。［39］范潜：军主名，投降叛军首领陶亮。［40］震骇（hài）：震惊，害怕。［41］为统：为统领、统帅。

时建安王休仁屯虎槛，遣宁朔将军江方兴、龙骧将军襄阳刘灵遗[1]各将三千人赴赭圻。攸之以为孝祖既死，亮等有乘胜之心，明日若不更攻，则示之以弱。方兴名位相亚[2]，必不为己下[3]；军政不壹[4]，致败之由也。乃帅诸军主诣方兴曰：“今四方并反，国家所保[5]，无复百里之地。唯有殷孝祖为朝廷所委赖[6]，锋镝裁交[7]，舆尸而反[8]，文武丧气，朝野危心。事之济否，唯在明旦一战；战若不捷，大事去矣。诘朝之事[9]，诸人或谓吾应统之，自卜懦薄[10]，干略不如卿[11]。今辄相推为统[12]，但当相与勠力耳[13]。”方兴甚悦，许诺。攸之既出，诸军主并尤之[14]，攸之曰：“吾本济国活家[15]，岂计此之升降[16]！且我能下彼[17]，彼必不能下我，共济艰难[18]，岂可自措同异[19]也！

孙冲之谓陶亮曰：“孝祖枭将[20]，一战便死，天下事定矣，不须复战，便当直取京都[21]。”亮不从。

辛卯[22]，方兴帅诸将进战，建安王休仁又遣军主郭季之[23]、步兵校尉杜幼文[24]、屯骑校尉垣恭祖[25]、龙骧将军济地顿生京兆段佛荣[26]等三万人往会战，自寅及午[27]，大破之，追北至姥山[28]而还。幼文，骥之子也。

孙冲之于湖、白口[29]筑二城，军主竟陵张兴世[30]攻拔之。

壬辰[31]，诏以沈攸之为辅国将军、假节，代殷孝祖督前锋诸军事。

陶亮闻湖、白二城不守，大惧，急召孙冲之还鹊尾[32]，留薛常宝等守赭圻；先于姥山及诸冈分立营寨，亦各散还[33]，共保浓湖[34]。

时军旅大起，国用不足，募民上钱谷[35]者，赐以荒县、荒郡[36]，或五品至三品散官有差[37]。

军中食少，建安王休仁抚循[38]将士，均其丰俭，吊死问伤，身自隐恤[39]；故十万之众，莫有离心。

邓琬遣其豫州刺史刘胡帅众三万，铁骑二千，东屯鹊尾，并旧兵[40]

凡十余万。胡，宿将[41]，勇健多权略[42]，屡有战功，将士畏之。司徒中兵参军冠军蔡那，子弟在襄阳，胡每战，悬之城外[43]；那进战不顾。吴喜既定三吴，帅所领五千人，并运资实[44]，至于赭圻。

薛索儿将马步万余人自睢陵[45]渡淮，进逼青、冀二州刺史张永营[46]。丙申[47]，诏南徐州刺史桂阳王休范统北讨诸军事，进据广陵；又诏萧道成将兵救永。

（以上为第七段，写刘宋朝廷将领殷孝祖阵亡后，沈攸之从大局出发，推举江方兴统兵，取得胜利。叛首薛索儿率军渡淮，进逼青、冀刺史张永营，朝廷将领萧道成率兵援救。）

【注释】

[1]刘灵遗：刘宋将领，传见《宋书》卷八十四。[2]名位相亚：官号与权位都与自己不相上下。当时沈攸之与江方兴都是宁朔将军，名位相同。[3]必不为己下：必定不肯接受自己的统领。[4]军政不壹：军中没有统一的领导。军政，即军令，军中的指挥权。[5]所保：所拥有，所保持。[6]委赖：委任，信赖。[7]锋镝裁交：作战双方刚刚交锋。锋镝，泛指刀枪。镝，箭头。裁，同“才”，刚刚。[8]舆尸而反：就被拉着尸体回去了。舆，车子，这里用如动词。反，同“返”。[9]诘(jié)朝之事：明天早晨的战斗。诘，明天。[10]自卜懦薄：我觉得自己懦弱无能。自卜，估量自己。[11]干略不如卿：干大事的能力不如您。干略，才干，方略。卿，敬称对方。[12]今辄（zhé）相推为统：现在我们就共同推您为统帅。[13]相与勠（lù）力：彼此共同努力。勠力，努力。[14]并尤之：都责备沈攸之。[15]吾本济国活家：我考虑的是国事、家事的安全。[16]岂计此之升降：哪在乎官位的高低？[17]下彼：处于他的领导下。[18]共济艰难：四字原无，据章校补。意谓大家都处在艰难危险的局势下。共济，共度，这里指同处。[19]岂可自措同异也：怎么能够自己制造矛盾呢。措，安排，制造。同异，矛盾，纷争。也，同“耶”，反问语气词。[20]枭（xiāo）将：勇猛之将。[21]便当直取京都：胡三省曰：“孙冲之狃殷孝祖之死，便欲顺流长驱，轻敌如此，使陶亮从其计，必与沈攸之等遇，亦将以轻敌取败矣。”[22]辛卯：三月四日。[23]郭季之：刘宋将领，明帝刘彧时为军主。[24]杜幼文：左将军杜骥第五子，时任步兵校尉。传见《宋书》卷六十五。[25]垣（yuán）恭祖：时任屯骑校尉。传见《宋书》卷五十。[26]济地顿生京兆段佛荣：济地顿生，胡三省曰：“‘济地顿生’四字必有误。”系衍文。段佛荣，京兆人，刘宋后期的重要将领。传见《宋书》卷八十四。[27]自寅及午：从凌晨的四点左右一直打到中午。天亮前的三点到五点为寅时，上午十一点至下午一点为午时。[28]追北至姥山：追北，追击败兵。姥山，古山名，在今安徽芜湖市繁昌区东北。[29]湖、白口：即湖口、白口，巢湖之口与白水之口。巢湖在今安徽巢湖市的西北侧，白水离巢湖不远。[30]张

兴世：字文德，时为军主，有胆气勇力。参与讨伐刘子勋叛乱有功，升任左军将军。传见《宋书》卷五十。［31］壬辰：三月五日。［32］鹊尾：古地名，在安徽铜陵市至芜湖市繁昌区的长江中，有鹊洲，鹊头为安徽铜陵市西南鹊头山，鹊尾为芜湖市繁昌区东北三山。［33］散还：指拆散先在姥山及诸冈所立营寨，回到鹊尾。［34］浓湖：古湖名，在当时的鹊尾旁边，今安徽芜湖市繁昌区西，今已没。［35］上钱谷：向刘彧朝廷交纳钱财与粮食。［36］赐荒县、荒郡：意即赏给他们到边远人少的郡县去任郡守、县令之职。［37］或五品至三品散官：或者让他们担任比郡守、县令更高级别的有职无权的官。散官，闲散之官。有差，意即随着他们交纳钱财与粮食的多少而确定对他们赏官的大小。［38］抚循：安抚，慰问。［39］身自隐恤（xù）：亲自向他们表示关怀、同情。隐恤，哀怜，抚恤。［40］并旧兵：连同以前派出的孙冲之、陶亮等部。［41］宿将：久经战争的将领。［42］勇健多权谋：勇健，勇敢，强健。权略，随机应变的谋略，权谋。［43］悬之城外：即悬缚于蔡那所攻的城墙之外。意谓刘胡拘捕蔡那留在襄阳的子弟，将其带到军中，每到交战时，将之置于军前，以阻止蔡那军的进攻。［44］资实：军需物资，指兵器、粮食等。［45］马步万余人：骑兵、步兵共万余人。自睢陵渡淮：由睢陵县渡过淮河。睢陵，古县名，在今江苏睢宁县。［46］张永营：张永与吴喜等平定浙东诸郡后，刘彧任张永为青、冀二州刺史，率军北上讨伐薛安都诸部，其扎营地址不详。［47］丙申：三月九日。

戊戌[1]，寻阳王子房至建康[2]，上宥[3]之，贬爵为松滋侯[4]。

庚子[5]，魏以陇西王源贺为太尉。

上遣宁朔将军刘怀珍帅龙骧将军王敬则等步骑五千，助刘勔讨寿阳[6]，斩庐江太守刘道蔚。怀珍，善明之从子也。

中书舍人戴明宝[7]启上，遣军主竟陵黄回[8]募兵击斩寻阳所署马头太守王广元[9]。

前奉朝请寿阳郑黑，起兵于淮上[10]以应建康，东扞殷琰[11]，西拒常珍奇[12]。乙巳[13]，以黑为司州[14]刺史。

殷琰将刘顺、柳伦、皇甫道烈、庞天生等马步八千人东据宛唐[15]；刘勔帅众军并进，去顺数里[16]立营。时琰所遣诸军，并受顺节度[17]；而以皇甫道烈土豪，柳伦台之所遣[18]，顺本卑微[19]，唯不使统督二军[20]。勔始至，堑垒未立[21]；顺欲击之，道烈、伦不同[22]，顺不能独进，乃止。勔营既立，不可复攻，因相持守。

壬子[23]，断新钱[24]，专用古钱。

沈攸之帅诸军围赭圻。薛常宝等粮尽，告刘胡求救；胡以囊[25]盛米，系流查[26]及船腹，阳覆船[27]，顺风流下以饷之[28]。沈攸之疑其有异，遣人取船及流查，大得囊米。丙辰[29]，刘胡帅步卒一万，夜，斫山[30]开道，以布囊运米饷赭圻。平旦，至城下，犹隔小堑，未能入[31]。沈攸之帅诸军邀[32]之，殊死战[33]，胡众大败，舍粮弃甲，缘山走[34]，斩获甚众[35]。胡被创[36]，仅得还营[37]；常宝等惶惧[38]，夏，四月，辛酉[39]，开城突围，走还胡军[40]。攸之拔[41]赭圻城，斩其宁朔将军沈怀宝等，纳降数千人。陈绍宗[42]单舸奔鹊尾。建安王休仁自虎槛进屯赭圻。

刘胡等兵犹盛。上欲绥慰人情[43]，遣吏部尚书褚渊至虎槛，选用将士[44]。时以军功除官者众[45]，版不能供[46]，始用黄纸[47]。

（以上为第八段，写刘宋朝廷平叛形势逐步好转，名将沈攸之攻下重镇赭圻；明帝刘彧欲抚慰人心，大肆封赏有功之人，书写任命的方版不足而改用黄纸。）

【注释】

[1]戊戌：三月十一日。 [2]至建康：刘子房在会稽被王晏所俘，至此押送入建康。此时刘子房年十岁。 [3]宥（yòu）：原谅，宽恕。 [4]松滋侯：封地松滋县，县治在今安徽宿松县。 [5]庚子：三月十三日。 [6]讨寿阳：当时豫州刺史殷琰在寿阳以州应刘子勋，由其部下杜叔宝主事。寿阳，古县名，县治在今安徽寿县。 [7]戴明宝：刘宋大臣。中书通事舍人。传见《宋书》卷九十四。 [8]黄回：竟陵（今湖北天门市）人，刘宋后期将领。传见《宋书》卷八十三。 [9]马头太守王广元：马头，古郡名，郡治在今安徽怀远县南淮河南岸的马头城。王广元，刘子勋政权任命的马头太守。 [10]淮上：古区域名，即淮水流域、淮河岸边。胡三省曰："以郑黑之东扞西拒观之，则起兵淮上，盖在东西正阳之间。" [11]东扞殷琰：向东抵御寿阳的殷琰。 [12]西拒常珍奇：向西抵抗常珍奇。时常珍奇被刘子勋政权任命为汝南、新蔡二郡太守，驻兵于今河南汝南县。 [13]乙巳：三月十八日。 [14]司州：古州名，刘宋时州治悬瓠，即上述之河南汝南县。 [15]宛唐：古地名，一名"死虎塘"，在今安徽寿县东南。 [16]去顺数里：在离刘顺只有几里远的地方。 [17]受顺节度：接受刘顺的指挥、调遣。 [18]台之所遣：柳伦是朝廷派来的将领。台，此指建康朝廷。 [19]卑微：地位低下，没有权势。 [20]不使统督二军：不让他统一指挥皇甫道烈与柳伦的两支部队。 [21]堑垒未立：战斗工事还没有修好。堑，壕沟。垒，城墙，营寨。 [22]不同：不同意，不赞同。 [23]壬子：三月二十五日。 [24]断新钱：禁止使用刘宋以来铸造的铜钱。胡三省曰："并元嘉四铢、孝建四铢，皆断不用也。" [25]囊（náng）：袋子。 [26]系流查：拴在江流中的浮木上。查，通"楂"，水中的浮木。 [27]阳覆船：假装成一种翻了船的样子。阳，同"佯"，假装。覆，翻，船底朝上。 [28]以饷之：以供应

薛常宝。[29]丙辰：三月二十九日。[30]斫（zhuó）山：用刀斧砍开山上的荆棘，开通道路。[31]未能入：未能进入赭圻城。[32]邀：拦截，截击。[33]殊死战：拼死作战。[34]缘山走：沿着山路逃去。[35]斩获甚众：斩首与俘获很多。[36]被创：受伤。创，兵器造成的伤口。[37]仅得还营：差点没死在半道上。[38]惶惧：惊惶，害怕。[39]辛酉：四月四日。[40]走还胡军：逃回了刘胡的大营。[41]拔：攻下，取得。[42]陈绍宗：刘子勋政权的将领。[43]绥（suí）慰人情：安慰与收买人心。绥，安抚。[44]选用将士：提拔有功的将官与士兵。[45]除官者众：受任命的人员很多。除，被选拔，受任命。[46]版不能供：空头的委任状不够用。胡三省引程大昌曰："魏晋至梁陈，授官有板，长一尺二寸，厚一寸，阔七寸。授官之辞，在于版上，为鹄头书。"[47]始用黄纸：开始用黄纸书写委任状。

邓琬以晋安王子勋之命，征袁顗下寻阳[1]，顗悉雍州之众驰下。琬以黄门侍郎刘道宪行荆州事[2]，侍中孔道存[3]行雍州事。上庸太守柳世隆[4]乘虚袭襄阳，不克。世隆，元景之弟子也。

散骑侍郎明僧嵩起兵，攻沈文秀以应建康。壬午[5]，以僧嵩为青州刺史。平原、乐安二郡[6]太守王玄默据琅邪，清河、广川二郡[7]太守王玄邈据盘阳城[8]，高阳、勃海二郡太守刘乘民据临济城[9]，并起兵以应建康。玄邈，玄谟之从弟；乘民，弥之之从子也。

沈文秀遣军主解彦士攻北海[10]，拔之，杀刘弥之。乘民从弟伯宗[11]，合帅乡党[12]，复取北海，因引兵向青州[13]所治东阳城。文秀拒之，伯宗战死。僧嵩、玄默、玄邈、乘民合兵攻东阳城，每战辄为文秀所破，离而复合，如此者十余，卒不能克。

杜叔宝谓台军[14]住历阳，不能遽进[15]；及刘勔等至，上下震恐。刘顺等始行[16]，唯赍[17]一月粮，既与勔相持，粮尽。叔宝发车千五百乘，载米饷顺，自将[18]五千精兵送之。吕安国闻之，言于刘勔曰："刘顺精甲八千，我众不能居半[19]。相持既久，强弱势殊[20]，更复推迁[21]，则无以自立；所赖者，彼粮行竭[22]，我食有余耳。若使叔宝米至，非唯难可复图[23]，我亦不能持久。今唯有间道[24]袭其米车，出彼不意，若能制之，当不战走矣。"勔以为然，以疲弱守营，简[25]精兵千人配安国及龙骧将军黄回，使从间道出顺后，于横塘抄之[26]。

安国始行，赍二日熟食；食尽，叔宝不至，将士欲还，安国曰："卿等且已一食。今晚米车不容不至[27]；若其不至，夜去不晚。”叔宝果至，以米车为函箱陈[28]，叔宝于外为游军[29]。幢主[30]杨仲怀将五百人居前，安国、回等击斩之，及其士卒皆尽。叔宝至，回欲乘胜击之，安国曰：“彼将自走，不假复击[31]。”退三十里，止宿，夜遣骑参候[32]，叔宝果弃米车走。安国复夜往烧米车，驱牛二千余头而还。

五月，丁亥朔[33]，夜，刘顺众溃，走淮西就常珍奇[34]。于是，刘勔鼓行[35]，进向寿阳。叔宝敛居民及散卒，婴城自守[36]，勔与诸军分营城外[37]。

山阳王休祐与殷琰书，为陈利害，上又遣御史王道隆赍诏宥[38]琰罪。勔与琰书，并以琰兄瑗子邈书[39]与之。琰与叔宝等皆有降意，而众心不壹，复婴城固守。

弋阳西山蛮[40]田益之起兵应建康，诏以益之为辅国将军，督[41]弋阳西蛮事。壬辰[42]，以辅国将军沈攸之为雍州刺史[43]。丁未[44]，以尚书左仆射王景文为中军将军[45]。庚戌[46]，以宁朔将军刘乘民为冀州刺史。

甲寅[47]，葬昭太后于修宁陵[48]。

张永、萧道成等与薛索儿战，大破之，索儿退保石梁[49]；食尽而溃，走向乐平[50]，为申令孙子孝叔[51]所斩。薛安都子道智[52]走向合肥，诣裴季之降[53]。傅灵越走至淮西，武卫将军沛郡王广之[54]生获之，送诣刘勔。勔诘[55]其叛逆，灵越曰：“九州唱义[56]，岂独在我[57]！薛公不能专任智勇[58]，委付子侄[59]，此其所以败也。人生归于一死，实无面求活。”勔送诣建康。上欲赦之，灵越辞终不改，乃杀之。

邓琬以刘胡与沈攸之等相持久不决，乃加袁顗督征讨诸军事。六月，甲戌[60]，顗帅楼船千艘，战士二万，来入鹊尾。顗本无将略[61]，性又怯桡[62]，在军中未尝戎服，语不及战陈[63]，唯赋诗谈义而已，不复抚接诸将[64]；刘胡每论事，酬对甚简[65]。由此大失人情[66]，胡常切齿恚恨[67]。胡以南运米[68]未至，军士匮乏[69]，就顗借襄阳之资，顗不许，曰：“都下两宅未成[70]，方应经理[71]。”又信往来之言[72]，云“建康米贵，斗至数百”，以为将不攻自溃，拥甲以待之[73]。

（以上为第九段，写刘宋争夺帝位的斗争形势已不利于刘子勋，而替刘子勋主持大局的邓琬却任用坐谈议理的袁颛为督帅，不利形势更是雪上加霜。）

【注释】

［1］下寻阳：率领人马到寻阳来。［2］刘道宪行荆州事：刘道宪，刘子勋政权的黄门侍郎。行荆州事，暂时代理荆州刺史的职务。［3］孔道存：会稽山阴（今浙江绍兴市）人，刘宋南郡太守。晋安王刘子勋自称帝号，孔道存举兵应之，事败。［4］上庸太守柳世隆：上庸，古郡名，郡治在今湖北竹山县西南。柳世隆，字彦绪，尚书令柳元景之侄，刘宋上庸太守。入齐，历任南豫州、南兖州传见《南史》卷三十八。［5］壬午：四月二十五日。［6］平原、乐安二郡：平原郡的郡治在今山东平原县西南，乐安郡的郡治在今山东邹平市东北。刘宋时两郡由同一个太守管理。［7］清河、广川二郡：清河郡的郡治在今河北临清市东北，广川郡的郡治在今河北枣强县东北。刘宋时期都在魏国境内。刘宋设一个太守遥管二郡，郡治即盘阳城。［8］王玄邈据盘阳城：王玄邈，字彦远，清河、广川二郡太守，幽州刺史。支持建康朝廷，被任为持节、青州刺史，后为梁、南秦二州刺史，封河阳县侯。入齐，为都官尚书、中护军，迁南兖州刺史。盘阳城，古城名，即盘阳县城，在今山东临朐县东南。［9］高阳、勃海二郡：高阳郡的郡治博陆，在今山东巨野县西南，勃海郡的郡治在今河北南皮县北。刘宋时期二郡都在魏国境内，刘宋仍设一个太守遥管二郡，侨立的郡治即临济城，在今山东高青县东南。［10］解彦士攻北海：解彦士，时为刘子勋政权的军主。北海，古郡名，郡治在今山东昌乐县西北。［11］伯宗：即刘伯宗，刘宋时人，为刘乘民堂弟。［12］合帅乡党：召集并率领着一些乡里乡亲。［13］青州：古州名，刘宋时的州治即东阳城，在今山东青州市。［14］台军：指建康朝廷的军队。［15］不能遽（jù）进：不可能一下子打到跟前。当时杜叔宝在寿阳城。遽，立即，很快。［16］始行：当初出发的时候。［17］赍（jī）：携带。［18］自将：亲自率领。［19］不能居半：不够人家的一半。［20］强弱势殊：双方强弱的差别就显现出来了。［21］更复推迁：如果再拖延一段时间。［22］行竭：将要用完。竭，尽。［23］难可复图：难得再有机会打败他。［24］间道：抄小道。［25］简：挑选。［26］于横塘抄之：在横塘地区抄他的后路。横塘，湖泊名，在今安徽寿县东。［27］不容不至：不可能不来。［28］为函箱陈：意即将运粮车围在四周，以运粮车为依托，摆成一个方形的阵式。陈，同"阵"，战阵。［29］于外为游军：在运米车阵的外面派出一支巡逻、游动的部队。［30］幢（chuáng）主：一幢之主，大致相当于一个比都尉、校尉略低的军官。幢，仪仗的一种，似伞而细长，用作一支军队的标志。后代改为旅。［31］不假复击：用不着我们再打了。［32］参候：侦查，探听。［33］丁亥朔：五月一日。［34］就常珍奇：当时常珍奇据守淮水西侧的悬瓠，即今河南汝南县。［35］鼓行：摇旗擂鼓，大摇大摆地进军。［36］婴城自守：依托城墙，据险而守。婴城，环城。［37］分营城外：分别扎营于城外，意即尚未对寿阳进行包围。［38］宥（yòu）：原谅，宽恕。［39］琰兄瑗（yuàn）子邈（miǎo）书：殷琰之兄殷瑗的儿子殷邈的书信。［40］弋阳西山蛮：弋

阳郡西部山区的少数民族头领。弋阳，古郡名，郡治在今河南潢川县西。［41］督：主管，管理。［42］壬辰：五月六日。［43］为雍州刺史：原来的雍州刺史是袁𫖮，因其拥戴刘子勋，故刘彧朝廷改任沈攸之为雍州刺史。［44］丁未：五月二十一日。［45］王景文（413—472）：字景文，原名王彧，因与明帝刘彧同名，故以其字行。东晋太傅王导五世孙，左仆射王僧朗之子，刘宋重臣。传见《宋书》卷八十五。［46］庚戌：五月二十四日。［47］甲寅：五月二十八日。［48］葬昭太后于修宁陵：安葬昭太后在修宁陵。昭太后，即路太后，谥号昭。修宁陵，路惠男的陵墓，在刘骏之墓的东南方。［49］石梁：古城名，在今江苏南京市六合区西。［50］走向乐平：逃往乐平县。乐平，原是山西的县名，在北魏境内，此处的乐平乃是刘宋时的侨置县，在今安徽凤阳县东。［51］申令孙子孝叔：申令孙的儿子申孝叔。前文写薛索儿杀申令孙，申孝叔杀薛索儿，报杀父之仇。［52］道智：即薛道智，名将薛安都之子。［53］诣裴季之降：向裴季之投降。诣，到。［54］王广之：字士林，时为征虏将军、徐州刺史，多次平定叛乱；入齐，历任徐州刺史，右、左卫将军、江州刺史。传见《南史》卷四十六。［55］诘（jí）：责问，指责。［56］九州唱义：全国许多地方举义起兵。［57］岂独在我：难道只是我一个人吗？［58］薛公：指薛安都。［59］委付子侄：只顾委任他的子侄，如薛索儿等。［60］甲戌：六月十八日。［61］将略：作为将军应有的勇敢与谋略。［62］怯桡（ráo）：怯懦，不坚定。桡，木头弯曲，引申为屈弱［63］战陈：即战阵。陈，同“阵”。［64］不复抚接诸将：从不接近部下的将领。抚接，抚慰、接待。袁𫖮的迂腐、傲慢，一似东晋的谢万，任命这种人为将，是拿国家与百姓的生死存亡开玩笑。［65］酬对甚简：袁𫖮对人家态度冷淡。酬对，回答。［66］人情：人心。［67］恚（huì）恨：恼怒，怨愤。［68］南运米：江州政权应供应的粮食。［69］匮（kuì）乏：缺乏，不足。［70］都下两宅未成：在襄阳我还有两所房子没有盖好。都下，此指他管辖的襄阳。［71］方应经理：正在等着办理，意即拿不出钱物。经理，经营，办理。［72］往来之言：人来人往的传言。［73］拥甲以待之：按兵不动，静等建康自破投降。

田益之帅蛮众万余人围义阳[1]，邓琬使司州刺史庞孟虬帅精兵五千救之，益之不战溃去。

安成太守刘袭[2]，始安内史王识之，建安内史赵道生，并举郡来降[3]。袭，道怜之孙也。

萧道成世子赜[4]为南康赣令[5]，邓琬遣使收系[6]之。门客兰陵桓康[7]担赜妻裴氏及其子长懋、子良[8]逃于山中，与赜族人萧欣祖[9]等结客得百余人，攻郡[10]，破狱出赜[11]。南康相[12]沈肃之帅将吏追赜，赜与战，擒之。赜自号宁朔将军，据郡起兵[13]，与刘袭等相应。

琬以中护军殷孚[14]为豫章太守，督上流五郡[15]以防袭等。

衡阳内史王应之[16]起兵应建康，袭击湘州行事何慧文[17]于长沙。应之与慧文舍军身战[18]，斫慧文八创[19]，慧文斫应之断足，杀之。

始兴人刘嗣祖[20]等据郡起兵应建康，广州刺史袁昙远遣其将李万周[21]等讨之。嗣祖诳万周云"寻阳已平[22]"。万周还袭番禺[23]，擒昙远，斩之。上以万周行广州事[24]。

初，武都王杨元和[25]治白水[26]，微弱不能自立，弃国奔魏。元和从弟僧嗣复自立，屯葭芦[27]。

费欣寿至巴东[28]，巴东人任叔儿[29]据白帝，自号辅国将军，击欣寿，斩之，叔儿遂阻守三峡[30]。萧惠开复遣治中程法度将兵三千出梁州[31]，杨僧嗣帅群氐断其道，间使以闻[32]。秋，七月，丁酉[33]，以僧嗣为北秦州[34]刺史、武都王。

诸军与袁颉相拒于浓湖，久未决。龙骧将军张兴世建议曰："贼据上流[35]，兵强地胜，我虽持之有余而制之不足[36]。若以奇兵数千潜出其上[37]，因险而壁[38]，见利而动[39]，使其首尾周遑[40]，进退疑阻[41]，中流既梗[42]，粮运自艰，此制贼之奇也。钱溪[43]江岸最狭，去大军不远[44]，下临洄洑[45]，船下必来泊岸[46]，又有横浦[47]可以藏船，千人守险，万夫不能过。冲要[48]之地，莫出于此[49]。"沈攸之、吴喜并赞其策。会庞孟虬引兵来助殷琰[50]，刘勔遣使求援甚急，建安王休仁欲遣兴世救之。沈攸之曰："孟虬蚁聚[51]，必无能为，遣别将马步数千，足以相制。兴世之行[52]，是安危大机，必不可辍[53]。乃遣段佛荣将兵救勔，而选战士七千、轻舸二百配兴世。

兴世帅其众溯流稍上[54]，寻复退归[55]，如是者累日[56]。刘胡闻之，笑曰："我尚不敢越彼下取扬州，张兴世何物人[57]，欲轻据我上[58]！"不为之备。一夕，四更，值便风[59]，兴世举帆直前，渡湖、白[60]，过鹊尾[61]。胡既觉，乃遣其将胡灵秀[62]将兵于东岸，翼之而进[63]。戊戌夕[64]，兴世宿景洪浦[65]，灵秀亦留。兴世潜遣其将黄道标帅七十舸径趣钱溪[66]，立营寨。己亥[67]，兴世引兵进据之[68]，灵秀不能禁。庚子[69]，刘胡自将水步二十六军[70]来攻钱溪。将士欲迎击之，兴世禁之曰："贼来尚远[71]，气盛而矢骤[72]；骤既易尽[73]，盛亦易衰，不如待之。”令将士治城[74]如故。俄而胡来转近[75]，船入洄洑；兴世命寿寂之[76]、任农夫帅壮士数百击之，众军相继并进，胡败走，斩首数百，胡收兵而下。

时兴世城寨未固，建安王休仁虑[77]袁𫖮并力更攻钱溪，欲分其势[78]。辛丑[79]，命沈攸之、吴喜等以皮舰[80]进攻浓湖，斩获千数。是日，刘胡帅步卒二万、铁马[81]一千，欲更攻兴世。未至钱溪数十里[82]，袁𫖮以浓湖之急，遽追之[83]，钱溪城由此得立。胡遣人传唱[84]“钱溪已平”，众并惧，沈攸之曰：“不然。若钱溪实败，万人中应有一人逃亡得还者，必是彼战失利，唱空声以惑众耳。”勒军中不得妄动[85]；钱溪捷报寻至。攸之以钱溪所送胡军耳鼻示浓湖[86]，袁𫖮骇惧[87]。攸之日暮引归[88]。

（以上为第十段，写刘宋争帝位的双方展开最后斗争，两军对峙浓湖，胜负难分，朝廷将领张兴世出奇兵，越过寻阳，轻据上游，占领钱溪，奠定胜利之基。）

【注释】

[1]义阳：古郡名，郡治在今河南信阳市。 [2]安成太守刘袭：安成，古郡名，郡治平都，在今江西安福县东南。刘袭，字茂德，长沙景王刘道邻之孙，刘宋大臣。传见《宋书》卷五十一。[3]举郡来降：始安王内史王炽之、建安王内史赵道任，拥护建康朝廷，抵御寻阳政权。 [4]世子赜：世子，未来的继承人。赜（zé），即萧赜，字宣远，小名龙儿，高帝萧道成长子，后来南齐的第二位皇帝。传见《南齐书》卷三。 [5]南康赣令：南康郡内的赣县县令。南康，古郡名，郡治雩都，在今江西于都县东北。赣，即赣县，古县名，县治在今江西赣州市。 [6]收系：逮捕、关押起来。 [7]桓康：北兰陵承县（今山东枣庄市南）人，勇敢骁悍。萧赜起兵，为郡狱所囚，他率门客破狱救出萧赜。事平后被授冠军府参军。齐国建立，封吴平县伯，迁冠军将军，率兵北伐，攻占樊谐城，迁青、冀二州刺史。后病逝。传见《南史》卷四十六。 [8]长懋（mào）、子良：即萧赜长子萧长懋、次子萧子良。长懋传见《南齐书》卷二十一，子良传见《南齐书》卷四十。[9]萧欣祖：南齐帝王萧氏的族人。 [10]攻郡：攻打南康郡。 [11]破狱出赜：从牢狱中救出了萧赜。 [12]南康相：南康郡的行政长官。因南康也是诸侯王的封地，故其行政长官不称太守。诸侯王相与太守同级。 [13]据郡：占据南康郡。 [14]中护军殷孚：中护军，古官名，中护军将军的简称，负责统领警卫朝廷的军队，并主管国家各将领的选拔与任用。殷孚，殷淳之子，以爱好文义知名。孝武帝刘骏时为始兴相，官至尚书吏部郎、抚军长史。 [15]上流五郡：指赣江上游的五个郡，即豫章（今江西南昌）、南康、庐陵（郡治在今江西吉安县西南）、临川（郡治在

今江西抚州市西）、安成（郡治在今江西安福县东南）。［16］王应之：衡阳内史。江州刺史晋安王刘子勋称帝反叛，王应之率郡众拒叛将何慧文，被杀。事定，赠侍中。［17］何慧文：湘州主事，参与刘子勋政权。［18］舍军身战：不令部下的将士参加，只是两个将军单人对战。身，亲自。［19］八创：八处刀伤。［20］刘嗣祖：始兴人，刘宋将领，起兵响应建康政权。［21］李万周：广州刺史袁昙远属将。［22］诳万周云"寻阳已平"：欺骗万周，说刘子勋政权已被消灭。［23］番禺：古县名，县治在今广东广州市。［24］行广州事：代理广州刺史的职务。［25］杨元和：略阳人，杨保宗独子，为武都王。传见《宋书》卷九十八。［26］治白水：以白水县为其都城。白水县县治在今甘肃陇南市北。［27］屯葭（jiā）芦：率众屯聚于葭芦县城。葭芦，古城名，在今甘肃陇南市武都区东南的白龙江东岸。［28］巴东：古郡名，郡治在今重庆奉节县东。［29］任叔儿：巴东人，支持建康政权。［30］阻守三峡：凭险扼守三峡地区。三峡，指瞿塘峡、巫峡、西陵峡，在重庆市奉节以下，湖北宜昌市以上的长江上。［31］"萧惠开"句：萧惠开，时为益州刺史，前已宣告拥戴刘子勋为帝，并派其属下郡守费欣寿率兵东出。治中，古官名，治中从事史的简称，协助刺史处理州中的各种事务。程法度，益州刺史萧惠开的治中，曾出兵反对建康政权。出梁州，从汉中地区出兵东下。梁州，古州名，州治在今陕西汉中市。［32］间使以闻：派使者抄小路以报告刘彧朝廷。［33］丁酉：七月十二日。［34］北秦州：古州名，州治在今甘肃成县西北。［35］上流：长江上游。［36］持之有余而制之不足：在与敌相持方面有长处，如果想克敌制胜，则明显力不从心。［37］潜出其上：偷偷地绕到他们的后方。上，上游，亦即寻阳军的后方。［38］因险而壁：寻找险要之处，扎下营盘。［39］见利而动：窥测有利时机骚扰其后方。［40］首尾周遑：意即两头照顾不暇。周遑，意同"张惶"。［41］进退疑阻：进退都不得劲，都有牵挂。［42］中流既梗（gěng）：长江中的运输一旦受阻。中流，江中，江上。梗，梗塞，不通。［43］钱溪：又称梅根港，在今安徽池州市贵池区东北长江的支流梅根河上。［44］去大军不远：距离我军大部队的驻扎之地不是很远。去，距离。［45］下临洄洑（fú）：再往下走就是漩涡众多之处。洑，暗流。［46］船下必来泊岸：上游下来的船到此必然要靠岸略作休息。［47］横浦：江边的港湾名。浦，水边的陆地。［48］冲要：要冲，必经之地。［49］莫出于此：没有比它更重要的了。出，超过。［50］来助殷琰：胡三省曰，庞孟虬自义阳来援寿阳。［51］蚁聚：像蚂蚁一样聚集。［52］兴世之行：指"潜出其上"，袭据钱溪的军事行动。［53］必不可辍（chuò）：绝对不能放弃。辍，中止，放弃。［54］溯流稍上：逆流而上，前进了一段。［55］寻复退归：没过多久，又退回到原来的地点。［56］如是者累日：像这样上上下下地折腾了好多天。［57］何物人：是个什么样子的人。［58］欲轻据我上：想轻而易举地驻兵到我的上头去。［59］值便风：趁着顺风。［60］渡湖、白：冲过了湖口、白水口。［61］过鹊尾：冲过了两岸驻有重兵的鹊尾渡口。［62］胡灵秀：刘子勋政权的属将。［63］翼之而进：在河岸上与之相傍并行而进。翼，在其左右，在其旁边。［64］戊戌夕：七月十三日的傍晚。［65］宿景洪浦：停宿在景洪浦。景洪浦，在当时的钟溪下游，今安徽池州市贵池区以下的长江边上。［66］径趣钱溪：直奔钱溪。趣，同“趋”。［67］己亥：七月十四日。［68］进据之：前进并占领了钱溪。［69］庚子：七月十五日。［70］水步二十六军：水军、步军共二十六股。［71］贼来尚远：敌兵离我们的距离还比较远。［72］气盛而矢骤：敌兵士气旺盛，射出的箭也密集。骤，急促，密集。［73］骤既易尽：箭射得急，便容易用尽。［74］治城：修城，加固城墙。［75］转近：越来越近。［76］寿寂之：刘宋大臣。传见《宋书》卷九十四。［77］虑：担心。［78］欲分其势：想分散寻阳方面对钱溪的攻势。［79］辛丑：七月十六日。［80］皮舰：用牛皮包蒙战船，以防箭石的战船。［81］铁马：披着铁甲的战马。［82］未至钱溪数十里：行至离钱溪还有几十里的时候。［83］遽（jù）追之：立即派人来叫他们回去。遽，急，立即。［84］传唱：彼此大声吆喝。［85］勒军中不得妄动：命令全军不要轻率行动。勒，约束。［86］示浓湖：让浓湖的寻阳军观看。［87］骇（hài）惧：惊惶，恐惧。［88］引归：引军返回营地。

龙骧将军刘道符攻山阳[1]，程天祚请降。

庞孟虬进至弋阳，刘勔遣吕安国等迎击于蓼潭[2]，大破之。孟虬走向义阳。王玄谟之子昙善[3]起兵据义阳以应建康，孟虬走死蛮中[4]。

刘胡遣辅国将军薛道标[5]袭合肥，杀汝阴太守裴季之，刘勔遣辅国将军垣闳[6]击之。闳，阆之弟；道标，安都之子也。

淮西人郑叔举[7]起兵击常珍奇以应郑黑；辛亥[8]，以叔举为北豫州[9]刺史。

崔道固为土人所攻，闭门自守[10]。上遣使宣慰[11]，道固请降。甲寅[12]，复以道固为徐州刺史。

八月，皇甫道烈等闻庞孟虬败，并开门出降[13]。

张兴世既据钱溪，浓湖军[14]乏食。邓琬大送资粮，畏兴世，不敢进。刘胡帅轻舸四百，由鹊头内路[15]欲攻钱溪，既而谓长史王念叔[16]曰：“吾少习步战[17]，未闲水斗[18]。若步战，恒在数万人中[19]；水战在一舸之上，舸舸各进[20]，不复相关，正在三十人中[21]，此非万全之计，吾不为也。”乃托疟疾[22]，住鹊头不进，遣龙骧将军陈庆[23]将三百舸向钱溪，戒庆不须战[24]：“张兴世吾之所悉，自当走[25]耳。”陈庆至钱溪，军于梅根[26]。

胡遣别将王起[27]将百舸攻兴世，兴世击起，大破之。胡帅其余舸驰还[28]，谓顗曰：“兴世营寨已立，不可猝攻[29]；昨日小战，未足为损[30]。陈庆已与南陵、大雷诸军共遏其上[31]，大军在此，鹊头诸将又断其下流[32]；已堕围中[33]，不足复虑。”顗怒胡不战，谓曰：“粮运鲠塞[34]，当如此何[35]？”胡曰：“彼尚得溯流[36]越我而上，此运何以不得[37]沿流越彼而下邪！”乃遣安北府司马[38]沈仲玉将千人步趣南陵迎粮。

仲玉至南陵，载米三十万斛[39]，钱布数十舫[40]，竖榜为城[41]，规欲突过[42]。行至贵口[43]，不敢进，遣间信报胡[44]，令遣重军援接。张兴世遣寿寂之、任农夫等将三千人至贵口击之，仲玉走还顗营，悉虏其资实[45]；胡众骇惧[46]，胡将张喜来降[47]。

镇东中兵参军刘亮[48]进兵逼胡营，胡不能制[49]。袁顗惧曰：“贼人入肝脾里[50]，何由得活[51]！”胡阴谋遁去[52]，己卯[53]，诳顗云：“欲更帅步骑二万，上取钱溪，兼下大雷余运[54]。”令顗悉选马配之[55]。其日，胡委顗去[56]，径趣梅根[57]。先令薛常宝办船[58]，悉发南陵诸军[59]，烧大雷诸城而走。至夜，顗方知之，大怒，骂曰：“今年[60]为小子所误！”呼取常所乘善马“飞鷰[61]”，谓其众曰：“我当自追之！”因亦走[62]。

庚辰[63]，建安王休仁勒兵[64]入顗营，纳降卒十万，遣沈攸之等追顗。顗走至鹊头，与戍主薛伯珍并所领数千人偕去[65]，欲向寻阳。夜，止山间，杀马以劳将士，顾谓伯珍曰：“我非不能死；且欲一至寻阳，谢罪主上[66]，然后自刎[67]耳。”因慷慨叱左右索节[68]，无复应者。及旦，伯珍请屏人[69]言事，遂斩顗首，诣钱溪马军主[70]襄阳俞湛之。湛之因斩伯珍，并送首以为己功。

刘胡帅二万人向寻阳，诈[71]晋安王子勋云：“袁顗已降，军皆散，唯己帅所领独返[72]；宜速处分[73]，为一战之资[74]。当停据湓城[75]，誓死不贰[76]。”乃于江外夜趣沔口[77]。

邓琬闻胡去，忧惶无计，呼中书舍人褚灵嗣等谋之，并不知所出。张悦诈称疾，呼琬计事，令左右伏甲帐后，戒之：“若闻索酒，便出。”琬既至，悦曰：“卿首唱此谋，今事已急，计将安出！“琬曰：“正当斩晋安王，封府库，以谢罪[78]耳。”悦曰：“今日宁可卖殿下求活邪！”因呼酒。子洵[79]提刀出斩琬。中书舍人潘欣之[80]闻琬死，勒兵而至。悦使人语之曰："邓琬谋反，今已枭戮[81]。"欣之乃还。取琬子，并杀之。悦因单舸赍琬首[82]驰下，诣建安王休仁降。

寻阳乱。蔡那之子道渊在寻阳被系作部[83]，脱锁入城，执子勋，囚之。沈攸之诸军至寻阳，斩晋安王子勋，传首建康[84]，时年十一。

（以上为第十一段，写刘子勋政权将领刘胡、袁顗，看到大势已去，纷纷临阵脱逃，双双毙命；主帅邓琬忧惶无计，兵败，与其主年仅十一的刘子勋，均被杀。）

【注释】

［1］山阳：古郡名，郡治在今江苏淮安市。［2］蓼（liǎo）潭：水泊名，在今河南固始县东南。［3］昙善：即王昙善：王玄谟之子，曾起兵据义阳以应建康。［4］走死蛮中：逃奔到少数民族居住的地区，死在那里。［5］薛道标：薛安都之子。传见《魏书》卷六十一。［6］垣闳：下邳人，刘宋兖州刺史垣阆之弟，为威远将军、汝南新蔡太守。传见《宋书》卷五十。［7］郑叔举：淮西人，起兵攻打刘子勋政权的将领，升为北豫州刺史。［8］辛亥：七月二十六日。［9］北豫州：古州名，州治寿春，在今安徽寿县。［10］闭门自守：崔道固在本年正月宣布拥戴刘子勋为帝，据历阳以守之。［11］宣慰：宣扬政令，安抚慰问。［12］甲寅：七月二十九日。［13］开门出降：开寿阳城门出降。胡三省曰："死虎师溃，皇甫道烈盖奔还寿阳。"死虎，即死虎塘，一名宛唐，在今安徽寿县东南。［14］浓湖军：驻扎在浓湖的袁顗、刘胡军队。［15］鹊头内路：胡三省曰："鹊洲在江中，江水分流，故有内路、外路。"船行附南岸称内路，船行附北岸称外路。［16］长史：将军属下的高级僚属。王念叔：子勋政权主帅郑琬的长史。［17］少习步战：从小熟悉的是在陆地作战。［18］未闲水斗：不熟悉在船上作战。闲，同"娴"，熟练。［19］恒在数万人中：总在千军万马中冲杀。［20］舸舸各进：每条船都是各自作战。［21］正在三十人中：意即一个人顶多不过指挥三十人。［22］疟（nüè）疾：一种急性传染病，周期性发作。［23］陈庆：刘子勋政权的龙骧将军。［24］不须战：不要与敌人接战。［25］自当走：他自己就会逃去。［26］军于梅根：在梅根河边扎下营寨。梅根河在钱溪的上方。［27］别将：不是他自己编制之内的其他下级将领。［28］驰还：逃回浓湖的袁顗大军。［29］不可猝（cù）攻：不是一下子就能攻下。猝，突然，一下子。［30］未足为损：算不上有什么损失。［31］南陵、大雷：南陵戍、大雷戍。南陵戍在今安徽芜湖市繁昌区西北的长江边，大雷戍在今安徽潜山市西南的长江边，历来是驻兵之处。［32］断其下流：截断了张兴世回到下游的去路。［33］已堕围中：张兴世已经落进了我们的包围之中。［34］粮运鲠（gěng）塞：运粮的通道已被截断。鲠塞，如鱼刺卡在喉咙里。［35］当如此何：意即对此该怎么办？［36］溯（sù）流：逆着水流。［37］何以不得：怎么就不能？［38］安北府司马：安北将军袁顗部下的司马官。趣，同"趋"，快走。［39］斛（hú）：

古容量单位，一斛约当一石，即十斗。［40］钱布数十舫：钱财布匹装满了几十条船的船舱。舫，有舱的船。［41］竖榜为城：在船的四周竖起木板，做成围墙的样子。［42］规欲突过：计划着从江心一直冲过去。规，计划，打算。突，冲。［43］贵口：古城名，在今安徽池州市贵池区西北的池口镇。［44］遣间信报胡：派秘密使者前往报告刘胡。间信，秘密使者。［45］悉虏其资实：将沈仲玉所押送的粮食物资全部缴获。［46］骇（hài）惧：惊怕，恐惧。［47］来降：来向沈攸之的大营投降。［48］镇东中兵参军：镇东将军的中兵参军。中兵参军，古官名，为中兵曹的主官，掌本府中兵曹事务，兼备咨询。［49］不能制：不能打退，无法抵抗。［50］入肝脾里：渗透到肝脾，比喻敌人进入内部重要区域了。［51］何由得活：人还怎么能活下去？［52］阴谋遁去：在心里琢磨如何逃走。遁，逃。［53］己卯：八月二十四日。［54］兼下大雷余运：并顺带把大雷戍剩余的漕运物资取回来。［55］悉选马配之：全部给他配备骑兵。［56］委颢去：抛弃袁颢，自己逃走。［57］径趣梅根：直奔梅根，找他所派出的陈庆。［58］办船：准备船只。［59］悉发南陵诸军：集合起南陵戍的所有军队。［60］年：乃为“乃”字所讹。乃，竟，竟然。“年”“乃”声音相近。［61］飞鹫（jiù）：取名以形容其奔跑之快。鹫，一种猛禽，也称作“雕”。［62］因亦走：于是也偷偷地逃掉了。因，于是。［63］庚辰：八月二十五日。［64］勒兵：率领兵马。［65］偕去：一起逃跑。［66］谢罪主上：向主子当面请罪。［67］自刎（wěn）：自杀。刎，用刀割脖子。［68］慷慨叱左右索节：慷慨，故作情绪激昂的样子。叱，大声呵斥。索节，寻找出兵时刘子勋授予他的旌节。索，寻找，讨要。节，古代帝王授予大臣或使者的一种信物，一起证明作用，二表现其身份高贵。［69］屏（bǐng）人：使人回避。屏，退避。［70］马军主：骑兵部队首领。“马”字原无，据章校补。［71］诈：欺骗。［72］唯己帅所领独返：只剩下我自己率领部下逃了回来。［73］宜速处分：应赶紧做出安排、决定。［74］为一战之资：为最后一战做好准备。［75］当停据湓城：我也要在湓城停留下来。湓城，即指当时的寻阳，今之江西九江市。［76］誓死不贰：立誓战死，再没有其他心思。贰，同“二”。［77］夜趣沔（miǎn）口：连夜逃到了汉口。沔口，沔水入长江之口。沔水也称汉水，沔口在今湖北武汉市汉口。［78］以谢罪：以此向刘彧政权请罪。［79］洵（xún）：即张洵，张悦之子。［80］潘欣之：刘子勋政权的中书舍人。［81］枭（xiāo）戮：这里指斩首。枭，指悬首高竿。戮，杀死。［82］赍（jī）琬首：带着邓琬的人头。赍，携带。［83］被系作部：被关押在制作兵器的部门。作部，作坊，制造器械的手工工场。［84］传首建康：通过驿站将刘子勋的人头送到建康朝廷。

初，邓琬遣临川内史张淹[1]自鄱阳峤道入三吴[2]，军于上饶[3]，闻刘胡败，军副鄱阳太守费晔[4]斩淹以降。淹，畅之子也。

废帝之世，衣冠[5]惧祸，咸欲远出[6]。至是流离外难[7]，百不一存，众乃服蔡兴宗之先见[8]。

九月壬辰[9]，以山阳王休祐为荆州刺史。

癸巳[10]，解严[11]，大赦。

庚子[12]，司徒休仁至寻阳，遣吴喜、张兴世向荆州，沈怀明向郢州，刘亮及宁朔将军南阳张敬儿向雍州，孙超之向湘州，沈思仁、任农夫向豫章，平定余寇。

刘胡逃至石城[13]，捕得，斩之。郢州行事张沈变形为沙门[14]，潜走，追获，杀之。荆州行事刘道宪闻浓湖平，散兵，遣使归罪[15]。荆州治中宗景等勒兵入城[16]，杀道宪，执临海王子顼以降。孔道存[17]知寻阳已平，遣使请降；寻闻柳世隆、刘亮当至[18]，众悉逃溃[19]，道存及三子皆自杀。上以何慧文才兼将吏[20]，使吴喜宣旨赦之。慧文曰："既陷逆节[21]，手害忠义[22]，何面见天下之士[23]！"遂自杀。安陆王子绥、临海王子顼、邵陵王子元并赐死[24]，刘顺及余党在荆州者[25]皆伏诛。诏追赠诸死节[26]之臣，及封赏有功者各有差。

己酉[27]，魏初立郡学，置博士、助教、生员[28]，从中书令高允、相州刺史李䜣[29]之请也。䜣，崇之子也。

上既诛晋安王子勋等，待世祖诸子犹如平日。司徒休仁还自寻阳，言于上曰："松滋侯[30]兄弟尚在，将来非社稷计[31]，宜早为之所[32]。"冬，十月，乙卯[33]，松滋侯子房、永嘉王子仁、始安王子真、淮南王子孟、南平王子产、庐陵王子舆、子趋、子期、东平王子嗣、子悦并赐死[34]，及镇北咨议参军路休之、司徒从事中郎路茂之、兖州刺史刘祗、中书舍人严龙皆坐诛。世祖二十八子[35]于此尽矣。祗，义欣之子也。

（以上为第十二段，写北魏在各郡设立学校，设置博士、助教、生员；刘宋明帝刘彧平定刘子勋之乱，下令将刘骏的二十八个儿子全部杀死。）

【注释】

[1]张淹：吴郡人，南郡太守张畅之子，临川内史，与晋安王刘子勋同逆，军败被杀。[2]自鄱阳峤（qiáo）道：从鄱阳郡的郡治经由山路。刘宋时的鄱阳郡治广晋，在今江西鄱阳县正北方、景德镇西北方。峤，泛指高而陡峭的山峰，此指山路。三吴：指吴兴、义兴、吴郡，泛指建康城以东的诸郡县。[3]上饶：古县名，在今江西省上饶市，当时属于鄱阳郡。[4]军副：部队的副职。[5]衣冠：指官僚士大夫一类的人。[6]咸欲远出：都想离开建康城。[7]流

离外难：原在京城因害怕战乱而逃到外地的官员，现又在外地遭遇战乱。［8］蔡兴宗之先见：见《资治通鉴》卷一百三十泰始元年（465）蔡兴宗与袁顗对话的所谓“若内难得弭，外衅未必可量”。［9］壬辰：九月八日。［10］癸巳：九月九日。［11］解严：解除全国的紧急军事状态。［12］庚子：九月十六日。［13］石城：古县名，在今湖北钟祥市。［14］郢州行事张沈变形为沙门：郢州行事，代理郢州刺史事务的长官，此时为张沈，乃刘子勋政权委任。变形为沙门，化装成和尚，仍被捕杀。［15］归罪：向刘彧政权认罪。［16］荆州治中宗景：刘子勋政权任命的荆州刺史的僚属，姓宗名景。治中，古官名，刺史的僚属，协助刺史处理一应事务。［17］孔道存：刘子勋政权任命的雍州行事。［18］当至：将至，马上到达。［19］众悉逃溃：四字原无，据章校补。［20］才兼将吏：既有将才，又有行政长官之才。［21］既陷逆节：指参与了拥戴刘子勋的军事活动。［22］手害忠义：指亲手杀死了衡阳内史王应之。［23］何面见天下之士：如此说话，实乃不肯向刘彧政权低头。胡三省曰：“史言何慧文不肯苟活。”［24］并赐死：安陆王刘子绥，江夏文献王刘义慕之孙，传见《宋书》卷六十一；临海王刘子顼，孝武帝第九子；邵陵王刘子元，孝武帝第十三子，两人传见《宋书》卷八十一。三王为刘宋宗室堂兄弟。子绥被杀时十一岁，子勋亦十一岁，子元年仅九岁。前面晋安王刘子勋被杀时亦十一岁，是其众兄弟中最年长的。将这些小孩子赐死，可见其残忍无道。［25］刘顺及余党在荆州者：胡三省曰：“刘顺自死虎奔淮西，又自淮西奔荆州。”刘顺在宛唐与刘彧政权的将领刘勔、吕安国、黄回等作战失败后，逃到荆州。［26］死节之臣：为保全节操而死的大臣。［27］己酉：九月二十五日。［28］博士、助教、生员：都是太学里的教官名，正式教一门儒家经典课的教官称作博士；不能独立开课，只能做辅助工作的称为助教。生员，在太学里受教的学生。［29］相州：北魏新建州，州治邺城，在今河北临漳县西南。李䜣（xīn）：一作李欣，字元盛，小名真奴，幽州刺史李崇之子，北魏大臣。传见《魏书》卷四十六。［30］松滋侯：此指孝武帝之子刘子身等众兄弟。［31］将来非社稷计：日后对国家的安定不利。［32］宜早为之所：应该及早给他们找一个合适的地方，意即处死他们。［33］乙卯：十月一日。［34］“并赐死”句：意谓孝武帝刘骏的儿子全都杀死。这些孩子被杀时，最大的十岁，最小的四岁。刘骏共有二十八个儿子，至此，除自然死亡外，全部被杀。孩子何辜！说起刘宋的灭亡，子孙无存，可能肇始于此。［35］世祖二十八子：分别是长子，前废帝刘子业；次子，豫章王刘子尚；三子，晋安王刘子勋；四子，安陆王刘子绥；五子，刘子深，未封，早夭；六子，寻阳王刘子房；七子，临海王刘子顼；八子，始平孝敬王刘子鸾；九子，永嘉王刘子仁；十子，刘子凤，未封，早夭；十一子，始安王刘子真；十二子，刘子玄，未封，早夭；十三子，邵陵王刘子元；十四子，齐敬王刘子羽；十五子，刘子衡，未封，早夭；十六子，淮南王刘子孟；十七子，刘子况，未封，早夭；十八子，南平王刘子产；十九子，晋陵孝王刘子云；二十子，刘子文，未封，早夭；二十一子，庐陵王刘子舆；二十二子，南海哀王刘子师；二十三子，淮阳思王刘子霄；二十四子，刘子雍，未封，早夭；二十五子，刘子趋，未封；二十六子，刘子期，未封；二十七子，东平王刘子嗣；二十八子，刘子悦，未封。

刘勔围寿阳，垣闳攻合肥，俱未下。勔患之，召诸将会议。马队主[1]王广之曰："得将军所乘马[2]，判能平合肥[3]。"幢主[4]皇甫肃怒曰："广之敢夺节下[5]马，可斩！"勔笑曰："观其意，必能立功。"即推鞍下马与之。广之往攻合肥，三日，克之。薛道标突围奔淮西归常珍奇。勔擢广之为军主。广之谓肃曰："节下若从卿言，何以平贼？卿不赏才，乃至于此！"肃有学术[6]，及勔卒，更依广之[7]，广之荐于齐世祖为东海太守[8]。

沈灵宝自庐江引兵攻晋熙[9]，晋熙太守阎湛之[10]弃城走。

徐州刺史薛安都、益州刺史萧惠开、梁州刺史柳元怙、兖州刺史毕众敬、豫章太守殷孚、汝南太守常珍奇，并遣使乞降。上以南方已平，欲示威淮北，乙亥[11]，命镇军将军张永、中领军沈攸之将甲士五万迎薛安都[12]。蔡兴宗曰："安都归顺，此诚非虚[13]，正须单使尺书[14]。今以重兵迎之，势必疑惧[15]；或能招引北虏[16]，为患方深[17]。若以叛臣罪重，不可不诛，则向之所宥[18]亦已多矣。况安都外据大镇[19]，密迩边陲[20]，地险兵强，攻围难克[21]，考之国计[22]，尤宜驯养[23]；如其外叛，将为朝廷旰食之忧[24]。"上不从，谓征北司马行南徐州事[25]萧道成曰："吾今因此[26]北讨，卿意以为何如？"对曰："安都狡猾有余，今以兵逼之，恐非国之利。"上曰："诸军猛锐，何往不克！卿勿多言！"安都闻大兵北上，惧，遣使乞降于魏，常珍奇亦以悬瓠降魏，皆请兵自救。

戊寅[27]，立皇子昱[28]为太子。

薛安都以其子为质于魏[29]，魏遣镇东大将军代人尉元、镇东将军魏郡孔伯恭等帅骑一万出东道，救彭城；镇西大将军西河公石，都督荆、豫、南雍州诸军事张穷奇出西道，救悬瓠。以安都为都督徐、雍等五州诸军事、镇南大将军、徐州刺史、河东公；常珍奇为平南将军、豫州刺史、河内公。

兖州刺史申纂诈降于魏，尉元受之而阴为之备[30]。魏师至无盐[31]，纂闭门拒守。

薛安都之召魏兵也，毕众敬不与之同[32]，遣使来请降[33]；上以众敬为兖州刺史。众敬子元宾[34]在建康，先坐他罪诛[35]。众敬闻之，怒，拔刀斫柱曰："吾皓首[36]唯一子，不能全，安用独生！"十一月，壬子[37]，魏师至瑕丘[38]，众敬请降于魏。尉元遣部将先据其城，众敬悔恨，数日不食。元长驱而进，十二月，己未[39]，军于秺[40]。

西河公石至上蔡[41]，常珍奇帅文武出迎。石欲顿军汝北[42]，未即入城[43]，中书博士郑羲[44]曰："今珍奇虽来，意未可量[45]。不如直入其城，夺其管籥[46]，据有府库[47]，制其腹心[48]，策之全者也。"石遂策马入城，因置酒嬉戏。羲曰："观珍奇之色甚不平，不可不为之备。"乃严兵设备。其夕，珍奇使人烧府屋，欲为变，以石有备而止。羲，豁[49]之曾孙也。

淮西七郡[50]民多不愿属魏，连营南奔[51]。魏遣建安王陆馛[52]宣慰新附[53]。民有陷军[54]为奴婢者，馛悉免之，新民乃悦。

（以上为第十三段，写徐州刺史薛安都原来支持刘子勋政权，现欲归降建康，刘彧不听蔡兴宗劝说，欲显扬武力，派出五万大军受降，薛安都一怒而奔降北魏。）

【注释】

[1]马队主：骑兵部队的统领。此指其职务而言，非官名。 [2]得将军所乘马：如果您能把您的坐骑赐给我。 [3]判能平合肥：我一定能攻下合肥。判，断，定。 [4]幢（chuáng）主：一面军旗所带的一群士兵之长，相当于现在的一个连。幢，仪仗名，似伞而细长。 [5]节下：对刘勔的敬称。当时刘勔任辅国将军，似乎还应有"假节"或"持节"的称号。因为此后不久就加其为"使持节"了。 [6]有学术：有知识、有学问。 [7]更依广之：改属王广之的部下。 [8]荐于齐世祖为东海太守：把皇甫肃推荐给萧道成，萧道成任其为东海太守。这是后话。萧道成当时是刘宋的将领，日后篡宋建齐后，被称为齐世祖。东海，古郡名，郡治在今江苏涟水县。 [9]自庐江引兵攻晋熙：庐江，古郡名，郡治在今安徽庐江县西南。晋熙，古郡名，郡治在今安徽潜山市。 [10]阎湛之：刘子勋政权的晋熙太守。 [11]乙亥：十月二十一日。 [12]迎薛安都：接受其投降，接管其军队，并接其进京，实际是想消灭他。 [13]此诚非虚：是真心投降，不是虚心假意。 [14]单使尺书：一个使者带一封信，以表示对他深信不疑。 [15]疑惧：怀疑，害怕。 [16]招引北虏：如果薛安都怀疑朝廷要消灭他，他就会投降北魏，与北魏结成联盟。 [17]为患方深：今后的麻烦就更大了。 [18]向之所宥（yòu）：过去所赦免的叛臣。向，过去。宥，宽饶。 [19]外据大镇：在外地任大州刺史、大州督军。 [20]密迩（ěr）边陲：紧靠着国境线。迩，近，靠近。边陲，边境。 [21]攻围难克：要想包围徐州、攻下徐州，是很难的。 [22]考之国计：

从国家的安危大计作考虑。［23］尤宜驯养：特别应该实行招安抚慰的政策。驯养，像对待牛马一样，给它吃的，此处引申为招引安抚。［24］旰（gàn）食之忧：不能按时吃饭的大麻烦。旰食，指忙得不能按时吃饭。旰，天色晚。［25］征北司马行南徐州事：既任征北将军的司马，又代理南徐州刺史的职务。南徐州，古州名，州治在今江苏镇江市。［26］因此：指南方已平，趁此向北方的州郡示威。［27］戊寅：十月二十四日。［28］昱：即刘昱，字德融，小字慧震，明帝刘彧长子，后为刘宋皇帝。［29］为质于魏：送到魏国做人质，以换取魏兵的救援。［30］阴为之备：暗中防备。［31］无盐：古县名，在今山东东平县东南，当时为申纂的东平郡郡治所在地。［32］不与之同：不赞成薛安都投降北魏。［33］来请降：来向刘彧朝廷请降。［34］元宾：即毕元宾，兖州刺史毕众敬之子，因罪被杀。［35］先坐他罪诛：在此之前因犯别的罪被刘彧政权杀了。［36］皓首：白首，指老年。［37］壬子：十一月二十九日。［38］瑕丘：古城名，在今山东济宁市兖州区东北，当时为兖州的州治所在地，毕众敬任兖州刺史，在此驻守。［39］己未：十二月六日。［40］秺（dù）：古县名，县治在今山东成武县西北。［41］上蔡：古县名，在今河南上蔡县西南，东距常珍奇所据的悬瓠不远，在常珍奇的管辖区内。［42］汝北：汝水之北。［43］未即入城：未进入悬瓠城。悬瓠城在汝水之南。［44］中书博士郑羲：中书博士，古官名，中书省的博士官，以学识渊博充参谋顾问之用。郑羲，字幼麟，名士郑晔之子，北魏大臣。传见《魏书》卷五十六。［45］意未可量：其内心是否真的归附，不好估计。［46］夺其管籥（yuè）：意即接管他守城的任务。管籥，锁城门用的钥匙。［47］府屋：刺史的衙门、官舍。［48］制其腹心：控制住他的要害部门。［49］豁：即郑豁，曾在后燕主慕容垂的部下为官。传见《魏书》卷五十六。［50］淮西七郡：淮河西北的七个郡，指汝南、新蔡、汝阳、汝阴、陈郡、南顿、颍川。［51］连营南奔：成群结队地向南逃。当时社会动乱，许多平民也结成半军事状态的堡坞，故用"连营"称整个村落、部落。［52］陆馛（bó）：东平成王陆俟嫡长子，北魏大臣。传见《魏书》卷四十。［53］宣慰新附：向这些新归降地区的民众进行宣传抚慰。［54］陷军：被军队掠夺。

乙丑[1]，诏坐依附寻阳削官爵禁锢者[2]，皆从原荡[3]，随才铨用[4]。

刘勔围寿阳，自首春至于末冬，内攻外御[5]，战无不捷，以宽厚得士心。寻阳既平，上使中书为诏谕殷琰[6]，蔡兴宗曰："天下既定，是琰思过之日。陛下宜赐手诏数行[7]，以相慰引[8]。今直中书为诏[9]，彼必疑谓非真[10]，非所以速清方难[11]也。"不从。琰得诏，谓刘勔诈为之，不敢降。杜叔宝闭绝寻阳败问[12]，有传[13]者即杀之，守备益固。凡有降者，上辄送寿阳城下，使与城中人语，由是众情离沮[14]。

琰欲请降于魏，主簿谯郡夏侯详[15]说琰曰："今日之举[16]，本效忠节[17]。若社稷有奉[18]，便当归身朝廷，何可北面左衽[19]乎！且今魏军近在淮次[20]，官军未测吾之去就[21]，若建使归款[22]，必厚相慰纳[23]，岂止免罪而已。”琰乃使详出见刘勔。详说勔曰：“今城中士民知困而犹固守者，畏将军之诛，皆欲自归于魏。愿将军缓而赦之[24]，则莫不相帅而至[25]矣。”勔许诺，使详至城下，呼城中人，谕以勔意。丙寅[26]，琰帅将佐面缚出降[27]，勔悉加慰抚，不戮一人。入城，约勒[28]将士，士民赀财[29]，秋毫[30]无所失。寿阳人大悦。魏兵至师水[31]，将救寿阳；闻琰已降，乃掠义阳[32]数千人而去。久之，琰复仕至少府[33]而卒。

萧惠开在益州，多任刑诛[34]，蜀人猜怨[35]。闻费欣寿败没，程法度不得前，于是晋原一郡反[36]，诸郡皆应之，合兵围成都。城中东兵[37]不满二千，惠开悉遣蜀人出，独与东兵拒守。蜀人闻寻阳已平，争欲屠城，众至十余万人。惠开每遣兵出战，未尝不捷。

上遣其弟惠基自陆道使成都，赦惠开罪。惠基至涪[38]，蜀人遏留[39]惠基，不听进[40]。惠基帅部曲[41]击之，斩其渠帅[42]，然后得前。惠开奉旨归降，城围得解。

上遣惠开宗人宝首[43]自水道慰劳益州。宝首欲以平蜀为己功，更奖说[44]蜀人，使攻惠开。于是处处蜂起[45]，凡诸离散者一时还合[46]，与宝首进逼成都，众号二十万。惠开欲击之，将佐皆曰：“今慰劳使至而拒之，何以自明？”惠开曰：“今表启路绝[47]，不战则何以得通使京师？”乃遣宋宁太守萧惠训[48]等将万兵与战，大破之，生擒宝首，囚于成都。遣使言状。上使执送宝首[49]，召惠开还建康。既至[50]，上问以举兵状。惠开曰：“臣唯知逆顺[51]，不识天命[52]；且非臣不乱，非臣不平[53]。”上释之。

是岁，侨立兖州，治淮阴[54]；徐州治钟离[55]；青、冀二州共一刺史，治郁洲[56]。郁洲在海中，周数百里，累[57]石为城，高八九尺，虚置郡县，荒民无几。

张永、沈攸之进兵逼彭城，军于下磕[58]，分遣羽林监[59]王穆之将卒五千守辎重于武原[60]。

魏尉元至彭城，薛安都出迎。元遣李璨[61]与安都先入城，收其管籥；别遣孔伯恭以精甲二千安抚内外，然后入。其夜，张永攻南门，不克而退。

元不礼于薛安都，安都悔降，复谋叛魏，元知之[62]，不果发[63]。安都重赂元等，委罪于女婿裴祖隆而杀之。元使李珠[64]与安都守彭城，自将兵击张永，绝其粮道，又破王穆之于武原。穆之帅余众就永，元进攻之。

（以上为第十四段，写刘宋将领刘勔解寿阳之围，叛将殷琰归降朝廷；益州刺史萧惠开被赦罪，征召返京；徐州刺史后悔投降北魏，事发，以女婿裴祖隆顶罪。）

【注释】

[1]乙丑：十二月十二日。[2]坐依附寻阳削官爵禁锢（gù）者：凡是因拥戴刘子勋为帝之罪而被削去官爵或是被禁止不得做官的人。禁锢，指因犯罪而被禁止进入官场。[3]皆从原荡：一律给予原谅、赦免。荡，涤除其污瑕，允许其弃旧图新。[4]随才铨（quán）用：按照其才干选拔任用。铨，选拔。[5]内攻外御：意即既要攻打被包围的寿阳，又要拦截、抵抗外来的增援者。御，抵抗。[6]使中书为诏谕殷琰：让中书省代皇帝起草一份诏书，劝告殷琰，令其投降。在此之前殷琰已经想要投降，只因部下的意见不一，故而一直未能行动。[7]手诏数行：亲笔写一封几行字的信。[8]以相慰引：以安其心，为之引路。[9]今直中书为诏：现在如果只是让中书省给他发一封诏书。[10]彼必疑谓非真：他们一定会怀疑诏书不是说真话。[11]非所以速清方难：不是快速地平定一方战乱的办法。[12]闭绝寻阳败问：封锁刘子勋政权已被平定的消息。败问，失败的消息。问，同“闻”，消息。[13]传：传递消息。[14]众情离沮（jǔ）：人心沮丧、涣散。[15]主簿谯郡夏侯详：主簿，古官名，将军或刺史手下的文秘官员。夏侯详，字叔业，谯郡谯县人，南梁开国功臣。传见《南史》卷五十五。[16]今日之举：指拥戴刘子勋为皇帝。[17]本效忠节：本来是要表现我们对国家的忠心与气节。[18]社稷有奉：国家的社稷坛有人祭祀，代指国家已经有了皇帝。[19]何可北面左衽（rèn）：怎么能向北边的少数民族俯首称臣呢？左衽，指胡服，这里代指古代的少数民族。[20]淮次：淮水边上，指北魏拓跋石的军队近在汝南。[21]未测吾之去就：意即还不知道我们想北投魏国。[22]遣使归款：派出使团把我们的诚意报告给朝廷。[23]必厚相慰纳：朝廷必然会真诚地安慰我们、接待我们。[24]缓而赦之：一方面别再急着攻城，一方面宣告赦免寿阳过去反朝廷之罪。[25]相帅而至：相互结伴而来。相帅，同“相率”，相互招呼，相互跟从。[26]丙寅：十二月十三日。[27]面缚出降：自缚双手，出城投降。面缚，两手反绑在背后而脸向前，表示请罪。[28]约勒：约束。[29]赀（zī）财：钱财，财物。赀，同“资”。[30]秋毫：鸟兽在秋天新长出来的细毛，比喻细微之物。[31]师水：古水名，一作沸水，在今河南南部淮河的支流狮河。[32]义阳：古郡

名，郡治在今河南信阳市。［33］琰复仕至少府：殷琰又在刘彧朝廷做官，做到九卿一级的少府。少府，古官名，管理皇室私财，并为宫廷制造所需的一切器物的官员。［34］多任刑诛：刑罚严酷，杀人过多。［35］猜怨：猜疑，怨愤。［36］晋原一郡反：晋原郡一个郡的人都造反了。晋原，古郡名，郡治在今四川崇州市西北的怀远镇。［37］东兵：随刺史萧惠开由东方来的军队。［38］涪（fú）：古县名，县治在今四川绵阳市东。［39］遏（è）留：阻止，停留。［40］不听进：不让萧惠基继续前进。［41］部曲：部下，下属。［42］渠帅：魁首，大头领。［43］惠开宗人宝首：萧惠开同族人萧宝首。［44］更奖说：重又鼓励、怂恿。［45］蜂起：像蜂飞一样成群起来。［46］一时还合：一时之间又重新集合起来。［47］表启路绝：向朝廷说明情况的道路已经被阻断。［48］萧惠训：刘宋时人，山阳太守、廷尉卿萧僧珍之子，明帝刘彧时为宋宁太守，后为巴东相。［49］执送宝首：押解萧宝首到建康。［50］既至：二字原无，据章校补。［51］唯知逆顺：意即当初只知道拥戴刘子勋是正义的。逆，指叔起夺侄之位。顺，指父死立其子。［52］不识天命：不知陛下您是奉天命而为帝的。［53］且非臣不乱，非臣不平：乱因我而起，也因我而平息。意思是我既有过，但也有功。［54］治淮阴：以淮阴县为侨立兖州的州治所在地，因原来的州治瑕丘已落入北魏人之手。淮阴，古县名，县治在今江苏淮安市淮阴区。［55］徐州治钟离：以钟离县为徐州的州治所在地，因原来的州治彭城已落入北魏人之手。钟离，古县名，县治在今安徽凤阳县东。［56］郁洲：古代海边的小洲名，在今江苏连云港市东。［57］累：同“垒”，用砖、石、土块等砌筑。［58］下磕（kē）：古城名，在今江苏徐州市东南。［59］羽林监：古军官名，宫廷宿卫部队的监军。［60］武原：古县名，县治在今江苏邳州市西北的邳城镇。［61］李璨：北魏大臣。传见《魏书》卷四十九。［62］元知之：尉元知道了薛安都的筹谋。知，原文作“和”，据章校改。［63］不果发：薛安都未能发动兵变。［64］李珠：北魏官员，曾与薛安都共守彭城。

【点评】

刘宋皇室骨肉相残。孝武帝共有二十八个儿子，宋明帝杀死世祖的十个儿子，至此孝武帝儿子全部丧命。株连被杀者数人，家室内残，同室操戈，无过于此矣。其实一开始明帝诛杀晋安王刘子勋等，并没有动念杀死世祖的其他儿子，仍然和善如故。转折点在司徒刘休仁从寻阳返回京师，挑唆说：“松滋侯刘子房的兄弟仍活着，将来恐怕对社稷不利，应该及早处置。”历史上这样的例子实在太多了，就看如何推导，善于抚慰，兄弟一家，为天下示范，自然是和谐景象；如果乱加揣测，疑神疑鬼，自然不会安生，冤冤相报，何时是一个了结？胡三省评论认为此一杀机既开，是亡国的先兆，遂致“萧齐易姓，刘氏歼焉，骨肉相残，祸至此极。有国有家者，其鉴于兹！”

卷一三二　宋纪十四

宋明帝泰始三年至六年（467—470 年）

【起强圉协洽（丁未，467 年），尽上章阉茂（庚戌，470 年），凡四年】

【大事提要】

本卷记事起公元 467 年至公元 470 年，凡四年，时当宋明帝泰始三年至泰始六年。本卷所载大事，南朝刘宋大事有三，其一，写刘宋的衰败，突出表现在国土丧失，北魏军队长驱直入，刘宋张永战败，失去淮北四州和豫州的淮西地区，国土日蹙。其二，宋明帝之昏聩无道日甚，君臣离心离德。其三，宋明帝设立总明观，任命祭酒一人，儒学、玄学、文学、史学学士各十人，名为五部学，加阴阳学，实则缺阴阳学，只有四部，与此前的四部分类法不同。北朝北魏大事一件，立拓跋宏为太子。

太宗明皇帝中

泰始三年（丁未，467 年）

春，正月，张永等弃城夜遁。会[1]天大雪，泗水冰合[2]，永等弃船步走[3]，士卒冻死者太半[4]，手足断者什七八[5]。尉元邀其前，薛安都乘其后，大破永等于吕梁之东[6]，死者以万数[7]，枕尸六十余里[8]，委弃[9]军资器械不可胜计；永足指亦堕[10]，与沈攸之仅以身免，梁、南秦二州刺史垣恭祖等为魏所虏[11]。上[12]闻之，召蔡兴宗，以败书示之曰："我愧卿甚！"永降号左将军[13]；攸之免官，以贞阳公领职[14]，还屯淮阴[15]。由是失淮北四州及豫州淮西之地[16]。

裴子野[17]论曰：昔齐桓矜于葵丘而九国叛[18]；曹公不礼张松而天下分[19]。一失豪厘，其差远矣[20]。太宗之初[21]，威令所被，不满百里[22]，卒有离心[23]，士无固色[24]，而能开诚心，布款实[25]，莫不感恩服德，致命效死[26]，故西摧北荡[27]，寓内褰开[28]。既而六军献捷[29]，方隅束手[30]，天子欲贾其余威[31]，师出无名，长淮以北[32]，倏忽为戎[33]。惜乎！若以向之虚怀[34]，不骄不伐[35]，则三叛奚为而起[36]哉！高祖[37]蛆虱生介胄[38]，经启疆埸[39]；后之子孙，日蹙百里[40]。播获堂构[41]，岂云易哉[42]！

（以上为第一段，写刘宋明帝泰始三年（467）的史事，主要写刘宋将领张永惨败，失去淮北四州和豫州的淮西地区；裴子野评论，认为明帝刘彧不能像当初太宗那样虚怀若谷，应负主要责任。）

【注释】

[1]会：正赶上。[2]泗水冰合：泗水上结满了冰，封冻。泗水从山东泗水县流来，中经曲阜、兖州、徐州，南流入淮水。[3]步走：徒步逃跑。[4]太半：大半。[5]什七八：十分之七八。什，同"十"。[6]吕梁之东：吕县的泗水桥东。吕，古县名，刘宋置，县治在今徐州南泗水的故道北岸。梁，桥。胡三省引《水经注》曰："泗水自彭城东南过吕县南，泗水之上有石梁焉，故曰'吕梁'。"[7]以万数：用万来计算，意即有好几万人。[8]枕尸六十余里：在一路追击、一路逃亡所经过的六十多里的路上，尸横遍野。枕尸，横尸。枕，相互枕藉，极言其多。[9]委弃：抛弃，丢弃。[10]足指亦堕：脚趾头也冻掉了。[11]梁、南秦：刘宋的二州，由一个刺史统领，州治在今陕西汉中市。垣（yuán）恭祖：冠军将军垣护之次子，刘宋将领，勇敢果断有父风，为梁、南秦二州刺史。随沈攸之北讨，为魏军所俘虏，后来归国，镇守历城。传见《宋书》卷五十。虏：同"掳"，俘获。[12]上：指刘宋明帝刘彧。[13]永降号左将军：张永此前为镇军将军，青、冀二州刺史。左将军，古官名，地位在镇军将军之下。[14]以贞阳公领职：意即免除沈攸之的一切职务，只保留贞阳公的爵位，仍主管原有的军政事务。沈攸之此前的职务是前将军，封贞阳县公。贞阳，古县名，县治在今广东英德市东翁水北。[15]淮阴：古县名，在今江苏淮安市淮阴区。[16]淮北四州：胡三省以为应指青州、冀州、徐州、兖州。豫州淮西之地：胡三省以为应指汝南、新蔡、谯、梁、陈、南顿、颍川、汝阳、汝阴诸郡。[17]裴子野：南梁大臣、史学家。著有《宋论》二十卷。全书已散佚，仅存若干片段。传见《梁书》卷三十。[18]昔齐桓矜于葵丘而九国叛：从前春秋时齐桓公在葵丘盟会上傲慢，九个国家背叛。事见《史记·齐太公世家》。[19]曹公不礼张松而天下分：曹操没有礼遇张松致使天下三分。事见《三国志》卷三十一《刘二牧传》以及裴据之望。[20]一失豪厘，其差远矣：即通常所说的"失之毫厘，差之千里"，意思是开头考虑得有一点不周到，造成的结果就大不同了。豪，同"毫"。[21]太宗之初：指刘彧初即位时，即泰始元年（465）末与泰始二年（466）初。太宗，刘彧的庙号。[22]威令所被，不满百里：刘子勋建立寻阳政权的时候，各地纷纷响应，刘彧统治的地方，只有都城建康以及周围的一些地方。被，覆盖，管辖。[23]离心：叛变之心。[24]士无固色：

当时人心惶惶，没有为刘彧政权坚守的心意。［25］开诚心，布款实：指刘彧朝廷能对天下人做出一种诚心诚意、推心置腹的姿态。款实，诚心诚意。［26］致命效死：献出生命，不怕牺牲。致，献出。效，交出。此指吴喜、殷孝祖等。［27］西摧北荡：指向西打败了袁顗、邓琬，灭掉了寻阳政权；向北打败了殷琰，平定了寿阳、合肥。［28］寓内褰（qiān）开：笼罩在国家上空的黑云被驱散。寓内，六合之内，整个国家的上空。褰开，拉开，拉开大幕。［29］六军献捷：朝廷的军队纷纷向中央报捷。六军，代指朝廷军队。［30］方隅束手：一度背叛朝廷的州郡纷纷归降朝廷。方隅，指四方的州郡。束手，指束手归降。如薛安都、常珍奇等。［31］贾其余威：逞其威风，炫耀其武力。贾，买，这里有炫耀的意思。［32］长淮：即指淮北地区。［33］倏忽为戎：一下子都落入了鲜卑人之手，指薛安都、常珍奇等投降北魏。戎，古指少数民族，这里代指北魏。［34］向之虚怀：以前那种虚怀若谷、礼贤下士的行为。即前文之"开诚心，布款实"云云。［35］不骄不伐：不骄傲，不夸耀。伐，显示，夸耀。［36］三叛奚为而起：指薛安都、毕众敬、常珍奇，怎么会又起来背叛朝廷呢？［37］高祖：即刘宋开国皇帝刘裕，庙号高祖。［38］虮（jǐ）虱（shī）生介胄（zhòu）：铠甲、头盔里长满了虫子，极言其军旅生活之艰苦。虮，虱子的卵。介胄，铠甲和头盔。曹操《乐府诗》有"铠甲生虮虱，万姓以死亡"，皆言征战生活之艰苦。［39］经启疆埸（yì）：在战场上开疆辟土。经启，经营，开拓。疆埸，疆土，领土。［40］日蹙（cù）百里：每天都要丧失上百里的国土。《诗经·召旻》有"昔先王受命，有如召公，日辟国百里，今也日蹙国百里"。皆言其后代子孙不成才。蹙，缩小，减少。［41］播获堂构：播获，指播种收获，比喻子孙继承父祖之业。堂构，语出《尚书》："以作室喻治政也。父已致法，子乃不肯为堂基，况肯构立屋乎？"意谓父亲要盖房子，并已确定房子的盖法，而儿子却不肯去筑堂基，盖房子。后以"堂构"比喻继承祖先的遗业。［42］岂云易哉：这哪里是一件容易的事情？

魏尉元以彭城兵荒之后，公私困竭，请发冀、相、济、兖[1]四州粟，取张永所弃船九百艘，沿清运载[2]，以赈新民[3]，魏朝从之。

魏东平王道符[4]反于长安，杀副将驸马都尉[5]万古真等，丙午[6]，司空和其奴[7]等将殿中兵讨之。丁未[8]，道符司马段太阳[9]攻道符，斩之；以安西将军陆真[10]为长安镇将以抚之。道符，翰之子也。

闰月[11]，魏以顿丘王李峻为太宰[12]。

沈文秀[13]、崔道固[14]为土人[15]所攻，遣使乞降于魏，且请兵自救。

二月，魏西河公石[16]自悬瓠引兵攻汝阴太守张超，不克；退屯陈项[17]，议还长社[18]，待秋击之。郑羲[19]曰："张超蚁聚穷命[20]，粮食已尽，不降当走[21]，可翘足而待[22]也。今弃之远去，超修城浚隍[23]，积薪[24]储谷，更来[25]恐难图矣。”石不从，遂还长社。

初，寻阳既平[26]，帝遣沈文秀弟文炳以诏书谕文秀[27]，又遣辅国将军刘怀珍[28]将马步三千人与文炳偕行[29]。未至，值[30]张永等败退，怀珍还镇山阳[31]。文秀攻青州刺史明僧暠[32]，帝使怀珍帅龙骧将军王广之将五百骑、步卒二千人浮海[33]救之，至东海[34]，僧暠已退保东莱[35]。怀珍进据朐城[36]，众心凶惧[37]，欲且保郁洲[38]，怀珍曰：“文秀欲以青州归索虏[39]，计齐之士民[40]，安肯甘心左衽邪[41]！今扬兵直前[42]，宣布威德，诸城可飞书而下[43]；奈何守此不进，自为沮挠[44]乎！”遂进，至黔陬[45]，文秀所署高密、平昌[46]二郡太守弃城走。怀珍送致文炳[47]，达朝廷意[48]，文秀犹不降；百姓闻怀珍至，皆喜。文秀所署长广太守刘桃根将数千人戍不其城[49]。怀珍军于洋水[50]，众谓且宜坚壁伺隙[51]，怀珍曰：“今众少粮竭，悬军深入[52]，正当以精兵速进，掩其不备[53]耳。”乃遣王广之将百骑袭不其城，拔之。文秀闻诸城皆败，乃遣使请降，帝复以为青州刺史。崔道固亦请降，复以为冀州刺史。怀珍引还。

魏济阴王小新成[54]卒。

沈攸之之自彭城还也，留长水校尉王玄载守下邳[55]，积射将军沈韶守宿豫[56]，睢陵、淮阳[57]皆留兵戍之。玄载，玄谟之从弟也。时东平太守申纂守无盐[58]，幽州刺史刘休宾守梁邹[59]，并州刺史清河房崇吉守升城[60]，辅国将军清河张谠守团城[61]，及兖州刺史王整、兰陵太守桓忻，肥城、麋沟、垣苗[62]等戍皆不附于魏。休宾，乘民之兄子也。

魏遣平东将军长孙陵[63]等将兵赴青州，征南大将军慕容白曜[64]将骑五万为之继援。白曜，燕太祖[65]之玄孙也。白曜至无盐，欲攻之；将佐皆以为攻具未备，不宜遽进[66]。左司马范阳郦范[67]曰：“今轻军远袭，深入敌境，岂宜淹缓[68]！且申纂必谓我军来速，不暇攻围[69]，将不为备；今若出其不意，可一鼓而克[70]。”白曜曰：“司马策是[71]也。”乃引兵伪退。申纂不复设备[72]，白曜夜中部分[73]，三月，甲寅旦[74]，攻城，食时，克之[75]；纂走，追擒，杀之。白曜欲尽以无盐人为军赏[76]，郦范曰："齐，形胜之地[77]，宜远为经略[78]。今王师[79]始入其境，人心未洽[80]，连城相望[81]，咸有拒守[82]之志，苟非以德信怀之[83]，未易平也。"白曜曰："善！"皆免之[84]。

白曜将攻肥城，郦范曰："肥城虽小，攻之引日[85]；胜之不能益军势[86]，不胜足以挫[87]军威。彼[88]见无盐之破，死伤涂地[89]，不敢不惧；若飞书告谕[90]，纵使不降，亦当逃散。"白曜从之，肥城果溃，获粟三十万斛[91]。白曜谓范曰："此行得卿，三齐不足定[92]也。"遂取垣苗、麋沟二戍，一旬中[93]连拔四城，威震齐土。

（以上为第二段，写刘宋明帝平叛，处理不当，北部边境动乱不安，北魏大将长孙陵、慕容白曜乘机大举南侵，攻取肥城、无盐等四城，威震齐地。）

【注释】

[1]冀、相、济、兖（yǎn）四州：当时北魏的四个州，冀州的州治在今河北衡水市冀州区，相州的州治在今河北临漳县西南的邺镇，济州的州治卢县，在今山东东阿县西北，兖州的州治瑕丘，在今山东济宁市兖州区西北。[2]沿清运载：沿着清水向彭城运送粮食。清水，是当时河北山东邻近地区的河流，这里是指冀州、相州的粮食先经过清水，再转入泗水送达彭城。[3]新民：新归顺北魏的徐州之民。[4]道符：即拓跋道符，字道符，东平王拓跋翰之子，袭封东平郡王，长安镇都大将。后兴兵谋反，兵败被杀。传见《魏书》卷十八。[5]驸马都尉：古官名，为侍从近臣，常用作加官。[6]丙午：正月二十四日。[7]和其奴：复姓素和，代郡阳原（今河北阳原县）人，北魏大臣。传见《魏书》卷四十四。[8]丁未：正月二十五日。[9]段太阳：北魏官员，为长安镇将拓跋道符的司马官，拓跋道符反叛，段太阳攻杀之。[10]陆真：代郡人，秦州长史陆洛侯之子，北魏名将。传见《魏书》卷三十。[11]闰月：闰正月。[12]李峻：字珍之，梁国蒙县（今河南商丘市梁园区）人，始祖为李广第三子李敢，文成元皇后李氏之兄，献文帝拓跋弘之舅，北魏外戚、大臣，文成帝即位，拜镇西将军、泾州刺史，进爵顿丘王。传见《魏书》卷八十三上。太宰：古高官名，辅佐国王治理国家，地位相当于宰相。[13]沈文秀：字仲远，司空沈庆之之侄，刘宋名将。刘彧继位后，起兵响应刘子勋；后投北魏，任平南将军、怀州刺史。传见《宋书》卷八十八。[14]崔道固：字季坚，清河东武城（今河北故城县）人，曹魏中尉崔琰八世孙，泰山太守崔辑之子，刘宋将领，冀州刺史，镇守历城。刘彧即位后，起兵响应刘子勋政权，后归顺，又投降北魏。传见《宋书》卷八十八。[15]土人：当地人。这里指青、冀二州的人。[16]西河公石：即拓跋石，传见《魏书》卷十四。[17]陈项：县名，即陈郡的郡治项县，故址在今河南项城市东北。[18]长社：古县名，县治在今河南长葛市西。[19]郑羲：名士郑晔之子，北魏有才智之臣。传见《魏书》卷五十六。[20]蚁聚穷命：像蚂蚁一样聚集在一起，形

容其聚于弹丸之地而苟延残喘。［21］不降当走：不投降就只能逃跑。［22］翘（qiáo）足而待：踮起脚跟等待，比喻很快就能实现。［23］修城浚隍：增修城墙，深挖护城河。浚，疏通，深挖。隍，护城河。［24］薪：柴草。［25］更来：二次再来。［26］寻阳既平：指刘宋孝武王刘骏之子刘子勋在寻阳建立的政权被消灭。寻阳，古郡名，郡治在今江西九江市。［27］谕文秀：劝说沈文秀。谕，为之分析，对其劝说。［28］刘怀珍：字道玉，辅国将军、徐州刺史。后攸之反，遣军宿卫京师。南齐时，入齐为都官尚书、光禄大夫。传见《南齐书》卷二十八。［29］马步三千人：即骑兵、步兵三千人。［30］值：正值，遇上。［31］山阳：古郡名，郡治在今江苏淮安市。［32］青州刺史明僧暠：青州，古州名，州治在今山东青州市。明僧暠（hào），平原鬲县（今山东德州市德城区）人，经学家明僧绍之弟，刘宋入齐为青州刺史。入齐时为黄门侍郎。传见《南齐书》卷五十四。［33］浮海：乘船走海路，即出长江口沿海北上。［34］东海：古郡名，郡治在今山东郯城县北。［35］东莱：古郡名，郡治在今山东莱州市。［36］朐城：古县名，县治在今江苏连云港市西南的锦屏山侧。［37］凶惧：恐惧、骚动。凶，同“恟”，惶恐不安。［38］且保郁洲：暂且退到郁洲驻守。郁洲，古代海边洲名，在今江苏连云港市海州区东与陆地相隔不远的大海中。［39］以青州归索虏：带着青州投降北魏。索虏，南朝对北魏的辱称，因鲜卑人习惯留辫子。［40］计齐之士民：我们想一想齐地的百姓。计，设想，推想。齐，古代指今山东半岛一带地区。［41］安肯甘心左衽邪：怎么会甘心投降鲜卑人呢？左衽，古代少数民族的服装，前襟向左掩，与中原一带人民的右衽相反。［42］扬兵直前：挥舞着武器，奋勇前进。扬，挥舞。［43］飞书而下：一道檄文发出去，敌区的军民百姓就可以立即反正过来。［44］自为沮（jǔ）挠：自己把自己搞得军心涣散，停止不前。沮，涣散，瓦解。挠，曲，受阻。［45］黔陬（zōu）：古县名，县治在今山东胶州市。［46］所署高密、平昌：署，委任，委派。高密、平昌：二郡名，高密郡的郡治在今山东高密市西南，平昌郡的郡治在今山东安丘市西南。［47］怀珍送致文炳：刘怀珍将沈文炳送到沈文秀军中。［48］达朝廷意：向沈文秀传达了朝廷的意思。［49］不其城：古县名，县治在今山东青岛市崂山区。［50］军于洋水：驻扎在洋水一带。洋水，今称弥河。源出山东临朐县南的沂山西麓，向北流经临朐县、寿光县入海。［51］且宜坚壁伺隙：应该暂且扎营坚守以等待时机。［52］悬军深入：远离根据地，深入敌境。［53］掩其不备：在敌人毫无准备的情况下袭击。［54］济阴王小新成：即拓跋小新成，字小新成，都督冀、相、济、兖四州诸军事，入为外都做大官。传见《魏书》卷十九上。［55］王玄载守下邳：王玄载，字彦休，历梁、秦、益、宁四州刺史。后入齐为官。传见《南齐书》卷二十七。下邳（pī），古县名，县治在今江苏睢宁县西北古邳镇东，地处沂、泗两水交会处，自古为淮北战场。［56］宿豫：古郡名，郡治在今江苏宿迁市东南。［57］睢陵、淮阳：古二县名，睢陵县的县治在今江苏睢宁县，淮阳县的县治在今江苏淮安市淮阴区西南，当时也是淮阳郡的郡治所在地。［58］无盐：古县名，当时为东平郡的郡治所在地，故址在今山东东平县东。［59］刘休宾守梁邹：刘休宾，渤海太守刘乘民之侄，宋幽州刺史，后降北魏为一小县令。传见《魏书》卷四十三。梁邹，古县名，宋幽州治所，在今山东邹平市。［60］崇崇吉：即房崇吉，房法寿从弟，刘宋并州刺史，不敌魏军进攻，降魏，为一小县令。后辞官南逃，至江东，剃发为僧，改名僧达。传见《魏书》卷四十三。升城，古戍名，在今山东济南市长清区西南，当时为刘宋并州刺史的驻兵之地。［61］张谠守团城：张谠（dǎng），刘宋辅国将军，后投降北魏，为平远将军。传见《魏书》卷六十一。团城，古城名，旧址在今山东沂水县。［62］肥城、麋（mí）沟、垣（yuán）苗：古地名，都是当时的军事据点。肥城，在今山东肥城市；麋沟、垣苗，在今山东济南市长清区。［63］长孙陵：字敕斤陵，北平宣王长孙嵩之子，北魏大臣。传见《魏书》卷五十。［64］慕容白曜：前燕太主慕容皝玄孙，北魏名将。传见《魏书》卷五十。［65］燕太祖：即慕容皝。［66］不宜遽（jù）进：不能贸然进军。遽，突然，立刻。［67］郦范：字世则，小名记祖，范阳涿县（今河北涿州市）人，天水太守郦嵩之子，地理学家郦道元之父，北魏宁远将军，随慕容白曜攻打刘宋，参与军事谋划，立有大功，授青州刺史。传见《魏书》卷四十二。［68］淹缓：中途逗留，行动迟缓。淹，逗留，停留。［69］必谓我军来速，不暇攻围：一定认为我军会迅速赶来，没有时间围攻。［70］一鼓而克：意即一举攻下，不劳再举。一鼓，一举的意思。［71］司马策是也：左司马郦范的预测是正确的。策，预测，估计。［72］设备：防备。［73］夜中部分：半夜起床，调兵遣将。部分，调动，派遣；部署，安排。［74］甲寅旦：三月三日的早晨。旦，平明，天亮。［75］食时，克之：等到该开饭的时候，敌人就被打败了。食时，约相当于现在上午九、十点钟。古人一日两餐，第一顿在日出之后、中午之前，故通常称这段时间为“食时”。克之，敌城被攻下。［76］尽以无盐人为军赏：把所攻占的整个无盐县城的百姓都分给作战的有功人员做奖励。［77］形胜之地：地理条件优越、地势险要，又文化发达、人才荟萃。［78］宜远为经略：应该作长远考虑。经略，经营，治理。［79］王师：王者之师，这里是北魏人自称其本国的军队。［80］未洽：未安定，未服帖。洽，和谐，融洽。［81］连城相望：城市与城市之间，都互相看着，一有动静，就会共同行动起来。［82］拒守：抵抗侵略的敌人，守卫城市。［83］苟非以德信怀之：如果我们不是用仁义德信的办法感化他们。苟，如果，一旦。［84］皆免之：都把他们赦免了。［85］引日：意即花费时间。引，延，拖长。［86］益军势：壮大我军的声势。［87］挫：挫伤，影响。［88］彼：指肥城、麋沟、垣苗等据点的宋军。［89］涂地：满地，遍地。［90］飞书告谕：发文告晓谕、告知。飞书，发出文告。［91］斛（hú）：古容量单位，通常以十斗为一斛，一斛约当一石。［92］三齐不足定：三齐，即指今山东半岛的古齐国地区，秦楚之际这一带曾出现过齐、胶东、济北三个国家，故云。不足定也，很容易被平定。不足，不费力。［93］一旬中：十天之内。古称十天为一旬。

丙子[1]，以尚书左仆射蔡兴宗为郢州[2]刺史。

房崇吉守升城，胜兵者[3]不过七百人。慕容白曜筑长围以攻之，自二月至于夏四月，乃克之。白曜忿[4]其不降，欲尽坑城中人，参军事昌黎韩麒麟[5]谏曰："今勍敌[6]在前而坑其民，自此以东，诸城人自为守，不可克也。师老[7]粮尽，外寇乘之[8]，此危道[9]也。"白曜乃慰抚[10]其民，各使复业。

崇吉脱身走。崇吉母傅氏，申纂妻贾氏，与济州刺史卢度世有中表亲[11]，然已疏远。及为魏所虏[12]，度世奉事甚恭，赡给[13]优厚。度世闺门之内[14]，和而有礼。虽世有屯夷[15]，家有贫富，百口怡怡[16]，丰俭同之。

崔道固闭门拒魏[17]。沈文秀遣使迎降于魏，请兵援接[18]，白曜欲遣兵赴之。郦范曰："文秀室家坟墓皆在江南，拥兵数万，城固甲坚，强则拒战，屈则遁[19]去。我师未逼其城，无朝夕之急，何所畏忌而遽[20]求援军！且观其使者，视下而色愧[21]，语烦而志怯[22]，此必挟诈以诱我[23]，不可从也。不若先取历城，克盘阳[24]，下梁邹，平乐陵[25]，然后按兵徐进，不患其不服也。"白曜曰："崔道固等兵力单弱，不敢出战；吾通行无碍，直抵东阳[26]，彼自知必亡，故望风求服，夫又何疑！"范曰："历城兵多粮足，非朝夕可拔。文秀坐据东阳，为诸城根本[27]。今多遣兵则无以攻历城，少遣兵则不足以制东阳；若进为文秀所拒，退为诸城所邀[28]，腹背受敌，必无全理[29]。愿更审计[30]，无堕贼彀中[31]。"白曜乃止。文秀果不降。

魏尉元上表称："彭城，贼之要藩[32]，不有[33]重兵积粟，则不可固守；若资储既广[34]，虽刘彧师徒悉起[35]，不敢窥淮北之地[36]。"又言："若贼向彭城，必由清泗[37]过宿豫，历下邳[38]；趋青州[39]，亦由下邳、沂水经东安[40]；此数者，皆为贼用师之要[41]。今若先定下邳，平宿豫，镇淮阳[42]，戍东安，则青、冀诸镇可不攻而克[43]；若四城不服[44]，青、冀虽拔，百姓狼顾[45]，犹怀侥幸之心[46]。臣愚以为，宜释青、冀之师[47]，先定东南之地[48]，断刘彧北顾之意[49]，绝愚民[50]南望之心。夏水虽盛，无津途可由[51]，冬路虽通[52]，无高城可固[53]。如此，则淮北自举[54]，暂劳永逸[55]。兵贵神速，久则生变；若天雨既降，彼或因水通，运粮益众[56]，规为进取[57]，恐近淮之民翻然改图[58]，青、冀二州猝未可拔[59]也。"

五月，壬戌[60]，以太子詹事袁粲[61]为尚书右仆射。

沈攸之自送运米至下邳[62]，魏人遣清泗间人诈攸之[63]云："薛安都欲降[64]，求军迎接。"军副吴喜[65]请遣千人赴之，攸之不许。既而来者益多[66]，喜固请不已[67]，攸之乃集来者告之曰："君诸人既有诚心[68]，若能与薛徐州子弟俱来[69]者，皆即假君以本乡县[70]，唯意所欲[71]；如其不尔[72]，无为空劳往还。"自是[73]一去不返。攸之使军主彭城陈显达[74]将千人助戍下邳而还[75]。

（以上为第三段，写刘宋将领沈文秀假意投降北魏，被北魏谋士郦范识破；北魏将领尉元主张放下青、冀二州，先平定东南地区，断绝刘宋北伐念头，谋略高明。）

【注释】

[1]丙子：三月二十五日。 [2]郢（yǐng）州：刘宋州名，州治江夏，在今湖北武汉市武昌区。 [3]胜兵者：刚能拿起武器的人，极言其年幼。 [4]忿：同"愤"，愤怒，愤恨。 [5]韩麒麟：昌黎棘城人，秀容、平原二郡太守韩瑚之子，北魏官员。传见《魏书》卷六十。 [6]勍（qíng）敌：强敌。勍，强健。 [7]师老：军队疲倦厌战。 [8]外寇乘之：敌军趁势攻击我们。外寇，这里当指刘宋救援的军队。乘，趁机。 [9]危道：危险的做法。 [10]慰抚：即抚慰，抚恤、安慰。 [11]卢度世有中表亲：卢度世，济州刺史卢玄之子，北魏文臣。传见《魏书》卷四十七。中表亲，表兄弟、表姐妹的亲戚关系。 [12]虏：同"掳"，掳获，俘虏。 [13]赡给优厚：供给衣食之需。 [14]闺门之内：家庭内部。闺，内宅的门户。 [15]世有屯夷：世道有艰难、有太平。屯，《周易》中的卦名，代表艰难的卦象，通常用以代指社会人生的艰难、不顺。夷，太平、顺利。[16]怡怡：和顺、快乐的样子。[17]闭门拒魏：紧闭冀州城门，不许北魏人进城。崔道固所据守的冀州，实际是在历城，在今山东济南市。 [18]请兵援接：请求魏国派兵到青州来迎接。 [19]屈则遁：屈，力屈，指兵力受挫或不利之时。遁，逃。 [20]遽（jù）：急，着急慌忙的。 [21]视下而色愧：说话时眼睛不敢正视人，像是内心有愧。 [22]语烦而志怯：语言啰嗦，内心怯懦。 [23]此必挟诈以诱我：这必然是想用奸计来引诱我们上钩。挟诈，耍阴谋。[24]盘阳：这里指盘阳城，旧址在今山东淄博市西南的淄川一带。 [25]乐陵：古郡名，郡治在今山东高青县东。 [26]东阳：此指东阳城，古代的战略要地，在今山东青州市，当时为沈文秀所占据。 [27]为诸城根本：是周围其他刘宋据守之城的主心骨。 [28]所邀：所袭击，所拦截。[29]必无全理：肯定使我们难以保全。 [30]愿更审计：希望您能再认真考虑。审计，周密、慎重地考虑。 [31]无堕贼彀（gòu）中：不要落入敌人的圈套，成为敌人箭所射的靶子。彀中，箭能射及的范围，比喻牢笼、圈套。 [32]贼之要藩：曾经是刘宋王朝的边疆大州。藩，篱笆，古代用以代称诸侯国，诸侯国是中央天子的屏藩。晋代以来用以称各州刺史，因为他们位高权大，有

如古代的诸侯。［33］不有：如果没有。不，无。［34］资储既广：魏国在徐州的驻军与物资都很充实。［35］师徒悉起：出动其全国军队。［36］窥淮北之地：窥，窥视，引申为侵扰。淮北之地，指被魏军所占的徐州、兖州、豫州等广大地区。［37］清泗：即泗水。当时的泗水有时称清水，有时称清泗。［38］历下邳（pī）：经过下邳郡。当时的下邳在彭城之东。宿豫、下邳、彭城都在泗水边上。［39］趋青州：如果刘宋军队要进攻青州。趋，奔向。［40］沂水出东安：沂水，古河水名，源出山东沂源，南流经今临沂，再南流至当时的下邳入泗水。东安，古郡名，郡治团城，在今山东沂水县。［41］用师之要：用兵作战的重点所在，即必经之地。［42］淮阳：古郡名，郡治在今徐州睢宁县，在当时的睢水之滨，东近泗水，宿豫在其东南，下邳在其正北。［43］可不攻而克：因为宿豫、下邳、淮阳、东安这几个军事要点都在青州、冀州的南方，在他们与刘宋都城建康相联络的交通要道泗水、沂水之上，只要占据这几个军事要点，则青、冀诸州都将陷于孤立无援的境地。［44］不服：不首先攻克，不首先占领。［45］狼顾：四处观望，做各种准备的样子。［46］怀侥幸之心：指盼着被刘宋军队解救。［47］释青、冀之师：放开青、冀二州这两股敌兵不打。［48］先定东南之地：先解决东南方的下邳、宿豫、淮阳、东安等城镇。［49］断刘彧北顾之意：斩断刘彧想解救北方这些州郡的想法。［50］愚民：指青、冀等州的百姓。［51］无津途可由：意即无路可通，因中途的许多城镇都已被北魏军所占。津途，渡口与水路、旱路。［52］冬路虽通：指河水结冰，障碍减少。［53］无高城可固：指刘宋军队即使可以到达下邳、宿豫这些地区，但没有城堡依托，仍难以立足。固，坚守。［54］自举：自然而然地就被占领了。举，攻占，占有。［55］暂劳永逸：用短时间的辛苦，获得永久性的安逸。［56］运粮益众：指增兵运粮支援彭城。［57］规为进取：再谋划进一步地发展，指收复已被北魏军占领的失地。规，计划，打算。［58］翻然改图：指改变服从北魏之心，另谋南返刘宋。［59］猝（cù）未可拔：即未可猝拔，不是短时间能攻克的了。猝，急，仓促。［60］壬戌：五月十二日。［61］太子詹事袁粲：太子詹事，古官名，掌太子家的事务。袁粲，字景倩，太尉袁淑之侄，刘宋守节之臣。历任吏部郎中、太子右卫、侍中，迁廷尉、右军将军、尚书令、丹阳尹。后授开府仪同三司、司徒、中书监。起兵反抗权臣萧道成，事败被杀。传见《宋书》卷八十九。［62］自送运米至下邳：亲自押送支援青、冀诸地的军粮，沿泗水抵达下邳。［63］诈攸之：欺骗沈攸之。［64］欲降：想要归降于沈攸之。［65］吴喜：本名吴喜公，吴兴临安人，刘宋将领，在平定东方数郡的战斗中立有大功。抵抗北魏，被刘彧猜忌，被杀。传见《宋书》卷八十三。［66］来者益多：北魏派来送假情报的人越来越多。［67］固请不已：坚持要求派兵往迎薛安都。［68］既有诚心：既然有归降朝廷的真诚之心。［69］若能与薛徐州子弟俱来：谁要是能够与薛安都的子弟一起前来，意即请薛安都派出一个儿子或兄弟前来做人质。薛徐州，对薛安都的敬称，因薛安都当时任徐州刺史。［70］即假君以本乡县：全都立即任命你们为本地区的县令或县长之职。假，加，任命。本乡县，本地区的一官之长。［71］唯意所欲：你们想要哪个县，就给你们哪个县。［72］如其不尔：如果你们做不到，意即如果薛安都不派出人质。不尔，不如此。［73］自是：从此，从这次谈话以后。［74］陈显达：彭城（今江苏徐州市铜山区）人，后为南齐名将。传见《南史》卷四十五。［75］而还：指沈攸之返回自己的大本营。

薛安都子令伯亡命[1]梁、雍之间，聚党数千人，攻陷郡县。秋，七月，雍州刺史巴陵王休若[2]遣南阳太守张敬儿[3]等击斩之。

上复遣中领军沈攸之等击彭城。攸之以为清泗方涸[4]，粮运不继，固执以为不可。使者七返，上怒，强遣之。

八月，壬寅[5]，以攸之行南兖州[6]刺史，将兵北出；使行徐州事萧道成将千人镇淮阴[7]。道成收养豪俊[8]，宾客始盛。

魏之入彭城也，垣崇祖将部曲奔朐山[9]，据之，遣使来降[10]；萧道成以为朐山戍主[11]。朐山濒海孤绝[12]，人情[13]未安，崇祖浮舟水侧[14]，欲有急则逃入海。魏东徐州刺史成固公戍圄城[15]，崇祖部将有罪，亡降魏。成固公遣步骑二万袭朐山，去城二十里；崇祖方出送客，城中人惊惧，皆下船欲去，崇祖还，谓腹心[16]曰："虏非有宿谋[17]，承叛者之言而来[18]耳，易诳[19]也。今得百余人还[20]，事必济[21]矣。但人情一骇[22]，不可敛集[23]，卿等可亟去此一里外[24]，大呼而来云[25]：'艾塘义人已得破虏[26]，须戍军速往，相助逐之[27]。'"舟中人果喜，争上岸。崇祖引入，据城[28]；遣羸弱入岛[29]，人持两炬火[30]，登山鼓噪[31]。魏参骑[32]以为军备甚盛，乃退。上以崇祖为北琅邪、兰陵二郡[33]太守。

垣荣祖[34]亦自彭城奔朐山[35]，以奉使不效[36]，畏罪不敢出，往依萧道成于淮阴。荣祖少学骑射，或谓之曰："武事可畏[37]，何不学书！"荣祖曰："昔曹公父子[38]上马横槊[39]，下马谈咏[40]，此于天下[41]，可不负饮食[42]矣。君辈无自全之伎[43]，何异犬羊[44]乎！"刘善明[45]从弟僧副[46]将部曲二千人避魏居海岛，道成亦召而抚之[47]。

魏于天宫寺[48]作大像，高四十三尺，用铜十万斤，黄金六百斤。

魏尉元遣孔伯恭[49]帅步骑一万拒沈攸之，又以攸之前败[50]所丧士卒瘃堕膝行者[51]悉还攸之，以沮其气。上寻悔遣攸之等[52]，复召使还。攸之至焦墟[53]，去[54]下邳五十余里，陈显达引兵迎攸之至睢清口[55]，伯恭击破之。攸之引兵退，伯恭追击之，攸之大败，龙骧将军姜产之[56]等战没。攸之创重[57]，入保[58]显达营；丁酉[59]夜，众溃[60]，攸之轻骑南走[61]，委弃[62]军资器械以万计，还屯淮阴。

（以上为第四段，写刘宋盲目地出兵攻打北魏，主将沈攸之认为河水干枯，不具备北伐的条件，而明帝刘彧强迫其出兵，结果沈攸之大败，全军覆没，只身逃归。）

【注释】

[1]亡命：改换名姓，化装潜逃。薛安都投奔北魏，其子薛令伯在雍州、梁州一带活动，攻陷郡县，后被灭。[2]巴陵王休若：即刘休若，本名刘衍，字休若，文帝刘义隆第十九子，封巴陵郡王。传见《宋书》卷七十二。[3]张敬儿：刘宋南阳太守，入齐为萧氏重臣。传见《南史》卷四十五。[4]清泗方涸：即清水、泗水。涸（hé）：干枯无水。[5]壬寅：八月二十三日。[6]南兖州：古州名，州治在今江苏扬州市西山。[7]淮阴：古郡名，郡治在今江苏淮安市淮阴区西南。[8]豪俊：豪侠，俊杰。[9]朐（qú）山：古山名，在今江苏连云港市西南的锦屏山，又名马耳峰。[10]来降：来向朝廷军投降。垣崇祖为薛安都之将，前此已随薛安都降魏。[11]戍主：军事据点的统领。戍，军事据点。[12]濒（bīn）海孤绝：靠近大海，形势孤立。濒，临近，靠近。[13]人情：人心。[14]浮舟水侧：在水边准备着一些船只。[15]东徐州刺史成固公戍圂城：东徐州，北魏州名，州治在今山东沂水县。成固公，北魏将领的封爵名，姓拓跋，名字不详，封地为成固县，在今陕西汉中市东。圂（hùn）城，古城名，故址在今山东沂水县境。[16]腹心：亲信。[17]虏非有宿谋：北魏虏成固公并非按其预定的谋略。虏，对敌方的蔑称。宿，久于其事。[18]承叛者之言而来：无非是听信了我们叛徒的话而来的。承，接受，听信。[19]易诳（kuáng）：容易哄骗。[20]今得百余人还：只要我们能招呼百多个上船欲跑的人回来。[21]事必济：大事一定能够成功，指让北魏人成固公上当。[22]人情一骇（hài）：人们的心里一紧张。[23]敛集：聚拢，集结。[24]亟（jí）去此一里外：赶到离城一里多地之外。亟，急，赶紧。[25]大呼而来云：一边向城里跑，一边高喊着说。[26]艾塘义人已得破虏：艾塘据点的义士们已经打败了北魏军。艾塘，古地名，刘宋的军事据点，在今江苏东海县西北。胡三省曰："宋人谓淮北起兵拒魏者为义人。"[27]须戍军速往，相助逐之：希望我们的驻军赶紧前去帮他们一起追赶逃跑之敌。[28]引入，据城：把他们接入城内，守好城池。引，迎接。[29]遣羸（léi）弱入岛：派一些老弱残兵登上海岛。羸，瘦。[30]人持两炬火：每人手举两个火把。[31]鼓噪：喧嚷，大喊大叫。[32]参骑：探马，侦察骑兵。[33]北琅邪、兰陵二郡：北琅邪郡的郡治在今山东临沂市东南，兰陵郡的郡治在今山东滕州市东南。[34]垣荣祖：字华先，徐州参军垣护之之子，垣崇祖堂兄，刘宋大臣。入齐为佐命功勋，为青、冀二州刺史。传见《南齐书》卷二十八。[35]自彭城奔朐山：逃出彭城往归垣崇祖。泰始二年（466）正月，垣荣祖奉命到徐州劝说薛安都反正归南，事未成，被扣留在徐州。[36]奉使不效：指前往劝说薛安

都未成。［37］武事可畏：舞刀弄枪，容易牺牲性命。［38］曹公父子：指魏武帝曹操及魏文帝曹丕兄弟。［39］上马横槊（shuò）：上了马能征战、厮杀。槊，长矛，此处泛指兵器。［40］下马谈咏：下了马能高谈阔论，能写作诗赋。谈，指清谈《周易》《老》《庄》，东晋以来贵族文人的一种癖好。咏，吟咏，吟诗作赋。［41］此于天下：这样生长在天地间，活一辈子。［42］可不负饮食：才能算是没有白吃饭，白活在世上。［43］君辈无自全之伎（jì）：像你们这些人没有自我保护的本领。伎，同"技"，技能，技艺。［44］何异犬羊：与到了时候只能等着被宰割的牲畜有什么区别？［45］刘善明：平原人，刘宋名将刘怀珍族弟，初为治中从事，于天下州郡纷纷反对刘彧政权之时，刘善明偏能起兵拥护朝廷，深得刘彧赏知，为宁朔长史、北海太守。后事萧道成，为骠骑咨议，封新淦伯。传见《南史》卷四十九。［46］从弟僧副：从弟，堂弟。僧副，即刘僧副，传见《南史》卷四十九。［47］召而抚之：请到部下，加以善待。［48］天宫寺：佛教的寺庙名，在当时的北魏都城平城，今山西大同市东北。［49］孔伯恭：北魏名将。传见《魏书》卷五十一。［50］前败：指泰始三年正月张永、沈攸之北伐，正好碰上天下大雪，被尉元、薛安都所败。［51］瘃（zhú）堕膝行者：因严寒冻掉脚趾，只能跪地前行的刘宋俘虏兵。瘃，冻疮，这里用作动词。［52］寻悔遣攸之等：很快就后悔派沈攸之等二次率军北出。［53］焦墟：古地名，又叫焦墟曲，在今江苏骆马湖西南岸的皂河一带。［54］去：距离。［55］睢清口：睢水与泗水的汇合之地，在今江苏宿迁市西南。清，即指泗水。［56］姜产之：原文作"姜彦之"，据《宋书》改，刘宋官员。传见《宋书》卷九十四。［57］创重：伤势严重。创，兵器造成的伤口。［58］入保：逃入，守卫。［59］丁酉：八月十八日。［60］众溃：军队溃败，四处逃散。［61］轻骑南走：抛下军队，只带着身边的人逃走。［62］委弃：丢弃，抛弃。

尉元以书谕徐州刺史王玄载，玄载弃下邳走，魏以陇西辛绍先[1]为下邳太守。绍先不尚苛察[2]，务举大纲，教民治生御寇[3]而已，由是下邳安之[4]。

孔伯恭进攻宿豫，宿豫戍将[5]鲁僧遵亦弃城走。魏将孔大恒等将千骑南攻淮阳[6]，淮阳太守崔武仲[7]焚城走。

慕容白曜进屯瑕丘[8]。崔道固之未降[9]也，绥边将军房法寿[10]为王玄邈司马，屡破道固军，历城人[11]畏之。及道固降[12]，皆罢兵。道固畏法寿扇动百姓[13]，迫遣法寿使还建康[14]。会从弟崇吉自升城来，以母妻为魏所获，谋于法寿[15]。法寿雅不欲南行[16]，怨道固迫之[17]。时道固遣兼治中房灵宾[18]督清河、广川二郡事，戍磐阳[19]，法寿乃与崇吉谋袭磐阳，据之，降于慕容白曜，以赎崇吉母妻[20]。道固遣兵攻之，白曜自瑕丘遣将军长孙观[21]救磐阳，道固兵退。白曜表冠军将军韩麒麟与法寿对为冀州刺史[22]，以法寿从弟灵民、思顺、灵悦、伯怜、伯玉、叔玉、思安、幼安等八人皆为郡守[23]。

白曜自瑕丘引兵攻崔道固于历城，遣平东将军长孙陵等攻沈文秀于东阳[24]。道固拒守不降，白曜筑长围[25]守之。

陵等至东阳，文秀请降；陵等入其西郭[26]，纵士卒暴掠[27]。文秀悔怒，闭城拒守，击陵等，破之。陵等退屯清西[28]，屡进攻城，不克。

癸卯[29]，大赦[30]。

戊申[31]，魏主[32]李夫人[33]生子宏[34]。夫人，惠之女也。冯太后自抚养宏。顷之，还政于魏主[35]。魏主始亲国事，勤于为治，赏罚严明，拔清节[36]，黜贪污，于是魏之牧守始有以廉洁著闻者[37]。

太中大夫徐爰[38]，自太祖时用事[39]，素不礼于上[40]。上衔之[41]，诏数[42]其奸佞之罪，徙交州[43]。

冬，十月，辛巳[44]，诏徙义阳王昶[45]为晋熙王，使员外郎[46]李丰以金千两赎昶于魏[47]。魏人弗许，使昶与上书[48]，为兄弟之仪[49]。上责其不称臣，不答[50]。魏主复使昶与上书，昶辞曰："臣本实彧兄，未经为臣[51]。若改前书[52]，事为二敬[53]；苟或不改[54]，彼所不纳[55]。臣不敢奉诏[56]。"乃止。魏人爱重昶，凡三尚公主[57]。

十一月，乙卯[58]，分徐州置东徐州[59]，以辅国将军张谠为刺史[60]。

十二月，庚辰[61]，以幽州刺史刘休宾为兖州刺史[62]。休宾之妻，崔邪利[63]之女也，生子文晔[64]，与邪利皆没于魏[65]。慕容白曜将其妻子[66]至梁邹城下示之。休宾密遣主簿尹文达[67]至历城见白曜，且视其妻子；休宾欲降，而兄子闻慰[68]不可。白曜使人至城下呼曰："刘休宾数遣人来见仆射[69]约降，何故违期不至！"由是城中皆知之，共禁制[70]休宾不得降，魏兵围之。

魏西河公石复攻汝阴[71]，汝阴有备，无功而还。常珍奇虽降于魏，实怀贰心[72]；刘勔复以书招之。会西河公石攻汝阴，珍奇乘虚烧劫悬瓠[73]，驱掠上蔡、安成、平舆[74]三县民，屯于灌水[75]。

（以上为第五段，写北魏献文帝拓跋弘亲政，奖惩严明，提拔清廉之人，贬退贪官污吏；刘宋欲赎回义阳王刘昶，刘昶不愿回朝称臣，北魏又器重他，故长留。）

【注释】

［1］辛绍先：西凉骁骑将军辛渊之子，北魏大臣。传见《魏书》卷四十五。［2］不尚苛察：为政执法不苛求细节。［3］教民治生御寇：治理百姓，只着重生产生活与抵抗敌军进攻。治生，谋生，发展生产。［4］下邳安之：下邳人都服从他的管理。［5］戍将：镇守将领。［6］孔大恒：北魏将领。淮阳：古郡名，刘宋的郡治在今江苏淮安市西。［7］崔武仲：刘宋淮阳太守，北魏大军兵临城下，焚城而逃。［8］瑕丘：古县名，故址在今山东济宁市兖州区，当时为兖州的州治所在地。［9］未降：指未归降刘彧政权。［10］房法寿：字乌头，清河绎幕（今山东平原县）人。刘宋魏郡太守。后归北魏，拜平远将军、冀州刺史。传见《魏书》卷四十三。［11］历城人：此指崔道固的军队，时崔道固任冀州刺史，驻兵历城。历城，古城名，在今山东济南市。［12］道固降：指归降刘彧朝廷。［13］畏法寿扇动百姓：时房法寿任魏郡太守，而崔道固任冀州刺史，房法寿是崔道固的下属。扇动，煽动，鼓动。扇，同“煽”。［14］使还建康：打发他离开魏郡，回到京城。［15］谋于法寿：向房法寿讨主意。［16］雅不欲南行：本来就不愿意到京城建康去。雅，平素，本来。［17］迫之：逼迫，催促。［18］房灵宾：房法寿的远房堂兄弟，有文才。为刘宋冀州刺史崔道固治中，任督清河、广川二郡事，驻防磐阳。后被房法寿袭占之，遂归梁邹，入魏为平民。传见《魂书》卷四十二。［19］磐（pán）阳：古城名，一作“盘阳”，为青河郡郡治所在地。［20］以赎崇吉母妻：时崇吉母、妻被北魏人所俘，今房法寿、房崇吉二人据盘阳以城降北魏，请北魏人释放崇吉之母、妻。［21］长孙观：北魏大臣。传见《魏书》卷二十五。［22］对为冀州刺史：两人同时担任冀州刺史。对，两人共任一职。冀州，古州名，州治在今河北衡水市冀州区。［23］八人皆为郡守：房法寿投归北魏后，北魏任命其八个堂弟为郡守。房灵民为清河太守，房思顺为济南太守，房灵悦为平原太守，房伯怜为广川太守，房叔玉为高阳太守，叔玉之兄房伯玉为河间太守，伯玉堂弟房思安为乐陵太守，思安之弟房幼安为高密太守，以安抚刚刚归附的人。事见《魏书》卷四十三。［24］东阳：古城名，古代重要战略要地，在今山东青州市。［25］筑长围：在敌方的城池外筑起一道围墙，将该城围困起来，斩断其城内与外部的一切联络。［26］西郭：西面的外城。［27］纵士卒暴掠：放任士兵大肆抢掠。暴，狂暴，失去人性。［28］清西：清水河之西。［29］癸卯：八月二十四日。［30］大赦：此指刘宋政权实行大赦。［31］戊申：八月二十九日。［32］魏主：即拓跋弘（454—476），字第豆胤，代郡平城（今山西大同市）人，鲜卑族，文成帝拓跋濬长子，北魏第六位皇帝（465—471年在位）。太安二年（456）册立为太子，拓跋濬去世后，登基为帝，平定权臣乙浑。崇文重教，轻徭薄赋，喜好佛老。谥号献文，庙号显祖。传见《魏书》卷六。［33］李夫人：中山安喜（今河北定州市）人，南郡王李惠之女，北魏孝文帝拓跋宏生母。十八岁选入东宫，为侍妾，拓跋弘即位，封为夫人。皇兴三年（469），按照子贵母死之制

处死，儿子孝文帝即位，追封皇后，谥号思，史称“献文思皇后”。传见《魏书》卷十三。［34］宏：即拓跋宏，汉名元宏，献文帝拓跋弘的长子，北魏第七位皇帝孝文帝，北魏著名的改革家。传见《魏书》卷七。［35］还政于魏主：冯太后颇具政治才能，也非常具有权欲，代其孙拓跋宏临朝执政，共执掌天下十五年，而后足政。［36］拔清节：提拔清正廉洁、有操守的人。［37］牧守始有以廉洁著闻者：牧守，指州刺史与郡太守两级位高权重的地方官。言外之意是在此以前的北魏官吏很少有廉洁之人。［38］徐爰（yuán）：字长玉，工于心计，能言善辩，历经刘宋的七代皇帝，以善迎合而永保官位。刘彧时为太中大夫。传见《宋书》卷九十四。［39］自太祖时用事：从刘义隆做皇帝时，徐爰就在朝廷掌权。太祖，即宋文帝刘义隆，庙号太祖。［40］素不礼于上：在那时徐爰一向对皇子刘彧不尊重，没有礼节。素，平素，平时。上，指现任的皇帝刘彧。［41］上衔之：刘彧从那时起，就将徐爰记恨在心。［42］诏数：下诏书一一列举。［43］徙交州：改派到交州为官。徙，迁徙，流放。交州，古州名，州治龙编，在今越南河内东北。［44］辛巳：十月三日。［45］义阳王昶（chǎng）：即刘昶，字休道，文帝刘义隆第九子，封义阳王，逃奔北魏。传见《宋书》卷七十二。［46］员外郎：古官名，设于正额以外的郎官。［47］赎昶于魏：想用金钱把刘昶从北魏赎回来。［48］与上书：给刘彧写信。［49］为兄弟之仪：以兄弟的身份相称。按亲缘关系，刘昶排行第九，刘彧排行第十一，刘昶是刘彧之兄。［50］不答：不予答复，即置之不理。［51］未经为臣：从来没有做过他的臣子。［52］若改前书：如果改变上次信的写法，意即称刘彧为帝。［53］事为二敬：这就等于让我承认有两个皇帝。既称臣于北魏，又称臣于刘宋。［54］苟或不改：如果还按照上次信的写法。［55］彼所不纳：那又是刘彧所不能接受的。［56］臣不敢奉诏：意即我没法接受刘彧的旨意，没法再写了。可见，在刘昶心中，并不认同刘彧为刘宋的皇帝。［57］凡三尚公主：前后曾三次娶北魏皇帝的女儿为妻。［58］乙卯：十一月八日。［59］分徐州置东徐州：主语是刘宋朝廷。因徐州已被北魏占领，而刘宋还希望名义上有一个徐州的建制，故而在其辖境内另割别的地盘建立东徐州。［60］以辅国将军张谠（dǎng）为刺史：胡三省曰：“张谠时守团城，就置东徐州，以刺史命之。”［61］庚辰：原文作“庚戌”，十二月戊寅朔，无庚戌。《宋书·明帝纪》云：“十二月庚辰，以宁朔将军刘休宾为兖州刺史。”据改庚辰，十二月三日。［62］为兖（yǎn）州刺史：胡三省曰：“时兖州之境已没于魏，刘休宾守梁邹，就以刺史命之。”刘休宾当时所据的梁邹，在今山东邹平市。［63］崔邪利：人名，初仕刘宋，文帝刘义隆时为鲁郡太守，治邹山。北魏攻至邹山，崔邪利被俘降魏，为广宁太守，赐临淄子。传见《魏书》卷二十四。［64］文晔：即刘文晔，刘休宾之子，没入魏，北魏孝文帝时任协律中郎，为高阳太守。传见《魏书》卷四十三。［65］皆没（mò）于魏：都一起沦陷到了北魏。没，沦陷。［66］将其妻子：带着刘休宾的妻室儿女。［67］主簿：古官名，将军或刺史手下的文秘官员。［68］闻慰：即刘闻慰，刘休宾之侄，刘宋官员。［69］仆射：指慕容白曜，慕容白曜时为尚书右仆射。［70］禁制：控制，禁止。［71］复攻汝阴：今年二月拓跋石曾攻汝阴，不克而退。其时太守是张超。汝阴，古郡名，郡治在今安徽阜阳市。［72］怀贰心：仍想回归刘宋。常珍奇投降北魏，又对北魏不满，事见《资治通鉴》卷一百三十一泰始二年（466）。贰，同“二”。［73］悬瓠：古城名，在今河南汝南县，当时为汝南、新蔡二郡的郡治所在地。［74］上蔡、安成、平舆：古县名，当时的上蔡县在今河南汝南县，安成县在今河南正阳县东北，平舆县在今河南平舆县西南。［75］灌水：古河名，也叫灌河，在今河南东南部。源出大别山，东北流至固始县与史河汇流后，在三河尖入淮河。

四年（戊申，468年）

春，正月，己未[1]，上祀南郊[2]，大赦。

魏汝阳[3]司马赵怀仁帅众寇武津，豫州刺史刘勔遣龙骧将军申元德击破之，又斩魏于都公阏于拔于汝阳台[4]东，获运车千三百乘[5]。魏复寇义阳[6]，勔使司徒参军孙台瓘[7]击破之。

淮西民贾元友[8]上书，陈伐魏取陈、蔡[9]之策，上以其书示刘勔。勔上言：“元友称‘虏主幼弱[10]，内外多难，天亡有期。’臣以为虏自去冬蹈藉王土[11]，磐据数郡[12]，百姓残亡；今春以来，连城围逼[13]，国家未能复境[14]，何暇灭虏[15]！元友所陈，率多夸诞狂谋[16]，皆无事实，言之甚易，行之甚难。臣窃寻元嘉以来[17]，伧荒远人[18]，多干国议[19]，负担归阙[20]，皆劝讨虏[21]，从来信纳[22]，皆贻后悔[23]。境上之人，唯视强弱[24]：王师至彼[25]，必壶浆候涂[26]；裁见退军[27]，便抄截蜂起[28]。此前后所见，明验非一[29]也。”上乃止。

魏尉元遣使说[30]东徐州刺史张谠，谠以团城[31]降魏。魏以中书侍郎高闾[32]与谠对为东徐州刺史，李璨[33]与毕众敬[34]对为东兖州[35]刺史。元又说兖州刺史王整、兰陵太守桓忻，整、忻皆降于魏。魏以元为开府仪同三司，都督徐、南、北兖[36]三州诸军事，徐州刺史，镇彭城。召薛安都、毕众敬入朝，至平城，魏以上客待之，群从[37]皆封侯，赐第宅，资给[38]甚厚。

慕容白曜围历城经年，二月，庚寅[39]，拔其东郭[40]；癸巳[41]，崔道固面缚[42]出降。白曜遣道固之子景业[43]与刘文晔同至梁邹，刘休宾亦出降。白曜送道固、休宾及其僚属于平城。

辛丑[44]，以前龙骧将军常珍奇为都督司、北豫[45]二州诸军事，司州刺史。魏西河公石攻之，珍奇单骑奔寿阳[46]。

乙巳[47]，车骑大将军、曲江庄公王玄谟卒。

三月，魏慕容白曜进围东阳。

上以崔道固兄子僧佑[48]为辅国将军，将兵数千从海道救历城；至不其[49]，闻历城已没，遂降于魏。

交州刺史刘牧[50]卒。州人李长仁[51]杀牧北来部曲，据州反，自称刺史。

广州刺史羊希[52]使晋康太守沛郡刘思道伐俚[53]。思道违节度失利[54]，希遣收之[55]；思道帅所领攻州，希兵败而死。龙骧将军陈伯绍[56]将兵伐俚，还击思道，擒斩之。希，玄保[57]之兄子也。

夏，四月，己卯[58]，复减[59]郡县田租之半。

徙东海王祎为庐江王[60]，山阳王休佑为晋平王[61]。上以废帝[62]谓祎为驴王[63]，故以庐江封之[64]。

刘勔败魏兵于许昌[65]。

魏以南郡公李惠[66]为征南大将军、仪同三司、都督关右诸军事、雍州[67]刺史，进爵为王。

五月，乙卯[68]，魏主畋于崞山[69]，遂如繁畤[70]；辛酉[71]，还宫。

六月，魏以昌黎王冯熙为太傅[72]。熙，太后之兄也。

（以上为第六段，写刘宋将领刘勔与北魏迎战，挫败北魏军；北魏将领尉元劝说东徐州、兖州刺史投降，兰陵、历城也相继投降，刘宋北境大片土地沦丧，陷入敌手。）

【注释】

[1]己未：正月十三日。[2]上祀南郊：明帝刘彧在建康都城南面的地区祭天。[3]汝阳：古郡名，郡治在今河南商水县西南。[4]阏于拔于汝阳台：阏（yān）于拔，姓阏于，名拔，北魏官员，封为于都公。汝阳台，古台名，亦名章华台，在今河南汝南县东。[5]运车：满装货物的运输之车。千三百乘：一千三百辆。古称一车四马曰“一乘”。[6]义阳：古郡名，郡治在今河南信阳市。[7]孙台瓘（guàn）：胡三省曰：“台瓘，当作‘昙瓘’。”《宋书》卷八十六作“昙瓘”，当是。孙昙瓘：吴郡富阳（今浙江杭州市富阳区）人，刘宋将领。骁勇善战，以军功进。传见《宋书》卷八十三。[8]淮西民：淮西地区的人。淮西，古区域名，指今皖北豫西的淮河北岸

一带地区。［9］陈、蔡：春秋时诸侯国名，陈国的都城在今河南周口市淮阳区，蔡国的都城在今河南上蔡县。都在通常所说的淮西地区。［10］虏主幼弱：北魏的皇帝是个小孩子。时北魏主拓跋弘十四岁，故称之。［11］蹈藉王土：侵犯刘宋王朝的国土。蹈藉，践踏，这里即指侵犯。王土，天子的国土，这里指刘宋的领土。［12］磐据：即盘踞，占领。磐，同“盘”。［13］连城围逼：一连串的城池受到北魏的攻逼。［14］未能复境：还未能收复失地，回到原来的边境。［15］何暇：哪里有时间？［16］率多夸诞狂谋：大体上都是言谈虚夸不切实际的、谬误的、狂妄不当的谋划。［17］元嘉以来：从元嘉时代北伐失败以来。刘义隆在位时曾发动过两次北伐，皆以失败而告终。元嘉（424—453），刘宋文帝刘义隆的年号，共二十九年。［18］伧（cāng）荒远人：住在边远地区的浅陋之人。伧荒，当时南方贵族对北方逃到南方来的人的蔑称，犹今所谓“土老冒”“土鳖”。［19］多干国议：都想来干预国家大计。［20］负担归阙：背着包袱、挑着行李，来到宫门之下。负，肩挑，背负。担，担子。阙，宫门两侧的高台，通常指宫门。［21］皆劝讨虏：都鼓动国家讨伐北虏。虏，对北魏的蔑称。［22］从来信纳：凡是相信、采纳了他们说法的。［23］皆贻（yí）后悔：都留下了莫大的悔恨。贻，遗留。［24］境上之人，唯视强弱：住在边境上的居民，都是看着哪边的兵力强盛就拥护哪边。［25］王师至彼：我们国家的大军一旦开拔到那里。［26］必壶浆候涂：他们必然箪食壶浆地在路边等候欢迎我们。涂，同“途”。［27］裁见退军：刚一见我们的军队向后撤退。裁，同“才”，刚刚。退军，婉言刘宋军队的失败。［28］抄截蜂起：立刻一哄而起，对我军发起攻击、劫夺。［29］明验非一：有鲜明教训的不止一次。验，证据，教训。［30］说：劝说。［31］团城：古城名，在今山东沂水县，当时为刘宋东徐州州治所在地。［32］高闾：本名高驴，字阎士，渔阳雍奴（今天津市武清区）人，幽州刺史高洪之子，北魏儒臣。一生经历六朝。传见《魏书》卷五十四。［33］李璨：字世显，北魏大臣。传见《魏书》卷四十九。［34］毕众敬：本名毕奈，字众敬，刘宋名将。后与薛安都等起兵拥戴刘子勋。失败后，投降北魏，官至兖州刺史。传见《魏书》卷六十一。［35］东兖（yǎn）州：此为北魏所置，州治瑕丘，在今山东济宁市兖州区北。［36］南、北兖：北魏因王整新降，又分兖州为南兖、北兖二州，州治都在瑕丘。［37］群从：所有跟随到平城的人。［38］资给：供给、赏赐的东西。［39］庚寅：二月十四日。［40］拔其东郭：拔，攻下。东郭，东边的城墙。郭，外城墙。［41］癸巳：二月十七日。［42］面缚：背缚双手，身前只见其面。［43］景业：即崔景业，字文季，崔道固之子，北魏官员，为昌国子，加授建威将军。传见《魏书》卷二十四。［44］辛丑：二月二十五日。［45］司、北豫：古二州名。刘宋的司州州治悬瓠，在今河南汝南县。北豫州州治寿春，在今安徽寿县。［46］寿阳：古县名，县治在今安徽寿县，当时为刘宋北豫州的州治所在地。［47］乙巳：二月二十九日。［48］僧佑：即崔僧佑，明帝刘彧时，授辅国将军，领兵救镇守历城的叔父崔道固，叔父兵败，一同投降北魏为魏臣。传见《魏书》卷二十四。［49］不其：古县名，在今山东青岛市北，时为长广郡的郡治所在地。［50］刘牧：《南齐书·东南夷传》作“张牧”。［51］李长仁：交州人，明帝刘彧时据交州反叛，自称刺史，后被杀。［52］羊希：

字泰闻，羊玄保之侄，新泰（今山东新泰市）人，刘宋官员。出为广州刺史，以屡为女婿求官被责。派晋康太守刘思道攻打俚人，思道违节失利，将惩治之，为思道军所杀。传见《宋书》卷五十四。［53］晋康太守沛郡刘思道：晋康，古郡名，郡治在今广东德庆县东。沛郡，古郡名，郡治在今安徽萧县西北。刘思道，刘宋晋康太守，因攻打俚人失利，被杀。俚（lǐ），当时的少数民族，主要分布在今广东西南沿海及广西东南部等地。［54］违节度失利：因违背刺史羊希的指挥调度而招致失败。［55］遣收之：派人拘捕他。［56］陈伯绍：河南颍川（今河南漯河市）人，初任广州刺史的佐将，后因讨伐刘嗣祖有功而被明帝刘彧封为龙骧将军，升西江督护，为越州刺史，负责交、越两州军事，在坡子坪仰天窝建立越州城，又称"青牛城"。［57］玄保：即羊玄保，南朝宋名臣。传见《宋书》卷五十四。［58］己卯：四月四日。［59］复减：再一次减征各郡各县的田租。［60］东海王祎（yī）：即刘祎，字休秀，文帝刘义隆第八子，封东海王。改封庐江王。后参与谋反，逼令自杀。传见《宋书》卷七十九。［61］山阳王休佑：即刘休佑，文帝刘义隆第十三子，初封山阳王。明帝改封晋平王。传见《宋书》卷七十二。［62］废帝：即刘子业。［63］谓祎为驴王：废帝称刘祎为"驴王"，事见《资治通鉴》卷一百三十泰始元年（465）十一月。［64］故以庐江封之：因"庐"与"驴"二字音近。［65］许昌：古县名，县治在今河南许昌市东。［66］李惠：孝文帝元宏外祖父，北魏外戚大臣。传见《魏书》卷八十三。［67］关右诸军事、雍州：关右，古区域名，即函谷关以西，指今陕西中部一带地区。雍州，古州名，北魏的州治长安，在今陕西西安市西北。［68］乙卯：五月十一日。［69］畋于崞（guō）山：在崞山一带打猎。崞山，古地名，在今山西浑源县西北。［70］繁畤：古郡名，郡治在今山西繁峙县东北、浑源县西南。［71］辛酉：五月十七日。［72］冯熙：字晋国，冯太后之兄，北魏外戚大臣。传见《魏书》卷八十三。

秋，七月，庚申[1]，以骁骑将军萧道成为南兖州[2]刺史。

八月，戊子[3]，以南康相刘勃为交州刺史。

上以沈文秀之弟征北中兵参军文静[4]为辅国将军，统高密等五郡[5]军事，自海道救东阳。至不其城，为魏所断，因保城自固[6]；魏人攻之，不克。辛卯[7]，分青州置东青州[8]，以文静为刺史。

九月，辛亥[9]，魏立皇叔桢为南安王[10]，长寿为城阳王[11]，太洛为章武王[12]，休为安定王[13]。

冬，十月，癸酉朔[14]，日有食之。发诸州兵北伐[15]。

十一月，李长仁遣使请降，自贬行州事[16]，许之。

十二月，魏人拔不其城，杀沈文静，入东阳西郭[17]。

义嘉之乱[18]，巫师请发修宁陵[19]，戮玄宫为厌胜[20]。是岁，改葬昭太后[21]。

先是[22]，中书侍郎、舍人皆以名流[23]为之，太祖始用寒士秋当[24]，世祖[25]犹杂选士庶，巢尚之、戴法兴[26]皆用事。及上即位，尽用左右细人[27]，游击将军阮佃夫、中书通事舍人王道隆、员外散骑侍郎杨运长[28]等，并参预[29]政事，权亚人主[30]，巢、戴所不及也。佃夫尤恣横[31]，人有顺迕，祸福立至[32]。大纳货赂，所饷减二百匹绢[33]，则不报书[34]。园宅饮馔[35]，过于诸王；妓乐[36]服饰，宫掖不如[37]也。朝士贵贱[38]，莫不自结[39]。仆隶皆不次除官[40]，捉车人至虎贲中郎将[41]，马士至员外郎[42]。

（以上为第七段，写刘宋的用人制度有所变化，文帝刘义隆开始任用寒士；孝武帝刘骏混用士族和庶族；明帝刘彧重用地位低微的侍从，沈佃夫等人权倾朝野。）

【注释】

[1]庚申：七月十六日。[2]南兖州：古州名，刘宋的州治广陵，在今江苏扬州市。[3]戊子：八月十五日。[4]征北中兵参军文静：征北将军的中兵参军，为中兵曹的主官。文静，即沈文静，沈文秀之弟，刘宋将领。传见《宋书》卷八十八。[5]高密等五郡：高密，古郡名，郡治在今山东潍坊市东。五郡，指高密、平昌、长广、东海、东莞。[6]保城自固：依托不其城以自守。[7]辛卯：八月十八日。[8]东青州：由青州分置，州治即沈文静当时所据的不其城，在今山东青岛市北，当时也是长广郡的郡治所在地。[9]辛亥：九月八日。[10]桢：即拓跋桢：字乙若伏，拓跋晃第十一子，封南安郡王。传见《魏书》卷十九。[11]长寿：即拓跋长寿，景穆帝拓跋晃之子，封城阳王。传见《魏书》卷十九。[12]太洛：即拓跋太洛，景穆帝拓跋晃之子，皇兴二年（468）去世，追赠为征北大将军、章武郡王。传见《魏书》卷十九。[13]休：即拓跋休，字伐伏玄，景穆皇帝拓跋晃之子，封安定郡王。传见《魏书》卷十九。[14]癸酉朔：十月一日。[15]发诸州兵北伐：主语是宋明帝刘彧。[16]自贬行州事：自己撤销了自命的交州刺史职务。行州事，代理该州刺史的职务。行，代理。[17]入东阳西郭：攻入了沈文秀所守的东阳城的西外城。当时的青州州治名叫东阳，在今山东青州市。[18]义嘉之乱：指晋安王刘子勋起兵讨伐前废帝刘子业的战乱，刘子勋即皇帝位于寻阳，改元义嘉。[19]请发修宁陵：建议刘彧发掘孝武帝刘骏之母路太后的陵墓，以破坏其孙刘子勋的风水。修宁陵，路太后的陵墓，在刘骏之墓的东南方。[20]戮玄宫为厌胜：戮玄宫，破坏路太后的陵墓与棺木。这是对死者极大的侮辱，有些巫师也企图以这种手段对死者的后人构成某种不利。戮，陈尸示众。玄宫，墓穴。厌胜，用迷信手段，亦即所谓妖术置人于不利。厌，同“压”，压制。[21]改葬昭太后：明帝刘彧在天下人纷纷拥戴刘子勋时，曾杀害了路太后，又挖掘了路太后的陵墓。至此已过三年，刘子勋的

事情也久已平息。刘彧又担心路太后的阴灵对他不利，故又下令修复路太后的陵墓。昭太后，即路惠男，文帝刘义隆的妃嫔，孝武帝刘骏之母。刘骏即位后，尊其为皇太后，尊号崇宪。传见《宋书》卷四十一。［22］先是：写史的常用语，作为追述旧事的前导，这里指元嘉以前。［23］名流：指士族出身的名门之后。［24］太祖始用寒士秋当：太祖，即文帝刘义隆，庙号太祖。寒士，一般家庭出身的人，即所谓庶族。寒士不是穷人，只是非世家豪族而已。秋当，海陵（今江苏泰州市）人，文帝刘义隆时为中书舍人，与中书舍人周赳并管要务。因出身寒门，为士族所轻。元嘉初，往见太子詹事王昙首，竟不敢坐。［25］世祖：即孝武帝刘骏，庙号世祖。［26］巢尚之、戴法兴：两人皆寒门出身的刘宋大臣。两人传见《宋书》卷九十四。［27］细人：小人，指出身卑微的人。［28］阮佃（diàn）夫、王道隆、杨运长：三人皆明帝刘彧宠任的大臣。阮佃夫、王道隆两人原为任职湘东王刘彧的主衣、杨运长为刘彧射师，三人参与弑杀前废帝刘子业，拥戴刘彧即帝位，阮佃夫迁南台侍御史，为龙骧将军，王道隆为员外散骑侍郎、南兰陵太守，兼中书通事舍人。杨运长为员外散骑侍郎、南平昌太守。三人传见《宋书》卷九十四。［29］参预：参与，参政。预，同“与”。［30］权亚人主：权力仅比皇帝差一点。［31］恣横：放纵，专横。［32］人有顺迕（wǔ），祸福立至：顺者得福，逆者得祸，效果立显。迕，逆，不顺服。［33］所饷减二百匹绢：进贡送礼的数量少于二百匹绢。饷，进贡。减，少于。［34］不报书：不写回信，不打收条。［35］馔（zhuàn）：饭食。［36］妓乐：妓人表演的音乐舞蹈。［37］宫掖不如：皇宫里的气派也比不上。［38］朝士贵贱：朝廷官员，无论是地位高贵，还是身份低下。［39］莫不自结：没有一个人不去巴结他。［40］不次除官：不按正常的程序授予官职，都能破格飞升。除官，任命为官。［41］虎贲中郎将：古官名，皇帝的侍卫长官。［42］员外郎：古官名，即员外散骑侍郎，皇帝的侍从官员。

五年（己酉，469年）

春，正月，癸亥[1]，上耕籍田[2]，大赦。

沈文秀守东阳，魏人围之三年[3]，外无救援，士卒昼夜拒战[4]，甲胄生虮虱，无离叛之志。乙丑[5]，魏人拔东阳[6]，文秀解戎服，正衣冠，取所持节坐斋内[7]。魏兵交至[8]，问：“沈文秀何在？”文秀厉声[9]曰：“身是[10]！”魏人执之，去其衣，缚送慕容白曜，使之拜，文秀曰：“各两国大臣，何拜之有！”白曜还其衣，为之设馔[11]，锁送[12]平城。魏主数其罪而宥之[13]，待为下客，给恶衣疏食[14]，既而重其不屈[15]，稍嘉礼之[16]，拜外都下大夫[17]。于是，青、冀之地尽入于魏矣。

戊辰[18]，魏平昌宣王和其奴[19]卒。

二月，己卯[20]，魏以慕容白曜为都督青、齐、东徐[21]三州诸军事，征南大将军，开府仪同三司，青州刺史，进爵济南王。白曜抚御[22]有方，东人[23]安之。

魏自天安[24]以来，比岁[25]旱饥，重以[26]青、徐用兵，山东之民疲于赋役[27]。显祖[28]命因民贫富为三等输租之法[29]，等为三品[30]：上三品输平城[31]，中输他州[32]，下输本州[33]。又，魏旧制：常赋之外，有杂调十五[34]；至是悉罢之[35]，由是民稍赡给[36]。

河东柳欣慰[37]等谋反，欲立太尉庐江王祎。祎自以于帝为兄[38]，而帝及诸兄弟皆轻之[39]，遂与欣慰等通谋相酬和[40]。征北咨议参军杜幼文[41]告之，丙申[42]，诏降祎为车骑将军、开府仪同三司、南豫州[43]刺史，出镇宣城[44]，帝遣腹心杨运长领兵防卫。欣慰等并伏诛。

三月，魏人寇汝阴[45]，太守杨文苌[46]击却之。

夏，四月，丙申[47]，魏大赦。

五月，魏徙青、齐民于平城，置升城、历城民望于桑干[48]，立平齐郡以居之[49]；自余[50]悉为奴婢，分赐百官。

魏沙门统[51]昙曜奏："平齐户[52]及诸民有能岁输谷六十斛入僧曹[53]者，即为僧祇户[54]，粟为僧祇粟，遇凶岁[55]，赈[56]给饥民。"又请"民犯重罪及官奴，以为佛图户[57]，以供诸寺洒扫。"魏主并许之。于是，僧祇户、粟及寺户遍于州镇[58]矣。

六月，魏立皇子宏为太子。

（以上为第八段，写北魏攻占东阳，沈文秀被俘不屈，从此青、冀之地并入北魏；北魏安定东齐，按等级收取民赋，废除杂调；同意沙门统昙曜奏请，佛图遍于州镇。）

【注释】

[1]癸亥：正月二十二日。[2]上耕籍田：明帝刘彧亲自到特定的地块上进行耕种，显示皇帝重视农业，以为天下人做榜样。籍田，皇帝亲自耕种的示范田。[3]魏人围之三年：泰始三年（467），北魏始攻文秀，至此时，涉三年。[4]拒战：抗敌作战。[5]乙丑：正月二十四日。[6]魏人拔东阳：胡三省曰："史言沈文秀善守，以援兵不接而没。"[7]取所持节坐斋内：所持节，刘宋皇帝所赐，用以表示其身份、权威的信物。斋内，读书或休闲的室内。[8]交

至：多人先后并至。［9］厉声：高声，大声。［10］身是：我就是。身，犹言“我”，以称自己。［11］设馔（zhuàn）：安排酒饭。馔，饭食。［12］锁送：拘押，押送。［13］宥（yòu）之：宽恕了他。［14］恶衣疏食：粗劣的衣服、饭食。［15］重其不屈：敬重他有气节、不屈服。［16］稍嘉礼之：渐渐地赞许他，对他以礼相待了。稍，渐，逐渐。［17］外都下大夫：北魏官名，外都大官的僚属。外都大官是分掌京城以外地区司法的长官。［18］戊辰：正月二十七日。［19］平昌宣王和其奴：和其奴，魏国名将，被封为平昌王，宣字是其谥。传见《魏书》卷四十四。［20］己卯：二月九日。［21］齐、东徐：齐，北魏州名，北魏占领历城以后，于皇兴三年（469）改宋置冀州为齐州，治所在今山东济南市。东徐，北魏州名，州治在今山东沂水县。［22］抚御：安抚、驾驭。［23］东人：指当时的青、冀二州，在今山东一带地区的人，因其在北魏都城的大东方，故称之“东人”。胡三省曰：“魏并青、徐，淮北四州之民未忘宋也，惟其抚御有方，民安其生，不复引领南望矣。”［24］天安（466–467）：北魏献文帝拓跋弘的第一个年号。［25］比岁：连年。比，挨近，并列。［26］重以：再加上。［27］疲于赋役：被赋税徭役弄得筋疲力尽。［28］显祖：指献文帝拓跋弘，庙号显祖。［29］因民贫富为三等输租之法：根据百姓的贫富不同而实行上中下三等的交租办法。输租，交纳租税。［30］等为三品：把交税的百姓分为上中下三个等级，即富裕户、中等户、贫困户三类。［31］上三品输平城：上三品，富裕户里的三类，即上上、上中、上下。输平城，都把应交的东西运送到国都平城，在今山西大同市。［32］中输它州：中等三类户，把租税运送到其他州治所在地。［33］下输本州：下等三类户，把租税运送到本州的州治所在地。［34］杂调十五：各种名目的苛捐杂税共有十五项。［35］至是悉罢之：从现在开始一律废除。罢，停止，废除。［36］民稍赡（shàn）给：渐渐宽裕起来。［37］河东：古郡名，郡治在今山西西南部，当时属于北魏。刘宋的河东郡侨置在今湖北松滋县。柳欣慰：明帝刘彧时，举兵谋反，被杀。［38］于帝为兄：是明帝刘彧之兄。刘祎排行第八，刘彧排行第十一。［39］皆轻之：大家都瞧不起他。［40］通谋：共同策划。相酬和：彼此书信来往，有问有答。［41］杜幼文：揭发庐江王刘祎谋反，拜黄门侍郎，出为辅国将军，梁、南秦二州刺史，为散骑常侍。从阮佃夫谋反，被杀。传见《宋书》卷六十五。［42］丙申：二月二十六日。［43］南豫州：古州名，刘宋时州治历阳，在今安徽和县，此时移镇宣城。［44］宣城：古郡名，郡治在今安徽宣城市。［45］汝阴：古郡名，郡治在今安徽阜阳市。［46］杨文苌（cháng）：刘宋汝阴太守，曾打退北魏的进攻。［47］丙申：四月二十七日。［48］升城、历城民望于桑干：民望，两城百姓中有威望的人物。升城，旧址在今山东济南市长清区西南。桑干，北魏郡名，郡治在今山西山阴县东，地处桑干水之畔。［49］立平齐郡以居之：意思是在桑干郡划出一块地盘，称之为平齐郡，让升城、历城有威望的人居住在这里，以示优宠。［50］自余：其余。［51］沙门统：统辖僧尼的僧官。［52］平齐户：平齐郡里的住户。其地位类似农奴，被强迫垦殖耕作，不许自由迁徙。［53］入僧曹：交纳给管辖寺院的机关。僧曹，一个职权部门，主管僧尼及佛教寺庙等事。［54］僧祇（qí）户：僧官管辖的户口，受僧曹统领。僧祇，梵语阿僧祇的省称，意为无数、无量。［55］凶岁：灾荒之年。［56］赈：赈灾，救济。［57］佛图户：亦名寺户，寺院管辖的民户，地位比僧祇户低。［58］遍于州镇矣：各州与各军镇到处都有很多僧祇户、僧祇粟、佛图户。

癸酉[1]，以左卫将军沈攸之为郢州刺史。

上又令有司奏庐江王祎忿怼[2]有怨言，请穷治[3]，不许。丁丑[4]，免祎官爵，遣大鸿胪持节奉诏责祎，因逼令自杀；子辅国将军充明[5]废徙新安。

冬，十月，丁卯朔[6]，日有食之。

魏顿丘王李峻卒。

十一月，丁未[7]，魏复遣使来修和亲[8]，自是信使岁通[9]。

闰月，戊子[10]，以辅师将军[11]孟阳为兖州刺史，始治淮阴[12]。

十二月，戊戌[13]，司徒建安王休仁[14]解扬州。休仁年与上邻亚[15]，素相友爱，景和[16]之世，上赖其力以脱祸[17]。及泰始[18]初，四方兵起，休仁亲当矢石[19]，克成大功[20]，任总百揆[21]，亲寄甚隆[22]，由是朝野辐凑[23]，上渐不悦。休仁悟其旨[24]，故表解扬州[25]。己未[26]，以桂阳王休范[27]为扬州刺史。

分荆州之巴东、建平[28]，益州之巴西、梓潼[29]郡，置三巴校尉[30]，治白帝[31]。先是，三峡蛮、獠[32]岁为抄暴[33]，故立府[34]以镇之。上以司徒参军东莞孙谦[35]为巴东、建平二郡太守。谦将之官，敕募千人自随，谦曰："蛮夷不宾[36]，盖待之失节[37]耳，何烦兵役以为国费！"固辞不受。至郡，开布[38]恩信，蛮、獠翕然怀之[39]，竞饷金宝[40]，谦皆慰谕[41]，不受。

临海贼帅田流[42]自称东海王，剽掠海盐[43]，杀鄞令[44]，东土大震。

（以上为第九段，写刘宋设立三巴校尉以镇抚三峡一带少数民族，校尉孙谦，以恩信抚之，全部心悦诚服；临海流民首领田流率众起义，纷扰东部。）

【注释】

［1］癸酉：六月五日。［2］忿怼（duì）：对朝廷怨恨不满。［3］请穷治：请求朝廷对刘祎严

加追究。［4］丁丑：六月九日。［5］充明：即刘充明，文帝刘义隆之孙，官至辅国将军、南彭城、东莞二郡太守。［6］丁卯朔：十月一日。［7］丁未：十一月十一日。［8］来修和亲：重提和亲之好。修，恢复。［9］信使岁通：每年都派使者相互往来。胡三省曰："自元嘉之末，南北不复通好。帝即位之三年、四年，再遣聘使。是岁，魏使来，复通好。"［10］闰月，戊子：闰十一月二十二日。［11］辅师将军：即原来的辅国将军，自今年改称。［12］始治淮阴：兖州原来的州治是瑕丘，在今山东济宁市兖州区。现因瑕丘已落入北魏，故将兖州的州治改在淮阴，在今江苏淮安市淮阴区。［13］戊戌：十二月三日。［14］建安王休仁：即刘休仁，文帝刘义隆第十二子，帮助明帝刘彧夺得帝位，封建安王。刘彧临死前担心休仁的存在对其幼子不利，强加罪名将其杀死，降为始安县王。传见《宋书》卷七十二。［15］与上邻亚：与明帝刘彧的年龄接近而略小。刘彧排行第十一，刘休仁排行第十二，刘彧比刘休仁大三岁。［16］景和：刘宋前废帝刘子业的年号。［17］赖其力以脱祸：刘彧差点被刘子业杀死，多亏刘休仁的帮助，使刘彧保住了性命。［18］泰始：刘宋明帝刘彧的年号。［19］亲当矢石：犹今所谓亲自冒着枪林弹雨。［20］克成大功：意即终于消灭了刘子勋政权。克成，完成，实现。［21］任总百揆（kuí）：指休仁为宰相，群臣之首，朝廷百官都对他唯命是从。总，总揽，总管。百揆，百官。［22］亲寄甚隆：宠信无比。亲，宠信。寄，依赖。隆，深厚。［23］朝野辐凑：不论在朝的还是在野的，都趋附于他的门下。辐凑，如车轮的辐条归总于车毂。［24］悟其旨：领悟明帝刘彧的意图。［25］表解扬州：上书辞去扬州刺史职务。［26］己未：十二月二十四日。［27］桂阳王休范：即刘休范，文帝刘义隆第十八子，初封顺阳王，后改封桂阳王。刘彧病危时，拜司空。后反叛，被杀。传见《宋书》卷七十九。［28］巴东、建平：古二郡名，巴东郡的郡治在今重庆奉节县，建平郡的郡治在今重庆巫山县。［29］益州之巴西、梓潼：益州，古州名，州治在今四川成都市。巴西、梓潼，古二郡名，郡治都在涪县，在今四川绵阳市东北，由一个太守管辖。［30］三巴校尉：古军政长官名，因其管辖巴西、巴郡、巴东广大地区而得名。［31］白帝：古城名，在今重庆奉节县东。［32］蛮、獠（liáo）：三峡地区的少数民族名。［33］岁为抄暴：每年都出山抢掠沿江的商旅与民户。岁，年年。［34］立府：设立三巴校尉府。［35］孙谦：字长逊，任巴东、建平二郡太守时，不用武力镇压境内的蛮人与獠人。传见《梁书》卷五十三。［36］不宾：不服管辖。宾，归服。［37］待之失节：国家对待他们的政策、章法有误。［38］开布：讲清楚并贯彻实行。［39］翕（xī）然怀之：像风吹草偃一样安静下来，并对政府很感谢。怀，思念，感谢。［40］竞饷金宝：争先恐后向他赠送财宝。［41］慰谕：好言安慰，讲清道理。［42］临海贼帅田流：临海，古郡名，郡治在今浙江临海市东南。贼帅，土匪头目。田流，明帝刘彧时流民首领，率兵于鄞县起义，自称东海王。后被镇压。［43］剽掠海盐：抢劫海盐县。海盐，古县名，当时属会稽郡。［44］鄞（yín）令：鄞县县令。鄞，古县名，县治在今浙江宁波市南。

六年（庚戌，470 年）

春，正月，乙亥[1]，初制间二年一祭南郊，间一年一祭明堂[2]。

二月，壬寅[3]，以司徒休仁为太尉，领司徒，固辞。

癸丑[4]，纳江智渊[5]孙女为太子妃。甲寅[6]，大赦。令百官皆献物。始兴太守孙奉伯[7]止献琴、书，上大怒，封药赐死，既而原之[8]。

魏以东郡王陆定国[9]为司空。定国，丽之子也。

魏主遣征西大将军上党王长孙观击吐谷浑[10]。

夏，四月，辛丑[11]，魏大赦。

戊申[12]，魏长孙观与吐谷浑王拾寅战于曼头山[13]，拾寅败走，遣别驾康盘龙入贡，魏主囚之。

癸亥[14]，立皇子燮为晋熙王[15]，奉晋熙王昶后。

五月，魏立皇弟长乐为建昌王[16]。

六月，癸卯[17]，以江州刺史王景文[18]为尚书左仆射、扬州刺史，以尚书仆射袁粲为右仆射。

上宫中大宴，裸妇人而观之，王后以扇障面[19]。上怒曰："外舍寒乞[20]！今共为乐，何独不视！"后曰："为乐之事，其方自多；岂有姑姊妹集[21]而裸妇人以为笑！外舍之乐[22]，雅异于此[23]。"上大怒，遣后起[24]。后兄景文闻之曰："后在家劣弱[25]，今段遂能刚正如此[26]！"

南兖州刺史萧道成在军中久[27]，民间或言道成有异相[28]，当为天子。上疑之，征为黄门侍郎、越骑校尉。道成惧，不欲内迁，而无计得留。冠军参军广陵荀伯玉[29]劝道成遣数十骑入魏境，安置标榜[30]，魏果遣游骑数百履行境上[31]；道成以闻[32]，上使道成复本任[33]。秋，九月，命道成迁镇淮阴[34]。以侍中、中领军刘勔为都督南徐、兖等五州诸军事，镇广陵。

戊寅[35]，立总明观[36]，置祭酒[37]一人，儒、玄、文、史学士各十人[38]。

（以上为第十段，写刘宋明帝悖行，行径更加不可理喻；萧道成在僚属荀伯玉的谋划下，机智应对明帝征召，不进京城。）

【注释】

［1］乙亥：正月十日。［2］祭明堂：在明堂祭祀上帝与祖先。明堂，相传是古代帝王宣明政教、礼敬贤才的地方。［3］壬寅：二月八日。［4］癸丑：二月十九日。［5］江智渊：本名江泉，刘宋外戚大臣。传见《宋书》卷五十九。［6］甲寅：二月二十日。［7］孙奉伯：刘宋始兴太守，泰始六年（470）拜皇太子妃，州郡皆献物，奉伯只献琴书，明帝刘彧大怒，赐死，不久又原谅他。［8］既而原之：过后又饶了他。原，宽赦。［9］陆定国：本姓步六孤，字定国，元勋老臣陆俟之孙，平原简王陆丽长子，北魏大臣。传见《魏书》卷四十。［10］吐谷（yù）浑：西晋至唐朝时期位于祁连山脉和青海的黄河上游谷地以及凉州的一个地方政权，控制了青海、甘肃等地。［11］辛丑：四月八日。［12］戊申：四月十五日。［13］曼头山：古山名，在今青海东北部。［14］癸亥：四月三十日。［15］燮（xiè）：即刘燮，字仲绥，明帝刘彧第六子，封晋熙王，出继文帝刘义隆第九子刘昶。传见《宋书》卷七十二。［16］长乐：即拓跋长乐，文成帝拓跋濬之子，封建昌郡王。传见《魏书》卷二十。［17］癸卯：六月十一日。［18］王景文：原名王彧，因与明帝刘彧同名，故以其字行，刘宋重臣。传见《宋书》卷八十五。［19］以扇障面：表示不忍目睹。［20］外舍寒乞：娘家寒陋，没见过世面。外舍，指王皇后的娘家。寒乞，贫寒而孤陋寡闻。［21］姑姊妹集：大辈小辈的女人都在这里。姑，长辈的女子。［22］外舍之乐：我们家里寻求快乐的方法。［23］雅异于此：和你这里根本不同。［24］遣后起：喝令她离开。［25］劣弱：软弱，胆小怕事。［26］遂能刚正如此：想不到竟能如此刚直，不留情面。［27］在军中久：据《南齐书·高帝纪》载，萧道成第一次奉文帝刘义隆命领偏军讨沔北蛮，在元嘉十九年（442），从那时到泰始六年（470），已有二十八年时间，所以说“在军中久”。［28］有异相：生有一副不同寻常的相貌。据《南齐书·高帝纪》载，萧道成“姿表英异，龙颡钟声，鳞文遍体”。［29］荀伯玉：字弄璋，萧道成的亲信僚属。官至前将军，后得罪齐武帝萧赜，以谋反罪被处死。传见《南史》卷四十七。［30］安置标榜：故意做出一种有所图谋的样子。［31］履行境上：沿着边境巡行。履行，行走，此指巡行、巡视。［32］以闻：将边境的动态报告给明帝刘彧。［33］复本任：回到原来的职位。当时萧道成任南兖州刺史，镇广陵，广陵在今江苏扬州市。［34］迁镇淮阴：胡三省曰：“三年（467）八月，萧道成以行徐州事镇淮阴，以沈攸之北伐，使为后镇也。攸之北还，道成代为南兖州刺史，镇广陵，今复使迁镇淮阴。”［35］戊寅：九月十七日。［36］总明观：古官署名，搜集与整理书籍的机构。［37］祭酒：古代学官名，国家太学的总管。［38］儒、玄、文、史学士各十人：胡三省曰，“文帝元嘉十五年（438），立儒、玄、文、史四学，今置总明观祭酒以总之。”

柔然部真可汗侵魏，魏主引群臣议之。尚书右仆射南平公目辰[1]曰：“若车驾亲征，京师危惧，不如持重固守。虏悬军深入[2]，粮运无继，不久自退；遣将追击，破之必矣。”给事中张白泽[3]曰：“蠢尔荒愚[4]，轻犯王略[5]，若銮舆[6]亲行，必望麾崩散[7]，岂可坐而纵敌[8]！以万乘[9]之尊，婴城自守[10]，非所以威服四夷[11]也。”魏主从之。白泽，衮之孙也。

魏主使京兆王子推等督诸军出西道，任城王云等督诸军出东道，汝阴王天赐等督诸军为前锋，陇西王源贺等督诸军为后继，镇西将军吕罗汉等掌留台事。诸将会魏主于女水[12]之滨，与柔然战，柔然大败。乘胜逐北[13]，斩首五万级，降者万余人，获戎马器械不可胜计。旬有九日[14]，往返六千余里。改女水曰“武川”。司徒东安王刘尼[15]坐昏醉，军陈[16]不整，免官。壬申[17]，还至平城。

是时，魏百官不给禄[18]，少能以廉白自立者[19]。魏主诏：“吏受所监临[20]羊一口、酒一斛[21]者，死；与者以从坐论[22]；有能纠告尚书已下[23]罪状者，随所纠官轻重授之。”张白泽谏曰：“昔周之下士[24]，尚有代耕之禄[25]。今皇朝[26]贵臣，服勤无报[27]；若使受礼者刑身[28]，纠之者代职[29]，臣恐奸人窥望[30]，忠臣懈节[31]，如此而求事简[32]民安，不亦难乎！请依律令旧法，仍班禄以酬廉吏[33]。”魏主乃为之罢新法[34]。

（以上为第十一段，写北魏派出三路大军反击柔然侵扰，大获全胜；北魏群臣没有俸禄，而制定了严厉的肃贪政策，张白泽予以劝说，而后予以撤销，予百官俸禄。）

【注释】

[1]南平公目辰：即拓跋目辰，初为羽林郎，随北魏主拓跋焘南征。拓跋濬即位，封南平公。传见《魏书》卷十四。 [2]悬军深入：远离根据地而深入敌区。 [3]张白泽：字钟葵，太保张兖之孙，初为中散大夫，调任殿中曹给事中，参预机密；外任雍州刺史，官民安居乐业。传见《魏书》卷二十四。 [4]蠢尔荒愚：轻举妄动、荒诞愚昧的一群人。蠢尔，蠢蠢妄动的样子。荒，荒诞愚昧。 [5]轻犯王略：竟敢侵犯天子您的疆土。略，封疆。 [6]銮舆：这里指献文帝拓跋弘的车驾。 [7]望麾（huī）崩散：一看到您的大旗就会望风而散。麾，大将的指挥旗。 [8]岂可坐而纵敌：岂能眼看着敌人让其逃走。 [9]万乘：指一万辆兵车。周代制度规定，天子地方千里，能出兵车万乘，因以“万乘”代指天子、帝王。 [10]婴城自守：消极地防守孤城。婴城，四

面守城。［11］非所以威服四夷：这不是施展神威、征服敌人的做法。［12］女水：古河水名，在今内蒙古武川县西南。［13］逐北：追剿败兵。［14］旬有九日：即十九天。［15］刘尼：本姓独孤氏，字侯尼须，并州刺史刘娄之子，北魏大臣。传见《魏书》卷三十。［16］军陈：军阵，军队的行列。陈，同"阵"。［17］壬申：九月十一日。［18］不给禄：不发给俸禄。［19］少能以廉白自立者：胡三省曰："前言魏主拔清节，黜贪污，魏之牧守始有以廉洁闻者；此言魏之百官少能以廉洁自立，盖法行于州郡，未行于朝廷也。"［20］所监临：所管辖部门或地区的官民。［21］斛（hú）：古容量单位，十斗为一斛。［22］以从坐论：按照参与犯罪或受牵连犯罪论处。［23］纠告尚书已下：纠告，查出，举报。尚书，此指尚书令，位同宰相，国家的最高行政官。已下，即以下。已，同"以"。［24］周之下士：即周朝最低级的底层官员。周朝士大夫有公、卿、大夫、士，最低级官吏为士。士又分上士、中士、下士。［25］代耕之禄：即官吏的俸禄。［26］皇朝：敬指北魏朝廷。皇，盛明美好的意思。［27］服勤无报：给国家出了许多力而没有一点补偿。［28］刑身：其人受到惩罚。身，指受礼者。［29］代职：代替他的职务。［30］奸人窥望：坏人们都往这个方面打主意。窥望，找机会，钻空子。［31］忠臣懈节：忠于国事的人感到丧气、灰心。［32］事简：公务省易，实指大臣清廉。［33］班禄：发给俸禄。班，同"颁"，发放。［34］罢新法：撤销了鼓励人举报官吏受礼的律法。

冬，十月，辛卯［1］，诏以世祖继体［2］，陷宪无遗［3］，以皇子智随为世祖子［4］，立为武陵王［5］。

初，魏乙浑专政，慕容白曜颇附之。魏主追以为憾［6］，遂称白曜谋反，诛之，及其弟如意［7］。

初，魏南部尚书李敷［8］，仪曹尚书李䜣［9］，少相亲善，与中书侍郎卢度世皆以才能为世祖、显祖［10］所宠任，参豫［11］机密，出纳诏命［12］。其后䜣出为相州［13］刺史，受纳货赂，为人所告，敷掩蔽［14］之。显祖闻之，槛车征䜣［15］，案验［16］服罪，当死。是时，敷弟奕［17］得幸于冯太后，帝意已疏之［18］。有司以中旨讽䜣告敷兄弟阴事［19］，可以得免［20］。䜣谓其婿裴攸［21］曰："吾与敷族世［22］虽远，恩逾同生［23］，今在事［24］劝吾为此，吾情［25］所不忍。每引簪［26］自刺，解带自绞［27］，终不得死。且吾安能知其阴事！将若之何？"攸曰："何为为人死也［28］！有冯阐［29］者，先为敷所败［30］，其家深怨之。今询其弟［31］，敷之阴事可得也。"䜣从之。又赵郡范檦［32］条列敷兄弟事状凡三十余条。有司以闻［33］。帝大怒，诛敷兄弟。䜣得减死[34]，鞭髡配役[35]，未几[36]，复为太仓尚书[37]，摄南部事[38]。敷，顺之子也。

魏阳平王新成[39]卒。

是岁，命龙骧将军义兴周山图[40]将兵屯浃口[41]讨田流，平之。

柔然攻于阗[42]，于阗遣使者素目伽[43]奉表诣魏求救。魏主命公卿议之，皆曰："于阗去京师几万里[44]，蠕蠕唯习野掠[45]，不能攻城；若其可攻[46]，寻已亡[47]矣。虽欲遣师，势无所及[48]。""魏主以议[49]示使者，使者亦以为然。乃诏之曰："朕应急敕[50]诸军以拯汝难。但去汝遐阻[51]，必不能救当时之急。汝宜知之！朕今练甲养士，一二岁间，当躬帅猛将，为汝除患。汝其谨修警候[52]，以待大举[53]！"

（以上为第十二段，写北魏的宫廷矛盾，因李敷之弟李奕宠幸于冯太后，献文帝拓跋弘故欲置之于死地，让李䜣检举揭发，以免其死罪；北魏决定不救援于阗。）

【注释】

[1]辛卯：十月一日。 [2]世祖继体：即孝武帝刘骏的子嗣。世祖，即孝武帝刘骏，庙号世祖。 [3]陷宪无遗：因触犯国法都被杀光了。刘骏共有二十八个儿子被杀光，有些是因为被裹胁起兵造反，被刘彧杀害；有些是被刘彧强加罪名所杀，年龄最大的十一岁，最小的四岁。这些小孩子睡觉还不知东南西北呢，或者被人利用，或是无端被杀，可见刘彧毫无人性可言，也是祸及子孙啊！宪，宪法，法律。 [4]智随：即刘智随，一作"刘赞"，字仲敷，明帝刘彧第九子，过继给被杀光儿子的世祖刘骏，封为武陵王。传见《宋书》卷八十。 [5]立为武陵王：因刘骏在未做皇帝前是武陵王，故过继给他的刘智也被立为武陵王。 [6]追以为憾：回想起来心中就有气。追，回想。憾，恨。 [7]如意：即慕容如意，大将慕容白曜之弟。因慕容白曜原来巴结权倾朝野的乙浑，后被杀，牵连到其弟慕容如意，一并被杀。 [8]南部尚书李敷：南部尚书，古官名，主管南部边郡的事务。李敷，字景文，高平宣王李顺长子，北魏大臣。事文成、献文二朝，参与机密。后受诬陷，被拓跋弘所诛。传见《魏书》卷三十六。 [9]仪曹尚书李䜣：仪曹尚书，古官名，主管朝廷礼仪。李䜣（xīn），一作李欣，字元盛，小名真奴，幽州刺史李崇之子，为仪曹尚书，领中秘书，封扶风郡公。因李敷之事得罪冯太后，坐反叛罪被杀。传见《魏书》卷四十六。 [10]世祖、显祖：世祖，即拓跋焘，庙号世祖。显祖，即拓跋弘，庙号显祖。 [11]参豫：即参与。豫，同"与"。[12]出纳诏命：负责宣示帝王的诏命，并向帝王报告下面的意见。[13]相州：北魏州名，州治邺城，在今河北临漳县西南的古邺镇。 [14]掩蔽：掩盖，包庇。 [15]槛车征䜣：用囚车将李䜣押解到朝廷。槛车，像装牛马一样囚禁犯人的有栅栏的车。这里用作动词，即用囚车。征，

召，调。［16］案验：查办，取证。［17］奕（yì）：即李奕，拓跋焘时的大臣李顺之子，李敷之弟，北魏官员，为冯太后男宠，官至散骑常侍、都官尚书。被拓跋弘所杀。传见《魏书》卷三十六。幸：宠幸。［18］帝意已疏之：拓跋弘已有疏远李奕的意思。［19］讽䜣告敷兄弟阴事：示意李䜣，让李䜣告发李敷兄弟不可告人的秘密。讽，用含蓄的话暗示。阴事，不可告人的秘密之事。［20］可以得免：可以免己之死。［21］裴攸：北魏官员李䜣女婿。［22］族世：在同一个家族中的亲缘关系。［23］恩逾同生：我们之间的关系比亲兄弟还要亲。［24］在事：管事人，即指上文的“有司”。［25］情：这里指感情上。［26］簪（zān）：簪子，古代用来别住头发的一种饰物。［27］自绞：自缢，上吊。［28］何为为人死也：怎么能为了别人而牺牲自己呢？也，同“耶”，反问语气词。［29］冯阐：北魏官员，拓跋濬时为散骑侍郎，曾出使刘宋。［30］为敷所败：是被李敷整垮的。［31］今询其弟：如果我们向冯阐的弟弟打听。［32］赵郡：古郡名，郡治在今河北邯郸市。［33］有司以闻：主管此事的官员把赵郡范某的条状上报给了皇帝。［34］减死：免一死，从宽一等发落。［35］鞭髡（kūn）配役：改判为鞭打、剃发和流放到边远地方服劳役。髡，古代一种剃去头发的刑罚。［36］未几：过了一段时间。［37］太仓尚书：古官名，管理国家粮仓的官。［38］摄南部事：代理南部尚书的事务。［39］阳平王新成：即拓跋新成，景穆帝拓跋晃次子，封阳平王。传见《魏书》卷十九上。［40］周山图：字季寂，义兴义乡（今江苏宜兴市南）人，屡有战功。官至步兵校尉，加建武将军。后附萧道成。入齐，为兖州刺史，守卫边境，抵挡北魏。传见《南齐书》卷二十九。［41］浃口：古地名，当时的海防要地，故址在今浙江宁波市镇海区东南。［42］于阗（tián）：西域国名，国都西城，在今新疆和田地区约特干遗址。当时属北魏。［43］素目伽（jiā）：于阗官员，柔然入侵，出使北魏求救。［44］去京师几万里：远离魏都平城差不多有万里之遥。几，近，差不多。《北史》曰：“于阗国去代九千八百里。”［45］蠕（rú）蠕唯习野掠：蠕蠕，柔然的别称。野掠，在原野上作战与抢掠。［46］若其可攻：如果于阗的都城不能坚守。［47］寻已亡矣：很快也就亡国了。寻，不久。［48］势无所及：看情势，即使是派兵救援，也赶不上。［49］以议：把群臣讨论的意见。［50］敕（chì）：敕令，命令。［51］遐阻：遥相间隔。［52］谨修警候：做好各种侦察与准备的工作。警，防备。候，侦察。［53］以待大举：以等待我们对柔然人的大举讨伐。

【点评】

刘宋丢失淮北，国势式微。刘宋的衰落已经日渐明显，在北魏的攻势下，丢掉了淮北四州及豫州淮西之地，这是刘宋的一个转折点。无怪乎裴子野感叹道：“高祖虮虱生介胄，经启疆埸；后之子孙，日蹙百里。”此处“日蹙百里”引用《诗经·召旻》：“昔先王受命，有如召公，日辟国百里，今也日蹙国百里。於乎哀哉！维今之人，不尚有旧！”感叹先王受命昔为君，有像召公一样的辅佐大臣。当初日辟百里地，如今国土日受损。可叹可悲真痛心！不知如今满朝文武，是否还有旧忠臣？

卷一三三　宋纪十五

宋明帝泰始七年至苍梧王元徽三年（471—475 年）

【起重光大渊献（辛亥，471 年），尽旃蒙单阏（乙卯，475 年），凡五年】

【大事提要】

本卷记事起自公元 471 年至公元 475 年，凡五年，时当宋明帝泰始七年到苍梧王元徽三年。本卷所载大事，南朝刘宋大事一件，宋明帝在诛杀了一批自认为会对后代不利的宗室、大臣之后，却料不到奸雄已在卧榻之侧。北朝北魏大事亦一件，魏献文帝自动退位当太上皇，魏孝文帝即位，北魏最为重要的一段历史由此展开。

太宗明皇帝下

泰始七年（辛亥，471 年）

春，二月，戊戌[1]，分交、广置越州[2]，治临漳[3]。

初，上为诸王[4]，宽和有令誉[5]，独为世祖[6]所亲。即位之初[7]，义嘉之党多蒙全宥[8]，随才引用，有如旧臣。及晚年，更猜忌忍虐[9]，好鬼神，多忌讳，言语、文书，有祸败、凶丧及疑似之言[10]应回避者数百千品，有犯必加罪戮[11]。改“䯄”字为“骊”[12]，以其似“祸”字故也。左右忤意[13]，往往有刳斫[14]者。

时淮、泗用兵[15]，府藏空竭，内外百官，并断俸禄。而奢费过度[16]，每所造器用[17]，必为正御、副御、次副[18]各三十枚。嬖幸用事[19]，货赂[20]公行。

上素无子[21]，密取诸王姬有孕者内宫中[22]，生男则杀其母，使宠姬子之[23]。

至是寝疾[24]，以太子幼弱，深忌诸弟。南徐州刺史晋平剌王休佑[25]，前镇江陵[26]，贪虐无度，上不使之镇[27]，留之建康，遣上佐[28]行府州事。休佑性刚狠[29]，前后忤上非一[30]，上积不能平[31]；且虑将来难制，欲方便除之[32]。甲寅[33]，休佑从上于岩山射雉[34]，左右从者并在仗后[35]。日欲暗[36]，上遣左右寿寂之[37]等数人，逼休佑令坠马，因共殴，拉杀[38]之，传呼"骠骑[39]落马！"上阳惊[40]，遣御医络驿就视[41]，比其左右至[42]，休佑已绝[43]，去车轮，舆还第[44]。追赠司空，葬之如礼[45]。

建康民间讹言[46]，荆州刺史巴陵王休若[47]有至贵之相[48]，上以此言报之，休若忧惧。戊午[49]，以休若代休佑为南徐州刺史。休若腹心将佐，皆谓休若还朝，必不免祸，中兵参军京兆王敬先[50]说休若曰："今主上弥留[51]，政成省阁[52]，群竖恟恟[53]，欲悉去宗支以便其私[54]。殿下声著海内，受诏入朝，必往而不返。荆州带甲[55]十余万，地方数千里，上可以匡天子[56]，除奸臣，下可以保境土，全一身；孰与赐剑邸第[57]，使臣妾饮泣而不敢葬[58]乎！"休若素谨畏[59]，伪许之[60]。敬先出，使人执之[61]，以白于上而诛之[62]。

三月，辛酉[63]，魏假员外散骑常侍邢佑来聘[64]。

魏主[65]使殿中尚书胡莫寒[66]简西部敕勒[67]为殿中武士。莫寒大纳货赂，众怒，杀莫寒及高平假镇将奚陵[68]。夏，四月，诸部敕勒皆叛[69]。魏主使汝阴王天赐[70]将兵讨之，以给事中罗云为前锋；敕勒诈降[71]，袭云，杀之，天赐仅以身免[72]。

（以上为第一段，写刘宋明帝刘彧，原本宽和，有好名声，到了晚年，又没有生育能力，心态扭曲，非常变态，尤其是卧病后，担忧诸弟在身后抢夺皇位，首先残杀了个性刚强的晋平剌王刘休佑。）

【注释】

[1]戊戌：二月十日。 [2]分交、广置越州：从交、广二州中各分出一块地盘，合起来称作"越州"。交州的州治龙编，在今越南河内东北的天德江北岸。广州的州治在今广东广州市。[3]治临漳：以临漳县为越州的州治所在地。临漳，亦作"临障"，在今广西合浦县。 [4]为诸王：还是一个诸侯王的时候。刘彧在元嘉二十五（448）年被封为淮阳王，元嘉二十九年（452）又被改封为湘东王。 [5]令誉：美好的声誉。令，美好。 [6]世祖：即孝武帝刘骏，庙号世

祖。［7］即位之初：刘彧即位于泰始元年（465）。［8］义嘉之党多蒙全宥：义嘉之党，指泰始二年（466）天下各州郡起兵拥护刘子勋为帝的人。刘子勋即帝位于寻阳（今江西九江市），年号义嘉，很快被刘彧政权打败。多蒙全宥（yòu），很多人都受到了刘彧政权的宽赦。宥，宽饶，原谅。［9］更猜忌忍虐：遂变得好猜疑、好忌妒，残忍暴虐。忍，心狠。［10］疑似之言：与“祸败”“凶丧”意思差不多的词语。［11］罪戮：因有罪而被杀。［12］改“騧”（guā）字为“驱”：把“騧”字改写为“驱”字。騧，黑嘴的黄马。［13］忤（wǔ）意：不合他的心思，冒犯他。忤，抵触，冒犯。［14］刳斫（kū zhuó）：刳，指开膛、破腹。斫，指剁成碎块。［15］淮、泗用兵：指刘彧政权在淮河与泗水流域与北魏和投降北魏的州郡作战。当时的徐州、兖州以及汝南、新蔡、义阳诸郡都在泗水与淮河流域。［16］奢费过度：指刘彧的宫廷生活仍毫无节制。［17］器用：指刘彧宫廷中所使用的东西。［18］正御、副御、次副：给皇帝用的、准备给皇帝用的、再预备给皇帝用的。［19］嬖幸用事：嬖（bì）幸，过度的亲爱、宠幸，超出了正常的范围。这里即指被帝王所极度宠爱的小人。用事，掌权。［20］货赂：即贿赂，用财物买通别人。［21］素无子：本来没有儿子。素，向来，本来。［22］内宫中：收纳在自己的宫廷里。内，同“纳”，纳入。［23］使宠姬子之：让受宠的妃嫔把孩子说成是他的孩子抚养起来。子之，以之为子，抚养的意思。［24］寝疾：卧病，卧床不起。［25］南徐州刺史晋平剌王休佑：南徐州，古州名，刘宋为侨置州，州治在今江苏镇江市。晋平剌王，刘休佑的封号晋平，谥号剌。文帝刘义隆第十三子。明帝刘彧因虑以后难制，借其贪虐之名杀之。传见《宋书》卷七十二。［26］前镇江陵：刘休佑从明帝泰始二年（466）九月到泰始五年（469）闰十一月为荆州刺史，荆州的州治江陵，在今湖北江陵县。［27］不使之镇：不让他到南徐州的州治去上任。［28］上佐：刘休佑的高级僚属，如别驾、司马、长史等。［29］刚狠：刚烈，凶狠。［30］前后忤上非一：前后冒犯刘彧，不只是一回两回的事情。［31］积不能平：累积起来，刘彧越来越不能容忍。平，克制，容忍。［32］欲方便除之：想找一个合适的机会杀掉他。［33］甲寅：二月二十六日。［34］从上于岩山射雉：从上，陪着刘彧。岩山，古山名，也叫龙山，在当时的建康（今江苏南京市）城南，江宁城北。射雉（zhì），打野鸡。［35］并在仗后：都在皇帝仪仗队的后头。［36］日欲暗：天光渐渐地黑下来。［37］寿寂之：明帝刘彧的心腹之臣。传见《宋书》卷九十四。［38］拉杀：拉扯其肢体，使之毙命。［39］骠骑：指刘休佑。此时刘休佑为骠骑大将军。［40］阳惊：假装吃惊。阳，通“佯”，假装。［41］络驿就视：一波接一波地前来诊治。络驿，同“络绎”，接连不断的样子。［42］比其左右至：等到刘休佑的部属来到刘休佑跟前。［43］已绝：已经断气。［44］去车轮，舆还第：用一辆卸掉车轮的车厢，把刘休佑抬回了家。［45］葬之如礼：按照应有的礼仪规格，埋葬了刘休佑。［46］讹言：谣言，谣传。［47］巴陵王休若：即刘休若，文帝刘义隆第十九子，封巴陵郡王，被刘彧猜忌，赐死。传见《宋书》卷七十二。［48］至贵之相：真龙天子的长相。至贵，富贵到极点。［49］戊午：二月三十日。［50］王敬先：刘休若的僚属，时为中兵参军。［51］弥留：很快就要死亡了。［52］政成省阁：未来的国家大事都决定于身处高位的几个人。省阁，指中枢机构，这里指皇帝的左右亲近之臣。［53］群竖恟（xiōng）恟：皇帝身边的一群弄权小人都气势汹汹，张牙舞爪。恟恟，同“汹汹”，气焰凶盛的样子。［54］便其私：满足其私欲。［55］带甲：披甲的将士，这里即指军队。［56］匡天子：护卫、辅佐中央皇帝。匡，正，扶持，护卫。［57］孰与赐剑邸（dǐ）第：孰与，看看哪个更好，意思是比较上文所说与下文所说的二事。上文指守好荆州，不去朝廷；下文指进朝后被人所杀。赐剑邸第，赐以尚方宝剑，逼令在家自杀。邸第，王侯在京的府第。［58］臣妾饮泣而不敢葬：手下的男男女女，只能暗暗哭泣，连丧事都不能正大光明地去操办。［59］素谨畏：一向胆小怕事，不能成就大事。［60］伪许之：假装同意他的话。［61］使人执之：派人把王敬先拘捕起来。［62］白于上而诛之：将王敬先劝他不要受诏入朝的事报告了皇帝，而后将王敬先杀掉了。［63］辛酉：三月三日。［64］刑佑来聘：邢佑，北魏学者、大臣。传见《魏书》卷六十五。来聘，来刘宋友好访问。聘，国家之间的友好往来。［65］魏主：即北魏孝文帝拓跋宏。［66］殿中尚书：古官名，北魏初置，掌管殿内兵马、仓库。［67］简西部敕勒：从西部地区的敕勒族中选拔一批勇士。简，挑选。西部，是指武周县（今山西左云县）以西的长城以外地区。敕勒，也称铁勒、高车，当时活动在柔然北方的少数民族。自太武帝拓跋焘时，归降于北魏，附塞下而居，约在今蒙古国与俄罗斯两国交界地区。［68］高平假镇将：高平军镇的临时军事统领。高平，军镇名，在今宁夏固原市。假，代理。［69］诸部敕勒皆叛：不仅西部敕勒，其他地区的敕勒也一同发生叛变。［70］汝阴王天赐：即拓跋天赐，景穆皇帝拓跋晃之子，封汝阴郡王。传见《魏书》卷十九上。［71］诈降：假装投降。［72］仅以身免：言其全军覆没，只有他一个人逃了回来。

晋平刺王既死，建安王休仁［1］益不自安。上与嬖臣杨运长［2］等为身后之计，运长等亦虑上晏驾［3］后，休仁秉政，己辈不得专权，弥赞成之［4］。上疾尝暴甚［5］，内外莫不属意于休仁［6］，主书以下皆往东府［7］访休仁所亲信，豫自结纳［8］；其或在直不得出者［9］，皆恐惧。上闻，愈恶［10］之。五月，戊午［11］，召休仁入见，既而［12］谓曰：“今夕停尚书下省宿［13］，明可早来。”其夜，遣人赍药［14］赐死。休仁骂曰：“上得天下，谁之力邪！孝武以诛锄兄弟［15］，子孙灭绝［16］。今复为尔［17］，宋祚其能久乎［18］！”上虑有变，力疾［19］乘舆出端门，休仁死，乃入。下诏称：“休仁规结［20］禁兵，谋为乱逆，朕未忍明法［21］，申诏诘厉［22］。休仁惭恩惧罪［23］，遽自引决［24］。可宥其二子［25］，降为始安县王［26］，听其子伯融袭封［27］。”

上虑人情不悦［28］，乃与诸大臣及方镇诏，称：“休仁与休佑深相亲结[29]，语休佑云：‘汝但作佞[30]，此法自足安身；我从来颇得此力[31]。’休佑之陨[32]，本欲为民除患，而休仁从此日生娆惧[33]。吾每呼令入省[34]，便入辞杨太妃[35]。吾春中多与之射雉，或[36]阴雨不出，休仁辄语左右云：‘我已复得今一日[37]。’休仁既经南讨[38]，与宿卫将帅经习狎共事[39]。吾前者积日失适[40]，休仁出入殿省[41]，无不和颜，厚相抚劳[42]。如其意趣，人莫能测[43]。事不获已[44]，反复思惟[45]，不得不有近日处分[46]。恐当不必即解[47]，故相报知。”

上与休仁素厚[48]，虽杀之，每谓人曰：“我与建安年时相邻[49]，少便款狎[50]。景和、泰始之间[51]，勋诚实重[52]；事计交切[53]，不得不相除，痛念之至，不能自已[54]。”因流涕不自胜[55]。

初，上在藩[56]，与褚渊以风素相善；及即位，深相委仗[57]。上寝疾，渊为吴郡太守，急召之。既至，入见，上流涕曰：“吾近危笃[58]，故召卿，欲使著黄椤[59]耳。”黄椤者，乳母服也。上与渊谋诛建安王休仁，渊以为不可，上怒曰：“卿痴人！不足与计事！”渊惧而从命。复以渊为吏部尚书。庚午[60]，以尚书右仆射袁粲为尚书令，褚渊为左仆射。

上恶太子屯骑校尉寿寂之勇健[61]；会有司奏寂之擅杀逻尉[62]，徙越州[63]，于道杀之。

丙戌[64]，追废晋平王休佑为庶人[65]。

巴陵王休若至京口[66]，闻建安王[67]死，益惧。上以休若和厚[68]，能谐缉物情[69]，恐将来倾夺幼主[70]，欲遣使杀之，虑不奉诏[71]；欲征入朝，又恐猜骇[72]。六月，丁酉[73]，以江州刺史桂阳王休范[74]为南徐州刺史，以休若为江州刺史[75]。手书殷勤[76]，召休若使赴七月七日宴[77]。

丁未[78]，魏主如河西。

秋，七月，巴陵哀王[79]休若至建康；乙丑[80]，赐死于第[81]，赠侍中、司空。复以桂阳王休范为江州刺史。时上诸弟俱尽，唯休范以人才凡劣[82]，不为上所忌，故得全。

（以上为第二段，写宋明帝刘彧疑神疑鬼，连续诛杀诸弟，功劳卓著的刘休仁被赐死，又命刘休若自杀，只有凡庸的刘休范得以保全。）

【注释】

［1］建安王休仁：即刘休仁，文帝刘义隆第十二子，封建安王。传见《宋书》卷七十二。［2］杨运长：初以善射被湘东王刘彧召为射师。刘彧在位时，参与政事为宠臣。传见《宋书》卷九十四。［3］晏驾：宫车没有按时出来，婉称帝王之死。［4］弥赞成之：越发怂恿刘彧及早除掉刘休仁。弥，越发，更加。［5］尝暴甚：曾有一次病情突然恶化，病得很厉害。［6］莫不属意于休仁：没有一个不希望让刘休仁主管朝廷大政。属意，归心，一致同意。［7］主书：古官名，中书省的属官，掌管文书档案。东府：即丞相府，这里指刘休仁的办公所在。［8］豫自结纳：提前与刘休仁的部属们搞好关系。结纳，结交，拉关系。豫，同“预”。［9］其或在直不得出者：有一些因在朝廷值班，没有工夫去拉关系的人。在直，值班，值勤。直，同“值”。［10］恶（wù）：厌恶，愤恨。［11］戊午：五月一日。［12］既而：过了一会儿。［13］停尚书下省宿：你就住宿在尚书省里。尚书下省，亦称“尚书下舍”，诸曹尚书办公之署，为当时处理日常政务的主要场所，故常令辅政大臣入值。时另有尚书上省，为尚书省长官总办公署。［14］赍（jī）药：拿着毒药。赍，持，拿着。［15］诛锄（chú）兄弟：诛杀亲生兄弟。被刘骏所杀的兄弟有南平王刘铄、竟陵王刘诞、海陵王刘休茂。锄，诛灭，除去。［16］子孙灭绝：刘骏的所有儿子都在泰始的几年之间被刘彧杀光。［17］今复为尔：今天你又做这样的事情。尔，如此。［18］宋祚（zuò）其能久乎：刘氏王朝的统治还能长久吗？祚，福，这里指皇位、统治权。［19］力疾：勉强支撑着病体。［20］规结：谋划勾结禁卫部队。规，图谋。［21］未忍明法：不忍心公开地绳之以法。［22］申诏诘厉：下诏书严厉地训斥了他。诘厉，严厉地训斥、质问。［23］惭恩惧罪：惭愧辜负厚恩，害怕罪孽深重。［24］遽（jù）自引决：于是就突然自杀了。遽，忽然，突然。［25］宥（yòu）其二子：饶恕他的两个儿子，其他的儿子都被处死。当初欲杀尽孝武帝刘骏之子，即是刘休仁出的主意。［26］降为始安县王：将刘休仁的封爵由建安郡王降为始安县王。［27］听其子伯融袭封：让他的儿子刘伯融继承他的爵位为始安县王。听，许可，任凭。［28］人情不悦：人心不服，产生怨愤心理。［29］深相亲结：紧密勾结。［30］汝但作佞（nìng）：你尽管向皇帝花言巧语地献媚讨好。佞，用好话取悦于人。［31］颇得此力：用此方法使自己获利不少。［32］陨（yǔn）：同“殒”，殒没，死亡。［33］日生娆（ráo）惧：内心的恐惧不安越来越严重。娆，烦忧，不安。［34］呼令入省：喊他到朝廷来。省，朝廷的主要部门名称，如中书省、尚书省等，这里指朝廷、宫廷。［35］便入辞杨太妃：就总是要去和他的生母告别一番，怀疑我要害死他。杨太妃，刘义隆的嫔妃，刘休仁的生母。［36］或：有时候。［37］我已复得今一日：我又多活了一天。［38］既经南讨：曾经率军南讨刘子勋的叛军。指泰始二年（466）刘休仁率兵十万，亲冒矢石，南拒寻阳之兵的事。［39］经习狎（xiá）共事：曾经很亲密地一起共事。习狎，亲密得过度、不正常。［40］积日失适：长时间地身体欠安。［41］出入殿省：指有事进入宫廷。［42］无不和颜，厚相抚劳：对我身边那些负责警卫的将帅们都一一地深加慰问。［43］如其意趣，人莫能测：他究竟是安的什么心，没有人知道，也无法理解。［44］事不获已：我实在是不得已，没有

别的办法。不获，不得，不能。［45］思惟：即思维，考虑。［46］不得不有近日处分：不得不做出前几天那样的处置，指派人给他送毒药赐死他。［47］恐当不必即解：我担心你们不一定立刻就能明白我为什么要这样做。［48］素厚：感情一直很好。［49］建安年时相邻：建安，指刘休仁。刘休仁生前被封为建安王。年时相邻，年岁大小接近。刘彧在兄弟中排行第十一，刘休仁排行第十二。［50］少便款狎（xiá）：从小推心置腹，相互亲近。款，诚，以诚相待。狎，亲近。［51］景和、泰始之间：指从前废帝刘子业向明帝刘彧过渡的这段时间。景和，刘宋前废帝刘子业的年号；泰始，明帝刘彧的年号。［52］勋诚实重：在帮助刘彧称帝上功劳确实很大。当时一群小人发动政变杀了刘子业后，是刘休仁挺身而出首先拥立刘彧为皇帝；接着，在全国起兵拥戴刘子勋，反对刘彧的艰难时刻，刘休仁带兵出征，为刘彧扫平反对势力，又有很大功勋。［53］事计交切：这次他的谋反实在是关系到国家命运。交切，太重要，涉及根本问题。［54］不能自已：无法克制自己内心的痛苦。［55］不自胜：自己不能控制自己，情不自禁泪流满面。［56］上在藩：当刘彧还为湘东王的时候。藩，比喻诸侯。［57］深相委仗：深深地依靠。委仗，委托，仰仗。［58］危笃（dǔ）：病情严重。［59］欲使著黄初裸（luǒ）：想让你穿乳母的衣服，意即想托孤于你，让你辅佐幼主。黄裸，乳母穿的衣服。［60］庚午：五月十三日。［61］勇健：勇猛敢为。当年就是寿寂之亲手杀了废帝刘子业，刘彧同样害怕寿寂之再行此事。［62］擅杀逻尉：擅自做主杀了负责巡逻的将官。［63］徙越州：流放到越州。越州州治合浦，在今广西合浦县东北。［64］丙戌：五月二十九日。［65］庶人：平民，百姓。［66］京口：古城名，在今江苏镇江市，当时为南徐州的州治所在地，刘休若来此就南徐州刺史任。［67］建安王：即刘休仁。［68］和厚：平和，宽厚。［69］谐缉物情：能协调各方面的关系，能统一人心。谐缉，调和，统一。物情，人心。［70］倾夺幼主：夺取小皇帝的权位。［71］虑不奉诏：担心他不肯束手就擒，会举兵抵抗。［72］猜骇（hài）：因猜疑而惊惧出逃。［73］丁酉，六月十日。［74］桂阳王休范：文帝刘义隆第十八子，初封顺阳王，后改封桂阳王。传见《宋书》卷七十九。［75］以休若为江州刺史：刘休若原为南徐州刺史，现将他与刘休范的官职相互对调。江州，古州名，州治在今江西九江市。［76］手书殷勤：亲笔信写得诚实恳切。［77］使赴七月七日宴：召刘休若进京，参加七月七日的宫廷宴会。［78］丁未：六月二十日。［79］巴陵哀王：刘休若的封号是巴陵王，谥号为哀。［80］乙丑：七月九日。［81］赐死于第：刘休若被赐死时，二十四岁。［82］凡劣：平庸，没出息。

沈约论曰：圣人立法垂制[1]，所以必称先王[2]，盖由遗训余风[3]，足以贻之来世[4]也。太祖经国之义虽弘[5]，隆家之道不足[6]。彭城王照不窥古[7]，徒见昆弟之义[8]，未识君臣之礼[9]，冀以家情行之国道[10]，主猜而犹犯[11]，恩薄而未悟[12]，致以呵训之微行[13]，遂成灭亲之大祸[14]。开端树隙，垂之后人[15]。太宗因易隙之情[16]，据已行之典[17]，翦落洪枝[18]，不待顾虑[19]。既而本根无庇[20]，幼主孤立[21]，神器以势弱倾移[22]，灵命随乐推回改[23]，斯盖履霜有渐，坚冰自至[24]，所由来远矣[25]。

裴子野论曰：夫噬虎之兽[26]，知爱己子；搏狸之鸟[27]，非护异巢[28]。太宗保字螟蛉[29]，剿拉同气[30]，既迷在原之天属[31]，未识父子之自然[32]。宋德告终[33]，非天废也[34]。夫危亡之君，未尝不先弃本枝[35]，妪煦旁孽[36]；推诚嬖狎[37]，疾恶父兄[38]。前乘覆车[39]，后来并辔[40]。借使叔仲有国[41]，犹不失配天[42]；而他人入室[43]，将七庙绝祀[44]；曾是莫怀[45]，甘心揃落[46]。晋武背文明之托[47]，而覆中州者贾后[48]；太祖弃初宁之誓[49]，而登合殿者元凶[50]。祸福无门，奚其豫择[51]！友于兄弟，不亦安乎[52]！

（以上为第三段，写司马光引用沈约、裴子野的评论，抨击明帝刘彧残酷杀害诸弟的丑行；沈约指出兄弟相残源于刘义隆杀害义恭；裴子野认为兄弟相残是亡国的祸根。）

【注释】

[1]立法垂制：建立法度以流传后世。垂制，让制度被后世沿用。 [2]所以必称先王：后代子孙之所以经常引用先王的范例，以证明自己施政的合理。 [3]盖由：就是因为。遗训余风：先辈遗留的法则和他们办事的风度。 [4]足以贻（yí）之来世：有留给后代做参考的价值。贻，传给。 [5]经国之义虽弘：治理国家的办法虽然还算好。弘，有长处。 [6]隆家之道不足：管理国家的能力较差。 [7]彭城王：指刘义康，小字车子，刘裕第四子，刘义隆之弟，后被文帝派人暗杀。传见《宋书》卷六十八。照不窥古：有聪明才智而不知道吸取古训，意即属于不学无术之类。照，光辉，以喻识见。窥，看，学习。 [8]徒见昆弟之义：只看到了兄弟之间的亲情关系。昆弟，兄弟。 [9]未识君臣之礼：没有注意到君臣之间的等级差别。 [10]冀以家情行之国道：希望把家人之间的感情用到治理国事上。冀，希望。国道，治国之道。 [11]主猜而犹犯：做君主的已经对你萌生了怀疑，你还要接着去冒犯他。猜，怀疑。 [12]恩薄而未悟：他对你已经没有好感而你还看不透。 [13]致以呵训之微行：致使只是一种应该加以训斥的小过失。呵训：批评，教育。 [14]遂成灭亲之大祸：竟然闹成了杀害同胞手足的大事件。 [15]开端树隙，垂之后人：刘义隆这种在兄弟之间闹矛盾、找岔子的做法，给他的后代子孙开了个坏头。隙，隔阂，矛盾。 [16]太宗因易隙之情：明帝借着兄弟之间容易产生隔阂的思想。 [17]据已行之典：按着文帝刘义隆已经采取的杀戮章程。典，典章，制度。 [18]翦落洪枝：大肆砍伐树干上的枝杈。

翦，同“剪”，剪除。洪枝，大枝大杈。洪，大。古人常把太子比成树干，把其他兄弟比成树枝。把树干上的枝杈都砍掉，这棵树也就不会有太多的活头了。［19］不待顾虑：不做任何考虑，极言其天良丧尽，铁石心肠。［20］本根无庇：剩下做皇帝、做太子的一个人孤立无援。无庇，没有保护者、支持者。［21］幼主孤立：年幼的太子即位，孤苦伶仃，无人帮衬。［22］神器：这里指国家政权、皇位宝座。以势弱倾移：由于势力太弱而被篡夺。倾移，倾覆，转移，意即被消灭。［23］灵命：天命，一个王朝的命运。随乐推回改：随着众人的拥戴而改换朝代。［24］履霜有渐，坚冰自至：《周易·坤卦》有所谓“履霜坚冰至”，意即当你踩到了地上的霜，你就会知道冰天雪地的日子就快要来了。说明万事万物都有一个发展变化的过程，都是由小到大，越来越严重的。有渐，即渐渐发展。［25］所由来远矣：意即刘宋王朝灭亡的苗头，在很早以前就已经出现了。以上沈约所发的议论，见《宋书·明帝纪》的传论。［26］噬（shì）虎之兽：能咬死老虎的猛兽。噬，咬。［27］搏狸之鸟：能与野猫搏斗的猛禽。狸，野猫。［28］非护异巢：也只是护住自己的巢窝。不管什么动物，对自己的后代都有一种关心爱护的本能。［29］保字螟（míng）蛉：能抚育自己收养的孩子。保字，意即保护，养育。螟蛉，通常指收养的孩子。［30］剿拉同气：杀戮自己的同胞兄弟。剿拉，剿灭，摧折。同气，同胞兄弟。［31］在原之天属：指亲兄弟之间的患难与共的固有天性。《诗经·常棣》有“脊令在原，兄弟急难”。脊令，一种鸟，诗人用以起兴，以引出兄弟在同甘苦、共患难中誓死不分的天性。天属，天性如此。［32］父子之自然：父子之间在遇到危难时自然而然地有一种相互救援的本能。［33］宋德告终：刘宋王朝的灭亡。宋德，犹言刘宋王朝的福禄、寿命。［34］非天废也：不是老天爷让它灭亡，是他们自己把自己灭亡的。［35］先弃本枝：先除掉自己的同胞兄弟，如曹丕、司马炎、刘骏、刘彧等，皆是如此。［36］妪煦（xù）旁孽（niè）：抚养别人家的孩子。妪煦，生养，关爱。旁孽，姬妾生的孩子，这里指别人家的孩子。［37］推诚嬖（bì）狎（xiá）：对身边的近习小人以诚相待。嬖狎，以不正当手段博得上位者欢心并被重用的小人。［38］疾恶父兄：对自己的父兄疾恨如仇。［39］前乘覆车：前面走的车子已经翻了。乘，一车四马，这里即指车。［40］后来并辔（pèi）：后面的车子还在沿着旧路快马加鞭地向前赶。并辔，犹言齐驱，加足马力向前赶。以言其丝毫不吸取前人的教训。［41］借使叔仲有国：假如你的政权被你的兄弟篡夺去了。叔仲，老三，老二。有国，夺取了你的国家。［42］不失配天：你们共同的父亲、祖父，在新皇帝祭天时还是会享受祭祀的。［43］他人入室：如果让外姓人篡取了你们的宫廷和政权。［44］将七庙绝祀：那你们家的祖庙就将被夷为平地，断绝祭祀了。七庙，七代祖先的灵牌。中间是开国的太祖，两边是六代的三昭三穆。［45］曾是莫怀：残暴的昏君们根本不考虑这一点。曾，竟，根本。是，此事，这一点。莫怀，不考虑，不顾及。［46］甘心揃（jiǎn）落：心甘情愿地让自己的国家彻底灭亡。揃落，剪除，灭亡。揃，同“剪”。［47］背文明之托：违背其母文明太后的叮嘱。司马氏之所以能篡夺曹氏的政权，是司马懿、司马师、司马昭几代连续努力的结果。司马懿死后由其长子司马师掌权；司马师死后由其弟司马昭掌权。司马昭有两个儿子，大儿子司马炎是接班人，二儿子司马攸过继在没有儿子的司马师门下。司马昭觉得自己能掌权是因为接续了其兄司马师的基业，所以他曾想让过继给司马师的次子司马攸作为自己的接班人。由于其长子司马炎玩弄阴谋手段，最后还是从其父手中接取了权位。其母文明太后知道司马炎的狠毒，临死前请求司马炎好好对待他的弟弟，但司马炎最终还是将司马攸杀害了。事见《晋书》卷三十八。［48］覆中州者贾后：招致中原地区大乱，最后西晋被少数民族所灭的罪魁是贾皇后。晋武帝的大儿子司马衷是个白痴，根本没有能力管理国事，但权臣贾充与其女硬是弄虚作假地欺骗司马炎，让司马炎把傻儿子立为接班人。司马炎一死，傻儿子上台，贾充之女为皇后，操纵政权，先是引起了“八王之乱”，紧接着少数民族入侵，西晋政权被灭，整个黄河流域落入少数民族之手。［49］太祖弃初宁之誓：指刘宋文帝刘义隆曾指着初宁陵对他的姐姐发誓，他绝不会杀他的弟弟刘义康，但没过多久，刘义隆还是把刘义康杀掉了。事见《宋书》卷六十八。弃，丢弃，抛开。初宁，即初宁陵，宋武帝刘裕的陵墓，位于今江苏南京市。［50］登合殿者元凶：登上合殿杀死文帝刘义隆的是他的太子刘劭。合殿，刘义隆被杀时所居住的殿名。元凶，即弑父的刘劭。［51］祸福无门，奚其豫择：意思是祸福来去无定，谁也没法事先选择。奚，何。豫，同“预”。［52］友于兄弟，不亦安乎：如果能加强兄弟间的友好感情，那不就平安无事了吗？

丙寅[1]，魏主至阴山。

初，吴喜之讨会稽[2]也，言于上曰：“得寻阳王子房及诸贼帅[3]，皆即于东戮之[4]。既而生送子房[5]，释顾琛[6]等。上以其新立大功，不问，而心衔之[7]。及克荆州，剽掠[8]，赃以万计[9]。寿寂之死，喜为淮陵[10]太守，督豫州诸军事，闻之，内惧，启乞中散大夫[11]，上尤疑骇[12]。或谮萧道成[13]在淮阴[14]有贰心于魏，上封银壶酒[15]，使喜自持赐道成。道成惧，欲逃，喜以情告道成[16]，且先为之饮，道成即饮之。喜还朝，保证道成[17]。或密以启上[18]，上以喜多计数[19]，素得人情[20]，恐其不能事幼主[21]；乃召喜入内殿，与共言谑甚款[22]，既出，赐以名馔[23]。寻赐死，然犹发诏赙赐[24]。

又与刘勔[25]等诏曰：“吴喜轻狡万端[26]，苟取物情[27]。昔大明[28]中，黟、歙[29]有亡命数千人，攻县邑[30]，杀官长，刘子尚[31]遣三千精甲讨之[32]，再往[33]失利。孝武以喜将数十人至县，说诱群贼，贼即归降。诡数幻惑[34]，乃能如此。及泰始初东讨[35]，止有三百人，直造三吴[36]，凡再经薄战[37]，而自破冈[38]以东，至海十郡[39]，无不清荡[40]。百姓闻吴河东[41]来，便望风自退，若非积取三吴人情[42]，何以得弭伏如此[43]！寻喜心迹[44]，岂可奉守文之主[45]，遭国家可乘之会[46]邪！譬如饵药[47]，当人羸冷[48]，资散石以全身[49]，及热势发动[50]，去坚积以止患[51]，非忘其功[52]，势不获已[53]耳。”

戊寅[54]，以淮阴为北兖州[55]，征萧道成入朝。道成所亲[56]以朝廷方诛大臣，劝勿就征[57]，道成曰：“诸卿殊不见事[58]！主上自以太子稚弱[59]，翦除诸弟，何预他人[60]！今唯应速发[61]；淹留顾望[62]，必将见疑[63]。且骨肉相残，自非灵长之祚[64]，祸难将兴[65]，方与卿等勠力[66]耳。”既至，拜散骑常侍、太子左卫率[67]。

（以上为第四段，写刘宋明帝刘彧杀掉诸弟，又转而对大臣下手，认为有潜在危害的，就一杀了之，寿寂之、吴喜都命丧黄泉，萧道成料事如神，冒险回到京城。）

【注释】

[1]丙寅：七月十日。 [2]吴喜之讨会稽：事见《资治通鉴》卷一百三十一，明帝泰始二年（466）。吴喜，在平定东方数郡的战斗中立有大功。被刘彧猜忌，被杀。传见《宋书》卷八十三。会稽，指吴喜讨伐支持刘子勋的会稽太守寻阳王刘子房。 [3]诸贼帅：指反对刘彧政权的各军事头领。 [4]皆即于东戮之：都在东方把他们就地处死，不必押解到京城。东，这里指会稽郡，会稽郡的地理位置在建康的东南方。 [5]生送子房：吴喜抓到刘子房后，并没有就地杀掉他，而是将他押送到了京都建康。 [6]释顾琛：宽饶了贼将顾琛。吴喜当时将刘子房押送建康，又宽释顾琛等，是出于观望形势，想为自己留条后路。顾琛（chēn），刘义康部属，任吴郡太守，封永新县侯。传见《宋书》卷八十一。 [7]心衔之：心里记恨着他。衔，同“含”，含恨在心。恨吴喜向反对派示意讨好。 [8]剽（piāo）掠：纵兵杀戮与抢夺百姓。 [9]赃以万计：贪污受贿的数目之大以万统计。 [10]淮陵：古郡名，郡治在今安徽明光市女山湖镇。 [11]启乞中散大夫：上书请求改任中散大夫。中散大夫，古官名，皇帝的侍从官员，闲散官职。 [12]疑骇（hài）：怀疑，担忧。 [13]或谮（zèn）萧道成：有人在皇帝跟前说萧道成的坏话。萧道成，即南齐的开国皇帝。谥高帝，庙号太祖。传见《南齐书》卷一。 [14]淮阴：古县名，县治在今江苏淮安市。[15]封银壶酒：用银壶装满毒酒，加上封条。 [16]以情告道成：把实情告诉萧道成，说这壶酒已经换过了。 [17]保证道成：意即担保萧道成是忠于刘宋王朝的。保证，为之担保，为之证明。[18]或密以启上：有人将吴喜换酒以试萧道成的情况报告刘彧。 [19]多计数：心眼多，有办法。 [20]素得人情：一向受人拥护。人情，人心。 [21]事幼主：侍候未来的小皇帝。事，为之做事。 [22]言谑（xuè）甚款：说说笑笑，很是推心置腹。谑，取笑。款，诚恳。 [23]名馔（zhuàn）：名贵的饭食。 [24]发诏赙（fù）赐：下诏书赏赐其家许多钱物。赙，向有丧事的人家赠送财物。 [25]刘勔（miǎn）：字伯猷，刘宋著名将领。传见《宋书》卷八十六。 [26]轻狡万端：

轻狂、狡猾到了极点。［27］苟取物情：变着法子收买人心。［28］大明：刘宋孝武帝刘骏的年号。［29］黟（yī）、歙（shè）：古二县名，都在今安徽南部新安江上游。［30］县邑：县城和县里的大乡镇。［31］刘子尚：字孝师，孝武帝刘骏第二子，传见《宋书》卷八十。［32］遣三千精甲讨之：当时刘子尚被封为西阳王，西阳王的封地西阳郡离黟、歙二县不远，故派兵往讨之。［33］再往：两次派兵前往。［34］诡数幻惑：诡计多端，容易让人上当受骗。［35］东讨：即讨伐会稽一带的反对刘彧政权的叛乱。［36］直造三吴：直捣东方的吴兴、吴郡、义兴三郡。直造，直捣，直扫，极言进兵之勇决。三吴，统称吴兴、吴郎、义兴三郡，都在太湖周围。［37］再经薄战：经过多次激烈冲杀。再，两次，多次。薄战，近战，激战，指短兵相接。［38］破冈：即破冈渎，秦淮河上游的运河名，旧址在今江苏句容市东南。当时东方的反刘彧的大军已经打到这一带，离建康城只有数百里之遥。［39］至海十郡：从破冈渎向东直达海边的十个郡，指晋陵、义兴、吴郡、吴兴、南东海、会稽、东阳、临海、永嘉、新安。［40］无不清荡：都被吴喜的军队扫平。［41］吴河东：当时的百姓们对吴喜的敬称。吴喜在孝武帝刘骏大明年间曾任河东太守。［42］积取三吴人情：长期地收买三吴地区的人心。［43］何以得弭（mǐ）伏如此：怎么能对他顺服到这种地步。弭伏，顺服，顺从。［44］寻喜心迹：细想吴喜的心思。［45］岂可奉守文之主：怎么能让他侍候一位不太英武的皇帝。守文之主，与英武的开国雄主相比，即遵守成法之君，言外之意是文弱、平和，手腕不够刚猛。［46］遭国家可乘之会：再遇上国家有让他们可乘的机会。［47］饵（ěr）药：有病吃药。饵，药饵，治病。［48］羸（léi）冷：瘦弱，怕冷。［49］资散石以全身：就得靠吃五石散以暖和身子，维持生命。散石，即所谓五石散，当时贵族喜欢服用的一种养生的药物。［50］热势发动：浑身发高烧，即所谓"散发"。［51］去坚积：不能再用丹石一类坚硬易积于内的药物。［52］非忘其功：不是说它没有起过作用。既指五石散，也指吴喜。［53］势不获已：形势所逼，不得不这么干。刘彧大段说吴喜之功，可谓句句是实，如果没有吴喜，不知当时的东方诸郡会干出什么事情来。时至今日，这些反倒成了吴喜该死的罪名。欲加之罪，何患无辞？胡三省曰："用人如此，人不自保，其肯终为之用乎？"［54］戊寅：七月二十二日。［55］以淮阴为北兖州：上一年任命萧道成为南兖州刺史，驻兵淮阴；今改淮阴为北兖州的州治，则萧道成无再留在淮阴的理由，是调萧道成进京所用的手段。［56］道成所亲：萧道成身边的亲信。［57］勿就征：不要听从刘彧的命令到朝廷去。［58］殊不见事：实在是看不清朝廷的形势。殊，实在，特别。［59］稚弱：幼稚，懦弱。［60］何预他人：与外姓人有何关涉。预，干涉，关系。［61］唯应速发：唯一要做的就是迅速出发。［62］淹留顾望：稍微有点怠慢、观望。淹，逗留。［63］见疑：被怀疑。［64］自非灵长之祚：当然不是国家昌盛长远的好兆头。祚，福。［65］祸难将兴：祸难等事就要来了。［66］方与卿等勠力：这正是与你们大家共同奋斗的好机会。［67］散骑常侍：古官名，帝王的侍从官员，掌表诏和规谏，起参谋顾问之用。太子左卫率：古官名，太子警卫部队的长官，统领禁兵。

八月，丁亥[1]，魏主还平城。

戊子[2]，以皇子跻[3]继江夏文献王义恭。

庚寅[4]，上疾有间[5]，大赦。

戊戌[6]，立皇子准[7]为安成王，实桂阳王休范之子[8]也。

魏显祖聪睿夙成[9]，刚毅有断；而好黄老、浮屠之学[10]，每引朝士及沙门共谈玄理[11]，雅薄富贵[12]，常有遗世之心[13]。以叔父中都大官京兆王子推沈雅[14]仁厚，素有时誉[15]，欲禅以帝位[16]。时太尉源贺[17]督诸军屯漠南[18]，驰传召之[19]。既至，会公卿大议，皆莫敢先言。任城王云[20]，子推之弟也，对曰："陛下方隆太平[21]，临覆四海[22]，岂得上违宗庙[23]，下弃兆民[24]。且父子相传，其来久矣。陛下必欲委弃尘务[25]，则皇太子宜承正统[26]。夫天下者，祖宗之天下；陛下若更授旁支[27]，恐非先圣之意，启[28]奸乱之心，斯乃祸福之原[29]，不可不慎也。"源贺曰："陛下今欲禅位皇叔，臣恐紊乱昭穆[30]，后世必有逆祀[31]之讥。愿[32]深思任城之言。"东阳公丕[33]等曰："皇太子虽圣德早彰[34]，然实冲幼[35]。陛下富于春秋[36]，始览万机[37]，奈何欲隆独善[38]，不以天下为心，其若宗庙何[39]！其若亿兆[40]何！"尚书陆馛[41]曰："陛下若舍太子，更议[42]诸王，臣请刎颈殿庭，不敢奉诏！"帝怒，变色；以问宦者选部尚书酒泉赵黑[43]，黑曰："臣以死奉戴[44]皇太子，不知其他！"帝默然[45]。时太子宏生五年矣，帝以其幼，故欲传位子推。中书令高允曰："臣不敢多言，愿陛下上思宗庙托付之重，追念周公抱成王[46]之事。"帝乃曰："然则[47]立太子，群公辅之，有何不可！"又曰："陆馛，直臣也，必能保吾子。"乃以馛为太保[48]，与源贺持节奉皇帝玺绂[49]传位于太子。丙午[50]，高祖[51]即皇帝位，大赦，改元延兴[52]。

高祖幼有至性[53]，前年，显祖病痈[54]，高祖亲吮[55]。及受禅[56]，悲泣不自胜。显祖问其故，对曰："代亲之感[57]，内切于心[58]。"

丁未[59]，显祖下诏曰："朕希心玄古[60]，志存澹泊[61]，爰命储宫[62]践升大位，朕得优游恭己[63]，栖心浩然[64]。"

群臣奏曰："昔汉高祖称皇帝，尊其父为太上皇，明不统天下[65]也。

今皇帝幼冲[66]，万机大政[67]，犹宜陛下总之[68]。谨上尊号曰‘太上皇帝’。”显祖从之。

己酉[69]，上皇徙居崇光宫[70]，采椽不斫[71]，土阶而已[72]；国之大事咸以闻[73]。崇光宫在北苑[74]中，又建鹿野浮图[75]于苑中之西山，与禅僧[76]居之。

（以上为第五段，写北魏献文帝拓跋弘一心向佛，欲自动退位，让位于其叔父拓跋子推，众大臣一致反对，不得已传位给太子拓跋宏，自为太上皇。）

【注释】

[1]丁亥：八月一日。 [2]戊子：八月二日。 [3]跻（jī）：即刘跻，明帝刘彧第八子，初封临庆王，先后出继临庆冲王刘休倩、江夏文献王刘义恭，出任东中郎将、会稽太守。萧道成受禅，降为沙阳县公，不久被害。传见《宋书》卷九十。 [4]庚寅：八月四日。 [5]上疾有间：刘彧的病情有所好转。 [6]戊戌：八月十二日。 [7]准：即刘准，明帝刘彧第三子，封安成王。在萧道成拥立下即位，为刘宋末代傀儡皇帝。后被迫禅位，被杀。传见《宋书》卷十。 [8]实桂阳王休范之子：刘彧将其叔刘休范的儿子弄进宫廷，假说是他的妃子所生。 [9]显祖：即魏献文帝拓跋弘，庙号显祖。 [10]黄老、浮屠之学：道家和佛教的学问。浮屠，也作浮图，梵语音译，意为佛陀。原指佛教的创始人释迦牟尼，后泛指佛教。 [11]共谈玄理：共同讨论玄妙的道理，指佛学、老庄等形而上的微妙义理。 [12]雅薄富贵：一向摒弃功名富贵。雅，平素。薄，鄙视，看不起。 [13]遗世之心：脱离尘世的想法，即想要出家当和尚或寻仙访道。 [14]子推：即拓跋子推，一作“拓跋推”，景穆帝拓跋晃之子，封京兆王。传见《魏书》卷十九上。沈雅：沉稳而有雅量。 [15]素有时誉：很受当时舆论的称赞。 [16]欲禅以帝位：想把皇帝之位让给他。 [17]源贺：原名秃发破羌，字贺豆跋，南凉主秃发傉檀之子，北魏名臣。因及早投降北魏，又引导北魏军灭北凉，受到北魏主拓跋焘宠信，封西平郡公，迁征西将军，赐姓源。传见《魏书》卷四十一。 [18]漠南：蒙古大沙漠的南侧，在今内蒙古自治区境内。 [19]驰传召之：通过驿站飞速地召他进京。传，驿车。 [20]任城王云：即拓跋云，字岱，景穆帝拓跋晃之子，封任城王。传见《魏书》卷十九中。 [21]方隆太平：正在创建兴旺太平盛世。隆，盛，这里用如动词。[22]临覆四海：意即统治天下。临，君临，居高临下。覆，覆盖，包有。 [23]上违宗庙：意即辜负祖先传位于你为帝的意愿。 [24]下弃兆民：抛弃了天下百姓对你的一片拥戴之心。兆民，众民，百姓。 [25]委弃尘务：想要抛弃管理国家的繁杂事务。尘务，世俗的事务，指一切军政大权。 [26]正统：历代王朝先后相承的系统。 [27]更授旁支：指传位于其叔。旁支，嫡长子以外的其他支属。 [28]启：诱发。 [29]祸福之原：偏正词组，这里实指祸端。原，同“源”，来源，源头。 [30]紊乱昭穆：搞乱了宗庙灵牌的昭穆次序。古代宗庙供奉七代灵牌，开国始祖

的灵牌居中，其他第二、四、六代的灵牌排列在左方，称作“昭”；第三、五、七代的灵牌排列在右方，称作“穆”，按照父子相承的顺序排下来。如今拓跋弘想传位于其叔，故源贺说他“紊乱昭穆”。［31］逆祀：指太庙灵牌的辈分次序颠倒，祭祀关系不顺。［32］愿：希望。［33］东阳公丕：即元丕，乐城侯拓跋兴都之子，封东阳郡公。传见《魏书》卷十四。［34］圣德早彰：至高无上的道德早已显示出来。彰，显。［35］冲幼：年纪幼小。［36］富于春秋：年方鼎盛。春秋，这里指年龄。［37］始览万机：刚从冯太后手里接过政权不久。［38］欲隆独善：想放弃政权，寻求独善其身。隆，看重，寻求。［39］其若宗庙何：您怎么向祖宗交代呢？［40］亿兆：犹前所谓“兆民”，众民。［41］陆馛（bó）：东平成王陆俟嫡长子，北魏大臣。传见《魏书》卷四十。［42］更议：另行考虑。更，改。［43］宦者选部尚书：古官名，太监身份的吏部尚书。选部，即后代的吏部。赵黑：一作赵默，北魏宦官、大臣。传见《魏书》卷九十四。［44］奉戴：尊奉，拥戴。［45］默然：沉默不语的样子。［46］周公抱成王：指西周武王将儿子成王托孤周公姬旦，总理天下之事。传见《史记》卷三十三。［47］然则：既然如此，那么就。胡三省曰：“高允之言婉而当，且发于众言交进之后，故转移上意为力差易。”［48］太保：古官名，三公之一，负责辅导太子。［49］皇帝玺绂（fú）：皇帝的印玺。绂，系印的丝条，通常与“印”“玺”连用，指印玺。［50］丙午：八月二十日。［51］高祖：即北魏孝文帝拓跋宏，献文帝拓跋弘的长子，庙号高祖。［52］延兴：北魏孝文帝拓跋宏的第一个年号。［53］至性：纯真的天性，通常指善良、孝顺、友爱、慈悲等。［54］病痈（yōng）：长了毒疮。病，用如动词，患病、生病的意思。［55］亲吮（shǔn）：亲自用嘴为其父吸脓。［56］受禅：接受其父的禅让。［57］代亲之感：取代了父亲职务的那种感觉。［58］内切于心：心里悲痛极了。袁俊德《历史纲鉴补》曰：“宏是时方五岁，史称前年吮痈，当是三四岁事，即悲泣对问，亦非五岁所能办，不问可知其伪。”［59］丁未：八月二十一日。［60］希心玄古：内心仰慕淳朴远古的道德与生活。希心，犹倾心。玄古，清虚，古朴。［61］志存澹（dàn）泊：一心想着平平淡淡，与世无争。［62］爰（yuán）命储宫：于是让我的太子。爰，于是。储宫，宫中所储，即指太子。［63］优游恭己：悠闲自得，无事一身轻。恭己，意同“拱己”，垂衣拱手而坐，清闲无事的样子。［64］栖心浩然：神游于浩渺的大自然中。栖心，寄心。浩然，盛大的样子。［65］明不统天下：以表明这个天下还不是一个人说了算，背后还有更高的权威。［66］幼冲：年纪幼小。［67］万机大政：犹言朝廷万事，国家政权。［68］犹宜陛下总之：还应该由您大体上把关。总，总管。［69］己酉：八月二十三日。［70］崇光宫：北魏离宫。献文帝拓跋弘于平城北苑中建，在今山西大同市城北。［71］采椽（chuán）不斫（zhuó）：采来的山木以为椽子，而不加任何的雕斫与修饰，极言其所居屋舍之简陋。斫，用刀斧砍。［72］土阶而已：台阶就是用泥土夯成的。［73］咸以闻：都报告给他知道。［74］北苑：平城城北的皇家园囿。［75］鹿野浮图：佛塔名。佛教神话，说佛的前身是一位国王。有林地养鹿，每日用一鹿供国王充膳。有一孕鹿将产子，鹿王菩萨告诉国王，愿意以自身替代。国王被菩萨的仁慈感动，把全部鹿群都放了，于是有了“鹿野”之称。这里借用这个故事为佛塔起名。浮图，即佛塔。[76]禅僧：佛徒，和尚。

冬，十月，魏沃野、统万[1]二镇敕勒叛，遣太尉源贺帅众讨之，降二千余落，追击余党至枹罕、金城[2]，大破之，斩首八千余级，虏[3]男女万余口，杂畜三万余头。诏贺都督三道诸军[4]，屯于漠南。

先是，魏每岁秋、冬发军，三道并出以备柔然，春中乃还。贺以为"往来疲劳，不可支久；请募诸州镇武健者三万余人，筑三城以处[5]之，使冬则讲武[6]，春则耕种。"不从[7]。

庚寅[8]，魏以南安王桢[9]为都督凉州及西戎诸军事，领护西域校尉[10]，镇凉州。

上命北琅邪、兰陵二郡太守垣崇祖[11]经略淮北[12]，崇祖自郁洲[13]将数百人入魏境七百里，据蒙山[14]。十一月，魏东兖州刺史于洛侯[15]击之，崇祖引还。

上以故第为湘宫寺[16]，备极壮丽[17]，欲造十级浮图而不能[18]，乃分为二[19]。新安太守巢尚之罢郡入见[20]，上谓曰："卿至湘宫寺未？此是我大功德，用钱不少。"通直散骑侍郎[21]会稽虞愿[22]侍侧，曰："此皆百姓卖儿贴妇钱[23]所为，佛若有知，当慈悲嗟愍；罪高浮图[24]，何功德之有！"侍坐者失色；上怒，使人驱下殿。愿徐去[25]，无异容[26]。

上好围棋，棋甚拙，与第一品[27]彭城丞王抗围棋，抗每假借之[28]，曰："皇帝飞棋[29]，臣抗不能断[30]。"上终不悟，好之愈笃[31]。愿又曰："尧以此教丹朱[32]，非人主所宜好也。"上虽怒甚，以愿王国旧臣[33]，每优容[34]之。

王景文常以盛满为忧[35]，屡辞位任[36]，上不许。然中心以景文外戚贵盛[37]，张永[38]累经军旅，疑其将来难信，乃自为谣言曰："一士不可亲[39]，弓长射杀人[40]。"景文弥惧[41]，自表解扬州[42]，情甚切至[43]。诏报[44]曰："人居贵要[45]，但问心若为耳[46]。大明之世[47]，巢、徐、二戴[48]，位不过执戟[49]，权亢人主[50]。今袁粲作仆射领选，而人往往不知有粲[51]，粲迁为令[52]，居之不疑[53]；人情向粲[54]，淡然亦复不改常日[55]。以此居贵位要任，当有致忧竞不[56]？夫贵高有危殆之惧[57]，卑贱有填壑之忧[58]，有心于避祸[59]，不如无心于任运[60]，存亡之要[61]，巨细一揆[62]耳。”

（以上为第六段，写刘宋明帝刘彧建造湘宫寺，劳民伤财，虞愿直谏，令刘彧大怒；外戚王景文位高权重，刘彧以为难信，编造谣言，使其辞去扬州刺史职位。）

【注释】

[1]沃野、统万：北魏的两个军镇名。沃野，故址在今内蒙古五原县东北的乌加河北。统万，即赫连故都，北魏以为镇，置镇将，在今陕西榆林市横山区西北。 [2]枹（fú）罕、金城：古城名。枹罕，当时河州的州治所在地，在今甘肃临夏市东北。金城，当时金城郡的郡治所在地，在今甘肃兰州市西北。 [3]虏：同“掳”，掳获。 [4]三道诸军：指皇兴四年（470）拓跋弘亲自率领东、西、中三道出兵北伐柔然时的军队。 [5]处：驻兵防守。 [6]讲武：讲习武事，练武。 [7]不从：北魏主拓跋宏没有采纳。 [8]庚寅：十月五日。 [9]南安王桢：即拓跋桢，拓跋晃第十一子，封南安郡王，拜征南将军、中都坐大官。传见《魏书》卷十九中。 [10]护西域校尉：监督西域校尉。西域校尉是管理今新疆地区各归化诸国事务的军政长官。其驻地在今新疆若羌县。 [11]北琅邪、兰陵二郡：北琅邪郡的郡治在今山东临沂市东南，兰陵郡的郡治在今山东滕州市东南。垣（yuán）崇祖：字敬远，豫州刺史垣护之之侄，南齐将领。传见《南齐书》卷二十五。 [12]经略淮北：经营收复淮河以北的地区。当时淮河以北都已沦入北魏人之手。经略，经营，开拓。 [13]郁洲：古地名，今江苏连云港市海州区东的海岛名，岛上有小城，曰“郁洲”。 [14]蒙山：古山名，在今山东中部，主峰为龟蒙顶。 [15]东兖（yǎn）州：北魏所置，州治瑕丘，在今山东济宁市兖州区北。传见《魏书》卷八十九。 [16]湘宫寺：明帝刘彧为湘东王时住的宅第，后来捐为佛寺，在当时的建康城内。 [17]备极壮丽：花费很大，建造得极为奢华。 [18]不能：无法建造。 [19]乃分为二：于是改修成两个佛塔。 [20]新安：古郡名，郡治始新，在今浙江淳安县西北。巢尚之：刘宋大臣，时为新安太守。传见《宋书》卷九十四。罢郡入见：在新安郡任满进京拜见皇帝。 [21]通直散骑侍郎：古官名，皇帝身边的侍从官，主管传达诏命。 [22]虞愿：字士恭，刘宋的儒学之臣，清贫廉洁有善政。传见《南齐书》卷五十三。 [23]贴妇钱：穷困人家无以为生，主妇外出卖淫以补家用不足，此所获之钱谓之“贴妇钱”。贴，典卖。 [24]罪高浮图：您的罪孽之大，比您修的塔寺还要高。 [25]徐去：慢慢离去。 [26]无异容：没有任何惶恐畏惧的样子。 [27]第一品：最高级别的围棋高手。 [28]假借之：让着他。 [29]飞棋：婉言其随意下子，不顾棋理。 [30]不能断：不能把您的联络断开。断，围棋术语，切断其联络。 [31]好之愈笃（dǔ）：棋瘾越来越大。 [32]尧以此教丹朱：就此语的意思而言，是尧的儿子丹朱迷恋下棋，尧警告他玩物丧志，不是一个政治人物应该沉迷的。而张华《博物志》则云：“尧造围棋，以教子丹朱。或云舜以子商均愚，故作围棋以教之。其法非智者不能也。”这样就与下文虞愿所谓“非人主所宜好”不相符合。 [33]王国旧臣：刘彧为湘东王时，虞愿曾任湘东王常侍，是刘

彧的侍从官。［34］优容：宽容、包涵。［35］王景文：字景文，原名王彧，因与明帝刘彧同名，故以其字行，刘宋重臣。传见《宋书》卷八十五。以盛满为忧：因官高权大感到害怕。［36］位任：官位，职务。［37］外戚贵盛：王景文的妹妹是刘彧的皇后。［38］张永：字景云，刘彧时代的名将。传见《宋书》卷五十三。［39］一士不可亲：意即王景文不能亲近。一士，是“王”字的拆写。［40］弓长射杀人：意即张永将会射死人。弓长，“张”字的拆写。［41］弥惧：更加害怕。［42］自表解扬州：自己上书请求辞去扬州刺史的职务。扬州因在都城所在的区域，故其刺史权大位高。［43］切至：恳切，迫切。［44］诏报：刘彧下诏答复他。［45］贵要：尊贵，显要。［46］心若为耳：心里是怎么想的。若，如何。［47］大明之世：孝武帝在位期间。大明，刘宋孝武帝刘骏的年号。［48］巢、徐、二戴：巢尚之、徐爰、戴法兴，戴明宝。刘宋四大臣。四人传见《宋书》卷九十四。［49］位不过执戟：极言巢、徐、二戴四人原来的地位都很低。执戟，宫廷侍卫一样的低级侍从。［50］权亢（kàng）人主：后来发展到比皇帝的权力还要大。亢，高出，高过。［51］往往不知有粲：极言其谨慎小心，不张扬，不招权纳贿。［52］迁为令：泰始七年（471），袁粲升为尚书令，位同丞相。［53］居之不疑：让干就干，没有任何故作谦退、推说不行的样子。［54］人情向粲：当文武百官都拥护袁粲，众望所归时。［55］亦复不改常日：仍然像过去一样。［56］当有致忧竞不：还会产生你这种忧心忡忡、战战兢兢的心理吗？致，导致，产生。竞，胡三省以为当作“兢”。不，相当于“否”。［57］贵高有危殆之惧：官做大了担心遭祸。［58］卑贱有填壑之忧：太卑贱了又担心死后没人埋。［59］有心于避祸：与其每天总担心害怕祸事临头。［60］无心于任运：抛开一切胡思乱想，听天由命，就像陶渊明所说的“纵浪大化中，不喜亦不惧”，或俗话所说的“君子坦荡荡，小人长戚戚”。［61］存亡之要：人生在世的处事要诀。［62］巨细一揆（kuí）：大事小事的道理都是一样的。

泰豫元年（壬子，472 年）

春，正月，甲寅朔[1]，上以疾久不平[2]，改元[3]。戊午[4]，皇太子会四方朝贺者于东宫，并受贡计[5]。

大阳蛮酋桓诞[6]拥沔水以北[7]，滍、叶以南八万余落[8]降于魏，自云桓玄之子，亡匿蛮中，以智略为群蛮所宗[9]。魏以诞为征南将军、东荆州[10]刺史、襄阳王，听[11]自选郡县吏；使起部郎京兆韦珍[12]与诞安集新民[13]，区置[14]诸事，皆得其所。

二月，柔然侵魏，上皇遣将击之，柔然走。东部敕勒叛奔柔然，上皇自将追之，至石碛[15]，不及而还。

上疾笃，虑晏驾之后，皇后临朝[16]，江安懿侯[17]王景文以元舅之势，必为宰相，门族强盛，或有异图[18]。己未[19]，遣使赍药[20]赐景文死，手敕[21]曰："与卿周旋[22]，欲全卿门户[23]，故有此处分[24]。"敕至，景文正与客棋，叩函看已[25]，复置局下[26]，神色不变，方与客思行争劫[27]。局竟[28]，敛子内奁毕[29]，徐曰[30]："奉敕见赐以死[31]。"方以敕示客[32]。中直兵[33]焦度、赵智略愤怒，曰："大丈夫安能坐受死！州中[34]文武数百，足以一奋[35]。"景文曰："知卿至心[36]；若见念[37]者，为我百口计[38]。"乃作墨启[39]答敕致谢，饮药而卒。赠开府仪同三司。

上梦有人告曰："豫章太守刘愔[40]反。"既寤[41]，遣人就郡杀之。

魏显祖还平城。

庚午[42]，魏主耕籍田[43]。

夏，四月，以垣崇祖行徐州事[44]，徙戍龙沮[45]。

己亥[46]，上大渐[47]，以江州刺史桂阳王休范为司空，又以尚书右仆射褚渊为护军将军，加中领军刘勔右仆射，诏渊、勔与尚书令袁粲、荆州刺史蔡兴宗、郢州刺史沈攸之并受顾命[48]。褚渊素与萧道成善，引荐于上，诏又以道成为右卫将军，领卫尉[49]，与袁粲等共掌机事[50]。是夕，上殂[51]。

庚子[52]，太子即皇帝位，大赦。时苍梧王[53]方十岁，袁粲、褚渊秉政，承太宗奢侈之后，务弘节俭[54]，欲救其弊；而阮佃夫、王道隆[55]等用事，货赂公行，不能禁也。

（以上为第七段，写明帝刘彧临死前杀掉太子元舅王景文，又杀掉豫章太守刘愔；刘彧去世，太子刘昱即帝位；宿将萧道成进入朝廷核心岗位，地位上升，执掌大权。）

【注释】

[1]甲寅朔：正月一日。 [2]不平：不好，不痊愈。 [3]改元：更改年号，将泰始八年改称泰豫元年。 [4]戊午：正月五日。 [5]受贡计：接受各州郡奉献给皇帝的贡品与各州郡上报中央的图籍与账簿。计，账簿，各地方政府应向中央政权交纳的税赋与钱粮。 [6]大阳蛮酋桓诞：大阳蛮，大阳山一带的少数民族，生活在今湖北北部、河南南部山区。旧时今湖北京山市北部有大阳山，刘宋又置大阳戍于今湖北蕲春县西北，大阳蛮或即由此得名。酋，酋长，头领。桓诞，字天

生，东晋末年的乱臣桓玄之子，在桓玄被杀后逃入襄阳以北的大阳蛮中，因有谋略，遂成为大阳蛮酋长，曾被北魏打败，投降，受封为襄阳王。居于沔水以北，曾出兵南攻义阳、竟陵，均无功。事见《魏书》卷一百一。［7］沔（miǎn）水以北：即汉水以北，指今湖北北部地区。汉水的上游称沔水。［8］滍（zhì）、叶以南：滍水与叶县以南，在今河南西南部。滍水，在今河南鲁山县、叶县境内的沙河。当时的叶县在今河南叶县的西南方。落：聚居的帐落。［9］所宗：所尊敬，所服从，愿意以其为统领。［10］东荆州：古州名，州治在今河南泌阳县。［11］听：听任，任其自便。［12］起部郎：古官名，主管建造的官员。起部，即后来的所谓工部，是朝廷主管建造的部门。韦珍：字灵智，雍州刺史韦尚之子，北魏大臣。传见《魏书》卷四十五。［13］安集新民：安抚、招集新归顺北魏的南方之民。［14］区置：调配，安置。［15］石碛（qì）：水草很少的沙石相间之地。在今内蒙古四子王旗与察哈尔右翼后旗的北部一带地区。［16］皇后临朝：皇后掌管国家大事。皇后，即王贞风，尚书仆射王僧朗之女，王景文之妹，明帝刘彧的皇后。传见《宋书》卷四十一。［17］江安懿侯：王景文封江安侯，谥号懿，故称之。江安，古县名，县治在今湖北公安县。［18］或有异图：或许有篡夺皇位之事。［19］己未：三月七日。［20］赍（jī）药：送去毒药。赍，拿东西送人。［21］手敕：也叫手诏，皇帝亲自写的诏书。［22］周旋：意即与你长期打交道，知道你的为人。［23］欲全卿门户：想保全你的一家老小，不让他们因你日后叛变而牵连灭门。［24］故有此处分：所以我现在及早将你处死。处分，决定。［25］叩函看已：打开诏书看完后。叩，启，打开。已，完毕。［26］复置局下：放在了棋盘底下。局，棋局，棋盘。［27］方与客思行争劫：正在思考要与对方打劫。打劫，是围棋术语，也叫“劫争”。［28］局竟：这盘棋下完后。［29］敛子内奁（lián）毕：收拾棋子把棋子装入盒子后。敛，收拾。内奁，装进盒子里。内，同“纳”，收纳。［30］徐曰：慢慢地说。［31］奉敕见赐以死：接到皇帝命令，他要赐我一死。［32］以敕示客：把皇帝下的命令给客人看。［33］中直兵：亲兵小队的头领。焦度，字文绩，本南安氐人，因避难到襄阳，为刘宋将领。传见《南史》卷四十六。赵智略：刘宋时人。［34］州中：此指扬州刺史的部下，王景文时为扬州刺史。［35］足以一奋：完全可以和他较量一下高低。一奋，一拼。［36］至心：诚实之心。［37］若见念：如果真的怜惜我。念，因感恩而同情、怜惜。［38］为我百口计：就为我的全家做打算吧。意即如果我反抗，则将带累满门被抄斩。［39］墨启：写给皇帝的亲笔手书。［40］豫章太守刘愔：豫章，古郡名，郡治在今江西南昌市。刘愔（yīn），刘宋豫章太守，被明帝刘彧派人杀害。［41］既寤（wù）：睡醒以后。［42］庚午：三月十八日。［43］耕籍田：耕种籍田以表示重农、劝农。籍田，皇帝亲自耕种的示范田。［44］行徐州事：代理徐州刺史。［45］徙戍龙沮：移兵到龙沮城驻守，即以龙沮为其徐州刺史的临时州治，其地在今江苏连云港市海州区西南。［46］己亥：四月十七日。［47］大渐：病势沉重。［48］受顾命：接受皇帝临死前对后事的嘱托。［49］右卫将军，领卫尉：右卫将军，古将军名号，主管宫廷禁卫。领卫尉，兼任卫尉之职。卫尉，古官名，统领禁兵以守卫宫门，职务重要。［50］机事：国家枢机大事。［51］上殂（cú）：刘彧死，是年三十四岁。［52］庚子：

四月十八日。 [53]苍梧王：即后废帝刘昱（yù）。明帝刘彧长子，为人凶狠残暴被杀，追认为苍梧王，史称“后废帝”。传见《宋书》卷九。 [54]务弘节俭：厉行节约俭朴。弘，扩大，提倡。[55]阮佃（diàn）夫、王道隆：两人为明帝宠臣。传见《宋书》卷九十四。

乙巳[1]，以安成王准为扬州刺史。

五月，戊寅[2]，葬明皇帝于高宁陵[3]，庙号太宗。六月，乙巳[4]，尊皇后曰“皇太后”，立妃江氏[5]为皇后。

秋，七月，柔然部帅无卢真将三万骑寇魏敦煌[6]，镇将尉多侯[7]击走之。多侯，眷之子也。又寇晋昌[8]，守将薛奴击走之。

戊午[9]，魏主如阴山。

戊辰[10]，尊帝母陈贵妃[11]为皇太妃，更以诸国太妃为太姬[12]。右军将军王道隆以蔡兴宗强直[13]，不欲使居上流[14]，闰月，甲辰[15]，以兴宗为中书监[16]；更以沈攸之为都督荆、襄[17]等八州诸军事、荆州刺史。兴宗辞中书监不拜[18]。王道隆每诣兴宗[19]，蹑履到前[20]，不敢就席[21]，良久去[22]，竟不呼坐[23]。

沈攸之自以材略[24]过人，自至夏口[25]以来，阴蓄异志[26]；及徙荆州[27]，择郢州士马、器仗精者，多以自随[28]。到官[29]，以讨蛮为名，大发兵力，招聚才勇，部勒严整[30]，常如敌至[31]。重赋敛[32]以缮器甲，旧应供台者皆割留之[33]，养马至二千余匹，治战舰近千艘，仓廪、府库莫不充积[34]。士子[35]、商旅过荆州者，多为所羁留[36]；四方亡命，归之者皆蔽匿拥护[37]；所部[38]或有逃亡，无远近穷追，必得而止。举错专恣[39]，不复承用符敕[40]，朝廷疑而惮之[41]。为政刻暴，或鞭挞士大夫；上佐[42]以下，面加詈辱[43]。然吏事精明[44]，人不敢欺，境内盗贼屏息[45]，夜户不闭。

攸之赕罚群蛮[46]太甚，又禁五溪鱼盐[47]，蛮怨叛。西溪蛮王田头拟[48]死，弟娄侯[49]篡立，其子田都走入獠[50]中。于是，群蛮大乱，掠抄至武陵城[51]下。武陵内史萧嶷[52]遣队主张英儿[53]击破之，诛娄侯，立田都，群蛮乃定。嶷，赜之弟也。

八月，戊午[54]，乐安宣穆公[55]蔡兴宗卒。

九月，辛巳[56]，魏主还平城。

冬，十月，柔然侵魏，及五原[57]，十一月，上皇自将讨之。将度漠，柔然北走数千里，上皇乃还。

丁亥[58]，魏封上皇之弟略为广川王[59]。

己亥[60]，以郢州刺史刘秉为尚书左仆射[61]。秉，道怜之孙也，和弱无干能[62]，以宗室清令[63]，故袁、褚引之[64]。

中书通事舍人阮佃夫加给事中、辅国将军，权任转重。欲用其所亲吴郡张澹为武陵郡[65]；袁粲等皆不同[66]，佃夫称敕施行[67]，粲等不敢执[68]。

魏有司奏诸祠祀[69]合一千七十五所，岁用牲[70]七万五千五百。上皇恶[71]其多杀，诏："自今非天地、宗庙、社稷[72]，皆勿用牲[73]，荐以酒脯[74]而已。"

（以上为第八段，写刘宋宿将沈攸之为都督荆襄等八州诸军事、荆州刺史，位高权重，产生非分之想；北魏的寺庙大量增加，太上皇帝拓跋弘下令不准用牲畜祭祀。）

【注释】

[1]乙巳：四月二十三日。 [2]戊寅：五月二十七日。 [3]高宁陵：古陵墓名，刘宋明帝刘彧的陵墓，在今江苏南京市幕府山麓。 [4]乙巳：六月二十四日。 [5]江氏：即江智渊的孙女。 [6]敦煌：北魏军镇名，首府在今甘肃敦煌市。 [7]尉多侯：北魏凉州刺史，尉眷之子，北魏将领。传见《魏书》卷二十六。 [8]晋昌：古郡名，郡治在今甘肃瓜州县东南。 [9]戊午：七月七日。 [10]戊辰：七月十七日。 [11]帝母陈贵妃：即陈妙登，刘宋明帝刘彧的妃子，后废帝刘昱的生母。刘昱继位，尊为皇太妃。传见《宋书》卷四十一。 [12]诸国太妃为太姬：诸国太妃，其他诸王的生母，在明帝时为一般嫔妃者。太姬，比太妃低一等。 [13]强直：强硬，正直。 [14]居上流：即任荆州刺史，荆州在建康城的上游。 [15]闰月，甲辰：闰七月二十四日。 [16]中书监：古官名，中书省首席长官，与中书令职务相等而位次略高，事实上的宰相。权位虽然很高，但不像荆州刺史那样威胁朝廷。 [17]襄：即襄州，为侨置的雍州，后来改称襄州，州治襄阳，在今湖北襄阳市。 [18]不拜：不接受中书监的任命。 [19]每诣兴宗：每次去见蔡兴宗。诣，到。 [20]蹑履到前：轻手轻脚走到蔡兴宗跟前。蹑履，小心走路的样子。 [21]不敢就席：不敢坐下来。 [22]良久去：过了好长时间才离去。 [23]竟不呼坐：蔡兴宗根本就不说一声"请坐"，极言蔡兴宗对王道隆的鄙视。 [24]材略：才能与谋略。 [25]至夏口：到夏口来任郢州

刺史。夏口，在今湖北武汉市江汉区，因处于汉水（当年也称夏水）与长江的汇口而得名。当时为郢州的州治所在地。沈攸之从泰始五年（469）来任郢州刺史。［26］阴蓄异志：心里怀着一种不可告人的打算。［27］及徙荆州：等接到改任荆州刺史的任命时。［28］多以自随：大都把它们带到了荆州。［29］到官：到达荆州刺史任上之后。［30］部勒严整：部署得非常严密。部勒，部署，约束。［31］常如敌至：经常像是处于战争状态。［32］赋敛：田赋，税收。［33］旧应供台者皆割留之：原来应向朝廷交纳的各种东西都或者割取一部分，或者全部扣留。［34］充积：都堆积得满满的。［35］士子：一些有文武才干，或一些有身份地位的人。［36］羁留：扣留，留住。［37］蔽匿拥护：掩藏，庇护。［38］所部：所管辖的人。［39］举错专恣：想干什么就干什么。举错，同“举措”。［40］不复承用符敕（chì）：不再听从朝廷的命令与指挥。符敕，胡三省曰：“台省所下者为符；出命经中书、门下者为敕。”［41］疑而惮（dàn）之：怀疑他，并且惧怕他。［42］上佐：高级僚属。刺史手下的高级僚属有别驾、长史、司马等。［43］面加詈（lì）辱：当面辱骂。詈，骂。［44］吏事精明：对官场上的一套非常熟悉。［45］屏息：销声匿迹。［46］赕（dǎn）罚群蛮：令少数民族出钱赎罪。赕，以财赎罪。胡三省引何承天《纂文》曰：“赕，蛮夷赎罪货也。”［47］禁五溪鱼盐：禁止在五溪捕鱼、制盐。五溪，指今湖南西部、贵州东部的五条溪水，即巫溪、武溪、沅溪、酉溪、辰溪。当时这一带是少数民族居住的地方。［48］酉溪蛮王：酉溪流域的少数民族头领。酉溪，在今湘西的酉水，源出四川东南部的酉阳土家族苗族自治县，东入湖南，再东南流入沅江。［49］娄侯：人名，酉溪少数民族头领田头拟之弟。［50］田都：田头拟之子。獠（liáo）：当时的少数民族名，当今壮族的先民。［51］武陵城：古城名，旧址在今湖南常德市西。［52］武陵内史萧嶷：武陵内史，古官名，武陵的行政长官，位同郡太守。萧嶷（yí），字宣俨，齐高帝萧道成次子，齐武帝萧赜之弟。刘宋时，为中书郎、江荆刺史。南齐时，封豫章郡王，中书监。传见《南齐书》卷二十二。［53］队主：一支部队的主官，不是固定的官名。［54］戊午：八月八日。［55］乐安宣穆公：蔡兴宗的封号是乐安公，谥号是宣穆。［56］辛巳：九月二日。［57］五原：古郡名，郡治在今内蒙古包头市西北。［58］丁亥：十一月九日。［59］略：即拓跋略，文成帝拓跋濬之子，拓跋弘之弟，封为广川王。传见《魏书》卷二十。［60］己亥：十一月二十一日。［61］刘秉：字彦节，长沙景王刘道怜之孙，刘宋大臣。传见《宋书》卷五十一。［62］无干能：没有办事能力。［63］清令：清静，美好。令，善。《宋书》本传称：“时宗室虽多，材能甚寡。秉少自砥束，甚得朝野之誉。”［64］袁、褚：袁粲与褚渊，都是当时的辅政大臣。［65］张澹（dàn）：阮佃夫的亲信，被任为武陵内史。［66］皆不同：都不同意阮佃夫的提议。［67］称敕施行：以皇帝的名义强制执行。敕，皇帝的旨意。［68］不敢执：不敢坚持自己的意见。［69］诸祠祀：各种祭祀的场所。［70］岁用牲：每年为做供品要宰杀的牲畜。［71］恶（wù）：厌恶，讨厌。［72］天地、宗庙、社稷：皆指祭祀之事，分别指祭祀天地诸神、祖宗、土神与谷神。［73］皆勿用牲：不再用新宰杀的牲畜做供品。［74］荐以酒脯（fǔ）而已：就用一些酒水与干肉做供品就行了。荐，上供，做供品。脯，干肉。

苍梧王[1]上

元徽[2]元年（癸丑，473 年）

春，正月，戊寅朔[3]，改元[4]，大赦。

庚辰[5]，魏员外散骑常侍崔演来聘。

戊戌[6]，魏上皇还，至云中[7]。

癸丑[8]，魏诏守令劝课农事，同部之内，贫富相通[9]，家有兼牛[10]，通借无者[11]；若不从诏，一门终身不仕[12]。

戊午[13]，魏上皇至平城[14]。

甲戌[15]，魏诏："县令能静一县劫盗[16]者，兼治二县[17]，即食其禄[18]；能静二县者，兼治三县，三年迁为郡守。二千石能静二郡上至三郡亦如之，三年迁为刺史。"

桂阳王休范，素凡讷[19]，少知解[20]，不为诸兄所齿遇[21]，物情亦不向之[22]，故太宗之末得免于祸。及帝即位，年在冲幼，素族[23]秉政，近习[24]用权。休范自谓尊亲莫二[25]，应入为宰辅[26]；既不如志[27]，怨愤颇甚[28]。典签新蔡许公舆为之谋主[29]，令休范折节下士[30]，厚相资给[31]，于是远近赴之[32]，岁中万计[33]；收养勇士，缮治[34]器械。朝廷知其有异志，亦阴为之备[35]。会夏口阙镇[36]，朝廷以其地居寻阳上流[37]，欲使腹心[38]居之。

二月，乙亥[39]，以晋熙王燮[40]为郢州刺史。燮始四岁，以黄门郎王奂[41]为长史，行府州事[42]，配以资力[43]，使镇夏口；复恐其过寻阳为休范所劫留[44]，使自太洑径去[45]。休范闻之，大怒，密与许公舆谋袭建康；表治城隍[46]，多解材板而蓄之[47]。奂，景文之兄子也。

吐谷浑[48]王拾寅寇魏浇河[49]，夏，四月，戊申[50]，魏以司空长孙观[51]为大都督，发兵讨之。

魏以孔子二十八世孙乘为崇圣大夫[52]，给十户以供洒扫。

（以上为第九段，写北魏施行发展农业、澄清吏治的举措，准备大举南犯；刘宋明帝刘彧剪灭诸弟，只留下才能凡庸的桂阳王刘休范，休范以老大自居，因未能担任丞相而有异心。）

【注释】

［1］苍梧王：即刘昱（yù），字德融，小字慧震，明帝刘彧长子，顺帝刘准长兄，刘宋第八位皇帝。为人凶狠残暴，致使朝政混乱。被废为苍梧王，史称“后废帝”。传见《宋书》卷九。［2］元徽：刘宋后废帝刘昱的年号。［3］戊寅朔：正月一日。［4］改元：改用新的年号，即改刘彧的泰豫年号为刘昱的元徽年号。［5］庚辰：正月三日。［6］戊戌：正月二十一日。［7］至云中：从北伐柔然的大漠边缘返回云中郡。云中，古郡名，郡治盛乐，在今内蒙古和林格尔县北。［8］癸丑：二月六日。［9］贫富相通：穷人与富人相互支援、相互救济。［10］家有兼牛：一个家庭养两头以上的牛。［11］通借无者：就要把牛借给没有牛的人家用。通借，互相借用。［12］终身不仕：一辈子不许进入官场。［13］戊午：二月十一日。［14］至平城：指从云中回到平城。［15］甲戌：二月二十七日。［16］能静一县劫盗：能使整个县里没有土匪盗贼。静，使安静，使动用法。［17］兼治二县：就让他同时管理两个县。［18］即食其禄：就享有两个县令的俸禄。［19］素凡讷：一向平庸，不善言辞。［20］少知解：没有什么知识、见解。［21］不为诸兄所齿遇：不被哥哥们看作是兄弟。所齿遇，看作是同一类人。齿，同类。［22］物情亦不向之：整个社会也没有人向着他。物情，人心。［23］素族：与豪门士族相比，是门庭地位不高的人，这里指袁粲、褚渊。［24］近习：皇帝身边受宠的奸险小人，这里指阮佃夫、王道隆、杨运长。［25］尊亲莫二：所处的权位之尊和与皇帝的血缘关系之亲，没人能比得上。当时刘休范既是皇帝刘昱的叔父，又身任骠骑大将军、江州刺史，加司空、侍中之职。莫二，再也找不到第二个人。［26］入为宰辅：入朝任宰相。宰辅，辅政的大臣，一般指宰相。［27］不如志：未能实现愿望。［28］颇甚：很重。颇，很，相当地。［29］许公舆为之谋主：许公舆，新蔡人，江州刺史刘休范的典签。为之谋主，成为刘休范身边的智囊人物。谋主，即主谋，主要谋划人员。［30］折节下士：即礼贤下士。折节，放下架子，虚心向人请教。［31］厚相资给：舍得花钱，给他们以优厚的待遇。［32］远近赴之：各地的人都去投奔他。［33］岁中万计：一年之中有上万的人前去投奔他。［34］缮（shàn）治：修缮，整治。［35］阴为之备：暗中注意防备他。［36］夏口阙镇：夏口地区的军政长官一时缺岗。因夏口是郢州刺史的驻地，故这里指郢州刺史告缺。［37］居寻阳上流：在江州刺史刘休范的寻阳的上游。寻阳，在今江西九江市，当时为江州的州治所在地。［38］腹心：心腹，亲信。［39］乙亥：二月二十八日。［40］晋熙王燮（xiè）：即刘燮，字仲绥，明帝刘彧第六子，封晋熙王，出继文帝刘义隆第九子刘昶。传见《宋书》卷七十二。［41］王奂（huàn）：字彦孙，特进光禄大夫王僧朗之孙，黄门郎王粹之子，刘宋、南齐两朝大臣。传见《南齐书》卷四十九。［42］行府州事：代理都督府与郢州刺史的一切权力。行，代理。［43］配以资力：为之配备充足的资财与人力。［44］所劫留：所扣留，不让他去夏口上任。［45］使自太洑（fú）径去：不让他从水路经由寻阳，而让他经由太洑绕过寻阳直奔夏口。太洑，即太子洑，古地名，旧址在今湖北黄梅县南。［46］表治城湟：报告朝廷说寻阳需要修城与深挖护城河。湟，湟池，护城河。［47］解：解送，积蓄。材板：即板材，木材。蓄之：贮存这些木

板以备日后造船，以袭建康之用。［48］吐谷（yù）浑：人名，亦是古国名。西晋末，首领吐谷浑率部西迁到枹罕（今甘肃临夏市），后扩展，统治了今青海、甘南和四川西北地区的羌、氐部落，建立国家。至其孙叶延，始以祖名为族名、国号。南朝称为河南国。建国 51 年（313—663）。其政权依附于南朝与北朝之间，有时同时接受南北双方的封赠。传见《魏书》卷一百一。［49］浇河：北魏郡名，郡治在今青海贵德县西南。［50］戊申：四月二日。［51］长孙观：字拔六观，北魏大臣，袭封上党郡王。传见《魏书》卷二十五。［52］乘为崇圣大夫：乘，即孔乘，北魏鲁郡人，字敬山，孔子二十八世孙。孝文帝时，孔乘被举为孝廉，延兴三年（473），封孔乘为崇圣大夫，并给十户以供林庙洒扫。崇圣大夫，为了尊崇孔子而取的官名。崇圣，尊崇圣人。

秋，七月，魏诏“河南六州[1]之民，户收绢一匹，绵一斤，租三十石。”

乙亥[2]，魏主如阴山。

八月，庚申[3]，魏上皇如河西。

长孙观入吐谷浑境，刍其秋稼[4]。吐谷浑王拾寅窘急[5]请降，遣子斤入侍[6]。自是岁修职贡[7]。

九月，辛巳[8]，上皇还平城。

遣使如魏[9]。

冬，十月，癸酉[10]，割南兖、豫州之境置徐州[11]，治钟离[12]。

魏上皇将入寇，诏州郡之民十丁取一以充行[13]，户收租五十石以备军粮。

魏武都氐[14]反，攻仇池[15]，诏长孙观回师讨之。

武都王杨僧嗣[16]卒于葭芦[17]，从弟文度自立为武兴王[18]，遣使降魏；魏以文度为武兴镇将[19]。

十一月，丁丑[20]，尚书令袁粲以母忧去职[21]。

癸巳[22]，魏上皇南巡，至怀州[23]。枋头[24]镇将代人薛虎子[25]，先为冯太后所黜，为门士[26]。时山东饥，盗贼竞起，相州民孙诲等五百人称虎子在镇，境内清晏[27]，乞还虎子[28]。上皇复以虎子为枋头镇将；即日之官[29]，数州[30]盗贼皆息。

十二月，癸卯朔[31]，日有食之。

乙巳[32]，江州刺史桂阳王休范进位太尉。

诏起袁粲[33]，以卫军将军摄职[34]，粲固辞。

壬子[35]，柔然侵魏，柔玄镇[36]二部敕勒应之。魏州镇十一水旱[37]，相州民饿死者二千八百余人。

是岁，魏妖人刘举[38]聚众自称天子。齐州刺史武昌王平原[39]讨斩之。平原，提之子也。

（以上为第十段，集中写北魏政务太上皇帝拓跋弘欲大举南下讨伐刘宋；北魏重新起用枋头镇将薛虎子，数州盗贼平息；武都氐族部落以及魏郡人刘举反叛，均被讨平。）

【注释】

[1]河南六州：胡三省曰："青、徐、兖、豫、齐、东徐也。" [2]乙亥：七月一日。 [3]庚申：八月十六日。 [4]刍（chú）其秋稼：将其秋天的庄稼收割作为饲料。刍，饲料，这里用作动词。 [5]窘急：处境艰难急迫。 [6]遣子斤入侍：派他的儿子慕容斤到魏国做人质。入侍，到魏国来侍候皇帝，当人质的婉转说法。 [7]岁修职贡：每年向北魏进贡。修，执行。职，也是贡的意思。 [8]辛巳：九月八日。 [9]遣使如魏：宋帝刘昱派使者到北魏作礼节性访问。[10]癸酉：十月三十日。 [11]割南兖、豫州之境置徐州：把南兖州和豫州管辖的地盘各割出一块，合起来建立徐州。意即在今安徽境内又设立一个名叫徐州的侨置郡。当时的南兖州州治广陵，在今江苏扬州市；当时的豫州州治寿春，在今安徽寿县。 [12]治钟离：以钟离县为新设的侨置徐州的州治所在地。钟离，古县名，县治在今安徽凤阳县东北。 [13]充行：补充行伍，即入伍，参加南伐的军队。 [14]武都氐（dī）：武都郡的少数民族。武都，古郡名，郡在今甘肃陇南市武都区。 [15]仇池：北魏郡名，郡治骆谷镇，在今甘肃成县西。 [16]杨僧嗣：为武都国第三任国君，也是后仇池国第十任国君，割据于葭芦城。明帝刘彧封其为武都王。传见《宋书》卷九十八。 [17]葭（jiā）芦：古城名，旧址在今甘肃陇南市武都区。 [18]文度：即杨文度，武都王杨僧嗣堂弟。杨僧嗣去世，杨文度自立为武兴王，是武都国第四任国君，也是后仇池国第十一任国君。遣使降北魏，任为武兴镇将。刘宋向杨文度加授都督北秦、雍二州诸军事。后被北魏将皮欢喜攻杀。传见《宋书》卷九十八。 [19]武兴镇将：北魏在武兴县设立军镇，以杨文度为统兵将领。 [20]丁丑：十一月四日。 [21]以母忧去职：因母亲去世在家守孝而辞去辅政大臣之职。[22]癸巳：十一月二十日。 [23]怀州：古州名，州治在今河南沁阳市。 [24]枋（fāng）头：古地名，故址在今河南浚县城西的东、西二枋城。当时的枋头为黄河北侧渡口，地势相当重要。[25]薛虎子：一作薛彪子，河东公薛野賭之子，北魏大臣。传见《魏书》卷四十四。 [26]门士：守门的卫士。 [27]清晏：政治清平，社会安宁。晏，安宁。 [28]乞还虎子：请求让薛虎子回来重当此任。 [29]之官：前往上任。 [30]数州：枋头周围的冀、相、怀等州。 [31]癸卯朔：

十二月一日。［32］乙巳：十二月三日。［33］诏起袁粲：皇帝下诏让袁粲中止为母在家守孝，出来官复原职。［34］以卫军将军摄职：以卫军将军的头衔兼管朝廷政事。卫军将军的地位在侍中、尚书令等职之上，故称“摄职”。摄，兼任。［35］壬子：十二月十日。［36］柔玄镇：北魏在北方设立的六镇之一，其军镇所在地在今河北尚义县西。［37］十一水旱：十分之一的地区遭受旱涝灾害。［38］魏妖人刘举：魏妖人，魏郡的兴妖作乱分子。刘举，北魏人，曾举兵造反，被杀。［39］齐州：北魏州名，州治在今山东济南市。武昌王平原：即拓跋平原，道武帝拓跋珪曾孙，武昌成王拓跋提之子，袭封武昌郡王。传见《魏书》卷十六。

二年（甲寅，474 年）

春，正月，丁丑[1]，魏太尉源贺以疾罢。

二月，甲辰[2]，魏上皇还平城。

三月，丁亥[3]，魏员外散骑常侍许赤虎来聘。

夏，五月，壬午[4]，桂阳王休范反。掠民船，使军队称力请受[5]，付以材板，合手装治[6]，数日即办[7]。丙戌[8]，休范率众二万、骑五百发寻阳，昼夜取道[9]；以书与诸执政[10]，称：“杨运长、王道隆蛊惑[11]先帝，使建安、巴陵二王[12]无罪被戮，望执录二竖[13]，以谢冤魂[14]。”

庚寅[15]，大雷戍主杜道欣驰下告变[16]，朝廷惶骇[17]。护军[18]褚渊、征北将军张永、领军[19]刘勔、仆射刘秉、右卫将军萧道成、游击将军戴明宝、骁骑将军阮佃夫、右军将军王道隆、中书舍人孙千龄、员外郎杨运长集中书省[20]计事，莫有言者。道成曰：“昔上流谋逆[21]，皆因淹缓[22]致败，休范必远惩前失[23]，轻兵急下，乘我无备。今应变之术，不宜远出；若偏师失律[24]，则大沮众心[25]。宜顿新亭、白下[26]，坚守宫城、东府、石头[27]，以待贼至。千里孤军，后无委积[28]，求战不得，自然瓦解。我请顿新亭以当其锋，征北[29]守白下，领军屯宣阳门为诸军节度[30]；诸贵[31]安坐殿中，不须竞出，我自破贼必矣。”因索笔下议[32]，众并注“同”[33]。孙千龄阴[34]与休范通谋，独曰：“宜依旧遣军据梁山[35]。”道成正色[36]曰：“贼今已近，梁山岂可得至[37]！新亭既是兵冲[38]，所欲以死报国耳。常时乃可屈曲相从[39]，今不得也！”坐起[40]，道成顾谓刘勔曰：“领军已同鄙议，不可改易！”袁粲闻难，扶曳入殿[41]，即日，内外戒严[42]。

道成将前锋兵出屯新亭，张永屯白下，前南兖州刺史沈怀明[43]戍石头，袁粲、褚渊入卫殿省。时仓猝不暇授甲[44]，开南北二武库，随将士意所取。

萧道成至新亭，治城垒未毕；辛卯[45]，休范前军已至新林[46]。道成方[47]解衣高卧以安众心，徐索白虎幡[48]，登西垣[49]，使宁朔将军高道庆[50]、羽林监陈显达[51]、员外郎王敬则[52]帅舟师与休范战，颇有杀获。壬辰[53]，休范自新林舍舟步上，其将丁文豪请休范直攻台城。休范遣文豪[54]别将兵趣台城[55]，自以大众攻新亭垒。道成率将士悉力拒战，自巳至午[56]，外势愈盛[57]，众皆失色，道成曰："贼虽多而乱，寻当破[58]矣。"

休范白服[59]，乘肩舆[60]，自登城南临沧观[61]，以数十人自卫。屯骑校尉黄回[62]与越骑校尉张敬儿[63]谋诈降以取之。回谓敬儿曰："卿可取之[64]，我誓[65]不杀诸王。"敬儿以白道成。道成曰："卿能办事[66]，当以本州相赏[67]。"乃与回出城南，放仗走[68]，大呼称降。休范喜，召至舆侧。回阳致道成密意[69]，休范信之，以二子德宣、德嗣付道成为质[70]。二子至，道成即斩之。休范置回、敬儿于左右，所亲李恒、钟爽[71]谏，不听。时休范日饮醇酒，回见休范无备，目敬儿[72]，敬儿夺休范防身刀，斩休范首，左右皆散走。敬儿驰马持首归新亭。

道成遣队主陈灵宝送休范首还台[73]。灵宝道逢休范兵，弃首于水，挺身得达[74]，唱云"已平"[75]，而无以为验[76]，众莫之信[77]。休范将士亦不之知[78]，其将杜黑骡[79]攻新亭甚急。萧道成在射堂[80]，司空主簿萧惠朗[81]帅敢死士数十人突入东门，至射堂下。道成上马，帅麾下[82]搏战，惠朗乃退，道成复得保城[83]。惠朗，惠开之弟也，其姊为休范妃。惠朗兄黄门郎惠明[84]，时为道成军副[85]，在城内，了不自疑[86]。

（以上为第十一段，写桂阳王刘休范举兵反叛，从寻阳顺江而下，气势汹汹，朝廷一片惊惶，萧道臣率军迎敌，进至新亭，用诈降计杀了刘休范。）

【注释】

[1]丁丑：正月五日。[2]甲辰：二月三日。[3]丁亥：三月十六日。[4]壬午：五月十二日。[5]称力请受：根据本部门的人力多少、技术强弱提出可接受的造船任务。[6]合手装治：齐心合力地装配、打造船只。[7]数日即办：几天之内就完成了。办，完成。[8]丙戌：五月十六日。[9]昼夜取道：意即日夜兼程。[10]以书与诸执政：给朝廷的各位执政大臣写信。[11]蛊惑：迷惑、诱惑。[12]建安、巴陵二王：指刘休仁和刘休若。[13]执录二竖：逮捕这两个小人。执，拘捕。录，收押。竖，竖子，小子，古代的骂人语。[14]以谢冤魂：以安慰那些屈死者。[15]庚寅：五月二十日。[16]大雷戍主：大雷要塞的驻军头领。大雷，当时的重要据点，在今安徽望江县的长江边。戍主，据点、要塞的驻军头领。杜道欣：时为大雷戍主。驰下告变：飞马向下游的建康城报告紧急情况。[17]惶骇（hài）：惊惶，害怕。[18]护军：即护军将军，古将军名号，与侍中、尚书令同一等级。[19]领军：即领军将军，古将军名号，与护军将军级别相同。[20]中书省：古代中枢官署名，汉朝始设，曹魏改称中书监，晋朝以后称中书省，为秉承君主意旨，掌管机要，发布皇帝诏书、中央政令的最高机构。[21]昔上流谋逆：指元嘉三十年（453）刘义宣在荆州起兵反对孝武帝刘骏，和刘子勋泰始元年（465）在江州起兵反对明帝刘彧。因荆州和江州均在建康之西，地处长江上游，所以这里说“上流”。[22]淹缓：行动迟缓。淹，滞留。当时西军的将领臧质、刘胡等都曾提出长驱以取建康的动议，可惜均未被迂腐的主帅采纳。[23]远惩前失：吸取前人失败的教训。惩，接受教训。[24]若偏师失律：如果我们有一支小部队遭受失败。失律，不守约束，这里指失利。[25]大沮（jǔ）众心：对整个朝野人心士气的影响都是惨重的。沮，动摇，瓦解。[26]宜顿新亭、白下：应把重兵驻扎在新亭、白下地区。顿，驻扎。新亭，古地名，当时建康城周边的军事及交通重地，故址在今江苏南京市城南。白下，古地名，指白石山下白石垒一带，时为建康城外的滨江要地，旧址在今江苏南京市。[27]东府：即相府，也叫东城，是当时建康城东侧的小城，东晋时会稽王司马道子为朝廷首相时居住于此。石头：即石头城，当时建康城重要的屯兵与防守之地，故址在今江苏南京市的西北部。[28]委积：指粮食、草料等军需储备。[29]征北：指征北将军张永。[30]宣阳门：建康城的外城正南门。[31]诸贵：其他各位贵人。指萧道成、张永、刘勔以外的其他朝廷权贵，如刘秉、褚渊等。[32]索笔下议：提笔写下防守建康城的提议。[33]众并注“同”：大家都在萧道成的建议书上画押赞同。[34]阴：暗中，私下。[35]梁山：即天门山，在今安徽当涂县与和县之间，分东西两山，隔江相对，当时为防守建康城的西部要塞。[36]正色：面色严厉的样子。[37]梁山岂可得至：我们还来得及去梁山进行防守吗？[38]兵冲：敌军的必经之地。[39]乃可屈曲相从：我可以委屈自己听你们的。[40]坐起：从座位上站起来。[41]扶曳（yè）入殿：被人携扶着进入皇宫，表现了袁粲的识大局，不以己私而害公。扶曳，因袁粲正为母亲居丧，哀伤过度，所以被人搀扶。[42]内外戒严：京城内外进入紧急军事状态。[43]南兖（yǎn）州：古州名，州治广陵，在今江苏扬州市西北。沈怀明：名将沈庆之之侄，黄门郎沈僧荣之子，刘宋大

臣，特任南兖州刺史。传见《宋书》卷七十七。［44］不暇授甲：来不及按次序、按手续地分发盔甲。［45］辛卯：五月二十一日。［46］新林：古地名，也叫新林浦，旧址在今江苏南京市西南，即新亭的南方。［47］方：表示在某种条件下，相当于“才”，刚刚。［48］徐索白虎幡：慢慢地取来白虎幡。白虎幡，一种画有白虎的旗帜，用以督战和传布朝廷政令。这两句描写萧道成镇定自若的神态。［49］登西垣：登上西侧的城墙，以眺望敌兵。［50］高道庆：刘宋将领，以武勇显名。传见《宋书》卷八十三。［51］羽林监陈显达：羽林监，古军官名，宫廷宿卫部队的监军。陈显达，刘宋南齐名将。初仕刘宋，为前军幢主，随沈攸之北伐，拜濮阳太守，后追随齐高帝萧道成，拜护军将军，先后担任南兖州、益州、雍州、江州刺史。后随萧道成守建康城有功，成为萧氏的开国元勋。传见《南齐书》卷二十六。［52］王敬则：本名王恒，字敬则，后为南齐开国将领。传见《南齐书》卷二十六。［53］壬辰：五月二十二日。［54］文豪：姓丁，名文豪。刘宋时人，后废帝刘昱时，叛军首领刘休范的将领。［55］台城：建康城的主体部分，当时皇宫与中央政权办公机构的所在地，故址在今江苏南京市鸡鸣山北。［56］自巳至午：从上午十点左右一直打到中午十二点左右。古代计时称上午九点到十一点为巳时，上午十一点至下午一点为午时。［57］外势愈盛：刘休范的军队越来越多。［58］寻当破：很快就要失败。寻，不久。［59］白服：贵族文人的休闲打扮。［60］肩舆：犹今四川的滑竿，或者皇帝在宫廷中所乘坐的车辇。［61］临沧观：胡三省曰：“临沧观在劳山上，江宁县南十五里，亦曰‘劳劳亭’。”［62］屯骑校尉：古官名，汉武帝初置，为北军八校尉之一，掌骑士，戍卫京师，兼任征伐。两晋、南北朝皆沿置。黄回：刘宋后期将领，屡立战功，拜镇北将军、南兖州刺史。传见《宋书》卷八十三。［63］越骑校尉：古军官名，掌管骑兵。越骑，才力超越的意思。张敬儿：刘宋、南齐将领。传见《南史》卷四十五。［64］卿可取之：意即你可以取刘休范的性命。［65］誓：誓言，这里指曾经发过誓言。［66］卿能办事：如果你能办成此事，即以诈降的手段把刘休范杀死。［67］当以本州相赏：意即让你到你们老家所在的雍州去当刺史。张敬儿是南阳人，南阳当时属雍州。雍州的州治在今湖北襄阳市襄州区。［68］放仗走：放下兵器，徒手向南逃去。仗，兵器的统称。［69］回阳致道成密意：黄回假装把萧道成想要投降的意思说了一遍。阳，同“佯”，假装。［70］德宣、德嗣：即刘休范的两个儿子刘德宣、刘德嗣，被萧道成杀之。付道成为质：交给萧道成做人质。［71］李恒、钟爽：刘休范的两个将领。［72］目敬儿：给敬儿使眼色。［73］送休范首还台：把刘休范的首级送到朝廷，向朝廷报喜。［74］挺身得达：单身逃脱，到达朝廷。［75］唱云“已平”：大声报告说“敌首已死，叛乱已平”。［76］无以为验：没有办法证明。［77］莫之信：没有人相信。［78］不之知：不知道刘休范已被杀死这件事。［79］杜黑骡：叛军首领刘休范的将领。［80］射堂：练习射箭的地方。［81］司空主簿萧惠朗：司空刘休范属下的主簿官。主簿，古官名，是刺史或诸王属下的高级僚属，有如今之秘书长。萧惠朗，南兰陵人，刘宋名将萧思话第五子，萧惠开（萧思活长子）之弟，善骑马。参与桂阳王休范反叛。兵败，休范被杀。萧道成执政，赦惠朗，复加擢用。南齐时，为西阳王征虏长史，行南兖州事。传见《南齐书》卷四十六。［82］麾（huī）下：属下，亲信。麾，大将的指挥旗。[83]复得保城：重新据城而守。[84]惠明：即萧惠明，萧思话次子，刘宋大臣。传见《宋书》卷八十七。[85]军副：军中的副统帅。[86]了不自疑：一点也不因为自己有个弟弟是刘休范的亲戚而怀疑萧道成是否信任自己。

道成与黑骡拒战，自晡达旦[1]，矢石不息；其夜，大雨，鼓叫[2]不复相闻。将士积日不得寝食[3]，军中马夜惊，城内乱走。道成秉烛正坐，厉声呵之[4]，如是者数四[5]。

丁文豪破台军于皂荚桥[6]，直至朱雀桁[7]南；杜黑骡亦舍新亭北趣朱雀桁。右军将军王道隆将羽林精兵在朱雀门内，急召鄱阳忠昭公刘勔[8]于石头。勔至，命撤桁[9]以折南军之势，道隆怒曰："贼至，但当急击，宁可开桁自弱邪[10]！"勔不敢复言。道隆趣[11]勔进战，勔渡桁南，战败而死。黑骡等乘胜渡淮[12]，道隆弃众走还台，黑骡兵追杀之。黄门侍郎王蕴[13]重伤，踣于御沟之侧[14]，或[15]扶之以免。蕴，景文之兄子也。于是，中外[16]大震，道路皆云"台城已陷"，白下、石头之众皆溃，张永、沈怀明逃还。宫中传[17]新亭亦陷，太后执帝手泣曰："天下败矣！"

先是，月犯右执法[18]，太白犯上将[19]，或劝刘勔解职[20]。勔曰："吾执心行己[21]，无愧幽明[22]，若灾眚必至[23]，避岂得免？"勔晚年颇慕高尚[24]，立园宅，名为东山，遗落世务[25]，罢遣部曲[26]。萧道成谓勔曰："将军受顾命[27]，辅幼主，当此艰难之日，而深尚从容[28]，废省羽翼[29]，一朝事至，悔可追乎[30]！"勔不从而败[31]。

甲午[32]，抚军长史褚澄[33]开东府门纳南军，拥安成王准[34]据东府，称桂阳王教[35]曰："安成王，吾子也，勿得侵犯[36]。"澄，渊之弟也。杜黑骡径进至杜姥宅[37]，中书舍人孙千龄开承明门[38]出降。宫省恇扰[39]。时府藏已竭，皇太后、太妃剔取宫中金银器物以充赏[40]，众莫有斗志。

俄而[41]，丁文豪之众知休范已死，稍欲退散。文豪厉声曰："我独不能定天下邪！"许公舆诈称桂阳王在新亭，士民惶惑，诣萧道成垒投刺[42]者以千数。道成得，皆焚之，登北城[43]谓曰："刘休范父子昨已就戮，尸在南冈[44]下。身是萧平南[45]，诸君谛视之[46]。名刺皆已焚，勿忧惧也。”

道成遣陈显达、张敬儿及辅师将军任农夫[47]、马军主[48]东平周盘龙等将兵自石头济淮[49]，从承明门入卫宫省。袁粲慷慨谓诸将曰：“今寇贼已逼而众情离沮[50]，孤子受先帝付托[51]，不能绥靖国家[52]，请与诸君同死社稷[53]！”被甲上马，将驱[54]之。于是，陈显达等引兵出战，大破杜黑骡于杜姥宅，飞矢贯[55]显达目。丙申[56]，张敬儿等又破黑骡等于宣阳门，斩黑骡及丁文豪，进克东府，余党悉平。

萧道成振旅[57]还建康，百姓缘道聚观，曰：“全[58]国家者，此公也！”道成与袁粲、褚渊、刘秉皆上表引咎[59]解职，不许。丁酉[60]，解严[61]，大赦。

（以上为第十二段，写刘宋名将萧道成率领军队与叛军浴血奋战，愈战愈勇；名将刘勔长期追求脱俗雅致，一旦形势危急，受制于奸臣，阵亡；平叛终获全胜。）

【注释】

［1］自晡达旦：从前一天下午四点左右一直打到第二天早晨。古代计时以下午三点到五点为晡。旦，天明。［2］鼓叫：鼓声与士兵们的叫喊声。［3］积日不得寝食：一连几天不能吃饭，睡觉。［4］厉声呵之：高声叫骂。［5］如是者数四：这样一连喝止过好多次。［6］皂荚桥：古桥名，在新亭之北。［7］朱雀桁（héng）：当时的浮桥名，也称“朱雀桥”，在当时建康城的南门朱雀门外的秦淮河上，在今江苏南京市镇淮桥稍东。六朝时为建康城南的门户。桁，通“航”，浮桥。［8］鄱阳忠昭公刘勔：刘勔是协助刘彧讨平反对势力的重要将领之一，被封为鄱阳公，忠昭是其死后的谥号。［9］撤桁：将浮桥拆除。折：减轻，减少。［10］宁可开桁自弱：怎么能够拆掉浮桥，以示弱于敌人？［11］趣：同“促”，催促。［12］度淮：渡过秦淮河。［13］王蕴：字彦深，王景文之侄，刘宋官员。传见《宋书》卷八十五。［14］踣（bó）于御沟之侧：摔倒在宫门前的护城河边。踣，摔倒。御沟，环绕皇宫的小河。［15］或：有人。［16］中外：这里指宫廷内外。［17］宫中传：从宫里向外传出。［18］月犯右执法：月亮运行到右执法的区域。右执法，星名。胡三省曰：“太微南蕃中二星曰‘端门’，东曰‘左执法’，西曰‘右执法’。”［19］太白犯上将：太白星运行到上将星的区域。太白，即金星，也称启明星。上将，星名。胡三省曰：“太微东蕃四星，其北曰‘上将’；西蕃四星，南第一星亦曰‘上将’。”以上二句是古人附会刘勔之死是上应天象。［20］解职：辞去领军将军的职务。［21］执心行己：意即凭良心做人。行己，为人，立身。［22］无愧幽明：意即上对得起天地鬼神，下对得起天下苍生。幽，指鬼神；明，指人世。

[23]若灾眚（shěng）必至：如果灾难必然临头。灾眚，天降的灾难。［24］慕高尚：追求出世，不以人间富贵系心。［25］遗落世务：抛开世俗的官场斗争。［26］罢遣部曲：把自己门下军队、奴仆等都打发走。部曲，这里指豪门大族的私人军队以及佃户奴仆等。［27］顾命：老皇帝的临终嘱托。［28］深尚从容：追求自由自在。［29］废省羽翼：去掉身边的护卫人员，如上面提到的部曲一类。废省：罢去，减少。［30］悔可追：到时候连后悔都来不及了。［31］不从而败：刘勔不听萧道成的劝告，故受制于小人王道隆等，被其所迫而死。［32］甲午：五月二十四日。［33］抚军长史：抚军将军的高级僚属。褚澄：字彦道，褚渊之弟，尚文帝女庐江公主，拜驸马都尉，官至右军将军。传见《南齐书》卷二十三。纳南军：放刘休范的军队进了东府。［34］安成王准：即刘准，名义上是刘彧之子，实乃刘休范之子被抱持入宫者。故褚澄予以拥戴，实际上是拥护桂阳王刘休范。［35］称桂阳王教：以桂阳王刘休范的口吻发布文告。教，古代的一种文体名，指诸侯或王公大臣下达的命令或发布的文告。［36］勿得侵犯：不要把他当成是刘彧的儿子与其他人同样处置。［37］杜姥宅：东晋成帝杜皇后之母裴氏所立，在东府的南掖门外。［38］承明门：台城的城门。［39］宫省恇（kuāng）扰：皇帝的宫廷与中央的官署全部一片恐慌、惊扰。［40］剔取：挑选。充赏：充当赏钱。［41］俄而：不久。［42］诣萧道成垒投刺：到萧道成的防御工事递交名片以求接见容纳。［43］北城：新亭北面的防御工事。［44］南冈：即劳山的山岗，因在新亭城南，故名。［45］身是萧平南：本人就是平南将军萧道成。身，当时说话人的自称。［46］诸君谛（dì）视之：请你们认清楚，意即我说话是算数的。谛视，仔细看。［47］辅师将军：古官名，即辅国将军，后来改称。任农夫：刘宋大臣，英勇善战，迁强弩将军。传见《宋书》卷八十三。［48］马军主：骑兵部队的统领。周盘龙：刘宋、南齐名将。传见《南齐书》卷二十九。［49］济淮：渡过秦淮河。［50］逼：逼近，靠近。众情离沮（jǔ）：人心离散。沮，瓦解，涣散。［51］孤子：袁粲自称。当时袁粲正居母丧，故称自己为“孤子”。付托：委托，托付。［52］绥（suí）靖国家：平定国家的危难。［53］同死社稷：一同为保卫国家而战死。社稷，国家祭祀土神、谷神的坛台，通常即用以代称国家。［54］驱：驱驰，出战。［55］贯：穿，这里指射中。［56］丙申：五月二十六日。［57］振旅：整军列队，高唱凯歌。［58］全：保卫，保全。［59］引咎（jiù）：把过失归于自己。［60］丁酉：五月二十七日。［61］解严：解除军事紧急状态。

柔然遣使来聘。

六月，庚子[1]，以平南将军萧道成为中领军、南兖州刺史，留卫建康，与袁粲、褚渊、刘秉更日入直决事[2]，号为四贵。

桂阳王休范之反也，使道士陈公昭作《天公书》[3]，题云“沈丞相”[4]，付荆州刺史沈攸之门者[5]。攸之不开视，推得公昭[6]，送之朝廷。及休范反，攸之谓僚佐曰：“桂阳必声言我与之同[7]。若不颠沛勤王[8]，必增朝野之惑[9]。”乃与南徐州刺史建平王景素[10]、郢州刺史晋熙王燮、湘州刺史王僧虔、雍州刺史张兴世同举兵讨休范。休范留中兵参军毛惠连[11]等守寻阳，燮遣中兵参军冯景祖[12]袭之。癸卯[13]，惠连等开门请降，杀休范二子，诸镇皆罢兵。景素，宏之子也。

乙卯[14]，魏诏曰：“下民凶戾[15]，不顾亲戚，一人为恶，殃及阖门[16]。朕为民父母，深所愍悼[17]。自今非谋反、大逆、外叛，罪止其身[18]。”于是始罢门、房之诛[19]。

魏显祖勤于为治，赏罚严明，慎择牧守[20]，进廉退贪。诸曹疑事[21]，旧多奏决[22]，又口传诏敕，或致矫擅[23]。上皇命事无大小，皆据律正名[24]，不得为疑奏[25]；合则制可[26]，违则弹诘[27]，尽用墨诏[28]，由是事皆精审[29]。尤重[30]刑罚，大刑多令复鞫[31]，或囚系积年[32]。群臣颇以为言[33]，上皇曰：“滞狱[34]诚非善治，不犹愈于仓猝而滥[35]乎！夫人幽苦[36]则思善，故智者以囹圄为福堂[37]，朕特苦之[38]，欲其改悔而加矜恕尔[39]。”由是囚系虽滞，而所刑多得其宜。又以赦令长奸[40]，故自延兴[41]以后，不复有赦[42]。

（以上为第十三段，写北魏下诏撤销灭门、灭房的诛杀令；太上皇帝拓跋弘勤于为治，赏罚分明，慎选牧守，注重刑罚的公正性，依法断案，并不再大赦天下。）

【注释】

[1]庚子：六月一日。 [2]更日入直决事：每日轮流进宫值班处理国家大事。直，同“值”，值政。 [3]道士：道教徒。陈公昭：道士，曾作《天公书》。天公书：上帝下达的命令。大意应是说刘休范乃应上帝之命为皇帝，命沈攸之为丞相等等。 [4]题云“沈丞相”：意即上帝下此书与沈攸之丞相。 [5]付荆州刺史沈攸之门者：交给沈攸之的看门人。亦如《史记》所记有神人交书与秦始皇的使者云云。 [6]推得公昭：查清并抓到了陈公昭。 [7]桂阳：即桂阳王刘休范。声言我与之同：公开宣扬我和他是一路的，即一同造反。 [8]若不颠沛勤王：如不赶紧积极地援助朝廷。颠沛，不顾艰难险阻地为朝廷奔走。勤王，出兵援救刘宋王朝。 [9]必增朝野之惑：必然要增加朝野对我们荆州的怀疑。惑，疑惑。 [10]南徐州：古州名，州治即当时的京口，今江苏镇江市。建平王景素：即刘景素，文帝刘义隆之孙，建平王刘宏之子，封建平王，南徐州刺史，在平定刘休范叛乱中有功，进拜征北将军、开府仪同三司。传见《宋书》卷七十二。 [11]毛惠连：叛首刘休范的中兵参军，后投降刘宋朝廷。 [12]冯景祖：郢州刺史刘燮的中兵参军。 [13]癸卯：六月四日。 [14]乙卯：六月十六日。 [15]凶戾（lì）：凶残、暴戾。 [16]阖（hé）门：满门，

全家。［17］愍（mǐn）悼：同情，哀伤。［18］罪止其身：只给罪犯本人治罪，不株连其他亲属。［19］始罢：从此废止。门、房之诛：胡三省曰："门诛者，诛其一门；房诛者，诛其一房。时河北大族如崔如李，子孙分派，各自为房。"门，全家。房，大家庭中的一个分支。［20］慎择牧守：谨慎地挑选、任命各州刺史与各郡太守。州刺史也称"牧"。［21］诸曹疑事：中央各办事机构遇有不好解决的问题。诸曹，各部门，如尚书省的各部。［22］奏决：奏请皇帝做最后裁决。［23］或致矫擅：在传达皇帝的命令时篡改或加入了个人的成分，形成了假托皇命与个人专断。［24］据律正名：依据法律、法规定出所犯的罪名。正名，意即让罪名与所犯的科条完全对应。［25］不得为疑奏：不能再把许多悬而未决的问题推给皇帝，意即都要提出解决问题的办法与处理意见。［26］合则制可：皇帝看着合适的，就批示一个"可"字。［27］违则弹诘（jié）：皇帝看着不合适的就提出质问。弹诘，提出批评或质问。［28］尽用墨诏：皇帝都亲笔做出批示，改变以前的派人口传诏敕的做法。［29］事皆精审：事事都办得认真、周密。［30］重：重视，严加把关。［31］大刑：重刑，即死刑。复鞫（jū）：复审；复查。［32］或囚系积年：有的犯人被关押多年。［33］颇以为言：对此很有些意见。［34］滞狱：狱中积压着一些没有处理的犯人。诚非善治：诚然不是好的办法。［35］愈于仓猝（cù）而滥：不是比匆忙定罪造成很多冤假错案要好吗？［36］幽苦：下狱受苦。［37］以囹圄为福堂：把牢狱看成是转祸为福的善地。［38］朕特苦之：我之所以多关押他们一段时间。［39］欲其改悔而加矜恕：是想等他们有了悔悟之心而后宽恕他们。矜恕，宽饶，赦免。［40］赦令长奸：大赦的命令容易助长坏人。［41］延兴（471年八月—476年六月）：北魏孝文帝元宏的第一个年号，共六年。［42］不复有赦：不再颁行大赦令。

秋，七月，庚辰[1]，立皇弟友为邵陵王[2]。

乙酉[3]，加荆州刺史沈攸之开府仪同三司，攸之固辞。执政欲征攸之而惮于发命[4]，乃以太后令遣中使[5]谓曰："公久劳于外，宜还京师。任寄实重[6]，未欲轻之；进退可否[7]，在公所择。"攸之曰："臣无廊庙之资[8]，居中[9]实非其才。至于扑讨蛮、蜑[10]，克清江、汉[11]，不敢有辞。虽自上如此[12]，去留伏听朝旨。"乃止。

癸巳[13]，柔然寇魏敦煌，尉多侯击破之。尚书奏："敦煌僻远[14]，介居西、北强寇[15]之间，恐不能自固，请内徙就凉州[16]。"群臣集议，皆以为然。给事中昌黎韩秀[17]，独以为："敦煌之置，为日已久。虽逼强寇，人习战斗，纵有草窃[18]，不为大害。循常置戍[19]，足以自全；而能隔阂西、北二虏[20]，使不得相通。今徙就凉州，不唯有蹙国[21]之名，且姑臧去[22]敦煌千有余里，防逻甚难[23]，二虏必有交通闚阎[24]之志；若骚动凉州，则关中不得安枕。又，士民或安土重迁[25]，招引外寇，为国深患，不可不虑也。”乃止。

九月，丁酉[26]，以尚书令袁粲为中书监、领司徒，加褚渊尚书令，刘秉丹杨尹。粲固辞，求反居墓所[27]，不许。

渊以褚澄为吴郡[28]太守，司徒左长史萧惠明言于朝[29]曰：“褚澄开门纳贼，更为股肱大郡[30]；王蕴力战几死[31]，弃而不收[32]；赏罚如此，何忧不乱[33]！”渊甚惭。冬，十月，庚申[34]，以侍中王蕴为湘州刺史。

十一月，丙戌[35]，帝加元服[36]，大赦。

十二月，癸亥[37]，立皇弟跻为江夏王[38]，赞为武陵王[39]。

是岁，魏建安贞王[40]陆馛卒。

（以上为第十四段，写刘宋朝廷欲征召荆州刺史沈攸之入朝，又不敢发布调令；褚渊弄权，任人唯亲；柔然侵扰北魏敦煌，北魏反击，坚守敦煌。）

【注释】

[1]庚辰：七月十一日。 [2]友：即刘友，字仲贤，明帝刘彧第七子。元徽二年（474），时年五岁，出为南中郎将、江州刺史，封为邵陵王；顺帝刘准即位，进号左将军，徙南豫州刺史。十岁时去世，谥号殇，无子国除。传见《宋书》卷九十。 [3]乙酉：七月十六日。 [4]欲征攸之：想把沈攸之调回朝廷。惮（dàn）于发命：不敢签发命令，担心他一见调令便立即造反。惮，畏惧，害怕。 [5]中使：从宫廷中派出的使者，多由宦官充任。如此则中书、尚书等部门可以不担责任。 [6]任寄实重：来朝后对你的委任是很重视的，所任地位很高，权力很大。未欲轻之：不会对你有任何轻视，待遇没有任何降低。 [7]进退可否：是否到朝廷任职。 [8]无廊庙之资：没有担任辅政大臣的才干。廊庙，朝廊与宗庙，都是帝王与大臣议论政事的地方，这里即代指朝廷。 [9]居中：在朝廷任职。 [10]扑讨蛮、蜑（dàn）：攻打、讨伐少数蛮夷的叛乱。蛮，对江南少数民族的泛称。蜑，南方沿海的一种少数民族，以舟为家，以取海物为业。 [11]克清江、汉：维持长江、汉水一带的安宁。克清，征服，平定。 [12]白上如此：意即我自己的愿望是这样。 [13]癸巳：七月二十四日。 [14]僻远：偏僻，遥远。 [15]介居：被夹在中间居住。介，夹，夹在。西、北强寇：胡三省曰：“西，谓吐谷浑；北，柔然也。” [16]内徙就凉州：意即把敦煌一带的居民都东迁到凉州地区来。凉州的州治姑臧，在今甘肃武威市。 [17]韩秀：祖辈曾在前燕为官，后归拓跋氏。拓跋弘在位时，曾佐慕容白曜军事，此时任给事中。传见《魏书》卷

四十一。［18］草窃：对小股敌兵的蔑称，犹言“小毛贼”。［19］循常置戍：按照常规，在那里设立一些驻兵据点。［20］隔阂西、北二虏：把吐谷浑与柔然两股敌人分隔开来。［21］不唯：不仅。蹙（cù）国：使国家的疆土减少。蹙，缩小。［22］去：距离，中间相隔。［23］防逻甚难：指敦煌居民向姑臧东避中的防御、保卫工作很难做好。防逻，防守，巡逻。［24］交通窥阎：相互勾结，伺机而动。［25］安土重迁：留恋本土，不愿搬迁。重，难。［26］丁酉：九月二十九日。［27］反居墓所：回家为其母守墓。［28］吴郡：古郡名，郡治在今江苏苏州市。［29］司徒左长史：司徒袁粲的高级僚属。长史，诸史之长。言于朝：在朝堂上公开发言。［30］更：反而，却。股肱（gōng）大郡：对国家兴亡有重大关系的要害地区。股肱，有如国家的大腿、胳膊。［31］几死：差点死掉。［32］弃而不收：扔在一边没有人过问。［33］何忧不乱：国家怎么会不乱套？［34］庚申：十月二十三日。［35］丙戌：十一月十九日。［36］帝加元服：皇帝行加冠礼，表示已经是成人。元服，帽子。此时的小皇帝实际只有十二岁。［37］癸亥：十二月二十七日。［38］跻为江夏王：跻，明帝刘彧第六子，过继刘义恭，承袭江夏王。封地江夏郡，郡治在今湖北武汉市。［39］赞：即刘赞，本名智随，字仲敷，明帝刘彧第九子，过继给孝武帝刘骏为后，封为武陵王，后出为南徐州刺史，徙荆州刺史。死时年九岁。传见《宋书》卷八十。［40］建安贞王：陆馥被封为建安王，死后谥号为贞。

三年（乙卯，475年）

春，正月，辛巳[1]，帝祀南郊、明堂[2]。

萧道成以襄阳重镇，张敬儿人位俱轻[3]，不欲使居之[4]；而敬儿求之不已，谓道成曰：“沈攸之在荆州，公知其欲何所作[5]；不出敬儿[6]，以表里制之[7]，恐非公之利。”道成笑而无言。三月，己巳[8]，以骁骑将军张敬儿为都督雍、梁[9]二州诸军事，雍州刺史。

沈攸之闻敬儿上[10]，恐其见袭[11]，阴[12]为之备。敬儿既至[13]，奉事攸之[14]，亲敬甚至[15]，动辄咨禀[16]，信馈不绝[17]。攸之以为诚然[18]，酬报款厚[19]。累书欲因游猎会境上[20]，敬儿报以为“心期有在[21]，影迹不宜过敦[22]。”攸之益信之[23]。敬儿得其事迹[24]，皆密白道成。道成与攸之书，问：“张雍州迁代之日[25]，将欲谁拟[26]？”攸之即以示敬儿[27]，欲以间之[28]。

夏，五月，丙午[29]，魏主使员外散骑常侍许赤虎来聘。丁未[30]，魏主如武州山[31]；辛酉[32]，如车轮山[33]。

六月，庚午[34]，魏初禁杀牛马[35]。

袁粲、褚渊皆固让新官[36]。秋，七月，庚戌[37]，复以粲为尚书令，八月，庚子[38]，加护军将军褚渊中书监。

冬，十二月，丙寅[39]，魏徙建昌王长乐为安乐王[40]。

己丑[41]，魏城阳王长寿[42]卒。

南徐州刺史建平王景素，孝友清令[43]，服用俭素[44]，又好文学，礼接士大夫[45]，由是有美誉；太宗[46]特爱之，异其礼秩[47]。时太祖诸子俱尽[48]，诸孙唯景素为长；帝凶狂失德[49]，朝野皆属意于景素[50]。帝外家陈氏[51]深恶之；杨运长、阮佃夫等欲专权势，不利立长君[52]，亦欲除之。其腹心将佐[53]多劝景素举兵，镇军参军[54]济阳江淹[55]独谏之，景素不悦。是岁，防阁将军王季符[56]得罪于景素，单骑亡奔建康，告景素谋反。运长等即欲发兵讨之，袁粲、萧道成以为不可；景素亦遣世子延龄诣阙自陈[57]。乃徙[58]季符于梁州，夺[59]景素征北将军[60]、开府仪同三司。

（以上为第十五段，写刘宋权臣萧道成以张敬儿为雍州刺史，监视名将沈攸之的一举一动；北魏下令禁杀牛马，以重视农业；刘宋建平王刘景素有美名，被免职。）

【注释】

［1］辛巳：正月十五日。［2］祀南郊、明堂：在都城的南郊祭祀天神，在明堂祭祀上帝与祖先。南郊，古代帝王举行祭天大礼的地方。明堂，古代帝王宣明政教、礼敬贤才的地方。［3］人位俱轻：个人的名望与现处的地位都太低。张敬儿当时任宁朔将军、越骑校尉，居第四品。［4］不欲使居之：张敬儿设谋诈降刘休范时，萧道成曾许诺倘谋杀刘休范成功，即任以为雍州刺史。今乃事后又欲反悔。［5］公知其欲何所作：您是知道他想要干什么的，意即沈攸之想要造反。［6］不出敬儿：你不让我张敬儿出任雍州刺史。［7］以表里制之：指萧道成在朝内，张敬儿在荆州上游的雍州，内外前后以控制之。［8］己巳：三月四日。［9］雍、梁：古二州名，雍州的州治襄阳，梁州的州治在今陕西汉中市。［10］上：指沿水路逆流而上。［11］见袭：被偷袭。［12］阴：暗中，秘密地。［13］既至：指到达襄阳后。［14］奉事攸之：像个下属一样地对待沈攸之。［15］亲敬甚至：礼貌很到家。亲敬，亲热，尊重。［16］动辄（zhé）咨禀：无论遇到什么事情，动不动就向沈攸之征询、禀报。辄，就，总是。［17］信馈（kuì）：问候与送礼。馈，赠送。［18］诚然，内心就是如此。［19］酬报款厚：回报张敬儿也很诚恳丰厚。酬，回报。［20］累书：多次写信说。欲因游猎会境上：想找个打猎的机会在双方的边界上会个面。因，趁着。

[21]报以为：回信认为。心期有在：大家都这么想就很好了。[22]影迹不宜过敦：行动上的来往不宜过于亲密。胡三省曰："谓动则有影，行则有迹，人将窥见之也。敦，厚也。"[23]益信之：更加信任张敬儿。[24]事迹：指不符常规的行迹。[25]张雍州：敬称张敬儿。迁代之日：调任的时候。[26]将欲谁拟：你希望考虑谁。谁拟，拟谁，希望谁来接任。[27]即以示敬儿：把萧道成的来信给张敬儿看。[28]欲以间之：想以此离间张敬儿与萧道成的关系。[29]丙午：五月十二日。[30]丁未：五月十三日。[31]武州山：古山名，亦作"武周山"，在今山西大同市西北。[32]辛酉：五月二十七日。[33]车轮山：古山名，在今山西原平市西北。[34]庚午：六月七日。[35]初禁杀牛马：因重视发展农业的缘故。胡三省曰："魏兴于北荒，畜牧蕃庶，杀之者不禁，今始禁之。"[36]新官：新封的官职。[37]庚戌：七月十七日。[38]庚子：本月癸亥朔，无庚子日。初八为庚午，"庚子"疑为"庚午"之误。[39]丙寅：十二月六日。[40]长乐：即拓跋长乐，文成帝拓跋濬之子，受封建昌郡王，改封安乐郡王。传见《魏书》卷二十。安乐王：封地安乐郡，郡治在今北京密云区东。[41]己丑：十二月二十九日。[42]城阳王长寿：即拓跋长寿，景穆帝拓跋晃之子，封城阳王。传见《魏书》卷十九下。[43]孝友清令：对父母孝顺，对兄弟友爱，秉性平易自然。[44]服用俭素：意即生活俭朴。服用，衣着与生活用度。[45]礼接士大夫：对士大夫以礼相待。[46]太宗：即明帝刘彧，庙号太宗。[47]异其礼秩：在给予他的礼敬与官阶俸禄上，都与别的子弟不同。[48]太祖诸子俱尽：刘义隆儿子们或死或被杀，都已经没有了。太祖，即文帝刘义隆，庙号太祖。[49]帝凶狂失德：明帝刘彧又凶残，又没有道德。[50]皆属意于景素：都把希望寄托在刘景素的身上。属意，归心，寄望。[51]外家陈氏：指明帝陈贵妃（刘昱的生母）的伯父陈照宗、叔父陈佛念和哥哥陈敬元等。陈照宗时为中书通事舍人，陈佛念时为步兵校尉，陈敬元为通直郎。外家，外戚。[52]不利立长君：感到立长君对他们的专权不利。[53]其腹心将佐：刘景素身边的心腹僚属。[54]镇军参军：镇北将军刘景素的参军。胡三省曰："景素时以镇北将军镇京口，'镇军'当作'镇北'。"参军，古官名，即军事参谋。[55]济阳：古郡名，郡治在今河南兰考县东北。江淹：字文通，历仕宋、齐、梁三朝，著名文学家。传见《梁书》卷十四。[56]防阁将军：古将领名，为主管护卫宫殿的卫队长官。王季符：刘景素身边的侍卫官员。[57]延龄：即刘延龄，镇北将军刘景素的世子。诣阙自陈：到朝廷说明情况。阙，宫门两侧的高台，通常即用以指朝廷。[58]徙：迁移，流放。[59]夺：削去，罢免。[60]征北将军：胡三省曰："征北，亦当作'镇北'。"《宋书》卷七十二作"镇北将军"。

【点评】

宋明帝好杀。宋明帝晚年可以说是一个心理变态的恶魔。年轻做王的时候，他还是很正常的，待人宽容和善，有很好的声誉。即位初年，尚能保持好的心态，对那些义嘉年间拥戴刘子勋的人亦能随才叙用，犹如旧日所跟随的臣子一样。可是到了晚年心态发生很大变化，尤其卧病之后更是疑神疑鬼，是什么使他发生根本的转变？是皇帝的权力，是将权力传递千秋万代的欲望。皇帝被杀被害的例子太多了，儿子被杀被害的也太多了，即便是当朝惨烈的教训就足以使他毛骨悚然。为自己计，为子孙万代计，必须消除一切可能觊觎皇权的人，凡是可能危及子孙后代的人也必须翦除净尽。这可能是高高在上、独掌权力所给予人的心理扭曲，是无法改变的。更重要的是，宋明帝是一个没有生育能力的人，没有生育能力的男人尚且可能使人心理增加负担，更何况一个皇帝，什么都可以拥有，想要什么就可以得到什么的地位扭曲了他。于是，诸位王爷家的男孩都被他夺来。继而，诸位兄弟都被他斩杀殆尽。

卷一三四　宋纪十六

宋苍梧王元徽四年至宋顺帝昇明二年（476—478 年）

【起柔兆执徐（丙辰，476 年），尽著雍敦牂（戊午，478 年），凡三年】

【大事提要】

本卷记事起公元 476 年至 478 年，时当苍梧王元徽四年至宋顺帝昇明二年。本卷所载大事，南朝刘宋大事一件。本卷写苍梧王刘昱在历史上算是顶尖的暴戾残忍，种种恶行，令人发指，最后被萧道成杀死。北朝北魏大事两件：其一，本卷的主要内容写了冯太后的执政，北魏进入了冯太后专权的时期。冯太后不从女德，毒死了献文帝拓跋弘，偏偏生性聪察，知书能计，通晓政事，习惯于大小政事独断专行，本卷的解释是"至孝，能承颜顺志，事无大小，皆仰成于太后"，这样冯太后就顺理成章地出口称敕，其残忍毒行得以尽情发挥。其二，北魏诸帝多佞佛，献文帝对于佛道理论颇有兴趣，而孝文帝虽善谈老庄，但受其母崇佛的影响，亦提倡佛教。"但确于佛义有研求提倡者，北魏终当推孝文帝。"（汤用彤《汉魏两晋南北朝佛教史》）

苍梧王下

元徽四年（丙辰，476 年）

春，正月，己亥[1]，帝耕籍田，大赦。

二月，魏司空东郡王陆定国[2]坐恃恩不法[3]，免官爵为兵。

魏冯太后内行不正[4]，以李奕[5]之死怨显祖，密行鸩毒[6]，夏，六月，辛未[7]，显祖殂[8]。壬申[9]，大赦，改元承明[10]。葬显祖于金陵[11]，谥曰"献文皇帝"。

魏大司马、大将军代人万安国[12]坐矫诏杀神部长[13]奚买奴[14]，赐死。

戊寅[15]，魏以征西大将军、安乐王长乐[16]为太尉，尚书左仆射、宜都王目辰[17]为司徒，南部尚书李䜣[18]为司空。尊皇太后曰"太皇太后”，复临朝称制。以冯熙[19]为侍中、太师、中书监。熙自以外戚，固辞内任[20]，乃除都督、洛州[21]刺史，侍中、太师如故。

显祖神主祔太庙[22]，有司[23]奏庙中执事之官，请依故事皆赐爵[24]。秘书令广平程骏[25]上言："建侯裂地[26]，帝王所重，或以亲贤[27]，或因功伐[28]，未闻神主祔庙而百司[29]受封者也。皇家故事[30]，盖一时之恩[31]，岂可为长世之法乎！”太后善而从之，谓群臣曰："凡议事，当依古典正言[32]，岂得但修故事而已[33]！”赐骏衣一袭[34]，帛二百匹。

太后性聪察[35]，知书计[36]，晓政事，被服俭素[37]，膳羞减于故事什七八[38]；而猜忍多权数[39]。高祖性至孝[40]，能承颜顺志[41]，事无大小，皆仰成于太后[42]。太后往往专决，不复关白于帝[43]。所幸宦者高平王琚、安定张祐、杞嶷、冯翊王遇、略阳苻承祖、高阳王质[44]，皆依势用事；祐官至尚书左仆射，爵新平王；琚官至征南将军，爵高平王；嶷等官亦至侍中、吏部尚书、刺史，爵为公、侯，赏赐巨万[45]，赐铁券[46]，许以不死。

又，太卜令姑臧王睿[47]得幸于太后，超迁至侍中、吏部尚书，爵太原公。秘书令李冲[48]，虽以才进，亦由私宠，赏赐皆不可胜纪[49]。又外礼人望东阳王丕[50]、游明根[51]等，皆极其优厚，每褒赏睿等，辄以丕等参之[52]，以示不私。丕，烈帝之玄孙[53]；冲，宝之子也。

太后自以失行[54]，畏人议己，群下语言小涉疑忌[55]，辄[56]杀之。然所宠幸左右，苟有小过，必加笞箠[57]，或至百余；而无宿憾[58]，寻复[59]待之如初，或因此更富贵。故左右虽被罚，终无离心。

（以上为第一段，写北魏太上皇帝拓跋弘与太后有矛盾，被毒死，小皇帝拓跋宏仁孝，冯太后二次临朝听政，生性残忍，晓政事，多权谋，重用宦官，并诛杀异己。）

【注释】

[1]己亥：正月九日。 [2]陆定国：北魏元勋老臣陆俟之孙，平原简王陆丽长子，北魏大臣。传见《魏书》卷四十。 [3]坐恃恩不法：因某事犯罪，依仗着受皇帝的恩宠而违法横行。 [4]内行不正：指男女关系混乱。内行，在家里的品行。 [5]李奕（yì）：拓跋焘时的大臣李顺之

子，李敷之弟，北魏官员，冯太后男宠，官至散骑常侍、都官尚书。被显祖拓跋弘所杀。传见《魏书》卷三十六。［6］鸩（zhèn）毒：以毒酒害人。鸩，传说中的一种毒鸟，把它的羽毛放在酒里，可以毒杀人。［7］辛未：六月十三日。［8］显祖殂（cú）：拓跋弘被毒死，时年二十三岁。殂，死亡。［9］壬申：六月十四日。［10］承明：北魏孝文帝拓跋宏的第二个年号，共六个月。［11］金陵：北魏皇帝称其事先为自己营造待用的坟墓为“金陵”，在古盛乐城西北，在今内蒙古自治区和林格尔县的西北方。北魏的道武、明元、太武、文成、献文等皇帝均埋葬于此。［12］万安国：本姓吐万，代郡人，雍州刺史万振之子，北魏外戚大臣。传见《魏书》卷三十四。［13］矫诏杀神部长：伪造皇帝诏书，即假传圣旨杀了神部长。神部长，当时北魏的“八部大人”之一。神部，北魏官名，掌祭祀事务。当时北魏沿用鲜卑族原有的部族制度，先设北部大人、南部大人统率各部族。后续设四部，又扩充为八部。［14］奚买奴：本姓达奚，名斸，字买奴，代郡平城（今山西大同市）人，冀州刺史奚拔之子，北魏官员。传见《魏书》卷二十九。［15］戊寅：六月二十日。［16］安乐王长乐：即拓跋长乐，文成帝拓跋濬之子，封建昌郡王，改封安乐郡王。传见《魏书》卷二十。［17］目辰：即拓跋目辰，北魏宗室大臣，封宜都王，出任雍州刺史。传见《魏书》卷十四。［18］南部尚书：北魏官名，即南部大人，管理南方州郡事务。李䜣（xīn）：一作李欣，字元盛，小名真奴，幽州刺史李崇之子，北魏大臣。传见《魏书》卷四十六。［19］冯熙：字晋国，冯太后之兄，北魏外戚大臣。传见《魏书》卷八十三。［20］内任：在朝内为官。［21］洛州：北魏州名，州治上洛，在今陕西商洛市商州区。胡三省曰：“魏太宗取洛阳，以晋司州为洛州。”［22］显祖神主祔太庙：拓跋弘的灵牌供入太庙，与先辈的列祖列宗排列在一起。祔，供入以享受祭祀。［23］有司：有关主管部门。［24］依故事皆赐爵：按照以往的先例，都给提高一下级别。故事，先例，往常的做法。［25］秘书令广平程骏：中书令，中书省的主官官员。程骏，字驎驹，北魏大臣。传见《魏书》卷六十。［26］建侯裂地：封某人为侯爵，给其割定领地。侯爵的领地通常为一个县。［27］或以亲贤：那些被封侯的人，有的因为是皇帝的亲戚，而本人又是贤士。［28］或因功伐：或者因为这些人是为国家立过功勋的功臣。胡三省曰：“以劳定国曰‘功’，积功曰‘伐’。”［29］百司：群吏，指有关的办事人员。［30］皇家故事：如果说过去帝王做事有过什么先例。［31］盖一时之恩：那也不过是一种临时的赏赐。［32］古典正言：古代那些正确的言论。［33］岂得但修故事而已：怎么能光是模仿先例呢？胡三省曰：“修，当作‘循’。”“而”下“已”字原无，据章校补。［34］赐骏衣一袭：赐给程骏一套衣服。一袭，一套，一身。［35］聪察：聪敏，有智慧，不受人蒙蔽。［36］知书计：懂得文字与财务运算。［37］被服俭素：衣着穿戴节俭朴素。被，同“披”，穿戴。［38］减于故事什七八：比过去帝王的用度减少了十分之七八。［39］猜忍多权数：残忍，狠毒，有招数，有手段。［40］高祖性至孝：即孝文帝拓跋宏极尽孝道。［41］承颜顺志：一举一动全都看冯太后的脸色，顺着冯太后的心思。［42］皆仰成于太后：一切都按照冯太后拿出的主意办。［43］不复关白于帝：不再通知小皇帝拓跋宏。关白，禀告，告知，这里即通知、打招呼。［44］“所幸”句：冯太后所宠幸的宦官，高平人王据、安定人张祐、杞嶷、冯翊人王遇、略阳人苻承祖、高阳人王质，皆官至外朝高官，有的封王。诸宦官均传见《魏书》卷九十四。［45］巨万：犹言亿万，极言数目之多。［46］铁券：是外形如筒瓦状的铁制品，又叫“丹书铁券”“免死券”，古代帝王颁赐给受宠之臣，作为他享有某种特权的一种凭信。上面有用朱笔写的誓词，所以有时也简称“丹书”。［47］太卜令：古官名，为奉常属官，掌占卜。王睿：字洛诚，北魏冯太后宠臣。传见《魏书》卷九十三。［48］李冲：字思顺，镇北将军李宝之子，北魏外戚大臣。传见《魏书》卷五十三。［49］不可胜纪：无法计算。纪，同“记”。［50］人望东阳王丕：社会上有声望的人。即元丕，本姓拓跋，字溷言侯，乐城侯拓跋兴都之子，北魏宗室大臣。传见《魏书》卷十四。［51］游明根：字志远，北燕广平太守游幼之子，北魏儒雅之臣。传见《魏书》卷五十四。［52］参之：夹在里头，让拓跋丕、游明根也跟着得些赏赐。［53］烈帝：即拓跋翳槐，第七任代王。拓跋珪称帝后，追谥为烈皇帝。传见《魏书》卷一。玄孙：儿子的曾孙，即四世孙。［54］失行：品行有过失。［55］小涉疑忌：稍微有一点让冯太后怀疑或是觉得其言语有讽刺之意。小，同“稍”，稍微。［56］辄（zhé）：就，总是。［57］笞（chī）棰（chuí）：用鞭子、棍子抽打。［58］无宿憾：不记仇，不把别人的过错恶行记恨在心。宿憾，让怨恨过夜。憾，恨。［59］寻复：很快又，再。

乙亥[1]，加萧道成尚书左仆射，刘秉[2]中书令。

杨运长、阮佃夫等忌建平王景素益甚，景素乃与录事参军陈郡殷沵、中兵参军略阳垣庆延、参军沈颙、左暄[3]等谋为自全之计。遣人往来建康，要结[4]才力之士，冠军将军黄回、游击将军高道庆、辅国将军曹欣之、前军将军韩道清、长水校尉郭兰之、羽林监垣祗祖，皆阴与通谋；武人不得志者，无不归之。时帝好独出游走郊野，欣之谋据石头城[5]，伺帝出作乱。道清、兰之欲说萧道成因帝夜出，执帝迎景素，道成不从者[6]，即图之[7]；景素每禁使缓之。杨、阮微闻其事，遣伧人周天赐[8]伪投景素，劝令举兵。景素知之，斩天赐首送台[9]。

秋，七月，祗祖率数百人自建康奔京口[10]，云京师已溃乱，劝令速入。景素信之，戊子[11]，据京口起兵，士民赴之者以千数。杨、阮闻祗祖叛走，即命纂严[12]。己丑[13]，遣骁骑将军任农夫、领军将军黄回、左军将军兰陵李安民将步军，右军将军张保将水军，以讨之；辛卯[14]，又命南豫州刺史段佛荣为都统[15]。萧道成知黄回有异志，故使安民、佛荣与之偕行[16]。回私戒[17]其士卒：“道逢京口兵，勿得战。”道成屯玄武湖[18]，冠军将军萧颐[19]镇东府[20]。

始安王伯融，都乡侯伯猷，皆建安王休仁之子也，杨、阮忌其年长，悉称诏赐死。

景素欲断竹里[21]以拒台军。垣庆延、垣祗祖、沈颙皆曰："今天时旱热，台军远来疲困，引之使至[22]，以逸待劳，可一战而克。"殷沵等固争[23]，不能得。农夫等既至，纵火烧市邑[24]。庆延等各相顾望[25]，莫有斗志。景素本乏威略[26]，恇扰[27]不知所为。黄回迫于段佛荣[28]，且见京口军弱，遂不发[29]。

张保泊西渚[30]，景素左右勇士数十人，自相要结[31]，进击水军。甲午[32]，张保败死，而诸将不相应赴[33]，复为台军所破。台军既薄城下[34]，颙先帅众走，祗祖次之，其余诸军相继奔退，独左暅与台军力战于万岁楼[35]下，而所配[36]兵力甚弱，不能敌而散。乙未[37]，拔[38]京口。

黄回军先入，自以有誓不杀诸王，乃以景素让殿中将军张倪奴[39]。倪奴擒景素，斩之，并其三子，同党垣祗祖等数十人皆伏诛。萧道成释黄回、高道庆不问，抚之如旧[40]。是日，解严[41]。丙申[42]，大赦。

（以上为第二段，写刘宋建平王刘景素反叛，失败被杀。）

【注释】

[1]乙亥：六月十七日。 [2]刘秉：字彦节，长沙景王刘道怜之孙，新渝惠侯刘义宗次子，官至中书令位同宰相。传见《宋书》卷五十一。 [3]殷沵、垣庆延、沈颙、左暅：四人皆建平王刘景素部属。 [4]要结：邀请，结交。 [5]石头城：古城名，故址在今江苏南京市清凉山一带，当时建康城西侧的长江边，是当时建康城的防守要地，今南京修有石头城公园。 [6]道成不从者：如果萧道成不同意这么做。 [7]即图之：那就设法除掉萧道成。 [8]伧人周天赐：伧人，来自北方的人。胡三省曰："江东人谓楚人别种为侩；亦谓西北人为伧。"伧，粗野，鄙陋，犹今所谓"土豹子""乡巴佬"。周天赐，刘宋时北方人，伪投刘景素，劝其举兵，被识破，杀之。 [9]送台：送到朝廷。当时刘景素为南徐州刺史，州治京口，在今江苏镇江市。台，台省，朝廷办事机构，这里即指朝廷。 [10]奔京口：到京口投奔刘景素。京口在东晋、南朝时为长江下游的军事重镇和首都建康的北侧门户。 [11]戊子：七月一日。 [12]纂严：集合军队，宣布戒严。纂，集合。 [13]己丑：七月二日。 [14]辛卯：七月四日。 [15]都统：古官名，犹如今天所说的总指挥、总司令，协调各路兵马。 [16]偕行：相伴而行，一同前行。胡三省曰："道成知黄回不附己，既使之讨景素，又使之讨沈攸之，二难既平，然后杀之，则足以知回于当时有干略，而道成

智数又一时所不及者。”［17］戒：同“诫”，嘱咐，告诫。［18］玄武湖：当时亦称“练湖”，在当时建康城北，在今江苏南京城东北的玄武门外。［19］萧赜（zé）：齐高帝萧道成长子，南齐第二位皇帝。传见《南齐书》卷三。［20］镇东府：驻兵于东府。东府，当时建康城东侧的小城名，东晋末年司马道子为丞相时曾住在这里，时称“东府”，与西侧的皇城、皇宫相对而言。［21］断竹里：占据竹里，以阻挡朝廷军队对京口的进攻。竹里，当时江乘县东的长江南岸，地处从建康到京口的中间地区，是当时的军事要地，在今江苏句容市城北。［22］引之使至：放他们到京口的跟前。［23］固争：坚持主张“断竹里”。［24］烧市邑：焚烧京口城外的街道、城堡。邑，城镇。［25］各相顾望：彼此观望，谁也不肯出击。［26］威略：权威，谋略。［27］恇（kuāng）扰：惊慌失措。恇，内心无主，不知所措。［28］迫于段佛荣：被段佛荣牵制、监督。［29］遂不发：于是没有发动支援京口的起义。［30］泊（bó）：停船靠岸。西渚（zhǔ）：古渡口名，在当时京口城西。［31］自相要结：自己挺身而出，团聚一起。［32］甲午：七月七日。［33］不相应赴：没有人赶去支援。［34］薄城下：逼近京口城下。薄，同“迫”，逼近。［35］万岁楼：古楼名，在今江苏镇江市内。［36］所配：所率领。配，拨给，配给。［37］乙未：七月八日。［38］拔：攻下。［39］殿中将军：古将军名号，掌宫廷侍卫。张倪奴：刘宋时人，后废帝刘昱时，以擒获刘景素之功，封筑阳县侯。［40］抚之如旧：胡三省曰：“抚之以安反侧，事定之后绝不能容之。”［41］解严：解除军事紧急状态。［42］丙申：七月九日。

初[1]，巴东、建平蛮反[2]，沈攸之遣军讨之。及景素反，攸之急追峡中军以赴建康[3]。巴东太守刘攘兵、建平太守刘道欣疑攸之有异谋，勒兵断峡[4]，不听军下[5]。攘兵子天赐为荆州西曹[6]，攸之遣天赐往谕之[7]。攘兵知景素实反，乃释甲谢愆[8]，攸之待之如故。刘道欣坚守建平，攘兵譬说不回[9]，乃与伐蛮军攻斩之[10]。

甲辰[11]，魏主追尊其母李贵人曰“思皇后”。

八月，丁卯[12]，立皇弟翙为南阳王，嵩为新兴王，禧为始建王[13]。

庚午[14]，以给事黄门侍郎阮佃夫为南豫州[15]刺史，留镇京师。

九月，戊子[16]，赐骁骑将军高道庆死[17]。

冬，十月，辛酉[18]，以吏部尚书王僧虔[19]为尚书左仆射。

十一月，戊子[20]，魏以太尉、安乐王长乐为定州[21]刺史，司空李䜣为徐州刺史。

（以上为第三段，写建平王刘景素谋反失败后的余波，荆州刺史沈攸之斩杀支持刘景素的建平太守刘道欣。）

【注释】

[1]初：在此之前，史家追述史事的前置语。 [2]巴东、建平蛮反：巴东、建平二郡的少数民族发动叛乱。巴东郡的郡治在今重庆奉节县，建平郡的郡治在今重庆巫山县，二郡同属荆州刺史管辖。 [3]急追峡中军以赴建康：迅速撤回了进入三峡讨伐巴东、建平叛变蛮夷的军队。追，追回，撤回。带领此兵赶往建康。究竟是勤王，还是趁机颠覆朝廷？其心莫测。 [4]勒兵断峡：率领军队，截断了三峡的江面。 [5]不听军下：不允许沈攸之的讨蛮军队撤回东下。听，听任，允许。 [6]天赐为荆州西曹：刘天赐，荆州刺史府的高级僚属。西曹，古官名，当时朝廷三公以及地方军阀的高级僚佐，分东西二曹，分掌府中诸事。 [7]往谕：前去说明情况，应是说此行为讨伐刘景素之叛乱云云。 [8]释甲谢愆（qiān）：撤开了断峡的军队，向沈攸之表示歉意。愆，过失，错误。 [9]譬说不回：劝说无效，不因刘攘兵的劝说而改变主意，即坚决不让沈攸之的军队通过三峡。 [10]与伐蛮军攻斩之：与讨蛮军一起发动攻击，斩了刘道欣。胡三省曰："沈攸之用刘攘兵，卒为攘兵所祸；萧道成用黄回，而权以济事；非用人之难，用势之难也。" [11]甲辰：七月十七日。 [12]丁卯：八月十日。 [13]"立皇帝"三句：翙，即刘翙，明帝刘彧第十子；嵩，即刘嵩，明帝第十一子；禧，即刘禧，明帝第十二子。三人皆后废帝之弟，同日封王。刘翙，封南阳王，刘嵩，封新兴王；刘禧，封始建王。三王传均见《宋书》卷九十。 [14]庚午：八月十三日。[15]南豫州：古州名，州治在今安徽当涂县。 [16]戊子：九月二日。 [17]赐骁骑将军高道庆死：以其曾响应刘景素起事的缘故。 [18]辛酉：十月五日。 [19]王僧虔（qián）：东晋丞相王导玄孙、侍中王昙首之子，南朝宋、齐大臣。传见《南齐书》卷三十三。[20]戊子：十一月三日。[21]定州：北魏州名，州治在今河北定州市。

顺皇帝[1]

升明元年[2]（丁巳，477 年）

春，正月，乙酉朔[3]，魏改元太和。

己酉[4]，略阳民王元寿[5]聚众五千余家，自称"冲天王"；二月，辛未[6]，魏秦、益二州刺史尉洛侯[7]击破之。

三月，庚子[8]，魏以东阳王丕为司徒。

夏，四月，丁卯[9]，魏主如白登[10]；壬申[11]，如崞山[12]。

初，苍梧王在东宫[13]，好缘漆帐竿[14]，去地丈余[15]；喜怒乖节[16]，主帅[17]不能禁。太宗屡敕陈太妃痛捶[18]之。及即帝位，内畏太后、太妃，外惮[19]诸大臣，未敢纵逸[20]。自加元服[21]，内外稍无以制[22]，数出游行。始出宫，犹整仪卫[23]。俄而弃车骑[24]，帅左右数人，或出郊野，或入市廛[25]。太妃每乘青犊车[26]，随相检摄[27]。既而轻骑远走一二十里，太妃不复能追，仪卫亦惧祸不敢追寻，唯整部伍别在一处，瞻望而已。

初，太宗尝以陈太妃赐嬖人李道儿[28]，已复迎还[29]，生帝[30]。故帝每微行[31]，自称"刘统"[32]，或称"李将军[33]"，常著小裤衫[34]，营署巷陌[35]，无不贯穿；或夜宿客舍，或昼卧道傍[36]，排突厮养[37]，与之交易[38]，或遭慢辱[39]，悦而受之。凡诸鄙事[40]，裁衣、作帽，过目则能；未尝吹篪[41]，执管便韵[42]。及京口既平[43]，骄恣[44]尤甚，无日不出，夕去晨返，晨出暮归。从者并执铤矛[45]，行人男女及犬马牛驴，逢无免者。民间扰惧[46]，商贩皆息[47]，门户昼闭，行人殆绝[48]。针、椎[49]、凿、锯，不离左右，小有忤意[50]，即加屠剖，一日不杀，则惨然[51]不乐；殿省忧惶[52]，食息不保[53]。阮佃夫与直阁将军申伯宗[54]等，谋因帝出江乘射雉[55]，称太后令[56]，唤队仗还，闭城门，遣人执帝废之，立安成王准[57]。事觉，甲戌[58]，帝收佃夫等杀之。

太后数训戒[59]帝，帝不悦。会端午[60]，太后赐帝毛扇[61]。帝嫌其不华[62]，令太医煮药，欲鸩[63]太后。左右止之曰："若行此事，官便应作孝子[64]，岂复得出入狡狯[65]！"帝曰："汝语大有理！"乃止。

六月，甲戌[66]，有告散骑常侍杜幼文、司徒左长史沈勃、游击将军孙超之与阮佃夫同谋者，帝登[67]帅卫士，自掩[68]三家，悉诛之，刳解脔割[69]，婴孩不免。沈勃时居丧在庐[70]，左右未至，帝挥刀独前。勃知不免，手搏[71]帝耳，唾骂[72]之曰："汝罪逾桀、纣[73]，屠戮无日[74]！"遂死。是日，大赦。

（以上为第四段，写后废帝刘昱的种种恶行，出身不正，疑是李道儿之子；整天游手好玩，放肆至极；以杀人为乐，并欲毒杀太后；大臣惶恐，朝不保夕。）

【注释】

[1]顺皇帝：即刘准，字仲谋，小字智观，明帝刘彧第三子，刘宋末代皇帝。初封安成王，为抚军将军；刘昱时为扬州刺史，迁车骑将军、都督扬南豫二州军事；又迁骠骑大将军、开府仪同三司。在萧道成拥立下即位，为傀儡。后被迫禅位，被杀。传见《宋书》卷十。顺，胡三省曰："《谥法》：'慈和徧服曰顺。'萧氏所以谥之曰'顺'者，以其顺天命人心而禅代也。"[2]升明：刘宋顺

帝刘准的年号，共两年余，是刘宋的最后一个年号。［3］乙酉朔：正月一日。［4］己酉：正月二十五日。［5］王元寿：北魏秦州略阳（今甘肃秦安县东北）人，因怨愤秦州刺史于洛侯贪婪残酷，于太和元年（477）聚众五千余家造反，自号冲天王，旋为于洛侯所败。［6］辛未：二月十七日。［7］秦、益：北魏的二州名，胡三省曰："此魏所谓南秦、东益也。"秦州的州治上邽，在今甘肃天水市，益州的州治在今陕西略阳县。尉洛侯：人名。北魏官员，拓跋宏时，为秦州、益州两地刺史，封武都公。［8］庚子：三月十七日。［9］丁卯：四月十四日。［10］白登：古山名，在今山西大同市东北，此处有北魏的离宫。［11］壬申：四月十九日。［12］崞山：古山名，在今山西浑源县西，此处有北魏帝王的陵墓。［13］在东宫：言其为太子时。［14］缘漆帐竿：类似现在的杂技表演，平地立起一根竿子，艺人空手向上爬，并做种种动作。缘，爬，攀援。漆帐竿，用漆涂过的一种光滑竹竿。［15］去地丈余：可以爬到离开地面一丈多高。［16］乖（guāi）节：反常，失控，没个分寸。［17］主帅：侍卫、侍从人员的头领。胡三省曰："谓东宫斋内主帅也。"［18］太宗：即孝明帝刘彧。陈太妃：明帝刘彧的嫔妃，苍梧王刘昱的生母。苍梧王即位后，被尊封为皇太妃。传见《宋书》卷四十一。痛捶（chuí）：狠打。捶，用鞭、杖抽打。［19］惮（dàn）畏惧，害怕。［20］纵逸：放纵自己。逸，放纵。［21］加元服：行加冠礼，表示已到成年人。元服，帽子。元，头，脑袋。［22］稍无以制：渐渐地就没法管了。稍，渐，越来越。［23］犹整仪卫：还带着整齐的仪仗和卫队。［24］俄而：过了一会儿，弃车骑：把仪仗队和卫队都扔下不管了。［25］市廛（chán）：市场。廛，旧指街市商店的房屋。［26］青犊车：青色篷盖的牛车，装成平民人家的模样。［27］检摄：监管，约束。［28］嬖（bì）人：男宠，以色侍人的男人。李道儿：官至中书通事舍人，转给事中。明帝嬖人，病死。传见《宋书》卷九十四。［29］已复迎还：过了一段时间，意思是见其怀孕后，又把她接了回来。已，既，既而，不久。［30］生帝：生下现任小皇帝刘昱。类似这种言语，显然是萧道成为剪灭刘氏而进行的编造。［31］微行：不使人知道其原有身份的化装出行。［32］刘统：隐微之意，指姓刘的统治天下的人。［33］李将军：自己承认是李道儿的儿子。［34］著：身穿。小裤衫：身穿套裤和短袖车衣。［35］营署巷陌：军营、官署以及寻常的大街小巷。［36］傍：同"旁"，旁边。［37］排突厮养：和那些下等市民混在一起推挤拉扯。排突，推挤拉扯。厮养，养马的奴隶，这里泛指下层人。［38］与之交易：和他们讨价还价地做买卖。［39］慢辱：漫骂、侮辱。［40］鄙事：贵族不屑一顾的平民手艺。［41］篪（chí）：古代用竹制作的一种吹奏低音的管乐器。［42］执管便韵：拿过来就能吹出好听的声音。韵，指乐音，与"噪音"相对而言。刘昱颇有才能，可惜生在帝王家。［43］京口既平：指刘景素的叛乱被平定。［44］骄恣：骄纵，放肆。［45］并执铤（dìng）矛：都手提着铜铁制作的短矛。［46］扰惧：骚扰，忧惧。［47］皆息：全部停业。［48］殆（dài）绝：几乎断绝。殆，几乎，差不多。［49］针椎：钳子与铁锤。针，同"钳"。［50］小有忤（wǔ）意：稍微有点不合心思。忤，抵触。［51］惨然：失落、丧气的样子。［52］殿省忧惶：殿上、省中，泛指整个朝廷上下忧愁，惶恐。［53］食息不保：吃了这顿不知是否还能吃下顿，睡了今晚不知是否还能睡明晚，朝不保夕的意思。息，睡眠。［54］直阁将军申伯宗：古将军名号，负责在皇帝办公的殿阁值勤。直，同“值”。申伯宗，后废帝刘昱时为直阁将军，谋杀刘昱，事泄，被杀。［55］江乘：古县名，县治在今江苏南京市东北的长江南岸。雉（zhì）：野鸡。［56］称太后令：假传太后的命令。［57］安成王准：即刘准，字仲谋，小字智观，明帝刘彧第三子，封安成王，为抚军将军。在萧道成拥立下即位，为傀儡。后被迫禅位，被杀。传见《宋书》卷十。［58］甲戌：四月二十一日。［59］数训戒：多次教导，告诫。戒，同“诫”。［60］端午：也叫端阳，民间传统节日，在农历五月五日。［61］太后赐帝毛扇：司马光《通鉴考异》曰：“《宋略》作‘太妃赐’，今从《宋书》。”毛扇，羽毛编织的扇子。［62］不华：不华丽，不美观。［63］鸩：毒鸟名，相传用鸩鸟羽毛泡酒可以毒死人。这里即指用毒酒杀人。［64］官便应作孝子：意谓如果你毒死了母亲，那你就得去做孝子服丧守灵了。官，也称“官家”，当时对皇帝的敬称。［65］岂复得出入狡狯（kuài）：还能够出来进去地自由玩耍吗？狡狯，儿戏，游戏。胡三省曰：“江南谓小儿戏为狡狯。”［66］甲戌：六月二十二日。［67］登：登时，立即。［68］自掩：亲自袭捕。［69］刳（kū）解脔（luán）割：剖腹、肢解、剁成碎块。刳，剖。脔，肉块。［70］居丧在庐：正在小棚子里为长辈守孝。庐，也称“倚庐”，古人服丧时所住的小棚子。胡三省曰：“礼，居丧者，居倚庐，寝苫枕块。孟康注曰：‘倚庐，倚墙至地而为之，无楣柱。’”［71］搏：搏斗，揪住。［72］唾骂：鄙弃，责骂。［73］罪逾桀（jié）、纣：罪恶比桀、纣还要严重。［74］屠戮无日：被人杀害的日子已经不远了。无日，没有几天。

帝尝直入领军府[1]。时盛热，萧道成昼卧裸袒[2]。帝立道成于室内[3]，画腹为的[4]，自引满[5]，将射之[6]。道成敛版[7]曰：“老臣无罪。”左右王天恩[8]曰：“领军[9]腹大，是佳射堋[10]；一箭便死，后无复射；不如以骲箭[11]射之。”帝乃更以[12]骲箭射，正中其齐[13]。投弓大笑曰：“此手[14]何如！”帝忌道成威名，尝自磨铤[15]，曰：“明日杀萧道成。”陈太妃骂之曰：“萧道成有功于国，若害之，谁复为汝尽力邪！”帝乃止。

道成忧惧，密与袁粲、褚渊谋废立。粲曰：“主上幼年，微过[16]易改。伊、霍之事[17]，非季世所行[18]；纵使功成，亦终无全地[19]。”渊默然[20]。领军功曹丹阳纪僧真[21]言于道成曰：“今朝廷猖狂[22]，人不自保；天下之望[23]，不在袁、褚，明公[24]岂得坐受夷灭！存亡之机，仰希熟虑[25]。”道成然之。

或劝道成奔广陵[26]起兵。道成世子赜，时为晋熙王长史[27]，行郢州事[28]，欲使赜将郢州兵东下会京口。道成密遣所亲刘僧副[29]告其从兄行青、冀二州刺史刘善明[30]曰："人多见劝北固广陵[31]，恐未为长算。今秋风行起[32]，卿若能与垣东海微共动虏[33]，则我诸计可立[34]。"亦告东海太守垣荣祖[35]。善明曰："宋氏将亡，愚智共知。北虏若动，反为公患[36]。公神武高世[37]，唯当静以待之，因机奋发，功业自定，不可远去根本[38]，自贻猖蹶[39]。"荣祖亦曰："领府去台[40]百步，公走，人岂不知！若单骑轻行，广陵人闭门不受，公欲何之！公今动足下床[41]，恐即有叩台门[42]者，公事去[43]矣。"纪僧真曰："主上虽无道，国家累世之基犹为安固。公百口，北度必不得俱[44]。纵得广陵城，天子居深宫，施号令，目公为逆[45]，何以避之！此非万全策也。"道成族弟镇军长史顺之[46]及次子骠骑从事中郎嶷[47]，皆以为："帝好单行道路[48]，于此立计[49]，易以成功；外州起兵，鲜有克捷[50]，徒先人受祸[51]耳。"道成乃止。

东中郎司马、行会稽郡事[52]李安民欲奉江夏王跻[53]起兵于东方[54]，道成止之。

越骑校尉王敬则潜自结[55]于道成，夜著[56]青衣，扶匐道路[57]，为道成听察帝之往来[58]。道成命敬则阴结帝左右杨玉夫、杨万年、陈奉伯[59]等一十五[60]人于殿中，诇伺机便[61]。

（以上为第五段，写后废帝刘昱对名将萧道成耿耿于怀，欲置之死地；萧道成与心腹将领垣荣祖、纪僧真等将领反复谋划，最后决定不去广陵起兵，留在京城，伺机而动。）

【注释】

[1]领军府：领军将军办公的官署。领军，即领军将军，也称中领军，是朝廷羽林军的统帅，当时萧道成任此职。 [2]裸袒（tǎn）：赤身露体。 [3]立道成于室内：让萧道成在屋子里站着。 [4]画腹为的：在萧道成的肚皮上画上一个射靶。的，箭靶。 [5]自引满：亲自拉开弓，将弓拉到极限。 [6]将射之：《南史·齐纪上》曰："帝威名既重，苍梧深相猜忌，刻木为帝形，画腹为射埛，自射之。"与此记载略有不同。 [7]敛版：拱手持手版，一副恭敬的样子。版，也称笏板，大臣上朝时所持的手版，上记发言的要点。 [8]王天恩：后废帝刘昱的亲信。 [9]领军：以称萧道成。以官衔称人，是习惯称呼，表示尊敬。 [10]佳射埛（péng）：很好的箭靶。射埛，也

作“射棚”，箭靶。［11］鼽（bào）箭：以兽骨做箭头的箭，这里实际指没有箭头的箭。胡三省曰：“余谓骨镞亦能害人，况以之射人腹乎？盖当时所谓‘鼽箭’者，必非骨镞。”鼽，骨制的箭头。［12］更以：改用。［13］齐：通“脐”，肚脐。［14］此手：此手艺，指射箭的技术。［15］铤（tǐng）：短矛。［16］微过：微小的罪过。［17］伊、霍之事：即废掉现任的帝王，另选立一个帝王的故事。伊，即商朝伊尹，霍，即西汉霍光。［18］非季世所行：不是我们后人所能干得了的。季世，末世，道德衰败之世。［19］终无全地：我们这些当事人也不会有好下场。如宋初徐羡之、傅亮、谢晦等人杀刘义符，改立刘义隆，事情成功，但徐、傅诸人皆被杀光，即是最近的事例。［20］默然：沉默不语的样子。［21］领军功曹：中领军萧道成的僚属，掌管记录、考察军中将士的功劳。传见《南齐书》卷五十六。［22］朝廷猖狂：隐指皇帝刘昱狂妄而放肆。［23］天下之望：朝野所仰望、所期待的人物。［24］明公：敬称萧道成。［25］仰希熟虑：希望您能认真考虑。仰，表示恭敬的副词。［26］广陵：古郡名，郡治在今江苏扬州市。［27］晋熙王长史：晋熙王属下的当权人物。晋熙王，即刘燮，字仲绥，明帝刘彧第六子，封晋熙王。传见《宋书》卷七十二。［28］行郢州事：代理郢州刺史的职务。行，代理。以低级别代理高职务叫“行”。［29］刘僧副：字士云，平原人，刘善明的堂弟，刘宋官员。少与善明俱知名于州里，自刘宋之末即归附于萧道成，助道成禅宋有功，官至前将军，封丰阳男。后出为巴西、梓潼二郡太守。卒于郡。传见《南史》卷四十九。［30］青、冀：古二州名，刘宋的州治分别在今山东青州市、济南市。刘善明：刘宋名将刘怀珍族弟，刘弥之之侄，刘宋后期的将领。后为萧道成的忠实部下，任青、冀二州刺史。传见《南齐书》卷二十八。［31］见劝北固广陵：劝我加强广陵地区的防守，意即据广陵发动政变。当时萧道成兼任南兖州刺史，南兖州的州治就在广陵。［32］秋风行起：秋天即将到来，这是北方民族向南方政权发动进攻的良好时机。行起，将起。［33］垣东海：即垣荣祖，字华先，徐州参军垣护之之子，垣崇祖堂兄，刘宋大臣。从平薛安都叛乱，出任宁朔将军、东海太守；南齐时，为佐命功勋，为青、冀二州刺史。传见《南齐书》卷二十八。垣荣祖时为东海太守，故称之。当时东海郡的郡治涟口，在今江苏涟水县。微共动虏：设法挑起一点与魏国的边境磨擦。［34］我诸计可立：我的一切计划就都可以实现了。因为北方的边境矛盾一起，萧道成就有了调集军队的借口。［35］亦告东海太守垣荣祖：也把同样的意思告知了垣荣祖。［36］反为公患：反而给您造成了很多麻烦。［37］神武高世：神奇英武，盖世无双。高世，高出一切世人。［38］远去根本：远离京城地，去北讨强虏。［39］自贻猖蹶（jué）：弄不好还可能遭受军事上的失败。猖蹶，这里指跌倒、失败。［40］领府去台：即上文所说的“领军府”，距离朝廷所在地。［41］动足下床：言其刚想动身向外走。［42］叩台门：去向朝廷报告您的动向。［43］公事去矣：您的大计划就泡汤了。事，大事，反抗朝廷之事。［44］北度必不得俱：指离开建康，渡江北去广陵。肯定是没法全部带走。度，同“渡”。［45］目公为逆：把您看作是叛逆、造反。［46］镇军长史顺之：镇军将军萧道成的高级僚属。当时萧道成既为中领军，又为镇军将军。顺之，即萧顺之，字文纬，御史萧道赐之子，梁武帝萧衍之父。萧衍建立南梁，追谥文皇帝，庙号太祖。故又称南梁太祖、梁文帝。［47］骠骑从事中郎：骠骑将军高级僚属。从事中郎，古官名。嶷（yí）：萧嶷，字宣俨，齐高帝萧道成次子，武帝萧赜之弟。刘宋时，为中书郎、武陵内史、中领军，江荆刺史。南齐时，封豫章郡王。传见《南齐书》卷二十二。［48］单行道路：在大路上独自行走，没有警卫随从。［49］于此立计：从这个方面下手，意即在京城采取措施。［50］鲜有克捷：难以获得成功。鲜，少。克捷，克敌制胜，即取得成功。［51］徒先人受祸：白白地牺牲，还没有杀别人，就先被别人杀掉了。［52］东中郎司马：东中郎将刘跻的司马官。行会稽郡事：代理会稽郡的行政事务。会稽，古郡名，郡治在今浙江绍兴市。［53］江夏王：封地江夏郡，郡治在今湖北武汉市江夏区。刘跻，初名智涣，字仲升，明帝刘彧第八子，初封临庆王，出继临庆冲王刘休倩、江夏文献王刘义恭，承袭江夏王，时年八岁，出任东中郎将、会稽太守，进号左将军。萧道成受禅，降为沙阳县公，不久被杀。传见《宋书》卷九十。［54］起兵于东方：起兵会稽以讨伐皇帝刘昱，助萧道成行废立之事。刘跻虽然为会稽太守，但大权在萧道成的亲信李安民之手。［55］越骑校尉：古军官名，掌管宫廷骑兵。越骑，才力超越的意思。王敬则，本名王恒，字敬则，萧道成心腹。南齐开国将领。传见《南齐书》卷二十六。潜自结：暗中投靠、交好。［56］著：穿。［57］扶匐道路：曲伏在街道之上。扶匐，同“匍匐”，爬行。［58］听察帝之往来：观察皇帝刘昱的行动规律。［59］杨玉夫、杨万年、陈奉伯：为后废帝宫廷侍奉人员，投靠怀有异心的萧道成。［60］一十五：据章校，“一”当作“二”。《南齐书·高帝本纪》作“二十五”。［61］诇（xiòng）伺机便：刺探下手的机会。诇，刺探，侦察。机便，机会，机宜。

秋，七月，丁亥夜[1]，帝微行至领军府门。左右曰：“一府皆眠，何不缘墙入[2]？”帝曰：“我今夕欲于一处作适[3]，宜待明夕。”员外郎桓康[4]等于道成门间听闻之。

戊子[5]，帝乘露车[6]，与左右于台冈赌跳[7]，仍往青园尼寺[8]，晚，至新安寺[9]偷狗，就昙度道人[10]煮之。饮酒醉，还仁寿殿[11]寝。杨玉夫常得帝意，至是忽憎之，见辄切齿[12]曰：“明日当杀小子取肝肺！”是夜，令玉夫伺织女渡河[13]，曰：“见当报我[14]；不见，将杀汝！”时帝出入无常，省内诸阁[15]，夜皆不闭，厢下畏相逢值[16]，无敢出者；宿卫并逃避[17]，内外莫相禁摄[18]。是夕，王敬则出外。玉夫伺帝熟寝，与杨万年取帝防身刀刎之[19]。敕厢下奏伎陈奉伯袖其首[20]，依常行法[21]，称敕开承明门[22]出，以首与敬则。敬则驰诣[23]领军府，叩门大呼，萧道成虑苍梧王诳之[24]，不敢开门。敬则于墙上投其首，道成洗视，乃戎服[25]乘马而出，敬则、桓康等皆从。入宫，至承明门，诈为行还[26]。敬则恐内人觇见[27]，以刀环塞窐孔[28]，呼门甚急，门开而入。他夕[29]，苍梧王每开门，门者震慑[30]，不敢仰视，至是弗之疑。道成入殿，殿中惊怖[31]；既而闻苍梧王死，咸[32]称“万岁”。

（以上为第六段，写后废帝刘昱顽劣无比，偷鸡摸狗，被左右杨玉夫杀死，然后诈开城门，将人头送给萧道成；萧道成戎装入城，宣布刘昱已死，殿中官员高呼“万岁”。）

【注释】

[1]丁亥夜：七月六日之夜。[2]缘墙入：翻墙进去杀萧道成。[3]作适：开心地玩一玩。胡三省曰：“适意作戏，谓之作适。”[4]员外郎桓康：也称员外散骑侍郎，皇帝身边的侍从官员。桓康，北兰陵承县（今山东枣庄市南）人，刘宋末年的猛将。对萧赜有救命之恩，萧赜在赣县，为郡狱所系，他率门客破狱救出，为萧道成的心腹之一，授冠军府参军。齐国建立，封吴平县伯，迁冠军将军，率兵北伐，攻占樊谐城，迁青、冀二州刺史。后病逝。传见《南齐书》卷三十。[5]戊子：七月七日。[6]露车：没有篷盖帷帐的车。[7]台冈赌跳：胡三省曰：“即台城之来冈。”比赛看谁跳得高。[8]仍往青园后寺：而后就去了一座名叫青园的寺庙。仍，同“乃”。[9]新安寺：胡三省曰：“孝武宠姬殷贵妃死，为之立寺，贵妃子子鸾封新安王，故以‘新安’为寺名。”[10]昙（tán）度：琅邪人，俗姓王，刘宋僧人。博通诸经，尤善涅盘、法华二经，复精通老庄及易学，住于京师新安寺。后废帝刘昱时，受敕为僧主。道人：得道之人，这里是对和尚的敬称。[11]仁寿殿：皇宫宫殿名。[12]见辄（zhé)切齿：一见到杨玉夫就恨得咬牙切齿。辄，就。[13]伺织女渡河：盯着看织女过天河与牛郎见面。织女，星名，也是神话传说人物，传说织女是天帝的孙女，与牛郎结合后，不再为天帝织造云锦，天帝用天河将二人隔离，只准每年农历七月七日相会一次。[14]见当报我：你看到织女过河的时候赶紧告诉我，让我知道。[15]省内诸阁：宫廷内的各处小门。阁，宫中小门。[16]厢下畏相逢值：正房两边的侧室，这里指在两厢的当值人员，害怕碰见皇帝刘昱。[17]宿卫并逃避：值勤守夜的警卫人员逃避躲开，能不出面就不出面。[18]内外莫相禁摄：宫里、宫外的警卫侍从人员谁也不管谁。禁摄，禁止，制约。[19]防身刀刎之：也叫“千牛刀”，取其锋利，解千牛而其刃若新之意。刎之，割下他的头颅。[20]敕（chì）厢下奏伎陈奉伯袖其首：命令一个在正殿两侧乐队里服务的乐工陈奉伯。袖子里藏着皇帝刘昱的人头。奏伎，这里指乐工。袖，用袖子藏着。用为动词。[21]常行法：平时刘昱微服出行的做法。[22]称敕承明门：称敕，假传圣旨，称作皇帝的命令。承明门，当时皇宫的正门。[23]驰诣：飞快地送到。[24]虑苍梧王诳之：担心是皇帝刘昱来骗他开门。[25]戎服：穿上军装。[26]诈为行还：假称是皇帝外出归来。[27]觇（chān）见：窥见。觇，窥视，观测。[28]窐(guī)孔：隔门窥望的小洞，犹今之“门镜”。窐，古代门旁的圭形小洞。[29]他夕：

其他时候的晚上。[30]震慑：震惊，恐惧。[31]惊怖：惊惶，害怕。[32]咸：皆，都。

己丑旦[1]，道成戎服出殿庭槐树下，以太后令召袁粲、褚渊、刘秉入会议[2]。道成谓秉曰："此使君家事[3]，何以断之[4]？"秉未答。道成须髯尽张[5]，目光如电。秉曰："尚书众事[6]，可以见付[7]；军旅处分[8]，一委领军[9]。"道成次让袁粲[10]，粲亦不敢当。王敬则拔白刃[11]，在床侧跳跃[12]曰："天下事皆应关萧公[13]！敢有开一言[14]者，血染敬则刀！"仍手取白纱帽[15]加道成首，令即位[16]，曰："今日谁敢复动！事须及热[17]！"道成正色[18]呵之曰："卿都自不解[19]！"粲欲有言，敬则叱之，乃止。褚渊曰："非萧公无以了此[20]。"手取事授道成[21]。道成曰："相与不肯[22]，我安得辞[23]！"乃下议[24]，备法驾诣东城[25]，迎立安成王。于是长刀遮粲、秉等[26]，各失色而去[27]。秉出，于路逢从弟韫[28]，韫开车[29]迎问曰："今日之事，当归兄邪[30]？"秉曰："吾等已让领军矣。"韫拊膺[31]曰："兄肉中讵有血邪[32]！今年族矣[33]！"

是日，以太后令，数[34]苍梧王罪恶，曰："吾密令萧领军潜运明略[35]。安成王准，宜临万国[36]。"追封昱为苍梧王[37]。仪卫[38]至东府门，安成王令门者勿开[39]，以待袁司徒[40]。粲至，王乃入居朝堂[41]。壬辰[42]，王即皇帝位，时年十一，改元[43]，大赦。葬苍梧王于郊坛[44]西。

魏京兆康王子推[45]卒。

甲午[46]，萧道成出镇东府[47]。丙申[48]，以道成为司空、录尚书事、骠骑大将军；袁粲迁中书监，褚渊加开府仪同三司；刘秉迁尚书令，加中领军；以晋熙王燮为扬州刺史[49]。刘秉始谓尚书万机[50]，本以宗室居之，则天下无变；既而萧道成兼总军国[51]，布置心膂[52]，与夺自专[53]，褚渊素相凭附[54]，秉与袁粲阁手仰成[55]矣。辛丑[56]，以尚书右仆射王僧虔为仆射[57]。丙午[58]，以武陵王赞为郢州刺史[59]；萧道成改领南徐州刺史[60]。

（以上为第七段，写后废帝刘昱被杀后，领军将军萧道成与朝廷大臣商讨善后事宜，迎立安成王刘准为帝，萧道成则统管朝政、军事，刘氏天下从此变成萧氏天下。）

【注释】

［1］己丑旦：七月八日的早晨。［2］入会议：进宫一起商量。［3］此使君家：这是你们老刘家的事情。刘秉是武帝刘裕的侄孙，所以萧道成对之说“你们老刘家”。使君，汉以来对州郡长官的敬称，刘秉时为丹杨尹，故以官号称之为“使君”。［4］何以断之：你打算怎样安排，指权力的分配而言。［5］须髯尽张：胡子都竖起来了，极言其激昂动怒的神态。人的嘴下所生曰“须”，两颊所生曰“髯”。［6］尚书众事：有关朝廷的行政事务。［7］可以见付：可以交付于我。［8］军旅处分：军事方面的安排调动。处分，安排，调动。［9］一委领军：全部交给中领军您。［10］次让袁粲：假意地推让说应让袁粲为第一执政官。［11］白刃：锋利的刀。［12］在床侧跳跃曰：在萧道成所坐的椅子旁边跳着脚说。床，也称胡床，当时人所坐的椅子。［13］皆应关萧公：都必须禀告萧道成。关，禀告，请示。［14］开一言：指发表任何不同意见。［15］仍：同“乃”，于是。白纱帽：一种表示尊贵的帽子。胡三省曰：“以白纱者，曰高顶帽。皇太子在上省则乌纱；在永福则白纱。”意思是皇太子在皇帝跟前戴乌纱帽，在自己的宫里就戴白纱帽。［16］令即位：怂恿他自己做皇帝。［17］事须及热：意即要趁热打铁，一步到位。［18］正色：板下脸来，非常严厉。［19］都自不解：完全不明白这里头的事情。意即要讲策略、讲手段。当初曹丕、司马炎、刘裕都是怎么表演的，难道你们不知道吗？［20］非萧公无以了此：除了萧道成谁也办不成这件事。了，胜任，办好。［21］手取事授道成：事，不是可以手取的一个具体的东西，疑有讹误。这句话指褚渊亲自将处理朝政的一切事务交给萧道成。胡三省曰：“自此天下之事一归之矣。”［22］相与不肯：你们既然都不肯担负重任。相与，彼此。［23］安得辞：怎么能够推辞呢？含有当仁不让的意思。［24］乃下议：于是做出决定。［25］法驾诣东城：皇帝乘坐的车驾到东府。当时安成王刘准任扬州刺史，其州治即在东城。［26］长刀遮粲、秉等：手执长刀的武士簇拥、环围着袁粲、刘秉等人。遮，环绕。［27］各失色而去：吓得魂不守舍。胡三省曰：“观史所书，会议之际，道成目光如电，须髯尽张；王敬则拔白刃跳跃；继又以长刀遮粲、秉等，事势可知矣。粲、秉于此时，声其弑君之罪，以身死之，犹不愧于仇牧；何待至石头耶？”［28］从弟韫（yùn）：刘秉堂弟，即刘韫，字彦文，长沙成王刘义欣之子，时任中领军。后以谋反罪伏诛。传见《宋书》卷五十一。［29］开车：开启车门。［30］当归兄邪：朝廷大政归到您名下了吗。［31］拊膺：以手捶胸，表示痛心、遗憾的样子。［32］肉中讵有血邪：你还算是个有血性的人吗？意即你是行尸走肉，是一具政治傀儡。讵，岂，难道。［33］族：灭族，整个家族被杀光。［34］数：列举其罪以谴责之。［35］潜运明略：暗中运用智谋。［36］宜临万国：应该君临天下，也就是应该做皇帝。［37］追封昱为苍梧王：废去其皇帝的称号，降为苍梧王。苍梧，古郡名，郡治广信，在今广西梧州市。［38］仪卫：迎接新皇帝的仪仗队和卫队。［39］令门者勿开：以不辨

其真假，不识其用心故也。门者，门卫。［40］袁司徒：即袁粲，任司徒，为朝廷首辅。胡三省曰："史言袁粲为一时所倚重。"［41］乃入居朝堂：进入百官参拜皇帝之处。［42］壬辰：七月十一日。［43］改元：即改元徽五年为升明元年。［44］郊坛：当时皇帝在南郊祭天的坛台，类以今北京天坛。胡三省曰："南郊坛在台城南巳地，世祖大明三年，移南郊坛于牛头山以正阳位。"［45］子推：即拓跋子推，一作"拓跋推"，景穆帝拓跋晃之子，封京兆王，谥号康。传见《魏书》卷十九上。［46］甲午：七月十三日。［47］出镇东府：把他的办事机构迁到了东府。东府从东晋开始就是操纵国家大政的权臣居住的地方。［48］丙申：七月十五日。［49］晋熙王燮为扬州刺史：实则是萧道成的儿子萧赜当权，因晋熙王燮年幼，萧赜为其长史故也。扬州刺史是非常关键的地方要员，都城建康即属于扬州刺史管辖。［50］尚书万机：代指国家的一切政务。尚书，即尚书省，主管国家政务。［51］兼总军国：既任骠骑大将军总管军务，又以录尚书事总管全国政务。［52］心膂（lǚ）：心脏与脊骨，这里比喻亲信、骨干。［53］与夺自专：想给谁权力就给谁权力，想夺回谁的权力就夺回谁的权力。［54］素相凭附：历来就依附萧道成。凭，依赖，依靠。［55］阁手仰成：指当个"甩手掌柜"，成了摆设，一切只能听萧道成的。阁手，胡三省曰："阁手者，高拱充位而无所为，两手若有所阁也。"阁，同"搁"，搁置。仰成，按人家制定的方针政策办事。［56］辛丑：七月二十日。［57］王僧虔为仆射：王僧虔原为尚书右仆射，当时尚书仆射设左右二人，今任王僧虔为尚书仆射，改尚书仆射只设一人。仆射，即尚书仆射，尚书省的长官，主管国家政务。［58］丙午：七月二十五日。［59］武陵王赞为郢州刺史：武陵王刘赞，明帝刘彧第九子，封为武陵王，任郢州刺史，死时年九岁。传见《宋书》卷八十。郢州，古州名，州治夏口，在今湖北武汉市汉阳区。［60］改领南徐州刺史：萧道成此前除有朝官外，尚兼任南兖州刺史。今则除有新任的朝官外，尚改兼南徐州刺史。领，兼任。以高级别兼低职务叫"领"。南徐州，古州名，州治即当时的京口，今江苏镇江市。

八月，壬子[1]，魏大赦。

癸亥[2]，诏袁粲镇石头[3]。粲性冲静[4]，每有朝命[5]，常固辞；逼切[6]不得已，乃就职。至是知萧道成有不臣之志[7]，阴欲图之，即时顺命[8]。

初，太宗使陈昭华[9]母养顺帝；戊辰[10]，尊昭华为皇太妃。

丙子[11]，魏诏曰："工商皂隶[12]，各有厥分[13]；而有司纵滥[14]，或染流俗[15]。自今户内有工役[16]者，唯止本部丞[17]；若有勋劳者，不从此制。"

萧道成固让司空；庚辰[18]，以为骠骑大将军、开府仪同三司。

九月，乙酉[19]，魏更定[20]律令。

戊申[21]，封杨玉夫等二十五人为侯、伯、子、男[22]。

冬，十月，氐帅杨文度[23]遣其弟文弘袭魏仇池[24]，陷之。

初，魏徐州刺史李䜣[25]，事显祖为仓部尚书[26]，信用卢奴令[27]范檦。䜣弟左将军璞谏曰："檦能降人以色[28]，假人以财[29]，轻德义而重势利；听其言也甘[30]，察其行也贼[31]，不早绝之，后悔无及。"䜣不从，腹心之事，皆以语檦。

尚书赵黑[32]，与䜣皆有宠于显祖，对掌选部[33]。䜣以其私用人为方州[34]，黑对显祖发之[35]，由是有隙[36]。顷之[37]，䜣发黑前为监藏[38]，盗用官物，黑坐黜为门士[39]。黑恨之，寝食为之衰少；逾年[40]，复入为侍中、尚书左仆射，领选[41]。

及显祖殂[42]，黑白冯太后[43]，称䜣专恣[44]，出为徐州[45]。范檦知太后怨䜣[46]，乃告䜣谋外叛[47]。太后征䜣至平城问状，䜣对无之，太后引檦使证之。䜣谓檦曰："汝今诬我，我复何言！然汝受我恩如此之厚，乃忍为尔乎[48]？"檦曰："檦受公恩，何如公受李敷恩[49]？公忍为之于敷，檦何为不忍于公！"䜣慨然叹曰："吾不用璞言，悔之何及！"赵黑复于中构成其罪[50]，丙子[51]，诛䜣及其子令和、令度；黑然后寝食如故[52]。

十一月，癸未[53]，魏征西将军皮欢喜[54]等三将军率众四万击杨文弘。

丁亥[55]，魏怀州民伊祁苟[56]自称尧后，聚众于重山[57]作乱；洛州刺史冯熙讨灭之。冯太后欲尽诛阖城之民[58]，雍州刺史张白泽[59]谏曰："凶渠[60]逆党，尽已枭夷[61]；城中岂无忠良仁信之士，奈何不问白黑，一切诛之？"乃止。

十二月，魏皮欢喜军至建安[62]，杨文弘弃城走[63]。

（以上为第八段，写刘宋朝廷即将爆发新的矛盾，袁粲出镇石头城，意在谋除萧道成；北魏内部矛盾重重，徐州刺史李䜣与尚书赵黑交恶，互相攻击，被冯太后诛杀。）

【注释】

[1]壬子：八月一日。 [2]癸亥：八月十二日。 [3]镇石头：统兵驻守石头城。石头城

在当时的建康城西侧，是防守建康城的军事要地。这大概是刘秉等人的主意，为了牵制萧道成。［4］冲静：恬淡和平，不贪权位。［5］朝命：朝廷新的任命。［6］逼切：逼迫，迫切。［7］不臣之志：阴谋称帝的想法。［8］即时顺命：立刻就接受了“镇石头”的任命。［9］陈昭华：即陈法容，明帝刘彧的宠妃，刘彧令弟弟桂阳王刘休范与陈法容发生关系，生子刘准，封为安成王，陈法容封为昭华。后刘彧去世，被立为安成王太妃；刘准继位为顺帝，被立为皇太妃。萧道成称帝，建立南齐，刘宋灭亡，陈法容被废去皇太妃称号。传见《宋书》卷四十一。昭华，皇帝妃嫔的封号名，各个时代妃嫔的名号不一，刘宋时期还有昭仪、昭容等。［10］戊辰：八月十七日。［11］丙子：八月二十五日。［12］工商皂隶：工匠、商人，或是衙门里的差役。皂隶，旧时官府里的低级仆役人员。［13］各有厥（jué）分：都有他们固定的身份，意思是说他们都是很卑贱的。厥，其。［14］有司纵滥：有关该项工作的官员对他们不加限制，任凭他们跳槽、改行。［15］或染流俗：有的竟然进入了上流社会。流俗，《魏书》《北史》作“清流”，指士族社会，通观上下文，此处主要是指较高级别的官位。［16］户内有工役：凡是家族中有从事低级差役的人。［17］唯止本部丞：只能在本行业内担任副职。丞，长官的副手，如市令下有市丞，仓令下有仓丞。［18］庚辰：八月二十九日。［19］乙酉：九月五日。［20］更定：改定，修改。［21］戊申，九月二十八日。［22］侯、伯、子、男：古代五等侯中的后四种，第一种是“公”，他们的层次还达不到。［23］杨文度：仇池氐人，武都王杨僧嗣堂弟。杨僧嗣去世，文度自立为武兴王，是武都国第四任国君，也是后仇池国第十一任国君。依附于北方政权与南朝政权之间，北魏任为武兴镇将，刘宋加授为都督北秦、雍二州诸军事，武都王，后被北魏将领攻杀。传见《宋书》卷九十八。［24］文弘：即杨文弘，一作“杨文洪”，杨文度之弟，武兴国君。初为白水太守，屯武兴（今陕西略阳县），北魏杀文度，灭武都国。杨文洪自称武兴王，臣属于北魏，习称武兴国。后为萧齐所废。仇池：古郡名，郡治在今甘肃成县西北的洛谷镇。［25］李䜣（xīn）：一作李欣，字元盛，小名真奴，幽州刺史李崇之子，北魏大臣，出为徐州刺史。因李敷之事得罪冯太后，坐反叛罪被杀。传见《魏书》卷四十六。［26］仓部尚书：古官名，也叫太仓尚书，掌管粮食的保存与出纳之事。［27］卢奴令：卢奴县的县令。当时的卢奴县在今河北定州市。［28］降人以色：能对人低声下气。［29］假人以财：给人钱财，收买人心。［30］听其言也甘：听他说的话，说得好听，讨人喜欢。甘，甜蜜，悦耳。［31］察其行也贼：观察他的行为，做事残忍凶狠。贼，残忍。［32］尚书赵黑：古官名，此指尚书令，尚书省主管官员。赵黑，一作赵默，初名赵海，字文静，北魏宦官、大臣。传见《魏书》卷九十四。［33］对掌选部：共同掌管选任官员的事务。选部，即日后的吏部。［34］以其私用人为方州：出于私心地任命人为大州刺史。方州，方伯、大州之长，即当时的州刺史。胡三省曰：“古者八州八伯，谓之方伯。后世遂以州刺史为方州。”［35］发：举报，揭发。［36］有隙：有矛盾，有过节。［37］顷之：不久。［38］监藏：看管仓库的官。藏，仓库。［39］坐黜（chù）为门士：因某事犯罪贬为守门人。［40］逾年：过了一年。［41］领选：兼管选部的事务。［42］殂（cú）：死。［43］白冯太后：向冯太后进言。［44］专恣：专横，放肆。［45］出为徐州：赶出朝廷，派到徐州任刺史。［46］太后怨䜣：因为李䜣检举冯太后的男宠李奕，致使李奕被拓跋弘所杀。事见《资治通鉴》卷一百三十二明帝泰始六年（470）。［47］谋外叛：阴谋策划向国外叛逃。［48］乃忍为尔乎：竟然忍心做这种事？忍，忍心，下得了狠心。尔，这种，这样的。［49］公受李敷恩：李䜣为相州刺史时曾因受贿犯罪，李敷为之做过掩护。李敷，字景文，赵郡平棘县（今河北赵县）人，高平宣王李顺长子，北魏大臣。后受诬陷，被拓跋弘所诛。传见《魏书》卷三十六。［50］于中构成其罪：在宫中，在冯太后身边将其罪名做实。构，罗织，完善。［51］丙子：十月二十六日。［52］寝食如故：这才吃得下、睡得香了。［53］癸未：十一月三日。［54］皮欢喜：一作"皮喜"，名将皮豹子之孙，时任北魏征西将军。传见《魏书》卷五十一。［55］丁亥：十一月七日。［56］伊祁苟：北魏人，怀州的百姓，自称是尧的后代，于重山聚众起义。洛州刺史冯熙率兵讨平之。［57］重山：古山名，在今河南辉县市西北。［58］阖城之民：全城的百姓。阖，门，城门以内，即全城。［59］张白泽：字钟葵，太保张衮之孙，冀州刺史张度之子，北魏大臣。传见《魏书》卷二十四。［60］凶渠：罪恶的大头目。渠，帅，头目。［61］枭夷：诛灭。枭，悬首示众。夷，杀光。［62］建安：古城名，旧址在今甘肃成县北，在当时仇池郡的城北一百二十里。［63］弃城走：两个月前杨文弘占据了仇池郡城，今弃城逃走。

初，沈攸之与萧道成于大明、景和[1]之间同直殿省[2]，深相亲善，道成女为攸之子中书侍郎文和[3]妇。攸之在荆州，直阁将军高道庆，家在华容[4]，假还[5]，过江陵[6]，与攸之争戏槊[7]。驰还建康，言攸之反状已成，请以三千人袭之。执政皆以为不可，道成仍保证其不然[8]。杨运长等恶攸之，密与道庆谋遣刺客杀攸之，不克[9]。会苍梧王遇弑，主簿宗俨之[10]、功曹臧寅[11]劝攸之因此起兵。攸之以其长子元琰在建康为司徒左长史[12]，故未发。寅，凝之之子也。

时杨运长等已不在内[13]，萧道成遣元琰以苍梧王剞斫之具[14]示攸之。攸之以道成名位素出己下[15]，一旦专制朝权，心不平，谓元琰曰："吾宁为王凌死[16]，不为贾充生[17]。"然亦未暇举兵。乃上表称庆[18]，因留元琰。

雍州刺史张敬儿，素与攸之司马刘攘兵善，疑攸之将起事，密以问攘兵。攘兵无所言，寄敬儿马镫[19]一只，敬儿乃为之备。

攸之有素书[20]十数行，常韬在裲裆角[21]，云是明帝与己约誓[22]。

攸之将举兵，其妾崔氏谏曰："官[23]年已老，那不为百口计[24]！"攸之指裲裆角示之，且称太后使至[25]，赐攸之烛，割之[26]，得太后手令云："社稷[27]之事，一以委公[28]。"于是勒兵移檄[29]，遣使邀张敬儿及豫州刺史刘怀珍、梁州刺史梓潼范柏年、司州刺史姚道和、湘州行事庾佩玉、巴陵内史王文和同举兵。敬儿、怀珍、文和并斩其使，驰表以闻[30]；文和寻弃州奔夏口[31]。柏年、道和、佩玉皆怀两端[32]。道和，后秦高祖[33]之孙也。

辛酉[34]，攸之遣辅国将军孙同等相继东下[35]。攸之遗[36]道成书，以为："少帝昏狂[37]，宜与诸公密议，共白太后，下令废之；奈何交结左右，亲行弑逆；乃至不殡[38]，流虫在户[39]？凡在臣下，谁不惋骇[40]！又，移易朝旧[41]，布置亲党[42]，宫阁管籥[43]，悉关家人[44]。吾不知子孟、孔明遗训[45]固如此乎！足下既有贼宋[46]之心，吾宁敢捐包胥之节[47]邪！"朝廷闻之，恼惧[48]。

丁卯[49]，道成入守朝堂，命侍中萧嶷代镇[50]东府，抚军行参军萧映[51]镇京口。映，嶷之弟也。戊辰[52]，内外纂严[53]。己巳[54]，以郢州刺史武陵王赞为荆州刺史[55]。庚午[56]，以右卫将军黄回为郢州刺史[57]，督前锋诸军以讨攸之。

（以上为第九段，写荆州刺史沈攸之忠于刘宋朝廷，起兵反对专权的亲家萧道成。）

【注释】

[1]大明、景和：大明，刘宋孝武帝刘骏的年号。景和，刘宋前废帝刘子业的年号。 [2]同直殿省：一起在朝廷任禁军头领，负责保卫工作。直，同"值"，值班，值勤。殿省，宫殿与尚书省、门下省等，即泛指朝廷。沈攸之当时曾任左卫将军、太子中庶子；萧道成为直阁中书舍人、后军将军。 [3]文和：即沈文和沈攸之第三子，娶萧道成之女（即后来的义兴公主），曾任中书侍郎，与沈攸之一同自缢而死。传见《宋书》卷七十四。 [4]华容：古县名，在今湖北监利市北，当时属荆州管辖，与现今湖南的华容县相距很远。 [5]假还：休假还华容老家。 [6]过江陵：绕道江陵拜访沈攸之。江陵是当时荆州的州治所在地，在今湖北荆州市荆州区。 [7]争戏槊（shuò）：因赌博游戏发生争执。槊，古代的一种博戏，也叫"握槊""双陆"，也指长矛。此处可理解为比试武艺。《南齐书·高帝纪上》有"于听事前合马槊，道庆槊中破攸之马鞍"云云。 [8]不然：不会造反。 [9]不克：不成功，行刺未成。 [10]主簿宗俨之：古官名，将军或刺史手下的文秘官员。

宗俨（yǎn）之，荆州刺史沈攸之记室参军、主簿，鼓动攸之起兵，表檄文疏皆由其所作。攸之兵败，被杀。［11］功曹臧寅：古官名，地方长官手下的文职僚属，主管人事、考核等事务。臧寅，尚书左丞臧凝之之子，时为荆州刺史沈攸之功曹，沈攸之起兵反，他劝沈攸之放弃郢城顺流直攻建康，不从。沈攸之兵败，诸将帅皆逃散，他投水死。［12］元琰（yǎn）在建康为司徒左长史：沈元琰，荆州刺史沈攸之长子，曾任司徒左长史，沈攸之起兵后留守江陵，城破后被杀。传见《宋书》卷七十四。司徒左长史，司徒袁粲的高级僚属，为诸史之长，握有实权。［13］不在内：指不在朝廷内任职，当时杨运长被任为宁朔将军、宣城太守。［14］刳（kū）斫（zhuó）之具：剖人之腹与把人剁成肉块所用的刀斧之类。刳，剖，刮。斫，砍，剁。［15］素出己下：一向处于自己之下。出，处于。［16］宁为王凌死：宁可做王凌那样的人，因不屈而死。王凌，字彦云，曹魏将领，统兵镇淮南。因不满太傅司马懿专擅朝政，联合兖州刺史令狐愚谋立楚王曹彪为帝，事泄自尽，时年八十岁，被夷灭三族。传见《三国志》卷二十八。［17］不为贾充生：不做贾充那样的人，趋炎附势，苟合于世。贾充，曹魏豫州刺史贾逵之子，曹魏大臣，依附司马昭，成为司马炎篡位的帮凶，西晋开国元勋，权臣。传见《晋书》卷四十。［18］称庆：祝贺萧道成拥立新皇帝刘准成功，朝廷又获安定。［19］寄敬儿马镫（dèng）一只：赠予敬儿战场上有用之物，以暗示沈攸之即将起兵。马镫，挂在马鞍两旁供骑马人踏脚上马的物件。［20］素书：写在白绢上的文字。［21］韬在裲（liǎng）裆角：保存在防身马甲的衣角上。韬，藏，保存。裲裆，马甲，金属制作的防身背心。［22］与己约誓：与自己单独约定的誓言。古今阴谋家都会玩弄这一套把戏。［23］官：官人，主子。胡三省曰："宋齐之间，义从私属以至婢仆，率呼其主为官。"［24］那不为百口计：怎能不为全家百口的安危作长远考虑？因为造反不成就是灭门之罪。那，同"哪"，哪能，怎能。［25］太后使至：明帝刘彧的遗孀王太后派人前来。［26］割之：将蜡烛剖开。［27］社稷：土神和谷神，代指国家。［28］一以委公：就全委托给您了。［29］勒兵移檄（xí）：调集兵马，向全国各地发布公告。勒，调集，掌控。檄，檄文，说明某种缘由，或是声讨某人某事的公告。［30］驰表以闻：飞快地写奏章报告朝廷。［31］弃州奔夏口：扔下巴陵郡。夏口，在今湖北武汉市，因处于夏水（即汉水）与长江的交汇口而得名。当时为郢州的州治所在地。［32］怀两端：两头观望，脚踩两条船。［33］后秦高祖：即后秦主姚兴，庙号高祖。司州刺史姚道和即姚兴之孙。［34］辛酉：十二月十二日。［35］孙同：荆州刺史沈攸之部属辅国将军，为叛军急先锋，率军东下。东下：自长江沿江东下，直奔建康。［36］遗（wèi）：给，送给。［37］少帝昏狂：指被废的苍梧王刘昱昏庸，狂妄。［38］不殡：不收殓停灵。［39］流虫在户：极言其暴尸之惨相。《史记·齐世家》写齐桓公死后无人收殓，有所谓"尸虫出于户"，此用其语。［40］惋骇：叹息，惊讶。［41］移易朝旧：更换朝廷旧臣的官职。［42］布置亲党：任用亲信。［43］宫阁管籥（yuè）：各个宫殿门户的钥匙，代指朝廷各部门的重要职务。［44］悉关家人：全都交到你们一家人的手里。关，交付。［45］子孟、孔明遗训：霍光，字子孟，受汉武帝刘彻的托付，辅佐昭帝临朝。孔明，即诸葛亮，字孔明，辅佐刘备夺取荆益、建立蜀国为丞相，受昭烈帝刘备托孤，辅佐后主刘禅，封为武乡侯。遗训，留给后人的遗言，这里即指他们辅佐小皇帝的做法。［46］贼宋：残害刘宋王朝，这里指篡夺皇帝位。贼，残害。［47］宁敢捐包胥之节：怎么敢不效法申包胥向秦国求救兵以救其国家的气节。包胥，即申包胥，春秋时楚国大夫。昔日伍子胥以吴国军力攻打楚国，攻入楚都，楚昭王出逃。申包胥为复国，到秦国求助，在秦廷哭了七天七夜，滴水不进，感动了秦哀公，于是出兵，使吴国退兵，恢复了楚国。楚昭王要封赏他，他坚持不受。事见《史记》卷六十六。［48］恟（xiōng）惧：恐惧惊慌，人心惶惶。［49］丁卯：十二月十八日。［50］代镇：代表萧道成予以镇守。［51］萧映：字宣光，齐高帝萧道成三子，武帝萧赜之弟。南齐建立后，封临川郡王。传见《南齐书》卷三十五。［52］戊辰：十二月十九日。［53］内外纂严：朝廷内外集合军队，宣布戒严。纂，集合。［54］己巳：十二月二十日。［55］武陵王赞为荆州刺史：意即罢去沈攸之的荆州刺史，改以武陵王刘赞充任之。［56］庚午：十二月二十一日。［57］“右卫将军”句：右卫将军，古将军名号，主管朝廷禁卫。黄回为郢州刺史，以接替武陵王刘赞。

初，道成以世子赜为晋熙王燮长史，行郢州事，修治器械以备攸之。及征燮为扬州[1]，以赜为左卫将军[2]，与燮俱下[3]。刘怀珍言于道成曰：“夏口冲要[4]，宜得其人[5]。”道成与赜书曰：“汝既入朝[6]，当须文武兼资与汝意合[7]者，委以后事。”赜乃荐燮司马柳世隆[8]自代。道成以世隆为武陵王赞长史，行郢州事。赜将行，谓世隆曰：“攸之一旦为变，焚夏口舟舰，沿流而东，不可制也。若得攸之留攻郢城[9]，必未能猝拔[10]。君为其内，我为其外，破之必矣。”及攸之起兵，赜行至寻阳[11]，未得朝廷处分[12]，众欲倍道[13]趋建康，赜曰：“寻阳地居中流[14]，密迩畿甸[15]。若留屯湓口[16]，内藩朝廷[17]，外援夏首[18]，保据形胜[19]，控制西南，今日会此[20]，天所置也。”或以为湓口城小难固，左中郎将周山图[21]曰：“今据中流，为四方势援[22]，不可以小事[23]难之；苟众心齐一，江山皆城隍[24]也。”庚午[25]，赜奉燮[26]镇湓口；赜悉以事委山图。山图断取行旅船板以造楼橹[27]，立水栅[28]，旬日皆办[29]。道成闻之，喜曰：“赜，真我子也！”以赜为西讨都督[30]，赜启山图为军副[31]。时江州刺史邵陵王友[32]镇寻阳，赜以为寻阳城不足固[33]，表移友同镇湓口，留江州别驾豫章胡谐之[34]守寻阳。

湘州刺史王蕴遭母丧罢归，至巴陵[35]，与沈攸之深相结[36]。时攸之未举兵，蕴过郢州，欲因萧赜出吊作难[37]，据郢城。赜知之，不出。

还，至东府，又欲因萧道成出吊作难，道成又不出。蕴乃与袁粲、刘秉密谋诛道成，将帅黄回、任候伯、孙昙瓘、王宜兴、卜伯兴[38]等皆与通谋。伯兴，天与[39]之子也。道成初闻攸之事起，自往诣粲，粲辞不见。通直郎袁达谓粲“不宜示异同[40]”，粲曰：“彼若以主幼时艰，与桂阳时不异[41]，劫我入台[42]，我何辞以拒之！一朝同止[43]，欲异得乎[44]！”道成乃召褚渊，与之连席[45]，每事必引渊共之[46]。时刘韫为领军将军，入直门下省[47]；卜伯兴为直阁[48]，黄回等诸将皆出屯新亭[49]。

初，褚渊为卫将军[50]，遭母忧去职[51]，朝廷敦迫[52]，不起。粲素有重名[53]，自往譬说[54]，渊乃从之。及粲为尚书令，遭母忧，渊譬说恳至[55]，粲遂不起[56]，渊由是恨之[57]。及沈攸之事起，道成与渊议之。渊曰：“西夏衅难[58]，事必无成，公当先备其内[59]耳。”粲谋既定，将以告渊，众谓渊与道成素善，不可告。粲曰：“渊与彼虽善，岂容大作同异[60]！今若不告，事定便应除之。”乃以谋告渊，渊即以告道成。

道成亦先闻其谋，遣军主苏烈[61]、薛渊[62]、太原王天生将兵助粲守石头[63]。薛渊固辞，道成强之，渊不得已，涕泣拜辞。道成曰：“卿近在石头，日夕去来[64]，何悲如是，且又何辞？”渊曰：“不审公能保袁公共为一家[65]否？今渊往，与之同则负公[66]，不同则立受祸，何得不悲！”道成曰：“所以遣卿，正为能尽临事之宜[67]，使我无西顾之忧[68]耳。但当努力，无所多言。”渊，安都之从子也。道成又以骁骑将军王敬则为直阁，与伯兴共总[69]禁兵。

（以上为第十段，写萧道成之子萧赜抗击沈攸之起了中坚作用；朝廷首辅袁粲借此机会，又乘机发难，欲偷袭萧道成，事泄未果。）

【注释】

[1]征燮为扬州：调晋熙王刘燮进京任扬州刺史，扬州的州治在建康城内，故用“征”字。[2]左卫将军：古将军名号，为禁卫军的大头目之一。[3]与燮俱下：与刘燮一起沿江东下进入建康。[4]冲要：咽喉要道。[5]宜得其人：应该选择合适的人，也就是忠于我们的人接替。[6]入朝：因扬州治所时在建康，与京城建康同治，所以说“入朝”，实指赴任扬州刺史。[7]文武兼资与汝意合：文武兼备，与你的观点相同，即拥护萧道成。资，具有。[8]柳世隆：字彦绪，刘宋名将柳元景之侄，晋熙王刘燮司马。南齐建立后，历任南豫州、南兖州刺史，侍中、尚

书令。传见《南齐书》卷二十四。［9］留攻郢城：意即你等坚守郢城，死死地拖住他，让他不能东下。郢城，郢州的州城，即夏口，在今湖北武汉市。［10］未能猝（cù）拔：不能在短时内攻下。猝，突然。［11］寻阳：古郡名，郡治在今江西九江市，当时江州的州治所在地。［12］未得朝廷处分：没有继续接到其父萧道成的指示。处分，布置，安排。［13］倍道：加快前进的速度，即所谓“日夜兼程”。［14］地居中流：正处在郢州到建康的半路上。［15］密迩（ěr）畿甸（jī diàn）：紧紧挨着建康城。畿甸，京城的郊区，这里即指京城。［16］留屯湓口：在寻阳一带驻扎下来。湓口，古城名，在当时寻阳城的东北部，地处鄱阳湖与长江的交汇口。［17］内藩（fān）朝廷：向东可以屏蔽朝廷。藩，篱笆，这里用为动词，藩卫。［18］外援夏首：向西可以支援夏口。夏首，即夏口，靠近湓口，故称之。［19］保据形胜：占据有利的地理形势。［20］会此：正好来到这个地方。［21］周山图：字季寂，刘宋左中郎将。沈攸之反叛，随萧赜据湓城为郢州支援。为萧道成亲信，助其建齐，入齐后封广晋县男，迁兖州刺史，抵挡北魏。传见《南齐书》卷二十九。［22］势援：犹后盾。［23］小事：小小的不利条件。［24］江山皆城隍（huáng）：这里的群山与大江都将成为我们的坚城与护城河。隍，护城河。［25］庚午：十二月二十日。［26］奉燮：拥戴刘燮。刘燮当时名义上是扬州刺史，小皇帝的弟弟，是一面对萧氏很有用的旗帜。［27］断取行旅船板以造楼橹：截夺江上往来的船只，拆其木板以充军用。楼橹，古代军中用于眺望敌军行动或用以攻城的吊车。［28］水栅（zhà）：编插在水中，用以阻止敌兵前进的木栏、竹栏。［29］旬日皆办：不到十天就全都做好了，极言其聪明能干。［30］西讨都督：总管讨伐沈攸之叛军的一应事宜。时叛军在湓口之西，故称“西讨”。［31］启山图为军副：请求朝廷任命山图为军队的副将、副帅。［32］邵陵王友：即刘友，字仲贤，明帝刘彧第七子，封为邵陵王。传见《宋书》卷九十。［33］不足固：不值得加固，不值得让邵陵王刘友在那里坚守。［34］胡谐之：为萧氏亲信，初辟州主簿，迁郡太守，萧道成为江州刺史，以为别驾，入齐为大臣。传见《南齐书》卷三十七。［35］巴陵：古郡名，郡治在今湖南岳阳市，上属于郢州。［36］深相结：建立了紧密的联盟。胡三省曰：“巴陵距江陵四百余里，盖使命往来，深相结也。”［37］因萧赜出吊作难：借着萧赜出吊王蕴母丧的机会发难举事，指借机杀死萧赜。因，趁，借着。［38］任候伯、孙昙瓘、王宜兴、卜伯兴：袁粲、刘秉是动员反抗萧道成的四位刘宋将领。卜伯兴是方威将军卜天与之子。袁粲等起事未果，皆被杀。［39］天与：即卜天与，刘宋时人，文帝刘义隆时为卫队头领、广威将军，元凶刘劭作乱，卜天与战死，孝武帝刘骏即位后，谥号壮侯。传见《宋书》卷九十一。［40］“通直郎”句：通直郎，古官名，即通直散骑侍郎，皇帝的侍从官员。不宜示异同，不应该表现出与萧道成对立的情绪出来。［41］与桂阳时不异：像当初桂阳王刘休范一样谋反篡权。［42］劫我入台：胁迫我进入朝堂，意即把我拉到他身边，逼着我和他一起干。［43］一朝同止：一旦与他同起同坐。［44］欲异得乎：再想坚持不同意见还有用吗？［45］连席：并坐，座位挨在一起。［46］每事必引渊共之：不论决定什么事，都一定拉上褚渊共同处理，共同发表一致的意见。［47］入直门下省：到门下省值班。直，同“值”。门下省，古官署名。晋时因其掌管门下众事，始称门下省。南北朝因之，与中书省、尚书省并立，侍中为长官。［48］直阁：古官名，率领卫队侍从在皇帝身边值勤。直，同“值”。［49］出屯新亭：以预防京城以外的军队来攻。［50］卫将军：古官名，宫廷卫戍军队的统帅。［51］遭母忧去职：因为母守丧而辞去官职。当时为父母之丧而辞去官职是官场的通例，以表示守孝道。［52］敦迫：催促、逼迫其复职上班，以显示国家对他的需要。［53］重名：很高的名望。［54］譬说：宽解，劝说。［55］恳至：诚恳极了。至，到顶，到家。［56］遂不起：始终没有出来。遂，一直，到底。［57］由是恨之：因为袁粲太不给褚渊面子，让褚渊下不了台，而且也让社会觉得还是袁粲讲孝道，不重官位。［58］西夏衅（xìn）难：西方沈攸之的叛乱。西夏，指荆州，因湖北中部有夏水，流经荆州，附近地邑在战国时多以“夏”命名；又在建康之西，故称“西夏”。衅难，间隙挑起的祸端。［59］先备其内：防备京城内部，指袁粲、刘秉等人。［60］岂容大作同异：岂能和我们公然对抗。大作，强烈地表现、公开地反对。［61］苏烈：刘宋时人，原是名将张永的部下，后成为萧氏的亲信。传见《南齐书》卷二十八。［62］薛渊：薛安都从子。安都以彭城投降北魏，亲族皆入北。萧道成镇淮阴，薛渊来南，委身自结，为萧道成亲信将领。传见《南齐书》卷三十。［63］王天生将兵助粲守石头：王天生，刘宋时太原人，萧道成的部将，曾随萧道成攻杀袁粲。助粲守石头，实际上是去牵制袁粲，看住袁粲。［64］日夕去来：早晨去了天黑就能回来。［65］共为一家：共同为一个主子效力。［66］与之同则负公：与他同心协力则对不起您。［67］能尽临事之宜：该怎么做就怎么做。［68］西顾之忧：对石头城一带，也就是对袁粲等人的担心。石头城在台城之西，所以说“西顾之忧”。［69］共总：共同统领。总，管理，统率。

粲谋矫太后令[1]，使韫、伯兴帅宿卫兵攻道成于朝堂，回等帅所领为应。刘秉、任候伯等并赴石头[2]，本期壬申夜发[3]，秉恇扰[4]不知所为，晡后即束装[5]；临去，啜羹[6]，写胸上[7]，手振不自禁[8]。未暗[9]，载妇女，尽室[10]奔石头，部曲[11]数百，赫奕[12]满道。既至，见粲，粲惊曰：“何事遽来[13]？今败矣[14]！”秉曰：“得见公，万死何恨[15]！”孙昙瓘闻之，亦奔石头。丹阳丞王逊[16]等走告道成，乃大露。逊，僧绰之子也。

道成密使人告王敬则。时阁[17]已闭，敬则欲开阁出，卜伯兴严兵为备[18]，敬则乃锯所止屋壁[19]得出，至中书省收韫。韫已成严[20]，列烛自照。见敬则猝至[21]，惊起迎之，曰：“兄何能夜顾[22]？”敬则呵之曰：“小子那敢作贼[23]！”韫抱敬则，敬则拳殴其颊仆地[24]而杀之，又杀伯兴。苏烈等据仓城[25]拒粲。王蕴闻秉已走，叹曰："事不成矣！"狼狈[26]帅部曲数百向石头。本期开南门[27]，时暗夜，薛渊据门射之。蕴谓粲已败[28]，即散走[29]。

道成遣军主会稽戴僧静[30]帅数百人向石头助烈等，自仓门得入，与之并力攻粲。孙昙瓘骁勇善战，台军[31]死者百余人。王天生殊死战，故得相持。自亥至丑[32]，戴僧静分兵攻府西门[33]，焚之。粲与秉在城东门，见火起，欲还赴府。秉与二子俣、陔逾城走[34]。粲下城，列烛自照，谓其子最[35]曰："本知一木不能止大厦之崩，但以名义至此耳[36]。"僧静乘暗逾城独进[37]，最觉有异人[38]，以身卫粲，僧静直前斫[39]之。粲谓最曰："我不失忠臣，汝不失孝子！"遂父子俱死。百姓哀之，谣曰："可怜石头城，宁为袁粲死，不作褚渊生！"刘秉父子走至额檐湖[40]，追执，斩之。任候伯等并乘船赴石头，既至，台军已集，不得入，乃驰还[41]。

黄回严兵[42]，期诘旦帅所领从御道直向台门[43]攻道成。闻事泄，不敢发。道成抚之如旧。王蕴、孙昙瓘皆逃窜，先捕得蕴，斩之，其余粲党皆无所问。

粲典签莫嗣祖为粲、秉宣通[44]密谋，道成召诘[45]之，曰："袁粲谋反，何不启闻？"嗣祖曰："小人无识，但知报恩，何敢泄其大事！今袁公已死，义不求生。"蕴嬖人张承伯[46]藏匿蕴。道成并赦而用之[47]。

粲简淡平素[48]，而无经世[49]之才；好饮酒，喜吟讽[50]，身居剧任[51]，不肯当事[52]；主事每往咨决[53]，或高咏对之[54]。闲居高卧，门无杂宾[55]，物情不接[56]，故及于败。

裴子野论曰："袁景倩[57]，民望国华[58]，受付托之重[59]；智[60]不足以除奸，权不足以处变[61]，萧条散落[62]，危而不扶[63]。及九鼎既轻[64]，三才将换[65]，区区斗城[66]之里，出万死而不辞[67]，盖蹈匹夫之节[68]，而无栋梁之具[69]矣。

（以上为第十一段，写司徒袁粲起兵讨伐权臣萧道成，明知不可为而为之，失败则是不可避免的，裴子野评论袁粲非栋梁之才。）

【注释】

[1]矫太后令：假传王太后的命令。矫，假，盗用。 [2]并赴石头：都奔到石头城。[3]本期壬申夜发：本来约定好十二月二十三日的夜间动手。发，举事，指进攻萧道成。 [4]恇（kuāng）扰：内心动荡不安。 [5]晡（bū）后即束装：下午四五点钟收拾行李，准备出发。晡，申时，下午三点到五点。 [6]啜（chuò）羹：喝汤。 [7]写胸上：把汤洒到了自己的胸膛上。写，同"泻"，洒，泼。 [8]手振不自禁：双手颤抖、哆嗦，自己不能控制自己。 [9]未暗：天还没有黑。 [10]尽室：全家。 [11]部曲：私家的兵丁、仆役、荫户等。 [12]赫奕（yì）：浩浩荡荡的样子。 [13]何事遽（jù）来：为什么这么早就来了？何事，为什么。遽来，匆忙前来。[14]今败矣：我们的事情算是完蛋了。胡三省曰："秉奔石头，则事大露，故云必败。" [15]何恨：无遗憾，无怨恨。 [16]丹阳丞王逊：京城建康所在的县，县治在建康城内。丞，县丞，县令的属官。王逊，刘宋大臣王僧绰之子，此时任丹阳丞，萧氏的亲信。传见《南齐书》卷二十三。[17]阁：皇帝住宿的内宫之门。当时王敬则任直阁，统亲兵在皇帝住宿之处值勤。 [18]严兵为备：严密地把守内宫之门，实即看管住王敬则，不让其外出。 [19]锯所止屋壁：锯开他办公的屋子的墙壁。所止，所处。 [20]已成严：已经披挂整齐，做好动手的准备。严，整，整装。[21]猝（cù）至：突然来到。 [22]何能夜顾：因何半夜三更地到我这里来？ [23]小子那敢作贼：你小子竟敢造反。 [24]仆地：刘韫被摔倒在地。 [25]据仓城：凭借着石头城的仓门。[26]狼狈：匆匆忙忙的样子。王蕴原来也在建康城内。 [27]本期开南门：原定计划是有人开南门放他们进城。 [28]谓粲已败：误以为袁粲已经失败。 [29]散走：四处逃走。 [30]戴僧静：字僧静，刘宋时，投靠骠骑将军萧道成，参与平定沈攸之、中书监袁粲叛乱，受封前军将军。传见《南齐书》卷三十。 [31]台军：即萧道成一方的军队。 [32]自亥至丑：从晚上十点前后一直打到凌晨两点前后。亥，晚上九点到十一点。丑，凌晨一点到三点。 [33]府西门：石头城内驻军的军府西门。府，军府，袁粲石头城驻军的指挥部。 [34]俣（yǔ）、陔逾城走：即刘秉二子刘俣、刘陔翻城而下，向城外逃走。 [35]最：即袁最，司徒袁粲之子。袁粲谋讨萧道成，事败，道成部将戴僧静奋力欲刺之。袁最时年十七，以身卫父，乞先死。袁粲曰："我不失忠臣，汝不失孝子。"一并遇害。传见《宋书》卷八十九。 [36]但以名义至此：只不过是既然做了这个官，就要尽自己的责任罢了。 [37]逾城独进：翻墙进入石头城，暗中摸索前进。 [38]最觉有异人：袁最察觉有敌人。异人，不是自己一方的人。 [39]斫（zhuó）：用刀砍杀。 [40]额檐（yán）湖：古湖水名，一作"雒檐湖""迎檐湖"，在当时的石头城后五里，今江苏南京市西北。 [41]乃驰还：又回到了建康城。 [42]严兵：全副武装，紧急待命。 [43]"期诘（jié）旦"句：等候第二天一早。期，等待。诘旦，明天一早。御道，皇帝车驾所通行的大道。台门，朝廷的正门。 [44]莫嗣祖为粲、秉宣通：司徒袁粲典签，袁粲谋诛萧道成，事败，道成问嗣祖，何知谋逆而不启。嗣祖以"事主义无二心，虽死不敢泄"对。道成赦之。宣通，传递，沟通。 [45]诘(jié)：诘问，责问。[46]嬖（bì）人张承伯：受恩宠的男人，通常指男宠。张承伯，王蕴的亲信。 [47]并赦而用之：

胡三省曰："史言萧道成能弃怨录才。"［48］简淡平素：不拘小节，平易近人。［49］经世：治理国家。［50］善吟讽：擅长吟咏诗歌。吟讽，吟咏，诵读。［51］剧任：任务艰巨的崇高职位。［52］当事：作决定，拿主意。［53］主事每往咨决：尚书省各部门的主管官员，犹如后世的各部尚书。每次向袁粲请示处理意见，袁粲当时任尚书令，故各部的主事都要向他请示报告。［54］或高咏对之：有时竟对之吟咏诗书，对请示不置可否。［55］门无杂宾：门前没有更多的来客。［56］物情不接：不接触、不了解世道人情。［57］袁景倩：即袁粲，字景倩。［58］民望国华：万民所仰望，国家之精英。望，仰望，倾心，表示信赖、仰仗的心情。［59］受付托之重：接受老皇帝临终嘱托的重任。［60］智：智慧，谋略。［61］权不足以处变：权，与"经"相对而言，临时应变的能力。处变，应对突发事变的能力。［62］萧条散落：吊儿郎当，松松垮垮。［63］危而不扶：国家社稷已经很危险了，还不认真地加以扶持。危，倾危，倾倒。［64］九鼎既轻：指临朝的皇帝没有威望权柄。九鼎，相传是大禹时所铸，继代王朝视之为传国之宝。这里代指掌管国家大权的皇帝。［65］三才将换：天、地、人三者的地位、关系将要重新排列，以喻新旧王朝到了更换、接替的时刻。［66］区区斗城：在一个斗大的小城里。斗城，极言其城池之小。此指袁粲最后依据石头城想干一番事业。［67］出万死而不辞：明知不能成功，是螳臂当车，但还是要进行下去。［68］蹈匹夫之节：表现出了一个普通人的刚烈气节。蹈，实践，体现。匹夫，普通人，与王侯将相对比而言。［69］无栋梁之具：没有那种大人物、干大事的本领与才干。栋梁，以喻三公九卿、王侯将相。以上评论见裴子野所著《宋略》。胡三省曰："裴子野之论，有《春秋》责备贤者之意，故《通鉴》取之。"具，才具，才能。

甲戌[1]，大赦。

乙亥[2]，以尚书仆射王僧虔为左仆射[3]，新除中书令王延之[4]为右仆射，度支尚书张岱[5]为吏部尚书，吏部尚书王奂[6]为丹杨尹。延之，裕之孙也。

刘秉弟遐为吴郡[7]太守。司徒右长史张瓌[8]，永之子也，遭父丧在吴，家素豪盛[9]，萧道成使瓌伺间取遐[10]。会遐召瓌诣府[11]，瓌帅部曲十余人直入斋[12]中，执遐，斩之，郡中莫敢动。道成闻之，以告瓌从父领军冲[13]，冲曰："瓌以百口一掷[14]，出手得卢[15]矣。"道成即以瓌为吴郡太守。

道成移屯阅武堂[16]，犹以重兵付黄回使西上[17]，而配以腹心[18]。回素与王宜兴不协，恐宜兴反告其谋[19]，闰月，辛巳[20]，因事收[21]宜兴，斩之。诸将皆言回握强兵必反，宁朔将军桓康请独往刺之，道成曰：

“卿等何疑！彼无能为也。”

沈攸之遣中兵参军孙同[22]等五将以三万人为前驱，司马刘攘兵等五将以二万人次之；又遣中兵参军王灵秀等四将分兵出夏口、据鲁山[23]。癸巳[24]，攸之至夏口，自恃兵强，有骄色。以郢城[25]弱小，不足攻，云“欲问讯安西[26]”，暂泊黄金浦[27]，遣人告柳世隆曰：“被太后令[28]，当暂还都。卿既相与奉国[29]，想得此意[30]。”世隆曰：“东下之师，久承声问[31]。郢城小镇，自守而已。”宗俨之劝攸之攻郢城，臧寅以为：“郢城兵虽少而地险，攻守势异[32]，非旬日可拔[33]。若不时举[34]，挫锐损威[35]。今顺流长驱，计日可捷。既倾根本[36]，郢城岂能自固！”攸之从其计，欲留偏师守郢城[37]，自将大众东下。乙未[38]，将发，柳世隆遣人于西渚[39]挑战，前军中兵参军焦度于城楼上肆言[40]骂攸之，且秽辱[41]之。攸之怒，改计攻城，令诸军登岸烧郭邑[42]，筑长围[43]，昼夜攻战。世隆随宜拒应[44]，攸之不能克。

道成命吴兴太守沈文秀[45]督吴、钱唐[46]军事。文秀收攸之弟新安太守登之[47]，诛其宗族[48]。

乙未[49]，以后军将军杨运长为宣城[50]太守。于是，太宗嬖臣无在禁省[51]者矣。

沈约论曰：夫人君南面[52]，九重奥绝[53]，陪奉朝夕[54]，义隔卿士[55]，阶闼之任[56]，宜有司存[57]。既而恩以狎生[58]，信由恩固[59]，无可惮之姿[60]，有易亲之色[61]。孝建、泰始[62]，主威独运[63]，而刑政纠杂[64]，理难遍通[65]，耳目所寄[66]，事归近习[67]。及觇欢愠[68]，候惨舒[69]，动中主情[70]，举无谬旨[71]，人主谓其身卑位薄[72]，以为权不得重[73]。曾不知鼠凭社贵[74]，狐借虎威[75]，外无逼主之嫌[76]，内有专用之效[77]，势倾天下[78]，未之或悟[79]。及太宗晚运[80]，虑经盛衰[81]，权幸之徒[82]，慴惮宗戚[83]，欲使幼主孤立，永窃国权，构造同异[84]，兴树祸隙[85]，帝弟宗王[86]，相继屠剿[87]。宝祚夙倾[88]，实由于此矣。

（以上为第十二段，写沈攸之发兵进建康，被驻守夏口的柳世隆截击，沈约评论刘宋衰落是由于宠幸侍从。）

【注释】

[1]甲戌：十二月二十五日。［2］乙亥：十二月二十六日。［3］以尚书仆射王僧虔为左仆射：在此之前王僧虔为尚书仆射，时尚书仆射仅设一人；今欲削减其权，故又增设为左右二人。［4］新除中书令王延之：新除，新任命。王延之，字希季，左光禄大夫王裕之之孙，历任吏部尚书、尚书右仆射。在萧、刘两派势力中持中间立场。出为江州刺史。入齐，官至特进。传见《南齐书》卷三十二。［5］张岱：字景山，光禄大夫张裕之子，刘宋后期的贤能之吏。传见《南齐书》卷三十二。［6］王奂（huàn）：字彦孙，光禄大夫王僧朗之孙，黄门郎王粹之子，刘宋、南齐大臣。传见《南齐书》卷四十九。［7］遐为吴郡：刘遐，字彦道，新渝侯刘义宗第四子，吴郡太守。后兄长刘秉谋反伏诛，萧道成遣人诛之。吴郡，古郡名，郡治在今江苏苏州市。［8］张瓌（guī）：字祖逸，刘宋时期的名将张永之子，晓音律，司徒右长史，为萧氏亲信。入齐后官至给事中，光禄大夫，吴郡太守。传见《南齐书》卷二十四。［9］家素豪盛：据《南齐书》本传，张瓌家有张永旧时部曲数百人。［10］伺间取遐：寻找机会刺杀刘遐。［11］召瓌诣府：请张瓌到太守府有事相商。当时刘遐聚众三千人，与沈攸之相呼应。［12］斋：可供休息、读书、怡养的小室。［13］领军冲：《南齐书》本传和《南史》只说张冲为"左军将军"，没说曾为"领军将军"。领军，疑当作"左军"。冲，即张冲，字思约，通直郎张柬之子。刘宋时，为扬州主簿，任绥远将军、盱眙太守。南齐时，任马头太守、盱眙郡守。传见《南齐书》卷四十九。［14］以百口一掷：拿着全家的性命做赌注。百口，代称全家。一掷，一次赌博。［15］出手得卢：意谓一把获胜。古时樗蒲戏一掷五子皆黑称为"卢"，为最胜彩。［16］移屯阅武堂：将自己的指挥部迁移到阅武堂。阅武堂，是朝廷检阅军队的地方。［17］使西上：让他沿江西上以抵抗沈攸之的叛军。［18］配以腹心：安排萧氏的心腹以监视与防备黄回。［19］反告其谋：转而告发黄回的欲袭杀萧道成之谋。［20］闰月，辛巳：闰十二月二日。［21］收：拘捕。［22］孙同：叛将沈攸之的中兵参军，叛乱平定，后被杀。［23］"又遣中兵"句：王灵秀，叛将沈攸之的中兵参军。出夏口，据鲁山，经由汉水与长江的交汇口，占据鲁山。鲁山，古山名，在今湖北武汉市西。［24］癸巳：闰十二月十四日。［25］郢城：古城名，当时郢州的州治所在地，在今湖北武汉三镇的汉口。［26］欲问讯安西：向武陵王、安西将军刘赞的司马柳世隆表示"问候"之意。此时柳世隆正以萧氏的心腹行郢州刺史事，镇守郢城。问讯，问候，含有问罪的意思。安西，即指武陵王、安西将军刘赞。［27］暂泊黄金浦：临时在黄金浦停留下来。黄金浦，古地名，一名黄军浦，在今湖北武汉市武昌区西南的长江中，以东吴将领黄盖军师所屯而得名。［28］被太后令：接到王太后的命令。被，接受，得到。［29］相与奉国：彼此共同忠于国家，拥戴皇帝。［30］想得此意：应该明白我这次前去是做什么。［31］久承声问：好久以前就听到你们将要东下的消息了。声问，音信。问，同"闻"。［32］攻守势异：意即易守难攻。势异，形势不同。［33］非旬日可拔：不是十天半月就能攻下的。［34］不时举：不能及时攻下。举，拔，攻下。［35］挫锐：摧折锐气。损威，减损威望。［36］既倾根本：一旦攻下建康城，灭掉了朝廷政权。倾，颠覆。根本，指朝廷政权。［37］留偏师守郢城：留下一支

小军队围困郢城。守，围困。［38］乙未：闰十二月十六日。［39］西渚（zhǔ）：当时鹦鹉洲的西阶。渚，水中的小岛。［40］焦度于城楼上肆言：焦度，字文绩，本南安氐人，因避难而到襄阳，是刘宋后期的名将。入齐后去世。传见《南齐书》卷三十。肆言，无所顾忌地纵言。［41］秽（huì）辱：用污秽的话语辱骂。《南齐书》本传称焦度“肆言骂辱攸之，至自发露形体秽辱之”，目的就是激怒沈攸之使之攻城，将其拖在郢州。［42］郭邑：城邑。郭，外城。［43］筑长围：在敌方的城池之外筑起一道围墙，将该城围困起来，斩断其城内与外部的一切联络。［44］随宜拒应：随其所宜地进行抵抗、回应。［45］吴兴：郡治在今浙江湖州市。沈文秀：一作“沈文季”，字仲达，司空沈庆之之子。父沈庆之被杀，文季挥刀驰马杀出重围，免于难。刘彧即位后，任黄门郎，领长水校尉。后仕齐，为侍中。传见《宋书》卷七十七。［46］吴、钱唐：古二郡名，吴郡的郡治在今江苏苏州市，钱唐郡的郡治在今浙江杭州市。［47］新安：古郡名，郡治始新，在今浙江淳安县西北。登之：即沈登之，荆州刺史沈攸之之弟，明帝时任新安太守。后从沈攸之反，为吴兴太守沈文季所杀，诛其宗族。［48］诛其宗族：前废帝刘子业景和中，沈攸之曾受命送药赐名将沈庆之死，沈庆之不肯服药，被沈攸之亲手杀死，故沈文秀此时因以报父仇。［49］乙未：闰十二月十六日。［50］宣城：古郡名，郡治宛陵，在今安徽宣城市宣州区。［51］太宗嬖臣无在禁省：太宗，即明帝刘裕，死后庙号太宗。嬖（bì）臣，受宠幸的近臣，佞臣。禁省，指宫廷与朝廷各部门。［52］人君南面：作为一个统治者统治天下。南面，指居皇帝之位。［53］九重奥绝：住在门户重重的深宫里。九重，极言宫禁门户之深。奥绝，远离人世，与社会隔绝。［54］陪奉朝夕：整天侍候陪伴在皇帝身边的那些人。［55］义隔卿士：他们的工作性质与朝廷百官是不同的。义隔，性质不同。卿士，指文武百官，因他们的级别有公、卿、大夫、士之分。［56］阶闼（tà）之任：这些宫廷服务人员的任命。阶闼，台阶与门户，侍奉人员经常活动的地方，代指侍奉人员。［57］宜有司存：应当由相关的部门进行管理。［58］恩以狎（xiá）生：接触多了就产生喜爱。恩，喜爱。狎，亲近。［59］信由恩固：喜爱多了就容易信任。［60］无可惮（dàn）之姿：他们在皇帝面前绝不会表现出令人畏忌的面容。惮，畏忌。［61］有易亲之色：他们表现出的永远是一副招人喜爱亲近的笑脸。易亲，容易亲近。［62］孝建、泰始：孝建，刘宋孝武帝刘骏的年号，这里指刘骏。泰始，刘宋明帝刘彧的年号，这里指刘彧。［63］主威独裁：专制独裁，一切由皇帝一个人说了算。［64］刑政纠杂：刑罚与政令杂乱繁多。［65］理难遍通：事实上他一个人也不可能把什么事情都理得通达、顺畅。［66］耳目所寄：于是皇帝所见所闻的知识来源。寄，托，依靠。［67］事归近习：一切都靠着左右的这些宠信官员了。近习，皇帝身边各种受宠的小人。［68］及觇欢愠：一旦，等到看清了皇帝的喜悦或恼怒。觇，窥测。欢，欢喜，高兴。愠，气愤，恼怒。［69］候惨舒：探准了皇帝的难过与舒心。候，探查。惨，心中伤痛。舒，心情愉悦。［70］动中主情：一举一动都能符合主子的心意。中，合乎。情，心理。［71］举无谬旨：一举一动都不违背主子的欢心。谬，违背。旨，心意。［72］谓其身卑位薄：以为他们地位低下。［73］以为权不得重：认为他们的权力不大，可以忽略不计。［74］曾不知鼠凭社贵：殊不知老鼠一旦钻进神龛，它的身份可就不同了，你既不能打砸，也不能焚烧，很难下手。社，土地之神，此指祭祀土地之神的庙宇。［75］狐借虎威：狐狸借老虎之威吓退百兽，比喻仰仗或倚仗别人的权势来欺压、恐吓他人。假，借。［76］外无逼主之嫌：表面上看他们没有凌驾于皇帝之上的嫌疑。嫌，形迹。［77］内有专用之效：实际上他们独揽大权，玩弄皇帝于股掌之中。［78］势倾天下：他们已经把统治天下之权转移到自己的手上。［79］未之或悟：帝王自己还没有觉察。悟，明白，觉察。［80］太宗晚运：明帝刘彧的晚年。晚运，晚年的情况。［81］虑经盛衰：意谓刘彧经历了许多的事变起伏，有繁盛，也有衰败。虑，同“屡”，屡次，多次。［82］权幸之徒：皇帝身边的宠幸小人，指杨运长、王道隆、阮佃夫等人。［83］慴（shè）惮宗戚：害怕刘氏皇室与外戚位高权重。慴，同“慑”，害怕。［84］构造同异：编造出种种事端。同异，种种说法。［85］兴树祸隙：屡次造成灾难。兴树，兴起，造成。祸隙，祸端，灾难。［86］帝弟宗王：皇帝之弟，宗室之王，指刘休佑、刘休若、刘休仁等，都是明帝刘彧之弟，刘休佑为晋平王、刘休若为巴陵王、刘休仁为始安王。［87］相继屠剿：逐个被杀。屠剿，屠杀，剿灭。［88］宝祚（zuò）夙（sù）倾：王朝短命。祚，福，国运，代指帝位。夙倾，早早地垮台。

辛丑[1]，尚书左丞济阳江谧[2]建议假萧道成黄钺[3]，从之。

加北秦州[4]刺史武都王杨文度都督北秦、雍二州诸军事，以龙骧将军杨文弘为略阳太守。壬寅[5]，魏皮欢喜拔葭芦[6]，斩文度。魏以杨难当族弟广香为阴平公、葭芦戍主，仍诏欢喜筑骆谷城[7]。文弘奉表谢罪于魏，遣子苟奴入侍[8]。魏以文弘为南秦州[9]刺史、武都王。

乙巳[10]，萧道成出顿新亭[11]，谓骠骑参军江淹[12]曰：“天下纷纷[13]，君谓何如[14]？”淹曰：“成败在德，不在众寡[15]。公雄武[16]有奇略，一胜也；宽容而仁恕[17]，二胜也；贤能毕力[18]，三胜也；民望所归，四胜也；奉天子[19]以伐叛逆，五胜也。彼志锐而器小[20]，一败也；有威而无恩[21]，二败也；士卒解体[22]，三败也；搢绅不怀[23]，四败也；悬兵数千里而无同恶相济[24]，五败也：虽豺狼[25]十万，终为我获。”道成笑曰：“君谈过矣[26]。”南徐州行事[27]刘善明言于道成曰：“攸之收众聚骑，造舟治械，苞藏祸心[28]，于今十年[29]。性既险躁[30]，才非持重[31]；而起逆累旬[32]，迟回不进[33]。一则暗于兵机[34]，二则人情离怨[35]，三则有掣肘之患[36]，四则天夺其魄[37]。本虑其剽勇轻速[38]，掩袭未备[39]，决于一战[40]；今六师齐奋[41]，诸侯同举[42]，此笼中之鸟耳。”萧赜问攸之[43]于周山图，山图曰：“攸之相与邻乡[44]，数共征伐[45]，颇悉[46]其人，性度险刻[47]，士心不附。今顿兵坚城之下[48]，适所以为离散之渐[49]耳。

（以上为第十三段，写叛军沈攸之滞留于郢城，萧道成驻兵新亭，江淹、刘善明为其出谋划策，分析两人的成败得失，建议萧道成注重德行，重用贤才，以收拢人心，沈攸之必败。）

【注释】

[1]辛丑：闰十二月二十二日。[2]江谧（mì）：字令和，济阳考城（今河南民权县）人，南朝大臣，为萧道成的亲信。传见《南齐书》卷三十一。[3]假萧道成黄钺：授予萧道成黄钺。假，加，授予。黄钺，皇帝授予大臣的一种信物，让他享有讨伐叛乱、诛除不服的生杀之权。[4]北秦州：古州名，州治在今甘肃成县西北。[5]壬寅：闰十一月二十三日。[6]葭（jiā）芦：古城名，旧址在今甘肃陇南市武都区东南的白龙江东侧。[7]骆谷城：古城名，在今甘肃成县西，当时为仇池郡的郡治所在地。[8]苟奴入侍：即杨苟奴，杨文弘之子，曾到魏国做人质。[9]南秦州：北魏州名，州治在当时的骆谷城。[10]乙巳：闰十二月二十六日。[11]出顿新亭：将其指挥部移驻于新亭。[12]江淹：字文通，济阳考城（今河南民权县）人，历仕宋、齐、梁三朝，著名文学家。传见《南史》卷五十九。[13]天下纷纷：天下局势纷纷攘攘。纷纷，杂乱的样子。[14]君谓何如：您估计前途如何？谓，以为。[15]不在众寡：不是由眼下的人数多少决定的。[16]雄武：雄才，武略。[17]仁恕：仁爱，宽容。[18]贤能毕力：贤能之人都愿意为您尽力。[19]奉天子：打着为皇帝讨伐叛逆的旗号。奉，捧，凭借着。[20]彼志锐而器小：指沈攸之等人内心急躁而目的卑微。器，度量，目的。[21]有威而无恩：有较高的威望，但没有恩德，无人感恩于他。[22]士卒解体：军心涣散。[23]搢（jìn）绅不怀：有社会影响力的人都不倾向于他。怀，思念，归心。搢绅，有官职的或做过官的人。[24]悬兵数千里而无同恶相济：远离根据地数千里孤军深入。没有人与他相互支援。同恶相济，为打击共同憎恨的敌人而相互配合。恶，憎恨。济，救援。[25]豺狼：比喻凶恶残忍的人。[26]君谈过矣：您把我说得过于好了。[27]南徐州行事：代理南徐州刺史。南徐州，古州名，州治即当时的京口，今江苏镇江市。[28]苞藏祸心：怀着一颗企图造反的狼子野心。苞，同“包”，深藏。[29]于今十年：到现在已经十年了。此十年是指从明帝泰始三年（467）沈攸之北收失地被北魏打得大败后，先被任为郢州刺史，后又转为荆州刺史的十年。[30]险躁：阴险，暴躁。[31]持重：行事谨慎、稳重，不浮躁。[32]起逆累旬：发动叛逆已经几十天。[33]迟回不进：被牵制在郢城而停止不前。迟，停留。[34]暗于兵机：军事谋略不高明。暗，不明，不懂。兵机，用兵的谋略。机，关键，诀窍。[35]人情离怨：人心散乱而不满。[36]掣（chè）肘之患：其阵营内部有不同意见，

使其力量分散。掣肘，犹言“扯后腿”，受牵制不能向前。［37］天夺其魄：一种神秘的力量消融了他的气魄、胆略，该发挥的没有得到发挥。［38］本虑其剽勇轻速：我们本来担心的是不顾一切地飞速前进，直取京城。［39］掩袭未备：趁朝廷尚未做好准备而突然发动袭击。掩袭，趁其不备而突然袭击。［40］决于一战：逼着我们在很不利的形势下与之决战。［41］六师齐奋：朝廷的大军共同出兵。六军，指朝廷方面的军队。［42］诸侯同举：各州郡的勤王之师也全部来到。诸侯，当时指各州的刺史。［43］问攸之：问沈攸之的前景如何。［44］相与邻乡：家乡的住地相邻近。沈攸之是吴兴人，周山图是义兴人，吴兴、义兴两郡相邻。［45］数共征伐：又多次一起出兵打仗。数，多次。［46］颇悉：很了解，很熟悉。［47］性度险刻：性情阴险，度量狭隘。险刻，险诈，残酷。［48］顿兵坚城之下：被拖住在不可攻克的郢城之下。［49］适所以为离散之渐：正好成为他的军队分崩离析的开始。渐，开始，开端。

二年（戊午，478年）

春，正月，己酉朔［1］，百官戎服入朝［2］。

沈攸之尽锐［3］攻郢城，柳世隆乘间［4］屡破之。萧赜遣军主桓敬等八军据西塞［5］，为世隆声援［6］。

攸之获郢府法曹南乡范云［7］，使送书入城，饷武陵王赞犊一羫［8］，柳世隆鱼三十尾［9］，皆去其首。城中欲杀之，云曰：“老母弱弟，悬命沈氏［10］，若违其命，祸必及亲；今日就戮［11］，甘心如荠［12］。”乃赦之。

攸之遣其将皇甫仲贤向武昌［13］，中兵参军公孙方平向西阳［14］。武昌太守臧涣降于攸之，西阳太守王毓［15］奔湓城。方平据西阳，豫州刺史刘怀珍遣建宁太守张谟等将万人击之，辛酉［16］，方平败走。平西将军黄回等军至西阳，溯流［17］而进。

攸之素失人情［18］，但劫以威力［19］。初发江陵，已有逃者；及攻郢城，三十余日不拔，逃者稍多；攸之日夕乘马历营抚慰［20］，而去者不息。攸之大怒，召诸军主曰：“我被太后令，建义下都［21］。大事若克［22］，白纱帽共著［23］耳；如其不振［24］，朝廷自诛我百口［25］，不关余人［26］。比军人叛散［27］，皆卿等不以为意［28］。我亦不能问叛身［29］，自今军中有叛者，军主任其罪。”于是，一人叛，遣人追之，亦去不返，莫敢发觉［30］，咸有异计［31］。

刘攘兵射书入城请降，柳世隆开门纳之。丁卯夜［32］，攘兵烧营而去。军中见火起，争弃甲走，将帅不能禁。攸之闻之，怒，衔须咀之[33]，收攘兵兄子天赐、女婿张平虏，斩之。向旦[34]，攸之帅众过江[35]，至鲁山[36]，军遂大散，诸将皆走。臧寅曰："幸其成而弃其败[37]，吾不忍为也！"乃投水死。攸之犹有数十骑自随，宣令军中曰："荆州城中大有钱[38]，可相与还取以为资粮[39]。"郢城未有追军，而散军畏蛮抄[40]，更相聚结[41]，可[42]二万人，随攸之还江陵。

张敬儿既斩攸之使者，即勒兵[43]；侦攸之下[44]，遂袭江陵[45]。攸之使子元琰与兼长史江乂、别驾傅宣共守江陵城。敬儿至沙桥[46]，观望未进。城中夜闻鹤唳[47]，谓为军来，乂、宣开门出走，吏民崩溃。元琰奔宠洲[48]，为人所杀。敬儿至江陵，诛攸之二子、四孙[49]。

攸之将至江陵百余里，闻城已为敬儿所据，士卒随之者皆散。攸之无所归，与其子文和走至华容界，皆缢[50]于栎林。己巳[51]，村民斩首送江陵。敬儿擎之以楯[52]，覆以青伞[53]，徇诸市郭[54]，乃送建康。敬儿诛攸之亲党，收其财物数十万，皆以入私[55]。

初，仓曹参军金城边荣[56]，为府录事[57]所辱，攸之为荣鞭杀录事。及敬儿将至，荣为留府司马，或说之使诣敬儿降。荣曰："受沈公厚恩，共如此大事，一朝缓急[58]，便易本心[59]，吾不能也。"城溃，军士执以见敬儿，敬儿曰："边公何不早来！"荣曰："沈公见留守城[60]，不忍委去[61]；本不祈生[62]，何须见问！"敬儿曰："死何难得！"命斩之。荣欢笑而去。荣客太山程邕之[63]抱荣曰："与边公周游[64]，不忍见边公死，乞先见杀[65]。"兵人不得行戮[66]，以白[67]敬儿，敬儿曰："求死甚易，何为不许[68]！"先杀邕之，然后及荣，军人莫不垂泣[69]。孙同、宗俨之等皆伏诛。

（以上为第十四段，写沈攸之兵败被杀，是因为他素来失去人心，人们仅仅慑于其武力而服从。萧道成平叛成功，大获全胜，干将张敬儿立有大功，但怀有私心。）

【注释】

[1]己酉朔：正月一日。 [2]戎服入朝：因时局动乱、情况紧急的缘故。戎服，军服。[3]尽锐：使用一切精锐部队。 [4]乘间：利用一切机会寻找其薄弱环节。间，空隙，漏洞。[5]八军据西塞：八支小分队占据西塞。西塞，长江边上的山名，在今湖北黄石市东。胡三省引

《土俗编》曰："吴楚旧境，分界于此。"［6］声援：遥作支援。［7］郢府法曹南乡范云：郢州刺史府的掌刑法狱讼之官。范云，字彦龙，南乡舞阴（今河南泌阳县）人，文学家。萧衍代齐建梁，拜侍中，迁散骑常侍、吏部尚书。传见《梁书》卷十三。［8］犊一羫（qiāng）：杀死的小牛一头。羫，同"腔"，骨体。［9］鱼三十尾：死鱼三十条。［10］悬命沈氏：生命掌握在沈攸之手中。［11］就戮：回来被你们所杀。［12］甘心如荠（jì）：荠菜虽苦，但是和内心的痛苦相比，觉得就像荠菜一样甜美。荠，荠菜。《诗经·谷风》有所谓"谁谓荼苦，其甘如荠"，此用其语。［13］皇甫仲贤向武昌：叛首沈攸之的属将。武昌，古郡名，郡治在今湖北鄂州市，在当时郢城东南的长江南岸。［14］公孙方平向西阳：叛首沈攸之的属将。西阳，古城名，旧址在今湖北黄冈市东南，地处长江北岸，当时为西阳郡的郡治所在地。［15］王毓（yù）：刘宋西阳太守，叛军压境，逃奔湓城。［16］辛酉：正月十三日。［17］溯（sù）流：逆水。［18］素失人情：向来不得人心。［19］但劫以威力：人们只不过是因为怕他才不得不跟着他而已。劫以威力，被他的武力所胁迫。［20］日夕：每天的白天晚上。历营抚慰：挨着营盘一个一个地勉励安慰。［21］建义下都：要到建康城去干大事。建义，发动起义。下都，到下游的都城，即指去建康。下，用作动词，去的意思。［22］大事若克：造反之事一旦成功。［23］白纱帽共著：大家一起都戴白纱帽，意即都可以做大官。［24］如其不振：如果不成功。不振，不成。［25］自诛我百口：只不过是我的全家被杀。［26］不关余人：与你们大家都没有关系。［27］比军人叛散：在此以前这种士兵开小差。比，此，近来。［28］不以为意：不上心，不管理。［29］不能问叛身：不可能去挨个查问那些逃跑的人。［30］莫敢发觉：谁也不敢报告、声张。［31］咸有异计：每个人的心里都另有打算。［32］丁卯：正月十九日。［33］衔须咀之：气得他咬自己的胡须。［34］向旦：天将亮时。［35］过江：渡过长江，由东岸渡江到西岸。［36］鲁山：古山名，在今湖北武汉市西。［37］幸其成而弃其败：原先是希望成功所以跟着人家，一旦看到失败就转头抛弃人家。［38］大有钱：有大量的钱财。［39］相与还取以为资粮：彼此一道回去取出来作为继续活动的资本。［40］散军畏蛮抄：那些已经散伙的士兵害怕被山区的蛮族所劫掠。［41］更相聚结：重新又集合在一起。［42］可：大约有。［43］勒兵：统兵，率领部队。［44］侦攸之下：探听到沈攸之已率军沿江东下。侦，探听。［45］遂袭江陵：从襄阳发兵南下，偷袭江陵。当时张敬儿任雍州刺史，雍州的州治在襄阳。［46］沙桥：古地名，在今湖北江陵县城。［47］鹤唳（lì）：鹤的鸣叫声。唳，禽鸟的鸣叫声。［48］宠洲：古地名，旧址在今湖北荆门市北。［49］诛攸之二子、四孙：据《宋书·沈攸之传》，当时被张敬儿所杀的是沈攸之的第五子幼和、第六子灵和，与元琰之子法先、文和之子法征、幼和之子法茂，前已去世的攸之次子沈懿之子沈某。［50］缢（yì）：吊死。［51］己巳：正月二十一日。［52］擎（qíng）之以楯（dùn）：用盾牌托着。擎，举。楯，同"盾"，盾牌。［53］覆以青伞：用青布的伞遮在上面。覆，覆盖，遮盖。［54］徇诸市郭：在江陵城内的街道与城外的四周巡行示众。徇，巡行示众。郭，外城。［55］入私：归入他的私囊，说明张敬儿也不是什么好人。［56］仓曹参军金城边荣：沈攸之属下掌管粮秣的官员。边荣，金城人，沈攸之为郢州刺史时的仓曹参军。边荣为府录事所辱，攸之为之鞭杀录事。攸之起兵反萧道成，边荣为留府司马守城。后萧道成将领张敬儿军且至，或说之使降，边荣以知遇于攸之而不从。城破，张敬儿命人斩杀他，边荣欢笑赴死，面无异色。［57］录事：职掌文书簿籍，考察官员善恶。［58］一朝缓急：一旦出了问题。缓急，偏义复词，这里即指急，紧急，危急。［59］便易本心：就改变原来的打算，指改变立场，另谋出路。［60］见留守城：留我守江陵城。见留，被留下。见，表示一种对主子的敬重语气。［61］不忍委去：不忍心丢下城池，背叛沈攸之，自己离开。［62］祈（qí）生：求生。祈，希求。［63］程邕（yōng）之：泰山郡人，万荣门客。［64］与边公周游：长期跟随在边公左右。周游，交往，一起活动。［65］乞先见杀：请你们先把我杀了。［66］行戮（lù）：犹行刑，指执行死刑。［67］白：告之，请示。［68］何为不许：有什么不能答应他。［69］军人莫不垂泣：史家书此，一为表彰边荣的气节，二为鄙视张敬儿。胡三省曰：“士为知己死，边荣、程邕之俱有焉。”

丙子[1]，解严，以侍中柳世隆为尚书右仆射，萧道成还镇东府。丁丑[2]，以右卫将军萧赜为江州刺史，侍中萧嶷为中领军。二月，庚辰[3]，以尚书左仆射王僧虔为尚书令，右仆射王延之为左仆射。癸未[4]，加萧道成太尉、都督南徐等十六州[5]诸军事，以卫将军褚渊为中书监、司空。道成表送黄钺[6]。

吏部郎王俭[7]，僧绰之子也，神采渊旷[8]，好学博闻，少有宰相之志，时论亦推许[9]之。道成以俭为太尉右长史，待遇隆密[10]，事无大小专委之。

丁亥[11]，魏主如代汤泉[12]；癸卯[13]，还。

宕昌王弥机[14]初立。三月丙子[15]，魏遣使拜弥机征南大将军，梁、益二州牧、河南公、宕昌王。

黄回不乐在郢州[16]，固求南兖[17]，遂帅部曲辄还[18]。辛卯[19]，改都督南兖等五州[20]诸军事、南兖州刺史。

初，王蕴去湘州[21]，湘州刺史南阳王翙未之镇[22]，长沙内史庾佩玉行府事[23]。翙先遣中兵参军韩幼宗将兵戍湘州，与佩玉不相能[24]。及沈攸之反，两人互相疑，佩玉袭杀幼宗。黄回至郢州，遣辅国将军任候伯行湘州事；候伯辄杀佩玉[25]，冀以自免[26]。湘州刺史吕安国[27]之镇，萧道成使安国诛候伯[28]。

夏，四月，甲申[29]，魏主如崞山[30]；丁亥[31]，还。

萧道成以黄回终为祸乱；回有部曲数千人，欲遣收[32]，恐为乱。辛卯[33]，召回入东府。至，停外斋[34]，使桓康将数十人，数回罪[35]而杀之，并其子竟陵相僧念[36]。

甲午[37]，以淮南、宣城二郡太守萧映行南兖州事，仍以其弟晃代之[38]。

五月，魏禁皇族、贵戚及士民之家不顾氏族[39]，下与非类婚偶[40]，犯者以违制论[41]。

魏主与太后临虎圈[42]，有虎逸[43]，登阁道[44]，几至御座[45]，侍卫皆惊靡[46]；吏部尚书王睿执戟御[47]之，太后称[48]以为忠，亲任[49]愈重。

六月，丁酉[50]，以辅国将军杨文弘为北秦州刺史、武都王。

庚子[51]，魏皇叔若[52]卒。

萧道成以大明[53]以来，公私奢侈，秋，八月，奏罢御府[54]，省二尚方雕饰器玩[55]；辛卯[56]，又奏禁民间华伪杂物[57]，凡十七条。

乙未[58]，以萧赜为领军将军[59]，萧嶷为江州刺史。

（以上为第十五段，写刘宋平定了沈攸之叛乱，重新调整人事，萧道成将异己者全部清除，牢牢把控朝廷；萧道成采取了一些必要的措施，禁止奢侈浪费。）

【注释】

[1]丙子：正月二十八日。[2]丁丑：正月二十九日。[3]庚辰：二月二日。[4]癸未：二月五日。[5]十六州：指南徐州、南兖州、徐州、兖州、青州、冀州、司州、豫州、荆州、雍州、襄州、郢州、梁州、益州、广州、越州。[6]表送黄钺：上表将黄钺送还朝廷。胡三省曰：“上流已定，故表还黄钺。”[7]王俭：字仲宝，刘宋侍中王僧绰之子，后为南齐名臣、文学家。传见《南齐书》卷二十三。[8]神采渊旷：神采奕奕而又深沉旷达。[9]时论亦推许：当时的社会舆论也推崇，认可。[10]隆密：隆重，亲密。隆重指官大，亲密指相互感情。[11]丁亥：二月九日。[12]代汤泉：代郡的汤泉。胡三省引《魏土地记》曰：“代城北九十里有桑干城，城西渡桑干水，去城十里有温汤，疗疾有验。”当时代郡的郡治平城，即北魏的都城，在今山西大同市东北。[13]癸卯：二月二十五日。[14]宕昌王弥机：宕昌地区的羌族首领。宕昌羌是众多羌族中的一支，当时活动在今甘肃东南部的宕昌一带。弥机，即梁弥机，梁弥治之子，继立为宕昌国君主。传见《魏书》卷一百一。[15]丙子：三月二十九日。[16]不乐在郢州：黄回原被萧道

成任命为郢州刺史，征讨沈攸之的前锋。军未至郢，沈攸之之乱已平。萧道成又欲使其加督郢州军事，留在郢州，黄回不愿意，请求任南兖州刺史，但还没等朝廷任命，就自己带着部下由郢州返回了。［17］南兖（yǎn）：古州名，州治广陵，在今江苏扬州市。［18］辄（zhé）还：擅自返回。［19］辛卯：二字疑误。三月以“戊申”为朔，无“辛卯”。［20］南兖等五州：指南兖州、徐州、兖州、青州、冀州。［21］王蕴去湘州：王蕴原为湘州刺史，因母丧而离开了湘州刺史之任。［22］南阳王翙（huì）未之镇：刘翙，明帝刘彧之子，被任为湘州刺史，时年七岁。未之镇，没有到达刺史与督军任所。［23］长沙内史庾佩玉：长沙王的内史，职同郡太守代理湘州刺史的职权。长沙内史与湘州刺史的驻地都在长沙，故令庾佩玉代理湘州刺史。［24］不相能：合不来，关系不好。［25］辄（zhé）杀佩玉：以擅杀大臣的罪名，遂将庾佩玉杀死。辄，即，遂。［26］冀以自免：希望通过这些活动掩盖他当初欲反萧道成的行为。胡三省曰：“任候伯、黄回皆与袁、刘同谋。”［27］吕安国：广陵人，刘宋将领，后来归附南齐高帝萧道成，现被萧道成任为湘州刺史。晚年又深得武帝萧赜厚待。传见《南齐书》卷二十九。［28］使安国诛候伯：此前袁粲、刘秉谋诛萧道成时，黄回、任候伯皆与其谋。袁粲在石头城发动起事，黄回派任候伯率军入建康相助。结果未等到达，袁粲等已败，任候伯遂未发。萧道成知其意而未说破，直到此时方诛任候伯。［29］甲申：四月七日。［30］崞（guō）山：古山名，在今山西原平市西南。［31］丁亥：四月十日。［32］遣收：派人逮捕。［33］辛卯：四月十四日。［34］停外斋：让黄回在外面的小阁等候。斋，小阁，清静的小屋。［35］数回罪：逐条列举黄回之罪加以谴责。［36］僧念：即黄僧念，字慈世，黄回之子，官至尚书，时为竟陵国相。胡三省曰：“道成知黄回不附己，既使之讨景素，又使之讨沈攸之。二难既平，然后杀之。则足以知回于当时有干略，而道成智数又一时所不及者。”又曰：“道成剪除异己，至此尽矣。”［37］甲午：四月十七日。［38］以其弟晃代之：让萧映之弟萧晃，也就是萧道成的第四子萧晃接替萧映任淮南、宣城二郡太守。胡三省曰：“淮南、宣城逼近京邑，故道成不以授他人。”［39］不顾氏族：意即不顾自己家族的高贵。［40］下与非类婚偶：与下等的不属同一个社会阶层的人家结为婚姻。非类，不属同一个社会阶层。［41］以违制论：按违反皇帝命令惩处。制，皇帝的命令。［42］临虎圈：从高处向下看虎圈里的老虎。临，以称尊贵者的角度来看。［43］逸：逃，从虎圈里跑了出来。［44］登阁道：窜上了空中的通道。当时北魏主拓跋宏与冯太后就在阁道上观看。［45］几至御座：差点到了拓跋宏的座位旁。［46］惊靡：惊慌、跌倒。［47］御：迎击，驱赶。［48］称：称赞，赞扬。［49］亲任：亲近，信任。［50］丁酉：六月二十一日。［51］庚子：六月二十四日。［52］若：即拓跋若，文成帝拓跋濬第五子，拓跋宏的小叔。十六岁时，还没来得及封王就去世了，追封为河间王，谥号孝。传见《魏书》卷二十。［53］大明：刘宋孝武帝刘骏的年号。［54］奏罢御府：请求撤销皇宫里的仓库。［55］省二尚方雕饰器玩：关闭两个专门为宫廷制造工艺玩物的官署。从汉朝以来，朝廷设有左、中、右三个尚方署，主管给宫廷制造刀剑以及各种工艺赏玩之物。今乃关闭其二。省，裁减。［56］辛卯：八月十六日。［57］华伪杂物：指与生产生活无关的一切华而不实的东西，如供观赏、装饰用的工艺品之类。［58］乙未：八月二十日。［59］领军将军：掌禁兵。

九月，乙巳朔[1]，日有食之。

萧道成欲引时贤参赞大业[2]，夜，召骠骑长史谢朏[3]，屏与语[4]，久之，朏无言；唯二小儿捉烛[5]，道成虑朏难之[6]，仍取烛遣儿[7]，朏又无言；道成乃呼左右[8]。朏，庄之子也。

太尉右长史王俭知其指[9]，他日，请间言[10]于道成曰："功高不赏[11]，古今非一[12]。以公今日位地[13]，欲终北面[14]，可乎？"道成正色裁之[15]，而神采内和[16]。俭因曰[17]："俭蒙公殊盼[18]，所以吐所难吐[19]；何赐拒之深[20]！宋氏[21]失德，非公岂复宁济[22]！但人情浇薄[23]，不能持久；公若小复推迁[24]，则人望去矣[25]。岂唯大业永沦[26]，七尺亦不可得保[27]。"道成曰："卿言不无理。"俭曰："公今名位[28]，故是经常宰相[29]，宜礼绝群后[30]，微示变革[31]。当先令褚公知之，俭请衔命[32]。"道成曰："我当自往。"经少日[33]，道成自造褚渊[34]，款言移晷[35]，乃谓曰："我梦应得官[36]。"渊曰："今授始尔[37]，恐一二年间未容便移[38]；且吉梦未必应在旦夕[39]。"道成还，以告俭。俭曰："褚是未达理[40]耳。"俭乃唱议[41]加道成太傅，假黄钺[42]，使中书舍人虞整作诏[43]。

道成所亲任遐[44]曰："此大事，应报褚公。"道成曰："褚公不从，奈何？"遐曰："彦回惜身保妻子[45]，非有奇才异节[46]；遐能制之。"渊果无违异[47]。

（以上为第十六段，写刘宋权臣萧道成与近臣谋划登基为帝，谢朏面对此问题一言不发，王俭却积极怂恿。）

【注释】

［1］乙巳朔：九月一日。［2］引时贤参赞大业：吸引当代的贤达之士参与协助建立新王朝的宏大事业。［3］骠骑长史谢朏（fěi）：骠骑将军萧道成的高级僚属。谢朏（441—506），字敬冲，陈郡阳夏（今河南太康县）人，刘宋名臣谢弘微之孙，南梁大臣，文学家。起家抚军法曹参军，历任太子舍人、中书郎、临川内史。萧道成辅政，引为长史，进侍中，领秘书监，掌管文化典籍、诏令奏议等。赠侍中、司徒，谥号靖孝。传见《南史》卷二十。［4］屏人与语：支开无关

的人，自己和他谈话。屏，同“摒”，支开。［5］唯二小儿捉烛：这时屋里只有两个童子手执蜡烛。捉，手持，拿着。［6］虑朏难之：心想大概是谢朏当着两个孩子不好开口。［7］仍取烛遣儿：仍，同“乃”，于是。取烛遣儿，于是他自己将蜡烛接过来，将两个童子支开。［8］乃呼左右：让大家都进来，意即不再向谢朏问话，不再难为他。［9］知其指：明白萧道成的心思，即想要做皇帝。［10］请间言：请求个别接见。间，缝隙，没有别人在场的时刻。［11］功高不赏：功劳大到没法再进行赏赐，意即只有实行篡位一条路可走了。［12］古今非一：自古以来也不是一次了。［13］位地：地位，权位。［14］欲终北面：想一辈子向人称臣。北面，指向北而立，为人臣。［15］正色裁之：假意严肃地制止他说这种话。裁，裁抑，制止。［16］神采内和：面色上又流露出一种舒服满意的神情。［17］因曰：接着继续说。［18］殊盼：另眼相看，特殊优待。［19］吐所难吐：说出别人不敢说的话。［20］何赐拒之深：为什么要这么严厉地予以拒绝呢？赐拒，予以拒绝。用“赐”字表示尊敬对方。［21］宋氏：宋朝皇帝，即刘氏。［22］岂复宁济：难道还能安稳地维持下去。［23］人情浇薄：人心好利善变。浇薄，与纯厚相对而言，指好利多变。［24］小复推迁：再不立即行动。小，稍稍。推迁，拖延，迟疑。［25］人望去矣：人们拥护您称帝的热情就要过去了。［26］大业永沦：建立新王朝的大业化为乌有。永沦，永远消失。［27］七尺亦不可得保：连自己的身家性命也难以保全。七尺，七尺之躯，这里指自身。［28］名位：名誉，地位。［29］故是经常宰相：还与平常的其他宰相没有差别。经常，平常的，一般的。宰相，古代辅助皇帝、统领群僚、总揽政务的最高行政长官。［30］宜礼绝群后：应该让您所受的礼遇，与满朝的文武百官有根本的不同。群后，古代称诸侯为后，这里即指百官、群臣。［31］微示变革：稍稍显示出一点改朝换代的意思。［32］俭请衔命：请您派我去办这件事。即去找褚渊，让褚渊采取相应的行动。衔命，受命，奉命。［33］经少日：没过几天。［34］自造褚渊：亲自到褚渊家里去。造，到。［35］款言移晷（guǐ）：推心置腹地谈了很长时间。款言，诚恳地谈话。移晷，日影移动，以言谈话的时间之长。晷，古代观测日影以计时的一种装置。［36］应得官：应该得到皇位。古人称皇帝曰“官”，也称“官家”。［37］今授始尔：现在刚开始运作，指刚刚加了太尉和都督南徐等十六州诸军事。［38］未容便移：还不能一下子就篡位称帝。移，改朝换代。［39］未必应在旦夕：不一定马上就要应验。［40］未达理：没有明白您的意思。［41］唱议：公开带头提议。［42］假黄钺（yuè）：级别最高的君王授权方式，拥有斩杀节将的权力。胡三省曰：“黄钺，天子之器，非人臣所得专用，故曰假。”黄钺，以黄金为饰，古代帝王所用，代表皇帝行使权力。［43］中书舍人虞整作诏：中书令的僚属，负责给皇帝起草文件。虞整，时为中书舍人。作诏，替皇帝起草加封萧道成的诏书。［44］任遐：乐安博昌人，字景远。少好学，有义行，善应对，萧道成的亲信，官至御史中丞、金紫光禄大夫。传见《南史》卷五十九。［45］彦回惜身保妻子：褚渊，字彦回。他是个既贪生怕死，又顾恋家庭的人。［46］非有奇才异节：没有特别的才能和节操，意即也是庸人一个。［47］果无违异：果然是不敢违背，不敢再有不同意见。

丙午[1]，诏进[2]道成假黄钺、大都督中外诸军事、太傅、领扬州牧，剑履上殿[3]，入朝不趋[4]，赞拜不名[5]，使持节[6]、太尉、骠骑大将军、录尚书[7]、南徐州刺史如故。道成固辞殊礼[8]。

以扬州刺史晋熙王燮为司徒[9]。

戊申[10]，太傅道成以萧映为南兖州刺史。冬，十月，丁丑[11]，以萧晃为豫州刺史。

己卯[12]，获孙昙瓘[13]，杀之。

魏员外散骑常侍郑羲来聘。

壬寅[14]，立皇后谢氏[15]。后，庄之孙[16]也。

十一月，癸亥[17]，临澧侯刘晃[18]坐谋反，与其党皆伏诛。晃，秉之从子也。

甲子[19]，徙南阳王翙为随郡王。

魏冯太后忌青州刺史南郡王李惠，诬云惠将南叛，十二月，癸巳[20]，诛惠及妻并其子弟。太后以猜嫌[21]所夷灭者十余家，而惠所历皆有善政，魏人尤冤惜之[22]。

尚书令王僧虔奏以"朝廷礼乐，多违正典[23]。大明中即以宫县合和鞞拂[24]，节数虽会[25]，虑乖雅体[26]。又，今之清商[27]，实由铜爵[28]，三祖风流[29]，遗音盈耳[30]，京、洛相高[31]，江左弥贵[32]，中庸和雅[33]，莫近于斯[34]。而情变听移[35]，稍复销落[36]，十数年间，亡者将半[37]，民间竞造新声杂曲，烦淫无极[38]，宜命有司悉加补缀[39]。"朝廷从之。

是岁，魏怀州刺史高允以老疾告归乡里，寻复以安车征至平城[40]，拜镇军大将军、中书监。固辞，不许。乘车入殿，朝贺不拜。

（以上为第十七段，写北魏冯太后杀害名将李惠等十余家；刘宋修订朝廷礼乐。）

【注释】

[1]丙午：九月二日。[2]诏进：皇帝下诏给萧道成加封。进，提升，加封。[3]剑履上殿：可以佩宝剑、穿着靴子走上金殿。这是封建帝王赐给亲信大臣的一种特殊礼遇，一般大臣不许

带剑，不许穿靴。［4］不趋：不必小步疾行。趋，小步疾行，封建时代臣子在君父面前走路的一种姿态。［5］赞拜不名：在叩见皇帝时，司仪的人只唱官衔，不唱他的名字，以表示对他的尊敬。赞，司仪唱名。［6］使持节：皇帝派将出征，特别表示尊宠和权力的符节。［7］录尚书：古官名，即录尚书事，主管朝廷政务。录，总领，统管。［8］固辞殊礼：坚决拒受这些特殊的礼敬，如“剑履上殿，入朝不趋，赞拜不名”等。［9］以晋熙王燮为司徒：晋熙王刘燮当时不足十岁。刘燮让出扬州，改任司徒。［10］戊申：九月四日。［11］丁丑：十月三日。［12］己卯：十月五日。［13］获孙昙瓘：孙昙瓘随同袁粲等在石头城起兵讨伐萧道成，兵败逃匿，至此在秣陵县被捕获。当时的秣陵县在今江苏南京市的西南方。［14］壬寅：十月二十八日。［15］谢氏：即谢梵境，顺帝刘准的皇后。升明二年（478），被顺帝刘准立为皇后，时年十二岁。萧道成于升明三年（479）自立为帝，谢梵境降为汝阴王妃。刘准被杀，谢梵境不知所综。传见《宋书》卷四十一。［16］庄之孙：右光禄大夫谢庄的孙女。孙，孙女。［17］癸亥：十一月二十日。［18］刘晃：尚书令刘秉的侄子。［19］甲子：十一月二十一日。［20］癸巳：十二月二十日。［21］猜嫌：猜忌，嫌怨。［22］冤惜之：对李惠被杀感到冤枉，为之惋惜。［23］多违正典：不合古乐，不合儒家所讲的礼法规则。［24］以宫县（xuán）合和鞞（pí）拂：用庄严的皇家乐器为民间的情歌小调伴奏。宫县，指天子宫廷使用的乐器。据古制，天子宫悬，四面悬挂钟磬；诸侯曲悬，三面悬挂钟磬。县，同“悬”。合和，今所谓伴奏。鞞拂，古代起自民间的舞蹈名。鞞舞，执鞞鼓而舞，舞时有歌，相传出自江左，旧称吴舞，舞时以拂子为道具，显然是民间音乐。［25］节数虽会：节拍虽然也能与古乐合得上。会，合。［26］虑乖雅体：细想起来，还是与古雅的音乐不是一回事。［27］今之清商：现今演奏的清商曲词。清商，由丝竹伴奏的一种倾向于抒情的音乐，是在继承汉代相和歌的基础上发展起来的一种新声。［28］实由铜爵：实际是从三国曹魏的铜爵台音乐演变而来的。铜爵，即铜雀台，汉末建安十五年（210）曹操在邺城（今河北临漳县西南）建造歌舞台榭，并自制乐府，被于管弦。［29］三祖风流：曹氏父子的音乐特征与欣赏习惯一直流传下来。三祖，指魏太祖曹操、魏高祖曹丕、魏烈祖曹睿。风流，流风余韵，指音乐特征与欣赏习惯。［30］遗音盈耳：遗留下来的乐声仍在耳际回响。［31］京、洛相高：接着以西京长安与东都洛阳为中心的西晋时代更加推崇，喜爱这种杂有民间特点的音乐。京，长安。洛，洛阳，代指曹魏与西晋王朝。高，崇尚，欣赏。［32］江左弥贵：东晋以来，人们就把这种音乐看得更为贵重。江左，即江东，指东晋与刘宋两个建都于建康的王朝。［33］中庸和雅：中正平和，浓淡相宜，不刚不柔，不亢不卑。［34］莫近于斯：没有比这种音乐更接近于完美了。斯，此，指晋宋时期的清商乐曲。［35］情变听移：随着人们的情感变化，欣赏音乐的兴趣也随之改变。［36］稍复销落：有些乐曲慢慢地被淘汰、被抛弃。［37］亡者将半：丢失的将近一半。［38］烦淫无极：烦杂放纵而没有节制。［39］悉加补缀（zhuì）：全部地加以搜集补充。［40］安车征至平城：用一马牵拉可以坐乘的车。古车一般是立乘，安车则是坐乘，所以高官告老或征召有重望的人，往往赐乘安车。平城，北魏都名，在今山西大同市。

【点评】

刘宋苍梧王刘昱乖戾残忍。刘宋苍梧王刘昱是刘宋第八任皇帝，乖戾残忍，皇帝无上的权力放大了他的种种恶行，使其成为中国历史上暴戾残忍皇帝中的奇葩。虽然刘昱小时聪敏，但是个性相当残虐，常常亲手杀人，并到街巷中扰民，杀人成瘾。杀人时剖解肢体，脔割肉块，婴儿亦不能幸免。刘昱喜怒无常，左右稍有令其不合心意之处，就拳脚相向。最奇怪的是他会突发奇想，用骨头当箭头射萧道成的肚脐，并且得意地大笑说："这手艺如何！"亲自磨短矛，说："明天就杀萧道成。"如果不招惹萧道成，恐怕还会多造孽一些时候。最后杀他的恰是平日最为得意的身边左右杨玉夫，致命的在于苍梧王的"忽憎之"，突然憎恨起杨玉夫，说道："明天就杀了你这小子，挖出肝肺！"结果不到第二天，就被杨玉夫杀死。殿中官员听到苍梧王已死的消息，都高呼万岁，这是异乎寻常的事情，说明天下的人容忍他已经很久了。

卷一三五　齐纪一

齐高帝建元元年至齐武帝永明元年（479—483 年）

【起屠维协洽（己未，479 年），尽昭阳大渊献（癸亥，483 年），凡五年】

【大事提要】

本卷起自公元 479 年至公元 483 年，凡五年，时当齐高帝建元元年至齐武帝永明元年。本卷所载大事，南朝齐大事两件：其一，南齐又以萧道成事迹为重。萧道成迫使宋顺帝禅位，刘宋灭亡。萧道成称帝，是为齐高帝，国号齐。齐高帝萧道成原来常说："能让我治理天下十年，就能让黄金与泥土同价。"他深谋远虑，宽宏大量，学识广博，能写文章，生性节俭。看见主衣库中有玉导，便敕令中书说："留着此物，正是滋长一切弊病的根源！"当即命令将玉导打碎，还检查库中存放着什么奇巧的物品，依照这一事例处理。其二，齐高帝死，太子赜即位，是为齐武帝。再次开始了因疑忌而诛杀大臣的事。荀伯玉、桓崇祖、张敬儿、谢超宗都死于非命。北朝北魏大事一件，萧道成称帝，改朝换代，北魏乘机以接纳刘昶恢复刘宋皇室为由向南齐发动进攻。几场仗打下来没有占到便宜，之后两国恢复外交关系。

太祖高皇帝[1]

建元元年[2]（己未，479 年）

春，正月，甲辰[3]，以江州刺史萧嶷[4]为都督荆、湘等八州诸军事、荆州刺史，尚书左仆射王延之[5]为江州刺史，安南长史萧子良[6]为督会稽等五郡[7]诸军事、会稽太守。

初，沈攸之欲聚众，开民相告[8]，士民坐执役[9]者甚众。嶷至镇[10]，一日罢遣[11]三千余人。府州仪物[12]，务存俭约[13]，轻刑薄敛[14]，所部[15]大悦。

辛亥[16]，以竟陵世子赜[17]为尚书仆射，进号中军大将军[18]、开府仪同三司。

太傅道成以谢朏有重名，必欲引参佐命[19]，以为左长史[20]。尝置酒与论魏、晋故事[21]，因曰[22]："石苞[23]不早劝晋文[24]，死方恸哭[25]，方之冯异[26]，非知机[27]也。"朏曰："晋文世事魏室[28]，必将身终北面[29]；借使魏依唐、虞故事[30]，亦当三让弥高[31]。"道成不悦。甲寅[32]，以朏为侍中[33]，更以王俭为左长史[34]。

丙辰[35]，以给事黄门侍郎萧长懋[36]为雍州刺史。

二月，丙子[37]，邵陵殇王友[38]卒。

辛巳[39]，魏太皇太后及魏主[40]如代郡温泉。

甲午[41]，诏申前命[42]，命太傅赞拜不名。

己亥[43]，魏太皇太后及魏主如西宫[44]。

三月，癸卯朔[45]，日有食之。

甲辰[46]，以太傅为相国，总百揆[47]，封十郡[48]，为齐公[49]，加九锡；其骠骑大将军、扬州牧、南徐州刺史如故。乙巳[50]，诏齐国[51]官爵礼仪，并仿天朝[52]。丙午[53]，以世子赜领南豫州刺史。

杨运长去宣城郡还家，齐公遣人杀之。凌源令潘智与运长厚善[54]，临川王绰[55]，义庆之孙也，绰遣腹心陈诚[56]说智曰："君先帝旧人，身是宗室近属[57]，如此形势[58]，岂得久全！若招合内外[59]，计[60]多有从者。台城[61]内人常有此心，苦无人建意[62]耳。"智即以告齐公。庚戌[63]，诛绰兄弟及其党与[64]。

甲寅[65]，齐公受策命[66]，赦其境内，以石头[67]为世子宫，一如东宫[68]。褚渊引何曾[69]自魏司徒为晋丞相故事[70]，求为齐官[71]，齐公不许。以王俭为齐尚书右仆射，领吏部[72]。俭时年二十八。

（以上为第一段，写齐公萧道成抑制不住篡位的冲动，希望借重名臣谢朏的名望，带头劝进，而谢朏希望他以三让为高，萧道成转而重用王俭；刘氏宗室刘绰对其不满，萧道成将其诛灭。）

【注释】

[1]太祖高皇帝：萧道成，南齐高帝，字绍伯，小字斗将，南兰陵（今江苏常州市武进区）人，南朝齐的开国皇帝（479—482）。少有大志，喜怒不形于色，胸有四海之心曾杀刘宋后废帝，立

顺帝，进骠骑大将军，后逼迫顺帝禅位，年号建元。谥号高帝，庙号太祖。传见《南齐书》卷一。［2］建元元年：公元479年。建元，南齐高帝萧道成的年号，共三年余。［3］甲辰：正月二日。［4］江州刺史萧嶷：江州，古州名，州治寻阳，在今江西九江市。萧嶷（yí），齐高帝萧道成次子，武帝萧赜之弟，封豫章郡王，历任为尚书令、司空、扬州牧、太尉、大司马、中书监。传见《南齐书》卷二十二。［5］王延之：字希季，左光禄大夫王裕之之孙，都官尚书王升之之子。历吏部尚书、尚书右仆射。在萧、刘两派势力中持中间立场。出为江州刺史。入齐，官至特进。传见《南齐书》卷三十二。［6］安南长史萧子良：安南将军的长史，时王延之为安南将军。萧子良，字云英，萧道成之孙，武帝萧赜次子，封竟陵郡王，历任南徐州、南兖州刺史，迁司徒、尚书令、扬州刺史、中书监、太傅。传见《南齐书》卷四十。［7］会稽等五郡：即会稽、东阳、新安、永嘉、临海五郡。刘宋孝建元年（454）曾将此五郡从扬州刺史府分出来，置东扬州。会稽，古郡名，郡治在今浙江绍兴市。胡三省曰："去年已命萧映、萧晃分镇兖、豫矣。嶷，道成次子也；子良，道成之孙也。江左之势，莫重于上流，莫富于东土，故又分布子孙以居之。"［8］开民相告：放任百姓相互检举告发。开，开启，放任。相告，相互告发。［9］坐执役：因此被诬为犯罪，被罚去服兵役、服劳役。坐，因某事获罪。执，充当，执行。［10］至镇：指赴任，到达荆、湘等八州都督的指挥部。［11］罢遣：免去其罪而予以遣散。罢，免除。［12］府州仪物：都督府与州刺史府的各种排场用物。仪物，表示长官身份的仪仗队与其他各种器物。［13］务存俭约：一切都力求简单节省。务存，力求。［14］薄敛：减轻税赋。敛，赋税。［15］所部：所管辖的地区。［16］辛亥：正月九日。［17］竟陵世子赜（zé）：竟陵公萧道成的世子萧赜。赜，即萧赜，字宣远，小名龙儿，齐高帝萧道成长子，南齐第二位皇帝。传见《南齐书》卷三。［18］中军大将军：古官名，统领宫廷卫戍部队的最高军事长官，位居一品。［19］必欲引参佐命：一定要把他弄到拥戴萧道成称帝的班子里来。引参，引导使之参与。佐命，辅佐自己成为应天受命的皇帝。［20］以为左长史：当时萧道成的官称是太尉、骠骑大将军、录尚书、都督中外诸军事，属下设有左右长史、左右司马、左右从事中郎等职。长史，古官名，是其主官手下的诸史之长，位高权重。［21］魏、晋故事：当初曹氏篡汉建魏与司马氏篡魏建晋的过程。魏，此指曹操；晋，此指司马昭。两人完成了魏代汉，晋代魏的基业。［22］因曰：乘机说。［23］石苞：字仲容，渤海南皮（今河北南皮县）人，原是曹魏政权下的大臣，后来成为司马昭的亲信，为奋武将军、假节，升镇东将军，为西晋开国功臣。传见《晋书》卷三十三。［24］不早劝晋文：没有及早地劝司马昭在世时篡位称帝，致使司马昭没能当上皇帝，直到死后，才被他篡了位的儿子司马炎追封为晋文帝。晋文，即司马昭。［25］死方恸（tòng）哭：司马昭虽然生前已完全控制了曹魏的一切权力，也像萧道成一样到了人臣无二的境地，但他毕竟没能篡位登基。故而司马昭死后，他的亲信石苞自扬州奔丧，痛哭流涕地说："您的功业都到了这一步，怎么还闹了个以臣子的身份而死呢？"意思是这未免太遗憾了。［26］方之冯异：和东汉初期的冯异比起来。方，与之相比。冯异，字公孙，佐东汉光武帝刘秀建国的重要将领，他能不失时机地劝刘秀及早称帝。传见《后汉书》卷十七。［27］非知机：不能抓住苗头，不能见机而作。胡三省曰："道成言石苞不能早劝晋文为禅代之事，比之冯异劝汉光，苞非知机者也。欲以此言感动谢朏耳。"机，苗头，征兆。［28］世事魏室：一连几代都在曹魏皇帝手下称臣。司马昭的父亲司马懿、哥哥司马师，以及本人都先后在曹操、曹丕、曹睿的属下为将为臣。［29］身终北面：意即到死不改臣子之节，不忍心做对不起主子的事情。［30］借使魏依唐、虞故事：此句的实际意思是即使您想效仿曹魏篡汉的做法。唐、虞，指尧禅位虞舜的先例。后世篡位者往往借用唐虞禅让来做篡位的遮羞布，称篡位为禅让。［31］亦当三让弥（mí）高：意思是说您即使想当皇帝，也应该像曹丕那样做出一种汉帝三予、曹丕三让的姿态，这样才显出您的操守、德行之高。谢朏在这里讥讽萧道成不安于做忠臣，没有唐尧、虞舜的高风亮节。弥，更加。［32］甲寅：正月十二日。［33］侍中：古官名，宫廷里应对顾问、往来奏事的官员，地位颇重。［34］以王俭为左长史：王俭是最早公开投靠萧道成、帮着萧道成篡宋称帝的名门望族，但萧道成以为王俭的身份还是差点，故而极力想招揽谢朏，让谢朏来带头劝进。但谢朏不干，萧道成无奈只好降而求其次了。王俭，字仲宝，东晋丞相王导五世孙、刘宋侍中王僧绰之子，南齐名臣、文学家。传见《南齐书》卷二十三。［35］丙辰：正月十四日。［36］萧长懋（mào）：字云乔，小字白泽，南齐高帝萧道成嫡长孙，武帝萧赜长子。传见《南齐书》卷二十一。［37］丙子：二月四日。［38］邵陵殇（shāng）王：刘友被封为邵陵王，死后谥号殇。传见《宋书》卷九十。［39］辛巳：二月九日。［40］太皇太后及魏主：即冯太后与北魏孝文帝拓跋宏。［41］甲午：二月二十一日。［42］申前命：重申刘宋顺帝升明二年（478）九月丙午的诏令，特赐萧道成"剑履上殿，入朝不趋，赞拜不名"等等。［43］己亥：二月二十七日。［44］西宫：北魏宫殿名。胡三省曰："魏太祖天赐元年（404）所筑。"［45］癸卯朔：三月一日。［46］甲辰：三月二日。［47］总百揆（kuí）：统领满朝文武。总，统领。百揆，百官。［48］十郡：胡三省曰："青州之齐郡，徐州之梁郡，南徐州之兰陵、鲁郡、琅邪、东海、晋陵、义兴，扬州之吴郡、会稽。"［49］为齐公：据《齐书·崔祖思传》，宋朝初议封太祖为梁公，祖思启太祖曰：'谶书云：金刀利刃齐刘之。今宜称齐，实应天命。'太祖从之，遂以齐建国。"［50］乙巳：三月三日。原文作"己巳"，据章校改。［51］齐国：古诸侯国名，即封萧道成为齐公，所建立的诸侯国。［52］并仿天朝：和刘宋王朝的建制相同。天朝，与其所分封的诸王国、诸侯国相对而言。［53］丙午：三月四日。［54］凌源令潘智与运长厚善：凌源，古县名，在当时的凌县，上属临淮郡。潘智，刘宋时人，曾为凌源县令。厚善，交情深厚，非常友好。［55］临川王绰：刘绰，临川王刘义庆之孙，袭其父祖为临川王。顺帝升明三年（479）反，被杀。传见《宋书》卷五十一。［56］腹心陈诚：心腹，亲信。陈诚为临川王刘绰的亲信。［57］身是宗室近属：身，犹今所谓"我"，以称自己。宗室近属，刘绰的祖父刘道规与刘裕是亲兄弟，现任皇帝刘准是刘裕的从孙，比刘绰晚一辈。［58］如此形势：明眼人都能看出，刘宋王朝的寿命已尽，不久将是萧氏的天下了。［59］招合内外：招揽，聚合朝廷内外。［60］计：估计，一定。［61］台城：即建康都城，是当时皇宫与中央政权办公机构的所在地，故址在今江苏南京市鸡鸣山北。［62］建意：犹言“倡议”，带头提出来。［63］庚戌：三月八日。［64］诛绰兄弟及其党与：妄加罪名，将其杀害。党与，同党之人。［65］甲寅：三月十二日。［66］受策命：接受刘宋顺帝所授予的命令。［67］石头：即石头城，在建康城的西侧，靠近秦淮河，离长江不远，是当时拱卫建康城的军事要地。萧道成今乃划归石头城为其子为宫，别有用意。［68］一如东宫：一切排场与加兵护卫的程度都与萧道成自己占据的东府完全相同。东宫，即东府，也有城墙环绕，在建康城的东侧。［69］何曾：原名何谏，曹魏太仆何夔之子。投靠司马氏集团，佐司马炎篡位，为西晋开国元勋。褚渊引以为故事。［70］自魏司徒为晋丞相故事：何曾是三国时曹魏的司徒，职同丞相。司马炎袭其父爵为晋王，何曾遂辞去曹魏的司徒，去到晋王的属下当丞相，以便更好地为司马氏谋划篡夺曹魏政权的问题。故事，旧例。［71］求为齐官：请求到齐国的朝廷上为官。［72］领吏部：兼任吏部尚书，主管任命官吏的大权。

夏，四月，壬申朔[1]，进齐公爵为王[2]，增封十郡[3]。

甲戌[4]，武陵王赞卒，非疾也[5]。

丙戌[6]，加齐王殊礼[7]，进世子为太子[8]。

辛卯[9]，宋顺帝下诏禅位[10]于齐。壬辰[11]，帝当临轩[12]，不肯出，逃于佛盖[13]之下，王敬则勒兵[14]殿庭，以板舆[15]入迎帝。太后惧，自帅阉人索得之[16]，敬则启譬令出[17]，引令升车[18]。帝收泪谓敬则曰：“欲见杀乎[19]？”敬则曰：“出居别宫耳。官先取司马家[20]亦如此。”帝泣而弹指[21]曰：“愿后身世世勿复生天王家[22]！”宫中皆哭。帝拍敬则手曰：“必无过虑[23]，当饷辅国[24]十万钱。”是日，百僚陪位[25]。侍中谢朏在直[26]，当解玺绶[27]，阳[28]为不知，曰：“有何公事？”传诏[29]云：“解玺绶授齐王。”朏曰：“齐自应有侍中[30]。”乃引枕卧[31]。传诏惧，使朏称疾[32]，欲取兼人[33]，朏曰：“我无疾，何所道[34]！”遂朝服步出东掖门[35]，仍登车还宅[36]。乃以王俭为侍中，解玺绶[37]。礼毕，帝乘画轮车[38]，出东掖门就东邸[39]。问：“今日何不奏鼓吹[40]？”左右莫有应者。右光禄大夫王琨[41]，华之从父弟也，在晋世已为郎中[42]，至是，攀车獭尾恸哭[43]曰：“人以寿为欢，老臣以寿为戚[44]。既不能先驱蝼蚁[45]，乃复频见此事[46]！”呜咽不自胜[47]，百官雨泣[48]。

司空兼太保褚渊等奉玺绶，帅百官诣齐宫劝进[49]，王辞让未受。渊从弟前安成太守炤[50]谓渊子贲[51]曰："司空今日何在？"贲曰："奉玺绶在齐大司马门[52]。"炤曰："不知汝家司空将一家物与一家[53]，亦复何谓[54]！"甲午[55]，王即皇帝位于南郊[56]。还宫，大赦，改元[57]。奉宋顺帝为汝阴王[58]，优崇之礼[59]，皆仿宋初[60]。筑宫丹杨[61]，置兵守卫之。宋神主[62]迁汝阴庙，诸王皆降为公[63]。自非宣力齐室[64]，余皆除国[65]，独置南康、华容、萍乡[66]三国，以奉刘穆之、王弘、何无忌之后[67]，除国者凡百二十人。二台官僚[68]，依任摄职[69]，名号不同、员限盈长[70]者，别更详议。

（以上为第二段，写齐王萧道成禅代建齐，即帝位，改元建元，开启了南朝新的篇章。）

【注释】

[1]壬申朔：四月一日。 [2]进齐公爵为王：萧道成封为齐公，是三月二日，到了四月一日，就改封为齐王，其间不到一个月，实际上是走过场，加紧篡位的准备。 [3]增封十郡：胡三省曰："时又增徐州之南梁、陈、颍川、陈留，南兖州之盱眙、山阳、秦、广陵、海陵、南沛等十郡。" [4]甲戌：四月三日。 [5]非疾也：不是病死的。明确指出是被萧道成所杀，武陵王时年不足十岁。 [6]丙戌：四月十五日。 [7]殊礼：特别的礼遇。 [8]进世子为太子：直称原来的世子萧赜为太子，以示其父与皇帝已无区别。 [9]辛卯：四月二十日。 [10]禅位：指统治者生前把皇帝之位让给别人。 [11]壬辰：四月二十一日。 [12]临轩：古时皇帝不坐正殿，而在殿前的平台上接见群臣叫"临轩"。 [13]佛盖：胡三省曰："自晋以来，宫中有佛屋，以严事佛像。上为宝盖以覆之，宋帝逃于其下。" [14]勒兵：布置兵丁。 [15]板舆：木板车。 [16]帅阉人索得之：帅，同"率"，率领。带领宦人，后宫侍奉人员从佛盖下找出了顺帝刘准。 [17]启譬令出：劝说他，让他出去见萧道成。 [18]引令升车：拉着他，让他上木板车。 [19]欲见杀乎：你们是想要杀我吗？见，被。 [20]官先取司马家：你们家先人，指刘宋的开国皇帝刘裕夺取司马氏的政权。官，当时对皇帝的敬称。取司马家，指元熙二年（420）宋王刘裕密令傅亮逼东晋恭帝司马德文禅位。司马德文被迫下诏后，退居琅邪王第。 [21]弹指：用手指头敲东西，表示愤怒、悲痛、叹惜等意思的一种动作。刘准生于公元467年，此年公元479年，还是一个十二岁的小孩子，也经历着亡国的悲痛。 [22]天王家：皇帝的家庭。天王，与其他的诸侯王相对而言。[23]必无过虑：肯定不出意外的问题。过虑，不必要的担心。这里指被杀害。 [24]当饷辅国：我一定要赏赐给你。饷，赏赐，给予。辅国，指王敬则，时任辅国将军。 [25]百僚陪位：满朝文武百官都在一旁陪侍。 [26]在直：在顺帝刘准身旁值勤。直，同"值"，值日，值勤。谢朏官任侍中，其任务就是在皇帝身边值勤。 [27]当解玺绶：应该过去把顺帝刘准身上所佩的皇帝印

玺摘下来。玺绶，玉玺和绶带，这里即指印玺。［28］阳：通“佯”，假装。［29］传诏：传达诏命的官员，属中书省。［30］齐自应有侍中：意即齐王想做的事情应该让齐国的侍中去做，我管不着。［31］引枕卧：拉过一个枕头来就躺下了。就此情节看，当时的“陪位”“在直”，都是在席上坐着。［32］使朏（fěi）称疾：让谢朏假装有病。［33］欲取兼人：想找其他兼任侍中的人来做这件事。兼人，指兼任侍中的人。［34］何所道：从何说起。道，说。［35］东掖门：皇宫的东侧门。［36］仍登车还宅：于是登上车回家了。仍，同“乃”，于是。［37］解玺绶：意即把皇帝的印玺从顺帝刘准身上解下来，给萧道成佩戴上。［38］画轮车：车轮上有图画的一种车，比皇帝通常乘坐的车子低一等。［39］就东邸：回到他未为皇帝以前的府第里住。胡三省曰：“宋永初元年受晋禅，岁在庚申，八主，六十年而亡。”［40］奏鼓吹：通常在皇帝出行时都要演奏音乐。鼓吹，乐曲的分类名，据郭茂倩《乐府诗集》，当时的乐曲分类有鼓吹、横吹、相和、清商等。鼓吹，用于出行、行军的乐曲。［41］右光禄大夫王琨：右光禄大夫，古官名，掌顾问应对，隶属光禄勋，一般为加官及褒赠之官。王琨，琅邪临沂（今山东临沂市）人，东晋卫将军王荟之孙，王怿之子，侍中王华的堂弟，一生经历了整个刘宋王朝。武帝刘裕以其娶桓修女，除郎中，为驸马都尉，奉朝请。后为辅国将军，迁右卫将军、度支尚书，任右光禄大夫；入齐后，领武陵王师，加侍中。传见《南齐书》卷三十二。［42］在晋世已为郎中：《南齐书·王琨传》载：“宋永初中，武帝以其娶桓修女，除郎中。”据此，此“晋世”，当为“宋永初中”。［43］獭（tǎ）尾恸（tòng）哭：胡三省曰：“獭毛可以辟尘，故悬之于车。”獭，亦称水獭，一种水陆两栖动物，形状像老鼠。［44］以寿为戚：以活得年岁大而感到可悲，因为看到了这种令人惨不忍睹的景象。王琨生于公元399年，此时为公元479年，已八十岁。［45］先驱蝼（lóu）蚁：像蝼蚁一样地及早死去。蝼蚁，蝼蛄和蚂蚁，是力量弱小、无足轻重的动物。［46］频见此事：接二连三地见到这种弑君作乱的事情，指营阳王刘义符被徐羡之等所杀，前废帝刘子业被阮佃夫等所杀，苍梧王刘昱被杨玉夫等所杀，今顺帝刘准又被萧道成所废。［47］呜咽不自胜：伤心过度，控制不住发出哽泣的声音。［48］雨泣：泪下如雨。［49］劝进：劝萧道成即皇帝位。［50］炤（zhào）：即褚炤，字彦宣，阳翟（今河南禹州市）人，王俭称其有经邦治国的大才，被萧道成征召为国子博士，对褚渊出卖刘宋而媚事萧齐非常不满，认为是家门不幸，终生感到愧恨，从此托病不仕。事见《南齐书》卷二十三。［51］贲：即褚贲，字蔚先，褚渊长子，正直耿介，不同于流俗。其父不同袁粲共辅皇帝刘准，反而助萧道成代刘宋建萧齐，褚贲深表不满，引为终身恨事。萧道成即位，褚贲便有栖退之志。后任侍中，领步兵校尉，常谢病在外。传见《南齐书》卷二十三。［52］齐大司马门：齐王萧道成的王府南门。大司马门，帝王宫殿门前的门名，文武官员到此下车下马。［53］与一家：意即送给另一家。［54］亦复何谓：这是怎么回事？内心是什么感受？［55］甲午：四月二十三日。［56］南郊：建康城南郊的祭天之坛台。［57］改元：更改年号，废止刘宋顺帝刘准的元徽三年（475），改为建元元年。［58］汝阴王：封地汝阴郡，郡治在今安徽阜阳市。但实际上并未让刘准前去封地，而是将其囚禁在丹阳县内。［59］优崇之礼：为感谢他让位给自己的恩情，而给予他种种优待条件。［60］皆仿宋初：都像当年刘裕建立刘宋，给予晋恭帝司马德文的做法一样。［61］丹杨：建康城所在的郡名，郡治在建康城南，在今江苏南京市。［62］宋神主：刘宋供奉在太庙的历代皇帝的灵牌。［63］诸王：刘姓子弟在刘宋王朝存在时被封的王。公，即公爵，诸侯五等爵位的第一等。［64］自非宣力齐室：除了为齐王朝的建立尽过力量的刘姓诸公爵。自非，如果不是，除此之外。宣力，出力，效力。［65］皆除国：一律废除其所封的公爵、所据有的领地。当时公爵的领地通常为一个县。除国，被罢去王国、公国、侯国。［66］独置南康、华容、萍乡：只留下三个公爵的封号与封地名。南康公是刘裕功臣刘穆之的封号，封地在今江西赣州市南康区。华容公是刘义隆的大臣王弘的封号，封地华容县，在今湖北监利市北。萍乡公是刘裕功臣何无忌的封号，封地萍乡县，在今江西萍乡市东。［67］以奉刘穆之、王弘、何无忌之后：让刘穆之等三人继续享受公爵的祭祀，让他们三人的后代继续享有公爵的待遇与特权。其中王弘的年辈略晚，其所以能与刘穆之、何无忌并享如此待遇，关键在于其侄孙王俭是帮萧道成篡位称帝的急先锋。［68］二台官僚：指原来的刘宋王朝与萧齐王朝的两套办事机构。台，也称"省"，指朝廷的办事机构，如尚书省、中书省、御史台等。［69］依任摄职：各就各位，照常管理各自的事情。［70］员限盈长：多余的官员，编制以外的人员。

以褚渊为司徒[1]，宾客贺者满座。褚炤叹曰："彦回少立名行[2]，何意披猖至此[3]！门户不幸，乃复有今日之拜[4]。使彦回作中书郎而死[5]，不当为一名士邪[6]！名德不昌[7]，乃复有期颐之寿[8]！"渊固辞不拜[9]。

奉朝请河东[10]裴顗[11]上表，数帝过恶[12]，挂冠径去[13]。帝怒，杀之。太子赜请杀谢朏，帝曰："杀之遂成其名[14]，正应容之度外[15]耳。"久之，因事废于家。

帝问为政于前抚军行参军沛国刘瓛[16]，对曰："政在《孝经》[17]。凡宋氏[18]所以亡，陛下所以得者，皆是也[19]。陛下若戒前车之失[20]，加之以宽厚，虽危可安；若循其覆辙[21]，虽安必危矣。"帝叹曰："儒者之言，可宝万世[22]！"

丙申[23]，魏主如崞山[24]。

丁酉[25]，以太子詹事张绪[26]为中书令，齐国左卫将军陈显达为中护军[27]，右卫将军李安民[28]为中领军[29]。绪，岱之兄子也。

戊戌[30]，以荆州刺史嶷为尚书令、骠骑大将军、开府仪同三司、扬州刺史，南兖州刺史映[31]为荆州刺史。

帝命群臣各言得失。淮南、宣城二郡太守刘善明[32]请除宋氏大明、泰始以来诸苛政细制[33]，以崇[34]简易。又以为："交州险远[35]，宋末政苛，遂至怨叛[36]，今大化创始[37]，宜怀以恩德[38]。且彼土所出，唯有珠宝，实非圣朝所须之急，讨伐之事，谓宜且停[39]。"给事黄门郎清河崔祖思[40]亦上言，以为："人不学则不知道[41]，此悖逆[42]祸乱所由生也。今无员之官[43]，空受禄力[44]，雕耗[45]民财。宜开文武二学，课台、府、州、国[46]限外之人各从所乐[47]，依方习业[48]。若有废惰[49]者，遣还故郡[50]；经艺优殊[51]者，待以不次[52]。又，今陛下虽躬履节俭[53]，而群下犹安习侈靡[54]。宜褒进朝士之约素清修者[55]，贬退其骄奢荒淫[56]者，则风俗可移[57]矣。"宋元嘉之世[58]，凡事皆责成郡县[59]。世祖[60]征求急速，以郡县迟缓[61]，始遣台使督之[62]。自是使者所在旁午[63]，竞作威福[64]，营私纳赂，公私劳扰[65]。会稽太守闻喜公子良[66]上表极陈其弊，以为："台有求须[67]，但明下诏敕[68]，为之期会[69]，则人思自竭[70]；若有稽迟[71]，自依纠坐之科[72]。今虽台使盈凑[73]，会取正属所办[74]，徒相疑愤[75]，反更淹懈[76]，宜悉停台使[77]。"员外散骑郎刘思效[78]上言："宋自大明以来，渐见凋弊[79]，征赋有加而天府尤贫[80]。小民嗷嗷[81]，殆无生意[82]；而贵族富室，以侈丽相高[83]，乃至山泽之民，不敢采食其水草。陛下宜一新王度[84]，革正其失[85]。"上皆加褒赏，或以表付外[86]，使有司详择所宜，奏行之[87]。己亥[88]，诏："二宫诸王[89]，悉不得营立屯邸[90]，封略山湖[91]。"

（以上为第三段，写谢朏不屈从萧道成，被废免在家；萧道成令群臣进言朝廷得失，刘善明、崔祖思、萧子良、刘思效等上书言事，大部分被萧道成采纳。）

【注释】

[1]为司徒：褚渊原为司空兼太保，改任司徒，在职位上相近，但在实际权力上则有不同。司徒，国家三公之一，主管教化，东晋以来，一般掌管国家朝政，行使丞相的职能。［2］彦回少立名行：即褚渊，字彦回。年少时还注意修养自己的名节和操守。《南齐书》本传称："褚渊少有世誉，父湛之卒，渊推财与弟，唯取书数千卷。"［3］何意披猖至此：谁想到后来竟任意胡来到这种程度。何意，为何，谁想到。披猖，不讲道德、不讲原则，肆意妄为。［4］乃复有今日之

拜：竟然有这种样子的加官晋爵，指升任司徒。拜，任命，授职。［5］使彦回作中书郎而死：如果褚渊在刘宋王朝任中书郎的时候就一病死去。褚渊在宋孝武帝刘骏时曾任中书郎，当时的声誉极高。事见《南齐书》卷二十三。中书郎，古官名，即中书侍郎，中书省官员，职掌诏命。［6］不当为一名士邪：岂不留下一个名士的美誉吗？［7］名德不昌：名声和德行越来越坏。昌，兴盛。［8］乃复有期颐（yí）之寿：偏偏能活这么长。期颐之寿，胡三省引《曲礼》曰："人生百年曰'期颐'。"此处是遗憾其没有早死，其实褚渊后来死时也只有四十八岁。［9］不拜：不接受任命。［10］奉朝请河东：奉朝请，古官名，多是用以安置德高望重的老臣，意思是不让他处理繁忙的公务，只在举行典礼时，进宫拜见皇帝。春曰"朝"，秋曰"请"。河东，古郡名，郡治原在安邑，北魏时改在蒲阪，在今山西永济市西的黄河边上。［11］裴顗（yǐ）（？—479）：裴顗，字彦齐，河东闻喜人，裴昭明堂弟，刘宋官员。少有异操，明帝刘彧时为刘秉参军。后为奉朝请。萧道成受禅，上表诽谤，挂冠而去，被杀。传见《南齐书》卷五十三。胡三省曰："裴顗在宋朝既无职任，又无卓荦奇节，惟不食齐粟，遂得垂名青史。君子恶没世而名不称，正为此也。"［12］数帝过恶：指说萧道成的罪状。过恶，过失，罪恶。［13］挂冠径去：扔下官帽官服，不打招呼就走了。径，直，不打招呼。［14］遂成其名：更加为他提高声望。遂成，造成，成就。［15］容之度外：意即特殊处理，姑且宽容他。度外，法度之外，不按常规。［16］刘瓛（huán）：字子珪，小字阿称，晋朝丹阳尹刘惔六世孙，南齐学者、文学家。年少笃学，博通《五经》，曾为刘宋安成王刘准抚军行参军。传见《南齐书》卷三十九。［17］政在《孝经》：为政治国的办法写在《孝经》这部书上。《孝经》，是阐述孝道和孝治思想的中国古代儒家经典著作，为儒家十三经之一。［18］宋氏：即刘宋朝廷的历代皇帝刘氏。［19］皆是也：都在于是否奉行孝道。［20］戒前车之失：防备，戒除刘宋时的父子之间、兄弟之间的残酷杀戮。［21］循其覆辙（zhé）：沿着刘宋的败政继续走下去。覆辙，已经翻过车的路。辙，车轮压出的痕迹，车辙。［22］可宝万世：可为万世之宝，意即这话是至理名言。［23］丙申：四月二十五日。［24］崞（guō）山：古山名，在今山西浑源县西北，此处有北魏帝王的陵墓。［25］丁酉：四月二十六日。［26］太子詹（zhān）事张绪：管理太子宫中事务。张绪，字思曼，宋吏部尚书张岱的堂侄，刘宋末期的儒臣。刘宋时，为司徒左长史等职，入齐任中书令、散骑常侍，吏部尚书等职。传见《南齐书》卷三十三。［27］中护军：统管京城以外的所有军队，与尚书令、中书监同居第三品。［28］李安民：兰陵承县（今山东枣庄市峄城区）人，刘宋、南齐将领，为萧道成的嫡系。传见《南齐书》卷二十七。［29］中领军：与中护军的级别相同，区别在于中领军是统领护卫京城与宫廷的最高军事长官。［30］戊戌：四月二十七日。［31］南兖（yǎn）州：古州名，州治广陵，在今江苏扬州市西北。映：即萧映，字宣光，齐高帝萧道成三子，武帝萧赜之弟。南齐建立后，封临川郡王，历任荆州刺史、湘州刺史、扬州刺史。传见《南齐书》卷三十五。［32］淮南、宣城：古二郡名，淮南郡的郡治在今安徽当涂县，宣城郡的郡治在今安徽宣城市，当时二郡共设一个太守。胡三省曰："江左伪立淮南郡于宣城郡界，故善明兼守二郡。"刘善明：平原人，刘宋名将刘怀珍族弟，刘宋、南齐将领。传见《南齐书》卷二十八。［33］“大明、泰始”句：大明，刘宋孝武帝刘骏的年号。泰始：刘宋明帝刘彧的年号。此用以指代宋武帝、明帝时期。苛政，指繁重的赋税、苛刻的法令。细制，细则，烦琐的条文。［34］崇：崇尚，推崇。［35］交州：当时中国最南部的州。州治在今越南河内东北的龙编，辖境为今越南中北部地区。险远：道路险阻、遥远。［36］遂至怨叛：明帝泰始四年（468），交州刺史刘牧去世，李长仁据交州发动叛乱，自称刺史。［37］大化创始：指萧齐王朝的政权初建。大化，指王朝的统治力与感召力。［38］怀以恩德：以恩德感化、吸引。［39］谓宜且停：我认为应该暂且停止。［40］给事黄门郎：古官名，皇帝的侍从官员，以其在内廷服务而得名。崔祖思：字敬元。清河东武城人，宋、齐之交的文史之臣，好读书史。传见《南齐书》卷二十八。［41］不知道：不懂得道义，不懂得什么该干什么不该干。［42］悖（bèi）逆：违反正道，犯上作乱。［43］无员之官：不在正式编制之内的官员。［44］空受禄力：白拿俸禄，白受人供养。禄力，俸禄和所役使的人。［45］雕耗：损耗，消耗。［46］课台、府、州、国：课，要求，规定。台，指朝廷政权的各部门；府，指各将军的办公机构；州，指地方上的各州各郡政府；国，指各王国、公国、侯国的办事机构。［47］限外之人各从所乐：即上文所说的“无员之官”，即编外人员各自按照自己的兴趣办事。［48］依方习业：依照自己选定的方向而学习一门技术或技艺。［49］废惰：懒惰不好好学习。［50］遣还故郡：打发他们回老家。［51］经艺优殊：儒书念得好与技艺学得好的人。经艺，儒书与技艺。优殊，优秀，出众。［52］待以不次：意即破格录用。不次，不按顺序地破格提拔。［53］躬履节俭：亲自带头厉行节俭。躬，亲自。［54］安习侈靡：还依然故我地奢侈浪费。［55］褒进朝士之约素清修者：奖励，提拔简单朴素，恬静严谨的人。［56］骄奢荒淫：骄傲，奢侈，过分贪恋女色，纵情享乐。［57］可移：可以改变。［58］元嘉之世：文帝刘义隆在位的时候。元嘉，文帝刘义隆的年号。［59］责成郡县：发挥各郡各县行政长官的能动性，让他们独立自主地处理问题。责成，要求他们完成。［60］世祖：指刘宋孝武帝刘骏，庙号世祖。［61］迟缓：指不能按期限完成。［62］遣台使督之：朝廷派使者到各郡县督促催讨。［63］所在旁午：等于说到处都是。旁午，纵横交错的样子。［64］竞作威福：相互竞赛一样地作威作福。作威，指刑杀；作福，指庆贺。［65］劳扰：劳苦，烦扰。［66］子良：即萧子良，字云英，武帝萧赜次子，任丹阳尹，封竟陵郡王。传见《南齐书》卷四十。［67］台有求须：朝廷部门有什么需要。须，同“需”。［68］但明下诏敕（chì）：只要皇帝公开下令。诏敕，以皇帝名义发出的各种文告。［69］为之期会：给他们规定完成的期限。期会，日期，期限。［70］人思自竭：下面的人是会想办法尽力完成的。［71］稽迟：停留，耽误。［72］自依纠坐之科：可以按照处罚的规定办理。纠坐，查办，处理。科，条文。［73］盈凑：到处挤满，极言其多。［74］会取正属所办：最后还是要该谁办的让谁办。正属，应该归他管的。［75］徒相疑愤：朝廷使者与办事官员只是互相猜疑和怀恨。［76］反更淹懈：派出的人多了反而更加造成延误、懈惰。淹懈，迟怠，懈惰。［77］悉停台使：全部停止朝廷派员外出督促的办法。［78］员外散骑郎刘思效：即员外散骑侍郎，挂名的侍从官员。员外，指正员之外。刘思效，南齐员外散骑侍郎，后稍迁，为太仆卿。［79］凋弊：衰败，困苦。弊，同“敝”。［80］天府尤贫：国库里越来越没有东西。天府，国库。［81］嗷嗷：众声啼饥号寒的样子。［82］殆（dài）无生意：几乎看不到可以活下去的门路。［83］侈丽相高：奢侈、华丽，相互竞赛。［84］一新王度：让国家政策来个焕然一新。度，法度。［85］革正其失：把过去王朝的一切失误都改正过来。［86］以表付外：将上书交付外廷去处理。［87］奏行之：禀告皇帝，而后付诸实行。［88］己亥：四月二十八日。［89］二宫诸王：指各个年幼的皇子、皇孙。二宫，指皇宫和东宫。皇宫里有年幼尚未封立的皇子，东宫里有年幼尚未封立的皇孙，这些都是日后的王爷。诸王，皇太子以外的亲王。［90］不得营立屯邸（dǐ）：意即在他们被封立为王前，不得提前建立宫室。屯邸，官邸与其所占有的宅地。［91］封略山湖：意即占领山湖以为己有。封略，封界，边境，这里用如动词，占为私有的意思。

魏主还平城[1]。

魏秦州刺史尉洛侯、雍州刺史宜都王目辰、长安镇将陈提等皆坐贪残不法，洛侯、目辰伏诛，提徙边。

又诏以“候官[2]千数，重罪受赇不列[3]，轻罪吹毛发举[4]，宜悉罢之[5]。”更置谨直[6]者数百人，使防逻街术[7]，执喧斗者[8]而已。自是吏民始得安业。

自泰始以来，内外多虞[9]，将帅各募部曲[10]，屯聚[11]建康。李安民上表，以为“自非淮北常备[12]外，余军悉皆输遣[13]；若亲近宜立随身[14]者，听限人数[15]。”上从之。五月，辛亥[16]，诏断众募[17]。

壬子[18]，上赏佐命[19]之功，褚渊、王俭等进爵、增户各有差[20]。处士何点[21]谓人曰：“我作《齐书》已竟[22]，赞云[23]：‘渊既世族[24]，俭亦国华[25]；不赖舅氏[26]，遑恤国家[27]！’”点，尚之孙也。渊母宋始安公主[28]，继母吴郡公主[29]；又尚巴西公主[30]。俭母武康公主[31]；又尚阳羡公主[32]。故点云然[33]。

己未[34]，或走马过汝阴王之门[35]，卫士恐。有为乱者奔入杀王，而以疾闻[36]，上不罪而赏之。辛酉[37]，杀宋宗室阴安公燮[38]等，无少长皆死。前豫州刺史刘澄之[39]，遵考之子也，与褚渊善，渊为之固请曰：“澄之兄弟不武[40]，且于刘宗又疏[41]。”故遵考之族独得免。

丙寅[42]，追尊皇考曰“宣皇帝”[43]，皇妣[44]陈氏曰“孝皇后”。

丁卯[45]，封皇子钧为衡阳王[46]。

上谓兖州刺史垣崇祖曰："吾新得天下，索虏[47]必以纳刘昶为辞[48]，侵犯边鄙[49]。寿阳当虏之冲[50]，非卿无以制此虏也。"乃徙崇祖为豫州刺史。

（以上为第四段，写南齐萧道成听从谋臣建议，禁止将帅招募部曲；怂恿不法之徒杀害刘宋顺帝刘准以及宗室；并有先见之明，预见北魏以纳刘昶为由侵犯南齐。）

【注释】

［1］还平城：由崞山返回平城。［2］候官：也叫"白鹭"，北魏官名，道武帝拓跋珪所设，负责伺察内外，检举不法。候，侦察，伺察。［3］重罪受赇（qiú）不列：对犯有重罪的人因接受其贿赂而不上报。受赇，接受贿赂。不列，不举报。［4］轻罪吹毛发举：对犯有轻罪的人，反而吹毛求疵地予以揭发。发举，举发，举报。［5］宜悉罢之：应该全部罢免这些候官。［6］谨直：谨慎正直。［7］防逻街术：在京城的街道上巡逻防备。术，也是街道的意思。［8］执喧斗者：抓捕那些喧哗斗殴的人。［9］内外多虞：国内国外可忧虑的事情众多。虞，忧虑。［10］各募部曲：各自都招募一些私家的保卫势力。部曲，部下，私家武装。［11］屯聚：屯驻，聚集。［12］淮北常备：指驻军于淮河以北的边防前线的将士。［13］余军悉皆输遣：其他非边防守将的私人武装全部遣散。［14］宜立随身：适合于充当贴身护卫的人。［15］听限人数：可以允许他们留下一些，但要限定人数。听，听从，接受。［16］辛亥：五月十日。［17］诏断众募：皇帝下令让这些京城诸将裁减下来的私人武装，一律就地落户为民。断，即土断，在当地落入户籍。［18］壬子：五月十一日。［19］佐命之功：协助萧道成篡位称帝的功劳。佐命，帮着萧道成上应天命，意即称帝。［20］进爵、增户各有差：提高爵位，增加领地的户数，随着功劳的大小各有不同。差，等级。［21］处士何点：古代称有德才而隐居不愿做官的人。何点，字子晳，刘宋司空何尚之之孙，宜都太守何铄之子，南梁名士，少有异才，立志隐逸，博通群书，善于谈论，多次拒绝征召，为当世名隐；交好梁武帝，授侍中，赐予俸禄。传见《梁书》卷五十一。［22］我作《齐书》已竟：我的《齐书》已经写完了。何点所说的作《齐书》，其实是他当时所编的一种讽刺话，用下文的十六个字的赞语来讽刺褚渊与王俭。［23］赞云：篇后的赞语说。赞，纪传体史书人物传后的一种评断语，多用韵文，四字一句。［24］世族：世代显贵的家族。［25］国华：国家的英华，优秀的人才。［26］不赖舅氏：如果不靠着他们的舅舅（指刘宋的历代皇帝），他们的功名富贵从哪里来？［27］遑（huáng）恤（xù）国家：可是你看他们今天那种卖主求荣的样子，哪里还想到生他、养他的宋氏王朝呢？遑恤，哪里还有时间考虑。［28］始安公主：刘宋武帝刘裕的第七女，嫁给褚秀之的儿子褚湛之，为褚渊的嫡母。［29］吴郡公主：刘宋武帝刘裕的第五女。褚湛之在始安公主去世后，又娶吴郡公主。［30］又尚巴西公主：又娶巴西公主为妻。尚，上配，娶的敬称。巴西公主，刘宋文帝刘义隆之女，嫁给褚渊。［31］武康公主：亦称"东阳公主"，即刘英娥，

文帝刘义隆的长女，太子刘劭的同母妹妹，封为东阳公主，嫁给王昙首的儿子吏部尚书王僧绰，为太尉王俭的母亲。［32］阳羡公主：刘宋明帝刘彧之女，嫁给王俭。［33］故点云然：所以何点这样说。［34］己未：五月十八日。［35］或走马门：有人驰马来到已经退位为汝阴王的刘宋顺帝刘准的门前。过，这里的意思是来到。［36］以疾闻：向上报告说刘准得病死了。刘准被杀时，年十三岁。［37］辛酉：五月二十日。［38］室阴安公：萧道成建立齐国后，将刘燮由晋熙王降封为阴安公。［39］刘澄之：刘宋宗室大臣刘遵考之子，为南齐豫州刺史。［40］不武：不会带兵打仗，没有造反的能力。［41］且于刘宗又疏：而且与刘氏皇室的血缘又远。［42］丙寅：五月二十五日。［43］追尊皇考曰"宣皇帝"：齐高帝追尊亡父为"宣皇帝"。追尊，为死者追加尊号。尊，尊奉。皇考，对亡父的敬称。皇，美好的意思。考，以称父。萧道成的父亲名叫萧承之，刘宋时期的名将。传见《南齐书》卷一。宣皇帝，谥号宣。《谥法解》曰："圣善周闻曰'宣'。"［44］皇妣（bǐ）：对亡母的敬称。妣，以称母。［45］丁卯：五月二十六日。［46］钧：即萧钧，字宣礼，齐高帝萧道成第十一子，封衡阳王。传见《南齐书》卷四十五。［47］索虏：当时南人对北魏拓跋氏的蔑称，以其民族习惯好梳辫子，故称之。［48］以纳刘昶为辞：以送刘昶回南方为进攻南齐的借口。纳，武装送进。刘昶（chǎng），字休道，文帝刘义隆第九子，封义阳王，逃奔北魏，封丹阳王。传见《宋书》卷七十二。辞，借口。［49］边鄙：边境。鄙，远方小城。［50］寿阳当虏之冲：寿阳是北朝南侵的交通要道。寿阳，县名，在今安徽寿县。冲，要道，要地，即必经之地。

六月，丙子[1]，诛游击将军姚道和，以其贰于沈攸之[2]也。

甲子[3]，立王太子赜为皇太子；皇子嶷为豫章王，映为临川王，晃为长沙王，晔为武陵王，暠为安成王，锵为鄱阳王，铄为桂阳王，鉴为广陵王；皇孙长懋为南郡王[4]。

乙酉[5]，葬宋顺帝于遂宁陵[6]。

帝以建康居民舛杂[7]，多奸盗，欲立符伍以相检括[8]，右仆射王俭谏曰："京师之地，四方辐凑[9]，必也持符，于事既烦，理成不旷[10]，谢安[11]所谓'不尔何以为京师[12]'也。"乃止。

初，交州刺史李长仁[13]卒，从弟叔献代领州事[14]，以号令未行[15]，遣使求刺史于宋[16]。宋以南海太守沈焕[17]为交州刺史，以叔献为焕宁远司马[18]，武平、新昌[19]二郡太守。叔献既得朝命，人情服从[20]，遂发兵守险，不纳焕[21]。焕停郁林[22]，病卒。

秋，七月，丁未[23]，诏曰："交趾、比景[24]，独隔书朔[25]，斯乃前运方季[26]，因迷遂往[27]。宜曲赦交州[28]，即以叔献为刺史，抚安南土[29]。”

魏葭芦镇主杨广香[30]请降，丙辰[31]，以广香为沙州[32]刺史。

八月，乙亥[33]，魏主如方山[34]；丁丑[35]，还宫。

上闻魏将入寇，九月，乙巳[36]，以豫章王嶷为荆、湘二州刺史，都督如故；以临川王映为扬州刺史。

丙午[37]，以司空褚渊领[38]尚书令。

壬子[39]，魏以侍中、司徒、东阳王丕[40]为太尉，侍中、尚书右仆射陈建[41]为司徒，侍中、尚书代人苟颓[42]为司空。

己未[43]，魏安乐厉王长乐[44]谋反，赐死。

庚申[45]，魏陇西宣王源贺[46]卒。

冬，十月，己巳朔[47]，魏大赦。

癸未，汝阴太妃王氏[48]卒，谥曰“宋恭皇后[49]”。

初，晋寿民李乌奴[50]与白水氐杨成等寇梁州[51]，梁州刺史范柏年[52]说降乌奴，击成，破之。及沈攸之事起，柏年遣兵出魏兴[53]，声云入援[54]，实候望形势[55]。事平，朝廷遣王玄邈代之。诏柏年与乌奴俱下[56]，乌奴劝柏年不受代[57]；柏年计未决，玄邈已至，柏年乃留乌奴于汉中，还至魏兴，盘桓不进[58]。左卫率豫章胡谐之尝就柏年求马[59]，柏年曰：“马非狗也，安能应无已之求[60]！”待使者甚薄；使者还，语谐之曰：“柏年云：‘胡谐之何物狗[61]！所求无厌！’”谐之恨之，谮于上[62]曰：“柏年恃险聚众，欲专据一州。”上使雍州刺史南郡王长懋诱柏年[63]，启为府长史[64]。柏年至襄阳[65]，上欲不问，谐之曰：“见虎格得[66]，而纵上山乎？”甲午[67]，赐柏年死。李乌奴叛入氐，依杨文弘[68]，引氐兵千余人寇梁州，陷白马戍[69]。王玄邈使人诈降诱乌奴，乌奴轻兵袭州城，玄邈伏兵邀击[70]，大破之，乌奴挺身复走入氐[71]。

初，玄邈为青州[72]刺史，上在淮阴[73]，为宋太宗[74]所疑，欲北附魏，遣书[75]结玄邈。玄邈长史清河房叔安[76]曰：“将军居方州[77]之重，无故举忠孝而弃之，三齐之士[78]，宁蹈东海而死[79]耳，不敢随将军也。”玄邈乃不答上书[80]。及罢州还[81]，至淮阴，严军直过[82]；至建康，启太宗，称上有异志。及上为骠骑[83]，引为司马[84]，玄邈甚惧，而上待之如初。及破乌奴，上曰："玄邈果不负吾意遇[85]也。"叔安为宁蜀[86]太守，上赏其忠正，欲用为梁州[87]，会病卒。

（以上为第五段，写南齐高帝萧道成欲对京城设置符伍，编制民户，五人为伍互相检举监督，右仆射王俭反对而罢；梁州刺史范柏年得罪左卫率胡谐之，被报复致死；王玄邈忠诚正直，平定梁州乱事。）

【注释】

[1]丙子：六月六日。[2]贰于沈攸之：在萧道成与沈攸之之间左右观望，脚踩两条船。贰，两属。[3]甲子：严校"子"改"申"。甲申，六月十四日。[4]"皇子嶷为豫章王"等九句：齐高帝萧道成封诸皇子为王。第二子萧嶷，封豫章王；第三子萧映，封临川王；第四子萧晃，封长沙王；第五子萧晔，封武陵王；第六子萧暠，封安成王；第七子萧锵，封鄱阳王；第八子萧铄，封桂阳王；第十子萧鉴，封广陵王。诸王传见《南齐书》卷三十五。皇孙齐武帝萧赜之第七子萧长懋，封南郡王。传见《南齐书》卷四十。按，《南齐书》本传作"萧子懋，封晋安王"，与《资治通鉴》异。[5]乙酉：六月十五日。[6]遂宁陵：刘宋顺帝刘准的陵墓名，在今江苏南京市江宁区。刘宋王朝的历代陵墓皆以"宁"字为名，刘裕称初宁陵，刘义隆称长宁陵，刘骏称景宁陵，刘彧称高宁陵。[7]舛（chuǎn）杂：错杂，即好坏不分，无所不有。[8]立符伍以相检括：使用通行证，建立五家一组相互监督的制度。符，证件，如今身份证、居住证之类。伍，以五家为一组相互监督的户籍管理制度。以相检括，相互监督检查。[9]四方辐凑：四方来归，如辐条之归向车毂，极言其多。[10]理成不旷：这里指政治气氛和社会风气方面的开明及宽松。[11]谢安：字安石，东晋名臣。传见《晋书》卷七十九。[12]不尔何以为京师：语见《续晋阳秋》及《世说新语·政事》，意思是这里的人口如果不多而杂，还怎么能称是京师呢？京师，巨大与众多的意思。[13]李长仁：交州人，明帝刘彧时据交州反叛，自称刺史，后被杀。[14]叔献代领州事：即李叔献，南齐时人，交州刺史李长仁堂弟，李长仁死后代领州事，代管交州刺史的职务。领，代理。[15]号令未行：下命令没人听。[16]求刺史于宋：乞请刘宋王朝向交州派出新刺史。[17]南海：古郡名，郡治在今广东广州市。沈焕：武康（今浙江德清县）人，沈云之子，少为驸马都尉，奉朝请，后为宁远将军、交州刺史，未至镇，去世。传见《宋书》卷一百。[18]宁远司马：宁远将军沈焕的司马。司马，古官名，是将军的僚属，在军中掌管司法。[19]武平、新昌：古二郡名，武平郡的郡治在今越南河内西北的福安市西，新昌郡的郡治在今越南河内西北。[20]人情服从：交州地区的百姓开始拥护他，接受他的管辖。[21]不纳焕：不让沈焕进交州上任。[22]郁林：古郡名，郡治在今广西玉林市。[23]丁未：七月七日。[24]交趾、比景：都是当时交州境内的县名，交趾县在今越南河内西北，比景县在当时的日南郡内，邻近北部湾。这里用以

代指交州地区。［25］独隔书朔：独独地不用朝廷的历法。书朔，指朝廷颁布的历法。胡三省曰："古者，天子常以季冬颁来岁十二月之朔于诸侯，诸侯受而藏之祖庙。至月朔则以特羊告庙，请而行之。"［26］前运方季：前一个朝代的末年。前运，前朝的命运。方季，正面临结束。［27］因迷遂往：因而使你们一时迷惑，做了错事。［28］曲赦交州：格外地宽恕交州的过失。曲赦，犹特赦，赦令的一种，不普赦天下而独赦一地，是根据当时事态所发布的特别赦免令。［29］抚安南土：安抚南方的州郡。南土，即指交州。［30］葭（jiā）芦镇主杨广香：葭芦，北魏国的军事据点名，在今甘肃陇南市武都区东南方，地处白龙江的东侧。杨广香，仇池氐族人，前仇池国第二任君主杨难敌的四世孙，后仇池国第五任君主杨难当的族弟，阴平国建立者。刘宋灭仇池，广香逃奔北魏，封为阴平公，授葭芦镇主、阴平公，曾向刘宋称藩。后又投降南齐，授平羌校尉、沙州刺史。事见《南齐书》卷五十九。［31］丙辰：七月十六日。［32］沙州：古州名，州治在今甘肃文县西。［33］乙亥：八月六日。［34］方山：古地名，在北魏都城平城北。北魏主拓跋宏与冯太后将在这里为自己预建陵墓。［35］丁丑：八月八日。［36］乙巳：九月六日。［37］丙午：九月七日。［38］领：兼任，以高级别兼任低职务曰"领"。［39］壬子：九月十三日。［40］丕：即元丕，乐城侯拓跋兴都之子，封东阳王。传见《魏书》卷十四。［41］陈建：本姓侯莫陈氏，鲜卑族，尚书陈阳之子，对太武帝拓跋焘有救命之恩，拜冠军将军、幽州刺史，进封魏郡王。传见《魏书》卷三十四。［42］苟颓：本姓若干，鲜卑族，内行长苟洛跋之子，北魏司空，进封河东王。传见《魏书》卷四十四。［43］己未：九月二十日。［44］安乐厉王长乐：即安乐王拓跋长乐，文成帝拓跋濬之子，受封建昌郡王，改封安乐郡王。谋反伏诛，恶谥为厉。传见《魏书》卷二十。［45］庚申：九月二十一日。［46］源贺：原名秃发破羌，字贺豆跋，南凉主秃发傉檀之子，投魏魏封西平郡公，赐姓源。赠侍中、太尉、陇西王，谥号宣。传见《魏书》卷四十一。［47］己巳朔：十月一日。［48］汝阴太妃王氏：此指汝阴王刘准太妃王氏，即王贞风，侍中王僧朗之女，江州刺史王景文之妹，明帝刘彧的皇后。顺帝刘准的生母，刘准禅位后被封为汝阴王，太后降为太妃。谥号明恭皇后，传见《宋书》卷四十一。［49］恭皇后：谥号恭。《谥法解》曰："敬事供上曰'恭'；尊贤让善曰'恭'。"［50］晋寿：古郡名，郡治在今四川剑阁县东南方。李乌奴：益州晋寿（今四川广元市）人，氐族。南齐建元年间，联合氐族势力，在川陕边境起兵反叛，攻打梁州。豫章王萧嶷调兵遣将，联合梁州刺史崔慧景南北夹击，李乌奴大败逃走，归附武兴氐王杨文弘，后不知所终。［51］白水氐（dī）杨成等寇梁州：生活在白龙江流域白水郡的氐族人杨成等曾起兵反叛朝廷。白水，古郡名，郡治在今甘肃文县东南，其地有白龙江，也称白水，自西北向东南流过。梁州，古州名，州治在今陕西汉中市。［52］范柏年：梓潼人，刘宋、南齐官员、将领。入齐以步兵校尉任梁州、南秦州二州刺史。传见《南史》卷四十七。［53］魏兴：古郡名，郡治在今陕西安康市西。［54］声云入援：声言说是要入援朝廷，即帮助萧道成。［55］候望形势：观察形势的变化，即前文说姚道和的"贰于沈攸之"，犹豫不决，见风使舵。［56］俱下：一起顺流到建康朝廷。［57］不受代：不接受王玄邈的接替，意即据州独立。［58］盘桓（huán）不进：徘徊不前，不肯进京。［59］胡谐之：豫章南昌人，治书侍御史胡廉之之孙，为萧氏亲信、南齐大臣。传见《南齐书》卷三十七。尝就柏年求马：胡谐之曾经向范柏年要马。就，向。求，讨要。［60］无已之求：没有限度的讨要。无已，没够，没完。［61］何物狗：是什么样的狗东西！［62］谮（zèn）于上：在萧道成面前说范柏年的坏话。［63］诱柏年：引诱、欺骗范柏年。当时范柏年在魏兴，萧长懋在襄阳，两地相距不远。［64］启为府长史：请求朝廷任范柏年为南郡王府的长史。［65］襄阳：古地名，在今湖北襄阳市襄州区，为军事要地，南齐时为雍州州治所在地。［66］格得：已经捕获。［67］甲午：十月二十六日。［68］依杨文弘：投靠武兴王杨文弘。［69］白马戍：即阳平关，故址在今陕西勉县西白马河的入汉水处，当川、陕交通要冲，是汉中盆地西边的门户。［70］邀击：半路伏击。［71］挺身复走入氐：单身，独自又逃入氐族部落。［72］青州：刘宋当时的青州州治东阳，在今山东青州市。［73］上：这里指萧道成。淮阴：古郡名，郡治在今江苏淮安市。［74］宋太宗：即宋明帝刘彧（439—472），字休炳，徐州彭城（今江苏徐州市）人，武帝刘裕之孙，文帝刘义隆第十一子，孝武帝刘骏异母弟，刘宋第七位皇帝（466—472），初封淮阳王，改封湘东王，夺取皇位，在位肆意屠杀皇亲宗室、功臣名将，谥号明皇帝，庙号太宗。传见《宋书》卷八。［75］遣书结玄邈：萧道成送书信给王玄邈交好欲北投北魏。［76］房叔安：清河人，字子仁，刘宋明帝刘彧时为青州刺史王玄邈长史，阻止王玄邈回信萧道成，还要到建康揭发萧道成，半途被萧道成所执，萧道成嘉其忠直，不杀。及即位，招房叔安拜为前将军。［77］方州：一方诸侯的州刺史。［78］三齐之士：齐国的头面人物。三齐，即指古代的齐国大地，由于项羽分封三齐王，故后人遂习惯地称齐地为“三齐”。［79］宁蹈东海而死：极表齐地人物绝不低头于邪恶的坚贞。语出《战国策》之《鲁仲连义不帝秦》。蹈，踏，赴。东海，中国东部海域，泛指大海。［80］不答上书：不回复萧道成的邀请。［81］罢州还：青州刺史任满，返回朝廷。［82］严军直过：队列整齐的军队径直开过，对萧道成不表任何通融之情。［83］及上为骠骑：等萧道成升任骠骑大将军，独揽刘宋朝廷大权的时候，即顺帝刘准在位时。［84］引为司马：引用王玄邈给自己当司马，以表现其不记旧时的嫌隙。［85］果不负吾意遇：果然不辜负我对他的希望与厚待之情。［86］宁蜀：古郡名，郡治在今四川成都市双流区。［87］欲用为梁州：想任用他为梁州刺史。

十一月，辛亥[1]，立皇太子妃裴氏[2]。

癸丑[3]，魏遣假梁郡王嘉督二将出淮阴[4]，陇西公琛智[5]督三将出广陵，河东公薛虎子督三将出寿阳[6]，奉丹杨王刘昶入寇[7]；许昶以克复旧业[8]，世胙江南[9]，称藩于魏[10]。蛮酋桓诞[11]请为前驱，以诞为南征西道大都督[12]。义阳民谢天盖自称司州[13]刺史，欲以州附魏，魏乐陵镇将韦珍[14]引兵渡淮应接。豫章王嶷遣中兵参军萧惠朗[15]将二千人助司州刺史萧景先[16]讨天盖，韦珍略七千余户而去。景先，上之从子也。南兖州刺史王敬则闻魏将济淮，委镇[17]还建康，士民惊散，既而魏竟不至。上以其功臣，不问。

上之辅宋[18]也，遣骁骑将军王洪范使柔然，约与共攻魏。洪范自蜀出吐谷浑[19]历西域[20]乃得达。至是[21]，柔然十余万骑寇魏，至塞上[22]而还。

是岁，魏诏中书监高允议定律令。允虽笃老[23]，而志识不衰[24]。诏以允家贫养薄[25]，令乐部丝竹十人[26]五日一诣允以娱其志[27]，朝晡给膳[28]，朔望致牛酒[29]，月给衣服绵绢[30]；入见则备几杖[31]，问以政治[32]。

契丹莫贺弗勿干[33]帅部落万余口入附于魏[34]，居白狼水[35]东。

（以上为第六段，写北魏出动数路大军攻打南齐，南兖州刺史王敬则弃镇而跑；北魏敬重德高望重的老臣高允，请他审定刑法律令，并给予高允以周到的关怀与抚慰。）

【注释】

[1]辛亥：十一月十三日。 [2]立皇太子妃裴氏：即立裴氏为皇太子妃，亦即未来的皇后。[3]癸丑：十一月十五日。 [4]假梁郡王嘉：即拓跋嘉为临时代理梁郡王。出淮阴：向淮阴。出，经由，这里即指“向”。 [5]陇西公琛（chēn）：即拓跋琛，秦州刺史拓跋仑之子，北承袭陇西公的爵位。 [6]薛虎子督三将出寿阳：一作薛彪子，河东公薛野賭之子，袭封河东郡公，相州都督，谥号文。传见《魏书》卷四十四。寿阳，古郡名，郡治在今安徽寿县。 [7]奉丹杨王刘昶：打着送刘昶回南朝为王的旗号，即前文萧道成所说的“以纳刘昶为辞”。 [8]克复旧业：恢复刘宋王朝的政权。 [9]世胙（zuò）江南：世代在江南称王。胙，祭祀宗庙社稷的供肉，只有帝王才能祭祀宗庙社稷，故这里即指为王。江南，代指南齐政权所辖的疆域。 [10]称藩于魏：承认自己是魏国属下的诸侯国。诸侯是天子的屏藩。 [11]蛮酋桓诞：少数民族首领桓诞，字天生，东晋末年的乱臣桓玄之子，在桓玄被杀后逃入襄阳以北的大阳蛮中，因有谋略，遂成为大阳蛮酋长，拥有八万余落，曾被北魏打败，投降，受封为襄阳王。居于沔水以北，曾出兵南攻义阳、竟陵，均无功。事见《魏书》卷一百一。 [12]南征西道大都督：向南齐王朝发动进攻的西路军总指挥。[13]谢天盖自称司州：义阳之民，曾自称司州刺史，欲以投降北魏。司州，古州名，南齐时的州治在今河南信阳市。 [14]乐陵镇将韦珍：北魏军镇乐陵，旧址在今河南唐河县境内。镇将，镇守的将领。韦珍，字灵智，雍州刺史韦尚之子，北魏大臣。传见《魏书》卷四十五。 [15]萧惠朗：

刘宋名将萧思话第五子，南齐时，为西阳王征虏长史，行南兖州事。传见《南齐书》卷四十六。[16]萧景先：萧道成之侄，时任司州刺史。传见《南齐书》卷三十八。[17]委镇：抛弃军镇，离开刺史驻地。[18]辅宋：在刘宋为臣，辅佐帝王。[19]出吐谷浑：经由吐谷浑。西晋末，由西北氐羌人建立的一个割据小国，当今青海、甘肃及四川西北部一带地方，挡在中原通西城的道上。传见《魏书》卷一百一。[20]历西域：又经过今之新疆地区。西域，古区域名，指玉门关、阳关以西，葱岭以东，巴尔喀什湖东、南及新疆广大地区。[21]至是：到了北魏以送刘昶为由而发动南侵的时候。[22]塞上：指当时北魏国北部边境的今内蒙古呼和浩特市、包头市、五原县等地长城一线。[23]笃（dǔ）老：很老，着实的老。[24]志识不衰：头脑清醒，记忆力强。[25]养薄：供养微少。[26]乐部丝竹十人：音乐机构所管辖的一支十个人的小乐队。乐部，管理音乐的官署。丝竹，弦乐器与管乐器，这里指乐队、乐工。[27]诣（yì）允以娱其志：去给高允演奏。让高允娱乐，身心健康。[28]朝晡（bū）给膳：每天上午、下午给他送两次饭。朝，早晨，上午。晡，下午三时到五时。[29]朔望致牛酒：每月初一、十五都给他送肉送酒。朔，初一。望，十五。[30]月给衣服绵绢：每月提供丝绵绢帛制成的衣服。[31]入见则备几杖：指高允入朝拜见北魏主。给他准备小几和手杖。几，是放在座位旁边，可使人依靠休息的小桌子。[32]政治：治国平天下的大事。[33]契丹莫贺弗勿干：古代东北地区的少数民族契丹族的头领，名勿干。莫贺弗，也作"莫弗"，契丹首领、部落酋长的称呼，犹匈奴之所谓"单于"。[34]入附于魏：胡三省引《隋书》曰："契丹与库莫奚皆东胡种，为慕容氏所破，窜于松漠之间，是时为高丽所侵，求内附于魏。"[35]白狼水：在今辽宁境内的大凌河，因发源于白狼山而得名。

二年（庚申，480年）

春，正月，戊戌朔[1]，大赦。

以司空褚渊为司徒，尚书右仆射王俭为左仆射。渊不受。

辛丑[2]，上祀南郊。

魏陇西公琛等攻拔马头戍[3]，杀太守刘从[4]。乙卯[5]，诏内外纂严，发兵拒魏，征南郡王长懋为中军将军，镇石头。

魏广川庄王略[6]卒。

魏师攻钟离[7]，徐州刺史崔文仲[8]击破之。文仲遣军主崔孝伯渡淮，攻魏茌眉戍主[9]龙得侯等，杀之。文仲，祖思之族人也。

群蛮依阻山谷，连带荆、湘、雍、郢、司[10]五州之境，闻魏师入寇，官[11]尽发民丁，南襄城蛮秦远乘虚寇潼阳[12]，杀县令。司州蛮引魏兵寇平昌[13]，平昌戍主苟元宾[14]击破之。北上黄蛮文勉德寇汶阳[15]，汶阳太守戴元宾弃城奔江陵[16]。豫章王嶷遣中兵参军刘伾绪将千人讨之，至当阳[17]，勉德请降，秦远遁去。

魏将薛道标引兵趣寿阳[18]，上使齐郡太守刘怀慰[19]作冠军将军薛渊书[20]以招道标[21]；魏人闻之，召道标还，使梁郡王嘉代之。怀慰，乘民之子也。二月，丁卯朔[22]，嘉与刘昶寇寿阳。将战，昶四向[23]拜将士，流涕纵横，曰："愿同勠力[24]，以雪仇耻[25]！"

魏步骑号二十万，豫州刺史垣崇祖集文武议之，欲治外城[26]，堰肥水[27]以自固。皆曰："昔佛狸入寇[28]，南平王[29]士卒完盛，数倍于今，犹以郭[30]大难守，退保内城。且自有肥水，未尝堰也，恐劳而无益。"崇祖曰："若弃外城，虏必据之，外修楼橹[31]，内筑长围，则坐成擒[32]矣。守郭筑堰，是吾不谏之策[33]也。"乃于城西北堰肥水，堰北筑小城，周为深堑[34]，使数千人守之，曰："虏见城小，以为一举可取，必悉力攻之，以谋破堰；吾纵水冲之，皆为流尸[35]矣。"魏人果蚁附[36]攻小城，崇祖著白纱帽[37]，肩舆上城[38]。晡时[39]，决堰下水[40]，魏攻城之众漂坠堑中，人马溺死以千数。魏师退走。

（以上为第七段，写北魏南侵大军，在徐州、秦阳连吃败仗，狼狈撤退。）

【注释】

[1]戊戌朔：正月一日。[2]辛丑：正月四日。[3]马头戍：当时为淮河上的重要军事据点，位于马头郡的郡治所在地，即在今安徽蚌埠市西南。[4]刘从：也称刘顺，时为马头郡太守，被北魏军队所杀。[5]乙卯：正月十八日。[6]广川庄王：封为广川王，谥号庄。略：即拓跋略，文成帝拓跋濬之子，封为广川王。传见《魏书》卷二十。[7]钟离：南齐郡名，郡治在今安徽凤阳县东北，为当时南齐的徐州州治所在地。[8]崔文仲：清河东武城人，任徐州刺史，驻守钟离城。传见《南齐书》卷二十八。[9]茌（chí）眉戍主：茌眉军事据点的头领。茌眉戍，古地名，在今安徽怀远县西。戍，军事据点。[10]荆、湘、雍、郢、司：南齐的五个州名，荆州的州治在今湖北江陵县，湘州的州治在今湖南长沙市，雍州的州治在今湖北襄阳市襄州区，郢州的州治在今湖北武汉市汉口，司州的州治在今河南信阳市。[11]官：官府。原字缺，据章校补。[12]"南襄城蛮"句：南襄城郡的少数民族。南襄城，古郡名，郡治在今湖北南漳县。秦远，南襄城蛮头领。潼阳，古县名，县治在今湖北西北聚龙山西南麓的歇马河一带。[13]平昌：古关塞名，在今河南信阳市西北的平昌关。[14]荀元宾：人名，南齐平昌戍主，曾率军击破司州蛮的进攻。[15]"北上黄蛮"句：北上黄县的少数民族。北上黄，古县名，县治在今湖北南漳县东

南的刘集一带。文勉德，北上黄蛮头领。汶阳，古郡名，郡治在今湖北远安县西北的旧城一带。［16］戴元宾弃城奔江陵：南齐汶阳太守，面对蛮族的进攻，弃郡而逃。江陵，古县名，当时为荆州刺史以及南郡的州治、郡治所在地。［17］当阳：古县名，在今湖北荆门市城南，与现在的当阳相距较远。［18］薛道标引兵趣寿阳：薛安都之子，随父投北魏，为北魏将领，任镇南将军、平州刺史，后任秦州刺史，有政绩。传见《魏书》卷六十一。趣寿阳，杀向寿阳。趣，同“趋”，奔向。［19］齐郡太守刘怀慰：南齐的侨置郡，郡治在今江苏南京市六合区东南的瓜步，当时为军事重镇。刘怀慰，本名刘闻慰，字彦泰，刘宋高阳、勃海太守刘乘民之子，南齐齐郡太守，有治迹。著有《廉吏论》。传见《南齐书》卷五十三。［20］作冠军将军薛渊书：以薛渊的名义写信。薛渊，薛安都之侄，安都以彭城投奔北魏时，薛渊南归，投靠时为淮阴太守的萧道成，委身自结，率领部曲，备卫帐内，随从征伐，官至平北将军。传见《南齐书》卷三十。［21］以招道标：招薛道标返回南朝。薛渊与薛道标是堂兄弟。［22］丁卯朔：二月一日。［23］四向：向着周围所有的人。［24］愿同勠力：愿和你们大家共同努力。勠力，合力。［25］以雪仇耻：以报萧道成篡夺刘宋政权的仇恨和耻辱。［26］治外城：修整城廓。古代内城称“城”，外城称“廓”。［27］堰（yàn）肥水：拦肥水筑坝以提高肥水的水位。肥水，在今之所谓东肥河，源出安徽合肥西北的将军岭，西北流经寿县城东，再经八公山南流入淮水。堰，拦水坝，此用作动词，筑坝挡水。［28］佛狸入寇：当年北魏主拓跋焘大军南下，兵临长江，事见文帝元嘉二十七年。佛狸，即拓跋焘，字佛狸，北魏第三位皇帝，雄才大略，败柔然，灭胡夏，统一北方。南击刘宋，饮马长江。传见《魏书》卷四上。［29］南平王：即刘铄宋文帝刘义隆第四子，封南平王。传见《宋书》卷七十二。［30］郭：同“廓”，即外城。［31］外修楼橹：在城外打造攻城的器械。楼橹，类似吊车一样的攻城器械，可以送士兵上城，可以破坏城上的防御工事等。［32］坐成擒：自己把自己束缚住，形成一种束手被擒的局面。成擒，被擒，被俘虏。［33］不谏之策：任何人都不能谏止、改变的既定计划。［34］周为深堑（qiàn）：在小城的周围挖出深沟。［35］皆为流尸：意即都将被淹死。［36］蚁附：像蚂蚁一样密集地向城上爬。［37］著白纱帽：戴白纱制的高顶帽。［38］肩舆上城：坐着滑竿来到城上。垣崇祖如此做派，是故作闲暇，以麻痹敌军。［39］晡（bū）时：下午三点到五点。［40］决堰下水：挖开堤坝，向下流放水。

谢天盖部曲[1]杀天盖以降。

宋自孝建[2]以来，政纲弛紊[3]，簿籍讹谬[4]。上诏黄门郎会稽虞玩之[5]等更加检定，曰：“黄籍[6]，民之大纪[7]，国之治端[8]。自顷巧伪[9]日甚，何以厘革[10]？”玩之上表，以为：“元嘉[11]中，故光禄大夫傅隆[12]年出七十，犹手自书籍[13]，躬加隐校[14]。今欲求治取正，必在勤明令长[15]。愚谓宜以元嘉二十七年籍[16]为正，更立明科[17]，一听首悔[18]；迷而不返，依制必戮[19]；若有虚昧[20]，州县同科[21]。”上从之。

上以群蛮数为叛乱，分荆、益置巴州[22]以镇之。壬申[23]，以三巴校尉明慧昭[24]为巴州刺史，领巴东太守[25]。是时，齐之境内，有州二十三[26]，郡三百九十[27]，县千四百八十五。

乙酉[28]，崔文仲遣军主陈靖拔魏竹邑[29]，杀戍主白仲都；崔叔延破魏睢陵[30]，杀淮阳太守梁恶。

三月，丁酉朔[31]，以侍中西昌侯鸾为郢州[32]刺史。鸾，帝兄始安贞王道生[33]之子也，早孤，为帝所养，恩过诸子[34]。

魏刘昶以雨水方降，表请还师，魏人许之；丙午[35]，遣车骑大将军冯熙[36]将兵迎之。

夏，四月，辛巳[37]，魏主如白登山[38]；五月，丙申朔[39]，如火山[40]；壬寅[41]，还平城。

自晋[42]以来，建康宫之外城唯设竹篱，而有六门。会有发白虎樽者[43]，言“白门三重关[44]，竹篱穿不完[45]。”上感其言，命改立都墙[46]。

李乌奴数乘间[47]出寇梁州，豫章王嶷遣中兵参军王图南将益州兵，从剑阁掩击[48]之；梁、南秦二州刺史崔慧景发梁州兵屯白马[49]，与图南覆背击[50]乌奴，大破之，乌奴走保武兴[51]。慧景，祖思之族人[52]也。

秋，七月，辛亥[53]，魏主如火山。

戊午[54]，皇太子穆妃裴氏[55]卒。

诏南郡王长懋移镇西州[56]。

角城[57]戍主举城降魏。秋，八月，丁酉[58]，魏遣徐州刺史梁郡王嘉迎之。又遣平南将军郎大檀等三将出朐城[59]，将军白吐头等二将出海西[60]，将军元泰等二将出连口[61]，将军封延等三将出角城，镇南将军贺罗出下蔡[62]，同入寇。

甲辰[63]，魏主如方山；戊申[64]，游武州山[65]石窟寺。庚戌[66]，还平城。

崔慧景遣长史裴叔保[67]攻李乌奴于武兴，为氐王杨文弘所败。

（以上为第八段，写南齐高帝萧道成听从谋臣建议，重新审核田簿户籍，并分设巴州；叛民李乌奴侵犯梁州，被打败，逃到武兴，据城固守；北魏再兴数路大军侵犯南齐。）

【注释】

[1]部曲：部属，手下将领。[2]孝建：刘宋孝武帝刘骏的第一个年号（454—456）。[3]政纲：施政的纲要，治国的方略。弛紊：松弛，紊乱。[4]簿籍讹谬：账簿、名册出现差错，谬误。[5]虞玩之：字茂瑶，会稽余姚（今浙江余姚市）人，东吴经学大师虞翻之后，南齐重臣。刘宋时，任乌程令，后附萧道成，为咨议参军。南齐时，为骁骑将军、黄门郎，受命检定黄籍。传见《南齐书》卷三十四。[6]黄籍：胡三省引杜佑曰："户口版籍也。"以其用黄纸写成，故称"黄籍"。籍，户口册。[7]民之大纪：管理黎民百姓的大纲。纪，纲纪。[8]国之治端：治理国家的首要条件。[9]自顷巧伪：近年以来。弄虚作假，虚伪不实。[10]厘革：清理，改订。[11]元嘉：刘宋文帝刘义隆的年号。[12]傅隆：字伯祚，北地灵州人，文帝刘义隆时的文史之臣。传见《宋书》卷五十五。[13]手自书籍：亲手登录户口簿籍。[14]躬加隐校：亲自核实、校对。躬，亲自。胡三省曰："隐者，痛严其实也。"[15]勤明令长：让县令、县长勤政而明察。[16]籍：指户籍。[17]更立明科：重新制定一套公正明白的法令条文。[18]一听首悔：允许人们自首悔过。听，听任。[19]依制必戮：一定要依法严办。戮，惩罚。[20]若有虚昧：一旦发现弄虚作假。虚昧，虚报和隐瞒。[21]州县同科：州里县里的长官也要连同治罪。[22]分荆、益置巴州：把荆州、益州相连接的地区独立出来，另立一个巴州。其州治在今重庆市奉节县东北。[23]壬申：二月六日。[24]三巴校尉明慧昭：胡三省曰："宋明帝泰始三年（467），以三峡险隘，山蛮寇贼，议立三巴校尉以镇之，寻省。顺帝升明二年（478）复置。"三巴，指巴郡（郡治在今重庆市）、巴东（郡治鱼复，在今重庆奉节县东）、巴西（郡治在今四川绵阳市）三个郡。明慧昭，初为三巴校尉，设立巴州后，升为巴州刺史，领巴东太守。[25]领巴东太守：同时兼任巴东郡的太守。领，兼任，以高级别兼任低职务。[26]有州二十三：即扬州、南徐州、豫州、南豫州、南兖州、北兖州、北徐州、青州、冀州、江州、广州、交州、越州、荆州、巴州、郢州、司州、雍州、湘州、梁州、秦州、益州、宁州。[27]郡三百九十：胡三省曰："郡县之建置虽多，而名存实亡，境土蹙于宋大明之时矣。"[28]乙酉：二月十九日。[29]拔：攻下，攻取。竹邑：古城名，在今安徽宿州市北符离集一带，时为军事要塞。[30]睢陵：古县名，县治在今江苏睢宁县，当时为淮阳郡的郡治所在地。[31]丁酉朔：三月一日。[32]鸾（luán）：即萧鸾，齐高帝萧道成二次，兄始安王萧道生次子，父母早逝，由三叔齐高帝萧道成抚育成人，视为己出，后为南齐第五任皇帝。传见《南齐书》卷六。[33]始安贞王道生：萧道生，字孝伯，东海兰陵（今山东兰陵县）人，南齐高帝萧道成次兄，明帝萧鸾之父。初仕刘宋，拜为奉朝请，在

任上去世。南齐建立后，追封始安王，谥号贞。萧鸾即位后，追封为景皇帝。传见《南齐书》卷四十五。［34］恩过诸子：萧道成对这个侄子的宠爱程度超过他亲生的各个儿子。［35］丙午：三月十日。［36］冯熙：字晋国，北燕太宰冯朗之子，孝文帝元宏岳父，北魏外戚大臣。传见《魏书》卷八十三上。［37］辛巳：四月十六日。［38］白登山：古山名，在今山西大同市东北。［39］丙申朔：五月一日。［40］火山：古山名，在今山西大同市西北。胡三省引《水经注》曰："山上有火井，南北六十七步，广减尺许，源深不见底，炎势上升，常若微雷发响，以草爨之，则烟腾火发。"［41］壬寅：五月七日。［42］晋：此指东晋。［43］发白虎樽者：意即有个敢于向皇帝直言的人。发，揭开。白虎樽，古代一种壶盖饰有虎形的酒壶。胡三省引《晋志》曰："正旦元会，设白虎樽于殿庭。樽盖上饰白虎，若有能献直言者，则发此樽饮酒。"正月元会，即正月一日所举行朝会，有群臣向皇帝贺年，庆祝一年开始的意义。［44］白门三重关：当时建康城的城门之一，这里用以指建康城。意即建康城有许多门，像是重重叠叠，防护甚严。三，表示数量之多。［45］竹篱穿不完：但却都是一些过不完的篱笆门。［46］改立都墙：在建康城外拆去篱笆，加修外城。［47］李乌奴数乘间：李乌奴屡屡地寻找机会。数，屡屡。李乌奴当时是氐族头领杨文弘的部将。［48］从剑阁掩击：从剑门关出兵出其不意地突然袭击。剑阁，古关名，在今四川北部的剑门关。当时萧嶷任荆州刺史，都督梁、益八州诸军事，故可遥相指挥。［49］崔慧景：字君山，南齐名将。传见《南齐书》卷五十一。白马也称白马戍，当时的军事据点名，在今陕西勉县西北。［50］覆背击：意即前后夹击。白马戍在剑阁的东北方，两地相隔不远。覆，同"腹"。胡三省曰："覆，当作'腹'。"［51］走保武兴：逃到武兴固守。武兴，古军事据点名，在今陕西略阳县，当时属北魏。［52］族人：同宗的人，同一家族的人。［53］辛亥：七月十七日。［54］戊午：七月二十四。［55］穆妃裴氏：太子萧赜之妃裴氏，死后谥号穆。《谥法解》曰："布德执义曰'穆'，中情见貌曰'穆'。"［56］西州：西州城，旧址在今江苏南京市的西部。［57］角城：古城名，在今江苏淮安市淮阴区西。［58］丁酉：南齐八月乙丑朔，无"丁酉"，此当指九月"丁酉"，为九月四日。因此，此段宜应置于下文"九月甲午朔"之后。［59］出朐（xù）城：意即向着朐城进发。朐城，古城名，在今江苏连云港海州区西南的锦屏山侧，当时属于南齐。下四句的"出"字与此句意同。［60］海西：古县名，县治在今江苏东海县南，当时属南齐。［61］连口：古县名，在今江苏涟水县，当时为北东海郡的郡治所在地，当时属南齐。［62］下蔡：古县名，县治在今安徽凤阳县东南。［63］甲辰：南朝历九月十一日。［64］戊申：南朝历九月十五日。［65］武州山：古山名，在当时的北魏都城平城西北，在今之所谓"云冈石窟"，其地有许多佛教的石窟雕塑。［66］庚戌：南朝历九月十七。以上三条所记之事，应移入下文的"九月甲午朔"之后。［67］裴叔保：南齐名将裴叔业哥哥之兄。

九月，甲午朔[1]，日有食之。

丙午[2]，柔然遣使来聘。

汝南太守常元真、龙骧将军胡青苟[3]降于魏。

闰月，辛巳[4]，遣领军李安民循行清、泗诸戍[5]以备魏。

魏梁郡王嘉帅众十万围朐山[6]，朐山戍主玄元度婴城固守，青、冀二州刺史范阳卢绍之[7]遣子奂将兵助之。庚寅[8]，元度大破魏师。台遣军主崔灵建等将万余人自淮入海，夜至，各举两炬；魏师望见，遁去。

冬，十月，王俭固请解选职[9]，许之；加俭侍中，以太子詹事何戢[10]领选。上以戢资重[11]，欲加常侍，褚渊曰："圣旨每以蝉冕[12]不宜过多。臣与王俭既已左珥[13]，若复加戢，则八座遂有三貂[14]，若帖以骁、游[15]，亦为不少[16]。"乃以戢为吏部尚书，加骁骑将军。

甲辰[17]，以沙州刺史杨广香为西秦州[18]刺史，又以其子炅为武都太守[19]。

丁未[20]，魏以昌黎王冯熙为西道都督，与征南将军桓诞出义阳[21]，镇南将军贺罗出钟离，同入寇。

淮北四州[22]民不乐属魏，常思归江南[23]，上多遣间谍诱之。于是，徐州民桓标之、兖州民徐猛子等所在蜂起[24]为寇盗，聚众保五固[25]，推司马朗之[26]为主。魏遣淮阳王尉元[27]、平南将军薛虎子等讨之。

十一月，戊寅[28]，丹阳尹王僧虔上言："郡县狱相承有上汤杀囚[29]，名为救疾[30]，实行冤暴[31]。岂有死生大命[32]，而潜制下邑[33]！愚谓囚病必先刺郡[34]，求职司与医对共诊验[35]，远县家人省视[36]，然后处治[37]。"上从之。

戊子[38]，以杨难当之孙后起[39]为北秦州刺史、武都王，镇武兴。

十二月，戊戌[40]，以司空褚渊为司徒[41]。渊入朝，以腰扇障日[42]，征虏功曹刘祥[43]从侧过，曰："作如此举止[44]，羞面见人，扇障何益！"渊曰："寒士不逊[45]！"祥曰："不能杀袁、刘[46]，安得免寒士[47]！"祥，穆之之孙也。祥好文学，而性韵刚疏[48]，撰《宋书》[49]，讥斥禅代[50]；王俭密以闻，坐徙广州[51]而卒。

太子宴朝臣于玄圃[52]，右卫率沈文季[53]与褚渊语相失[54]，文季怒曰："渊自谓忠臣，不知死之日何面目见宋明帝[55]！"太子笑曰："沈率[56]醉矣。"

壬子[57]，以豫章王嶷为中书监、司空、扬州刺史，以临川王映为都督荆、雍等九州诸军事、荆州刺史。

是岁，魏尚书令王睿进爵中山王[58]，加镇东大将军；置王官[59]二十二人，以中书侍郎郑羲为傅[60]，郎中令[61]以下皆当时名士。又拜睿妻丁氏为妃[62]。

（以上为第九段，写南齐高帝萧道成派军救援朐山，北魏军望风而逃；褚渊曾三让司徒，卖身投靠萧道成，受到讥评，刘祥、沈文季等人极尽嘲讽，褚渊无地自容。）

【注释】

[1]甲午朔：九月一日。 [2]丙午：九月十三日。 [3]龙骧将军：古将军名号，为杂号将军。胡青苟：南齐时人，为龙骧将军，后投降北魏。 [4]闰月，辛巳：闰九月十八日。 [5]循行清泗诸戍：巡视泗水流域的南齐的各军事据点。清泗，即指泗水，自山东境内流来，经徐州东南流，至淮阴附近入淮河。 [6]朐（xù）山：南齐的军事据点名，在今江苏连云港市海州区西南。[7]青、冀二州：南齐的侨置郡，州治在今江苏连云港市海州区，二州同设一个刺史。卢绍之：字子绪，范阳人，南齐青、冀二州刺史，时北魏遣军十万攻围朐山，他遣子奂领兵援助，又运粮、柴供给朐山守军。北魏兵败，让功不受赏，迁黄门郎，官至光禄大夫。[8]庚寅：闰九月二十七日。[9]选职：指吏部尚书的职务。 [10]太子詹事：古官名，为太子管理家务。何戢（jí）：字慧景，司空何尚之之孙、金紫光禄大夫何偃之子，山阴公主刘楚玉丈夫，刘宋外戚大臣。南齐建立后，历任吏部尚书、吴兴太守。传见《南齐书》卷三十二。 [11]资重：资历高。 [12]蝉冕：饰有金蝉的帽子，这里代指宫廷的内侍人员，因汉代的侍从官员多以貂尾金蝉为饰物，故云。 [13]左珥（ěr）：帽子左侧插着金蝉貂尾。当时褚渊任左散骑，王俭任侍中，故有此饰。珥，插。 [14]八座：朝廷的八个执政官员，指一个尚书令，两个尚书仆射，再有其下的五个尚书（祠部、吏部、左民、度支、五兵）。三貂：八座中有三个人饰有金蝉貂尾。 [15]帖以骁（xiāo）、游：给他来一个骁骑将军或游击将军的加官。骁骑将军、游击将军都是当时禁军的六个将领之一。胡三省引沈约曰："骁骑将军、游击将军，并汉杂号将军也，魏置为中军。及晋，以领、护、左右卫、骁、游为六军。"帖，附，加。 [16]亦为不少：他的官也就不小了。少，同"小"。 [17]甲辰：十月十二日。 [18]沙州：古州名，在今青海贵德县、贵南县一带。州治在今甘肃敦煌市。杨广香为西秦州：西秦州，即指当时的武都、仇池一带地区，在今甘肃的东南部，当时根本不属南齐，即以杨广香活动的地区封之而已。 [19]炅：即杨炅（jiǒng），仇池氐族人，杨广香之子，阴平国第二任国君，传见《南齐书》卷五十九。武都：古郡名，郡治雍县，在今陕西宝鸡市东北，当时属北魏。[20]丁未：十月十五日。 [21]出义阳：向着义阳郡。义阳郡治在今河南信阳市，当时属于南齐。

下句“出”字的意思相同。［22］淮北四州：指刘宋明帝泰始三年随薛安都等落入北魏的淮北四州，即青州、冀州、徐州、兖州。［23］思归江南：希望回归到长江以南的南齐朝廷。［24］桓标之（？—481）、徐猛子：刘宋时人，分别为徐州、兖州民众首领，当时属北魏，起兵反叛，后被杀。所在蜂起：到处纷纷起义。［25］保五固：以五固城为依据，坚持反魏。五固，古城名，在今山东滕州市东北。保，依托，据守。［26］司马朗之：刘宋时人，徐州、兖州一带民众反叛北魏，推举其为首领。［27］淮阳王尉元：本姓尉迟，字苟仁，中山太守尉目斤之子，北魏拓跋焘以来的名将，封淮阳郡王。传见《魏书》卷五十。［28］戊寅：十一月十六日。［29］相承有上汤杀囚：从以往延续下来一种用蒸笼蒸死犯人的做法。上汤，这里即指蒸。胡三省曰：“囚囚有时行瘟疫宜汗，遂上汤以蒸杀之。”［30］救疾：给病囚治病。［31］实行冤暴：实际上干的是一种残暴、冤枉杀人的事。［32］死生大命：生死攸关的重大问题。［33］潜制下邑：被不声不响地掌握在下层小吏手中。下邑，小城镇，指基层。［34］囚病必先刺郡：县里的囚犯有病，必须向郡里报告。刺，报告，说明。胡三省曰：“书病囚之姓名而白之。”［35］职司与医对共诊验：上级政府主管该项事务的官吏。与医生共同检查诊断。［36］远县家人省视：远离郡城的县囚，不能等上级职司前来检验的，可让囚犯的家人到县里看视。［37］处治：开方治病。［38］戊子：十一月二十六日。［39］后起：即杨后起，后仇池国第五任国主杨难当的孙子，被南齐任命为第二任武兴王。传见《宋书》卷九十八。按：南齐王朝之所以立杨后起为武都王，无非是想让他与另一支氐族势力杨文弘相对应，以图收渔人之利。［40］戊戌：十二月七日。［41］以司空褚渊为司徒：这是萧道成第三次任褚渊为司徒。［42］以腰扇障日：用折叠扇遮蔽日光。腰扇，胡三省曰：“佩之于腰，今谓之折叠扇。”［43］征虏功曹：古官名，征虏将军的高级僚属，主管人事。刘祥：字显征，东莞莒人，是刘裕元勋刘穆之的曾孙，对萧道成禅代不满，故愤世嫉俗，嬉笑怒骂。此时任征虏将军萧晔的功曹。传见《南齐书》卷三十六。［44］作如此举止：做出这种猪狗不如的举动，指出卖刘宋以求萧氏的恩宠。［45］寒士不逊：下等人说话没礼貌。不逊，不客气，不礼貌。［46］不能杀袁、刘：我既然不能杀害袁粲、刘秉。刘禅以此语嘲讽褚渊为虎作伥杀害袁粲、刘秉。［47］安得免寒士：怎么能摘去这个寒士的帽子呢？［48］性韵刚疏：性格刚直，不拘礼节。韵，气质，风度。［49］撰《宋书》：刘祥的《宋书》今已不存。［50］讥斥禅代：讥斥，嘲讽，斥责。禅位，替代，即把帝王传位给另一个族姓的人。［51］坐徙广州：因某事犯罪流放到广州。胡三省曰：“刘穆之，宋朝佐命元臣，祥以是得罪于齐，可谓无忝其祖矣。”［52］玄圃（pǔ）：园林名，此指东宫的玄圃。［53］右卫率沈文季：即太子右卫率，古官名，宿卫东宫，是禁军的六个将领之一。沈文季，字仲达，刘宋名将沈庆之之子，南齐大臣。为侍中，领秘书监，加太子詹事、右卫率。以文雅正直著称，后被杀。传见《南齐书》卷四十四。［54］语相失：说话发生口角。［55］何面目见宋明帝：褚渊本是明帝刘彧的托孤大臣，而褚渊后来竟杀掉刘彧之子以送政权给萧道成，故沈文季以此语塞褚渊。胡三省曰：“史言褚渊失节，人得以面斥之。”［56］沈率：即沈文季，为太子右卫率。［57］壬子：十二月二十一日。［58］王睿：字洛诚，北魏宠臣。得到冯太后宠信，任吏部尚书，赐爵太原公，晋位中山郡王。传见《魏书》卷九十三。［59］王官：中山王王睿的僚属。［60］中书侍郎：古官名，中书省副职，参与朝政。郑羲：字幼麟，荥阳开封（今河南开封市）人，名士郑晔之子，北魏有才智之臣。传见《魏书》卷五十六。为傅，为中山王王睿的太傅，其职略同于诸侯的丞相。［61］郎中令：中山王王睿属下的郎中令，主管王府的治安保卫诸事宜。［62］拜睿妻丁氏为妃：意即将王睿的妻子封为王妃。

三年（辛酉，481年）

春，正月，封皇子锋为江夏王[1]。

魏人寇淮阳[2]，围军主成买于角城[3]，上遣领军将军李安民为都督，与军主周盘龙[4]等救之。魏人缘淮大掠，江北民皆惊走渡江，成买力战而死。盘龙之子奉叔以二百人陷陈[5]深入，魏以万余骑张左右翼围之。或告盘龙云"奉叔已没[6]"，盘龙驰马奋矟[7]，直突魏陈[8]，所向披靡[9]。奉叔已出，复入求盘龙。父子两骑萦扰[10]，魏数万之众莫敢当者；魏师遂败，杀伤[11]万计。魏师退，李安民等引兵追之，战于孙溪渚[12]，又破之。

己卯[13]，魏主南巡，司空苟颓[14]留守；丁亥[15]，魏主至中山[16]。

二月，辛卯朔[17]，魏大赦。

丁酉[18]，游击将军桓康[19]复败魏师于淮阳，进攻樊谐城[20]，拔之。

魏主自中山如信都[21]；癸卯[22]，复如中山；庚戌[23]，还，至肆州[24]。

沙门法秀[25]以妖术惑众，谋作乱于平城；苟颓帅禁兵收掩[26]，悉擒之。魏主还平城，有司囚法秀，加以笼头[27]，铁锁无故自解。魏人穿其颈骨，祝之曰[28]："若果有神，当令穿肉不入。"遂穿以徇[29]，三日乃死。议者或欲尽杀道人[30]，冯太后不可，乃止。

垣崇祖之败魏师也，恐魏复寇淮北，乃徙下蔡戍[31]于淮东。既而魏师果至，欲攻下蔡；闻其内徙，欲夷[32]其故城。己酉[33]，崇祖引兵渡淮击魏，大破之，杀获千计。

晋、宋之际，荆州刺史多不领南蛮校尉[34]，别以重人[35]居之。豫章王嶷为荆、湘二州刺史，领南蛮[36]。嶷罢[37]，更以侍中王奂[38]为之，奂固辞，曰："西土戎烬[39]之后，痍毁难复[40]。今复割撤太府[41]，制置偏校[42]，崇望不足助强[43]，语实交能相弊[44]。且资力既分[45]，职司增广[46]，众劳务倍[47]，文案滋烦[48]，窃以为国计非允[49]。"癸丑[50]，罢南蛮校尉官[51]。

三月，辛酉朔[52]，魏主如肆州；己巳[53]，还平城。

魏法秀之乱，事连兰台御史张求[54]等百余人，皆以反法当族[55]。尚书令王睿请诛首恶，宥其余党[56]。乃诏："应诛五族[57]者，降为三族[58]；三族者，门诛[59]；门诛，止其身。"所免千余人。

夏，四月，己亥[60]，魏主如方山。冯太后乐其山川，曰："他日必葬我于是，不必祔山陵[61]也。"乃为太后作寿陵[62]，又建永固石室于山上，欲以为庙。

桓标之等有众数万，寨险[63]求援。庚子[64]，诏李安民督诸将往迎之，又使兖州刺史周山图[65]自淮入清，倍道应接[66]。淮北民桓磊磈破魏师于抱犊固[67]。李安民赴救迟留[68]，标之等皆为魏所灭，余众得南归者尚数千家；魏人亦掠三万余口归平城。

魏任城康王云[69]卒。

五月，壬戌[70]，邓至王像舒[71]遣使入贡于魏。邓至[72]者，羌之别种[73]，国于宕昌[74]之南。

（以上为第十段，写南齐名将周盘龙父子英勇无双，冲入敌阵如入无人之境，打败数万敌军；淮北民反抗北魏统治，因救助迟缓，全军覆没；南齐撤销南蛮校尉建制。）

【注释】

[1]皇子锋：即萧锋，字宣颖，齐高帝萧道成第十二子，武帝萧赜之弟，受封江夏郡王。后被权臣萧鸾杀害。传见《南齐书》卷三十五。 [2]淮阳：南齐县名，在当时淮阴城的西北方，地处淮水北岸。当时的淮阴是南齐北兖州的州治所在地，也是南齐北部边防的军事要地。 [3]成买于角城：南齐淮阳县守军的头领，被北魏军围困，战死。角城，古地名，靠近南齐的淮阳县，是重要的防守据点。角，原文作"甬"，据胡注改。 [4]周盘龙：南齐名将。传见《南齐书》卷二十九。[5]陷陈：攻入敌阵。陈，同"阵"。 [6]已没：已经战死于敌阵之中。 [7]奋矟（shuò）：挺

起长矛。稍，同“槊”，古兵器名，长矛。［8］突：突进，冲入。魏陈：即北魏军队的战阵。［9］所向披靡（mǐ）：指力量所到之处，一切障碍全被扫除。披靡，草木倒伏的样子。［10］萦扰：这里指杀出杀入，往返盘桓。［11］杀伤：杀死与杀伤者。［12］孙溪渚：古地名。在今江苏睢宁县北。胡三省曰：“在淮阳之北，清水之滨。”［13］己卯：正月十八日。［14］苟颓：本姓若干，鲜卑族，内行长苟洛跋之子，北魏将领。清廉正直，武力过人。官至征北大将军、司空，进封河东王。传见《魏书》卷四十四。［15］丁亥：正月二十六日。［16］中山：北魏郡名，郡治在今河北定州市。［17］辛卯朔：二月一日。辛卯，原文作“丁卯”，据章校改。［18］丁酉：二月七日。［19］桓康：刘宋末年的猛将。对萧赜有救命之恩，萧赜在赣县，为郡狱所系，他率门客破狱救出，为萧道成的心腹之一，授冠军府参军。齐国建立，封吴平县伯，迁冠军将军，率兵北伐，攻占樊谐城，迁青、冀二州刺史。后病逝。传见《南齐书》卷三十。［20］樊谐城：古城名，在当时的角城西北方，今江苏宿迁市西北。［21］信都：北魏郡名，郡治在今河北衡水市冀州区。［22］癸卯：二月十三日。［23］庚戌：二月二十日。［24］肆州：北魏州名，州治在今山西忻州市西北。［25］法秀：北魏和尚。与兰台御史张求等反于平城，寻为征北大将军苟颓所杀。［26］收掩：趁其不备而拘捕之。掩，袭捕。［27］加以笼头：用一个竹笼套在他的头上，并用铁锁锁住竹笼。［28］祝之曰：替他向神祷告说。［29］遂穿以徇（xùn）：就用铁丝缠住他的脖子，押着他游行示众。徇，游行示众。［30］尽杀道人：杀光所有的和尚。［31］下蔡戍：下蔡城的军事据点。当时的下蔡城在今安徽寿县西北，凤台的南侧，在淮水的西岸。［32］夷：铲平。［33］己酉：二月十九日。［34］不领南蛮校尉：不兼任南蛮校尉的职务。南蛮校尉，古官名，负责南方各少数民族事务的官员。领，兼任。［35］别以重人居之：另派有名望的人物充任，但通常由荆州刺史统辖。［36］领南蛮：开始兼任南蛮校尉。［37］嶷罢：萧嶷离开荆州刺史之任。［38］王奂（huàn）：字彦孙，特进光禄大夫王僧朗之孙，黄门郎王粹之子，刘宋、南齐大臣。传见《南齐书》卷四十九。［39］戎烬：遭受战火破坏，指沈攸之据荆州作乱。［40］痍（yí）毁难复：创伤还难以恢复。［41］割撤太府：指将南蛮校尉的责任从荆州刺史的管转中分离出来。太府，也作“大府”，这里指荆州刺史府。［42］制置偏校：安排一个校尉官来管理南蛮事务。［43］崇望不足助强：荆州刺史的崇高威望再也不能使南蛮校尉的权威增强。［44］语实交能相弊：在实际上又可能造成两个权力机构的相互削弱。语实，委实，实在是。［45］资力既分：南蛮校尉府既然从刺史府分出。资力，资产劳力，指办事人员。［46］职司增广：办事的部门增多。［47］众劳务倍：需要花费的劳动就会成倍地增长。［48］文案滋烦：文书档案就会日益繁多。［49］国计非允：对于治理国家而言，不是一件很好的事情。允，合适，恰当。［50］癸丑：二月二十三日。［51］罢南蛮校尉官：胡三省曰：“晋武帝置南蛮校尉，至是罢。”［52］辛酉朔：三月一日。［53］己巳：三月九日。［54］兰台御史张求：御史府的长官，古代执掌监察的官员。兰台，汉朝时，皇宫内建有藏书的石室，作为中央档案典籍库，称为兰台，由御史中丞管辖，置兰台令史，史官在此修史。后人从此引申，宫廷内的典籍收藏府库、御史台和史官，都曾被称为兰台。此指御史府，其主官为御史中丞，主管弹劾百官。张求，北魏官员，为兰台御史，参与沙门法秀谋反，被诛杀。［55］反法当族：造反被族诛。［56］宥（yòu）：宽赦。［57］五族：不能确指，意为扩大刑罚，以示罪行之重，惩罚之重。［58］三族：父族、母族、妻族。［59］门诛：只杀其一家老小。［60］己亥：四月十日。［61］不必祔（fù）山陵：不用合葬到先辈的陵园中去。祔，合葬。［62］寿陵：生前预筑的陵墓。［63］寨险：结寨驻扎于险固之地。寨，用作动词，驻扎。［64］庚子：四月十一日。［65］周山图：字季寂，刘宋、南齐名将。传见《南齐书》卷二十九。［66］倍道应接：日夜兼程地与之呼应，前往迎接。［67］抱犊固：古地名，即抱犊岗，在今山东枣庄市东北。［68］迟留：迟缓，逗留。［69］任城康王：指拓跋云封为任城王，谥号康王。传见《魏书》卷十九中。［70］壬戌：五月三日。［71］邓至王：封地邓至，在今四川九寨沟一带，取名于曹魏的邓艾曾经至此。像舒：人名，南齐邓至的羌族的部落首领。［72］邓至：应为增一"羌"字读，指生活在邓至县的羌族，建立了王国。［73］羌（qiāng）之别种：羌人中的一支。原住地以今青海为中心，南至四川，北接新疆的一带地区，东汉时移居今甘肃一带，东晋时建立后秦政权（384—417）。别种，羌人的另一分支。［74］宕昌：古郡名，郡治在今甘肃宕昌县。

六月，壬子［1］，大赦［2］。

甲辰［3］，魏中山宣王［4］王睿卒。睿疾病，太皇太后、魏主屡至其家视疾。及卒，赠太宰，立庙于平城南。文士为睿作哀诗及诔［5］者百余人，及葬，自称亲姻、义旧，衰绖［6］哭送者千余人。魏主以睿子中散大夫袭［7］代睿为尚书令，领吏部曹［8］。

戊午［9］，魏封皇叔简为齐郡王［10］，猛为安丰王［11］。

秋，七月，己未朔［12］，日有食之。

上使后军参军车僧朗使于魏。甲子［13］，僧朗至平城。魏主问曰："齐辅宋日浅，何故遽登大位［14］？"对曰："虞、夏登庸［15］，身陟元后［16］，魏、晋匡辅［17］，贻厥子孙［18］，时宜各异［19］耳。"

辛酉［20］，柔然别帅他稽帅众降魏。

杨文弘遣使请降，诏复以为北秦州［21］刺史。先是，杨广香卒，其众半奔文弘，半奔梁州［22］。文弘遣杨后起进据白水［23］。上虽授以官爵，而阴敕晋寿太守杨公则使伺便图之［24］。

宋升明［25］中，遣使者殷灵诞、苟昭先如魏，闻上受禅［26］，灵诞谓魏典客［27］曰："宋、魏通好，忧患是同［28］。宋今灭亡，魏不相救，何用和亲[29]！”及刘昶入寇，灵诞请为昶司马，不许[30]。九月，庚午[31]，魏阅武于南郊，因宴群臣；置车僧朗于灵诞下，僧朗不肯就席，曰：“灵诞昔为宋使，今为齐民。乞魏主以礼见处[32]。”灵诞遂与相忿詈[33]。刘昶赂宋降人解奉君[34]于会刺杀僧朗，魏人收[35]奉君，诛之；厚送僧朗之丧，放灵诞等南归。及世祖即位[36]，昭先具以灵诞之语启闻[37]，灵诞坐下狱死。

辛未[38]，柔然主遣使来聘，与上书[39]，谓上为“足下”[40]，自称曰“吾”，遗上师子皮裤褶[41]，约共伐魏。

魏尉元、薛虎子克五固，斩司马朗之，东南诸州[42]皆平。尉元入为侍中、都曹尚书[43]，薛虎子为彭城镇将[44]，迁徐州刺史。时州镇戍兵[45]，资绢自随[46]，不入公库[47]。虎子上表，以为：“国家欲取江东[48]，先须积谷彭城。切惟在镇之兵[49]，不减数万[50]，资粮之绢[51]，人十二匹；用度无准，未及代下[52]，不免饥寒，公私损费[53]。今徐州良田十万余顷[54]，水陆肥沃[55]，清、汴通流[56]，足以溉灌。若以兵绢市牛[57]，可得万头，兴置屯田[58]，一岁之中，且给官食[59]。半兵芸殖[60]，余兵屯戍[61]，且耕且守，不妨捍边[62]。一年之收，过于十倍之绢；暂时之耕[63]，足充数载之食。于后兵资皆贮公库[64]，五稔[65]之后，谷帛俱溢[66]，非直[67]戍卒丰饱，亦有吞敌之势[68]。”魏人从之。虎子为政有惠爱[69]，兵民怀之[70]。会沛郡太守邵安、下邳太守张攀以赃污为虎子所按[71]，各遣子上书，告虎子与江南通[72]，魏主曰：“虎子必不然。”推按[73]，果虚，诏安、攀皆赐死，二子各鞭一百。

吐谷浑王拾寅[74]卒，世子度易侯[75]立。冬，十月，戊子朔[76]，以度易侯为西秦、河二州刺史，河南王[77]。

魏中书令高闾[78]等更定新律成，凡八百三十二章；门房之诛十有六[79]，大辟[80]二百三十五，杂刑三百七十七。

初，高昌王阚伯周[81]卒，子义成[82]立；是岁，其从兄首归[83]杀义成自立。高车王可至罗[84]杀首归兄弟，以敦煌张明[85]为高昌王，国人杀明，立马儒[86]为王。

（以上为第十一段，写北魏杨文弘派使者前来南齐请求归降；柔然派使者前来通好，相约共伐北魏；北魏重新制定律令；高昌国王位更迭，阚氏被高车王所灭。）

【注释】

［1］壬子：六月二十四日。［2］大赦：本句的主语是南齐朝廷。［3］甲辰：六月十六日。［4］中山宣王：中山王，是王睿的封号；宣，是谥号。［5］诔（lěi）：古文体名，主要内容是记载死者生平事迹，为死者歌功颂德。［6］衰（cuī）绖（dié）：指穿丧服。古代服丧者的两种装束。用麻绳或白布带子系于腰间叫“衰”；用白布条系在头上叫“绖”。［7］袭：中山王王睿长子王袭，字元孙，北魏中散大夫，为尚书令，领吏部曹。传见《魏书》卷九十三。［8］领吏部曹：兼任吏部尚书。［9］戊午：六月三十日。［10］皇叔简：即拓跋简，文成帝拓跋濬第四子，封为齐郡王。［11］猛：即拓跋猛，文成帝拓跋濬第六子，封安丰王。按，拓跋简、拓跋猛，北魏孝文帝之叔，两人传见《魏书》卷二十。［12］己未朔：七月一日。［13］甲子：七月六日。［14］遽（jù）登大位：这么快就做了皇帝。遽，疾速，快捷。［15］虞、夏登庸：虞舜与夏禹接受禅让。登庸，因有功而被提拔，这里即登上帝位。［16］身陟（zhì）元后：都是本人当了帝王。陟，登，升。元后，即帝王。［17］魏、晋匡辅：曹操、司马昭长期当宰相，到死也没做皇帝。匡辅，匡正，辅助。［18］贻（yí）厥（jué）子孙：把禅位的事情留给他们的后代子孙来做。贻，遗留，留给。厥，他的。［19］时宜各异：各有各的时势所宜。［20］辛酉：七月三日。［21］北秦州：古州名，州治在今甘肃成县西北。［22］半奔梁州：一半人投奔了南齐的梁州刺史。梁州的州治在今陕西汉中市。［23］白水：古郡名，郡治在今四川北部青川东北的白水岸边。［24］“阴敕（chì）晋寿”句：阴敕，暗中指使。敕，敕令，命令。晋寿，南齐郡名，郡治在今四川剑阁县东北。杨公则，字君翼，南齐、南梁将领。传见《南史》卷五十五。伺便图之，寻找时机将其灭掉。［25］升明：刘宋顺帝刘准的年号。［26］受禅：王朝更迭，新皇帝承受旧帝让给的帝位。［27］典客：古官名，掌管接待宾客的朝官名。［28］忧患是同：意即共患难，有难同当。［29］和亲：指两国彼此友好亲善。［30］不许：北魏主没有答应。［31］庚午：九月十三日。［32］乞魏主以礼见处：请求北魏应该按应有的礼节接待我。［33］相忿詈（lì）：相互怒骂。詈，骂。［34］解奉君：原为刘宋官员，后投降北魏。［35］收：拘捕。［36］世祖即位：南齐武帝萧赜继其父位为帝。事在武帝永明元年（483）。［37］启闻：报告了南齐武帝萧赜。［38］辛未：九月十四日。［39］与上书：给萧道成写信。［40］谓上为“足下”：称萧道成为“足下”，这是一种相互平等的称呼。［41］遗上师子皮裤褶（zhě）：送给萧道成用狮子皮制作的一种骑马的服装。师，同“狮”。褶，夹袄。［42］东南诸州：即前文所说的淮北四州，青州、冀州、徐州、兖州，都在北魏国的东南方。［43］都曹尚书：北魏官名，约同于南朝的尚书令，位同丞相。［44］彭城镇将：彭城军镇的最高军事长官。彭城，在今江苏徐州市。［45］州镇戍兵：各州府、各军镇的驻兵。戍，戍守，镇守。［46］资绢自随：当钱用的绢帛都自己随身保管。当时，绢帛当做货币使用。［47］不入公库：不放到公共的仓库里去。［48］欲取江东：想消灭建都于江东的南齐。［49］切

惟在镇之兵：而且光是在徐州一个军镇的驻军。切惟，犹窃惟，私下考虑，表示个人的想法，谦辞。［50］不减数万：就不能少于好几万。［51］资粮之绢：购买粮食用的绢帛。［52］未及代下：等不到换防的时间，钱帛就已经花光了。［53］公私损费：公家与私人的花费都不够用。［54］顷：市制地积单位，十顷为一百亩。［55］水陆肥沃：水田旱田都很肥沃。［56］清、汴（biàn）通流：清、汴二水的流量很大。当时的清水、汴水都从徐州地区流过。汴水，即秦汉时代的鸿沟，自河南古荥镇北的黄河引水东流，至今开封东南折，又经徐州一带南流入淮水。古称今徐州到淮阴的一段曰“汴水”。［57］以兵绢市牛：用驻军手中的绢帛购买耕牛。［58］兴置屯田：在徐州一带开展屯田。兴置，兴办，开展。［59］且给官食：并且可以解决官兵的粮食供应。给，满足供应。［60］半兵芸殖：派出一半的士兵进行农业劳动。芸，同“耘”，耕种。殖，同“植”，种植。［61］余兵屯戍：其余一半的士兵负责边防守卫。［62］不妨捍边：不会妨碍守边的任务。［63］暂时之耕：短时间的农业劳动。［64］于后兵资皆贮公库：往后，士兵私人用以购物的绢帛都要储存在官库中。［65］五稔（rěn）：五年。稔，庄稼成熟，收成。［66］谷帛俱溢：粮食与绢帛就都堆满仓库了。［67］非直：不仅，不只是。［68］吞敌之势：为消灭南朝之敌创造了条件。［69］有惠爱：对当地兵民有惠政，受到他们的爱戴。［70］怀之：都记着他的好处。［71］所按：所查处。［72］与江南通：与南齐政权相勾结。通，通情报，通敌。［73］推按：审问，调查。［74］拾寅：慕容拾寅，吐谷浑第十二任国主。传见《魏书》卷一百一。［75］度易侯：慕容氏，河南王拾寅之子，承袭河南王担任首领，为吐谷浑第十三任国王主。传见《南齐书》卷五十九。［76］戊子朔：十月一日。［77］以度易侯为西秦、河二州刺史，河南王：此句的主语为南齐王朝。西秦、河，古二州名，西秦州的州治在今甘肃天水市，河州的州治枹罕，在今甘肃临夏县东北。二郡当时皆属北魏。［78］高闾：本名高驴，字阎士，幽州刺史高洪之子，北魏儒臣。一生经历六朝。传见《魏书》卷五十四。［79］门房之诛十有六：灭门之罪共有十六条。［80］大辟：死刑罪。［81］高昌：古西域国名，都城高昌，在今新疆吐鲁番市城东，今其古城堡尚巍然耸立。事见《魏书》卷一百一。［82］义成：即阚义成，高昌国开国主阚伯周之子，阚氏高昌第二代国主。事见《魏书》卷一百一。［83］首归：即阚首归，阚伯周之子，为阚氏高昌末代君主。曾将胜兵由五百扩至千人，又设门下校郎、中兵校郎、通书舍人、通事令吏于各镇佐以军政事务，以蒸熟之土修整高昌城，遗址尚存。后被高车王可至罗所杀。事见《魏书》卷一百一。［84］高车王可至罗：古代西北方的游牧民族名，也叫敕勒，其活动地区约在今蒙古国北部与俄罗斯相邻的一带地区。至罗，即阿伏至罗，姓副伏罗氏，高车族副伏罗部落首领。起初臣服柔然，拥有十万部众。后柔然侵犯北魏，阿伏至罗在劝阻无果的情况下，率众西走至车师前部西北，自立为高车国王，号候娄匐勒。屡次击败柔然追兵，迫使柔然率众东迁。后性情残暴，被杀死。传见《魏书》卷一百三。［85］张明：也作“张孟明”，曾为高昌国国主。阚氏高车王国建立的第二年，高车王阿伏至罗率部杀害了阚首归，敦煌人张孟明被其立为高昌王。高昌王国的人民对高车扶植的张孟明十分不满，将其杀害。传见《魏书》卷一百一。［86］马儒：古代高昌国国主。继张孟明为国人拥立为王。以巩顾礼、麴嘉为左右长史。曾遣使奉表朝贡北魏，请求举国内附，请师迎接。北魏遣韩安保率骑千余赴之，割伊吾五百里使居。高昌旧人不愿东迁，乃相与杀马儒而立麴嘉为王。传事见《魏书》卷一百一。

四年（壬戌，482 年）

春，正月，壬戌[1]，诏置学生[2]二百人，以中书令张绪为国子祭酒[3]。

甲戌[4]，魏大赦。

三月，庚申[5]，上召司徒褚渊、尚书左仆射王俭受遗诏[6]辅太子；壬戌[7]，殂[8]于临光殿。太子即位，大赦。

高帝沉深有大量[9]，博学能文。性清俭，主衣中有玉导[10]，上敕中书[11]曰："留此正是兴长病源[12]！"即命击碎；仍检按[13]有何异物，皆随此例。每曰："使我治天下十年，当使黄金与土同价。"

乙丑[14]，以褚渊录尚书事[15]，王俭为侍中、尚书令，车骑将军张敬儿开府仪同三司。丁卯[16]，以前将军王奂为尚书左仆射。庚午[17]，以豫章王嶷为太尉。

庚辰[18]，魏主临虎圈，诏曰："虎狼猛暴，取捕之日，每多伤害；既无所益，损费良多，从今勿复捕贡[19]。"

夏，四月，庚寅[20]，上大行谥[21]曰"高皇帝"，庙号太祖。丙午[22]，葬泰安陵[23]。

辛卯[24]，追尊穆妃为皇后。六月，甲申朔[25]，立南郡王长懋为皇太子。丙申[26]，立太子妃王氏[27]。妃，琅邪[28]人也。封皇子闻喜公子良为竟陵王，临汝公子卿为庐陵王，应城公子敬为安陆王，江陵公子懋为晋安王，枝江公子隆为随郡王，子真为建安王，皇孙昭业为南郡王[29]。

司徒褚渊寝疾[30]，自表逊位[31]，世祖[32]不许。渊固请恳切，癸卯[33]，以渊为司空，领骠骑将军，侍中、录尚书如故。

秋，七月，魏发州郡五万人治灵丘道[34]。

吏部尚书济阳江谧[35]，性谄躁[36]，太祖殂，谧恨不豫顾命[37]；上即位[38]，谧又不迁官[39]，以此怨望、诽谤[40]。会上不豫[41]，谧诣豫章王嶷请间[42]，曰："至尊非起疾[43]，东宫又非才[44]，公今欲作何计[45]？"上知之，使御史中丞沈冲[46]奏谧前后罪恶，庚寅[47]，赐谧死。

癸卯[48]，南康文简公[49]褚渊卒，世子侍中贲[50]耻其父失节[51]，服除[52]，遂不仕[53]，以爵让其弟蓁[54]，屏居墓下[55]终身。

（以上为第十二段，写南齐高帝萧道成去世，遗命褚渊、王俭为顾命大臣，太子萧赜即帝位；司徒褚渊也一病不起，其子褚贲以其失节为耻，守孝后终身隐居不仕。）

【注释】

[1]壬戌：正月七日。[2]学生：太学的生员。[3]国子祭酒：古官名，古代主管国子监或太学的教育行政长官。国子，即国子学，古代教育管理机关和最高学府。[4]甲戌：正月十九日。[5]庚申：三月六日。[6]遗诏：皇帝临终时所发的诏书。[7]壬戌：三月八日。[8]殂（cú）：死。[9]高帝：一般为开国之主的谥号，此指萧道成。沉深：即深沉，深藏不露。大量：大度，气量大。[10]主衣：也叫"尚衣"，古官名，也是储存物品的库室名，为皇帝保管服饰器玩等物品。玉导：冠簪之类，用以引发入冠之内。[11]中书：此指中书省的官员。[12]兴长病源：意思是让人一点一点地变坏，越来越追求侈靡玩乐。病源，产生缺点、毛病的根源。[13]仍按检：接着又让清点、检查。仍，同"乃"，于是，接着。[14]乙丑：三月十一日。[15]录尚书事：兼管尚书省的事务。录，总管，兼管。[16]丁卯：三月十二日。[17]庚午：三月十六日。[18]庚辰：三月二十六日。[19]捕贡：猎捕，进贡。[20]庚寅：四月六日。[21]上大行谥：给萧道成追加谥号。上，敬加。大行，以称刚死还没有出殡的皇帝，即萧道成。[22]丙午：四月二十二日。[23]泰安陵：南齐高帝萧道成的陵墓名，在今江苏丹阳市东北。[24]辛卯：四月七日。[25]甲申朔：六月一日。[26]丙申：六月十三日。[27]立太子妃王氏：立王氏为太子妃，即日后的皇后。[28]琅邪：古郡名，郡治在今山东临沂市。[29]"封皇子闻喜公子良为竟陵王"等七句。齐武帝萧赜封诸子为王。次子萧子良封竟陵王，第三子萧子卿封庐陵王，第五子萧子敬封安陆王，第七子萧子懋封晋安王，第九子萧子隆封随郡王，第六子萧子真封建安王。武帝二十三子，封十七王，此为首封。文惠太子萧长懋之子长皇孙萧昭业封南郡王。[30]寝疾：卧病在床。[31]逊位：让位。[32]世祖：即齐武帝萧赜，谥号世祖。[33]癸卯：六月二十日。[34]灵丘道：古山路名。胡三省曰："自代郡灵丘南，越大山至中山（今河北定州市），即古之飞狐道也。"古代从山西北部翻越太行山进入河北冀中地区的交通要道。其路经过飞狐县的南侧，故亦称"飞狐道"，但不经过飞狐口。[35]江谧（mì）：字令和，刘宋时官至尚书右丞。为萧道成的亲信，入齐为黄门侍郎，迁吏部尚书。为御史中丞沈冲弹劾，下诏赐死。传见《南

齐书》卷三十一。［36］谄躁：喜欢奉承、钻营，性情浮躁。［37］不豫顾命：没有被定为接受遗诏、辅佐新主的顾命大臣。豫，通“与”，参与。［38］上即位：萧赜继位之后。上，今上，现时在位的皇帝。［39］不迁官：没有获得提升。［40］怨望：怨恨，心怀不满。诽谤，以不实之辞毁人、冤枉。［41］会上不豫：恰值萧赜身体不适。不豫，不乐，指染病、卧病。［42］请间（jiān）：请求萧嶷单独接见。间，间隙，周边无人。［43］至尊非起疾：皇帝得的是一种不能治好的病。非起疾，不能好的病。［44］东宫又非才：皇太子又不是一个能够继承帝业的人。东宫，指太子萧长懋。［45］欲作何计：有何打算，想采取什么措施。［46］沈冲：字景绰，沈怀文之子，南齐御史中丞，为五兵尚书。传见《南齐书》卷三十四。［47］庚寅：七月一日是“癸丑”，故七月无“庚寅”日，应为“八月”的庚寅日。［48］癸卯：八月二十一日。［49］南康文简公：褚渊被封为南康县公，县治在今江西赣州市南康区，死后的谥号为文简。［50］贲：即褚贲，字蔚先，褚渊长子，少耿介。为侍中、领步兵校尉、左户尚书。其父背袁粲等归附萧道成，褚贲深执不同，终生愧恨之，有栖退之志。传见《南齐书》卷二十三。［51］失节：丧失臣子之节，指身为刘宋的托孤之臣，而由卖宋主刘氏以求新主子萧氏的恩宠。［52］服除：三年服丧期满。［53］不仕：不在齐朝做官。［54］以爵让其弟蓁：指褚贲把他应该继承的南康公的爵位让给弟弟褚蓁。褚蓁，字茂绪，褚渊次子，褚贲之弟，河南阳翟人，为义兴太守，改封巴东郡侯。后上表让封还给褚贲之子褚霁。后为太子詹事、度支尚书，领前军将军。传见《南齐书》卷二十三。［55］屏居墓下：在褚渊的墓侧搭个房子住了下来。屏居，离开官场隐居，杳无音信。

九月，丁巳[1]，以国哀罢国子学[2]。

氐王杨文弘卒，诸子皆幼，乃以兄子后起为嗣。九月，辛酉[3]，魏以后起为武都王，文弘子集始[4]为白水太守。

魏以荆州巴、氐[5]扰乱，以镇西大将军李崇[6]为荆州刺史。崇，显祖[7]之舅子也。将之镇，敕发陕、秦二州兵送之。崇辞曰：“边人失和，本怨刺史。今奉诏代之，自然安靖[8]；但须一诏而已，不烦发兵自防，使之怀惧[9]也。”魏朝从之。崇遂轻将数十骑驰至上洛[10]，宣诏慰谕[11]，民夷帖然[12]。崇命边戍[13]掠得齐人者悉还之，由是齐人亦还其生口二百许人[14]，二境交和，无复烽燧之警[15]。久之，徙兖州[16]刺史。兖土旧多劫盗，崇命村置一楼，楼皆悬鼓，盗发之处，乱击之；旁村始闻者，以一击为节，次二，次三，俄顷[17]之间，声布百里；皆发人[18]守险要。由是盗发，无不擒获。其后诸州皆效之，自崇始也。

辛未[19]，以征南将军王僧虔为左光禄大夫、开府仪同三司，以尚书右仆射王奂为湘州刺史。

宋故建平王景素[20]主簿何昌寓[21]、记室王摛[22]及所举秀才刘琎[23]，前后上书陈景素德美[24]，为之讼冤[25]。冬，十月，辛丑[26]，诏听以士礼还葬旧茔[27]。琎，瓛之弟也。

十一月，魏高祖[28]将亲祠七庙，命有司具仪法[29]，依古制备牲牢、器服及乐章[30]；自是四时常祀皆举之[31]。

（以上为第十三段，写北魏名将李崇是个能人，担任荆州刺史，首创一套严密的防盗方法，把一个乱哄哄的地方治理得井井有条，使两国边境和平，和睦相处。）

【注释】

[1]丁巳：九月六日。[2]国哀罢国子学：国丧，国家元首的丧事，指萧道成去世。原计划要兴办的国子学，暂时停止。[3]辛酉：九月十日。[4]集始：即杨集始，仇池武兴国君杨文弘之子，武兴国第三位国君。传见《魏书》卷一百一。[5]荆州巴、氐（dī）：荆州境内的巴族与氐族。北魏的荆州州治上洛，在今陕西商洛市商州区。巴族，诞生在三峡地区的一个古老部族。氐族，古代民族，居住在今西北一带，东晋时建立过前秦、后凉。[6]李崇：字继长，刘宋陈留郡公李诞之子，北魏外戚、大臣。传见《魏书》卷六十六。[7]显祖：即拓跋弘。[8]安靖：安宁，稳定。靖，平定。[9]怀惧：心怀恐惧。[10]轻将数十骑驰至上洛：简单地带着几十名骑士飞奔到上洛。上洛，北魏郡名，郡治在今陕西商洛市商州区，当时的上洛既是北魏上洛郡的郡治，也是荆州的州治。[11]慰谕：抚慰，晓谕。[12]民夷帖然：居民与当地少数民族都很顺从、服帖。民，指北魏的鲜卑人与汉人。夷，指当地的少数民族，如苗、蛮、氐、羌等。帖，同“贴”。[13]边戍：边界上的戍卒。[14]其生口二百许人：被南齐掳掠去的北魏居民二百来人。生口，活人。许，表示约略的意思。[15]烽燧（suì）之警：指边境战斗，边防紧急。烽燧，即通常所说的烽火。夜间举火报警曰“烽”。白天燃烟报警曰“燧”。[16]兖（yǎn）州：古州名，北魏的州治在今山东济宁市兖州区北侧。[17]俄顷：顷刻，时间不长。[18]发人：调集人马。[19]辛未：九月二十日。[20]宋故建平王景素：前已去世的刘宋的建平王刘景素。[21]主簿：古官名，刺史的高级僚属，在刺史属下掌管文书案卷。何昌寓：字俨望，刘宋时，为建平王景素征北府主簿、湘东太守。入齐官至吏部尚书。传见《南齐书》卷四十三。[22]记室：古官名，略同于后代的书记、记录员、秘书。王摛（chī）：刘宋时为建平王刘景素的记室。[23]所举秀才：被刘景素向朝廷推荐的儒学之士。刘琎（jìn）：南齐人，字子璥，沛国相（今安徽濉溪县西北）人，南齐著名儒学刘瓛之弟，是一个很讲究儒家礼法的人。刘宋建平王景素征北主簿、法曹参军，入齐官至大司马军事射声校尉。传见《南齐书》卷三十九。[24]陈景素美德：陈述，阐明刘景素的美好的德行。[25]讼冤：申诉冤情。刘景素兵败被杀，其子数人亦随之被杀，顺帝刘准时建

平国被废。［26］辛丑：十月二十日。［27］以士礼还葬旧茔（yíng）：按平民士人的礼仪，意即仍未恢复其应有的礼遇。允许刘景素迁葬到其家族的旧有墓地。茔，墓葬区域。［28］高祖：即北魏献文帝拓跋弘，庙号高祖。［29］具仪法：制定出皇帝亲自祭祀七庙的具体仪式。［30］牲牢：供祭祀用的牲畜。古代祭祀用的牲牢分太牢、少牢两种。太牢的规格最高，为牛羊猪各一头；少牢则只有羊猪，没有牛。器服：祭器、祭服。乐章：指举行祭祀时演奏的音乐、表演的歌舞。［31］四时常祀皆举之：一年四季的常规祭祀都亲自举行。四时，指春、夏、秋、冬四季。

世祖武皇帝[1]上之上

永明元年[2]（癸亥，483年）

春，正月，辛亥[3]，上祀南郊，大赦，改元。

诏以边境宁晏[4]，治民之官，普复田秩[5]。

以太尉豫章王嶷领太子太傅。嶷不参朝务，而常密献谋画，上多从之。

壬戌[6]，立皇弟锐为南平王，铿为宜都王，皇子子明为武昌王，子罕为南海王[7]。

二月，辛巳[8]，以征虏将军杨炅为沙州刺史、阴平王。

辛丑[9]，以宕昌王梁弥机[10]为河、凉二州刺史[11]，邓至王像舒为西凉州[12]刺史。

宋末，以治民之官六年过久，乃以三年为断[13]，谓之小满；而迁换去来，又不能依三年之制。三月，癸丑[14]，诏，自今一以小满为限[15]。

有司以天文失度[16]，请禳[17]之。上曰："应天以实不以文[18]。我克己求治[19]，思隆惠政[20]；若灾眚在我[21]，禳之何益！"

夏，四月，壬午[22]，诏："袁粲、刘秉、沈攸之，虽末节不终[23]，而始诚可录[24]。"皆命以礼改葬。

上之为太子也，自以年长，与太祖同创大业[25]，朝事大小，率皆专断，多违制度[26]。信任左右张景真[27]，景真骄侈[28]，被服什物，僭拟乘舆[29]；内外畏之，莫敢言者。

司空咨议荀伯玉[30]，素为太祖所亲厚，叹曰："太子所为，官[31]终不知，岂得畏死，蔽官耳目！我不启闻[32]，谁当启者！"因太子拜陵[33]，密以启太祖。太祖怒，命检校东宫[34]。

太子拜陵还，至方山[35]，晚，将泊舟[36]，豫章王嶷自东府乘飞燕[37]东迎太子，告以上怒之意。太子夜归，入宫，太祖亦停门籥[38]待之。明日，太祖使南郡王长懋、闻喜公子良宣敕诘责[39]，并示以景真罪状，使以太子令收景真，杀之。太子忧惧，称疾[40]。

月余，太祖怒不解，昼卧太阳殿，王敬则直入，叩头启太祖曰："官有天下日浅[41]，太子无事被责，人情恐惧；愿官往东宫[42]解释之。"太祖无言。敬则因大声宣旨，装束[43]往东宫，又敕太官设馔[44]，呼左右索舆[45]；太祖了无动意[46]。敬则索衣被太祖[47]，仍牵强登舆[48]。太祖不得已至东宫，召诸王[49]宴于玄圃。长沙王晃捉华盖[50]，临川王映执雉尾扇[51]，闻喜公子良持酒枪[52]，南郡王长懋行酒[53]，太子及豫章王嶷、王敬则自捧酒馔[54]，至暮，尽醉乃还。

（以上为第十四段，写南齐进入萧赜时代，地方官员一律以三年为任期；追溯萧赜为太子时专权朝政，亲信奢僭，被萧道成责罚，大臣王敬则化解矛盾。）

【注释】

[1]世祖武皇帝：即萧赜（440—493），字宣远，小名龙儿，东海兰陵（今山东临沂市）人，高帝萧道成长子，南齐第二位皇帝（482—493）。在刘宋末年为冠军将军。即帝位后，崇尚节俭，实施富国政策，平定叛乱，与北魏通好，边境比较安定。庙号世祖，谥号武皇帝。传见《南齐书》卷三。 [2]永明二年：永明（483—493），南齐武帝萧赜的年号，共十一年。南齐在萧赜统治期间出现的治世时期称为永明之治。 [3]辛亥：正月二日。 [4]宁晏：宁静，太平。晏，平静，平安。 [5]普复田秩：普遍地恢复百官的俸禄。田秩，俸禄。胡三省曰："宋文帝元嘉二十七年（450），有魏师，以军兴减百官俸禄。淮南太守诸葛阐求减俸禄，比内百官。于是诸州郡县丞尉并悉同减。至明帝时，军旅不息，府藏空虚，内外百官并断俸禄。"如今形势好转，所以下诏普遍恢复俸秩。 [6]壬戌：正月十三日。 [7]"立皇帝锐为南平王"四句：齐武帝萧赜封立两弟及两子为王。弟萧锐封南平王，弟萧铿封为宜都王。两皇子，萧子明封为武昌王，萧子罕封为南海王。 [8]辛巳：二月二日。 [9]辛丑：二月二十二日。 [10]宕（tàn）昌王梁弥机：梁弥机，梁弥治之子，继立为宕昌国君主。封地宕昌县，县治在今甘肃东南部的陇南地区。传见《魏书》卷一百一。 [11]河、凉二州刺史：古州名，河州的州治枹罕，在今甘肃临夏县东北，凉州的州治在今甘肃武威市。二州在宕昌的西北方，当时属于北魏，故梁弥机的刺史不过是徒有其名。 [12]西凉州：古州名，州治在今甘肃西北部地区，当时属北魏，像舒的西凉州刺史亦徒有其名。

[13]三年为断：三年为一任，三年任满。[14]癸丑：三月四日。[15]一以小满为限：一律按照三年的期限执行。[16]天文失度：星辰的运行发生错乱。[17]禳（ráng）：通过祭祀，请求上天将其改正过来。[18]应天以实不以文：对待天变的做法应做些实际的工作，而不是靠花里胡哨的表演。实，指改良政治，修正错误等。文，指祭祀。[19]克己求治：严格要求自己，尽力治理好国家。[20]思隆惠政：把对百姓有好处的政策做得更好一些。[21]灾眚（shěng）：灾难的根源，罪魁祸首。眚，过错。[22]壬午：四月四日。[23]末节不终：没有保持晚节，没有好的结局。指皆因反对萧道成而被杀。[24]始诚可录：其前半生对国家还是忠心耿耿的。诚，诚心，忠诚。可录，可取，可嘉。[25]同创大业：胡三省曰："晋安王子勋之乱，帝亦起兵；沈攸之反，帝据湓城为众军节度。"[26]多违制度：不按章程，不请示，不报告，擅自做主。[27]张景真：南齐武帝萧赜的亲信、宠臣，骄奢过度，被告发，被杀。[28]骄侈：骄纵，奢侈。[29]僭拟乘舆：超越本分地和皇帝的生活排场一样。僭，越分。拟，比拟，与之相同。乘舆，原指皇帝的车驾，这里即指皇帝。[30]司空咨议：司空褚渊的咨议参军，主管参谋议论。荀伯玉：字弄璋，南谯太守荀永之孙，南朝大臣，冠军将军萧道成的僚属。传见《南史》卷四十七。[31]官：也称"官家"，对皇帝的称呼，这里指萧道成。[32]启闻：向皇上报告，让皇上知晓。[33]拜陵：离朝往拜萧氏先人之陵。胡三省曰："拜永安、泰安陵也，皆在武进。"永安陵是萧道成之父萧承之之墓；泰安陵是萧道成的预修之墓。[34]检校东宫：查抄太子所居之地东宫。[35]方山：古山名，在当时建康城的东南方，在今江苏南京市江宁区东南的秦淮河边，是由武进返回建康的经由之地。[36]泊舟：停船夜宿。[37]东府：都城建康城东南方的小城，东晋时司马道子的住所，现为豫章王萧嶷的住所。飞燕：良马名，比喻其驰骋如飞。[38]停门籥：推迟了宫门上锁的时间。停，滞留，等候。门籥，即锁钥。[39]宣敕（chì）诘（jié）责：宣读皇上的诏令责问，批评。[40]称疾：假托生病。[41]官有天下日浅：您即位为帝的时间还不长。[42]愿官往东宫：希望皇上到东宫去一趟。[43]装束：准备车驾行装。[44]敕太官设馔（zhuàn）：告诉御厨房在那里准备筵席。太官，为皇帝管理伙食的部门。馔，饭食。[45]索舆：让皇帝车驾过来。[46]了无动意：一点动身的意思也没有。[47]被太祖：给萧道成穿上。被，披，穿。[48]仍牵强：就强拉着萧道成上了车。仍，同"乃"，于是，就。牵强，强拉着。[49]诸王：萧道成的那些儿子们。[50]捉华盖：亲手为其父擎着大伞。华盖，大伞。[51]执雉（zhì）尾扇：亲手为其父打着雉尾扇。雉尾扇是用野鸡的尾毛编织成的大扇，是皇帝仪仗中的一种。[52]持酒枪：亲手为其父提酒壶。枪，此指酒器。[53]行酒：为其父与诸叔斟酒。[54]自捧酒馔（zhuàn）：亲自倒酒，上菜。酒馔，犹酒食。

太祖嘉伯玉忠荩[1]，愈见亲信，军国密事，多委使之，权动朝右[2]。遭母忧[3]，去宅二里许[4]，冠盖[5]已塞路。左率[6]萧景先、侍中王晏[7]共吊之，自旦至暮[8]，始得前。比出[9]，饥乏，气息惙然[10]，愤悒形于声貌[11]。明日，言于太祖曰："臣等所见二宫门庭[12]，比荀伯玉宅可张雀罗[13]矣。"晏，敬弘之从子也。

骁骑将军陈胤叔[14]，先亦白景真及太子得失[15]，而语太子皆云"伯玉以闻[16]"太子由是深怨伯玉。

太祖阴有以豫章王嶷代太子之意；而嶷事太子愈谨，故太子友爱不衰[17]。

豫州刺史垣崇祖不亲附太子，会崇祖破魏兵，太祖召还朝，与之密谋。太子疑之，曲加礼待[18]，谓曰："世间流言[19]，我已豁怀[20]；自今以富贵相付[21]。"崇祖拜谢。会太祖复遣荀伯玉，敕以边事[22]，受旨夜发，不得辞东宫[23]；太子以为不尽诚[24]，益衔之[25]。

太祖临终，指伯玉以属太子[26]。上即位，崇祖累迁五兵尚书[27]，伯玉累迁散骑常侍[28]。伯玉内怀忧惧，上以伯玉与崇祖善，恐其为变，加意抚之。丁亥[29]，下诏诬崇祖招结江北荒人[30]，欲与伯玉作乱，皆收杀之。

庚子[31]，魏主如崞山；壬寅[32]，还宫。

闰月，癸丑[33]，魏主后宫平凉林氏生子恂[34]，大赦。文明太后[35]以恂当为太子，赐林氏死[36]，自抚养恂。

[闰]五月，戊寅朔[37]，魏主如武州山石窟佛寺。

车骑将军张敬儿好信梦。初为南阳太守，其妻尚氏梦一手热如火；及为雍州，梦一胛[38]热；为开府[39]，梦半身热。敬儿意欲无限，常谓所亲曰："吾妻复梦举体热[40]矣。"又自言梦旧村社树高至天[41]，上闻而恶[42]之。垣崇祖死，敬儿内自疑，会有人告敬儿遣人至蛮中货易[43]，上疑其有异志[44]。会上于华林园设八关斋[45]，朝臣皆预[46]，于坐收敬儿[47]。敬儿脱冠貂[48]投地曰："此物误我[49]！"丁酉[50]，杀敬儿，并其四子。

敬儿弟恭儿[51]，常虑[52]为兄祸所及，居于冠军[53]，未常出襄阳[54]，村落深阻[55]，墙垣[56]重复。敬儿每遣信[57]，辄上马属鞬[58]，然后见之。敬儿败问[59]至，席卷入蛮[60]；后自出，上恕[61]之。

敬儿女为征北咨议参军谢超宗[62]子妇，超宗谓丹杨尹李安民曰："往年杀韩信，今年杀彭越[63]，尹欲何计[64]！"安民具启之[65]。上素恶超宗轻慢[66]，使兼御史中丞袁彖[67]奏弹超宗，丁巳[68]，收付廷尉[69]，徙越嶲[70]。于道赐死。以彖语不刻切[71]，又使左丞王逡之奏弹彖轻文略奏[72]，挠法容非[73]，彖坐免官，禁锢十年[74]。超宗，灵运之孙；彖，觊之弟子也。

（以上为第十五段，写南齐武帝萧赜为帝，秋后算账，荀伯玉原来检举他的专横跋扈，袁崇祖原来不支持他继承皇位，他便诬陷两人图谋作乱，两人均被收捕杀害。）

【注释】

[1]忠荩（jìn）：诚实尽忠之臣。古称忠臣曰"荩臣"。荩者，进也，忠心日进而无已。[2]朝右：朝臣中的上层，指高官。[3]遭母忧：指为其母办丧事。[4]去宅二里许：离他家还有二里地。[5]冠盖：指华贵车上的大伞。这里即指前来吊唁的车辆。[6]左率：古官名，即左卫率，当时禁军的六位统帅之一。[7]王晏：字士彦，号休默，宋吏部尚书王敬弘的侄儿，南齐大臣。早年辅佐太子萧赜，受到宠信，封曲江县侯。萧鸾即位，迁骠骑大将军、侍中、尚书令。后以谋反罪处死。传见《南齐书》卷四十二。[8]自旦至暮：从早上排队，到天黑才得以进去吊唁。极言荀伯玉的权势炙手可热。[9]比出：等到吊唁完毕出来。[10]气息惙（chuò）然：犹言"一息奄奄"，喘不过气来。惙然，痛苦的样子。[11]愤悒（yì）形于声貌：愤怒不满的情绪在其声音与面色上表现出来。[12]二宫门庭：皇宫与太子宫的大门口。[13]可张雀罗：可以张网逮鸟，相比之下极言其清静冷落。[14]陈胤叔：本名承叔，余姚人，南齐官员。传见《南齐书》卷三十。[15]得失：偏义复词，即前文所叙太子之诸过失。[16]皆云"伯玉以闻"：都说是荀伯玉向皇帝报告的。[17]友爱不衰：兄弟间的感情一直不变。友爱，古称兄弟之间的感情。[18]曲加礼待：勉强地做出一种礼敬的样子。曲，不情愿而强为之。[19]世间流言：隐指过去垣崇祖不亲附太子，流传得沸沸扬扬。[20]豁怀：释怀，忘记了过去不愉快的事情。[21]以富贵相付：把荣华富贵托付给你，意即希望垣崇祖站到自己一边。[22]敕（chì）以边事：叫荀伯玉到边疆去处理有关边防事务。[23]不得辞东宫：没有能够到东宫向太子告别。[24]不尽诚：还有些背着、掖着的事情。[25]益衔之：越发地将他们记恨在心。[26]属：通"嘱"，嘱托，托付。[27]五兵尚书：古官名，即日后的兵部尚书。五兵，指中兵、外兵、骑兵、别兵、都兵。[28]散骑常侍：古官名，皇帝的侍从官员。[29]丁亥：四月九日。[30]江北荒人：生活在长江以北、淮河以南的流浪者与由北方过来的人。[31]庚子：四月二十二日。[32]壬寅：四月二十四日。[33]闰月，癸丑：闰四月五日。此处是用魏国的历法，写史者未换算。[34]平凉

林氏生子恂：在平凉郡长大的林妃生下拓跋恂。平凉郡，古郡名，郡治在今甘肃华亭市西。恂，即元恂，原名拓跋恂，本字元道，后改宣道，孝文帝元宏嫡长子，宣武帝元恪异母兄，立为皇太子。孝文帝攻打南齐，奉命留守洛阳，逃回平城，图谋变乱，被废为庶人，后赐死，年仅十五岁。传见《魏书》卷二十二。［35］文明太后：即冯太后，谥号文明。［36］赐林氏死：北魏凡立某男为太子，则同时将其生母赐死。［37］［闰］五月，戊寅朔：五月己酉朔，非戊寅。据历法书，戊寅日是这年的闰五月一日。故“五月”应为“闰五月”。“闰”字为注者所增。［38］胛（jiǎ）：肩胛，肩膀后方，背脊上部跟两胳膊连接的部分。［39］为开府：指被加官开府仪同三司。［40］举体热：浑身发烧。［41］旧村社树高至天：老家村里的社树高与天齐。大概意味着他的官要升到至高无上。社树，人祭祀土谷之神的神树。［42］恶（wù）：讨厌，憎恨。［43］至蛮中货易：到蛮族地区做买卖。［44］有异志：想要造反称帝称王。［45］华林园设八关斋：在华林园举办佛教盛会八关斋。华林园，古园林，在都城建康城内，乃仿效洛阳旧都的华林园所建。八关斋，佛教徒举行的一种斋会名，说是举办了这种斋会就能戒除八恶。胡三省曰：“一，不杀生；二，不偷盗；三，不邪淫；四，不妄语；五，不饮酒食肉；六，不着花鬘璎珞，香油涂身，歌舞倡伎故往观听；七，不得坐高广大床；八，不过斋后吃食。”［46］朝臣皆预：满朝文武都在座。预，同“与”，参与，参加。［47］于坐收敬儿：当着满朝文武的面把张敬儿逮捕了。坐，同“座”，座位。［48］冠貂：饰有金蝉貂尾的帽子。当时张敬儿为车骑将军、散骑常侍，故其冠上饰有貂蝉。［49］此物误我：为了追求这种东西使我倒霉，丢掉了性命。［50］丁酉：闰五月二十。［51］恭儿：即张恭儿，本名猪儿，随其兄敬儿改名。任正员外郎。后谢病归本县。张敬儿为雍州刺史，他不肯出仕，居村中，与居民无异。张敬儿被杀，他逃入蛮中，后自首出，官至员外郎。［52］常虑：经常担心。［53］居于冠军：住在冠军县，县治在今河南邓州市西北。［54］未常出襄阳：没有出过襄阳郡。冠军县当时属于襄阳郡。常，同“尝”，曾。［55］深阻：谓路途偏远险阻。［56］墙垣（yuán）：墙壁。垣，矮墙。［57］遣信：派人来其弟家。信，使者，来人。［58］属鞬（jiàn）：抄起弓箭。属，佩带。鞬，盛弓箭的皮口袋。［59］败问：被害的消息。问，书信，引申为消息。［60］席卷：带着全部家当。［61］恕：宽恕，赦免。［62］谢超宗：字超宗，诗人谢灵运之孙，广州刺史谢凤之子，刘宋著名文人。早年受祖父牵累，流放广州。勤奋好学，有文才，后返回建康，任殿中郎；南齐建立，任黄门郎，出为雍州司马；后受张敬儿牵连，被迫自杀。传见《南齐书》卷三十六。［63］往年杀韩信，今年杀彭越：《史记·黥布列传》写黥布造反时，刘邦问群臣“黥布何故而反”，故楚令尹曰：“是故当反。往年杀彭越，前年杀韩信，此三人者，同功一体之人也。自疑祸及身，故反耳。”此谢超宗暗示李安民，其祸亦将不免。［64］尹欲何计：丹杨尹，您将作何打算？［65］具启之：将谢超宗的话一一报告了南齐武帝萧赜。［66］轻慢：轻浮，傲慢。［67］袁彖（tuàn）：字伟才，小字史公，刘宋雍州刺史袁顗的侄儿。刘宋、南齐官员，当时比较傲慢的文人。传见《南齐书》卷四十八。［68］丁巳：五月九日。［69］廷尉：古代司法审判机构官职名。［70］越巂（xī）：郡名，郡治在今四川西昌市东南。［71］不刻切：不够严厉。

[72]王逡（qūn）之：字宣约，琅邪临沂人，好学博闻。累官光禄大夫，加侍中。传见《南齐书》卷五十二。轻文略奏：轻描淡写，指斥责得不深刻。 [73]挠法容非：歪曲法律条文，宽容犯罪之人。 [74]禁锢（gù）十年：十年内不得进入官场。锢，禁闭。

秋，七月，丁丑[1]，魏主及太后如神渊池[2]；甲申[3]，如方山。

魏使假员外散骑常侍顿丘李彪来聘。

侍中、左光禄大夫、开府仪同三司王僧虔固辞开府[4]，谓兄子俭曰："汝任重于朝，行登三事[5]；我若复有此授，乃是一门有二台司[6]，吾实惧焉。"累年不拜[7]，上乃许之，戊戌[8]，加僧虔特进[9]。俭作长梁斋[10]，制度小过[11]，僧虔视之，不悦，竟不入户[12]，俭即日毁之。

初，王弘与兄弟集会[13]，任子孙戏适[14]。僧达[15]跳下地作虎子；僧绰[16]正坐，采蜡烛珠为凤皇[17]，僧达夺取打坏，亦复不惜；僧虔累十二博棋[18]，既不坠落，亦不重作。弘叹曰："僧达俊爽[19]，当不减人[20]，然恐终危吾家[21]；僧绰当以名义见美[22]；僧虔必为长者[23]，位至公台[24]。"已而皆如其言[25]。

八月，庚申[26]，骁骑将军王洪范自柔然还[27]，经涂[28]三万余里。

冬，十月，丙寅[29]，遣骁骑将军刘缵聘于魏，魏主客令李安世主之[30]。魏人出内藏[31]之宝，使贾人鬻之于市[32]。缵曰："魏金玉大贱[33]，当由山川所出。"安世曰："圣朝[34]不贵金玉，故贱同瓦砾[35]。"缵初欲多市[36]，闻其言，内惭而止。缵屡奉使至魏，冯太后遂私幸之[37]。

十二月，乙巳朔[38]，日有食之。

癸丑[39]，魏始禁同姓为婚。

王俭进号卫将军[40]，参掌选事[41]。

是岁，省巴州[42]。

魏秦州刺史于洛侯[43]，性残酷，刑人必断腕[44]，拔舌，分悬四体[45]。合州惊骇[46]，州民王元寿[47]等一时俱反。有司劾奏之[48]，魏主遣使至州，于洛侯常刑人处[49]宣告吏民，然后斩之。

齐州刺史韩麒麟[50]，为政尚宽，从事[51]刘普庆说麒麟曰："公杖节方夏[52]，而无所诛斩，何以示威！”麒麟曰：“刑罚所以止恶[53]，仁者不得已而用之。今民不犯法，又何诛乎？若必断斩[54]然后可以立威，当以卿应之[55]！”普庆惭惧而起。

（以上为第十六段，写南齐大臣王僧虔坚决辞掉开府的官位；北魏秦州刺史于洛侯残酷杀人，激起民愤；齐州刺史韩麒麟崇尚宽和，从不杀人，形成鲜明对比。）

【注释】

[1]丁丑：七月一日。[2]神渊池：古地名，在魏都平城，今山西大同市的北苑内。[3]甲申：七月八日。[4]固辞开府：坚决辞掉开府仪同三司这一加官。[5]行登三事：很快就要升到三司一职。三事，即三司，也称三公，即司徒、司马、司空三职中的一职。[6]二台司：两个在朝廷居于三公的人。[7]累年不拜：朝廷在上年九月升任王僧虔为左光禄大夫、开府仪同三司，到现在已经十个月，王僧虔尚未接受。[8]戊戌：七月二十二日。[9]特进：加官名，凡诸侯或大臣功德、政绩优胜，为朝廷所敬异者，赐位特进，位在三公之下。[10]长梁斋：小阁名。斋，清静的小屋。[11]制度小过：华丽、富贵的标准稍微超过了限度。小，同“稍”，稍微，略微。[12]竟不入户：从不踏进门口一步。[13]与兄弟集会：与其弟王昙首聚会。[14]戏适：随意玩耍、游戏。[15]僧达：即王僧达，东晋丞相王导玄孙，太保王弘之子，临川王刘义庆之婿，刘宋大臣。后心生怨艾，被刘骏借故赐死。传见《宋书》卷七十五。[16]僧绰：即王僧绰，字僧绰，东晋丞相王导玄孙，元嘉初期的权臣王昙首之子，刘宋大臣、驸马，受到文帝刘义隆的宠信。传见《宋书》卷七十一。[17]采蜡烛珠为凤皇：用蜡烛的滴蜡做成一个凤凰的样子。凤皇，即凤凰，古代传说中的百鸟之王，雄曰“凤”，雌曰“凰”。[18]累十二博棋：将十二枚棋子叠成高高的一摞。累，堆砌，叠放。[19]俊爽：潇洒，豪迈。[20]不减人：不比别人差。减，低。[21]危吾家：给我们家族造成灾难。[22]以名义见美：以名声美好被人称道。王僧绰在元嘉末年任高官，曾助文帝刘义隆杀元凶刘劭，未果；文帝被弑后，王僧绰被刘劭所杀。传见《宋书》卷七十一。见，被。[23]长者：厚道人。[24]位至公台：官位做到三公，也称“三台”。[25]已而皆如其言：后来的事实都和王弘当时所说的一样。[26]庚申：八月十四日。[27]自柔然还：王洪范出使柔然，在南齐高帝建元二年（480）。[28]经涂：路途。涂，同“途”。[29]丙寅：十月二十一日。[30]主客令：古官名，即秦汉时的典客，负责接待外国的使者、宾客。李安世：中书侍郎李祥之子，北魏大臣。传见《魏书》卷五十三。主之：负责接待刘缵。[31]内藏：皇宫里的仓库。[32]鬻（yù）之于市：拿宝物到市场上去卖。[33]大贱：太不值钱。大，同“太”。[34]圣朝：敬称本朝，此指北魏的皇帝。[35]瓦砾（lì）：瓦片，石块。[36]多市：多买一些。[37]私幸之：暗中与之私通。[38]乙巳朔：十二月一日。[39]癸丑：十二月九日。[40]卫将军：古将军名号，宫廷禁兵的统帅，掌宫廷宿卫。[41]参

掌选事：参与执掌选拔官吏的事务。［42］省巴州：撤销巴州的建制。南齐置巴州是为了管理这一带地区的少数民族，今则恢复原来的样子。［43］秦州：古州名，北魏的州治在今甘肃天水市。于洛侯：北魏代人，为秦州刺史，贪酷残忍。尝生拔罪人舌，磔其手足，命将绝，始斩其首，肢解四体，分悬道路。百姓一时反叛。有司纠劾，被斩之以谢百姓。此时任东兖州刺史。传见《魏书》卷八十九。［44］刑人必断腕：处决犯人一定会斩断他的手腕，即胳膊下端与手掌相连的部分。［45］分悬四体：把四肢分解，悬挂起来。［46］合州惊骇（hài）：整个秦州惊惶，害怕。［47］王元寿：秦州的民众。［48］劾（hé）奏之：弹劾于洛侯。劾，检举揭发罪状。［49］常刑人处：在于洛侯经常处决犯人的地方，将于洛侯处决。［50］齐州：古州名，北魏的州治在今山东济南市。韩麒麟：昌黎棘城人，秀容、平原二郡太守韩瑚之子，北魏齐州刺史。在任期间，处理政务，推尚宽和。传见《魏书》卷六十。［51］从事：古官名，也称"从事史"，州刺史的高级僚属。［52］杖节方夏：掌管一大片区域，即为州刺史。杖节，手持符节。方夏，中原的一大片地区。［53］所以止恶：目的是制止坏人犯罪。［54］断斩：指杀人。［55］当以卿应之：那就应该拿您来充数。

【点评】

齐高帝萧道成重视总结刘宋亡国原因。齐高帝出自素族寒士，取得天下后很想长久保留它，便有了与刘瓛的对话。齐高帝请教刘瓛，刘瓛对刘宋灭亡原因的总结是不能宽和仁厚，指出治理天下的法宝是儒家的《孝经》。这一点得到齐高帝的肯定。又一段对话，齐高帝启发群臣总结经验教训。这说明，其一，齐高帝有清醒的头脑；其二，儒家治理天下的思想为南朝成功的统治者所首肯。

但是另一方面，汝阴王被杀一事却反映了齐高帝的重大失误。汝阴王的府门口有马匹驰过的声音，监视汝阴王的士兵恐怕有人想利用汝阴王作乱，就把汝阴王杀了，这件事是大事，一位王爷被杀死怎么也不能稀里糊涂地了事。而当上报说是汝阴王得病死了，齐高帝不但不怪罪，反而封赏了士兵。这种做法没有血性，实在难以接受。于是乎齐高帝的子孙之所以毫无反抗地死在萧鸾手里，似乎从此处也能找到原因。

卷一三六　齐纪二

齐武帝永明二年至七年（484—489 年）

【起阏逢困敦（甲子，484 年），尽屠维大荒落（己巳，489 年），凡六年】

【大事提要】

本卷记事起自公元 484 年至公元 489 年，当齐武帝永明二年至永明七年，凡六年。本卷所载大事，南朝齐大事一件，是关于神灭论的争论，这是中国佛教史也是思想史上非常重要的争论。南齐竟陵王萧子良笃信佛教，延请许多高僧讲论佛法，佛教之盛行，江左从来没有过。范缜认为世上没有佛，展开一场争论。本卷记事的重点已经转移到了北朝北魏，北魏的主线是孝文帝拓跋宏改革，具体而言是推行三长制、均田制。这一改革展示了均田制最典型的形态。在北魏，从道武帝时期的计口授田到孝文帝太和年间下达的太和令。还有就是，北魏改宗主督护为三长制。

世祖武皇帝上之下

永明二年（甲子，484 年）

春，正月，乙亥[1]，以后将军柳世隆为尚书右仆射；竟陵王子良为护军将军兼司徒，领兵置佐[2]，镇西州[3]。

子良少有清尚[4]，倾意宾客[5]，才隽[6]之士，皆游集[7]其门。开西邸[8]，多聚古人器服[9]以充之。记室参军范云[10]、萧琛[11]、乐安任昉[12]、法曹参军王融[13]、卫军东阁祭酒萧衍[14]、镇西功曹谢朓[15]、步兵校尉沈约[16]、扬州秀才吴郡陆倕[17]，并以文学，尤见亲待[18]，号曰“八友[19]”。法曹参军柳恽[20]、太学博士王僧孺[21]、南徐州秀才济阳江革[22]、尚书殿中郎范缜[23]、会稽孔休源亦预焉[24]。琛，惠开之从子；恽，元景之从孙；融，僧达之孙；衍，顺之之子；朓，述之孙；约，璞之子；僧孺，雅之曾孙；缜，云之从兄也。

子良笃好释氏[25]，招致名僧，讲论佛法，道俗[26]之盛，江左未有[27]。或亲为众僧赋食、行水[28]，世颇以为失宰相体[29]。

范缜盛称无佛。子良曰："君不信因果[30]，何得有富贵、贫贱？"缜曰："人生如树花同发，随风而散：或拂帘幌坠茵席[31]之上，或关篱墙落粪溷[32]之中。坠茵席者，殿下[33]是也；落粪溷者，下官[34]是也。贵贱虽复殊途[35]，因果竟在何处[36]！"子良无以难[37]。缜又著《神灭论》[38]，以为："形者神之质[39]，神者形之用[40]也。神之于形[41]，犹利之于刀[42]；未闻刀没而利存[43]，岂容形亡而神在哉！"此论出，朝野喧哗[44]，难之终不能屈[45]。太原王琰著论讥缜[46]曰："呜呼范子！曾不知[47]其先祖神灵所在！"欲以杜缜后对[48]。缜对曰："呜呼王子！知其先祖神灵所在而不能杀身以从之[49]！"子良使王融谓之曰："以卿才美[50]，何患不至中书郎[51]；而故乖刺为此论[52]，甚可惜也！宜急毁弃之。"缜大笑曰："使范缜卖论[53]取官，已至令、仆[54]矣，何但中书郎邪[55]！"

萧衍好筹略[56]，有文武才干，王俭深器异[57]之，曰："萧郎出三十[58]，贵不可言[59]。"

（以上为第一段，写南齐竟陵王萧子良立意清高，与文士为群，形成"竟陵八友"；文士范缜笃信无神，撰写《无神论》，独树一帜；南梁开国帝王萧衍事迹于此发端。）

【注释】

[1]乙亥：正月二日。 [2]置佐：配置僚属。 [3]西州：古城名，即西州城，因在建康城之西，故名。旧址在今江苏南京市西侧。 [4]清尚：指人的一种气质，追求清雅、高尚，不好权势，不慕利禄等。 [5]倾意宾客：喜欢结交宾客。倾意，虚心，尽心。 [6]才隽（jùn）：才能出众。隽，同"俊"。 [7]游集：奔走，汇聚。 [8]西邸（dǐ）：西部的府邸，以其在西州，故称。 [9]古人器服：古人用过的器具和服饰，在今所谓"文物"。 [10]记室参军范云：古官名，将军或诸王的僚属，掌管文书簿籍，此指萧子良的记室参军。范云，字彦龙，南齐大臣、《神灭论》作者范缜的堂兄，南梁宰相、文学家。传见《南史》卷五十七。 [11]萧琛（chēn）：字彦瑜，刘宋廷尉萧僧珍之孙，太中大夫萧惠训之子，中书侍郎萧惠开的侄儿，南齐、南梁大臣。传见《梁书》卷二十六。 [12]任昉（fǎng）：字彦升，小字阿堆，传见《梁书》卷十四。 [13]王融：字元长，东晋宰相王导六世孙，刘宋大臣王僧达之孙，庐陵太守王道琰之子，南齐大臣、著名文人。

传见《南齐书》卷四十七。［14］萧衍：字叔达，小字练儿，南兰陵东城里（今江苏丹阳市）人。南齐萧道成的侄孙，南齐大臣萧顺之之子，篡夺南齐政权，为南梁开国皇帝，谥号武皇帝，庙号高祖。传见《梁书》卷一。［15］谢朓：字玄晖，刘宋大臣谢述之子，南齐诗人，世称“小谢”。后遭构陷，死于狱中。传见《南齐书》卷四十七。［16］沈约：字休文，刘宋淮南太守沈璞之子，南朝梁开国功臣，著名史学家。历仕刘宋、南齐、南梁三朝，著有《宋书》行于世。传见《梁书》卷第十三。［17］扬州秀才：扬州地区杰出的文学之士。秀才，指尚未入仕的文学之士。陆倕（chuí）：字佐公，南朝大臣，著名文学家。传见《梁书》卷二十七。［18］尤见亲待：特别受到亲密的接待。［19］八友：即“竟陵八友”，南齐永明年间萃集于竟陵王萧子良府衙的一个文人集团，由以下所列的八个文学才士范云、萧琛、任昉、王融、萧衍、谢朓、沈约、陆倕组成。［20］柳恽（yùn）：字文畅，刘宋名将柳元景的侄孙，南齐司空柳世隆之子，南梁大臣、学者。传见《梁书》卷二十一。［21］王僧孺：东海郯县（今山东郯城县）人，东晋大臣王雅的曾孙，南梁官员、诗人。家境贫寒，因学识渊博和文才出众，被举荐为太学博士，后出任治书侍御史、钱塘令。梁时，任南海太守，迁尚书左丞，又兼御史中丞，为少府卿、尚书吏部郎、后任南康王长史、兰陵太守。传见《梁书》卷三十三。［22］南徐州：当时的侨置州名，州治京口，在今江苏镇江市。江革：字休映，济阳考城（今河南民权县）人，南梁大臣。传见《梁书》卷三十六。［23］尚书殿中郎：古官名，在殿上值勤的尚书省的官员。范缜（zhěn）：字子真，南乡舞阴人。南朝思想家，杰出的无神论者。南齐大臣。著有《神灭论》行于世。传见《梁书》卷四十八。［24］孔休源：字庆绪，会稽山阴人。受经略，通大义，举秀才，为西邸学士。南梁时，为太学博士，官至宣惠将军，监扬州事。性缜密，处事果断，尝以天下为己任。传见《梁书》卷三十六。［25］笃（dǔ）好释氏：十分爱好佛教。释氏，佛姓释迦的略称，代指佛教、佛教徒。［26］道俗：讲佛理、信奉佛教的风气。［27］江左未有：自东晋开国以来，前所未有。江左，古地区名，指长江下游南岸地区。此指在这里建立的国家政权，即东晋、刘宋、南齐。［28］赋食、行水：分配、给予食物和水。赋，给予、发放的意思。行水，给水，送水。行，赐，给予。［29］失宰相体：有失宰相的身份。萧子良当时任司徒，司徒在当时行使宰相的职权。［30］因果：佛教的一种学说，认为人间万事万物都有前世、今世、来世，都有因果报应。有什么因，就有什么果。［31］拂帘幌（huǎng）坠茵（yīn）席：擦过帘子和帷幔落在了褥垫之上。茵席，华丽的坐具。帘幌、茵席，都指富贵人家的生活用品。［32］关篱墙落粪溷（hùn）：穿过或翻过篱笆、围墙落在了粪坑、污水之中。关，贯穿，穿过。篱墙、粪溷，都指贫穷肮脏之地。［33］殿下：古代对皇后、皇太子、公主、诸王的敬称。［34］下官：谦词，官吏谦称自己。此是范缜自称。［35］虽复殊途：虽然不是同一种生活、同一条道路。复，意思略当于“是”。［36］因果竟在何处：你们所说的因果到底在哪里？意即不承认富人做坏事下世变穷，穷人做好事而来世可以变富的说法。［37］无以难：没有办法驳倒他的说法。难，质问，批驳。［38］《神灭论》：古文章篇名，是中国历史上最早的一部无神论专著，系统地阐述了无神论的思想，指出人的精神与形体是互相结合的统一体，并用刀口同锋利的关系作了极为形象的比喻，主旨在于批判灵魂可以脱离人体而单独存在的说法，具有划时代的意义。神，这里指精神、灵魂。［39］形者神之质：肉体是精神存在的依托。形，肉体。质，依托，借以存在的实体。［40］神者形之用：精神是肉体产生的一种功能。用，功能的表现。［41］神之于形：精神对于肉体来说。［42］犹利之于刀：就好像刀所表现出来的锋利和刀本身的关系。［43］未闻刀没而利存：没有听说过刀不存在了，还有什么锋利可言。［44］喧哗：声音嘈杂，这里形容众说纷纭，像炸开了锅，一片愤怒、反对的声音。［45］难之终不能屈：给范缜提出了无数问题，但最终还是不能驳倒他。屈，理短，无话再说。［46］太原：南齐的侨置郡，郡治在今江西彭泽县东。原郡治在今山西太原市。王琰（yǎn）：太原人，出于太原王氏，南齐时任太子舍人，入梁为吴兴令。笃信佛法，曾与范缜针锋相对。著有《冥祥记》已佚，传见《南史》卷五十七。［47］曾不知：竟然不知道。曾，转折连词，居然，根本。［48］欲以杜缜后对：想用这种骂人的办法让范缜没法再接着辩论。杜，堵，断绝。后对，接着再辩论。［49］杀身以从之：意即自杀后让自己的灵魂跟着先人的灵魂走，以表示其孝。［50］以卿才美：凭着您这么美好的才华。［51］何患不至中书郎：何忧，何愁不能做中书郎。中书郎，古官名，中书省里的郎官。中书省是为皇帝起草文件的所在，是当时寒门书生所梦寐以求的地方。［52］故乖剌为此论：故意地写出这种违背人情事理的文章。乖剌（là），违背常理，惊世骇俗。［53］使范缜卖论：假使，范缜放弃自己的无神论的观点。［54］已至令、仆：早已经做到了尚书令、尚书仆射的职位。［55］何但中书郎邪：岂只是一个小小的中书郎呢？但，只。［56］好筹略：善于谋略。筹，运筹，设谋。［57］王俭深器异：王俭，字仲宝，东晋丞相王导五世孙、刘宋侍中王僧绰之子，南齐名臣、文学家。传见《南齐书》卷二十三。器异之，器重他，把他看作非同寻常的人。［58］出三十：过了三十岁以后。［59］贵不可言：前途不可限量，不是一般人所想象的，隐指成为帝王。汉高祖刘邦早年落魄时，曾有相士说他贵不可言，后来刘邦登上帝位。

壬寅[1]，以柳世隆为尚书左仆射，丹杨尹李安民为右仆射，王俭领丹杨尹。

夏，四月，甲寅[2]，魏主如方山[3]；戊午[4]，还宫；庚申[5]，如鸿池[6]；丁卯[7]，还宫。

五月，甲申[8]，魏遣员外散骑常侍李彪等来聘。

六月，壬寅朔[9]，中书舍人吴兴茹法亮[10]封望蔡男[11]。时中书舍人四人，各住一省[12]，谓之“四户[13]”，以法亮及临海吕文显[14]等为之；既总重权[15]，势倾朝廷[16]，守宰数迁换去来[17]，四方饷遗[18]，岁数百万。法亮尝于众中语人曰：“何须求外禄[19]！此一户[20]中，年办百万[21]。”盖约言之[22]也。后因天文有变[23]，王俭极言“文显等专权徇私，上天见异[24]，祸由四户[25]。”上手诏酬答[26]，而不能改也。

魏旧制：户调[27]帛二匹，絮[28]二斤，丝一斤，谷二十斛[29]；又入帛一匹二丈[30]，委之州库，以供调外之费[31]；所调各随土之所出[32]。丁卯[33]，诏曰：“置官班禄[34]，行之尚矣[35]；自中原丧乱[36]，兹制中绝[37]。朕宪章旧典[38]，始班俸禄。户增调帛三匹，谷二斛九斗，以为官司之禄[39]；增调外帛二匹。禄行[40]之后，赃[41]满一匹者死。变法改度，宜为更始[42]，其大赦天下。”

秋，七月，甲申[43]，立皇子子伦为巴陵王[44]。

乙未[45]，魏主如武州山[46]石窟寺。

九月，魏诏，班禄以十月为始，季别受之[47]。旧律，枉法[48]十匹，义赃[49]二十匹，罪死；至是[50]，义赃一匹，枉法无多少，皆死。仍分命使者[51]，纠按[52]守宰之贪者。

秦、益二州刺史恒农李洪之[53]以外戚贵显，为治贪暴，班禄之后，洪之首以赃败[54]。魏主命锁赴平城，集百官亲临数[55]之；犹以其大臣，听[56]在家自裁。自余守宰坐赃死者四十余人。受禄者无不跼蹐[57]，赇赂殆绝[58]。然吏民犯他罪者，魏主率宽之[59]。疑罪奏谳多减死徙边[60]，岁以千计。都下决大辟[61]，岁不过五六人；州镇亦简[62]。

久之，淮南王佗[63]奏请依旧断禄[64]，文明太后[65]召群臣议之。中书监高闾[66]以为：“饥寒切身[67]，慈母不能保[68]其子。今给禄，则廉者足以无滥[69]，贪者足以劝慕[70]；不给，则贪者得肆其奸[71]，廉者不能自保[72]。淮南之议，不亦谬[73]乎！”诏从闾议。

闾又上表，以为“北狄悍愚[74]，同于禽兽。所长者野战，所短者攻城。若以狄之所短夺其所长[75]，则虽众不能成患，虽来不能深入。又，狄散居野泽，随逐水草，战则与家业并至，奔则与畜牧俱逃，不赍[76]资粮而饮食自足，是以历代能为边患。六镇势分[77]，倍众不斗[78]，互相围逼[79]，难以制之。请依秦、汉故事[80]，于六镇之北筑长城，择要害之地，往往开门[81]，造小城于其侧，置兵捍守[82]。狄既不攻城，野掠无获，草尽则走，终必惩艾[83]。计[84]六镇东西不过千里[85]，一夫一月之功可城三步之地[86]，强弱相兼[87]，不过用十万人，一月可就；虽有暂劳[88]，可以永逸。凡[89]长城有五利：罢游防[90]之苦，一也；北部放牧无抄掠之患，二也；登城观敌，以逸待劳，三也；息无时之备[91]，四也；岁常游运[92]，永得不匮[93]，五也。”魏主优诏[94]答之。

（以上为第二段，写南齐四位中书舍人各管一省，受贿无数，朝廷毫无办法；北魏恢复官员俸禄，严厉处置贪污官员；高闾建议修筑六镇以北长城，以防柔然。）

【注释】

[1]壬寅：正月二十九日。[2]甲寅：四月十二日。[3]方山：古地名，在北魏都城平城北。北魏主拓跋宏与冯太后将在这里为自己预建陵墓。[4]戊午：四月十六日。[5]庚申：四月十八日。[6]鸿池：古池名，也称“旋鸿池”，旧址在今山西大同市。[7]丁卯：四月二十五日。[8]甲申：五月十二日。[9]壬寅朔：六月一日。[10]茹法亮：吴兴武康人，南齐佞幸之臣。传见《南齐书》卷五十六。[11]望蔡男：男爵，封地望蔡县。望蔡，是当时的侨置郡名，意谓思念上蔡，郡治在今江西上高县。[12]各住一省：各自分管一个部门的事务。当时的所谓四省为中书省、尚书省、门下省、秘书省。[13]四户：指中书舍人分住四省。胡三省曰：“建武诏命，始不关中书，专出舍人。省内舍人四人，所直四省。据此，四户，则舍人分住四省，自法亮等始。”[14]吕文显：临海人，南齐佞幸之臣。传见《南齐书》卷五十六。[15]总重权：把持大权。因为他们负责各部门长官与皇帝之间的相互沟通，有如现代的联络员、特派员。[16]势倾朝廷：形容权势极大，压倒朝廷一切人，无人能出其右。[17]守宰数迁换去来：郡守与县令、县长频繁地往来调动。宰，指县官。迁换，官员的更换任地，任地的更换官员。[18]饷遗：馈赠，进贡。[19]外禄：其他门路的钱财。[20]一户：指当值一个省。当时四个中书舍人分值中书等四个省。[21]年办百万：一年的收入就可以多达百万。办，达到，获得。[22]约言之：这还是少说了。约，简约，约略。[23]天文有变：日月星宿的运行发生变化。[24]上天见异：上天故意让星宿运行发生变化。[25]祸由四户：灾异发生的原因就是由于四户的为非作歹。汉代以来讲究天人感应，说凡是人间政事存在问题，上天就要显示变化以警告皇帝。[26]手诏酬答：亲手写诏书回复王俭，以表示重视。[27]户调：一种征收纺织品的户口税。户，每户。[28]絮（xù）：古代指粗的丝绵。[29]斛（hú）：容积名，一斛十斗，也称一石。[30]一匹二丈：一匹零二丈，即六丈。古代的一匹，相当于四丈。[31]调外之费：户调以外的其他费用。[32]所调各随土之所出：各州所征收的赋税，即上述的“户调”与“调外之费”，按照本地出产什么，就征收什么，由收税者进行折合缴纳。[33]丁卯：六月二十六日。[34]班禄：给官员发放俸禄。班，同“颁”，发放。[35]行之尚矣：自古以来就是如此。尚，久远。[36]中原丧乱：指西晋末年开始的五胡乱华，北魏国的祖先拓跋猗卢、拓跋郁律等也开始出来经营天下。[37]兹

制中绝：给官员发放俸禄的制度开始中断。兹，此，这。［38］宪章旧典：遵循过去的章程。宪章，遵循，仿效。旧典，旧时的制度。［39］官司之禄：朝廷与地方各级官员的俸禄。［40］禄行：颁发俸禄的制度一旦施行。［41］赃：指贪污、受贿。［42］宜为更始：应该是一个新的开头。更始，重新开始，除旧布新。［43］甲申：七月十三日。［44］子伦：即萧子伦，字云宗，齐武帝萧赜第十三子，封巴陵王，年仅十六岁。传见《南齐书》卷四十。［45］乙未：七月二十四日。［46］武州山：古山名，在当时的平城都城西北，在今山西大同市，山上有许多佛教的石窟雕塑，称为“云冈石窟”。［47］季别受之：每三个月发放一次，即按季度发放。［48］枉法：迁就私情而违反法纪。［49］义赃：出于私情互相馈赠，虽不是索取，也按贪赃论处。［50］至是：到这时，从现在开始。［51］仍分命使者：于是命令使者分赴各地。仍，同“乃”，于是，随即。［52］纠按：纠察，查办。［53］秦、益：古二州名。北魏的州治在今甘肃成县西北，由一个刺史兼任。恒农：古郡名，即原来的弘农郡，因为显祖拓跋弘避讳而改称“恒农”，郡治在今河南灵宝市。李洪之：本名李文通，恒农郡人，北魏酷吏。传见《魏书》卷八十九。［54］以赃败：由于贪赃而被惩治。［55］数：数落，一一地列举其罪状而谴责之。［56］听：任，允许。［57］跼（jú）蹐（jí）：局促不安、小心谨慎的样子。［58］赇（qiú）赂殆绝：贪污受贿的事情几乎绝迹。赇，贿赂。［59］率宽之：大多从宽处理。率，大都，一般。［60］疑罪奏谳（yàn）多减死徙边：存有疑问的案件经过复审后，一般都免去死罪，改为发配戍边。谳，重审，复查。［61］大辟：古代的一种刑罚，将犯人处死刑。［62］州镇亦简：地方上的各州、各军镇的无刑罪也都相应减少了。［63］淮南王佗（tuó）：即拓跋佗，《魏书》作“拓跋他”，拓跋珪之孙，阳平王拓跋熙长子，袭封阳平王，为镇东将军、临淮王，迁镇南大将军、淮南王。传见《魏书》卷十六。［64］断禄：取消俸禄制。［65］文明太后：即冯太后。［66］高闾：本名高驴，字阎士，幽州刺史高洪之子，北魏儒学之臣。一生经历六朝。早年受知于崔浩，后又与高允共参大政。初拜中书博士，迁中书侍郎，传见《魏书》卷五十四。［67］饥寒切身：为饥寒所迫。［68］保：保护，拥有。［69］无滥：不做出格的事情。滥，浪费。［70］劝慕：鼓励其向善，学着做好人。慕，这里指向贤、向善。［71］肆其奸：任意胡为。［72］自保：自持，即上文所说的“无滥”。［73］谬（miù）：谬论，错误。［74］北狄悍愚：指柔然人凶悍，愚昧。［75］以狄之所短夺其所长：利用柔然的短处，遏制他的长处。［76］不赍（jī）：不携带。［77］六镇势分：北魏国为防御柔然入侵，在北部边境自西而东地设置了六个军镇，即沃野镇，在今内蒙古五原县北；怀朔镇，在今内蒙古固阳县西南；武川镇，在今内蒙古武川县的西土城；抚冥镇，在今内蒙古四子王旗东南土城子古城；柔玄镇，在今内蒙古兴和县的台基庙东北；怀荒镇，在今河北张北县境内。势分，北魏军分驻于六镇，兵力自然分散。［78］倍众不斗：胡三省曰：“敌人众力加倍，则镇人不敢斗也。”［79］围逼：包围，迫近。［80］秦、汉故事：秦、汉时对付匈奴的老办法，主动出击，积极御外。秦始皇派蒙恬率军三十万抗击匈奴，收复河套以南地，还把战国时燕、赵、秦三国长城修复并连接起来，筑万里长城御匈奴。到了汉朝，汉武帝时，予以强力反击，收复河南，一直打到漠北，开通西域，取得了决定性的胜利。［81］往往开门：视山势地形相应地设置一些关口。［82］置兵捍守：驻兵守卫。捍，捍卫，守卫。［83］终必惩艾：最后必将大吃苦头。惩艾，受到惩治、惩罚，指自讨苦吃，自找倒霉。［84］计：估算。［85］六镇东西不过千里：六镇之间的距离不过一千里。胡三省曰："当自代都北塞而东至濡源。"［86］可城三步之地：可以筑成一丈五尺长的城墙。一步略当于五尺。城，用作动词，筑城。［87］强弱相兼：老弱与少壮平均起来。［88］暂劳：短时间的辛苦。劳，辛劳，辛苦。［89］凡：总计。［90］罢游防：可以省去流动性的巡逻。［91］息无时之备：省去那些经常性的对小股敌兵的防备。［92］岁常游运：一年到头可以随时地运送粮草以充实塞下。［93］永得不匮：边疆上的防守部队可以永无匮乏。［94］优诏：表扬、鼓励性质的诏书。

冬，十月，丁巳［1］，以南徐州刺史长沙王晃［2］为中书监。初，太祖［3］临终，以晃属帝，使处于辇下或近藩［4］，勿令远出。且曰："宋氏若非骨肉相残，他族岂得乘其弊！汝深诫之！"旧制：诸王在都，唯得置捉刀左右［5］四十人。晃好武饰［6］，及罢南徐州，私载数百人仗［7］还建康，为禁司［8］所觉，投之江水［9］。帝闻之，大怒，将纠以法［10］，豫章王嶷［11］叩头流涕曰："晃罪诚不足宥［12］；陛下当忆先朝［13］念晃。"帝亦垂泣，由是终无异意［14］，然亦不被亲宠。论者谓帝优于魏文，减于汉明［15］。

武陵王晔［16］多材艺而疏悻［17］，亦无宠于帝。尝侍宴，醉伏地，貂抄肉柈［18］。帝笑曰："肉污貂［19］。"对曰："陛下爱羽毛［20］而疏骨肉。"帝不悦。晔轻财好施，故无蓄积；名后堂山曰"首阳［21］"，盖怨贫薄［22］也。

高丽王琏［23］遣使入贡于魏，亦入贡于齐。时高丽方强，魏置诸国使邸［24］，齐使第一，高丽次之。

益州大度獠恃险骄恣［25］，前后刺史不能制。及陈显达［26］为刺史，遣使责其租赕［27］。獠帅曰："两眼刺史尚不敢调我［28］，况一眼乎［29］！"遂杀其使。显达分部［30］将吏，声言出猎，夜，往袭之，男女无少长皆斩之。

晋氏［31］以来，益州刺史皆以名将为之。十一月，丁亥［32］，帝始以始兴王鉴［33］为督益、宁［34］诸军事，益州刺史，征显达为中护军［35］。

先是，劫帅韩武方聚党千余人断流为暴[36]，郡县不能禁。鉴行至上明[37]，武方出降，长史虞悰[38]等咸请杀之。鉴曰："杀之失信，且无以劝善[39]。"乃启台而宥之[40]，于是，巴西[41]蛮夷为寇暴者皆望风降附。鉴时年十四，行至新城[42]，道路籍籍[43]，云"陈显达大选士马，不肯就征[44]。"乃停新城，遣典签张昙晰[45]往观形势。俄而[46]显达遣使诣鉴，咸劝鉴执之[47]。鉴曰："显达立节本朝[48]，必自无此。"居二日，昙晰还，具言"显达已迁家出城，日夕[49]望殿下至。"于是，乃前。鉴喜文学，器服如素士[50]，蜀人悦之。

乙未[51]，魏员外散骑常侍李彪等来聘。

是岁，诏增豫章王嶷封邑[52]为四千户。宋元嘉[53]之世，诸王入斋阁[54]，得白服、裙帽见人主[55]；唯出太极四厢[56]，乃备朝服[57]。自后此制遂绝[58]。上于嶷友爱，宫中曲宴[59]，听依元嘉故事[60]。嶷固辞不敢，唯车驾至其第[61]，乃白服、乌纱帽以侍宴[62]。至于衣服、器用制度[63]，动皆陈启[64]，事无专制[65]，务从减省。上并不许[66]。嶷常虑盛满[67]，求解扬州[68]，以授竟陵王子良。上终不许，曰："毕汝一世，无所多言。"嶷长七尺八寸，善修容范[69]，文物卫从[70]，礼冠百僚[71]，每出入殿省，瞻望者无不肃然[72]。

交州刺史李叔献[73]既受命，而断割外国贡献[74]，上欲讨之。

（以上为第三段，写南齐武帝萧赜遵照其父遗言，对皇室家族予以宽容；豫章王萧嶷十分尊崇其兄，是历史上少有的兄友弟恭的情形；始兴王萧鉴颇有才能，安定益州。）

【注释】

[1]丁巳：十月十八日。[2]长沙王晃：即萧晃，字宣明，小字白象，萧道成第四子，封长沙郡王，任南徐州刺史。传见《南齐书》卷三十五。[3]太祖：即萧道成，庙号太祖。[4]辇（niǎn）下：即京城，指任丹杨尹与其他朝廷之官。近藩：离京城较近的封国或大州刺史。[5]提刀左右：执刀在左右担任警卫的人，即贴身保镖。[6]武饰：军事统帅的打扮。[7]私载数百人仗：私自带着全副武装的士兵数百人。仗，兵器。[8]禁司：古官署名，主管纠察、监督诸王的活动。[9]投之江水：把萧晃所带来的"数百人仗"丢到长江里去了。[10]纠以法：绳之以法。纠，查，查办。[11]豫章王嶷（yí）：即萧嶷，字宣俨，高帝萧道成次子，封豫章郡王，任

为尚书令、司空。传见《南齐书》卷二十二。［12］诚不足宥（yòu）：当然是不值得宽恕。诚，当然是，实在是。宥，宽赦。［13］先朝：先帝，指萧道成。［14］终无异意：到死再也没有别的想法，指没再想加害萧晃。［15］优于魏文，减于汉明：不如汉明帝刘庄对待其兄弟的情谊深厚。［16］武陵王晔（yè）：即萧晔，字宣照，齐高帝萧道成第五子，封武陵王。传见《南齐书》卷三十五。［17］多材艺而疏悻：谓萧晔多才多艺而得不到皇上齐武帝的喜爱。材，同“才”，才华。疏悻（xìng），与皇帝的感情疏远，内心不平。悻，怨恨，愤怒。［18］貂抄肉柈（pán）：帽子上的貂尾扫到了盛肉的盘子。抄，扫，碰到。柈，同“盘”。［19］肉污貂：貂尾被肉汤弄脏了。［20］爱羽毛：比喻珍重爱惜自己的声誉。刘向《说苑·杂言》曰：“夫君子爱口，孔雀爱羽，虎豹爱爪，此皆所以治身法也。”［21］名后堂山曰“首阳”：给他所住屋后的山起名叫首阳山。名，起名。首阳，古山名，相传是商末周初的节士伯夷、叔齐饿死之地。事见《史记》卷六十一。［22］贫薄：贫穷，少资财。［23］高丽王琏：又称高句丽、句丽、句骊、高丽，朝鲜族所建立的古国名，都城丸都，在今吉林集安市。琏（liǎn），即高琏，一名“高巨连”，高句丽第二十代国王。讨好南齐，同时也讨好北魏。在位时是高句丽的全盛时期。事见《南齐书》卷五十八。［24］置诸国使邸：给各个国家的使臣修建官邸，有如今之使馆。置，设置，建立。［25］大度獠：生活在大度水流域的少数民族。大度，河水名，在今流经雅安，到乐山市汇入长江的青衣江。獠，古民族名，分布于岭南地区，是当今壮族的先民。骄恣：骄傲，放纵。［26］陈显达：彭城（今江苏徐州市铜山区）人，南齐名将。传见《南齐书》卷二十六。［27］责其租赕（dǎn）：向他们讨要租税和罚款。赕，当地称罚款、赎金曰“赕”。《玉篇》曰：“蛮夷以财赎罪也。”［28］两眼刺史：长着两个眼睛的刺史，含蔑视之意。调我：向我征收租税。调，租税，这里用如动词。［29］况一眼乎：陈显达在刘宋元徽二年（474）平定桂阳王刘休范的征战中，左眼被飞箭射瞎，此时陈显达只有一只眼睛，所以獠帅这样说，含有狂妄的意思。［30］分部：部署，安排。［31］晋氏以来：犹言西晋以来。［32］丁亥：十一月十八日。［33］始兴王鉴：即萧鉴，字宣彻，齐高帝萧道成第九子，封始兴王。传见《南齐书》卷三十五。［34］益、宁：古二州名，益州的州治在今四川成都市，宁州的州治同乐，在今云南陆良县东北。［35］中护军：古官名，宫廷禁军的六大将军之一。［36］断流为暴：在江心拦船行凶抢劫。［37］上明：古地名，旧址在今湖北松滋市西。［38］长史虞悰：虞悰是始兴王萧鉴的高级僚属长史。虞悰（cóng），字景豫，会稽余姚（今浙江余姚市）人，黄门郎虞秀之之子，官至光禄大夫。传见《南齐书》卷三十七。［39］劝善：借之鼓励别人改恶向善。劝，鼓励。［40］启台：请求朝廷。宥（yòu）：宽赦，原谅。［41］巴西：古郡名，郡治在今四川绵阳市。［42］新城：古郡名，郡治在今四川三台县。［43］道路：行走于道路上的人，代指民众。籍籍，叽叽喳喳，传说纷纭的样子。［44］不肯就征：不服调动，不肯离职上路。［45］张昙晰：萧鉴典签。［46］俄而：不久，顷刻。［47］劝鉴执之：劝萧鉴把陈显达的使者逮捕起来。［48］立节本朝：在本朝以操行出众闻名。［49］日夕：早晚，白天黑夜，犹言时时刻刻。［50］器服如素士：使用的东西与服饰穿戴，都像一个寒门的书生，没有一点诸侯王的架子与排场。［51］乙未：十一月二十六日。［52］封邑：领地。［53］元嘉：刘宋文帝刘义隆的年号。［54］入斋阁：进入皇帝的起居与办公之地。［55］得白服、裙帽见人主：可以身穿白色的衣服，头戴裙帽拜见皇帝。得，能，可以。裙帽，南朝士大夫所戴的一种高顶垂裙的帽子。人主，即皇帝。《宋书·武帝纪下》曰："诸子旦问起居，入阁脱公服，止着裙帽，如家人之礼。"［56］出太极四厢：到太极殿及其四厢参加活动。出，到，到达。胡三省曰："太极殿，前殿也，有四厢。"［57］备朝服：将朝服穿戴整齐。［58］自后此制遂绝：元嘉以后这套制度就废止不用了。［59］曲宴：私宴，以区别于隆重的国宴与典礼。［60］听依元嘉故事：特别允许萧嶷可以按元嘉时代的章程。听，许。［61］车驾至其第：皇帝到他家里去。车驾，指皇帝。［62］侍宴：谦指与皇帝一起吃饭。［63］衣服、器用制度：穿什么衣服、用什么器物的规格标准。［64］动皆陈启：一举一动都经过请示。［65］事无专制：没有一件事是自己别出心裁的。［66］上并不许：不让他如此谦卑、如此自我克制。［67］常虑盛满：经常担心自己的权势过大、地位过高。盛满，太盛，太满。［68］求解扬州：请求免除扬州刺史的职务。扬州因都城建康在其境内，故其地位崇高，非一般刺史可比。［69］善修容范：很注意自己仪表的修饰。容范，容颜，仪表。［70］文物卫从：朝廷给他配备的仪仗队，让他使用的器物，以及卫队、侍从的人数等。［71］礼冠百僚：指萧嶷享受的各种待遇，都在百官之上。［72］瞻望者无不肃然：观望，观看的人没有不肃然起敬的，形容产生严肃敬仰的感情。［73］交州：汉代以来的南部州名，州治在今越南河内东北的龙编，辖境为今越南中北部地区。李叔献：原来的交州刺史李长仁堂弟，李长仁死后代领州事，继之为刺史。［74］断割外国贡献：意即截断周围小国对南齐王朝的进贡，据其贡品为己有。《南齐书》卷五十八作"既而断割外国，贡献寡少"。

三年（乙丑，485年）

春，正月，丙辰[1]，以大司农刘楷为交州刺史，发南康、庐陵、始兴兵以讨叔献。叔献闻之，遣使乞更申数年[2]，献十二队纯银兜鍪及孔雀毦[3]，上不许。叔献惧为楷所袭，间道自湘州还朝[4]。

戊寅[5]，魏诏曰："图谶之兴[6]，出于三季[7]，既非经国[8]之典，徒为妖邪所凭[9]。自今图谶、秘纬[10]，一皆焚之，留者以大辟论[11]！"又严禁诸巫觋及委巷卜筮[12]非经典所载者。

魏冯太后作《皇诰》[13]十八篇，癸未[14]，大飨群臣[15]于太华殿，班[16]《皇诰》。

辛卯[17]，上祀南郊[18]，大赦。

诏复立国学[19]；释奠先师用上公礼[20]。

二月，己亥[21]，魏制皇子皇孙有封爵者，岁禄各有差[22]。

辛丑[23]，上祭北郊[24]。

三月，丙申[25]，魏封皇弟禧为咸阳王，干为河南王，羽为广陵王，雍为颍川王，勰为始平王，详为北海王[26]。文明太后令置学馆，选师傅以教诸王。勰于兄弟最贤[27]，敏而好学，善属文[28]，魏主尤奇爱之。

夏，四月，癸丑[29]，魏主如方山；甲寅[30]，还宫。

初，宋太宗置总明观[31]以集学士，亦谓之"东观"。上以国学既立，五月，乙未[32]，省总明观[33]。时王俭领国子祭酒[34]，诏于俭宅开学士馆，以总明四部书充之[35]。又诏俭以家为府[36]。

自宋世祖[37]好文章，士大夫悉以文章相尚[38]，无以专经为业[39]者。俭少好《礼》学[40]及《春秋》[41]，言论造次必于儒者[42]，由是衣冠翕然[43]，更尚儒术[44]。俭撰次朝仪、国典[45]，自晋、宋以来故事[46]，无不谙忆[47]，故当朝理事，断决如流[48]。每博议引证[49]，八坐、丞、郎无能异者[50]。令史咨事[51]常数十人，宾客满席，俭应接辨析[52]，傍无留滞[53]，发言下笔，皆有音彩[54]。十日一还学监试诸生[55]，巾卷在庭[56]，剑卫、令史[57]，仪容甚盛[58]。作解散髻[59]，斜插簪[60]，朝野慕之，相与仿效[61]。俭常谓人曰："江左风流宰相[62]，唯有谢安[63]。"意以自比也。上深委仗[64]之，士流选用[65]，奏无不可。

（以上为第四段，写北魏禁止图谶、纬书的流行；冯太后作《皇诰》；南宋大臣王俭主持学士馆，成为南齐初年文坛的核心人物，深为朝廷所倚重。）

【注释】

[1]丙辰：此处有误，本月为己巳朔，无丙辰日。 [2]乞更申数年：请求往后推迟几年。申，同"伸"，伸展，推迟。 [3]"献十二队"句：队：同"对"，量词。兜鍪（móu）：古代武士戴的头盔。孔雀耳毛（ěr）：用孔雀毛做的装饰物。毦，用鸟兽毛做成的装饰。 [4]间道自湘州还朝：走小路经由长沙一带逃来建康投降。间道，捷径，小道。湘州，古州名，州治在今湖南长沙市。 [5]戊寅：正月十日。 [6]图谶（chèn）：即"谶书"，古代一些别有用心者所编造的一种用以煽动百姓的隐语或预言，用作吉凶的符验或征兆。如所谓"灭秦者，胡也"，等等。 [7]由于三季：出于夏、商、周三代的末年。其实是从战国之末开始有，西汉武帝以后始大肆泛滥。 [8]经国：治理国家。 [9]所凭：所依赖，所利用。 [10]图谶、秘纬：鼓吹这种妖术的各种伪书、载体，如《河图》《洛书》，以及各种纬书等。秘纬，亦叫"秘经"，即纬书，汉代一种混合神学附会

儒家经义的书。［11］以大辟论：以杀头罪论处。胡三省曰："律，凡言'以论'者，罪同真犯。"［12］巫觋（xí）：装神弄鬼以替人祈祷上天、鬼神为职业的人。女者曰"巫"，男者曰"觋"。委巷卜筮：那些活动在街头巷尾以占卦算命为职业的人。委巷，曲折的小巷，这里指民间。［13］皇诰（gào）：冯太后所作的布告于天下的命令。皇，辉煌、神圣的意思。诰，古代统治者一种训诫勉励的文告。［14］癸未：正月十五日。［15］大飨（xiǎng）群臣：举行盛大宴会招待文武百官。飨，宴请。［16］班：同"颁"，颁布，下达到全国的各州、郡、县、乡、村。［17］辛卯：正月二十三日。［18］上祀南郊：主语是南齐，皇帝到都城的南郊祭天。［19］复立国学：恢复建立国家的太学。胡三省曰："罢国学，见上卷高帝建元四年（482）。李延寿曰：'江左草创，日不暇给，以迄宋、齐，国学时或开置，而劝课未博，建之不能十年，盖取文具而已。'"［20］释奠先师：祭祀孔子。古代学校的一种典礼，每逢开学都要陈设酒食以祭奠孔子。古称孔子为"至圣先师"。释奠，即泼酒于地，表示祭祀。用上公礼：用当朝三公的规格祭祀孔子。上公，晋制，太宰、太傅、太保皆为上公，后世沿用。［21］己亥：二月二日。［22］岁禄各有差：每年都按爵位高低发给不同数量的俸禄。［23］辛丑：二月四日。［24］上祭北郊：主语是南齐，皇帝到都城的北郊祭祀地神。［25］丙申：三月二十九日。［26］"魏封皇弟禧为咸阳王"等六句：北魏孝文帝封献文帝拓跋弘的第二子到第七子、即孝文帝的二弟到七弟六人为王。二弟元禧封咸阳王，三弟元干封河南王，四弟元羽封广陵王，五弟元雍封颍川王，六弟元勰封始平王，七弟元祥封北海王。孝文帝推行汉化，改皇家姓拓跋为"元"。［27］于兄弟最贤：在众兄弟中表现最好。［28］善属（zhǔ）文：擅长于写文章。属文，连缀文词成文章。［29］癸丑：四月十七日。［30］甲寅：四月十八日。［31］宋太宗：即宋明帝刘彧，庙号太宗。总明观：国家的学术研究机关。胡三省曰："明帝泰始六年（470）立总明观，征学士以充之。举士二十人，分为儒、道、文、史、阴阳五部学。"［32］乙未：五月二十九日。［33］省总明观：撤销了总明观。省，关闭，撤销。［34］领国子祭酒：兼任国家太学的首席长官。［35］以总明四部书充之：把总明观所收藏的四部书搬到在王俭家所开设的学士馆里。所谓"四部"，是将天下所有图书分为经、史、子、集四部。这是从三国以及晋、宋以来的图书分类法。三国时称甲、乙、丙、丁四部；晋代称经、史、子、集四部。［36］以家为府：让王俭就在他们家的学士馆里办公。［37］宋世祖：即宋孝武帝刘骏，庙号世祖。［38］悉以文章相尚：都以擅长于写文章为荣耀。当时的文章指赋、诗、骈文等。相尚，以此为荣。［39］无以专经为业：没有人把钻研儒家经典当成自己的专业。［40］《礼》学：指以礼为研究对象的专门的学问。《礼》，先秦六经之一，即儒家经典《士礼》，后常指《仪礼》，称作《礼经》。［41］《春秋》：古代儒家典籍"六经"之一，是我国第一部编年体史书，也是鲁国的国史，相传是孔子依据鲁国史官所编的《春秋》编撰而成，是春秋时代的一部历史大事纲要，上起鲁隐公元年（前722），下至鲁哀公十四年（前481），对所记事件和人物予以褒贬，称为"《春秋》笔法"。［42］言论造次必于儒者：说话做事、一举一动，都以儒家的思想言论为准则。造次，仓卒，急遽。必于，必定依照。［43］衣冠翕（xī）然：有身份、有地位的人都纷纷向他学习。衣冠，代称缙绅、士大夫。翕然，像草随风倒一样地跟从着他。［44］更尚儒术：都转过来喜好、崇尚儒术。［45］撰次朝仪、国典：编排制定朝廷的礼仪与国家的典章制度。撰次，编排、制定。［46］晋、宋以来故事：晋朝、刘宋以来朝廷处理各种事务的办法与先例。［47］无不谙(ān)忆：全都记得清清楚楚。谙忆，熟记在心。［48］断决如流：处理事务，像流水一样多而迅速。［49］每博议引证：经常能旁征博引、有根有据地解决问题。每，经常。［50］八坐、丞、郎无能异者：胡三省曰："自八坐至左右丞、诸曹郎也。"八坐，指尚书令、尚书左右仆射与所属的五部尚书，共八人。丞，尚书的左右丞。郎，各部尚书属下的郎官。无能异者：没有人能提出不同的意见。［51］令史咨事：具体工作人员有事前来请示。令史，下级办事人员。［52］应接辨析：一边回答，一边给他们分析讲解。［53］傍无留滞：没有任何解决不了的问题留在旁边。傍，通"旁"。留滞，停留，搁置。［54］皆有音彩：声音又好听，语言又有文采。［55］监试诸生：监督考试太学的生员。［56］巾卷在庭：文武侍从都在院子里。巾，指戴头巾的文人。卷，指戴武冠的武夫。即剑卫与令史等人。胡三省引郑注《礼记》云："武冠，卷也。"［57］剑卫、令史：代指文武官员。剑卫，全副武装的护卫人员。［58］仪容甚盛：气派、架子都摆得十足。仪容，由仪仗、警卫所显示的官场做派。［59］解散髻：一种从容潇洒的发式。［60］簪(zān)：簪子，旧时用来别住头发的一种饰物。［61］相与仿效：争相效法。［62］江左：江东地区，此指代东晋。风流宰相：风采特异的宰相。宰相，古高官名，略同于丞相，辅助帝王、掌管国事的最高官员的通称。［63］谢安：东晋名臣、名士，以风流宰相著称于世。传见《晋书》卷七十九。［64］委仗：一切都委托他，信赖他。［65］士流选用：想委任什么人做什么官。当时王俭为尚书左仆射，兼管吏部的选官工作。

六月，庚戌[1]，魏进河南王度易侯[2]为车骑将军，遣给事中吴兴丘冠先[3]使河南，并送柔然使[4]。

辛亥[5]，魏主如方山；丁巳[6]，还宫。

秋，七月，癸未[7]，魏遣使拜宕昌王梁弥机兄子弥承为宕昌王[8]。初，弥机死，子弥博[9]立，为吐谷浑所逼，奔仇池。仇池镇将穆亮[10]以弥机事魏素厚，矜[11]其灭亡；弥博凶悖[12]，所部恶之；弥承为众所附，表请纳[13]之。诏许之。亮帅骑三万军于龙鹄[14]，击走吐谷浑，立弥承而还。亮，崇之曾孙也。

戊子[15]，魏主如鱼池[16]，登青原冈[17]；甲午[18]，还宫；八月，己亥[19]，如弥泽[20]；甲寅[21]，登牛头山[22]；甲子[23]，还宫。

魏初，民多荫附[24]；荫附者皆无官役[25]，而豪强征敛[26]倍于公赋。给事中李安世[27]上言："岁饥民流，田业多为豪右[28]所占夺；虽桑井难复[29]，宜更均量[30]，使力业相称[31]。又，所争之田[32]，宜限年断[33]，事久难明，悉归今主[34]，以绝诈妄[35]。"魏主善之，由是始议均田[36]。

冬，十月，丁未[37]，诏遣使者循行州郡，与牧守均给天下之田[38]：诸男夫十五以上受露田[39]四十亩，妇人二十亩，奴婢依良丁[40]；牛一头，受田三十亩，限止四牛。所授之田，率倍之[41]；三易之田，再倍之[42]，以供耕作及还受之盈缩[43]。人年及课则受田[44]，老免及身没则还田[45]。奴婢、牛随有无以还受。初受田者，男夫给二十亩，课种桑五十株[46]；桑田皆为世业[47]，身终不还。恒计见口[48]，有盈者无受无还[49]，不足者受种如法[50]，盈者得卖其盈[51]。诸宰民之官[52]，各随近给公田有差[53]，更代相付[54]，卖者坐如律[55]。

（以上为第五段，写孝文帝元宏推行均田制。）

【注释】

[1]庚戌：六月十五日。[2]度易侯：《南齐书》卷五十九作"易度侯"，慕容氏，河南王拾寅之子，承袭河南王担任首领，为吐谷浑第十三任国王。传见《南齐书》卷五十九。[3]丘冠先：字道玄，吴兴乌程（今浙江湖州市）人，南齐将领。传见《北史》卷二十五。[4]并送柔然使：送柔然使者回国。[5]辛亥：六月十六日。[6]丁巳：六月二十二日。[7]癸未：七月十八日。[8]弥承为宕昌王：宕昌地区的羌族部落头领。宕昌，古郡名，郡治在今甘肃宕昌县，在今甘肃东南部的陇南地区。弥承，即梁弥承，南齐时羌族首领。南齐授以安西将军、东羌校尉，河、凉二州刺史，宕昌王。他又接受北魏的封赠为宕昌王，遣使诣齐求军仪及伎杂书，齐赐以《五经集注》《论语》。传见《南齐书》卷五十九。[9]弥博：即梁弥博，于其父梁弥机去世后继立为宕昌国君主，为人凶狠、暴虐。继位后，受吐谷浑势力所逼，逃奔仇池。后不知所终。[10]穆亮：字幼辅，本姓丘穆陵氏，字老生，代郡平城（今山西大同市）人，宜都丁公穆崇的曾孙，北魏大臣。先后仕于献文、孝文、宣武三朝，曾拜驸马都尉、征南大将军，封长乐王，政尚宽简，后任骠骑大将军、尚书令、司空。传见《魏书》卷二十七。[11]矜（jīn）：同情。[12]凶悖：凶暴，悖逆。[13]纳：送入。外部大国恃其武力，强送某人入其地区为君主叫"纳"。[14]军于龙鹄：驻兵于龙鹄。龙鹄，古城名，也称"龙涸""龙鹤"，在今四川松潘县。[15]戊子：七月二十三日。[16]鱼池：古池名，在当时北魏都城平城（今山西大同市东北）的北苑。[17]青原冈：古地名，在北魏都城平城附近。[18]甲午：七月二十九日。[19]己亥：八月五日。

［20］弥泽：古地名，在今山西朔州市西南。［21］甲寅：八月二十日。［22］牛头山：古山名，具体地不详。［23］甲子：八月三十日。［24］荫附：投靠某个豪强势力，以求荫庇。古代为逃避政府的征兵征粮，而归附某一豪门贵族门下，称作"荫户"。［25］无官役：不给官府出徭役。［26］豪强征敛：所依附的豪门贵族对他们的掠夺性赋敛。［27］给事中：古官名，是皇帝的侍从官员，起参谋顾问之用，地位显要。李安世：字安世，赵郡平棘（今河北赵县）人，中书侍郎李祥之子，北魏大臣。传见《魏书》卷五十三。［28］豪右：豪门大族。［29］虽桑井难复：即使古代传说的井田制，也难以恢复实行。虽，即使。桑，即《孟子》描述理想生活所说的"五亩之宅，树之以桑，五十者可以衣帛矣"云云。井，即井田制。［30］宜更均量：至少也应该重新丈量一次。［31］力业相称：有多少人力和有多少数量的土地，两者相宜。业，产业，这里即指土地。［32］所争之田：对主权有争议的土地。［33］宜限年断：应规定一个年限，即看他占有这块土地多少年了。［34］悉归今主：全部划归现在的主人。［35］以绝诈妄：以消除没有根据的胡搅蛮缠。［36］始议均田：开始研究实行均田制。这种按人口分配土地的制度从北魏开始实行，一直延续到唐代中叶。［37］丁未：十月十三日。［38］牧守均给天下之田：州刺史与郡太守按人口平均分配全国的土地。［39］露田：用于种植谷物，不种树，并在一定的时候还要交还给官府的田。杜佑《通典注》曰："不栽树者谓之露田。"［40］奴婢依良丁：男女奴隶依照平民的成年男女一样分给土地。良丁，平民的成年男女。［41］率倍之：一般都是按照两倍的数量授予。因为当时人口稀少而土地很多。而且有些地也需要轮作休耕。［42］三易之田，再倍之：胡三省曰："三年耕然后复故，故再倍以授之。"再倍，再增加一倍。［43］以供耕作：以保证其经常能耕作的数量。还受之盈缩：以补充日后在不断领田、分田过程中所出现的差额。［44］人年及课则受田：年轻人一到该交纳赋税的年龄，就开始接受应分的土地。及课，到了应纳税服役的年龄，亦即成丁、成年。［45］老免及身没：人到了年老免赋或未老而死亡。［46］课种桑五十株：规定种桑树五十株。课，规定，要求。［47］世业：世代相传的产业。［48］恒计见口：经常统计现有的人口。恒，常。见，同"现"。［49］有盈者无受无还：哪一家由于人口减少而出现土地超量，就不再授给土地，而其超出的部分，也不用归还官府。［50］不足者受种如法：哪一家由于人口增加而出现土地不足，就可以按照规定到政府去领取。受种，领取应有的土地。如法，按照规定。［51］盈者得卖其盈：土地超量的人家，可以出卖其超量的部分。［52］宰民之官：直接管理百姓的地方官。宰，主管。［53］各随近给公田有差：可以在其任职单位的附近领取一块大小相当的公田。据《魏书·食货志》所载，刺史十五顷，太守十顷，治中、别驾各八顷，县令、郡丞六顷。［54］更代相付：任该职务的官员相互接替着使用这块土地。［55］卖者坐如律：谁要是变卖这块地，谁就要依法受到惩处。如律，依法。

辛酉[1]，魏魏郡王陈建卒。

魏员外散骑常侍李彪等来聘。

十二月，乙卯[2]，魏以侍中淮南王佗为司徒。

柔然犯魏塞[3]，魏任城王澄[4]帅众拒之，柔然遁去。澄，云之子也。氐、羌[5]反，诏以澄为都督梁、益、荆[6]三州诸军事，梁州刺史。澄至州，讨叛柔服[7]，氐、羌皆平。

初，太祖命黄门郎虞玩之[8]等检定黄籍[9]。上即位，别立校籍官[10]，置令史[11]，限人一日得数巧[12]。既连年不已[13]，民愁怨不安。外监[14]会稽吕文度启上[15]，籍被却者悉充远戍[16]，民多逃亡避罪。富阳民唐宇之[17]因以妖术惑众作乱，攻陷富阳，三吴[18]却籍者奔之，众至三万。

文度与茹法亮、吕文显皆以奸谄[19]有宠于上。文度为外监，专制兵权，领军守虚位[20]而已。法亮为中书通事舍人[21]，权势尤盛[22]。王俭常曰："我虽有大位[23]，权寄[24]岂及茹公邪！"

是岁，柔然部真可汗[25]卒，子豆仑[26]立，号伏名敦可汗，改元太平[27]。

（以上为第六段，写南齐重新校订户籍，检查奸伪案件，致使矛盾激化，有人乘机反叛；吕文渡等受到皇帝的宠幸，为外监，权势炙手可热，连朝廷大臣都自叹不如。）

【注释】

[1]辛酉：十月二十七日。[2]乙卯：十二月二十二日。[3]魏塞：北魏边境地区。[4]任城王澄：即元澄，原名拓跋澄，字道镇，景穆帝拓跋晃之孙，任城王拓跋云长子，袭封任城王，治理梁州、徐州、雍州、定州，颇有政绩，官至中书令、骠骑大将军、司徒、侍中、尚书令。传见《魏书》卷十九中。[5]氐、羌：皆古少数民族名。氐，此指活动在今甘肃东南部，以杨氏为头领的氐族人。羌，此指活动在今青海东南部的吐谷浑人。[6]梁、益、荆：北魏的三州名，梁、益二州的州治都在仇池，在今甘肃成县西，二州共设一个刺史，荆州的州治在今陕西商洛市商州区。[7]讨叛柔服：对发动叛乱者以兵讨之，对自动归服者加以抚慰，区别对待，不冲动蛮干。[8]太祖：即萧道成，庙号太祖。虞玩之：字茂瑶，会稽余姚（今浙江余姚市）人，东吴经学大师虞翻之后，南齐重臣。为骁骑将军、黄门郎。传见《南齐书》卷三十四。[9]检定黄籍：检查、审定全国的户籍。黄籍，胡三省引杜佑曰："户口版籍也。"以其用黄纸写成，故称黄籍。萧道成让虞玩之检定黄籍，在太祖建元二年（480），事见《资治通鉴》卷一三五。[10]校籍官：古官

名，主管户籍审查。［11］置令史：设立专门检查户籍的文职小吏。［12］限人一日得数巧：规定指标，要求每人每天必须查出若干条弄虚作假的问题。巧，弄虚作假。［13］连年不已：一连查了几年还没有查完。［14］外监：古官名，皇帝派在中领军军队中的特派人员，起伺察与告密的作用。胡三省曰："外监，属中领军，而亲任过于领军。"中领军，是皇帝禁军的六个将领之一。［15］吕文度：会稽（今浙江绍兴市）人，南齐佞幸之臣。传见《南齐书》卷五十六。［16］籍被却者悉充远戍：凡是在审查户籍中被刷掉的人口，通通发配到远方守边。却，落，刷下。［17］富阳民唐㝢之：富阳县的百姓。富阳县在今浙江境内。唐㝢之，南齐武帝萧赜时曾以妖术惑众作乱。［18］三吴：指吴兴、吴郡、会稽三郡。［19］奸谄：奸诈，谄媚。［20］领军守虚位：领军将军成了徒有虚名的人。［21］中书通事舍人：古官名，中书省的官员，负责中书省与皇帝间的联络。［22］权势尤盛：茹法亮等虽名为中书舍人，但由于都是特派员，每人分掌一省，故而此数人遂势倾朝廷。［23］大位：时王俭任侍中、尚书令、卫军将军、参掌选事。［24］权寄：实权与皇帝的信托。［25］部真可汗：即郁久闾予成，处罗可汗之子，处罗可汗病死后继位，在位21年。仿制中原王朝，建年号为"永康"，称受罗部真可汗（意为仁惠之王）。在位期间，希望与北魏和好相处，曾几次向北魏求婚，均因故未成。传见《魏书》卷一百三。［26］豆仑：即郁久闾豆仑，柔然受罗部真可汗郁久闾予成之子，凶狠残暴。传见《魏书》卷一百三。［27］改元太平：更改年号为太平（485—492），柔然可汗郁久闾豆仑的年号，共八年。后豆仑在兵变中被杀。

四年（丙寅，486年）

春，正月，癸亥朔[1]，魏高祖朝会[2]，始服衮冕[3]。

壬午[4]，柔然寇魏边。

唐㝢之攻陷钱唐[5]，吴郡诸县令多弃城走。㝢之称帝于钱唐，立太子，置百官，遣其将高道度等攻陷东阳[6]，杀东阳太守萧崇之[7]。崇之，太祖族弟也。又遣其将孙泓寇山阴[8]，至浦阳江[9]；浃口戍主[10]汤休武击破之。上发禁兵数千人，马数百匹，东击㝢之。台军[11]至钱唐，㝢之众乌合[12]，畏骑兵，一战而溃，擒斩㝢之，进平诸郡县。

台军乘胜，颇纵抄掠[13]。军还，上闻之，收军主前军将军陈天福弃市[14]；左军将军刘明彻免官、削爵，付东冶[15]。天福，上宠将也，既伏诛，内外莫不震肃[16]。使通事舍人丹阳刘系宗[17]随军慰劳[18]，遍至遭贼郡县，百姓被驱逼者悉无所问[19]。

闰月，癸巳[20]，立皇子子贞为邵陵王[21]，皇孙昭文为临汝公[22]。

氐王杨后起[23]卒，丁未[24]，诏以白水太守杨集始[25]为北秦州刺史、武都王[26]。集始，文弘之子也。后起弟后明为白水太守。魏亦以集始为武都王。集始入朝于魏，魏以为南秦州[27]刺史。

辛亥[28]，帝耕籍田。

二月，己未[29]，立皇弟铄为晋熙王[30]，铉为河东王[31]。

魏无乡党之法[32]，唯立宗主督护[33]；民多隐冒[34]，三五十家始为一户[35]。内秘书令李冲[36]上言："宜准古法[37]：五家立邻长，五邻立里长，五里立党长，取乡人强谨[38]者为之。邻长复一夫[39]，里长二夫[40]，党长三夫，三载无过[41]，则升一等[42]。其民调[43]，一夫一妇，帛一匹，粟二石。大率十匹为公调，二匹为调外费，三匹为百官俸[44]。此外复有杂调[45]。民年八十已上[46]，听一子不从役[47]。孤独、癃老、笃疾[48]、贫穷不能自存者，三长内迭养食之[49]。"书奏，诏百官通议[50]。中书令郑羲[51]等皆以为不可。太尉丕[52]曰："臣谓此法若行，于公私有益。但方[53]有事之月，校比[54]户口，民必劳怨。请过今秋，至冬乃遣使者，于事为宜。"冲曰："'民可使由之，不可使知之[55]。'若不因调时[56]，民徒知立长校户之勤[57]，未见均徭省赋之益[58]，心必生怨。宜及调课[59]之月，令知赋税之均，既识其事，又得其利，行之差易[60]。"群臣多言："九品差调[61]，为日已久，一旦改法，恐成扰乱。"文明太后曰："立三长则课调有常准[62]，苞荫之户可出[63]，侥幸之人可止[64]，何为不可！"甲戌[65]，初立党、里、邻三长，定民户籍。民始皆愁苦，豪强者尤不愿。既而课调省费十余倍，上下安之。

（以上为第七段，写南齐的军队平定唐宇的叛乱，而大肆掳掠，被朝廷严惩；北魏在内秘书令李冲的建议下，立乡党之法，百官认为不可，冯太后拍板实施，效果很好。）

【注释】

[1]癸亥朔：正月一日。 [2]魏高祖朝会：魏高祖，即北魏孝文皇帝元宏，庙号高祖。朝会，诸侯、臣属及外国使者朝见天子。 [3]始服衮（gǔn）冕（miǎn）：开始穿汉族皇帝所穿的衮服和戴汉族皇帝所戴的冠冕。衮冕，皇帝的礼服与礼帽。 [4]壬午：正月二十日。 [5]钱唐：古县名，县治在今浙江杭州市西南。 [6]高道度等攻陷东阳：高道度，南齐反叛首领唐宇之的部将。东阳，

古郡名，郡治在今浙江金华市。［7］萧崇之：萧道赐之子，梁武帝萧衍的三叔，南齐官员。传见《梁书》卷二十四。［8］山阴：古县名，县治在今浙江绍兴市。［9］浦阳江：古水名，在今浙江东部的曹娥江。［10］浃（jiā）口戍主：浃口军事据点的头领。浃口，古地名，在今浙江宁波市东北的镇海区。［11］台军：朝廷政府军。［12］乌合：即乌合之众，一哄而起，指没有严格的组织纪律。［13］颇纵抄掠：有些放纵士兵抢掠百姓。颇，略，有些。［14］陈天福弃市：讨伐叛乱的军主、前军将军，因纵部众抄掠被弃市。弃市，在闹市杀头或腰斩。［15］付东冶：放送到东冶城服劳役。胡三省曰："建康有东、西二冶，今冶城即其地，亦曰'东冶亭'。"旧址在今江苏南京市朝天宫附近。［16］震肃：因慑于威猛之政而风气肃然。［17］刘系宗：丹阳人，少善书画，与茹法亮等同为佞幸之臣。传见《南齐书》卷五十六。［18］随军慰劳：随着军队的前进，到处安慰受难的百姓。［19］被驱逼者悉无所问：被反贼裹胁威逼随之为乱者一概既往不咎。［20］闰月，癸巳：闰正月一日。［21］子贞：即萧子贞，字云松，齐武帝萧赜第十四子，封邵陵王，年仅十五岁。传见《南齐书》卷四十。［22］昭文：即萧昭文，字季尚，齐武帝萧赜之孙，文惠太子萧长懋次子，封为临汝公。后为南齐第四任皇帝。传见《南齐书》卷五。［23］杨后起：原氐王杨难当之孙，杨文弘的远房堂侄，承袭杨文弘担任武兴国君主，为第二任武兴王。传见《南齐书》卷五十九。［24］丁未：闰正月十五日。［25］杨集始：仇池武兴国君杨文弘之子，武兴国第三位国君。传见《魏书》卷一百一。［26］北秦州：古州名，州治在今甘肃成县西北。武都王：封地武都郡，郡治雍县，在今陕西宝鸡市东北，当时属北魏，此为虚封。［27］南秦州：北魏州名，州治即当时的骆谷城，在今甘肃西和县西南洛峪乡。［28］辛亥：闰正月十九日。［29］己未：此处疑有误。二月壬戌朔，无己未日。［30］銶（qiú）：即萧銶（479—494），字宣攸，齐高帝萧道成第十八子，封晋熙郡王，后被权臣萧鸾杀害。传见《南齐书》卷三十五。［31］铉（xuàn）：即萧铉，字宣胤，齐高帝萧道成第十九子，封河东郡王，后被萧鸾杀害，并杀二子。传见《南齐书》卷三十五。［32］乡党之法：基层百姓的管理建制，如历代中原王朝所实行的五家为一邻，五邻为一里，五里为一党，五党为一乡等。［33］唯立宗主督护：只在一个居民点或一个部落、村落中设立一个头领，叫"宗主督护"。这就如同战乱年代有些地区的居民自己联合组成的坞、堡一样。其中只有一个头领，大家都听他的指挥。督护，犹言总监、总管。［34］民多隐冒：民众多隐瞒户口、假报年龄。［35］三五十家始为一户：有的三十家、五十家才报一家的户口。［36］内秘书令：胡三省曰："秘书省在禁中，故名'内秘书令'，亦谓之'中秘'。"李冲：字思顺，孝庄帝元子攸外祖父，镇北将军李宝之子，北魏外戚大臣。传见《魏书》卷五十三。［37］宜准古法：应该依照古代的办法。［38］强谨：坚强而又谨慎。强，指有智慧、有毅力。［39］邻长复一夫：当邻长的人可以免除他家一个人的赋税与徭役。复，免除赋税或劳役。［40］里长二夫：当里长的人可以免除他家两个人的赋税与徭役。［41］三载无过：当官当得好，三年没有过失。［42］升一等：指增复一户，即邻长复二夫等等。［43］民调：户调，户口税。调，赋税。［44］大率十匹为公调，二匹为调外费，三匹为百官俸（fèng）：大体说来，朝廷将征收的布帛分为十五等份，其中十四为公调，二匹为调外费，三匹为内外百官俸禄。公调，上交国库的钱粮。外费，额外的费用。俸，俸禄，薪水。［45］杂调：用于各级官府不时之需的各种杂费。［46］已上：即“以上”。已，同“以”。［47］听一子不从役：听，听任，允许。不从役，不服兵役、劳役。［48］孤独、癃老、笃疾：孤独，指幼而无父与老而无子。癃（lóng）老，衰老病弱。癃，背曲隆高之病，这里泛指病。笃疾，重病在身，指虽未年老，但有重病。［49］三长迭养食（sì）之：指邻长、里长、党长将其收容起来轮流供养。迭，轮流。食，供养。［50］通议：共同讨论。［51］郑羲：字幼麟，荥阳开封（今河南开封市）人，名士郑晔之子，北魏有才智之臣。传见《魏书》卷五十六。［52］丕：即拓跋丕，乐城侯拓跋兴都之子，北魏宗室大臣。传见《魏书》卷十四。［53］方：正当，正值。［54］校比：清查，核查。［55］民可使由之，不可使知之：见《论语·泰伯》，意思是老百姓只能让他们按照命令去做，很难让他们知道为什么。［56］若不因调时：如果不趁征收赋税的时候清查户口。［57］徒知立长校户之勤：只看到，只体会到设立三长、清查户口的麻烦。勤，麻烦。［58］均徭省赋：平均徭役，减少赋税。［59］宜及调调：应该趁着征收赋税的时机。及，趁着。［60］行之差易：做起来比较容易。差，略。［61］九品差调：按照九级户口征收赋税的办法。具体办法是官府将纳税户分为三等九级。上等的三级将赋税送到国家京城，中等的三级将赋税送到别州的国库，下等的三级将赋税送到本州的国库。［62］课调有常准：因为对各家各户的情况比较清楚，征收税赋有一定的标准。［63］苞荫之户可出：那些隐藏在豪门大族下的黑户口可以清查出来。苞荫，遮蔽，掩盖。苞，同“包”，包藏，隐藏。［64］侥幸之人可止：投机取巧、逃避赋税的人无法再顺利度过。［65］甲戌：二月十三日。

三月，丙申[1]，柔然遣使者牟提如魏。时敕勒[2]叛柔然，柔然伏名敦可汗[3]自将讨之，追奔至西漠[4]。魏左仆射穆亮等请乘虚击之，中书监高闾曰：“秦、汉之世，海内一统，故可远征匈奴。今南有吴寇[5]，何可舍之深入虏庭！”魏主曰：“‘兵者凶器，圣人不得已而用之[6]。’先帝屡出征伐者，以有未宾之虏[7]故也。今朕承太平之业，奈何无故动兵革[8]乎！”厚礼其使者而归之。

夏，四月，辛酉朔[9]，魏始制五等公服[10]；甲子[11]，初以法服、御辇祀南郊[12]。

癸酉[13]，魏主如灵泉池[14]；戊寅[15]，还宫。

湘州蛮[16]反，刺史吕安国[17]有疾不能讨；丁亥[18]，以尚书左仆射柳世隆为湘州刺史，讨平之。

六月，辛酉[19]，魏主如方山。

己卯[20]，魏文明太后赐皇子恂名[21]，大赦。

秋，七月，戊戌[22]，魏主如方山。

八月，乙亥[23]，魏给尚书五等爵已上[24]朱衣，玉佩，大小组绶[25]。

九月，辛卯[26]，魏作明堂、辟雍[27]。

冬，十一月，魏议定民官依户给俸[28]。

十二月，柔然寇魏边。

是岁，魏改中书学曰“国子学[29]”。分置州郡，凡三十八州[30]，二十五在河南[31]，十三在河北[32]。

（以上为第八段，写柔然派使者出访北魏，北魏以厚礼接待，与柔然和好；北魏完善官制，作五等官服，兴建明堂、辟雍，地方官吏按照所管辖户口发放俸禄。）

【注释】

[1]丙申：三月五日。 [2]敕勒：也称铁勒、高车，当时活动在柔然北方的少数民族名。[3]伏名敦可汗：即郁久闾豆仑。伏名敦，永恒的意思。 [4]西漠：古地名，在蒙古大沙漠以西。 [5]吴寇：吴地的寇盗，这里指南齐王朝。 [6]兵者，凶器，圣人不得已而用之：见《老子》第三十一章。原文作：“兵者，不祥之器也，非君子之器也，不得已而用之。” [7]有未宾之虏：尚有未曾归服的敌人。未宾，未服，未来朝拜。 [8]兵革：兵器和甲胄的总称，代指战争。[9]辛酉朔：四月一日。 [10]五等公服：五等官员的规定服饰。胡三省曰：“公服，朝廷之服。五等，朱、紫、绯、绿、青。” [11]甲子：四月四日。 [12]法服：皇帝在举行大典时所穿的礼服。御辇：皇帝的车驾。祀南郊：到都城的南郊祭天。 [13]癸酉：四月十三日。 [14]灵泉池：古池水名。胡三省曰：“魏于方山之南起灵泉宫，引如浑水为灵泉池，东西一百步，南北二百步。”方山，在北魏都城平城北，北魏主与冯太后都在这里为自己预建陵墓。 [15]戊寅：四月十八日。[16]湘州蛮：湘州境内的少数民族。湘州，古州名，州治在今湖南长沙市。 [17]吕安国：广陵人。刘宋、南齐将领。传见《南齐书》卷二十九。 [18]丁亥：四月二十七日。 [19]辛酉：六月二日。 [20]己卯：六月二十日。 [21]赐皇子恂名：给北魏主拓跋宏新生的儿子起名曰“恂”。此子即冯太后的重孙。 [22]戊戌：七月九日。 [23]乙亥：八月十七日。 [24]尚书五等爵已上：尚书省以上的官员。五等爵，指公、侯、伯、子、男五等爵位。 [25]大小组绶（shòu）：大小不同的系印的丝条。绶，丝条，用以系印及系佩玉。因是用丝线编成，故称组绶。组，古代指丝带。 [26]辛卯：九月三日。 [27]明堂、辟雍：古宫殿名，都是儒家宣传的古代帝王讲礼、颁政以及尊贤、讲学的地方。明堂，古代天子举行典礼的厅堂。辟雍，圆形，围以水池，前

门外有便桥，古代举行典礼、宣明教化的地方，后代也用以称太学。［28］民官依户给俸：治民的官员，即各级地方官，如县令、郡守、刺史等，按照其所管地区的户口多少所发的俸禄有所不同。因为战乱，当时中原地区的人口普遍稀少，再加上地方官的为政好坏也影响其所管辖地区的人口多少。［29］中书学：指太学，是北魏时的中央教育机构。国子学：为最高学府，原与太学并立，教育对象乃是更高级统治者的子弟。［30］凡三十八州：全国总共三十八个州。凡，总，总共。［31］二十五在河南：在黄河以南的有二十五个州，具体是青、南青、兖、齐、济、光、豫、洛、徐、东徐、雍、秦、南秦、梁、益、荆、凉、河、沙，时又置华、陕、夏、岐、班、郢。［32］十三在河北：在黄河以北的有十三个州，具体是司、并、肆、定、相、冀、幽、燕、营、平、安，时又置瀛、汾。

五年（丁卯，487年）

春，正月，丁亥朔[1]，魏主诏定乐章，非雅者除之。

戊子[2]，以豫章王嶷为大司马，竟陵王子良为司徒，临川王映、卫将军王俭、中军将军王敬则并加开府仪同三司。子良启记室范云为郡[3]，上曰："闻其常相卖弄[4]，朕不复穷法[5]，当宥之以远[6]。"子良曰："不然。云动相规诲[7]，谏书具存。"遂取以奏，凡百余纸，辞皆切宜[8]。上叹息，谓子良曰："不谓云能尔[9]；方使弼汝[10]，何宜出守[11]！"文惠太子[12]尝出东田观获[13]，顾谓众宾曰："刈此亦殊可观[14]。"众皆曰："唯唯[15]。"云独曰："三时之务[16]，实为长勤[17]。伏愿殿下知稼穑[18]之艰难，无徇一朝之宴逸[19]！"

荒人桓天生[20]自称桓玄宗族，与雍、司[21]二州蛮相扇动，据南阳故城[22]，请兵于魏，将入寇[23]。丁酉[24]，诏假丹杨尹萧景先节[25]，总帅步骑，直指义阳[26]，司州诸军皆受节度[27]；又假护军将军陈显达节，帅征虏将军戴僧静[28]等水军向宛、叶[29]，雍、司诸军皆受显达节度，以讨之。

魏光禄大夫咸阳文公高允，历事五帝[30]，出入三省[31]，五十余年，未尝有谴[32]；冯太后及魏主甚重之，常命中黄门[33]苏兴寿扶侍。允仁恕简静[34]，虽处贵重[35]，情同寒素[36]；执书吟览，昼夜不去手；诲人以善，恂恂不倦[37]；笃亲念故[38]，无所遗弃。显祖[39]平青、徐[40]，悉徙其望族于代[41]，其人多允之婚媾[42]，流离饥寒；允倾家赈施[43]，咸得其所，又随其才行[44]，荐之于朝。议者多以初附间之[45]，允曰："任贤使能，何有新旧！必若有用[46]，岂可以此抑之[47]！"允体素无疾，至是微有不适，犹起居如常，数日而卒，年九十八，赠侍中、司空，赙襚甚厚[48]。魏初以来，存亡蒙赉[49]，皆莫及也。

（以上为第九段，写南齐大臣范云被武帝萧赜误会，认为他是善于卖弄之人，实际上他善于谏诤；北魏名臣高允曾侍奉五帝，历事三代，从未有过失，德高望重，无疾而终。）

【注释】

[1]丁亥朔：正月一日。 [2]戊子：正月二日。 [3]启记室范云为郡：请求，建议让自己的僚属范云担任郡守职务。记室，古官名，略同于主簿、书记。 [4]卖弄：有意显示、炫耀自己的本领。 [5]不复穷法：不再深加追究。 [6]宥（yòu）之以远：宽恕他，把他放到边远的地方去任职。宥，宽饶，原谅。 [7]动相规诲：经常地规劝我、开导我。动，动不动地，意即时常。 [8]辞皆切直：说话全都中肯且直率。 [9]不谓云能尔：想不到范云能够这个样子。尔，如此。 [10]方使弼（bì）汝：这样正好让他给你做帮手。弼，辅佐，帮助。 [11]何宜出守：怎么好让他出去当太守呢？ [12]文惠太子：即萧长懋，字云乔，小字白泽，齐南齐高帝萧道成之孙，武帝萧赜长子。南齐建立后，封南郡王，进号征虏将军，迁侍中、中军将军，册立为皇太子。传见《南齐书》卷二十一。 [13]尝出东田观获：曾经到建筑在东宫以东的东田楼阁上观看农民收割庄稼。胡三省曰："时太子作东田于东宫之东，绵亘华远，壮丽极目。" [14]刈（yì）此亦殊可观：这种收割劳动也很好看。刈，收割。殊可观，很值得看。 [15]唯唯：随声附和的样子。 [16]三时之务：一年三个季节的苦干，指春耕、夏耘和秋获。 [17]实为长勤：实在是一种漫长且艰苦的劳动。 [18]伏愿殿下知稼穑：诚心诚意地希望您了解耕种收获，泛指农业劳动。伏，表示俯伏，谦敬的用语。穑，收割谷物。 [19]无徇一朝之宴逸：不要过分地追求一时的安乐。徇，追求。古代有所谓"宴安鸩毒"比之为毒药。安乐。宴，安。 [20]荒人桓天生：亡命徒、逃亡者，逃亡到官兵不至的荒野之中。桓天生，即桓诞，字天生，东晋末年的乱臣桓玄之子，在桓玄被杀后逃入襄阳以北的大阳蛮中，为大阳蛮酋长，曾出兵南攻义阳、竟陵，均无功。事见《魏书》卷一百一。 [21]雍、司：古二州名，南齐的雍州州治在今湖北襄阳市襄州区，司州的州治在今河南信阳市。 [22]南阳故城：古城名，在今河南南阳市，此时属南齐。 [23]将入寇：桓天生准备进攻南齐。 [24]丁酉：正月十一日。 [25]假丹杨尹萧景先节：授予丹杨尹萧景先旌节，命其奉旨出征。萧景先，初名道先，后避萧道成讳改名，萧道成之侄。武帝即位，任侍中、领军将军、丹杨尹，封新吴侯。传见《南齐书》卷三十八。 [26]义阳：古城名，在今河南信阳市，当时属南齐。 [27]皆受节度：都受萧景先调遣、指挥。 [28]戴僧静：字僧静，会稽永兴（今浙江

杭州市萧山区）人，南齐将领。少有胆力，熟习骑射。传见《南齐书》卷三十。［29］宛、叶：古二县名，宛县的县治在今河南南阳市，叶县的县治在今河南叶县西南的旧县城。［30］历事五帝：指拓跋焘、拓跋晃、拓成浚、拓跋弘、拓跋宏。［31］出入三省：指先后在尚书省、中书省、秘书省三个部门为官。高允最高任过中书监、中书令、太常卿等职。［32］未尝有谴：从未受过皇帝的批评、谴责。［33］中黄门：在宫廷中服务的太监。［34］仁恕简静：仁爱，宽容。简约，沉静。［35］贵重：显贵，这里指重要岗位。［36］情同寒素：实际表现像一个穷苦人、平常人。［37］恂恂：和气而有耐心的样子。［38］笃亲念故：对亲戚、朋友感情深厚，念念不忘。［39］显祖：即北魏献文帝拓跋弘，庙号显祖。［40］平青、徐：事在刘宋明帝泰始五年（469），由于明帝刘彧骄傲轻敌，派沈攸之等出兵淮北，薛安都等以徐州投降北魏，沈攸之的朝廷军大败，致使淮北大片土地陷入北魏人之手。［41］徙其望族于代：指北魏主拓跋弘将青州和徐州的世家大族都迁到代郡。代，古国名、地区名，大致指今河北蔚县、阳原县、怀安县，山西吕梁市离石区、灵石县、昔阳县以北地区，是北魏拓跋氏最早的建国之地。［42］婚媾（gòu）：意即亲戚，有婚姻关系的人。媾，亲上加亲，结为婚姻。［43］赈（zhèn）施：赈济，救助。［44］随其才行：根据他们各自的才干和品行。［45］以初附间之：以他们都是些刚刚归降北魏的人嫌弃他们。间，隔阂，嫌弃。［46］必若有用：如果他们是真正的有用之才。［47］岂可以此抑之：怎么能因为他们是刚刚归附就埋没他们？［48］赙（fù）襚（suì）甚厚：朝廷送给他们家很多助丧的财物。赙，赠送丧家布帛。襚，赠送丧家衣被。［49］存亡蒙赉（lài）：生前与死后能得到朝廷厚重赐予的人。赉，赐予，赠送。

桓天生引魏兵万余人至沘阳[1]，陈显达遣戴僧静等与战于深桥[2]，大破之，杀获万计。天生退保沘阳，僧静围之，不克而还。荒人胡丘生起兵悬瓠以应齐[3]，魏人击破之，丘生来奔。天生又引魏兵寇舞阴[4]，舞阴戍主[5]殷公愍拒击，破之，杀其副张麒麟[6]，天生被创[7]退走。三月，丁未[8]，以陈显达为雍州[9]刺史。显达进据舞阳城[10]。

夏，五月，壬辰[11]，魏主如灵泉池。

癸巳[12]，魏南平王浑[13]卒。

甲午[14]，魏主还平城。诏复七庙子孙[15]及外戚缌麻服已上[16]，赋役无所与[17]。

魏南部尚书公孙邃[18]、上谷公张倏[19]帅众与桓天生复寇舞阴，殷公愍击破之；天生还窜荒中[20]。邃，表之孙也。

魏春夏大旱，代地尤甚；加以牛疫，民馁死[21]者多。六月，癸未[22]，诏内外之臣极言无隐[23]。齐州刺史韩麒麟[24]上表曰："古先哲王[25]，储积九稔[26]；逮于中代[27]，亦崇斯业[28]，入粟者与斩敌同爵[29]，力田者与孝悌[30]均赏。今京师民庶，不田者多，游食之口，参分居二[31]。自承平日久，丰穰积年[32]，竞相矜夸[33]，遂成侈俗[34]。贵富之家，童妾袨服[35]，工商之族，仆隶玉食[36]；而农夫阙糟糠[37]，蚕妇乏短褐[38]。故令耕者日少，田有荒芜；谷帛罄于府库[39]，宝货盈于市里[40]；衣食匮于室[41]，丽服溢于路[42]。饥寒之本，实在于斯。愚谓凡珍异之物，皆宜禁断[43]；吉凶之礼，备为格式[44]，劝课农桑[45]，严加赏罚。数年之中，必有盈赡[46]。往年校比户贯[47]，租赋轻少。臣所统齐州，租粟才可给俸[48]，略无入仓[49]，虽于民为利[50]而不可长久，脱有戎役[51]，或遭天灾，恐供给之方[52]，无所取济[53]。可减绢布，增益谷租；年丰多积，岁俭[54]出赈。所谓私民之谷[55]，寄积于官，官有宿积[56]，则民无荒年矣。"

秋，七月，乙丑[57]，诏有司开仓赈贷[58]，听民出关就食[59]。遣使者造籍[60]，分遣去留[61]，所过给粮廪[62]，所至三长赡养[63]之。

（以上为第十段，写南齐民桓天生起兵反叛，勾结北魏，被打败；北魏主拓跋宏开门纳谏，齐州刺史韩麒麟上书，提出抑制奢侈、重视农业、丰储荒赈的建议。）

【注释】

[1]沘（bǐ）阳：古县名，县治在今河南泌阳县，地处南齐与北魏的边界地区。[2]深桥：古地名，在今河南泌阳县南。[3]胡丘生起兵悬瓠以应齐：起兵悬瓠以响应南齐。悬瓠（hù），古县名，县治在今河南汝南县，当时的军事重地，为北魏豫州的州治所在地。应齐，与南齐王朝的军事行动呼应配合。[4]舞阴：古县名，县治在今河南泌阳县北，当时属于南齐。[5]戍主：古代驻守一地的长官。[6]张麒麟：叛首桓天生的副将，被杀。[7]被创：受伤。[8]丁未：三月二十二日。[9]雍州：古州名，南齐时为侨置州，州治襄阳，在今湖北襄阳市。[10]舞阳城：古城名，即舞阳县城，在今河南舞阳县西北。[11]壬辰：五月八日。[12]癸巳：五月九日。[13]南平王浑：即拓跋浑，道武帝拓跋珪之孙，阳平王拓跋熙次子，封南平王，出任镇东大将军、平州刺史。传见《魏书》卷十六。[14]甲午：五月十日。[15]复七庙子孙：免除北魏宗庙所供奉的七代先人之子孙的一切赋税及劳役。胡三省曰："七庙，自太祖以下。"太祖以下，为太祖拓跋珪、太宗拓跋嗣、世祖拓跋焘、恭宗拓跋晃、高宗拓跋濬、显祖拓跋弘，实际只有六庙，是否从拓跋珪之父、献明皇帝拓跋寔算起，待考。[16]外戚缌（sī）麻服已上：凡是在丧礼上穿

缌麻服以上的所有外戚。外戚，指皇帝后妃娘家一方的亲戚。缌麻服，丧服五种中最轻的一种，用细麻布制成，为疏远的亲属、亲戚所穿戴。其他四种为斩衰、齐衰、大功、小功。已，同“以”。［17］赋役无所与：交税服役的事情与之无关。与，参与，有关。［18］南部尚书公孙邃：北魏官名，尚书省南部曹长官，除管理南方州郡事务外，还统兵南进。公孙邃（suì），字文庆，北魏将领公孙表之孙，公孙质次子，北魏大臣。传见《魏书》卷三十三。［19］张倏（shū）：北魏官员，为上谷公，曾率军侵犯南齐，被打败。［20］还窜荒中：又逃回到官兵不至的荒野之地。［21］馁（něi）死：饥饿而死。［22］癸未：六月二十九日。［23］极言无隐：毫不保留地给皇帝提出意见、建议。［24］韩麒麟：昌黎棘城人，秀容、平原二郡太守韩瑚之子，北魏官员、将领。传见《魏书》卷六十。［25］哲王：明智的君王。［26］储积九稔（rěn）：有九年的粮食储存。稔，年。［27］逮（dài）于中代：其后到了中古时期。逮，及，到。［28］亦崇斯业：仍很重视这一项事业，即注意储存粮食。［29］入粟者与斩敌同爵：让百姓给国家上交粟米，可以和杀敌一样获得爵位。［30］孝悌：孝敬父母，尊重爱护兄弟姐妹，是古代的一种伦理道德。［31］参分居二：三份之中占有两份。参，同“三”。［32］丰穰（ráng）积年：连年丰收。穰，丰盛，丰收。［33］矜（jīn）夸：指好大喜功、铺张浪费。［34］侈俗：奢侈浪费的习俗。［35］童妾袨服：小孩子、小妾都穿着华丽的衣服。［36］仆隶玉食：连他们的奴仆都吃着珍贵的美味佳肴。［37］阙（quē）糟糠：连糟糠都没得吃。阙，同“缺”。［38］乏短褐（hè）：连件粗布衣服都没得穿。褐，粗布衣服。［39］谷帛罄（qìng）于府库：国家的府库里没有粮食丝帛储存。罄，尽。［40］宝货盈于市里：大量值钱的东西都到了工商之家。市里，指住在市场上的工商之家。［41］衣食匮于室：农夫在家里都缺衣少食。［42］丽服溢于路：工商户走在街上都穿得挺好。［43］禁断：禁止，使不再发生。［44］备为格式：应该做出一些具体的规定。［45］劝课农桑：应该勉励督促人们从事农业生产。［46］盈赡（shàn）：丰盈，富裕。赡，丰盛，丰富。［47］校比户贯：即清查户籍。贯，乡籍，户口所在地。［48］才可给俸：只够给官员发放薪俸。［49］略无入仓：一点存入仓库的粮食也没有。［50］于民为利：对百姓是有些好处的。［51］脱有戎役：一旦有战事发生。脱，一旦，突然。戎役，战事，战争。［52］供给之方：该为战争供应粮草的部门。［53］无所取济：没有获得供应的来源。［54］岁俭：荒年，歉收的年头。［55］私民之谷：老百姓私家的粮食。［56］宿积：预先储存。［57］己丑：七月六日。［58］赈（zhèn）贷：救济。［59］出关就食：到都城以外的其他地区找食物吃。关，指京都平城郊区外沿的出入检查站。［60］造籍：给出关的饥民造册登记。［61］分遣去留：意即进行一些有计划的调配。［62］所过给粮廪（lǐn）：所到之处，都要给这些饥民提供一些粮食供应。廪，粮食。［63］所至三长赡养：所到地区的基层三长，即邻长、里长、党长负责安置。

柔然伏名敦可汗残暴，其臣侯医垔、石洛候数谏[1]止之，且劝其与魏和亲。伏名敦怒，族诛之，由是部众离心。八月，柔然寇魏边，魏以尚书陆睿[2]为都督，击柔然，大破之。睿，丽之子也。

初，高车阿伏至罗[3]有部落十余万，役属柔然。伏名敦之侵也，阿伏至罗谏，不听。阿伏至罗怒，与从弟穷奇[4]帅部落西走，至前部西北[5]，自立为王。国人号曰“候娄匐勒[6]”，夏言“天子”[7]也；号穷奇曰“候倍[8]”，夏言“太子”也。二人甚亲睦，分部而立。阿伏至罗居北，穷奇居南。伏名敦追击之，屡为阿伏至罗所败，乃引众东徙[9]。

冬，十月，辛未[10]，魏诏罢起部无益之作[11]，出宫人不执机杼者[12]。十一月，丁未[13]，又诏罢尚方锦绣、绫罗之工[14]；四民欲造[15]，任之无禁。是时，魏久无事，府藏盈积。诏尽出御府[16]衣服珍宝、太官杂器[17]、太仆乘具[18]、内库弓矢刀钤[19]十分之八，外府衣物、缯布、丝纩[20]非供国用者，以其太半班赉百司[21]，下至工商、皂隶[22]，逮于六镇边戍[23]，畿内鳏寡、孤独、贫癃[24]，皆有差[25]。

魏秘书令高佑[26]、丞李彪[27]奏请改《国书》编年为纪、传、表、志[28]；魏主从之。佑，允之从祖弟也。十二月，诏彪与著作郎崔光[29]改修《国书》[30]。光，道固之从孙也。

魏主问高佑曰：“何以止盗？”对曰：“昔宋均立德，猛虎渡河[31]；卓茂行化，蝗不入境[32]。况盗贼，人也，苟守宰得人[33]，治化有方，止之易矣。”佑又上疏言：“今之选举[34]，不采识治之优劣[35]，专简年劳之多少[36]，斯非尽才之谓[37]。宜停此薄艺[38]，弃彼朽劳[39]，唯才是举[40]，则官方斯穆[41]。又勋旧[42]之臣，虽年勤可录而才非抚民[43]者，可加之以爵赏[44]，不宜委之以方任[45]，所谓王者可私人以财[46]，不私人以官[47]者也。”帝善之。

佑出为西兖州[48]刺史，镇滑台[49]。以郡、国虽有学[50]，县、党亦宜有之[51]，乃命县立讲学[52]，党立小学[53]。

（以上为第十一段，写高车部落首领阿伏至罗率众西迁，柔然遭屡攻败亡；北魏发布诏令，撤销与民生无益的工程；修改《国书》；听从高佑的建议，用人重德重才。）

【注释】

［1］侯医亜（yīn）、石洛候数谏：柔然人，伏名敦可汗手下的名臣多次劝阻。［2］尚书陆睿：北魏官，相当于尚书令。陆睿，本姓步六孤，字思弼，小名贺六浑，司徒陆丽之子，北魏大臣。传见《魏书》卷四十。［3］高车阿伏至罗：高车，古代西北方的游牧民族名，也叫敕勒，其活动地区约在今之蒙古国北部与俄罗斯相邻的一带地区。至罗，即阿伏至罗，姓副伏罗氏，高车族副伏罗部落首领。起初臣服柔然，拥有十万部众。后柔然侵犯北魏，阿伏至罗在劝阻无果的情况下，率众西走至车师前部西北，自立为高车国王，号候娄匐勒。屡次击败柔然追兵，迫使柔然率众东迁。后性情残暴，被杀死。传见《魏书》卷一百三。［4］穷奇：阿伏至罗的堂弟，随其堂兄居住在车师前国的西北方，为其部落的副头领。［5］前部西北：车师前部王都城的西北方。前部，即车师前部，古西域国名。西域有车师前部与车师后部两个国家，车师前部国的国都高昌交河城，在今新疆吐鲁番市西北方；车师后部国的都城务涂谷，在今新疆奇台县西南。当时归附于北魏国。［6］候娄匐勒：对阿伏至罗的称呼。［7］夏言“天子”：也就是中原人所说的天子。夏，华夏，泛指中原地区。［8］候倍：对高车国副王的称呼，汉语意为“储主”。［9］乃引众东徙：胡三省曰：“史言柔然浸衰。”［10］冬，十月：原文作“九月”，据严衍《资治通鉴补》改。辛未：十月十九日。［11］罢起部无益之作：停止起部管理之下的那些无价值的劳动制作。起部，古官署名，如同汉族国家的尚方署，主管为宫廷制作各种生活用品，掌百工之事，上属于九卿中的少府。［12］出宫人不执机杼（zhù）者：放出宫廷，令其回家。宫廷中不从事纺织劳动的女子放她们出宫。机杼，泛指织布机。杼，是织机上的部件名。［13］十一月：原文作“冬，十月”，据严校改。丁未：十一月二十六日。［14］罢尚方锦绣、绫罗之工：撤掉尚方署内纺织锦绣与绫罗的工匠。［15］四民：士、农、工、商，意即尚方署以外的其他任何人。［16］御府：宫廷的府库。［17］太官杂器：太官署所收存的各种生活用品。太官，古官署名，即太官署，给宫廷掌管膳食的部门。［18］太仆乘具：太仆寺所收藏的各种车马用具。［19］弓矢刀鉆（qián）：泛指各种兵器。鉆，同“钳”，一种钳刀。［20］缯（zēng）布、丝纩（kuàng）：泛指丝绸绵麻的各种原料与织品。缯，泛指丝织品。纩，做衣服被褥的丝绵。［21］太半班赉（lài）百司：一大半，三分之二分发给百官。班，同“颁”，发放。赉，赏赐。百司，即百官。［22］皂隶：衙门的差役。［23］六镇边戍：边防六军镇的守边士兵。［24］畿内鳏寡、孤独、贫癃：畿内，首都的郊区范围。鳏（guān），无妻或丧妻的人。寡，死了丈夫的女人。癃（lóng），生了重病的人。［25］皆有差：多少不等的都能分得一些东西。［26］高祐：本名高禧，字子集，小名次奴，司空高允堂弟，北魏大臣。传见《魏书》卷五十七。［27］丞李彪：即秘书丞，古代掌文籍等事之官。李彪，字道固，北魏文史名臣。传见《魏书》卷六十二。［28］改《国书》编年为纪、传、表、志：把编年体的北魏史书改成为纪、传、表、志四体的纪传体。《国书》，记载北魏国史事的史书。［29］著作郎崔光：秘书省属官，掌编纂国史。崔光，本名孝伯，字长仁，刘宋将领崔道固堂孙，投北魏为儒学之臣、历史学家。授中书博士，转著作郎，拜散骑常侍、侍中，迁太常、中书监。传见《魏书》

卷六十七。［30］改修国书：即将编年体的《国书》改修成纪传体。［31］宋均立德，猛虎渡河：东汉明帝时九江太守宋均施行德政，以致此地的老虎竟全部渡江而去。传见《后汉书》卷四十一。［32］卓茂行化，蝗不入境：东汉名臣卓茂任密县县令时，推行教化，周围二十余县均受蝗灾，但蝗虫独不入密县界。传见《后汉书》卷二十五。［33］守宰得人：能找到好的人才任地方官。守宰，郡太守与县令，最接近百姓的官员。［34］选举：选任官吏。［35］不采识治之优劣：不顾其才识与办事能力的好坏。采，同“睬”，看。［36］专简年劳之多少：只区别其年龄的大小与任职时间的长短。劳，资历。［37］非尽才之谓：这不是充分发挥人的才智的做法。［38］停此薄艺：不要光是看他做了这些表面的什么小事。薄艺，表面上的微薄才能。［39］弃彼朽劳：也不要管他都费了些什么力气。朽劳，没有价值的劳动。［40］唯才是举：只有任用有才干的人。［41］官方斯穆：整个官场才能风清气正，让人心服。穆，心平气和。［42］勋旧：有功勋的旧臣。［43］年勤可录而才非抚民：年龄与功劳使人不忘。而没有管理百姓的才干。可录，可取。［44］可加之以爵赏：可以给他们高的级别、厚的赏赐。［45］不宜委之以方任：不能让他们出任方面大员，如郡太守、州刺史。［46］私人以财：可以凭私人情感赏给他财物。私，用作动词，凭私人感情予以赏赐。［47］不私人以官：不能凭私人情感而任命他为官。［48］西兖（yǎn）州：北魏州名，州治滑台。［49］滑台：古代军事要地，在今河南滑县城东，当时处于黄河岸边，是北魏国西兖州的州治所在地。［50］郡、国虽有学：各郡的郡城与各诸侯国的都城虽然都设有官办的学校。［51］县、党：各县城与县城以下各乡镇。党，五邻为一里，五里为一党，一党有一百二十五户。［52］讲学：讲《诗》《书》内容、义理的学堂。［53］小学：给儿童启蒙的学校，主要是教人识字。

六年（戊辰，488年）

春，正月，乙未[1]，魏诏：“犯死刑者，父母、祖父母年老，更无成人子孙[2]，旁无期亲[3]者，具状以闻[4]。”

初，皇子右卫将军子响[5]出继豫章王嶷[6]；嶷后有子，表留为世子[7]。子响每入朝，以车服异于诸王[8]，每拳击车壁[9]。上闻之，诏车服与皇子同。于是有司奏子响宜还本[10]。三月，己亥[11]，立子响为巴东王。

角城戍将张蒲[12]，因大雾乘船入清中[13]采樵，潜纳魏兵[14]。戍主[15]皇甫仲贤觉之，帅众拒战于门中，仅能却之[16]。魏步骑三千余人已至堑外[17]，淮阴军[18]主王僧庆等引兵救之，魏人乃退。

夏，四月，桓天生复引魏兵出据隔城[19]，诏游击将军下邳曹虎[20]

督诸军讨之。辅国将军朱公恩将兵踰伏[21]，遇天生游军，与战，破之，遂进围隔城。天生引魏兵步骑万余人来战，虎奋击，大破之，俘斩二千余人。明日，攻拔隔城，斩其襄城太守帛乌祝[22]，复俘斩二千余人，天生弃平氏城走[23]。

陈显达侵魏。甲寅[24]，魏遣豫州刺史拓跋斤[25]将兵拒之。

甲子[26]，魏大赦。

乙丑[27]，魏主如灵泉池；丁卯[28]，如方山；己巳[29]，还宫。

魏筑城于醴阳[30]，陈显达攻拔之，进攻沘阳[31]。城中将士皆欲出战，镇将韦珍[32]曰："彼初至气锐，未可与争，且共坚守，待其力攻疲弊[33]，然后击之。"乃凭城拒战，旬有二日[34]，珍夜开门掩击[35]，显达还。

五月，甲午[36]，以宕昌王梁弥承为河、凉二州刺史[37]。

秋，七月，己丑[38]，魏主如灵泉池，遂如方山；己亥[39]，还宫。

九月，壬寅[40]，上如琅邪城讲武[41]。

癸卯[42]，魏淮南靖王佗[43]卒。魏主方享[44]宗庙，始荐[45]，闻之，为废祭[46]，临视哀恸[47]。

冬，十月，庚申[48]，立冬，初临太极殿读时令[49]。

闰月，辛酉[50]，以尚书仆射王奂为领军将军。

辛未[51]，魏主如灵泉池；癸酉[52]，还宫。

十二月，柔然伊吾戍主高羔子帅众三千以城附魏[53]。

（以上为第十二段，写刘宋角城守将张蒲将北魏兵引入城内，被奋力抗击而撤退；桓天生引导北魏兵攻入隔城，游击将军曹虎率领大军讨伐，大败魏军，天生逃走。）

【注释】

[1]乙未：正月十五日。 [2]成人子孙：已经成年的子孙。 [3]期亲：期服的亲戚。期服，为死者服丧一年，在亲戚中算是比较近的，如堂兄弟姐妹、姑表兄弟姐妹、姨表兄弟姐妹等。[4]具状以闻：写清情况报告朝廷，意思是对这种情况的犯人要做另行处理，以尽人道。 [5]子响：即萧子响，字云音，齐武帝萧赜第四子，早年出继萧嶷，立为世子。萧赜即位后，还本，封为巴东王。传见《南齐书》卷四十。 [6]出继豫章王嶷：过继给萧嶷做继承人，因为当时萧嶷还没

有生儿子。［7］表留为世子：萧嶷上表，请求让萧子响继续留在自己门下做豫章王的太子。这里表现了萧嶷对其兄与萧子响的尊重，不是一有亲生儿子，就将过继的赶走。［8］车服异于诸王：乘坐的车与身穿的服饰都和自己的亲兄弟们有了差别。因为其他兄弟都是皇帝的儿子，而自己成了另一家亲王的儿子。［9］每：总是。拳击车壁：以表示内心的愤怒。［10］宜还本：应当重新回到皇帝萧赜的门下，指不再给萧嶷当过继的儿子。［11］己亥：三月二十日。［12］角城戍将张蒲：驻守角城的将领名叫张蒲。角城，古城名，在今江苏淮安市淮阴区西。［13］清中：清水河上。清水河，流经当时淮阴城的北方。［14］潜纳：暗中接纳，暗中引导。［15］戍主：驻守角城的主官。［16］仅能却之：勉强地将反叛的张蒲赶出了城门。仅，勉强，很艰难。［17］堑外：角城的护城河外，意即已到角城城下。［18］淮阴军主：淮阴驻军的主官。淮阴，古地名，在今江苏淮安市。［19］隔城：古城名，在今河南桐柏县西北。［20］曹虎：字士威，小字虎头，下邳人，南朝著名将领。传见《南齐书》卷三十。［21］蹹（tà）伏：搜查潜伏的敌兵。蹹：同“踏”。［22］帛乌祝：北魏官员，拓跋宏时曾为虎威将军、襄城太守，被杀。［23］平氏城：古城名，在今河南唐河县与桐柏县中间的平氏镇。走：逃跑。［24］甲寅：四月五日。［25］豫州：古州名，北魏的州治虎牢，在今河南荥阳市西北的汜水镇西。拓跋斤：北魏豫州刺史。北魏历史上曾有著名将领拓跋斤，此是另一个拓跋斤。［26］甲子：四月十五日。［27］乙丑：四月十六日。［28］丁卯：四月十八日。［29］己巳：四月二十日。［30］醴阳：古城名，在今河南桐柏县西北的固庙一带。［31］泚（bǐ）阳：古县名，县治在今河南泌阳县，当时为北魏的东荆州州治所在地。［32］韦珍：字灵智，雍州刺史韦尚之子，北魏大臣。传见《魏书》卷四十五。［33］力攻疲弊：强力攻城，精疲力尽。［34］旬有二日：十二天。旬，十天为一旬。［35］掩击：出其不意，突然袭击。［36］甲午：五月十五日。［37］以宕昌王梁弥承为河、凉二州刺史：主语是南齐朝廷。河、凉，古二州名，河州的州治枹罕，在今甘肃临夏县东北，凉州的州治在今甘肃武威市。当时此二州都属北魏。此处南齐以之封梁弥承，只不过是一个名义而已。［38］己丑：七月十一日。［39］己亥：七月二十一日。［40］壬寅：九月二十五日。［41］琅邪城讲武：即琅邪郡城，汉代的琅邪郡在今山东诸城市；西晋的琅邪城在今山东临沂市北；东晋南渡后，在建业城北设立南琅邪郡，在今江苏南京市北幕府山的西南方。讲武，讲习武事，检阅军队。［42］癸卯：九月二十六日。［43］淮南靖王：拓跋佗封为淮南王，谥号靖。［44］享：祭祀。［45］始荐：刚刚摆上祭品。荐，进献。［46］废祭：停止祭祀。［47］临视：亲自到丧事的现场看望。哀恸（tòng）：悲哀到了极点。恸，同“痛”。［48］庚申：十月十四日。［49］太极殿读时令：皇宫的正殿参加宣读时令的典礼。时令，即皇历，新一年的历法书。［50］闰月，辛酉：闰十月是丁丑朔，无辛酉。《南齐书·武帝纪》载，六年“闰月……辛卯，以尚书仆射王奂为领军将军”。据此，“辛酉”当是“辛卯”之误。辛卯，闰十月十五日。［51］辛未：这里用的是北魏历法。北魏闰九月，所以“辛未”是北魏的闰九月二十五日，即南朝的十月二十五日。此处写史者未加换算，排列失序。［52］癸酉：北魏闰九月二十七日，即南朝历十月二十七日。［53］“伊吾戍主”句：伊吾戍，古军事据点名，旧址在今新疆哈密市西。高羔子，人名，柔然将领，为伊吾戍主，即伊吾戍驻军的头领。以城附魏，带着伊吾城投降北魏。

上以中外谷帛至贱[1]，用尚书右丞江夏李珪之议，出上库钱五千万及出诸州钱[2]，皆令籴买[3]。

西陵[4]戍主杜元懿建言："吴兴无秋[5]，会稽丰登[6]，商旅往来，倍多常岁[7]。西陵牛埭税[8]，官格[9]日三千五百；如臣所见，日可增倍。并浦阳[10]南北津[11]、柳浦四埭[12]，乞为官领摄一年[13]，格外可长四百许万[14]。西陵戍前检税[15]，无妨戍事[16]；余三埭自举腹心[17]。"

上以其事下会稽[18]，会稽行事吴郡顾宪之[19]议以为："始立牛埭[20]之意，非苟逼蹴以取税[21]也；乃以风涛迅险[22]，济急利物[23]耳。后之监领者不达其本[24]，各务己功[25]，或禁遏他道[26]，或空税江行[27]。按吴兴频岁失稔[28]，今兹尤甚[29]，去之从丰[30]，良由饥棘[31]。埭司责税[32]，依格弗降[33]，旧格新减[34]，尚未议登[35]，格外加倍[36]，将以何术[37]！皇慈恤隐[38]，振廪蠲调[39]；而元懿幸灾搉利[40]，重增困瘼[41]，人而不仁[42]，古今共疾[43]！若事不副言[44]，惧贻谴诘[45]，必百方侵苦[46]，为公贾怨[47]。元懿禀性苛刻[48]，已彰往效[49]，任以物土[50]，譬以狼将羊[51]，其所欲举腹心，亦当虎而冠[52]耳。书云[53]：'与其有聚敛之臣[54]，宁有盗臣[55]。'此言盗公为损盖微[56]，敛民[57]所害乃大也。愚又以便宜[58]者，盖谓便于公，宜于民也。窃见顷之言便宜者[59]，非能于民力之外，用天分地[60]；率皆即日不宜于民[61]，方来不便于公[62]。名与实反，有乖政体[63]。凡如此等，诚宜深察。"上纳之而止。

（以上为第十三段，写南齐西陵戍主杜元懿建议增加牛埭关税，武帝萧赜下发讨论，会稽行事顾宪之提出强烈的反对意见，认为这是增加民生苦难，不利于国治而未施行。）

【注释】

[1]中外谷帛：都城建康城内与各地州郡谷帛的价格低到极点。 [2]"出上库钱"句：上库：

京城里的国家钱库。出诸州钱：让各州郡也都拿出钱来。［3］籴（dí）买：买进。［4］西陵：古军事据点名，在今浙江杭州市萧山区西北西兴镇，地处水陆冲要。［5］吴兴：古郡名，郡治在今浙江湖州市。无秋，秋天没有收成。［6］会稽：古郡名，郡治在今浙江绍兴市。［7］倍多常岁：所获的利润比平常的年头多一倍。［8］西陵牛埭（dài）税：商旅贩运通过西陵堰时所收的税款。牛埭，设有用牛力拉船装置的土坝。埭，堵水的土坝。［9］官格：政府规定的收税标准。格，标准。［10］浦阳：即浦阳江，钱塘江的支流。源由浦江县大园湾，向北流经浙江诸暨市，到浙江杭州萧山区闻堰附近入钱塘江。［11］南北津：指浦阳的南津埭（后称梁湖堰）及北津埭（后称曹娥堰）。［12］柳浦四埭：古地名，在今浙江杭州南凤凰山下钱塘江北岸的江滨，地处浙江南北交通津要。四埭（dài），指西陵牛埭、南津埭、北津埭、柳浦埭。［13］乞为官领摄一年：我请求替朝廷把它们收过来管理一年。官，国家，政府。领摄，统管，管理。［14］格外可长四百许万：光是计划以外的收入就可以获得四百多万。许，多。［15］西陵戍前检税：检查与收税的事务都在西陵戍的前面进行。［16］无妨戍事：不影响军事据点里面的防守事务。［17］余三埭自举腹心：指上面提到的浦阳南津埭、北津埭和柳浦埭，我可以派信得过的人去管理。［18］下会稽：把杜元懿的建议发到会稽郡，征求会稽郡的意见。［19］会稽行事吴郡顾宪之：吴郡人顾宪之代理会稽太守事务的长官。顾宪之当时的职务是“随王东中郎长史、行会稽郡事”。行，代理，试用。吴郡，古郡名，郡治在今江苏苏州市。顾宪之，字士思，吴郡吴县人，刘宋镇军将军顾觊之之孙。入齐，为东中郎长史，行会稽郡事，迁巴陵王南中郎长史、太子中庶子，为晋陵太守，以疾归。传见《南齐书》卷四十六。［20］牛埭：此为筑堰以牛转舟的意思。［21］非苟逼蹴（cù）以取税：并不是故意地为了逼商旅租牛拉船以从中赚钱。苟，随便，轻率。逼蹴，逼着租赁。蹴，租借。［22］风涛迅险：浪高水急，行船危险。［23］济急利物：以求让人民的生命财产得到安全。济急，在急难时解决别人的需要。利物，利民。［24］监领者不达其本：指管理埭堰的官吏不明白当初筑堰的本来用意。［25］各务己功：都想自己干出点名堂。［26］禁遏（è）他道：把别的通道都封闭起来，逼着客商非得经过此地。遏，遏制，封闭。［27］空税江行：对只在江上行使而没有过埭的舟船也一齐征税。空税，凭空收税。［28］频岁失稔（rěn）：连年歉收。稔，庄稼成熟。［29］今兹尤甚：今年尤其严重。［30］去之从丰：离开歉收的地区到丰产的地方去谋生。［31］良由饥棘：实在是饿得没有办法了。饥棘，饿得厉害。棘，同“急”。［32］埭司责税：管理堤堰的官吏强制收税。［33］依格弗降：按照规定从不降低。［34］旧格新减：旧的标准予以减少的事情。［35］尚未议登：还没有进行讨论，还没有确定。登，定，成。［36］格外加倍：又有人要加倍征收。［37］将以何术：不知会采取什么办法。术，方法。［38］皇慈恤（xù）隐：皇上仁爱，哀怜苦难深重的人。恤，体恤，怜悯。隐，深忧。［39］振廪（lǐn）蠲（juān）调：开仓赈济，减免赋税。振，发，开。廪，仓库。蠲，免除。调，租税。［40］幸灾榷利：趁着百姓受灾，而想独占专利。榷利，独揽其利。榷，同“榷”，专营，垄断。［41］重增困瘼（mò）：沉重地增加百姓的疾苦、困难。瘼，困苦。［42］人而不仁：空具人形而不干人事，没有一点仁义之心。［43］古今共疾：是古往今来人们所共同痛恨的。疾，痛恨。［44］若事不副言：如果事实做不到他所说的可增加四百万。副，符合。［45］惧贻谴诘（jié）：害怕遭到朝廷的谴责质问。［46］百方侵苦：千方百计地多方侵夺、勒索。［47］为公贾怨：为朝廷招来怨恨、责骂。贾怨，招致怨恨。［48］禀性苛刻：犹天性，指人的本性、资质严厉，刻薄。［49］已彰往效：过去已经表现得很充分。往效，旧日的表现。［50］任以物土：如果现在再让他当地方官，管百姓、管地盘。物土，地方官。［51］以狼将羊：让狼来统领羊群，比喻更加为害百姓。［52］虎而冠：就像让老虎戴上人的帽子，其本性不会改变。［53］书云：古书上说。［54］聚敛之臣：帮助统治者搜刮百姓的大臣。［55］宁有盗臣：还不如有土匪强盗。宁有，不如有。以上二句见《礼记·大学》。［56］盗公为损盖微：强盗是公开的，有目共睹的给国家造成的损害还不大。盖，还，相对。微，少，小。［57］敛民：盘剥民众。［58］便宜：国家当前最应采取的政策措施。［59］窃见顷之言便宜：窃，谦指自己。我见到近来一些人给朝廷进言，举出哪些是国家当前所最应该做的事情。顷，近来。［60］用天分地：即“用天之道，分地之利”，意即顺其自然，顺天地、四时、阴阳之自然。［61］率皆：大概都是。率，一般，大概。即日不宜于民：从当前看来对百姓不利的。即日，今日，当前。［62］方来不便于公：从长远的角度看来对国家不利。方来，将来，未来。［63］有乖（guāi）政体：与我们整个国家的大政方针相违背。乖，背，抵触。

魏主访群臣以安民之术。秘书丞李彪上封事［1］，以为：“豪贵之家，奢僭过度［2］，第宅车服，宜为之等制［3］。

又，国之兴亡，在家嗣［4］之善恶；家嗣之善恶，在教谕［5］之得失。高宗文成皇帝［6］尝谓群臣曰：‘朕始学之日，年尚幼冲，情未能专；既临万机［7］，不遑温习［8］。今日思之，岂唯予咎［9］，抑亦师傅之不勤［10］。’尚书李䜣［11］免冠谢［12］。此近事之可鉴［13］者也。臣谓宜准古［14］立师傅之官，以训导太子。

又，汉置常平仓［15］以救匮乏。去岁京师不稔［16］，移民就丰，既废营生［17］，困而后达［18］，又于国体［19］，实有虚损［20］。曷若豫储仓粟［21］，安而给之［22］，岂不愈于驱督老弱糊口千里之外［23］哉！宜析［24］州郡常调九分之二，京师度支［25］岁用之余，各立官司［26］，年丰籴粟［27］积之于仓，俭则加私之二粜［28］之于人。如此，民必力田以取官绢［29］，积财［30］以取官粟。年登则常积，岁凶［31］则直给。数年之中，谷积而人足，虽灾不为害矣。

又，宜于河表七州［32］人中，擢其门才［33］，引令赴阙［34］，依中州官比[35]，随能序之[36]。一可以广圣朝均新旧[37]之义，二可以怀江汉归有道[38]之情。

又，父子兄弟，异体同气[39]；罪不相及[40]，乃君上之厚恩[41]；至于忧惧相连，固自然之恒理[42]也。无情之人，父兄系狱，子弟无惨惕[43]之容；子弟逃刑，父兄无愧恧[44]之色；宴安荣位[45]，游从自若[46]，车马衣冠，不变华饰[47]；骨肉之恩，岂当然也[48]！臣愚以为父兄有犯[49]，宜令子弟素服肉袒[50]，诣阙请罪[51]。子弟有坐，宜令父兄露版引咎[52]，乞解所司[53]；若职任必要[54]，不宜许者，慰勉[55]留之。如此，足以敦厉凡薄[56]，使人知所耻[57]矣。

又，朝臣遭亲丧者，假满赴职。衣锦乘轩[58]，从郊庙之祀[59]；鸣玉垂缕[60]，同庆赐之燕[61]；伤人子之道[62]，亏天地之经[63]。愚谓凡遭大父母[64]、父母丧者，皆听终服[65]；若无其人[66]，职业有旷[67]者，则优旨慰谕[68]，起令视事[69]，但综司出纳、敷奏[70]而已，国之吉庆[71]，一令无预[72]。其军旅之警[73]，墨缞从役[74]，虽愆于礼[75]，事所宜行也。”魏主皆从之。由是公私丰赡，虽时有水旱，而民不困穷。

魏遣兵击百济[76]，为百济所败。

（以上为第十四段，写北魏秘书丞李彪上书言事，提出了一系列建议，有太子学习、设常平仓、任用河南七州人才、亲属犯罪而知耻、遵守孝道等，全被采纳。）

【注释】

[1]封事：密封的奏章。 [2]奢僭（jiàn）过度：奢华奢侈得超越礼法规定。僭，僭越，超越本分。[3]等制：分出等级，作出规定。[4]冢（zhǒng）嗣：嫡长子，皇太子。[5]教谕：教导，训诫。 [6]高宗文成皇帝：即拓跋濬。 [7]临万机：为皇上，处理国家政务。万机，指当政者处理的各种重要事务。 [8]不遑（huáng）温习：无暇温习学过的东西，意即没有时间再看书学习。遑，闲暇。 [9]岂唯予咎：岂止是我个人的责任。咎，过失，责任。 [10]抑亦师傅之不勤：抑，转折虚词，其实也是。不勤，督促不严。 [11]李訢（xīn）：一作李欣，字元盛，小名真奴，范阳（今河北易县）人，幽州刺史李崇之子，北魏大臣。传见《魏书》卷四十六。 [12]免冠谢：摘下帽子磕头请罪。尚书李訢之所以磕头请罪，是因为他在拓跋焘时代很受信任，曾为中书助教博士，教导年幼的拓跋濬读经书。 [13]可鉴：可引为教训。 [14]准古：学习古代，以古代的做法为准绳。 [15]汉置常平仓：耿寿昌于五凤四年（前54）奏请在边郡普遍设置粮仓，“以

谷贱时增其贾而籴，以利农；谷贵时减贾而粜，名曰‘常平仓’。”遂作为一项正式的制度推行于较大范围之内。常平仓，古代政府为调节粮价，储粮备荒以供应官需民食而设置的粮仓。［16］京师不稔：京城地区秋季无收成。即上年所记之“魏春夏大旱，代地尤甚”之事。不稔，粮食歉收。稔，丰收。［17］废营生：抛弃了原有的谋生之道。营生，谋生。［18］困而后达：经过一番曲折而后才能解决问题。［19］国体：这里指国家大政、国家实力。［20］实有虚损：实在是有不利，有损失。［21］曷（hé）若豫储仓粟：曷，同“何”。何不预先多储备一些粮食。豫，同“预”。［22］安而给之：意即一旦遇有情况，可以很方便地供应他们。安，方便。给，供应。［23］糊口千里之外：到千里之外找食吃，求生存。糊口，以粥为生，即觅食。糊，粥。［24］析：分，分出。［25］度支：古官名，主管国家的收入与开支，这里即指财政计划。［26］各立官司：意即在京城与各州郡都建立常平仓。［27］年丰籴（dí）粟：丰年购买粮食。［28］俭则加私之二粜：歉收之年，即荒年比买入时的价钱贵出两成。粜（tiào），卖出。［29］取官绢：卖出粮食得官绢以储存之。官绢可以制衣，亦可以当货币使用。［30］积财：攒钱以买粮食。此指不从事农业的人。［31］岁凶：凶年，荒年。［32］河表七州：指北魏在黄河以南的七个州，即荆州、兖州、豫州、洛州、青州、徐州、齐州。河表，黄河以外。北魏建都平城，又大片国土在黄河以北，故他们所说的“河表”即是黄河以南。［33］擢（zhuó）其门才：选拔那些门第好、有才干的人。擢，选拔，提拔。门，门第，主要指豪门世族。［34］引令赴阙（quē）：让他们进京，到朝廷来。阙，宫门，代指朝廷。［35］依中州官比：按照中州人做官、升官的程序。中州，是北魏国的旧统治区，其地域东至海边，南至黄河。比，例，规矩，程序。［36］随能序之：依照其才能加以任用。［37］广圣朝均新旧：圣朝，对北魏朝廷的敬称。北魏对新归附之区和旧统治区百姓一视同仁。［38］怀江汉归有道：吸引长江、汉水流域的百姓前来投奔北魏。怀，吸引，使之怀念。［39］异体同气：虽然不是一个躯体，但气血相同。［40］罪不相及：北魏新法规定犯罪仅诛一人，不牵连父、子、兄、弟。［41］乃君上之厚恩：这是皇帝的格外施恩。［42］恒理：常理，自然的道理。［43］惨惕（tì）：痛苦，伤心。［44］愧恧（nǜ）：惭愧。［45］宴安荣位：仍在安安稳稳地做他的大官。宴安，安逸。［46］游从自若：带着侍从东游西荡，像个没事人一样。［47］不变华饰：还像原来一样地讲究排场。华饰，华丽的装饰。［48］岂当然也：难道就该是这种样子吗？也，同“耶”，反问语词。［49］父兄有犯：父亲兄长如果犯了罪。［50］素服肉袒（tǎn）：穿着白衣服，露出膀子，这是古人表示认罪、请罪的一种姿态。袒，脱去上衣，露出身体的一部分。［51］诣阙（quē）请罪：意即到皇宫门外请求处罚。［52］露版引咎：在今之公开检讨，承认有责任。露版，不加封，公开上报的文书。［53］乞解所司：请求解除其所担任的职务。［54］职任必要：岗位上需要他这个人。［55］慰勉：安慰，勉励。［56］敦厉凡薄：使平庸凉薄的世风淳厚严肃起来。敦厉，磨炼，提高。［57］使人知所耻：让每个人都知道什么是耻辱。［58］衣锦乘轩：穿鲜亮衣服，坐华贵车辆。［59］从郊庙之祀：随从皇帝去祭祀天地宗庙。［60］鸣玉垂緌（ruí）：垂挂玉佩、头戴官帽，一派闲暇自得的样子。緌，帽上的带子。［61］同庆赐之燕：去参加人家的喜庆宴会。庆赐，赏赐，此指邀请参加。燕，同“宴”，宴会。［62］伤人子之道：不合于一个刚刚失去父母的儿子的孝道。［63］亏天地之经：有损于天地之间的伦理常情。［64］大父母：祖父、祖母。［65］皆听终服：都让他们服丧期满之后再出来任职。［66］无其人：其现有职务无人可替代。［67］旷空；无人代理。［68］优旨慰喻：特别下旨，进行安慰、勉请。［69］起令视事：破例地让他出来任职。［70］综司出纳、敷奏：大体上管理一些事情。综司，总管。出纳，指该部门的日常事务。敷奏，把一些大致情况奏明朝廷。［71］国之吉庆：朝廷的一切喜庆活动，如庆功、祝捷、生子、结婚、升官、祝寿等。［72］一令无预：一律不予参加。［73］军旅之警：当战争突然来临。［74］墨缞（cuī）从役：身穿黑色的孝服走上战场。缞，古代用粗麻布制成的丧服。［75］虽愆（qiān）于礼：虽然于礼节不合。愆，违反。［76］百济：朝鲜半岛上的古国名，是扶余人南下朝鲜半岛西南部（现在的韩国）建立的国家，在今韩国境内的西部沿海地区。与当时朝鲜半岛的另外两个王国高句丽和新罗，形成了持续数百年之久的朝鲜三国时代。到唐高宗显庆五年（660），唐朝与新罗联军攻击百济，百济灭亡。

七年（乙巳，489 年）

春，正月，辛亥[1]，上祀南郊，大赦。

魏主祀南郊，始备大驾[2]。

壬戌[3]，临川献王映[4]卒。

初[5]，上为镇西长史[6]，主簿王晏[7]以倾谄为上所亲[8]，自是常在上府[9]。上为太子，晏为中庶子[10]。上之得罪于太祖[11]也，晏称疾自疏[12]。及即位，为丹杨尹，意任如旧[13]，朝夕一见[14]，议论朝事，自豫章王嶷及王俭皆降意接之[15]。二月，壬寅[16]，出为江州[17]刺史，晏不愿外出，复留为吏部尚书。

三月，甲寅[18]，立皇子子岳为临贺王，子峻为广汉王，子琳为宣城王，子珉为义安王[19]。

夏，四月，丁丑[20]，魏主诏曰：“升楼散物以赉百姓[21]，至使人马腾践[22]，多有伤毁；今可断之[23]，以本所费之物[24]，赐老疾贫独者。”

丁亥[25]，魏主如灵泉池，遂如方山；己丑[26]，还宫。

上优礼南昌文宪公王俭[27]，诏三日一还朝[28]，尚书令史出外咨事[29]。上犹以往来烦数[30]，复诏俭还尚书下省[31]，月听十日出外[32]。俭固求解选[33]。诏改中书监[34]，参掌选事[35]。

五月，乙巳[36]，俭卒。王晏既领选[37]，权行台阁[38]，与俭颇不平[39]。礼官欲依王导[40]，谥俭为文献。晏启上曰："导乃得此谥[41]；但宋氏以来[42]，不加异姓[43]。"出，谓亲人曰："'平头宪'事已行[44]矣。"

徐湛之[45]之死也，其孙孝嗣[46]在孕得免，八岁，袭爵枝江县公[47]，尚宋康乐公主[48]。及上即位[49]，孝嗣为御史中丞[50]，风仪端简[51]。王俭谓人曰："徐孝嗣将来必为宰相。"上尝问俭："谁可继卿者？"俭曰："臣东都之日[52]，其在徐孝嗣乎！"俭卒，孝嗣时为吴兴太守，征为五兵尚书[53]。

庚戌[54]，魏主祭方泽[55]。

上欲用领军王奂为尚书令，以问王晏。晏与奂不相能[56]，对曰："柳世隆有勋望[57]，恐不宜在奂后。"甲子[58]，以尚书左仆射柳世隆为尚书令，王奂为左仆射。

六月，丁亥[59]，上如琅邪城[60]。

（以上为第十五段，写南齐大臣王晏、王俭、徐孝嗣的行事，王晏为宠臣，风头盖过王俭，心术不正；王俭受到武帝萧赜的特别礼遇，武帝对其尊崇有加；徐孝嗣有宰相才。）

【注释】

[1]辛亥：正月七日。[2]大驾：皇帝所乘坐的最隆重的车驾。[3]壬戌：正月十八日。[4]临川献王映：即萧映，字宣光，齐高帝萧道成三子，封临川郡王，历任荆州刺史、湘州刺史、扬州刺史。传见《南齐书》卷三十五。[5]初：这里是指刘宋苍梧王元徽四年（476）。[6]上为镇西长史：即皇上，指南齐武帝萧赜。当时萧赜为镇西将军晋熙王刘燮长史，行郢州事。[7]主簿王晏：古官名，掌管文书。王晏，字士彦，南齐大臣。早年辅佐太子萧赜，受到宠信，封曲江县侯。萧鸾即位，迁骠骑大将军、侍中、尚书令。后以谋反罪处死。传见《南齐书》卷四十二。[8]以倾谄为上所亲：由于他的好谄媚巴结被萧赜视为亲信。亲，宠幸。[9]自是常在上府：从那时起，王晏就一直在镇西长史萧赜的府中。[10]晏为中庶子：王晏被任为太子中庶子。中庶子，古官名，是太子属下的僚属之一，主管太子宫中的事务，其性质与皇帝宫中的侍中相近。[11]上之得罪于太祖：即由于荀伯玉在萧道成跟前告太子萧赜的状。事见《资治通鉴》卷一三五武帝永明元年（483）。[12]称疾自疏：假托有病，主动疏远萧赜。王晏是估计萧赜一定被废，故想及早另谋出路。[13]意任如旧：还像以前一样照常受信任。[14]朝夕进见：意思是早晚都

要进宫与萧赜议论朝中的大事。［15］降意接之：虚心地接待他。降意，低声下气。［16］壬寅：二月二十八日。［17］江州：古州名，州治寻阳，在今江西九江市。［18］甲寅：三月十一日。［19］“立皇子子岳为临驾王”四句：齐武帝萧赜立四位皇子为王。第十六子萧子岳封临驾王，第十八子萧子峻封广汉王，第十九子萧子琳封宣城王，第二十子萧子珉义安王。［20］丁丑：四月四日。［21］升楼散物：站在楼上向下撒东西。［22］腾践：奔驰，践踏。［23］断之：停止这种做法。［24］以本所费之物：把本来要散发给百姓的那些财物。［25］丁亥：四月十四日。［26］己丑：四月十六日。［27］优礼南昌文宪公王俭：给王俭以特殊的礼遇。王俭被封为南昌郡公，死后谥号文宪。南昌，古郡名，郡治在今江西南昌市。［28］三日一还朝：三天到一次朝廷。胡三省曰：“还，当作‘造’。”［29］出外咨事：出皇宫到王俭家里去请示报告。［30］往来烦数：到家找王俭的次数多，添麻烦。［31］还尚书下省：也就是让王俭在他的家里办公，因前文已有“以家为府”之语。所谓“尚书下省”，即王俭在家的办公之处。［32］月听十日出外：每个月里有十天是他个人的活动时间，可以自由地去随便做些什么。［33］解选：请求免去选任官吏的事务。［34］中书监：古官名，中书省首席长官，与中书令职务相等而位次略高，成为事实上的宰相。［35］参掌选事：参与过问一些吏部选官的事情。［36］乙巳：五月三日。［37］领选：即任吏部尚书。［38］权行台阁：意即在朝廷掌握大权。［39］与俭颇不平：与王俭有些疙疙瘩瘩。颇，有些。不平，不合，相冲。［40］欲依王导：想按照东晋朝廷给王导所赠的谥号，给王俭谥号文献。［41］导乃得此谥：王导才得谥号文献。［42］宋氏以来：刘宋建国以来。宋氏，即刘氏。［43］不加异姓：从没有给异姓大臣追谥过“文献”二字。［44］“平头宪”事已行：给姓王的那个家伙谥为“宪”字的事情，已经定下来了。胡三省曰：“平头，谓‘王’字也。”［45］徐湛之：宋武帝刘裕女儿会稽公主之子，刘义隆外甥，徐逵之之子，南朝宋大臣，任尚书仆射，与吏部尚书江湛并居权要，时谓“江徐”，后被刘劭所杀。传见《宋书》卷七十一。［46］孝嗣：即徐孝嗣，字始昌，小字遗奴，司空徐湛之之孙，徐湛之死时尚未出生，得免于祸，后为南齐宰相。传见《南齐书》卷四十四。［47］袭爵枝江县公：袭其祖父徐湛之之爵。［48］尚宋康乐公主：娶刘宋的康乐公主为妻。康乐公主，即刘修明，孝武帝刘骏的第四个女儿，嫁给徐孝嗣，有一子名徐绲，徐绲女徐昭佩，是梁元帝萧绎正妻。［49］及上即位：武帝萧赜即位后。［50］御史中丞：古官名，御史府的主官，主管检举弹劾。［51］风仪端简：风度，仪表端庄简素，为人正派。［52］东都之日：指辞职退休。胡三省曰：“谓周公既定洛，请明农也。周都丰、镐，以洛为东都。”［53］五兵尚书：古官名，即日后的兵部尚书。［54］庚戌：五月八日。［55］祭方泽：即夏至日在水泽中祭地神。胡三省曰：“方泽者，为方丘于泽中以祭地祇。”［56］不相能：相处不来，有过节。［57］勋望：有功勋，有名望。［58］甲子：五月二十二日。［59］丁亥：六月十五日。［60］如琅邪城：前往琅邪城。此“琅邪”乃为南朝的侨置郡，在今江苏南京市北的幕府山西南。当时称作“白下”。

魏怀朔镇将汝阴灵王天赐[1]，长安镇都大将、雍州刺史南安惠王桢[2]，皆坐赃当死[3]。冯太后及魏主临皇信堂[4]，引见王公，太后令曰："卿等以为当存亲以毁令[5]邪，当灭亲以明法邪？"群臣皆言："二王，景穆皇帝[6]之子，宜蒙矜恕[7]。"太后不应。魏主乃下诏，称："二王所犯难恕，而太皇太后追惟高宗孔怀之恩[8]；且南安王事母孝谨，闻于中外[9]，并特免死，削夺官爵，禁锢终身[10]。"

初，魏朝闻桢贪暴，遣中散闾文祖[11]诣长安察之，文祖受桢赂，为之隐；事觉，文祖亦抵罪[12]。冯太后谓群臣曰："文祖前自谓廉，今竟犯法。以此言之，人心信不可知[13]。"魏主曰："古有待放[14]之臣。卿等自审不胜贪心[15]者，听辞位归第[16]。"宰官、中散慕容契[17]进曰："小人之心无常而帝王之法有常；以无常之心奉有常之法，非所克堪[18]，乞从退黜[19]。"魏主曰："契知心不可常，则知贪之可恶矣，何必求退！"迁宰官令[20]。契，白曜之弟子也。

秋，七月，丙寅[21]，魏主如灵泉池。

魏主使群臣议："久与齐绝，今欲通使，何如？"尚书游明根[22]曰："朝廷不遣使者，又筑醴阳[23]深入彼境，皆直在萧赜[24]。今复遣使[25]，不亦可乎！"魏主从之。八月，乙亥[26]，遣兼员外散骑常侍邢产[27]等来聘。

九月，魏出宫人以赐北镇[28]人贫无妻者。

冬十一月，己未[29]，魏安丰匡王猛[30]卒。

十二月，丙子[31]，魏河东王苟颓[32]卒。

平南参军颜幼明等聘[33]于魏。

魏以尚书令尉元[34]为司徒，左仆射穆亮为司空。

豫章王嶷自以地位隆重，深怀退素[35]，是岁，启求还第[36]；上令其世子子廉[37]代镇东府[38]。

太子詹事张绪[39]领扬州中正，长沙王晃属用吴兴闻人邕为州议曹[40]，绪不许。晃使书佐[41]固请，绪正色[42]曰："此是身家州乡[43]，殿下何得见逼[44]！"

侍中江敩为都官尚书[45]。中书舍人纪僧真[46]得幸于上，容表有士风[47]，请于上曰："臣出自本县武吏，邀逢圣时[48]，阶荣[49]至此；为儿昏得荀昭光女[50]，即时无复所须[51]，唯就陛下乞作士大夫[52]。"上曰："此由江敩、谢瀹[53]，我不得措意[54]，可自诣之[55]。"僧真承旨诣敩[56]，登榻坐定[57]，敩顾命左右[58]曰："移吾床远客[59]！"僧真丧气而退，告上曰："士大夫故非天子所命[60]！"敩，湛之孙；瀹，朏之弟也。

柔然别帅[61]叱吕勤帅众降魏。

（以上为第十六段，写北魏处理贪污官吏拓跋天赐、拓跋桢以及接受贿赂的闾文祖；派出使臣与南齐通好；南齐宠臣纪僧真欲进入士大夫行列，碰了一鼻子灰。）

【注释】

[1]汝阴灵王天赐：即拓跋天赐，拓跋晃之子，封汝阴郡王，谥号灵。传见《魏书》卷十九上。[2]南安惠王桢：即拓跋桢，拓跋晃第十一子，封南安郡王，谥号惠。传见《魏书》卷十九下。[3]坐赃当死：因犯贪污受贿罪被判死刑。[4]皇信堂：古殿名，在北魏都城平城皇宫的太极殿南。[5]存亲以毁令：保全皇亲而破坏法令。[6]景穆皇帝：即拓跋晃，拓跋焘长子，被立为皇太子，被拓跋焘宠臣中常侍宗爱陷害，忧虑而死。文成帝拓跋濬即位，追封其为景穆皇帝，庙号恭宗。传见《魏书》卷四下。[7]矜恕：怜悯，宽恕。[8]"太皇太后"句：冯太后，承明元年（476），尊封太皇太后。追惟，追思。高宗孔怀之恩，意即他们与高宗都是亲兄弟，都有深厚的情谊。高宗，即拓跋濬，冯太后的丈夫。孔怀之恩，即兄弟之情。孔怀，这里即指兄弟，因《诗经·常棣》中有"兄弟孔怀"之语。[9]中外：朝廷内外。[10]禁锢终身：一辈子不准再进入官场。[11]闾文祖：姓闾，名文祖，北魏中散大夫。[12]抵罪：处以相应的罪名。[13]信不可知：的确难以预料。信，确实。[14]待放：期候放逐，即汉代的所谓"待罪"，听候处罚，这里指自动辞职。[15]自审不胜贪心：自己估计着经不起物质利益的引诱。[16]听辞位归第：可以辞官回家为民。[17]宰官、中散慕容契：古官名，也称"宰人"，给皇帝掌管膳食。慕容契（xiè），名将慕容白曜之侄，北魏中散大夫，迁宰官令。传见《魏书》卷五十。[18]非所克堪：不是我能经受得起的。[19]乞从退黜：请求把我放入辞退的行列。[20]宰官令：古官名，诸宰官的头领，宰官署的主官。[21]丙寅：七月二十五日。[22]游明根：字志远，北燕广平太守游幼之子，北魏儒学之臣。曾任大鸿胪，三次出使刘宋，迁给事中、议曹长，官至仪曹尚书。传见《魏书》卷五十五。[23]筑醴（lǐ）阳：北魏军攻取醴阳，并在醴阳筑城防守。事在公元488年四月。醴阳，古县名，县治在今河南桐柏县西北的固庙一带，当时属于南齐。[24]直在萧赜：意即南齐一方有理，我方不直，无理。[25]遣使：主动地派出使者进行修好。[26]乙亥：八月四日。[27]邢产：字神宝，邢祐之子，北魏文学之士，其家族中有多人曾出使南朝。传见《魏

书》卷六十五。［28］北镇：泛指北魏北部地区为防柔然而设立的军镇。［29］己未：十一月十九日。［30］安丰匡王猛：即拓跋猛，字季烈，文成帝拓跋濬第六子，封安丰王，谥号匡。传见《魏书》卷二十。［31］丙子：十二月七日。［32］河东王苟颓：本姓若干，代郡（今山西大同市）人，鲜卑族，内行长苟洛跋之子，北魏名将，封河东王，谥号僖王。传见《魏书》卷四十四。［33］颜幼明等聘：南齐平南参军，曾奉命出使北魏。聘，出访，进行国事访问。［34］尉元：本姓尉迟，字苟仁，中山太守尉目斤之子，北魏拓跋焘以来的名将，曾大破宋将张永，在夺取刘宋淮北四州中立有大功。传见《魏书》卷五十。［35］退素：退居为平民百姓。［36］启求还第：请求辞去官职，回北宅居住。萧嶷的北宅有园田之美。［37］子廉：即萧子廉，字景蔼，太尉萧嶷长子，封永新侯。传见《南齐书》卷二十二。［38］代镇东府：代替其父管理东府。东府，是建康城东侧的小城，萧嶷原来住在东府。［39］太子詹（zhān）事张绪：古官名，管理太子宫中事务。张绪，字思曼，刘宋末期的儒臣。入齐任中书令、太子詹事、扬州中正官等职。传见《南齐书》卷三十三。［40］属用吴兴闻人邕为州议曹：嘱托张绪任用闻人邕为扬州刺史属下的议曹官员。议曹，古官署名，是主管参谋议事的部门。［41］书佐：古官名，萧晃部下的主管文书的官吏。［42］正色：把脸摆下来，一副严肃的样子。［43］此是身家州乡：扬州是我张绪的家乡所在地。［44］何得见逼：有什么权力逼我这样做。［45］江敩（xiào）为都官尚书：字叔文，左光禄大夫江湛之孙，驸马都尉江恁之子，南齐都官尚书。传见《南齐书》卷四十三。都官尚书，古官名，掌管纠察京城之内的不法之事。［46］纪僧真：丹阳建康人，萧道成的心腹。传见《南齐书》卷五十六。［47］容表有士风：面容举止颇有些士大夫的风度。［48］邀逢圣时：有幸正赶上圣明的时代。邀，同“徼”，幸，侥幸。［49］阶荣：官阶之高的荣耀。［50］为儿昏得荀昭光女：能让儿子娶荀昭光之女为妇。昏，同“婚”，娶。荀昭光，当时有名的贵族。［51］即时无复所须：现时也不缺什么别的了。［52］乞作士大夫：请求您把我排在士大夫的行列。当时俗语有所谓“上品无寒门，下品无士族”，纪僧真请求成为士大夫，也就是请求把自己的门庭由寒门改成士族。［53］谢瀹（yuè）：字义洁，陈郡阳夏（今河南太康县）人，当时著名文学家谢庄之子，谢朏之弟，南齐大臣。传见《南齐书》卷四十三。［54］不得措意：不能授意，不能把意见强加于他们。［55］可自诣之：你可以自己找他们说。诣，到，至。［56］承旨诣敩（xiào）：按照皇帝的意思去找江敩。［57］登榻坐定：登上坐垫坐下来。［58］顾命左右：回头吩咐身边的人。［59］移吾床远客：把我的坐凳搬得离客人远点儿的地方，一副十分傲慢、看不起人的样子。床，坐具。［60］士大夫故非天子所命：看来这士大夫也实在不是皇帝所能任命得了的，表现了一种深深的无可奈何之情。［61］别帅：另一个部落的头领。叱吕勤，人名，柔然将领，为别帅。

【点评】

北魏推行三长制与均田制改革。本卷重点已经转移到北魏，中心是魏孝文帝拓跋宏启动一系列改革。孝文帝以前，北魏没有俸禄，故官吏贪污、经商盛行，引起社会矛盾尖锐。公元484年，孝文帝颁布诏书实行俸禄制，同时将颁行俸禄与严惩贪赃紧密地联系起来，规定“禄行之后，赃满一匹者死”。颁行俸禄这一年，因贪赃而处死的地方官达四十多人。再者，北魏推行三长制与均田制是重大的历史变革，这里不做深入评析。特别是均田制，表现了中国北方在长期动乱、人口锐减、土地荒芜的历史背景下，国家重建经济，用超经济手段大规模干预社会最重要的土地生产资源与土地配置的一种尝试。这对于恢复北方的社会生态具有重要的意义。

卷一三七　齐纪三

齐武帝永明八年至十年（490—492 年）

【起上章敦牂（庚午，490 年），尽玄黓涒滩（壬申，492 年），凡三年】

【大事提要】

本卷记事起自公元 490 年至公元 492 年，凡三年，当齐武帝永明八年至永明十年。本卷所载大事，南朝齐大事两件：其一，皇子萧子响滥杀无辜，齐武帝萧赜发怒，最后导致萧赜无法保全儿子，萧子响无法见到父亲谢罪。其二，齐武帝命令太子家令沈约撰写《宋书》。北朝北魏大事一件，冯太后去世，孝文帝拓跋宏就其丧礼和孝道的问题与群臣往复讨论争执。

世祖武皇帝中

永明八年（庚午，490 年）

春，正月，诏放隔城俘[1]二千余人还魏。

乙丑[2]，魏主如方山；二月，辛未[3]，如灵泉[4]；壬申[5]，还宫。

地豆干[6]频寇魏边，夏，四月，甲戌[7]，魏征西大将军阳平王颐[8]击走之。颐，新城之子也。

甲午[9]，魏遣兼员外散骑常侍邢产等来聘[10]。

五月，己酉[11]，库莫奚[12]寇魏边，安州[13]都将楼龙儿击走之。

秋，七月，辛丑[14]，以会稽太守安陆侯缅[15]为雍州刺史。缅，鸾之弟也。缅留心狱讼[16]，得劫[17]，皆赦遣[18]，许以自新，再犯乃加诛，民畏而爱之。

癸卯[19]，大赦。

丙午[20]，魏主如方山；丙辰[21]，遂如灵泉池；八月，丙寅朔[22]，还宫。

河南王度易侯[23]卒。乙酉[24]，以其世子伏连筹[25]为秦、河[26]二州刺史，遣振武将军丘冠先拜授[27]，且吊[28]之。伏连筹逼冠先使拜[29]，冠先不从，伏连筹推冠先坠崖而死。上厚赐其子雄[30]；敕以丧委绝域[31]，不可复寻，仕进无嫌[32]。

（以上为第一段，写地豆干、库莫奚等侵扰北魏边境，均被击败；河南王度易侯去世，南齐派出使臣丘冠先前往吊祭，世子付连筹逼其叩拜而不从，丘冠先被推下悬崖摔死。）

【注释】

[1]隔城俘：在隔城打败北魏军所活捉的战俘。隔城，古城名，旧址在今河南桐柏县西北，当时属南齐。武帝永明六年（488），荒人桓天生引北魏军占据此城，齐将朱公恩、曹虎打败北魏军，攻克此城，俘获战俘两千人，事见《资治通鉴》第一百三十六卷。 [2]乙丑：正月二十六日。 [3]辛未：二月三日。 [4]如灵泉：到灵泉池。灵泉：古池水名。胡三省曰："魏于方山之南起灵泉宫，引如浑水为灵泉池，东西一百步，南北二百步。" [5]壬申：二月四日。 [6]地豆干：古少数民族名，亦国名，《魏书》卷一百作"地豆于"，大约在今内蒙古西乌珠穆沁旗境内。北魏时散居在室韦山以西千余里，北界乌洛侯，西以今兴安岭与柔然相接，南邻奚、契丹，多牛、羊，出名马，为游牧民族，常向北魏朝贡，亦来犯边。及南齐萧道成受禅，亦来朝贡。 [7]甲戌：四月七日。 [8]颐（yí）：即拓跋安寿，景穆帝拓跋晃之孙、阳平王拓跋新成长子，袭封阳平王，为征西大将军，任怀朔镇都大将，迁朔州刺史。传见《魏书》卷十九上。 [9]甲午：四月二十七日。 [10]邢产等来聘：邢祐之子，字神宝，北魏文学之士，其家族中有多人曾出使南朝。传见《魏书》卷六十五。来聘，到南齐进行国事访问。 [11]己酉：五月十二日。 [12]库莫奚：古代少数民族名，本属宇文部，与契丹同类而异种，其先皆为燕王慕容皝所破，分布在饶乐水流域，在今内蒙古内西拉木伦河，以游牧为生。 [13]安州：北魏州名，州治在今河北隆化县。 [14]辛丑：七月五日。 [15]会稽太守安陆侯缅：会稽，郡治在今浙江绍兴市。安陆侯缅（miǎn），即萧缅，字景业，齐明帝萧鸾之弟，封安陆侯。传见《南齐书》卷四十五。 [16]留心狱讼（sòng）：关心刑事案件。 [17]得劫：抓到劫匪、盗贼。 [18]赦遣：赦免其罪过，让其回去，改过自新。 [19]癸卯：七月七日。 [20]丙午：七月十日。 [21]丙辰：七月二十日。 [22]丙寅朔：八月一日。 [23]河南王度易侯：河南地区的少数民族头领。河南，指今青海东北部一带的黄河以南地区。度易侯，《南齐书》卷五十九作"易度侯"，慕容氏，河南王拾寅之子，承袭河南王担任首领，为吐谷浑第十三任国王。传见《南齐书》卷五十九。 [24]乙酉：八月二十日。 [25]以其世子伏连筹：主语是"南齐朝廷"。伏连筹，复姓慕容，名伏连筹，《南齐书》卷五十九作"休留茂"，鲜卑族，度易侯之子，吐谷浑君主。在位时期，臣属于北魏，接受北魏官爵，并向其进贡。

后期对周边少数民族进行攻伐兼并，在塞外号称富强之国。曾一度效仿中原王朝。传见《魏书》卷一百一。［26］秦、河：古二州名，秦州的州治在今甘肃天水市，河州的州治枹罕，在今甘肃临洮县东北，当时都属于北魏，南齐的加封只是虚名而已。［27］丘冠先拜授：丘冠先，字道元，吴兴乌程（今浙江湖州市）人，南朝官员。奉命出使河南国，吊河南王易度侯，并册授其子休留茂为镇西将军。与休留茂争拜授礼仪，被杀。传见《南齐书》卷五十九。拜授，前往河南王的都城予以任命，授以官职。拜，任命。［28］吊：吊丧，祭奠死者。［29］逼冠先使拜：强迫邱冠先向度易侯的灵位行叩拜礼。［30］厚赐其子雄：据《北史》卷二十五，武帝萧赜以冠先不辱命，赐其子雄钱一万、布三十匹。雄，即丘雄，吴兴乌程（今浙江湖州市）人，曾诣阙上书，为出使的父亲丘冠先辩功。［31］以丧委绝域：由于其父的遗体是被丢弃在遥远的边地。丧，这里指死者遗体。委，捐弃。绝域，指极其遥远的地方。［32］仕进无嫌：对丘雄以后的仕途没有影响，意即不会说丘雄有损孝道。

荆州刺史巴东王子响[1]，有勇力，善骑射，好武事，自选带仗左右[2]六十人，皆有胆干[3]。至镇[4]，数于内斋[5]以牛酒犒之。又私作锦袍、绛袄[6]，欲以饷蛮[7]，交易器仗[8]。长史高平刘寅[9]、司马安定席恭穆[10]连名密启。上敕精检[11]。子响闻台使[12]至，不见敕[13]，召寅、恭穆及咨议参军江悆[14]、典签吴修之、魏景渊[15]等诘之。寅等秘而不言；修之曰："既已降敕[16]，政应方便答塞[17]。"景渊曰："应先检校[18]。"子响大怒，执寅等八人于后堂，杀之，具以启闻[19]。上欲赦江悆[20]，闻皆已死，怒，壬辰[21]，以随王子隆为荆州刺史[22]。

上欲遣淮南太守戴僧静[23]将兵讨子响，僧静面启曰："巴东王年少[24]，长史执之太急[25]，忿不思难[26]故耳。天子儿过误杀人[27]，有何大罪！官[28]忽遣军西上，人情惶惧[29]，无所不至。僧静不敢奉敕[30]。"上不答而心善之[31]。乃遣卫尉胡谐之、游击将军尹略、中书舍人茹法亮帅斋仗[32]数百人诣江陵，检捕群小[33]，敕之曰："子响若束手[34]自归，可全其命。"以平南内史[35]张欣泰[36]为谐之副。欣泰谓谐之曰："今段之行[37]，胜既无名[38]，负成奇耻[39]。彼凶狡[40]相聚，所以为其用者，或利赏逼威[41]，无由自溃[42]。若顿军夏口[43]，宣示祸福[44]，可不战而擒也。"谐之不从。欣泰，兴世之子也。

谐之等至江津[45]，筑城燕尾洲[46]。子响白服登城，频遣使与相闻[47]，曰："天下岂有儿反[48]！身不作贼[49]，直是粗疏[50]。今便单舸还阙[51]，受杀人之罪[52]，何筑城见捉邪[53]？"尹略独答曰："谁将汝反父人共语[54]！"子响唯洒泣[55]，乃杀牛，具酒馔[56]，饷台军[57]，略弃之江流。子响呼茹法亮，法亮疑畏，不肯往。又求见传诏[58]，法亮亦不遣，且执录其使[59]。子响怒，遣所养勇士收集州、府兵二千人，从灵溪西渡[60]；子响自与百余人操万钧弩[61]，宿江堤上。明日，府州兵与台军战，子响于堤上发弩射之，台军大败，尹略死，谐之等单艇逃去[62]。

上又遣丹杨尹萧顺之[63]将兵继至，子响即日将白衣左右三十人，乘舴艋[64]沿流赴建康。太子长懋[65]素忌子响，顺之之发建康也，太子密谕顺之，使早为之所[66]，勿令得还。子响见顺之，欲自申明；顺之不许，于射堂缢杀之[67]。

子响临死，启上[68]曰："臣罪逾山海，分甘斧钺[69]。敕遣谐之等至，竟无宣旨[70]，便建旗入津[71]，对城南岸筑城守。臣累遣书信[72]呼法亮，乞白服相见[73]，法亮终不肯。群小怖惧[74]，遂致攻战，此臣之罪也。臣此月二十五日，束身投军[75]，希还天阙[76]，停宅一月[77]，臣自取尽[78]，可使齐代无杀子之讥[79]，臣免逆父之谤[80]。既不遂心[81]，今便命尽。临启哽塞[82]，知复何陈[83]！"

有司奏绝子响属籍[84]，削爵土[85]，易姓蛸氏[86]；诸所连坐[87]，别下考论[88]。

（以上为第二段，写南齐武帝之子巴东王萧子响从罢张犯事到被太子逼迫自杀的过程，发人深思。）

【注释】

[1]巴东王子响：即萧子响，字云音，齐武帝萧赜第四子，封为巴东王，历任江州刺史、荆州刺史。后被诬告谋反，被杀。传见《南齐书》卷四十。 [2]带仗左右：携带武器的随从。 [3]胆干：有胆量，有武功。 [4]至镇：到达荆州的州治江陵。镇，镇守之地。 [5]内斋（zhāi）：内舍，内室，外人通常所不能到达之处。 [6]绛（jiàng）袄：红色的棉袄。 [7]饷蛮：赠送给荆州辖区里的蛮族人。饷，供给，赠送。 [8]交易器仗：目的是想和他们换取兵器。 [9]刘寅：巴东王萧子响为荆州刺史的高级僚属长史，被子响所杀。 [10]席恭穆：巴东王萧子响为荆州刺

史的高级僚属司马，被子响所杀。［11］精检：仔细检查，严加审查。［12］台使：朝廷派出的使者。［13］不见敕（chì）：没有接到皇帝的诏命。敕，皇帝的命令。［14］江愈（yù）：巴东王萧子响为荆州刺史的咨议参军，被子响所杀。［15］吴修之、魏景渊：巴东王萧子响为荆州刺史的典签，被子响所杀。［16］降敕（chì）：颁发诏书。［17］政应方便答塞：我们正好可以顺势向朝廷解释清楚。政，同“正”，正好。答塞，作出答复以抵塞责任。［18］应先检校：应当先让朝廷的来人进行检查。胡三省曰：“修之言‘方便答塞’，欲为子响道地也。景渊言‘应先检校’，欲依敕行之也。”［19］具以启闻：把杀了八个人的事情向朝廷报告。具，一一地。启闻，向上报告。［20］欲赦江愈：意即不想让江愈死。［21］壬辰：八月二十七日。［22］以随王子隆为荆州刺史：意即任命随王萧子隆为荆州刺史，免去萧子响的荆州刺史，并将对之查办、讨伐。随王。子隆，即萧子隆，齐武帝萧赜第八子。传见《南齐书》卷四十。［23］戴僧静：字僧静，会稽永兴（今浙江杭州市萧山区）人，南齐名将。传见《南齐书》卷三十。［24］巴东王年少：时萧子响年二十二岁。［25］长史执之太急：刘寅把萧子响逼得太急，指其向朝廷告发之事。［26］忿不思难：一时生气、愤怒，而没有考虑后果。［27］天子儿过误杀人：皇帝您的儿子因一时的想不开而杀了人。将此事说得轻描淡写。过误，过失，差错。［28］官：犹今称“您”，也称“官家”，当时对皇帝、对国家的敬称。［29］人情惶惧：人心惶惶，不知所措。［30］不敢奉敕：意即不肯接受旨意去做这件事。不敢，不愿的谦词。［31］上不答而心善之：胡三省曰：“不答而心善其言，盖天性所在，而未敢挠国法也。”［32］斋仗：皇帝斋宫禁卫。［33］检捕群小：查办与逮捕萧子响身边的亲信小人。［34］束手：从此收手，停止抵抗。［35］平南内史：南平王萧锐属下的内史。平南，胡三省曰：“按《齐书·张欣泰传》，时为南平内史，当作‘南平’。”南平，古郡名，郡治江安，在今湖北公安县西北。［36］张欣泰：字义亨，竟陵（今湖北天门市）人，刘宋左卫将军张兴世之子，南齐大臣。传见《南齐书》卷五十一。［37］今段之行：这次出差。［38］胜既无名：差事办好了也不会得到任何好的名望。［39］负成奇耻：一旦把事情办砸了，就会成为莫大的耻辱。［40］凶狡：凶恶狡猾，指刘子响身边这些作乱的人。［41］利赏逼威：为了财物的赏赐，得到巨大的利益。逼威，犹威逼，被权势所威胁、逼迫。［42］无由自溃：他们是不可能自行散伙的，是很有战斗力的。［43］顿军夏口：把我们的军队驻扎在夏口。夏口，古地名，在今湖北武汉市。［44］宣示祸福：讲清道理，指明出路。［45］江津：古地名，也称江津戍，旧址在今湖北荆州江陵城南的长江边上。［46］燕尾洲：古地名，在当时的江津戍西，是长江与灵溪水的汇口。［47］与相闻：与胡谐之等相互对话。［48］岂有儿反：哪有皇帝的儿子反对皇帝的？［49］身不作贼：我是不会造反的。身，我，自称。［50］直是粗疏：只不过是行为太鲁莽了。萧子响现在有些后悔了。［51］单舸（gě）还阙（què）：我会乘坐一艘小船，回到朝廷请罪。舸，船。阙，宫门，代指朝廷。［52］受杀人之罪：我自己会去承当杀人的罪过。受，接受，承担。［53］何筑城见捉邪：你们怎么就筑城与我开战，想要捉拿我？见，被。［54］谁将汝反父人共语：谁和你这个反叛父亲的家伙说话。将，与。［55］唯洒泣：只有流泪而已，现在知道害怕了。［56］具酒馔（zhuàn）：准备酒肉、饭食。［57］饷台军：送给朝廷派来的人。饷，犒劳，馈饷。［58］传诏：传达诏书的宦官。［59］执录其使：逮捕了萧子响的使者。［60］从灵溪西渡：渡过灵溪水，袭击朝廷军在燕尾洲筑城的将士。灵溪，古水名，在湖北江陵县西。《水经·江水注》曰："江水又东径燕尾洲北，合灵溪水，南流注江。"［61］万钧弩：用机械装配起来的强弓，可射大箭，而且射得远。有如今时之重炮。［62］单艇逃去：舍弃军士而单身逃走。艇，轻快的小船。［63］萧顺之：字文纬，南兰陵（今江苏丹阳市）人，御史萧道赐之子，武帝萧道成的堂兄弟，梁武帝萧衍之父，南齐大臣。［64］舴（zé）艋（měng）：小船。［65］长懋（mào）：即萧长懋，字云乔，小字白泽，南齐高帝萧道成嫡长孙，武帝萧赜长子，立为皇太子。传见《南齐书》卷二十一。［66］早为之所：早点为他找个安身之处，意即早点结果了他。［67］射堂缢杀之：在练习射箭的地方勒死他。［68］启上：给其父萧赜上书。［69］分甘斧钺（yuè）：理应处死。分，理应。甘，心甘情愿。斧钺，杀人的刑具。［70］竟无宣旨：居然没人对我宣读皇帝的诏书。［71］建旗入津：打着朝廷的旗号进入江边的渡口。津，渡口。［72］累遣书信：多次派人送信。［73］乞白服相见：意即和平友好地见面交谈。白服，文士的打扮，与戎服相对而言。［74］群小：我手下的一些下等人。［75］束身投军：放下武器，自缚双手，投到萧顺之部下。［76］希还天阙（què）：目的是希望能回到京城，向您当面请罪。天阙，以称宫门，代指朝廷。［77］停宅一月：我在我京城的老房子里，停留了一个月。［78］臣自取尽：我将自杀。从中看出萧子响的无奈和委屈。［79］齐代无杀子之讥：齐国朝廷，实即指其父萧赜不要让世人与史家说某某人把他自己的儿子杀了。［80］臣免逆父之谤：也别让我落下一个忤逆父亲的罪名。［81］既不遂心：既然不能让我遂此心愿。［82］哽（gěng）塞：喉咙里像堵了东西，什么话也说不出来了。［83］知复何陈：也不知道再说些什么为好。［84］有司奏绝子响属籍：有关主管部门请求把萧子响的名字从皇室的族谱中除去。［85］削爵土：削去封爵，收回封国。［86］蛸（xiāo）氏：与"萧氏"谐音。蛸，一种虫卵。［87］诸所连坐：对于与萧子响反叛有牵连的人的处理。［88］别下考论：另行查办定罪。论，定罪。

久之，上游华林园[1]，见一猿透掷[2]悲鸣，问左右，曰："猿子前日坠崖死。"上思子响，因呜咽流涕。茹法亮颇为上所责怒[3]，萧顺之惭惧[4]，发疾而卒。豫章王嶷[5]表请收葬子响，不许，贬为鱼复侯[6]。

子响之乱，方镇皆启子响为逆[7]，兖州刺史垣荣祖曰："此非所宜言[8]。正应云[9]：'刘寅等孤负恩奖[10]，逼迫巴东[11]，使至于此。'"上省之[12]，以荣祖为知言[13]。

台军焚烧江陵府舍[14]，官曹文书[15]，一时荡尽。上以大司马记室南阳乐蔼[16]屡为本州僚佐[17]，引见[18]，问以西事[19]。蔼应对详敏，上悦，用为荆州治中[20]，敕付以修复府州事[21]。蔼缮修廨舍数百区[22]，顷之咸毕[23]，而役不及民[24]，荆部[25]称之。

（以上为第三段，写南齐巴东王萧子响自杀后的余波，武帝萧赜见猿悲鸣，思子伤心，当事人茹法亮受到谴责，萧顺之惭惧而死，乐蔼很快整修好荆州府舍，受到赞誉。）

【注释】

[1]华林园：古园林名，当时建康城内的皇家园林。当年刘宋废帝萧子业即被杀于此园。[2]透掷：活蹦乱跳。[3]责怒：即怒责，劈头盖脸地痛骂一顿。[4]惭惧：惭愧，害怕。萧顺之在处理萧子响的事件上有所欠缺，直接导致了其自杀，怕武帝萧赜怪罪下来。[5]豫章王嶷（yí）：即萧嶷，字宣俨，齐高帝萧道成次子，武帝萧赜之弟，封豫章郡王，历任为尚书令、司空、扬州牧、太尉、大司马、中书监。传见《南齐书》卷二十二。[6]贬为鱼复侯：将萧子响的巴东王爵位贬为鱼复侯。鱼复侯，封地鱼复县，县治在今重庆奉节县。[7]方镇皆启子响为逆：各州刺史在说到子响这件事时都用"为逆"这个词。方镇，指掌握一方兵权的军事长官，即指刺史、督军等方面大员。[8]非所宜言：意即不能将萧子响的行为称为反逆，也就是说在性质上没有那么严重。[9]正应云：正确的说法应当是。[10]孤负恩奖：辜负皇上对他的夸奖、奖励，意即把他放到这么重要的岗位，没有把事情做好。[11]逼迫巴东：逼得巴东王萧子响无路可走。[12]上省（xǐng）之：武帝萧赜省察之后。省，省视，思考。[13]知言：知道该怎么说话，说到武帝萧赜的心上去了。事实上，垣荣祖的话也最为符合事实。[14]江陵府舍：即荆州刺史府、都督府的官舍。[15]官曹：官吏办事机关、办事处所。[16]大司马记室南阳乐蔼：大司马萧嶷的记室。记室，古官名，也称记室参军，为诸王与将军的书记官。乐蔼，字蔚远，南阳淯阳（今河南南阳市）人，雍州刺史宗悫的外甥，南梁开国功臣。南齐时，为骠骑行参军兼荆州主簿、枝江县令，后为大司马中兵参军与记室、荆州治中。传见《梁书》卷十九。[17]屡为本州僚佐：多次在荆州刺史治下为其充任僚属。[18]引见：使之前来接受讯问。[19]问以西事：向他打听荆州刺史府内的有关事情。[20]荆州治中：荆州刺史的高级僚属。治中，古官名，也称治中从事史，州刺史的助理，主管文书案卷。[21]敕（chì）付以修复府州事：把修复荆州刺史府与都督府的事情交给他去办理。敕付，下令交付。[22]缮（shàn）修廨（xiè）舍数百区：修补，整修几百个官舍，即官吏的办公用房和住宿用房。数百区，几百个院落。[23]顷之咸毕：很快就全部修完了。[24]役不及民：意即修缮工作没有过多地耗费民力。[25]荆部：荆州地区的军政长官。

九月，癸丑[1]，魏太皇太后冯氏殂；高祖勺饮不入口[2]者五日，哀毁过礼[3]。中部曹华阴杨椿谏曰[4]："陛下荷[5]祖宗之业，临万国[6]之重，岂可同匹夫之节以取僵仆[7]！群下惶灼[8]，莫知所言。且圣人之礼，毁不灭性[9]；纵陛下欲自贤于万代[10]，其若宗庙何[11]！"帝感其言，为之一进粥。

于是，诸王公皆诣阙上表，"请时定兆域[12]，及依汉、魏故事[13]，并太皇太后终制[14]，既葬[15]，公除[16]。"诏曰："自遭祸罚[17]，慌惚如昨[18]，奉侍梓宫[19]，犹希髣髴[20]。山陵迁厝[21]，所未忍闻。"冬，十月，王公复上表固请。诏曰："山陵可依典册[22]；衰服之宜[23]，情所未忍[24]。"帝欲亲至陵所，戊辰[25]，诏："诸常从之具[26]，悉可停之；其武卫之官，防侍如法[27]。"癸酉[28]，葬文明太皇太后于永固陵[29]。甲戌[30]，帝谒陵[31]，王公固请公除。诏曰："比当别叙在心[32]。"己卯[33]，又谒陵。

庚辰[34]，帝出至思贤门[35]右，与群臣相慰劳[36]。太尉丕[37]等进言曰："臣等以老朽之年，历奉累圣[38]，国家旧事，颇所知闻。伏惟远祖有大讳之日[39]，唯侍从梓宫者凶服[40]，左右尽皆从吉[41]；四祖三宗[42]，因而无改[43]。陛下以至孝之性，哀毁过礼，伏闻所御三食不满半溢[44]，昼夜不释绖带[45]，臣等叩心绝气[46]，坐不安席。愿少抑至慕之情[47]，奉行先朝旧典。"帝曰："哀毁常事，岂足关言[48]！朝夕食粥，粗可支任[49]，诸公何足忧怖[50]！祖宗情专武略[51]，未修文教[52]；朕今仰禀圣训[53]，庶习古道[54]，论时比事[55]，又与先世不同。太尉等国老[56]，政之所寄[57]，于典记旧式或所未悉[58]，且可知朕大意[59]。其余古今丧礼，朕且以所怀别问尚书游明根、高闾[60]等，公可听之[61]。"

（以上为第四段，南朝写南齐武帝永明八年（490）的史事；北朝写北魏太皇太后冯氏去世，孝文帝拓跋宏伤心至极，茶饭不思，政事不理，或许是为求名，"自贤于万代"，或许出于真感情，大臣纷纷劝说。）

【注释】

[1]癸丑：九月十八日。 [2]勺饮不入口：等于说滴水未进。 [3]哀毁过礼：因过分悲哀而面黄肌瘦，伤到了身体。过礼，超过了礼节的规定。 [4]中部曹华阴杨椿谏：疑为"中都曹"

之误。中都曹，即中都大官的僚属。中都官是主管魏都平城纠察治安的官员。杨椿，字延寿，弘农华阴（今陕西华阴市）人，洛州刺史杨懿次子，北魏大臣。历孝文帝、宣武帝、孝明帝、孝庄帝四朝，先后治理豫州、济州、梁州、朔州、定州、南秦州、岐州、雍州八州，拜车骑大将军、开府仪同三司，为司徒、太保兼侍中。传见《魏书》卷五十八。［5］荷（hè）：承担，接受。［6］临万国：驾临，管理各诸侯国。［7］同匹夫之节以取僵（jiāng）仆：像一个普通百姓一样地尽孝道以至于把身体搞垮。僵，仰面摔倒。仆，向前摔倒，这里指摔倒在地，爬不起来。［8］惶灼（zhuó）：惶恐，着急，如火烧眉毛。［9］毁不灭性：可以做到因悲哀而形体憔悴，但不能有损健康。性，生命。［10］纵陛下欲自贤于万代：意思是说，即使陛下您想做个孝子，留名青史。自贤，自己博得好名声。［11］其若宗庙何：意即您万一有个好歹，整个国家怎么办呢？怎么向列祖列宗交代呢？宗庙，古代帝王祭祀祖宗的地方，代指国家。［12］时定兆域：意即及时地葬入陵墓。兆域，墓地，祖先所葬的地方。［13］依汉、魏故事：按照汉朝、魏朝给去世皇帝安葬的老办法。汉、魏：一般指汉朝、曹魏，这里指汉朝和北魏。故事，即旧例，先例。［14］并太皇太后终制：并遵照太皇太后临死前的遗命。终制，遗旨，亦即后面所说的冯太后的“金册遗旨”。［15］既葬：安葬完毕以后。［16］公除：即依礼除去丧服。胡三省曰：“公除者，以天下为公而除服也。”古代的丧礼规定，父母死，子女当守丧三年；如果是现任官吏，还必须离职归家居丧。但帝王或大官因身负国家重任，下葬后可因公停止居丧，叫作“公除”。［17］祸罚：即指冯太后去世。［18］慌惚（hū）如昨：思念至深的时候，太皇太后的音容相貌就像是昨天一样清晰地浮现在眼前。［19］梓宫：帝后的棺柩。［20］犹希髣髴：还希望在恍惚之间能见到她。髣髴，同“仿佛”，隐隐约约，看不真切的样子。［21］山陵迁厝（cuò）：把灵柩葬入陵墓。山陵，指帝王的坟墓。迁厝，移置。厝，同“措”，措置。［22］山陵可依典册：把灵柩葬入陵墓的事情，可以按照典册上的规定。［23］衰服之宜：即上文所说的“既葬，公除”。衰服，这里指服丧。［24］情所未忍：实在是不忍心那样做。［25］戊辰：十月四日。［26］常从之具：指平时跟从的各仪仗队以及仪式。［27］防侍如法：随身的卫队与侍从人员，还按平时的规定。［28］癸酉：十月九日。［29］永固陵：在北魏都城平城北的方山上，在今山西大同市北。［30］甲戌：十月十日。［31］谒（yè）陵：参拜冯太后的陵墓。［32］比当别叙在心：此事我会另找时间和大家说说我的想法。比，近，此指另找时间。［33］己卯：十月十五日。［34］庚辰：十月十六日。［35］思贤门：北魏平城宫内之门，在今山西大同市东北。［36］相慰劳：相互安慰、勉励。［37］丕：即拓跋丕，乐城侯拓跋兴都之子，北魏宗室大臣。传见《魏书》卷十四。［38］累圣：指北魏的历代皇帝。［39］伏惟：犹言“窃思”，私下想来，谦称自己之辞。远祖有大讳之日：远辈的祖先遇有丧礼的时候。远祖，高祖、曾祖以上的祖先。大讳之日，去世的时候。［40］侍从梓宫者凶服：只有在灵柩旁边工作的人才身穿丧服。凶服，孝服。［41］左右尽皆从吉：其他的皇帝身边的侍从都不穿孝服。从吉，仍穿平日的衣服。［42］四祖：指高祖昭成帝拓跋什翼犍、太祖道武帝拓跋珪、世祖太武帝拓跋焘、显祖献文帝拓跋弘；三宗：指太宗明元帝拓跋嗣、恭宗景穆帝拓跋晃、高宗文成帝拓跋潸。[43]因：因袭不变，照旧。[44]所御三食：一日三顿所吃的饭食。御，用，这里即指吃。半溢：极言进食之少。溢，古代量器名，一升的二十四分之一为一溢。[45]昼夜不释绖（dié）带：意即昼夜不脱孝服。绖，系在头上的孝带。带，系在腰间的孝带。这里代指整套丧服。[46]叩心绝气：捶着胸膛，喘不出气来。意即为拓跋宏的表现感到心急，为之担心。[47]少抑至慕之情：稍微克制一下对太后的思念之情。少，同“稍”，稍微，略微。[48]岂足关言：哪里值得你们如此关心、劝导？[49]粗可支任：大致能够维持下去，支撑得住。[50]忧怖：忧愁，害怕。[51]情专武略：每天想的都是打仗。情专，一门心思所思考的。[52]未修文教：没有讲究什么道德礼仪。[53]仰禀（bǐng）圣训：向上禀承先王的教导。禀，承受。[54]庶习古道：自己也学了一些古代的道理。庶，几乎，差不多。[55]论时比事：无论是论说世情，还是排比事理。[56]太尉等国老：此指时任太尉的老臣尉元。国老，朝廷敬重的前辈老人。[57]政之所寄：国家的大政方针完全靠你们来推广执行。寄，依靠，依托。[58]典记旧式或所未悉：对于古书上旧礼的一些说法，有些内容你们或许还不太知道。旧式，旧有的礼仪规定。悉，知道。[59]且可知联大意：你们先明白我的大致想法就行了。[60]且以所怀别问：把我心中所想到的另外去询问尚书游明根、高闾等元老。[61]公可听之：到时候你们要好好地听听。

帝因谓明根等曰：“圣人制卒哭之礼[1]，授服之变[2]，皆夺情以渐[3]。今则旬日之间[4]，言及即吉[5]，特成伤理[6]。”对曰：“臣等伏寻金册遗旨[7]，逾月而葬[8]，葬而即吉[9]；故于下葬之初，奏练除[10]之事。”

帝曰：“朕惟中代所以不遂三年之丧[11]，盖由君上违世[12]，继主初立，君德未流[13]，臣义不洽[14]，故身袭衮冕[15]，行即位之礼。朕诚不德[16]，在位过纪[17]，足令亿兆[18]知有君矣。于此之时而不遂哀慕之心[19]，使情礼俱失[20]，深可痛恨！”高闾曰：“杜预[21]，晋之硕学[22]，论自古天子无有行三年之丧者，以为汉文之制[23]，暗与古合，虽叔世[24]所行，事可承踵[25]。是以臣等慺慺干请[26]。”

帝曰：“窃寻[27]金册之旨，所以夺臣子之心，令早即吉者，虑废绝政事故也。群公所请，其志亦然。朕今仰奉[28]册令，俯顺群心，不敢暗默不言以荒庶政[29]；唯欲衰麻废吉礼[30]，朔望尽哀诚[31]，情在可许[32]，故专欲行之[33]。如杜预之论，于孺慕之君[34]，谅暗之主[35]，盖亦诬矣[36]。”秘书丞李彪[37]曰：“汉明德马后[38]保养章帝[39]，母子之道，无可间然[40]；及后之崩，葬不淹旬[41]，寻已从吉[42]。然汉章不受讥[43]，明德不损名[44]。愿陛下遵金册遗令，割哀[45]从议。”

帝曰：“朕所以眷恋衰绖[46]，不从所议者，实情不能忍，岂徒苟免嗤嫌[47]而已哉！今奉终俭素[48]，一已仰遵遗册[49]；但痛慕之心[50]，事系于予[51]，庶圣灵不夺至愿[52]耳。”高闾曰：“陛下既不除服于上，臣等独除服于下，则为臣之道不足。又亲御衰麻[53]，复听朝政，吉凶事杂，臣窃为疑[54]。”

帝曰：“先后抚念群下[55]，卿等哀慕，犹不忍除，奈何令朕独忍之于至亲[56]乎！今朕逼于遗册[57]，唯望至期[58]；虽不尽礼，蕴结差申[59]。群臣各以亲疏、贵贱、远近为除服之差[60]，庶几稍近于古[61]，易行于今。”高闾曰：“昔王孙裸葬[62]，士安去棺[63]，其子皆从而不违。今亲奉遗令而有所不从，臣等所以频烦干奏[64]。”

李彪曰：“三年不改其父之道[65]，可谓大孝。今不遵册令，恐涉改道之嫌。”帝曰：“王孙、士安皆诲子以俭[66]，及其遵[67]也，岂异今日[68]！改父之道，殆与此殊[69]。纵有所涉[70]，甘受后代之讥，未忍今日之请[71]。”

群臣又言：“春秋烝尝[72]，事难废阙[73]。”帝曰：“自先朝以来，恒有司行事[74]；朕赖蒙慈训[75]，常亲致敬[76]。今昊天降罚[77]，人神丧恃[78]，赖宗庙之灵[79]，亦辍歆祀[80]。脱行飨荐[81]，恐乖冥旨[82]。”

群臣又言：“古者葬而即吉[83]，不必终礼[84]，此乃二汉[85]所以经纶治道[86]，魏、晋[87]所以纲理庶政[88]也。”帝曰：“既葬即吉，盖季俗多乱[89]，权宜救世[90]耳。二汉之盛，魏、晋之兴，岂由简略丧礼、遗忘仁孝哉！平日之时，公卿每称当今四海晏然[91]，礼乐日新[92]，可以参美唐、虞[93]，比盛夏、商[94]。及至今日，即欲苦夺朕志，使不逾于魏、晋。如此之意，未解所由。”

李彪曰：“今虽治化清晏[95]，然江南有未宾之吴[96]，漠北有不臣之虏[97]。是以臣等犹怀不虞之虑[98]。”帝曰：“鲁公带绖从戎[99]，晋侯墨衰败敌[100]，固圣贤所许。如有不虞，虽越绋无嫌[101]，而况衰麻乎！岂可于晏安之辰豫念军旅之事[102]，以废丧纪哉！古人亦有称王者除衰而谅暗终丧[103]者，若不许朕衰服，则当除衰拱默[104]，委政冢宰[105]。二事之中，唯公卿所择。”游明根曰：“渊默不言[106]，则大政将旷[107]；仰顺圣心，请从衰服[108]。”

太尉丕曰：“臣与尉元[109]历事五帝[110]，魏家故事，尤讳之后三月[111]，必迎神于西[112]，禳恶于北[113]，具行吉礼[114]，自皇始[115]以来，未之或改。”帝曰：“若能以道事神[116]，不迎自至；苟失仁义[117]，虽迎不来。此乃平日所不当行，况居丧乎！朕在不言之地[118]，不应如此喋喋[119]；但公卿执夺朕情[120]，遂成往复[121]，追用悲绝[122]。”遂号恸[123]，群官亦哭而辞出。

（以上为第五段，写北魏孝文帝拓跋宏坚持丧礼和孝道，似乎到了不近人情的地步，大臣反复劝谏，为此展开激烈地争辩，拓跋宏不为所动，坚持服丧。）

【注释】

[1]卒哭之礼：即何时停止哭丧的规定。古代父母去世，开始是哭无时，想起来就哭；过一段时间后，改为朝夕哭，每天的早晨、晚上哭；再经过一段时间后，才停止哭。 [2]授服之变：守丧者所穿服装逐渐变化。古代丧礼规定，三年之丧，丧主穿生麻布而不招边的孝服。然后将死者的神主和祖先一起合祭，由丧祭改为吉祭，丧主不必再哭；服丧满一周年时举行周年祭，可稍改善生活及解除丧服的一部分，可戴白色的绢帽；满两周年时举行两周年祭；再一月举行除丧服之祭，然后除服，停止居丧，恢复正常生活。 [3]皆夺情以渐：都是逐步地淡化人们的哀思。夺情，克制、转移哀伤之情。 [4]旬日之间：刚过了十来天。 [5]言及即吉：就开始说除去丧服。 [6]特成伤理：实在是大伤伦理。 [7]伏寻金册遗旨：暗自思考皇太后所留下的遗嘱。伏寻，谦称自己的思考。金册，书写遗嘱的金箔。胡三省曰：“盖以文明太后遗旨书之金册也。” [8]逾月而葬：死后一个月后，将棺椁下葬。逾，过。 [9]葬而即吉：死者下葬后，守丧者即换去丧服。即吉，换上平常应穿的服装。 [10]练除：脱去孝服，停止居丧。练，白色丝织品，指孝帽、孝服之类。 [11]“朕惟中代”句：惟：思，考虑。中代：中世，近几百年来。不遂三年之丧：不实行守孝三年。遂，完成，实行。 [12]君上违世：老皇帝去世。 [13]君德未流：新君王的威信还没有确立。 [14]臣义不洽：群臣对君王的义务还未充分体现。 [15]故身袭衮（gǔn）冕（miǎn）：所以就急急忙忙地穿戴着帝王的衣帽。袭，穿衣。衮冕，皇帝的礼服与礼帽。 [16]诚不德：尽管也是德行不高。 [17]在位过纪：当皇帝也超过了十二年。胡三省曰：“宋明帝泰始七年（471），魏孝文受禅，至是十九年。此言‘在位过纪’，盖以宋苍梧王元徽四年（476）显祖方殂，逾年改元太和（477），至是十四年，故云‘在位过纪’。十二年为一纪。” [18]亿兆：指全国百姓。[19]不遂哀慕之心意：不能按照自己的心意充分地尽其孝道。 [20]使情礼俱失：让人感到既违

背了人情，又违背了丧礼。［21］杜预：字元凯，魏晋大臣。传见《晋书》卷三十四。［22］硕学：饱学，大学问家。［23］汉文之制：指汉文帝对于丧事的规定。据《史记·孝文本纪》载，汉文帝反对“厚葬以破业，重服以伤生”，并立下遗诏，规定在他去世时，全国吏民只举哀三日，即脱去孝服。“宫殿中当临者，皆以旦夕各十五举声，礼毕罢。非旦夕临时，禁毋得擅哭。”下葬后，只服丧三十六天。［24］叔世：季世，近世。［25］事可承踵（zhǒng）：可以让人们按照他的样子去做。承踵，踏着他的足迹。［26］偻（lóu）偻干请：恭敬地进行请求。偻偻，恭恭敬敬地、诚心诚意地。干，求。［27］窃寻：窃，古人对自己的谦称，含有“私下”的意思。寻，寻思，考虑。［28］仰：向上，对上，与“俯”相对。奉，尊奉，遵照。［29］暗默不言：即古礼之所谓“谅暗”。古称老帝王去世，新帝王守孝三年，一切政事委之于大臣，自己沉默不言。以荒庶政：以耽误各种政务的处理。［30］唯欲衰（cuī）麻废吉礼：只求让我披麻戴孝地多过一些时候。衰麻，用为动词，即穿着丧服。吉礼，古指祭祀之礼，为吉、凶、军、宾、嘉五礼之一。［31］朔（shuò）望尽哀诚：让我能在每个月的初一、十五再哭上几回以表哀思。朔望，朔日和望日，农历每月初一叫朔，十五叫望。［32］情在可许：这种情况应该是可以允许的。［33］故专欲行之：所以我要坚持地做下去。［34］孺慕之君：像小孩子思念父母那样的新君。［35］谅暗之主：坚持守孝三年不言，委国政于冢宰的君主。谅暗，亦作“谅阴”，居丧时所住的房子，借指居丧，一般用于皇帝。［36］盖亦诬矣：简直是太过分了。诬，抹杀，即抹杀了至孝之人的一片孝心。［37］秘书丞李彪：秘书省的副长官，古代掌文籍等事，秘书省是为皇帝保管图书档案的部门。李彪，字道固，北魏文史名臣。传见《魏书》卷六十二。［38］明德马后：即马皇后（39—79），扶风茂陵（今陕西兴平市）人。名将、伏波将军马援之女，东汉明帝皇后。谦恭和顺，婉静有礼。传见《后汉书》卷十上。［39］保养章帝：保护并养育汉章帝刘炟。［40］无可间然：关系亲密。《后汉书·马皇后传》曰：“母子慈爱，始终无纤介之间。”［41］葬不淹旬：不到十天就下葬了。淹，满。据《后汉书·章帝纪》载，马皇后于建初四年（79）六月癸丑（三十日）去世，秋七月壬戌（初九日）下葬，期间只九天。［42］寻已从吉：随后不久就换上了吉服。［43］汉章不受讥：没有人说汉章帝刘炟不好，不孝敬马皇后。［44］明德不损名：马皇后的名望也没有受到损伤。［45］割哀：犹言节哀，尽快从悲痛中走出来。［46］眷恋衰（cuī）绖（dié）：意即甘心情愿地穿着丧服。眷恋，迷恋。衰绖，即丧服，古代用粗麻布制成的毛边丧服称“衰”，用麻做的丧帽丧带称“绖”。此指穿丧服。［47］岂徒苟免嗤（chī）嫌：岂只是怕别人议论。苟免，姑且免于。嗤嫌，讥笑、嫌疑，说长道短。［48］奉终俭素：给去世者的陪葬很少很薄。奉终，供奉去世的人。［49］一已仰遵遗册：全部遵照死者生前的遗嘱。一，一概。仰，仰面向上，表示尊敬的情怀。［50］痛慕：痛切思念。慕，思慕，怀念。［51］事系于予：这件事情关系到我。［52］庶圣灵不夺至愿：希望太皇太后的在天之灵能够满足我的这点真诚的愿望。庶，希望。［53］亲御衰麻：穿着丧服。御，使用，引申为穿。衰麻，丧服，衰衣麻绖。［54］臣窃为疑：我认为这样不妥当，不伦不类，没有办法办事。［55］先后抚念群下：去世的太皇太后对你们恩情深厚。抚念，关心，抚爱。［56］忍之于至亲：对最亲近的人下狠心。［57］逼于遗册：受制于遗嘱，不能改变。［58］唯望至期：就希望能守孝一年。期，一周年。［59］蕴结差申：内心的痛苦多少可以缓解。蕴结，郁结。差申，稍微可以疏解、缓解。［60］为除服之差：可以做出一些不同期限的除服规定。［61］庶几稍近于古：尽量争取，尽量做到略微接近古代的丧礼礼仪。［62］王孙：即杨王孙，名贵，西汉成固（今汉中城固县）人，生于武帝之世，寓居京兆长安，学黄老之术，家业千金，重养生，竭力提倡简葬。传见《汉书》卷六十七。裸葬：杨王孙临终前嘱其子："吾死，裸葬，以复吾真"，并对劝告的亲友说："厚葬无益死者也。"至葬，先用布袋盛尸，下葬后，将布袋抽出，直接用土掩埋。［63］士安去棺：士安，即西晋皇甫谧，幼名静，字士安，自号玄晏先生，安定朝那（今甘肃灵台县）人，后徙居新安（今河南新安县），东汉名将皇甫嵩曾孙，魏晋之际的著名隐士、史学家。一生以著述为业，撰有《帝王世纪》《高士传》等。朝廷多次征聘，一直未出。传见《晋书》卷五十一。去棺，皇甫谧主张朝死夕葬，夕死朝葬，不用棺椁，不加缠敛。［64］频烦干奏：多次地提出反对你的意见。频烦，也作"频繁"，屡次。干，冒犯。［65］不改其父之道：不改变其父的思想主张，语见《论语·学而》。原文为："三年无改于父之道，可谓孝矣。"［66］皆诲子以俭：都是教导其子生活俭朴。诲，教导。［67］遵：遵奉遗训。［68］岂异今日：和我今天所做的，哪有什么差别？意思是我今天完全遵守了太后的遗言，只是在我个人的服丧上略有变化而已。［69］改父之道，殆（dài）与此殊：改变其父的志向，与我们现在所讨论的守丧之事，是有区别的。意思是说，其父之道，并不是就指守丧之事。殆，几乎，差不多。［70］纵有所涉：即使有什么不合规矩的地方。［71］未忍今日之请：不忍心按照你们所请求的那个样子去做。［72］春秋烝（zhēng）尝：指一年四季的祭祀宗庙。春秋，代指一年四季。烝尝，本指秋冬二祭，秋季的祭祀叫"尝"，冬季的祭祀叫"烝"，代指祭祀。［73］事难废阙（quē）：是绝对不能废弃的。意思是说，皇帝要在一年四季主持祭祀宗庙，是不能身穿孝服的。皇上要是三年不脱孝服，那就没法去祭祀宗庙了。胡三省曰："《礼》曰：'丧三年不祭。'言帝若行三年之丧，则宗庙之祭将至废阙也。"阙，同"缺"。［74］恒有司行事：经常都是由主管此事的官吏去主持祭祀。恒，经常，通常。有司，主管该项事务的官员。［75］慈训：长辈的教诲。［76］常亲致敬：常常亲自前去祭祀。［77］昊天降罚：老天爷惩罚我，指失去了太皇太后。［78］人神丧恃：不论活着的，还是死了的，都失去了依靠。人，指北魏主与百官。神，指北魏宗庙里的历代先王。恃，依靠。［79］赖宗庙之灵：考虑宗庙里的列祖列宗。赖，一作"想"，考虑，估计。［80］亦辍（chuò）歆（xīn）祀：也都会中止享用祭祀。辍，停止，中止。歆，同"飨"，用食品祭祀神鬼。［81］脱行飨荐：如果我还前往祭祀宗庙。脱，如果。飨，指合祭。荐，以应时的产品祭祀，这里泛指祭祀宗庙。［82］恐乖（guāi）冥旨：恐怕也违背列祖列宗的在天之灵。［83］葬而即吉：死者下葬了，就除去孝服。［84］终礼：服满三年之丧。［85］二汉：指西汉和东汉。［86］经纶治道：指导治国安邦。经纶，意即以孝道为治国安邦的准绳。［87］魏、晋：即曹魏、晋朝。［88］纲理庶政：用孝道来治理国家。纲理，纲纪，法度。［89］盖季俗多乱：是由于近代社会风俗衰败。［90］权宜救世：用变通的办法解决现实问题。权宜，随机应变。［91］四海晏然：天下太平。晏然，安宁、安定的样子。［92］礼乐日新：制礼作乐的景象越来越好。［93］参美唐、虞：与唐尧、虞舜时的太平相比美。参美，比美。［94］比盛夏、商：与夏禹、商汤的盛世相并称。［95］治化清晏：国家治理得很好。清晏，清平安宁，世道太平美好。晏，安。［96］未宾之吴：未向我们投降的南齐。未宾，未降服。吴，泛指江南之地，这里指南齐政权。［97］不臣之虏：没有投降的敌人，这里指柔然。［98］怀不虞之虑：担心意外的灾变发生。不虞，意想不到的事情。［99］鲁公带绖从戎：鲁公指西周周公旦长子姬旦，周朝诸侯国鲁国第一任国君。带绖（dié）从戎，身穿孝服出兵作战。胡三省曰："武王崩，成王幼，管、蔡反，淮夷、徐戎起亦并兴，鲁公伯禽征之。时有武王之丧，故带绖从戎也。"绖，旧时用麻做的丧带。［100］晋侯墨衰败敌：晋侯，指晋襄公。墨衰（cuī）败敌，晋文公去世，还未下葬，秦穆公起兵经晋国之边地以攻袭郑国。文公之子襄公为保卫国家的利益，遂带孝出兵，败秦师于崤。墨衰，将丧服临时染成黑色。事见《左传·僖公三十二年》。［101］如有不虞，虽越绋无嫌：若有难以预料的事发生，即使是跳跃过牵引灵柩的绳索，也可在所不顾。越绋（fú），古代丧礼，未葬之前，引柩之索结于车上，下葬时执绋将棺木系下墓穴，是殡葬的一件大事，如在这个关头发生突然事变，那就不得不暂停执绋之礼，是谓"越绋"。绋，系棺木下葬费用的大绳。越绋，即丧礼主人对正在下葬时跳过大绳，即停止下葬。无嫌，没有疑忌，也是可以的。［102］晏安之辰豫念军旅之事：太平的日子凭空想到战争之事。豫，同"预"，事先，这里指凭空。［103］除衰而谅暗终丧：除去丧服后住在临时搭建的小棚子里服完守孝之期。谅暗，古人为守丧临时在院里搭建的小棚子，当时称作庐，代指服丧。［104］拱默：拱手缄默，对政事不过问。［105］委政冢宰：把国家大事交给宰相管理。冢宰，太宰，即丞相，各个时代的称呼不同。［106］渊默：沉默。［107］大政将旷：国家政治将因此而耽误、荒废。［108］请从衰服：愿意接受您穿着丧服执政。［109］尉元：中山太守尉目斤之子，北魏拓跋焘以来的名将。传见《魏书》卷五十。［110］五帝：指明元帝拓跋嗣、太武帝拓跋焘、文成帝拓跋濬、献文帝拓跋弘及此时在位的孝文帝拓跋宏。［111］尤讳之后三月：最讲究的是人死后这三个月。讳，指人死。［112］迎神于西：向着西方迎接死者的灵魂。［113］禳（ráng）恶于北：向着此方驱除恶鬼。禳，一种祈祷消除灾殃、去邪除恶的祭祀，将邪恶驱除之。［114］具行吉礼：举行换掉丧服的仪式。［115］皇始：北魏道武帝拓跋珪的年号。［116］以道事神：以合乎规矩的做法敬事神明。［117］苟失仁义：一旦做法不合仁义。［118］不言之地：即指居丧。《礼记·丧服》曰："《书》云：'高宗谅暗，三年不言。'"［119］喋（dié）喋：喋喋不休，说话没完没了的样子。［120］执夺朕情：执意地逼着不让我哀思。［121］遂成往复：于是形成了这种反复不断的辩论。［122］追用悲绝：回想起来令人悲痛。追，追思，追念。用，以，因。［123］遂号恸（tòng）：于是放声大哭。恸，极其悲痛。

初，太后忌帝英敏[1]，恐不利于己，欲废之，盛寒[2]，闭[3]于空室，绝其食三日；召咸阳王禧[4]，将立之。太尉东阳王丕、尚书右仆射穆泰[5]、尚书李冲[6]固谏，乃止。帝初无憾意[7]，唯深德丕等[8]。泰，崇之玄孙也。

又有宦者谮帝于太后[9]，太后杖帝数十。帝默然受之，不自申理[10]；及太后殂，亦不复追问[11]。

甲申[12]，魏主谒永固陵。辛卯[13]，诏曰："群官以万机事重，屡求听政。但哀慕缠绵[14]，未堪自力[15]。近侍先掌机衡者[16]，皆谋猷所寄[17]，且可委之；如有疑事，当时与论决[18]。"

（以上为第六段，写北魏孝文帝赤心尽孝，胸怀博大，冯太后曾欲置其于死地，他一点不生气，遭大臣陷害，他也不记恨，不秋后算账。）

【注释】

[1]英敏：才德出众，聪慧过人。[2]盛寒：大冷天。[3]闭：关。[4]咸阳王禧：即元禧，也称"拓跋禧"，字思永，献文帝拓跋弘次子，孝文帝元宏之弟，封咸阳王。元宏去世，受遗诏辅政，拜太尉、录尚书事、司州牧。传见《魏书》卷二十一。[5]穆泰：宜都丁公穆崇玄孙，北魏外戚大臣。传见《魏书》卷二十七。[6]李冲：字思顺，镇北将军李宝之子，北魏外戚大臣。传见《魏书》卷五十三。[7]初无憾意：对冯太后从来没有一点怨恨的意思。这恐怕有些为尊者讳的意思。初，从来。憾，恨。[8]深德丕等：对拓跋丕等深深感激。[9]谮（zèn）帝于太后：在冯太后面前说拓跋宏的坏话。[10]不自申理：不为自己说明冤屈。[11]不复追问：不再追问诬陷他的人，说明拓跋宏心胸阔达。[12]甲申：十月二十日。[13]辛卯：十月二十七日。[14]哀慕缠绵：对冯太后的悲哀思念之情。缠绵，缠绕在心头。[15]未堪自力：实在是不能自我克制，强打精神。[16]先掌机衡者：本来掌管机要部门的官员。机衡，北斗七星中第三星天机与第五星玉衡的并称，代指北斗，这里指机要部门的官员。[17]皆谋猷（yóu）所寄：都是帮我出谋划策的人，是我依赖的人。猷，谋划。[18]当时与论决：可以随时找我商量。

交州刺史清河房法乘[1]，专好读书，常属疾[2]不治事，由是长史伏登之得擅权，改易将吏[3]，不令法乘知。录事房季文[4]白之，法乘大怒，系[5]登之于狱，十余日。登之厚赂法乘妹夫崔景叔，得出，因将部曲袭州，执法乘，谓之曰："使君[6]既有疾，不宜烦劳。"囚之别室。法乘无事，复就登之求书读之，登之曰："使君静处[7]，犹恐动疾[8]，岂可看书！"遂不与。乃启法乘心疾动[9]，不任视事[10]。十一月，乙卯[11]，以登之为交州刺史。法乘还，至岭[12]而卒。

十二月，己卯[13]，立皇子子建为湘东王[14]。

初，太祖[15]以南方钱少，更欲铸钱[16]。建元[17]末，奉朝请孔觊[18]上言，以为："食货相通[19]，理势自然[20]。李悝[21]云：'籴甚贵伤民[22]，甚贱伤农。'甚贱甚贵，其伤一也[23]。三吴[24]，国之关奥[25]，比岁时被水潦而籴不贵[26]，是天下钱少，非谷贱，此不可不察也。铸钱之弊，在轻重[27]屡变。重钱患难用[28]，而难用为累轻[29]；轻钱弊盗铸[30]，而盗铸为祸深。民所以盗铸，严法不能禁者，由上铸钱惜铜爱工[31]也。惜铜爱工者，意谓钱为无用之器，以通交易，务欲令质轻而数多，使省工而易成，不详虑其为患[32]也。夫民之趋利，如水走下[33]。今开其利端[34]，从以重刑[35]，是导其为非而陷之于死，岂为政欤[36]！汉兴，铸轻钱，民巧伪[37]者多。至元狩[38]中，始惩其弊[39]，乃铸五铢钱[40]，周郭其上下[41]，令不可磨取鋊[42]，而民[43]计其费不能相偿[44]，私铸益少。此不惜铜不爱工之效也。王者不患无铜乏工，每令民不能竞[45]，则盗铸绝矣。宋文帝铸四铢，至景和[46]，钱益轻，虽有周郭，而镕冶不精，于是盗铸纷纭而起，不可复禁。此惜铜爱工之验也。凡铸钱，与其不衷[47]，宁重无轻。自汉铸五铢至宋文帝，历五百余年，制度[48]世有废兴，而不变五铢者，明其轻重可法、得货之宜[49]故也。按今钱文率皆五铢[50]，异钱[51]时有耳。自文帝铸四铢，又不禁民翦凿[52]，为祸既博[53]，钟弊于今[54]，岂不悲哉！晋氏[55]不铸钱，后经寇戎[56]水火，耗散沈铄[57]，所失岁多[58]，譬犹磨砻砥砺[59]，不见其损[60]，有时而尽[61]，天下钱何得不竭！钱竭则士、农、工、商皆丧其业，民何以自存！愚以为宜如旧制，大兴镕铸[62]，钱重五铢，一依汉法。若官铸者已布于民[63]，便严断[64]翦凿，轻小破缺无周郭者，悉不得行[65]。官钱细小[66]者，称合铢两[67]，销以为大[68]，利贫良之民，塞奸巧之路[69]。钱货既均[70]，远近若一，百姓乐业，市道无争，衣食滋殖[71]矣。"太祖然之，使诸州郡大市铜炭[72]。会晏驾[73]，事寝[74]。

是岁，益州行事刘悛[75]上言："蒙山下有严道铜山[76]，旧铸钱处[77]，可以经略[78]。"上从之，遣使入蜀铸钱。顷之[79]，以功费多[80]而止。

自太祖治黄籍[81]，至上[82]，谪巧者戍缘淮各十年[83]，百姓怨望。乃下诏："自宋升明以前[84]，皆听复注[85]，其有谪役边疆[86]，各许还本[87]。此后有犯，严加翦治[88]。"

长沙威王晃[89]卒。

吏部尚书王晏陈疾自解[90]，上欲以西昌侯鸾代晏领选[91]，手敕[92]问之，晏启曰："鸾清干有余[93]；然不谙百氏[94]，恐不可居此职。"上乃止。

以百济王牟大[95]为镇东大将军、百济王。

高车阿伏至罗[96]及穷奇[97]遣使如魏，请为天子讨除蠕蠕[98]，魏主赐以绣袴褶[99]及杂彩百匹。

（以上为第七段，写南齐交州刺史房法乘只知读书，丢掉性命；关于南齐五铢钱铸造争论的回顾；诏令沿着淮河沿岸戍守的人可以恢复户籍。）

【注释】

[1]房法乘：清河人，刘宋、南齐官员。齐初为始兴太守，武帝萧赜时授交州刺史。至镇不理事，唯好读书。长史伏登之因此擅权，至夺其刺史，法乘北还而去世。 [2]属疾：推说有病。属，托。 [3]改易将吏：更换刺史属下的文武官吏。 [4]录事房季文：录事参军的简称，在刺史属下掌管文秘事务。房季文，交州刺史房法乘的录事参军。 [5]系：关押。 [6]使君：当时对州刺史与郡太守的尊称。 [7]静处：安静地待着。 [8]动疾：患病。 [9]启法乘心疾动：启，向朝廷报告。心疾动，犯了心病。动，发。 [10]不任视事：不能再担任职务。任，堪。视事，管事。 [11]乙卯：十一月二十一日。 [12]岭：南岭，实指今江西、广东交界处的大庾岭，是古代北方与交州、广州往来的交通要道。 [13]己卯：十二月十六日。 [14]子建：即萧子建，字云立，武帝萧赜第二十一子，封湘东王，年仅十三岁。后被明帝萧鸾杀害。传见《南齐书》卷四十。 [15]太祖：指齐高帝萧道成，庙号太祖。 [16]更欲铸钱：想再铸造一些铜钱。[17]建元：南齐高帝萧道成的年号。 [18]孔觊（jì）：字思远，孔子第二十九世孙、书法家孔琳之之孙、孔邈之子，刘宋大臣。传见《宋书》卷五十六。 [19]食货相通：商品与货币的多少是有一定比例的，是相关联的。食，粮食，代指商品。货，货币。相通，相关。 [20]理势自然：其道理、其趋势从来都是这样的，是自然而然地形成的。 [21]李悝：又名李克，战国时任魏文侯相，主持变法，著名的改革家和法家代表人物。他汇集当时各国法律编成《法经》，是我国古代第一部比较完整的法典。 [22]籴（dí）甚贵伤民：粮价太高了，其他的百姓就要吃亏受损。籴，买

粮食，即粮价。民，指农民以外的士、工、商。［23］其伤一也：对国家、对百姓的伤害，都是一样的。［24］三吴：指吴兴、吴郡、会稽三个郡，在今之长江三角洲与太湖流域，当时南齐最富饶的地区，其郡治分别是浙江湖州市、江苏苏州市、浙江会稽市。［25］国之关奥：国家最紧要的地方。关奥，关口要害之区。［26］“比岁时”句：比岁，近几年来。比，连。时被水潦，连年遭受水灾。时，时不时，即连续。水潦，洪涝灾害。籴（dí）不贵，粮价没有上涨。［27］轻重：货币的票面价值，也指金属货币的重量大小。［28］重钱患难用：钱的分量重者，即大钱使用起来不方便。［29］为累轻：造成的危害并不大。［30］轻钱弊盗铸：小钱的弊病在于无法防止私人盗铸。［31］惜铜爱工：犹言“偷工减料”，指铸出的钱既不够分量，又不肯花时间把钱铸得精致。铜，指铸钱的原料。爱，吝惜。工，指铸钱的工匠与所花费的工艺成本。［32］不详虑其为患：没有认真细致地考虑它将造成的危害，即容易盗铸。［33］夫民之趋利，如水走下：《史记·货殖列传》有所谓“若水之趋下，日夜无休时”《商君书·君臣》有所谓“民之于利也，若水于下也，四旁无择也。”［34］开其利端：给他们打开了一个盗铸铜钱、谋取私利的路子。［35］从以重刑：接着又制定了一套残酷的惩治盗铸钱的刑法。［36］岂为政欤（yú）：难道这就是我们制定政策的目的吗？［37］巧伪：投机取巧，弄虚作假。［38］元狩：汉武帝刘彻的第四个年号，公元前 122 至公元前 117 年，共六年。［39］惩其弊：纠正它的弊端。［40］五铢（zhū）钱：古铜币名，圆形、方孔，有外廓，重五铢，因钱上铸有篆文“五铢”二字而得名。由于钱身的轻重适宜，又不容易盗铸，所以在我国历史上使用的时间很长。铢，古重量单位，二十四铢为一两。［41］周郭其上下：钱的上下两面都铸有外廓。郭，同“廓”，轮廓，物体的外缘。［42］不可磨取鋊（yù）：不能再从铜钱上磨下铜屑来用以盗铸钱。鋊，铜屑。［43］民：此字原无，据章校补，此指想盗铸钱的人。［44］计其费不能相偿：计算一下盗铸的成本，比铸出来的钱的利益还要高。［45］不能竞：指百姓私铸的钱不能与官钱竞争。［46］景和：刘宋前废帝刘子业的年号。［47］不衷：轻重不合适。［48］制度：指钱的形制、轻重等规定。［49］轻重可法、得货之宜：重量合适，可以作为标准。得货之宜，具备货币的优点。［50］钱文率皆五铢：钱面的文字一般都是写的“五铢”。率，大概，一般。［51］异钱：指钱文不写“五铢”的钱。［52］翦凿：磨薄、剪小，以取其铜屑。翦，同“剪”。［53］博：广博，广大。［54］钟弊于今：弊端积累，一直到今天。钟，积累。［55］晋氏：指晋朝。［56］寇戎：指战乱。［57］沈铄（shuò）：沉于水、铄于火，指毁损。沈，同“沉”，沉没。铄，熔化。［58］所失岁多：损耗的铜钱一年比一年多。［59］磨砻（lóng）砥砺：四个字都是“磨”的意思，指磨一件坚硬的东西。［60］不见其损：短时之内看不出磨掉了多少。［61］有时而尽：但磨到一定的时候就被磨没了。［62］镕铸：炼铜铸钱。［63］已布于民：已在民间流通。布，流布，流通。［64］严断：严厉禁止。［65］悉不得行：一律不许再用。［66］官钱细小：指过去国家所造的个头偏小，但厚度大的铜钱。［67］称合铢两：指铜钱的分量还是够五铢的。称合：相当。［68］销以为大：那就把它们熔化，重新改铸成标准的五铢钱。［69］塞奸巧之路：堵住狡猾的乱民盗铸铜钱的口子。［70］钱货既均：货币与商品的比例一旦合适。［71］衣食滋殖：丰衣足食。滋殖，增加，增长。［72］大市铜炭：大量地收购铜与木炭，准备铸钱。［73］会晏驾：刚好萧道成这时去世了。晏驾，宫车没有按时出来，婉称帝王的死。晏，迟，晚。［74］事寝：这一铸钱的事情就被搁置了下来。寝，止，停。［75］益州行事刘悛：即行益州刺史事，益州的代理刺史。行，代理，试用。刘悛（quān），字士操，徐州彭城（今江苏徐州市）人，传见《南齐书》卷三十七。［76］蒙山下有严道铜山：蒙山，古山名，在今四川雅安地区的夹金山，在宝兴、天全两县的西面。严道铜山，严道县内有铜山，西汉文帝刘恒时曾让其宠爱的宦官邓通在这里采铜铸钱。严道，古县名，县治在今四川荥经县。［77］旧铸钱处：当年邓通铸钱的老地方。［78］可以经略：可以继续开采。经略，经营。［79］顷之：没过多久。［80］功费多：用工用钱太多，指得不偿失。［81］治黄籍：清理户籍。因登记户籍用黄纸，故称户籍为黄籍。［82］至上：一直到现在武帝萧赜的时候。［83］谪巧者戍缘淮各十年：凡是弄虚作假的人都被罚往沿淮一带戍边十年。［84］自宋升明以前：凡是从刘宋末年之前就开始在此地居住的人。升明，刘宋末帝顺帝刘准的年号，此指代刘宋末年。［85］皆听复注：都允许他们重新申报登记。听，允许。复注，重新登记入籍。［86］谪（zhé）役边疆：被罚戍边的人。［87］各许还本：都允许他们返回本地。［88］翦（jiǎn）治：惩治，指注销户籍，并给予处治。翦，同“剪”，剪除。［89］长沙威王晃：即萧晃，字宣明，小字白象，萧道成第四子，封长沙郡王。传见《南齐书》卷三十五。［90］王晏陈疾自解：王晏，字士彦，号休默，传见《南齐书》卷四十二。陈疾自解，称说自己有病，请求辞职。［91］领选：兼管选部的事务，即代替王晏任吏部尚书。［92］手敕（chì）：手诏，亲笔诏书。［93］清干有余：在清廉、干练方面都是很好的。［94］不谙（ān）百氏：对于官场上这些人各自的出身门第不是很熟悉。胡三省曰：“百氏，百家氏族也。自魏晋以来，率以门第用人。”谙，熟悉，精通。［95］百济王牟大：百济国的国王姓牟名大。百济，朝鲜半岛上的古国名。［96］高车阿伏至罗：古代西北方的少数民族，又名“铁勒”“敕勒”，祖先是匈奴人，居住在柔然的北面，其活动地区约在今蒙古国北部与俄罗斯相邻的一带地区。阿伏至罗，姓副伏罗氏，高车族副伏罗部落首领。传见《魏书》卷一百三。［97］穷奇：阿伏至罗的堂弟，随其堂兄居住在车师前国的西北方，为其部落的副头领。［98］蠕（rú）蠕：柔然的别称。［99］绣袴褶（zhě）：古服装名，上服为褶，下服为缚裤，其外不复用裘裳，故名。该装束便于骑乘，时作军服或行旅之服。褶，夹袄。

九年（辛未，491 年）

春，正月，辛丑[1]，上祀南郊[2]。

丁卯[3]，魏主始听政于皇信东室[4]。

诏太庙四时之祭[5]：荐宣皇帝[6]，起面饼[7]、鸭臛[8]；孝皇后[9]，笋、鸭卵[10]；高皇帝[11]，肉脍[12]、菹羹[13]；昭皇后[14]，茗[15]、糒[16]、炙鱼[17]：皆所嗜也[18]。上梦太祖谓己："宋氏诸帝常在太庙从我求食[19]，可别为吾致祠[20]。"乃命豫章王妃庾氏[21]四时祠二帝、二后于清溪故宅[22]。牲牢、服章[23]，皆用家人礼[24]。

臣光曰：昔屈到嗜芰[25]，屈建[26]去之[27]，以为不可以私欲干国之典[28]，况子为天子，而以庶人之礼祭其父，违礼甚矣！卫成公欲祀相[29]，宁武子犹非之[30]；而况降祀祖考于私室[31]，使庶妇尸之乎[32]！

（以上为第八段，写南齐武帝萧赜按照祖父母、父母生前的嗜好举行祭祀，又让弟媳妇于其父故居举行私祭，史家司马光认为不合祭祀之礼，予以批评，提出非议。）

【注释】

[1]辛丑：正月八日。[2]上祀南郊：南齐武帝萧赜到南郊祭天。[3]丁卯：本月甲午朔，无"丁卯"，当是"丁巳"之误。丁巳，正月二十四日。[4]始听政于皇信东室：胡三省曰："自居冯太后之丧，至是始听政。"皇信东室，平城都城皇信堂的东室。[5]太庙四时之祭：古代皇帝的宗庙，供奉皇帝先祖的地方。四时之祭，即四季之祭所用的供品。此句的主语是南齐皇帝萧赜。四时，春、夏、秋、冬四季。[6]荐宣皇帝：进献给宣皇帝萧承之的供品。宣皇帝，即萧承之，字嗣伯，齐高帝萧道成之父，刘宋名将。萧道成追封为宣皇帝。传见《南齐书》卷一。[7]起面饼：古食品名，即发面饼，俗称"馒头"。[8]鸭臛（huò）：鸭肉羹。[9]孝皇后：萧承之的夫人，萧道成的生母，萧道成称帝后被追尊为孝皇后。[10]鸭卵：鸭蛋。[11]高皇帝：即萧道成。[12]肉脍（kuài）：肉丝。[13]菹（zū）羹：肉粥。[14]昭皇后：原文为"昭皇帝"，据章校改。昭皇后，即刘智容，广陵（今江苏扬州市）人，员外郎刘寿之之女，高帝萧道成之妻，武帝萧赜之母，南齐追封为皇后。传见《南齐书》卷二〇。[15]茗：茶。[16]糒（cè）：粽子。[17]炙鱼：烤鱼。[18]皆所嗜也：都是他们爱吃的。嗜，嗜好，喜爱。[19]宋氏诸帝常在太庙从我求食：刘宋王朝的几位皇帝经常在太庙向我要吃的。[20]别为吾致祠：在别处另为我立个庙，给我上供。[21]豫章王妃庾氏：豫章王萧嶷的王妃。豫章王萧嶷排行第二，除去萧赜的皇后外，萧嶷的妻子庾氏就是萧道成诸儿媳中最长的嫂子了，故由她主持四季的祭祀。豫章，古郡名，郡治在今江西南昌市。[22]清溪故宅：清溪水边的萧道成故居。清溪，古水名，在当时建康台城的东侧，源于钟山，流入秦淮河。[23]牲牢、服章：供祭祀用的牲畜，指牛、羊、猪等。牢，古代称作祭品的牲畜，有太牢、少牢之说。服章，祭祀时穿戴的衣帽。[24]用家人礼：按照平民百姓祭祀老人的礼节。[25]屈到嗜芰：屈氏，名到，字子夕，莫敖屈荡之子，楚国大臣。楚康王时封为莫敖。嗜芰（jì），屈到生前好吃芰，有疾将死，屡次嘱托宗人，往后祭祀他时，其祭品也

用芰。芰，菱角。［26］屈建：屈氏，名建，字子木，屈到之子，春秋时楚国令尹。楚康王九年（前551）任莫敖，后为令尹，代表楚国参加十四国弭兵之会，与晋国争当盟主。后达成协议，楚、晋平分霸权。［27］去之：即没有按照父亲生前的嘱托，没有用菱角祭祀。屈建维护祭典的严肃，当宗人用菱角作为祭品祭祀屈到时，屈建命令把菱角去掉。因为屈到是楚国的大夫，依照祭典规定应用一只羊和一头猪，不能以他个人的私欲而违反祭祀大典。事见《国语·楚语上》。［28］干国之典：违反国家的祭典。干，违反，触犯。［29］卫成公欲祀相：卫成公想要祭礼夏帝相。卫成公，春秋时卫文公之子，卫国第二十一任国君。欲祀相，卫成公梦见卫国的始祖康叔对他说："夏帝相抢夺我的祭品。"于是，下令祭祀夏帝相。相世居于帝丘，长期无人祭祀，故抢夺康叔的祭品。［30］宁武子犹非之：卫国大夫宁武子还责备卫成公不该这么做。按，因为成王、周公只让卫国祭祀康叔，没让他祭祀夏帝相，夏帝相根本不属于卫国一族，所谓"鬼神非其族类，不歆其祀。"事见《左传·僖公三十一年》。［31］祀祖考于私室：即前文所说的在萧道成的故居祭祀萧承之与萧道成。祖考，祖父和父亲。［32］使庶妇尸之：让一个非嫡长子的媳妇来主持祭祀。豫章王萧嶷虽然和武帝萧赜是亲兄弟，但不是嫡长子，故司马光称萧嶷的媳妇为"庶妇"。尸，主，主持。

初，魏主召吐谷浑王伏连筹入朝，伏连筹辞疾不至，辄修洮阳、泥和[1]二城，置戍兵焉[2]。二月，乙亥[3]，魏枹罕镇将长孙百年[4]请击二戍，魏主许之。

散骑常侍裴昭明、散骑侍郎谢竣如魏吊[5]，欲以朝服行事[6]，魏主客[7]曰："吊有常礼，何得以朱衣入凶庭[8]！"昭明等曰："受命本朝，不敢辄易[9]。"往返数四[10]，昭明等固执不可。魏主尚书李冲选学识之士与之言，冲奏遣著作郎上谷成淹[11]。昭明等曰："魏朝不听使者朝服[12]，出何典礼？"淹曰："吉凶不相厌[13]。羔裘玄冠不以吊[14]，此童稚所知[15]也。昔季孙如晋[16]，求遭丧之礼以行[17]。今卿自江南远来吊魏，方问出何典礼[18]；行人得失，何其远哉[19]！"昭明曰："二国之礼，应相准望[20]。齐高皇帝之丧[21]，魏遣李彪来吊，初不素服[22]，齐朝亦不以为疑；何至今日独见要逼[23]！"淹曰："齐不能行亮阴之礼[24]，逾月即吉[25]。彪奉使之日，齐之君臣，鸣玉盈庭[26]，貂珰曜目[27]。彪不得主人[28]之命，敢独以素服厕其间[29]乎！皇帝[30]仁孝，侔于有虞[31]，执亲之丧[32]，居庐食粥[33]，岂得以此方彼乎[34]！""昭明曰："三王不同礼[35]，孰能知其得失！"淹曰："然则虞舜、高宗皆非邪[36]？”昭明、竣相顾而笑曰：“非孝者无亲[37]，何可当也[38]！”乃曰：“使人之来[39]，唯赍裤褶[40]，此既戎服，不可以吊，唯主人裁其吊服[41]！然违本朝之命，返必获罪。”淹曰：“使彼有君子[42]，卿将命得宜[43]，且有厚赏[44]。若无君子，卿出而光国[45]，得罪何伤！自当有良史书之。”乃以衣、帢[46]给昭明等，使服以致命[47]。己丑[48]，引昭明等入见，文武皆哭尽哀。魏主嘉淹之敏，迁侍郎，赐绢百匹。昭明，骃[49]之子也。

（以上为第九段，写南齐使者裴昭明等穿着朝服到北魏吊唁冯太后之丧，北魏认为需换丧服，为此派著作郎成淹与之辩论，南齐使者最后遵从了北魏的规定。）

【注释】

[1]洮（táo）阳、泥和：吐谷浑的二城名，洮阳旧城在今甘肃临洮县，泥和城在今甘肃卓尼县北。［2］戍兵：防守之兵。焉（yān）：兼词，有“于是”“于之”的意思。［3］乙亥：二月十二日。［4］枹（fú）罕：北魏军事重镇，也是河州的州治所在地，在今甘肃临夏县东北。镇将：镇守的将领。长孙百年：北魏枹罕镇将。［5］如魏吊：南齐派裴昭明、谢竣到北魏吊冯太后之丧。［6］欲以朝服行事：想穿着原有的朝服进行吊唁，意思是想摆文明大国的架子。［7］主客：古官名，负责接待外宾。［8］朱衣入凶庭：穿鲜艳的服饰，此指朝服进入祭吊死者的灵堂。［9］不敢辄易：不敢私自更换。辄，就，随便地。［10］往返数四：来来回回劝说了多次。［11］成淹：字秀文，一作“季文”，上谷居庸（今北京延庆区）人，北魏文学之臣。传见《魏书》卷七十九。［12］不听使者朝服：不让我们使者穿着朝服进吊。［13］吉凶不相厌：吉服凶服二者是不能调和的。厌，满足，适应。［14］羔裘玄冠不以吊：身穿华贵的裘衣与头戴黑色帽子的人不能吊孝。羔裘，用小羊皮做成的皮衣。羔，羔羊。玄，黑色。［15］童稚所知：这是连小孩子也都知道的常识。以上二句出自《论语·乡党》。《论语》是家喻户晓的书，故曰“童稚所知”。［16］季孙如晋：即季孙行父，春秋时鲁国大夫，出使晋国。［17］求遭丧之礼以行：预先准备好了如果遇到对方有丧事该遵守怎样的礼节，而后才出发。事见《左传·文公六年》。［18］方问出何典礼：才向我们询问是出于何种礼节。［19］行人得失，何其远哉：同样是使者，一个想得那么周到，一个却那么疏忽，相差该是多么大啊！含有讽刺之意。行人，古代对使者的通称，也是官名。［20］应相准望：相互应该对等。准，如水之平。望，如月之平分。［21］齐高皇帝之丧：指高帝萧道成之死的时候。［22］初不素服：根本没有穿孝服。初，全，始终。［23］独见要逼：特别对我们强制逼迫。见，被。要，要挟，胁迫。［24］不能行亮阴之礼：即下葬后除去孝服，皇帝随即掌管政事。亮阴，同“谅暗”，指皇帝默然无语，在庐守孝，委政事于冢宰。［25］逾月即吉：一个月后就换上了吉服。［26］鸣玉盈庭：群臣身上的佩玉鸣声悦耳，响彻朝廷。［27］貂珰（dāng）

曜目：内侍头上的貂尾珥珰闪耀发光，一派华丽、喜庆的景象。珰，古代宦官侍中、中常侍等人的帽子上的黄金珰的装饰品。曜，同“耀”，照耀。［28］主人：指南齐的皇帝。［29］厕其间：夹杂在其间。厕，参与，处于。［30］皇帝：此自称北魏的皇帝拓跋宏。［31］侔（móu）于有虞：和当年的虞舜一样。侔，相同，相等。有虞，即虞，虞舜。［32］执亲之丧：为自己的祖母守孝，一守就是三年。［33］居庐食粥：住在守丧的小棚子里天天喝粥。古代丧礼规定，亲始死，水浆不入口，三日不举火；既殡，食粥，朝一溢米，暮一溢米。［34］岂得以此方彼乎：你怎么能拿我们皇帝的行为与你们的皇帝相比呢。方，比拟，等同。［35］三王不同礼：三王的礼节各不相同。三王，指夏禹、商汤、周文武，即夏、商、周三朝的开国帝王。［36］然则虞舜、高宗皆非邪：照你这么说，虞舜、武丁的守孝三年都错了吗？高宗，即武丁，商王盘庚之侄，商朝第二十二任君主。在位时，勤于政事，任用傅说等贤能之人辅政，励精图治，复兴商朝，开创武丁盛世。庙号高宗。曾为父守孝，三年不言，政事决定于冢宰。事见《史记》卷三。［37］非孝者无亲：非难孝子，就不会有人亲近他。［38］何可当也：我们怎么敢成为非难孝子的人呢？［39］使人之来：我们出来的时候。［40］唯赍（jī）裤褶（zhě）：只带着几件参加军事活动的服装。胡三省引《晋志》曰：“裤褶之制，未详所起，近世唯车驾亲戎，中外戒严服之，服无定色。”赍，携带。褶，上衣。［41］唯主人裁其吊服：这就只有请你们定夺我们穿什么衣服进行吊唁了。唯，表示祈请。裁，定夺。［42］使彼有君子：假如你们南齐还有明白事理的人。君子，有道德、明事理的人。［43］将命：奉命出使。将，持，奉。［44］且有厚赏：一定会得到重赏。且，将，一定会。［45］光国：给国家争得了荣誉。光，光大，使荣耀。［46］衣、帢（tāo）：单衣与白色便帽，是当时官僚、文人闲时穿的一种服饰。［47］致命：向北魏主表达了南齐皇帝的吊慰之情。致，送，转达。［48］己丑：二月二十六日。［49］骃（yīn）：即裴骃，字龙驹，裴松之之子，南朝著名史学家。传见《宋书》卷六十四。

始兴简王鉴[1]卒。

三月，甲辰[2]，魏主谒永固陵。夏，四月，癸亥朔[3]，设荐于太和庙[4]。魏主始进蔬食[5]，追感哀哭，终日不饭；侍中冯诞[6]等谏，经宿[7]乃饭。甲子[8]，罢朝夕哭[9]。乙丑[10]，复谒永固陵。

魏自正月不雨，至于癸酉[11]，有司请祈百神[12]，帝曰：“成汤遭旱，以至诚致雨[13]，固不在曲祷山川[14]。今普天丧恃[15]，幽显同哀[16]，何宜四气未周[17]，遽行祀事[18]！唯当责躬以待天谴[19]。”

甲戌[20]，魏员外散骑常侍李彪等来聘，为之置燕设乐[21]。彪辞乐[22]，且曰：“主上孝思罔极[23]，兴坠正失[24]。去三月晦[25]，朝臣始除衰绖[26]，犹以素服从事[27]，是以使臣不敢承奏乐之赐。"朝廷从之。彪凡六奉使[28]，上甚重之。将还，上亲送至琅邪城[29]，命群臣赋诗以宠之[30]。

己卯[31]，魏作明堂，改营太庙。

五月，己亥[32]，魏主更定律令于东明观[33]，亲决疑狱[34]；命李冲议定轻重[35]，润色辞旨[36]，帝执笔书之。李冲忠勤明断，加以慎密[37]，为帝所委，情义无间[38]，旧臣贵戚，莫不心服，中外推之[39]。

乙卯[40]，魏长孙百年攻洮阳、泥和二戍，克之，俘三千余人。

丙辰[41]，魏初造五辂[42]。

六月，甲戌[43]，以尚书左仆射王奂为雍州刺史。

丁未[44]，魏济阴王郁[45]以贪残赐死。

秋，闰七月，乙丑[46]，魏主谒永固陵。

己卯[47]，魏主诏曰："烈祖[48]有创业之功，世祖[49]有开拓之德，宜为祖宗，百世不迁[50]。平文[51]之功少于昭成[52]，而庙号太祖，道武[53]之功高于平文，而庙号烈祖，于义未允[54]。朕今奉尊烈祖为太祖，以世祖、显祖[55]为二祧[56]，余皆以次而迁[57]。"

八月，壬辰[58]，又诏议养老及禋于六宗[59]之礼。先是，魏常以正月吉日于朝廷设幕[60]，中置松柏树，设五帝座[61]而祠之。又有探策[62]之祭。帝皆以为非礼，罢之。戊戌[63]，移道坛于桑干之阴[64]，改曰"崇虚寺[65]"。

乙巳[66]，帝引见群臣，问以"禘祫[67]，王、郑之义[68]，是非安在[69]？"尚书游明根等从郑[70]，中书监高闾等从王。诏："圜丘、宗庙[71]，皆有禘名[72]，从郑；禘祫并为一祭[73]，从王。著之于令[74]。"戊午[75]，又诏："国家飨祀诸神[76]，凡一千二百余处；今欲减省群祀[77]，务从简约。"又诏："明堂、太庙，配祭、配享[78]，于斯备矣[79]。白登、崞山、鸡鸣山庙[80]，唯遣有司行事[81]。冯宣王庙[82]在长安，宜敕雍州[83]以时供祭。"又诏："先有水火之神四十余名及城北星神[84]，今圜丘之下既祭风伯、雨师、司中、司命[85]，明堂祭门、户、井、灶、中霤[86]，四十神[87]悉可罢之。"甲寅[88]，诏曰："近论朝日、夕月[89]，皆欲以二分之日于东、西郊行礼[90]。然月有余闰[91]，行无常准。若一依分日[92]，或值月于东而行礼于西，序情即理，不可施行。昔秘书监薛谓[93]等以为朝日以朔[94]，夕月以朏[95]。卿等意谓朔朏、二分，何者为是？”尚书游明根等请用朔朏，从之。

丙辰[96]，魏有司上言，求卜祥日[97]。诏曰：“筮日求吉[98]，既乖敬事之志[99]，又违永慕之心[100]，今直用晦日[101]。”

九月，丁丑[102]夜，帝宿于庙[103]，帅群臣哭已[104]，帝易服缟冠、革带、黑屦[105]，侍臣易服黑介帻、白绢单衣、革带、乌履[106]，遂哭尽乙夜[107]。戊子晦[108]，帝易祭服，缟冠素纰[109]、白布深衣[110]、麻绳履[111]，侍臣去帻易帕[112]。既祭，出庙，帝立哭，久之，乃还。

（以上为第十段，写北魏孝文帝拓跋宏采取一系列措施，修订法律，亲自裁决疑案；调整祖先庙号，尊奉道武帝拓跋珪为太祖；弄清禘祫，规范祭祀，抑制滥祭。）

【注释】

[1]始兴简王鉴：即萧鉴，字宣彻，齐高帝萧道成第十子，封广兴郡（后更名始兴郡）王，谥号简。传见《南齐书》卷三十五。 [2]甲辰：三月十二日。 [3]癸亥朔：四月一日。 [4]设荐于太和庙：设立冯太后的灵位在太和庙举行祭祀。太和庙，《北史》作“太和殿”，“庙”字误。胡三省引《水经注》曰：“太和殿在太极殿东堂之东。” [5]始进蔬食：给太后神主供上应时的蔬菜食品。 [6]冯诞：字思政，京兆郡公冯熙之子，冯太后之侄，北魏外戚、大臣。传见《魏书》卷八十三上。 [7]经宿：经过一夜，到了第二天。 [8]甲子：四月二日。 [9]罢朝夕哭：停止每天早晨、晚上的哭丧。冯太后死于上年的九月十八日，至此时已有六个月零十四天。按三年丧的规定，是人死满一年后，才停止朝夕哭，故胡三省说：“盖亦不能及期矣。” [10]乙丑：四月三日。 [11]癸酉：四月十一日。 [12]祈百神：向百神祈祷。 [13]以至诚致雨：胡三省曰：“谓汤以六事自责也。”汤以六事自责之事，《史记·殷本纪》没有记载。 [14]曲祷山川：转着弯地去祭祀别的神灵。曲祷，曲求，即不当祭而祭。 [15]丧恃：失去了赖以依仗的人。 [16]幽显：无形者与有形者。幽，指鬼神。显，指人，黎民百姓。 [17]四气未周：四季尚未轮过一回，即未满一周年。 [18]遽（jù）行祀事：就匆匆忙忙地去主持祭祀山川诸神。祭祀山川百神不能身穿丧服，这就势必逼着拓跋宏迅速脱去丧服。遽，急忙，匆忙。 [19]责躬以待天谴：责备自己以等候上天的惩罚。躬，自身。 [20]甲戌：四月十二日。 [21]置燕设乐：安排筵席，旁设乐舞。燕，同“宴”，安闲舒乐地饮酒吃饭。 [22]辞乐：请求将乐舞撤掉。 [23]主上：指北魏主孝文帝拓跋宏。孝思：孝亲之思。罔（wǎng）极：哀痛无穷无尽。罔，同“无”。 [24]兴坠

正失：胡三省曰："言行丧礼，兴百王之坠典而正其失也。"坠，坠落，坠亡。正，纠正，匡正。［25］去三月晦：直到三月底，晦农历每月的最后一天。［26］始除衰（cuī）绖（dié）：才刚刚脱下丧服。［27］以素服从事：穿着白色的衣服处理公务。［28］六奉使：六次奉命出使南齐。［29］琅邪城：古城名，南朝设置的琅邪郡的侨置地，在当时的建康城北，今南京北部的幕府山西南，靠近长江。［30］宠之：优礼相待，给他面子，以表示对他的尊敬与喜爱。［31］己卯：四月十七日。［32］己亥：五月八日。［33］更定律令：重新修订国家的法令。东明观：北魏朝廷的宫殿之一，起于北魏孝文帝太和四年（480）。［34］疑狱：即疑案，指案情不明、证据不充分、一时难以判决的案件。［35］议定轻重：意即拓跋宏作出判决后，再让李冲评判一番，看是否准确、妥当。［36］润色辞旨：把对罪犯的判词再润色一遍。润色，进行语言文字方面的加工。［37］慎密：细致，周到。［38］情义无间：指皇帝拓跋宏与大臣李冲之间的情感非常融洽，没有隔阂。［39］中外推之：朝里朝外的人都很推崇。李冲既是冯太后的男宠，又是一个有能力、办事尽心、品行公正的人，故孝文帝拓跋宏也终生依赖他。［40］乙卯：五月二十四日。［41］丙辰：五月二十五日。［42］五辂（lù）：皇帝乘坐的五种车驾。胡三省曰："五辂：玉、金、象、革、木也。"［43］甲戌：六月十三日。［44］丁未：六月为壬戌朔，无"丁未"，疑有讹误。［45］济阴王郁：即拓跋郁，字伏生，景穆帝拓跋晃之孙，济阴王小新成长子，孝文帝拓跋宏之叔，以世子袭封济阴王，以贪残赐死。传见《魏书》卷十九上。［46］闰七月，乙丑：闰七月五日。［47］己卯：闰七月十九日。［48］烈祖：指拓跋珪（guī），庙号烈祖。［49］世祖：指拓跋焘，北魏第三位皇帝，庙号世祖。［50］百世不迁：灵牌永远供在宗庙大殿的正中央。［51］平文：即拓跋郁律，北魏先祖，道武帝拓跋珪。追尊平文皇帝，庙号太祖。拓跋宏时取消太祖庙号。传见《魏书》卷一。［52］昭成：即拓跋什翼犍，字郁律旃，经略高远，为一时雄主，十六国时代国君主，谥为昭成皇帝，庙号高祖。传见《魏书》卷一。［53］道武：即道武帝拓跋珪，原谥号宣武帝，泰常五年改尊为道武帝。［54］未允：不公平，不适合。［55］显祖：即拓跋弘，字第豆胤，文成帝拓跋濬长子，北魏第六位皇帝。后禅位给太子拓跋宏，谥号献文，庙号显祖。传见《魏书》卷六。［56］二祧（tiāo）：太祖拓跋珪的两个继承者、接续者。意即把世祖拓跋焘、显祖拓跋弘的灵牌，接放在太祖之次。［57］余皆以次而迁：意即将上面提到的平文、昭成以及未提到的景穆帝、文成帝都迁到他处摆放。［58］壬辰：八月三日。［59］养老：古礼节名，朝廷尊敬老人的礼节。自汉代起朝廷就有在过年时对三老、五更等给与酒食招待的礼节。禋（yīn）于六宗：古代朝廷祭祀的自然界的六个大神。禋，将供品放在柴垛上烧，以其烟祭神。六宗，古所尊祀的六神，有天、地、春、夏、秋、冬和水、火、雷、风、山、泽等有多种说法。［60］设幕：设立帐篷。［61］设五帝座：摆上五帝的灵牌。五帝，古代所谓五方天帝，为东方青帝灵威仰、南方赤帝赤熛怒、中央黄帝含枢纽、西方白帝白招拒、北方黑帝汁先纪。他们的命名之义和他们分处的方位或季节是密切相关的。还有其他的说法。［62］探策之祭：即占卦、算命所拜求的神灵。策，占卜用的蓍草或小竹片。［63］戊戌：八月九日。［64］道坛：道教的祭天神坛。桑干之阴：桑干河的南侧。桑干河，相传每年桑葚成熟时河水干涸，故得名。也称漯水，为永定河的上游，是海河的重要支流，位于河北西北部和山西北部。［65］崇虚寺：古寺庙名。胡三省曰：“此即寇谦之道坛也。”寇谦之是拓跋焘时的道教头面人物，曾在魏国掀起一股崇信道教的狂潮，并被魏国的统治者所宠爱。［66］乙巳：八月十六日。［67］禘（dì）祫（xiá）：古代帝王祭祀始祖的隆重仪礼，意思是把列祖列宗的灵牌都聚合在一起祭祀，三年合祭叫作“祫”，五年合祭叫作“禘”。历代说法不一。［68］王、郑之义：东汉末经学家王肃与郑玄各自对于“禘祫”的解释。［69］是非安在：各自的是非如何，好在哪里，不好在哪里？［70］从郑：同意并采取郑玄的解释。［71］圜丘、宗庙：圜（yuán）丘，皇帝每年在南郊祭天的圆台。圜，同“圆”。宗庙，皇帝家族的祖庙。［72］皆有禘名：都曾有过合祭列祖列宗的事实，也就是都有过“禘祭”与“祫祭”的名称。宗庙是专门祭祖的地方，当然有一套列祖列宗的灵牌；而南郊祭天的圜丘，每次祭天，也都是把祖宗的灵牌放在上帝灵牌的旁边一同享受祭祀，叫作配享。因此，圜丘那里自然也有现成的一套列祖列宗的灵牌。因此，关于宗庙、圜丘都有禘祭问题，故北魏主拓跋宏说他赞成郑玄的说法。［73］禘祫并为一祭：“禘”“祫”既然都是合祭祖先的名称，只不过是在间隔的年头多少，或者是在其他方面略有差别，那就听从王肃的意见，把这两个名字合并起来。［74］著之于令：把我说的这个意思写在法典上，以后不再讨论。事实上，再多的讨论，也弄不清楚，也没有实际的意义。［75］戊午：八月二十九日。［76］飨（xiǎng）祀诸神：祭祀大大小小、各式各样的鬼神。飨，祭献。［77］减省群祀：对各种祭祀对象进行规范、精简。［78］配祭、配享：陪同受祭、陪同享受馨香。如祭祀刘邦，令萧何、张良等人配祭；如祭祀孔子，令颜回、子路等人配享。配享，合祭。享，同“飨”。［79］于斯备矣：选定给圜丘、宗庙配祭、配享的人，现在都已经完备了。［80］白登、崞（guō）山、鸡鸣山庙：白登，古山名，在今山西大同市东北，当时山上建有宣武庙，祭祀宣武帝拓跋珪。崞山，古山名，在今山西浑源县西北，当时山上建有太武帝拓跋焘的保母窦氏的寝庙。鸡鸣山，古山名，在今河北张家口市宣化区东南，当时山上建有文成帝拓跋濬的保姆常氏的寝庙。［81］唯遣有司行事：对以上这三个庙，只派主管该事务的官员去看管祭祀就行了。［82］冯宣王庙：冯太后的父亲冯朗的庙。［83］雍州：指雍州刺史。北魏的雍州州治长安，在今陕西西安市北。［84］城北星神：古代在国都西北郊设有祭祀司中、司命、司禄等星宿的坛台，并在立冬后的亥日举行祭祀。［85］圜丘之下既祭风伯、雨师、司中、司命：在圜丘祭天时顺便在圜丘四周的下面也一并祭祀风伯、雨师等自然界的神灵。圜丘一般分上下两层，上层设上帝之位，下层设自然界的各种小神之位。风伯，又称风师，为风神，掌八风消息，通五运之气候。雨师，古代神话传说中是掌管雨的神。司中，传说中天神的一种，监察人之善恶品行。司命，神话传说中掌管人的生命的神。［86］中霤（liù）：也称中室，所住屋子的中央。南方的屋子中央有天井，故有雨水从上流下。霤，犹言“流”，指屋檐的流水。［87］四十神：即上文所说的“水火之神四十余名及城北星神”。［88］甲寅：八月二十五日。［89］朝日、夕月：古代对太阳、月亮的祭祀。以每年的春分之日在东郊祭日，秋分之日在西郊祭月。今北京市留有日坛、月坛，即明、清时代祭祀日神、月神之处。［90］二分之日于东、西郊行礼：即指春分和秋分在东、西郊举行祭祀太阳、月亮之礼。［91］月有余闰：月亮的运行，每个月不是固定的准数。每年的秋分，月亮所处的位置都不相同。［92］一依分日：一成不变地在秋分祭月。［93］薛谓：北魏秘书监，其他事迹不详。［94］朝日以朔：祭日神之礼在每个月的初一举行。朔，阴历的每个月初一。［95］夕月以朏（fěi）：祭月神之礼在每个月的初三举行。朏，新月开始发光，为阴历每月三日的代称。［96］丙辰：八月二十七日。［97］求卜祥日：请求占卜一个日子，举行小祥之祭。古代丧礼，父母丧后满一周年时，举行小祥之祭。从此孝子除去原来的孝服，改戴白色的帽子。［98］筮（shì）日求吉：通过卜筮选定日子以求改换服丧的形式。筮，用蓍草占卜。［99］乖（guāi）敬事之志：与恭敬地侍奉丧者的做法相背。乖，相背，抵触。［100］永慕之心：指服孝者永远无法割舍的思恋之情。［101］直用晦（huì）日：就定在这个月的最后一天。直，直接，就。晦日，月末的一天。［102］丁丑：九月十八日。［103］宿于庙：宿于冯太后陵墓前的祭庙。［104］帅群臣哭已：帅，同“率”，率领。哭已，痛哭过后。［105］“帝易服”句：易服：换去原来的孝服。易，改。缟（gǎo）冠：改戴上白色的帽子。缟，白色。黑履：黑颜色的麻鞋。［106］黑介帻（zé）：黑颜色的长耳的裹发巾。乌履：黑色鞋。［107］哭尽乙夜：在二更时整整哭了一个更次。乙夜，二更，约当今之晚上九点至十一点。［108］戊子晦：这个月的最后一天，即九月二十九日。［109］缟冠素纰（pī）：用生绢镶了边的白帽子。纰，衣冠上所镶的边缘。［110］白布深衣：用白布制作的祭服，上衣和下裳相连，样式限定，并具有严格的尺寸要求。深衣，上衣和下裳相连在一起，用不同色彩的布料作为边缘，使身体深藏不露，雍容典雅。［111］麻绳履：用麻绳编成的鞋。［112］去帻（zé）易帢（qià）：摘掉黑颜色的裹发巾，戴上白纱制成的帽子。

冬，十月，魏明堂、太庙成。

庚寅[1]，魏主谒永固陵，毁瘠[2]犹甚。司空穆亮[3]谏曰：“陛下祥练已阕[4]，号慕[5]如始。王者为天地所子，为万民父母；未有子过哀而父母不戚[6]，父母忧而子独悦豫[7]者也。今和气不应[8]，风旱为灾，愿陛下袭轻服[9]，御常膳[10]，銮舆时动[11]，咸秩百神[12]，庶使天人交庆[13]。”诏曰：“孝悌之至[14]，无所不通。今飘风[15]、旱气，皆诚慕未浓，幽显无感[16]也。所言过哀之咎[17]，谅为未衷[18]。”

十一月，己未朔[19]，魏主禫于太和庙[20]，衮冕以祭[21]。既而服黑介帻，素纱深衣，拜陵而还。癸亥[22]，冬至，魏主祀圜丘[23]，遂祀堂[24]，还，至太和庙，乃入。甲子[25]，临太华殿[26]，服通天冠[27]，绛纱袍[28]，以飨[29]群臣。乐县而不作[30]。丁卯[31]，服衮冕，辞太和庙，帅百官奉神主[32]迁于新庙。

乙亥[33]，魏大定官品[34]。戊戌[35]，考诸牧守[36]。

魏假[37]通直散骑常侍李彪等来聘。

魏旧制，群臣季冬[38]朝贺，服裤褶[39]行事，谓之小岁[40]。丙戌[41]，诏罢之。

十二月，壬辰[42]，魏迁社[43]于内城之西。

魏以安定王休为太傅，齐郡王简为太保。

高丽王琏卒，寿百余岁。魏主为之制素委貌[44]，布深衣[45]，举哀于东郊[46]；遣谒者仆射李安上策赠太傅[47]，谥曰“康”[48]。孙云嗣立[49]。

乙酉[50]，魏主始迎春于东郊[51]。自是四时迎气皆亲之[52]。

初，魏世祖克统万及姑臧[53]，获雅乐、器服、工人[54]，并存之[55]。其后累朝无留意者，乐工浸尽[56]，音制多亡[57]。高祖始命有司访民间晓音律[58]者议定雅乐，当时无能知者。然金石、羽旄之饰[59]，稍壮丽于往时[60]矣。辛亥[61]，诏简置乐官[62]，使修其职[63]；又命中书监高闾参定。

（以上为第十一段，写北魏孝文帝拓跋宏，制定官员等级制度，废除季冬朝拜制度，主持四季迎气活动，设置乐官，整理高雅音乐。）

【注释】

[1]庚寅：十月二日。 [2]毁瘠（jí）：因哀伤过度而消瘦。瘠，瘦弱。 [3]司空：二字原无，据章校补。穆亮：字幼辅，宜都丁公穆崇的后代，北魏名将，官至司空。传见《魏书》卷二十七。 [4]祥练已阕（què）：小祥之礼已经完毕。祥练，因小祥时丧主头戴白练冠，所以小祥之礼又叫“祥练”。已阕，已经完成。《说文》曰：“阕，事已也。” [5]号慕：哀号父母之丧，表达怀恋追慕之情。 [6]戚：悲戚，痛苦。 [7]悦豫：高兴，愉快。豫，同“愉”。 [8]和气不应：意即阴阳失调。和气，古人认为天地间阴气与阳气交合而成之气，万物由此而生，引申为能导致吉利的祥瑞之气。不应，不成，不至。 [9]袭轻服：穿上轻丧之服。袭，穿。轻，轻丧之服，常服。 [10]御常膳（shàn）：吃平常应该吃的饭。御，用。膳，饭食。 [11]銮（luán）舆时动：让您的车驾也适当地活动活动，到各处转转。銮，古时皇帝车驾所用的铃。 [12]咸秩百神：对

各种神灵都依次给予祭祀。秩，次序。［13］庶使天人交庆：以求让人神都能得到幸福。庆，福。［14］孝悌（tì）之至：只要把孝悌做到。孝，指报答父母的养育之恩；悌，指兄弟姐妹之间的友爱。至，顶点。［15］飘风：旋风，俗称“龙卷风”，古代以旋风为恶风，表示不祥。［16］幽显无感：天地众神与黎民百姓都还不满意。无感，不感到愉悦。［17］过哀之咎：悲哀过度引发的问题。［18］谅为未衷：实在是不合适。谅，实在。［19］己未朔：十一月一日。［20］禫（dàn）：古祭名，除丧服之祭。禫祭本当在大祥后进行，因孝文帝拓跋宏这次服的是一年之丧，所以在小祥之后就举行了。禫祭和祥祭之间要间隔一个月。太和庙：此指北魏原来的太庙，与下文的“新苗”相对而言。［21］衮（gǔn）冕（miǎn）以祭：穿着皇帝的礼服，戴着皇帝的礼帽进行祭祀。［22］癸亥：十一月五日。［23］祀圜（yuán）丘：即到南郊祭天。圜，同“圆”。［24］遂祀堂：接着到明堂举行祭祀。遂，又，再。堂，明堂。［25］甲子：十一月六日。［26］太华殿：古宫殿名，北魏都城平城宫内正殿，在今山西大同市北。［27］通天冠：也叫“卷云冠”，皇帝在郊祀、朝贺、宴会等场合戴的一种帽子。［28］绛（jiàng）纱袍：深红色直领纱袍，古代常用为朝服。［29］飨（xiǎng）：用酒食款待。［30］乐县而不作：乐器挂在那里，但不演奏，仍表示哀悼之意。县，同“悬”。［31］丁卯：十一月九日。［32］奉神主：捧着列祖列宗的灵牌。［33］乙亥：十一月十七日。［34］大定官品：给各个官职定出级别。［35］戊寅：十一月二十日。［36］考诸牧守：对各州刺史、各郡太守进行考核。［37］假：代理。［38］季冬：即农历的十二月。［39］服裤褶（zhě）：穿着戎服。［40］小岁：古代于冬至后第三个戌日行腊祭，腊祭次日为小岁。［41］丙戌：十一月二十八日。［42］壬辰：十二月一日。［43］社：即社稷，皇帝祭祀土神与农业之神的坛台。历代的社稷坛大都在皇城的西侧。［44］素委貌：古代的一种礼帽名。据《后汉书·舆服志》载，与皮弁冠同制，长七寸，高四寸，制如覆杯，前面又高又宽，后面又矮又尖。貌，同“帽”。［45］布深衣：布质的连裤服装。北魏主拓跋宏如此，算是一种姿态，以表达对附属国的致哀。［46］举哀于东郊：遥望东方以致祭。［47］李安：北魏谒者仆射。上策赠太傅：李安出使高丽，追封高丽王琏为太傅之职。策，帝王加封某人所写的委任状，写在竹简成金片上。［48］谥曰“康”：谥号为康。《谥法解》曰：“丰年好乐曰‘康’，安乐抚民曰‘康’，令民安乐曰‘康’。”［49］孙云嗣立：高丽王琏的孙子叫做“云”的接续为高丽王。［50］己酉：原文作“乙酉”，据严校改。十二月二十二日。［51］迎春：古代祭祀之一，一般在立春之日进行。［52］迎气：迎接春夏秋冬每个季节之气，以祈求丰年。亲之：都亲自主持。［53］统万及姑臧：统万，古城名，旧址在今陕西榆林市横山区西，是当时胡夏王赫连氏的都城。姑臧，北凉都城，在今甘肃武威市。此以克统万、姑臧指代魏灭胡夏与北凉。［54］雅乐、器服、工人：雅乐，用于郊庙祭祀与朝会典礼的乐舞。器服，乐器和乐工所穿的服饰。工人，演奏乐器与表演歌舞的乐工。［55］并存之：都还一直保留着。胡三省曰：“晋永嘉之乱，太常乐工多避地河西，夏克长安，获秦雅乐，故二国有其器服工人。”［56］浸尽：渐渐地都死光了。［57］音制多亡：音声和演奏的仪式礼制也大都丢失了。［58］晓音律：懂得音乐，记得当初雅乐的旋律与节奏。［59］金石、羽旄文饰：金石，泛指各种演奏的乐器，羽旄，泛指舞蹈者所执的道具。［60］稍壮丽于往时：比汉、魏时代的乐器与表演越来越华丽了。［61］辛亥：十二月二十四日。［62］简置乐官：挑选并设置管理音乐的官署。简，选拔。［63］使修其职：让他们各自钻研有关的音乐业务，管理音乐机构。

初，晋张斐[1]、杜预共注《律》三十卷，自泰始[2]以来用之，《律》文简约，或一章之中，两家所处[3]，生杀顿异[4]，临时斟酌[5]，吏得为奸[6]。上[7]留心法令，诏狱官详正旧注[8]。七年，尚书删定郎王植集定二注[9]，表奏之。诏公卿、八座参议考正[10]，竟陵王子良总其事[11]；众议异同不能壹[12]者，制旨平决[13]。是岁，书成。廷尉山阴孔稚珪[14]上表，以为："《律》文虽定，苟用失其平[15]，则法书徒明于帙里[16]，冤魂犹结于狱中。窃寻古之名流[17]，多有法学[18]；今之士子，莫肯为业[19]。纵有习者，世议所轻[20]，将恐此书永沦走吏之手[21]矣。今若置《律》助教[22]，依《五经》例[23]，国子生[24]有欲读者，策试高第[25]，即加擢用[26]，以补内外之官[27]，庶几士流有所劝慕[28]。"诏从其请，事竟不行[29]。

初，林邑[30]王范阳迈[31]，世相承袭[32]，夷人范当根纯[33]攻夺其国，遣使献金簟[34]等物。诏以当根纯为都督缘海诸军事、林邑王。

魏冀州刺史咸阳王禧入朝。有司奏："冀州民三千人称禧清明有惠政，请世胙冀州[35]。"魏主诏曰："利建虽古[36]，未必今宜世胙[37]；经野由君[38]，理非下请[39]。"以禧为司州牧[40]，都督司、豫等六州诸军事。

初，魏文明太后宠任宦者略阳苻承祖，官至侍中，知都曹事[41]，赐以不死之诏。太后殂，承祖坐赃应死，魏主原之[42]，削职禁锢[43]于家，仍除悖义将军[44]，封佞浊子[45]，月余而卒。承祖方用事，亲姻争趋附[46]以求利。其从母杨氏为姚氏妇[47]，独否[48]，常谓承祖之母曰："姊虽有一时之荣，不若妹有无忧之乐。"姊与之衣服，多不受；强与之，则曰："我夫家世贫，美衣服使人不安。"不得已，或受而埋之。与之奴婢[49]，则曰："我家无食，不能饲[50]也。"常著弊衣[51]，自执劳苦[52]。承祖遣车迎之，不肯起；强使人抱置车上，则大哭曰："尔欲杀我！"由是苻氏内外号为“痴姨”，及承祖败，有司执[53]其二姨至殿廷。其一姨伏法。帝见姚氏姨贫弊，特赦之。

李惠[54]之诛也，思皇后之昆弟[55]皆死。惠从弟凤[56]为安乐王长乐主簿，长乐坐不轨，诛，凤亦坐死。凤子安祖等四人逃匿获免，遇赦乃出。既而魏主访舅氏存者，得安祖[57]等，皆封侯，加将军。既而引见，谓曰：“卿之先世[58]，再获罪于时[59]。王者设官以待贤才，由外戚而举[60]者，季世之法[61]也。卿等既无异能，且可还家。自今外戚无能者视此[62]。”后又例降爵为伯[63]，去其军号[64]。时人皆以为帝待冯氏太厚，待李氏太薄。太常高闾尝以为言[65]，帝不听。及世宗[66]尊宠外家，乃以安祖弟兴祖为中山[67]太守，追赠李惠开府仪同三司、中山公，谥曰“庄”。

（以上为第十二段，写南齐修订法律条文；北魏苻承祖两个姨妈的不同命运，“痴姨”并不痴；孝文帝拓跋宏将舅父家的非做官之才遣送回家，净化官场队伍。）

【注释】

[1]张斐（fēi）：魏末晋初人，西晋大臣，著名法学家。晋武帝司马炎时任廷尉明法掾，曾为西晋《泰始律》作过注解。他和杜预对晋律的注解，为后世所沿用。 [2]泰始：西晋开国皇帝晋武帝司马炎的年号。 [3]两家所处：指张斐与杜预二人所拟定的处理意见。处，处理。 [4]生杀顿异：犯人该活还是该杀，两家注解恰恰相反。 [5]斟酌：考虑处理意见。 [6]吏得为奸：执法官吏可以由此钻空子，做坏事。 [7]上：指南齐武帝萧赜。 [8]详正旧注：详细地检查补充旧有的法律条文。 [9]尚书删定郎：古官名，古代主修改审定律令。王植：武帝萧赜时为尚书删定郎。集定二注，将张斐、杜预解释矛盾的地方进行修改统一。 [10]八座参议考正：指尚书令、尚书左右仆射，与其下属的五部尚书共同商量考察。 [11]总其事：总负其责，统管其事。[12]异同不能壹：异同，偏正词，单为“异”的意思，即不同、矛盾。有不同意见不能统一。壹，同“一”。 [13]制旨平决：由皇帝作出裁定。制旨，即圣旨。制，皇帝的命令。 [14]孔稚珪：一作“孔珪”，字德璋，会稽山阴（今浙江绍兴市）人，南齐文学家。南齐武帝萧赜时，任御史中丞。传见《南齐书》卷四十八。 [15]用失其平：使用得不好，即执法不公正。 [16]徒明于帙（zhì）里：只在书面上体现公平公正。徒，只，白白地。帙里，书本上，字面上。帙，装书的套子。[17]古之名流：古代的著名学派。 [18]多有法学：其中就有不少法学家，如商鞅、申不害、韩非等。 [19]莫肯为业：不肯钻研这一行。 [20]世议所轻：也往往被人瞧不起。 [21]永沦走吏之手：永远只供那些做具体工作的小吏阅读。沦，沦落，落入。 [22]置《律》助教：在太学里

开设律学这门课。助教，教官名，太学博士的助手，帮着博士开展教学活动。［23］依《五经》例：按照太学里给儒家的《五经》开课讲学的旧例。［24］国子生：在太学里上学的学生。国子，公卿大夫的子弟。［25］策试高第：通过考试，成绩优异。高第，高等。［26］擢（zhuó）用：提拔，任用。［27］补内外之官：补充到朝廷与各州郡的司法队伍中去。［28］庶几士流有所劝慕：以期能让社会上的文人士大夫能够喜欢并愿意从事这个行业。劝慕，喜欢，受鼓励。［29］事竟不行：这件事最后还是没有付诸实行。［30］林邑：也叫占婆，古国名，原是汉代的象林县，县治在今越南广南维川县南的茶桥。东汉象林县人区连，杀县令，自称林邑王，遂为林邑国，即古代的越南国，旧址在今越南中南部。［31］范阳迈：范诸农之子，刘宋时为林邑国王。其母怀孕时梦有人以金席借之。当地谓金之精为阳迈，遂名。刘宋时遣使入贡，封为林邑王，大约于宋武帝永初初年（420）至宋文帝元嘉二十三年（446）间在位。事见《南齐书》卷五十八。［32］世相承袭：范阳迈之子名叫杨迈，继其父在林邑称王，其孙亦相继称王。事见《南齐书》卷五十八。［33］夷人：指林邑境内的另一少数民族。范当根纯：又名“范当根顺”，扶南王阇耶跋摩之子，原名鸠酬罗，林邑国国王。永明九年（491），南齐册封范当根纯为都督缘海诸军事、林邑王。第二年，范阳迈二世之孙范诸农攻讨，范当根顺大败、失国。［34］献金簟（diàn）：向南齐献上金丝织成的席子。簟，竹席。［35］世胙（zuò）冀州：意即让他们家世世代代管理冀州。胙，帝王祭祀用过的祭肉，可以分赐有功之臣，以示褒奖，这里用为“享有”的意思。此建议带有分封制的意味。［36］利建虽古：分封功臣为诸侯的做法，虽起源很早。利建，《周易·屯卦》曰：“元亨利贞。勿用有攸往，利建侯。”后因以“利建”谓封土建侯。［37］未必今宜：未必适合于今天。［38］经野由君：治理国家、管理领土的权力在于国君。《周礼·天官》有所谓“惟王建国，辨方正位，体国经野”，此用其语。［39］理非下请：这件事绝不是你们所当请求的。理，事理。［40］以禧为司州牧：将拓跋禧调离冀州。司州牧，即司州刺史，北魏的州治在今河南洛阳市。［41］知都曹事：知尚书都曹事，即都曹尚书，尚书省都曹长官，协助尚书令、仆射综理各曹事务，位居诸尚书之首。知，过问，兼管。都曹，各曹，亦即各部尚书。［42］原之：宽恕了他。［43］禁锢（gù）：指因犯罪而被禁止进入官场。［44］仍除悖义将军：遂任之为悖义将军，以示讽刺。仍，同“乃”。除，任。悖义，有违于道义。［45］封佞浊子：封以子爵，号为佞浊，奸佞而污浊，如同汉高祖刘邦封侄子刘信为羹颉侯一样，重在羞辱其人。［46］亲姻趋附：各种亲戚，七大姑、八大姨迎合，依附。［47］从母杨氏为姚氏妇：苻承祖的一个姓杨的姨妈，嫁给姓姚的人家做媳妇。［48］独否：独独地与众不同，不奉承苻承祖。［49］与之奴婢：送奴婢给她。［50］不能饲：养不起。饲，养。［51］著弊衣：身穿破旧的衣服。［52］自执劳苦：亲自从事很辛苦的劳动。执，持，从事。［53］执：拘捕。［54］李惠：中山安喜（今河北定州市）人，左仆射李盖之子，献文思皇后之父，孝文帝拓跋宏外祖父，北魏外戚、大臣。封南郡王。被冯太后所忌，诬以将南叛，被杀，后平反。传见《魏书》卷八十三上。［55］思皇后：中山安喜（今河北定州市）人。李惠之女，献文帝拓跋弘夫人，孝文帝拓跋宏生母。皇兴三年（469）因儿子被立为太子而依例被赐死，承明元年（476）追谥为思皇后。传见《魏书》卷八十三上。昆弟：兄弟。［56］凤：即李凤，李惠堂弟，为安乐王拓跋长乐的主簿。［57］安祖：即李安祖，李凤之子，孝文帝拓跋宏外戚，封侯，为将军。［58］卿之先世：指李惠和李凤。［59］再获罪：指两次被强加罪名。［60］由外戚而举：单凭是外戚而为大官。举，提拔，任用。［61］季世之法：那是一个王朝行将灭亡之时的做法。［62］视此：都以此为例。［63］例降爵为伯：依前例由侯爵降为伯爵。［64］去其军号：免去其将军的称号。［65］尝以为言：曾因此提出意见。［66］世宗：即北魏宣武帝元恪（kè），孝文帝拓跋宏次子，北魏第八位皇帝，庙号世宗。传见《魏书》卷八。［67］兴祖：即李兴祖，北魏时人，宣武帝拓跋恪时为中山太守。中山古郡名，郡治在今河北定州市。

十年（壬申，492年）

春，正月，戊午朔[1]，魏主朝飨群臣于太华殿，悬而不乐。

己未[2]，魏主宗祀显祖于明堂以配上帝[3]，遂登灵台以观云物[4]，降居青阳左个[5]，布政事[6]。自是每朔依以为常[7]。

散骑常侍庾荜[8]等聘于魏，魏主使侍郎成淹引荜等于馆南，瞻望行礼[9]。辛酉[10]，魏始以太祖配南郊[11]。

魏主命群臣议行次[12]。中书监高闾议，以为："帝王莫不以中原为正统[13]，不以世数为与夺[14]，善恶为是非[15]。故桀、纣至虐，不废夏、商之历[16]；厉、惠至昏，无害周、晋之录[17]。晋承魏为金，赵承晋为水，燕承赵为木，秦承燕为火[18]。秦之既亡[19]，魏乃称制玄朔[20]；且魏之得姓，出于轩辕[21]，臣愚以为宜为土德[22]。"秘书丞李彪、著作郎崔光等议，以为："神元与晋武[23]，往来通好[24]，至于桓、穆[25]，志辅晋室[26]；是则司马祚终于郏鄏[27]，而拓跋受命于云、代[28]。昔秦并天下[29]，汉犹比之共工[30]，卒继周为火德[31]；况刘、石、苻氏[32]，地褊世促[33]，魏承其弊[34]，岂可舍晋而为土[35]邪？"司空穆亮等皆请从彪等议。壬戌[36]，诏承晋为水德[37]，祖申[38]、腊辰[39]。

（以上为第十三段，写孝文帝拓跋宏组织讨论北魏之五行属性，形成了两种意见，一是北魏承前秦，为土德；一是北魏承西晋，为水德。最终确定接受后一种意见。）

【注释】

[1]戊午朔：正月一日。［2］己未：正月二日。［3］宗祀显祖于明堂，以配上帝：在明堂祭祀上帝的时候，以其父显祖拓跋弘的灵位做配享。此乃模仿《孝经》的“宗祀文王于明堂以配上帝”，区别于“郊祭”“庙祀”，为了祭祀他的父亲，故而特别选在明堂；又为了突出其父的地位，而采取祭上帝于明堂，令其父为配享。［4］灵台：高台，观测天象的地方。云物：天象云气之色。［5］降居青阳左个：从灵台上下来，就住在寝殿东屋北侧的偏室。青阳，指皇帝寝殿的东屋。左个，东屋左侧的偏室。［6］布政事：向群臣宣布有关政事。［7］每朔依以为常：每月的初一都这样做。［8］庾荜（bì）：字休野，新野（今河南新野县）人，南齐散骑常侍，入梁为大臣。传见《梁书》卷五十三。［9］瞻望行礼：远望北魏主拓跋宏祀明堂、登灵台以观云物的活动。［10］辛酉：正月四日。［11］以太祖配南郊：以太祖拓跋珪作为南郊祭祀天神的配享。［12］行次：金、木、水、火、土五行相生相克的循环，以及表现在历代王朝相互取代、相互承继的次序，周而复始。如黄帝属土，夏取属木，代黄帝而兴是木克土；商朝属金，代夏而起是金克木；周朝属火，代商而立是火克金；秦朝属水，代周而兴是水克火。［13］莫不以中原为正统：中原，指建都于中原地区的王朝，如夏、商、周、秦、汉、曹魏、西晋，以及北魏。至于东晋、刘宋、南齐等，称为蛮夷，因为他们不在中原，不在正统的五行循环之中。正统，指王朝先后相承的系统。［14］不以世数为与夺：不以统治时间的长短为去取根据，有一个算一个。世数，统治时间的长短，与传承帝王的多少。与夺，即取舍，算不算一个王朝。［15］善恶为是非：也不以某个帝王的善恶为选取标准，都得承认他们的存在。［16］故桀、纣至虐，不废夏、商之历：因此，夏桀王、商纣王十分暴虐，但并没有排除在夏、商两朝的帝王之外。［17］厉、惠至昏，无害周、晋之录：周厉王与晋惠帝那么昏庸，也没有妨碍他们是西周、西晋的帝王之一。［18］“晋承魏为金”等四句：评说西晋以来到北魏中原王朝更迭的行次。晋承魏，指西晋取代曹魏。承，继承，取代，为克。曹魏为木，晋朝为金，克木。赵承晋，赵，指十六国的前赵、后赵，赵承晋，克金者火，赵为火，此载为水，误。燕承赵，燕，指北燕，承赵，克火者水，燕为水，此载为木，误。秦承燕，秦，指前秦，承燕，克水为土，秦为土，此载为火，误。若以五行相生为说，承为生，则晋为金，赵生于晋为水，燕生于赵为木，秦生于燕为火。而历史事势，不是生，而是克，即“承”为“克”之义，故记载恰相反，为误。［19］秦之既亡：东晋武帝太元八年（383），前秦主苻坚统兵进攻东晋，被东晋打败于淝水后，前秦瓦解，纷乱的北方又落入羌人姚兴之手，建都长安，是为后秦。［20］魏乃称制玄朔：当长安的后秦姚氏正在统治黄河流域的时候，由代国的复国者拓跋珪建立的北魏国又在北方发展起来。称制，指建立国家，行使皇帝权力。玄朔，极北之地。拓跋珪复国建立的北魏国都城最初是盛乐，在今内蒙古和林格尔县北、呼和浩特市的东南方。［21］魏之得姓，出于轩辕：意即拓跋氏是黄帝轩辕氏的后代。拓跋氏是鲜卑族的一支。《魏书》卷一的《序纪》说：“黄帝有子二十五人，或内列诸华，或外分荒服，少子昌意受封北土，国有大鲜卑山，因以为号”。轩辕，即黄帝，拓跋氏自认是黄帝子孙，故称“魏之得姓，出于轩辕”。［22］宜为土德：

根据五德相生说，晋已为“金”，赵已为“水”，燕已为“木”，秦已为“火”，接下来当然就是“土”了。所以高闾说北魏“宜为土德”。按，高闾释“承”为相生，与历史形势恰相反，北魏非生于前秦，而是克秦，灭秦故应为水，而非土，为误。［23］神元与晋武：神元，指北魏奠基者拓跋力微，追谥为神元皇帝，庙号始祖。传见《魏书》卷一。晋武，指西晋开国皇帝，晋武帝司马炎。纪见《晋书》卷三。［24］通好：拓跋力微与三国时的曹魏政权及西晋王朝关系甚密，往来不绝。事见《魏书》卷一。［25］桓、穆：指北魏先祖拓跋猗㐌，追谥为桓皇帝；拓跋猗卢，追谥为穆皇帝。两人均拓跋力微之孙，为兄弟，传见《魏书》卷一。［26］志辅晋室：都一心帮着西晋王朝。猗㐌交好西晋王朝，财畜殷实，援助西晋并州刺史司马腾，大败汉赵皇帝刘渊部众，授予大单于。猗卢联合并州刺史刘琨，先后打败匈奴刘虎、白部鲜卑、汉赵刘聪、后赵石勒、段疾陆眷、幽州刺史王浚，受封大单于、代国王。参见《魏书》卷一。［27］司马祚终于郏（jiá）鄏（rǔ）：西晋王朝的灭亡应从洛阳被灭开始。永嘉五年（311），刘曜攻克西晋都城洛阳，俘虏怀帝司马炽，次年司马炽死于赵国。其侄司马邺逃到长安，苟延了四年，又被刘曜攻克长安，俘虏而去。所以西晋早在洛阳失守时，就已经算是亡国了。司马，指西晋王朝。祚，国运。郏鄏，古地名，在今河南洛阳市西，这里即指西晋的都城洛阳。［28］拓跋受命于云代：意即当西晋王朝灭亡于洛阳的时候，拓跋氏的国家就已经在北方接受天命，正式进入历史王朝的序列了。事实上也正是在建兴三年（315），晋愍帝司马邺封拓跋猗卢为代王，从此建立了代国。拓跋氏，这里代指北魏的前身代国。云、代，指云中郡、代郡。分别在今山西、陕西的北部，河北的西北部，和与之邻近的内蒙古南部一带地区，当时的代国就在这一带。云中郡郡治盛乐，在今内蒙古和林格尔县北。［29］秦并天下：指秦始皇建立的秦朝，统一天下。［30］汉犹比之共工：汉朝建国后，不承认秦朝的实际存在，说它是一个“闰朝”，说秦始皇是一个共工一样的强梁，不把秦朝列入历史王朝的序列。共工，传说是黄帝时代的一个诸侯，为人大逆不道，被黄帝所灭。［31］卒继周为火德：汉朝不承认秦朝的存在，把它排斥在五德循环之外，认为自己是上继周朝。武王伐商建立周室，是水生木，周为木德；汉朝继周，是木生火，汉为火德。按，汉明承认秦为火德，汉克秦为土德。［32］刘、石、苻氏：即前文提到的刘渊建立的前赵、石勒建立的后赵、苻健建立的前秦。［33］地褊（biǎn）世促：领土狭小，存在的时间又短。褊，狭窄。世促，前赵共存在十五年；后赵共存在二十六年；前秦共存在三十七年。［34］魏承其弊：北魏就是趁着他们的衰败发展起来的。［35］岂可舍晋而为土：岂能不说是接续晋王朝，而去接在赵国、燕国、秦国这些短命的王朝的后面去当土德呢？［36］壬戌：正月五日。［37］承晋为水德：即北魏承接西晋，以水而德王。［38］祖申：祭祀路神在申日。祖，也称“祖道”，祭路神。申，申日，古代天干地支纪日法中的其中一天，每十二天出现一次。六十甲子纪日法中共有壬申、甲申、丙申、戊申、庚申五个天干不同的申日，六十天出现天干地支完全相同的申日。［39］腊辰：年终的祭祀祖先在辰日。腊，腊祭，岁末祭祀祖先。辰，辰日，古代天干地支纪日法中的一天，每隔十二天就会出现一个辰日，六十甲子纪日法中有戊辰、庚辰、壬辰、甲辰、丙辰五个天干不同的辰日，六十天出现天干地支完全相同的辰日。

甲子[1]，魏罢租课[2]。

魏宗室及功臣子孙封王者众，乙丑[3]，诏："自非烈祖之胄[4]，余王皆降为公，公降为侯，而品如旧[5]。"蛮王桓诞[6]亦降为公；唯上党王长孙观[7]，以其祖有大功[8]，特不降。丹阳王刘昶封齐郡公，加号宋王[9]。

魏旧制，四时祭庙皆用中节[10]，丙子[11]，诏始用孟月[12]，择日而祭。

以竟陵王子良领尚书令。

魏主毁太华殿为太极殿。二月，戊子[13]，徙居永乐宫[14]。以尚书李冲领将作大匠[15]，与司空穆亮共营之[16]。

辛卯[17]，魏罢寒食飨[18]。

甲午[19]，魏主始朝日于东郊。自是朝日、夕月皆亲之。

丁酉[20]，诏祀尧于平阳[21]，舜于广宁[22]，禹于安邑[23]，周公于洛阳[24]，皆令牧守执事[25]；其宣尼之庙[26]，祀于中书省。丁未[27]，改谥宣尼曰"文圣尼父"[28]，帝亲行拜祭。

魏旧制，每岁祀天于西郊，魏主与公卿从二千余骑，戎服绕坛，谓之"踏坛[29]"。明日，复戎服登坛致祀，已又绕坛，谓之"绕天"。三月，癸酉[30]，诏尽省之。

辛巳[31]，魏以高丽王云为督辽海诸军事、辽东[32]公、高句丽王，诏云遣其世子入朝。云辞以疾，遣其从叔升干[33]随使者诣平城。

夏，四月，丁亥朔[34]，魏班[35]新《律令》，大赦。

辛丑[36]，豫章文献王嶷卒，赠假黄钺、都督中外诸军事、丞相，丧礼皆如汉东平献王故事[37]。嶷性仁谨廉俭，不以财贿[38]为事。斋库[39]失火，烧荆州还资[40]，评直[41]三千余万，主局[42]各杖数十而已。疾笃[43]，遗令诸子曰："才有优劣，位有通塞[44]，运有贫富，此自然之理，无足以相陵侮[45]也。"上哀痛特甚，久之，语及嶷，犹欷歔[46]流涕。嶷卒之日，第库无见钱[47]，上敕月给嶷第钱百万。终上之世乃省[48]。

（以上为第十四段，写北魏解决王公满天飞问题，降王为公，降公为侯；进一步规范祭祀活动；南齐大臣萧嶷一生仁谨廉俭，淡漠钱财，兄弟友爱，实为楷模。）

【注释】

［1］甲子：正月七日。［2］罢租课：免去赋税。租课,《魏纪》作“袒裸”，袒衣裸体。［3］乙丑：正月八日。［4］自非烈祖之胄（zhòu）：除了拓跋珪的后代子孙以外的其他任何人。烈祖，即拓跋珪，庙号烈祖，太和十五年（491），改庙号为太祖。既然已改庙号为太祖，此处应称“太祖”。胄，后代子孙。［5］品：品级，官职的级别。［6］蛮王桓诞：蛮族首领桓诞。东晋末年的乱臣桓玄之子，逃入沔水以北的蛮族中成了首领，从此经常引导北魏人南侵，均无功。事见《魏书》卷一百一。［7］上党王长孙观：字拔六观，上党靖王长孙道生之孙，袭封上党郡王。任征西大将军、司空公、都督河西诸军事。传见《魏书》卷二十五。［8］其祖有大功：指长孙观的祖父长孙道生，帝拓跋珪和太武帝拓跋焘时征讨柔然、打败刘宋中立有大功。［9］刘昶（chǎng）：文帝刘义隆第九子，逃奔北魏，封丹阳王。今降为齐郡公，以刘宋之地封之，即虚封以南齐之地。［10］中节：古人将二十四节气分为节气和中气两类。如立春为正月节，雨水为正月中；惊蛰为二月节，春分为二月中，依次类推。［11］丙子：正月十九日。［12］孟月：每个季度的第一个月，即农历四季的正月、四月、七月、十月。［13］二月：二字原无，据章校补。戊子：二月二日。［14］永乐宫：在北魏都城平城的北苑内。胡三省曰：“魏主太和元年（477）起永乐游观于平城之北苑。”［15］将作大匠：古官名，负责宫室、宗庙、路寝、陵园的土木营建。［16］共营之：共同主管修建太极殿。［17］辛卯：二月五日。［18］罢寒食飨（xiǎng）：停止寒食节的祭祖活动。寒食，节日名，通常指清明的前三天，古人从寒食起禁火三天，只吃冷食，到清明节重新起火。此节的起源，有说是为了纪念晋文公的侍从介子推，因为他在这一天被烧死在绵山。晋文公感念忠臣之志，将其葬于绵山，修祠立庙，并下令在介子推死难之日禁火，以寄哀思。飨，祭祀。［19］甲午：二月八日。［20］丁酉：二月十一日。［21］平阳：古城名，在今山西临汾市的西南部，相传尧建都于此。［22］广宁：古县名，县治在今河北涿鹿西，相传舜都于上谷，广宁本属上谷郡。上谷郡的郡治在今北京市延庆区。［23］安邑：古城名，在今山西夏县西北，相传夏禹建都于此。［24］周公：姬姓，名旦，周文王姬昌第四子，武王姬发弟弟，曾两次辅佐武王东伐纣王，并制作礼乐。因其采邑在周，爵为上公，故称周公。洛阳：古都名，故城在今河南洛阳的东部。周公相成王时，在洛阳营建东都。［25］令牧守执事：让当地的刺史、太守主持祭祀。［26］宣尼之庙：祭祀孔子的庙。［27］丁未：二月二十一日。［28］改谥宣尼曰“文圣尼父”：孔子的封号，在北魏前，鲁哀公于周敬王四十一年（前479）封孔子为“尼父”；汉平帝于元始元年封之为“褒成宣尼公”；汉和帝于永元四年（92）封之为“褒尊侯；时北魏孝文帝拓跋宏将其改谥，称为“文圣尼父”，将其抬高到至高无上的地位。［29］踏坛：亦作“蹋坛”，古代北方民族祭祀的一种仪式。［30］癸酉：三月十七日。［31］辛巳：三月二十五日。［32］辽东：古郡名，

郡治在今辽宁辽阳市。[33]从叔升干：堂叔。高丽王叔父。[34]丁亥朔：四月一日。[35]班：同“颁”，颁布，下达。[36]辛丑：四月十五日。[37]皆如汉东平献王故事：文献王萧嶷的葬礼完全按汉东平献王刘苍的规格办理。汉东平献王即刘苍，东汉光武帝刘秀之子，明帝刘庄同母弟，受封东平公，后进封东平王。谥号献王。传见《后汉书》卷四十二。[38]财贿：钱财，财物。[39]斋库：公馆里的仓库。斋，指荆州刺史的公馆。[40]荆州还资：从荆州刺史任上可以带走的家产。胡三省曰：“高祖建元二年（480），嶷自荆州还任扬州。”扬州的州治即建康。[41]评直：估量其价值。直，同“值”。[42]主局：主管该事的官员。[43]疾笃（dǔ）：病重，病得很厉害。[44]位有通塞：职位有人升得快，有人升得慢。[45]相陵侮：相互攀比，相互忌妒。陵，同“凌”。[46]欷歔：哭泣后不自主地急促呼吸，叹息不已。[47]第库无见钱：豫章王萧嶷家中的仓库没有现存之钱。见，同“现”。[48]终上之世乃省：一直到武帝萧赜去世，这笔钱才不再发放。

五月，己巳[1]，以竟陵王子良为扬州刺史。

魏文明太后之丧，使人告于吐谷浑。吐谷浑王伏连筹拜命[2]不恭，群臣请讨之，魏主不许。又请还其贡物[3]。帝曰：“贡物乃人臣之礼。今而不受，是弃绝之，彼虽欲自新，其路无由矣。”因命归洮阳、泥和之俘[4]。

秋，七月，庚申[5]，吐谷浑遣其世子贺虏头[6]入朝于魏。诏以伏连筹为都督西垂诸军事、西海[7]公、吐谷浑王，遣兼员外散骑常侍张礼[8]使于吐谷浑。伏连筹谓礼曰：“曩者[9]，宕昌常自称名而见谓为大王[10]，今忽称仆[11]，又拘执使人[12]；欲使偏师往问[13]，何如？”礼曰：“君与宕昌皆为魏藩[14]，比辄[15]兴兵攻之，殊违臣节[16]。离京师之日，宰辅[17]有言，以为君能自知其过，则藩业[18]可保；若其不悛[19]，祸难将至矣。”伏连筹默然[20]。

甲戌[21]，魏遣兼员外散骑常侍广平宋弁[22]等来聘。及还，魏主问弁：“江南[23]何如？”弁曰：“萧氏父子无大功于天下，既以逆取[24]，不能顺守[25]；政令苛碎[26]，赋役繁重；朝无股肱[27]之臣，野有愁怨之民，其得没身幸矣[28]，非贻厥孙谋[29]之道也。”

（以上为第十五段，写北魏与吐谷浑、南齐的外交关系，派使者出使吐谷浑，告诫其要遵守藩属礼节；出使南齐，窥探虚实，一针见血地指出南齐的国运不长。）

【注释】

[1]己巳：五月十四日。[2]拜命：接受使者通知冯太后去世的消息。[3]还其贡物：将他的贡品退回去。[4]归洮（táo）阳、泥和之俘：把去年北魏将领长孙百年攻克二县所俘获的吐谷浑人全都放回去。[5]庚申：七月六日。[6]贺虏头：人名，慕容氏，吐谷浑人，为国王伏连筹世子。[7]西海公：西海地区的公爵。西海，古地名，在今青海湖。[8]张礼：北魏官员，曾为兼员外散骑常侍出使吐谷浑。[9]曩（nǎng）者：前些时候。[10]宕昌常自称名：宕昌王对我说话常自称其名。说话自称其名是对人表示谦卑、客气。宕昌，当时的少数民族小国名，其所居住的地区在今甘肃宕昌县，当时的宕昌王名梁弥承。传见《南齐书》卷五十九。见谓为大王：称我为大王。[11]今忽称仆：现在忽然改口自称奴仆，意即不再自称其名了。自称仆，是平等相待的表示。[12]拘执使人：扣留了我派去的使者。[13]欲使偏师往问：我想派一支小部队前去向他问罪。用“偏师”一词，透露轻视之意。[14]魏藩：北魏的附属国。诸侯国向天子自称为藩国。[15]比辄（zhé）：近来时常。辄，就，总是。言外之意是嫌他不向北魏请示，擅自动手。[16]殊违臣节：实在一点不像一个藩臣的样子。[17]宰辅：执政大臣，即指宰相或三公。[18]藩业：作为一个藩国的名号与权力。[19]不悛（quān）：不思悔改。[20]默然：沉默不语、无话可说的样子。[21]甲戌：七月二十日。[22]宋弁（biàn）：北魏出使南齐的使者。字义和，广平列人（今河北邯郸市肥乡区）人，北魏大臣。少有美名，很受孝文帝拓跋宏器重，官至吏部尚书。传见《魏书》卷六十三。[23]江南：这里指南齐。[24]逆取：取得政权的方式不道德，不得人心。[25]不能顺守：取得政权后，又不能实行好的政策以收买人心，争取臣民的拥护。[26]苛碎：苛刻，烦琐。[27]股肱：指腿和胳膊，意即辅弼，信服干将与得力助手。[28]其得没身幸矣：终萧赜一世，如能使国家不乱，那就是幸运的了。[29]非贻（yí）厥（jué）孙谋：完全没有一点为儿孙后辈做打算的样子。贻厥孙谋，是古代成语，即为后辈儿孙做打算。贻，同“遗”，遗留。厥，其。

八月，乙未[1]，魏以怀朔镇将阳平王颐、镇北大将军陆睿皆为都督，督十二将，步骑十万，分为三道以击柔然：中道出黑山[2]，东道趣士卢河，西道趣侯延河。军过大碛[3]，大破柔然而还。

初，柔然伏名敦可汗[4]与其叔父那盖[5]分道击高车阿伏至罗，伏名敦屡败，那盖屡胜。国人以那盖为得天助，乃杀伏名敦而立那盖，号候其伏代库者可汗[6]，改元太安。

魏司徒尉元、大鸿胪卿游明根累表请老[7]，魏主许之。引见，赐元玄冠、素衣[8]。明根委貌[9]、青纱单衣，及被服杂物等而遣之。魏主亲养三老、五更[10]于明堂。己酉[11]，诏以元为三老，明根为五更。帝再拜三老[12]，亲袒割牲[13]，执爵而馈[14]；肃拜五更[15]，且乞言[16]焉，元、明根劝以孝友化民[17]。又养庶老、国老[18]于阶下。礼毕，各赐元、明根以步挽车[19]及衣服，禄三老以上公[20]，五更以元卿[21]。

（以上为第十六段，写北魏孝文帝拓跋宏为司徒尉元、大鸿胪游明根举行隆重的退休仪式，尊为三老、五更，亲自拜揖，咨询治国方略，提倡以礼仪教化天下。）

【注释】

[1]乙未：八月十一日。 [2]出黑山：从黑山出发。黑山，以及下文的士卢河、侯延河，均在今内蒙古与蒙古国边境一带的大沙漠南边。 [3]大碛（qì）：约指今内蒙古与蒙古国边境一带的沙漠地。碛，沙漠。 [4]伏名敦可汗：即柔然郁久闾豆仑可汗。传见《魏书》卷一百三。 [5]那盖：即郁久闾那盖可汗，传见《魏书》卷一百三。 [6]号候其伏代库者：那盖可汗的尊号，意为快乐之王。胡三省引魏收曰："魏言悦乐也。" [7]请老：因年老请求退休。 [8]玄冠、素衣：黑色的礼帽、白色的衣衫，都是上朝穿戴的服饰。 [9]委貌：也是一种上朝的黑色丝绒礼帽，与前文讲丧服时所说的"委貌"意思不同。貌，同"帽"。 [10]亲养三老、五更：亲自接待并向其行礼敬酒。三老、五更，相传古代统治者设三老五更，以德高望重的老年贤人为代表，以尊养老人。[11]己酉：八月二十五日。 [12]再拜三老：向着三老拜两拜，表示礼节隆重。 [13]亲袒割牲：亲自挽起袖子割下一块祭肉。袒，露出胳膊。 [14]执爵而馈：捧着酒杯给他敬酒。馈，馈赠，此指敬酒。 [15]肃拜五更：转身又向着五更拱手作揖。肃拜，郑玄曰："但俯下手，今时揖是也。" [16]乞言：向他们求教，征求治国治民的意见。 [17]孝友化民：通过自己对长辈孝顺、对兄弟友爱的举动，来带动、感化全国的臣民。 [18]庶老、国老：庶老，庶民老者的代表。国老，贵族退职的老年代表。 [19]步挽车：用人拉的小车。 [20]禄三老以上公：让三老享受上公的俸禄待遇。上公，即指公爵。因公爵在侯、伯、子、男诸爵之上。 [21]元卿：即上卿。上卿的级别相当于各部尚书。

九月，甲寅[1]，魏主序昭穆于明堂[2]，祀文明太后于玄室[3]。

辛未[4]，魏主以文明太后再期[5]，哭于永固陵左，终日不辍[6]声，凡二日不食。甲戌[7]，辞陵，还永乐宫[8]。

武兴氐王杨集始[9]寇汉中[10]，至白马[11]。梁州刺史阴智伯遣军主桓卢奴、阴冲昌等击破之，俘斩数千人。集始走还武兴，请降于魏。辛巳[12]，入朝于魏。魏以集始为南秦州[13]刺史、汉中郡侯、武兴王。

冬，十月，甲午[14]，上殷祭太庙[15]。

庚戌[16]，魏以安定王休为大司马，特进[17]冯诞为司徒。诞，熙[18]之子也。

魏太极殿成[19]。

十二月，司徒参军萧琛、范云聘于魏。魏主甚重齐人，亲与谈论。顾谓群臣曰："江南多好臣。"侍臣李元凯[20]对曰："江南多好臣，岁一易主[21]；江北无好臣，百年一易主。"魏主甚惭。

上使太子家令沈约撰《宋书》[22]，疑立《袁粲传》[23]，审之于上[24]。上曰："袁粲自是宋室忠臣。"约又多载宋世祖[25]、太宗诸鄙渎事[26]。上曰："孝武事迹，不容顿尔[27]。我昔经事明帝[28]，卿可思讳恶之义[29]。于是多所删除。

是岁，林邑王范阳迈之孙诸农[30]，帅种人[31]攻范当根纯，复得其国。诏以诸农为都督缘海诸军事、林邑王。

魏南阳公郑羲[32]与李冲婚姻，冲引为中书令。出为西兖州[33]刺史，在州贪鄙[34]。文明太后为魏主纳其女为嫔[35]，征为秘书监[36]。及卒，尚书奏谥曰"宣"[37]。诏曰："盖棺定谥，激扬清浊[38]。故何曾虽孝[39]，良史载其缪丑[40]；贾充有劳[41]，直士谓之"荒公"[42]。羲虽宿有文业[43]，而治阙廉清[44]。尚书何乃情违至公[45]，愆违明典[46]！依《谥法》[47]：博闻多见曰'文'；不勤成名曰'灵'[48]。可赠以本官[49]，加谥文灵[50]。"

（以上为第十七段，写南齐沈约撰写《宋书》，武帝萧赜要求遵从为尊者讳的古训；北魏按照中原的习俗议定谥号，孝文帝拓跋宏主张盖棺定谥，要激扬清浊。）

【注释】

[1]甲寅：九月一日。 [2]序昭穆于明堂：在明堂上排定各列祖列宗灵牌的左右次序。中间是太祖，其余按辈分一左、一右地向下排。排在左边的称"昭"，排在右边的称"穆"。 [3]玄室：这里指北堂，一间向北的屋子。 [4]辛未：九月十八日。 [5]再期：指去世两周年。期，周年。 [6]辍(chuò)：中途停止。 [7]甲戌：九月二十一日。 [8]永乐宫，北魏离宫，在平城北苑中，今山西大同市北。 [9]武兴氐王杨集始：杨集始，氐族，仇池武兴国君杨文弘之子，武兴国第三位国君。武兴，古城名，在今陕西略阳县。传见《南齐书》卷五十九。 [10]寇汉中：进攻南齐

的汉中郡，在今陕西汉中市一带地区。［11］白马：古城名，旧址在今陕西勉县城西。［12］辛巳：九月二十八日。［13］南秦州：古州名，北魏的州治骆谷城，在今甘肃西和县西南洛峪乡。［14］甲午：十月十一日。［15］上殷祭太庙：指南齐武帝萧赜在太庙举行盛大的祭祀。殷祭，盛大的祭典，指三年一次的祖庙大祭（祫），及五年一次的合祭诸祖神主的大祭（禘）。［16］庚戌：十月二十七日。［17］特进：加官名，只表示一种权力和地位，通常加给位高年老的大臣。［18］熙：即冯熙，字晋国，北燕太宰冯朗之子，孝文帝元宏岳父，北魏外戚、大臣。传见《魏书》卷八十三上。［19］太极殿成：自今年二月开始建，至今十一月始成。太极殿，北魏都城皇宫的正殿。［20］侍臣：皇帝的侍奉官员。李元凯：北魏侍臣。［21］岁一易主：每年都要换一个皇帝，说明南齐有好臣，无好主；既然主子是这样，臣子也好不到哪里去，含有讽刺的意味。［22］《宋书》：古代纪传体断代史著，为流传至今的二十四史之一。记述南朝刘宋王朝自刘裕建基至刘准失国首尾六十年的历史，为沈约所撰。全书一百卷，纪十卷，志三十卷，列传六十卷，根据何承天、徐爰等所著宋史旧本，旁采注纪，撰续成书。全书以资料繁多复杂而著称于史林，为研究刘宋一代历史的基本史料。［23］疑立《袁粲传》：写了《袁粲传》，又自己拿不定主意，因为袁粲是为反对萧道成而死的。袁粲传见《宋书》卷八十九。［24］审之于上：请求武帝萧赜决定。审，审核，审定。［25］宋世祖：即刘宋孝武帝刘骏。传见《宋书》卷六。［26］太宗诸鄙渎事：太宗，即刘宋明帝刘彧。传见《宋书》卷八。鄙渎（dú）事，肮脏见不得人的事情。［27］不容顿尔：不能写成这个样子。顿，停留，止于。［28］经事明帝：曾经在刘宋明帝刘彧手下做过事。［29］讳恶之义：即孔子所说的“为尊者讳”，以及“隐恶扬善”的道理。［30］诸农：即范诸农，林邑王国前任国王范阳迈的孙子。曾率领自己部落的人进攻篡夺王位的范当根纯，夺回了政权，收回了国土。南齐武帝萧赜以诸农为持节、都督缘海诸军事、安南将军、林邑王，后进号镇南将军。后入朝，海中遭风溺死。传见《南齐书》卷五十八。［31］种人：同种族的人，此指范阳迈一族的人。［32］郑羲：字幼麟，荥阳开封（今河南开封市）人，名士郑晔之子，北魏才智之臣。传见《魏书》卷五十六。［33］西兖（yǎn）州：北魏州名，州治滑台，在今河南滑县东南。［34］贪鄙：贪婪，卑鄙。［35］纳其女为嫔：招郑羲女入宫为嫔妃。［36］秘书监：古官名，秘书省的长官，为朝廷掌管图书文籍。［37］谥曰宣：谥号为“宣”，为褒谥。《谥法解》曰：“圣善周闻曰‘宣’。”［38］激扬清浊：即激浊扬清，惩恶劝善。［39］何曾虽孝：指何曾批评步兵校尉阮籍的不孝行为。阮籍自负有才，行为放荡，为母居丧，不守礼制。何曾在权臣司马昭面前当面质问阮籍说：“卿放纵情欲，违背礼制，是伤风败俗之人。”何曾，原名何谏，字颖考，陈国阳夏（今河南太康县）人，曹魏太仆何夔之子，西晋开国元勋。传见《晋书》卷三十三。［40］载其缪丑：写出了他的荒谬与丑恶。《晋书》本传除记载了何曾在家至孝的一些事情外，还记载了他为人外宽内忌、谄事贾充、生活奢侈等恶劣之处。他一生奢侈无度，讲究饮食，有“何曾食万”的典故。［41］贾充：曹魏豫州刺史贾逵之子，西晋开国元勋、权臣。原是三国时曹魏的官僚，曾任大将军司马、廷尉，指使其部下成济杀了魏国的皇帝曹髦，为司马氏的篡魏效力。入晋后任尚书令，作恶多端。传见《晋书》卷四十。

劳，勋劳，功劳。［42］直士谓之荒公：贾充死后礼官为他议谥时，正直的秦秀根据贾充一生的表现请求给他谥曰“荒”。事见《资治通鉴》卷八十一晋武帝太康三年（282）。《谥法解》曰：“外内从乱曰‘荒’；好乐怠政曰‘荒’。”［43］宿有文业：平时在给人出谋划策，以及在为官任职方面都有很好的表现。［44］治阙廉清：为官不清正廉洁。阙，同“缺”。［45］情违至公：从情理上说这是不公正。至公，大公无私。［46］愆（qiān）违明典：从过错上说这是违背法典的。［47］《谥法》：即《谥法解》，西汉文学家刘向编著，是古代评定谥号的标准。［48］不勤成名：《谥法解》旧注：“任本性，不见贤思齐。”具体说到郑羲，就是本性很坏，又从来不想学好。［49］赠以本官：出殡时就写他生前所任之官职，即秘书监，不再追加什么新的官职。通常说来，朝廷对死者多是另追加一个较高级别的官称。［50］加谥文灵：意即不追加官职，只追加谥号，为“文”“灵”，一个是褒谥，一个是贬谥。

【点评】

北魏孝文帝成功的渐近改革。本卷写北魏进一步推行改革，反映了其向大处着眼，从小处着手的特点，从一些小的容易被接受的地方开始改革，从细节改变向制度性变化推进。比如旧有的制度规定，文武百官在深冬时节朝贺时，要穿便于骑乘的短袄短裤前来，一般称为“小岁”，这是明显的鲜卑人习俗。颁布诏书废除这一制度，仅仅是改变服饰，阻力就会比较小。再如选拔设置乐官整理音乐，这也是从无到有的，向着文明的更高层次社会形态的推进。再如，孝文帝为司徒尉元和大鸿胪卿游明根举行隆重的退休仪式，便是以礼仪教化天下。礼仪是文明社会的习惯，逐步建立这种新的制度，有助于全社会扶老尊老风气的形成。孝文帝所推行的改革往往从身边的人做起，比如为了不任人唯亲，就从亲戚开始，他接见舅父家的李安祖等四人，对他们说：“你们的先人，当年曾两次犯罪。君王设立官职，是要任用贤能、有才干的人，因为皇亲国戚而被推举做官，是末朝乱世才有的情况。你们没有什么特别的才能，暂且可以回乡。从此以后，凡是皇亲国戚没有才能的人，都要照此办理。”以后，将四人的爵位降为伯，撤销将军的名号。在亲人那里做到了，在其他人那里就容易施行了，向全国推动就会从风而靡。

卷一三八　齐纪四

齐武帝永明十一年（公元 493 年）

【昭阳作噩（癸酉，493 年），凡一年】

【大事提要】

本卷仅记公元 493 年一年的史事，当齐武帝永明十一年。本卷所载大事，南朝齐大事一件。齐武帝立南郡王萧昭业为皇太孙，太子宫内的文武官属，全都改为太孙的官属。齐武帝驾崩，萧昭业登基。北朝北魏的大事有三件：其一，是经过了反复的争论，确定了迁都洛阳的大事。其二，孝文帝命令穆亮和尚书李冲、将作大匠董尔一起负责营建新都洛阳。其三，孝文帝立皇子拓跋恂为太子，下令实行大赦，兴筑滑台宫。

世祖武皇帝下

永明十一年（癸酉，493 年）

春，正月，以骠骑大将军王敬则为司空，镇军大将军陈显达为江州刺史。显达自以门寒[1]位重，每迁官[2]，常有愧惧之色，戒其子勿以富贵陵[3]人；而诸子多事豪侈[4]，显达闻之，不悦。子休尚为郢府主簿[5]，过九江[6]。显达曰："麈尾蝇拂[7]，是王、谢家物[8]，汝不须捉此[9]！"即取于前烧之[10]。

初，上于石头造露车三千乘[11]，欲步道取彭城[12]，魏人知之。刘昶[13]数泣诉于魏主，乞处边戍[14]，招集遗民[15]，以雪私耻[16]。魏主大会公卿于经武殿[17]，以议南伐，于淮、泗间大积马刍[18]。上闻之，以右卫将军崔慧景[19]为豫州[20]刺史以备之。

魏遣员外散骑侍郎邢峦等来聘[21]。峦，颖之孙也。

丙子[22]，文惠太子长懋卒。太子风韵甚和[23]，上晚年好游宴[24]，尚书曹事分送太子省[25]之，由是威加内外。

太子性奢靡[26]，治堂殿、园囿过于上宫[27]，费以千万计，恐上望见之，乃傍门列修竹[28]；凡诸服玩，率多僭侈[29]。启于东田起小苑[30]，使东宫将吏更番筑役[31]，营城包巷[32]，弥亘华远[33]。上性虽严，多布耳目，太子所为，人莫敢以闻[34]。上尝[35]过太子东田，见其壮丽，大怒，收监作主帅[36]，太子皆藏之，由是大被诮责[37]。

又使嬖人徐文景造辇及乘舆御物[38]。上尝幸东宫[39]，忽忽[40]不暇藏辇，文景乃以佛像内辇中[41]，故上不疑。文景父陶仁[42]谓文景曰："我正当扫墓待丧[43]耳！"仍移家避之[44]。后文景竟赐死，陶仁遂不哭。

及太子卒，上履行东宫[45]，见其服玩，大怒，敕有司随事毁除[46]。以竟陵王子良与太子善，而不启闻，并责之。

太子素恶西昌侯鸾[47]，尝谓子良曰："我意中殊不喜[48]此人，不解其故[49]，当由其福薄故也。"子良为之救解[50]。及鸾得政[51]，太子子孙无遗焉[52]。

（以上为第一段，写南齐太子萧长懋的情事，长懋生性豪奢，爱好修建楼堂馆所，瞒住武帝萧赜；一直讨厌西昌侯萧鸾，种下祸根，后来萧鸾称帝，杀光其子孙。）

【注释】

[1]门寒：门第低微，不是出身于大士族，而是出身于行伍，被门阀士大夫看不起。[2]迁官：晋升官职。如果降级则称"左迁"。[3]陵：同"凌"，欺侮，凌辱。[4]多事豪侈：多干一些豪华奢侈的事情。[5]休尚：陈休尚，江州刺史陈显达之子，武帝萧赜时为郢州刺史府的高级僚属任主簿。郢府，郢州州府，州治在今湖北武汉市。主簿：古官名，刺史的高级僚属，掌管文书案卷，为"内当家"。[6]过九江：从南齐都城建康到郢州州府，需要先经过九江。[7]麈（zhǔ）尾蝇拂：俗名拂尘，用以扫除尘埃或驱赶蚊蝇，后来演变成一种贵族雅士把玩的物件，遂改用名贵的麈尾为毛，用玉为柄，当时的名士们在清谈时常拿在手中，把它当成一种身份的象征。麈，鹿一类的动物，尾巴可以制拂尘。[8]王、谢家物：东晋大贵族王导、谢安等人手持的物件。[9]不须捉此：没有资格拿着它。不须，不必。捉，执，拿。由此可见陈显达对当时腐朽贵族的迷信崇拜与自卑自贱之情。[10]即取于前烧之：于是夺过来当面给烧掉了。[11]上于石头造露车三千乘：上，以称齐武帝萧赜。石头城，古城名，在今江苏南京市西部的秦淮河东侧，是当时守卫建康城的军事要地。露车，一种没有帷盖的车。乘，量词，古代四匹马拉的兵车一辆称为

一乘。［12］步道取彭城：指经由陆路，与过去桓温、刘裕的北伐皆由水路出兵相对而言。彭城，古城名，在今江苏徐州市。徐州在刘宋前期属刘宋管辖，自明帝刘彧泰始三年（467）与大片淮北领土一齐沦陷于北魏人之手。［13］刘昶（chǎng）：字休道，文帝刘义隆第九子，北逃于魏，封丹阳王。［14］乞处边戍：请求驻扎在北魏与南齐的边界据点。处，屯驻。［15］遗民：指南齐建国后老想着刘宋王朝的南国之民。［16］雪私耻：以报萧氏篡夺刘宋政权的仇恨。［17］经武殿：北魏都城平城的宫殿，在今山西大同市北。《魏书·高祖纪》载：太和十二年（488）九月，"起宣文堂、经武殿"。［18］淮、泗：古水名，即淮河、泗水，北魏与南齐边境上的两条大河。淮河，自河南的西南方流来，经河南之南部东流入安徽，再东流入洪泽湖；泗水，自山东曲阜一带流来，经徐州再南流入淮河。马刍（chú），喂马的草料。［19］右卫将军：古将军名号，主管朝廷禁卫，或领兵征伐。崔慧景：字君山，清河武城（今河北故城县）人，南齐名将。传见《南齐书》卷五十一。［20］豫州：古州名，南齐的州治在今安徽寿县，当时为南齐的北部重镇。［21］员外散骑侍郎：古官名，挂名的侍从官员，在帝王身边起参谋顾问作用。员外，指正员之外。邢峦（luán），字洪宾，北魏名臣中书侍郎邢颖之孙。举孝廉出身，拜中书博士，迁员外郎，受孝文帝元宏赏识，拜中书侍郎等官。受命出使南齐。传见《魏书》卷六十五。来聘：到南齐进行国事访问。［22］丙子：正月二十五日。［23］风韵甚和：风度，韵致平和可亲。［24］好游宴：喜好吃喝玩乐。［25］尚书曹事：尚书省各部门需要请示的事务。省：视，审阅，审批。［26］奢靡（mí）：奢侈，浪费。［27］园囿（yòu）过于上宫：意即园林比皇帝的宫室、园囿还要好。囿，动物园。［28］傍门列修竹：在门墙外面种上一排排高高的竹子。修竹，长竹，高竹。［29］率多僭（jiàn）侈：大都奢侈、越分。率，大都。僭，过分，超过规定，不该如此而如此。［30］于东田起小苑：在太子宫的东方再盖个小别墅。苑，有楼台的院落。胡三省曰："时太子作东田于东宫之东，绵亘华远，壮丽极目。"［31］更番筑役：轮流地去参加建筑劳动。［32］营城包巷：营造城墙，围住街巷。［33］弥亘（gèn）华远：一眼望去华丽的建筑不见尽头。弥亘，犹绵延。亘，连绵不断。［34］莫敢以闻：没人敢把这些情况报告给他。有其父必有其子，当年萧赜对其父萧道成也是如此。［35］尝，曾。［36］收监作主帅：抓捕监督盖房的头目。［37］大被诮（qiào）责：大大地挨了其父萧赜一顿骂。诮，责怪，责备。［38］"嬖（bì）人徐文景"句：嬖，宠爱，宠幸。徐文景，武帝萧赜太子萧长懋的宠臣。辇（niǎn），指皇帝乘坐的车驾。乘舆御物：指皇帝日常使用的各种东西。这里的"乘舆"即代指皇帝。［39］幸东宫：偶然来到太子的住所。幸，来到。古代敬称皇帝驾临某地叫"幸"。［40］匆匆：急急慌慌。胡三省曰："匆匆者，急遽之意。"［41］以佛像内辇中：表示这个辇是给佛爷坐的。内，同"纳"，放在里面。［42］陶仁：即徐陶仁，萧长懋宠臣徐文景之父，南齐官员。后徐文景被赐死，他早已预料，不哭，时人以为有古风。［43］扫墓待丧：打扫好墓地，等着你的尸体到来，意即你的死日不远了。［44］仍移家避之：于是自己搬家，躲开他的儿子。仍，同"乃"，于是。［45］履行：步行巡视。东宫：太子之宫。［46］随事毁除：见到什么就随即把什么焚毁、丢弃。随事，随时随地。［47］西昌侯鸾（luán）：即萧鸾，字景栖，始安王萧道生次子，高帝萧道成之侄，后为南齐第五任皇帝。父母早逝，由三叔萧道成抚育，封西昌侯，右卫将军。后自立为帝，庙号高宗，谥号明皇帝。传见《南齐书》卷六。［48］意中殊不喜：心中特别不喜欢，一点也不喜欢。［49］不解其故：说不出是什么原因。［50］救解：劝说萧长懋不要加害萧鸾。［51］得政：当了皇帝之后。［52］无遗：全家一个都没有留下。焉，助词，相当于“矣”。

二月，魏主始耕藉田于平城南。

雍州刺史王奂[1]恶宁蛮长史[2]刘兴祖，收系狱[3]，诬其构扇山蛮[4]，欲为乱。敕送兴祖下建康[5]；奂于狱中杀之，诈云自经[6]。上大怒，遣中书舍人吕文显[7]、直阁将军曹道刚[8]将斋仗[9]五百人收奂，敕镇西司马曹虎[10]从江陵步道会襄阳[11]。

奂子彪[12]，素凶险，奂不能制。长史殷睿[13]，奂之婿也，谓奂曰：“曹、吕来，既不见真敕[14]，恐为奸变，正宜录取[15]，驰启闻[16]耳。”奂纳之。彪辄[17]发州兵千余人，开库配甲仗，出南堂[18]，陈兵，闭门[19]拒守。奂门生郑羽[20]叩头启奂，乞出城迎台使[21]，奂曰：“我不作贼[22]，欲先遣启自申[23]；正恐曹、吕等小人相陵藉[24]，故且闭门自守耳。”彪遂出，与虎军战，兵败，走归[25]。三月，乙亥[26]，司马黄瑶起[27]、宁蛮长史河东裴叔业[28]于城内起兵，攻奂，斩之，执彪及弟爽、弼[29]、殷睿，皆伏诛。彪兄融、琛[30]死于建康，琛弟秘书丞肃[31]独得脱，奔魏。

夏，四月，甲午[32]，立南郡王昭业[33]为皇太孙[34]，东宫文武[35]悉改为太孙官属，以太子妃琅邪王氏为皇太孙太妃[36]，南郡王妃何氏[37]为皇太孙妃。妃，戢之女也。

魏太尉丕等请建中宫[38]，戊戌[39]，立皇后冯氏。后，熙之女也。魏主以《白虎通》[40]云：“王者不臣妻之父母[41]”，下诏令太师[42]上书不称臣，入朝不拜，熙固辞。

光城蛮帅征虏将军田益宗[43]帅部落四千余户叛，降于魏。

五月，壬戌[44]，魏主宴四庙子孙[45]于宣文堂，亲与之齿[46]，用家人礼[47]。

甲子[48]，魏主临朝堂[49]，引公卿以下决疑政，录囚徒[50]。帝谓司空穆亮[51]曰："自今朝廷政事，日中以前，卿等先自论议；日中以后，朕与卿等共决之。"

丙子[52]，以宜都王铿为南豫州刺史[53]。先是庐陵王子卿[54]为南豫州刺史，之镇[55]，道中戏部伍为水军[56]，上闻之，大怒，杀其典签[57]；以铿代之。子卿还第，上终身不与相见。

襄阳蛮酋雷婆思等帅户千余求内徙于魏[58]，魏人处之沔北[59]。

（以上为第二段，写南齐雍州刺史王奂擅杀宁蛮长史刘兴祖，导致全家被杀；庐陵王萧子卿为南豫州刺史，在上任途中，将部属扮作水军取乐，被撤职遣回。）

【注释】

[1]雍州：古州名，南齐时的州治侨置襄阳，在今湖北襄阳市襄州区。王奂（huàn）：字彦孙，特进光禄大夫王僧朗之孙，黄门郎王粹之子，南齐大臣。为尚书仆射、湘江雍三州刺史。后被杀。传见《南齐书》卷四十九。 [2]宁蛮长史：古官名，宁蛮将军的长史。宁蛮将军是主管雍州一带诸郡蛮夷事务的官员，驻地襄阳，上属雍州刺史管辖。长史，是将军属下的高级僚属。[3]收：拘捕，扣留。系狱囚禁于牢狱。 [4]构扇山蛮：勾结煽动山区的蛮夷造反。扇，同"煽"。[5]敕（chì）送兴祖下建康：朝廷命令把刘兴祖押送到南齐的都城建康。因从襄阳到建康是顺流而下，故曰"下"。 [6]自经：自缢，上吊而死。 [7]吕文显：南齐佞幸之臣。传见《南齐书》卷五十六。 [8]曹道刚：南齐彭城人，字景昭，为直阁将军。传见《南史》卷七十七。 [9]将斋(zhāi)仗：率领宫廷卫队。斋仗，皇帝身边的执仗卫士。 [10]镇西司马曹虎：镇西将军的司马官。司马，古官名，在军中主管司法。当时荆州刺史萧子隆任镇西将军，驻兵于今湖北江陵县。曹虎，字士威，小字虎头，南朝著名将领。传见《南齐书》卷三十。 [11]步道会襄阳：从江陵走旱路与吕文显等会师于襄阳，共同捉拿王奂。 [12]彪：即王彪，南齐时人，雍州刺史王奂，性情凶险。[13]殷睿：荆州刺史殷仲堪玄孙，雍州刺史王奂之婿，有才辩，知名于南齐，官司徒从事中郎。王奂在担任雍州刺史、镇北将军时，推举殷睿担任镇北长史、河南太守。王奂被诛时，殷睿也被杀害。传见《梁书》卷二十七。 [14]真敕：真正的圣旨。 [15]正宜录取：应把他们逮捕起来。录，收录，逮捕。 [16]驰启闻：派使者飞马向朝廷报告。 [17]辄（zhé）：就，随即。 [18]南堂：古殿堂名，雍州刺史府的南堂。 [19]闭门：关闭城门。 [20]门生：泛指学生与弟子。郑羽：人名，雍州刺史王奂的门生。 [21]台使：朝廷的使者。 [22]我不作贼：我根本不想造反。[23]遣启自申：派人去向他们说明实情。 [24]陵藉：践踏，欺压。陵，同"凌"。 [25]走归：逃回。 [26]乙亥：三月二十五日。 [27]黄瑶起：雍州刺史王奂的司马官。 [28]裴叔业：字叔业，河东闻喜（今山西闻喜县）人，南齐将领。传见《南齐书》卷五十一。 [29]爽、弼：即王

爽、王弼，雍州刺史王奂之子，王彪之弟，被杀。［30］融、琛（chēn）：即王融、王琛，雍州刺史王奂之子，王彪之兄，被杀。［31］秘书丞肃：古官名，秘书省的官员，主管图书文籍。肃，即王肃，字恭懿，雍州刺史王奂之子，北逃投北魏，后为名臣。传见《魏书》卷六十三。［32］甲午：四月十四日。［33］南郡王昭业：即萧昭业，字元尚，小字法身，武帝萧赜长孙，文惠太子萧长懋长子，受封南郡王，册封皇太孙。武帝死后即位为南齐第三位皇帝，年号隆昌。镇军大将军萧鸾专权，有异志，引兵入宫弑杀萧昭业，追废为郁林王。传见《南齐书》卷四。［34］皇太孙：即皇位接班人，直接接续祖父的皇帝之位。［35］东宫文武：当年太子萧长懋属下的所有官员。［36］王氏：即王宝明，琅邪临沂人。吴兴太守王韶之孙女，太宰祭酒王晔之之女，南齐皇后，嫁给萧长懋，生子萧昭业。萧昭业即位后，尊为皇太后。萧鸾废萧昭业后，迁于宣德宫。和帝萧宝融即位后，回宫称制，封文安皇后。传见《南齐书》卷二十。太妃，古代用来尊封给先朝嫔御的位号。［37］南郡王妃何氏：萧昭业之妃。昭业封南郡王。何氏，即何婧英，庐江灊县（今安徽霍山县）人，刘宋司空何尚之曾孙女，抚军将军何戢之女，南齐废帝萧昭业皇后。初为南郡王妃，后为皇太孙妃；萧昭业即位，为皇后。生性淫乱。萧鸾发动政变杀害萧昭业，追贬萧昭业为郁林王，废何婧英为郁林王妃。传见《南齐书》卷二十。［38］建：设立。中宫：皇后的住处，这里即指皇后。［39］戊戌：四月十八日。［40］《白虎通》：即《白虎通义》，也称《白虎通德论》，是汉代讲论五经同异，统一今文经义的一部重要著作，班固等人根据汉章帝建初四年（79）经学辩论的结果撰集而成，因辩论地点在白虎观而得名。此辩论由汉章帝刘炟亲自主持，班固做记录，是充分反映汉代尊儒的一场活动。［41］不臣妻之父母：不以妻之父母为臣。［42］太师：这里指冯熙。［43］光城蛮帅征虏将军田益宗：光城郡的少数民族头领。光城，古郡名，郡治在今河南光山县，这时属南齐。田益宗，光城城蛮人，少有将略。先始归南齐，后归北魏，任员外散骑常侍、都督、南司州刺史，与南梁作战，屡有战功。传见《魏书》卷八十三上。［44］壬戌：五月十三日。［45］四庙子孙：指世祖拓跋焘、恭宗拓跋晃、高宗拓跋濬、显祖拓跋弘四代的子孙。这是魏国与拓跋宏血缘关系最近的一些人。宣文堂：北魏平城宫殿堂，在今山西大同市北。［46］亲与之齿：只论辈分年龄，不论官位高低。齿，列，只以辈分、年龄相列。［47］用家人礼：用平民百姓人家那样的礼节。家人，平民百姓。［48］甲子：五月十五日。［49］朝堂：由皇帝主持、大臣参加议事的会议大厅。［50］录囚徒：复审囚犯的罪状，以防产生冤案。录，过滤，审核。［51］穆亮：字幼辅，宜都丁公穆崇的后代，北魏名将。先后仕于献文、孝文、宣武三朝，封长乐王，政尚宽简，官至尚书令、司空。传见《魏书》卷二十七。［52］丙子：五月二十七日。［53］宜都王铿（kēng）为南豫州刺史：即萧铿，字宣严，齐高帝萧道成第十六子，封宜都郡王。传见《南齐书》卷三十五。南豫州，南齐的州名，州治在今安徽当涂县。［54］庐陵王子卿：即萧子卿，字云长，齐武帝萧赜第三子，封临汝县公，后改封庐陵王，任荆州刺史、南豫州刺史。传见《南齐书》卷四十。［55］之镇：前往南豫州的州治所在地上任。镇，刺史、督军的行辕所在地。［56］戏部伍为水军：让自己的部下装作水军的样子。部伍，这里即指部下。［57］典签：州刺史与督军属下的大吏。［58］襄阳蛮酋：襄阳一带的蛮族头领。雷婆思：襄阳蛮酋。求内徙于魏：背叛南齐，请北魏容其迁入其境。［59］魏人处之沔（miǎn）北：雷婆思等原先居住在沔水以南，今北魏人将其迁移到了沔水以北。沔北，当时仍属南齐，徙处沔北，只是使他们更靠近北魏境。沔水，在今之汉水，这里指今湖北襄阳市西北的一带地方。

魏主以平城地寒，六月雨雪[1]，风沙常起，将迁都洛阳；恐群臣不从，乃议大举伐齐，欲以胁众[2]。斋于明堂左个[3]，使太常卿王谌筮之[4]，遇《革》[5]，帝曰："'汤、武革命[6]，应乎天而顺乎人[7]。'吉孰大焉[8]！"群臣莫敢言。尚书任城王澄[9]曰："陛下奕叶重光[10]，帝有中土[11]；今出师以征未服，而得汤、武革命之象，未为全吉[12]也。"帝厉声[13]曰："繇[14]云：'大人虎变[15]'，何言不吉[16]！"澄曰："陛下龙兴已久[17]，何得今乃虎变[18]！"帝作色[19]曰："社稷[20]，我之社稷，任城欲沮众邪[21]！"澄曰："社稷虽为陛下之有，臣为社稷之臣，安可知危而不言！"帝久之乃解[22]，曰："各言其志，夫亦何伤[23]！"

既还宫[24]，召澄入见，逆谓之[25]曰："向者《革卦》[26]，今当更[27]与卿论之。明堂之忿[28]，恐人人竞言[29]，沮我大计[30]，故以声色怖文武[31]耳，想识朕意[32]。"因屏人[33]谓澄曰："今日之举[34]，诚为不易。但国家兴自朔土[35]，徙居平城，此乃用武之地，非可文治。今将移风易俗，其道诚难，朕欲因此迁宅中原[36]，卿以为何如？"澄曰："陛下欲卜宅中土以经略四海[37]，此周、汉所以兴隆[38]也。"帝曰："北人习常恋故[39]，必将惊扰[40]，奈何？"澄曰："非常[41]之事，故非常人之所及[42]。陛下断自圣心[43]，彼亦何所能为[44]！"帝曰："任城，吾之子房[45]也！"

六月，丙戌[46]，命作河桥[47]，欲以济师[48]。秘书监卢渊[49]上表，以为："前代承平之主[50]，未尝亲御六军[51]，决胜行陈之间[52]；岂非胜之不足为武[53]，不胜有亏威望[54]乎！昔魏武[55]以弊卒一万破袁绍[56]，谢玄[57]以步兵三千摧苻秦[58]，胜负之变，决于须臾[59]，不在众寡也。"诏报[60]曰："承平之主，所以不亲戎事，或以同轨无敌[61]，或以懦劣偷安[62]。今谓之同轨则未然，比之懦劣[63]则可耻，必若王者不当亲戎[64]，则先王制革辂[65]，何所施也？魏武之胜，盖由仗顺[66]；苻氏之败[67]，亦由失政[68]，岂寡必能胜众，弱必能制强邪！”丁未[69]，魏主讲武[70]，命尚书李冲典武选[71]。

建康僧法智与徐州民周盘龙[72]等作乱，夜，攻徐州城[73]，入之，刺史王玄邈讨诛之。

秋，七月，癸丑[74]，魏立皇子恂[75]为太子。

戊午[76]，魏中外戒严[77]，发露布及移书[78]，称当南伐[79]。诏发扬、徐州民丁[80]，广设召募以备之。

（以上为第三段，写北魏孝文帝拓跋宏志欲迁都洛阳，阻力重重，便以南伐为名，得到任城王拓跋澄的大力支持；于是，为南下作准备，建桥渡河，讲武选将。）

【注释】

[1]六月雨雪：夏天六月时就下雪。雨雪，降雪。 [2]胁众：裹挟、胁迫众臣，即使不同意，也不好说什么。 [3]斋（zhāi）于明堂左个：斋戒，古人为做某事之前而做出的一种虔敬的活动，如沐浴、更衣、独居等。明堂左个，明堂左侧的偏室。 [4]太常卿：古官名，即太常，国家九卿之一，掌管各种祭祀的事宜。北魏往往在九卿的官名后直接加上“卿”字。王谌，北魏孝文帝拓跋宏时为太常卿。筮（shì）：用蓍草占卜。 [5]《革》：《周易》六十四卦中的第四十九卦，称为“革卦”，孔颖达疏曰：“革者，改变之名也。此卦明改制、革命，故名‘革’也。”卦辞是：“革：巳日乃孚，元亨，利贞。悔亡。”主要讲变革的道理，乃取巳日为象，说明转变的时机已到，当果断地推行变革，并应心怀诚信，以取信于天下大众，则行事必至为亨通，又必须固守正道，则其悔恨之事必可消失而不致发生。 [6]汤、武革命：指商汤与周武王以武力推翻前朝的革命。 [7]应乎天而顺乎人：连同上一句，是《周易·革卦》的《彖辞》。《彖辞》，古人分别对六十四卦每个卦象所作的解释，是《周易》的“十翼”之一。其中《革卦》的《彖辞》中有“天地革而四时成，汤武革命，顺乎天而应乎人。革之时，大矣哉。” [8]吉孰大焉：再没有什么比这个更吉利的了。孝文帝拓跋宏想迁都，这是一种变革，占卜时正好碰上《革卦》，而该卦的《彖辞》中又正好有“革之时，大矣哉”这样的话，所以孝文帝说“吉孰大焉”。 [9]任城王澄：即拓跋澄，后改汉姓作“元澄”，字道镇，景穆帝拓跋晃之孙，任城王拓跋云长子，袭封任城王。官至中书令、骠骑大将军、司徒、侍中、尚书令。传见《魏书》卷十九中。 [10]奕（yì）叶重光：意即在以往几代先王光辉事业的基础上再现光辉。奕叶，累世。重光，重重叠叠的光辉。 [11]帝有中土：拥有了中原地区的领土。帝，统治，拥有。汉代以来，以今河南一带为中土。 [12]未为全吉：还不能说是十全十美的征兆。因为“汤、武革命”才是发动变革的开始，而当今的北魏乃是一个天下无敌的国家，而不是什么刚刚开始变革的国家。 [13]厉声：高声，严厉地说。 [14]繇（zhòu）：古代占卜的文

辞，也就是“爻辞”。《周易》六十四卦，每一卦由六爻组成，对六爻分别进行解释的词语称作“爻辞”。［15］大人虎变：比喻身居高位的人行动变化莫测。语见《周易·革卦·九五·爻辞》，原文曰：“大人虎变，未占有孚。”《象辞》对此解释说：“大人虎变，其文炳也。”孔颖达疏曰：“损益前王，创制立法，有文章之美，焕然可观，有似虎变，其文彪炳。”［16］何言不吉：这怎么是说不吉利呢？《象辞》既有对每一卦的整个卦象进行分析的词语，也有对一卦中的某一爻进行分析的词语。孝文帝拓跋宏见《九五·爻辞》中有“大人虎变”之语，《象辞》中又有“其文炳也”，故驳拓跋澄曰“何言不吉”。［17］龙兴已久：意谓做皇帝已经很多年了。龙为皇帝的象征。［18］何得今乃虎变：按通常习惯，小人物变成大人物可以说是“虎变”，孝文帝拓跋宏做皇帝已久，现在还只是“虎变”，的确有些引喻失当，故拓跋宏无言再对，只能发脾气。［19］作色：脸上现出怒色，即摆下脸来，发火。［20］社稷：土神与谷神，古代君主都祭祀社稷，后来就用“社稷”代表国家。［21］欲沮（jǔ）众邪：莫非想动摇瓦解我们的军心。沮众，动摇军心，瓦解斗志。［22］解：消除怒气，缓和下来。［23］各言其志，夫亦何伤：各自发表看法，即使有些看法不同，说说又有什么关系呢。夫，发语词。伤，妨碍，影响。［24］还宫：从明堂偏殿回到寝宫。［25］逆谓之：迎面首先提出问题。逆，迎面。［26］向者革卦：刚才咱们讨论的“革卦”。向者，前些时候，这里即指刚才。［27］更：再，重新。［28］明堂之忿：刚才我在明堂上发脾气。［29］恐人人竞言：是怕大臣们纷纷地发表反对意见。［30］沮（jǔ）我大计：破坏我的大事。沮，阻止，败坏。［31］声色怖文武：说话时的厉声与作色。吓唬那些朝臣，意即不是针对你。怖，恐怖，吓唬。［32］想识朕意：我想你会明白我的用心的。［33］屏人：支开身边的其他人。屏，用如动词，同“摒”。［34］今日之举：指迁都洛阳。［35］朔土：指北方。北魏的旧都盛乐，在今内蒙古的和林格尔县北。［36］迁宅中原：搬家到中原地区居住。宅，安家。［37］卜宅中土以经略四海：意即迁居中原。卜宅，物色个好的地方居住，意即搬家。经略四海，意即统一天下。经略，经营，开拓。［38］此周、汉之所以兴隆：当年周、汉两朝之所以兴隆，就是这样做的。周、汉，这里指西周的成王姬诵、康王姬钊，汉代的光武帝刘秀、汉明帝刘庄，他们都是选择了洛阳作为国都。［39］习常恋故：指不想变革，不想搬家，安居故土。［40］惊扰：因害怕而产生纷乱、动荡。［41］非常：不同于寻常。［42］故非常人之所及：本来就不是一般人能够干得出来的。故，通“固”，本来，常人，普通人。汉代司马相如《喻巴蜀檄》有所谓“世必有非常之人，然后有非常之事；有非常之事，然后有非常之功”；汉武帝《求贤诏》有所谓“盖有非常之功，必待非常之人”，意思皆同。［43］断自圣心：意即只要您的主意已定。［44］彼亦何所能为：他们即使反对，又能怎么样？还能翻出什么浪花？［45］吾之子房也：孝文帝拓跋宏自比刘邦，把拓跋澄比作曾支持刘邦迁都于长安的谋士张良。子房，即张良，字子房。［46］丙戌：六月七日。［47］作河桥：在黄河上搭建桥梁。［48］济师：让军队渡河南下。［49］秘书监卢渊：秘书省的长官，为朝廷掌管图书文籍。卢渊，字伯源，小名阳乌，范阳涿县（今河北涿州市）人，平东将军卢度世长子，北魏儒学之臣。传见《魏书》卷四十七。［50］承平之主：太平时代的继任皇帝。［51］亲御六军：亲自率领国家军队。御，统领，统率。六军，天子的军队。古代唯天子有六军，大国诸侯三军，次者二军、一军。此指全军。［52］行陈：军队的阵式，这里即指战场。陈，同“阵”，军阵。［53］岂非胜之不足为武：不就是因为打胜了也不能给自己提高威名。［54］有亏威望：降低威信。［55］魏武：指魏武帝曹操。［56］弊卒一万破袁绍：即破袁绍于官渡，事见《资治通鉴》卷六十二汉献帝建安五年（200）。弊，同“敝”。［57］谢玄：字幼度，史谢奕之子，太傅谢安之侄，东晋名将。传见《晋书》卷七十九。［58］摧苻秦：摧毁了以苻坚为首的前秦政权。苻坚率大军六十多万大军进攻东晋，被谢玄大破于肥水，从此前秦迅速崩溃。此役为历史上著名的淝水之战。事见《资治通鉴》卷一百五晋孝武帝太元八年（383）。［59］须臾：极短的时间，片刻。［60］报：答复。［61］同轨无敌：当时天下一统，没有敌国存在。同轨，车同轨，书同文，指天下一统而太平。［62］懦劣偷安：软弱而又苟且偷安。偷，苟且，苟活。［63］比之懦劣：与那些懦劣偷安的君主一样地没有作为。［64］必若：如果一定像有的人所说。王者不当亲戎：当皇帝的人不该亲自上前线。此是驳所谓“胜之不足为武，不胜有亏威望”。［65］制革辂（lù）：在帝王的车驾中也备有革辂一种。革辂，古代帝王乘坐的兵车。［66］仗顺：即上文所谓“应乎天而顺乎人”。仗，依仗，依凭。仗顺，今语谓之正义战争。［67］苻氏之败：前秦主苻坚的淝水之败。苻氏，即前秦主苻坚。［68］失政：政策方略的失误。［69］丁未：六月二十八日。［70］讲武：意即检阅军队。［71］典武选：主持选拔军事将领。［72］建康僧法智：南齐都城建康的和尚，名叫法智。周盘龙：与南齐名将周盘龙不是同一个人。［73］徐州城：这里指北徐州，南齐的北徐州州治钟离，在今安徽凤阳县东北。［74］癸丑：七月五日。［75］恂（xún）：即拓跋恂，后改汉姓称“元恂”，本字元道，后改宣道，孝文帝元宏嫡长子，立为皇太子。孝文帝攻打南齐，奉命留守洛阳，逃回平城，图谋变乱，被废为庶人，后赐死，年仅十五岁。传见《魏书》卷二十二。［76］戊午：原文作“戊子”，据严衍《资治通鉴补》改，七月十日。［77］中外戒严：全国上下进入紧急军事状态。［78］露布：在今之公告，晓谕全国军民的文书。移书：也称“檄文”，发向全国各地，也可发向同盟国、敌对国的一种书信，用以说明主张，申诉理由，指斥或批驳某种观点，痛斥或声讨敌人，给对方指出道路等。［79］称当南伐：宣讲要讨伐南齐的原因。［80］诏发扬、徐州民丁：此句的主语是“南齐政权”。扬州的州治即在都城建康城内，徐州的州治钟离，在今安徽凤阳县东北。

中书郎王融，自恃人地[1]，三十内望为公辅[2]。尝夜直省中[3]，抚案[4]叹曰：“为尔寂寂[5]，邓禹笑人[6]！”行逢朱雀桁开[7]，喧湫[8]不得进，捶车壁叹曰：“车前无八驺[9]，何得称丈夫[10]！”竟陵王子良爱其文学，特亲厚之。

融见上有北伐之志，数上书奖劝[11]，因大习骑射[12]。及魏将入寇，子良于东府[13]募兵，版融宁朔将军[14]，使典其事[15]。融倾意招纳[16]，得江西伧楚[17]数百人，并有干用[18]。

会上不豫[19]，诏子良甲仗入延昌殿侍医药[20]，子良以萧衍[21]、范云等皆为帐内军主。戊辰[22]，遣江州刺史陈显达镇樊城[23]。上虑朝野忧遑[24]，力疾召乐府奏正声伎[25]。子良日夜在内，太孙间日参承[26]。

戊寅[27]，上疾亟[28]，暂绝[29]；太孙未入，内外惶惧[30]，百僚皆已变服[31]。王融欲矫诏[32]立子良，诏草已立[33]。萧衍谓范云曰："道路籍籍[34]，皆云将有非常之举[35]。王元长非济世才[36]，视其败[37]也。"云曰："忧国家[38]者，惟有王中书耳[39]。"衍曰："忧国，欲为周、召邪[40]，欲为竖刁邪[41]？"云不敢答。及太孙来，王融戎服绛衫[42]，于中书省阁口断东宫仗[43]不得进。顷之[44]，上复苏[45]，问太孙所在，因召东宫器甲皆入[46]，以朝事委尚书左仆射西昌侯鸾[47]。俄而[48]上殂，融处分[49]以子良兵禁诸门。鸾闻之，急驰至云龙门[50]，不得进，鸾曰："有敕召我！"排[51]之而入，奉太孙[52]登殿，命左右扶出子良[53]，指麾[54]部署，音响如钟[55]，殿中无不从命。融知不遂[56]，释服还省[57]，叹曰："公误我[58]！"由是，郁林王[59]深怨之。

遗诏曰："太孙进德日茂[60]，社稷有寄[61]。子良善相毗辅[62]，思弘治道[63]，内外众事，无大小悉与鸾参怀[64]，共下意[65]！尚书[66]中事，职务根本[67]，悉委右仆射王晏[68]、吏部尚书徐孝嗣[69]；军旅之略[70]，委王敬则、陈显达、王广之、王玄邈、沈文季、张瓌、薛渊[71]等。"

世祖留心政事，务总大体[72]，严明有断[73]，郡县久于其职，长吏[74]犯法，封刃行诛[75]。故永明之世[76]，百姓丰乐，贼盗屏息[77]。然颇好游宴[78]，华靡[79]之事，常言恨之[80]，未能顿遣[81]。

（以上为第四段，写南齐武帝萧赜去世，宁朔将军王融依附竟陵王萧子良，欲推戴子良为帝，事与愿违；皇太孙萧昭业即位，西昌侯萧鸾临机处置朝廷的政务。）

【注释】

[1]人地：自己的才能与出身门第。[2]望为公辅：期望达到三公与宰相一类的职位。[3]夜直省中：在中书省值夜班。当时王融任中书郎。中书省是皇帝起草文件的机关。直，同"值"。[4]抚案：用手指按着节拍。[5]为尔寂寂：像你这样默默无闻。尔，王融自指。寂

寂，冷清寂寞的样子。［6］邓禹笑人：意思是真叫邓禹看着笑话。东汉邓禹二十四岁时为大司徒，位同丞相，而王融当时已过二十四岁，离宰相还挺远，故而有此牢骚。［7］朱雀桁（héng）开：建康城南门朱雀门外秦淮河上的浮桥因河中行船而打开，造成过桥车马行人的中断。［8］喧湫（qiū）：因交通阻塞而嘈杂拥挤。湫，同"啾"，众声叽叽喳喳。［9］八驺（zōu）：古代贵族高官出行时，在前边喝道开路的八名先遣队员。驺，古代给贵族掌管车马的人。［10］何得称丈夫：怎么能算大丈夫。［11］数上书奖劝：屡屡，多次上书鼓励，推动。［12］大习骑射：指王融本人也装腔作势地练习骑射以讨好武帝萧赜。［13］东府：当时建康城东侧的一座小城，自东晋以来经常是丞相居住办公的场所，这时萧子良任司徒，即丞相之职，住在东府。［14］版融宁朔将军：任命王融为宁朔将军。版，犹如今之委任状，将任命某人为某职的事由书于简册以公布之。宁朔将军，古将军名号，为杂号将军。［15］典其事：主管招兵的事情。典，主管。［16］倾意：尽心，努力做事。［17］江西伧楚：今安徽中北部和与之邻近的江苏、河南一带地区的人。这片地区处于长江流向的西北部，故自秦汉以来被习称为江西。伧楚，当时江东人对江西以及大量北方人的统称，含有贬义，指他们动作粗俗且说话的声音又难听。［18］并有干用：都有能起骨干作用的才能。当时的吴人讨厌江西、江北人，但一般说来他们也知道论打仗，他们比不过江西、江北人。［19］会上不豫：正好这时皇帝萧赜病了。不豫，不舒服，这是委婉的说法，实际上是病情已经相当沉重。［20］侍医药：实际意思是加强警备，以防突发事变的发生。［21］萧衍：字叔达，小字练儿，南齐丹阳尹萧顺之之子，萧道成的侄孙，后篡夺南齐政权，为南梁开国皇帝。传见《梁书》卷一。［22］戊辰：七月二十日。［23］樊城：古地名，在今湖北襄阳市樊城区，当时为南齐北方前线的军事要地之一。［24］忧遑：恐惧，慌张。［25］力疾：勉强支撑病体。乐府：古代音乐管理机关。正声伎（jì）：这里指清商乐。当时以"清商三调"（平调、清调、瑟调）为正声。伎，这里指乐曲、音乐。［26］太孙间日参承：指南郡王萧昭业，前已确定为太孙，即未来的接班人隔天来参拜问候一回。承，接，听取皇帝的嘱托。［27］戊寅：七月三十日。［28］疾亟：病情紧急。亟，同"急"。［29］暂绝：暂时停止了呼吸。［30］惶惧：惶恐，忧惧。［31］变服：改变装束，穿上了孝服。［32］矫诏：假传圣旨。［33］诏草已立：假诏书的草稿已经写好。王融任中书郎，就管这方面的事情。［34］道路籍籍：道路上的人们叽叽喳喳。籍籍，同"叽叽"，七嘴八舌的样子。［35］将有非常之举：意谓将有人发动政变。［36］王元长非济世才：即王融，字元长，不是那种能救国救民的材料。［37］视其败：坐观其变，马上就会看到他的失败，言下之意是我们置身事外，不要参与，不趟这摊浑水。［38］忧国家：为国家而操心忙碌，这里指操心国家的皇位继承问题。［39］惟有王中书：只有王融了，言下之意，其他人，都是不关心国事，究竟谁当皇帝，与己无关。王中书，敬称王融，王融时为中书郎。［40］欲为周、召：是想和周公、召公一样，谨遵武王遗嘱，维护小皇帝吗？［41］欲为竖刁邪：还是想和竖刁一样，违背老国君的意愿改立另一个人。竖刁，人名，春秋齐人，为齐桓公的宠臣。他为了表示对齐桓公的忠心，自行阉割。而桓公去世后，诸子争夺权位，他违背桓公的意旨，赶走太子昭，而另立公子无诡，齐国因此内乱连年。事见《史记》卷三十二。［42］戎服绛（jiàng）衫：身穿军服，表示事态严重；身披红衫，又表示皇帝萧赜安然无事，这样就可以不让太孙见到皇帝。［43］中书省阁口：中书省的门口。中书省离皇帝的寝殿很远，此门是通向皇帝寝殿的必经之路。断东宫仗：拦住了太孙与其侍卫等一应来人。仗，卫士。［44］顷之：不久，一会儿。［45］复苏：又清醒过来。［46］东宫器甲：即上文所说的“东宫仗”，太孙萧昭业所带领的全部卫队。［47］朝事：国家政事。尚书左仆射：古官名，尚书省副主管，协助尚书令处理国家政事。萧赜临终的最后旨意，使得皇太孙能够接续帝位，也使得他的子孙无遗，江山断送。［48］俄而：稍许，一会儿。［49］处分：安排，部署。［50］云龙门：南齐都城建康城宫门，在今江苏南京市。［51］排：推开。［52］奉太孙：簇拥着太孙萧昭业。［53］扶出子良：将萧子良架出宫去。这一点非常紧要，等于剥夺了萧子良的临时处置权。当时并没有谁吩咐这样做，而萧鸾如此举措，说明他办事非常果断，萧子良缺乏临大事的处置能力。［54］指麾：同“指挥”，分派，安排。［55］音响如锺：声音有如洪钟，在大殿回荡。响，反响，回声。［56］不遂：立萧子良的愿望不能实现。［57］释服还省：脱去戎服，回到中书省，因为剩下的事情已经没有他的份了。［58］公误我：萧子良害了我。因为在紧急关头萧子良一筹莫展，没有采取任何积极行动，把临时处置权交给了西昌侯萧鸾。公，敬称萧子良。［59］郁林王：即太孙萧昭业，因其不久就被废为郁林王，故写史者以此相称。但此处称“郁林王”有些怪怪的。［60］进德日茂：品德修养一天比一天好。进，增长。茂，美。［61］社稷有寄：国家政权有了依靠。［62］善相毗（pí）辅：好好地辅佐他。毗，同“弼”，辅助，从旁协助。［63］思弘治道：要千方百计把国家的大事越办越好。弘，光大。［64］无大小悉与鸾参怀：不管什么事，都让萧鸾参与，一道商量。这实际上是把参与决策权交给了萧鸾，萧子良倒变得可有可无了。参怀，参与谋划。［65］共下意：你们两个彼此都要虚心相待。胡三省曰：“令降心相从，以济国事也。”［66］尚书：即尚书省，为国家最高行政机构，总理六部尚书事，国家权力高度集中于此。［67］职务根本：意即尚书省的事，是政务的根本。职务，此处即指政务，国家政事。［68］右仆射王晏：即尚书右仆射，尚书省的副主管。王晏，字士彦，南齐大臣。早年辅佐太子萧赜，受到宠信，历任太子詹事、散骑常侍、国子祭酒、丹阳尹，迁吏部尚书、右仆射，授尚书令，封曲江县侯。萧鸾即位，迁骠骑大将军、侍中、尚书令。后以谋反罪处死。传见《南齐书》卷四十二。［69］吏部尚书徐孝嗣：吏部主管官员，主管选拔、任命官吏，居各部尚书之首。徐孝嗣，字始昌，小字遗奴，司空徐湛之之孙，南齐宰相。传见《南齐书》卷四十四。［70］军旅之略：国家军事的谋划、处决。略，经略，谋划。［71］务总大体：只求抓好一些大的方面。总，总领，统管。［72］严明有断：严肃公正，有决断能力。［73］郡县久于其职：任太守、知县的地方官任职的时间较长。［74］长吏：称地位较高的官员。［75］封刃行诛：等于说赐剑自裁，为有罪者保留体面。［76］永明之世：即武帝萧赜担任皇帝期间。永明，南齐武帝萧赜的年号。［77］屏息：憋住气不敢出来，意即不敢出来行凶作恶。［78］颇好游宴：十分爱好游玩、吃喝。颇，很，甚。［79］华靡（mí）：华丽，奢侈。［80］常言恨之：说起来常常感到后悔。

[81]未能顿遣：但行动上始终未能断然纠正。遣，抛开。

郁林王之未立也，众皆疑[1]立子良，口语喧腾[2]。武陵王晔于众中大言[3]曰："若立长[4]，则应在我[5]；立嫡[6]，则应在太孙[7]。"由是帝深凭赖之[8]。直阁周奉叔[9]、曹道刚素为帝心膂[10]，并使监殿中直卫[11]；少日[12]，复以道刚为黄门郎[13]。

初，西昌侯鸾为太祖[14]所爱，鸾性俭素[15]，车服仪从[16]，同于素士[17]，所居官名为严能[18]，故世祖亦重之。世祖遗诏，使竟陵王子良辅政[19]，鸾知尚书事[20]。子良素[21]仁厚，不乐世务[22]，乃更推鸾[23]，故遗诏云"事无大小，悉与鸾参怀"，子良之志[24]也。

帝少养于子良妃袁氏，慈爱甚著[25]。及王融有谋[26]，遂深忌子良[27]。大行出太极殿[28]，子良居中书省[29]，帝使虎贲中郎将潘敞领二百人仗屯太极殿西阶[30]以防之。既成服[31]，诸王[32]皆出，子良乞停至山陵[33]，不许。

壬午[34]，称遗诏[35]，以武陵王晔为卫将军，与征南大将军陈显达并开府仪同三司；尚书左仆射、西昌侯鸾为尚书令；太孙詹事沈文季为护军[36]。癸未[37]，以竟陵王子良为太傅；蠲除三调及众逋[38]，省御府及无用池田、邸冶[39]，减关市征税[40]。先是，蠲原之诏[41]，多无事实，督责如故[42]。是时西昌侯鸾知政[43]，恩信两行[44]，众皆悦之。

（以上为第五段，写皇太孙萧昭业继任皇帝后，排挤竟陵王萧子良，让其赋闲；假借遗诏，重用亲信；以西昌侯萧鸾为尚书令，统领朝政，恩信并施。）

【注释】

[1]疑：疑为，以为。 [2]口语喧腾：议论得很厉害，舆论一边倒。 [3]武陵王晔（yè）：即萧晔，字宣照，高帝萧道成第五子，萧赜时，进左将军，历任中书令、太常、祠部尚书，拜卫将军。支持皇太孙萧昭业即位。传见《南齐书》卷三十五。大言：大声地说。 [4]若立长：如果要立年龄大的为皇帝。 [5]则应在我：武陵王萧晔是萧道成的第五子，当时武帝萧赜在世的兄弟中，萧晔最为年长；其二弟萧嶷永明十年（492）去世，其三弟萧映永明七年（489）去世，其四弟萧晃永明八年（490）去世。 [6]立嫡：如果说要立嫡长子、嫡长孙。嫡（dí），指正妻所生的儿子，非庶出。 [7]则应在太孙：文惠太子萧长懋是嫡长子，萧昭业又是文惠太子的嫡长子，按

嫡系来说是最当立的。［8］帝深凭赖之：这里指皇太孙萧昭业，即日后的郁林王深深地依靠武陵王萧晔。凭赖，依靠，信任。［9］周奉叔：安北将军周盘龙之子，南齐名将。后为西昌侯萧鸾谋害。传见《南齐书》卷二十九。［10］心膂（lǚ）：即心腹，言心，极喻亲密；言膂极喻得力。膂，臂膀。［11］监殿中直卫：监督管理在朝堂值班的那些卫士。直，同“值”。［12］少日：没过多久。［13］为黄门郎：意思是曹道刚不仅主管警卫，而且还侍从皇帝，处理相关事务。黄门郎，古官名，皇帝的侍从官员。［14］太祖：即齐高帝萧道成，庙号太祖。［15］俭素：节俭，朴素。［16］仪从：仪卫，随从。［17］素士：寒士，平民身份的士人。［18］所居官名为严能：不论是担任什么官职都以严谨与能干闻名。［19］辅政：指担任司徒，为丞相之职，以总体地帮着皇帝照看大体上的事情。［20］知尚书事：管理尚书省的各部门，就是管理各方面的具体事务。知，同“行”，代理，此时尚未正式任命。［21］素：向来。［22］不乐世务：不愿意管理那些具体而琐碎的事情。［23］乃更推鸾：所以他向武帝萧赜推荐了萧鸾。［24］子良之志：这是萧子良的想法。史家写此一笔，一是表明萧子良根本没有篡权的想法；二是也说明日后萧鸾得以篡位为帝，是萧子良现在这种失误的安排。［25］慈爱甚著：意即小皇帝与萧子良夫妇的感情都很好。著，明显，深厚。［26］有谋：即有立萧子良为帝的阴谋。［27］遂深忌子良：主语为新继位为帝的萧子良。深忌，非常痛恨。［28］大行出太极殿：大行，对已死皇帝还未葬时的敬称。此指萧赜。出太极殿，遗体抬出太极殿以入殓。太极殿，皇宫正殿。［29］子良居中书省：当时萧子良日夜住宿在中书省里。这是他既为兄弟，又是臣子的一种职责。中书省，中央政令的最高机构。［30］“帝使”句：虎贲中郎将，皇帝的卫队长，上属郎中令，即光禄勋。二百人仗，二百名手执武器的士兵。屯太极殿西阶，当时的中书省在太极殿之西，所以使卫士列于西阶以防中书省有人冲出为乱。［31］成服：旧时丧礼，死者的遗体入殓后，亲属则根据与死者关系的远近穿上不同规格的丧服，叫做成服。［32］诸王：指武帝萧赜的诸弟与其诸子，当时只有这些人才能被封王。［33］乞停至山陵：请求继续留居在中书省，等到梓宫下葬后再回家，这也是萧子良的尽礼尽责。山陵，帝王的陵墓，这里指葬入陵墓。［34］壬午：八月四日。［35］称遗诏：口头称说是遗诏，究竟是不是遗诏，死无对证，或许就是假传圣旨，重用亲信。［36］太孙詹事：即通常的太子詹事，古官名，主管太子宫家庭事务的官员。因萧昭业是以太孙的身份居接班人之位，故称其詹事曰“太孙詹事”。护军：古官名，护军将军的简称。护军将军，皇帝禁军六军的统领之一，兼管京城以外所有军队。［37］癸未：八月五日。［38］蠲（juān）除三调：免除百姓的三种赋税。蠲，免除。三调，胡三省曰：“谓调粟（征收粮食）、调帛（征收绢帛）、杂调（摊派劳役）。”众逋（bū）：百姓拖欠官府的各种税赋。逋，欠。［39］御府及无用池田、邸冶：属于宫廷管辖的或没有利用的水田与诸王府所办的冶炼作坊。御府，宫廷里掌管经济事务的部门。池田，供养殖使用的池塘。邸冶，王侯府第所开办的冶炼与锻造作坊。［40］减关市征税：减轻商旅经过关卡和在市场上被征之税。［41］蠲（juān）原之诏：朝廷所下的免除赋税和徭役的诏书。蠲原，意同“蠲除”，免除。［42］督责如故：主管单位还是照常收缴。督责，督促，催讨。［43］知政：为政，主持国家政务。［44］恩信两行：既有恩惠，又言而有信。

魏山阳景桓公尉元卒。

魏主使录尚书事广陵王羽[1]持节安抚六镇，发其突骑[2]。丁亥[3]，魏主辞永固陵；己丑[4]，发平城，南伐，步骑三十余万；使太尉丕与广陵王羽留守平城，并加使持节。羽曰："太尉宜专节度[5]，臣正可为副。"魏主曰："老者之智，少者之决[6]，汝无辞也。"以河南王干[7]为车骑大将军、都督关右诸军事，又以司空穆亮、安南将军卢渊、平南将军薛胤皆为干副[8]，众合七万出子午谷[9]。胤，辩之曾孙也。

郁林王性辩慧[10]，美容止[11]，善应对，哀乐过人[12]，世祖由是爱之。而矫情饰诈[13]，阴怀鄙慝[14]，与左右群小共衣食，同卧起。

始为南郡王[15]，从竟陵王子良在西州[16]，文惠太子每禁其起居[17]，节其用度[18]。王密就富人求钱[19]，无敢不与[20]。别作钥钩[21]，夜开西州后阁[22]，与左右至诸营署中淫宴[23]。师史仁祖、侍书胡天翼[24]相谓曰："若言之二宫[25]，则其事未易[26]；若于营署为异人所殴[27]及犬物所伤，岂直罪止一身，亦当尽室及祸[28]。年各七十，余生岂足吝[29]邪！"数日间，二人相继自杀，二宫不知也。所爱左右，皆逆加官爵[30]，疏于黄纸[31]，使囊盛带之[32]，许南面之日[33]，依此施行。

侍太子疾及居丧，忧容号毁[34]，见者呜咽；裁还私室[35]，即欢笑酣饮[36]。常令女巫杨氏祷祀[37]，速求天位[38]。及太子卒，谓[39]由杨氏之力，倍加敬信。既为太孙[40]，世祖有疾，又令杨氏祷祀。时何妃犹在西州，世祖疾稍危，太孙与何妃书[41]，纸中央作一大喜字，而作三十六小喜字绕之。

侍世祖疾，言发泪下[42]。世祖以为必能负荷大业[43]，谓曰："五年中一委宰相[44]，汝勿措意[45]；五年外勿复委人。若自作无成[46]，无所多恨。"临终，执其手曰："若忆翁[47]，当好作[48]！"遂殂。大敛[49]始毕，悉呼世祖诸伎[50]，备奏众乐[51]。

即位十余日，即收王融下廷尉[52]，使中丞孔稚珪[53]奏融险躁轻狡[54]，招纳不逞[55]，诽谤[56]朝政。融求援于竟陵王子良，子良忧惧，不敢救，遂于狱赐死，时年二十七。

初，融欲与东海徐勉[57]相识，每托人召之[58]。勉谓人曰："王君名高望促[59]，难可轻敝衣衣裾[60]。"俄而[61]融及祸。勉由是知名。太学生会稽魏准[62]，以才学为融所赏；融欲立子良，准鼓成其事[63]。太学生虞羲、丘国宾[64]窃相谓曰："竟陵才弱，王中书无断，败在眼中[65]矣。"及融诛，召准入舍人省诘问[66]，惶惧而死，举体[67]皆青，时人以为胆破。

（以上为第六段，写南齐皇太孙萧昭业善于伪装矫饰、耍滑头，即帝位后即翻脸，将欲立竟陵王萧子良为帝的王融拘捕，逼其在狱中自杀。）

【注释】

[1]羽：即元羽，也称"拓跋羽"，字叔翻，献文帝拓跋弘第四子，封广陵王。传见《魏书》卷二十一。[2]发其突骑：征调那里的骑兵。突骑，勇猛的骑兵。[3]丁亥：八月九日。[4]己丑：八月十一日。[5]专节度：即受任使持节，有最大权力。节度，部署，调度。[6]老者之智，少者之决：指二人合作，互为补充。老者经事多，能智虑深远；少者气盛，能临时有断。[7]河南王干：即元干，也称"拓跋干"，献文帝拓跋弘第三子，封河南王。传见《魏书》卷二十一。[8]为干副：为元干的副手。[9]子午谷：秦岭上的山路名，北口在今陕西西安市长安区南，南口在今陕西汉阴县西北。[10]辩慧：聪明，有口才。[11]美容止：形貌亮丽，举止文雅。[12]哀乐过人：易动感情，对于喜悦与悲哀都很敏感。[13]矫情饰诈：虚情假意，善于伪装。[14]阴怀鄙慝（tè）：在今所谓一肚子坏水。鄙慝，卑鄙，邪恶。[15]南郡王：封地南郡，郡治在今湖北江陵县。[16]从：跟着。西州：当时的扬州州治所在地，在建康城西，今江苏南京市的西部。当时萧昭业由萧子良妃袁氏抚养，萧子良当时为扬州刺史，所以萧昭业也跟着住在西州。[17]文惠太子：即萧长懋，死后谥号文惠。禁其起居：不让他和那些下人们混在一起。[18]节其用度：限制萧昭业的花销费用。[19]密：私下地，悄悄地。就富人求钱：向那些财主们要钱。[20]无敢不与：没有人敢不给。[21]别作钥钩：自己另外配了一把钥匙。[22]西州后阁：即扬州刺史府的后门。[23]诸营署：扬州刺史管辖下的各军营、各官署。淫宴：不合礼制、越规逾节的宴会。淫，过分。[24]师史仁祖：老师姓史名仁祖。侍书：教书法的官员。胡天翼：萧昭业侍书，后自杀。[25]二宫：指当时的皇帝萧赜与当时的太子萧长懋。[26]其事未易：这事情很难开口，也很难有好结果，因为他们是萧昭业的老师，肯定认为是他们没有教得好。[27]为异人所殴：被别的什么不认识的人所殴打。[28]尽室及祸：全家都要跟着遭殃。[29]岂足吝（lìn）：还有什么值得留念的呢？吝，吝啬，吝惜。[30]逆加官爵：预先给他们加官晋爵。逆，预先。[31]疏于黄纸：写在黄纸上。疏，写。[32]囊（náng）盛带之：

用袋子装起来带在身边。[33]南面之日：即做了皇帝之后。南面，皇帝面南而坐，故称“南面”。[34]忧容号毁：愁容满面，哭得像得了重病。[35]裁还私室：刚一回到自己的屋子里。裁，同“才”。[36]酣（hān）饮：开怀畅饮。[37]祷祀：祈祷，祭祀，以求鬼神帮忙。[38]速求天位：意即求鬼神让他的祖父、父亲快点死，自己早点当皇帝。[39]谓：以为。[40]既为太孙：意即被确定为接班人之后。萧昭业被立为太孙以后，便移居东宫，故下文有所谓“何妃犹在西州”之语。[41]书：书信。[42]言发泪下：一说话就掉眼泪。[43]负荷大业：担当起治国治民的重任。负荷，担当。[44]一委宰相：所有政事都交由宰相去处理。[45]勿措意：不必过问。措意，上心。[46]自作无成：自己干不出成绩。[47]若忆翁：如果想念爷爷。[48]当好作：就应当好好干。[49]大敛（liǎn）：将已装殓的尸体放入棺材。[50]诸伎：各种歌舞演员。[51]备奏众乐：把各种歌舞都表演了一遍。[52]收：拘捕。下：交付。廷尉：古官名，即后来的刑部尚书，全国最高的司法官员。[53]中丞：即御史中丞，古官名，国家掌管监察的主要长官。孔稚珪：一作“孔珪”，字德璋，南齐文学家，任御史中丞，后迁太子詹事，加散骑常侍。传见《南齐书》卷四十八。[54]险躁轻狡：阴险贪婪，轻狂狡猾。[55]招纳不逞：聚集了一批心怀不满的恶人。不逞，心怀叵测。[56]诽谤：无中生有，说人坏话，毁人名誉。[57]徐勉：字修仁，东海郯县（今山东郯城县）人，南昌相徐融之子，后为南梁宰相、文学家。传见《梁书》卷二十五。[58]托人召之：想召来与之共事。[59]名高望促：名声虽大，威望不高。促，短狭。[60]难可轻敝衣衣裾：意思是他得势的时间长不了，用不了穿破一件衣服的时间。敝衣，破裂。裾，衣后襟。[61]俄而：不久，时间不长。[62]太学生：在太学里就读的学生。魏准：南齐会稽人，太学生，为王融所赏识。王融欲奉竟陵王子良继帝位，魏准参谋其事。及王融被诛，亦惶惧而死。[63]鼓成其事：帮助王融，给王融做吹鼓手。[64]虞羲：少有才学，南齐时，以太学生游于竟陵王萧子良西邸，历始安王侍郎、建安征虏府主簿功曹，兼记室参军。诗为谢朓所称赏。入梁，官至为晋安王侍郎。传见《南史》卷五九。丘国宾：吴兴人，南齐太学生，以词藻显于时。曾以才志不遇，著书以讥扬雄。[65]败在眼中：眼看就将失败。[66]舍人省：中书舍人办公的所在。诘（jié）问：盘问，责问。[67]举体：全身。

壬寅[1]，魏主至肆州[2]，见道路民有跛眇[3]者，停驾慰劳，给衣食终身。

大司马安定王休执军士为盗者三人以徇于军[4]，将斩之。魏主行军遇之，命赦之，休不可，曰：“陛下亲御六师[5]，将远清江表[6]，今始行至此，而小人已为攘盗[7]，不斩之，何以禁奸！”帝曰：“诚如卿言。然王者之体[8]，时有非常之泽[9]。三人罪虽应死，而因缘遇朕，虽违军法，可特赦[10]之。”既而谓司徒冯诞[11]曰：“大司马[12]执法严，诸君不可不慎[13]。”于是军中肃然[14]。

臣光曰：人主之于其国，譬犹一身，视远如视迩[15]，在境如在庭[16]。举贤才以任百官，修政事以利百姓，则封域[17]之内无不得其所矣。是以先王黈纩塞耳[18]，前旒蔽明[19]，欲其废耳目之近用，推聪明[20]于四远也。彼废疾[21]者宜养，当命有司均之于境内[22]；今独施于道路之所遇，则所遗[23]者多矣，其为仁也，不亦微乎！况赦罪人以桡有司之法[24]，尤非人君之体也。惜也！孝文[25]，魏之贤君，而犹有是[26]乎！

（以上为第七段，写北魏孝文帝拓跋宏施恩残疾人，竟然施恩偷盗者，予以奉养、特赦，司马光予以评论，认为这样做，是破坏了法令。）

【注释】

[1]壬寅：八月二十四日。 [2]肆州：北魏州名，州治在今山西忻州市西北。 [3]跛（bǒ）眇（miǎo）者：指残疾人。跛，一条腿残废。眇，一只眼瞎。 [4]安定王休：即拓跋休，字伐伏玄，景穆皇帝拓跋晃之子，封安定郡王，迁外都坐大官，入为中都坐大官、内都坐大官、太傅；为大司马，严明军纪，六军肃然。传见《魏书》卷十九。徇于军：在军前示众。 [5]亲御六师：亲自统率大军。 [6]远清江表：远出平定江南之地。清，廓清，平定。江表，江外，长江以南，代指南齐政权。 [7]攘（rǎng）盗：盗窃，抢夺。 [8]王者之体：作为一个帝王的行事。体，行，处事。 [9]非常之泽：不同寻常的恩泽。 [10]特赦：指以行政权免除罪犯的全部或部分的罪行。 [11]冯诞：字思政，京兆郡公冯熙之子，冯太后之侄，北魏外戚、大臣。传见《魏书》卷八十三上。[12]大司马：这里指大司马安定王拓跋休。[13]不可不慎：千万不要在他手下犯事。[14]肃然：严肃谨慎的样子。 [15]视远如视迩（ěr）：对待远方的事情就像对待眼前的事情一样。视，对待。迩，近。 [16]在境如在庭：处理边境的问题就像处理院子里的问题一样。 [17]封域：封疆以内。 [18]黈（tǒu）纩（kuàng）塞耳：用绵球将耳朵堵起来。古代帝王之冕的两侧悬挂着两个黄色的绵球，象征他不听那些无用、无益之言。颜师古《汉书注》：“黈，黄色也，纩，绵也。” [19]前旒（liú）蔽明：用珠串把眼睛挡起来。古代帝王之冕的前面悬垂着许多珠串，象征他不看那些没用的、虚假的东西。旒，古代帝王之冕前面的悬挂物。《汉书·东方朔传》有所谓“冕而前旒，所以蔽明；黈纩塞耳，所以塞聪。”其意思是帝王治理国家，关键在于要有好政策，并有一批善于掌握推行这种政策的贤人，而不在于帝王本人的某些小聪明。 [20]聪明：此指其大聪明、大智慧，即高瞻远瞩地制定政策，任用贤才。 [21]废疾：无法再治的残疾。 [22]有司：有关主管部门。均之于境内：对整个国境内的废疾者都给予赡养。 [23]遗：遗失，遗漏。

[24]桡（ráo）有司之法：妨碍主管官员的执法。桡，曲，改变。［25］孝文：即拓跋宏，谥号孝文皇帝。［26］犹有是：居然还有这样的问题。

戊申[1]，魏主至并州[2]。并州刺史王袭[3]，治有声迹[4]，境内安静，帝嘉之。袭教民多立铭[5]置道侧，虚称其美[6]；帝闻而问之，袭对不以实。帝怒，降袭号二等[7]。

九月，壬子[8]，魏遣兼员外散骑常侍勃海高聪[9]等来聘。丁巳[10]，魏主诏车驾所经，伤民秋稼者，亩给谷五斛[11]。

辛酉[12]，追尊文惠太子为文皇帝，庙号世宗。

世祖梓宫下渚[13]，帝于端门内奉辞[14]。辒辌车[15]未出端门，亟[16]称疾还内。裁[17]入阁，即于内奏胡伎[18]，鞞铎[19]之声，响震内外。丙寅[20]，葬武皇帝于景安陵[21]，庙号世祖。

戊辰[22]，魏主济河[23]；庚午[24]，至洛阳；壬申[25]，诣故太学观《石经》[26]。

乙亥[27]，邓至王像舒彭[28]遣其子旧[29]朝于魏，且请传位于旧，魏主许之。

魏主自发平城至洛阳，霖雨[30]不止。丙子[31]，诏诸军前发[32]。丁丑[33]，帝戎服，执鞭乘马而出。群臣稽颡[34]于马前。帝曰："庙算[35]已定，大军将进，诸公更欲何云？"尚书[36]李冲等曰："今者之举，天下所不愿，唯陛下欲之；臣不知陛下独行[37]，竟何之[38]也！臣等有其意而无其辞[39]，敢以死请[40]！"帝大怒曰："吾方经营[41]天下，期于混壹[42]，而卿等儒生，屡疑大计[43]；斧钺有常[44]，卿勿复言！"策马将出。于是，安定王休等并殷勤泣谏[45]。帝乃谕[46]群臣曰："今者兴发[47]不小，动而无成，何以示后！朕世居幽朔[48]，欲南迁中土；苟不南伐[49]，当迁都于此，王公以为何如？欲迁者左[50]，不欲者右。"安定王休等相帅如右[51]。南安王桢[52]进曰："'成大功者不谋于众[53]。'今陛下苟辍[54]南伐之谋，迁都洛邑[55]，此臣等之愿，苍生[56]之幸也。"群臣皆呼万岁。时旧人[57]虽不愿内徙，而惮[58]于南伐，无敢言者，遂定迁都之计。

（以上为第八段，写北魏孝文帝拓跋宏南行到了洛阳后，继续策马南伐，大臣磕头强谏，于是，拓跋宏提出迁都洛阳就停止南进，大臣们都乐于接受，就这样孝文帝实现了迁都计划。）

【注释】

[1]戊申：八月三十日。[2]并州：北魏州名，州治在今山西太原市的西南部。[3]王袭：字元孙，太原晋阳（今山西太原市）人，中山宣王王睿长子，北魏大臣。传见《魏书》卷九十三。[4]治有声迹：为官有声望、有业绩。[5]多立铭：刻了许多给王袭歌功颂德的碑文。[6]虚称其美：夸大王袭的好处。[7]降袭号二等：将王袭的封号降了两级。[8]壬子：九月四日。[9]高聪：字僧智，渤海修县（今河北景县）人，北魏大臣。传见《魏书》卷六十八。[10]丁巳：九月九日。[11]五斛（hú）：即五石，一斛十斗。[12]辛酉：九月十三日。[13]世祖梓宫：武帝萧赜的棺椁。梓宫，敬称皇帝的用梓木制作的棺材。下渚：从水路进发。渚，水边，即建康城南的秦淮河边。萧赜预建的陵园在当时的武进县境，今江苏丹阳市东，在当时建康城的正东方，出殡的队伍要通过秦淮河的水路前往。[14]端门：建康皇城的南门。奉辞：向灵柩告辞，意即送行到此地为止。[15]辒（wēn）辌（liáng）车：载着灵柩的车驾。辒辌，意同“温凉”。[16]亟（jí）：同“急”，急急忙忙地。[17]裁：同“才”，刚刚。[18]胡伎（jì）：北方民族的音乐。[19]鞞（bì）铎（duó）：泛指北方民族的乐器。鞞，同“鞞”，军中使用的一种小鼓。铎，一种铜制的打击乐器。[20]丙寅：九月十八日。[21]景安陵：古陵墓名，南齐武帝萧赜的坟墓，在今江苏常州市武进区境。[22]戊辰：九月二十日。[23]济河：渡过黄河。[24]庚午：九月二十二日。[25]壬申：九月二十四日。[26]故太学：当年东汉时代的太学，古代的国立最高学府。《石经》：刊刻在石碑上的儒家经典。当时北魏主可看的《石经》共有两种，一种是汉灵帝熹平四年所刻；一种是曹魏正始二年所刻。[27]乙亥：九月二十七日。[28]邓至王像舒彭：邓至地区的羌族头领。邓至，古地名，在今四川九寨沟一带，取名于曹魏的邓艾伐蜀时曾经至此；也是当地所生活的羌族的部落名，是我国古代羌族的一支，分布在今甘肃陇南市武都区一带。像舒彭，人名，南齐时邓至王。南齐天监元年（502），被任为都督西凉州诸军事，号安西将军。[29]旧：即像旧，邓至王像舒彭之子，后为邓至王。[30]霖（lín）雨：连续不断地下雨。[31]丙子：九月二十八日。[32]前发：从洛阳再向前方开拔。[33]丁丑：九月二十九日。[34]稽（qǐ）颡（sǎng）：古代的一种叩拜礼，屈膝下拜，以额头触地。[35]庙算：由朝廷制定好了方针大计。古代有大事，议定于宗庙、朝廷，故称“庙算”。[36]尚书：此指尚书令，古官名，尚书台主管官员，主持处理国家政务。[37]独行：违背众人意愿的行动。[38]竟何之：到底想到哪里去？[39]有其意而无其辞：我们心里有想法不知道该怎么说。[40]敢以死请：意即请您给我们说明白，您不说明白，我们不想活了。[41]经营：经略，谋划。[42]期于混壹：想的是统一全国。壹，同“一”。[43]屡疑大计：总是对方针大计产生怀疑。[44]斧钺

(yuè)有常：国家有常法，什么罪该怎么惩罚，都有相应的规定。［45］殷勤泣谏：恳切地请求皇上说明原因和目的。［46］谕：告知，说明。［47］兴发：发动、动员的力度。［48］世居幽朔：世世代代住在北方。幽朔，幽州、朔方，都是北方的古称，后又成为北方的州郡名。［49］苟不南伐：你们如果不愿意南伐。［50］欲迁者左：赞成迁都的站到左边。［51］安定王休等相帅如右：此九字原无，据章校补。如右，站到了右边，即不同意迁都。［52］南安王桢（zhēn）：即拓跋桢，字乙若伏，拓跋晃第十一子，封南安郡王，拜征南将军、中都坐大官。传见《魏书》卷十九下。［53］成大功者不谋于众：此句乃《商君书·更法》中语。［54］苟辍（chuò）：只要能够停止。［55］洛邑：周朝都城洛阳的古称，"八方之广，周洛为中，谓之洛邑"。［56］苍生：通常用以称黎民百姓。［57］旧人：指与拓跋氏同起于北方的各族子民。［58］惮（dàn）：害怕，不乐意。

李冲言于上曰："陛下将定鼎洛邑[1]，宗庙宫室[2]，非可马上游行[3]以待之。愿陛下暂还代都[4]，俟群臣经营毕功[5]，然后备文物、鸣和鸾[6]而临之。"帝曰："朕将巡省州郡[7]，至邺小停[8]，春首[9]即还，未宜归北。"乃遣任城王澄还平城，谕留司百官以迁都之事，曰："今日真所谓革也[10]，王其勉之[11]！"

帝以群臣意多异同[12]，谓卫尉卿、镇南将军于烈[13]曰："卿意如何？"烈曰："陛下圣略渊远[14]，非愚浅[15]所测。若隐心[16]而言，乐迁之与恋旧，适中半[17]耳。"帝曰："卿既不唱异[18]，即是肯同，深感不言之益[19]。"使还镇平城，曰："留台庶政[20]，一以相委[21]。"烈，栗䃅之孙也。

先是，北地民支酉[22]聚众数千，起兵于长安城北石山[23]，遣使告梁州刺史阴智伯[24]；秦州民王广[25]亦起兵应之，攻执魏刺史刘藻[26]，秦、雍间七州民皆响震[27]，众至十万，各守堡壁[28]以待齐救。魏河南王干引兵击之，干兵大败；支酉进至咸阳北浊谷[29]，穆亮与战，又败；阴智伯遣军主席德仁[30]等将兵数千与相应接。酉等进向长安，卢渊、薛胤等拒击，大破之，降者数万口。渊唯诛首恶，余悉不问，获酉、广，并斩之。

冬，十月，戊寅朔[31]，魏主如金墉城[32]，征穆亮[33]，使与尚书李冲、将作大匠董尔[34]经营洛都。己卯[35]，如河南城[36]；乙酉[37]，如豫州[38]；癸巳[39]，舍于石济[40]。乙未[41]，魏解严[42]，设坛于滑台[43]

城东，告行庙[44]以迁都之意。大赦。起滑台宫。任城王澄至平城，众始闻迁都，莫不惊骇[45]。澄援引古今，徐以晓之，众乃开伏[46]。澄还报于滑台。魏主喜曰："非任城，朕事不成。"

（以上为第九段，写北魏孝文帝拓跋宏向平城宣布迁都的决定，由穆亮、李冲、董尔一起负责营建新都洛阳。）

【注释】

[1]定鼎洛邑：把代表国家的鼎、彝祭器安置在洛邑，即在洛阳建都。鼎，相传夏禹铸九鼎，夏商周三代都以鼎为传国的重器，后用鼎比喻王位，也作为国家政权的象征。 [2]宗庙宫室：宗庙、宫殿的建成。宗庙，祭祀祖宗的庙宇。 [3]马上行游：骑在马上的游荡时间，极言时间之短。 [4]代都：指平城，在今山西大同市北。 [5]俟（sì）：等候，等到。经营毕功：指将宗庙、宫室建筑完毕。经营，营造，建筑。 [6]备文物、鸣和鸾：准备好出行的仪仗，带着各种典章制度、各种章服器物。鸣和鸾（luán），乘坐着帝王的车驾，带着全副的仪仗。鸣响銮铃。和鸾，古代的一种铃铛，挂在车前横木上的称"和"，挂在车架上的称"鸾"。 [7]巡省州郡：先到各州各郡去视察一番。巡省，巡视，视察。 [8]至邺小停：再到邺城住上一段时间。邺城是当年后赵石勒的都城，慕容氏的南燕也曾在这里暂住，旧址在今河北临漳县西南。 [9]春首：明年一开春。 [10]真所谓"革"也：真算是到了"变革"的时候了。 [11]王其勉之：希望任城王拓跋澄再接再厉。 [12]意多异同：还有许多不同的意见。异同，偏正词组，即"异"的意思。 [13]卫尉卿：北魏官名，即卫尉，守卫宫廷门户的卫队长官。于烈：本姓万忸于氏，代郡桑干（今山西山阴县）人，镇南将军于栗磾之孙，尚书令于洛拔长子，北魏外戚、大臣。传见《魏书》卷三十一。 [14]圣略渊远：您的谋略深远。称"圣"，是恭敬之词。 [15]愚浅：愚昧，浅陋，自谦之词。 [16]隐心而言：按我心中的估计。隐，估计。 [17]适中半：正好各占一半。 [18]不唱异：不公开反对，不说出不同意见。 [19]不言之益：不说话、不表态的好处。 [20]留台庶政：留守朝廷的各种政务。 [21]一以相委：全都托付给你。一，统一，全部。 [22]支酉：人名，北地郡的平民。北地郡的郡治在今甘肃庆阳市西南，当时属北魏。 [23]石山：胡三省引《水经注》曰："石山当在长安城东北，有敷谷，敷水出焉。" [24]梁州：古州名，南齐的州治在今陕西汉中市。阴智伯：人名，武威姑臧（今甘肃武威市）人，晋末迁家南平，与萧衍邻居，少相友善，情好甚密。萧衍有求索，均能供给。官至梁、秦刺史。 [25]秦州民王广：北魏州名，州治下邽，在今甘肃天水市。王广，秦州民众的首领，曾起兵造反。 [26]刘藻：字彦先，广平易阳（今河北邯郸市永年区）人，北魏大臣。时任秦州刺史。先后治理宁州。传见《魏书》卷七十。 [27]秦、雍间七州：指雍州（治长安）、岐州（治雍县）、秦州（治下邽）、南秦（治洛谷）、泾州（治泾川）、邠州（治今甘肃宁县）、华州（治今陕西蒲城东）。响震：响应，震动。 [28]堡壁：坞堡，营垒。

[29]咸阳北浊谷：咸阳，古郡名，郡治在今陕西咸阳市东北。浊谷，古山谷名，在今陕西咸阳市北。［30］军主席德仁：一支小部队的头领。席德仁，南齐梁州刺史阴智伯属下军主。［31］戊寅朔：十月一日。［32］金墉城：当时洛阳城西北角的小城名，为攻战戍守的要地，在今河南洛阳市。［33］征穆亮：指将穆亮从关西前线调回来。［34］将作大匠：古官名，负责宫室、宗庙、路寝、陵园的土木营建。董尔：人名，北魏孝文帝时将作大匠，建造洛阳城。［35］己卯：十月二日。［36］河南城：古城名，即西周时的王城，在今河南洛阳市的王城公园一带，在古代洛阳城的西侧。［37］乙酉：十月八日。［38］豫州：这里指北豫州，州治在今河南荥阳市西北的汜水镇，当时也叫虎牢关。［39］癸巳：十月十六日。［40］舍于石济：住宿在石济津，旧址在今河南卫辉东的古黄河边上。［41］乙未：十月十八日。［42］解严：解除对南齐的军事紧急状态。［43］滑台：古代军事要地名，在今河南滑县东南的古黄河南岸。［44］行庙：古代帝王出征，军中带着先王的神主，亦犹武王奉文王神主以伐纣之意，故可以随时祭之。［45］惊骇（hài）：惊惶，害怕。［46］开伏：受到启发而解除蒙昧，变得心服。

壬寅[1]，尊皇太孙太妃[2]为皇太后；立妃为皇后[3]。

癸卯[4]，魏主如邺城。王肃见魏主于邺，陈伐齐之策。魏主与之言，不觉促席移晷[5]。自是器遇[6]日隆，亲旧贵臣莫能间[7]也。魏主或屏左右与肃语，至夜分[8]不罢，自谓君臣相得之晚[9]。寻除辅国将军、大将军长史[10]。时魏主方议兴礼乐，变华风[11]，凡威仪文物[12]，多肃所定。

乙巳[13]，魏主遣安定王休帅从官迎家于平城[14]。

辛亥[15]，封皇弟昭文为新安王[16]，昭秀为临海王[17]，昭粲为永嘉王[18]。

魏主筑宫于邺西，十一月，癸亥[19]，徙居之。

御史中丞江淹[20]劾奏前益州刺史刘悛[21]、梁州刺史阴智伯赃货巨万[22]，皆抵罪[23]。初，悛罢广、司二州[24]，倾赀以献世祖[25]，家无留储。在益州，作金浴盆，余物称是[26]。及郁林王即位，悛所献减少。帝怒，收悛付廷尉[27]，欲杀之，西昌侯鸾救之，得免，犹禁锢终身[28]。悛，勔之子也。

（以上为第十段，写北魏孝文帝拓跋宏重用儒臣王肃，共同谋划国家大计；南齐皇帝萧昭业治罪前益州刺史刘悛，竟然是因为他进贡太少，实在是荒唐透顶。）

【注释】

[1]壬寅：十月二十五日。[2]皇太孙太妃：即文惠太子之妃王氏。[3]立妃为皇后：这里的“妃”即小皇帝萧昭业之妃，姓何，何戢之女。[4]癸卯：十月二十六日。[5]促席移晷(guǐ)：极言两人谈话之投机与所谈的时间之长。促席，把坐席向前移动。汉文帝听贾谊说话，不觉席之前也。此用其语。移晷，日影移动，表示说话时间之长。晷，古代观测日影以计时的设备。[6]器遇：器重与优待。[7]莫能间：谁也不能离间他们的关系。[8]夜分：半夜。不罢：不停止。[9]相得之晚：意即相见恨晚。相得，相遇。[10]除：任命。辅国将军：古将军名号，为杂号将军。大将军长史：古官名，大将军属下的高级僚属。[11]变华风：改变北魏人的风俗习惯为中原人的风俗习惯。[12]威仪文物：朝廷与官场上的各种仪式规矩，与各种场合陈列摆设的器物。[13]乙巳：十月二十八日。[14]迎家于平城：把平城的家族都接到洛阳来。[15]辛亥：是年十月戊寅朔，无辛亥，为十一月四日。[16]昭文：即萧昭文，文惠太子萧长懋次子。封新安王，后为南齐第四任皇帝。传见《南齐书》卷五。[17]昭秀：即萧昭秀，字怀尚，文惠太子萧长懋第三子，封临海王，后改封巴陵王。传见《南齐书》卷五十。[18]昭粲：即萧昭粲，文惠太子萧长懋第四子，封为永嘉王，任南徐州刺史。传见《南齐书》卷五十。[19]癸亥：十一月十六日。[20]江淹：字文通，历仕宋、齐、梁三朝，著名文学家。传见《南史》卷五十九。[21]劾(hé)奏前益州刺史刘悛：向皇帝检举官吏的过失或罪行。劾，弹劾，揭发罪状。刘悛(quān)，字士操，徐州彭城(今江苏徐州市)人，司空刘勔之子，为益州刺史、左民尚书、右卫将军。传见《南齐书》卷三十七。[22]巨万：万万，指铜钱。[23]抵罪：因犯罪而受到相应的处罚。抵，抵偿，获罪。[24]罢广、司二州：此非一时之事。刘悛罢广州刺史，在萧赜为太子时；罢司州刺史，在萧赜在位时。司州，古州名，州治在今河南洛阳市。[25]倾赀(zī)以献世祖：把从广州、司州贪污来的钱全都献给了武帝萧赜。赀，同“资”，资财。世祖，即武帝萧赜，庙号世祖。[26]余物称是：其他方面的豪奢，也与此成比例。[27]廷尉：古官名，国家的最高司法长官。[28]禁锢(gù)终身：一辈子不准再进入官场。禁锢束缚，强力限制。

【点评】

本卷点评两件史事如次。

一、北魏迁都。北魏迁都洛阳是改天换地的一件大事，孝文帝审慎思维，周密策划，为避免引起动乱，以南下讨齐为借口，到达洛阳时，预先设想好反对南下的群臣自然会阻止，孝文帝遂以建都于洛阳为替代条件，这时就容易说服群臣。当这一决定传到北魏首都平城的时候，仍然引起极大的震动，可见迁都这一改革是何等不易。

二、沈约奉敕撰《宋书》。南齐永明五年(487)沈约奉敕撰《宋书》，到第二年即一年时间就完成了纪传七十卷，随后续成八志三十卷，共一百卷，完整记述刘宋一代的断代史，是中国历史上最快完成的一部断代史。在二十四史中，《宋书》属中上作品，公认列于前四史之后的最上乘之作。为何一部速成之史而有如此巨大的成就，这有主客观的原因。主观原因，沈约是当时的文坛领袖，不仅诗文著名一时，而且更长于史学。沈约出身豪门，有着良好的教育，而又生于乱世，历经磨难，家族多人卷入政治斗争被杀，养成沈约淡泊名利，废寝忘食学习的习惯，沈约博近群籍，学综文史，一生著述宏富，近400卷著作，历史著述有《晋书》《齐纪》《梁武纪》等，《晋书》先于《宋纪》成书，积累了著史的经验。客观原因，沈约依靠的基础厚实。刘宋一朝重视当世史的撰述。在沈约之前，刘宋完成了当代人著述的《宋书》三种：其一，徐爰《宋书》六十五卷，孙严《宋书》六十五卷，无名氏《宋书》六十一卷；此外何承天《宋志》十五篇，这些是沈约撰述《宋书》的蓝本，尤其徐爰、何承天两书号称名著。在这样的主客观条件下，沈约速成《宋书》而成就斐然，也就顺理成章了。如今《宋书》是研究刘宋王朝最核心的依据，是值得大书一笔的。沈约著述大部分今已不存，传世的历史书只有《宋书》一百卷，诗文有《沈隐侯集》。

卷一三九　齐纪五

齐明帝建武元年（494 年）

【阏逢阉茂（甲戌，494 年），凡一年】

【大事提要】

本卷记公元 494 年一年的史事，当齐明帝建武元年，凡一年。本卷所载大事，南朝齐两件大事：其一，齐明帝继位，又走上皇室内自相残杀的旧路，大杀齐高帝、齐武帝的诸子，引起内乱。其二，叙述南齐典签制度的弊端以及衰落。北朝北魏两件大事：其一，此年十月，北魏迁都洛阳。迁都的事起自公元 491 年，北魏孝文帝一系列改革中最为重大的第一步，至此完成。其二，诏令禁止士民穿胡服。

高宗明皇帝[1]上

建武[2]元年（甲戌，494 年）

春，正月，丁未[3]，改元隆昌[4]；大赦。

雍州刺史晋安王子懋[5]，以主幼时艰[6]，密[7]为自全之计，令作部造仗[8]；征南大将军陈显达[9]屯襄阳[10]，子懋欲胁取以为将[11]。显达密启西昌侯鸾[12]，鸾征显达为车骑大将军；徙子懋为江州刺史[13]，仍令留部曲[14]助镇襄阳，单将白直、侠毂[15]自随。显达过襄阳[16]，子懋谓曰："朝廷令身[17]单身而返，身是天王[18]，岂可过尔轻率[19]！今犹欲将二三千人自随，公意何如？"显达曰："殿下若不留部曲，乃是大违敕旨[20]，其事不轻[21]；且此间人[22]亦难可收用。"子懋默然[23]。显达因辞出，即发去[24]。子懋计未立，乃之寻阳[25]。

西昌侯鸾将谋废立[26]，引前镇西咨议参军萧衍[27]与同谋。荆州刺史、随王子隆[28]，性温和，有文才，鸾欲征之，恐其不从。衍曰："随王虽有美名，其实庸劣[29]。既无智谋之士，爪牙唯仗司马垣历生[30]、武陵太守卜白龙[31]耳。二人唯利是从，若啖以显职[32]，无有不来，随王止须折简[33]耳。”鸾从之。征历生为太子左卫率[34]，白龙为游击将军。二人并至。续召子隆为侍中、抚军将军[35]。豫州刺史崔慧景[36]，高、武旧将[37]，鸾疑之[38]，以萧衍为宁朔将军，戍寿阳[39]。慧景惧，白服[40]出迎，衍抚安[41]之。

辛亥[42]，郁林王祀南郊[43]；戊午[44]，拜崇安陵[45]。

癸亥[46]，魏主[47]南巡；戊辰[48]，过比干墓[49]，祭以太牢[50]，魏主自为祝文曰：“乌呼介士[51]，胡不我臣[52]！”

帝宠幸中书舍人綦毋珍之、朱隆之、直阁将军曹道刚、周奉叔、宦者徐龙驹[53]等。珍之所论荐[54]，事无不允；内外要职，皆先论价[55]，旬月之间，家累千金；擅取官物及役作[56]，不俟诏旨[57]。有司至相语云：“宁拒至尊敕[58]，不可违舍人命。”帝以龙驹为后阁舍人[59]，常居含章殿[60]，著黄纶帽[61]，被[62]貂裘，南面向案[63]，代帝画敕[64]；左右侍直[65]，与帝不异。

（以上为第一段，写南齐萧赜去世后，其孙萧昭业即位，暗流涌动，西昌侯萧鸾掌握实权，控制朝廷，与萧衍密谋废立之事；而昭业少不更事，宠幸小人，留下口实。）

【注释】

[1]高宗明皇帝：即萧鸾（luán），字景栖，南兰陵（今江苏常州市武进区）人，南齐高帝萧道成之兄始安王萧道生次子，南齐第五任皇帝（494—498）。庙号高宗，谥号明。传见《南齐书》卷六。[2]建武：南齐明帝萧鸾的年号（494.10—498.4），共五年。[3]丁未：正月一日。[4]隆昌：南齐小皇帝萧昭业的年号。[5]雍州：南齐的侨置州名，州治襄阳，在今湖北襄阳市。晋安王子懋（mào）：即萧子懋，字云昌，武帝萧赜第七子，初封江陵县公，后改封晋安王，历任南豫州、南兖州、湘州、雍州、江州刺史。萧鸾掌权，大肆诛杀萧赜子孙，其在江州起兵，被害。传见《南齐书》卷四十。[6]主幼时艰：皇帝的年龄较小，国家的形势艰难，担心权臣萧鸾篡位。萧昭业当时是二十一岁，论年龄不算小，但从小就是纨绔子弟，没有功德，在长辈眼中，就是一个小孩子，所以说“主幼”。幼，年少。[7]密：私下，暗中。[8]作部：制造兵器的部门。造仗：制造武器。胡三省曰：“诸州各有作部，主造器仗。”[9]陈显达：彭城（今江苏徐州市铜山区）人，南齐开国功臣、著名将领。传见《南齐书》卷二十六。[10]屯襄阳：驻兵于襄阳，即征南大将军的军府设在襄阳。[11]胁取以为将：威胁利诱，使其成为自己的属将，为己所用。[12]密启

西昌侯鸾：秘密地报告给西昌侯萧鸾。萧鸾于建元元年（479）被萧道成封为西昌侯，此时是南齐政权中只手遮天、最有权势的人物。西昌侯，封地西昌县，县治在今四川西昌市。［13］徙：调动，一般指平行或由上而下的官职更换。江州：州治柴桑，在今江西九江市西南。刺史：掌管一州军政。［14］仍：通“乃”，因而，承接连词。留部曲：把自己的亲兵旧部都留在襄阳。部曲，这里义同“部下”，指私人亲信、私家武装，以及效忠于其私人的宾客、食客等。［15］单将：只能带着。白直、侠毂（gǔ）：都是对侍从人员的称呼。白直，随从，虽当差而无月俸，故称之。直，同“值”。侠毂，主子外出时，护卫在车子的两边。侠，通“夹”。毂，车轴，这里即指车。按：只准萧子懋带亲随赴江州，而部曲留在襄阳以资陈显达。［16］过襄阳：陈显达驻扎在樊城，在汉水北岸，与襄阳只有一水之隔，故来造访。过，探望，拜访。［17］身：犹今所谓“我”，子懋自称。［18］天王：皇家的王爷。胡三省曰：“子懋自称天王，盖谓是天家诸王也。”［19］过尔轻率：过于简易、随便。过尔，过甚，过分。［20］敕（chì）旨：帝王的旨意。敕，特指皇帝的命令或诏书。［21］其事不轻：这可不是个小问题。［22］此间人：指襄阳人。［23］默然：沉默无语的样子。［24］即发去：随即动身去京城。［25］之：往到，前往。寻阳：古郡名，此指郡治柴桑，即江州刺史的驻地。［26］谋废立：阴谋废掉皇帝萧昭业，别立他人。［27］镇西咨议参军：镇西将军萧子隆驻兵于荆州，萧衍为其僚属。咨议参军，在将军属充任参谋。萧衍：字叔达，篡夺南齐政权，为南梁开国皇帝（502—549），史称“梁武帝”。笃信佛教。谥号武皇帝，庙号高祖。传见《梁书》卷一。［28］随王子隆：即萧子隆，字云兴，武帝萧赜第八子，封枝江县公，后改封随王，出任辅国将军、南琅邪太守、彭城太守、荆州刺史等；入为侍中，后被萧鸾杀害。传见《南齐书》卷四十。［29］庸劣：平庸，拙劣。［30］爪牙：指手下得力的武将。司马：将军属下的高级僚属，综理军府，参与军机。垣（yuán）历生：下邳（今江苏邳州市）人，名将垣荣祖堂弟，南齐将领。拜骁骑将军，为太子右卫率。性苛暴，从始安王萧遥光举兵反东昏侯，兵败被杀。传见《南齐书》卷二十八。［31］卜白龙：南齐官员，时为武陵太守。武陵郡治在今湖南常德市。［32］啖（dàn）以显职：用显要的职位引诱他。啖，喂，引申为引诱、利诱。［33］止：同“只”，只是。折简：一纸书信，一封信札，极言其不需费事，随时随地便可招之使来。折，折叠。简，简牍，古代用来写字的木片。［34］太子左卫率：太子卫队的统领，主领兵卒、门卫，以卫东宫，亦任征伐。［35］抚军将军：古高级将军名号，位在四征将军之上。胡三省曰：“此时西昌侯已有杀诸王之心矣，萧衍由是以筹略见用。”［36］豫州：南齐的州治寿阳，在今安徽寿州，当时为北线的军事重镇。崔慧景：字君山，南齐名将。传见《南齐书》卷五十一。［37］高、武旧将：南齐皇帝萧道成、萧赜的老部下。［38］鸾疑之：萧鸾怀疑崔慧景不和他们一条心，指在对付高帝萧道成、武帝萧赜的后代萧昭业的态度上。［39］戍：镇守。寿阳：古地名，本名寿春，东晋孝武帝司马曜时，为避太后郑阿春的名讳改为寿阳，一直沿用下来，时为南齐豫州的州治所在地，即崔慧景的驻镇之地。萧鸾如此安排，实际上是用萧衍看守崔慧景。［40］白服：当时一般士人所穿的服饰。穿白衣表示降低身份，愿意亲附于他。胡三省曰：“若得罪而白衣领职者。”［41］抚安：即安抚，让崔慧景取消顾虑，放下心来。［42］辛亥：正月五日。［43］郁林王：指现时在位的小皇帝萧昭业，因其几个月后便被废为郁林王，这时提前以此相称，这种写法是不妥当的。［44］戊午：正月十二日。［45］拜崇安陵：拜祭郁林王之父文惠太子萧长懋的陵墓。胡三省曰："郁林王即位，追尊父文惠太子曰'文帝'，陵曰'崇安'，庙号世宗。"崇安陵，在今江苏南京市江宁区金牛山。［46］癸亥：正月十七日。［47］魏主：即魏孝文帝拓跋宏。［48］戊辰：正月二十二日。［49］比干墓：殷末大臣比干的坟墓。比干，殷末忠臣，敢于直言劝谏，被纣王剖心而死，称为"亘古忠臣"。唐太宗时，追赠太师，谥号忠烈。［50］太牢：牛、羊、豕三牲俱全的祭礼，是古代最高等级的祭祀礼节。若只有羊、豕而无牛，则称少牢。［51］乌呼：同"呜呼"，感叹词。介士：耿介、正直之士，指其正直、强谏而言。［52］胡不我臣：为何不成为我的臣子，盖拓跋宏感叹北魏朝中缺少像比干那样的忠直之士。胡，何，为何。［53］"帝宠幸"句：帝，指郁林王萧绍业，他十分宠幸中书舍人綦毋珍之、朱隆之、直阁将军曹道刚、周奉叔、宦官徐龙驹等人。中书舍人：中书令的下属，掌管为皇帝起草诏令，参与机密之事。直阁将军：古将军名号，皇帝身边的侍卫武官。直阁，在皇帝办公与住宿的门前值勤。直，同"值"，值勤。阁，宫殿里的旁门、小门。［54］所论荐：所议论的事与所推荐的人。［55］皆先论价：都事先订好价钱，意即按价卖官。［56］官物：宫廷、官府的财物。役作：为宫廷与官府役使的工匠。［57］不（sì）诏旨：不等待皇帝的批准。俟，等候，等待。［58］宁拒至尊敕：宁可拒绝皇帝的命令。至尊，最尊贵，最崇高，至高无上的，古代对皇帝的尊称。敕，皇帝的命令。［59］后阁舍人：在皇帝常去的后妃之门服务的中书舍人。胡三省曰："后阁，禁中后阁也。"《南史》曰："龙驹日夜在六宫房内。"［60］含章殿：皇帝办公的便殿，在建康城内。［61］著黄纶帽：头戴黄绫制作的帽子。著，头戴。［62］被：同"披"。［63］南面向案：坐着皇帝的尊位，坐北朝南地对着办公桌，派头就像皇帝一样。案，办公桌。［64］代帝画敕：替皇帝批阅文件。画敕，画上批阅过的记号，如批"知""已阅"，或画个圈、打个勾，等等。［65］左右侍直：在徐龙驹身边安排值勤人员。直，同"值"。

帝自山陵[1]之后，即与左右微服游走市里[2]，好于世宗[3]崇安陵隧中掷涂、赌跳[4]，作诸鄙戏[5]，极意[6]赏赐左右，动至百数十万[7]。每见钱，曰："我昔思汝一枚不得[8]，今日得用汝未[9]？世祖聚钱上库五亿万[10]，斋库亦出三亿万[11]，金银布帛不可胜计；郁林王即位未期岁[12]，所用垂尽[13]。入主衣库[14]，令何后[15]及宠姬以诸宝器相投击破碎之，用为[16]笑乐。蒸于世祖幸姬霍氏[17]，更其姓曰"徐"。朝事大小，皆决于西昌侯鸾。鸾数谏争[18]，帝多不从；心忌鸾，欲除之。以尚书右仆射鄱阳王锵为世祖所厚[19]，私谓锵曰："公闻鸾于法身如何[20]？"锵素和谨，对曰："臣鸾于宗戚[21]最长，且受寄先帝[22]；臣等皆年少，朝廷所赖，唯鸾一人，愿陛下无以为虑。”帝退，谓徐龙驹曰：“我欲与公共计取鸾，公既不同，我不能独办，且复小听[23]。”

卫尉萧谌[24]，世祖之族子[25]也，自世祖在郢州[26]，谌已为腹心[27]。及即位，常典宿卫[28]，机密之事，无不预闻[29]。征南咨议萧坦之[30]，谌之族人也，尝为东宫直阁[31]，为世宗所知[32]。帝以二人祖、父旧人[33]，甚亲信之。谌每请急[34]出宿，帝通夕[35]不寐，谌还乃安。坦之得出入后宫，帝亵狎宴游[36]，坦之皆在侧。帝醉后，常裸袒[37]，坦之辄扶持谏谕[38]。西昌侯鸾欲有所谏，帝在后宫不出，唯遣谌、坦之径进[39]，乃得闻达[40]。

何后亦淫泆[41]，私于帝左右杨珉[42]，与同寝处如伉俪[43]；又与帝相爱狎[44]，故帝恣[45]之，迎后亲戚入宫，以耀灵殿[46]处之。斋阁通夜洞开[47]，外内淆杂[48]，无复分别。西昌侯鸾遣坦之入奏诛珉[49]，何后流涕覆面[50]曰：“杨郎好年少[51]，无罪，何可枉杀！”坦之附耳语帝曰：“外间并云杨珉与皇后有情[52]，事彰遐迩[53]，不可不诛。”帝不得已许之；俄敕原之[54]，已行刑矣[55]。鸾又启诛徐龙驹，帝亦不能违，而心忌鸾益甚。萧谌、萧坦之见帝狂纵日甚，无复悛改[56]，恐祸及己，乃更回意附鸾[57]，劝其废立[58]，阴[59]为鸾耳目，帝不之觉也。

周奉叔恃勇挟势[60]，陵轹[61]公卿。常翼单刀二十口[62]自随，出入禁闼[63]，门卫不敢诃[64]。每语人曰：“周郎刀不识君[65]！”鸾忌之，使萧谌、萧坦之说帝出奉叔为外援[66]，己巳[67]，以奉叔为青州[68]刺史，曹道刚为中军司马[69]。奉叔就帝求千户侯[70]，许之。鸾以为不可，封曲江县男[71]，食三百户。奉叔大怒，于众中攘刀厉色[72]。鸾说谕[73]之，乃受。奉叔辞毕，将之镇[74]，部伍[75]已出。鸾与萧谌称敕[76]，召奉叔于省中[77]，殴杀[78]之，启云[79]：“奉叔慢[80]朝廷。”帝不获已[81]，可其奏[82]。

溧阳令钱唐杜文谦[83]，尝为南郡王侍读[84]，前此说綦毋珍之曰：“天下事可知，灰尽粉灭，匪朝伊夕[85]，不早为计，吾徒无类[86]矣。”珍之曰：“计将安出？”文谦曰：“先帝旧人，多见摈斥[87]，今召而使之，谁不慷慨[88]！近闻王洪范与宿卫将万灵会[89]等共语，皆攘袂捶床[90]；

君其密报周奉叔，使万灵会等杀萧谌，则宫内之兵皆我用[91]也。即勒兵入尚书[92]，斩萧令[93]，两都伯力[94]耳。今举大事亦死，不举事亦死；二死等耳，死社稷可乎[95]！若迟疑不断，复少日[96]，录君称敕[97]赐死，父母为殉[98]，在眼中[99]矣。”珍之不能用。及鸾杀奉叔，并收[100]珍之、文谦，杀之。

（以上为第二段，写南齐萧昭业即帝位后，宠幸奸佞，挥霍钱财，到了忍无可忍的地步，权臣萧鸾正谋划废掉小皇帝，另立新君。）

【注释】

[1]山陵之后：指为武帝萧赜办完丧事之后。山陵，帝王的陵墓，这里指萧赜的景安陵。[2]微服：隐藏身份，改装私行。游走市里：到集市里巷四处游玩。[3]好：爱好，喜好。世宗：即郁林王萧昭业之父萧长懋，齐文惠太子。萧昭业即位后，追尊其父为世宗，称为“文皇帝”。传见《南齐书》卷二十一。[4]崇安陵：文惠太子萧长懋的陵墓。隧（suì）中：墓道中。掷涂：投掷泥块，小孩子玩的把戏，以涂泥相掷为乐。萧昭业身为皇帝，童心未泯。涂，泥。赌跳：比赛看谁跳得高，以跳跃高出者为胜。[5]诸鄙戏：各种一般人所玩的庸俗的游戏。鄙，鄙视，被人看不起。[6]极意：随心所欲地。[7]动至百数十万：一出手就是几十万，上百万。动，动不动地，随随便便地。[8]我昔思汝一枚不得：当初我想要一文钱，都得不到。“一”，原文作“十”，据章校改。[9]今日得用汝未：今天可以支配你了吗？未，否，语气助词，表示疑问。[10]世祖：即武帝萧赜。聚钱上库五亿万：武帝萧赜当初在上库所储存的铜钱多达五万亿。上库，国家府库名。五亿万，即五万亿。胡三省曰：“上库所储，以备军国之用。”[11]斋库亦出三亿万：斋库里所存的铜钱也超过三万亿。出，超出，超过。斋库，亦国家府库名，收藏财物的仓库，其钱供皇帝日常使用。胡三省曰：“斋库，以供斋内所须，人主之好用。”[12]未期岁：不到一周年。武帝萧赜死于上年七月，萧昭业于八月即皇帝位，到这时只有六个多月。[13]所用垂尽：已经让他花得差不多了。垂，将。[14]主衣库：为皇帝管理衣物及各种赏玩物品的部门。[15]何后：即何婧英，抚军将军何戢之女，南齐废帝萧昭业皇后。传见《南齐书》卷二十。[16]用为：以为。[17]蒸：古同“烝”，烝淫，奸淫长辈的女人。世祖：《南齐书》《南史》均称霍氏为其父萧长懋的宠妃，故“世祖”应作“世宗”。[18]数谏争：屡次劝止。数，屡屡。争，同“诤”，规劝。[19]尚书右仆射（yè）：位在尚书左仆射之下，为尚书令的副职。鄱（pó）阳王锵（qiāng）：即萧锵，字宣韶，高帝萧道成第七子，武帝萧赜之弟，封鄱阳郡王，历任地方刺史，后为左仆射，进位司徒。传见《南齐书》卷三十五。所厚：所看好，所敬重。[20]公：对鄱阳王萧锵的敬称。鸾于法身如何：萧鸾对我怎么样。法身，萧昭业的小名。对长辈自称小名，表示客气、恭敬。[21]于宗戚：在本家族的人员中。萧鸾是萧昭业的堂叔。[22]受寄先帝：接受武帝萧赜的托付。寄，

委托。［23］且复小听：姑且听任萧鸾专政，暂时不动他。复，再，又。小，同“稍”，稍微，略微。［24］卫尉：是执掌宫禁警卫的官员，秦汉时为九卿之一。萧谌（chén）：字彦孚，齐高帝萧道成族子，南齐大臣。萧昭业即位，授卫尉，颇为信任。海陵王即位，授中领军。后坐罪赐死。传见《南齐书》卷四十二。［25］族子：同族兄弟之子。《齐书》曰：“谌于太祖为绝服族子。”绝服，古代礼制，称五服（斩衰、齐衰、大功、小功、缌麻）以外不再服丧的亲属。［26］世祖在郢州：刘宋末年，沈攸之为荆州刺史，萧道成为防沈攸之发兵叛乱，派萧赜为江夏内史行郢州事。郢州，州治夏口，在今湖北武汉市。［27］谌已为腹心：刘宋末年，萧道成权势渐盛，引起废帝苍梧王的猜忌，道成亦起废立之心。当时世祖萧赜在郢州，萧道成派萧谌去传递计谋，被萧赜留下，作为心腹。事见《南齐书》卷一、卷二。［28］典宿卫：统领禁兵，在宫中值宿，担任警卫。典，主管，统领。［29］预闻：参与其中，及时知晓。［30］征南咨议：征南将军的高级僚属，主谋议。萧坦之：萧道成族人，南齐将领。为东宫直阁，与萧谌见小皇帝萧昭业狂纵，恐祸及己，改附西昌侯萧鸾，为其通风报信。隆昌元年（494），随萧鸾入宫杀小皇帝，立新安王萧昭文，旋又杀之。除黄门郎，兼卫尉。传见《南齐书》卷四十二。［31］东宫直阁：即太子宫的直阁将军，文惠太子萧长懋的侍从武官。［32］所知：所知遇，所厚待。［33］祖、父旧人：祖父萧赜与父亲萧长懋两代的亲信。［34］每：常。请急：告假。［35］通夕：通宵，整夜。［36］亵（xiè）狎（xiá）宴游：指与后宫嫔妃嬉笑打闹、吃喝玩乐。亵狎，轻慢而不庄重的行为。［37］裸袒（tǎn）：脱去衣服，光着身子。［38］辄（zhé）：立即，总是。谏谕，规劝，晓喻。［39］径进：不顾阻拦地一直进去。［40］乃得闻达：才能把自己要禀报的事情传达上去。闻达，使之知晓。［41］淫泆（yì）：放荡，放纵。泆，同“逸”，淫放。［42］私：私通，有私情。杨珉（mín）：南齐人，《南齐书》《南史》均作“杨珉之”，小皇帝萧昭业的左右侍从，与皇后何氏有染。［43］如伉俪（kàng lì）：如同夫妻一样。伉俪，配偶，夫妇。［44］爱狎（xiá）：悦爱而亲近，极尽狎昵亲热之事。狎，亲近。［45］恣：放纵，随她的便。［46］耀灵殿：世祖萧赜住过的宫殿。［47］斋阁：指后宫的小门、旁门。斋，燕居、休息之所。洞开：敞门大开。［48］淆（xiáo）杂：混杂，杂乱不堪。［49］入奏诛珉：请求小皇帝萧昭业杀掉杨珉。［50］流涕覆面：泪流满面。涕，眼泪。［51］好年少：是个好青年。年少，少年，青年男子。［52］有情：有私情，有奸情。［53］事彰遐（xiá）迩（ěr）：闹得远近都知道。彰，显，张扬。遐迩，远近。［54］俄敕（chì）原之：很快地又下令赦免他。俄，不久，在很短的时间里。原，宽恕，放过。［55］已行刑矣：《南史》卷十一叙此曰：“帝不得已乃为敕，坦之驰报明帝，即令建康行刑，而果有敕原之，而珉之已死。”［56］悛（quān）改：悔改。［57］回意附鸾：掉转身来投靠了权臣萧鸾。［58］劝其废立：劝说权臣萧鸾废掉萧昭业，另立新君。［59］阴：暗中，私下。［60］挟势：倚仗皇帝对自己的宠信。挟，倚仗。［61］陵轹（lì）：欺凌，欺压。陵，同“凌”。轹，车轮碾轧，引申为欺压。［62］翼：带在身边，使之分列左右如同两翼。单刀二十口：意为手持单刀的卫士二十名，跟随左右。［63］禁闼（tà）：宫廷门户。［64］不敢诃（hē）：不敢盘问，不敢阻挡。诃，同“呵”，盘问，怒责。

[65]周郎刀不识君：意思是说，我认识你，我的刀不认识你。[66]出奉叔为外援：表面上说是给周奉叔升官，放到外面掌大权，可以给皇帝做外援，但实际上是把他从皇帝身边调开，剪除皇帝的羽翼。出，调出京师。[67]己巳：正月二十三日。[68]青州：南齐为侨置州，州治朐山，在今江苏连云港市海州区西南的锦屏山下。锦屏山，在古代称为朐山。胡三省引萧子显曰："宋泰始中淮北没虏，徙青州治郁洲，齐建元四年（482），徙治朐山，后复旧。"[69]中军司马：中军将军府的高级僚属。[70]就帝求千户侯：向皇帝求取食邑千户的侯爵。[71]曲江县男：食邑曲江县的男爵。男爵为古代五等爵位（公、侯、伯、子、男）的最低一等。曲江，古县名，在今广东韶关市东南。[72]攘（rǎng）刀：举刀，挥刀。厉色：严厉的面色，愤怒的表情。[73]说谕：劝说，解释。[74]之镇：前往青州刺史的驻兵之地。[75]部伍：部曲，部下，泛指其部下从人。[76]称敕：假托皇帝的命令。[77]省中：尚书省中。当时萧鸾为尚书令。[78]殴杀：打死。[79]启云：向小皇帝萧昭业报告说。启，上书。[80]慢：轻慢，傲慢。[81]不获已：不得已，没有别的办法。[82]可其奏：认可了这种说法，批准了奏章。[83]溧（lì）阳：古县名，县治在当时的建康城东南，今江苏溧阳市的西南方。钱唐：古县名，县治在今浙江杭州市。杜文谦：南齐人，吴郡钱塘人，有学行，善谈吐。历为南郡王侍读、太学博士，溧阳令。萧昭业时，萧鸾专权，劝中书舍人綦母珍之诛杀萧鸾，珍之不从，后为萧鸾所杀。[84]南郡王侍读：即小皇帝萧昭业当年的侍读。萧昭业在未被立为皇太孙之前，被封为南郡王。侍读，侍候小王子读书，实即小王子的教师。[85]匪（fěi）朝伊夕：不是早上就是晚上。匪，同"非"。伊，同"亦"。[86]吾徒无类：我们这些人都将被灭门。无类，无遗类，妻儿全部被杀光。[87]多见摈（bìn）斥：大都被排斥、被驱逐。摈，抛弃，排除。[88]慷慨：情绪激昂。这里指受感动，思图报效。[89]王洪范：齐郡临淄（今山东淄博市东）人，刘宋、南齐将领。顺帝刘准时为骁骑将军，受命出使柔然，克期共伐北魏。南齐永明元年（483）始还京师，行程三万余里，为晋寿太守。明帝时，为青、冀二州刺史，严惩贪官污吏。后战死。传见《南史》卷七十。宿卫将：在宫中值勤守夜的警卫将领。万灵会：姓万，名灵会，南齐时人，为萧昭业时的皇宫守卫将领。[90]攘袂（rǎng mèi）捶（chuí）床：激昂愤慨的样子。攘袂，卷起袖子。[91]宫内之兵皆我用：宫内的卫队就全听我们的指挥了。萧谌当时以卫军司马兼卫尉卿，掌宿卫兵。[92]即：假如，再。勒兵入尚书：带兵冲入尚书省。当时的尚书省在宫中的云龙门内。勒兵，率领宿卫兵。[93]萧令：即尚书令萧鸾。[94]两都伯力：只消两个刽子手就够了。都伯，行刑者，今所谓刽子手。[95]死社稷可乎：以上四句全用陈胜所谓"今亡亦死，举大计亦死，等死，死国可乎"，见《史记·陈涉世家》。死社稷，为保卫国家而死。社稷，土神与谷神，古代国君都要祭祀之，古代指国家。[96]复少日：再过几天，没有多少时间了。[97]录君：指萧鸾。萧鸾当时为录尚书事，故称之。录，总领。称敕（chì）赐死：假托皇帝的命令让我们死。[98]父母为殉（xùn）：连我们的父母也都跟着搭上性命。胡三省曰："谓皆将从坐而死也。"殉，陪同，牵连送命。[99]在眼中矣：就在眼前了。[100]收：拘捕。

乙亥[1]，魏主如[2]洛阳西宫。中书侍郎韩显宗[3]上书陈四事：其一，以为："窃闻舆驾今夏不巡三齐[4]，当幸中山[5]。往冬舆驾停邺[6]，当农隙[7]之时，犹比屋供奉[8]，不胜劳费[9]。况今蚕麦方急，将何以堪命[10]！且六军[11]涉暑，恐生疠疫[12]。臣愿早还北京[13]，以省诸州供张[14]之苦，成洛都营缮[15]之役。"其二，以为："洛阳宫殿故基，皆魏明帝[16]所造，前世已讥其奢。今兹[17]营缮，宜加裁损[18]。又，顷来北都富室[19]，竞以第舍相尚[20]；宜因迁徙，为之制度[21]。及端广衢路[22]，通利沟渠[23]。"其三，以为："陛下之还洛阳，轻将从骑[24]。王者于闱闼之内[25]，犹施警跸[26]，况涉履山河而不加三思乎！"其四，以为："陛下耳听法音[27]，目玩坟典[28]，口对百辟[29]，心虞万机[30]，景昃而食[31]，夜分而寝[32]；加以孝思之至[33]，随时而深[34]；文章之业，日成篇卷；虽睿明所用，未足为烦[35]，然非所以啬神养性[36]，保无疆之祚[37]也。伏愿陛下垂拱司契[38]而天下治矣。"帝颇纳之。显宗，麒麟之子也。

（以上为第三段，写北魏中书侍郎韩显宗上书陈事，从四个方面说事，建议北魏主拓跋宏早还平城，裁减洛阳新都的建制规模，要加强出行警备。）

【注释】

[1]乙亥：正月二十九日。 [2]如：到，至。 [3]中书侍郎：中书监、中书令的助手，主管为皇帝起草诏令。韩显宗：字茂亲，著名地方官韩麒麟次子，北魏大臣。个性刚直，为著作佐郎、中书侍郎、齐州大中正。传见《魏书》卷六十。 [4]舆驾：帝王的车驾，这里即称孝文帝拓跋宏。不巡三齐：如果不去三齐视察。三齐，相当于今山东的大部分地区，秦末项羽曾把这一带分为齐与胶东、济北三国，故后来人们习称齐地为"三齐"。 [5]当幸中山：就要到中山一带去。当，犹"则"，就。中山，当时的郡名，郡治卢城，在今河北定州市。 [6]往东：去年冬天。邺（yè）：古城名，在今河北临漳县西南，曾为三国时曹魏的都城，其后又为石勒后赵的都城。 [7]农隙：农忙的间隙，即农闲时候。 [8]比屋：犹言家家户户。比，紧挨着。 [9]不胜：承担不了，不能忍受。劳费：劳役与耗费。 [10]何以堪命：怎么能承受得了呢？堪命，指民众负担沉重，无法忍受。 [11]六军：古代天子的军队有六军之说，泛称皇帝所带的部队。 [12]疠（lì）疫：瘟疫。 [13]北京：这里指北魏都城平城，在今山西大同市东北。孝文帝拓跋宏迁都洛阳后，称旧都平城为"北京"。 [14]供张（zhàng）：即供帐，指陈设帷帐等准备迎接圣驾与其庞大侍从队伍

的吃喝、住宿、玩乐等一切需要。［15］营缮（shàn）：营造，修建。［16］魏明帝：即曹魏第二位皇帝曹睿。［17］今兹：今此，这次。［18］裁损：削减，缩小规模。［19］顷来：近来。北都富室：平城的富贵之家。［20］以第舍相尚：在建造府第的问题上相互攀比，一家比一家豪华。尚，崇尚，夸耀。［21］为之制度：给他们制定法规，作出规定。［22］端广衢（qú）路：京城里的大路应当方向正直、路面宽阔。端广，端正，加宽。衢路，四通八达的街道。［23］通利沟渠：城里城外的河道要使其便利畅通。通利，疏通，畅通。［24］轻将从骑：只带着很少的骑兵侍卫跟随。轻，简便。将，带领。［25］闱闼（tà）之内：指宫廷之中。闱、闼，都是宫中的门户。［26］犹施警跸（bì）：还得要做好警戒工作。警跸，清道、戒严，帝王出行时的保卫措施。［27］法音：合乎法度的乐章，即雅乐。雅乐，是儒家规范的音乐，故称之。［28］目玩坟典：眼睛观赏的是三坟五典。玩，玩习。坟典，三坟五典，相传的古书名，此代指古代帝王所阅读的经典。胡三省曰："《书序》：伏羲、神农、黄帝之书，谓之'三坟'，言大道也。少昊、颛顼、高辛、唐、虞之书，谓之'五典'，言常道也。孔子序《书》，断自唐、虞，三坟、五典，后世不复见其全，此特大概言之。"［29］口对百辟：面对说话的是公卿百官。百辟，原指诸侯，这里指公卿百官。［30］心虞万机：心里所想的是国家大事。虞，考虑。万机，繁多而又重要的国家政务。［31］景昃（zè）而食：太阳偏西了才吃午饭。景昃，日影西斜。景，同"影"。昃，太阳偏西。［32］夜分而寝：半夜了才睡觉。［33］孝思之至：对已故冯太后的思念达到顶点。［34］随时而深：随着时间的推移越来越深。胡三省曰："谓文明太后之殂已久，而帝孝思不忘也。"［35］虽睿明所用，未足为烦：尽管由于您具备超常的聪明才智，还不至于感到烦恼。睿明，聪明才智。［36］啬（sè）神：爱惜精神。啬，吝啬，引申为爱惜。养性：修养身心，涵养天性。［37］无疆之祚（zuò）：无边的洪福，这里即指寿命。祚，福。［38］伏愿：俯伏而希望，表示愿望的敬辞。垂拱司契（qì）：无为而治。垂拱，垂衣拱手，形容清闲无事的样子。司契，抓紧要害，解决关键问题，比喻治理国家。司，主持，主管。

显宗又上言，以为："州郡贡察[1]，徒有秀、孝[2]之名，而无秀、孝之实[3]；朝廷但检其门望[4]，不复弹坐[5]。如此[6]，则可令别贡门望以叙士人[7]，何假冒秀、孝之名也[8]！夫门望者，乃其父祖之遗烈[9]，亦何益于皇家[10]！益于时[11]者，贤才而已。苟有其才，虽屠钓奴虏[12]，圣王不耻以为臣[13]；苟非其才，虽三后之胤[14]，坠于皂隶[15]矣。议者或云'今世等无奇才[16]，不若取士于门[17]'，此亦失矣。岂可以世无周、邵[18]，遂废宰相邪！但当校其寸长铢重者先叙之[19]，则贤才无遗矣。

又，刑罚之要[20]，在于明当[21]，不在于重[22]。苟不失有罪[23]，虽捶挞之薄[24]，人莫敢犯；若容可侥幸[25]，虽参夷之严[26]，不足惩禁。今内外之官，欲邀[27]当时之名，争以深刻[28]为无私，迭相敦厉[29]，遂成风俗。陛下居九重之内[30]，视人如赤子[31]；百司分万务之任[32]，遇下如仇雠[33]。是则尧、舜止一人[34]，而桀、纣以千百[35]；和气[36]不至，盖由于此。谓宜敕示百僚[37]，以惠元元之命[38]。

又，昔周居洛邑，犹存宗周[39]；汉迁东都[40]，京兆置尹[41]。察《春秋》[42]之文；有宗庙曰'都'，无曰'邑'[43]。况代京[44]，宗庙山陵所托[45]，王业所基[46]，其为神乡福地，实亦远矣[47]，今便同之郡国，臣窃不安。谓宜建畿置尹[48]，一如故事[49]，崇本重旧，光示万叶[50]。

又，古者四民异居[51]，欲其业专志定[52]也。太祖道武皇帝[53]创基拨乱[54]，日不暇给[55]，然犹分别士庶[56]，不令杂居，工伎屠沽[57]，各有攸处[58]；但不设科禁[59]，久而混淆。今闻洛邑居民之制，专以官位相从[60]，不分族类[61]。夫官位无常，朝荣夕悴[62]，则是衣冠、皂隶不日同处[63]矣。借使一里之内[64]，或调习歌舞，或讲肄诗书[65]，纵群儿随其所之[66]，则必不弃歌舞而从诗书矣。然则使工伎之家习士人风礼[67]，百年难成；士人之子效工伎容态[68]，一朝而就。是以仲尼称里仁之美[69]，孟母勤三徙之训[70]。此乃风俗之原[71]，不可不察。朝廷每选人士[72]，校其一婚一宦以为升降[73]，何其密[74]也！至于度地居民[75]，则清浊连甍[76]，何其略也！今因[77]迁徙之初，皆是空地，分别工伎，在于一言，有何可疑而阙盛美[78]！

又，南人昔有淮北之地[79]，自比中华[80]，侨置郡县[81]。自归附圣化[82]，仍而不改[83]，名实交错，文书难辨[84]。宜依地理旧名，一皆厘革[85]，小者并合，大者分置，及中州郡县[86]，昔以户少并省。今民口既多，亦可复旧。

又，君人[87]者以天下为家，不可有所私。仓库之储，以供军国[88]之用，自非[89]有功德者不可加赐。在朝诸贵，受禄不轻；比来赐赉[90]，动以千计。若分以赐鳏寡孤独[91]之民，所济实多[92]；今直[93]以与亲近之臣，殆非"周急不继富[94]"之谓也。"帝览奏，甚善之。

（以上为第四段，写北魏中书侍郎韩显宗再次上书说事，有不以门第用人、刑罚宽明、重视旧都、新都洛阳四民分居、清理侨置州郡、重在周急等，拓跋宏称善。）

【注释】

［1］贡察：察而贡之，指州郡官员考察本州郡人才，向朝廷举荐。贡，举荐。察，审察。［2］秀、孝：秀才与孝廉，都是当时朝廷征聘人才的科目名。秀才，指儒书念得好。孝廉，指在家孝顺父母，为官又清廉的孝子和廉洁之士。［3］无秀孝之实：当时的乐府民歌有所谓“举秀才，不知书；察孝廉，父别居；寒素清白浊如泥，高第良将怯如鸡。”语见《抱朴子·审举》。［4］但检其门望：只是检查一下这些被举荐之人的出身门第如何，而从来不考察他们的实际品德与才干。但，只。门望，门第，族望，即家庭出身。［5］不复弹坐：对于那些举荐不实的地方官，从来没人弹劾他们，给他们治罪。弹坐，胡三省曰：“弹劾其违而坐之以罪。”弹，弹劾。坐，定罪。［6］如此：既然如此。［7］别贡门望以叙士人：就按照门第给这些士族子弟排出等级，向朝廷进贡。别，区别，划分。门望，门第，族望。叙，评定等级、次第。［8］何假冒秀、孝之名也：何必盗用秀才、孝廉这种名称呢？也，同“邪”，反问语气助词。［9］乃其父、祖之遗烈：只是表现了他们父辈、祖辈曾有的功业。遗烈，即曾有的功业。烈，轰轰烈烈的功德与事业。［10］何益于皇家：意即他们祖先曾有的功业，对于今天的国家，又有什么关系？又有什么好处？［11］益于时：对当今有好处，有益处。［12］虽：即使。屠钓：相传周文王的太师姜尚原来曾在朝歌做过屠夫，又在渭水钓过鱼。奴虏：传说商朝武丁的相傅说曾经身为奴隶，在傅岩做苦役，版筑护路。［13］圣王：明圣的君王。不耻以为臣：不以用他们做臣为耻辱。周文王见到姜尚后，立刻把他请来，封为太师；武丁梦得圣人，名叫“说”，便求于野，乃于傅岩得之，举以为相。［14］三后之胤（yìn）：夏禹、商汤、周文王的子孙。三后，夏、商、周三代的帝王。胤，后代。［15］坠（zhuì）于皂（zào）隶：和一般人没有什么两样。坠，坠落，湮没无闻。皂隶：古代的贱役，奴仆杂役之类。胡三省引《左传》申无宇曰：“人有十等：士臣皂，皂臣舆，舆臣隶。”［16］等无奇才：反正是没有奇才。等，终归，反正是。［17］取之于门：按照门第、族望来选拔人才。［18］周、邵（shào）：即周公旦、邵公奭。两人为西周贤相，一同辅政周成王。［19］校（jiào）其寸长、铢重者先叙之：意即相比较而言，只要一个人略微优秀，哪怕是比别人稍有一寸之长、一铢之重，都应当优先使用。校：比较，衡量，在众人中选拔其优秀者。寸长铢重：一寸长、一铢重。铢，古代重量单位，二十四铢为一两。先叙：先取，先录用。［20］要：要领，关键。［21］明当：明确，恰当。［22］不在丁重：即不在于严刑、重罚。［23］不失有罪：不遗漏犯罪者。失，遗漏。［24］捶挞（tà）：用鞭子抽、棍子打的一种较轻的刑罚。薄，指轻刑。［25］若容可侥幸：一旦出现有空子可钻，有侥幸可图。容，或许。［26］参夷：夷灭三族。参，同“三”，即三族，一般指父族、母族、妻族。夷，平，杀光。［27］邀：求取，贪图。［28］深刻：严酷、苛刻。［29］迭相敦厉：轮番地互相敦促，从严处理。［30］九重：极言门禁之多，殿堂之

深，代指深宫。［31］赤子：婴儿。［32］百司：百官。分万务之任：分担着处理各种具体事务的职责。［33］遇下如仇雠：把黎民百姓看作仇敌。仇雠，仇敌。雠，对头，敌人。［34］尧、舜止一人：如同唐尧、虞舜那样的贤能、明圣的人毕竟不多。［35］桀、纣以千百：作恶、行凶如同夏王桀、殷纣王那样的恶人却有很多。传见《史记》卷三。［36］和气：祥和之气，指能导致吉利的祥瑞之气。［37］敕（chì）示百僚：告诫百官。［38］惠元元之命：关心、重视黎民百姓的生命。惠，施行恩惠。元元，众民，百姓。［39］昔周居洛邑，犹存宗周：先前周成王营建洛邑，仍保留丰邑为故都。周人居丰，周武王灭殷都鎬邑，周成王营建东都洛邑，周时保留丰邑为宗周，胡三省曰："存故都也。"洛邑，在今河南洛阳市，镐京，遗址在今陕西西安市西南；丰邑，又在镐京之西。宗周，皇甫谧《帝王世纪》曰："武王自丰居镐，诸侯宗之，是为宗周。"［40］汉迁东都：刘秀建立东汉后，将都城迁到洛阳。洛阳在西汉都城长安之东，故史称东都。［41］京兆置尹：在西汉都城长安一带设立京兆尹，意即仍然不是一个普通的郡。京兆，是周朝王畿、秦代京畿之后对都城辖域的称呼。尹，管理这一地区的行政长官。［42］察：观察。据章校，"察"一作"案"。《春秋》：古代儒家典籍"六经"之一。［43］有宗庙曰"都"，无曰"邑"：话出《左传·庄公二十八年》，原文为："凡邑有宗庙先君之主曰'都'，无曰'邑'。"宗庙，君王供奉祖宗神主的殿堂。邑，有城郭的乡镇。［44］代京：代国的都城，即指平城，在今山西大同市。代国，北魏前身，定都盛乐（今内蒙古自治区和林格尔县），拓跋珪建立北魏后迁都平城。［45］宗庙山陵所托：是列祖列宗的庙宇和坟墓所在之地。山陵，帝王的陵墓。［46］王业所基：是国家政权创始、发祥的地方。［47］为神乡福地，实亦远矣：指尊崇的程度远远不够。［48］建畿（jī）置尹：意即仍让它作为一个都城继续存在，设立郊区，行政长官称京兆尹。畿，国都的郊区。［49］一如故事：胡三省曰："魏初都平城，分画甸畿置司州，于平城置代尹。"故事，先例，旧制。［50］光示万叶：让您这种尊崇祖先、重视旧都的做法光照万世。叶，世，代。［51］四民异居：士、农、工、商分别居住，不相混杂。［52］业专志定：一心一意地永远从事这个行业。胡三省曰："管仲相齐，使士、农、工、商各群萃而州处。其言曰：四民者，勿使杂处，杂处则其言哤，其事易。昔圣王之处士也，使就闲燕；处工，就官府；处商，就市井；处农，就田野。长而安焉，不见异物而迁焉。"［53］太祖道武皇帝：即北魏开国皇帝拓跋珪，谥号道武，故称。传见《魏书》卷二。［54］创基拨乱：创建魏国，平定一些小国，统一北方。拨乱，改变乱世。［55］日不暇给：每天都忙得不可开交，时间不够用。［56］分别士庶：把官僚士大夫与一般的平民分开居住。士，指做官的人。庶，平民，大众百姓。［57］工伎（jì）：工匠、乐伎。伎，歌舞人员。屠沽（gū）：屠夫、卖酒的人。［58］各有攸处：各有适合于他们居住的地方。［59］科禁：条例、禁令，管理办法。［60］专以官位相从：专门按照官职高低安排住所。［61］不分族类：不按行业划分。族类，这里指行业。［62］朝荣夕悴（cuì）：就像花朵一样，早晨还开着，到傍晚就凋谢了，意即做官的像走马灯一样，早上不知晚上事。荣，开花。悴，枯萎，败亡。［63］衣冠：穿礼服、戴礼帽，泛指官僚士大夫。不日同处：用不了多长的时间就住到一起去了。［64］借使：假使，假如。一里：同一条胡同巷内。［65］讲肄诗书："讲"，原文作"构"，据章校改。讲肄（yì），讲习，读书学道。肄，学习。诗书，一般指《诗经》《尚书》这里泛指一般书籍、诗文。［66］纵群儿随其所之：让孩子们随便选其所好。纵，放纵。［67］风礼：习惯，礼节。风，风习。［68］容态：仪容，姿态。［69］仲尼称里仁之美：《论语·里仁》有所谓："子曰：'里仁为美。择不处仁，焉得智？'"里仁，居住的里巷有仁厚之俗。仲尼，孔子的字。［70］孟母勤三徙之训：相传孟子的母亲为了给儿子找个好环境，多次迁徙，从墓旁迁到集市，又由集市迁到学校旁边才定居下来。事见《列女传》。三徙，多次迁居。三，指实数三，或多次。［71］此乃风俗之原：这是使风俗日益变好的先决条件。原，同"源"，源头。［72］人士：即士人，有名望的人。［73］校其一婚一宦以为升降：考察其人的婚姻和仕宦情况作为升降的标准。校，考校，考察。［74］密：严格。［75］度（duó）地居民：规划地区，让百姓居住。［76］清浊连甍（méng）：意即士庶混杂、比邻而居。清，清高门第，当时指士族之家。浊，粗俗之家，当时指医、巫、百工等。连甍，这家的屋顶挨着那家的屋顶。甍，屋脊，屋顶。［77］因：趁着，借着。［78］阙（quē）盛美：该干的好事而丢下不干。阙，同"缺"，遗漏。盛美，很美好的事情。［79］南人：以称长江以南政权，东晋、刘宋、南齐等。昔有淮北之地：曾有一段时间占领着淮河以北的地区，此指刘宋前期。刘宋高祖刘裕在即位前收复失地，将北部边境推到了淮河一线；其后逐渐萎缩，到了明帝刘彧期间，淮河以北全部被魏国占去。［80］自比中华：自己以中原地区的统治者自居。中华，中原，中州，指黄河流域。［81］侨置郡县：指东晋初期与刘宋前期为了安置北方来的人员，用北方已沦陷的地名，在长江南北地区重置郡县。侨置，《宋书·州郡志一》曰："自夷狄乱华，司、冀、雍、凉、青、并、兖、豫、幽、平诸州一时沦没，遗民南渡，并侨置牧司，非旧土也。"侨，寄居。［82］自归附圣化：指刘宋明帝刘彧时期，淮北地区被北魏占领，南方侨郡投归北魏。［83］仍而不改：指淮河以北地区有些地方仍沿用着东晋以及刘宋时期侨设的地名。仍，继续沿用。［84］文书难辨：写在纸面上让人无法弄清究竟是指何处。［85］一皆厘革：通通恢复原来的名称。厘革，改革，订正。［86］中州郡县：这里泛指黄河中下游流域的郡县。中州，原指豫州，在今河南一带。［87］君人：为人之君，统治人民，代指帝王。［88］军国：军务和国政。［89］自非：假如不是，除此而外。［90］比来赐赉（lài）：近来对他们的赏赐。赐赉，赏赐，赠送。［91］鳏（guān）寡孤独：《孟子·梁惠王下》曰："老而无妻曰'鳏'，老而无夫曰'寡'，老而无子曰'独'，幼而无父曰'孤'。"［92］所济实多：所达到的救助效果应该更大、更好。济，救济，救助。［93］直：只，仅仅。［94］殆（dài）非：大概不是。周急不继富：意思是有钱财应用来周济穷人，而不要再给富人添资。此为孔子语，见《论语·雍也》，原文作"周急不济富"。继，同"济"。

二月，乙丑[1]，魏主如河阴[2]，规方泽[3]。

辛卯[4]，帝祀明堂[5]。

司徒参军刘敩等聘[6]于魏。

丙申[7]，魏徙河南王干为赵郡王[8]，颍川王雍为高阳王[9]。

壬寅[10]，魏主北巡；癸卯[11]，济河；三月壬申[12]至平城。使群臣更论迁都利害，各言其志。燕州刺史穆罴[13]曰："今四方未定，未宜迁都。且征伐无马[14]，将何以克？"帝曰："厩牧在代[15]，何患无马！今代在恒山之北[16]，九州之外[17]，非帝王之都也。"尚书于果[18]曰："臣非以代地为胜伊、洛之美[19]也。但自先帝以来，久居于此，百姓安之；一旦南迁，众情不乐。"平阳公丕[20]曰："迁都大事，当讯之卜筮[21]。"帝曰："昔周、召圣贤[22]，乃能卜宅[23]。今无其人[24]，卜之何益！且'卜以决疑，不疑何卜[25]！'黄帝卜而龟焦[26]，天老曰'吉'[27]，黄帝从之。然则至人之知未然[28]，审于龟矣。王者以四海为家，或南或北，何常之有！朕之远祖，世居北荒。平文皇帝[29]始都东木根山[30]。昭成皇帝[31]更营盛乐[32]，道武皇帝迁于平城[33]。朕幸属胜残之运[34]，而何为独不得迁乎[35]！"群臣不敢复言。罴，寿之孙；果，烈之弟也。癸酉[36]，魏主临朝堂，部分迁留[37]。

（以上为第五段，写北魏朝廷开展关于迁都洛阳的讨论，穆罴、于果、拓跋丕等大臣提出不同意见，皇帝拓跋宏逐一解答，铁了心是要迁都，并进行周密的部署。）

【注释】

[1]乙丑：《魏书·高祖纪》作"己丑"，二月十四日。 [2]河阴：古县名，县治在今河南孟津区东北。 [3]规方泽：规划建立一所祭祀地神的场所，即地坛，其形制为掘地为方池，贮水以祭，故称方泽。规，规划。 [4]辛卯：二月十六日。 [5]帝：指南齐皇帝萧昭业。祀明堂：在明堂祭祀天地。明堂，是依照儒家学说建立的祭祀天地、宣明政教的地方。 [6]司徒参军：司徒府的属官。参军：为军事参谋。刘敩（xiào）：人名，南齐时人，为司徒参军，曾出访北魏。聘：国事访问。 [7]丙申：二月二十一日。 [8]徙：移封。河南王。干：即拓跋干，也称"元干"，献文帝拓跋弘第三子，封河南王，改封赵郡王。传见《魏书》卷二十一上。 [9]颍川王雍：即拓跋雍，也称"元雍"，献文帝拓跋弘第五子，封颍川王。改封高阳王。传见《魏书》卷二十一上。 [10]壬寅：二月二十七日。 [11]癸卯：二月二十八日。 [12]壬申：三月二十七日。 [13]燕州：北魏州名，约当今河北张家口和与之邻近的北京市西北部地区，州治在今河北涿鹿县。胡三省曰："魏营洛，以洛为司州，改平城之司州为恒州，分恒州东部置燕州，治昌平。"穆罴（pí）：本姓丘穆陵氏，北魏太子拓跋晃辅臣驸马都尉穆寿之孙，北魏大臣。传见《魏书》卷二十七。 [14]征伐

无马：指新都洛阳没有更多的马匹。［15］厩（jiù）牧在代：代郡有我们的马棚、牧场。厩，马棚。牧，牧场。代，古郡名，北魏的旧都平城处于代郡之内。［16］代：主要指北魏都平城。恒山，即五岳中的北岳，在今山西浑源县境内，在北魏都平城的东南方。［17］九州之外：古代传说中的九州，通常指当时的中国境内。九州中最靠北的是幽州、并州，而平城又处于并州的北部地区，故北魏主夸张地说它处于九州之外。［18］尚书：北魏的尚书相当于尚书令。于果：本姓万忸于氏，鲜卑族，尚书令于洛拔次子、于烈之弟，北魏大臣。传见《魏书》卷三十一。［19］非以代地为胜伊、洛之美：并不是说平城一带的地理环境比洛阳一带还要好。伊、洛，二水名，流经洛阳附近，故常以"伊、洛"代指洛阳地区。［20］平阳公丕：即拓跋丕，北魏宗室、大臣。封平阳郡公。传见《魏书》卷十四。［21］讯之卜筮（shì）：通过卜筮来占测一下。卜筮，用龟甲、蓍草占卜吉凶。［22］周、召：即周公姬旦、召公姬奭，因辅佐周成王稳定周初的秩序，被后代称为圣贤。［23］卜宅：向鬼神询问建都于洛阳是否吉利。胡三省曰："《书·洛诰》曰：召公既相宅，周公往营成周。使来告卜曰：'我卜河朔黎水，我又卜涧水东、瀍水西，惟洛食。我又卜瀍水东，亦惟洛食。'"《史记·周本纪》载："周公复卜申视，卒营筑，居九鼎焉。曰：'此天下之中，四方入贡道里均。'"宅，住所，此指都城所在。［24］今无其人：今天我们的朝廷上没有周公、召公那样的贤相。［25］卜以决疑，不疑何卜：人是有了疑难才进行占卜的；如果没有疑难，那还占卜做什么？语出《左传·桓公十一年》。［26］黄帝：上古五帝之首，被尊为中华"人文初祖"。卜而龟焦：相传黄帝当年与蚩尤开战前曾进行占卜，结果龟甲被烧糊了。杜预曰："龟焦，兆不成也。字书释灼龟不兆为焦。"占卜，是要看龟甲上的裂纹，一旦龟甲被烧糊，就算是占卜失败了。［27］天老曰'吉'：天老，是黄帝大臣，他见龟甲被烧糊了，不但不说占卜失败，反而说这本身就表明了我们要占卜的事情是大吉大利。［28］至人之知未然：一个聪明绝顶的人对于意想不到的突发事变的判断。至人，圣人，道德修养达到最高境界的人。未然，未发生的事情。［29］平文皇帝：即拓跋郁律，北魏皇帝先祖，鲜卑索头部首领，曾击败匈奴铁弗部首领刘虎和白部鲜卑，西取乌孙故地，称雄北方。后惨遭杀害。追尊平文皇帝，庙号太祖。拓跋宏时取消太祖庙号。传见《魏书》卷一。［30］始都东木根山：筑城建都于东木山根，按：东木山根，古山名，在今内蒙古兴和县西北，山西大同市北。《资治通鉴》东晋太宁二年（324）载，代国主拓跋贺傉亲政，"以诸部人情未悉款顺"，乃筑城于此，徙都之。《魏书》卷一称惠帝贺傉四年，"乃筑城于东木根山，徙都之。"而贺傉是拓跋郁律后一代的代国郡王。此处记载拓跋郁律始都东木山根，或有讹误。［31］昭成皇帝：即拓跋什翼犍，字郁律旃，代国君主，北魏皇帝先祖，平文帝拓跋郁律次子，北魏追谥为昭成皇帝，庙号高祖。传见《魏书》卷一。［32］更营盛乐：重新又在盛乐建立都城。盛乐，在今内蒙古和林格尔西北的土城子。［33］迁于平城：拓跋珪于登国元年（386），趁乱复立代国，即位于牛川，后改称魏王，时年仅十五岁。皇始三年（398），确定国号为"魏"，将国都从盛乐城迁到平城，即皇帝位。［34］幸属：有幸正赶上。胜残之运：意即接续在大有作为的帝王之后，自己正好可以施行仁政，不用武力征伐、不用严刑镇压的时代。语出《论语·子路》："子曰：'善人为邦百年，亦可胜残去杀矣。'”胜残，“胜残去杀”的简缩语，即克服残暴，避免暴力。胡三省引朱熹曰：“胜残，谓化善人不为恶也。”［35］何为：二字原无，据章校补。独不得迁乎：偏偏就不能迁都了吗？独，独独，偏偏。［36］癸酉：三月二十八日。［37］部分迁留：安排布置哪些人跟着迁都洛阳，哪些人继续留守在平城。部分，部署，分派。

夏，四月，庚辰[1]，魏罢西郊祭天[2]。

辛巳[3]，武陵昭王晔卒[4]。

戊子[5]，竟陵文宣王子良[6]以忧卒[7]。帝常忧子良为变[8]，闻其卒，甚喜。

臣光曰：孔子称“鄙夫不可与事君[9]，未得之，患得之；既得之，患失之。苟患失之，无所不至。”王融[10]乘危徼幸，谋易嗣君[11]。子良当时贤王[12]，虽素以忠慎[13]自居，不免忧死。迹其所以然[14]，正由融速求富贵而已。轻躁[15]之士，乌可近哉[16]！

己亥[17]，魏罢五月五日、七月七日飨祖考[18]。

魏录尚书事广陵王羽[19]奏：“令文[20]：每岁终，州镇列属官治状[21]，及再考[22]，则行黜陟[23]。去十五年[24]京官尽经考为三等，今已三载。臣辄准外考[25]，以定京官治行[26]。”魏主曰：“考绩事重[27]，应关朕听[28]，不可轻发；且俟[29]至秋。”

闰月，丁卯[30]，镇军将军鸾即本号[31]，开府仪同三司。

戊辰[32]，以新安王昭文[33]为扬州[34]刺史。

五月，甲戌朔[35]，日有食之。

六月，己巳[36]，魏遣兼员外散骑常侍卢昶[37]、兼员外散骑侍郎王清石来聘[38]。昶，度世之子也。清石世仕江南[39]，魏主谓清石曰：“卿勿以南人自嫌[40]。彼有知识[41]，欲见则见，欲言则言。凡使人[42]以和为贵，勿迭相矜夸[43]，见于辞色[44]，失将命之体[45]也。”

秋，七月，乙亥[46]，魏以宋王刘昶[47]为使持节，都督吴、越、楚诸军事[48]，大将军，镇彭城[49]。魏主亲饯[50]之。以王肃[51]为昶府长史[52]。昶至镇，不能抚接义故[53]，卒无成功[54]。

壬午[55]，魏安定靖王休[56]卒。自卒至殡[57]，魏主三临其第[58]，葬之如尉元[59]之礼，送之出郊，恸哭[60]而返。

壬戌[61]，魏主北巡。

（以上为第六段，写南齐竟陵王萧子良是个贤才，而皇帝萧昭业却是庸才，权臣萧鸾野心勃勃，子良以忧去世，是一个重大的损失。）

【注释】

[1]庚辰：四月六日。[2]罢西郊祭天：取消西郊祭天的习俗，以与中原王朝南郊祭天的习俗相一致。[3]辛巳：四月七日。[4]武陵昭王晔（yè）：即萧晔，字宣照，高帝萧道成第五子，封武陵王，拜卫将军。刚直敢言，为萧昭业所倚重，故为萧鸾所深忌。赠司空，谥号为昭。传见《南齐书》卷三十五。[5]戊子：四月十四日。[6]竟陵文宣王子良：即萧子良，字云英，齐武帝萧赜次子，封竟陵郡王，谥号文宣。传见《南齐书》卷四十。[7]以忧卒：萧子良见权臣萧鸾居心不良，篡国篡政，而小皇帝萧昭业又怀疑自己，故忧国忧身而死。[8]常忧子良为变：总是担心萧子良篡夺他的皇帝之位。胡三省曰："郁林但处子良为变，而不知鸾、谌之谋已成矣。"[9]鄙夫不可与事君：此及以下六句，为孔子的话，见《论语·阳货》。原文为："鄙夫可与事君也与哉？其未得之也，患不得之；既得之，患失之。苟患失之，无所不至矣。"鄙夫，指贪婪自私的邪恶之臣。司马光这里是指当时怙权营私的邪臣王融。不可与事君，不能与之一道共事。[10]王融：字元长，东晋宰相王导六世孙，庐陵太守王道琰之子。为中书郎，入萧子良幕府，官至太子舍人。好大喜功，狂妄无比，是自私行险的邪恶之臣。传见《南齐书》卷四十七。乘危徼幸：乘国家危难之际而谋取个人的功名利禄，即利用萧赜病危之机，王融欲矫诏立萧子良，事见《资治通鉴》卷一百三十八。徼（jiǎo）幸，即侥幸，作非分企求，希望得到意外的成功。徼，同"侥"。[11]谋易嗣（sì）君：企图改变老皇帝的接班人。易，变更。嗣君，继承君位，皇位继承人。王融如此行事，造成了小皇帝萧昭业对萧子良的怀疑与排挤，从而给萧鸾的篡政铺平了道路。[12]子良当时贤王：萧子良是一个淡泊荣利，对其父萧赜、其侄萧昭业都忠心耿耿、唯命是从的人，其最大的失误，就是对野心家萧鸾缺乏警惕。萧子良的淡泊，更造成了萧鸾的专权。[13]忠慎：忠贞，谨慎。[14]迹其所以然：推究所以形成这种局面的原因。迹，推究，细查问题形成的原因。[15]轻躁：轻狂，浮躁。此指王融之所为。[16]乌可近哉：怎么能与他们接近呢？乌，何，怎能。[17]己亥：四月二十五日。[18]罢五月五日、七月七日飨（xiǎng）祖考：五月五日是中原地区的端午节，七月七日是中原地区的乞巧日。北魏古礼以此二日为祭祖之节，今孝文帝拓跋宏追求汉化，故将祭祖之俗废止。胡三省曰："魏端午、七夕之飨，犹寒食之飨，皆夷礼也。"飨，同"享"，祭祀。祖考，祖先。考，先父。[19]录尚书事：管理尚书省的一切政务。录，统领，管理。广陵王羽：即拓跋羽，献文帝拓跋弘第四子，封广陵王。传见《魏书》卷二十一上。[20]令文：条例章程，这里的意思是依照过去的章程。[21]列属官治状：把自己下属官

吏管理政务的状况写成文件呈报尚书省。［22］及再考：到第二次再进行考核时。［23］则行黜（chù）陟（zhì）：就要根据两次考评的情况进行提拔或降职。黜陟，指官吏的升降。［24］去十五年：即孝文帝太和十五年（491）。去，犹言“以往的”，作“在”字读。［25］辄（zhé），于是，便。准外考：参照、依据各州各镇考核僚属的办法。准，参考，参照。［26］以定京官治行：对朝廷百官管理政务的业绩评定出高低的等级。胡三省曰：“欲以考州镇属官之法考京官。”治行，治理政务的成绩、状况。［27］事重：是重要的事情。［28］应关朕听：应该向上报告，让我知道，换言之，这是大事，我应当亲自主导。胡三省曰：“史言魏孝文明于君人之体，不使权在臣下。”关，关白，禀告。［29］俟（sì）：等候，等到。［30］闰月，丁卯：闰四月二十三日。［31］镇军将军鸾即本号：今萧鸾就任镇军将军之职。早在南齐武帝萧赜临死前就曾遗诏加萧鸾为镇军将军，但因事一直没有到位。至此，皇帝萧昭业又重申令其就职。［32］戊辰：闰四月二十四日。［33］新安王昭文：即萧昭文，字季尚，文惠太子萧长懋次子，现任皇帝萧昭业的胞弟，封新安郡王，南齐第四任皇帝。传见《南齐书》卷五。［34］扬州：州治即在都城建康城内，是南齐国都所在的州。任萧昭文为扬州刺史，只是萧鸾所玩的把戏，时萧昭文十五岁。［35］甲戌：五月一日。朔，阴历的每月一日。［36］己巳：六月二十六日。［37］员外散骑常侍：皇帝的侍从官员，以备顾问、应对等事。员外，指正员以外的官员。卢昶（chǎng）：字叔达，小字师颜，青州刺史卢度世第三子，北魏大臣。任太子舍人兼员外散骑常侍，出使南齐，有辱国体，坐罪免官。传见《魏书》卷四十七。［38］员外散骑侍郎：挂名的侍从官员，比员外散骑常侍的职级略低。王清石：北魏官员，为员外散骑侍郎，曾出使南齐。［39］世仕江南：世代在南朝做官。［40］自嫌：自己有顾虑。嫌，怀疑，顾虑。［41］彼有知识：你在那里有相知相识的人。彼，那里。知识，认识，熟悉。［42］使人：作为一个使者。［43］勿迭相矜（jīn）夸：不要盛气凌人，总想压倒对方。迭相，相继，轮番。矜夸，夸耀，吹嘘。［44］见于辞色：在举止言谈中表现出来。见，通“现”。［45］失将命之体：有失于奉命出使者的体统。将命，奉命。［46］乙亥：七月三日。［47］宋王刘昶：北魏对当年刘宋的降将刘昶的封号，意即以刘宋的土地封之，是一种名义，虚封。刘昶（chǎng），文帝刘义隆第九子，封义阳王。刘宋前废帝刘子业时遭疑忌，为躲避迫害，逃奔北魏，封丹阳王，后改封宋王。传见《魏书》卷五十九。［48］都督吴、越、楚诸军事：吴、越、楚，都是春秋时代长江流域及长江以南的古国名，此处用以泛指长江以南地区。意即把南齐的领地都割归刘昶管辖，皆虚衔。都督诸军事，统领镇区军政。［49］镇彭城：以彭城为刘昶军事指挥部的驻地。彭城，古地名，在今江苏徐州市，为徐州州治所在地，历来为军事重镇。［50］饯（jiàn）：饯行，设酒食送行。［51］王肃：字恭懿，东晋名臣王导的后代，雍州刺史王奂之子，北魏名臣。初仕南齐，父兄遇害后，投奔北魏。传见《魏书》卷六十三。［52］昶府长史：宋王刘昶大将军府的长史。长史，将军府的诸史之长，为最高属官，总管大将军部下的各项军政。［53］不能抚接义故：没能很好地安抚、招纳昔时的故旧。胡三省曰：“宋苍梧王初，昶镇彭城，弃镇奔魏，故义故在焉。”义故，指老部下，怀念并乐于归附之人。［54］卒无成功：结果没能取得应有的功效。

成功，成就功业。［55］壬午：七月十日。［56］安定靖王休：即拓跋休，字伐伏玄，景穆皇帝拓跋晃之子，封安定郡王，谥号靖。传见《魏书》卷十九下。［57］自卒至殡：从其死到其入殓的短短期间内。殡，遗体装入灵柩。［58］三临其第：三次到其府第吊唁。第，府第。［59］尉元：本姓尉迟，字苟仁，代郡人，鲜卑族，中山太守尉目斤之子，北魏拓跋焘以来的名将。传见《魏书》卷五十。［60］恸（tòng）哭：极度悲伤，大声号哭。［61］壬戌：《魏书·高祖纪》作“壬辰”，七月二十日。

西昌侯鸾既诛徐龙驹、周奉叔，而尼媪外入[1]者，颇传异语[2]。中书令何胤[3]，以后之从叔[4]，为帝所亲，使直殿省[5]。帝与胤谋诛鸾，令胤受事[6]；胤不敢当，依违谏说[7]，帝意复止。乃谋出鸾于西州[8]，中敕用事[9]，不复关咨于鸾[10]。

是时，萧谌、萧坦之握兵权，左仆射王晏总尚书事[11]。谌密召诸王典签[12]，约语之[13]，不许诸王外接人物[14]。谌亲要[15]日久，众皆惮[16]而从之。

鸾以其谋[17]告王晏，晏闻之，响应；又告丹杨尹徐孝嗣[18]，孝嗣亦从之。骠骑录事南阳乐豫[19]谓孝嗣曰：“外传籍籍[20]，似有伊、周之事[21]。君蒙武帝殊常之恩[22]，荷托付之重[23]，恐不得同人此举[24]。人笑褚公[25]，至今齿冷[26]。”孝嗣心然之而不能从。

帝谓萧坦之曰：“人言镇军[27]与王晏、萧谌欲共废我，似非虚传。卿所闻云何？”坦之曰：“天下宁当有此[28]，谁乐无事[29]废天子邪！朝贵不容造此论[30]，当是诸尼媪[31]言耳，岂可信耶！官若无事除此三人[32]，谁敢自保[33]！”直阁将军曹道刚疑外间有异，密有处分[34]，谋未能发。

时始兴内史萧季敞[35]、南阳太守萧颖基皆内迁[36]，谌欲待二人至，借其势力以举事[37]。鸾虑事变，以告坦之，坦之驰谓谌曰：“废天子，古来大事。比闻曹道刚、朱隆之等转已猜疑[38]，卫尉明日若不就事[39]，无所复及[40]。弟有百岁母，岂能坐听[41]祸败，正应作余计[42]耳！”谌惶遽从之[43]。

壬辰[44]，鸾使萧谌先入宫，遇曹道刚及中书舍人朱隆之，皆杀之。

直后徐僧亮[45]盛怒，大言于众[46]曰："吾等荷恩[47]，今日应死报！"又杀之。鸾引兵自尚书入云龙门[48]，戎服加朱衣于上[49]，比入门[50]，三失履[51]。王晏、徐孝嗣、萧坦之、陈显达、王广之[52]、沈文季[53]皆随其后。帝在寿昌殿[54]，闻外有变，犹密为手敕[55]呼萧谌，又使闭内殿诸房阁[56]。俄而[57]谌引兵入寿昌阁，帝走趋[58]徐姬房，拔剑自刺，不入，以帛缠颈，舆接出延德殿[59]。

谌初入殿，宿卫将士皆操弓楯欲拒战[60]。谌谓之曰："所取自有人[61]，卿等不须动[62]！"宿卫素隶服于谌[63]，皆信之[64]；及见帝出，各欲自奋[65]，帝竟无一言。行至西弄[66]，弑[67]之。舆尸出殡徐龙驹宅[68]，葬以王礼。徐姬及诸嬖幸[69]皆伏诛。鸾既执帝，欲作太后令[70]；徐孝嗣于袖中出而进之，鸾大悦[71]。癸巳[72]，以太后令追废帝为郁林王[73]，又废何后[74]为王妃，迎立新安王昭文。

吏部尚书谢瀹[75]方与客围棋，左右闻有变，惊走报瀹。瀹每下子，辄云"其当有意[76]"，竟局[77]，乃还斋卧[78]，竟不问外事。大匠卿虞悰[79]窃叹曰："王、徐遂缚裤废天子[80]，天下岂有此理邪！"悰，啸父之孙也。朝臣被召入宫。国子祭酒江敩至云龙门[81]，托药发[82]，吐车中而去。西昌侯鸾欲引中散大夫孙谦[83]为腹心，使兼卫尉给甲仗百人[84]。谦不欲与之同[85]，辄散甲士，鸾亦不之罪也。

丁酉[86]，新安王即皇帝位，时年十五。以西昌侯鸾为骠骑大将军[87]、录尚书事、扬州刺史、宣城郡公。大赦，改元延兴[88]。

（以上为第七段，写南齐宫廷政变，权臣萧鸾蓄谋已久，伙同大臣萧谌、萧坦之、王晏、徐孝嗣等，杀掉皇帝萧昭业，立新安王萧昭文为傀儡皇帝，改元延兴。）

【注释】

[1]尼媪(ǎo)外入者：从外面进入宫廷的老尼姑。 [2]颇传异语：带进来了外面的一些传言，说萧鸾有异谋。胡三省曰："谓外人籍籍口语，言鸾等相与有异谋也。" [3]中书令：中书省的长官，职同宰相，负责处理国家政务。何胤（yìn）：字子季，太子中庶子，为皇帝萧昭业所亲近，为侍中、中书令。传见《梁书》卷三十。 [4]后之从叔：何胤是萧昭业何皇后的叔父。 [5]使直殿省：让何胤夜间在中书省内值班。直，同"值"，值宿。殿省，即中书省，因其在宫廷之内，故称殿省。 [6]令胤受事：让何胤按照皇帝萧昭业的旨意起草处决萧鸾的诏令。 [7]依违谏说：支

支吾吾地调和劝说，不奉命拟旨。依违，似依似违，模棱两可，没有行动。［8］出鸾于西州：意即调任萧鸾为扬州刺史。西州，指西州城，是扬州刺史的官衙所在地，在当时建康台城的西侧。［9］中敕（chì）用事：朝廷颁发诏令与处理各项事务。中敕，朝廷颁布的命令。［10］不复关咨于鸾：不再向萧鸾请示、打招呼。关咨，告知，征询意见。［11］王晏：字士彦，时任左仆射总尚书事。传见《南齐书》卷四十二。总尚书事：总管尚书省的事务。［12］诸王典签：在皇室诸王身边掌权的属吏。典签，原是书记员一类的小吏，因为他们由朝廷派出，代表朝廷替诸王管理军政大事，遂炙手可热，连诸王自身也受其辖制，无可奈何。萧鸾既然操纵朝政，诸王典签自然也就成为代替萧鸾控制诸王的帮凶。［13］约语之：萧谌秘密地召集他们，给他们布置任务，并隐约地警告他们。胡三省曰："约语者，约束而语之。"［14］不许诸王外接人物：不许皇室诸王与外面军政界的要人相往来，实际上是将他们控制起来。［15］亲要：受宠信，居要职。萧谌等原是萧赜当年的宠臣，甚至连萧昭业也不知道他们现在都成了吃里扒外的萧鸾的死党。［16］惮（dàn）：害怕，畏惧。［17］其谋：要废掉皇帝萧昭业的阴谋。［18］丹杨尹：当时都城建康的行政长官，位同郡太守，但其地位高于一般郡守。徐孝嗣，字始昌，小字遗奴，司空徐湛之之孙，为丹杨尹。传见《南齐书》卷四十四。［19］乐豫：任骠骑录事，即骠骑将军府的录事参军。传见《南齐书》卷五十五。［20］外传籍籍：外面的流言议论纷纷。籍籍，也作"藉藉"，议论纷纷的样子。［21］伊、周之事：指废掉现有的皇帝、另立新皇帝的事情。商臣伊尹曾放逐其君太甲，周公姬旦曾代替成王临朝摄政，故此以"伊、周之事"代指废立之举。［22］君蒙武帝殊常之恩：徐孝嗣由王俭推荐，得到武帝萧赜的格外重用，萧赜临终的遗诏中有所谓"尚书中事，职务根本，悉委右仆射王晏、吏部尚书徐孝嗣"的话，可见宠信之隆。殊常，不同寻常。［23］荷托付之重：承担着先帝的重托。荷，承担，接受。［24］不得同人此举：不能跟着别人一道干这种废掉皇帝的事情。［25］人笑褚公：褚渊是刘宋明帝刘彧的顾命大臣，接受遗命辅佐幼主刘昱。结果褚渊后来竟帮着权臣萧道成篡取了刘宋的皇位，此事引起了朝野的一片责骂之声。褚公，指称褚渊。［26］至今齿冷：至今仍受到人们的讥笑。因为人笑则露齿，故以"齿冷"代指笑骂。［27］镇军：即镇军将军，地位颇高。此指萧鸾。［28］宁当有此：难道有这样的事情吗？宁，难道。［29］无事：无缘无故地。［30］朝贵不容造此论：朝廷上的权贵们不可能编造这样的谣言。不容，不可能，不应该。［31］尼媪：老尼姑。［32］官：也称"官家"，当时对皇帝的称呼，相当于"您"。三人指萧鸾、王晏、萧谌。［33］谁敢自保：谁还能保全自己，意即人人自危，难免会发生一些意想不到的事情。［34］密有处分：暗中有除掉萧鸾的计划，但还没有动手。胡三省曰："言曹道刚密有图鸾等之谋而未能发。"［35］始兴内史：始兴王萧鉴的内史。萧季敞：权臣萧鸾堂弟，时任始兴内史。［36］萧颖基：权臣萧鸾亲信，时为南阳太守。皆内迁：都由外官征调进京。［37］借其势力以举事：胡三省曰："以二人方自外郡归，各有兵力自送，为可藉也。"借，凭借，依仗。势力，兵力。［38］比闻：近来听说。转已猜疑：已经在怀疑我们。［39］卫尉：主管护卫宫廷的官员。此称萧谌，当时萧谌为卫军司马，兼卫尉之职。若不就事：如果不能成事，即废掉小皇帝萧昭业。就，完成。［40］无所复及：那恐怕就做什么都来不及了。［41］坐听：坐等。听，听凭。［42］正应作余计：就要作最后的打算。余，末，最后。［43］惶遽（jù）从之：匆忙答应。惶遽，急急忙忙，慌慌张张。［44］壬辰：七月二十日。［45］直后：亦宿卫之官，在皇帝车驾后担任侍卫。徐僧亮：小皇帝萧昭业时为直后，是忠诚的卫士，在萧鸾刺杀萧昭业的政变中被杀。［46］大言于众：面对众人大声地说。［47］荷恩：蒙受恩惠。［48］自尚书：从尚书省出来，当时萧鸾任录尚书事，尚书省是他的办事机关。入云龙门：进入皇宫内殿的正门。［49］戎服加朱衣于上：把红色官服套在军服外面。戎服，军服。朱衣，红色官服。按制度，群臣入云龙门不准穿军服，佩带武器。［50］比入门：在萧鸾入云龙门的时候。比，及。［51］三失履：三次掉了鞋子，极言其紧张、心虚的情状。［52］王广之：字士林，南齐名将。传见《南齐书》卷二十九。［53］沈文季：字仲达，刘宋名将沈庆之之子，南齐大臣。任侍中。佐萧鸾篡取帝位，加太子詹事，任尚书右仆射。传见《南齐书》卷四十四。［54］寿昌殿：南齐武帝萧赜所建，平时无事时常在这里居住。［55］密为手敕：偷偷地亲笔写了一道手令。呼萧谌：大祸临头，还没有识透萧谌，也是昏庸得可以。［56］诸房阁：各个进入内殿各个房间的旁门、小门。［57］俄而：一会儿。［58］走趋：逃向。［59］舆接出延德殿：被萧鸾的党羽们用车子拉到了延德殿。舆，轻便的小车或人抬的软轿。延德殿，皇宫内的宫殿。［60］楯（dùn）：通“盾”，盾牌。拒战，迎战。［61］所取自有人：我们所捉拿的人是另外的人。［62］不须动：不要乱动。［63］隶服于谌：俯首帖耳地听萧谌的指令。隶服，像奴仆一样地听话。［64］皆信之：都相信他不会做对不起皇帝的事情。［65］各欲自奋：都想挺身而出，为援救皇帝而拼死一战。［66］西弄：延德殿西侧的小胡同。弄，弄堂，小巷。［67］弑（shì）：古代臣杀死君王称“弑”。萧昭业被杀时年二十二岁。［68］舆尸：以车运尸。出殡徐龙驹宅：把装着尸体的棺材寄放在徐龙驹的住宅里。徐龙驹是萧昭业的亲信宦官，此前已被萧鸾所杀。［69］诸嬖（bì）幸：被萧昭业所宠爱的所有女人与男人。［70］欲作太后令：想假借太后的名义写一道废掉小皇帝萧昭业的诏令。［71］鸾大悦：徐孝嗣的这种机灵与想得周到，萧鸾很是赏识。［72］癸巳：七月二十一日。［73］追废帝为郁林王：后补下令废去萧昭业的皇帝之位，降为郁林郡王。［74］何后：即何婧英，萧昭业皇后，抚军将军何戢之女。［75］谢瀹（yuè）：字义洁，吏部尚书、太子詹事。传见《南齐书》卷四十三。［76］其当有意：他们肯定是要干什么。［77］竟局：下完这盘棋之后。［78］还斋卧：回到吏部的办公室去躺着，静观其变。［79］大匠卿：主管土木建筑，九卿之一。虞悰（cóng）：字景豫。东晋会稽内史虞啸父之孙，南齐黄门郎虞秀之之子，官至右军将军，兼大匠卿。传见《南齐书》卷三十七。［80］王、徐：指王晏、徐孝嗣。遂缚裤废天子：意谓二子身为文官，居然身穿戎服废了皇帝。缚裤，扎紧套裤脚管，以便骑乘，戎服。［81］江敩（xiào）：字叔文，刘宋权臣江湛之孙，南齐大臣。传见《南齐书》卷四十三。［82］托药发：推说服五石散的疾病发作了。托，委托，假装。［83］中散大夫：皇帝的侍从官员，无实权而有荣誉，多授予年高的大臣。孙谦：字长逊，齐、梁大臣，最后死于光禄大夫任上。传见《梁书》卷五十三。［84］兼卫尉：挂有卫尉的虚衔，因为真正的卫尉是萧谌。给甲仗百人：给他配备披甲执兵的护卫一百人。［85］不欲与之同：不愿与他同流合污，成为一丘之貉。胡三省曰："史言谢瀹、江敩以名义自将，仅能如此而已；特立不惧，孙谦庶几焉。"［86］丁酉：七月二十五日。［87］骠骑大将军：古高级将军名号，地位仅次于大将军。而此时的大将军又虚位无人，实际上是萧鸾统领全国军事。［88］延兴：南齐皇帝萧昭文的年号，共数月。

辛丑[1]，魏主至朔州[2]。

八月，甲辰[3]，以司空王敬则[4]为太尉，鄱阳王锵为司徒[5]，车骑大将军陈显达为司空，尚书左仆射王晏为尚书令。

魏主至阴山[6]。

以始安王遥光[7]为南郡太守，不之官[8]。遥光，鸾之兄子也。鸾有异志[9]，遥光赞成[10]之，凡大诛赏，无不预谋[11]。戊申[12]，以中书郎萧遥欣为兖州刺史。遥欣，遥光之弟也。鸾欲树置亲党，故用之。

癸丑[13]，魏主如怀朔镇[14]；己未[15]，如武川镇[16]；辛酉[17]，如抚宜镇[18]；甲子[19]，如柔玄镇[20]；乙丑[21]，南还；辛未[22]，至平城。

九月，壬申朔[23]，魏诏曰："三载考绩，三考黜陟[24]；可黜者不足为迟，可进者大成赊缓[25]。朕今三载一考，即行黜陟，欲令愚滞[26]无妨于贤者，才能不拥于下位[27]。各令当曹[28]考其优劣为三等，其上下二等仍分为三。六品已下[29]，尚书重问[30]；五品已上，朕将亲与公卿论其善恶，上上者迁之，下下者黜之，中者守其本任[31]。"

魏主之北巡也，留任城王澄[32]铨简旧臣[33]。自公侯已下，有官者以万数，澄品[34]其优劣能否为三等，人无怨者。

壬午[35]，魏主临朝堂，黜陟百官，谓诸尚书[36]曰："尚书，枢机之任[37]，非徒总庶务[38]，行文书而已；朕之得失[39]，尽在于此。卿等居官，年垂再期[40]，未尝献可替否[41]，进一贤退一不肖，此最罪之大者。"又谓录尚书事广陵王羽[42]曰："汝为朕弟，居机衡之右[43]，无勤恪[44]之声，有阿党[45]之迹，今黜汝录尚书、廷尉[46]，但为特进、太子太保[47]。"又谓尚书令陆睿[48]曰："叔翻到省之初[49]，甚有善称[50]；比来偏颇懈怠[51]，由卿不能相导以义[52]。虽无大责，宜有小罚；今夺卿禄一期[53]。”又谓左仆射拓跋赞[54]曰：”叔翻受黜[55]，卿应大辟[56]；但以咎归一人[57]，不复重责；今解卿少师[58]，削禄一期。”又谓左丞公孙良、右丞乞伏义受[59]曰：“卿罪亦应大辟；可以白衣守本官[60]，冠服禄恤尽从[61]削夺。若三年有成，还复本任；无成，永归南亩[62]。”又谓尚书任城王澄曰：“叔神志骄傲，可解少保[63]。”又谓长兼[64]尚书于果曰：“卿不勤职事，数辞以疾，可解长兼，削禄一期。”其余守尚书尉羽[65]、卢渊[66]等，并以不职[67]，或解任，或黜官，或夺禄，皆面数其过[68]而行之。渊，昶之兄也。

帝又谓陆睿曰：“北人每言‘北俗质鲁[69]，何由知书[70]！’朕闻之，深用怃然[71]！今知书者甚众，岂皆圣人！顾[72]学与不学耳。朕修百官[73]，兴礼乐，其志固欲移风易俗。朕为天子，何必居中原[74]！正欲卿等子孙渐染美俗[75]，闻见广博；若永居恒北[76]，复值[77]不好文之主，不免面墙[78]耳。”对曰：“诚如圣言[79]。金日磾[80]不入仕汉朝，何能七世知名[81]？”帝甚悦。

（以上为第八段，写北魏孝文帝拓跋宏励精图治，亲自考核、评判百官，毫不留情地处分不称职的官员；阐明迁都中原是为子孙浸染美俗，多闻多见，增长见识。）

【注释】

[1]辛丑：七月二十九日。 [2]朔州：北魏州名，州治盛乐，在今内蒙古和林格尔县西北。[3]八月甲辰：八月二日。 [4]王敬则：本名王恒，字敬则，南齐开国元勋。官至司空、太尉、大司马。后受到疑忌，举兵反叛，兵败被杀。传见《南齐书》卷二十六。 [5]司徒：萧鸾将鄱阳王萧锵，任为司空，此加官司徒，纯属掩人耳目，借以安慰人心。 [6]阴山：山名，在今内蒙古河套以北的东西走向的大山，其地有北魏国室的离宫，故北魏主屡屡前往。 [7]始安王遥光：即萧遥光，字元晖，始安王萧凤之子，明帝萧鸾之侄，承袭始安王，为南郡太守。传见《南齐书》卷四十五。 [8]不之官：不离开京城去南郡上任。之，到，至。 [9]鸾有异志：萧鸾怀有废立的意图。 [10]赞成：帮助，促成。 [11]预谋：参与谋划。 [12]戊申：八月六日。 [13]癸丑：八月十一日。 [14]怀朔镇：北魏军镇名，北魏时期的军事镇戍机构，故址在今内蒙古固阳县。 [15]己未：八月十七日。 [16]武川镇：北魏军镇名，故址在今内蒙古武川县。 [17]辛酉：八月十九日。 [18]抚宜镇：《魏书·高祖纪》作“抚冥镇”，北魏军镇名，故址在今内蒙古四子王旗东南。 [19]甲子：八月二十二日。 [20]柔玄镇：北魏军镇名，故址在今内蒙古兴和县北。从怀朔至柔玄，从西向东，是魏国六镇中的四镇。再往东还有怀荒、御夷二镇。 [21]乙丑：

八月二十三日。［22］辛未：八月二十九日。［23］壬申朔：九月一日。［24］三载考绩，三考黜（chù）陟（zhì）：语出《尚书·舜典》，意思是三年考核一次百官的政绩，经三次考核，共九年的观察，按照业绩进行降职或升官。［25］大成赊（shē）缓：太过于漫长，太过于迟缓。大，同“太”。赊缓，迟缓，缓慢。［26］愚滞：笨拙，迟钝。［27］不拥于下位：不至于被长期地压抑在下边。拥，通“壅”，阻塞。［28］当曹：各部门的长官。曹，分职治事的部门，犹如今之中央各部。［29］已下：以下。已，同“以”。［30］尚书重（zhòng）问：由尚书令再加以考察。重问，严肃考察。［31］守其本任：仍担任其原来的职务。［32］任城王澄：即拓跋澄，也作“元澄”，字道镇，任城王拓跋云长子，袭封任城王，治理梁州、徐州、雍州、定州，颇有政绩，官至中书令、骠骑大将军、司徒、侍中、尚书令。传见《魏书》卷十九中。［33］铨（quán）简旧臣：对朝廷老臣进行考核评定。铨，考量，评定。简，选拔，任用。［34］品：评定，区分。［35］壬午：九月十一日。［36］诸尚书：尚书省的各位长官。［37］枢机之任：担负着国家的关键重任。枢机，指朝廷的重要机构、重要职位。［38］非徒总庶务：不光是总管全国的各项事务。徒，但，只。［39］朕之得失：我这个皇帝做得好不好，国家治理得好不好。［40］年垂再期：已经快满两年。垂，近。期，周年。［41］献可替否：对君主劝善规过、建议兴革。出自《左传·昭公二十年》：“君所谓可，而有否焉，臣献其否，以成其可；君所谓否，而有可焉，臣献其可，以去其否。”献，进献。替，更改，废除。［42］羽：即拓跋羽，也称“元羽”，字叔翻，北魏献文帝拓跋弘第四子，封广陵王，授侍中、征东大将军、外都坐大官。传见《魏书》卷二十一上。［43］居机衡之右：位在尚书省诸长官之上。古人以右为尊。机衡，本为北斗七星中第三星天玑（天机）与第五星玉衡的并称，代指北斗，借指重要的官署或职位。［44］勤恪（kè）：勤劳，谨慎。［45］阿党：结党营私，拉帮结派。阿，曲，指偏袒、徇私。［46］黜：罢免。指罢免拓跋羽的廷尉、录尚书两个职务。［47］但为特进、太子太保：只以特进的身份任太子太保之职。特进，给年老位高者的一种加官，无具体职守，参加朝贺，位从公。太子太保，皇太子的辅导官，也是闲散职务。［48］陆睿：元勋陆俟之孙，司徒陆丽之子，北魏大臣。沉雅好学，折节下士，袭爵平原王。后卷入谋逆案，被赐死。传见《魏书》卷四十。［49］到省之初：初任尚书令的时候。［50］善称：好名声。［51］比来：近来，最近一段时期。偏颇：不公平，有失公允。懈怠：不尽力，松懈懒惰。［52］相导以义：引导尚书省的全体僚属向好的方向走。相，观察，识别。导，向导，引导。［53］夺卿禄一期：扣除你一年的俸禄。期，周年。［54］拓跋赞：也称“元赞”，拓跋什翼犍玄孙，常山王拓跋素之子，北魏、大臣，任尚书左仆射，支持孝文帝拓跋宏迁都洛阳，别封晋阳伯。传见《北史》卷十五。［55］叔翻：即拓跋羽，字叔翻。受黜：被降职、免官。［56］大辟：杀头，死刑。［57］咎归一人：意思是已经处罚了陆睿。［58］解卿少师：免除你的太子少师之职。少师，即太子少师，也是皇太子的训导官。［59］公孙良：字遵伯，公孙睿之子，北魏官员。聪明好学，任尚书左丞，很有才干。传见《魏书》卷三十三。乞伏义受：姓乞伏，名义受，应是西秦王乞伏乾归的后代，北魏官员，时为尚书右丞。［60］白衣守本官：近于后世的革职留用。白衣，指平民。守本官：继续担任本官，含有“以观后效”的意思。［61］冠服：指原任官职的服饰。禄恤：指本人俸禄以及家庭所受的各种优惠。胡三省曰：“魏官，本禄之外，别有恤亲之禄。”尽从：尽皆，全部。［62］永归南亩：永远回家为民。南亩，因《诗经·七月》中有所谓“馌彼南亩”，故后人遂习称农田曰“南亩”。［63］少保：即太子少保，皇太子的辅导官，也多为加官，无实际职责。［64］长兼：官制用语，原指长期兼任某职，后发展为一种任官形式，秩位低于正员，可由此升为正员，亦可由正员降于此。兼，其意略同于今之所谓“后补”。［65］守尚书：试用、代理尚书。守，试用。北魏有尚书令，又有录尚书事，还有长兼尚书、守尚书，名目繁多。尉羽：本名尉诩，北魏名将、淮阳王尉元之子。起家秘书中散，历任通直散骑常侍、殿中尚书、侍中、平南将军，封为博陵郡公，出任征虏将军、恒州刺史。传见《魏书》卷五十。［66］卢渊：著名儒生卢玄之孙，平东将军卢度世长子，北魏儒学之臣。传见《魏书》卷四十七。［67］不职：不尽职，不称职。［68］面数其过：当面列举、数落其过处。数，一一列举。胡三省曰：“观魏孝文之考绩，不过慕古而务名，非能行考绩之实也。”［69］质鲁：质朴，粗鲁，没有文化修养的样子。［70］知书：有文化，懂礼貌。［71］深用怃（wǔ）然：深深地为之感叹。用，因此。怃然，犹“怅然”，伤心的样子。［72］顾：转折语词，犹今所谓“问题在于”“关键在于”。［73］修百官：提高百官的素质。修，整治，提高。［74］居中原：指迁都洛阳。［75］渐染美俗：逐渐地接受美好风俗的熏陶。［76］恒北：恒山之北，指旧都平城一带。［77］复值：再遇上一位。不好文：不重视提高思想文化。［78］不免面墙：那可就真是面墙而立，什么也看不到了。《尚书·周官》有所谓“不学，墙面”。意思是一个不学习的人，就如同面墙而立，什么也看不见，什么也不懂，比喻不学无术。［79］诚如圣言：的确是如您所说。圣，敬称皇帝。［80］金日（mì）磾（dī）：字翁叔，原是匈奴休屠王太子，随同昆邪王降汉后，被没入汉朝宫廷养马，得到汉武帝赏识，拜驸马都尉、光禄大夫，与霍光、桑弘羊等同受武帝遗诏辅佐昭帝，为顾命大臣。昭帝时封秺侯。谥号敬。传见《汉书》卷六十八。［81］七世知名：金日磾的后人七代做汉朝皇帝的近侍。《汉书·金日磾传》赞曰：“七世内侍，何其盛也！”左思《咏史》有所谓“金张籍旧业，七世珥汉貂”。

郁林王之废也，鄱阳王锵初不知谋。及宣城公鸾权势益重，中外皆知其蓄不臣之志。锵每诣鸾，鸾常屣履[1]至车后迎之；语及家国，言泪俱发，锵以此信之。宫台之内皆属意[2]于锵，劝锵入宫发兵辅政[3]。制局监谢粲[4]说锵及随王子隆[5]曰：“二王乘油壁车[6]入宫，出天子置朝堂，夹辅号令[7]；粲等闭城门、上仗[8]，谁敢不同！东城人正共缚送萧令[9]耳。”子隆欲定计。锵以上台兵力既悉度东府[10]，且虑事不捷，意甚犹豫。马队主刘巨[11]，世祖时旧人，诣锵请间[12]，叩头劝锵立事[13]。锵命驾将入[14]，复还内，与母陆太妃别，日暮不成行[15]。典签知其谋，告之[16]。癸酉[17]，鸾遣兵二千人围锵第，杀锵，遂杀子隆及谢粲等。于时太祖诸子[18]，子隆最壮大[19]，有才能[20]，故鸾尤忌之。

江州刺史晋安王子懋闻鄱阳、随王死，欲起兵，谓防阁吴郡陆超之[21]曰："事成则宗庙获安[22]，不成犹为义鬼。"防阁丹阳董僧慧[23]曰："此州虽小，宋孝武[24]常用之。若举兵向阙以请郁林之罪[25]，谁能御之[26]！"子懋母阮氏在建康，密遣书迎之[27]，阮氏报其同母兄于瑶之为计[28]。瑶之驰告宣城公鸾。乙亥[29]，假鸾黄钺[30]，内外纂严[31]，遣中护军王玄邈[32]讨子懋，又遣军主裴叔业[33]与于瑶之先袭寻阳[34]，声云为郢府司马[35]。子懋知之，遣三百人守湓城[36]。叔业溯流直上[37]，至夜，回袭湓城，城局参军乐贲[38]开门纳之。子懋闻之，帅府州兵力[39]据城自守。子懋部曲多雍州[40]人，皆勇跃愿奋[41]。叔业畏之，遣于瑶之说子懋曰："今还都必无过忧[42]，正当作散官[43]，不失富贵也。"子懋既不出兵攻叔业，众情稍沮[44]。中兵参军于琳之[45]，瑶之兄也，说子懋重赂叔业，可以免祸。子懋使琳之往，琳之因说叔业取子懋。叔业遣军主徐玄庆将四百人随琳之入州城[46]，僚佐皆奔散。琳之从二百人[47]，拔白刃入斋[48]，子懋骂曰："小人！何忍行此！"琳之以袖鄣面[49]，使人杀之[50]。

王玄邈执董僧慧，将杀之，僧慧曰："晋安举义兵，仆实预其谋[51]，得为主人[52]死，不恨[53]矣！愿至大敛[54]毕，退就鼎镬[55]。"玄邈义之[56]，具以白鸾[57]，免死配东冶[58]。子懋子昭基[59]，九岁，以方二寸绢为书，参其消息[60]，并遗[61]钱五百，行金得达[62]，僧慧视之曰："郎君书也[63]！"悲恸[64]而卒。于琳之劝陆超之逃亡。超之曰："人皆有死，此不足惧！吾若逃亡，非唯孤晋安之眷[65]，亦恐田横客笑人[66]！玄邈等欲因以还都，超之端坐俟命[67]。超之门生谓[68]杀超之当得赏，密自后斩之，头坠而身不僵[69]。玄邈厚加殡敛[70]。门生亦助举棺，棺坠[71]，压其首[72]，折颈而死。

鸾遣平西将军[73]王广之袭南兖州刺史安陆王子敬[74]。广之至欧阳[75]，遣部将济阴陈伯之[76]先驱。伯之因[77]城开，独入，斩子敬。

鸾又遣徐玄庆西上[78]害诸王。临海王昭秀为荆州[79]刺史，西中郎长史何昌宇[80]行州事[81]。玄庆至江陵，欲以便宜从事[82]。昌宇曰："仆受朝廷意寄[83]，翼辅外藩[84]。殿下未有愆失[85]，君以一介之使[86]来，何容即以相付[87]邪！若朝廷必须殿下[88]，当自启闻[89]，更听后旨。"昭秀由是得还建康[90]。昌宇，尚之之弟子也。

鸾以吴兴太守孔琇之[91]行郢州事[92]，欲使之杀晋熙王銶[93]。琇之辞不许[94]，遂不食而死。琇之，靖之孙也。

（以上为第九段，权臣萧鸾权势日重，鄱阳王萧锵、晋安王萧子懋欲起兵反抗，都被萧鸾镇压；萧鸾谋求篡位，大开杀戒，诸王惨死。）

【注释】

[1]屣（xǐ）履：穿鞋而未及拔上后跟，形容行动快捷，以表示对来人的尊敬。胡三省曰："言急于出迎，不暇躡履至跟也。"[2]宫台：指后宫与朝廷百官。宫，即后宫，指皇帝、皇后与宗室贵族；台，台省，南朝设立中书省、尚书省、御史台、秘书台等，统称"台省"，代指朝廷，指群臣百官。属意：归心，寄希望。[3]发兵辅政：依靠武力夺回被萧鸾控制的政权，辅佐小皇帝萧昭文。[4]制局监：主管内府器杖、兵役。谢粲：南齐官员，小皇帝萧昭文时为制局监。[5]随王子隆：即萧子隆，字云兴，南兰陵（今江苏常州市武进区）人，武帝萧赜第八子，小皇帝萧昭业、萧昭文之叔，封枝江公，后改封随郡王，时为中护军、侍中、左卫将军，改任使持节、镇西将军、荆州刺史。后被萧鸾杀害。传见《南齐书》卷四十。[6]油壁车：古人乘坐的一种车子。因车壁用青油涂饰，故名，亲王、贵族平时往来乘坐，以区别于紧急时用于攻守的车子。[7]夹辅号令：帮着小皇帝萧昭文发布命令。夹辅，在左右辅佐。[8]上仗：宣布戒严，亮出刀枪。[9]东城人：萧鸾手下的人。东城，也称东府城，是当时丞相所居之地。萧鸾当时任录尚书事，有如晋时之司马道子等人，故居于东府，故址在今江苏南京市通济门附近。正共缚送萧令：都正在把尚书令萧鸾捆绑起来，押送过来。胡三省曰："《齐书》，世祖遗诏以鸾为侍中、尚书令。此时已进录尚书事，粲曰'萧令'，盖以旧官称之。"[10]上台兵力：警卫皇宫、朝堂的兵力。悉度东府：已全部被权臣萧鸾统领。胡三省曰："海陵王既即位，鸾出镇东府，上台兵力悉割以自随。"度，交付，归属。[11]马队主：统领骑兵的武官。刘巨：南齐时人，小皇帝萧昭文时为马队主。[12]请间（jiàn）：请求避开众人，私下谈话。[13]立事：立即举行勤王之事。[14]命驾将入：命人驾车，准备进宫。[15]不成行：还未能出发。[16]告之：火速报告了萧鸾。[17]癸酉：九月二日。[18]太祖诸子：在武帝萧赜的儿子当中。太祖，胡三省曰："当作'世祖'。"[19]子隆最壮大：《南齐书·武十七王传》曰："子隆年二十一，而体过充壮，常服芦茹丸以自销损。"[20]有才能：《南齐书·武十七王传》曰："高宗辅政，谋害诸王，世祖诸子中，子隆最以

才貌见惮，故与鄱阳王锵同夜先见杀。”［21］防阁：即防阁将军，防卫斋阁安全的武官。陆超之：吴郡人，为晋安王萧子懋防阁。权臣萧鸾杀鄱阳、随郡二王，子懋举兵讨君侧，事败，被杀。或劝其逃亡，不肯，端坐待命。为门生所杀。传见《南史》卷四十四。［22］宗庙：本为皇帝祭祀祖先的地方，此处代指国家。［23］董僧慧：丹阳姑孰（今安徽当涂县）人，出身贫寒，好读书，有勇力，慷慨有节义。为晋安王萧子懋防阁。权臣萧鸾诛杀高帝萧道成、武帝萧赜子孙，僧慧劝晋安王于江州起兵，兵败，被配发东冶。传见《南史》卷四十四。［24］宋孝武：即孝武帝刘骏，刘宋第五位皇帝。常用之：曾在这里任过刺史。常，通“尝”，曾经。刘宋孝武帝刘骏曾为江州刺史时，值刘劭弑父作乱，刘骏从江州起兵，消灭刘劭，遂即位为帝。事见《宋书》卷六。［25］向阙（què）：杀向权臣萧鸾控制的朝廷。阙，宫阙，指朝廷。请郁林之罪：声讨权臣萧鸾弑杀皇帝萧昭业的罪过。请，问罪，声讨。［26］谁能御之：谁能抵抗得了。御，阻挡。［27］密遣书迎之：悄悄地写信，迎其母阮氏来江州。［28］同母兄：同母异父之兄，其姓不同。于瑶之：南齐时人。为计：向他讨主意。［29］乙亥：九月四日。［30］假鸾（luán）黄钺（yuè）：主语是朝廷，实即萧鸾自授。假，授予。黄钺，金色大斧，授予专征的大将，以提高其奉天命讨伐的威严。［31］纂（zuǎn）严：戒严，进入紧急状态。［32］中护军：古高级军官名，统领皇帝的直属部队，并主管选拔武官。王玄邈（miǎo）：字彦远，为萧道成、萧赜的得力将领，为都官尚书、中护军，迁南兖州刺史。传见《南齐书》卷二十七。［33］军主：不是正式的官名，只是一支小部队的头领。裴叔业：字叔业，支持萧鸾夺位，拜给事黄门侍郎，封武昌县伯，为徐州刺史。传见《南齐书》卷五十一。［34］寻阳：古地名，在今江西九江市，当时为江州的州治所在地。［35］声云为郢府司马：指裴叔业的军队假称是路过江州去郢州做郢府司马，用以麻痹江州，达到突袭目的，郢州，州治夏口，在今湖北武汉市汉阳区。［36］湓（pén）城：古地名，也作盆城，又称盆口，在今江西九江市西，是湓水汇入长江之处，历来为战略要地。［37］溯流直上：意即经过寻阳沿长江逆水西上。［38］城局参军：州刺史的僚属，掌管修浚城池与防御来敌。乐贲：南齐时人，曾为江州刺史萧子懋的城局参军，叛变开门纳敌。［39］府州兵力：晋安王府与江州刺史的兵力。［40］部曲：部下，属将。雍州：南齐的州治在今湖北襄阳市。萧子懋曾任雍州刺史。［41］勇跃愿奋：自告奋勇，跃跃欲试。勇跃，即踊跃。勇，同“踊”。［42］必无过忧：意即萧鸾定不会对您怎么样。过忧，过分的忧虑。［43］正当作散官：即使当一个没有实权的官员。正当，即使。散官，有官名而无职事，为荣誉性官衔。［44］既：同“即”，于是。［45］稍沮（jǔ）：人心渐渐涣散、瓦解。［46］中兵参军：高级将领的僚属，为中兵曹的主官。于琳（lín）之：于瑶之的弟弟，为萧子懋之母阮氏的同母异父兄弟，吃里扒外的人物。［47］徐玄庆：南齐时人，小皇帝萧昭文时为军主，充当消灭萧子懋的急先锋。州城：即柴桑，在今江西九江市柴桑区，时为江州州治所在地。［48］从二百人：带领二百人。从，使之跟从。白刃：明晃晃的锋利的刀。入斋：进入萧子懋的住宿之处。［49］以袖鄣（zhāng）面：扬起衣袖，遮住自己的脸，以写其心虚愧对之状。鄣，同“障”，遮蔽。［50］使人杀之：萧锵欲起兵将要进宫时，回去与母亲诀别，结果被典签告密，还没有动身就被杀；萧子懋欲发兵东下时，欲把母亲接到江州来，母亲与异母兄弟商量，也是被告密，还没有动身，就被扼杀了。这两人的起兵，是如此的轻率，如此的优柔寡断，结果白送了性命，也葬送了所有的萧道成、萧赜子孙，悲乎哀哉！［51］仆实预其谋：我的确是参与了谋划。仆，古人谦称自己。［52］得：能。主人：当时僚属称其本官曰“主人”。［53］不恨：没有遗憾。［54］大敛：指为晋安王萧子懋收尸入殓后。［55］退就鼎镬（huò）：而后我自己甘心情愿地跳进油锅。鼎镬，古代烹煮之器，也用作刑具，此指酷刑。镬，古代的大锅。［56］玄邈义之：王玄邈很欣赏董僧慧的这种讲义气。［57］白鸾：禀告权臣萧鸾。［58］配东冶：发配到东冶去。东冶，古地名，在今福建福州市。［59］昭基：即萧昭基，萧子懋之子。［60］参其消息：写了自己现时的情况。参，相间，夹杂。［61］遗（wèi）：赠送。［62］行金得达：花钱求人送到了董僧慧之处。［63］郎君书也：这是我们小主人的信。古时僚属称其主官之子曰“郎君”。［64］悲恸（tòng）：过分伤悲。恸，极度悲哀。［65］非唯孤晋安之眷：不但辜负了晋安王萧子懋的器重。孤，同“辜”，背弃，辜负。眷，眷顾，关照。［66］亦恐田横客笑人：也怕让田横的宾客耻笑。田横，原为齐国贵族，与兄田儋、田荣反秦自立，兄弟三人先后占据齐地为王。后刘邦统一天下，田横不肯称臣于汉，率五百门客逃往海岛，刘邦派人招抚，田横被迫乘船赴洛，在途中距洛阳三十里地的偃师首阳山自杀。海岛五百部属闻田横死，亦全部自杀。传见《史记》卷九十四。胡三省曰：“超之守死，故以此言愧琳之。”［67］端坐俟命：静静地等着他们来杀。俟命，等候他们的处置。［68］谓：以为，当做是。［69］不僵：不倒。僵，向后倒。［70］殡敛：即殡殓，为死者更衣下棺，准备埋葬。敛，同“殓”。［71］坠（zhuì）：坠落，落在地上。［72］压其首：压住了杀人者的脑袋。［73］平西将军：古将军名，四平将军之一。［74］南兖（yǎn）州：州治广陵，在今江苏扬州市。安陆王子敬：即萧子敬，字云端，齐武帝萧赜第五子，初封应城县公，改封安陆郡王，为都督南兖兖徐青冀五州诸军事、征北大将军、南兖州刺史。萧鸾即位后，被害。传见《南齐书》卷四十。［75］欧阳：古地名，当时运河水路的冲要，在今江苏仪征市城东。［76］陈伯之：济阴睢陵（今江苏睢宁县）人，少小无赖，以盗劫为生。后跟随同乡车骑将军王广之征讨南齐安陆王萧子敬有功，升为冠军将军、骠骑司马，封鱼复县伯。后雍州刺史萧衍起兵反齐，遂归附之。传见《梁书》卷二十。［77］因：趁着。［78］西上：沿长江自建康西行，此指到荆州、湘州诸地。［79］临海王昭秀：即萧昭秀，字怀尚，齐武帝萧赜之孙，封曲江公，任济阴太守，兄长萧昭业即位后封为临海王。传见《南齐书》卷五十。［80］西中郎长史何昌宇：字俨望，刘宋大臣何尚之侄子，为西中郎将萧昭秀的长史。明帝萧鸾时为南郡太守，行荆州事。官至吏部尚书。传见《南齐书》卷四十三。［81］行州事：何昌宇以南郡太守代理荆州刺史的事务，因刺史萧昭秀只有十五岁，照例由特派的僚属代行州事。行，代理。［82］便宜从事：不待上奏，自行处置，此即捕杀临海王萧昭秀。［83］意寄：特别委托。意，加意。［84］翼辅外藩：辅佐居外任职的藩王，这里指萧昭秀。［85］愆（qiān）失：罪过，过失。［86］一介之使：意即就凭你个人前来一说。一介，一个人，表示轻率、不郑重。［87］何容即以相付：我怎么能把萧昭秀交给你。［88］必须殿下：

一定要让萧昭秀回京。［89］当自启闻：当由我们自己用书函奏闻朝廷，向朝廷请示。启，用书札上奏。［90］昭秀由是得还建康：胡三省引《南史》曰："明帝使裴叔业赍旨诏昌宇，令以便宜从事。昌宇拒之曰：'临海王未有失，宁得从君单诏邪？即时自有启闻，须反更议。'叔业曰：'若尔，便是拒诏；拒诏，军法行事耳！'答曰：'能见杀者，君也；能拒诏者，仆也！'叔业不敢逼而退。昭秀由此得还都。"又曰："何昌宇于此有周昌之节矣。"何昌宇如此安置，只是免去了自己的干系，似乎对良心略有安慰，而萧昭秀回到建康，又如何？还是照样一死，当然，何昌宇的这种做法比那些卖主求荣的人要好得多。［91］孔琇（xiù）之：一作"孔琇人"，会稽山阴人，南齐官员，东晋名臣孔靖之孙，时为晋熙王萧銶冠军长史、江夏内史，行郢州事。时萧鸾专政，杀诸王。欲令杀萧銶，琇之辞，不许，遂不食死。传见《南齐书》卷五十三。［92］行郢州事：代理郢州刺史的职权。［93］晋熙王銶（qiú）：即萧銶，字宣攸，齐高帝萧道成第十八子、齐武帝萧赜之弟，封晋熙郡王，任骁骑将军，郢州刺史，后被权臣萧鸾杀害。传见《南齐书》卷三十五。［94］辞不许：拒绝执行萧鸾的指令。

裴叔业自寻阳仍进向湘州[1]，欲杀湘州刺史南平王锐[2]，防阁周伯玉大言[3]于众曰："此非天子意。今斩叔业，举兵匡社稷[4]，谁敢不从！"锐典签叱左右斩之。乙酉[5]，杀锐；又杀郢州刺史晋熙王銶，南豫州刺史宜都王铿[6]。

丁亥[7]，以卢陵王子卿[8]为司徒，桂阳王铄为中军将军[9]、开府仪同三司[10]。

冬，十月，丁酉[11]，解严[12]。

以宣城公鸾为太傅、领大将军、扬州牧、都督中外诸军事，加殊礼[13]，进爵为王[14]。

宣城王谋继大统[15]，多引朝廷名士与参筹策[16]。侍中谢朏[17]心不愿，乃求出为吴兴太守。至郡，致酒数斛[18]，遗[19]其弟吏部尚书瀹，为书曰："可力饮此[20]，勿豫人事[21]！"

臣光曰：臣闻"衣人之衣者怀人之忧，食人之食者死人之事。"二谢[22]兄弟，比肩贵近[23]，安享荣禄，危不预知[24]；为臣如此，可谓忠乎[25]！

宣城王虽专国政，人情[26]犹未服。王胛上有赤志[27]，骠骑咨议参军考城江祏[28]劝王出以示人。王以示晋寿太守王洪范[29]曰："人言此是日月相[30]，卿幸勿泄[31]！”洪范曰：“公日月在躯，如何可隐，当转言之[32]！”王母，祏之姑也。

戊戌[33]，杀桂阳王铄、衡阳王钧、江夏王锋、建安王子真、巴陵王子伦[34]。

铄与鄱阳王锵齐名；锵好文章[35]，铄好名理[36]，时人称为“鄱、桂”。锵死，铄不自安，至东府见宣城王，还，谓左右曰：“向录公见接殷勤[37]，流连不能已[38]，而面有惭色，此必欲杀我。”是夕，遇害。

宣城王每杀诸王，常夜遣兵围其第，斩关逾垣[39]，呼噪[40]而入，家赀皆封籍[41]之。江夏王锋，有才行[42]，宣城王尝与之言：“遥光才力可委[43]。”锋曰：“遥光之于殿下，犹殿下之于高皇[44]；卫宗庙，安社稷，实有攸寄[45]。”宣城王失色[46]。及杀诸王，锋遗[47]宣城王书，诮责[48]之；宣城王深惮[49]之，不敢于第收[50]锋，使兼祠官于太庙[51]，夜，遣兵庙中收之。锋出，登车，兵人[52]欲上车，锋有力，手击数人皆仆地，然后死。

宣城王遣典签柯令孙[53]杀建安王子真，子真走[54]入床下，令孙手牵出之[55]，叩头乞为奴，不许而死。

又遣中书舍人茹法亮[56]杀巴陵王子伦。子伦性英果[57]，时为南兰陵[58]太守，镇琅邪[59]，城有守兵。宣城王恐不肯就死，以问典签华伯茂[60]，伯茂曰：“公若以兵取之，恐不可即办[61]。若委伯茂，一夫力耳[62]。”乃手自执鸩[63]逼之，子伦正衣冠[64]，出受诏，谓法亮曰：“先朝昔灭刘氏[65]，今日之事，理数固然[66]。君是身家旧人[67]，今衔此使[68]，当由事不获已[69]。此酒非劝酬之爵[70]。”因仰之[71]而死，时年十六。法亮及左右皆流涕[72]。

（以上为第十段，写南齐萧鸾权势熏天，效法当年萧道成对待刘宋子孙一样，对萧道成、萧赜的子孙赶尽杀绝，以消除篡权路上的一切绊脚石，手段残忍至极。）

【注释】

[1]仍进向湘州：继续前进至湘州。仍，同“乃”，就，随即。湘州，州治临湘，在今湖南长沙市。 [2]南平王锐：即萧锐，字宣毅，齐高帝萧道成第十五子，武帝萧赜之弟，封南平郡王，历任散骑常侍、左民尚书、湘州刺史。延兴元年（494），为萧鸾杀害，时年十九岁。传见《南齐

书》卷三十五。［3］防阁：即防阁将军，守卫宫门的武官。周伯玉：南齐时人，为南平王萧锐的防阁将军，因抵挡权臣萧鸾对萧锐的迫害，被杀。大言：高声痛斥。［4］匡社稷：救助垂危的国家政权。匡，匡正，救助。社稷，代指国家。［5］乙酉：九月十四日。［6］铿（kēng）：即萧铿，字宣严，齐陵（今江苏省常州市武进区）人，齐高帝萧道成第十六子，齐武帝萧赜之弟，封宜都郡王，任南豫州刺史。被萧鸾所杀，时年十八岁。传见《南齐书》卷三十五。［7］丁亥：九月十六日。［8］庐陵王子卿：即萧子卿，字云长，齐武帝萧赜第三子，封临汝县公，改封庐陵王，任荆州刺史、南豫州刺史，入为卫将军、司徒，后被萧鸾杀害，传见《南齐书》卷四十。［9］桂阳王铄（shuò）：即萧铄，字宣朗，齐高帝萧道成第八子，齐武帝萧赜之弟，封桂阳郡王，任南徐州刺史、中军将军等职。［10］丁酉：十月朔壬寅，无丁酉日，疑有误。［11］解严：解除戒严。胡三省曰："寻阳已定，诸藩王已死，故解严。"［12］加殊礼：享受一切特殊礼遇。《南齐书·明帝纪》有所谓"增班剑为四十人，给幢络三望车，前后部羽葆鼓吹，剑履上殿，入朝不趋，赞拜不名"等等。［13］进爵为王：即由宣城公改封为宣城王。［14］谋继大统：意即图谋篡位做皇帝。大统，帝位。［15］与参筹策：一道参与筹划。与参，参与。［16］侍中：宫廷里应对顾问、往来奏事的官员，地位颇重。谢朏（fěi）：字敬冲，刘宋名臣谢弘微之孙，正直之臣。萧道成欲篡取刘宋政权，想让谢朏写劝进表，谢朏不干；篡位时想让谢朏把皇帝印玺从顺帝刘准身上摘下来，给他佩上，谢朏又不干。今见萧鸾图谋异志，谋外出远而避之。传见《南史》卷二十。［17］求出：请求离开朝廷，到地方上任职。［18］数斛（hú）：若干石。斛，古代容量单位，一斛等于一石。［19］可力饮此：你就只管尽力地喝酒。力，努力，尽力。［20］勿豫人事：不要管别人的事情。豫，同"与"，参与，过问。人事，别人的事情。［21］衣人之衣者怀人之忧，食人之食者死人之事：出自《史记·淮阴侯列传》，意思是既为人臣，就得忠于其主，为自己的主子效力。死人之事，为供养了你的人而效死力。死人，死于人。［22］二谢：指谢朏、谢瀹。谢瀹时为吏部尚书。［23］比肩贵近：彼此都是萧道成、萧赜王朝的贵臣。比肩，并肩而立。贵近，既显贵又受宠。［24］危不预知：当君主遇到危难时居然毫不过问。预知，关心，过问。［25］可谓忠乎：能够算是忠臣吗？胡三省曰："世多有如此而得名者！"他看惯了赵宋末年的世态炎凉，故愤然慨叹如此。按：司马光批判谢氏二兄弟，谢氏二兄弟自然是无言以对。但他们至少没有去残害别人，只是明智保身而已，再说得重一些，即是沽名钓誉而已；在当时萧氏为了争夺帝位，大开杀戒，令人毛骨悚然，二谢不助纣为虐，而是洁身自好，应是属于难能可贵的了；尽管他们对旧主不够忠诚，或有非议之处，但司马光就挑了他们的刺予以评说，而对阴谋家、刽子手萧鸾之类，而无片言及之，是否有失偏颇呢？发人深思。［26］人情：人心。［27］胛（jiǎ）上有赤志：萧鸾肩膀后头有一颗红痣。胛，肩背之间的部位。志，通"痣"。［28］骠骑咨议参军：骠骑将军萧鸾属下的参谋人员。江祏（shí）：字弘业，济阳考城（今河南兰考县）人，明帝萧鸾姑表弟，南齐外戚、大臣。为吴兴郡丞，投靠权臣萧鸾，拥戴其即位，拜右卫将军、中书令，封安陆县侯，势冠当时。传见《南齐书》卷四十二。［29］晋寿：古郡名，郡治在今四川剑阁县东南方。王洪范：齐郡临淄（今山东淄博市东)人，刘宋、南齐将领。曾为南齐晋寿太守，明帝萧鸾时，为青、冀二州刺史，严惩贪官污吏。后战死。传见《南史》卷七十。［30］日月相：大富大贵，也就是做皇帝的长相。［31］卿幸勿泄：希望你不要对别人讲。幸，希望，谦词。［32］当转言之：我一定要转告给他们。［33］戊戌：本月朔壬寅，无戊戌日，记载有讹。［34］“杀桂阳王铄”句：谓萧鸾杀南齐宗室王。桂阳王萧铄，齐高帝萧道成第八子，被害时年二十五岁；江夏王萧锋，齐高帝萧道成第十二子，被害时年十九岁，两人传见《南齐书》卷三十五。衡阳王萧钧，齐高帝萧道成兄萧道度之子，被害时年二十二岁，传见《南齐书》卷四十五。建安王萧子真，齐武帝萧赜第九子，被害时年十九岁；巴陵王萧子伦，齐武帝萧赜第十三子，被害时年十六岁。两人传见《南齐书》卷四十。［35］好文章：爱好文学与文章写作，指诗、赋、文史等。［36］好名理：爱好名理之学。名理，魏晋时清谈的一种思潮，指辨别、分析事物的是非、道理。魏晋清谈的内容大多为老庄、佛经、《周易》等。［37］向：刚才。录公见接殷勤：萧鸾对我接待得很热情。录公，敬称萧鸾，时萧鸾任录尚书事。见接，接待我。见，被，承蒙。［38］流连不能已：有些恋恋不舍的意思。流连，依依惜别的样子。不能已，不能自止。［39］斩关逾垣（yuán）：砸开大门，翻墙而入。关，门。［40］呼噪：喧哗，很多人一起叫喊。［41］家赀（zī）：家产，钱财。赀，同“资”。封籍：查封登记，指全部没收入库。［42］有才行：有才干、有很好的品行。［43］可委：意即可委以重任。［44］遥光之于殿下，犹殿下之于高皇：萧遥光日后对待你，会和你对待高祖萧道成的子孙一模一样，预言萧遥光将会自立为帝，对萧鸾的子孙下毒手。。胡三省曰：“东昏侯之世，遥光卒如锋言。”高皇，即太祖高皇帝萧道成，这里指萧道成的子孙，萧鸾大开杀戒，萧道成的子孙无遗存。［45］实有攸寄：实在是寄托在你们的身上。攸，所。［46］失色：脸上变色。因为萧锋的话既戳在了萧鸾的心头，又像是一盆冷水浇在头上。［47］遗（wèi）宣城王书：写信给宣城王萧鸾。遗，致书。［48］诮（qiào）责：谴责，责备。［49］惮（dàn）：畏惧，害怕。［50］收：拘捕，杀害。［51］兼祠官于太庙：兼任主管祭祀的官员，在太庙里任职。太庙，皇帝的祖庙。［52］兵人：手拿武器的人。［53］柯令孙：南齐时人，小皇帝萧昭文时为典签，杀害建安王萧子真的刽子手。［54］走：逃跑。［55］手牵出之：亲手把他从床下拉出来。［56］茹法亮：吴兴武康人，南齐佞幸之臣。初为小吏，后为兖州典签，为萧道成冠军府行参军，除殿中将军，奉朝请，补东宫通事舍人。南齐萧赜时，为龙骧将军，封望蔡县男，转给事中、羽林监，除临淮太守，转竟陵王司徒中兵参军，出为大司农。传见《南齐书》卷五十六。［57］英果：英明，果断。［58］南兰陵：当时的侨置郡名，郡治在今江苏常州市武进区西北。［59］镇琅邪：驻在琅邪，实即将南兰陵与琅邪二郡合并为一，郡治白下，在今江苏南京市城北，北临长江。胡三省曰：“晋置南琅邪郡于江乘蒲洲上，齐徙治白下，北临江浒，故有守兵。”［60］华伯茂：南齐时人，小皇帝萧昭文时为典签，权臣萧鸾的亲信党羽。［61］不可即办：不能一下子办好，即一下子杀不了巴陵王萧子伦。［62］一夫力耳：一个人就足够了。［63］执鸩（zhèn）：端着毒酒。鸩，古代传说中的毒鸟，羽毛泡酒喝了可以毒死人。［64］正衣冠：将衣帽穿戴整齐。［65］先朝：指自己的祖辈萧道成。昔灭刘氏：杀刘宋明帝刘彧的儿子刘昱与刘准，以篡取其皇帝位，事见本书前文卷一百三十五。［66］理数固然：理当如此，本来就是这样。古人迷信因果报应，当年萧道成残酷地杀光了刘裕的后代，今日萧鸾又来杀光萧道成的子孙，是一报还一报。理数，规则，必然性。［67］身家旧人：是我们萧氏朝廷的旧臣。身，我，古人用以自指。［68］衔此使：你奉命来干这种差事。衔，奉，接受。［69］事不获已：身不由己，不得已而为之。［70］非劝酬之爵：意即我知道你端的是一杯毒酒，不是来友好相敬的。劝酬，宴会上的敬酒与回敬。爵，古代酒器，代指酒。［71］仰之：将毒酒一仰而尽。［72］流涕：流泪。

初，诸王出镇[1]，皆置典签，主帅一方之事[2]，悉以委之[3]。时入奏事[4]，一岁数返，时主辄与之间语[5]，访以州事[6]，刺史美恶专系其口[7]，自刺史以下莫不折节奉之[8]，恒虑弗及[9]。于是威行州部[10]，大为奸利[11]。武陵王晔为江州[12]，性烈直[13]，不可干[14]；典签赵渥之[15]谓人曰："今出都易刺史[16]！"及见世祖[17]，盛毁[18]之，晔遂免还[19]。

南海王子罕戍[20]琅邪，欲暂游东堂[21]，典签姜秀[22]不许。子罕还[23]，泣谓母曰："儿欲移五步亦不得，与囚何异！"邵陵王子贞[24]尝求熊白[25]，厨人答典签不在，不敢与。

永明[26]中，巴东王子响杀刘寅[27]等，世祖闻之，谓群臣曰："子响遂反[28]！"戴僧静大言[29]曰："诸王都自应反，岂唯巴东！"上问其故，对曰："天王[30]无罪，而一时被囚[31]，取一挺藕[32]、一杯浆[33]，皆咨签帅[34]；签帅不在，则竟日[35]忍渴。诸州唯闻有签帅，不闻有刺史。何得不反[36]！"

竟陵王子良尝问众曰："士大夫何意诣签帅[37]？"参军范云[38]曰："诣长史[39]以下皆无益，诣签帅立有倍本之价[40]。不诣谓何[41]！"子良有愧色[42]。

及宣城王诛诸王，皆令典签杀之，竟无一人能抗拒者。孔珪[43]闻之，流涕曰："齐之衡阳、江夏最有意[44]，而复害之；若不立签帅，故当不至于此[45]。"宣城王亦深知典签之弊，乃诏："自今诸州有急事，当密以奏闻，勿复遣典签入都。"自是典签之任浸轻[46]矣。

萧子显[47]论曰：帝王之子，生长富厚，朝出闺闱[48]，暮司方岳[49]，防骄翦逸[50]，积代常典[51]。故辅以上佐[52]，简自帝心[53]；劳旧左右[54]，用为主帅[55]，饮食起居，动应闻启[56]；处地虽重，行己莫由[57]。威不在身，恩未下及[58]，一朝艰难总至[59]，望其释位扶危[60]，何可得矣！斯宋氏[61]之余风，至齐室而尤弊[62]也。

（以上为第十一段，写南齐王朝承接刘宋，建立典签制度，诸王被管得死死的，造成了诸多悲剧。司马光引用萧子显的评论，分析这种制度的弊端，引以为戒。）

【注释】

[1]出镇：指出任刺史、太守之职。因当时的刺史与太守都有大小不等的兵权，故曰“出镇”。[2]主帅：指身任刺史的萧氏诸王。 [3]悉以委之：全部交由典签掌管。 [4]时入奏事：典签们经常到朝廷汇报工作。时，按时，经常。 [5]时主：当时的皇帝。辄与之间（jiàn）语：经常找这些典签们个别谈话。辄（zhé）：便。间语，屏人而语，意即个别交谈。 [6]访以州事：向他们问询州里的事情。访，访问，咨询。 [7]刺史美恶专系其口：其主官的任职好坏，全凭这些典签口中一说，即主管好与丑，全凭一张嘴。 [8]折节奉之：降低身份地哄着他们，供着他们。折节，屈尊，放下架子。 [9]恒虑弗及：时常总担心有什么纰漏出现，过着提心吊胆的日子。 [10]威行州部：指典签在本州区域内擅行威福。 [11]大为奸利：大肆地、明目张胆地为非作歹、投机取利。 [12]为江州：任江州刺史。江州，州治寻阳，在今江西九江市。 [13]烈直：刚烈，直爽。 [14]不可干：不可触犯、侵犯。 [15]赵渥（wò）之：南齐时人，江州刺史、武陵王萧晔的典签。 [16]出都易刺史：我到京城去，将江州换个刺史。出都，离开江州到都城。易，更换。 [17]世祖：即南齐武帝萧赜，武陵王萧晔之兄，庙号世祖。 [18]盛毁：黑白颠倒，大加诽谤。毁，诋毁，毁谤。 [19]免还：被罢免官职，调回京城。 [20]南海王子罕：即萧子罕，字云华，齐武帝萧赜第十一子，封南海王，在武帝、郁林王、海陵王、明帝四朝历任南琅邪太守、彭城太守、兖州刺史、散骑常侍、右卫将军、护军将军。被明帝萧鸾杀害。传见《南齐书》卷四十。戍：驻守。 [21]暂游东堂：到东堂去游玩。暂，一会儿。东堂，古堂名，在皇宫的东部。 [22]姜秀：南齐时人，南海王萧子罕的典签。 [23]子罕还：萧子罕自琅邪回到京城。[24]邵陵王：子贞：即萧子贞，字云松，齐武帝萧赜第十四子，封邵陵王，历任东中郎将、吴郡太守、征虏将军、后将军。被明帝萧鸾杀害，年仅十五岁。传见《南齐书》卷四十。 [25]求熊白：想吃熊脂。胡三省引陆佃《埤雅》曰：“熊当心有白脂如玉，味甚美，俗呼熊白。” [26]永明：南齐武帝萧赜的年号，共11年。南齐在萧赜统治期间出现的治世时期称为永明之治。 [27]巴东王子响：即萧子响，字云音，齐武帝萧赜第四子，封为巴东王，历任江州刺史、荆州刺史。后被诬告谋反，被杀。传见《南齐书》卷四十。 [28]杀刘寅等：萧子响因在荆州刺史任上私造武器，被典签刘寅等向朝廷密报，萧子响遂杀刘寅。事见《资治通鉴》卷一百三十八。刘寅：南齐时高平人，巴东王萧子响为荆州刺史的高级僚属，被子响所杀。 [29]遂反：竟然敢造反。遂，竟，竟然。

［30］戴僧静：字僧静，会稽永兴（今浙江杭州市萧山区）人，南齐将领。传见《南齐书》卷三十。大言：高声地当众说。［31］天王：皇帝的儿子被封为王者。［32］一时被囚：都突然成了囚犯。一时，一下子，突然。［33］一挺藕：今称一条藕。浆：饮料。［34］皆咨签帅：都得向典签请示。签帅，因典签操纵刺史的一切大权，故人们畏惧地称为"签帅"。［35］竟日：整天。［36］何得不反：怎么可能不反？［37］何意诣签帅：为什么有事都去找典签？诣，往求，巴结。［38］参军：军事参谋。范云：字彦龙，南梁宰相、文学家。初入竟陵王萧子良幕府，为"竟陵八友"之一。萧衍代齐建梁，拜侍中，迁散骑常侍、吏部尚书。传见《南史》卷五十七。［39］长史：丞相、将军以及刺史属下的诸史之长，历来是掌实权的人物，刘宋、南齐时受压抑于典签，是当时特有的现象。［40］倍本之价：成倍超过本钱的价值。［41］不诣谓何：为什么不去找他？谓，同"为"。［42］有愧色：萧子良当时为无与伦比的权贵，在自己执政时期竟有这等怪现象而自己无法纠正，故有愧色。［43］孔珪：一作"孔稚珪"，字德璋，会稽山阴（今浙江绍兴市）人，南齐文学家。刘宋时，任尚书殿中郎；南齐武帝萧赜时，任御史中丞，后迁太子詹事，加散骑常侍。追赠金紫光禄大夫。著有《北山移文》，传见《南齐书》卷四十八。［44］齐：即南齐，国号源于"金刀利刃齐刈之"的谶纬之说，意即"齐"将取代"宋"。衡阳、江夏：即衡阳王萧钧、江夏王萧锋。最有意：最忠于朝廷，有意翼辅帝室。［45］故当不至于此：所以就不会弄成这个样子。［46］浸轻：权力渐小。［47］萧子显：字景阳，南齐高帝萧道成之孙，豫章王萧嶷之子，南梁史学家，撰著《南齐书》六十卷（今存五十九卷）行于世，为今二十四史之一。赠吏部尚书，谥号骄。传见《梁书》卷三十五。［48］闺阃（kǔn）：指深宫内院。闺，小门。阃，门槛。［49］司方岳：主管一方的封疆大吏。方岳，本指一方的诸侯霸主，南朝时即指州刺史。［50］防骄翦逸：为了防止他们骄奢淫逸，消除他们的专横不轨。翦，同"剪"，剪除，去除。［51］积代常典：历代都制定了许多管理办法。常典，常用的规章制度。［52］辅以上佐：备上优秀的僚属。佐，属官。［53］简自帝心：当朝帝王按照自己的心意选拔。简，简选，选拔。［54］劳旧左右：他身边的亲信故旧。劳，勋劳，有功勋的人。旧：旧臣。左右：亲信，得宠的人。［55］用为主帅：到这些出任刺史的亲王身边掌握军政大权。刘宋、南齐的皇帝子弟，历来都封为郡王，出任刺史，并都督一州或数州军事。这些受封的子弟，小者六七岁、大者八九岁，不可能主持军政大事；而当朝的皇帝心怀疑忌，怕这些人长大后心怀不轨，于是派出亲信，监督、控制这些地方上的当权派。典签的级别原本很低，但他们都是皇帝派来的特殊人物，因而长史、治中等大吏都无法与之相比，故渐成气候，掌握着诸王的命脉。［56］动应闻启：一举一动都要向典签请示报告，都在典签的监控之下，就相当于小孩的监护人。［57］行己莫由：身不由己，想按照自己的心意办点事，那是不可能的。［58］恩未下及：诸王无法建立威信，想给僚属们施些恩惠也办不到。"恩"字与上句"威"字相对而言。［59］艰难总至：大祸临头，指皇帝为傀儡、被废、被杀时。总至，汇聚发生，一齐到来。［60］释位扶危：离开自己的位置，去帮助处于危难中的国君。《左传·昭公二十六年》有所谓"诸侯释位，以间王室。"杜预注曰："间，犹'与'也，去其位与治王之政事。"［61］宋氏：即刘宋王

朝。自刘裕建国后，开始普遍地任命自己的儿子出任州刺史，有的年仅数岁，于是当朝皇帝给出任刺史的诸王置典签，随时向朝廷报告情况。［62］尤弊：弊端更加突出。当初如此作为，其出发点可能是好的，但流弊甚多，逐渐发展下去，既害了诸王，也害了国家。

癸卯[1]，以宁朔将军萧遥欣为豫州刺史，黄门郎萧遥昌[2]为郢州刺史，辅国将军萧诞为司州[3]刺史。遥昌，遥欣之弟；诞，谌之兄也。

甲辰[4]，魏以太尉东阳王丕为太傅、录尚书事，留守平城。

戊申[5]，魏主亲告太庙，使高阳王雍、于烈奉迁神主[6]于洛阳；辛亥[7]，发平城[8]。

海陵王[9]在位，起居饮食，皆咨宣城王而后行[10]。尝思食蒸鱼菜，太官令[11]答无录公命，竟不与。

辛亥，皇太后令曰："嗣主冲幼[12]，庶政多昧[13]；且早婴尪疾[14]，弗克负荷[15]。太傅宣城王，胤体宣皇[16]，钟慈太祖[17]，宜入承宝命[18]。帝可降封海陵王，吾当归老别馆[19]。"且以宣城王为太祖第三子[20]。

癸亥[21]，高宗[22]即皇帝位，大赦，改元[23]。以太尉王敬则为大司马，司空陈显达为太尉，尚书令王晏加骠骑大将军，左仆射徐孝嗣加中军大将军，中领军萧谌为领军将军。

度支尚书虞悰称疾不陪位[24]。帝以悰旧人，欲引参佐命[25]，使王晏赍废立事示悰[26]。悰曰："主上圣明，公卿戮力[27]，宁假朽老以赞惟新[28]乎！不敢闻命[29]！"因恸哭[30]。朝议欲纠之[31]，徐孝嗣曰："此亦古之遗直[32]。"乃止。

帝与群臣宴会，诏功臣上酒[33]。王晏等兴席[34]，谢瀹独不起，曰："陛下受命[35]，应天顺人；王晏妄叨天功以为己力[36]！"帝大笑，解之。座罢，晏呼瀹共载还令省[37]，欲相抚悦[38]，瀹正色[39]曰："卿巢窟[40]在何处！"晏甚惮之。

丁卯[41]，诏："藩牧守宰[42]，或有荐献[43]，事非任土[44]，悉加禁断。"

己巳[45]，魏主如信都[46]。庚午[47]，诏曰："比闻缘边之蛮[48]，多窃掠南土[49]，使父子乖离[50]，室家分绝[51]。朕方荡壹区宇[52]，子育万姓[53]，若苟如此，南人岂知朝德[54]哉！可诏荆、郢、东荆[55]三州，禁勒[56]蛮民，勿有侵暴[57]。”

十一月，癸酉[58]，以始安王遥光为扬州刺史。

丁丑[59]，魏主如邺[60]。

庚辰[61]，立皇子宝义为晋安王，宝玄为江夏王，宝源为庐陵王，宝寅为建安王，宝融为随郡王，宝攸为南平王[62]。

甲申[63]，诏曰：“邑宰禄薄[64]，虽任土恒贡[65]，自今悉断。”

乙酉[66]，追尊始安贞王为景皇[67]，妃为懿后[68]。

丙戌[69]，以闻喜公遥欣为荆州刺史，丰城公遥昌为豫州刺史。时上长子晋安王宝义有废疾[70]，诸子皆弱小，故以遥光居中[71]，遥欣镇抚上流[72]。

戊子[73]，立皇子宝卷为太子[74]。

（以上为第十二段，写北魏正式迁都洛阳；南齐开国帝王萧道成的子孙黯然收场，小皇帝萧昭文逊位，萧鸾登基，大赦天下，改元建武，任用亲信，封子为王。）

【注释】

[1]癸卯：十月三日。 [2]黄门郎：皇帝的侍从官员，掌文书，备顾问。萧遥昌：字季晖，中书令萧遥光之弟，权臣萧鸾之侄，南齐宗室、大臣。起家秘书郎，迁黄门侍郎，出任郢州刺史。传见《南齐书》卷四十五。 [3]辅国将军：古杂号将军之名，地位颇重。萧诞：字彦伟，齐高帝萧道成族子，南齐大臣。初为殿中将军，任建康令，出任徐州刺史，迁司州刺史，封安德郡侯。传见《南齐书》卷四十二。司州：南齐州名，州治平阳，在今河南信阳市。 [4]甲辰：十月三日。[5]戊申：十月七日。 [6]神主：历代祖先的牌位。 [7]辛亥：十月十日。 [8]发平城：自平城出发，正式迁都洛阳。 [9]海陵王：此指小皇帝萧昭文，萧昭文被废后封为海陵王。现时未被废而称海陵王，书法怪异。 [10]咨宣城王而后行：小皇帝的所有活动内容，包括吃饭、睡觉，都掌握在权臣萧鸾手中，事事都要向萧鸾请示汇报，这皇帝也是当得怪可怜的。 [11]太官令：给皇帝掌管膳食。录公：即萧鸾，为录尚书事，故称之。 [12]冲幼：年纪幼小。 [13]庶政多昧：对各项政务多不明白。昧，愚昧，糊涂。 [14]早婴尪（wāng）疾：从小就瘦弱多病。婴，被病魔所缠身。 [15]弗克负荷：没有能力担当君主的重任。克，能。负荷，负担，承受帝任。[16]胤体宣皇：意即是宣皇帝的后代。胤，后代。体，承续。宣皇，即萧承之，字嗣伯，齐高帝萧道成之父，萧鸾的祖父，刘宋名将。曾有收复汉中之功。起家建威参军，治理安固、汶山、济

南、汉中四郡，入为右卫将军、太子屯骑校尉、右军将军。追封宣皇帝。传见《南齐书》卷一。［17］钟慈太祖：曾受到太祖萧道成的钟爱。［18］入承宝命：进宫继承皇位。宝命，上天的任命。［19］归老别馆：搬出皇宫，到别处居住、养老。萧道成子孙的时代，到此结束了。从建元元年（479）建武元年（494），共历4帝，16年。［20］以宣城王为太祖第三子：让萧鸾做太祖萧道成的第三个儿子，排在武帝萧赜、豫章王萧嶷后面。［21］癸亥：十月二十二日。［22］高宗：即萧鸾，去世后，庙号高宗，故称之。［23］改元：更改年号，为建武元年。［24］度支尚书：掌管全国的财赋与收支。虞悰（cóng）：字景豫，黄门郎虞秀之之子，与未发迹时的萧赜私交甚厚。萧赜即帝位，授以侍中、祠部尚书，官至右军将军，兼大匠卿。传见《南齐书》卷三十七。不陪位：不愿任职居位。［25］引参佐命：吸收他作为辅佐自己称帝的大臣。佐命，意即佐助称帝。命，天命所授，即帝位。［26］赍（jī）废立事示悰：带着要废掉萧昭文的计划给虞悰看。［27］戮力：合力，努力。［28］宁假朽老以赞惟新：哪里用得着我一个老头子来给你们帮忙呢？赞，帮助。惟新，改立新君。《诗经·文王》有所谓“周虽旧邦，其命维新。”后世习惯称改朝换代为“维新”。［29］闻命：接受命令。［30］恸（tòng）哭：大声嚎哭，悲惨兮兮。［31］欲纠之：想要弹劾他、惩办他。［32］古之遗直：有古贤遗风，直道而行。［33］上酒：向萧鸾举杯祝贺。［34］兴席：从坐席上站起来。［35］受命：受天之命。古帝王自称受命于天，以巩固其统治。［36］妄叨天功以为己力：胆敢把天大的功劳据为己有。叨，贪，占。［37］共载还令省：同乘一辆车子回尚书省。胡三省曰：“令省，谓尚书令所舍也。”载，乘车。［38］欲相抚悦：四字原无，据章校补。［39］正色：作色，摆下脸来。［40］巢窟：巢穴，虫鸟兽类栖身之处，对王晏含有轻蔑的意思。［41］丁卯：十月二十六日。［42］藩牧守宰：指藩王、刺史、太守、县令，即各级地方长官。［43］荐献：向朝廷进贡的物品。［44］事非任土：如果不是本地区按规定要交的东西。任土，即按某地所生产的物品，规定其进贡的品种和数量。［45］己巳：十月二十八日。［46］信都：古地名，当时冀州的州治所在地，在今河北衡水市冀州区。［47］庚午：十月二十九日。［48］比闻：近来连续听说。缘边之蛮：南部边境上的汉族人，指从南朝逃到北魏，居住在北魏南部边境一带的人。［49］窃掠南土：抢劫、掠夺南部边境的土地。［50］乖（guāi）离：离别，分离。［51］室家分绝：家庭破碎。［52］方：正，正要。荡壹区宇：统一天下。壹，同“一”。区宇，区域，天下。［53］子育万姓：像抚育儿女一样地抚育普天下的苍生百姓。［54］南人岂知朝德：南朝人怎么能知道我们北魏帝王的恩德呢？［55］荆、郢、东荆：北魏的三州名，荆州的州治穰城，在今河南邓州市；郢州的州治真阳，在今河南正阳县北；东荆州的州治泌阳，在今河南泌阳县。［56］禁勒：制止，约束。［57］侵暴：侵犯，暴掠。［58］癸酉：十一月三日。［59］丁丑：十一月七日。［60］邺（yè）：古城名，在今河北临漳县西南。［61］庚辰：十一月十日。［62］“立皇子为王”等六句：南齐明帝萧鸾封立诸子为王。庶长子萧玉义，封晋安郡王，后改封巴陵郡王。第三子，萧宝玄，封江夏郡王。第五子萧宝源，封庐陵王。第六子萧宝寅，一作“萧宝夤”，封建安王，改封为鄱阳王。第八子萧宝融封随郡王，改封南康王。第九子萧宝攸，封南平王，改封邵陵王。第八子随郡王萧宝融后入继大统为南齐末代皇帝，传见《南齐书》卷八《和帝纪》。其余五王同传见《南齐书》卷五十。［63］甲申：十一月十四日。［64］邑宰：县令。［65］任土恒贡：本地所出的常规贡品。［66］乙酉：十一月十五日。［67］始安贞王：即萧道生，南齐高帝萧道成次兄，明帝萧鸾之父。萧鸾即位后，追封为景皇帝。传见《南齐书》卷四十五。［68］懿后：姓江，谥号懿，萧鸾之母。事见《南齐书》卷四十五。［69］丙戌：十一月十六日。［70］废疾：瘫痪之症。［71］居中：在朝廷内部掌权，指为扬州刺史，控制首都建康的局势。［72］镇抚上流：指任荆州刺史。荆州州大兵强，居于长江上游，自东晋以来为朝廷安危之关键。［73］戊子：十一月十八日。［74］宝卷：即萧宝卷，字智藏，明帝萧鸾次子，立为皇太子，南齐第六任皇帝。即位后，赋敛繁苛，杀戮大臣，大兴土木，奢侈荒淫，人心离散，国势日衰。萧衍起兵攻围建康，城破被杀，追封为东昏侯。传见《南齐书》卷七。

魏主至洛阳，欲澄清流品[1]，以尚书崔亮兼吏部郎[2]。亮，道固之兄孙也。

魏主敕后军将军宇文福行牧地[3]。福表石济[4]以西，河内[5]以东，距河[6]凡十里。魏主自代徙杂畜置其地，使福掌之；畜无耗失，以为司卫监[7]。

初，世祖[8]平统万及秦、凉[9]，以河西[10]水草丰美，用为牧地，畜甚蕃息[11]，马至二百余万匹，橐驼[12]半之，牛羊无数。及高祖置牧场于河阳[13]，常畜戎马[14]十万匹，每岁自河西徙牧并州[15]，稍复南徙[16]，欲其渐习水土，不至死伤，而河西之牧愈更蕃滋[17]。及正光[18]以后，皆为寇盗所掠，无孑遗[19]矣。

永明[20]中，御史中丞沈渊表[21]，百官年七十，皆令致仕[22]，并穷困私门[23]。庚子[24]，诏依旧铨叙[25]。上辅政所诛诸王[26]，皆复属籍[27]，封其子为侯。

上诈称海陵恭王[28]有疾，数遣御师瞻视[29]，因而殒[30]之，葬礼并依汉东海恭王故事[31]。

魏郢州刺史韦珍[32]，在州有声绩[33]，魏主赐以骏马、谷帛。珍集境内孤贫者，悉散与之，谓之曰："天子以我能绥抚[34]卿等，故赐以谷帛，吾何敢独有之！"

魏主以上废海陵王自立，谋大举入寇。会边将言，雍州刺史下邳曹虎[35]遣使请降于魏，十二月[36]，辛丑朔[37]，魏遣行征南将军薛真度[38]督四将向襄阳[39]，大将军刘昶、平南将军王肃向义阳[40]，徐州刺史拓跋衍向钟离[41]，平南将军广平刘藻向南郑[42]。真度，安都从祖弟也。以尚书卢渊为安南将军[43]，督襄阳前锋诸军。渊辞以不习军旅，不许。渊曰："但恐曹虎为周鲂[44]耳。"

魏主欲变易旧风[45]，壬寅[46]，诏禁士民胡服。国人[47]多不悦。

（以上为第十三段，写南齐明帝萧鸾毒杀海陵王萧昭文；北魏建立新牧场，戎马繁殖壮盛；乘南齐内部残杀之机，派出四路大军，大举南侵；下诏令禁穿胡服。）

【注释】

[1]澄清流品：甄别各姓氏家族的地位高低，即确定各人物出身家族的门第高下。流品，品类、等级，即门第高下。 [2]崔亮：曹魏中尉崔琰后裔，刘宋将领崔道固之兄孙，北魏大臣。传见《魏书》卷六十六。吏部郎：吏部尚书的副职。 [3]宇文福：北魏后军将军，传见《魏书》卷四十四。行牧地：勘察、寻找新的牧场。 [4]表：标明，做记号。石济：即石济津，黄河渡口名，在今河南卫辉市东。 [5]河内：北魏郡名，郡治野王，在今河南沁阳市。 [6]距河：南边距离黄河岸。 [7]司卫监：为皇帝主管警卫工作的官员。 [8]世祖：即北魏太武帝拓跋焘。平统万：即攻灭胡夏。胡夏主赫连勃勃定都统万城，在今陕西榆林市横山区西。此以统万城指代胡夏。秦、凉：指灭掉乞伏鲜卑所建立西秦和匈奴人沮渠蒙逊建立的北凉。 [9]凉：此指北凉（397—460）：十六国时政权之一，都城姑臧（今甘肃武威市）。传二主，开创者是沮渠蒙逊，攻杀段业，称凉州牧，改元永安，继承凉州王霸之地，后灭西凉。其子沮渠牧犍继位，被北魏军团围攻，出降。其弟沮渠无讳西行至高昌重新建国，柔然攻破高昌，北凉遂灭亡。 [10]河西：古地区名，指今宁夏与甘肃河西走廊一带地区。 [11]蕃息：繁殖、生长得很好。 [12]橐（tuó）驼：骆驼。 [13]高祖：即孝文帝拓跋宏，庙号高祖。河阳：即上述宇文福圈定的牧场，以其在黄河以北，故称河阳。 [14]戎马：军马。 [15]徙牧并州：将河西培育的军马迁移到今之山西地区培养，以使其逐渐适应中原地区的水土气候。并州，州治晋阳，在今山西太原市西南。[16]稍复南徙：再让这些军马逐步地向南移动。稍，逐渐。 [17]愈更蕃滋：越发繁殖得更多更好。 [18]正光：北魏孝明帝拓跋诩（也称元诩）的第三个年号，共计近五年。 [19]无孑（jié）遗：一匹也没有剩下。自拓跋宏太和十八年（494），至拓跋诩正光年间，前后共历三十年，由其马政之变化，可见北魏政治的兴衰。 [20]永明：南齐武帝萧赜的年号，共十年余。南齐在萧赜统治期间出现的治世称为"永明之治"。 [21]御史中丞：国家掌管监察的主要长官。沈渊：南齐官员，武帝萧赜时为御史中丞。表：上表，启奏。 [22]皆令致仕：都一律退休。致仕，让出职位。 [23]并穷困私门：都回到家中过穷苦日子。私门，家门。 [24]庚子：十一月三十日。

[25]依旧铨（quán）叙：照旧参加评定。意即凡是身体好、有品德、有能力的人可以照常录用。铨叙，选拔任用。［26］上辅政所诛诸王：明帝萧鸾在辅政时期所诛杀的各位亲王。上，指明帝萧鸾。［27］复属籍：恢复其在皇族谱系中原有的资格地位。［28］海陵恭王：即原小皇帝萧昭文，被废后降为海陵王，现被萧鸾害死，谥号恭。［29］御师：御用的医师。瞻视：观看，此指看病。［30］殒（yǔn）：死亡，意即被萧鸾授意的医生害死。［31］依汉东海恭故事：指海陵王的葬礼依照东汉东海恭王刘强的葬礼规格进行。东海恭王，即刘强，东汉开国太子，光武帝刘秀长子。立为皇太子。后因其母郭皇后被废，他审时度势，主动辞让太子之位，自请降为东海王，成为中国历史上少有的主动退居藩王并得到善终的太子，谥号恭，其弟明帝刘庄以天子的礼仪葬之。传见《后汉书》卷四十二。故事，旧例。［32］郢州：北魏州名。刘宋明帝所置司州，后地为北魏所有，北魏于正始元年（504）改名郢州。韦珍：字灵智，北魏大臣，曾任郢州刺史，甚有政声。传见《魏书》卷四十五。［33］声绩：声名与实绩。［34］绥抚：安抚，人性化的管理。［35］雍州：州治在今陕西西安市。曹虎：字士威，小字虎头，下邳人，南齐雍州刺史，据守襄阳，屡次抵御北魏南侵，颇有功效。后被皇帝萧宝卷杀死。传见《南齐书》卷三十。［36］十二月：原文作“十一月”，据章校改。［37］辛丑朔：十二月一日。［38］行：试用，代理。薛真度：原刘宋大臣，与族兄薛安都因拥戴刘子勋为帝，失败后一道投向北魏，历任平、荆、豫、华、扬五州刺史，引导孝文帝攻打南朝。传见《魏书》卷六十一。［39］督四将：统领四将，即下文的刘昶、王肃、拓跋衍、刘藻。襄阳：南朝的北部重镇，在今湖北襄阳市，当时为雍州的州治所在地。［40］义阳：古郡名，郡治平阳，在今河南信阳市，当时为北部边界上的重镇，屡次相互争夺。［41］钟离：古郡名，郡治燕县，在今安徽凤阳县东北，是南朝北部边界的重镇。［42］南郑：古县名，在今陕西汉中，当时为汉中郡的郡治所在地。［43］尚书卢渊：原文“尚书”下有“仆射”二字，据章校删。卢渊，字伯源，北魏平东将军卢度世长子，北魏儒学之臣。初拜主客令，迁秘书令，为给事黄门侍郎，出为豫州、徐州长史，任秘书监。传见《魏书》卷四十七。安南将军：古将军名号，四安将军之一。［44］恐曹虎为周鲂（fáng）：担心曹虎像当年的周鲂一样假装投降，骗我军深入而伏击之。周鲂，字子鱼，三国时吴国将领。曾诈降曹休，诱其率军接应，使之在石亭之战中一败涂地。传见《三国志》卷六十。［45］变易旧风：改变旧有的风俗。［46］壬寅：十二月二日。［47］国人：与北魏主同起于北方而随之南迁来的北方少数民族。

通直散骑常侍刘芳[1]，缵[2]之族弟也，与给事黄门侍郎太原郭祚[3]，皆以文学为帝所亲礼[4]，多引与讲论[5]及密议政事，大臣贵戚皆以为疏己，怏怏[6]有不平之色。帝使给事黄门侍郎陆凯[7]私谕之曰：“至尊[8]但欲广知古事，询访前世法式[9]耳，终不亲彼而相疏也。”众意乃稍解[10]。凯，馛之子也。

魏主欲自将入寇。癸卯[11]，中外戒严[12]。戊申[13]，诏代民迁洛者复[14]租赋三年。相州刺史高闾[15]上表称："洛阳草创[16]，曹虎既不遣质任[17]，必无诚心，无宜轻举[18]。"魏主不从。

久之，虎使竟[19]不再来，魏主引公卿问行留之计，公卿或以为宜止，或以为宜行。帝曰："众人纷纭，莫知所从。必欲尽行留之势[20]，宜有客主[21]，共相起发[22]。任城、镇南为留议[23]，朕为行论[24]，诸公坐听得失，长者从之[25]。"众皆曰："诺。"镇南将军[26]李冲曰："臣等正以迁都草创[27]，人思少安[28]；为内应者未得审谛[29]，不宜轻动。"帝曰："彼降款虚实[30]，诚未可知。若其虚也，朕巡抚淮甸[31]，访民疾苦，使彼知君德之所在[32]，有北向之心[33]；若其实也，今不以时应接[34]，则失乘时之机，孤归义之诚[35]，败朕大略矣。"任城王澄曰："虎无质任[36]，又使不再来，其诈可知也。今代都新迁之民，皆有恋本[37]之心。扶老携幼，始就洛邑[38]，居无一椽之室[39]，食无甔石之储[40]。又冬月垂尽[41]，东作将起[42]，乃'百堵皆兴[43]''俶载南亩[44]'之时，而驱之使擐甲执兵[45]，泣当白刃[46]，殆非歌舞之师[47]也。且诸军已进，非无应接。若降款[48]有实，待既平樊、沔[49]，然后銮舆顺动[50]，亦何晚之有！今率然轻举[51]，上下疲劳；若空行空返，恐挫损天威，更成贼气[52]，非策之得者也。"司空穆亮[53]以为宜行，公卿皆同之。澄谓亮曰："公辈在外之时，见张旗授甲，皆有忧色，平居[54]论议，不愿南征；何得对上[55]即为此语！面背不同[56]，事涉欺佞[57]，岂大臣之义[58]，国士之体[59]乎！万一倾危[60]，皆公辈所为也。"冲曰："任城王可谓忠于社稷。"帝曰："任城以从朕者为佞，不从朕者岂必皆忠！夫小忠者，大忠之贼[61]，无乃似诸[62]！"澄曰："臣愚暗[63]，虽涉小忠，要是竭诚[64]谋国；不知大忠者竟何所据！"帝不从[65]。

辛亥[66]，发洛阳，以北海王详为尚书仆射，统留台事[67]；李冲兼仆射，同守洛阳。给事黄门侍郎崔休为左丞[68]，赵郡王干都督中外诸军事，始平王勰[69]将宗子军宿卫左右[70]。休，逞之玄孙也。戊辰[71]，魏主至悬瓠[72]。己巳[73]，诏寿阳、钟离、马头之师[74]所掠男女皆放还南。曹虎果不降。

魏主命卢渊攻南阳[75]。渊以军中乏粮，请先攻赭阳以取叶仓[76]，魏主许之。乃与征南大将军城阳王鸾[77]、安南将军李佐[78]、荆州[79]刺史韦珍共攻赭阳。鸾，长寿之子；佐，宝之子也。北襄城太守成公期[80]闭城拒守。薛真度军于沙堨[81]，南阳太守房伯玉[82]、新野太守刘思忌[83]拒之。

先是，魏主遣中书监高闾治古乐[84]；会闾出为相州[85]刺史，是岁，表荐著作郎韩显宗、大乐祭酒公孙崇[86]参知钟律[87]，帝从之。

（以上为第十四段，写南齐将领曹虎诈降，北魏皇帝拓跋宏如获至宝，铁了心要亲征，众多大臣劝阻，就是不听，还组织了一场辩论。）

【注释】

[1]通直散骑常侍：皇帝的侍从官员，以备参谋顾问。刘芳：字伯文，彭城（今江苏徐州市）人，汉楚元王刘交之后，北魏大臣，著名儒生。传见《魏书》卷五十五。 [2]缵：即刘缵（zuǎn），刘芳的同族之兄，南齐官员，武帝萧赜时为骁骑将军，曾多次出使魏国。 [3]给事黄门侍郎：皇帝的侍从官员，地位清显。郭祚（zuò）：字季祐，太原晋阳（今山西太原市）人，北魏大臣。拜中书博士，领黄门侍郎。协助孝文帝拓跋宏谋划汉化改革，任侍中，进尚书，官至吏部尚书、尚书右仆射。传见《魏书》卷六十四。 [4]文学：文章，学术。亲礼：亲信，礼遇。 [5]与讲论：与之共同讨论。 [6]怏（yàng）怏：闷闷不乐、愤愤不平的样子。 [7]陆凯：本姓步六孤，字智君，鲜卑族，东平王陆俟之孙，建安王陆馛之子，北魏大臣。传见《魏书》卷四十。 [8]至尊：最尊贵、最崇高，敬称皇帝。 [9]前世法式：前朝的规矩、法度。 [10]稍解：渐渐缓解、平息。 [11]癸卯：十二月三日。 [12]中外戒严：全国处于戒备状态。 [13]戊申：十二月八日。 [14]代：即代都，指北魏原都城平城，在今山西大同市。复：免除。 [15]高闾：本名高驴，字阎士，幽州刺史高洪之子，北魏儒臣。一生经历六朝，封安乐郡侯。朝中诏令、铭赞都出自他的手笔。传见《魏书》卷五十四。 [16]草创：开始创建，开始进行。 [17]质任：人质，古时派人质通常以自己的儿子或兄弟充之。 [18]轻举：轻举妄动，草率出兵。 [19]竟：一直，最终。 [20]尽行留之势：把或行或留的道理讲深说透。 [21]客主：争论问题的双方。 [22]共相起发：相互辩论，相互启发。起发，同“启发”。 [23]任城、镇南：即任城王拓跋澄与镇军将军李冲。为留议：代表主张取消这次行动的观点。 [24]朕为行论：我代表主张采取行动的观点。[25]长（cháng）者从之：哪一方的意见好就按哪一方的意见办。长，相对优越。 [26]镇南将军：原文作“镇军将军”，据章校改。按：依上文宜应作“镇南将军”。 [27]迁都草创：意即刚刚迁

都洛阳不久，诸事尚未就绪。［28］人思少安：人人都想稍稍安顿一下。少，同“稍”，稍微，略微。安，安居，休息。［29］为内应者：指曹虎。未得审谛：尚未摸准他的实情。审，察知，弄清。谛，追根刨底地审问。［30］降款虚实：归顺心思的真假。降款，犹降服，归顺。［31］巡抚淮甸（diàn）：到淮河流域巡视一回。甸，古代指郊外的地方。［32］使彼知君德之所在：让那些边境之民好好地看一看真正有德的帝王究竟在哪里。［33］有北向之心：让他们产生一种向往北魏的想法。［34］以时应接：及时地予以响应、援助。以时，按时，及时。［35］孤归义之诚：辜负了归顺者的一番诚意。孤，同“辜”，辜负。［36］使不再来：没有再派使者继续联络。［37］恋本：留恋平城。［38］洛邑：即洛阳，为周朝的都城，古人认为：“八方之广，周洛为中，谓之洛邑。”［39］居无一椽（chuán）之室：连一间可住的房子都没有。一椽之室，极言可住的房子之小。椽，放在栋上以架住屋顶的木条。［40］食无甔（dān）石之储：可吃的粮食也没有几石几斗。甔，瓦器，可盛粮食二石。石，古容量单位，一石为十斗。［41］冬月垂尽：冬天将要过去。垂，即将。［42］东作将起：春耕生产即将开始。古人认为东方代表春季，故称春耕为“东作”。［43］百堵皆兴：许多房屋同时建造。堵，墙。语出《诗经·绵》。胡三省曰：“谓新迁之人当作室也。”［44］俶（chù）载南亩：都到农田上参加劳动，语出《诗经·戴芟》。胡三省曰：“谓入春当东作也。”俶，开始。南亩，农田。［45］擐（huàn）甲执兵：身穿铠甲，手执兵器。擐，穿，套。［46］泣当白刃：流着眼泪冲向敌人。当，迎，对着。白刃，刀锋，刀口。［47］殆（dài）：大概，几乎。非歌舞之师：指仁义之师。相传武王伐纣的大军，前歌后舞。［48］待既平樊、沔（miǎn）：那就等着他们攻占樊城与汉水流域一带地区之后。樊，樊城，在襄阳城北，与襄阳隔汉水相对，今已合并为襄阳市，当时为南齐雍州刺史曹虎的驻守之地。沔，沔水，在今之汉水，自汉中以西流来，经襄阳城下东南流入长江。［49］銮（luán）舆顺动：皇帝的车驾再顺时南下。銮舆，皇帝的车驾，代指皇帝。［50］率然：轻率、不谨慎的样子。［51］挫损天威：有损于皇帝您的声望。［52］更成贼气：反而增长了敌人的气焰。［53］穆亮：字幼辅，宜都丁公穆崇的后代，北魏名将。传见《魏书》卷二十七。［54］平居：平时。［55］对上：当着皇帝的面。［56］面背不同：当面一套，背后一套。［57］涉：涉及，关乎。欺佞（nìng）：欺骗，逢迎。［58］岂大臣之义：这难道是一个大臣所表现出来的道德风范吗？［59］国士之体：一个国家栋梁之才所应表现的行为准则。体，体统。［60］倾危：倾侧，危险，即失败。［61］夫小忠者，大忠之贼：小忠是对大忠的一种严重危害。贼，危害。［62］无乃似诸：岂不就是这种样子吗？［63］愚暗：笨拙，昏昧。［64］要：关键，关键的是。竭诚：完全忠诚。［65］帝不从：这场辩论，本来就是一场不平等的辩论，大臣与皇帝争辩，谁来当裁判？看似双方说得都有道理，但拓跋澄的说法更有道理，可皇帝拓跋宏怎么听得进去？拓跋宏铁了心要亲征，耿直的大臣们说得再多也无益。［66］辛亥：十二月十一日。［67］北海王详：即拓跋详，也称“元详”，字季豫，献文帝拓跋弘幼子，封北海王，加侍中。任顾命大臣。传见《魏书》卷二十一上。统留台事：统管洛阳留守的关于朝廷的一切事宜。［68］崔休：字惠盛，北魏主拓跋珪御史中丞崔逞之玄孙，清河太守崔宗伯之子，北魏大臣。传见《魏书》卷六十九。［69］始平王勰（xié）：即拓跋勰，也称“元勰”，字彦和，献文帝拓跋弘第六子，封始平王，拜征西大将军，迁中书令，改封彭城王，迁尚书令兼侍中。传见《魏书》卷二十一。［70］将宗子军：统领皇族子弟组成的军队。宿卫：保卫，守护。［71］戊辰：十二月二十八日。［72］悬瓠：古城名，在今河南汝南县，因城北汝水屈曲如瓠而得名，南齐时是北部边境的战略要地。［73］己巳：十二月二十九日。［74］寿阳、钟离、马头之师：进攻寿阳、钟离、马头的北魏军队，即前文所叙徐州刺史拓跋衍所统之军。寿阳，古县名，在今安徽寿县。钟离，古县名，在今安徽凤阳城东。马头，古城名，即马头戍，在今安徽淮远市南，三城相距不远，都在淮河沿岸，是当时南齐北部边境的军事要地。［75］南阳：古城名，在今河南南阳市，南齐北部边境的军事重地。［76］赭（zhě）阳：古县名，汉、晋时称“堵阳”。南齐北襄城郡的郡治所在地，在今河南方城县东北。叶仓：叶县的粮仓，在今河南叶县南。［77］城阳王鸾（luán）：即拓跋鸾，字宣明，城阳王拓跋长寿之子，为北都大将，从孝文帝南征，传见《魏书》卷十九下。［78］李佐：字季翼，西凉王李暠曾孙，后西凉主李宝之子，北魏安南将军。传见《魏书》卷三十九。［79］荆州：北魏州名，州治在今河南鲁山县。［80］北襄城：古郡名，南齐高帝萧道成所置，郡治赭阳（今河南方城县东）。成公期：姓成公，名期，南齐官员，明帝萧鸾时为北襄城太守。［81］军：驻扎。沙堨：古地名，在今河南南阳市南淯水（今白河）上，聚沙以壅水，故名。［82］房伯玉：南齐任南阳太守。孝文帝拓跋宏南征，攻克宛城，伯玉面缚而降，后授予长史兼游击将军，出任冯翊相。传见《魏书》卷四十三。［83］新野：古郡名，郡治在今河南新野县。刘思忌：南齐官员，明帝萧鸾时为新野太守，北魏南征，思忌据城坚守。［84］治古乐：研究并使用古代帝王祭祀与朝会时演奏的音乐，亦称雅乐。［85］相州：北魏州名，州治邺城，在今河北临漳县西南的古邺镇。［86］大乐祭酒：主管乐府与乐人的官员。大乐，即太乐，为朝廷、宫廷管理音乐的机关。祭酒，古代飨宴时酹酒祭神的长者，后代指主管官员。公孙崇：北魏官员。孝文帝拓跋宏时为给事中、大乐祭酒。奉诏与中书监考定雅乐。［87］参知钟律：主管乐器的制造与调试，以及相关的作曲与演奏。参知：参与主持。钟律，原指编钟十二律，后泛指音律。

【点评】

北魏迁都，孝文帝乾纲独断。魏孝文帝迁都的决定经过了充分的上上下下的讨论，孝文帝本人也有充分的准备，包括理论和实践操作层面上的周密准备，所以能够说服群臣，至少使他们不会明确地反对，以此减少阻力，反映出孝文帝是成熟的政治家和实践者。当他回到了平城，虽然前面已经把关于迁都的事向留守官员打过招呼，做过相当的思想工作了，但是孝文帝仍然主动提出让诸大臣再次议论迁都的利害关系，各位臣子都表述了自己对此问题的看法。那些反对迁都的意见也都不是好对付的，比如燕州刺史穆罴说：“如今天下四方没有安定，所以不宜于迁都。况且到时军中缺少战马，这样如何能克敌取胜呢？”这也确实是实际困难。尚书于果说道：“我并不是认为代京这块地方就比洛阳好，但是自从道武皇帝以来，就一直居住在这里，老百姓已经安居于此，一旦让他们往南边搬迁，恐怕会产生不满情绪。”平阳公拓跋丕说：“迁都是一件大事，应当通过卜筮来决定。”孝文帝的回答有理有据有节，显然有充分的准备和决心：“朕很幸运遇上了能平定天下、施行教化的时运，为什么就不能迁都呢？”孝文帝乾纲独断，群臣百僚不敢再表示反对意见了。迁都之事遂不再有争论。

卷一四〇　齐纪六

齐明帝建武二年至三年（495—496年）

【起旃蒙大渊献（乙亥，495年），尽柔兆困敦（丙子，496年），凡二年】

【大事提要】

本卷记事起公元495年至公元496年，凡二年，当齐明帝建武二年至建武三年。本卷所记大事仍然以魏孝文帝的改革为主，大事有三：其一，公元495年，北魏禁止在朝廷讲鲜卑语；禁止迁居洛阳的代人还葬北方。其二，在洛阳立国子、太学、四门、小学。其三，公元496年，北魏确定了族姓，改拓跋氏为元氏，其余鲜卑诸姓均改为汉姓。南朝齐大事只有一件，皇帝杀害诸王，内残不已。

高宗明皇帝中

建武二年（乙亥，495年）

春，正月，壬申[1]，遣镇南将军王广之督司州[2]、右卫将军萧坦之督徐州[3]、尚书右仆射沈文季督豫州[4]诸军以拒魏。

癸酉[5]，魏诏："淮北之人不得侵掠[6]，犯者以大辟[7]论。"乙未[8]，拓跋衍攻钟离[9]，徐州刺史萧惠休乘城[10]拒守，间出[11]袭击魏兵，破之。惠休，惠明之弟也。刘昶、王肃攻义阳[12]，司州刺史萧诞[13]拒之。肃屡破诞兵，招降万余人。魏以肃为豫州[14]刺史。刘昶性褊躁[15]，御军严暴，人莫敢言。法曹行参军北平阳固[16]苦谏，昶怒，欲斩之，使当攻道[17]。固志意闲雅[18]，临敌勇决[19]，昶始奇之。

丁酉[20]，中外纂严[21]。以太尉陈显达为使持节、都督西北讨诸军事[22]，往来新亭、白下以张声势[23]。

己亥[24]，魏主济淮[25]；二月，至寿阳[26]，众号三十万，铁骑弥望[27]。甲辰[28]，魏主登八公山[29]，赋诗。道遇甚雨[30]，命去盖[31]；见军士病者，亲抚慰之。

魏主遣使呼城中人，丰城公遥昌[32]使参军崔庆远[33]出应之。庆远问师故[34]，魏主曰："固当有故[35]！卿欲我斥言[36]之乎，欲我含垢依违[37]乎？"庆远曰："未承来命[38]，无所含垢[39]。"魏主曰："齐主何故废立[40]？"庆远曰："废昏立明[41]，古今非一[42]，未审何疑[43]？"魏主曰："武帝子孙[44]，今皆安在？"庆远曰："七王同恶[45]，已伏管、蔡之诛[46]；其余二十余王，或内列清要[47]，或外典方牧[48]。"魏主曰："卿主若不忘忠义，何以不立近亲[49]，如周公之辅成王[50]，而自取之乎？"庆远曰："成王有亚圣[51]之德，故周公得而相之[52]。今近亲皆非成王之比，故不可立。且霍光[53]亦舍武帝近亲而立宣帝[54]，唯其贤也。"魏主曰："霍光何以不自立？"庆远曰："非其类[55]也。主上[56]正可比宣帝，安得比霍光！若尔[57]，武王伐纣，不立微子[58]而辅之，亦为苟贪天下[59]乎？"魏主大笑曰："朕来问罪，如卿之言，便可释然[60]。"庆远曰："见可而进，知难而退[61]，圣人之师也。"魏主曰："卿欲吾和亲，为不欲乎[62]？"庆远曰："和亲则二国交欢，生民[63]蒙福；否则二国交恶，生民涂炭[64]。和亲与否，裁自圣衷[65]。"魏主赐庆远酒殽、衣服[66]而遣之。

（以上为第一段，写北魏主拓跋宏率领大军南下，抵达寿阳，南齐严阵以待，崔庆远与拓跋宏的对话，既显示拓跋宏的深厚的中原文化底蕴，也反映庆远的机智善辩。）

【注释】

[1]壬申：正月二日。 [2]王广之：字士林，南齐名将。晚年督军救援司州，大败北魏，升侍中、镇军将军。传见《南齐书》卷二十九。督司州：为司州地区驻军的总指挥。司州，南齐的州治在今河南信阳市。 [3]徐州：指北徐州，南齐的州治钟离，在今安徽凤阳县东北。 [4]沈文季：字仲达，刘宋名将沈庆之之子，南齐大臣。传见《南齐书》卷四十四。豫州：此指南齐的豫州，州治寿阳，在今安徽寿县。 [5]癸酉：正月三日。 [6]淮北之人不得侵掠：意即不准侵犯掠夺淮北的黎民百姓。北魏此时已占领淮北，因此不准将兵掠夺淮北居民。淮北：古区域名，即淮河以北地区。 [7]大辟：极刑，意即处死。 [8]乙未：正月二十五日。 [9]拓跋衍：字安乐，阳平王拓跋安寿之弟，北魏宗室、大臣，秉性清慎，所在廉洁，不营产业，历牧四州，皆有

治绩，赐爵广陵郡侯，卒于雍州刺史任上，谥号康侯。传见《魏书》卷十九上。钟离：古郡名，郡治在今安徽凤阳县东北，是南朝北部边界的重镇。［10］萧惠休：仪同三司萧思话之子，吴兴太守萧惠明之弟，时任徐州刺史，进号冠军将军。把守钟离，大破南侵的北魏军队，迁侍中兼步兵校尉，封建安县子，后出任吴兴郡守，迁尚书右仆射。传见《南齐书》卷四十六。乘城：登城。［11］间（jiàn）出：不时地派小部队秘密出击。［12］义阳：古郡名，郡治平阳，在今河南信阳市，当时为南齐北部边界上的重镇。［13］萧诞：字彦伟，齐高帝萧道成族子，南齐大臣。出任徐州刺史，迁司州刺史，打退北魏进攻，授左卫将军。后受到弟弟萧谌牵连，坐罪赐死。传见《南齐书》卷四十二。［14］豫州：此指北魏的豫州，州治在今河南汝南县。［15］褊（biǎn）躁：气量小，易暴躁。［16］法曹行参军：司法官员，掌检定法律，审议、判决案件等。行，试用，代理。阳固：字敬安，北魏学者。历官给事中、北平太守，有惠政。传见《魏书》卷七十二。［17］当攻道：把守敌军猛烈进攻的道口。当，对，迎着。胡三省曰：“攻道，攻城之道，矢石之所集也。”［18］志意闲雅：不慌不忙，举重若轻。闲雅，闲适，雅致。［19］勇决：勇敢，能决断。［20］丁酉：正月二十七日。［21］中外纂（zuǎn）严：朝廷内外戒严，进入紧急状态。纂，集结，掌控。［22］都督西北讨诸军事：讨伐北魏侵略南齐西北地区的最高军事指挥官。都督，统领，总管。［23］新亭、白下：古地名，都在当时南齐都城建康城外，是当时守卫京城的军事要点。新亭，在当时建康城的西南方，西临长江，在今江苏南京市西南部。白下，是建康城西北侧的军事据点，当时南琅邪郡的郡治所在地，在今南京市北部长江东侧的金川门外。以张声势：以为西北方淮河流域的寿阳、钟离、马头等地的南齐守军助威声援。［24］己亥：正月二十九日。［25］魏主济淮：北魏孝文帝拓跋宏渡过淮河。［26］至寿阳：来到寿春城下。寿阳，本名寿春，为避晋孝武帝太后郑阿春的名讳改为寿阳，一直沿用下来，时为南齐豫州的州治所在地。［27］铁骑弥望：全副披挂的骑兵，一眼望不到边。弥望，犹言极望。孔颖达曰：“人目所望三十里，而天地合于三十里外，不复见之，是为极望。”［28］甲辰：二月五日。［29］八公山：古山名，在当时的寿阳城北，今安徽淮南市西。西汉时，淮南王刘安曾在此地召集了许多文人编纂《淮南子》。淝水之战时前秦主苻坚曾登寿阳城望此山，有“八公山上，草木皆兵”的成语流传于世。［30］甚雨：大雨，急骤的暴雨。［31］去盖：去掉车驾上的大伞，以表示与士兵同甘苦。［32］丰城公遥昌：即萧遥昌，字季晖，明帝萧鸾之侄，封丰城县公，拜豫州刺史。传见《南齐书》卷四十五。［33］参军：二字原无，据章校补。崔庆远：明帝萧鸾时为参军，能言善辩，北魏主拓跋宏亲率三十万大军攻打寿阳，兵临城下，崔庆远奉命出使，与拓跋宏一番对答，使之大为叹服，转而率军而退。［34］师故：出兵来伐的理由。故，缘故，由头。［35］固当有故：当然是有理由的。固，当然，肯定。［36］斥言：直言，直言说出来，指责过失，不留情面。［37］含垢（gòu）依违：明知其罪，而含混其词，忍耐不说，指掩盖萧鸾篡位的事情。垢，污秽，肮脏。依违，或依或违，模棱两可。［38］未承来命：不知你们因何而来。未承，未接到，不明白。［39］无所含垢：没有什么不好说、不能说的。［40］齐主何故废立：指小皇帝萧昭业为何被废，又为何立小皇帝萧昭文？［41］废昏立明：废掉昏君，改立明君。［42］古今非一：自古以来，并不是仅此一例。［43］未审何疑：不知道这有什么可怀疑、可奇怪的。未审，不明白。［44］武帝子孙：指南齐武帝萧赜的二十三个儿子。［45］七王：指武帝萧赜之子萧子隆、萧子懋、萧子敬、萧子真、萧子伦，及被贬为王的小皇帝萧昭业、萧昭文，前者被贬为郁林王，后者被贬为海陵王。同恶：相互勾结，共同作恶。［46］已伏管、蔡之诛：已像西周初期的管叔鲜、蔡叔度，被萧鸾大义灭亲，将其诛杀。［47］内列清要：在朝廷上任清闲华贵而又重要的官职，如光禄大夫、散骑侍郎等。［48］外典方牧：在地方上担任要职的军政长官，即指刺史、督军。典，主管，统领。方牧，古时统治一方的军政长官，即方伯与州牧的并称，后泛指地方长官。［49］近亲：这里指南齐武帝萧赜的子孙。［50］周公：即姬旦，武王姬发之弟，曾两次辅佐武王东伐纣王，并制作礼乐，继又辅佐成王。因其采邑在周，爵为上公，故称周公。西周初期杰出的政治家、军事家，被尊为“元圣”、儒学先驱。摄政七年，完善了各项制度，而后归政成王。［51］亚圣：道德才智仅次于圣人。亚，次，位列第二。儒家称尧、舜、禹、汤、文、武、周公、孔子为圣人，说他们的品德才智是无人能及的。而庆远称成王虽比圣人略次，但其品德才智也不是一般人所能及的。［52］得而相（xiàng）之：所以周公才把他置于君位而辅佐他。得，能，能够。相，辅佐。［53］霍光：字子孟，河东平阳（今山西临汾市）人，西汉后期的权臣。汉武帝临终任为大将军、大司马，受命托孤辅政，封为博陆侯。辅佐汉昭帝，权倾朝野；昭帝死后无子，迎立昌邑王刘贺为帝，刘贺荒淫无道，将其废之，改立武帝曾孙刘询为帝。谥号宣成。传见《汉书》卷六十八。霍光被后人看作是能受遗命、辅佐幼主的名臣。［54］舍武帝近亲而立皇帝：指废掉了汉武帝刘彻的儿子昌邑王刘贺，亦不立另一个儿子广陵王刘胥。他们是武帝的儿子，总比霍光所立的武帝曾孙刘询要近得多，故用来说事。［55］非其类也：意即霍光是外姓，与皇族不是同一类人，因此，没法与皇帝萧鸾相比。［56］主上：指皇帝萧鸾。［57］若尔：如果照你所说。［58］微子：子姓，宋氏，名启，商王帝乙庶长子、纣王帝辛庶长兄，古代著名的贤者。封于微国（今山西长治市潞城区东北），爵位为子爵，故称“微子”。微子见商朝将亡，数谏纣王不听，遂出走。后武王灭商后封于宋，亦称“宋微子”，为宋国的开国之君。见《史记》卷三十八。［59］亦为苟贪天下乎：周武王没有立微子为帝，你能说他是自己贪图帝位吗？苟贪，苟且地贪求。［60］便可释然：这就消除了我内心的疑虑。［61］见可而进，知难而退：见《左传·宣公十二年》中的士会语。原文作：“见可而进，知难而退，军之善政也。”［62］卿欲吾和亲，为不欲乎：大意是你认为是我与南齐和亲好呢，还是不和亲好呢？欲，希望，认为。和亲：指两国彼此友好亲善。［63］生民：黎民百姓。［64］涂炭：烂泥与炭火，犹言水深火热，比喻灾难深重。［65］裁自圣衷：您自己拿主意。裁，裁断，决策。衷，内心，心中。［66］殽（yáo）：古同“肴”，鱼肉之类的荤菜。衣服：衣裳，服饰。

戊申[1]，魏主循淮而东[2]，民皆安堵[3]，租运属路[4]。丙辰[5]，至钟离[6]。

上遣左卫将军崔慧景[7]、宁朔将军裴叔业[8]救钟离。刘昶、王肃众号二十万，堑栅[9]三重，并力攻义阳，城中负楯而立[10]。王广之引兵救义阳，去城[11]百余里，畏魏强，不敢进。城中益急，黄门侍郎萧衍[12]请先进，广之分麾下精兵[13]配之。衍间道夜发[14]，与太子右率萧诔[15]等径上贤首山[16]，去魏军数里。魏人出不意[17]，未测多少，不敢逼[18]。黎明[19]，城中望见援军至，萧诞遣长史王伯瑜出攻魏栅，因风纵火，衍等众军自外击之，魏不能支，解围去。己未[20]，诞等追击，破之。诔，谌之弟也。

先是，上以义阳危急，诏都督青、冀[21]二州诸军事张冲[22]出军攻魏以分其兵势。冲遣军主桑系祖攻魏建陵、驿马、厚丘[23]三城，又遣军主杜僧护攻魏虎坑、冯时、即丘[24]三城，皆拔之。青、冀二州刺史王洪范[25]遣军主崔延袭魏纪城[26]，据之。

魏主欲南临江水[27]，辛酉[28]，发钟离[29]。司徒长乐元懿公冯诞[30]病，不能从，魏主与之泣诀[31]，行五十里，闻诞卒。时崔慧景等军去魏主营不过百里，魏主轻将数千人夜还钟离[32]，拊尸[33]而哭，达旦，声泪不绝。壬戌[34]，敕诸军罢临江之行，葬诞依晋齐献王故事[35]。诞与帝同年，幼同砚席[36]，尚帝妹乐安长公主[37]。虽无学术[38]，而资性淳笃[39]，故特[40]有宠。丁卯[41]，魏主遣使临江，数上罪恶[42]。

魏久攻钟离不克，士卒多死。三月，戊寅[43]，魏主如邵阳[44]，筑城于洲上，栅断水路，夹筑二城[45]。萧坦之遣军主裴叔业攻二城，拔之。

（以上为第二段，写北魏主拓跋宏率军南下，从寿阳到钟离，强攻不能取胜，又欲饮马长江，因发小冯诞去世而停止南进，又到邵阳洲，夹筑二城，也被南齐军攻下。）

【注释】

［1］戊申：二月九日。［2］循淮而东：沿着淮河由寿春东下。胡三省曰："过寿阳不攻，引兵东下。"［3］安堵：安居，各安其位，不受任何惊扰。［4］租运属路：运送军粮的车子络绎不绝。属，连接，相随。胡三省曰："此谓淮北之民耳。"［5］丙辰：二月十七日。［6］至钟离：

胡三省曰："自寿阳至钟离，三百三十余里。"［7］左卫将军：古将军名号，主管宫廷护卫。崔慧景：字君山，南齐名将。受萧道成、萧赜宠信，后来又倾心拥戴萧鸾。传见《南齐书》卷五十一。［8］宁朔将军：古杂号将军之名，掌征伐或驻守，一般掌管北境军事。裴叔业：字叔业，南齐将领。传见《南齐书》卷五十一。［9］堑（qiàn）栅（zhà）：深壕与木栅，在营房、阵地修筑防御工事。［10］负楯（dùn）而立：胡三省曰："攻城甚急，矢石交至，故负楯而立以自蔽。"楯，通"盾"，盾牌。［11］去城百余里：距离义阳城还有一百多里。去，距离。［12］黄门侍郎：皇帝的侍从官员，地位清显。萧衍：字叔达，萧道成侄孙，篡夺南齐政权，为南梁开国皇帝，史称"梁武帝"。谥号武皇帝，庙号高祖。传见《梁书》卷一。［13］麾（huī）下精兵：属下的精兵强将。麾下，部下。麾，大将的指挥旗。［14］间道夜发：从小路半夜出发。［15］太子右率：即太子右卫率，统领皇太子卫队的长官。萧诔：字彦文，萧谌之弟。与萧谌一起预谋废小皇帝萧昭业，拥立萧鸾，为宁朔将军。后与萧谌一同为萧鸾所杀。传见《南齐书》卷四十二。［16］径上：直接登上。径，直，不顾其他。贤首山：古山名，在当时义阳城的西南方。［17］出不意：出乎意料。［18］不敢逼：不敢靠近，不敢出兵攻打。［19］黎明：天刚亮。黎，比及，等到。［20］己未：二月二十日。［21］青、冀：古二州名，南齐为侨置州，州治朐山，在今江苏连云港市海州区西南的锦屏山下。胡三省曰："宋泰始初，青、冀二州入于魏，乃置青、冀二州刺史，治朐山。"引杜佑曰："宋明帝立青、冀二州，寄治赣榆；齐青州治朐山；冀州理涟口，今临淮郡涟水县。"［22］张冲：字思约，通直郎张柬之子，南齐名将。任马头太守、盱眙郡守、冠军司马、都督青冀二州军事。传见《南齐书》卷四十九。［23］桑系祖：明帝萧鸾时为军主，曾出兵攻打北魏。建陵：古县名，县治在今江苏新沂市。驿马：古城名，具体方位不详，疑为"骆马"，在今江苏宿迁市。厚丘：古县名，县治在今江苏沭阳县北。［24］杜僧护：明帝萧鸾时为军主，曾出兵攻打北魏。虎坑、冯时、即丘：北魏三城名。虎坑：古县名，县治在今江苏连云港市赣榆区西。冯时：古城名，具体方位不详；即丘，古县名，县治在今山东临沂市东南。［25］王洪范：明帝萧鸾时，为青、冀二州刺史，严惩贪官污吏。后战死。传见《南史》卷七十。［26］崔延：南齐人，明帝萧鸾时为军主，曾出兵攻打北魏。纪城：古县名，在今江苏连云港市赣榆区东北。［27］江水：在今长江。［28］辛酉：二月二十二日。［29］发钟离：由钟离出发，向长江进军。［30］冯诞：字思政，京兆郡公冯熙之子，冯太后之侄，北魏外戚、大臣。拜驸马都尉、侍中、征西大将军，封南平郡王。传见《魏书》卷八十三上。［31］泣诀：流着眼泪告别。［32］还钟离：返回到钟离城下的魏军大营。［33］拊（fǔ）尸：拍着冯诞的尸体。拊，拍。［34］壬戌：二月二十三日。［35］依晋齐献王故事：按照司马炎安葬其胞弟司马攸的规格，即加赐九锡、鸾车、龙旗以及甲士、卫队等。事见《资治通鉴》卷八十一太康四年（283）。［36］同砚（yàn）席：指一同读书、写字。砚席，砚台与坐席。［37］尚：同"娶"，含有高攀的意思。乐安长公主：北魏公主，献文帝拓跋弘之女，孝文帝拓跋宏之妹，嫁给冯太后之侄冯诞为妻。贞厚有礼度，生二子，长子冯穆，冯穆娶孝文帝之女顺阳长公主。传见《魏书》卷八十三上。［38］学术：学问，学者的修养。［39］淳笃（dǔ）：

质朴，厚重。［40］特：特别，格外。［41］丁卯：二月二十八日。［42］数上罪恶：痛斥萧鸾的罪行。数，数说，列其罪行而斥之。上，即皇上，指南齐的皇帝萧鸾。［43］戊寅：三月九日。［44］邵（shào）阳：指邵阳洲，在钟锺离城北的淮水之中。［45］栅（zhà）断水路，夹筑二城：立栅栏水中，以切断援兵水路。又在淮水南北两岸夹筑两城。栅，栅栏，用竹木铁条等做成的阻拦物。

魏主欲筑城置戍于淮南，以抚新附之民，赐相州刺史高闾玺书，具论其状[1]。闾上表，以为："《兵法》[2]'十则围之，五则攻之[3]。'向者国家止为受降之计[4]，发兵不多，东西辽阔[5]，难以成功；今又欲置戍淮南，招抚新附。昔世祖[6]以回山倒海[7]之威，步骑[8]数十万，南临瓜步[9]，诸郡尽降，而盱眙[10]小城，攻之不克[11]。班师[12]之日，兵不戍一城[13]，土不辟一廛[14]。夫岂无人[15]？以为大镇未平[16]，不可守小[17]故也。夫壅水者先塞其原[18]，伐木者先断其本[19]；本原尚在而攻其末流[20]，终无益也。寿阳、盱眙、淮阴[21]，淮南之本原[22]也；三镇不克其一，而留守孤城，其不能自全明矣。敌之大镇逼[23]其外，长淮隔其内[24]；少置兵则不足以自固，多置兵则粮运难通。大军既还，士心孤怯[25]，夏水盛涨，救援甚难。以新击旧[26]，以劳御逸[27]，若果如此，必为敌擒，虽忠勇奋发，终何益哉[28]！且安土恋本，人之常情。昔彭城之役[29]，既克大镇[30]，城戍已定，而不服思叛[31]者犹逾数万。角城蕞尔[32]，处在淮北，去淮阳[33]十八里。五固之役[34]，攻围历时[35]，卒不能克[36]。以今准昔[37]，事兼数倍[38]。天时尚热[39]，雨水方降，愿陛下踵[40]世祖之成规，旋辕返旆[41]，经营[42]洛邑，蓄力观衅[43]，布德行化[44]，中国既和[45]，远人[46]自服矣。"

尚书令陆睿上表，以为："长江浩荡，彼之巨防[47]。又南土昏雾[48]，暑气郁蒸[49]，师人[50]经夏，必多疾病。而迁鼎草创[51]，庶事甫尔[52]，台省[53]无论政之馆，府寺靡听治[54]之所，百僚居止，事等行路[55]，沈雨炎阳[56]，自成疠疫[57]。且兵徭并举[58]，圣王所难。今介胄之士[59]，外攻寇仇，羸弱[60]之夫，内勤土木[61]，运给之费[62]，日损千金。驱罢弊[63]之兵，讨坚城之虏，将何以取胜乎！陛下去冬之举，正欲曜武江、汉[64]耳；今自春几夏[65]，理宜释甲[66]。愿早还洛邑，使根本深固，圣怀无内顾之忧，兆民休斤板之役[67]，然后命将出师，何忧不服？”魏主纳其言。

崔慧景以魏人城邵阳，患之。张欣泰[68]曰：“彼有去志[69]，所以筑城者，外自夸大，惧我蹑其后[70]耳。今若说之以两愿罢兵[71]，彼无不听矣。”慧景从之，使欣泰诣城下语魏人，魏主乃还。

（以上为第三段，写北魏主拓跋宏率领大军南下，遭到南齐将士的顽强抵抗，没有讨到便宜，大臣高闾、陆睿等强力上书，请求撤兵，营建新都，以俟后举。）

【注释】

[1]具论其状：一一地叙述前方实地的情况，向后方留守的高闾征求意见。[2]《兵法》：即《孙子兵法》，是兵家经典著作，由春秋末年著名军事家孙武所著，共十三篇，深刻总结了春秋时期各国交战的丰富经验，集中概括了战略战术的一般规律，是中国现存最早的兵书，也是世界上最早的军事著作，体现了作者卓越的军事思想。[3]十则围之，五则攻之：语出《孙子兵法·谋攻》。十，指兵力十倍于敌。[4]向者：当初，此前决定这次南伐的时候。国家止为受降之计：只做了接受曹虎投降的准备。止，同“只”，只是。[5]东西辽阔：指西起南郑，东至钟离，东西战线数千里。[6]世祖：指北魏太武帝拓跋焘，庙号世祖。传见《魏书》卷四上。[7]回山倒海：意即移山倒海，形容军势宏大。回，移动，转动。[8]步骑：步兵和骑兵。[9]瓜步：小山名，在今江苏南京市六合区东南的长江北岸，为军事要地。[10]盱眙（xū yí）：古郡名，郡治在今江苏盱眙县东北，西距钟离不远，是淮南沿江军事要地。[11]攻之不克：当时宋将臧质、沈璞据守盱眙，打得艰苦卓绝，始终未下，给北魏军以严重打击。事见《资治通鉴》卷一百二十五元嘉二十七年（450）。[12]班师：回师，军队出征回国。[13]兵不戍一城：意即将一度占领的大片地区全部放弃，连一个城镇也未能占有。[14]土不辟一廛（chán）：连一亩大的地盘也未获得。廛，胡三省引《说文》曰：“廛，一亩半，一家之居地。”[15]夫岂无人：难道就没有一位将领能占据一城、守住一块地盘吗？[16]大镇未平：大的军事重镇未能攻下。大镇，即重镇，指刺史、督军的驻兵之地。胡三省曰：“宋时淮上以寿阳、广陵为大镇。”[17]不可守小：光据守一个小县、一个郡城，是不可能守得住的。[18]壅（yōng）水：堵住流水。先塞其原：先要截断它的水源。原，同“源”。[19]本：树根。[20]本原：即本源，根本、源头，事情的根源。末流：树梢与流水。[21]寿阳、盱眙、淮阴：淮河以南的三个大军镇。淮阴，古县名，在今江苏淮安市的淮阴区，当时为北兖州的州治所在地。[22]淮南之本原：胡三省曰：“寿阳、盱眙、淮阴，皆淮津之要地，齐皆以重兵守之，故云本原。”[23]逼：逼近，迫近。[24]长淮：即指淮水。隔其内：魏主原想“筑城置戍于淮南，以抚新附之民”，这样魏国的“所置之戍”就被孤立无援

地隔在淮河以南而远离魏国的本土了。[25]孤怯：孤单，害怕。[26]以新击旧：胡三省曰："久于屯戍，魏师已老，齐以生兵攻之，是之谓以新击旧。"[27]以劳御逸：胡三省曰："魏以孤军守孤城，劳于备御；齐师迭出而攻之，士有余力，是之谓以劳御逸。"[28]虽忠勇奋发，终何益哉：胡三省曰："言将士效死弗去，而城破身没，虽忠勇奋发而无益于国事。"[29]彭城之役：指刘宋明帝刘彧时因徐州刺史薛安都投降北魏所引发的两国冲突之事，事见《资治通鉴》卷一百三十三。[30]既克大镇：指北魏军已牢牢地占据徐州。[31]不服思叛者：不愿受北魏统治而想回到刘宋治下的淮河以北的居民。[32]角城蕞（zuì）尔：一座小小的角城。角城，古城名，在今江苏宿迁市东南，南临淮水。蕞尔，极言其小的样子。[33]去淮阳：距离淮阳城。淮阳，北魏郡名，在今河南周口市淮阳区，在角城的西方。[34]五固之役：指徐州民桓标之、兖州民徐猛子等据五固城反抗北魏统治，北魏派兵讨伐。事见《资治通鉴》卷一百三十五。胡三省曰："宋明帝泰始二年（466），魏得彭城，至高帝建元之初，淮北之民犹不乐属魏，思归江南，遂有五固之役。"五固，古城邑名，在今山东滕州市东北。[35]攻围历时：围攻了几个月也没有攻下。时，一个季度，即三个月。[36]卒不能克：最终也没有攻下角城。[37]以今准昔：将今天的事情与过去的事情相比较。准，度量，比较。[38]事兼数倍：事情还要困难好多倍。[39]天时尚热：天气就要一天天地热起来。尚，胡三省曰："当作'向'。"《魏书·高闾传》作"向"，趋向。[40]踵（zhǒng）：脚后跟，这是遵循、沿袭的意思。[41]旋辕返旆（pèi）：掉转车头，撤回军队。辕，车辕，这里指车。返旆，班师。[42]经营：建设，营造。[43]蓄力观衅（xìn）：积蓄力量，等候时机。衅，破绽，机会。[44]布德行化：广布恩德，施行教化，以团聚人心。[45]中国既和：北魏的内部一旦团结一致。中国，中原，北魏人自称其国家政权，以其建都洛阳，故以正统自居。和，和谐，和睦。[46]远人：边远的蛮夷，北魏把南齐看作是南方蛮夷。[47]巨防：大防，严密防守。[48]昏雾：大雾弥漫，一片昏暗，北方人认为是山湖蒸腾出来的一种雾瘴，是一种毒雾。[49]暑气郁蒸：夏天蒸腾着一种湿热之气，是一种能够致病的毒气。郁蒸，郁结，蒸腾。[50]师人：指北魏军将士。[51]迁鼎草创：指刚刚迁都不久。鼎，是国家的传世重器，相传周武王灭商后，曾将九鼎迁到洛邑，后世遂以"迁鼎"代指迁都。[52]庶事甫（fǔ）尔：各项事务都刚刚开始。庶，众。甫，开始。[53]台省：朝廷的各办事机构，如中书省、尚书省、御史台等。[54]府寺：各官署的衙门。寺，官舍。靡（mǐ）：没有。听治：犹今所谓"办公""理事"。[55]百僚居止，事等行路：朝廷百官的居住没有定所，就像一个出差的旅客。行路，过往的行路人。[56]沈雨炎阳：意即冒着大雨，顶着烈日。沈雨，即久雨。沈，同"沉"，胡三省引《说文》曰："久阴曰'沈'。"[57]自成疠（lì）疫：很自然地就会形成各种疾病。疠疫，瘟疫。[58]兵徭并举：战争与徭役同时进行。兵，兵役，指对南齐作战。徭，徭役，指兴建新都洛阳。[59]介胄之士：指出征的将士。介胄，甲胄，披甲戴盔。介，锁甲。[60]羸（léi）弱：瘦弱。[61]土木：指建筑工程。[62]运给之费：运送粮草以供应前线的花销。[63]罢弊：同"疲敝"，筋疲力尽，人心瓦解。罢，同"疲"，疲劳。弊，同"敝"，凋敝。[64]正欲曜武江、汉：只是想向南朝示威而已。曜武，炫耀武功。江、汉，以二水代指南齐。［65］自春几夏：从冬到春，现在又快进入夏季了。几，近，接近。［66］释甲：解甲，指罢兵。［67］兆民：亿万民众。兆，万亿，表示极多。斤板之役：指战场上的筑墙挖沟等劳役。斤，斧，伐木的工具。板，筑墙用的夹板。［68］张欣泰：字义亨，竟陵（今湖北天门市）人，刘宋左卫将军张兴世之子，南齐大臣。传见《南齐书》卷五十一。［69］有去志：有自动撤兵的念头。［70］惧我蹑（niè）其后：怕我们趁机攻击他。蹑，追踪，追击。［71］说之以两愿罢兵：劝说他双方协议各自罢兵。

济淮[1]；余五将未济，齐人据渚邀断津路[2]。魏主募能破中渚兵者以为直阁将军[3]，军主代人奚康生应募[4]，缚筏积柴，因风纵火，烧齐船舰，依烟[5]直进，飞刀乱斫[6]，中渚兵遂溃。魏主假[7]康生直阁将军。

魏主使前将军杨播[8]将步卒三千、骑五百为殿[9]。时春水方长，齐兵大至，战舰塞川。播结陈[10]于南岸以御之，诸军尽济。齐兵四集围播，播为圆陈以御之，身自搏战，所杀甚众。相拒再宿[11]，军中食尽，围兵愈急。魏主在北岸望之，以水盛不能救，既而水稍减，播引精骑三百历齐舰[12]大呼曰："我今欲渡，能战者来！"遂拥众而济[13]。播，椿之兄也。

魏军既退，邵阳洲上余兵万人，求输马[14]五百匹，假道以归[15]。崔慧景欲断路攻之，张欣泰曰："归师勿遏[16]，古人畏之，兵在死地[17]，不可轻也。今胜之不足为武[18]，不胜徒丧前功[19]，不如许之。"慧景从之。萧坦之还，言于上曰："邵阳洲有死贼[20]万人，慧景、欣泰纵而不取。"由是皆不加赏。甲申[21]，解严[22]。

初，上闻魏主欲饮马于江[23]，惧，敕广陵太守行南兖州事[24]萧颖胄[25]移居民入城，民惊恐，欲席卷南渡[26]。颖胄以魏寇尚远，不即[27]施行，魏兵竟[28]不至。颖胄，太祖之从子也。

上遣尚书左仆射[29]沈文季助丰城公遥昌守寿阳。文季入城，止游兵[30]，不听出[31]，洞开城门，严加守备。魏兵寻退[32]。

魏之入寇也，卢昶等犹在建康[33]，齐人恨之，饲以蒸豆[34]。昶怖惧，食之，泪汗交横。谒者张思宁辞气不屈[35]，死于馆下[36]。及还，魏主让[37]昶曰："人谁不死，何至自同牛马，屈身辱国！纵不远惭苏武[38]，独[39]不近愧思宁乎！"乃黜[40]为民。

戊子[41]，魏太师京兆武公冯熙[42]卒于平城。

乙未[43]，魏主如下邳[44]；夏，四月，庚子[45]，如彭城[46]；辛丑[47]，为冯熙举哀。太傅、录尚书事平阳公丕[48]不乐南迁，与陆睿[49]表请魏主还临熙葬[50]。帝曰："开辟以来[51]，安有天子远奔舅丧者乎！今经始洛邑[52]，岂宜妄相诱引[53]，陷君不义[54]！令、仆以下[55]，可付法官贬之[56]。"仍诏迎熙及博陵长公主[57]之柩，南葬洛阳，礼如晋安平献王故事[58]。

（以上为第四段，写北魏军队撤退，猛将杨播断后，显现英雄本色；还有万人滞留江渚，南齐将领不愿出击，坐失良机；使臣卢昶被南齐羞辱，受到北魏主责备。）

【注释】

[1]济淮：指北魏主拓跋宏渡过淮河返回。 [2]据渚（zhǔ）：占据了邵阳洲上北魏人修筑的据点。渚，水中小块陆地。邀断津路：断绝了淮河以南五将的渡河之路。邀，拦截。津路，渡口的归路。津，渡口。 [3]中渚兵：即渚中兵，占据邵阳水中之洲的南齐兵。直阁将军：为皇帝统领起居与办公场所的警卫部队的武官。直，同"值"，值勤。 [4]奚康生：本姓达奚，镇北大将军奚直之孙，北魏名将。传见《魏书》卷七十三。应募：应召。 [5]依烟：凭借烟雾。 [6]斫（zhuó）：砍杀。 [7]假：加，授予，非正式任命。 [8]杨播：字元休，改字延庆，洛州刺史杨懿长子，冀州刺史杨椿之兄，北魏将领。传见《魏书》卷五十八。 [9]为殿：为全军断后，以对付敌兵的追击骚扰。 [10]结陈：集结军队，列成阵式。陈，通"阵"。 [11]再宿：两夜。[12]历齐舰：经过南齐军队战船旁边。 [13]拥众而济：带着自己的部下一起渡淮河。拥，聚拢，保护。 [14]输马：献出马匹。输，送，交出。 [15]假道以归：请求南齐军队让出一条道，让他们返回北魏。假道，借道。 [16]归师勿遏（è）：对于向回撤退的军队不要截击它。语出《孙子兵法》，原文作"归师勿遏，穷寇勿迫"。遏，阻止。[17]死地：无处可逃，只有拼死一搏的地方。[18]胜之不足为武：打赢了也显不出威风。为武，显示勇武。 [19]徒丧前功：白白地把已经取得的战功也给赔进去。 [20]死贼：必死之敌，处于穷途末路之敌。 [21]甲申：三月十五日。[22]解严：解除戒备。 [23]饮马于江：到长江边上饮马，即打到长江边上。 [24]广陵太守行南兖（yǎn）州事：以广陵太守的身份代理南兖州刺史。广陵，南齐郡名，郡治在今江苏扬州市。南兖州，南齐州名，州治就在广陵。当时的南兖州刺史是萧鸾的儿子广陵王萧宝源，因年纪尚幼，所以让萧颖胄代理州事。行，代理。 [25]萧颖胄：字云长，齐太祖高帝萧道成之侄，南齐中书侍郎、南东海太守、南徐州刺史。传见《南齐书》卷三十八。 [26]席卷南渡：带着全部家私渡江

南逃。［27］不即：不着急，不立刻。［28］竟不至：最终也没有来。竟，竟然。［29］尚书左仆射：据章校，应为“尚书右仆射”。［30］游兵：轮番出城骚扰敌军的士兵。不听出：不准他们出城。［31］寻退：不久就撤走了。寻，不久，很快地。［32］卢昶等犹在建康：北魏出使南齐的使臣卢昶从去年六月出使南齐，随后爆发战争，遂被扣押至今。［33］饲以蒸豆：拿喂牛马的饲料让他们吃，意即把他们当作畜生看待，极为不恭。饲，饲养牲畜。蒸豆，蒸熟的黑豆，以喂牛马。［34］怖惧：恐慌，害怕。［35］谒者：掌管收发、传达。张思宁：北魏官员，为谒者，出使南宋，志气不屈，被杀。辞气不屈：说话声调与行为态度丝毫不变，没有屈服之意。［36］死于馆下：被迫害死在客馆中。［37］让：责让，责备。［38］远惭苏武：远愧于前代的苏武。苏武，西汉杰出的外交家。汉武帝刘彻时，曾奉命以中郎将持节出使匈奴，被扣留十九年被流放到北海（今西伯利亚贝加尔湖）牧羊，持节不屈。汉宣帝刘询时回归，将其列为麒麟阁十一功臣之一。传见《汉书》卷五十四。［39］独：难道。［40］黜（chù）：贬退，削职。［41］戊子：三月十九日。［42］冯熙：字晋国，北燕太宰冯朗之子，孝文帝元宏岳父，北魏外戚大臣，授内都坐大官、太师，赠假黄钺、大司马，谥号武。传见《魏书》卷八十三上。［43］乙未：三月二十六日。［44］下邳（pī）：北魏郡名，郡治在今江苏邳州市西南。［45］庚子：四月二日。［46］彭城：古郡名，郡治在今江苏徐州市。［47］辛丑：四月三日。［48］平阳公丕：即拓跋丕，乐城侯拓跋兴都之子，北魏宗室、大臣。官太傅、太尉、录尚书事，封平阳郡公。传见《魏书》卷十四。［49］表请：上表请求。［50］还（huán）临熙葬：回平城参加冯熙的葬礼。拓跋丕、陆睿当时皆留守平城。［51］开辟：开天辟地，自有人类以来。［52］经始洛邑：开始经营创建洛阳都城。［53］妄相诱引：随意编说一些理由哄骗不明事理的人。妄，胡乱。［54］陷君不义：引诱君王去做不该做的事情。不义，不符合道义。［55］令仆以下：留守平城的尚书令、尚书仆射以下的官员。胡三省曰：“此平城留台令、仆也。”［56］付法官贬之：交给御史予以弹劾，加以贬斥。胡三省曰：“法官，谓御史。”［57］仍：同“乃”，于是。博陵长公主：拓跋氏，景穆帝拓跋晃之女，孝文帝拓跋宏的姐妹，嫁给冯太后兄长冯熙。前已死，葬于平城。传见《魏书》卷八十三上。长公主，凡皇帝之女称公主，皇帝的姐妹称长公主。［58］礼如晋安平献王故事：依照当年司马炎为其叔祖司马孚办丧事的规格，死时赐銮辂、前后鼓吹、卫队、武士等。安平献王，即司马懿之弟司马孚，曹魏重臣。

魏主之在钟离，仇池镇都大将、梁州[1]刺史拓跋英[2]请以州兵会刘藻击汉中[3]，魏主许之。梁州刺史萧懿[4]遣部将尹绍祖、梁季群[5]等将兵二万，据险[6]，立五栅以拒之[7]。英曰：“彼帅贱[8]，莫相统壹[9]。我选精卒并攻一营，彼必不相救；若克一营，四营皆走[10]矣。”乃引兵急攻一营，拔之，四营俱溃，生擒梁季群，斩三千余级[11]，俘七百余人，乘胜长驱[12]，进逼南郑。懿又遣其将姜修[13]击英，英掩击[14]，尽获之。将还，懿别军[15]继至；将士[16]皆已疲，不意其至，大惧，欲走。英故缓辔徐行[17]，神色自若[18]，登高望敌，东西指麾[19]，状若处分[20]，然后整列而前[21]。懿军疑有伏兵，迁延引退[22]，英追击，破之，遂围南郑。禁将士毋得侵暴[23]，远近悦附，争供租运。懿婴城自守[24]，军主范絜先[25]将三千余人在外，还救南郑，英掩击，尽获之。围城数十日，城中恟惧[26]。录事参军新野庾域[27]封题空仓[28]数十，指示[29]将士曰："此中粟皆满，足支二年，但努力固守[30]！"众心乃安。

会魏主召兵还，英使老弱先行，自将精兵为后拒[31]，遣使与懿告别。懿以为诈，英去一日，犹不开门；二日，乃遣将追之。英与士卒下马交战，懿兵不敢逼[32]，行四日四夜，懿兵乃返。英入斜谷[33]，会天大雨，士卒截竹贮米[34]，执炬火[35]于马上炊之。先是，懿遣人诱说仇池诸氐[36]，使起兵[37]断英运道及归路。英勒兵[38]奋击，且战且前，矢中英颊[39]，卒全军还仇池[40]，讨叛氐，平之。英，桢之子；懿，衍之兄也。

英之攻南郑也，魏主诏雍、泾、岐[41]三州发兵六千人戍南郑[42]，俟[43]克城则遣之。侍中兼左仆射李冲[44]表谏曰："秦川险厄[45]，地接羌、夷[46]。自西师[47]出后，饷援连续[48]，加氐、胡[49]叛逆，所在奔命[50]，运粮擐甲[51]，迄兹未已[52]。今复豫差戍卒[53]，悬拟山外[54]，虽加优复[55]，恐犹惊骇[56]。脱终攻不克[57]，徒动民情[58]，连胡结夷[59]，事或难测。辄依旨密下刺史[60]，待军克郑城[61]，然后差遣[62]。如臣愚见，犹谓未足[63]。何者？西道险厄[64]，单径[65]千里，今欲深戍绝界[66]之外，孤据群贼之中[67]，敌攻不可猝援[68]，食尽不可运粮。古人有言：'虽鞭之长，不及马腹[69]。'南郑于国[70]，实为马腹也。且魏境所掩[71]，九州过八[72]；民人所臣[73]，十分而九；所未民[74]者，唯漠北之与江外[75]耳。羁之在近[76]，岂汲汲于今日[77]也！宜待疆宇既广，粮食既足，然后置邦树将[78]，为吞并之举。今寿阳、钟离，密迩未拔[79]；赭城[80]、新野，跬步弗降[81]。东道既未可以近力守[82]，西藩宁可以远兵固[83]！若果欲置[84]者，臣恐终以资敌[85]也。又，建都土中[86]，地接寇壤[87]，方须大收死士[88]，平荡江会[89]，若轻遣单寡[90]，弃令陷没[91]，恐后举[92]之日，众以留守致惧[93]，求其死效[94]，未易可获。推此而论，不成[95]为上。”魏主从之。

（以上为第五段，写北魏勇将拓跋英于西线出兵攻打南齐梁州的情况，仅凭一支孤军，搅得风云四起，最后完军撤退；拓跋宏事先下令发出一支军队计算镇守南郑，被李冲谏止。）

【注释】

[1]仇池：古地名，北魏西南部地区的军镇名，在今甘肃西和县南、成县西北。镇都大将：为一方的军事长官，位同刺史。《魏书·官氏志》曰：“旧制，缘边皆置镇都大将，统兵备御，与刺史同。”梁州：北魏的州治在仇池。 [2]拓跋英：也称“元英”，字虎儿，南安惠王拓跋桢之子，北魏武川镇将，迁梁州刺史，封中山郡王，迁尚书仆射。传见《魏书》卷十九下。 [3]会刘藻击汉中：胡三省曰：“去年十一月，魏遣刘藻向南郑。”刘藻，字彦先，北魏大臣。传见《魏书》卷七十。汉中，古郡名，郡治南郑，在今陕西汉中市。 [4]梁州：南齐的州治南郑，在今陕西汉中市。萧懿（yì）：字元达，南齐名将。拜梁州刺史，平定豫州刺史裴叔业叛乱，授尚书令。后为东昏侯萧宝卷所杀。传见《梁书》卷二十三。 [5]尹绍祖、梁季群：南齐时人，明帝萧鸾时为梁州刺史萧懿的部将。 [6]据险：《魏书·拓跋英传》作“微山立栅”，意即在半山腰建立防御工事，堵塞交通要道。 [7]立五栅（zhà）以拒之：胡三省曰：“据《齐书》，时据角弩谷、白马、沮水立五栅。”五栅，五座堵塞山路的防御营寨。 [8]彼帅贱：对方守将的地位低。 [9]莫相统壹：几处的守将谁也指挥不了谁。壹，同“一”。 [10]走：逃跑。 [11]级：首级，代指人。 [12]长驱：大规模、长距离地追击不停。 [13]姜修：南齐时人，萧懿的部将。 [14]掩击：乘其不备地突然袭击。 [15]别军：与主力部队配合作战的其他部队。 [16]将士：此指北魏梁州刺史拓跋英所率领的将士。 [17]故缓辔（pèi）徐行：故意地放松马缰绳，让马缓缓而行。辔，勒马的嚼子与缰绳。 [18]自若：保持原样。 [19]指麾（huī）：同“指挥”，发令调度。麾，同“挥”。 [20]状若处分：好像是有所布置、有所安排的样子。处分，布置，安排。 [21]整列而前：排着整齐的队列继续前进。 [22]迁延引退：踌躇再三，引兵而退。迁延，犹豫不决的样子。 [23]毋（wú）得：不得。侵暴：对百姓欺凌、残暴。 [24]婴城自守：环城自守。婴，环绕。 [25]范絜（jié）先：南齐将领，明帝萧鸾时为军主，为萧懿的部将。 [26]恟（xiōng）惧：惊慌，恐惧。恟，纷扰不安。 [27]录事参军：梁州刺史萧懿的属官，主管纠弹过失，掌管符印。庾域：字司大，南阳新野人，南齐、南梁大臣。传见《梁书》卷十一。 [28]封题空仓：给空仓的大门贴上封条，在封条上做上标记。 [29]指示：用手指着仓库，让人看。 [30]但努力

固守：你们只管勇敢守城就行了。但，只管，不必操心别的事。［31］后拒：后卫，大军撤退时走在最后，以抵抗敌兵追击的部队。［32］不敢逼：不敢近前与敌军进行肉搏战。逼，逼近，靠近。［33］斜谷：山谷名，也是山路名，是褒斜道的斜谷部分，在今陕西眉县西南。褒斜道是从关中地区翻越秦岭通向汉中地区的山路。［34］截竹贮米：砍竹做筒以装米烧饭。截竹，断竹。［35］执炬火：手持火把。［36］仇池诸氐（dī）：居住在仇池地区的氐族人。［37］起兵：发兵，出兵。［38］勒兵：统兵，率军。［39］颊（jiá）：脸的两侧。［40］卒全军还仇池：胡三省曰："英乘胜深入，后无继援，虽仅获全军而返，亦已危矣。"卒，终于，最后。［41］雍、泾（jīng）、岐（qí）：北魏三州名，雍州的州治在今陕西西安市，泾州的州治在今甘肃泾川县北，岐州的州治在今陕西宝鸡市凤翔区南。胡三省曰："魏雍州治长安，领京兆、冯翊、扶风、咸阳、北地等郡。太和中，置泾州，治临泾城，领安定、陇东、新平、平凉、平原等郡。十一年，置岐州，治雍城镇，领平秦、武功、武都郡。"［42］戍南郑：《魏书·李冲传》作"拟戍南郑"，即打算镇守南郑，事先做好驻守南郑的准备。［43］俟（sì）：等候，等到。［44］李冲：字思顺，北魏孝庄帝元子攸外祖父，镇北将军李宝之子，北魏外戚大臣。官至侍中、吏部尚书，为尚书左仆射，加镇南将军，封清渊县侯。传见《魏书》卷五十三。［45］秦川险厄：秦川一带地形复杂险要，易守难攻。秦川，古地区名，指今陕西、甘肃两省交界而又临近四川的一带地区，仇池就在其范围之内。险厄，形势险要。［46］地接羌（qiāng）、夷：靠近羌族、氐族及其他少数民族居住的地区。［47］西师：指拓跋英统领的进攻南郑的军队，在北魏数道南伐的大军中是最靠西方的一路。［48］饷援：运送粮草与补充兵员。饷，粮饷。［49］氐、胡：皆少数民族名。胡，古代对北方少数民族及西域各民族的称呼，一般指匈奴人。［50］奔命：奔走应命，指到处告急，到处派兵奔救。［51］运粮擐（huàn）甲：到处都在运粮，到处都在结集军队。擐甲，穿上铠甲。［52］迄兹未已：到今天也还没有结束。［53］豫差戍卒：又要预先准备好一支派去驻守南郑的部队。豫，同"预"，预先。［54］悬拟山外：要把他们远远地派驻到大山以南，事先做好占领南郑的准备。悬拟，远派，预先准备。因远离后方、隔着大山，故曰"悬"。山外，指南郑、汉中，在秦岭终南山以南。［55］优复：各种优厚待遇。复，免除各种赋税、劳役。［56］惊骇（hài）：惊惶，害怕。［57］脱终攻不克：假如我们一旦攻不下南郑。脱，倘若，假如。［58］徒动民情：白白地把百姓们惊扰一番。［59］连胡结夷：一旦百姓们与少数民族勾结起来。［60］辄（zhé）依旨：我们已经按照您的旨意。实际上李冲等已经稍加改变了魏主的旨意，只是说得委婉而已。辄，于是，便。密下刺史，私下里悄悄地给刺史下达了命令。［61］军克郑城：等我军攻下南郑城。郑城，即南郑城。［62］然后差遣：到那里再组织派遣。［63］犹谓未足：光改变这一项还不够，还不完全妥当。［64］西道险厄：经秦川进入汉中的道路，即褒斜道下分险峻。［65］单径：一条窄路。径，小路。［66］深戍：远守，指攻下南郑而守之。绝界：隔着高山峻岭的边界。［67］孤据群贼之中：在周围都是敌人的情况下，防守一个孤立无援的据点。［68］不可猝（cù）援：我们的援军不能及时赶到。猝，立即。［69］虽鞭之长，不及马腹：比喻力所不及。语出《左传·宣公十五年》，乃伯宗劝晋侯不要恃强与楚战之语。［70］南郑于国：南郑对于我们北魏来说。［71］所掩：所覆盖、所占据的地盘。［72］九州过八：九州已经占领了八个，即《尚书·禹贡》所说的冀、兖、青、徐、荆、豫、梁、雍，只剩一个扬州在南齐的统治下。［73］民人所臣：北魏所统治的黎民百姓。臣，臣服，归附。［74］所未民：还没有归附于我们的民众。［75］唯漠北之与江外：只剩下大沙漠以北的柔然与长江以南的南齐。漠北，古区域名，指内蒙古高原大沙漠以北的广大地区，此指柔然。江外，长江以南，此指南齐。［76］羁（jī）之在近：把他们的头目捉拿过来的日子已经不远了。羁，束缚，捆绑。［77］岂汲（jí）汲于今日：何必非要着急地在今天就要办成呢。汲汲，着急、匆忙的样子。［78］置邦：预建该地的封国封君，如某国、某王，某州、某刺史。树将：委任专征一方的大将。［79］密迩（ěr）未拔：紧靠我们的边境尚未攻取。密迩，极言其所挨之近。迩，近。［80］赭（zhě）城：即赭阳城。赭阳，北魏县名，太和十八年（494）置，为建城郡治，县治在今河南叶县西南。［81］跬（kuǐ）步弗降：仅距我们半步之远，居然也没有投降。跬步，半步，极言其近。［82］东道：指在淮河一带的东方前线所取得的一些土地。未可以近力守：不可能用现有的力量固守住。［83］西藩：指南郑的西部战线。宁可以远兵固：又怎么能靠远远派出的一支军队前来坚守呢？又怎么坚守得住？［84］果欲置：如果一定要派出这支军队，长途跋涉地去固守。［85］恐终以资敌：我担心最后还是白白地送给敌人。［86］建都土中：建都城于天下之中心的洛阳。洛阳自古被称为“中州”，地处天下之中。土中，四方的中间。［87］地接寇壤：挨近敌方边境。［88］大收死士：大力地募集能勇敢作战、不惧死亡的士兵。［89］平荡江会：意即攻取南齐都城建康。胡三省曰：“建康为江南都会之地，故曰‘江会’。”［90］轻遣单寡：随便地派出一支势力单薄的兵力。轻，不慎重，轻易地。［91］弃令陷没：形势危急就放弃，令其陷落。［92］后举：日后再攻南齐都城建康。［93］众以留守致惧：谁也不愿意留下来坚守城池，担心国家将其抛弃。［94］死效：效死力攻打。［95］不戍：不在淮河以南留兵固守。

癸丑[1]，魏主如小沛[2]；己未[3]，如瑕丘[4]；庚申[5]，如鲁城[6]，亲祠孔子[7]；辛酉[8]，拜孔氏四人、颜氏二人官[9]，仍选诸孔宗子一人封崇圣侯[10]，奉孔子祀[11]，命兖州[12]修孔子墓，更建碑铭。戊辰[13]，魏主如碻磝[14]，命谒者仆射成淹具舟楫[15]，欲自泗入河[16]，溯流[17]还洛，淹谏，以为：“河流悍猛[18]，非万乘[19]所宜乘。”帝曰：“我以平城无漕运[20]之路，故京邑[21]民贫。今迁都洛阳，欲通四方之运，而民犹惮河流之险[22]；故朕有此行，所以开百姓之心[23]也。”

魏城阳王鸾等攻赭阳[24]。诸将不相统一，围守百余日，诸将欲按甲不战以疲之。李佐[25]独昼夜攻击，士卒死者甚众，帝遣太子右卫率垣历生[26]救之。诸将以众寡不敌[27]，欲退，佐独帅骑二千逆战[28]而败。卢渊等引去，历生追击，大破之。历生，荣祖之从弟也。南阳太守房伯玉[29]等又败薛真度[30]于沙堨[31]。

鸾等见魏主于瑕丘。魏主责之曰："卿等沮辱威灵[32]，罪当大辟[33]；朕以新迁洛邑，特从宽典[34]。"五月，己巳[35]，降封鸾为定襄县王[36]，削户[37]五百；卢渊、李佐、韦珍皆削官爵为民，佐仍徙瀛州[38]。以薛真度与其从兄安都有开徐方之功[39]，听存其爵及荆州[40]刺史，余皆削夺，曰："进[41]足明功，退足彰罪[42]矣。"

魏广川刚王谐[43]卒。谐，略[44]之子也。魏主曰："古者，大臣之丧有三临之礼[45]；魏、晋以来[46]，王公之丧，哭于东堂[47]。自今诸王之丧，期亲三临[48]；大功再临[49]；小功、缌麻[50]一临；罢东堂之哭。广川王于朕，大功也[51]。"将大敛[52]，素服、深衣[53]往哭之。

甲戌[54]，魏主如滑台[55]；丙子[56]，舍于石济[57]；庚辰[58]，太子出迎于平桃城[59]。

赵郡王干[60]在洛阳，贪淫[61]不法，御史中尉李彪[62]私戒之，且曰："殿下不悛[63]，不敢不以闻[64]。"干悠然不以为意[65]。彪表弹[66]之。魏主诏干与北海王详[67]俱从太子诣行在[68]。既至，见详而不见干，阴使左右察其意色[69]，知无忧悔[70]，乃亲数其罪，杖之一百，免官还第。

癸未[71]，魏主还洛阳，告于太庙[72]。甲申[73]，减冗官[74]之禄以助军国之用。乙酉[75]，行饮至之礼[76]。班赏有差[77]。

（以上为第六段，写北魏主拓跋宏继续东行，从小沛到碻磝，于行在处分在南征中的战败之将拓跋鸾等，以及在洛阳贪淫不法的大臣拓跋干等，从水道回洛阳。）

【注释】

[1]癸丑：四月十五日。 [2]小沛：沛县的别称，在今江苏沛县。因当时的沛郡郡治有时在相县，有时在萧县，故称沛县曰"小沛"以示区别。 [3]己未：四月二十一日。 [4]瑕丘：古城名，在今山东济宁市兖州区东北，当时为北魏的兖州州治所在地。 [5]庚申：四月二十二日。[6]鲁城：古城名，即鲁县县城，在今山东曲阜市，城里有孔子庙，城北有孔子墓。 [7]亲祠孔子：北魏主拓跋宏亲自祭祀孔子。 [8]辛酉：四月二十三日。 [9]"拜孔氏"句：拜，任命。用

“拜”字，极言其严肃、郑重。北魏主任用孔子后代四个子孙为官，任用孔子高足颜回后代两个子孙为官，以示尊儒。孔氏，指孔子。颜氏，指颜回，孔子最得意的门生。［10］诸孔宗子：孔子家族大宗的嫡长子。宗子，嫡传的后代。崇圣侯：封爵名，北魏时对孔子嫡派后裔的封号。关于孔子嫡系后裔的封爵，西汉平帝封孔子后裔为褒侯；曹魏改号宗圣侯；晋、南朝宋改号奉圣侯；北魏称崇圣侯；北齐改恭圣侯；北周时，晋封邹国公；隋朝，文帝封邹国公，炀帝改绍圣侯；唐初，封为褒圣侯，开元中，孔子被谥为文宣王，乃改褒圣侯为公爵，仍以文宣为号；宋仁宗至和二年改封衍圣公，后代相沿不改。［11］奉孔子祀：主持对孔庙、孔林的祭祀。［12］兖（yǎn）州：北魏的州治在今山东曲阜市。［13］戊辰：四月三十日。［14］碻（qiāo）磝（áo）：古城名，在今山东聊城市茌平区西南古黄河南岸，当时为北魏济州的州治所在地，为黄河渡口，古代军事重地。［15］谒者仆射（yè）：皇帝的侍从官员，掌收发传达以及赞礼。成淹：字秀文，一作“季文”，北魏文学之臣。原为刘宋官员，后投降北魏，受赏识，为著作郎，除羽林监，领主客令，为谒者仆射。传见《魏书》卷七十九。具舟楫：安排船只。楫，划船的桨。［16］自泗入河：经由泗水进入淮河。泗水经由曲阜，南历徐州，再向南流入淮水。泗水不入黄河，据《魏书·成淹传》，孝文帝拓跋宏乃自徐州坐船逆泗水北上鲁城，又准备从碻磝逆黄河西上至洛阳。［17］溯（sù）流：逆流而上。［18］悍猛：指水流湍急，奔腾不息。［19］万乘：古代以敬称皇帝。按周制，天子有地方千里，兵车万乘，古称之。［20］漕（cáo）运：水道运输。［21］京邑：京都，都城。［22］惮（dàn）河流之险：害怕黄河流水湍急，易出事故。河流，黄河激流。［23］开百姓之心：解除百姓在黄河中行船的顾虑。［24］城阳王鸾（luán）：即拓跋鸾，字宣明，城阳王拓跋长寿之子，北魏北都大将，先后治理凉州、河内、并州、青州和并州，拜外都坐大官。从孝文帝南征，领镇军将军。传见《魏书》卷十九下。赭（zhě）阳：古城名，南齐北襄城郡的郡治所在地，在今河南方城县东北。［25］李佐：字季翼，西凉王李暠曾孙，沙并二州刺史李宝第四子，降魏为大臣。先后治理常山郡、恒州、怀州、相州，颇有治绩；任平远将军、统军，为荆州长史，授都官尚书。传见《魏书》卷三十九。［26］帝：指南齐明帝萧鸾。垣（yuán）历生：下邳（今江苏邳州市）人，名将坦护之的侄孙，兖州刺史垣荣祖的堂弟，南齐将领。拜骁骑将军，为太子右卫率，率军救赭阳。传见《南齐书》卷二十八。［27］众寡不敌：即寡不敌众，少数敌不过多数。寡，少。敌，抵挡。［28］逆战：迎战，正面对敌作战。［29］卢渊等引去：卢渊等人逃走。卢渊，当时为进攻赭阳的北魏军主将。传见《魏书》卷四十七。［30］南阳：古郡名，郡治宛城，在今河南南阳市。房伯玉：果敢有将略。曾为北魏官员，任河间太守，因弟弟房叔玉叛逃南朝而获罪，随后也叛逃南下，任南齐南阳太守。孝文帝拓跋宏南征，攻克宛城，伯玉面缚而降，后授予长史兼游击将军，出任冯翊相。传见《魏书》卷四十三。［31］薛真度：北魏大臣。薛真度当时为进攻襄阳的北魏军主将。传见《魏书》卷六十一。［32］沙堨（è）：古地名，在今河南南阳与新野之间，当时北魏将领薛真度驻军于此。［33］沮（jǔ）辱威灵：败坏了北魏显赫的声威，使国家蒙受耻辱。沮，败坏。［34］大辟：杀头。［35］从宽典：从宽处置。宽典，宽刑。典，刑法。［36］己巳：五月一日。［37］降封鸾为定襄县王：当时亲王受封，封地通常皆为一个郡，今乃降为一个县。定襄，古县名，县治在今内蒙古和林格尔县西北。［38］削户：减少食邑的户数。［39］徙瀛（yíng）州：发配到瀛州。瀛州，州治在今河北河间市。胡三省曰：“太和十一年（487），分定州河间、高阳，冀州章武、浮阳，置瀛州，治赵都军城。”［40］开徐方之功：指带着徐州投降北魏，并在徐州打败了刘宋的军队，事见《资治通鉴》卷一百三十一泰始二年（466）。［41］听：听凭，准许保留。荆州：北魏州名，州治在今河南鲁山县。［42］进：封赏。［43］退：贬斥，撤销或降低职务。彰罪：表明罪恶。彰，彰显，显明。［44］广川刚王谐：即拓跋谐，文成帝拓跋浚之孙，广川王拓跋略之子，袭封广川王，谥号刚。传见《魏书》卷二十。［45］三临之礼：古代君主亲临臣丧的礼节。胡三省引贾山曰：“古者贤君之于臣也，死则往吊哭之，临其小敛、大敛；已棺，除而为之服，锡衰、麻绖而三临其丧。”［46］魏、晋以来：指从曹魏、西晋以来。［47］东堂：正寝东侧之堂。［48］期亲三临：对服丧一年的近亲，皇帝亲自往吊三次。［49］大功再临：对服丧九个月的亲属，皇帝亲自往吊两次。［50］小功、缌（sī）麻：对服丧五个月与服丧三个月的亲属。［51］广川王与朕，大功也：广川王拓跋谐与孝文帝拓跋宏是堂兄弟，丧礼应服大功。［52］将大敛：当其遗体装入棺木的时候。［53］素服：白色的冠服，居丧时穿。深衣：上衣与下裙相连的便服，奔丧时套在素服里。［54］甲戌：五月六日。［55］滑台：古城名，在今河南滑县东南的旧滑县城。［56］丙子：五月八日。［57］石济：石济津，黄河上的渡口名，在当时的滑台西南，古柏头的正南方。［58］庚辰：原文作“庚申”，据章校改。［59］太子：即拓跋恂，也称“元恂”，孝文帝元宏嫡长子。平桃城：古城名，在今河南荥阳东北之古荥镇。胡三省引《水经注》曰：“荥阳县有虢亭，俗谓之平桃城。”［60］赵郡王干：即拓跋干，也称“元干”，字思直，献文帝拓跋弘第三子，封河南王，改封赵郡王，转特进、司州牧。传见《魏书》卷二十一上。［61］贪淫：贪得无厌。［62］御史中尉：掌纠察百官。李彪：字道固，北魏文史名臣。传见《魏书》卷六十二。［63］不悛（quān）：不思悔改。［64］不敢不以闻：我不得不向皇帝报告。［65］悠然：毫不在意的样子。不以为意：一点儿也不在乎。［66］表弹：上表弹劾。［67］北海王详：即拓跋详，也称“元详”，字季豫，献文帝拓跋弘幼子，封北海王。传见《魏书》卷二十一上。［68］从太子诣行在：跟着皇太子拓跋恂一道到皇帝外出驻跸的地方。行在，出行所临时居住之处。［69］阴使：暗中派遣。意色：神情，神色。［70］知无忧悔：知道他既不恐惧又无悔过之意。［71］癸未：五月十五日。［72］告于太庙：祭祀太庙，向列祖列宗报告自己从前方返回。［73］甲申：五月十六日。［74］冗（rǒng）官：有官阶而无职事的散官，多余的官吏。［75］乙酉：五月十七日。［76］饮至之礼：皇上出征返回国都，在宗庙与群臣共饮，庆祝平安归来的一种礼仪活动。［77］班赏有差：按照功劳大小分别给予不同程度的赏赐。班，同“颁”，发放。有差，有多少高低的不同。

甲午[1]，魏太子冠于庙[2]。魏主欲变北俗，引见[3]群臣，谓[4]："卿等欲朕远追商、周，为欲不及汉、晋邪[5]？"咸阳王禧[6]对曰："群臣愿陛下度越前王[7]耳。"帝曰："然则当变风易俗，当因循守故邪？"对曰："愿圣政日新[8]。"帝曰："为止于一身，为欲传之子孙邪？"对曰："愿传之百世。"帝曰："然则必当改作[9]，卿等不得违也。"对曰："上令下从，其谁敢违！"帝曰："夫'名不正，言不顺，则礼乐不可兴[10]。'今欲断诸北语[11]，一从正音[12]。其年三十已上[13]，习性已久，容不可猝革[14]。三十已下，见[15]在朝廷之人，语音不听仍旧[16]，若有故为[17]，当加降黜，各宜深戒！王公卿士以为然不[18]？"对曰："实如圣旨。"帝曰："朕尝与李冲论此，冲曰：'四方之语，竟知谁是[19]；帝者言之，即为正矣[20]。'冲之此言，其罪当死！"因顾[21]冲曰："卿负社稷[22]，当令御史牵下[23]！"冲免冠顿首谢[24]。又责留守之官[25]曰："昨望见妇女犹服夹领小袖[26]，卿等何为不遵前诏！"皆谢罪。帝曰："朕言非是[27]，卿等当庭争[28]。如何[29]入则顺旨，退则不从乎！"六月，己亥[30]，下诏："不得为北俗之语于朝廷，违者免所居官。"

癸卯[31]，魏主使太子如平城赴太师熙之丧。

癸丑[32]，魏诏求遗书[33]，秘阁[34]所无，有益时用[35]者，加以优赏[36]。

魏有司[37]奏："广川王妃[38]葬于代都，未审以新尊从旧卑[39]，以旧卑就新尊？"魏主曰："代人[40]迁洛者，宜悉葬邙山[41]。其先有夫死于代者，听妻还葬；夫死于洛者，不得还代就妻。其余州之人，自听从便。"丙辰[42]，诏："迁洛之民死，葬河南[43]，不得还北。"于是，代人南迁者悉为河南洛阳人。

戊午[44]，魏改用长尺、大斗[45]，其法依《汉志》为之[46]。

（以上为第七段，写北魏主拓跋宏锐意改革，禁止使用鲜卑旧语，全部改用华夏正音；禁绝穿着鲜卑族的服装；度量标准按照《汉书·律历志》中的记载制定。）

【注释】

[1]甲午：五月二十六日。 [2]冠于庙：在太庙里举行加冠礼。古代男子到二十岁时举行加冠礼，从此成为成年人。太子行加冠礼则在太庙。太子拓跋恂生于南齐高帝建元四年（482），至此

时南齐明帝建武二年（495），只有十四岁。［3］引见：召见。［4］谓：认为，发话说。［5］"卿等"二句：众卿希望朕远追商周的圣王呢，还是想让朕连汉晋都比不上呢？这是北魏孝文帝想要变革向往汉文化，统一群臣思想而出的一个难题，让大家回答。［6］咸阳王禧：即元禧，也称"拓跋禧"，字思永，献文帝拓跋弘次子，孝文帝元宏之弟，封咸阳王。授侍中、骠骑大将军、中都坐大官，元宏去世，受遗诏辅政，拜太尉、录尚书事、司州牧。传见《魏书》卷二十一上。［7］度越前王：超越、胜过一切前代的帝王。［8］愿圣政日新：希望您的政教每天都能更新。圣，对帝王的称颂。［9］改作：改变旧的一切章程、做法。［10］名不正，言不顺，则礼乐不可兴：语出《论语·子路》，原文为："名不正，则言不顺；言不顺，则事不成；事不成，则礼乐不兴。"［11］断诸北语：禁止再说北方话，即鲜卑人所说的鲜卑语。断，禁绝。［12］一从正音：一律改说华夏的正音，即中原地区的通行语音。［13］已上：即以上。已，同"以"。下句"已下"亦如此。［14］容不可猝（cù）革：也许不能马上就改变过来。容，或许。猝，突然，一下子。［15］见：同"现"，现时。［16］不听仍旧：不允许再说原来的北方旧音。仍旧，沿袭旧音。［17］若有故为：或者是故意地说北方话。若，或。［18］王公卿士：四个等级的爵名，实则包括了整个朝廷上的人士。然不：同"然否"，是否，如何？不，同"否"。［19］竟知谁是：谁能说清楚哪一种是正确的。胡三省曰："四方之人，言语不同，不知当以谁为是。"［20］帝者言之，即为正矣：皇帝喜欢说哪一种，哪一种就是正确的。正，正确，标准。此种说法，似乎含有一种抵触情绪，故拓跋宏非常生气。［21］顾：回头看着。［22］负社稷：辜负朝廷对你的信任。社稷，代指国家、朝廷，也指皇帝。［23］御史：御史府的官员，执掌监察。牵下：意即牵出问斩。［24］免冠顿首谢：摘去帽子，磕头请罪。顿首：即磕头，以头叩地即举而不停留，是一种较重的跪拜礼。谢，请罪。［25］留守之官：留守洛阳朝廷的官吏，与跟在皇帝身边的"行台"相对而言。［26］服：穿。夹领小袖：代郡地区服装式样。小袖，窄袖。［27］朕言非是：我的话如有不对的。［28］庭争：当面提出意见，在朝廷上把话说清楚。争，同"诤"，争论是非曲直。［29］如何：怎么能。［30］己亥：六月二日。［31］癸卯：六月六日。［32］癸丑：六月十六日。［33］遗书：散失在民间的古代典籍。［34］秘阁：宫中藏书的地方。胡三省曰："汉时书府，在外则有太常、太史、博士掌之，内则有延阁、广内、石渠之藏。后汉则藏之东观，晋有中外三阁经书。陆机《谢表》云'身登三阁'，谓为秘书郎掌中外三阁秘书也。此秘阁之名所有始。"［35］有益时用：对现时政治有用处的书籍。［36］加以优赏：对献出此书的人予以奖赏。［37］有司：有关主管部门。［38］广川王妃：广川王拓跋谐的王妃，前已死，葬于平城。［39］未审：不清楚，不知如何处置。以新尊从旧卑：让新死的丈夫就其妻归葬于平城。古礼夫尊妻卑，故称新死的拓跋谐叫"新尊"，称其先死之妻为"旧卑"。［40］代人：指旧都平城的人。平城属代郡，故称之。［41］邙（máng）山：也叫北邙山，在当时的洛阳城北，东汉及北魏的王侯公卿大多葬在此地。［42］丙辰：六月十九日。［43］河南：黄河以南，即洛阳一带地区。［44］戊午：六月二十一日。［45］改用长尺、大斗：意思是不再使用在平城时所用的长尺、大斗。［46］法：法定的标准。依《汉志》为之：

即改用《汉书·律历志》中所规定的标准尺与标准斗。

上之废郁林王[1]也，许萧谌以扬州[2]，既而除领军将军、南徐州[3]刺史。谌恚[4]曰："见炊饭[5]，推以与人[6]。"谌恃功，颇干预朝政，所欲选用，辄命尚书使为申论[7]。上闻而忌之，以萧诞、萧诔方将兵拒魏，隐忍不发[8]。壬戌[9]，上游华林园[10]，与谌及尚书令王晏等数人宴，尽欢；坐罢，留谌晚出，至华林阁[11]，仗身执还省[12]。上遣左右莫智明数谌[13]曰："隆昌之际[14]，非卿无有今日。今一门二州[15]，兄弟三封[16]，朝廷相报，止可极此[17]。卿恒怀怨望[18]，乃[19]云炊饭已熟，合甑与人[20]邪！今赐卿死！"遂杀之，并其弟诔；以黄门郎萧衍为司州别驾[21]，往执诞，杀之[22]。谌好术数[23]，吴兴沈文猷常语之[24]曰："君相不减高帝[25]。"谌死，文猷亦伏诛。谌死之日，上又杀西阳王子明、南海王子罕、邵陵王子贞[26]。

（以上为第八段，写南齐明帝萧鸾清算异己，清算异己，杀害诸王，内残不已。）

【注释】

[1]郁林王：即萧昭业，被废为郁林王。 [2]许萧谌以扬州：答应事成之后，让萧谌担任扬州刺史。扬州：即扬州刺史，管辖都城建康，权重于其他州的刺史。 [3]除领军将军：任以为领军将军。领军将军，是掌管京城以内军队的最高军事长官。南徐州：南齐州名，州治在今江苏镇江市。 [4]恚（huì）：恼怒。 [5]见炊饭：已经做好的现成米饭。 [6]推以与人：自己不吃，推给了别人。《南齐书·萧谁传》作："见炊饭熟，推以与人。"言外之意是那时还不如我自己做皇帝算了。 [7]辄（zhé）：总是。使为申论：让他替自己铺述理由。申论，申说，意即一定要达到目的才罢休。 [8]隐忍不发：勉强容忍，没有发作，在等待时机。发，表露，发作。 [9]壬戌：六月二十五日。 [10]华林园：古园林名，当时建康城里的皇家园林，刘宋时代已经存在。[11]华林阁：古楼阁名，华林苑中的楼阁。 [12]仗身：手执兵器的武士。仗，兵器。执还入省：拘捕，而后押回了尚书省。 [13]莫智明：南齐时人，明帝萧鸾的亲信。数谌：谴责萧谌。数，一条条地列举其罪行而谴责之。 [14]隆昌之际：当初作乱杀萧昭业的时候。隆昌，南齐小皇帝萧昭业的年号。萧昭业从上年（493）七月祖父萧赜去世后即皇帝位，到今年春正月，始改用自己的年号。 [15]一门二州：一家之中就有两个州刺史。萧谌是南徐州刺史，其兄萧诞是司州刺史。[16]兄弟三封：兄弟之中三人受封。萧谌被封为衡阳郡公，萧诔被封为西昌侯，萧诞被封为安德侯。 [17]止可极此：如此已到极点，只能是这样就到顶了。止，同"只"，只能这样。极，尽，

到顶。［18］恒怀怨望：总是心怀不满。恒，常。怨望，不满。望，也是“怨”的意思。［19］乃：竟然。［20］合甑（zèng）与人：连饭带甑一起给了别人。甑，古代蒸饭用的瓦罐。［21］黄门郎：皇帝的侍从人员。司州别驾：司州刺史的高级僚属。因其随刺史出行时能独自另乘一辆车，故称“别驾”。司州，州治义阳，在今河南信阳市。［22］往执诞，杀之：前往信阳袭捕萧诞，将其杀死。［23］好术数：指迷信骗子们所搞的占卜、算命那一套。术数，谓以卜筮、命相等方术，来推测人的气数和命运。［24］沈文猷（yóu）：明帝萧鸾时的术士。常语之：曾经对他说。常，通“尝”，曾经。［25］君相不减高帝：您的面相不比南齐开国皇帝萧道成差。相，命相，相貌。［26］子明、子罕、子贞：子明，齐武帝萧赜第十子萧子明，封西阳王；子罕，齐武帝第十一子萧子罕，封南海王；子贞，齐武帝第十四子萧子贞，封邵陵王。三王又被齐明帝萧鸾杀害。

乙丑[1]，以右卫将军萧坦之为领军将军[2]。

魏高闾上言[3]：“邺城密皇后庙颓圮[4]，请更葺治[5]；若谓已配飨太庙[6]，即宜罢毁[7]。”诏罢之。

魏拓跋英之寇汉中也，沮水氐杨馥之[8]为齐击武兴氐杨集始[9]，破之，秋，七月，辛卯[10]，以馥之为北秦州刺史、仇池公[11]。

八月，乙巳[12]，魏选武勇之士十五万人为羽林、虎贲[13]，以充宿卫[14]。

魏金墉宫[15]成，立国子、太学、四门小学[16]于洛阳。

魏高祖游华林园[17]，观故景阳山[18]，黄门侍郎郭祚[19]曰：“山水者，仁智之所乐[20]，宜复修之。”帝曰：“魏明帝[21]以奢失之于前，朕岂可袭之[22]于后乎！”帝好读书，手不释卷[23]，在舆、据鞍[24]，不忘讲道[25]。善属文[26]，多于马上口占[27]，既成，不更一字[28]。自太和十年[29]以后，诏策皆自为之。好贤乐善，情如饥渴，所与游接[30]，常寄以布素之意[31]，如李冲、李彪、高闾、王肃、郭祚、宋弁、刘芳、崔光[32]、邢峦之徒，皆以文雅见亲[33]，贵显用事[34]；制礼作乐，郁然[35]可观，有太平之风[36]焉。

治书侍御史薛聪[37]，辩之曾孙也，弹劾不避强御[38]，帝或欲宽贷[39]者，聪辄争之[40]。帝每曰：“朕见薛聪，不能不惮[41]，何况诸人也！”自是贵戚敛手[42]。累迁直阁将军，兼给事黄门侍郎、散骑常侍，帝外以德器遇之[43]，内以心膂为寄[44]，亲卫禁兵，悉聪管领，故终太和之世，恒带直阁将军[45]。群臣罢朝之后，聪恒陪侍帷幄[46]，言兼昼夜，时政得失，动辄匡谏[47]，事多听允[48]；而重厚沈密[49]，外莫窥其际[50]。帝欲进以名位[51]，辄苦让不受。帝亦雅相体悉[52]，谓之曰："卿天爵[53]自高，固非人爵所能荣[54]也。"

（以上为第九段，写北魏主拓跋宏的励精图治，在新都洛阳设立国子、太学、四门小学；抑制奢侈之风，不同意修葺园林；重用贤才，直臣薛聪寄以心腹重任。）

【注释】

[1]乙丑：六月二十八。[2]为领军将军：以萧坦之代替萧谌。为领军将军。[3]上言：上书说。胡三省曰："高闾为相州刺史，相州治邺，故上言之。"[4]邺城：古城名，原是曹魏、后赵都城，现为相州州治所在地，在今河北临漳县西南。密皇后庙：修建在邺城的密皇后庙。密皇后：北魏明元帝拓跋嗣妃嫔，世祖拓跋焘生母。拓跋焘即位后，追封为皇后，谥号密，史称"明元密皇后"。因她是邺城人，故在邺城有庙。传见《魏书》卷十三。颓（tuí）圮（pǐ）：坍塌，倒塌。[5]葺（qì）治：修葺，整治。[6]配飨太庙：在太庙随其夫拓跋嗣享受祭祀。[7]罢毁：取消对这座庙宇的祭祀，将其拆毁。[8]沮（jū）水氐：沮水流域的氐族人。沮（jǔ）水，是沔水的源头之一，流经今陕西留靖、勉县一带。杨馥（fù）之：沮水氐人，氐族的世代头领杨氏家族的后代，曾为仇池氐帅。传见《南齐书》卷五十九。[9]武兴氐：武兴郡的氐族头领。武兴，古郡名，郡治在今陕西略阳县。杨集始：略阳清水（今甘肃清水县西北）人，氐族，仇池武兴国君杨文弘之子，武兴国第三位国主。杨文弘死，他担任白水太守，不久自称征西将军、武都王。南齐封为武都王。后归附于北魏，入朝，受封汉中郡侯、武兴王。后病死。传见《南齐书》卷五十九。[10]辛卯：七月二十四日。[11]北秦州刺史、仇池公：都是徒有其名，所谓"北秦州"与"仇池郡"，当时都在北魏的统治之下。胡三省引萧子显曰："是时秦州所领诸郡，皆侨郡与荒郡也。"[12]八月乙巳：八月九日。[13]羽林、虎贲：都是皇家禁卫军的名号，言其行动如飞鸟之快，勇猛如虎，取以为名。[14]宿卫：夜间警卫，这里指保卫。[15]金墉（yōng）宫：古宫殿名，在洛阳城的西北部修建的宫殿。金墉，原是洛阳城西北部的小城名，今在其地建宫，名曰"金墉宫"。[16]国子、太学：都是朝廷举办的国立大学，以培养各级官僚为宗旨。西汉武帝时期开始建立太学，令全国各地的行政长官选拔当地的生员向太学输送。晋又设立国子学，主要以招收与培养贵族子弟为宗旨。四门小学：贵族子弟的初等学校，因设在洛都的四门，故称四门小学。[17]魏高祖：即孝文帝拓跋宏，去世后庙号为高祖。[18]故景阳山：自曹魏时代遗留下来的华林园内的土山。[19]郭祚（zuò）：字季祐，太原晋阳（今山西太原市）人，北魏文学之臣。协助孝文帝谋划汉化改革，任侍中，拜尚书，封东光县伯；后任吏部尚书、并州大中正，进金紫光禄大夫，迁尚书左仆射。被权臣矫诏所害。传见《魏书》卷六十四。[20]山水者，仁智之所乐：语出《论

语·雍也》："孔子曰：'知者乐水，仁者乐山。'" [21]魏明帝：即曹魏第二位皇帝曹睿，景阳山的修造者，被时人讥为奢侈。[22]袭之：沿袭他的道路走下去，意即重蹈覆辙。[23]手不释卷：手不离书本。形容勤学不倦。释，放开，放下。[24]在舆、据鞍：不论是乘车还是骑在马上。[25]不忘讲道：总是不停地谈论儒家学说。道，主张，学说，这里指儒家思想。[26]善属（zhǔ）文：擅长于写文章。属文，连缀文字。[27]口占：口中念出，令侍从写下来。[28]不更一字：极言其思维敏捷、成熟，语言组织能力强。[29]太和十年（486）：冯太后于此年让出权力，拓跋宏开始亲自主持政事。[30]所与游接：对那些打过交道、有过接触的人。[31]寄以布素之意：都以一平民百姓的身份与之相互往来。[32]宋弁（biàn）：字义和，北魏大臣。官至右卫将军，兼祠部尚书。传见《魏书》卷六十三。刘芳：字伯文，官至中书令，国子祭酒如故，出任安东将军、青州刺史，转太常卿。传见《魏书》卷五十五。崔光：本名孝伯，字长仁。孝文帝赐名光。官至司徒、太子太保。传见《魏书》卷六十七。邢峦（luán）：北魏名将。受孝文帝元宏赏识，拜中书侍郎，迁徐、兖二州刺史，封平舒县伯，为殿中尚书。传见《魏书》卷六十五。[33]文雅：有文才，为文士，精通典籍礼乐。见亲，被宠信。见，同"被"。[34]贵显：高贵，显要。用事：当权。[35]郁然：繁盛的样子。[36]太平之风：盛世的风气。[37]治书侍御史：掌管弹劾，上属于御史中丞。薛聪：字延智，仇池都将薛辩曾孙，北魏直臣。为著作佐郎，迁治书侍御史。传见《魏书》卷四十二。[38]强御：强悍、有权势的人。[39]宽贷：宽饶，放过。[40]辄（zhé）：总是。争之：坚持固有的意见。[41]惮（dàn）：敬畏，害怕。[42]敛手：缩手，约束自己。敛，收束。[43]以德器遇之：以其品德、才华器度受到另眼相看。遇，对待，接待。[44]以心膂（lǚ）为寄：把心腹重任委托给他。心膂，心脏与脊梁，都是人体的重要器官，比喻亲信得力的人。寄，寄托，倚重。[45]恒带直阁将军：一直兼任直阁将军的职务。恒，常。带，兼任。[46]陪侍帷幄（wò）：在内室奉陪、护卫。帷幄，本指室内悬挂的帐幕，代指内宫。[47]匡谏：匡正，劝说。[48]听允：听从，允许。[49]重厚沈密：寡言少语，性情沉稳，从不泄露消息。沈，同"沉"。[50]外莫窥其际：外头的人谁也没法窥测皇帝身边的事情。际，边缘，缝隙。[51]进以名位：提高其官职爵位。[52]雅相体悉：也能很好地理解他、体谅他。雅，很，极。体悉，体念而知其衷曲。[53]天爵：天然的爵位，不居官位，因道德高尚受人尊敬。[54]非人爵所能荣：不是世俗的官职爵位能够给你带来荣耀的。人爵，帝王所封的官职爵位。《孟子·告子上》有所谓"孟子曰：'仁义忠信，乐善不倦，此天爵也；公卿大夫，此人爵也。'"

九月，庚午[1]，魏六宫、文武[2]悉迁于洛阳。

丙戌[3]，魏主如邺[4]，屡至相州刺史高闾之馆[5]，美其治效[6]，赏赐甚厚。闾数请本州[7]，诏曰："闾以悬车之年[8]，方求衣锦[9]，知进忘退，有尘谦德[10]，可降号平北将军[11]。朝之老成[12]，宜遂情愿[13]，徙授幽州刺史[14]，令存劝两修[15]，恩法并举[16]。”以高阳王雍为相州[17]刺史，戒之曰：“作牧[18]亦易亦难：‘其身正，不令而行[19]’，所以易；‘其身不正，虽令不从[20]，所以难。”

己丑[21]，徙南平王宝攸为邵陵王，蜀郡王子文为西阳王，广汉王子峻为衡阳王，临海王昭秀为巴陵王，永嘉王昭粲为桂阳王[22]。

乙未[23]，魏主自邺还。冬，十月，丙辰[24]，至洛阳。

壬戌[25]，魏诏：“诸州精品属官[26]，考其得失为三等[27]以闻。”又诏：“徐、兖、光、南青、荆、洛[28]六州，严纂戎备[29]，应须赴集[30]。”

十一月，丁卯[31]，诏罢世宗[32]东田[33]，毁兴光楼[34]。己卯[35]，纳太子妃褚氏[36]，大赦。妃，澄之女也。

庚午[37]，魏主如委粟山[38]，定圜丘[39]。己卯[40]，帝引诸儒议圜丘礼[41]。秘书令李彪建言[42]：“鲁人将有事于上帝[43]，必先有事于泮宫[44]。请前一日告庙[45]。”从之。甲申[46]，魏主祀圜丘；丙戌[47]，大赦。

十二月，乙未朔[48]，魏主见群臣于光极堂[49]，宣下品令[50]，为大选之始[51]。光禄勋于烈[52]子登引例求迁官[53]，烈上表曰：“方今圣明之朝，理应廉让，而臣子登引人求进[54]，是臣素无教训，乞行黜落[55]！”魏主曰：“此乃有识之言，不谓烈能办此[56]！”乃引见登，谓曰：“朕将流化天下[57]，以卿父有谦逊之美[58]、直士之风[59]，故进卿为太子翊军校尉[60]。”又加[61]烈散骑常侍，封聊城县子[62]。

魏主谓群臣曰：“国家从来有一事可叹[63]：臣下莫肯公言得失[64]是也。夫人君患不能纳谏，人臣患不能尽忠。自今朕举一人，如有不可，卿等直言其失；若有才能而朕所不识[65]，卿等亦当举之[66]。如是，得人者有赏，不言者有罪，卿等当知之[67]。”

丁酉[68]，诏修晋帝诸陵[69]，增置守卫。

甲子[70]，魏主引见群臣于光极堂，颁赐冠服[71]。

先是魏人未尝用钱，魏主始命铸太和五铢[72]。是岁，鼓铸粗备[73]，诏公私用之。

魏以光城蛮帅田益光为南司州[74]刺史，所统守宰[75]，听其铨置[76]。后更于新蔡[77]立东豫州[78]，以益光为刺史。

氐王杨炅[79]卒。

（以上为第十段，写北魏主拓跋宏的赏罚之道，对于老臣高闾要求还乡，既降其官职，又满足要求；对于于烈告发其子援例求官，既肯定其举，又升其子之官。）

【注释】

[1]庚午：九月四日。 [2]六宫：指皇后及其各嫔妃。文武：内外文武百官。 [3]丙戌：九月二十日。 [4]邺（yè）：古城名，在今河北临漳县西南。 [5]馆：房屋的通称，此指相州刺史的官舍。 [6]美其治效：称赞他的治绩。 [7]数请本州：多次请求到他的家乡幽州担任刺史。 [8]悬车之年：指七十岁。悬车，挂起官车不用，意即退休。古人七十岁辞官居家，废去官车不用，故称七十岁为悬车之年。 [9]衣锦：指回到故乡担任刺史。古称回故乡任职叫“衣锦还乡”。 [10]有尘谦德：缺少谦逊的美德。有尘，有损，玷污。 [11]降号平北将军：高闾原任镇南将军，今乃降号为平北将军。地方将领分为征、镇、安、平四个等级，现由第二等级降到第四等级。 [12]朝之老成：但他毕竟是朝廷上的一位阅历多而练达世事的老臣。老成，经历多，做事稳重。高闾从太武帝拓跋焘太平真君九年（448）时就进入朝廷工作，为中书博士，到孝文帝拓跋焘为相州刺史，共历六朝，从政四十八年，真是所谓“老成”了。 [13]宜遂情愿：应该满足他的愿望。 [14]徙授幽州刺史：改任为幽州刺史。高闾的家乡是幽州治下的渔阳郡雍奴县。古代的雍奴县在今河北廊坊市东，天津市武清区西北。徙，平级间的迁移、调动。幽州，州治在今北京市。 [15]存劝两修：既要保存法度的尊严，指削降其镇南将军之号；也要照顾点人情味，指答应他去任幽州刺史。存，存法，指降号。劝，劝勉，保持。两修，两方面都要兼顾。 [16]恩法并举：既有恩惠，指满足其衣锦还乡的愿望；又严格执法，指降低了其将军的名号。胡三省曰：“从所请以劝善示恩，降号以存法。” [17]高阳王雍：即拓跋雍，也称“元雍”，字思穆，献文帝拓跋弘第五子，孝文帝之弟，封颍川王，改封高阳王。迁相州刺史。传见《魏书》卷二十一上。 [18]作牧：即为州刺史。古代的刺史亦称“州牧”，以牧马放牛以喻治民。 [19]其身正，不令而行：只要你自己做得好，不用给人下命令，人家就会自然地按照你的样子去做。 [20]其身不正，虽令不从：如果你自己的表现不好，你即使给人下命令，人家也还是不听。以上两段话见《论语·子路》。胡三省曰：“用孔子之言而发难易之论。” [21]己丑：九月二十三日。 [22]“徙王”五句：徙，调迁。南齐明帝萧鸾调迁皇室诸王。南平王萧宝攸，明帝萧鸾第九子，改封为邵陵王；蜀郡王萧子文、广汉王萧子峻，两王齐武帝萧赜之子，改封子文为西阳王，改封子峻为衡阳王；临海王萧昭秀、永嘉王萧昭粲，二王为文惠太子萧长懋之子，昭秀改封为巴陵王，昭粲改封为桂阳王。 [23]乙未：九月二十九日。 [24]丙辰：十月二十一日。 [25]壬戌：十月二十七

日。［26］诸州精品属官：各州牧守都要认真地考查自己的下属官员。精品，细心考查，精心考评。［27］为三等：都分成上、中、下三等。［28］徐、兖（yǎn）、光、南青、荆、洛：北魏六州名，大多在与南齐相邻的边界线上。徐州的州治彭城，即江苏徐州市；兖州的州治瑕丘，在今山东济宁市兖州区；光州的州治在今山东莱州市；南青州的州治在今山东莒县；荆州的州治在今河南鲁山县；洛州的州治上洛，在今河南商县。［29］严纂（zuǎn）戎备：都要经常处于高度的备战状态。严纂，同"纂严"，戒严。戎备，军备，做好战斗准备。胡三省曰："诏纂戎备，将复南伐也。"［30］应须赴集：根据需要，奔赴聚集，准备好应对突然事变。［31］丁卯：十一月二日。［32］罢：停止建造。世宗：即萧长懋，南齐武帝萧赜长子，立为皇太子，未即位而死。其子萧昭业即位后，追尊其为世宗。谥号文惠，称为"文皇帝"。传见《南齐书》卷二十一。［33］东田：古宫殿名，文惠太子萧长懋生前所修建的离宫，旧址在今江苏南京市的东方。［34］兴光楼：古楼阁名。胡三省曰："盖亦文惠太子所建。"［35］己卯：十一月十四日。［36］纳太子妃褚氏：很容易理解为萧鸾纳其子之妃为嫔妾。其实是"太子纳妃褚氏"。褚氏，即褚令璩，河南阳翟（今河南禹州）人，太常褚澄之女。太子萧宝卷即位后，被立为皇后。传见《南齐书》卷二十三。［37］庚午：十一月五日。［38］委粟山：古山名，在今河南范县东南。［39］定圜（yuán）丘：确定将圜丘修筑于此地。所谓圜丘，即后世之所谓"天坛"，古代帝王冬至祭天的地方。今北京市的天坛，即明、清皇帝祭天之处。圜，同"圆"。［40］己卯：十一月十四日。［41］议圜丘礼：讨论祭祀天坛的礼仪。［42］建言：提议。［43］鲁人：指西周与春秋时代的鲁国诸侯，文王的儿子周公姬旦之后，以讲究礼乐著称。将有事于上帝：在准备祭祀上天之前。有事，即指祭祀。中国人口中的"上帝"，即指天，也称"苍天""皇天"。［44］先有事于泮（pàn）宫：先在泮宫里祭天。泮宫，周代国学的名称。郑玄曰："泮宫，郊学也。"［45］告庙：祭祀宗庙以报告先祖自己要祭天这件大事。［46］甲申：十一月十九日。［47］丙戌：二字原无，据章校补。［48］乙未朔：十二月一日。［49］光极堂：洛阳宫的殿堂名。［50］宣下品令：宣布评定人才的九品之令。宣下，宣布，下达。品令，九品之令。［51］大选：将满朝文武按九品进行评定，大规模选拔群臣。胡三省曰："谓将大选群臣也。"［52］于烈：镇南将军于栗磾之孙，尚书令于洛拔长子，北魏外戚、大臣。传见《魏书》卷三十一。［53］登：即于登，于烈之子。引例求迁官：援引别人获升的先例，请求提升自己的官职。迁，此处指提升，升官。［54］引人求进：引他人之例以求自己升官。［55］乞：乞求，请求。黜（chù）落：贬官、落职。［56］不谓烈能办此：没有想到于烈能做到这一点。［57］流化天下：流布教化，教育全天下的民众。［58］谦逊（xùn）：谦虚，恭谨。美：美德。［59］直士：正直、耿直之士。［60］太子翊（yì）军校尉：太子警卫部队的统领官。［61］加：加任，增加官衔。［62］聊城县子：封地聊城，在今山东聊城市，爵位是子爵，五等爵位中的第四等。［63］可叹：可悲，令人感到惋惜。［64］莫肯公言得失：没有人敢于公开批评。公言，公开谈论。［65］不识：没有看到，没有正确的认识。［66］亦当举之：也应该提出来。［67］卿等当知之：胡三省曰："以魏孝文之求谏、求才如此，而一时之臣犹未能称上意，岂非朝廷之议，帝务骋辞气以加之，故有有怀而不敢尽者！”［68］丁酉：十二月三日。［69］晋帝诸陵：指在洛阳的西晋诸帝之陵墓。［70］甲子：十二月三十日。［71］冠服：汉族士大夫的衣帽，赐冠服以替换原来的鲜卑旧服。［72］五铢：每枚铜钱的重量为五铢，钱上文字亦明标“五铢”。当年西汉武帝就铸过这种钱，使用的时间很长。铢，古重量单位名，一两为二十四铢。［73］鼓铸：鼓风扇火，冶炼金属、铸造钱币或器物。粗备：指熔铸的钱币大致够用。［74］光城：古郡名，郡治在今河南光山县。蛮帅：少数民族头领。田益光：胡三省曰：“据北史，‘益光’当作‘益宗’。”田益宗，光城（今河南光山县）蛮人，少有将略。始归南齐，后归北魏，任员外散骑常侍、都督、南司州刺史，与南梁作战，屡有战功。后为金紫光禄大夫，加散骑常侍，封曲阳县伯。谥庄。传见《魏书》卷六十一。南司州：北魏州名，州治在今湖北安陆市。［75］所统守宰：在他辖区内的各郡县官吏。守，指郡太守。宰，指县令。［76］听其铨（quán）置：一律由他自己选任。铨，古代称量才授官，选拔官吏。［77］新蔡：古地名，在今河南新蔡县。有说新蔡当为“新息”，在今河南息县。胡三省曰：“按《五代志》及《水经注》，‘新蔡’当作‘新息’。”［78］东豫州：北魏州名，州治在今河南新蔡县。胡三省曰：“魏以益宗既渡淮北，不可仍为司州，乃于新蔡立东豫州。”［79］杨炅（jiǒng）：仇池氐族人，氐王杨难当的族弟杨广香之子，阴平国第二任国主。传见《南齐书》卷五十九。

三年（丙子，496年）

春，正月，丁卯[1]，以杨炅子崇祖[2]为沙州[3]刺史，封阴平王[4]。

魏主下诏，以为：“北人谓土为拓[5]，后为跋[6]。魏之先出于黄帝[7]，以土德王[8]，故为拓跋氏。夫土者，黄中之色[9]，万物之元[10]也，宜改姓元氏[11]。诸功臣旧族自代来者，姓或重复[12]，皆改之。”于是，始改拔拔氏为长孙氏，达奚氏为奚氏，乙旃氏为叔孙氏，丘穆陵氏为穆氏，步六孤氏为陆氏，贺赖氏为贺氏，独孤氏为刘氏，贺楼氏为楼氏，勿忸于氏为于氏，尉迟氏为尉氏。其余所改，不可胜纪[13]。

魏主雅重门族[14]，以范阳卢敏[15]、清河崔宗伯[16]、荥阳郑羲[17]、太原王琼[18]四姓，衣冠所推[19]，咸纳其女以充后宫[20]。陇西李冲以才识见任[21]，当朝贵重[22]，所结姻媾[23]，莫非清望[24]；帝亦以其女为夫人[25]。诏黄门郎、司徒左长史宋弁定诸州士族[26]，多所升降[27]。又诏，以“代人先无姓族[28]，虽功贤之胤[29]，无异寒贱[30]；故宦达者位极公卿，其功、衰之亲[31]仍居猥任[32]。其穆、陆、贺、刘、楼、于、嵇、尉[33]八姓，自太祖已降[34]，勋著当世[35]，位尽王公，灼然可知[36]者，且下司州、吏部[37]，勿充猥官[38]，一同四姓[39]。自此以外，应班士流[40]者，寻续别敕[41]。其旧为部落大人[42]，而皇始已来三世官在给事已上及品登王公者为姓[43]；若本非大人[44]，而皇始已来三世官在尚书[45]已上及品登王公者亦为姓。其大人之后而官不显者为族[46]；若本非大人而官显者亦为族。凡此姓族，皆应审核[47]，勿容伪冒[48]。令司空穆亮[49]、尚书陆琇[50]等详定，务令平允。”琇，馛之子也。

魏旧制：王国舍人皆应娶八族及清修之门[51]。咸阳王禧娶隶户[52]为之，帝深责之；因下诏为六弟聘室[53]：“前者所纳，可为妾媵[54]。咸阳王禧，可聘故颍川太守陇西李辅[55]女；河南王干[56]，可聘故中散大夫代郡穆明乐[57]女；广陵王羽[58]，可聘骠骑咨议参军荥阳郑平城[59]女；颍川王雍[60]，可聘故中书博士范阳卢神宝[61]女；始平王勰[62]，可聘廷尉卿[63]陇西李冲女；北海王详[64]，可聘吏部郎中荥阳郑懿[65]女。”懿，羲之子也。

时赵郡诸李[66]，人物尤多[67]，各盛家风[68]，故世之言高华[69]者，以五姓为首[70]。

众议以薛氏为河东茂族[71]。帝曰：“薛氏，蜀也[72]，岂可入郡姓[73]！”直阁薛宗起[74]执戟在殿下，出次[75]对曰：“臣之先人，汉末仕蜀[76]，二世复归河东，今六世相袭[77]，非蜀人也。伏以[78]陛下黄帝之胤，受封北土，岂可亦谓之胡邪[79]！今不预郡姓[80]，何以生为[81]！”乃碎戟于地。帝徐曰：“然则朕甲、卿乙[82]乎？”乃入郡姓[83]，仍[84]曰：“卿非‘宗起’，乃‘起宗’也[85]！”

（以上为第十一段，写北魏主拓跋宏锐意改革，将鲜卑姓氏改为中原姓氏；注重门第、家族，确定大姓望族，为六个弟弟选择士族女为妻室，将薛氏作为河东望族。）

【注释】

[1]丁卯：正月三日。[2]崇祖：即杨崇祖，略阳清水（今甘肃清水县西北）氐人，杨炅之子，阴平国第三任国主。传见《南齐书》卷五十九。[3]沙州：南齐所说的沙州，约当今之甘肃成县、武都等一带地区，其地经常处于南北朝的相互争夺之下，杨氏诸人也一贯依附于南北朝之间，谁来了就归附于谁。[4]阴平：北魏郡名，郡治在今甘肃成县西北。[5]拓：开辟，扩充。[6]后：

古称帝王曰“后”，如“后羿”。跋（bá）：草木的根或主干，泛指根源，根本。［7］魏之先出于黄帝：魏国的祖先是黄帝的后代。拓跋宏明确承认自己是黄帝的子孙，这种说法起自《史记》，此后入主中原的少数民族都无不继续这种说法。［8］以土德王：是因为土德称王。土德，五德之一。古以五行相生相克附会王朝命运，谓土胜者为得土德。［9］黄中之色：土是黄色，又居于东西南北四方之中。［10］万物之元：世界上的一切事物都是从土地上产生出来的。元，原始，根本。［11］宜改姓元氏：即应该改姓元。姓、氏原是两个概念，一个祖先的后代子孙都属于一个“姓”，后来越繁衍越多，就又根据出生的地方、从事的职业等分成若干支系，称作“氏”。从司马迁的《史记》开始，“姓”“氏”有时混而为一。元，起始。［12］姓或重复：指有的一个姓的字数过多，二字、三字甚至五字，不胜其烦，故宜改之。［13］不可胜纪：多得没法细数。纪，通“记”，记载。胡三省曰：“如长孙嵩、奚斤、叔孙建、穆崇、于栗磾之类，史皆因其后改姓，从简便而书之，非其旧也。”［14］雅重门族：一向重视门第出身。雅，很，极。门族，门第，家族。［15］范阳：古郡名，郡治在今河北涿州市。卢敏：字仲通，小字红崖，范阳涿县人，济州刺史卢度世第二子，北魏大臣。以门荫入仕，担任议曹郎。传见《魏书》卷四十七。［16］清河：古郡名，郡治在今山东临清市东北。崔宗伯：北魏官员，出生于清河崔氏家族。［17］荥阳：古郡名，郡治在今河南荥阳市东北的古荥镇。郑羲（xī）：字幼麟，荥阳开封（今河南开封市）人，名士郑晔之子，北魏有才智之臣。传见《魏书》卷五十六。［18］太原：古郡名，郡治在今山西太原市西南。王琼：字世珍，王宝兴之子，太原晋阳人，名字为北魏孝文帝拓跋宏所赐。出任镇东将军、金紫光禄大夫、中书令。传见《魏书》卷三十八。［19］衣冠所推：为士大夫所推崇。衣冠，士大夫的服饰，借指士大夫。［20］充后宫：作嫔妃。［21］陇西：古郡名，郡治在今甘肃陇西县南。见任：被重用。［22］贵重：位尊任重。［23］姻娌（lián）：有婚姻关系的亲属。娌，姻亲。［24］清望：门第清白，被人敬重。［25］夫人：嫔妃的通称。皇后之下有昭仪，昭仪之下即通称夫人。［26］司徒左长史：司徒府的高级僚属，为诸史之长，握有实权。定诸州士族：确定北魏各州的著名家族哪家算士族，哪家不算，并列出他们的品级高下。［27］多所升降：有些原来被视为士族的，现在被黜落了；有些原来不被视为士族的，现在被筛选上去了。［28］无姓族：没有像汉族人这样的有声望的大姓氏、大家族。［29］功贤之胤（yìn）：大功臣、大贤臣的后代。胤，后代。［30］无异寒贱：也都和门第卑微的人家没有区别。寒贱，指社会地位低下，并不是指经济状况不好。［31］功、衰之亲：血缘关系很近的亲属。功、衰，都是近亲应穿的丧服。斩衰是服三年丧，如死者的子女；齐衰是服一年丧，如死者的兄弟、孙子、侄子；大功是服九个月丧，如死者的外甥、堂侄、孙媳；小功是服五个月丧，如死者的侄孙、外孙等。［32］仍居猥（wěi）任：仍然充任一些卑微的职务。猥，卑微。［33］穆、陆、贺、刘、楼、于、嵇、尉：都是魏国百多年来的元勋重臣之家，其中穆崇家族见《魏书》卷二十七，陆俟家族见《魏书》卷四十，于栗磾家族见《魏书》卷三十一，尉古真家族见《魏书》卷二十六。［34］自太祖已降：从太祖拓跋珪时代以来。太祖，即拓跋珪，庙号烈祖。传见《魏书》卷二。［35］勋著当世：功勋昭著于一时。［36］灼（zhuó）然可知：非常显著地为世人所知。灼然，显明、显著的样子。［37］且下司州、吏部：通知司州刺史与吏部尚书。［38］勿充猥（wěi）官：不能让他们担任低下的官职，充任卑微的职务。［39］一同四姓：要让这八族的人与卢、崔、郑、王四姓享受同样的待遇。［40］应班士流：应该列入士族门第的人士。班，排列，列入。［41］寻续别敕：我会很快地下达其他的指令。［42］部落大人：少数民族的部落头领。［43］皇始：是北魏道武帝拓跋珪的年号。历时两年余。给事：即给事黄门侍郎，皇帝的侍从官员，位在三品中。已上：即以上。已，同“以”。品等王公：等级、官位达到诸侯王、三公级别的。为姓：称作大姓，意同望族。［44］大人：即部落大人，少数民族首领。［45］尚书：指各部尚书。［46］族：大族，望族。“族”与“姓”的意思原本相同，这里强行规定“族”比“姓”的品级略低。［47］审严：严肃核实。［48］勿容伪冒：不容许出现假冒伪劣的现象。［49］穆亮：字幼辅，宜都丁公穆崇的后代，北魏名将。官至尚书令、司空。传见《魏书》卷二十七。［50］陆琇（xiù）：本姓步六孤氏，字伯琳，太保陆馛第五子，北魏大臣。袭封建安王，为祠部尚书、司州大中正。传见《魏书》卷四十。［51］王国舍人：各位亲王的家里人，即各位郡王的嫔妃。胡三省曰：“舍，谓诸王妃嫔之舍，其人即妃嫔也。”八族：即前面提到的穆、陆、贺、刘等八姓。清修之门：清白、良善的人家。［52］隶户：又叫“僮隶户”，被没入为奴的人家，皇帝常用来赏赐臣下。［53］为六弟聘室：为他的六位兄弟重新聘娶妻室。室，妻室。［54］前者所纳，可为妾媵（yìng）：将原先娶的妻子降为一般的姬妾。［55］颍川：古郡名，郡治在今河南漯河市东北。李辅：字叔直，敦煌宣公李宝第三子，权臣李冲的亲兄弟，北魏大臣。传见《魏书》卷三十九。［56］河南王干：即拓跋干，封为河南王，魏都迁洛后，改封为赵郡王。故此处应称为“赵郡王干”。胡三省曰：“太和十八年（494），河南王干已徙封赵郡王，史盖以旧封书之。”［57］穆明乐：北魏官员，代郡人，曾为中散大夫。［58］广陵王羽：即拓跋羽，也称“元羽”，字叔翻，献文帝拓跋弘第四子，封广陵王，授侍中、征东大将军、外都坐大官。传见《魏书》卷二十一上。［59］郑平城：北魏官员，郑胤伯之弟，外任东平原太守。传见《魏书》卷五十六。［60］颍川王雍：即拓跋雍，也称“元雍”，字思穆，献文帝拓跋弘第五子，封颍川王。拜中护军，改封高阳王，迁相州刺史。传见《魏书》卷二十一上。［61］卢神宝：范阳人，北魏官员，为中书博士。［62］始平王勰（xié）：即拓跋勰，也称“元勰”，字彦和，献文帝拓跋弘第六子，封始平王，拜征西大将军，迁中书令，改封彭城王，迁尚书令兼侍中。传见《魏书》卷二十一下。［63］廷尉卿：即后来的刑部尚书，全国最高的司法官员。［64］北海王详：即拓跋详，也称“元详”，字季豫，献文帝拓跋弘幼子，封北海王，加侍中。传见《魏书》卷二十一上。［65］郑懿：字景伯，荥阳开封人，为太子中庶子，袭封荥阳伯，为司徒左长史，至齐州刺史。［66］赵郡诸李：赵郡的李氏诸族。赵郡，古郡名，郡治在今河北赵县。［67］人物尤多：出现的人才数量最多。胡三省曰：“赵郡诸李，北人谓之‘赵李’，李灵、李顺、李孝伯群从子侄，皆赵李也。”人物，人才。［68］各盛家风：每个人都把自己的家族整治得风华峻茂。［69］世之言高华：人们一说到北魏有哪些高尚而又华贵的家族。［70］以五姓为首：首先要提到五大家族，即卢氏、崔氏、郑氏、王氏、李氏。［71］为河东茂族：作为河东郡的望族。河东，古郡名，郡治在今山西永济市。茂族，望族。［72］蜀也：由巴蜀地区迁来的人。［73］岂可入郡姓：怎能成为河东郡里的大姓？胡三省曰："郡姓者，郡之大姓、著姓也。今百氏郡望，盖始于此。"［74］直阁：古官名，直阁将军之省称，皇宫值卫之官。直，同"值"。薛宗起：河东汾阴（今山西万荣县）人，为北魏直阁。［75］出次：出列，离开自己原来的站立之地。次，位次，岗位。［76］汉末仕蜀：指薛宗起的九世祖薛永，随刘备入蜀，遂为蜀臣。［77］六世相袭：在河东地区又传承了六世。［78］伏以：我认为。伏，谦词。［79］岂可亦谓之胡邪：意谓我的祖先曾在蜀地生活过，如果因此就成了蜀人，那么，陛下您的先人也曾长期居住在代北，是不是也就成了胡人呢？胡三省引《北史·薛聪传》曰："（薛聪）为羽林监。帝会与朝臣论海内姓地人物，戏谓聪曰：'人谓卿诸薛是蜀人，定是蜀人不？'聪对曰：'臣远祖广德，世事汉朝，时人呼为汉臣。九世祖永，随刘备入蜀，时人呼为蜀臣。今事陛下，是虏，非蜀也。'帝抚掌笑曰：'卿可自明非蜀，何乃遂复苦朕！'"［80］今不预郡姓：今天我们要是成不了河东郡的大姓。预，加入。［81］何以生为：还活着做什么。［82］朕甲、卿乙：犹言"我是老大，你是老二"，咱们的情况差不多。这是孝文帝拓跋宏的戏言。［83］乃入郡姓：将薛氏列入了河东郡的大姓。［84］仍：同"乃"。［85］卿非"宗起"，乃"起宗"也：你的发迹不是由于你的宗族，而你的宗族是因为有你才获得提高。拓跋宏巧用名字来说事，也有非常诙谐的一面。

帝与群臣论选调[1]曰："近世高卑出身，各有常分[2]，此果如何[3]？"李冲对曰："未审上古[4]以来，张官列位[5]，为膏粱子弟[6]乎，为致治[7]乎？"帝曰："欲为治耳。"冲曰："然则陛下今日何为专取门品[8]，不拔才能[9]乎？"帝曰："苟有过人之才，不患不知。然君子之门，借使无当世之用[10]，要自德行纯笃[11]，朕故用之。"冲曰："傅说[12]、吕望[13]，岂可以门地[14]得之！"帝曰："非常之人[15]，旷世[16]乃有一二耳。"秘书令李彪曰："陛下若专取门地，不审鲁之三卿[17]，孰若四科[18]？"著作佐郎韩显宗[19]曰："陛下岂可以贵袭贵，以贱袭贱[20]！"帝曰："必有高明卓然[21]、出类拔萃[22]者，朕亦不拘[23]此制。"

顷之[24]，刘昶入朝[25]。帝谓昶曰："或言唯能是寄[26]，不必拘门[27]，朕以为不尔[28]。何者？清浊同流[29]，混齐一等[30]，君子小人[31]，名器无别[32]，此殊为不可。我今八族以上[33]士人，品第有九[34]；九品之外，小人之官复有七等。若有其人[35]，可起家为三公[36]。正恐贤才难得，不可止为一人浑我典制[37]也。”

臣光曰：选举之法[38]，先门第[39]而后贤才，此魏、晋之深弊[40]，而历代相因[41]，莫之能改也。夫君子、小人，不在于世禄与侧微[42]，以今日视之，愚智所同知[43]也。当是之时，虽魏孝文之贤，犹不免斯蔽[44]。故夫明辨是非而不惑于世俗[45]者，诚鲜[46]矣。

（以上为第十二段，写北魏主拓跋宏重视门第而轻贱贤才，被有识之士李冲、李彪、韩显宗等人予以批评，而拓跋宏不以为然；司马光抨击这种选用人才的制度。）

【注释】

[1]选调：选拔、调动官吏。 [2]各有常分：都有固定的名分，南朝有所谓“上品无寒门，下品无士族”，出身低的不可能被任高官。 [3]此果如何：这样的做法究竟怎么样？ [4]未审：不清楚，不明白。上古：泛指远古时代。 [5]张官列位：设置官位。张、列，含义相同，都是陈列、设置的意思。 [6]膏粱子弟：即富贵人家的子弟。膏粱，指精美的饭食。 [7]致治：把国家政事管理好，使国家得到太平。 [8]今日：二字原无，据章校补。专取门品：只看门第高低。 [9]不拔才能：不注重选拔有才能的人，尽选那些只有门第的庸人。 [10]借使无当世之用：即使没有管理好国家政事的能力，在当世没有用。借使，即使。 [11]要自德行纯笃（dǔ）：至少可以保证他们道德品质良好。要自，大体，总体上来说。纯笃，纯朴，笃实。 [12]傅说（yuè）：殷商高宗武丁时贤宰相，传说他出身于筑墙的奴隶。 [13]吕望：即吕尚，辅佐周武王灭商的元勋，被誉为百家宗师。相传他原是一个垂钓者，周文王姬昌在渭水边上遇见他，即拜为太师。 [14]门地：同“门第”，门庭，地位。 [15]非常之人：不同寻常的杰出人才。 [16]旷世：历时长久。 [17]鲁之三卿：春秋后期掌握鲁国政权的三家贵族，即孟孙氏（也作仲孙氏）、叔孙氏、季孙氏。 [18]孰若：犹何如，怎么比得上，表示反诘语气。四科：指孔门的高才弟子。据《论语》，孔子的高才弟子分为德行、言语、政事、文学四科。德行类的有颜渊、仲弓；言语类的有子贡、宰我；政事类的有子路、冉有；文学类的有子游、子夏等。 [19]韩显宗：字茂亲，著名地方官韩麒麟次子，北魏的文史人才。个性刚直，为著作佐郎、中书侍郎、齐州大中正。传见《魏书》卷六十。 [20]以贵袭贵，以贱袭贱：让门第高的袭任高官，让门第低的袭任贱职。[21]高明卓然：高超特异。卓然，特异的样子。 [22]出类拔萃（cuì）：品德才能超出同类之上。出，超越。拔，超出。萃，草丛生的样子，比喻成群的人物。 [23]不拘：不拘泥，不受其限制。[24]顷之：不久，短时间内。 [25]刘昶（chǎng）：字休道，宋文帝刘义隆第九子，封义阳王。前废帝刘子业的，为躲避迫害，逃奔北魏，封丹阳王。传见《魏书》卷五十九。 [26]或言唯能是寄：有人主张选拔官吏只能看他有没有为官任职的才干。或，有人。 [27]不必拘门：用不着

看他的出身门第如何。［28］不尔：不是这样，不能这样。［29］清浊同流：门第高的与门第低的混杂在一起。当时称士族出身的人为“清流”。［30］混齐一等：混合在一起。［31］君子小人：当时称士族出身的人为“君子”，称庶族出身的人为“小人”。［32］名器无别：家门名望与人品官品都没有区别。名器，犹名品，名，指家门、门第。器，指官品，区分官员地位高低的等级。［33］八族以上士人：指鲜卑族的穆氏、陆氏等八大家族，和与之相等的汉族的卢氏、崔氏等五大家族，共十三大族出身的人。［34］品第有九：先将他们分为九等。品第，评定并分列次第。［35］若有其人：假如真的发现了有特殊的才能、贡献的人。［36］起家为三公：从平民直接出任国家三公。三公，指太尉、司徒、司空三职。［37］不可止为一人浑我典制：不能为了这种千年不遇的个别人物而搞乱了整个国家的大法。意即九品制的士族制度是铁定不能变的。止，同“只”。浑，混淆，搞乱。典制，法典，制度。［38］选举之法：选拔、举荐官吏的办法。［39］先门第：优先考虑门阀、家庭地位。［40］深弊：严重的弊病。［41］相因：相互因循不变，沿袭使用。［42］世禄：世代享有的爵禄。侧微：门第卑微。胡三省引孔颖达曰：“不在朝廷谓之侧，其人贫贱谓之微。”［43］愚智所同知：这是愚者与智者都能认识到的，换言之，这是傻瓜都知道的事情，北魏主拓跋宏怎么就不开窍呢？［44］不免斯蔽：仍不能认识并改变这种弊病。蔽，通“弊”，弊端，弊病。［45］明辨是非：分清楚是和非、正确和错误。不惑于世俗，被颓风陋俗所迷惑。［46］诚鲜：实在是太稀少了，几乎没有人能够做到。鲜，少。

壬辰[1]，魏徙始平王勰为彭城王，复定襄县王鸾为城阳王[2]。

二月，壬寅[3]，魏诏：“群臣自非金革[4]，听终三年丧[5]。

丙午[6]，魏诏：“畿内七十已上[7]，暮春赴京师行养老之礼[8]。”三月，丙寅[9]，宴群臣及国老、庶老于华林园[10]。诏：“国老，黄耇[11]已上，假中散大夫[12]、郡守；耆年[13]已上，假给事中[14]、县令。庶老[15]，直假郡、县[16]；各赐鸠杖、衣裳[17]。”

丁丑[18]，魏诏：“诸州中正各举其乡之民望[19]，年五十以上守素衡门[20]者，授以令、长[21]。”

壬午[22]，诏[23]：“乘舆有金银饰校[24]者，皆剔除之。”

上志慕节俭[25]。太官尝进裹蒸[26]，上曰：“我食此不尽，可四破之[27]，余充晚食。”又尝用皂荚[28]，以余泺[29]授左右曰：“此可更用[30]。”太官元日上寿[31]，有银酒铊[32]，上欲坏之[33]。王晏等咸称盛德[34]，卫尉萧颖胄曰：“朝廷盛礼，莫若三元[35]。此一器既是旧物，不足为侈。”上不悦。后预曲宴[36]，银器满席。颖胄曰：“陛下前欲坏酒铊，恐宜移在此器[37]。”上甚惭。

上躬亲细务[38]，纲目亦密[39]。于是，郡县及六署、九府[40]常行职事，莫不启闻，取决诏敕[41]。文武勋旧[42]，皆不归选部[43]，亲戚凭藉[44]，互相通进[45]，人君之务过繁密。南康王侍郎颍川钟嵘[46]上书言：“古者，明君揆才颁政[47]，量能授职，三公坐而论道，九卿作而成务[48]，天子唯恭己南面[49]而已。”书奏，上不怿[50]，谓太中大夫顾皓[51]曰：“钟嵘何人[52]，欲断朕机务[53]！卿识之不[54]？”对曰：“嵘虽位末名卑，而所言或有可采。且繁碎职事，各有司存[55]；今人主总而亲之[56]，是人主愈劳而人臣愈逸，所谓‘代庖人宰而为大匠斫[57]’也。”上不顾而言他[58]。

（以上为第十三段，写北魏主拓跋宏尊老，举行养老之礼；南齐皇帝萧鸾躬行节俭，几乎不近人情；事必躬亲，事无巨细亲自操劳。臣子钟嵘、顾皓不以为然。）

【注释】

[1]壬辰：正月二十八日。 [2]复定襄县王鸾为城阳王：拓跋鸾前因赭阳之败，被降为定襄县王，今则恢复其城阳郡王之位。 [3]壬寅：二月九日。 [4]自非金革：除了赶上军情紧急。自非，除此而外。金革，兵器与铠甲，这里指战争。 [5]听终三年丧：都让他们在家为父母守完三年孝。 [6]丙午：二月十三日。 [7]畿（jī）内：京城所管辖的郊区以内。七十已上：七十岁以上的老人。已，同“以”。 [8]暮春：晚春。赴京师行养老之礼：到都城洛阳参加皇帝所举办的尊老敬老活动。京师，京城。京，大。师，人多。养老之礼，古礼，按时宴请贤良的老人，表示尊敬。 [9]丙寅：三月三日。 [10]国老：告老辞官的卿大夫。庶老：一般士人中的老人。 [11]黄耇（gǒu）已上：古者七十而致仕（退休），在退休的人群中再说“黄耇已上”，则应为八十岁以上矣。黄，指老人的头发变黄。耇，指老人面部的瘢痕。 [12]假中散大夫：授予中散大夫的虚衔。假，加，授予。中散大夫，皇帝的侍从官员，以备参谋顾问。 [13]耆（qí）年：指六十岁以上。 [14]假给事中：授予给事中的虚衔。给事中，宫廷内服务的官员，也是参谋顾问、拾遗补缺之类。 [15]庶老：告老退休的人。 [16]直假郡县：分别授予一个郡里或县里职务的虚衔。 [17]各赐鸠（jiū）杖衣裳：每位老人都赐予一个刻有鸠形的手杖和一套衣服。鸠杖，胡三省引《汉仪》曰：“八十者礼有加，赐玉杖长九尺，端以鸠鸟为饰。鸠者，不噎之鸟也，欲老人不噎。” [18]丁丑：三月十四日。 [19]诸州中正：各个州里的中正官。中正，是给本地区的士人评定九品等级的官员。其乡之民望：在管区内的民众中有威望的人。 [20]守素衡门：有操行而能耐守清贫、生活简陋的人。守素，以寒素自守。衡门，以横木为门，极言其居处条件简

陋，生活贫寒。［21］授以令、长：任以县令、县长之职。大县的长官称县令，小县的长官称县长。［22］壬午：三月十九日。［23］诏：下诏，此句的主语是南齐明帝萧鸾。［24］乘舆有金银饰校：皇帝的车驾有用金银装饰的部位。饰校，装饰。胡三省曰："校，栏格也。饰其校，饰其栏格也。"［25］志慕节俭：追求俭朴生活。志慕，心中向往。［26］太官：即太官令，掌管皇帝膳食及宴享之事。里蒸：古代食品，类似现在的粽子，个头儿比较大。［27］可四破之：可将一个分成四份。破，同"剖"，剖开，切开。［28］尝：同"曾"，曾经。皂荚（jiá）：皂荚树的果实，古代的洁身用品，有如现时的肥皂。［29］余泺（luò）：同"余沥"，指剩下的部分。［30］更用：再用。［31］元日上寿：大年初一向皇帝敬酒祝贺。上寿，敬酒祝人长寿。［32］酒鎗（chēng）：温酒的用具。鎗，同"铛"。胡三省引《太平御览》曰："鎗，即'铛'字。"［33］欲坏之：想把它销毁。［34］咸称盛德：都歌颂萧鸾的这种俭朴美德。［35］三元：指正月一日。正月一日是年、月、日三者的开始，故称"三元"。这一天的早晨称作"三朝"。元，开头。［36］预曲宴：参加后宫的非礼节性宴会。预，参与，参加。曲宴，犹私宴，多指宫中之宴。［37］恐宜移在此器：意即你的那道命令应针对这些东西而下。萧颖胄话，隐含着皇帝萧鸾坏酒杯以沽名钓誉的意思。［38］躬亲细务：亲自过问一些琐碎的事情。细，繁细，琐碎。［39］纲目亦密：规定的条条框框也非常繁琐。［40］六署：尚书省下的六个办事衙门，指尚书左右仆射及度支、左民、都官、五兵六个部门。署，衙门，官吏办事的场所。九府：胡三省曰："指太常、光禄勋、卫尉、廷尉、大司农、少府、将作大匠、太仆、大鸿胪九卿府也。"［41］取决诏敕：听取皇上萧鸾做出的决定。［42］文武勋旧：一切元勋老臣的任命罢免事宜。［43］不归选部：不由吏部管理。选部，即吏部，因其主管选拔官吏，故又称选部。［44］亲戚凭藉：都是凭着亲戚关系。［45］互相通进：直接找皇上萧鸾关说。［46］南康王侍郎：南康王萧子琳的属官。侍郎：帝王的侍从官员，备参谋顾问之用。钟嵘：字仲伟，颍川长社（今河南长葛市）人，南朝文学批评家。南齐时官至司徒行参军；入梁，历任中军临川王行参军、西中郎将晋安王记室。仿汉代"九品论人，七略裁士"的著作先例，写成诗歌评论专著《诗品》，将两汉至梁作家一百二十二人，分为上、中、下三品进行评论。传见《梁书》卷四十九。［47］揆（kuí）才领政：义同"量能授职"。揆，打量，考量。［48］三公坐而论道，九卿作而成务：语出《周礼·考工记》："坐而论道，谓之王公；作而行之，谓之士大夫。"《尚书·周官》亦曰："立太师、太傅、太保，兹惟三公，论道经邦，燮理阴阳。""六卿分职，各率其属。"意思是三公主持总体原则，不管具体事务；九卿则分工明确，都要切实执行。九卿，古代中央政府的九个高级官职，各个时期的说法不一，秦为奉常、郎中令、卫尉、太仆、廷尉、典客、宗正、治粟内史、少府。汉改奉常为太常，郎中令为光禄勋，典客为大鸿胪，治粟内史为大司农。魏晋以后设尚书主管各部行政，九卿专掌部分事务，职任较轻。［49］恭己南面：庄严端正地南面临朝，只管大局，不管具体细务的样子。语出《论语·卫灵公》。恭己，同"拱己"，清闲无事的样子，皇帝只要善于用人就行了，不必把自己搞得焦头烂额。［50］不怿（yì）：不高兴，不开心。［51］太中大夫：皇帝的侍从官员，掌议论。顾皓（hào）：南齐官员，明帝萧鸾时为太中大夫。［52］钟嵘何人：钟嵘是什么人？含有轻蔑的意思。［53］欲断朕机务：想要阻止我对国家重要事务的处理。［54］不：同“否”。［55］各有司存：都有具体的办事机构在，应让他们去负责处理。［56］总而亲之：统管诸事，亲力亲为。［57］代庖人宰：替厨师宰杀牲畜，比喻代做他人分内的事，有成语“越俎代庖”。庖人，厨师。为大匠斫（zhuó）：替能工巧匠去动手制作。语出《老子》，原文作：“夫代大匠斫者，希有不伤手矣。”意即不能代替别人做自己不应做或做不了的事情。大匠，手艺高强的匠人。［58］不顾而言他：感到自己无理而又不肯承认错误。语出《孟子》。胡三省曰：“齐明帝以吏事权诈得国，猜防群下，故亲揽机务。王莽之亲御灯火，其计虑亦如此耳。”

夏，四月，甲辰[1]，魏广州刺史薛法护[2]求降。

魏寇司州[3]，栎城戍主魏僧珉[4]拒破之。

五月，丙戌[5]，魏营方泽于河阴[6]。又诏汉、魏、晋诸帝陵[7]，百步内禁樵苏[8]。

丁亥[9]，魏主有事于方泽[10]。

秋，七月，魏废皇后冯氏[11]。初，文明太后欲其家贵重[12]，简冯熙二女入掖庭[13]：其一早卒；其一得幸于魏主，未几[14]，有疾，还家为尼。及太后殂[15]，帝立熙少女[16]为皇后。既而其姊疾愈，帝思之，复迎入宫，拜左昭仪[17]，后宠浸衰[18]。昭仪自以年长，且先入宫，不率妾礼[19]。后颇愧恨[20]，昭仪因谮而废之[21]。后素有德操，遂居瑶光寺为练行尼[22]。

魏主以久旱，自癸未不食至于乙酉[23]，群臣皆诣中书省[24]请见。帝在崇虚楼[25]，遣舍人辞[26]焉，且问来故[27]。豫州刺史王肃对曰：“今四郊雨已沾洽[28]，独京城微少。细民未乏一餐而陛下辍膳[29]三日，臣下惶惶[30]，无复情地[31]。”帝使舍人应之曰：“朕不食数日，犹无所感[32]。比来中外贵贱[33]，皆言四郊有雨，朕疑其欲相宽勉[34]，未必有实。方将遣使视之，果如所言，即当进膳；如其不然，朕何以生为，当以身为万民塞咎[35]耳！”是夕，大雨。

魏太子恂不好学；体素肥大，苦河南地热，常思北归。魏主赐之衣冠，恂常私著[36]胡服。中庶子辽东高道悦数切谏[37]，恂恶[38]之。八月，戊戌[39]，帝如嵩高[40]，恂与左右密谋，召牧马[41]，轻骑奔平城[42]，手刃道悦于禁中[43]。中领军元俨勒门防遏[44]，入夜乃定[45]。诘旦[46]，尚书陆琇驰以启[47]帝，帝大骇[48]，秘其事，仍至汴口[49]而还。甲寅[50]，入宫，引见恂，数其罪，亲与咸阳王禧更代[51]杖之百余下，扶曳[52]出外，囚于城西，月余乃能起。

丁巳[53]，魏相州刺史南安惠王[54]桢卒。

九月，戊辰[55]，魏主讲武于小平津[56]；癸酉[57]，还宫。

冬，十月，戊戌[58]，魏诏："军士自代[59]来者，皆以为羽林、虎贲。司州民十二夫调一[60]，吏以供公私力役[61]。"

魏吐京胡[62]反，诏朔州刺史元彬行汾州事[63]，帅并、肆之众[64]以讨之。彬，桢之子也。彬遣统军[65]奚康生击叛胡，破之，追至车突谷[66]，又破之，俘杂畜以万数。诏以彬为汾州刺史。胡去居等六百余人保险[67]不服，彬请兵二万以讨之，有司奏许之，魏主大怒曰："小寇何有发兵之理！可随宜讨治[68]。若不能克，必须大兵者，则先斩刺史，然后发兵！"彬大惧，督帅州兵，身先将士，讨去居，平之。

魏主引见群臣于清徽堂[69]，议废太子恂。太子太傅穆亮、少保李冲免冠顿首谢[70]。帝曰："卿所谢者私也，我所议者国也。大义灭亲[71]，古人所贵。今恂欲违父逃叛，跨据恒、朔[72]，天下之恶孰大焉[73]！若不去之，乃社稷[74]之忧也。"闰月，丙寅[75]，废恂为庶人，置于河阳无鼻城[76]，以兵守之，服食所供，粗免饥寒[77]而已。

戊辰[78]，魏置常平仓[79]。

（以上为第十四段，继续写南齐明帝建武三年（496）的史事，主要写北魏主拓跋宏废食求雨，看到下雨才吃饭；太子元恂不习惯在洛阳的生活，趁其父外出，欲北奔平城，被废为庶人；北魏设置常平仓。）

【注释】

[1]甲辰：四月十一日。 [2]魏广州：广州，本是南朝境内的州名，但北魏为虚张声势，也在其境内设置广州，就像南朝境内设有冀州相同。北魏广州的州治在今河南鲁山县。薛法护：北魏官员，孝文帝拓跋宏时为广州刺史，逃降于南齐，为太子右卫率。 [3]寇司州：北魏军进攻南齐的司州，南齐的司州州治义阳，在今河南信阳市。 [4]栎（yuè）城戍主：栎城守军的南齐将领。栎城，古地名，今名野栎店，在今河南新蔡县北。魏僧珉：人名，南齐栎城戍主，曾打败入

寇司州的北魏军队。［5］丙戌：五月二十四日。［6］营方泽于河阴：在河阴建造祭祀地神的坛台。方泽，方形水泽内的方形土台。古人有天圆地方之说，故祭天的神坛都讲究圆形，祭地的神坛都讲究方形。河阴：黄河南边。［7］汉、魏、晋诸帝陵：东汉、曹魏、西晋诸帝在洛阳周围的陵墓。［8］百步内：在陵墓周围的百步之内。当时的一步相当于六尺。禁樵（qiáo）苏：禁止砍柴、割草。樵，砍柴。苏，割草。［9］丁亥：五月二十五日。［10］有事于方泽：指在方泽祭祀地神。［11］皇后冯氏：长乐信都（今河北冀州）人，太师冯熙之女，冯太后侄女，北魏孝文帝拓跋宏第一任皇后。太和十七年（493）被立为皇后。后被废，史称“废皇后”。传见《魏书》卷十三。［12］文明太后：即两度临朝的冯太后，执掌天下十五年。谥号文明，史称文成文明太后。传见《魏书》卷十三。［13］简：选拔，挑选。冯熙：字晋国，长乐信都（今河北衡水市）人，北燕太宰冯朗之子，孝文帝元宏岳父，北魏外戚大臣。传见《魏书》卷八十三上。入掖（yè）庭：进入后宫。掖庭，宫中房舍，妃嫔居住的地方。［14］未几：不久，没多时。［15］殂（cú）：死亡。［16］少女：小女儿。［17］左昭仪：嫔妃的名号，地位仅次于皇后。［18］后宠浸衰：皇后的受宠程度越来越不行。浸，渐。［19］不率妾礼：不遵守作为一个妃嫔的规矩与礼节。率，遵循，遵守。［20］后颇愧恨：皇后自己深觉惭愧、悔恨。［21］谮（zèn）而废之：进谗言，将皇后废掉。谮，进谗言。［22］瑶光寺：古寺庙名，在洛阳皇宫附近。练行尼：修练戒行的尼姑。［23］癸未：五月二十一日。乙酉：五月二十三日。［24］中书省：古官署名，为皇帝起草诏令的机关，因其离皇帝住的地方最近，故群臣汇集于此，目的是请求皇帝不要绝食，吃饭。［25］崇虚楼：以虚静命名，盖崇尚老庄之旨也。胡三省曰：“武帝永明九年（491），魏移道坛于桑干之阴，改曰‘崇虚寺’。此盖迁洛后建崇虚楼于禁中，斋戒则居之。”［26］遣舍人辞：打发中书舍人传话叫他们回去。舍人，即中书舍人，中书令的下属官员，掌管传达诏命。［27］问来故：问他们来求见的缘故。［28］雨已沾洽：雨水普遍下透。沾洽，雨水充足。［29］细民：小民，平民百姓。辍（chuò）膳：停止进食。［30］惶惶：惊恐、内心不安的样子。［31］无复情地：犹言无地自容。［32］无所感：没有感到不适。［33］比来：近来。中外：宫内宫外。贵贱：达官贵人与一般官员。［34］欲相宽勉：不过是想来安慰我。宽勉，宽解，劝勉。［35］为万民塞咎：为百姓们补救过失。塞，填补。咎，罪过，过失。［36］私著：私下穿着。［37］中庶子：即太子中庶子，皇太子的侍从官员。高道悦：字文欣，太子中庶子，忠心规谏太子元恂，被杀。传见《魏书》卷六十二。切谏：直言极谏。［38］恶（wù）：讨厌，憎恨。［39］戊戌：八月七日。［40］嵩高：古山名，在今河南的中岳嵩山。［41］召牧马：调用河内驯马场内的军马。［42］轻骑奔平城：逃回平城谋求自立。［43］手刃道悦：亲手刺杀了高道悦。禁中：宫中。［44］元俨（yǎn）：即拓跋俨，孝文帝拓跋宏时为中领军将军。勒门防遏：严守宫门，防止变乱。［45］入夜乃定：一直到天黑，乱子才平定下来。定，安定。［46］诘（jié）旦：第二天一早。［47］启：报告，陈述。［48］骇（hài）：惊吓，震惊。［49］汴（biàn）口：古地名，汴水由黄河分出之口，在当时的荥阳，在今河南荥阳东北古荥镇北。此处之所谓汴水，即楚汉时代的鸿沟。［50］甲寅：八月二十三日。

[51]更代：轮流交替。[52]扶曳（yè）：连扶带拉。曳，拖拉，牵引。[53]丁巳：八月二十六日。[54]南安惠王桢：拓跋桢，封南安王，谥号惠。[55]戊辰：九月八日。[56]讲武：习武，演练武事。小平津：古黄河渡口名，在今河南洛阳市孟津区东北。[57]癸酉：九月十三日。[58]戊戌：十月八日。[59]军士：士兵。代：即代郡，郡治平城，即北魏的原都城，在今山西大同市东北。[60]司州民：北魏都城洛阳地区的成年男子。北魏以洛阳一带地区为司州，州治在今河南洛阳市。十二夫调一：每十二个成年男子从中调一人为役夫。夫，成年男子。[61]吏以供公私力役：作为差役，为贵族私家与国家政府部门服徭役。力役，劳役，出劳力当差服役。[62]吐京胡：吐京郡的少数民族。指汉人与鲜卑族以外的其他少数民族。吐京，古郡名，郡治在今山西石楼县。胡三省曰："魏世祖太平真君九年（448），置吐京郡。"[63]朔州：北魏州名，州治盛乐，在今内蒙古和林格尔县北。元彬，也称"拓跋彬"，字豹仁，南安王拓跋桢第二子，北魏宗室、大臣。传见《魏书》卷十九下。行汾州事：代理汾州刺史。汾州，北魏州名，州治蒲子城，在今山西隰县。[64]并、肆之众：并州与肆州的现有武装力量。并州，州治晋阳，在今山西太原市南，肆州，州治在今山西忻州市。[65]统军：一支部队的统领，不是具体的官名，犹言"军主""戍主"。[66]车突谷：古地名，在今山西吕梁市离石区境内。[67]胡去居：胡人，名去居。保险：据险，凭藉险要之地。[68]随宜讨治：根据具体情况，掌握时机，灵活地进行讨伐。[69]清徽堂：洛阳宫殿名。[70]太子太傅、少保：为太子辅导官。免冠顿首谢：免冠请罪，一是自请未尽职责之罪，二是为太子求情。[71]大义灭亲：泛指为了维护正义，对为非作恶的亲属不徇私情，使受到应得的制裁。语出《左传·隐公四年》，卫国老臣石碏的儿子石厚帮着卫君的儿子州吁作乱，一同谋弑桓公，石碏为此亲自杀了石厚，故《左传》的作者赞扬石碏的行动为"大义灭亲"。[72]跨据恒、朔：占据恒、朔二州，相当于今之山西北部与内蒙古南部，包括呼和浩特在内的大片地区。恒州，州治在今山西大同市。朔州，州治盛乐，在今内蒙古和林格尔县北。[73]孰大焉：还有比这个更严重的吗？[74]社稷：代指国家。[75]闰月，丙寅：闰十二月八日。[76]河阳：古邑名，在今河南孟州城西，洛阳城北，与洛阳隔黄河相望。无鼻城：古城名，也作无辟城，在河阳附近。[77]粗免飢寒：不至于受冻挨饿。粗，大概。[78]戊辰：闰十二月十日。[79]常平仓：犹如汉代所说的平准仓，其中储存大量粮食。农民获得丰收，粮价低时，粮库以平价收入，使农民不致吃亏；当年景不好，粮食歉收，粮价飞涨时，粮库将存粮以平价卖出，百姓不致因灾受害。因其能调节粮价平稳，故曰"常平"。

戊寅[1]，太子宝卷冠[2]。

初，魏文明太后欲废魏主[3]，穆泰[4]切谏而止，由是有宠。及帝南迁洛阳，所亲任者多中州儒士[5]，宗室及代人往往[6]不乐。泰自尚书右仆射出为定州[7]刺史，自陈久病，土湿则甚[8]，乞为恒州[9]；帝为之徒恒州刺史陆睿为定州[10]，以泰代之。泰至，睿未发[11]，遂相与谋作乱，阴结镇北大将军乐陆王思誉、安乐侯隆、抚冥镇将鲁郡侯业[12]、骁骑将军超等，共推朔州刺史阳平王颐为主[13]。思誉，天赐之子；业，丕之弟；隆、超，皆丕之子也。睿以为洛阳休明[14]，劝泰缓之，泰由是未发。

颐伪许泰等以安其意，而密以状闻。行吏部尚书任城王澄[15]有疾，帝召见于凝闲堂[16]，谓之曰："穆泰谋为不轨[17]，扇诱宗室[18]。脱或必然[19]，今迁都甫尔[20]，北人恋旧，南北纷扰[21]，朕洛阳不立[22]也。此国家大事，非卿不能办。卿虽疾，强为我北行[23]，审观其势。傥[24]其微弱，直往擒之；若已强盛，可承制[25]发并、肆兵击之。"对曰："泰等愚惑，正由恋旧，为此计耳，非有深谋远虑；臣虽驽怯[26]，足以制之，愿陛下勿忧。虽有犬马之疾[27]，何敢辞也！"帝笑曰："任城肯行，朕复何忧！"遂授澄节、铜虎、竹使符、御仗左右[28]，仍行恒州事[29]。

行至雁门[30]，雁门太守夜告云："泰已引兵西就阳平[31]。"澄遽令进发[32]。右丞孟斌[33]曰："事未可量[34]，宜依敕召并、肆兵[35]，然后徐进。"澄曰："泰既谋乱，应据坚城；而更迎阳平[36]，度其所为，当似势弱。泰既不相拒，无故发兵，非宜也。但速往镇之[37]，民心自定。"遂倍道兼行[38]。先遣治书侍御史李焕单骑入代[39]，出其不意，晓谕泰党[40]，示以祸福，皆莫为之用[41]。泰计无所出，帅麾下[42]数百人攻焕，不克，走出[43]城西，追擒之[44]。澄亦寻至[45]，穷治党与[46]，收[47]陆睿等百余人，皆系狱[48]。民间帖然[49]。澄具状表闻，帝喜，召公卿，以表示之曰："任城可谓社稷臣[50]也。观其狱辞[51]，正复皋陶[52]何以过之！"顾谓[53]咸阳王禧等曰："汝曹当此[54]，不能办也。"

魏主谋入寇[55]，引见公卿于清徽堂，曰："朕卜宅土中[56]，纲条粗举[57]；唯南寇[58]未平，安能效近世天子下帷于深宫之中[59]乎！朕今南征决矣[60]，但未知早晚之期。比来术者皆云[61]，今往必克，此国之大事，宜君臣各尽所见，勿以朕先言而依违于前，同异于后[62]也。"李冲对曰；"凡用兵之法，宜先论人事[63]，后察天道[64]。今卜筮[65]虽吉而人事未备，迁都尚新，秋谷不稔[66]，未可以兴师旅[67]。如臣所见，宜俟来秋[68]。”帝曰：“去十七年[69]，朕拥兵二十万[70]，此人事之盛也，而天时不利。今天时既从，复云‘人事未备’，如仆射之言[71]，是终无征伐之期也。寇戎咫尺[72]，异日将为社稷之忧[73]，朕何敢自安！若秋行不捷[74]，诸君当尽付司寇[75]，不可不尽怀[76]也。”

魏主以有罪徙边者多逋亡[77]，乃制一人逋亡，阖门充役[78]。光州刺史博陵崔挺[79]上书谏曰：”天下善人少，恶人多。若一人有罪，延及阖门，则司马牛受桓魋之罚[80]，柳下惠婴盗跖之诛[81]，岂不哀哉！”帝善之，遂除其制[82]。

（以上为第十五段，写北魏迁都洛阳，大臣穆泰、陆睿等恋旧，相与谋叛，被一举平定；孝文帝再次动议南下攻打南齐；北魏废除犯罪株连制度。）

【注释】

[1]戊寅：闰十二月二十。 [2]冠：行加冠礼。萧宝卷生于南齐永明元年（483），至今才十四岁。一般男子二十行加冠礼，一国之储君皇太子的冠礼依权力形势破例进行，或提早或延后。 [3]文明太后欲废魏主：当初，冯太后对拓跋宏的聪敏机警很是忌怕，害怕他的存在会给自己带来不利，就打算废弃他。在严冬盛寒的时候，把他禁闭在一间空旷的屋子里，三天不给他吃东西。后在穆泰等大臣的劝说下，才作罢。事见《资治通鉴》卷一百三十七永明八年（490）。 [4]穆泰：元勋老臣穆崇之孙，穆真之子，北魏外戚、大臣。后谋反，事败被杀。传见《魏书》卷二十七。 [5]亲任：亲近，信任。中州儒士：中原地区的儒生，如宋弁、郭祚等人。中州，中原，指今河南一带地区。儒士，信奉孔子学说的学者。 [6]往往：常常，时常。 [7]定州：北魏州名，州治在今河北定州市。 [8]土湿则甚：气候潮湿就病得厉害。土湿，原作“土温”，据张敦仁《资治通鉴刊本识误》改。 [9]乞为恒州：请求改为恒州刺史。乞，乞求，请求。 [10]陆睿为定州：将陆睿与穆泰相互换位。 [11]睿未发：陆睿尚未离开平城。 [12]“遂相与谋作乱”三句：穆泰于是与陆睿一起密谋反叛作乱，暗中勾结镇北大将军乐陵王元思誉、发乐侯元隆、抚冥镇将鲁郡侯元业、骁骑将军元超等人，共同推举朔州刺史阳平王元颐为主。元思誉是汝阴王元天赐之子，过继乐陵王拓跋胡儿为子，承袭乐陵王，传见《魏书》卷十九下。元隆、元业、元超、元颐四人，传见《魏书》卷十七。 [13]洛阳休明：洛阳政权政治开明。洛阳，此指北魏主拓跋宏。休明，英明。休，美好。 [14]澄：拓跋澄，也作“元澄”，任城王拓跋云长子，袭封任城王，治理梁州、徐州、雍州、定州，颇有政绩。官至中书令，时为代理吏部尚书。传见《魏书》卷十九中。 [15]凝闲堂：北魏都城洛阳宫殿名。 [16]不轨：即叛乱。 [17]扇诱宗室：煽动引诱拓跋氏的多位亲王。

扇，同“煽”，煽动。［18］脱或必然：如果肯定是这么回事。脱或，假如。［19］迁都甫（fǔ）尔：刚迁都洛阳不久。甫尔，刚刚开始。［20］南北纷扰：南北两方如果同时乱起来。南，指已迁到洛阳的北方边地之人。北，指穆泰等在恒州、朔州作乱的人。纷扰，纷乱。［21］洛阳不立：洛阳就有危险，无法立足了。［22］强为我北行：勉为其难地替我到北方走一趟。强，勉强。［23］审观其势：仔细地分析他们的形势。［24］傥（tǎng）：同“倘”，倘若，假如。［25］承制：以皇帝的名义。制，皇帝的命令。［26］驽怯：无能而又怯懦。这里是谦词。［27］犬马之疾：谦称自己的疾病。犬马，臣下对皇上的卑称。［28］节：旌节，皇帝赐给方面大臣的信物，表示其所受信任之重与其权力之大。铜虎、竹使符：铜虎符与竹使符，调兵、调粮与发布号令的各种凭证。御仗左右：皇帝身边的带刀护卫，授予任城王拓跋澄做警卫。［29］仍：同“乃”，于是。行恒州事：代行恒州刺史的职务。原来的恒州刺史穆泰已被免职。［30］雁门：北魏郡名，郡治在今山西代县西南。［31］西就阳平：西进与阳平王拓跋颐相会合。阳平：代指拓跋颐，当时拓跋颐任朔州刺史。［32］遽（jù）令进发：立即下令全速进击。遽，急速，立即。［33］右丞：即尚书右丞，尚书省官员，与尚书左丞分管尚书省所辖各个部门的事务。孟斌：北魏官员，为尚书右丞，随拓跋澄前往处理事务。［34］事未可量：对方的情况不清楚，难以估量。［35］依敕召并、肆兵：按北魏主拓跋宏旨意调集并州、肆州的武装部队。［36］更迎阳平：竟然往投拓跋颐。迎，往就，投奔。［37］但速往镇之：只要我们迅速地进入恒州（在今山西大同市）。镇，驻镇，镇守。［38］倍道兼行：以加倍的速度赶路，一天行两天的路程。［39］治书侍御史：御史中丞的下属官员，掌弹劾。李焕：北魏官员，时任治书侍御史，亦随拓跋澄同行。入代：即进入平城。［40］晓谕泰党：向穆泰的党羽说明情况。晓谕，明白地告知。［41］皆莫为之用：没有人肯再为穆泰卖命。［42］麾（huī）下：部下，属下。麾，大将的指挥旗。［43］走出：逃出。［44］追擒之：李焕率人追击、捉拿穆泰。［45］寻至：不久到达。［46］穷治：彻底追查、整治。党与：同党之人，共同参加谋反的人。［47］收：拘捕，捉拿。［48］系狱：拘囚下狱。［49］帖然：归心拥护的样子。［50］社稷臣：关系国家安危的大臣。［51］狱辞：审理叛党的判决之辞。［52］正复皋陶（yáo）何以过之：即使让古代的皋陶来办理此事也超不过元澄啊。皋陶，相传是虞舜时的法官，长期担任掌管刑法的“士师”，以正直闻名天下，是古代司法名臣的代表，后世尊为“中国司法始祖”。事见《史记》卷一。［53］顾谓：回头对着说。顾，回头，环视。［54］当此：遇到这样的事情。［55］谋入寇：商量起兵攻打南齐。［56］卜宅土中：建都于普天下的中央地带，即洛阳。卜宅，旧指盖房子安家。［57］纲条粗举：各项工作大体有了眉目。纲条，胡三省引《书·说命》曰：“若网在纲，有条而不紊。”［58］唯南寇未平：只剩下南方的残余之敌未被扫平。南寇，这里指南齐萧鸾政权。［59］安能效近世天子：怎么能像近现代的其他皇帝一样。下帷于深宫之中：只会在深宫之中睡大觉，安于享乐呢？下帷，放下帐子，指闭门不出。帷，室内悬挂的帐幕。［60］南征决矣：起兵南征是已经确定了的。胡三省曰：“魏既都洛，逼近淮、汉，故急于南伐以攘斥境土。”［61］比来：近来。术者皆云：观测天文气象的术士们都说。古代研究天文气象的人通常都以此讲王朝气数的盛衰。［62］依违于前，同异于后：当着我的面不明确表态，背后却去大唱反调，说长道短。依违，模棱两可。［63］先论人事：先考察敌我双方的人事动态，如百姓的意愿如何、双方的实力如何、双方的决策者与统率人物的能力如何等等。［64］后察天道：其次才是观测天意，即天文星象、占卜结果等等。［65］卜筮（shì）：用龟甲，筮草等工具占卜，预测吉凶。［66］秋谷不稔（rěn）：秋天的收成不好。稔，指庄稼成熟。［67］兴师旅：即出兵作战。师旅，古代军队的编制名，五百人为一旅，五旅为一师。［68］来秋：明年的秋后。［69］去十七年：过去的太和十七年（493），即前年。［70］拥兵二十万：当时声称三十万。［71］如仆射之言：照你李冲的说法。李冲时任尚书仆射。［72］寇戎咫尺：敌军近在眼前。咫，八寸。［73］将为社稷之忧：留着这些敌人，难免给我们的国家造成危害。［74］若秋行不捷：如果明年秋后不能取得胜利。［75］尽付司寇：通通把你们送上军事法庭。司寇，周代掌刑狱的官名。［76］不可不尽怀：要尽力办事。尽怀，尽心。［77］有罪徙边：因犯罪而被发配守边。多逋（bū）亡：很多人都逃亡。［78］阖（hé）门充役：全家被罚去服劳役。阖门，满门，全家。［79］光州：北魏州名，州治在今山东莱州市。崔挺：字双根，博陵安平人，濮阳太守崔郁之子，北魏光州刺史。传见《魏书》卷五十七。［80］司马牛受桓魋（tuí）之罚：司马牛，一名犁，春秋时宋国司马桓魋之弟，孔子七十二弟子之一，以道德优秀著名。桓魅，在宋国任司马，以官称为姓。孔子到宋国时，桓魅差点把孔子杀掉。若按照北魏主所定的法律，司马牛就要因桓魅的株连而被惩罚了。［81］柳下惠婴盗跖（zhí）之诛：柳下惠，春秋时鲁国柳下邑人，名展禽，是一个道德高尚的人，“坐怀不乱”的故事广为传颂。因其封地在柳下，后人尊称为“柳下惠”。其弟盗跖是当时横行天下的大盗，天天杀人。若按照北魏主所定的法律，柳下惠就要因盗跖的株连而被惩办了。婴，受牵连。胡三省曰：“司马牛之于桓魋，柳下惠之于盗跖，皆兄弟。贤不肖既相远，而兄弟罪不相及，古法也。”［82］遂除其制：于是就取消了这种“一人逋亡，阖门充役”的条令。

【点评】

北魏改变姓氏和婚俗推进民族融合。公元496年，魏孝文帝改帝室拓跋氏的姓氏为元氏，北魏太祖以来的各大著姓，都一律改为汉姓；在通婚方面，孝文帝下令禁止鲜卑同姓内部通婚的陋俗，决心改变鲜卑族的血统。移风易俗的阻力很大，孝文帝便自己带头积极倡导和推行鲜卑贵族与汉族大姓通婚，孝文帝自己即以范阳卢氏、清河崔氏、荥阳郑氏、太原王氏的女儿补充后宫，又以陇西李冲的女儿为夫人。孝文帝众多兄弟和一些鲜卑贵族也娶汉家女为妻为妾。

鲜卑人基本以部族名字为自己的姓氏，例如拓跋、慕容、乞伏、秃发、宇文等。北魏建立之初，诸部有九十九姓，至北齐魏收编纂《魏书》时，所记载其姓多达 120 个。姓氏既是出身的标志，又是文化习俗，也是深层次的社会心理，鲜卑与汉族姓氏不同，就是深刻的民族差异的浅表体现。作为鲜卑族建立的北魏政权，要想在以汉族为主的中原地区站稳住脚，必须缓解民族矛盾。保证鲜卑贵族原有的政治地位，又要联合汉族地主阶级，逐步吸收汉族制度和文化，孝文帝接受汉族地主建议，展开一系列改革，这样通过异族间的通婚关系，进一步推动民族融合，也使鲜卑贵族和汉人名望士族紧密地结合起来了，不仅消除了双方存在的民族矛盾，而且使二者血统达到融合，巩固了北魏封建政权的统治。